40周年豪华精装典藏版（第Ⅰ卷）

# 演讲与口才


籍艳秋 主编

刘 仪 李万良 副主编

中国言实出版社

**图书在版编目（CIP）数据**

演讲与口才 / 籍艳秋主编 . -- 北京：中国言实出版社， 2023. 8
ISBN 978-7-5171-4542-4

Ⅰ . ① 演… Ⅱ . ① 籍… Ⅲ . ① 演讲—文集 ② 口才学—文集
Ⅳ. ① H019-53

中国国家版本馆 CIP 数据核字（2023）第 136801 号

**演讲与口才**

责任编辑：宫媛媛
责任校对：郭江妮

出版发行：中国言实出版社
地　址：北京市朝阳区北苑路 180 号加利大厦 5 号楼 105 室
邮　编：100101
编辑部：北京市海淀区花园路 6 号院 B 座 6 层
邮　编：100088
电　话：010-64924853（总编室） 010-64924716（发行部）
网　址：www.zgyscbs.cn　电子邮箱：zgyscbs@263.net

经　销：新华书店
印　刷：河北鲁汇荣彩印刷有限公司
版　次：2024 年 1 月第 1 版　2024 年 1 月第 1 次印刷
规　格：710 毫米 ×1000 毫米　1/16　76 印张
字　数：1216 千字

定　价：618.00 元
书　号：ISBN 978-7-5171-4542-4

# 序

PREFACE

1983年，邵守义教授创办《演讲与口才》杂志，迄今已40年！40年来，我们一直坚持“以提高中华民族的口语表达能力为己任”的办刊宗旨；坚持内容为王，创精品出精品，受到了社会各界和广大读者的赞赏和欢迎。《演讲与口才》曾先后荣获“全国社科优秀期刊”“首届中国期刊奖获奖期刊”“首届全国重点社科期刊”“中国邮政发行畅销期刊”等诸多荣誉。

“口才助你成功，沟通改变人生”，我们始终相信，演讲与口才在一个人成长道路上的重要作用，我们也一直在为提升广大读者的口语表达能力而努力！40年来，我们认真编杂志，始终严把质量关，编辑的每一篇稿子，要求稿件要具有科学性、思想性、指导性和实用性。“是人才未必有口才，有口才必定是人才。”《演讲与口才》带给读者的，不仅仅是一些说话方法，更是修养的提升、境界的升华。40年来，无数读者因为《演讲与口才》而受益，从不会说话，不敢在公开场合说话，到敢说、爱说、能说、会说，《演讲与口才》改变了他们的心态、改变了他们的思维、改变了他们的生活、改变了他们的人生。有的成为桃李满天下的名师，有的成为舌灿莲花的主持人，有的成为富甲一方的企业家，有的成为谈吐非凡的外交家，有的成为运筹帷幄的指战员……是《演讲与口才》助他们能言善辩，事业有成。

从1983年到2023年，《演讲与口才》已经走过了40个春夏秋冬，我们需要做一个总结，也希望能给广大读者留下一个纪念！于是，我们精心编辑出版了这套《演讲与口才创刊40周年典藏版》丛书！我们从过去40年《演讲与口才》所刊发的文章中优中选优，并加以修改和润色。我们希望通过这套图书，高度总结和提炼《演讲与口才》40年来的理论积淀和实践方法，将它打造成一套精华本，让每一位读到它的人，都能从中领悟《演讲与口才》的真谛，提升口才水平，获得成长和进步。

我们希望这套图书是值得珍藏的，它不是读一遍就可以抛弃的快餐文学，而是拥有历史厚重感又紧跟时代脉搏，值得反复研读的一套优质图书，每读一遍都会有新的感悟。在十年甚至几十年后再翻看这套图书，您依然会忍不住赞叹一句："这套书，太有价值了！"

它不仅是一套图书，也是40年来我们的国家、社会、文化、生活发生巨变的忠实纪录！

它不仅是一套图书，也是40年来中国演讲与口才事业蓬勃发展的美好见证！

它不仅是一套图书，也是40年来我们结伴而行，一路走来的时光纪念！

《演讲与口才》与每一位忠实的读者，都是最真挚的朋友。这套图书，是为《演讲与口才》40岁生日准备的献礼，也是为所有忠实的读者朋友准备的礼物。

40年，是一个里程碑，也是一个新的起点。过去，我们风雨同舟，携手同行，希望这套图书能成为我们友谊的见证；未来，我们将以最大的诚意，奉献最精美的精神食粮，不辜负每一位读者的厚爱，这套图书也会鞭策、督促我们不断前进！

# 第Ⅰ卷 目录

## 精品文苑 / 161



## 行业口才 / 185

# 谈话技巧

TANHUA JIQIAO

# 与初识者交谈成功六步骤

〔美〕马丁·盖勒丁 著 北京 周宁 译

我们大多数人都会在互相介绍之后以“嗨，你好！”作为开场白，但通常接下来的相对无语却一点也不高明。

当谈话的机会出现时，我们有些人反应总是不够快，或者根本视而不见。其实闲聊不需要准备，兴致所至，在任何约定的时间都可以聊一些适当的话题。

你不必刻意使“球”滚动，但一定要打破僵局，而且要快。因为时间越久，站在那儿就越无话可说，你刚认识的朋友就会越快离开你去找一个有话说的地方。

## 一、抓住时机

先开口会吃亏吗？那要看你的感觉了。你的新朋友穿得很潇洒吗？不妨说：“你的领带真漂亮！”如果你参加宴会，他正在吃东西，就说：“我想尝尝那个‘蘸汁蟹’，但又怕太辣。”其实，很容易渡过开头这一关，语气要轻松、自然，而且不显得唐突。

接着，该把“球”传给别人了。提问题可使谈话继续下去。“你是怎么认识主人的？”“说话的那人你印象怎么样？”“那是条什么狗？”如果是别人问你，试着不要回答得太简单，让人无话可接。例如，他很欣赏你的耳环，你可以说：“很高兴你注意到了。那是我的朋友从西南部捎来的，你去过那里吗？”回答问题的同时，要注意改变有关的话题，使谈话继续下去。

## 二、积极热情

将视线停留在他的脸上，集中精力促使聊天在一种自然、谦逊的氛围中进行。最糟的就是你四处张望或目光茫然，要全身心地投入才行。

如果他看上去不大想继续谈，不用难过，也不用担心会让他看出来你有丝毫反应。也许他是感兴趣的，但需要一点时间整理思路。如果你提早结束，你就不会有动力、精力或体力再次聊得神采飞扬。

## 三、听话听音

现在你们已经聊了一些各自的兴趣爱好，都觉得挺合得来，接下去该准备进行深谈了。

在这一阶段，很容易低估用心听的重要性。别人在说话时，你仅仅保持安静是不够的。除了听清事实之外，还要听话听声。是什么使你的伙伴最困扰呢？例如，他提到过失业或者刚刚离婚吗？如果你发现他开始时这么说："希望你不会介意我的问题……"那是他正在向你发信号，打算过分涉及私事，而又感到有点儿不便。因此，听话听声迫使你把心思集中到他身上，而不是你自己。

还要记住一点，谈话成功不需要惊天动地，需要的是双方积极配合继续聊下去。投入不一定要相等，重要的是诚恳。

## 四、避免"杀手"

如果应付得当，大多数人都会跟你聊得比你想象得久，还会感激你的礼貌。但仍有一些"杀手"，使谈话终止。其中，需要认识的三个重点是：

1. 速度陷阱。当你的话像子弹一样飞驰或者像慢慢腾腾爬行的列车一样喋喋不休时，是无法引起别人兴趣的。保护自己以防堕入速度陷阱——太快或太慢——的一种办法就是经常停一下，给你的话友一个发言的机会。你是否犯有这种错误的倾向呢？不妨将你打的电话录下来听听。

2. 消极话题。如果你过分热心于个人或其他重要的问题，如果你津津有味地说着不幸的事儿，别人就会变得紧张而且不舒服。

类似地，即使他的地位高于你，你也不用畏首畏尾。如果你的工作不理想，别说："我只是个档案管理员，我讨厌这份工作。"消极只能表明你一无是处。如果你有远大的抱负，可以大胆而且坦白地说出来："我正在学习成为一名饮食学家，但现在仍在做办公室工作。"

否定的开场白："这儿的服务真差劲，我再也不来了。"也会吓走任何一位听众。

3. 个人隐私。涉及关系、财产和身体的直接问题是完全不适当的。“你婚姻幸福吗？”“你挣多少钱？”“你穿多大号的衣服？”这些问题不仅让人觉得你爱管闲事，而且把聊天弄得像警察在审讯。

## 五、间歇效应

当你对一开始的话题感到厌倦的时候，往往有一个间歇会出现，一两分钟笨拙而又勉强的交流之后，大多数闲聊就会因此而终止。如果你们不想再继续，那是另一回事。但成功的谈话是可以避免夭折的悲剧的。根据你现在的情况或对他了解的程度，不妨挑一个轻松的话题继续聊几分钟。嗜好和旅游等丰富而自然的领域往往是最好的选择。

同样，广泛地阅读报纸、杂志和书籍，了解时事，为谈话做准备，也是一条好的途径。重新再聊起来，你只需要说：“你有没有读过……”别把他的“没有”当作回答，也别绕过这个话题，你可以继续问：“那你相信不相信……”

如果你们一直在谈酒和干“唠”，当渐渐没什么可聊的时候，你可以简单地问：“夏天快到了，你计划去度假吗？”或者“你打算去什么特别的地方度过这个假期呢？”即使他回答：“我没有任何计划。”你还可以问问他曾经去过哪些地方。如果由于职业的原因，他或她不能休长假，你可以换种方式问他从事何种职业。如果你能拓宽让他们有话说的机会，人们通常会很高兴的。

## 六、话别得体

无论是断绝来往、各自走开或是交换电话号码，结束交流必须采取明确的行动。如果你很愿意再见他，就给他打电话，不要犹豫，拿出你的名片并向他要号码，注视着他的眼睛，说：“很高兴同您交流，我希望与您交换一下电话号码。”如果你们的关系发展得很快而且相当融洽，可以说得更明确：“我很愿意与您交换电话号码，并希望过两天和您共进午餐。”合适的话，也可建议去看看体育比赛或文艺演出。

当你的新朋友想让你们的友谊开花结果，而你却无意于此时，该怎么办呢？最好当时就有礼貌地对他说“不”！不要让他觉得不舒服；也不要很久以后再说，否则会伤人。如果你直接说：“我不想再见到你。”那一定不讨人喜欢。

应该这么说：“我很高兴，同时谢谢你的邀请，但我不得不拒绝，对不起！”

可见，结识新朋友不是那么简单的事情。即使你对刚认识的人毫无兴趣，不要忘了他也有朋友，或许他会邀请你参加派对，介绍你认识其他有可能在社交或者商务洽谈方面对你有益的朋友。

总之，一位全新的朋友，一个令人兴奋的职业或者一份意想不到的爱情，都不是每一次交谈所能期盼的。认识新朋友，学一点新东西从来不会是一件错误或者浪费时间的事。对于交谈来说，不要在意时间或结果，准备好，再试一次！

（译自美国《女性生活》杂志）

# "反主为客"的说服方法

黄　骏

不少人都认为，能言善辩者之所以厉害，就是因为他们善于在激烈的唇枪舌剑中反客为主，从气势上压倒对方。可是他们也许并不知道，在日常的语言交际中，能言善辩者还有另一屡战屡胜的绝招——反主为客。

美国作家詹姆斯·瑟伯给我们说过这么一个故事：有位公主得了病，非要她的国王父亲给她弄到月亮，她的病才能好。国王请大臣们想办法，可大家都无计可施，因为谁也弄不到月亮，但又说服不了这位任性的公主。这时，一位弄臣对国王建议："我们为什么不去问问公主呢？"于是国王让他去问公主。弄臣先答应给公主搞到月亮，然后问公主月亮到底有多大、有多远、是用什么做成的。公主说了，月亮和她的手指甲一样大（因为她将手指头放在眼前时，月亮就被遮住了），最多也不过和窗前的树梢那么高，而且当然是拿金子做成的。这位弄臣就让珠宝匠用金子给公主做了个"月亮"，并串在项链上让公主戴在胸前。公主果然很高兴，病一下就好了。可是，国王回头一想又担心起来了，因为到了晚上，月亮还会出来，公主不会觉得被骗了吗？他急忙又请来大臣们商议，众大臣们还是毫无办法。最后，又是那位弄臣说了，既然大家都没有办法，那我们为什么不再去问问公主呢？于是他又去找公主。正好已到晚上，公主正望着窗外，手里拿着弄臣送给她的小月亮。弄臣故作不解，问："公主，月亮不是挂在你胸前了吗？它怎么又在天上出现了呢？"没想到公主笑了，说："这真是个傻问题。当我掉了一颗牙，在原先的地方不是还会长出一颗新牙来吗？"弄臣立即显出恍然大悟的样子，答道："对啊！当一头鹿失去了它的角，可不是还会长出新的角来吗？"公主于是十分得意地告诉弄臣："月亮的情形也是这样。其实，任何事情都是这样的。"

从这个故事可以看出，要想说服一个固执己见的人，最好还是耐心地听听他的意见，取得他对你的信任，然后，再请他帮你解决你所解决不了或难以解决的问题，从而达到让他替你说服他自己的目的。这就是我们所说的反主为客的说服技巧。在这个故事里，公主事实上还是被骗了，但她仍感到十分满意，甚至可以说是心悦诚服的,这是因为弄臣并没有强迫她去相信什么或接受什么，而是自始至终都听取她的意见。表面上，这个弄臣完全是按她所想和所说的去做，事实上，他是把难题交还给公主，让公主自己解决了难题，并自己说服了自己。

语言交际中的反主为客技巧，实际上也就是语言主体角色转换的一种技巧。心理学的研究表明，当我们想要说服他人（特别是固执己见的人）时，一种错误的做法，就是以“我”为主，居高临下。因为就一般情况而言，每个人都有自尊心，当他预感到对方想要说服他、改变他的观点时，常常会自觉或不自觉地提高警惕，形成一种心理防御机制。对你说得有理的地方，他是充耳不闻，而对你说话中的漏洞，他却过耳不忘，十分敏感。而如果我们进行适当的角色转换，自己暂且当一下“客”，让对方当一下“主”，虚心地听取对方的意见，那么，就能有效地解除对方的心理戒备，增加对你的信任，这样，在考虑问题时，对方就会比较客观一些，对自己的固执之处也将会逐渐有所认识，从而在解决难题的过程中也就不知不觉地改变了自己的某些观点或看法，最后变成了自己说服自己。反主为客的说服方法在日常生活和工作中是十分有用的。例如，某单位要为某职工解决家属的就业问题，另一名职工则因用人指标有限而暂时不能解决。这名职工觉得不公平，无法接受，一天到晚发牢骚。于是，单位的领导找到他，先是向他表示歉意，接着又把那位职工的家庭实际困难详细跟他说了，然后诚恳地征求他的意见，看这件事怎么处理最好、最合适。这位职工看到领导的态度这么诚恳，想想人家也的确比自己困难，而自己实在又没有更好的办法，终于也诚恳地作了自我批评。

综上所述，反主为客的确是语言交际中一种十分有效的说服他人的技巧。如果你想掌握好这种技巧，那么请注意以下三点：

第一，作为一种有效的语言交际技巧，反主为客并不是采取消极的态度，而是以退为进，要积极主动地想办法，以求对方与自己达成共识。

第二，采用反主为客的技巧，必须摸准对方的心理，把握住对方的想法，有的放矢地加以引导，切忌无的放矢地操之过急，否则只能是欲速则不达，使自己真的陷入被动之中。

第三，角色转换要自然、恰如其分，态度尤其要诚恳，切忌放不下架子，或者矫揉造作，否则就会给人一种虚伪之感，到头来是画虎不成反类犬，弄巧成拙。

# 对“火爆子”的降温术

李关怀

我们在日常交往中，常常会遇到性情特别暴烈的“火爆子”。你和他打交道时，常常会无意间碰上他的“导火线”，踩响他的“地雷”，使你进退不得，处境难堪。但我们只要认真研究应战策略，取胜的办法还是有的。

**战术之一：时间拖延法。**我有个朋友是个象棋迷。两年前，他一有空就来缠我下棋，至于他的棋技的确不敢恭维，但他的棋瘾又特大，好胜心也特强。每当他同我“拼杀”的时候，总是猛冲猛吃不顾后路。当我吃了他的棋，哪怕是个卒子，他都要悔棋的。如果他连输几盘，非要赢了才肯走；如果他偶尔赢了，又爱说最刺耳的话伤你的自尊心。我常为他的纠缠苦恼，特别是在有约稿的时候陪他下棋，真是如坐针毡！有一天我突然对他说：“落子无悔，三战二胜，如果你输，一年以后才有资格同我拼杀。那时谁输了谁请吃火锅！”他欣然同意。我们速战速决，他三盘都输给了我，于是气愤地回去读棋书去了。这一年我落得清闲，多读了几本书，多发了几篇稿，不亦快哉。

我暗笑我的时间拖延法用得巧。

时间拖延法是针对那些主动挑事而又想急于取胜占你便宜的人。其方法是用拖延时间来赢得自己的时间，在这段拖延的时间中使对方的优势变为劣势，同时赢得自己战胜对方的主动权。当你主动权在手中时又要出其不意，速战速决，第一板斧就要把他砍下马去。

**战术之二：谐谑讽劝法。**例：我朋友的爱妻也是个“火爆子”，我们戏称她“田辣椒”。她很爱看小说，两三天就是一本，看完了又催我朋友到处借，两天不借来她就大发雷霆。我朋友耳根软，但办法还是有的。有一天，他皮笑肉不笑地对“田辣椒”说：“夫人，您爱看小说，却变成了‘鲍西娅’式的傻瓜，我爱读杂书，已成为‘弗斯塔夫’式的英雄。您看多滑稽！”田辣椒不懂“暴希鸭”如何傻，也不知“胡西大夫”如何的英雄，急于想知底细，朋友只是笑而不言。“田辣椒”越是急着追问，他“盖子”捂得越紧。好胜的“田辣椒”揪住他的双耳不放了，他才指着书架上的莎士比亚戏剧集说：“答案就在此书中，自己找吧！”“田辣椒”一口气读完莎剧，才明白“鲍西娅”是《威尼斯商人》中聪明机敏的女法官；而“弗斯塔夫”是《亨利四世》中吹牛撒谎、谐谑风趣的大骗子。“田辣椒”明白真相后哭笑不得，既佩服丈夫的机智，也喜欢读莎士比亚、莫里哀剧作了。

这种战术先要借“火爆子”的弱点——火爆性急而故意激怒他（她），使他（她）的弱点更充分地暴露出来，不能自制而失去常态。就像被激怒的猴儿让它爬上树去摘取需要的果实而又抽不脱爪子，上下不得，把“红屁股”充分暴露出来。从而促人后悔醒悟，痛改前非。

**战术之三：假戏真做法。**明初，有知府姓曹，自称是曹操的后代。有一天他去看戏，正演《捉放曹》。演曹操的赵生把曹操的奸诈、阴险惟妙惟肖地表演出来了，赢得满堂喝彩。曹知府却认为自己祖先被侮辱了，回府就派公差传赵生进府治罪。赵生知其原委后，一笑置之，随公差进府。曹知府见他昂然而来，拍案喝道：“下贱小民，见本府怎不下跪？”赵生也瞪眼吼道：“大胆府官，既知曹丞相前来，怎不降阶出迎？”曹知府脸色铁青：“你……你是曹丞相？一个唱戏的嘛！”赵生笑道：“你既然知道我是唱戏的，为何当真？传我进府治罪，这不是天大的冤枉吗？”知府张口结舌，忙赔礼道歉，奉为上宾。

这“假曹操”妙在两个“活”字：一是把台上的剧演活了，致使台下人弄假成真；二是把台下戏也演活了。他“明知山有虎，偏向虎山行”，是因为艺高胆大且智慧过人，故意假戏真做，让对方识破其“假”，再以此反击知府的以假当真，使对方自相矛盾，搬石砸脚，只好低头认输。

**战术之四：故意曲解法。**大仲马接到一位青年的信，信上说：“先生，我打算和你一道来修改你的文章。”大仲马看了火冒三丈，认为这青年不知天高地厚，回信说：“你发疯啦？怎么把一匹天才的骏马和一头蠢驴拴在一起？”青年看信后并不生气，回信时冷静地说：“尊敬的大作家，你发疯啦？你怎么把我比作一匹天才的骏马呢？”大仲马看信后转怒为笑，非常佩服青年的机敏，立即写信去请他来改自己的文章。

青年的聪明在于深知“火爆子”暴烈直率的特性，快人快语，大悲大怒也易转为大喜。他明知自己会激怒对方，但又装聋卖傻，故意曲解原意，使对方射出的毒箭“反射”他自己，从而也使对方折服自己的才智。

运用这种方法，要机敏地领悟“火爆子”进攻的意图和势态，机敏地发现对方因急言而考虑不周的言词，因发怒而生歧义的语言，以故意曲解来造成巧妙的反攻，借箭反击，制服对手于猝不及防之下。

# 克服与领导交谈时的紧张心理

朱华贤

当你有事要向领导反映、有话要向领导说明时，也许心里会显得有点紧张。心里一紧张，说话就会结结巴巴，甚至乱了思路，变得语无伦次，一些原来准备好的话语也会忘记，严重影响交谈的效果。如何摆脱紧张心理、与领导在融洽的气氛中交谈呢?

## 单刀直入承认怕

为避免紧张心理的加剧，在你走进办公室见到领导的那一刻，不妨先直截了当地承认："见到您，我心里非常紧张！"见来者先说怕，许多领导往往会这样说："怕什么？我是老虎啊？我又不吃人。"有的领导或许会想：难道我平时很严肃，很正经。如此一来，一些领导就会表现出格外的热情和随和，即使你一时仍然紧张，他们也会因你的坦诚而给以谅解。从另一方面来说，自己承认有点怕，并公开说了出来，等于放下了心理包袱，情绪就会慢慢地轻松起来。事实通常是这样：你越不承认紧张，心理反而会越来越紧张。

随身带个小玩艺消除紧张，这与你和领导的关系生疏有着很大的关系。交谈前，不妨随身带个自己熟悉的、常用的小玩艺，像旅行剪刀、打火机、钥匙串、小型计算器等，以备必要时玩玩，调剂心理。心理学家认为：怯懦或紧张时，摆弄摆弄自己熟悉的东西，可以起到缓解作用。因为这种东西经常和自己在一起，熟极了，会有一种亲切感和可靠的信赖感，无形中会给你一种胆量，还可以分散过于集中的思想，帮助你活跃思维，打开思路。另外，带个小玩艺，在交谈的空隙摆弄一下，还可避免冷场时无事可做而越发紧张的情况。当然，要掌握分寸，一旦紧张消除，小玩艺就要自然放好，不能长玩不息。

## 了解兴趣谈兴趣

在与领导交谈前，可先向熟人了解一下他的兴趣和爱好。如果领导喜欢下棋（或书法、或垂钓等），那么，见面时，就先从这些他感兴趣的话题入手。了解兴趣与谈兴趣的目的，是为了找到共同的语言，及时沟通感情和融洽气氛。涉及感兴趣的话题，领导的话就会多起来，感情也会投入些，态度自然会亲切平和。几句来言去语之后，你的心情也许就不会感到紧张了。要注意的是，在谈及感兴趣话题时，一定要实事求是，不要恭维和夸张，如领导的棋艺并不精，你却硬说很高很高，那反而会被他怀疑是吹捧而不予理睬，以致重新造成紧张的气氛。

### 就地取材先闲聊

如领导没有什么特别的兴趣爱好，或者他的兴趣你自己不懂，谈不出内容，那么，不妨采用就地取材闲聊的办法。有交际经验的人总是这样：先说上几句闲话，待彼此有了一定的气氛后再进入正题。为使闲话自然得体，可就地取材。就地取材的内容是很多的：像办公室的陈设、墙上挂着的报纸杂志、近来的天气、领导的衣帽服饰等。如正遇上天气特别冷，就可以天气为材，如桌子上有一只新型的茶杯，可以先观赏一下杯子，然后就谈谈它的特点。先闲聊几句的意义主要在于：一是可从中捕捉到领导当时的心情，以及时调整自己的话语；二是可以掩饰和缓解自己心情的紧张；三是可以为进入正题作过渡，起桥梁作用。

### 相信领导通人情

有些人不敢与领导交谈，主要是平时跟领导接触不多，不了解其性格，怕领导态度不好，怕领导不通人情。抱着这种心态去交谈，还会不紧张吗？因此，在交谈时，先要相信领导是通人情的，是不会动辄发脾气的。事实上，许多领导干部是喜欢与普通群众接触的，通人情、讲道理、态度好的领导是绝大多数。只要你反映的事、说的话是合情合理的，即使是为了个人，也用不着紧张。有些人怕与领导交谈是因为领导的威望高、名声大，这更是怕得没理。应该晓得，越是威望高、名气大的领导，他们的态度和脾气就越好，就越是通情达理。

### 相信自己能成功

有些人害怕与领导交谈，是由于后果考虑得过多过坏，生怕交谈不成，反而让人留下一个不好的印象，无端惹上一身麻烦。后果考虑过多过坏，心理压力就大了，紧张的心情也就难免。为避免紧张，要淡化交谈的意义，把与领导的交谈视作与常人的交谈完全一样。要有这样的思想：万一谈不成，也没有什么大不了。在淡化交谈意义的同时，要相信自己有能力、有水平与领导对话，并必定能取得理想的效果。淡化后果，充满自信，紧张就不会缠绕你了。

# 女士，面对异性纠缠说什么

王　志

异性纠缠是令许多女士颇感烦恼的问题。当今社会，青年女子在生活与工作中与男人接触越来越多，自然令一些男人心动神移，生非分之想。怎样一方面使男人们打消念头，又不至于影响到彼此关系，这是摆在青年女子面前的一道难题。下面我们介绍几种在对付异性纠缠时常使用到的说话技巧，以供女士们参考。

## 一、给对方戴一顶“高帽子”

在谈话中先对对方加以恭维，给其一个响亮的称呼，从而使对方于盛名之下难以胡作非为。俗话说：“爱美之心人皆有之。”（你长得年轻、漂亮，别人想跟你亲近，不能一概斥之为“好色之徒”。）不妨给他戴一顶“高帽子”，迫使其打消邪念。有一位女士，相貌出众，在一家公司负责产品销售策划。一次跟某公司经理谈判之后，经理悄悄主动邀请她：“小姐，晚上陪我吃夜宵好吗？”她不得不按时赴约。见面后，经理喜出望外，情意绵绵。两人边吃边谈。女子竭力向经理劝酒，滔滔不绝地向他介绍公司的发展计划，并不时赞扬这位经理，称他是一位有修养、有气质、讲信用、受人尊敬的现代企业家。经理颇为得意，故作谦虚：“你过奖了。”最后两人以共舞一曲而告终。临别时经理握住女子的手，郑重地说：“你是个自尊自爱的女子！我心里会永远记得你这个完美的女孩形象的。”

## 二、给对方一个“下马威”

一般说来，当对方对你生非分之想时，总会有或多或少的顾虑。例如，假如他是厂长，就自然担心事情败露会影响到他的声誉。问题是男人一时情绪冲动，早将事情后果置之度外。因此，聪明的女士此时便必须将此后果向对方明言，给他一个“下马威”，从而促使他收回原意。有位女士其丈夫是海员，长期漂泊在外，孤独和寂寞陪她度日。白天上班还好说，一到晚上便焦躁不安。为了消磨时光，她报考了夜大。第一次上课，发现丈夫中学时的一位同学也坐在教室里。此同学与丈夫相处不错，因此她跟他自然亲近起来。每晚她下课回家要经过他宿舍，他邀请她去坐坐，聊聊天，她都欣然答应。这样使她感觉到生活充实了许多。但是没料到这位同学却暗暗打起她的主意来。一个星期六的晚上，又邀她到宿舍喝咖啡。谈了一阵子，就请她看录像带。电视屏幕上出现了不堪入目的场面。他挨她坐下，手搭在了她肩上。女子这才觉察到这位同学的不良动机。她马上站起来，十分严肃地对他说："俗话说，'朋友之妻不可戏。'你是我丈夫的朋友，他平时对你那么好，要是我把今天你给我看黄色录像的事告诉我丈夫，不知他会对你怎么样啊？"同学一听，大惊失色："你可……可千万别这样！"赶紧打开门，让此女子回去了。

### 三、给对方浇一点"清醒剂"

男子向年轻女子献殷勤，说明他已从内心喜欢上了这位女子。当这种喜欢变得越发强烈时，他就忍不住要对女子动手动脚。许多女子面对这种情况，会感到惊慌失措，羞愧万分，不知说什么为好。其实你完全可以向男子明言，你是一个稳重的女性，有自己的尊严，请对方尊重你的人格。作这番表述时，你应当义正辞严，语调坚定，使对方感受到你凛然不可侵犯。有位女子经人介绍认识了一位男青年，那人身材魁梧、潇洒又沉稳，正是她心目中的偶像。她很快就爱上了他。可是不久之后女子就遇到一个烦恼，两人第三次见面时，男子便吻了她。当时女子不好拒绝，对男子的此举动未作任何表示，此后他便更加放肆，一见面就动手动脚。女子捉摸不清他到底是举止轻浮，品质有问题，还是感情冲动抑制不了自己？最后她采取了这样一种方法：向他明言自己不喜欢他这样做。她诚恳地对他说："你我接触才刚刚开始，互相理解不够。亲吻、拥抱是两个人情感交融的自然结果。我的感情尚未达到这一步，希望你理解并尊重我！"男子听了这番话，头脑清醒了许多，逐渐学会了控制自己的冲动。最后两人终于结为伉俪。

## 四、向对方施以“缓兵之计”

所谓“缓兵之计”，指故意跟对方做些交谈，转移其注意力，以伺机逃脱。男人纠缠女子，一般多见于两人单独相处的场合。若有旁人在场，他是不敢放肆的。因此，女子一旦发觉与自己相处的男人心存不轨，便应与之巧作周旋，使其一时冲动不起来，以等待“救兵”的到来。有位女士，在一家合资企业给外籍经理当秘书。她天生丽质，极富女性的魅力。经理也是个青年人，年方三十岁，长得高大帅气，有一头自然鬈曲的金发，两只活泼机灵的眼睛，生意做得精明，讨女孩子欢心的鬼点子非常多。他到了中国就像在外国一样浪漫，女子不答应他的约会邀请，晚上他就到她家楼下弹奏小夜曲，吵得左邻右舍都不得安生。该女子并不想嫁个外国人，而且她已有自己的意中人，那是她大学时代的一位同学。外国经理对女子频频发动进攻，多次到她家拜访。每次都是父母在场，他倒也表现得比较规矩。有一次，女子正在家中洗头，门被推开了。又是那位外国经理！他见家中无人，不禁心生欣喜之情。女子马上警觉到情况不妙。怎么办呢？她看着经理那双热情奔放的眼睛，心生一计：先跟他谈点别的，以等待父母回来！于是故意找来一份英文报纸，向他请教其中一些词语的意思。外国经理为了讨好女子，自然是不厌其烦地加以讲解，有时还用上一两个比喻，以炫耀自己的学问。接着，女子又向外国经理请教其他方面的一些问题，不知不觉一个小时就过去了。正当外国经理按捺不住自己的激情，想抱住女士亲吻时，门铃响了起来。原来是她父母回来了！外国经理无可奈何摆摆双手，后悔自己错过时机。女子终于凭自己机智的说话技巧，拖延时间，使自己渡过了难关。

# 劝导中的“免疫效应”

赵应宗

人体中注入少量的减弱毒性的病毒，能够使人对其后大量病毒的侵袭产生免疫力。一个人如果先接触一种简短的宣传，再允许他反驳这个宣传，他往往会对后来得以充分发展的同类宣传产生抵抗力，这种现象就是存在于劝导中的“免疫效应”。

## 一、自由与对抗的保护系统

自由感是人的一种天性，当自由感受到一定威胁时，人就会千方百计编造一种认识系统，以抗拒外来的威胁或压力，保护自己的自由感，由此形成认识上的“免疫效应”。“免疫效应”是一种自发的心理反映，它能够帮助人们避开敏感的话题，在潜移默化中产生说服的效果。

据说，在俄国某乡村里住着一位聪明人。一天，一位农妇忧心忡忡地走来向他诉苦：“她家房子很小，本来她同丈夫及两个小孩住在一起就很拥挤，现在，公公婆婆又要搬来和他们同住，一家六口人挤在一起，这日子怎么过啊。”

聪明人沉思了一会儿，对农妇说：“你们的环境要发生变化。为了冲走邪气，你得把屋外的鸡舍搬到屋内去。”

一星期后，农妇气呼呼地跑来找聪明人：“那些鸡只能帮倒忙，屋子现在比以前更挤了，我们全家都在怨怪您哪。”

聪明人想了想，满有把握地说：“你再把屋外那只大黄狗关进屋里去，一星期后你再来找我。”

一星期后，农妇哭着跑来质问聪明人：“都是你出的馊主意，我那屋子里鸡飞狗跳、吵吵闹闹，连吃饭、睡觉都不得安宁。”

聪明人微笑着说：“听说你的公婆明天就得搬过来了，现在，你回去把鸡笼狗笼搬到屋外去，再把房子打扫一下就行了。”

此后，农妇再没有提屋子拥挤的事了。她和公婆等六口人住在一起，日子过得很安宁。农妇开始觉得房子小，公婆来住会造成拥挤，那是在为她的自由感受到威胁而叫苦。经过鸡、狗折腾一段时间，感觉上形成了适应系统（或保护自由感的系统），就不怕公婆来住造成拥挤了。

我们身边常常发生类似聪明人说服农妇的事情。为了防止某人不被突然出现的问题所“冲垮”，说服者常常要先给他打点“预防针”，让他在思想上有点准备——形成“免疫力”。由于这类问题所涉及的各方面都很敏感，说服者为避“挑唆”之嫌，既要使问题显山露水，又希望听者能悟出弦外之音，产生“免疫效应”，必然特别讲究劝导的艺术。聪明人劝导农妇的艺术，可谓是独具匠心。

## 二、“两点论”的分寸

在劝导中让一个人产生“免疫效应”比较容易。要说服一个群体，如何运用“免疫效应”呢？经验告诉我们，在说服那些具有一定知识经验的公众时，对某些问题作两方面论证，比单方面论证更有效。这类公众一般都善于从多角度思考问题，他们往往觉得单方面宣传很偏激，或者是无力辩驳相反观点的结果。然而，使用“两点论”时，如果过多地提到相反的观点，就可能向人们暗示：这是个有争议的问题，公众会感到困惑不解或犹豫不决，从而大大降低传播的劝导效力。那么，如何把握“两点论”的分寸呢？

某工厂准备试制一种新产品，厂长十分支持，员工中却存在两种截然相反的意见。一种意见赞成开发新产品，只是觉得困难重重，难以成功。另一种意见则持否定态度，认为新产品试制要牵涉相当的人力、物力，会影响工厂的经济效益，并且摆出一大堆难以辩驳的现实问题。厂长这下为难了，怎样说服员工们呢？

经过一番思索，厂长委派公关部长运用“免疫效应”去做说服工作。公关部长首先召集持赞成意见的代表开会，在听取他们的陈述后，就用赞成者的观点，对一些比较容易批驳的反对派言论加以分析，让大家发现对方的漏洞。进而，公关部长又提出一些略带攻击性的反对派言论，引导赞成者们予以批驳和反击。代表会开得轰轰烈烈，持赞成观点的人信心大增，“免疫效应”保护了他们的自由感，并且增强了抗击反对派观点的能力。

其后，公关部长又召集反对派代表开会。按惯例，他首先认真听取代表们的大量陈述，然后，仍然重复他在赞成派代表会上的讲话内容，大量地用赞成派观点分析、批驳反对派一些言论，力求公正、客观。所不同的是，在这次会上，公关部长既没有提出赞成派中的攻击性言论，也没有引导反对派去批驳赞成派的言论，只表态要把大家的意见反映给决策层。

会后，反对派中有些人觉察到赞成派观点有一定道理，他们开始改变自己的观点，而这种改变观点的本身，就具有较强的“免疫力”。

经过一段时间酝酿，厂长正式召集两方面代表开会，会上，赞成试制新产品的人几乎意见一致，据理力争，振振有词。而原先持反对意见的人却出现分歧，众说纷纭。厂长支持新产品试制的动议，终于顺利通过了。

在这场支持新产品开发的说服过程中，厂长显然有自己的主见，并且具有驳倒反对派观点的能力。但是，为了发动群众，集思广益，厂长只是把“免疫效应”作为说服的策略，让赞成者增强信心，抵制干扰，以充足的理由形成支持新产品开发的优势。对于反对派观点，厂长也没有武断地采取压制的办法，而是让他们充分发表意见，通过“两点论”，让其中一些人从辨析比较中分化出来，产生自我否定。由此可见，“两点论”的分寸，就在于能否按既定目标使被说服者产生“免疫效应”。“免疫效应”只能帮助人抵制压力，却并不能改变问题的实质，问题的最终解决，仍然需要摆事实、讲道理、以理服人。

## 三、“免疫”的负效应及其排除

在一定条件下，“免疫”也可以产生抵抗正面宣传的负效应。言者谆谆，听者藐藐，箴言宝训被当作“说教”。

形成“免疫效应”要讲究艺术，排除“免疫效应”，同样要讲究艺术。

社会心理学研究结果表明：人脑中抗拒相反观点的“免疫效应”，并不像人体接受病毒那样具有长效的功能。思想上的“免疫效应”，只是一种自我编造出来的逻辑系统，它是为保护自由感而暂时形成的认识框架，如果能恰当地诱导自由感，同时破坏这种编造的系统，使它不再构成新的维护系统，就能将原有的“免疫效应”排除掉。

某大学的一些学生组织了一个名叫兄弟会的组织，形式上互相帮助，实际上却对学生的身心健康产生了不良影响。校方认为，单纯从纪律上作出处分，并不能从根本上解决学生认识上的问题。经研究，校方先请一些专家进行座谈，将他们批判兄弟会组织的谈话制成录音。然后，校方再召集兄弟会的成员开会，让他们一边听专家批判兄弟会的录音，一边看一部有趣的无声电影。结果，大量的信息使这些学生的头脑过多地被占用，他们要维护自己欣赏电影镜头的自由感，很少有机会去注意批判录音的细节。虽然他们也关心兄弟会被批判的信息，却无法思考一套争论的词句来驳斥录音的内容。会后不久，绝大多数兄弟会的学生都改变了原有的观点，自觉地接受了正面教育。

“免疫效应”很容易使人产生抵抗心理，它普遍存在于政治思想教育、经济、文化等领域中。要利用“免疫效应”产生积极作用，防止它的负效应，一定要讲究艺术。

# 劝人用百法不如用一“法”

高永华

在现实生活中，人与人之间一旦发生激烈的矛盾冲突，当事人在冲动情绪之下，很可能干出蠢事来。每当这时，同事、亲人、领导必然会出面进行规劝，帮助他们恢复理智，使问题得到正确处理。能够增强劝导语言力度的说法很多，其中有一种值得我们特别注意：这就是善于运用“法”的威力，强化说理语言的刚性；借助于法律的权威与严肃性，唤起当事人的法律意识，约束自己的言行，最终达到说服目的。具体说来，有以下几种方式可以借鉴：

## 一、借助法律的权威性，加强劝说语言的威慑力

面对头脑发热的人，劝说者可以站在法律的立场上，以严肃的口吻，威严的神态，着力强调对方行为可能造成违法的危险后果，借以增强语言的威慑力，引起对方的警觉，能有效地避免事态恶化。比如，某监察机关的执法人员到一个村调查处理案件，在离开的时候，不法分子煽动不明真相的群众闹事，围攻办案人员，还要砸他们的汽车，情况十分紧急。为了制止事态发展，一位办案的科长站在汽车上，大声说：“我们是国家执法人员，奉命执行公务，大家应该相信我们是会秉公办事的，千万不要听信谣言。如果你们围攻执法人员，干扰执行公务，这是一种违法行为，要负法律责任的。请大家马上散开！”他这样一说，不少群众立即散开，让出一条路来，一场冲突避免了。

## 二、借助相关法律知识，增强劝说语言的征服力

有些人平时不学习法律知识，不知法，不懂法，遇事时难免意气用事。对这种人的劝导就要注意介绍法律知识，使他们知道法律的内容与自己言行的关系及其后果。这样的劝说才有力度，才能服人，才能使对方自觉用法律规范来校正自己的不当言行，最终达到规劝的目的。

比如，有个小伙子的未婚妻在家里被人欺侮了，他听说后怒不可遏，当即

买了一把刀子要去报仇。他的公司领导知道后意识到问题的严重性，心想如果只是简单地说服他不要意气用事，他肯定不服气。于是就用法律知识说话，做他的思想工作，问道：“你真爱她吗？”小伙子点点头。领导说：“我看你并不真爱她。”对方一愣。领导说：“如果你真爱她，就应想到她现在最希望的是什么，想到你的行为的后果对姑娘意味着什么！”小伙子的确没有想到这一层。领导进一步指出其鲁莽行为可能造成两个严重后果：一是违反单位的纪律，为单位抹黑；二是触犯刑律，受到法律制裁。至此，小伙子已清醒了许多，他问：“那，就这样便宜了这小子？”领导告诉他，要学会运用法律武器作斗争。接着一起学习了刑法，帮他给姑娘写了信，鼓励姑娘向法院提出诉讼。此外，这家公司还出面给地方政府写了信，最终使坏分子受到了应有的制裁，这件事情得到圆满的解决。

## 三、借助具体法律条文，增强劝说语言的引导力

有时候，当事人受了害，因为不了解具体法律条文，不知道如何维护自己的权益，也可能冲动蛮干。劝导者应运用具体的法律条文帮助分析对照，说服规劝，使之心服口服，变得理智，并作出正确的言行选择。

有一个青年工人（以下简称青工）的父亲下夜班骑车回家，不幸跌进施工挖的沟中，造成骨折住院，花了数千元医药费，几个月没能上班，工作也丢了。这个青工找到施工单位说理要求赔偿，人家说与己无关。他的蛮劲上来和几个哥儿们商量好要去收拾那个工头，砸那个工地。就在他们要行动的时候，单位的书记知道了，拦住他们说：“你可不要胡来，本来你现在占理，一动手就没理了，而且还违法。”青工听了很反感，说：“你说得好听，我到哪里说理？找谁都说不管。”书记说：“你不学法，当然找不到理。你看，法律中有这样的条文：‘在公共场所、道旁或者通道上挖坑、修缮安装地下设施等，没有明显标志和采取安全措施造成他人损害的，施工者应当承担民事责任。’”他这样一点拨，对方紧蹙的眉头展开了。他在领导帮助下状诉安装地下管道的自来水公司，在法院的审理下，索回了赔款，解决了问题。他说：“多亏了书记的指点，不然，我就栽了。”

综上所述，在劝导过程中适当借助法律的威力可以增加语言的力度，对当事人能产生很强的开导、规范和扼制的作用。当然，这里有一个前提条件，这就是劝导者必须知法懂法，一个知法者才可能成为强有力的劝导者。

# 看对方的情绪来说话

丁步洲

某商场经理去找一个对他有误会、一直以为受他压制、本月又没有完成销售任务的营业员谈话。见面还没开口，对方就以为经理是来兴师问罪的，气不打一处来。经理觉察到对方的抵触情绪后，及时地转换了话题，微笑着对他说："我是来听听你对商场近来工作的意见的。"对方见经理情绪平静，也慢慢地消除了戒备心理，还真的提了些有价值的意见，经理在表示要接受这些意见的同时，才慢慢地转入正题——讨论没完成任务的原因。收到了预期的效果。

推究这位经理谈话的过程，注意对方情绪是关键。假如在对方情绪不好时直接触及让对方不顺心的主题，必然会导致碰壁。那么，怎样才能摸准对方情绪呢?

**一、察言观色。**情绪是情感在面部、眼神、语言、态势等方面的综合反映。说话时观察对方在这方面的反映，根据情绪的变化采取相应的办法变通，则可以取得良好的交际效果。某开发公司的王经理去找另一个公司的陈经理洽谈一笔生意。寒暄过后，两位老朋友的情绪还比较稳定，当涉及具体价格后，特别注重效益的陈经理感到出入太大，马上变得烦躁起来。王经理见陈经理的情绪变化大，马上谈一些其他问题给他降温，待对方情绪平静后才又谈及原来的话题。陈经理从交谈中见对方不是来敲竹杠的，也主动做了些让步，终于做成了这笔生意。

**二、分析情境。**说话情境与说话情绪有直接关系。人们在具体说话情境中必然要表现出各种情绪。像欢乐的除夕之夜，人们在电视机前看小品、相声，情绪会变得出奇地兴奋、开朗；遭受一次事先没有料及的打击之后，情绪会变得颓废、失落……注意到说话对象所处的说话情境，才能保证所说的话出现相应的效应。一个经营服装的个体户拖欠了服装厂家一笔钱。一天厂家派人来讨债，那个个体户已进了医院，来人没有直接讨债，而是去买了些营养品看望他，并佯说受厂长委托来了解行情和客户要求的。一会儿他们的话题就转到了服装生产和销售问题。厂方代理人见对方情绪蛮好，就刹住话头，没提讨债的事。那个个体户马上意识到他的真实来意，抱歉地对对方说："欠你们的那笔钱，我一出院就给你们汇去。"如果厂方的代理人不顾及对方的处境和情绪，赶到医院开门见山就讨债，不仅要伤一个病人的心，还会令对方产生一种厂家太绝情的印象，从而失去一个老客户。

**三、投石问路**。有时因交际双方感情都不外露，相互间又缺乏一定的默契，要摸准对方情绪，则要"火力"侦察，待对方作出相应的反应后，再分别对待。"火力"侦察的方式可以是当事人直接找对方用相关的话试探，也可以用一些貌似无关的话题，通过征求意见等形式旁敲。某公司决定开除一个不负责任的雇员。为稳妥起见，经理先若无其事地问对方有些什么爱好，当得知他对修理无线电有兴趣并见他态度很坦然，于是对他说："公司最近有人议论你，想必你也有耳闻吧？其实当雇员也不是你的专长，想放你出去搞你的无线电怎么样？有什么要我帮助的吗？"听了经理的话，他的情绪很平静，自然地接受了公司的决定，一些相应的问题也得到了妥善解决。本来要酿成暴风雨的谈话，终于以平静的方式结束了。这种效应是投石问路、摸准情绪的结果。

**四、侧面探测**。为了保证交际取得好的效应，有时需要在交际前搞清对方会以什么样的情绪对待所要接触的问题，减少一些不必要的麻烦。这时可以通过与对方熟悉的第三者去刺探对方对该问题的情绪；可以找对方活动圈子里的人了解其人对该事的态度。掌握了有关对方情绪的资料后再去找对方交涉。养鸡大户邓某由于管理不善，一半以上的雏鸡死亡，想与乡政府中止合同。乡多种经营管理所得知此消息后，就让邓某的朋友去用"乡领导不同意中止合同，中止后要承担经济责任"的话去试探，邓某表示宁愿赔钱也不愿再履行合同。由于事先摸准了对方的情绪，就使原先估计可能要棘手的问题顺利地达成了协议。

**五、听音辨析**。言为心声。说话的语气、语调、音量等等，都是说话人情绪的表现。仔细听取和辨析对方的话语，可以比较准确地发现对方的情绪。像做了错事，有负罪情绪的人，说话吞吞吐吐；问心无愧，说话做事对得起人的人，说话理直气壮；心中有鬼者，生怕语有所失，说话畏首畏尾；求人者，谦恭备至；教人者，居高临下；欺人者，说话咄咄逼人；骗人者，说话投其所好；悟人者，说话语重心长……了解这些，就可以透视出对方的不同身份、不同要求、不同心理，有针对性地采取恰当的对策。

# 交谈中必须注意的几个问题

张洪舜

交谈就是对话，是人们借助语言互相交流思想的一种形式。在交谈过程中，交谈者的手势，表情、音调等相互作用着。他们通过彼此观察，关心着共同谈论的问题。因而，有许多意思虽没在言语中表达出来，彼此却能会意。有时，交谈者只要针对当时的情境，用省略的简短语句表达心意别人也会清楚。这就是对话不同于写作和独白的特点之一。对话要具备一定的条件，否则，对话者就会对他们之间的谈话感到枯燥乏味，以至失去使对话继续下去的能力。那么，它需要具备哪些条件呢?

第一，双方对话者语言要大众化，通俗化，明朗化，要能够相互听懂，了解对方的问题和反驳。如果甲方没有倾听乙方说话的能力，必然是对乙方所谈的内容不感兴趣，致使听而不进。这时的谈话就失去了另一方答应的支持条件，对话就变成了独白。这样，甲方在外部表情上便表现出不耐烦和心不在焉的样子，有时还可能打断对方的话头。由于甲方情绪上的变化和随便打断乙方话题的不礼貌行为，必然导致乙方产生一种反抗心理，或认为甲方轻视他而难受，或为甲方的不礼貌行为而愤愤不平，造成谈话场面既寂寞又紧张，对话者不欢而散。这种情形在意志力薄弱，自制力差的少年儿童身上较常见。常和学生谈心的中小学教师尤应注意。因此，在与人交谈时，要先看其年龄大小，文化程度和阅历如何，不同的人用不同的交谈形式，做到深入浅出，使之易于接受。如以交谈的形式跟农民谈农田科学管理的必要性时，首先应跟他们谈农业生产的情况。交谈过程中要用一些习惯性的插入语，如“哎，这样不错呀”，或“这样做，能加快速度提高产量啊！”这样就既活跃气氛，又会使他对你有亲切感，为下面的谈话创造良好条件。然后，根据事实，有针对性地提出自己的见解，诸如“不过那样做既费人力、财力、收入又低，现在人家一个人能管理成百上千亩的稻田，能养几百只鸡。”“本来我们是可以办到的，只是我们还没有很好地利用现有条件。”这样可以激发他们对你的谈话产生兴趣，这时，你可以向他们举出国内国外的许多先进生产事例。如一对夫妇如何管理一千多亩稻田；广州养鸡场如何用科学管理方法每人养几百只鸡等。通过事例说明，他们会产生跃跃欲试的心理，盼望着你能为他们出谋献策，为他们开辟一条用科学致富的新路子。这时候，你便可以将你所要讲的内容公诸他们。如果一开始就谈，实现农田科学管理如何如何重要，他们也不一定愿意听。事实证明，在落实生产责任制中涌现的专业户、重点户多数是受到报纸、电台和“游说家”的开导后才找到了一条用科学生财之道的。

第二，对话具有情境性。在交谈过程中，有些是以前谈过的事情，或者是对方比你更清楚、更内行的内容，或者是当前正在议论的问题。所以，交谈者针对当时的情境，用省略后的简短语言去表达，对方也会清楚。在这种场合下，交谈者必须注意语言的适当性和合理性。不要啰唆，不要将对方已明白了的东西解释一大通。不然对方对你谈的内容会感到厌倦、烦闷、兴味索然，有时甚至反感。

第三，要看跟你谈话的人的宇宙观和所处的社会环境如何。宇宙观和所处的社会环境不同，认识事物必然有一些不同。在交谈中如果不注意到这一点，不灵活改变谈话形式，就会造成冷场或使谈话场面像战场一样紧张，甚至使交谈者变成了“敌对”的双方，特别是经常与华侨接触的国家工作人员更要加以注意。因为华侨多年生活在海外，对新中国的有关消息较为闭锁，对于这样的人，如果你直截了当地讲党的方针政策，他们不但不相信，而且会认为你在说谎而厌弃你。那么，对于，这样的人该如何对他们进行宣传，打破他们的偏见，解除他们的疑虑呢？爱国之心人皆有之，尤其是海外赤子，因此，首先要与他们谈家乡情况，诸如家乡人民的生活水平，家乡的建设情况及近年来的变化，等等。然后将这些情况同旧中国的凄凉景状作对比，使他们体会到社会主义的中国与黑暗的旧中国有着天渊之别，从而使他们悟出“没有中国共产党就没有新中国”的千真万确的道理。他们不但会产生一种对我们党无限敬仰和热爱的情感，而且对你也有亲热感，这时你便可以开诚布公地向他们阐明我们党的方针政策了。

第四，在交谈过程中，注意说话要清楚，不要含含糊糊，模棱两可。因为含含糊糊和模棱两可的话，会使听者感到是非不清，容易产生疑虑，分散注意力，影响交谈的继续进行。谈话速度也不要过快，像连珠炮一样没完没了，没有给对方以接话的机会，使对方欲表达的思想无法显现出来，造成内心烦闷，对你讲的话充耳不闻，交谈当然不能取得预期效果。

第五，在交谈时，要注意对方的外部形态，尽可能了解对方的心理特征。语言是表达思想的工具，而语言的表现形态主要在外部表情和姿势上体现。为了使谈话的效果令人满意，必须对外部表情和姿势——有所讲究。在谈话过程中尽量做到心平气和,在回答对方提出的问题时,态度要和蔼,要给人以亲切感。如果你毫无表情，或者满脸杀气，使人望而生畏，还有谁敢向你提问，还有谁愿意将这样的谈话继续下去呢？其次，观察到对方的外部表情发生变化时，要作出相应的反应。如果对方对你的谈话无心倾听，说明他对你所谈的内容不感兴趣或者没有听懂你的话，抑或是另有所思，这时你应将话题收敛，让对方来叙怀。从姿势上来说，因为交谈者之间互相观察是对话的特点，因此，首先要注意的是不要将面转离对方，尤其是背向对方，这样做既不符合对话的条件，也是一种不礼貌的表现，会使对方认为你太高傲，瞧不起他，这不单纯是影响了当时的谈话，而且对以后的交往也不利。其次，说话时除了必要的解释性手势外，不要节外生枝。节外生枝的动作是多余的，不受人欢迎的。此外，了解到对方的心理特征之后，对不同的人，用不同的方法。例如，对于急躁型的人，说话要干脆利落，不要任意激怒他。对于固执的人，不要老是在某个问题上顶着他。对于好胜的人，不要随便贬低他，有时还要略作让步，等等。

“话不投机半句多。”要使谈话成功，必须注意上述几个方面，在“投机”上下功夫。

# 学会向别人做解释

夏中华

解释，经常出现在人们交际活动的各种场合：上班迟到了，需要向领导解释原因；别人对自己产生误解了，又需要解释自己本来的动机……而要使解释这种口语活动获取预期效果，就必须掌握一定的原则，讲究语言技巧的运用。

## 言有理据

这是解释的首要原则。解释的主要功能在于解疑释难，澄清事实。当对方对自己提出的观点或言行的动机不甚明了，疑惑不解时，人们常常要解释；当对方对自己过去的某一说法或做法有怀疑时，人们常常要说明真相，把事情的原因解释清楚。出于这样的目的，解释必须有理有据，如实地陈述事情的本来状况，只有这样，解释才能令人信服。例如，某高校中文系根据教学计划在文秘专业中开设了汽车驾驶课，课程结束后，到有关部门去办理考试手续，但该部门却认为他们不具备开课条件，不给办理手续。这时，系主任向他们解释道："我系设置文秘专业是经省教委批准备案的，教学计划中又有汽车驾驶这门课。作为教学单位，我系具备了开设汽车驾驶课的基本条件，不仅教学管理经验丰富，而且学校车队有各种汽车近 30 台，学校操场场地宽阔，为学生实习培训提供了良好的环境，为了保证教学质量，我们还从专业学校聘请了教师。这些都说明我们具备了开设汽车驾驶课的基本条件，所以，应该接纳学生参加考试。"这位系主任的解释，理据充分，言之凿凿，有关部门终于给办理了考试手续。

要做到有理有据，解释就必须实事求是。如果解释时由于真实情况难以直言，也不要寻找借口，强词夺理，更不能巧言令色，凭空编造，那样即使说得天花乱坠，也难以令人置信，很可能还会招致对方的反驳。例如，小王要去某公司谋职，请老张帮忙找这个公司的领导说情，而老张却不愿出面为小王搭这个人情，又不能把这个真实理由说出来。老张在拒绝的同时，又以工作太忙，没时间去等借口做了解释，结果导致对方不欢而别，影响了两人的关系。可见，该解释的，就应该向对方合乎实际地讲明客观原因，表明自己的态度；不该解释的，就不要乱加说明，否则就会适得其反。

### 表述清晰

这是解释的重要原则。由解释的性质和功能所决定，解释必须清楚明白，否则就很难达到解疑释难、澄清事实的目的，甚至还会产生新的误解，特别是对方根据自己的言行推测动机，出现“说者无意，听者有心”的情形而产生误解时，更应该明确清晰地直言阐释。这样，才能经过及时的、开诚布公的解释，说明事情的原因或过程，对方才会相信解释，并依据解释做出合乎实际的判断。例如，某高校实行主辅修制。当某系的教学主任刚上任时，正巧赶上学校决定辅修课程要收费。学生一听说收费，很自然地就想到这是新上任的教学主任决定的，误认为是他为了创收赢利才这样做的。显然，这位教学主任被误解了，如果不及时解释，就很可能影响师生关系，形成对立情绪。在这种情况下，他向学生及时传达了学校文件，又具体地说明了事情的来龙去脉，学生对他的误解很快就消除了。

解释的表述清晰，首先要求条理分明，特别是解释的事情错综复杂时，要把它说得有条不紊。在解释前，要考虑到语句的顺序，先说什么，后说什么，要做到心中有数，不能兴之所至，随口道来，以防止解释后更加糊涂的情形出现。一般地说，事情总有个起因、发展和结果这样的过程，解释时就可以按照这个过程的先后顺序进行，否则，即使简单的事情也会被弄乱。在词语句式的选择方面，解释时要尽量少用“大概”“也许”“可能”之类的模糊词语，少用同音词；句子要多用完全句，不要随意省略成分，否则，就可能解释不清。

当然，表述清晰只是我们对解释提出的一个总的原则，在具体运用中，并不排除语言多种技巧的运用。解释是一种复杂的口语活动，有些事情，如果直言解释，可能会给人以刺激或伤人情面、影响关系，在这种情况下，就应该采取委婉含蓄的表述方式。方式是委婉含蓄的，但表意必须是清楚明确的，对方借助于语境是能听懂的，只不过在形式上更容易让人接受罢了。例如，商店的家电柜台搞返本销售，顾客很多，原有的几个营业员忙不过来，根据情况至少要加两个人。营业组长在向经理要人时，经理说：“一个就够了。”对于领导的意见，直言辩解有伤面子，效果可能不好，营业组长深谙其中奥妙，解释道：“一个也许够了，但再加一个会更好。”这样婉转的解释实际上就是同义替换，改为另一种说法，既达到了解释的目的，又使对方容易接受，其效果是很好的。

### 语态谦恭

这是解释所必须遵循的又一原则。不过，这里提到的语态谦恭，最根本的是要使用渗透着情感的语言来表达，而不是使用“笑”或“哭”之类的体态来表现态度诚挚，所以，在解释时，要特别注意语言的传情功能，用情感感染对方，使对方相信自己的解释。

要使解释语态谦恭，首先要注重双方的情感融洽。“感人心者，莫先乎情。”解释这种口语活动特别强调双方的情感融洽，双方情感越融洽，解释的话就越入耳入心，就越能使人信服。特别是当双方的处境、心情并不完全一样，彼此还存在一定心理距离时，就更需要在解释前沟通心理，融洽情感，给对方以“自己人”的感觉。人普遍具有相信“自己人”的心理倾向，而“自己人”的标志主要是情感融洽，心理沟通。在解释时，如果能够形成“自己人”的定式，站在对方的立场上，从对方利益出发解释问题，对方就会听信，接受你的解释。例如，一对恋人来商店要买两米八的布料做一身衣服，营业员一看，小伙子的个儿根本用不着这么多布料，就告知可以少买一些，小伙子很不高兴。营业员猜想这可能是一对初恋者，由于社会舆论过分强调个子的作用，小伙子是在故意多买布料，以显示自己并不矮。为了避免顾客难堪，营业员解释道：“我看您长得满精干，又不胖，有两米五足够了。”营业员的这句话，从顾客实际出发，讲清了道理，同时又显得亲切自然，融情于理，对方当然会听信这种解释。再如，储户对提前支取定期存款要持身份证嫌麻烦而有意见，储蓄员如果说：“就这么规定了，你不拿身份证就不给支，有意见找领导去，我有什么办法？又不是我定的制度。”这样的解释，语态生硬，不仅伤害了对方的情感，很可能还会引发不必要的矛盾冲突。不如说：“这是统一规定，到哪儿都一样，因为我们得保证储户存款安全，万一存折丢了，别人拣到也取不走。”这样解释，从为对方着想的角度出发，对方当然会信服。

为了表现出语态的谦恭，解释的语气应该和缓，决不能使用质问的语气。

例如，当旅客问售票处在哪儿，服务员指着售票处方向说："你看不见吗？"当顾客问商品价格，营业员说："标签上不是写着吗？"这种语气最容易伤人情感，是解释的一大忌讳。另外，解释时也不要敷衍了事，更不能轻视或嘲弄对方，不能说"你怎么连这个问题都不懂？""这种事还要问别人吗？"之类的话，那会伤害别人的自尊。

解释是人们经常碰到的一种口语活动，而且具有多种功能。在具体解释时，为使之能获得预期效果，就必须遵循上述原则，并灵活运用语言的各种技巧。

# 当长辈不同意你的意见时

高永华

在家庭中，几乎每个青年人都可能遇到自己的意见被长辈否定的情形。在这种情况下，通常有两种选择：一是对长辈的态度不予理睬，坚持自己的意见，一意孤行。二是善于说服，用自己的智慧和口才得体地阐明自己的思想，使长辈理解并同意自己的选择，站到自己一边，成为自己的后盾。不言而喻，后者显然是理想的选择。

然而，从实际情况看，说服长辈并不是一件十分容易的事情。长辈在为人处世上有丰富的经验，见多识广，再加上年龄上的差异，接触事物的不同，这就很容易造成看问题的角度与青年人存在差异。所以，青年人说服长辈必然有一定的难度。但是，从另一个方面看，说服长辈又是可能的。做长辈的一般对晚辈都有责任感，且是非分明，有较强的识别力，只要你讲得有道理，你能拿出足够的证据使他们相信，他们就会改变主意，转而接受你的意见。正是从这个意义上，我们的长辈在面对真理时，又会表现得很豁达，不固执己见。这就是说，青年人如果手里确有真理，又懂得说服的艺术，那么，他们对长辈的说服就一定能获得成功。

说服长辈与说服其他人有所不同，有一些特点值得注意。

首先，要有足够的勇气和信心。说服实际上是一种思想交锋，假如你缺少勇气，不相信自己有说服长辈的能力，那么你在长辈面前就会变得软弱无力，你的说服注定不会成功。因此，建立信心，拥有勇气是说服成功的前提。

为了提高自己的勇气，不妨采取自我激励法：就是把这一次的说服与自己未来的发展联系起来，与增长才干联系起来考虑。当你想到如果今天在家庭中尚且没有勇气说服长辈，那么明天到工作岗位上就难以说服你的上司、说服你的同事，也就难以有所作为。这样想问题，你就会获得一种内在的驱动力，勇气就会大增。

其次，充分尊重长辈，善于以理服人。青年人要明白长辈不同意晚辈的意见，并不是有意和晚辈过不去，从动机上看是出于对晚辈的关心和爱护，是为了晚辈好，存在的分歧只是看问题的角度不同引起的。所以，作为晚辈，在向长辈说明自己的意见时应持尊重和商讨的口气说话，语调要柔和，不要简单生硬，更不要以正确者的姿态，使用批判、批评的态度指责他们“顽固”“守旧”，否则就会激怒他们，形成对立，使说服成为泡影。有时候，一次说服不能立刻见效，也不要急躁，要有足够的耐心，想办法改变思路，再行说服，直至成功。在说服时机上，要注意选择在长辈心情愉快时进行，这时他们较易听进不同意见，可以平等的商讨对话，这样成功的希望就大得多了。

更重要的是要讲究说服的技巧。在说服长辈问题上晚辈处于劣势地位，为了增强自己说服的力度，还应善于利用各种有利的因素，讲究说服的技巧，以求立竿见影。常见的说服技巧有：

**一、利用类比说理。**在说服过程中，可以巧妙地把父辈的经历和自己目前的状况相类比，以求得他们的理解，使他们没有反对的理由。比如，有一位高中毕业生想到南方去闯一闯，家长不同意，他这样找理由说服：“爸，我常听您说，您16岁就离开家到外地上学，又找到工作，自己奋斗到今天！我现在出去比您当时还大两岁呢，我这是受您的影响才做出这样的决定的，我想您会理解、支持我的。”听了这话，父亲没有再坚持自己的意见，终于说了这么一句：“好，你长大了，像我的儿子。”就这样，青年成功地说服了父亲。一般情况下，做父辈的都有自己认为辉煌的过去，他们免不了要以这些为资本对子女进行教育，要他们效法。而作为成年的子女，如果你要干一番事业但受到长辈的阻挠时，就可以拿长辈的事实作为论据，进行类比，这种方式有很强的说服力。

**二、以父辈的期望为自己的旗帜。**父辈对子辈的未来都寄予厚望，望子成龙是他们梦寐以求的，而且在日常生活中常常教导子女要敢闯敢干，将来要做一个有作为有成就的人。在说服时只要你提出的意见是与他们说的目标相一致的，就可以抓起这面旗帜，拿起这件有力的武器，为己所用。有一位青年到社会上谋职，找到一个集体工厂的工作。这时父亲正在托人给他联系一家大的国有工厂，听了儿子的意向后，父亲表示不同意。这时儿子说：“这个工厂我了解过了，很有前途，生产的是高科技产品，和我学的专业很对口。而且我觉得，国有企业好是好，可是人才济济，我一个中专毕业生，到那里要想干出一番事业，恐怕机会不多。可是在这个小厂就不同了，我去那里，厂长要我马上把技术工作抓起来，这是多好的机会。爸，我从小就依靠你们，您常批评我没有出息，没有主见，希望我成为一个敢说敢为的男子汉。我现在长大了，觉得您说得对，我这次的决心就是自己独立想出来的，我想您一定会支持我的。这么多年你们一直替我作主，您就让我自己作一次主，行吗？”听到这里，父亲还能说什么呢？他终于点头了。一般说来，长辈们是很注意自身尊严的，对过去说过的话是不会轻易食言的，而且会立即兑现。所以，晚辈们在说服时就可以适当地利用他们的这种心理，用他们的话作自己的旗帜，是很容易成功的。

**三、运用不可动摇的决心和负责任的态度增强震撼力。**晚辈在说服长辈时要表明自己的态度，让他们明白自己的选择是慎重的，是下了决心的，不管遇到什么样的情况都是不会动摇的，即使做出了错误的决定也准备独自承担责任，绝不后悔。这种坚决态度具有柔中寓刚的作用，对于长辈有很强的震撼力。它可以使长辈看到子女是有主意、有责任感的人，既然他们决心已定，如果硬顶着来反而会把事情搞僵，不如顺水推舟，成全他们，同意他们的意见。有一位姑娘和本厂一个小伙子搞对象，可是她的父母不同意，认为这个青年家境贫苦，怕女儿嫁过去吃苦。可是女儿铁了心要跟他。这天，她和父母最后摊牌，说：“在这件事情上我的决心已定，我希望你们能理解女儿的心。嫁过去后吃苦受累我认了，我心甘情愿。如果你们硬不同意，那也没有办法，你们就当没有生过我这个不孝的女儿。不过，我内心还是希望你们能理解和支持我，我会感谢你们的。”话说到这份上父母还能说什么呢？他们并不想失去女儿，既然女儿已经铁了心，父母为什么还要逼她呢？他们同意了。在这个事例中是女儿的决心起了重要作用。

**四、利用家庭中可以借用的力量。**有时候，面对子女的想法，家庭成员的意见是不会完全一致的。可能有的反对，有的赞成。在这种情况下就可以借用他人的力量和自己一道说服长辈。比如，上中学的女儿要和同学去郊游，母亲不同意，担心没有大人领着不安全。可是外祖父不这样看。于是，她就请理解自己的外祖父出面帮助说服母亲。外祖父欣然从命，和外孙女一起唱“双簧”。她首先说明自己的打算，不等母亲反对，她就使眼色请外祖父说话。他说：“还是叫孩子去吧，学生自己组织活动，从小就锻炼独立生活能力，这也是一次机会。不过要小心，要注意安全。”他说话的分量自然比较大，母亲也就没有什么好说的了。

综上所述，对于一个正在成长的青年来说，善于说服长辈不但是必要的而且是有益的。从长远的观点看，学会说服的艺术就等于多了一件处理人际关系的武器，这对于青年人在社会上立足、开拓事业更是必不可少的。

# 同坐办公室　说话各不同

南　西

在同事之间要建立良好融洽的人际关系，必须经常相互沟通。而要做到相互沟通，除了相互帮助、相互谅解之外，得体恰当的语言也是非常重要的。许多争吵，甚至发生在平素关系非常密切的同事之间，很大一部分原因就是说话不讲艺术，使对方误解，以致造成同事间的隔阂。那么同事之间怎样交谈比较恰当呢?

## 一、要注意对方的年龄

对年长的同事，最好谦虚些、服从些。当然，尊敬是最起码的，年长的同事往往是高你一辈的，经验比你丰富得多。与他谈话，切不可嘲笑其“老生常谈”“老掉牙了”，应该持尊重的态度。即使自己不认为正确也要注意聆听，而后再提出自己的意见。

对于年长的人，最好不要轻易问他们的年龄，因为有些人往往很忌讳这一点，问起他们时，常使他们感到难堪和颓丧。所以，在与年长的同事谈话时，不必提起他的年龄，而只去称赞其干的事情，你的话肯定会温暖他的心，使他重新感到自己还年轻，还很健康。

对于年龄相仿的同事，态度可以稍微随便些，但也应该注意分寸，不可出言不逊，伤人自尊。在与自己年龄相仿的异性同事说话时，尤其注意，不宜乱开玩笑，态度暧昧，以免引起一些不必要的猜疑。

对于年纪比你小的同事，也要注意一定的分寸。应该保持慎重、深沉的态度。年纪较小的同事，有些思想可能太冒进，或知识经验不及你，所以与他们谈话时，注意不要对其随声附和，降低自己的身份。但也不要同他们进行辩论，不要执意坚持自己的意见。只需让他知道，你希望他对你有适当的尊敬，他就会因此而保持适当的态度和礼仪。但是千万不要夸夸其谈，卖弄经验，在自己的知识范围外还信口开河。否则一旦被他们发觉，就会降低对你的信任与尊重。

## 二、要注意对方的地位

和地位高的人谈话，常使自己有一种自卑感，从而木讷口钝，思想迟缓。但有人为改变这种情况，却走到了相反的极端，即对上级高声快语，显得粗鲁无礼。这两种态度都是不可取的。

与地位高于你的同事谈话，不管他是不是你的顶头上司或其他部门的领导，都应采取尊敬的态度。一则他的地位高于你；二则他的能力、知识、经验、智慧显然也比你高，应该向他表示敬意。需要注意的是，与地位高的人谈话，必须维持自己的独立思想，不要做一个应声虫，使他认为你唯唯诺诺，没有主见。要以他的谈话为主题，听话时不要插嘴，应该全神贯注。他让你讲话时，要尽量讲题内话，态度应轻松自然、坦白明朗，回答问题要适当。

与地位较低的人谈话，也不要趾高气扬，应该和蔼可亲，庄重有礼，避免用高高在上的态度来同他谈话。对于他工作中的成绩应加以肯定和赞美，但也不要显得过于亲密，以致使他太放纵。不要以教训的口气滔滔不绝地讲个没完，使对方感到厌烦。

## 三、要注意对方的性别特征

交谈时，要注意性别不同，方式亦大为不同。同性别的同事之间的谈话当然要随便些，而对于异性同事，谈话就应特别当心。当然并不是指要处处设防，步步为营，但起码“男女有别”还是不错的。比如一位女同事，身材肥胖，你千万不能“胖子、胖子”地乱叫；但换了位男同事，叫他几声“胖子”他可能会毫不介意。再比如一次公司的聚会上，有一位新来的女同事是大龄单身。即便你是为了关心她起见，也不能走上去问她：“××，你看起来很显老，到底多大了？”真这样做了，恐怕这位女同事要记恨你一辈子了。

女同事与男同事讲话，态度要庄重大方，温和端庄，切不可搔首弄姿，过于轻佻。男同事在女同事面前，往往喜欢夸夸其谈，谈自己的冒险经历，谈自己的事业及自己的好恶，更喜欢发表自己的意见，让听者感到惊奇与钦佩。所以男同事需要的是一个听话者。女同事要当一个听话者，请注意切勿太唠叨，声音太大，不要总想找机会打岔，纠正对方或对家里的长短抱怨不停……但是，如果对方令你难以忍受，那么请巧妙地打断他的话或干脆直截了当地告诉他：“对不起，我还有事。”

## 四、要注意对方的语言习惯

我国地域广阔，方言习俗各异。一个规模较大的单位，不可能只由本地人组成，一定还会有各地的同事，要特别注意这点。不同的地方，语言习惯不同，自己认为很合适的语言，在其他不与你同乡的同事听来，可能很刺耳，甚至认为你是在侮辱他。

比如：小齐是西北某地区人，而小秦是北京人。一次两人在业余时间闲聊，谈得正起劲，小齐看见小秦头发有点长了，就随口说：“你头上毛长了，该理一理了。”不料小秦听后勃然大怒：“你的毛才长了呢！”结果两人不欢而散。

无疑，问题就出在小齐的一个“毛”字。小齐那个地方的人都管头发叫作“头毛”，小齐刚来北京时间不长，言语之中还带着方言，因此不自觉地说了出来。而北京人却把“毛”看作是一种侮辱性的骂人的话，什么“杂毛”“黄毛”，无怪乎小秦要勃然大怒了。

还有许多其他的语言习惯，如北方称老年男子叫老先生，但如果上海嘉定人听来，就会当是侮辱他。安徽人称朋友的母亲为老太婆，是尊敬她；而在浙江，称朋友的母亲为老太婆那简直就是骂人的话了。各地的风俗不同，说话上的忌讳各异。在与同事交往的过程中，必须留心对方的忌讳话。一不留心，脱口而出，最易伤同事间的感情。即使对方知道你不懂得他的忌讳，情有可原，但至少你还是冒犯了他，在双方的交谊上是不会有增进的，因此应该特别留心。

## 五、要考虑对方与自己的亲疏关系

倘若对方不是相知很深的同事，你也畅所欲言，无所顾忌，那么，对方反应该如何呢？你说的话，是属于你的，对方愿意听你的吗？彼此关系浅薄，交情不深，你与之深谈，则显得你没有修养；你说的话是关于对方的，你不是他的诤友，不配与其深谈，反倒是忠言逆耳，显得你冒昧。

因此在一个公司内，要同身边的同事搞好关系，谈话则必须注意对象的亲疏关系。对关系不深的同事，大可聊聊闲天，海阔天空吹一吹，而对于个人的私事还是不谈为好。但这并不等于对任何同事都要遮遮盖盖，见面绝不超过三句话，而只说些不痛不痒的大面话。如果是交情匪浅的同事，则可以不断地交流思想，促膝谈心，互相关心对方的生活与私事，替对方出出主意，排忧解难。这样，还可以增进彼此间的团结与友谊，更有利于工作。但需要注意的是：不要学小人说三道四，东家长西家短，谈起来没完。这样，无聊而且破坏同事间的团结，破坏同事的名誉。

### 六、要注意对方的心境

与同事谈话，应该注意，什么是相宜的时候。比如对方工作正在紧张繁忙的时候，你不要去打扰他；对方正在焦急时，你也不要去同他闲聊；对方如果正陷于悲痛之中，你更要选择适当的话题。假如你在这些情况下不分场合地去扰乱他，一定会碰一鼻子灰。

对方心境不同，应该有针对性地选择不同的话题。遇到同事得意时，应该同他谈得意的事；遇到同事正在失意，应该适时抚慰，同他谈你自己的失意事。如果同失意的人大谈得意之事，不但显得你不知趣，而且让对方感到你是在挖苦他，他与你的感情，不能变好，只能变坏。同得意之人谈你的失意，他说不定会怪你扫他的兴，即使表面上对你表示同情，内心也许会怀疑你想请他帮忙。你刚开口，他就设了防，使你无法久谈。所以，最恰当的方法还是：无论你得意还是失意，都不要忘形。不必对人轻言，遇到知己的同事再作倾诉。对方心情不同，你也应给予不同的交谈，相信定会密切同事间的关系。

# 青年异性交际的言语障碍与克服

俞长征

随着社会生活的日益开放与活跃，青年男女的交往日趋普遍而频繁。随之而来就会出现许多言语和心理的障碍与困惑。根据我们的研究，青年男女在言语交际活动中的情状，主要由三个因素决定：1. 交际双方的聚合力；2. 交际双方的情绪表现；3. 交际双方的言语行为。其言语交际的障碍也主要由这三方面的情况所造成，所以，排除的方法当然也就应从这三方面进行。

## 一、聚合力弱的言语障碍及克服

所谓交际双方的聚合力，就是指在一次特定的交际活动中，交际双方相互间的凝聚力与吸引力，是决定交际效果好坏的重要因素。聚合力弱是青年男女言语交际的一个常见障碍。这又因交际双方数量结构不同而有两种情况：首先是在一男一女的交际模式中，至少有一方冷淡而无意交谈但因某种客观因素迫使双方要进行一次交谈。态度的冷淡有真假之分，但这种真假又会因男女有别而有不同的言语表现。如男方愿意和女方谈话，态度就热烈；如不愿和女方谈话，也会尽量掩饰这种冷淡。而女方不愿意和男方交谈，她会毫不掩饰地用言语表示出她的冷淡，这是真冷淡。可是有时她心里非常喜欢和对方交谈，可在言语上又显得十分冷淡，这是假冷淡。这种冷淡的态度在对方的心理投影和言语反应又会因青年男女的性别不同而不同。如一对正在热恋的青年男女，男方会主动地说：“我们明天到南京去吧。”女方会说：“哦，我想想再说吧。”在公园里，他想轻轻挽住她的手，女方会说：“瞧，大家都在看我们，多不好意思。”男方揣度着几乎泄气了，但又一看，她仍然向他送来妩媚一笑。这是爱情生活中常有的一幕心理闹剧。为什么会出现这种情状？这是由传统习惯形成的。求爱者大多是男性，女性一般较羞涩被动。这种情况下，男女要达到交际目的，男方的话题选择必须注意一点的是，只有能震动对方心灵的谈话内容才能收到最佳交际效果。

著名作家梁晓声32岁还未结婚，有位好心人给他介绍了一个对象。梁晓声想考验她一下，就在一次约会时给她讲他小时候是怎样一个穷孩子，如今仍是怎样一个穷光蛋，以及身体多么不好，有胃病、肝病、早期心脏病等，还有家庭的包袱也十分沉重。没想到这些话竟让这位姑娘深深地感动了，她哭着说：“那你就更需要一个人爱护你啊！”他们终于成为一对恩爱夫妻。梁晓声就是针对双方聚合力尚不十分强的处境，采用以情动人的方法，赢得了姑娘的芳心。

在一男多女的交际中，受到冷淡的小伙子可以用一些女性都共同关心的恰当话题来吸引她们，控制交际过程，其中“共同”“关心”和“恰当”缺一不可。如在集体参观学习时，女性一面听着向导的说明，一面还常频频地问同行的男性“怎么回事呀，为什么”，或在看电视新闻报道时，女性稍有不懂，马上就向男方问“为什么”，所以男方可以针对女性喜欢问“为什么”的共同特征来排除这种不聚合的情绪，达到交际的目的。

## 二、心理紧张的障碍及排除

心理紧张是影响青年男女交际的第二个障碍。具体表现为拙于言辞，如茹志鹃的《百合花》中那个女文艺工作者（“我”）和小通讯员交谈时的那种情景，女方问得详细繁多，显得主动自如；男方答得简短被动，显得紧张腼腆而质朴。这种紧张的情绪终于影响了“我”，本来“我还想问他有没有对象，但看到他这样子，只得把嘴里的话又咽了下去”。交际只得中断。所以要保证交谈能顺利进行，不但要求交际双方之间有一定的聚合力，还要求各方的情绪表现正常。情绪紧张有两种：一种是男女双方都紧张，整个交际活动磕磕碰碰，非常可笑；另一种是一方紧张，另一方不紧张。这时交际活动一松一紧，气氛不协调，结果有两个：

一个是不紧张的一方平和了紧张的一方，气氛趋于宽松活跃。另一个是紧张的一方感染了不紧张的一方，交际活动半途中断。这种紧张在青年男女各方的心理投影和言语反应也不一样。如果是小伙子紧张，大姑娘心中常常高兴，似乎感到自己的征服力，故其言语不顾小伙子的紧张，采取更加进攻的姿态，往往使小伙子更为紧张；但如果大姑娘满脸通红，捏着手绢，说不出话，小伙子常常会束手无策，心中非常焦急和惶恐，唯恐自己说错了什么话，使得自己也莫名其妙地紧张起来。

克服紧张的障碍，使交际活动顺利进行的方法是紧张的一方要努力克服自己的心理障碍，不紧张的一方要尽量找些对方擅长的话题。如果是女方紧张，这时的男方要尽量主动些，不能有散漫心理，不能用无所谓的态度去对待周围的一切。我们不妨看看名人是怎样与女性交际的。伟大的物理学家皮埃尔·居里和玛丽第一次交际时，完全为玛丽的典雅仪态所倾倒。当看到玛丽因紧张心理要回避交际时，他谦和地说："你明天还有时间吗？我等你。"玛丽听罢明白了，她用蓝色的眼睛望着彼埃尔，含情地回答："我相信你的话是对的，我很愿意再来。"从这两位科学家言语的交际中我们可以看出，当某位青年男子钟情于一个少女而不知她的心理时，应小心试探，迂回婉转，不可操之过急，莽撞从事，否则会中断交际。在言语交际中，如果男方的心里很紧张，这时女方要考虑到男方的面子，要热情周到地打开话题，消除其心理障碍，缩短交际距离。

## 三、言语冲突及排除

言语冲突会使交际中断。一般表现为：

1. *男女双方的言语行为直接对抗*。男方说话粗心或粗鲁，甚至粗野，使女性无从答话。如路遥的《人生》中，高加林、巧珍在井里放了"漂白粉"，乡亲们以为是放了"洗衣粉"或是什么药，都不敢喝，大骂。于是巧珍的妹妹巧玲就试图拿学校里学的化学原理给众人讲漂白粉的作用。她的话还没完，有人就粗鲁地打断了她："哼！说得倒美！你趴下先喝上一口！和你二姐夫一样咬京腔哩！伙穿一条裤子！"众人哄然大笑了。巧玲眼里转着泪花子，羞得掉转身就跑。这里，男人们的粗话和巧玲的少女言语发生尖锐冲突，迫使巧玲退出交际，让愚昧取胜。

针对男女双方直接对抗的言语交际障碍，笔者认为，不同地位的男女进行交际时，是受交际者本人的修养、气质、年龄、阅历、交际情境及所涉话题等的影响。排除这种障碍，必须克服傲慢、狂放、颐指气使的习气。

2. *少女的言语表达和男性的心理感受力冲突*。少女感受性强，表达含蓄，富有暗示力。如《山乡巨变》中，年轻的寡妇盛佳秀在听了刘雨生要她不要退社的劝说后，她含情脉脉地看了他一眼："都说入社好，我也不退了。"本来，说入社好的人就在眼前，她却特意不说是谁说的，还加上一个“都”，使这句话的称谓更加模糊，话语更加含蓄。那眼神又分明是说“看在你的份上”，这又具有很强的暗示力。据心理专家研究：女人的心理喜欢掩饰而且又仔细。男士在交际中的言语上就不能成为一个“马大哈”，要体会女方的言语内涵和滋味。

3. 一方的言语行为不符合另一方的心理期待。在交际活动中，每个人都会对对方的说话有个心理期待，希望他（她）怎样说话，如果对方不是如此，交际活动就产生障碍。特别是在当代的青年男女的交际中，小伙子希望姑娘说话更具有女性的魅力，姑娘希望小伙子说话更具有男性的气质。比如小伙子自己说话可能很粗野，听话可能很粗心，但当他听到姑娘说粗话，肯定很不顺耳，当他看到姑娘能理解自己话语中的言外之意，心中会特别感动；姑娘们也一样，听到小伙子跟自己说：“我们去看场电影吧！要么就看电视。再不就去图书馆吧！你看呢？”吞吞吐吐，藏头露尾，对自己察言观色，一味顺从，一点主见也没有，肯定不愿和他谈话了。造成这种障碍的原因在于：男女之间存在心理、性别的差异，在言语交际中，一方面每方都要求对方能调整他自己言语中的性别特征，弥补双方的性别差异；另一方面每方都要求对方强调他自己的言语中的性别特征，满足对方的心理要求，使双方的性别差异互相补充。倘若你是位男士，你不妨对女友说：“你真美丽！”“你那乌黑的秀发……”“你的笑容真可爱……”，等等；赞美的话，因为这些往往是女孩子最重视的地方，你若注意到了，岂不是显示你的细心吗？对于身旁女友的种种变化也不可忽视，比如说她是胖了些，还是瘦了些？发型是不是换了？是否新看了什么书，等等；举凡外在、内在都应留心。这些言语恰恰符合女人的心理，往往比送她件礼物更有效。

总之，当代的青年男女只有积极消除彼此存在的言语障碍，建立和谐的人际关系，才能在异性之间架起一座沟通思想感情的桥梁。

# 谈话中的岔题艺术

周　刚

与人谈话时，由于某些原因，常常会遇到一些不便或不愿意谈论的话题，而对方又谈兴正浓。拒绝了，不礼貌；勉强谈下去，又感到很为难。在这种情况下怎么办呢？最好的办法是巧妙地把话题岔开，使对方于不知不觉中随着你去谈论另一个话题。这样，既可以不破坏对方的谈兴，又能使自己从困窘中解脱出来。

常见的岔题方法有如下几种形式。

1. 一词多义岔题。日常用语中的词绝大多数是多义的，例如“老”字，仅《现代汉语词典》中的解释就有十七种含义，以“老”字打头的词条一百四十八个，这就给岔题提供了广阔余地。经婚姻介绍所介绍，一对大龄青年男女初次相见，介绍所的同志当场悄声地问男青年：“你看怎么样？”男青年冒失地大声说：“老点！”一下子使在场的人都陷入了难堪之中。但那个女青年谙熟谈话艺术，笑着说：“这位同志很坦率，第一次见面就说我老成，真难得！”难堪的局面打破了。这个女青年就是把年龄大的“老”改换为成熟有经验的“老”，利用一词多义，巧妙地岔开话题。在农贸市场上，一个小伙子高声叫卖：“又长又嫩的芸豆，快来买啊！”一个大娘看了一眼说：“你的芸豆老了。”小伙子机灵地说：“大娘，你说对了，我的芸豆老多了，种了一亩多地，长得很好，能收好几千斤，自家产的，你老要买，咱少算点钱，秤头高一点。”于是，大娘留住脚步，其他人也围了上来。这个小伙子是把与“嫩”相对的“老”，改换成表示“极”“很”等意思的“老”，并与“多”连在一起，变成了表示数量的“老多老多”的意思，岔开了原来的对自己不利的话题，做活了生意。

2. 相近概念岔题。日常用语里很多词所表达的概念没有明确的界限，常常带有一定的模糊性。利用这种模糊性，就可以把话题中某些概念转换为与它相近的另一个概念，岔开原来的话题。周恩来总理在京的一次记者招待会上，介绍了我国经济建设成就和对外方针之后，请记者们提问题。一位西方记者站起来说："请问总理先生，中国可有妓女？"对于这一不怀好意的问话，周总理坦然自若，双目盯住这个记者，思索一下，正色回答："有。在中国的台湾省。"话音刚落，全场响起一阵掌声。周总理的回答，是用"中国的台湾省"这一表示局部的下位概念置换了"中国"这一表示整体的上位概念，巧妙地岔开了西方记者不怀好意的提问，维护了国家的尊严，赢得了听众的热烈掌声。

3. 同音异义岔题。在现代汉语里，同音异义字很多，音同义不同或音相近而义不同，这在书面语言里是界限分明的，不容混淆。由于谈话用口语，以声传义，不见字的形体，这就有了相当的含混性。利用这种含混性，抓住同音异义的词语，就可以巧妙地把话题岔开。请看下例：

鲁侍萍：（她走到周萍面前）你是萍，凭什么打我的儿子？
（曹禺：《雷雨》）

鲁侍萍利用"萍"与"凭"音同义不同，把话题从认周萍为自己的儿子岔到责问周萍为什么打人上来。由于音相同义相异，仅一字之差，话题全改。

4. 利用好奇心理岔题。求新好奇是人们普遍的心理要求，在新与旧、平与奇这根杠杆上，人们的注意总是愿意往新与奇的一端倾注、凝聚。谈话中的话题至少有一方是感兴趣的，如果能再提出一个更新鲜更有趣的话题，利用好奇心理，就可以把对方的谈兴吸引过来，自然地岔开原来的话题。例如，孩子看到爸爸妈妈的结婚照片时，常常这样问："妈妈，这张照片上怎么没有我呀？"如果不想正面回答，就可以把话题岔开，说："薇薇还没长大呢，等长大了，也穿这样漂亮的衣服，照彩色的照片，好吗？"孩子听了，一定会很高兴。孩子看见火车，也常常问："妈妈，火车为什么跑得那么快？"这个问题一句半句说不清楚，孩子也不一定对你的解释感兴趣，最好是把话题岔开，说："是呀，火车跑得可快了！过几天薇薇去姥姥家时，咱们就坐这么快的火车。"孩子一定会高兴地拍着小手，诉说起去姥姥家的事。这是因为孩子对穿漂亮衣服照彩色照片比照片上为什么没有她更感兴趣，对去姥姥家比火车为什么跑得快更感兴趣。所以，注意力被吸引过来了，话题也就随之改变了。

5. 利用眼前景物岔题。谈话都是在特定的时境中进行的，眼前的景物、周围的人物、室外的天气、室内的陈设、身上的服饰、手中的物品、传来的声音……

总之，凡能进入视觉、听觉范围内的一切，都能吸引谈话人的注意力，随时可以成为交谈的话题。特别是当这些事物发生急剧变化的时候，在强烈的心理震动下，常常会下意识地中断谈话去关注正在发生的激变，这就为岔开原来的话题提供了可以利用的机会和可供转换的新话题。《三国演义》第二十一回讲了一个曹操与刘备“青梅煮酒论英雄”的故事。

操以手指玄德，后自指，曰：“今天下英雄，惟使君与操耳！”玄德闻言，吃了一惊，手中所执匙筋，不觉落于地下。时正值天雨将至，雷声大作。玄德乃从容俯首拾筋曰：“一震之威，乃至于此。”操笑曰：“丈夫亦畏雷乎？”玄德曰：“圣人迅雷风烈必变，安得不畏？”将闻言失筋缘故，轻轻掩饰过了。操遂不疑玄德。

刘备在惊慌落筋之后，机敏地利用眼前出现的天气变化，从容地说了一句“一震之威，乃至于此”，把谁是英雄的话题岔开，自然地引出畏不畏雷的一番谈论，转移了曹操的注意力，才得以化险为夷，正如后人赞诗所言：“巧借闻雷来掩饰，随机应变信如神。”

岔题的方式很多，不止以上五种。无论哪种，从心理学的角度看，都是利用注意指向、注意中心的转移。因此，在岔开话题的时候，不能不注意下述几点。

1. 隐蔽。谈话中的岔题，有如魔术师手中的魔术，总得借助一点遮掩的东西才能进行。一词多义、同音异义、相近概念、眼前景物、好奇心理等，都包含着隐蔽的因素，能模糊对方的注意指向，分散对方的注意力，去除从原来的注意中心向新的注意中心转移过程中的心理障碍，使其自然而然地、不知不觉地离开原来的话题，进入新的注意中心。

2. 邻近。岔题以邻近为好，有一定的范围限制。在同一时间内，人的注意范围有三个区域：注意中心、注意边缘、注意以外。在这三个区域里，大脑皮层的兴奋程度依次减弱，抑制程度依次增强。注意中心与注意边缘是经常变化的，处于注意边缘的事物随时可能成为注意中心，原来处于注意中心的事情则随之退到注意边缘。而注意以外的事物，没有强烈的刺激作用，不足以改变大脑皮层的抑制状态，要成为新的注意中心是比较困难的。在邻近的范围内选择新的话题，处于注意的边缘领域，成为注意中心的可能性大，容易被对方接受，上面所举的例子都可以说明这一点。

3. 及时。岔题要抓准时机，一般都在一个话题刚刚提出，尚未展开时就机敏地选准岔口，把话题岔开。因为刚刚提出的话题，虽然成为注意中心，但相应区域的大脑皮层刚刚兴奋起来，未被强化，稳定性差，容易被新的话题置换。话题展开后，注意中心已被强化，大脑皮层的兴奋区域处于优势状态，稳定性强，不易发生偏移，用新的话题去置换原来的话题就困难了。在交谈的过程中，人的思维运动异常活跃、迅捷，一个岔题机会出现，如不能及时抓住，往往是稍纵即逝。

4. 超越。用以岔题的新话题，在自身的新异性和对方的需求性方面，都要大大地超过原来的话题，才能收到良好的效果。刺激物的新异程度是引起注意的主要原因；凡能满足人们需求的东西都容易引起注意。所谓好奇心理，就是指对这种新异事物的注意。所谓需求欲望，就是指对能满足需求的事物的关注。根据心理活动的负诱导规律，大脑皮层一个区域的优势兴奋则是对其他区域的强烈抑制。新话题的刺激强度愈大，对原来话题的注意淡化愈快，岔题愈容易成功。

我们这里讲的岔题艺术，是在交谈中正确运用心理活动规律，巧妙地避开一切不利因素，促使交谈在和谐热烈的气氛中顺利进行。由于尊重对方的心理情绪，在许多时候，话题已经岔开了，对方并不知觉，即使察觉到了，因为新的话题是有意义的，也能接受，不产生任何反感。这与谈风不正的“乱打岔”是有本质区别的。

# 拒绝的话，不妨讲得委婉灵活些

徐 虹

在人际交往中，别人提出的要求，总有些是我们所不应、不能或不愿答应的。但拒绝总是令人遗憾的，要把这种遗憾降到最低限度，既不伤害对方的自尊心与感情，又达到拒绝的目的，这就需要我们掌握说“不”的技巧，把拒绝的话讲得委婉灵活一些。

## 一、巧妙暗示

当你遇到敏感的问题或难以满足的要求而又不便直接拒绝时，不妨以某种话语暗示自己的拒绝之意。

中唐时期，平卢淄青节度使李师道，搞藩镇割据，与朝廷分庭抗礼。他拉拢著名诗人张籍为他的不轨行为效劳，张籍巧妙地向李师道讲了一个故事：

有一位美丽而忠贞的已婚女子，遇到了一个痴情的求爱者，执着地苦苦追求她。她对求爱者吟了一首诗：“君知妾有夫，赠妾双明珠……知君用心如日月，事夫誓拟同生死。还君明珠双泪垂，恨不相逢未嫁时。”听了这首诗，那痴情男子知趣而退，不再纠缠了。

故事讲完了，李师道也懂得了张籍的意思，不再强人所难了。面对李师道的“浓情美意”，诗人以一个忠贞女子拒绝“第三者插足”的故事，暗示了自己一心一意效忠朝廷的态度，语意委婉而坚决。这是我国古代委婉拒绝的一个典型例子。

请再看一个现实生活的例子。现在的孩子常常会不顾家庭的实际情况，向家长提出购买名牌服饰的要求，且听一位父亲是怎样用暗示的方法回绝儿子的：

“说到买衣服，我们父子俩眼下最大的任务便是劝你妈妈买一件棉袄。她身上那件，穿了七八年了，款式落伍不说，还打了两个补丁。劝她买，她总说能凑合。上别人家里去做钟点工也穿着，不怕丢面子。你妈妈说，‘人家看的是她干活灵性勤快，而不是看她穿的衣服；她靠劳动挣钱，腰板挺得笔直。’”

父亲并没有说一个“不”字，但他所叙述的孩子母亲勤俭朴素、自尊自强的故事，既是婉拒儿子购买名牌衣服的暗示，更是一次生动的勤俭朴素的品德教育。

## 二、热情赞美

人最殷切的愿望是得到别人的肯定、赞美，这是人之常情。像前文张籍所讲到的那位女子，坚定拒绝对方求爱的同时，还能就对方的美意予以热情的赞美，无疑是对他很好的心灵抚慰。有时还可以用热情赞美的方法去表示委婉拒绝呢！

1969 年 4 月，戴高乐辞去法国总统一职，当时的美国总统尼克松再次邀请他访问华盛顿。戴高乐不能应邀，于是对尼克松说道：“亲爱的总统先生，你惠赐的热情邀请，以及您的极其诚挚友好的话语使我深为感动。这不仅因为邀请来自伟大美国的总统，也因为这些话语来自您——理查德·尼克松，而我对您有充分理由怀有无比真挚的尊敬、信任和友谊……”

戴高乐总统在无比亲切的语言中流露出接到邀请的激动，表达了对热情邀请的赞美，对真挚友谊的赞美，然后婉拒邀请，把不能应邀的遗憾降到最低程度。

热情赞美式的拒绝，还能缓解矛盾，和谐人际关系。例如：

小学教师老朱这个月拿到了 1000 元奖金，高高兴兴地同妻子、儿子商量怎样开支这笔钱。妻子说，要给老朱买辆自行车，那旧车早该更新换代了。上高二的儿子说：“爸，三楼张家的小斌昨天买了最新款式的电子词典，才 888 元，功能特别多，也给我买一台吧！”老朱听了笑着说：“儿子啊，小斌买了一大堆复读机、电子词典，英语还是考不及格！咱们何必赶这个时髦？你聪明、用功、方法好，每次考试都在 90 分以上，还是全校英语演讲比赛的冠军呢！这样吧，爸给你买一套英语学习软件，安装在我们家的电脑上，也能满足你学习需要。咱们还得留点钱，你奶奶过几天还要来城里看病呢！”妻子、儿子高高兴兴地接受了老朱的方案。

老朱热情称赞儿子“聪明、用功、方法好”，不用学习机也取得了优异的外语成绩，委婉地拒绝了他“买新款电子词典”的要求，儿子还“高高兴兴”呢。可见，拒绝不一定都是冷冰冰的，它可以有温度，因为赞美本身就是“冬天里的一把火”，一把热情的火。

## 三、岔开话题

交际中，面对不便或不愿答复的问题和要求而又不好正面拒绝时，岔开话题，迂回婉拒，无疑是一种行之有效的谈话方式。

2005 年 10 月，篮坛老将林奇被“新奥尔良人”俱乐部解聘，他很快便公开表示，加盟“火箭”是他的第一选择。11 月 2 日，火箭主教练范甘迪做出了回应：“林奇有着传奇式的球星生涯，是个优秀的有竞争力的职业球员，确实做过很多震动篮坛的事情。但现在，我关心的是如何让球队现有球员变得更好，教练不能花费太多时间总是假定如果外面的哪个球员在队中会怎样怎样。”

范甘迪在肯定了林奇的战绩和能力之后，转而谈球队的内部建设，言外之意就是对这位篮坛老将的委婉拒绝。

敏感而不便回答的问题，新闻发言人遇到得最多。2002 年 6 月 4 日，外交部新闻发言人刘建超首次出场就碰到了刁钻的提问。

当天，正值世界杯赛中国和哥斯达黎加两支球队大战之际，有记者问：“今天的中哥之战是中国队与一支未建交国球队之间的比赛，你对此有何评论？”刘建超答：“我想，还是不要把政治和体育混为一谈。事实上，中国老百姓不只关心中国队的比赛。今天有三支东亚球队在世界杯赛场上亮相，我们一起祝他们好运。”

如果正面回答这位记者的提问，不是三言两语就能讲清的，于是刘建超在提醒对方“不要把政治和体育混为一谈”之后，就把话题转入了三支东亚球队在世界杯赛场上的集体亮相，通过转移话题委婉地拒绝了答问。

岔开话题，关键要注意两点：一要自然，新话题要和原来的话题连得上；二要及时，在对方的话题未充分展开之前，就要以新的话题取而代之，使对方在不知不觉中将注意力转移到新的话题上来，等他明白过来，自然也就知道了你的态度。

## 四、自我解嘲

自我解嘲，即自己贬低自己，是社交中摆脱窘境、消除尴尬的一种说话方法，它可用来拒绝一些自己不能或不想答应的要求。

启功先生是我国著名的书法家，向他求字、求教的人很多，以致先生的住所敲门声终日不断，先生自嘲说："我真成了动物园里供人参观的大熊猫了！"后来，人们干脆把国宝级专家启功戏称为"熊猫"。有一次先生患了重感冒起不了床，又怕有人敲门，就在一张白纸上写了四句话："熊猫病了，谢绝参观；如敲门窗，罚款一元。"

看到先生这样幽默的"免见牌"，谁还忍心去打扰他呢?

自我解嘲式的拒绝，适用于很多场合，比如：

有人邀请你玩麻将，你不想参加，自嘲便是极好的脱身方式："你们稍等一会儿，我回家写份申请书，我那位'领导'批了我就来。"

某个朋友请你帮他在你们单位推销一批商品，你也可以自嘲的方式推托："你太高看我了，我是个小科长，还是副的，能在老总那儿说上话吗？"

自嘲，不仅拒绝了对方的请求，还可避免回答"为什么不行"的难题，真可谓一箭双雕。

## 五、建言献策

拒绝的同时，如果能积极地建言献策，帮助对方，对方无疑不会计较你的拒绝，反而会非常感激你。运用这种拒绝方式，需要了解对方内心的真正需求。

19 世纪，狄斯雷利担任英国首相期间，有个军官一再打听首相是否提请王室加封他为男爵的事，言下之意是希望首相玉成此事。但这个军官确实不够加封条件，因此狄斯雷利无法满足他的要求。

一天，首相把军官单独请到办公室，说："亲爱的朋友，很抱歉我不能帮助你获得男爵的封号，但我可以给你一件同样的好东西。"狄斯雷利放低声音说，"如果你同意，我可以告诉外人，你无意于获得男爵的封号，曾经请求首相不要向王室提请加封。"对方心领神会，连声道谢。不久，这样的消息果然传出，众人都称赞这个军官谦虚无私、淡泊名利，对他的礼遇和尊敬不下于任何一位男爵。他由衷地感激狄斯雷利。

首相的聪明就在于，他明白军官需要的是封爵之后的巨大荣耀。狄斯雷利虽然委婉拒绝了提请加封的要求，却送给军官一个很大的面子。

总之，拒绝是一门学问。我们不需要"强己所难"，我们应该在自己力所能及的范围内作出并兑现自己的承诺。要能达到这个境界，我们需要学会在什么时候说"不"，怎样委婉灵活地说"不"。

# 演讲艺术

Y ANJIANG YISHU

# 材料组合在演讲中的运用

贾志敏

当演讲者（这时还不是演讲者）遇到某种事物（理）或某种现象，觉得有一定的“演讲价值”，但又缺乏足够的分量（主要指力度、深度和厚度）时，往往在构势谋篇上将一些与他所遇（想）到的其他事物、现象的有关内容组合到一起，使“说理”更深刻、透彻，使“抒情”更厚实、浓烈，使“鼓动”更具有“效应”……

笔者认为，材料组合一般有这么几种形式：

**交叉式组合**。即所组合的事物（理）、现象，相互交织、组接，时而此，时而彼，进行交叉的叙说、论述或抒发。李燕杰的《迎接时代的挑战》，就是如此。（由于跨度较大，故不作实引和摘录）他在讲到祖国人民想念海外留学生这一内容时，话题突然从国外转到国内——出国的前一天晚上，几位留学生的家属登门找他的情景：一位中年男讲师带着五岁的小女儿，拜托他去看望在纽约学习的妻子；一位留学生的妈妈，连续几个昼夜赶织了一件新毛衣托他捎给远在美国的儿子。为了使海内的“想念”得到深化，他即席朗诵了唐诗《游子吟》：“慈母手中线，游子身上衣。临行密密缝，意恐迟迟归。”接着话题又转向外国——在加拿大蒙特利尔学习的我国留学生以这首诗的题目为书名创作的诗集。时而国内，时而国外，把一些表面看似各不相干的素材，进行有机的交叉式的组合，使演讲的情、理皆立体化，使祖国人民与海外留学生之间的那种不可分割的骨肉之情，形象、生动，具有强烈的艺术表现力。

**纵向式组合**。这种组合呈直线延伸、行进，其开掘、论述或抒发一句（层）比一句（层）深入、有力、有势，往往表现为“阶升式”。如林肯盛赞尼亚加拉瀑布的情形：

远在很古以前，当哥伦布最初发现这一块大陆，当耶稣基督被钉在十字架上，当摩西率领了以色列人渡过了红海，甚至亚当从创世主的手里出来时，一直到现在，尼亚加拉瀑布一直在这里发着怒吼。古代的伟人，像我们现代人一样，他们曾经见到过尼亚加拉瀑布。比人类第一个始祖还要早的那时的尼亚加拉瀑布和现在的瀑布同样新鲜有力。世纪前的庞大的巨象和爬虫，也曾见到过尼亚加拉瀑布，从那样久远的年代一直到现在，尼亚加拉瀑布从未有过一刻钟的静止，从不干涸，从不冻冰，从不休息。

这段演讲，简直就像登泰山之石级，步步递升，对尼亚加拉瀑布进行纵直地联想、追溯。演讲者豪情万丈，气势恢宏，堪称佳绝。

**对比式组合**。也就是所组合的事理或现象，其关系是截然不同的，造成强烈的对比气氛，以此突出主题。

**综合式组合**。为了实际的演讲需要，或为了更“可劲”地论理、抒情、鼓动，将上面某几种思维形式有机组合在一起，给人顺畅、熟透的感觉，措辞一般都比较精彩。限于篇幅，在此就不赘述了。

最后，运用材料组合也要注意一些问题：

1. 对一些应该独立存在或在绝大程度上可以“单枪匹马”的内容，不要硬性拼凑，讲求“面面俱到”。

2. 要看事物或现象本身的价值和有没有组合的必要，不能将任何事物、现象都进行组合“加工”。

# 即兴演讲的思维特征

毛克强

复旦大学的张霭珠教授曾说："语言与表情动作只不过是思维的外衣，与个人的思维方式、思维本质、思维特征相联系……"即兴演讲的能力，实质上也是思维的能力。在思维——演讲的过程中，人的思维是先决的、本质的，表现在迅速确定演讲中心、组织演讲内容、形成思路，然后出口成章。至于演讲时的口齿清楚、普通话标准、语言流畅，这些外部素质与思维是"内容与形式"的关系。所以提高即兴演讲的能力，关键是提高即兴思维的能力，本文就即兴演讲的思维特征作一探讨。

## 一、即兴演讲的思维是十分活跃的创造性思维

即兴演讲的思维是精力高度集中，思路高度活跃的思维活动。晋代的陆机在《文赋》中曾讲写作的构思："精骛八极，心游万仞。""观古今于须臾，抚四海于一瞬。"刘勰《文心雕龙·神思》中说："夫神思方运，万涂竞萌。"即兴演讲的构思更是如此，它需要在极短的时间内调动起积极的思维，使所有的精力和心思都高度集中在演讲的题目或讲说的中心上，迅速组织好演讲的内容。曾指导过复旦辩论队的俞吾金教授说过："这部分'活'的东西具有更大的观赏价值，因为它是敏捷的才思和机智的应变能力的集中体现。"即兴演讲同自由辩论一样，都是临场发挥，即席讲说，所以没有预先的蓝图，也没有时间充分思考。在高度集中的思维中，人的思维变得十分活跃，千头万绪、思路纷至沓来，敏捷的才思和智慧充分得以创造性发挥，灵感的火花也随时闪烁，因而即兴演讲的内容是"活的东西"，也是充满创造性的内容。故而在思路活跃的状态下，即兴演讲者在兴奋的创造性活动中说出的话，其精妙的程度事后令自己都感到吃惊。据说里根任总统时，访问加拿大，在演讲时遇上一群反美示威的人。加拿大总理十分尴尬。而里根却笑着说："这种情况在美国是经常发生的。我想这些一定是特意从美国来到贵国的，可能

他们想使我有一种宾至如归的感觉。”里根这一番机智幽默的话，敏捷地摆脱了宾主的尴尬。

## 二、即兴演讲思维的即兴性

即兴演讲的思维，是一种即兴思维。它是在不用讲稿、事先没有准备或根本不知道演讲题目的情况下，即席思考、当场演讲的。当然，不管何种即席发挥，都应当“有感而发”，总有一个触发点：

即时而发。人们的思绪，时常受到“时”（时光、时序、时节、时代等）的启发。刘勰在《文心雕龙》中就说过“遵四时而思纷”“悲落叶于劲秋，喜柔条于芳春”。这就是说时节的变换可以引发不同的思维和情感。

即物而发。这是在某一事物或具体对象的触发下而产生的思维活动。刘勰《文心雕龙・神思》中说：“登山则情满于山，观海则意溢于海。”此处的情意，就是触物而发。李燕杰在《塑造美的心灵》的演讲中，说过这样一段话：“……忽然间进来了一位二十多岁的女青年，穿着杏黄色的大喇叭裤……使我想到还应该同青年人谈谈这一方面的美学问题。”李老师的思维，就是目睹具体的人物而引发的。

即场而发。某一特定的场所，引发人的思维，就是即场而发。陈子昂登幽州台，便作出千古绝唱；范仲淹游岳阳楼，思绪联翩而作《岳阳楼记》。李燕杰老师一次在警校演讲，警校学员入场时不注意风纪，李老师就即兴提出一个问题：“是谁把国徽戴在帽子上？”然后展开话题演讲开去。

即题而发。这是根据一定的题目或问题而产生的思维。命题演讲和讲话，就是在给出的题目或话题指引下而展开的思考。

综述即兴思维的触发点，可以见出每一个触发点都有具体的内容、对象和针对性。这就说明即兴思维是有话可讲、有内容可说的，只要我们了解即兴思维的这一特点，就不会恐惧即兴演讲了。

## 三、即兴演讲思维的简明与完整性

《论语》记载，一次孔子的马吃了别人的庄稼，农夫将马扣留了。子贡自恃能言善辩，找到农夫，之乎者也说了一大篇，农夫就是不还。后来随行的一位大老粗走过去说了几句，农夫听了高兴地说：“说话就应该这样痛快明白，怎么能像刚才那个人那样文绉绉的呢！”于是把马还给了孔子。这个故事说明讲话应简洁明了，即兴演讲是听觉接受的艺术，也就要同讲话一样明白晓畅、一听就懂。因而即兴思维本身就要简洁明快。这就要求演讲的中心要突出，思路要集中，表述的语言要口语化，使演讲内容深入浅出。常用的方法是：

化冗长于简明。在写作中，一句话可以扩展为一篇文章，而即兴演讲中，却要把一篇文章的内容精炼为几句话。把冗长的内容简短化，把复杂的内容简单化，这就是具体要求。

化深奥于浅显。把深奥晦涩的问题用浅显的内容和语言表达出来，做到深入浅出。如有一次，人们要爱因斯坦用最简单的话解释他的“相对论”。爱因斯坦说：“比方这么说——你同一个美丽的姑娘坐在火炉边，一个钟头过去了，你觉得好像只过了五分钟。反过来，孤单一人坐在热气逼人的火炉边，只过了五分钟，但你却像坐了两个小时。——这就是相对论。”爱因斯坦浅显的几句话，就把一个深奥的理论核心讲明白了。

化抽象于形象。这是把抽象的形而上的观念意识，用生动形象的思维形成和语言来讲述的方法。英国天文学家琼斯，曾向听众形象地讲解地球的生存时间：“有一座巍巍高山，比如说高加索的厄尔布鲁士山吧。再假定有一只小麻雀，它无忧无虑地跳来跳去，啄着这座山。那么，这只麻雀把厄尔布鲁士山啄光得多长时间，地球就存在多长时间。”本来是玄而又玄的数理问题，通过琼斯的假设和比喻，就变得具体和易于想象了。

即兴演讲的完整性，要求在演讲的三五分钟的时间里，把话讲周全，把意思讲完整。这就反过来要求即兴演讲要紧扣中心，语言凝练、有始有终、表意完整。

了解和把握即兴思维的特点，从而具有针对性地训练自己的即兴思维，相信朋友们能在各种场所，思如泉涌、应付自如、出口成章、侃侃而谈。

# 竞聘演讲五要素

邓玉萍

竞聘演讲是为通过自由竞争形式达到被聘用之目的而进行的演讲。其主要作用在于通过演讲来展示个人才华，表达个人意愿，谋求实现个人理想与抱负的机会，即向听众推销自我，以得到听众的赞赏和认同。

在竞聘演讲的实践中，尽管各行各业的职责各不相同，但是，对于竞聘演讲的要求却是共同的，即竞聘演讲者必须做到“五要”：

## 一、开篇要新颖别致

良好的开篇是演讲成功的重要前提。开篇应以新颖引人为宜。新颖是制胜的法宝，唯其新颖别致，才能吸引人、打动人，才能收到受人瞩目之效。由于竞聘者的素质、性格各异，修养、学识有别，竞聘演讲的开篇也各具特色：

1. 豪爽潇洒型。豪放直爽、摈弃雕琢的开篇，往往亲切自然，感染力强。有位竞聘者开篇道：“拿破仑曾说，不想当将军的士兵不是好士兵。本人虽算不上好士兵，但是也愿谨遵巨人教诲，当个好将军，故此登台亮相，毛遂自荐。”这番将军的豪言、将军的壮举、将军的豪迈，令听众有耳目一新之感，无疑增强了竞聘演讲的吸引力。

2. 新巧睿智型。机敏阐释、巧言入题，有助于展示演讲者的睿智、卓识，激起听众的兴趣，引起听众的注意。一位竞聘者如此开篇：“俗话说‘胆小不得将军做’，对此，我却不敢苟同，有例为证：汉代韩信为度过险境，忍了街上小儿的胯下之辱，可谓胆小，但是最终却成了将军。本人素以胆小著称，却偏有鸿鹄之志，故斗胆走上台来，倾诉心中夙愿，并自信会成为一个正直磊落、心地善良、胆小而不怕事的好官。”这种引用巧妙、独具匠心的开篇，充分展现了演讲者的卓识与聪慧，颇具征服力和向心力。

3. 坦率质朴型。朴实最易打动平常心，坦诚更能赢得平常心。坦率、质朴是连接演讲者与听众心灵的纽带，它能加速演讲者与听众的心之交融，能使演讲者赢得更多的理解。一些演讲者开篇即言："首先说明一下，此次登台，只想响应一下人事制度改革的召唤，并借此结识一下新朋友，使大家认识我，了解我，喜欢我。"这类率直、真挚，少做作、去矫饰的开篇，容易为听众所接受，自然也容易得到听众的支持。

## 二、自我介绍要有针对性

竞聘演讲的目的在于使听众对演讲者有充分的了解和认识，从而鉴别是否胜任该岗位。因此，竞聘者必须针对竞聘岗位自我介绍学历、经历、政治素质、业务能力，引导听众自然而然地推导出此岗位非演讲者莫属的结论来。

演讲中，凡是与竞聘岗位相关的学历、经历、能力及个性特征都要重点介绍，而且要言之有物，最好以曾经获得的殊荣、奖励等加以证明，以公认的良好的个性条件来印证。切忌用鉴定式的语言、大而空的套话来勾画自己。

有位竞聘师资处长的同志这样介绍自己："我毕业于北京师范大学教育系，科班出身，有较强的教育理论基础；做过十年教师，曾多次荣获省优秀教师、教学质量优秀奖等奖励；在师资处工作多年，具有较丰富的师资队伍建设的管理经验，具有引导教师服务学院、面向社会的能力，具有带领教师共奔小康的潜力和魅力，自信能胜任师资处长的工作。"如此自我展示，层次清晰，合乎逻辑，顺应听众的心理，有极强的说服力。

自我介绍中，工作能力的表述至关重要，演讲者既不能自夸、炫耀、趾高气扬，也不能过于谦虚自卑，否则，就将被视为无能，无能就意味着竞聘无望。屡见一些竞聘者视谦虚为美德，以致竞聘演讲中也不忘反复强调"自己缺乏领导才能，缺乏竞聘岗位的工作能力，只有一颗对党的赤诚之心，愿做党的一块砖，东西南北任党搬。"既然如此，又何必登台亮相，浪费听众的时间呢？此种缺乏真情的虚伪的表白，必然使听众产生不屑或鄙视的情绪，难以收到良好的效果，还不如客观地展示自身能力，让听众去选择、去评说来得好。

## 三、应聘后的目标要有感召力

应聘后的工作目标和措施是竞聘演讲的重要内容，是能否获得听众的信任和支持的重要前提。

演讲者必须围绕听众关注的热点、难点，提出明确的工作目标和切实可行的措施，力求达到客观性、可行性和先进性的统一，做到言出则行，语出有果，目标高低适度，措施科学适宜，以增强竞聘演讲的感召力和聚合力。

一位竞聘工会主席的演讲者将工作目标和措施表述为："把工会办成真正的职工之家，做到每周放映一场电影，举办一次舞会，丰富职工的业余文化生活；主要节日发放鸡鱼肉蛋等农副产品，丰富职工的菜篮子，使全体职工的生活欢乐富足祥和。"如此看得见、摸得着，极富诱惑力的美好前景的描述，识民意，顺民心，拥戴者自然少不了。

## 四、表述要富于幽默感

竞聘演讲中，适时融入幽默的语句，易于赢得欢笑与好感；诙谐的真话笑说，比庄重严肃的表白更深入人心。一位竞聘处长的演讲者说："本人缺点：身高一米六六（脱鞋量），是名副其实的袖珍男子汉，虽无伟岸的身躯，却颇有些雕虫小技，因此，做副手时，总有点有劲使不上，拳脚蹬不开的感觉。"如此这般的鲜明对比，令人忍俊不禁，好感顿生，演讲收到了事半功倍之效。

有位叫王杰的竞聘者巧借名字尽情发挥："我将继续发扬王杰一不怕苦，二不怕死的精神，努力工作，并祝大家身体健康，祝王杰竞聘成功！"语言含蓄幽默又自然而然地拉到了选票。

幽默使人平易，诙谐使人亲切，但是，幽默诙谐也需把握尺度。须知，幽默诙谐仅仅是竞聘演讲的点缀，恰似烹饪中的调味品，少则鲜美，多则苦涩。滥用幽默不仅无益，还会给听者留下笑柄，贻笑大方。

## 五、缺点要点到为止

竞聘演讲主要是展示自身优势，从而赢得人们的信任和支持。如果缺点毛病介绍得过多过细，无形中就损害了演讲者在听众心中的形象。任何听众也不愿意把关系自身利益的权力交给一个缺点十足的竞聘者。如一位竞聘工会主席的人言及缺点："本人少言寡语，性情古板，不擅交际，协调能力差；有惰性，谨小慎微，缺少开拓创新意识；家庭负担重，家庭观念较强。"如此德行，实难让职工称心、领导放心、下属安心。倒是另一位竞聘处长者在自述了优势之后言明："我也深知还有不适合这份工作的另一面，但是有在座各位的支持和配合，我有信心做好工作。"言简意赅，既承认有不足，又含而不露，恰到好处，令人叫绝。

# 千篇而不一律的开场白

## ——从诺贝尔奖开奖演讲谈起

谭德姿

依惯例，诺贝尔文学奖获得者在开奖仪式上，要对文学的本质与方向表达其个人的或学术性的观点。然各获奖者演讲的开场白却不一律。

荣获人奖，心情激动，表示感谢，陈述意义，这是各演讲词的主旋律。文学家深悟“凤头、猪肚、豹尾”的道理，要在简短限时演讲中，发挥开篇的“黄金效应”，让起句“当如爆竹，骤响易彻”，以无愧于金奖得主的名号，故三言两语的开场白，先声夺人，遍展异彩，妙语生辉，令人倾倒，从而为后人提供了演讲开场的最好借鉴。

### 开场法之一：抒怀法

诺贝尔文学奖系世界级大奖，获此大奖是文学家心血的结晶，水平的标杆，成功的象征。当作家在鲜花簇拥、赞语不绝中踏上领奖台，怎能不激情满怀，热血沸腾？由表述自己现场感受，抒发激越情怀开篇，是最自然、最常用的开场法。艰苦跋涉自学成才的挪威著名作家克努特·汉姆生这样开始自己的演讲：

> 在这样隆重的、这样叫人不知所措的盛情场合，我该怎么办才好呢？我觉得我已经飘飘然起来了，走在空中，我的头在旋转。这个时候叫我从容自处，真是不易。今天，荣誉和财富都堆积到我身上，虽然我自己还是我自己，但是，就在一分钟以前听到我的祖国的国歌在大厅里回绕，我真的被这对我国的致敬卷得脚不着地了。

抒情，向听讲者袒露胸怀，敞开心扉，是最容易打开封闭的自我，走入听众心区的捷径。劈面而来，汉姆生让观众听到自己怦然的心跳，以一种不知所措的飘飘然，唤起观众的共鸣。然而，虽飘飘然却不曾忘乎所以，作者清醒地意识到这荣誉和财富的馈赠的价值——“听到我的祖国的国歌在大厅里回绕。”个人的成功和民族的、国家的荣耀集至一身、一时，这便越发加重了感情的砝码所蓄含的分量，从而强烈地唤起听众的共鸣。

## 开场法之二：言谢法

荣获世界级大奖，心情激动，饮水思源，先向颁奖者深表谢意，这也是惯常思路决定的自然开篇法。然同样致谢，谢辞不一。

有的急于言谢，迫不及待。比如德国著名作家保尔·托马斯·曼：

现在终于轮到我来对各位道谢了，我不用说明自己是多么地期待这个机会。只是，在这个切身的时刻里，我反而担心自己会辞不达意，因为，一个天生不擅言辞的人是经常会有这种情况发生的。

争先恐后，按捺不住，说明致谢的急切；欲要言说又怕辞不达意，说明感谢的诚恳。这种礼貌的致谢，显示了演讲者的身份和教养，密切了颁奖者与领奖者的关系，缩短了演讲者与听众的距离。它是人际关系的润滑剂，也为整篇演讲笼罩一层文明优雅的氛围。

有的开门见山，三言两语，仅表谢意，请看美国第一位诺贝尔文学奖获奖作家辛克莱·刘易斯的发端辞：

如果一定要我表达接受诺贝尔文学奖的这份荣耀之感与兴奋之情，我恐怕会唠叨个没完，令人生厌。因此，我谨以简单的“谢谢”来表达我的谢意。

涌聚到心头的该是千言万语，然长话短说，一言以蔽之：“谢谢。”至于“谢谢”中包孕的千情万意，则留待聪明的听众自己去理会。

## 开场法之三：自谦

摆正演讲者与听众的位置，调整好角色关系，是成功的演讲面对的突出问题。倘若你的演讲目中无人，夸夸其谈；倘若你凌驾于听众之上，口若悬河，发号施令，听众就不买你的账。尤其是此刻，当得奖者被从上千人的竞争中拣选出来，挂冠加冕，作为优胜者荣登宝座，在万众瞩目中他的发言表态，是其品格素养的展现，是其思想气质的亮相。开场的第一印象举足轻重，它将直接影响到演讲者在听众心目中的地位、听众对演讲者的信赖程度及演讲者全部话语的实际效力。

同表自谦，角度不一。有的对意外的殊荣半信半疑，怀疑自己是否有此资格。如 1962 年美国诺贝尔文学奖得主约翰·斯坦贝克：

“我感谢瑞典学院认为我的作品值得这最高的荣誉。在我心里可能会怀疑我是否比我所敬重的其他作家更配得诺贝尔奖——但这奖颁给我，我仍是毫无疑问地感到快乐与骄傲。”

约翰在略表怀疑之后，尽快转向，接触主题，论述作家的义务和责任。

有的却以惶恐的心绪表达自己受宠若惊的感慨，展示自己的虚怀若谷与自谦。1952 年荣获诺贝尔文学奖的法国文学家佛朗索瓦·莫里亚克作了这样的开头：

“对于得此殊奖的文学家而言，他此时此刻最合乎时宜的话题，我以为应该是作家本人及其作品。但是对于我这样一位只写过几篇肤浅的故事，属于法国微不足道的作家，却获得瑞典学院的抬爱，得到巨大的荣誉。这种受宠若惊、不胜惶恐的感想，如何能摈斥而奢谈其他！现在回顾起从懵懂的孩提时代，到今天晚上我占有一席之地的漫长历程，我以为那绝不是出于自负心理。”

演讲者抓住黄金时刻展示自我，点明自己与其他得奖者的不同。说明自己是写过几个肤浅的故事的微不足道的法国作家；显示自己由孩提的懵懂到今日成功历程的漫长。作家由此落笔是基于下面两点考虑：其一是特别提到孩提时代，因莫里亚克自小喜好孤独，他的作品多以故乡波尔多为背景，小说多以孩提时期乡间的观察与记忆作为创作的源泉。抓住孩提时代，便足以展示自身特点。其二是莫里亚克出生在天主教家庭，在浓郁的宗教氛围中长大，他试图用天主教的思想感情作其小说的基石，来呈现人生的复杂。这一点招来某些评论家的责难。他的得奖演讲具有某种辩解的性质。开篇之后，作家着重强调“一个小说家的天才，取决于他是否有能力精确地去反映我们所生长的、并曾经学习过爱和痛苦的狭窄世界的普遍性。”“全世界的农村，都只要从一个孩子的眼中就可以得到反映。”所以开篇提出孩提既有“切己”的特点，又为下文的续笔作出引线，具有一石双鸟之效。

自谦是人类文明的表征，是优化人际关系的润滑剂。身负殊荣而又彬彬有礼，一开场便会博得听众的好感。自谦是“切己”的前奏，为了表明自己幸福来临之际的受宠若惊和于心不安，必将袒露胸襟，公然亮相，让听众明确他们面对的是怎样一个“自我”，从而敞开心扉，与之交流，并接纳他，同情他，响应他。

## 开场法之四：设疑

演讲是在特定时间和空间一个人面对一大群人传播信息的活动，它往往要提出一个问题，说明一个道理。劈面而来，提出疑问，刹那间，便会聚光镜般把大众的思维凝聚到一起，为开言讲述打开场子，这是其一。其二，乍得殊奖，欣喜万分，略一平静，便会沉思：为什么单给我这个奖？这次获奖的意义何在？颁奖会上，冰岛作家哈尔多·拉克斯内斯开言道：

“几个星期以前，我在瑞典南部旅行的时候，就听到人家谣传，说我可能得到瑞典学院的青睐，成为今年诺贝尔文学奖的获得者。当时独自在客栈里过夜的我，除了百感交集，不免也扪心自问：‘像我这么一个满腹心酸的流浪者，这样一位来自世界最偏僻的角落的作家，乍然被诺贝尔基金会这种以提倡文化出名的机构看上眼，并被邀请到这个讲台上来讲话，到底代表了什么样的意义呢？’”

一个设问提挈全篇，吸引注目，自然引出“我”的辛酸的身世，“我”的真挚的情感，也自然以追想的结构铺叙经历，道出心声——“我”属于冰岛，属于那里的人民，属于那片卑微的土地，从而自然活脱而又淋漓尽致地抒发了主题。

讲得奖，特别是讲自身得奖的意义，苏联的米·肖洛霍夫采取的是另一种开头法：

“在这个隆重的会议上，我认为再一次向授予我诺贝尔文学奖的瑞典皇家学院表示感谢，是我的愉快的职责。

我曾经有机会公开地表示过，这件事之所以使我感到满意，不仅仅因为我在职业方面的成就和我作为一个文学家所固有的特点，得到国际上的公认，我还为这一奖金决定授予一个苏联作家而感到自豪。我在这里代表着我的祖国的庞大的作家队伍。”

肖洛霍夫 1965 年获得诺贝尔文学奖，与所有得奖作者相同，他也是经由近百名著名作家角逐而一举夺魁。难怪作家会说：“在职业方面的成就”和“作为一个文学家所固有的特点，得到国际上的公认”使他感到满意。

总而言之，出现在世界级大奖诺贝尔奖奖金颁发仪式上的演讲的开头之所以如此成功，关键是千篇而不一律。在抒情、言谢、引旨、导思这一总格调下，有的因所抒情感不同而异：或激动万分，或受宠若惊，或难以言表，或思绪万千；有的因致谢方式不同而异：或一谢而过，或剖析“谢谢”一词的丰富内涵，或迫不及待，或仅表满意；有的因演讲主旨不同而异：或旨在为自己辩解，或主要论述创作倾向，或旨在表彰所在的民族和国家；有的因发端思路不同而异：或质疑发问，或启迪理性思维，或独辟蹊径，作不像开头的开头。风格即人，文如其人，演讲作为“一种通过有声语言而表现出来的充满激情又充满理智的紧张的创作”，无不深烙着演讲者言语风格的印记，开头也不例外。

# 演讲词写作中的常见病

曹　毅

对于拟稿演讲来说，成功与否的决定因素主要是所写的演讲稿。如果不能充分把握演讲词这种边缘性文体的“个性”，写出来的演讲稿必定中看不中用。认识演讲词写作中出现的常见病，可以起到镜子的作用，帮助我们走向成功。这些常见病主要体现为以下几个方面。

## 一、确立主题的随意性

演讲词的主题表达是通过演讲者的有声语言及态势语言面对面地与听众交流而最终完成的，写成演讲词还只能算完成了一半。听众虽不能对演讲词的主题有所选择，但却能对演讲主题的表达作出同步的信息反馈，并对其产生一定的制约和影响，演讲效果也离不开听众的评判。鉴于此，听众实际上参与了演讲词主题的传达过程。与一般文章相比，演讲词的主题与听众有着更直接、更密切的联系。

对于一般文章的写作，我们说主题的确立需要遵循“客观上有必要”“主观上有见解”这两条准则。这两条准则也同样适用于演讲词主题的确立，但又不止于此。比如说你演讲确立的主题是现实生活所需要的，而且你对这个问题也有自己的独到见解，但是听众如果不能接受或不愿接受，你的演讲就谈不上成功。所以我们认为，演讲词主题的确立与表达还要加上这样一条准则：契合听众的接受心态。只有这样，你的演讲才可望扣住和打动听众心弦，引起理智上的认同和感情上的共鸣，从而走向成功。要想契合听众的接受心态，首先就必须了解听众的接受心态。一本书写出来什么人都可以看，而一次演讲面对的却是特定的听众。不同的听众群接受心态不同，这是由他们不同的年龄、职业、民族、性别、文化修养、宗教信仰、生活环境等因素决定的。写作演讲词确立主题时，就非得研究特定听众对象的这些因素不可，而仅凭自己的兴趣、感受和感情去随意确立主题，常常难以成功。即使演讲的主题具有规定性，你也必须根据听众的接受心态去选择表达阐发主题的角度和方法，从而叩开听众心扉。

## 二、材料选择的高远性

立意求高远，而选择材料却不能力求高远，这应该是演讲词写作的审美规范之一。初写演讲词者往往认为有关名人、伟人的材料更有分量、更引人注目、更有说服力。许多人有这样的误解，以为自己的演讲涉及名人伟人的材料越多，就越能打动听众，同时也显示自己的学识。这种做法恰恰导致了演讲的失败。我们知道，一般文章写作选材的基本要求是要能有力支持主题，要真实、新颖、典型、生动。这些标准也同样适用于演讲词写作。但演讲成功的重要条件之一就是你的演讲首先要能使听众感到亲近，否则就难以跨越和消除讲者与听者之间的心理情感距离而为听众所认可。这一方面取决于演讲技巧；另一方面取决于演讲内容本身。选用名人、伟人的材料是种好方法，但是必须用得适度，如果通篇都是如此，必然缺乏亲近感，使听众感到可望而不可即，也就不能唤起听众仿效靠近的心理效应。所以，明智的演讲者总是很注重材料与听众的“接近性”。你的演讲最好能以听众身边发生的事实来表达主题，以与听众同层次的人的事迹来打动他们，以自己的亲身经历和切身感受来说明问题，这样更能使听众感到亲近，心服口服。只有当听众感到你可亲可敬时，他们才接受你的说教。

## 三、布局谋篇的平板性

“文似看山不喜平”，演讲词也不例外。演讲词结构上艺术包容量很大，一般文章的各种结构方式和手法在演讲词写作中都可运用。在这一点上演讲词很接近散文，行文洒脱飘逸，变幻多姿。古人对文章结构的要求有“凤头、猪肚、豹尾”之说，即文章的开头要漂亮俊秀，主体要饱满充实，结尾要飞扬有力。这个比喻对于演讲词写作来说是最贴切不过了。从演讲词写作的一般情况看，人们都很注重使开场白具有强烈吸引力，在结尾给人留下深刻印象，而在主体部分却往往忽略了高潮的建构，整个演讲就缺乏一种激动人心的震撼力。一些演讲词没有高潮，一些演讲词虽设置了高潮，但讲起来却不能把听众带入高潮，这又说明了高潮的建构不当。演讲的开头不管多有吸引力，但演讲主题的揭示，听众感情的共鸣还主要依靠强有力的高潮来完成，演讲的力度也靠高潮来体现。凡成功的演讲都有激动人心的高潮。高潮是演讲的最强音，是演讲者思想感情最鲜明、最动人的地方，也是对听众震动、启迪、教育最强烈、最深刻之处，它常常以恳切、警策、饱含激情而又气韵生动的语言体现。但高潮不是随便托出，凡成功的高潮一定离不开适当的“火候”。这“火候”就是演讲者在对某个问题作了较为深刻、全面的分析阐发后，演讲者的思想感情逐渐明朗，听众也逐渐领会接受了演讲者的思想观点，并且情感有所带动，可能与演讲者的思想感情发生了共鸣。只有到了这时推出高潮才能收到预期效果。这要求我们在写作演讲词时不仅要注重建构高潮，而且要掌握铺垫蓄势的技巧。没有铺垫蓄势，就没有震撼人心的高潮。

## 四、抒情达意的空洞性

演讲的落脚点是意在让人接受某个道理和观点，具有说理性质，在表达上却是情理交融，而且以情为理之先声，以抒情为说理之手段。演讲词的抒情十分方便，方式多样，特别是可以较多运用直抒胸臆的方法。但演讲词也不是可以任意抒情或不讲究方法。许多演讲词的抒情色彩不可谓不浓，所抒之情也不能说不真，但为何不能打动人呢？其根本原因就在于缺乏给听众提供必要的情感认识基础。这个任务是通过对人与事的叙述、描写来完成的。我们说，情感是一种内在的东西，它必须借助于人物的外在神态和言行才能体现出来，才能传达给他人。所以，演讲要想以情动人，首先就必须通过对人和事较充分的叙述描写，给听众提供一个情感的认识基础，换句话说就是让听众明白你是因何而动情、为什么动到如此程度、值不值得动，等等。听众只有了解了这些之后才可能决定是否为你所抒的情而动，是否能产生共鸣。所以抒情作为一种表达方式总是离不开叙述、描写、议论的配合。如果满篇皆是直抒胸臆式的抒情，而没有通过叙述描写提供情感认识基础，哪怕声泪俱下地喊着“爱得要死恨得要命”也是不能感染人的。许多演讲词的作者不了解这个规律，认为演讲既然是以情动人，那么越直抒胸臆越好，殊不知这样做常常使所抒之情没有依托，没有底蕴，显得空洞肤浅，缺乏感人力量。

## 五、语言表达的学生腔

演讲词虽以书面文字写成，但它毕竟是供演讲者讲、供听众听的，而不是专门给人读的，因此演讲词的语言运用必须为它的实用性目的服务，必须为转化为有声语言服务，体现出讲得上口、听得入耳的个性。我们在生活中见到过许多这样的演讲：虽然演讲者没有拿讲稿，但却明显感觉到他们是在背讲稿，而不是真正地“讲”。许多演讲者力求把演讲词写得文采斐然，太重雕凿，这样的讲稿看起来不错，但听起来、讲起来却不一定效果好，甚至有咬文嚼字的“酸”味和故意卖弄之嫌。这实际上是忽视了演讲词口语化的要求。有人错误地认为只有书面语言才优美动人，而口语则平淡无味。其实，演讲词所要求的口语化是指用经过提炼的口语写作，它剔除了日常口语的粗俗成分，而保留生动新鲜的生活气息。演讲词的语言不仅要求避免学生腔，而且面对特定职业的听众最好能使用一些行业习惯语，这对于沟通心灵和感情有着特别的作用。

以上是对演讲词写作中的常见病的简要归纳，如果写作演讲词时能避免这些毛病，相信你的演讲水平一定会达到新的高度。

# 怎样做好就职演讲

孙玉茹

现代社会，就职演讲已成为一种经常运用的演讲形式：厂长就职演讲，乡长就职演讲，指导员就职演讲，班主任就职演讲……大到国家主席，小到班组长，新上任时差不多都要发表就职演讲。然而，有些人由于没有掌握就职演讲的特点和技巧，其演讲效果常常不能尽如人意。

那么，怎样才能做好就职演讲呢？笔者认为应该注意以下几点。

## 一、袒露自我

就职演讲的目的是要取得群众的信任和支持，因此，演讲者必须要同听众坦诚相见，以诚换诚。常言道：“人心换人心，八两换半斤。”加里宁也指出：“只有当你坦白直率地说话，那时群众才会听你的话。”而就职演讲者真诚地袒露自我则是帮助自己扫除听众心理障碍取得信任的“先锋官”。因为就职演讲者往台上一站，自然就形成了一种居高临下之势，而听众也顺势产生了一种“新官上任三把火，让他自己去说吧”的拒听心理。演讲者如果敢于自我袒露自己的弱点和不足，就会打破听众的思维定式，不仅可以吸引听众，而且可以缩短“台上”与“台下”、“官”与“民”的心理距离，给人以推心置腹的平等感和亲切感。

江西丰城县志主编金达迈在就职演讲中真诚地讲道：“历来修志，注重主编身份，或状元，或进士，或举人，可我却出身卑微……我聪明不在人上头，年纪不在人下头，主编之职，实难胜任。”他的话使台上台下相视而笑，两百多人的会堂里，一下子安静下来。接着他就把自己“赤裸裸”地奉献在众人面前：金某不是一个人云亦云的人，他有自己的语言，自己的个性，自己的主张——一个普普通通、正直、自信的人。最后，他也没像一般就职演讲者那样讲几条决心、几条保证，而是坦诚地说：“一个好汉三个帮。”“在哪只船顾哪只船。”“你们是真正的英雄豪杰，你们从事的是不朽的事业。”他的就职演讲获得了台上台下长时间的热烈掌声。这种坦率地解剖自己的做法，比任何形式的吹嘘、耍滑都更容易得到听众的信赖和支持。看似拙朴，实则聪明睿智，寓意旷远。

## 二、攻心为上

中国的军事家历来认为，善战者攻心为上。就职者进行就职演讲，最上策也莫过于攻心，即紧紧抓住听众心理演讲，这样才能让演讲如春雨，句句润心田。

湖南省一位乡长在就职演讲中就采取了“攻心术”，他说：“大家选我为樟树乡人民政府乡长，我保证三不搞：一是在工作部署上，不搞‘一个师公一道法’：过去是甲乡长栽树，乙乡长种瓜，丙乡长喂猪，丁乡长抓鱼。领导各取所爱，结果劳民伤财。我乡近几年整体发展建设规划已初具雏形，势头较好，没有必要另起炉灶。因此，我要做到‘新官’理‘旧事’。”他讲出了群众最担心的、最希望的，所以不少人站起来为他的演讲叫好。接着他又说：“二是在干部使用上，不搞‘一朝天子一朝臣’，今后干部调整也只能本着人尽其才，才尽其用的原则，决不会以个人恩怨为界限……”他的话使干部们长出了一口气，高兴得鼓起掌来。“三是不搞‘新官上任三把火’，我主张脚踏实地，饭要一口一口地吃，堡垒要一个一个地攻，做到在任一天，奋斗不止。”他的就职演讲如春风扫去了听众心上的云雾，使大家增强了振兴樟树乡的决心和信心，演讲结束后，人们群情振奋，围住新乡长亲切地交谈，取得了令人满意的演讲效果。

## 三、目标实际

能抓住听众的求实心理而确定努力目标，这固然是就职演讲成功的关键，然而，有些演讲者为了“收买人心”取悦听众常常说出些不切实际的话来。比如，有一位新上任的学生会生活部长，在就职演讲中表示“我上任之后，要让同学们天天吃饺子，天天都能洗澡，每晚都能看录像、电影……”学生们听后都边摇头边哈哈大笑。因为大家知道学校根本不具备这样的条件，这是不可能实现的。结果，会后那位生活部长落了个“吹牛大王”的“雅号”。

假话、大话、空话，没人愿意听，甚至会令人生厌。就职演讲者如果进行不合实际的“吹牛”，不管高明的还是拙劣的，都只能会失去群众的信任，使自己的名誉、人格一落千丈。有一位水表厂的厂长就深知这一点。他在就职演讲中的“决心”，就注意了实事求是：“恕我直言，我无力为你们迅速带来财富，提高你们的工资，增加你们的奖金。但我将竭心尽智使你们成为企业的主人……我将诚恳地倾听你们的呼声，热忱地奖励和采纳你们的合理建议。”“只要我们每个人都充分发挥自己的智慧和潜力，那么，可以断言：我们厂在不久的将来就会彻底摆脱贫困，告别‘瘫痪’！”他的演讲刚一结束，台下立即“掌声四起”，他那有一说一、有二说二、实打实的就职演讲，鼓舞了工人的斗志，在工人心中燃起了希望的火焰。

## 四、干脆利落

就职演讲只是演讲者“亮相”的一个特写镜头，因此最忌拖泥带水、含混冗赘。有些就职演讲者想借此机会全面“展示才华”，漫无边际地扯了葫芦又扯瓢，其结果只能使听众心烦意乱，大倒胃口。古人云：“事以简为上，言以简为当。”语言大师们也无不认为“简洁是天才的姐妹”“是智慧的灵魂”。就职演讲者如果在演讲中注意用最少的字表达尽量多的内容，少而准，简而丰，精短明快，干脆利落，就更能增强演讲的力度和光彩。

一位新上任的妇联主任，在就职演讲时既没讲当前形势，也没说今后措施；面对全村妇女，她爽快地说：“大伙选我当妇女的头儿，算是瞧得起我。请婶子大娘姑娘姐妹们放心，我也是女人，也有丈夫，有家，也怀孕生过孩子，我知道哪些利益该为咱妇女去争，哪些事该为咱妇女去干。我先试着干一年，干不好，大伙再另选别人。”当人们还等着她往下讲的时候，她已结束了演讲。只简短几句，好像什么都没讲，可仔细一想，又好像把许多内容都讲了。干巴利落脆，让人听着不腻，嚼着有味。

## 五、独辟蹊径

人们常说，良好的开端是成功的一半。这话对于就职演讲同样适用。高明的就职演讲者，为了引起听众的注意，演讲时常撇开旧套路，采用新角度，独辟蹊径，巧进智取。

某部九连新任指导员的就职演讲就不同凡响。他先从数字讲起：“世界上有些人对一些数字有偏爱，东方人喜爱‘8’，图它吉利。其实，‘9’也是一个很好的数字，它寓意深刻，含义丰富。‘9’含有圆满之意，‘9’的上半部分是一个圆，好像桌上的圆杯，‘9’的下半部分是一撇，形似杯中外溢的水，水满才会外溢，正好体现了我们九连岁岁丰收，事事圆满。”同样的开台锣鼓，他却能巧奏出动人心弦的新鲜鼓点来，既活跃了气氛，又融洽了情感，有曲径通幽之奇，“暗度陈仓”之妙。

## 六、巧用幽默

幽默风趣是智慧的表现。在生活中，它可给人们带来精神上的愉悦，在演讲中，它可让人听着轻松快乐。但也有人认为，就职演讲属政治演讲，其语言不宜幽默风趣，这样会破坏演讲的力度。其实，演讲力度的强弱，并不在于声严语厉还是幽默风趣。在就职演讲中，如能恰当自然地“幽”它几“默”，不仅可以缩短演讲者和听众的心理距离，还可以造成一种轻松和谐的演讲氛围，从而增强演讲兴味。

一位食品店的经理在就职演讲中就以此取得了成功。他开场就说：“各位，今后我们就要同舟共济了。抵押承包，可不像张飞吃豆芽那样轻松，搞不好会赔了夫人又折兵。我是不想把夫人赔上的，不知各位意下如何？”幽默的话语把大家逗笑了，造成了台下台上情感上的共鸣和情绪上的共振，笑声中每个人都觉出了自己责任的重大。接着他又风趣地鼓励大家：“各位有什么绝招，不管是宝葫芦芭蕉扇，还是何仙姑的水莲花，都可以使出来。”如一粒石子投进湖中，在听众心里溅起了层层涟漪，人们觉出了领导对自己的信任。此时他把话锋巧妙一转说：“不过，没有规矩不成方圆。济公心灵可够美的了，可谁也不会请他站柜台。”“各位在家吃饭要吃饱点，最好不要到店里补充营养……”看似说笑话，实则是立规矩讲制度。幽默风趣的就职演讲，柔中有刚，弦外有音，听众既看到了经理的机智，也深深感到了他的威严。

以上几点只是就职演讲成功的重要因素。实际上，就职演讲的技巧是无穷无尽的，还要在实践中不断研究和探索。但不论使用什么方法，演讲者都要根据自己的实际情况，扬长避短，灵活运用，讲出自己的真情，讲出自己的个性来，才能取得令自己满意、令听众振奋的最佳效果。

人际传播中的自我介绍，其对象是确定的，话语信息呈双向交流形式。例如第一次与异性朋友约会、第一次与陌生人交谈、第一次拜见名人……那么，属于大众传播范畴的自我介绍呢？请看——

# 做好演讲开场时的自我介绍

张宏梁

属于大众传播范畴的自我介绍，如竞选演讲、比赛演讲以及制成图像资料的应聘演讲中的自我介绍，其话语信息呈单向传播，对象是不确定的，听与不听不受限制。这与人际传播中的自我介绍是有区别的：前者可以有明显的“演”的成分，而后者基本是实质性因素，语言通常是平铺直叙、生活化的。前者允许有一定的诗化成分，比如在演讲开头说：“同学们：春天来了，我也来了！”非常精彩，但你若向一个陌生人介绍自己：“春天来了，我也来了！”人家定会觉得你神经兮兮的。

如何做好属于大众传播形式的自我介绍，笔者初步归纳了以下几点：

## 一、要充满自信，不要随意抬高

任何竞赛活动，首先是对自信心的检验。演讲者要焕发自身内在的潜能，并且把这种潜能化作智慧和力量，并闪耀到社会人生中去。戴尔·卡耐基曾说：“不要怕推销自己。只要你认为自己有才华，你就应认为自己有资格担任这个或那个职务。”大众传播中的自我介绍，就是要做到敢于推销自我，同时要充满自信心。例如有个青年这样推销自我：“云龙山给了我刚强的脊梁和勤奋的求知精神，我是一个不断地向新的成绩挑战的人，进击的人。当我获得朱敬文奖学金的时候，我想我一定要梅开二度，接着是连中三元！”话语中既点出了实质性因素，更显示了自信的力量和再接再厉的决心。需要注意的是，充满自信并非随意抬高自己使动机与效果不统一。有位女选手长得比较秀气，姓名中恰巧也有个“秀”字，“自我介绍”的初稿中有“我要做一个秀外慧中的人”。

在场的指导教师马上指出："这句话不太妥当。一个人长得灵秀，最好让别人去评论，这不同于征婚广告。"于是改成："我不敢称自己秀外，但我一定要慧中！"这一改，点铁成金，赢得在场师生的一片掌声。

## 二、要认真准备，不要急不择言

有人说："如果你考虑两遍再说，那你说的一定比原来的好一倍。"不要以为简短的自我介绍是小菜一碟，不少名人常常感到演讲稿越短越不好写。像福特、尼克松、布什这些人，竞选前都曾请专家（包括喜剧演员）突击训练过语言、神态，甚至有意识地准备一些幽默语言，以克服电视竞选演讲中容易出现的自卑怯场心理。

认真准备，包括认真构思。《演讲与口才》上曾刊登过一位学生竞选学生会主席的演讲体会：原稿近 2000 字，而校长临时宣布每人只能讲 1 分钟，于是他进行了快速压缩，最后的竞选词是："同学们，在这里我不谈有关'学生会'的观念和认识，也不做假如我当选后的打算，只向大家说明为什么我在这次竞选中能够当选。同学们，我的真实名字叫李怀争，不安于无声无息的生活，不忍心让社会和学校死水一潭。相反，倒想创造一个丰富多彩、无限美好的生活。因此我还有更多的名字，我叫改革、开拓、竞争，又叫活泼、进取、腾飞！同学们，这就是我能够当选的理由。谢谢大家！"这段演讲十分精彩，在名字上做文章，跳动着时代的强音。

## 三、要提炼升华，不要类似填表

有些人的自我介绍类似填表，如"我叫 ××，在 ×× 系学生会任 ×× 职务，曾经获得过 ×× 奖励"云云，这就很难引起听众的感情共鸣和审美趣味。大众传播场合的自我介绍应当提炼升华，要有闪光点，体现出你的世界观和人生观，体现出你的思想境界和审美理想，或者以极其精练的语言谈出一两个有真知灼见的观点，或者以某种概括性语言来总领自己的介绍。华东有家信息报招聘编辑记者，应聘者如云，一位女青年论相貌只属一般，但她有多方面的知识与技能：上过财会中专、英语大专，会电脑，学过绘画、摄影。她自我介绍的初稿有点类似表格式，我叫她开头来了个总括："当今社会需要复合型人才。我不敢称自己是复合型人才，但至少在几个方面做过努力。"下面再介绍自己的具体情况。后来，这位女青年被聘用了，“自我介绍”或许为她增加了一个砝码。

闪光点、升华点更要靠具有新气息的哲理语言、诗化语言。有些人的自我介绍在这方面很是突出。如：“我叫刘小鹰，来自内蒙古，有人称我是‘从呼伦贝尔大草原飞来的雄鹰’，生命就在于飞翔！就在于占领一个属于自己的空间！”这些语言都非常耐人咀嚼。

## 四、要幽默得体，不要怪异别扭

自我介绍也能体现出一定的风格，或幽默风趣，或潇洒干练，或朴实无华，或深情亲切……这里着重谈谈幽默风趣。

自我介绍要能出幽默风趣的语言，必须把幽默安放在简洁明快又富有意味的语言载体上，容不得过多的语言背景，容不得听众去寻找某个词语的出典、别解、双关、拈连、移就、仿词等，要力求一听就懂。例如，有位选手说：“我的名字叫‘景金泉’，当我来到这世间的时候，饱经风霜之苦和贫穷困扰的父亲给我取了这个名字，大概希望我长大后金银财宝如泉水一样涌来吧！可到今天，我仍然没有金银财宝，唯一属于我的是奋斗！”再如一位选手说：“体育比赛有我，卡拉 OK 比赛也有我，有人喊我‘两栖类’，我高兴地认了。”这些话语都带有一定的幽默感。

当然，也有人片面追求语言的风趣，以及神态的潇洒，进而有失自然，这是应该纠正的。

此外，自我介绍还必须做到简而扎实，不要少而空洞；要抑扬顿挫，不要快而失度。这里就不作分析了。

# 怎么样结束你的演讲

荣伟群 编译

对社交活动来说，最难应酬的礼节莫过于体面地迎接和欢送宾客，对剧场演出来说，最困难的任务莫过于恰当地进入和退出舞台；而对公开演讲来说，最能信服地显示出讲者熟谙演讲技艺的环节就是演讲的开头和结尾。

在演讲中，开头和结尾两环节占有举足轻重的地位。有效地开始演讲的方法能赢得听者的兴趣和注意力，而成功的结束演讲的方法能使讲者的思想给听者留下一个难以忘怀的印象，从而达到演讲的目的。相反，松散、疲沓无力、无味的结束演讲却给听者留下一个厌烦的和没精打采的感觉。每一个渴望演讲成功的讲者都应高度重视它的结束方法。

在人们日常的演讲中，存在着哪些不恰当的结束演讲的方法呢?

第一，有些人喜欢用道歉语结束演讲。他们在结束演讲时总爱说："我的话讲完了。由于时间不多，准备不充分，所以我讲得不好，请大家多多原谅。"或者说："我本来不准备讲，没办法临时凑几句。我水平不高，讲得不好，请大家多多批评。"等等。用这类陈词滥调结束演讲，只会使听者感到讲者在说冠冕堂皇的客套话，甚至有时本来是一个成功的演讲，听者也真的当作听了一阵糟糕的废话。

第二，有些人在表达思想完毕后，喜欢用"请大家再耐心等一会儿，还有几分钟的时间，我演讲就要结束了，我想再谈谈……"或者"我的演讲再有几分钟就要结束了，在结束前，我想就某某问题再谈几句……"之类的话来作结尾。很明显，这是一种画蛇添足的做法。讲者有必要说这些话吗?什么时间该结束演讲这完全是讲者个人的事，用时间来提醒听者演讲快要结束，这只能使听者对讲者说的最后几句话感到不耐烦。巧妙地结束演讲完全可以在听者未察觉的情况下实现。

第三，还有些人在说了所有要说的话后，却不知道怎样来结束演讲。于是，他们借助一些冗长啰唆话，有时甚至是自相矛盾的话，翻来覆去地在自己已谈过的内容范围内兜圈子。正如饱餐后的人厌恶美酒佳肴一样，这样结束演讲也只能留给听者厌烦感。有经验的演讲者懂得，正确结束演讲的方法应当留给听者适当的回味和思考的余地。

上面，我们仅列举三种不恰当地结束演讲的方法，这里限于篇幅，我们无法一一枚举。总之，有损于讲者实现自己的目的，有损于听者接受讲者思想的结束演讲的方法，都是不恰当的。

那么，究竟怎样正确结束演讲呢？有人说，成功的演讲不应像涓涓的流水，而应像跌宕起伏的海浪，一个高潮接着一个高潮，当演讲结束时，这个高潮便达到了顶峰。这种说法并不夸张。每个讲者在准备演讲的结束用语时，都应想到如何构筑一个“高潮”，甚至“顶峰”的问题。

下面，我们介绍几种结束演讲的方法。

1. 利用总结结束演讲

用总结或概括结束演讲，这是最普遍的使用方法。讲者要善于在演讲结束时简洁、扼要地对自己已阐述的思想进行总结，这样有助于听者加深对这些思想的印象。

2. 利用赞颂的话结束演讲

人一般都喜欢听赞颂的话，因此，相互间的赞颂成了人们交往的最好手段。用赞颂的话结束演讲，是一个行之有效的方法。通过这些赞颂的话，会场的活跃气氛可达到一个新高潮，讲者和听者的关系变得更融洽了。这样，讲者的思想便给听者留下了一个满意的印象。

但要注意，讲者在说赞颂的话时，不能有过分的夸张和庸俗的捧场，否则听者就会有溢美或哗众取宠的感觉。同时，讲者说话的表情要自然，态度要严肃，口气要诚恳。

3. 利用名人的话或轶事结束演讲

两千多年前，亚里士多德就把权威看作是使人信服的三大手段之一。由于权威是人们普遍崇拜的对象。因此，恰当地运用权威和名人的话或者轶事结束演讲也是个行之有效的方法。它可以把演讲推向一个新高潮，给讲者的思想提供最有力的证明。讲者可借助像“最后，我想引用 ××× 的话（或者关于 ××× 的一个轶事），来结束我的演讲……”，但要注意，讲者引用名人的话或轶事要有针对性，要能丰富、深化自己演讲的主题。

4. 利用诗结束演讲

用诗结束演讲可使演讲显得典雅而富有魅力，听者听了，也会产生清新和优美的感觉。讲者利用“现在，让我们共同欣赏 ××× 的著名诗句”等的话加强自己的思想。引用诗句同用名人的话或轶事一样，要有目的，要为演讲的主题服务。同时，讲者引用的诗一定要短，最好四句，最多八句，而且讲者一定要谙熟地背诵所引用的诗句，否则弄巧成拙反而影响演讲效果。

5. 利用幽默结束演讲

除了某些较为庄重的演讲场合外，利用幽默（无论是幽默的演说，还是幽默的动作）结束演讲都是可取的。它为演讲添加了欢声笑语，使演讲更富有趣味，并给听者留下了一个愉快的回忆。无疑，这时听者加深对演讲思想的印象是有利的。讲者利用幽默结束演讲时，要做到自然、真实，使幽默的动作或语言符合演讲的内容和自己的个性，绝不要矫揉造作、装腔作势，否则只会引起听者反感。

6. 利用呼吁结束演讲

利用呼吁结束演讲，这是许多有经验讲者在实践中总结出的有效方法。这方法对一些“使人信”（相信）和“使人动”（行动）的演讲来说，效果尤为显著。讲者通过对与听者有共同思想、共同愿望、共同利益和共同语言的某问题的阐述，使演讲达到一定高潮。然后，讲者利用一些感情激昂、动人心弦的演讲辞对听者的理智和情感进行呼吁，并借助像“为实现我们预定的目标而奋斗”等语言，向听者指明行动的具体步骤。这样，讲者实现了激励和感召听者的目的，听者马上就会明了讲者的意图和自己行动的具体方案。

7. 利用动作结束演讲

有人说：“演讲单靠言辞是不够的。”这话很对。在演讲中，讲者的动作——无声语言——是与听者交流思想的重要媒介，讲者可利用动作开始演讲，以吸引听者的注意力；讲者可利用动作表述思想，以帮助听者理解这些思想；同样，讲者还可利用动作表述思想，以给听者留下一个深刻印象。利用动作结束演讲，是种具有独特风格的方法。例如，有位讲者在结束自己的演讲时，他穿上外套，戴好帽子，拿起手套，尔后诙谐地对听者说：“女士们，先生们，我已结束了自己的演讲，你们呢？”他的出人意料之外的绝技立刻博得了全场听者的掌声。

前面，我们介绍了几种关于怎样结束演讲的具体方法。无疑，正确结束演讲的方法是多种多样的,世上没有一种适合于任何特殊情况的结束演讲的方法。每个讲者都可根据自己演讲的具体时间、地点、课题、听者及自己个性等因素，选择适合于自己结束演讲的方法。但讲者要始终牢记这个原则：结束演讲的方法一定要有效地为自己演讲的思想和目的服务。

# 马克·吐温的演讲技巧

李文扬　王培元

马克·吐温是十九世纪末俄国现实主义文学的杰出作家，同时，他又是一位著名的演讲家。鲁迅先生曾称赞他是一个“讲笑话的好手”。他早年就从事职业演讲！一生中的演讲活动断断续续长达三十年，直到晚年，为了偿还债务，还周游世界作环球演讲。在美国的加利福尼亚州所有的主要城市、内华达以及旧金山，在英国、在意大利，他的演讲使听众如痴如醉。马克·吐温的演讲能收到如此惊人的效果是与他高超的演讲技巧有着直接关系的。

**停顿**　这是演讲技巧中的强大武器，其效果是难以估计的。“此时无声胜有声”。这个令人难忘的沉默，这个雄辩的沉默，往往能收到预期的最佳效果。马克·吐温自称“经常玩‘停顿’这个把戏，如同孩子们玩弄玩具一样”。停顿时间的长短，全都根据当时的需要。只要把“停顿”掌握得恰当，在“停顿”以后说的话肯定会产生惊人的效果。每当你估量得正确的时候，你就会从“停顿”中享受到很大的快乐。有一次，马克·吐温讲黑人的鬼怪故事《金手臂》，在情节进入剑拔弩张的关头，他安排了一次“停顿”，使人们在倾听这可怕故事时的心理状态紧张到了几近爆发的程度，这个“停顿”绷紧了人们的心弦，收到了绝妙的效果。可是，演讲者如果把“停顿”的时间掌握得不恰当，例如稍微放长了那么一点点，听众就会从这短暂的瞬间清醒过来，从而能够预见到高潮，并在高潮突然到来以前做好心理准备——那就平淡无味了。

**重复**　马克·吐温认为，在幽默的领域里，重复的威力是很大的，“几乎任何一个用词确切一成不变的习惯用语，只要每隔一段时间郑重其事地重复它五六次，最后总会逗得大家忍不住笑起来”。当时旧金山的小市民制造了一个无聊的趣闻，并加以传播，以捉弄一位学者。为了扫荡这种恶劣的社会风气，马克·吐温作了一次演讲。他用沉闷、单调的声调讲了这个趣闻。一遍讲完，场上毫无反应，直到他把这个乏味的趣闻用一字未改的原话极严肃地讲了五遍之后，场上听众仿佛领会到了妙处，首先是前排的人哄笑起来，笑声往后传，然后又往前传，然后再往后传。一分钟以后，全场笑声雷动，仿佛暴风雨一般。“重复”的威力终于征服了全场，使人们在大笑之余深思，受到教育。

**故意** 这是指讲故事的人故意为挑选确切的字眼而显得迟疑不决，故意在无意中感到窘迫，故意把字眼强调错了，而实则是具有深意的。乍一看仿佛是即兴式的，其实是经过深思熟虑的23秒安排。“故意”这一手法如果用得巧，就具有强烈的效果，就能使背诵故事的人具有即兴讲述的那种纯自然的魅力。一次，马克·吐温在加利福尼亚的红狗村演讲之前，特地授意一位矿工上台给他作了如下的介绍——矿工站在那里想了片刻（故意显得迟疑不决），然后说：“对这个人我不大了解（其实了解得十分清楚），不过，至少有两件事我倒是知道的。一是他从没有蹲过监狱（乍一听，这简直是句废话，其实是经过深思熟虑才说出来的）；二是（矿工说到这里，故意做出无可奈何的手势，用重音强调了下面几个似乎是莫名其妙的字眼）我不明白这是为什么。”矿工这种即兴式的简单介绍，既没有对演讲人作庸俗的捧场（当然也就不会使听众生厌），又和马克·吐温幽默的演讲风格颇协调，这就为马克·吐温的出场演讲创造了一个极理想的气氛。

从上面的例子中，可以看到，“停顿”“重复”“故意”，这些演讲技巧如果运用得法，听众席里就会爆发出笑声和欢呼声，马克·吐温的实践已经证明了这些技巧的高超和巧妙。马克·吐温在演讲技巧方面所作的成功的探索，在世界近代演讲史上占有一定的地位，也是演讲学中的瑰宝。

# 怎样克服怯场

杨高潮

所谓怯场，是指演讲者在演讲中出现的胆怯害怕心理，以致失去自控能力。为什么会有怯场呢？具体地说有这样一些原因：

1. 初学演讲者自暴自弃，总觉得自己初次上台讲话，很可能会出“洋相”，因而信心不足。

2. 初学演讲者往往过分担忧会忘记演讲稿的内容，因此上场之前老是嘀嘀咕咕地背个不停，结果越背越慌，越背越乱。

3. 初学演讲者对会场内的环境不熟悉，怀有一种孤独不适的情绪，因而难以激发起演讲所必须具备的热情。

4. 初学演讲者看到排在自己前面的一个演讲者水平较高，深受听众欢迎，就可能会自感不如别人，相形见拙之下，害怕“当众出丑”。

5. 初学演讲者过度紧张，不注意听众的信息反馈，以致台下发出干扰，加深演讲者的怯场心理。

当然，还有其他许多情况，这里不一一列举了，演讲者的怯场心理如果不及时调整消除，那么很快就会引起惊慌失措，我们常常看见一些初学演讲者在台上满脸通红，表情紧张，声音低弱，语无伦次；不是僵立不动，趴在台上，就是失去自控，手脚乱动；这些都是外行演讲者的标记。那么，怎样才能消除这些“标记”呢？不妨从以下几个方面去试试：

1. 在参加演讲之前，你要充分准备，认真练讲，把演讲稿基本背熟，特别是在最为精彩和节奏较快的部分，要反复练讲，直至倒背如流。而进入会场之后，就不必再去背诵了，你可以仔细回忆一下演讲稿的结构、顺序，以确保整个演讲始终在自己的头脑中有一条清晰的脉络。

2. 由于正常的紧张情绪也会使人体内产生大量的热能，所以你还可以运用态势等辅助动作，比如适当地走动，挥舞手臂等，来释放那些多余的热量。但是切记，如果你的动作不自然雅观，反会惹人笑话，影响演讲效果。所以，此时此刻你宁愿不动，也不要乱动。

3. 你在上台演讲之前，可以与坐在身旁的同志海阔天空地闲聊，这样能使你尽快熟悉周围的环境，消除陌生的感觉，也能使你绷得过紧的神经稍稍放松一些，不至于产生消极的作用。

4. 上台之前，你还可作一番“侦察”，看看走上台去的路上有没有什么障碍及扩音设备情况等，以免你上台绊倒了话筒，或出现其他节外生枝的事情。另外，你应该专门挑剔前面一些演讲者的弱点和缺点，使得自己演讲时能尽力胜过他。

5. 当你刚到台上之际，要表现得犹如“目中无人”一般，绝不能有半点羞涩和胆怯的流露，以维护你的自信心。随后，在演讲中，要环顾四周，特意寻找一些与你熟悉或者脸带微笑的听众，面对他们讲话能够迅速消除你的怯场心理。如果中途台下有人干扰、不满，你应当及时调整自己的演讲，见机行事。

总而言之，初学演讲者只有多实践，多总结，才能有效地克服演讲的惊慌，取得理想的演讲效果。

# 出道选择题，与听众动起来

石老人

演讲者在演讲的时候，要注意与听众的互动，充分调动听众的大脑，使听众想演讲者之所想，充分地融入演讲。给听众出选择题，是一种常用的互动技巧。选择题一般带有明显的导向性，可以避免听众胡思乱想、偏离演讲者的主旨。

## 开篇出题，引导听众

为了迎合别人而改变自己，不真实的自己又怎能打动别人；自信做自己，你的特质也许就是你成功的钥匙。是改变自己还是做自己，你会怎么选？

蔡琴凭借自己独具魅力的歌声，驰骋歌坛30年，是名副其实的歌坛常青树。然而，她踏入歌坛时，却很不顺利。蔡琴的嗓音很粗，而且还略带沙哑，她以为这是自己的缺点，所以大学中参加歌唱比赛的时候，她故意把中音改成了高音，但是高音音调太高，她唱不上去，她选了《银色月光下》，刚刚唱了4句，就被评委叫停了。失败之后，蔡琴进行了认真的反思，她决定，从此以后，根据自己的嗓音特点，唱出自己的风格。慢慢地，蔡琴崭露头角，几年后，她独特的歌声红遍了海峡两岸。而且，她演唱的《银色月光下》让人百听不厌，她不仅以《银色月光下》为题出了专辑，还举办了《银色月光下》主题音乐会。

——于丹的演讲《自信做自己》

在演讲的开场，于丹就给听众出了一道选择题，当然，这个选择题有一定的导向性，既然“自信做自己”是成功的钥匙，当然不能去“迎合别人”了，这是听众的心理活动。接下来，于丹通过蔡琴的成名经历，印证了听众心中的选择，有力地证明了，在这个讲求个性的年代，只有深入挖掘自己的特质才会取得成功的演讲主题。听众在思考印证的过程中，充分地融入了演讲。

## 中间出题，承上启下

中国羽毛球队包揽汤尤杯之后，记者在机场见到了功臣之一——王晓理。在征战汤尤杯的时候，有个很重要的消息大家都瞒着王晓理，她的外婆在赛前其实已经去世了，为了不影响她的竞技状态，大家一直瞒着她。

当事业、荣誉与骨肉亲情放在一起的时候，你会作何选择呢，选择事业、荣誉，还是骨肉亲情？

英国歌手罗比·威廉姆荣幸地获得了在伦敦奥运会闭幕式上演唱的机会，但他偏偏不懂得珍惜，毅然选择了放弃，这是为什么呢？原来，奥运会的闭幕时间正好和他妻子的预产期冲突，在这个人生的重要时刻，他要和妻子共同迎接宝宝出世。一个老人的去世，一个新生命的降生，一个终生的遗憾，一个留念一生的记忆。

——一位比赛选手的演讲《生命中那些不容错过的时刻》

事业、荣誉错过一次，还有机会，而生命中的很多时刻一旦错过，就再也追不回了。两个事例，两种不同的选择，在这之间，演讲者加入了一个拷问听众灵魂的选择题，在这个更加强调个体与人性的时代里，显然后者的选择更能得到大家的认同。中间出选择题，可以承上启下，使听众反思“上”，期待“下”。

## 最后出题，点名主旨

牟氏庄园是现存规模最大的地主庄园，其中的“斗谷墙”令人惊叹。这是一面石料砌成的墙，每块石头都被打磨得平平整整，砌在一起，石缝细如丝线。石缝之间不用灰浆，完全靠石头与石头相对来达到严丝合缝。为了这面墙，牟家可没少下本钱，整面墙用去谷子 33000 多斤，所以被称为“斗谷墙”。如此完美和精密的墙是怎么建造出来的呢？一定派出了不少打手和监工吧？石匠挨了不少皮鞭吧？其实完全不是这样，只是发给石匠 200 个铜钱，并提出要求：如果石缝里能垫入铜钱，那你就自动把铜钱垫上，如果垫不上，那铜钱就归你。结果，整面墙只垫上了 3 个铜钱。

没到手的钱和已经到手的钱，如果让你选择，你会更加珍惜哪一个呢？

——张瑞敏的演讲《自己管自己》

还没有进入口袋的钱，失去了也不会太难过，因为不曾拥有；进入自己口袋的钱，再失去，那就如同割肉一般了。把任务交给你，把责任讲清楚，把利益让你攥在自己手里，让你自己管好自己，这无疑是一个绝妙的管理高招。张瑞敏最后给听众出选择题，点明上面故事的主旨，事件与理论合并，更能触动听众的内心。

演讲者的选择题的位置应该根据材料的特点进行放置，简单易懂的材料，放前面；前后呼应的材料，放中间；用意不明朗的材料，放后面；需要深刻反思的材料，前后出题，相互呼应。

# 论辩之道

LUNBIAN ZHIDAO

# 辩论取胜三窍门

顾红英

关于辩论，反应很重要，一曰快二曰灵。如果你的反应只快而不灵，恐怕会如泼妇骂街，让人心不服口亦不服；如果反应只灵而不快，再犀利的言辞也如同马后放炮而已。我们的任友群教练就有这种能耐，不管敌情如何，他都能端坐一旁，与我们唇枪舌剑一番。个中有许多窍门。

**其一，接过话茬再打回去。**即你说什么，我就跟你来辩什么，免得一个谈天一个说地，风马牛不相及，算不上“辩论”。但这并不意味着就改变了自己的立场和方向，恰恰相反，这里有一计为：接过你的箭，还击你的身。在训练的最初，教练让我们分析听到的每一句话，让脑子成为一个粉碎机：一个句子完整地进去，“粉身碎骨”后出来。因为有些时候如果对方推给你一块大石头，而你却搬不动它，敲几块小石头下来再扔回去，也许会有意想不到的效果。这些小石头，就是“话茬”，也是“把柄”。如对方侃侃而谈：

“如果经济的发展不可避免带来环境的污染，那就是说，人类的发展永远也摆脱不了环境污染的阴影了？”

这显然是要把我们推到悲观主义的不利境地。而在这个句子里，“阴影”一词起了举足轻重的作用，如果能把这块石子扔回去，也就相当于推倒了对方压来的“悲观主义”巨石，驳倒它将意味着反驳成功。这就是“接”和“打”的艺术。我方辩手当时是这样回答的：

“即使在太阳光辉的照耀下，人的背后也是有影子的。”

当然，这样的机会不是每次都有，那就试着从粉碎后的“句子”中找一些于我方有利或能反驳的词和片段。在一场题为《人类是大自然的保护者（破坏者）》的辩论赛中，有这样的两段对话：

正方：难道对方辩友没听说过商汤捕鸟——网开三面吗？

反方：商汤捕鸟，这就是对大自然的破坏呀！

……

正方：对方辩友怎么解释“三北防护林”这一人类保护自然的杰作呢？

反方：如果那儿的植被没有破坏，人类又为什么要去保护它呢？我方早就说过，对方所谓的保护不过是破坏后的修补性努力而已。

反方的两段辩词，没有对正方的发言全面驳斥，只抓住其中有利于己的能反驳的词予以反驳，都取得了很好效果。

**其二，顺着逻辑，继续推理。**正如哲人所言：“如果真理再向前迈一步，哪怕极小的一步，真理也就成了谬误。”将对方逼向极端，让“真理”向前跨一步，只要你使对方“走”了这么一步，即使是很小的一步，你就会成功。

在一次关于电影观众下降和电视发展之关系的辩论中，对方罗列了电视的种种优点，以证明是电视的发展抢走了电影的观众。我方辩手是这样反问对方的：“难道因为肉好吃，人们就不吃鱼，也不吃蔬菜了吗？”对方的逻辑是“因为A是好的，所以选择A。”我方辩手则顺而推之：“因为A是好的，就不选择B、C等非A类物。”这么一“推”，对方的结论显而易见是不正确的。其实，或许对方并没有排除选择B、C的可能，因为选择的动机可以是多元的。但顺着推理下去也有道理：B、C不是A，可以认为它们不具有A所有的合乎“好”的要求，也就当然可以被排除于选择之列。

**其三，变换角度，别释彼意。**关于辩论，消耗是很厉害的，不管是生理的还是心理的。但它给人的回报亦相当丰富。它教人敏于听而善于言。所谓听，是要听对方说了什么事，哪儿说对了，哪儿说得不合理。而接下来的“言”便是“找”机而乘。任何事物换个角度来分析都可得出与原先观点相反的结论。有时即使你明白对方的话没毛病，也可以通过字面的理解，进行有利于己方的解释。

关于大学生打工之利弊关系是被讨论过很多次的，也不止一次地作为辩题而争执过。一方认为，大学生打工能有助于树立起良好的责任心，能帮人确立正确的消费观等。换个角度来看，通过教育，同样可以使人具有良好的责任心和消费观等正确的观念。对方的上述几个理由立即会如风雨飘摇中的楼台不堪一击。

辩论是一种艺术，一种融声与形于一体的艺术，它集语言艺术及表演艺术之大成，是人类理性活动的至高境界。我很欣赏复旦大学俞吾金教授的一句话：“先做人，后辩论。”我的目的不是驳倒对方，“做一个有理性的人，有德性的人”才是我真正的追求。

# 当你方辩题不得人心时

王 慧

一个好的辩题最基本的要素是双方都充分可辩，都可抓住局部真理，这对双方基本都是公平的，没有明显的优、劣势之分。但是面对一个辩题，是否双方都能顺应民心，这就未必了。顺民心的一方可利用优势大加煽情，控制场上的气势与主动,而不太顺民心的一方该如何调动自己有利的资源,争取主动呢?

## 一、对概念作有利于己方的界定

当自己一方的观点，乍一听不顺民心时，就特别要注意界定概念，使之有利于自己一方，既能发挥理性优势，又能转舵煽情。例如，长虹杯全国大学生电视辩论赛北京大学队与南开大学队的辩题是“应对女性就业实行保护”。北大队是反方。这是北大队最难辩的一场，直到开战前两天才最后敲定思路。难的原因在于对方太煽情了，社会上对女性歧视的问题比比皆是，招工中女工分要比男工分高得多，找工作女大学生分不出去……面对这么多一煽便起火的例子，北大队该如何下手呢？在有《宪法》及《妇女权益保护法》明确表明保护女性就业的情况下，北大队又该如何下手呢?

我们决定从保护开刀。我们选用了《辞海》上对“保护”下的定义：“尽力照顾，使不受侵害。”如果说女性需要尽力照顾，那么，女性就和男性不平等了，因为无疑把女性放到了弱者地位。而女性是弱者吗？到此，我方就处于很有利的地位了，因为女性奋进、自强的例子比比皆是，数不胜数！于是，在我方的陈述中主要讲女性不是弱者。我方作为二辩，对对方大谈保护就业，一开始就作了这样的反驳：“对方辩友一边讲男女要平等，一边又把女性放到了方方面面都要受照顾的弱者地位，是不是对女性自身的发展缺少信心才自相矛盾的呢？出于善良的愿望，对方辩友为女性就业营造了森严壁垒。然而在市场经济、竞争择业的情况下，它非但不能成为女性就业的保护城，而且只会成为阻碍女性走出社会的‘围城’。“我方认为：”一部人类文明的历史，恰恰是女性自身独立和发展的历史。想一想：今天，有谁保护粤女阿静的餐厅饮誉京城？有谁保护医学家林巧稚医德传遍全国？有谁保护杨丽萍灵丽的孔雀舞冲出亚洲？女人在用自己的汗水浇铸时代的骄傲，是在用自己的智慧向人们明示一个古老的真理：‘女人，真的不是弱者！’如果你是一棵树，我必须作为树的形象和你站立在一起，你有铜枝铁干，我有红硕的花朵，在人类的进程中我们应共担寒潮风雨，共享阳光彩虹！”这一段辩词在当场赢得了很好的效果。

在自由辩论中，就“保护”一词双方又一番舌战，双方对自己“保护”的定义都保护得死死的！例如，对方说：“我想请问对方辩友，大赛组委会在保护我们平等参赛的权利，难道它是在袒护我们吗？”（掌声）我方：“那如果让评委照顾一下北大队，那我们还是平等竞争吗？”（热烈掌声）

由此可见，定义作好了，场上可以游刃有余。

## 二、对题目作有利于己方的阐释

第二届北大杯辩论赛法律系首场迎战历史系，题目是：现阶段，中国是否应实行“高薪养廉”。对于这一命题可有两种解释：一种是“现阶段，中国是否应‘实行高薪养廉’”。另一种是“现阶段，中国是否应实行‘高薪养廉’？”前一种实际上是说现阶段是否应实行高薪养廉这种制度，即实行这种制度是否利大于弊。第二种理解实际为“高薪能否养廉”。法律系抽的是反方。队友们觉得题目又不利于我们，处处都在呼吁“高薪养廉”，对方显然又很得民心。

鉴于这种情况，法律系决定从第二种逻辑理解辩题，因为第一种逻辑侧重于社会主义制度决定为人民服务，不要“高薪养廉”，这种思路在短时间内难说透，易说空；因此我们采用第二种逻辑。“高薪是否一定能养廉。”这对于我们是很容易论证，也容易说到听众的心坎上。从理论上，孟德斯鸠说：“权力滥用导致权力腐败。”高薪不能制止一个人权力欲望的无限膨胀；从事实上，从古至今多少高官俸禄极高，依然贪心不足，臭名昭著；从可行性上，多少算高，多少算不高，也很难界定。粗略地看来，这个题目从这种逻辑出发，辩起来更容易一些。

因此，有些题目在逻辑上作作文章，也会有一定效果。

## 三、对关键词作有利于己方的解释

同是在“对女性就业应实行保护”一场中，对方把“就业”死死定义成“就业权利”；而这对于我们几乎是致命的打击，因为权利必然是平等的，女性的权利当然不容剥夺。因此，我方认为“就业”是指“就业过程”，正如我方一辩一开始所说：“今天我们的辩论不是让我们来讨论对男女共同拥有的就业权利应否实行保护的问题，而是讨论对女性这一特殊群体在就业过程中应否实行特殊的保护与照顾。法律上已规定了男女平等的就业权难道还有什么可争论的吗？但是，怎样来实现这一就业权利呢？是通过保护性的就业，还是通过竞争性的就业，这才是我们今天辩论的真正命题！”这样解释“就业”就为我方开辟一条好走的道，即在实行就业的过程中究竟该是“保护性就业”，还是“竞争性就业”！在自由辩论中，对方总提要保护女性，消除歧视，平等竞争，而我方死死扣住：消除歧视、平等竞争，这正是我方所说的竞争性就业的概念。这样，我们就化解了不利因素，使观众们觉得我们也在为女性呐喊，我们也在为女性寻求出路。

## 四、用道理做有利于己方的煽情

北大法律系和中国对外经贸大学法律系曾辩过一场“试管婴儿有权知其生身父母”。我方为反方。

从情感上，正方更有利，因为每一个人都有获知权，每一个人都想知道自己的父母，而试管婴儿为什么不可以知道他们的生身父母呢？这对他们也许是残酷的，对方在这些方面是可以狠做文章的。

而我方则从以下几个方面来构筑思路，予以煽情。首先，每一个人都有获知权，但权利不是绝对的，当某一项权利的取得给大多数人带来损伤时，这种权利就要受到制约。而试管婴儿知其生身父母必将给他的含辛茹苦的养父母带来伤害，同时，也对那些志愿提供精子、卵子的生身父母家庭带来很大的冲击，因此试管婴儿无权知其生身父母；其次，试管婴儿知其生身父母，对他个人的打击震荡也很大，影响他个人的前程；最后，试管婴儿的产生是给不孕者带来福音，如果试管婴儿知其生身父母并造成了几方感情损害，那么谁还敢提供精子卵子？那么不生育的父母岂不又陷入绝望中？所以，自由辩论中当对方大加煽情，一再逼问权利要不要尊重，感情要不要珍惜，我们都能有所准备地一一还击。最精彩的一处对答是对方四辩追问：“连想要的感情都得不到，还谈何理智、谈何幸福？”我方立即迎答：亚里士多德说过：“遵循理智的生活才是人类最大的幸福！”（全场热烈掌声）

由此可见，当题目从表面上看不易被众人感情接受时应向深处挖掘，当理性的渠道通畅后，不愁感情之水不滚滚而来！那时候我们不仅能煽情，而且能煽得更有力度，更有文采！

（本文作者系“长虹杯全国大学生电视辩论赛”北京大学队队员）

# 归 谬 法
## ——生活中论辩的“常规武器”

丁如泉

在日常生活中，恰当地运用归谬法进行论辩，有时既可剥去谬论的外衣，让其自现荒谬，又可使论辩和风细雨，不伤感情，遇窘呈泰，克敌制胜。现结合实例做些介绍：

## 一、引申荒谬

有些谬论，单独地看谬误尚不明显，但如果将其谬论由点到面，由此及彼地推广开来，则其谬误便十分明显了，连谬论制造者本人也不得不为之汗颜。

在公路拐弯处，一个女青年车后驮着一位老妇人正在赶路，一个二十多岁的男青年骑着自行车，想从她身旁越过去，尽管车已减速，但由于车把将老妇人撞了一下，老人随即栽倒在地，不能站立。到医院一查，老人左股骨呈螺旋性骨折，需住院治疗。在付医疗费问题上，双方发生了争执。男青年讲，他的车已减速，而且是从旁边越过的。如果是个年轻人，“挂”一下也不会跌跟斗。言外之意是她摔跟斗和骨折是因为她老了，腿脚不灵活，与他骑车挂她没关系，医疗费他不能付。女青年听后非常气愤，连珠炮似的予以引申疾问：“照你说，老人不灵活了，你给挂倒摔伤了可以不负责任？那么小孩走路不稳、孕妇走路不方便，你给挂倒摔伤了也可以不负责任？病人走路没力气，残疾人行动不灵活，你给挂倒摔伤了也可以不负责任？这符合道德规范吗？这符合交通法规吗？这话能说出口吗？”围观者也帮助女青年说话，男青年感到理亏，乖乖地付了医疗费，并协助护理。

初一看，男青年假设的遁词——自行车碰了年轻人，可能不会出问题，似乎还有点道理。但把它联系起来放大来看，出了问题要被害者自己负责，而肇事者可以不闻不问，其荒谬之处就比较明显了。再由点（老人）推及面（小孩、孕妇、病人、残疾人）引申开去，那些本该受到尊重和关照的对象，岂不都成了被践踏的对象？这无论是从情理上、法律上，还是从伦理道德、社会公德上，都说不过去。这样一归谬，那位貌似有理的男青年便没词了。

## 二、托出后果

有些谬论是气头上说的，只想到眼前，没想到后果。如果将其发展后果指出来，往往能收到釜底抽薪的效果。

车站旁，一群人围着一个玩花牌（一种赌博游戏）的人，钱来钱往，有输有赢，好不热闹，但赢的都是上托的。一陌生旅客为这现象所迷惑，押上钞票想赢钱。这时一个看出门道的小伙子对他说："别押了，赢不了。你没看出赢钱的全是他们一伙的！"此话一出，惹下了大祸。只见牌手捋起袖管，破口大骂："吃饱了饭没事找死，想来坏我的事。"说着就动手。开始小伙子还退让，谁知对方得寸进尺，小伙子气不过，就回了手，这更"捅了马蜂窝"，几个人围住一个，有硬拉硬扯的，有拳打脚踢的，把小伙子打得捂着脸全无还手之力。那牌手一边打，一边骂骂咧咧，扬言非把这小伙教训够了不可。这时，一个教师模样的人走上前去，对那牌手道："小兄弟，别打了。打两下解解恨就拉倒吧！"

"走开！谁要你多管闲事？"

"不是我多管闲事，这样打下去，惹出大的麻烦怎么办？"

"麻烦，公安局来了我也不怕。"

"要是打失了手，人家再也起不来了，那就不是怕不怕的问题了。"

这时，牌手的同伙人醒悟了，对牌手说："算了，听这位哥儿们的话，不和他计较，我们走吧！"

（事后，这位不法之徒受到了应有的惩处。）

就这样，一场众寡悬殊的"战斗"结束了。不少人都称赞这位教师劝说很有水平，几句话就平息了事端。

细细想来，这位教师劝说的艺术着实高明：

首先，运用心理相容原理，缩短与肇事者的距离。"小兄弟，打两下解解恨拉倒吧！"表面上站到了肇事者一方；这样，也使肇事者听得进说话者的言语。

接着，也是最主要的，他引申扬厉、言辞委婉地把事情发展的可能性摆到肇事者面前：你们既搞赌博的犯罪活动，又无事生非地扰乱公共秩序，治安人员来了，是不会轻易放过的。这一点，对方很快领悟到，但还是一副不买账的架势。

“要是失了手，人家再也起不来了”，是指事情发展的最坏可能性。那样，无端将人致残或打死，肇事者被追究刑事责任是必定无疑的了。绝不是一个“不怕”所能解决得了的。

肇事者在犯罪过程中，一意孤行，甚至铤而走险，是常见现象。尽管这号人中不少人是法盲，但杀人偿命这一点还是清楚的。若能像文中老师那样巧用归谬法，既注意缩短心理距离，用婉辞提醒，又引申扬厉，将后果托出，是可以将一些无知的肇事者的气焰打下去，达到平息事端的目的的。

## 三、避虚就实

有些谬论，若不加分析地从表面上看，似乎还有一定理由，但将其拿到具体事情上，将理与事结合起来，透过表象看实质，就能让谬误的荒唐之处明白无误地显现出来。

一位攻读植保“化学除草”专业的硕士研究生，被分配到某市一家化肥厂。厂长开始以专业不对口不想接收，后又以到基层锻炼为名，将这名研究生放到车间烧煤炭。情况反映到市里后，负责分配的陈科长找这位厂长询问情况。厂长答复说：“我们厂暂时不缺技术人员，厂又小，蹲不下“大菩萨”，况且，层次低些的更好用。我们目前宁可进一名粗壮工，也不想安插一名研究生。他实在不愿意干就走。”

陈科长听后，这样反问道：“文化层次低的听话、听用，那么，把你们厂的技术人员全换成文盲，更便于你管理；那样，你们厂的前景又将如何呢？”

厂长木然，随即应道：“我们再考虑。”

陈科长没有就厂长“厂小蹲不下‘大菩萨’”“宁可进一名粗壮工，也不想安插一名研究生”的“大道理”进行反驳，只是以开玩笑的方式，把他的“大道理”由虚到实进行推演，付诸实施——把该厂的技术人员全换成文盲，更便于管理——就使厂长的原始思想“有能力的不好用，宁可让一些水平低的人重新学习，摸索前进”的错误本质原形毕露了。这与当今强调的以科学技术推动企业前进的主张背道而驰，厂长当然只好认输。

## 四、换向易位

归谬法一般都是将错误观点作相应延伸、发挥，显现其荒谬；但也可以变换角度，从其对立面入手，着重指出事情在相对或相反的情况下，必有一种相应的结果；当这种结果说不通时，那么，原有观点或做法则显得同样悖谬。

请看一段姑嫂对话：

小姑："……看来，妈妈最好，婆婆最坏，有了婆婆容易争吵，我以后找个丈夫，家中没有婆婆就好了。"

大嫂："话不能这么说，以后如果你的二哥找媳妇，人家也提这种要求，你把妈妈放到什么地方去呢？俗话说：'多年的媳妇熬成婆。'到时候不是连自己也嫌多了吗？"

小姑无言以对，满脸通红。

小姑的话在一些不经事的女青年中颇有市场。没有好公婆感到没依靠，有了公婆又感到是累赘，她们既要甩掉包袱，又要有长辈照顾，思想上、言论上、行动上处处矛盾，而又能引起一些人的共鸣，问题就在于荒谬之处暴露得不够彻底。

大嫂的答话，没有正面反驳小姑的谬论，仅仅采用换向易位法，把小姑的谬论加以引申推演——我作大嫂的姑且不谈，你家要娶二嫂，人家也不想要婆婆，这不是要你妈妈的命吗？这是一；自己有做媳妇的时候，当然也有做婆婆的时候，实际上，不是最后连自己也不想要了吗？这是二。两点引申，把小姑的谬论推演到荒谬绝伦的程度，既避免了正面交锋，又使小姑口服心服。大嫂的归谬，真是一石二鸟，奇妙无比。

归谬法在日常生活中的应用非常广泛。大到公开辩论，小到私人交谈，无处无时不有。运用中，只要抓住对方错误的某一点，恰当地运用归谬形式予以引申放大，就会使其荒谬之处明显地暴露出来，达到不辩自明克敌制胜的目的；就会使你遇窘呈泰、逢凶化吉。有兴趣的朋友，不妨一试。

# 借概念做文章以诠解抢阵地

江苏 周安华

辩论赛的理论建构是以概念为基础的，无疑辩论双方首先要保证概念的同一性，确立彼此共同认可的辩论范畴，但这并不意味着辩手就此失去了能动性，只能机械引述。因为概念虽然是同一的，但对概念的界定却可以是多种多样的。概念有广义、狭义之分，有特指、泛指之别，内涵与外延更非一回事，而理解上“仁者见仁，智者见智”又是常事。这就为我们在辩论上精思妙构、出其不意提供了时机和可能性。

在概念界定上把握场上主动，可行的做法是：

**其一，根据立场需要，扩大或缩小概念的内涵，渲染其引申意义。**例如，我们在与香港中文大学队比赛时，为了突出法律对社会秩序的巨大影响力，给评委留下深刻印象，我们在界定法律概念时就采用了“合理放大”的方式，指出：法律作为超越道德之上的国家规范，包括国家政府制订颁布的一切法律条文。同时，我们认为，由政府和组织授权并认可的政纪、厂纪、校规、校纪、公共场所规章等，作为法律的补充，也都具有法律的含义。这就使现场观众感到法律在维系社会秩序时无所不在。而作为反方，香港中文大学队则要千方百计限制法律概念的膨胀，以便证明——有许多法律条文管不到的地方，是道德在维系社会秩序。由此，辩论双方各自争取立论的合理性，反证出对方的荒谬。江苏徐州曾组织过一次辩论赛，辩题是“晋升提拔是青年干部实现人生价值的主要标志”。这里，主要概念的内涵确定成为至关重要的事。正方要讲：“晋升提拔”就是职务、职称、地位、作用的改变（扩大概念），而“青年干部”就是机关干部（缩小概念），并且是“主要标志”不是“唯一标志”。反方则要强调：“晋升提拔”就是官位的提升（缩小概念），“青年干部”包括行政管理干部、专业技术干部、军队地方院校的学者教授、工厂的工程师等（扩大概念），而“主要标志”就是首先的、第一的、最重要的标志。很显然，对概念内涵外延的调整调度是以充分地论证立场为原则的，应根据陈述立场的需要制定灵活的概念策略。但另一方面，这种概念内涵的调整又必须建立在科学合理性之上，应当可信、可靠、真正自圆其说，而不能过分、过头，全然主观化地随意发挥。否则就会失去观众认同，变成毫无意义的强辩。

**其二，在诠释重要术语、阐发其性质时，注意抢地盘，形成有利于己的格局。**辩论是以一定的声调语速将己方对问题的看法宣陈出来，赢取评委、观众首肯的艺术。因此，在辩论过程中，你必须尽早将你的关键思想、重要术语阐论出来，并牢牢打进听众的脑膜，造成先入为主的印象。我们在北京进行第二场辩论时，就维系社会秩序而言，有一个主体——社会细胞（人）的自律问题。那么，这种自律的性质、原因是什么呢？反方无疑会说，是道德感、羞耻心，而我们一开始就坚持强调它是一种法律意识，是法的观念深入人心，化为内心的自觉要求。由此可见：社会秩序的维系主要靠法律。因为人之崇高，就在于人类能够自觉立法，约束自己的行为，而每个人在法的精神指导下有序地生活，秩序才会油然而生。在此，积极主动地通过术语阐释，抢占影响整个战局的战略制高点，为我方争取场上主动奠定了有力基础，其后的交搏也就在我方设定的概念语意上展开。如果不是这样，我们在整个辩论中就要花费许多心力和时间与对方纠缠一些术语、事例及细枝末节，而不能集中火力攻击对方理论要害与逻辑困境。因此，诠释重点术语必须“当仁不让”，必须断然、果决、充满理论自信。

（本文作者系1995年国际（华语）大专辩论会冠军队成员之一、南京大学队教练）

# 论辩中的“点穴”术

薛兴臻

武术界中功夫达炉火纯青者，与对方交手时，往往出其不意地点中对方穴位，使其失去反抗能力而获胜。舌战中如若也能抓住对方的“要害部位”而猛然出击的话，照样能出奇制胜。请看一例：

街道上，一中年人骑车靠边慢行，不料被迎面急驶而来的小青年撞倒了。按理，小青年应该赶忙去扶倒地的人，赔个礼，若伤了，带到医院包扎一下就可得到谅解了；可他却怪中年人骑车不注意，没让他。这样便引起了争执，招来大群围观者。小青年口口不让人，当他听到个别人起哄更来了劲，居然挑衅：“你有什么了不起！”那中年人仍没生气，只是回驳道：“你是看我没什么了不起才撞我的？照你这样说，我要是同你一样年轻，又比你粗壮，撞倒你又不向你赔礼才算了不起吗？”两句话，呛得小青年脸色赤红，嘴乱哆嗦说不出话来。再加上几位长者的评论，小青年推着车子，钻出人群，跨上去一溜烟跑了。

小青年振振有词，气势逼人，却经不住这两句话一逼，真是“树怕挖根，人怕揭底”。舌战中进行“点穴”可以从哪些方面入手呢？

**一、析其心而“点穴”**。舌战的主要工具是语言。而语言“每时每刻都是传达人们思想的”，任何人的思想都是包裹在语言中显现在人们面前的。察言知行，言为心声，通过语言便可知晓说话者的心理情况。因而，舌战过程中，若能据言判行、剥表抓实、“对心下针”，定会砉然奏效的。如上例，撞倒人，不去扶，又怪人家不让道，再去贬人家没“有什么了不起”，中年人据他损人的话语，断出他自以为“拳头大的就是哥”的恃力心理，顺其话一推，自然便揭露了他“色厉内荏”的老底，点中了他的“要害部位”。

**二、撮其要而“点穴”**。“撮要”就是指舌战中去寻找能致敌落败的关键性话题。然而，起关键性作用的话题又有大、小之分。

所谓大的关键性话题，就是指争论的焦点。任何一场舌战的发生都有一个引爆点，或因一句话语，或因一次碰撞，或因讨论一个问题而意见相左等。而只要争论起来，双方都在全力使用材料来证明理在自己这一边。可又总会有人因思考、逻辑、语言等方面的原因，扶不直自己的理；或有时像是“扶直”了，但换一角度看，却很脆弱。用这样的“要害部位”出手，常常能收到点“死穴”的效果。我们说个实例：

还是贫下中农管教育时，一次公社（现在叫“乡”）级会上，一位老师和一大队工作人员因某一生产队的国家职工家属该不该给平均口粮吃的问题发生了争论。工作人员驳斥老师说：“你不了解情况。”随后他又摆出那个队的人口数、户数，公职人员家属和社会人口的比例、劳动力和非劳动力的比例，及分配时大队、公社的意见等，用以证明不给平均口粮吃的合理性。那位老师待他一说完便反驳说：“你说的是否属实，咱们暂不核对。但有一点你要知道：中央制定政策的那天，没叫你去，也没叫我去，但却综合你我的意见，制定了一条‘国家职工家属要给平均口粮吃’的政策。你身为工作人员，要执行党的政策。”

现在，我们且不论那个队的公职人员家属该吃什么标准的口粮，那条政策是否合理，单就那位老师“言必择而听，理必择而阐”的舍小留大，弃末存本的“择其要”而“点穴”的方法来看，却是很值得称道的。

所谓小的关键性话题，就是指材料，即证明“理”的论据。舌战中，为折服对方，各自都在摆出自己的理。理需靠材料来证明，因而，双方都要用不少材料。但有人或因功力不足，或因仓促上阵，或因饥不择食，对材料没细斟酌，草率用上，使得材料“证明的作用”不强。用这样的材料出手，就如同“抽薪止沸”，能收到点“哑穴”的效果。试看一例：

市交通管理部门处理一次车祸，车主代理人自恃有关系，极力推卸事故责任，陈述中一再强调：货主软缠硬磨给他拉货，使车主报废了一台车；行车时，车主突见前方情况异常，急打方向盘，虽撞死了右座的货主，但却救了随车的几个人；现车毁人被关，家中老小生活无人照顾等，扯来扯去地说了两小时。货主（死者）的代理人只驳其一点，致使其责任就推卸不掉了：“车祸中，车主救了几条人命，应受表扬，为什么电台没声，报纸没字，其领导机关也没让他上光荣榜？”

**三、截其话而点穴。**这是一种轻便直截的取胜方法。突发的争论多是此一句彼一句你来我往地进行的。连续争论中，一旦一方发现另一方因语言不周密而“没关严门户”，就可随处堵截，及时“出口”，定会立时收效的。一起双方为争一棵树而引出的“斗嘴”，很能说明这个问题。那还是人民公社时代，大队统一调度，集中了几个生产队的劳力去为一个队挖土垫路。其中一个队挖掉了工段上的一棵树，放工时，几个民工抬起来要走。另外一队的一个社员看见了不愿意，站出来说：

“你们怎能抬走俺队的树？”

“你们的？”抬树队的队长答话了。

“长在俺队地里这么多年，不是俺的是你的！”

“分在俺的工段上的，就是俺的！”队长找了一条理由。

“只凭分在你们工段上，就算你们的了？”

“俺出力挖的就是俺的！”队长又找出了一条理由。

“你们今天出力不是来挖树的，是来挖土的；要是出力挖的就该抬走，那也只该抬土走。”

树主队的社员一看到己方抓住“话把”了，都一齐附和着嚷，对方只好放下树走了。

再大大不过个“理”字。但占着了理，一时还不能挑明这理时，仍是不能服人的。树主队的社员在“队长”第二次找理由“闪开了门户”时，抓住了“话把”后才奏效的。

“点穴”的方法，当然绝不限于这几种。在任何场合下，只要是能凭借四两力气拨去千斤阻碍，迅速克敌制胜的都不失为好的“点穴”方法。舌战中，为更好地发挥“点穴”法的威力，还要注意以下几个方面的问题。

第一，要保持冷静，要会制怒。舌战中，人在心平气和时，思考才能集中、清晰、敏捷而合逻辑，各种精神机能才会完全自如、不受纷扰地在活泼健壮的状态下发挥它最大的功能。而一旦因对方的话而激动甚至愤怒，就会说出无法挽回的话，使自己处于被动地位。要切记，“心安”才能“理得”。

第二，要认真听辨。舌战，多数是言来语往话赶话式的。一句话听不清会失去一次反击的机会；一句没辨明就反击会成为“要害”以资敌了。对长篇驳辩更应认真听辨，才能抓出事或理或逻辑的漏洞。即使为激怒敌方而显出悠然、冷然及不屑神态，耳脑还是需“认真”的。

第三，语言要简洁明晰。侠士点穴出一指两指奏奇效。舌战“点穴”，也应“辞，达而已矣”。若是“悬河而倒”，滔滔不绝，很可能会因“出言不当，反自伤也”。语言简捷明晰，集力量于一点，会收到投枪匕首的作用。

明代冯梦龙说：“两舌相战，理者必伸；两理相资，辨者先售。”舌战中能否最大限度地发挥“点穴”的威力，首先要看是否占理，当然还要取决于使用者的胆识、察变、敏捷及能否“片言居要”等诸方面能力的综合。“点穴”法使用纯熟了，大的方面能“一言而或重于九鼎，或强于十万师”；小的方面能“谈言微中，足以解纷”，于人于己都有益处。正由于这个原因，学会在论辩中使用“点穴”的方法是十分必要的。

# 论辩中的对抗技巧

赵传栋

论辩是不同思想观点之间的交锋，具有极强的对抗性，而一个高明的论辩者则往往能从对方所提供的前提中引申出截然相反的结论，使论辩充满更为迷人的对抗色彩。本文所介绍的正是从某一前提中引申出尖锐对立结论的若干方法。

1. 从立场对立引申。对同样一件事物，各人所处的立场观点不同，就有可能对该事物获得尖锐对立的结论。比如，小王开的客车车号为“16444”，朋友见了，对他说：“你的车牌号读起来是‘一路死死死’，太不吉利了，应换个车牌号！”

小王当即反驳：“不对！我的车牌读起来应该是‘多拉发发发’！这不是大吉大利的吗？”

从自然数的角度去认知这个车牌号，它的谐音是“一路死死死”；而从音乐简谱的角度去认知，得出来的结论却是“多拉发发发”！立场观点不同，因而得出尖锐对立的结论。

2. 从虚无对立引申。一些协定、条约甚至法律，对某一问题没有涉及，当论敌根据法律条约没有对某一问题作出否定而引申出可行的结论时，同样我们也可以根据法律条约没有对该事物作出肯定而引申出不可行的结论，与论敌构成尖锐的矛盾对立。请看一则关于房屋纠纷案的法庭论辩：

原告律师：“30 平方米的一般民房，每月租金 800 元，不公平，请法庭判决降低租金。”

被告：“法律并无明确规定禁止约定高租金，这是两厢情愿的事。”

原告律师：“那么，被告作为出租方为何要撵走原告请来暂住个把月的母亲呢？”

被告：“合同并无此项规定，法律也没有明确规定允许承租人之外的第二人住进承租房。”

原告律师："我归纳一下被告的观点：关于租金，依你说，凡法律没有禁止的都是允许的；关于原告母亲同住承租房，凡是法律没有明确允许的都是禁止的，对吧？"

被告："可以这么说。"

原告律师："那么，法律并未明确允许你高价出租房屋，就是属于禁止的；法律并没有禁止承租人之外的第二人暂时陪住，这种暂时陪住就是允许的。怎么样，你自己的观点和自己的观点打架了吧。其实，本案的关键在于房价过高显失公平，是法律的公平原则所禁止的。"

原告律师这里使用了虚无对立的方法与被告构成尖锐的对抗。

3. 从变换语序引申。通过变换某一语句的语序，从而得出与对方针锋相对的结论。比如，两个小朋友在盛开玫瑰花的公园中的一则小论辩：

甲："看，这里所有好看的花都长在刺丛上，一点也不好玩！"

乙："不对！你看，这里连所有的刺丛上都开满了好看的花，真是个好地方！"

语序不同，结论便尖锐对立。

4. 从可能性对立引申。关于某一事物的未来发展往往会有不同的可能性，因而我们可以针对论敌关于某一事物未来可能情况的论断，反其道而行之，从中选择截然相反的可能性而与之构成对抗。请看一则广为人知的例子：

萧伯纳成名后，一位著名的舞蹈家向他求婚说："如果你同我结婚，我们生下的孩子将像你一样聪明和像我一样漂亮，那该是多美呀！"

萧伯纳以他特有的风趣回绝了她："如果我同你结婚，生下来的孩子长得像我一样难看，头脑像你一样愚蠢，那该多可怕呀！"

男女结合生下来的小孩到底像谁，有不同组合的可能性，萧伯纳选择了与对方相反的可能性，得出了尖锐对立的结论。

5. 从模糊对立引申。自然语言在很多场合下往往是含混的、模糊的，不同的人可以作出不同的理解，因而我们有可能针对一些模糊的语句从中引申出针锋相对的结论而与论敌构成对抗。请看《吕氏春秋·淫辞》中所载的一则论辩：

秦国和赵国订了一个互助条约，条约规定："从今以后，秦要做什么，赵就帮助；赵要做什么，秦就帮助。"过了不久，秦发兵攻打魏国，赵欲救魏国。秦王很不高兴，派使者责备赵王说："条约规定，'秦要做什么，赵就帮助；

赵要做什么，秦就帮助。’现在秦要攻打魏国，而赵欲救魏国，这不符合条约规定。”

赵王把平原君找来问计，平原君又转问公孙龙，公孙龙说：“也可以派一使者去责备秦王，对秦王说：‘赵欲救魏国，现在秦王不来帮助赵救魏国，这也不符合条约的规定。’”

秦国与赵国订立的条约是模糊的、含混不清的，公孙龙便从中引申出与秦王针锋相对的结论来与之相抗衡。

6. 从“两难”对立引申。即从论敌提供的“两难”前提中引申出与对方截然相反的结论来与之对抗。具体做法是将前提中两个条件命题的后件互换位置并分别否定。比如，某旅客住在旅店里，忽然天下大雨，发现室内漏水厉害，便打电话给经理请派人来修理，经理却振振有词地说：

“对不起，先生。天下雨，没法进行修理；而如果天晴，那也就没有修理的必要了。”

旅客当即反驳：“不对！下雨，就有修理的必要；天晴，就有修理的可能！”

7. 从类比对立引申。类比论证的结论是或然性的，有时可用类比的方法从某一共同前提中得出互为对立的结论。比如，某人整天喝得烂醉如泥，有一天他却对人吹嘘道：

“多喝酒可以长命，你们没看见把肉放在酒精中可以保存更长的时间么！”

有人反驳：“我说你这样酗酒会短命，你没看见盖酒坛的布时间一长很快就会烂掉吗？”

同样是针对“多喝酒”这一前提，用来类比的事物不同，结论便截然相反。

8. 从因果对立引申。因果联系是客观世界普遍联系的形式之一，是复杂多样的。有时一种原因可引起多种结果，即一因多果；有时一种结果可由多种原因引起，即一果多因。因果对立就是根据事物之间的因果联系引申出互为对立的结论。

因果对立可以由某种结果推断出互为对立的原因。有一天，千户长来到阿凡提家，阿凡提的狗一声不响地溜进了窝。千户长便说道：“你看，你的狗多怕我，看见我不敢吠一声地便溜进了窝。”

阿凡提反驳道：“老爷，你说得不对，这狗不是因为怕你，而是因为讨厌你哩！”

狗为什么不吠一声就溜进了窝？千户长得出是因为怕他的结论，而阿凡提则针锋相对地得出不是因为怕他而是因为讨厌他的结论，这就有力地讽刺了千户长的可恶可憎。

因果对立也可以由同一种原因引申出互为对立的结果。有一次，萧伯纳的脊椎骨出了毛病，需从脚上取一块骨头来补脊椎的缺损。手术做完后，医生想多捞些报酬："萧伯纳先生，这是我们从来没有做过的新手术啊！"

萧伯纳笑着："这好极了，请问打算给我多少试验费？"

由同一种从未做过的手术为原因，医生因为其难而得出应多给报酬的结果；萧伯纳则以自己的身体成了试验品而得出应付试验费的结果，互为对立，引人入胜。

能够从同一前提中引申出互为对立的结论的方法还有许多。但是这互为对立的结论到底孰是孰非，这就要具体分析，并通过实践来检验。请看《韩非子·外储说左上》中记载的这么一则论辩：

有个叫虞庆的人准备盖新房。匠人说："现在还不行，因为木料是生的，泥土太湿。木料生的易弯曲，泥土湿的则太重。以太重的泥土加在易弯曲的木料上，刚做好时还可以，不久便会倒塌。"

虞庆反驳说："你说得不对！木料现在是生的，它随着越来越干就会越来越直；泥土是湿的，它随着越来越干就会越来越轻，以越来越直的木料承担越来越轻的泥土，房子肯定不会倒塌！"

匠人辩不过虞庆，只好奉命而行。房子刚落成时还好，不久果然倒塌了。

尽管虞庆说得头头是道，但实践无情地证明了他的论断是荒谬的。

# 论辩中的躲闪技巧

赵传栋

在论辩中，面对论敌咄咄逼人的攻势，我们有时需要针锋相对地与之对抗，有时也需要委婉巧妙地给予躲闪。比如，当我们面对一些不屑于回答，或难以回答的问题时，便不妨采用躲闪的方法。论辩中的躲闪同样也能显示出论辩者灵巧的应变能力和巧于周旋的聪明才智。

怎样达到躲闪对手的目的呢？读者不妨采用以下方法：

1. 转意躲闪

就是故意歪曲对方问话的原意来进行回答。比如，有个小孩想知道人类生殖的具体过程，便向妈妈发问：

“妈妈，我是你生的吗？”

“是呀！”妈妈答道。

“你怎么生我的？”

“在医院生的。”

“人是怎么来的？”

“看猴吧，孩子，猿猴是人类的祖先。”

非常明显，对于这个小孩的问题是不可正面回答的。认真回答不行；而如果胡言乱语又有失科学性。于是妈妈采用了躲闪的方法，将“怎么生的”偷换成“在什么地方生的”，将“人是怎么来的”偷换成“人是由什么演变成的”，从而巧妙地达到了回避对方问话的目的。

2. 循环躲闪

由某一语句开始，兜了一个圈子之后，结果又回到原来的语句，这就构成一种循环，利用这种循环的语句可以有趣地达到回避对方的目的。比如：

“小弟弟，你今年几岁了？”

“比去年大一岁。”

“那你去年几岁啊？”

“比今年小一岁。”

“你们学校在哪儿呢？”

“在马路北边。”

“是哪一条马路啊？”

“校门口南面的那一条。”

有时语句循环兜的圈子还可以更大些。

卡巴延正在挖洞穴，西拉赫走过来问道：

“卡巴延，你干吗要挖洞呀？”

“种香蕉。”

“种香蕉，干吗？”

“吃呗！”

“为啥要吃香蕉？”

“为了得到力气。”

“得到力气做啥？”

“挖洞。”

西拉赫如果仍要坚持他的无聊的发问，自然不过是将上列语句重复一遍而已。

3. 空话躲闪

利用一些空而不假的话来达到回避对方的目的。

瑞士有个有名的教育学家彼斯塔洛奇，一次，有人向他提出一个伤脑筋的问题：

“您能不能看出一个小孩长大后成为什么样的人？”

“当然能！”彼斯塔洛奇很干脆地答道，“如果是个小姑娘，长大一定是个妇女；如果是个小男孩，将来准是个男人。”

小姑娘长大后是妇女，小男孩长大后是男人，这是众人皆知的事实，这种话对一般人所提供的信息等于零，但它又是真的，彼斯塔洛奇正是用这种空而不假的话回避了对方的只有占卜先生才能直接作答的问题。

4. 假话躲闪

故意利用一些明知为假的语句来达到回避对方的目的。

在一次中外记者招待会上，一位西方记者向陈毅提出这么一个问题：“最近，中国打下了美制U -2型高空侦察机，请问，是用的什么武器？是导弹吗？”

对于这个涉及国防机密的问题，陈毅风趣幽默地举起双手在空中做了一个动作，然后有几分俏皮地说：“记者先生，我们是用竹竿把它捅下来的呀！”

一句众所周知的假话顿时引得人们哄堂大笑，从而巧妙地达到了躲闪的目的。

5. 借代躲闪

借用其他事物来代替我们所应说明的问题，从而达到躲闪对方的目的。

有人曾这样别有用心地问耶稣：“纳税给恺撒对不对呢？我们该不该纳税呢？”

耶稣明白对方的恶毒用心：因为如果说不要纳税，这就违犯了罗马法律，后果不堪设想；如果说要纳税，就会激起犹太人的不满。这时，耶稣便高举一枚货币说：“这上面刻着的是谁的像和名字？”

“罗马皇帝恺撒的肖像和名号。”有人答。

“那么属于恺撒的东西就应该给恺撒，属于神的东西就应该给神。”

巧借一枚货币，便达到了回避对方的目的。

6. 条件躲闪

通过设定某种条件来达到回避对方的目的。《波斯趣闻》一书中谈道：

古时候，一位国王问身边大臣：“王宫前面的水池里共有几杯水？”

大臣回禀：“这种问题只要问一个小学生就能得到正确的答复。”

于是，一个小学生被召来了。

“王宫前面的水池里共有几杯水？”国王问。

“要看是怎样的杯子，”小学生不假思索地应声而答，“如果杯子和水池一般大，那就是一杯；如果杯子只有水池的一半大，那就是两杯；如果杯子只有水池的三分之一大，那就是三杯；如果……”

“你说得完全对！”国王奖赏了小学生。

小学生通过设定“杯子和水池一般大”等条件，便巧妙地达到了回避对方“水池里共有几杯水”这一莫名其妙的问题的实质。

7. 类别躲闪

有的概念反映的是事物的个体，有的概念反映的是事物的类别，利用反映事物类别的概念来回答对方关于事物个体的问题，这也不愧为躲闪的一种技巧。

请看当年乾隆与大臣刘墉之间的一则论辩。

“京师九门，每天出去多少人，进来多少人？”乾隆问。

刘墉一伸两指头：“俩人儿。”

“怎么只俩人儿？”

“万岁，我说的不是两个人，是两种人：一是男人，一是女人，这不是俩人儿吗？”

“全大清国一年生多少人，死多少人？”

“回奏万岁，全大清国，一年生一人，死十二人。”

“照此下去，岂不没人了吗？”

“万岁，我是按属相说的，比方说，今年是马年，无论生一千一万十万百万，都属马，故此说一年只生一人；而一年当中，什么属相的人都有死的，不管死多少人，总离不开这十二属相，所以说一年死十二人。”

刘墉这里使用的正是类别躲闪的方法。

8. 反还躲闪

将对方的问题推回给对方，让对方自己作答，从而达到躲闪目的。

某单位举行关于婚姻家庭关系问题的论辩会。甲方突然提出企图使对方处于两难境地的问题：“我想向乙方提出个问题，请立即回答。你是如何正确对待你妻子的？是作为私有财产呢？还是作为公有财产？抑或是公私合营？”

对此，乙方代表不作正面回答，而是巧妙地反问对方：“我对待妻子采取的是众所周知的正确对待方法。乙方代表，你呢？是把妻子当作私有财产呢？还是公有财产，抑或是公私合营？”

本来是甲方用来难为乙方的问题，乙方使用返还躲闪的方法，将这一问题接过来反投向对方，反而使难题转移到对方的头顶，这样战局便立即得到了扭转。

论辩中躲闪的技巧还有许多，因人因地，因时而不同。一个论辩者要想在论辩中有效地保护自己，就有必要注意躲闪的艺术。

# 论辩中以彼攻彼的技巧

徐星煜

以彼攻彼，又叫“以子之矛攻子之盾”，这是辩论中经常使用的一种进攻技巧。它能借用对方的材料或论据驳斥对方，使论辩具有更大的力量。这种技巧主要有以下几种类型。

1. 论辩者在引用论据驳辩对方的观点时，着意使用对手的有关材料。这样既可以使对方产生“难言之隐”，又可使对方言塞语短，无力反驳。首届国际（华语）大专辩论会上，中国台湾大学队就使用了台湾正严法师救济安徽水灾的事实，来反驳复旦大学队“人性本恶”的观点。言下之意是说：你们能把正严法师救助灾民的义举说成是出自“本恶”的人性吗？语藏机锋，令人难以正面对答。然而复旦大学队立即以同样的方法反唇相讥：“但是对方要注意到，8 月 28 日《联合早报》也告诉我们这两天新加坡游客要当心，因为中国台湾出现了千面迷魂这种大盗。”赢得了观众热烈的掌声和笑声。也是在这次辩论会上，英国剑桥大学队认为只有在温饱过后才能谈道德，复旦大学队在反驳这一观点时，就引用了来自英国方面的材料说：“第二次世界大战的时候，面对法西斯的疯狂空袭，英国民众也并没有放弃他们讲求道德的绅士传统，热爱祖国、伸张正义的信念使得众多尚处在不温不饱状态下的英国民众们顽强抗争着。面对这些贫寒但是高贵的灵魂，来自英国的对方辩友难道还要告诉我们‘温饱是谈道德的必要条件’吗？”这样的论辩，使对方无法应对，充分发挥了以子之矛攻子之盾的威力。

2. 论辩者接过对方的论据，回敬对方，以其人之道还治其人之身。例如，《古今谭概》中记载：齐大夫郑石父谋叛。齐宣王不仅杀了郑石父，还要灭他的九族。郑石父的家族中有人求救于艾子。艾子怀揣三尺长绳，胸有成竹地求见齐宣王，问道：“谋叛的只是郑石父一人，为什么要诛杀他的同族呢？”齐宣王说：“先王之法，不敢废也。《政典》上写得清清楚楚：‘与叛同宗者，杀无赦。’”艾子于是跪下来说道：“……过去您的舅舅公子巫不也投降了秦国吗？那么大王也是叛者的族人，按照先王之法，也应连坐……”说完，恭恭敬敬献上三尺麻绳。艾子以齐宣王的论据“与叛同宗者，杀无赦”回敬齐宣王，足以使论敌无以应答，陷入十分尴尬的境地。

3. 论辩中利用事物的多义性，接过对方作为论据的事例，从相反的角度取义，反驳对方的观点。这种方法又叫事例反用法。首届国际（华语）大专辩论会上，在关于人性“本恶”还是“本善”的辩论中，中国台湾大学队强调人人有善根，因而能放下屠刀，立地成佛。复旦大学队立即接过对方的论据，从反面取义，说明人性“本恶”，提出了一个对方未曾想到的，也难以回答的问题：“如果人性本善，人们怎么可能拿起屠刀呢？”在对方张口结舌之时，场上爆发出了热烈的掌声。又如，中国台湾大学队的一名队员认为，我们之所以制定法律等惩治制度，就是因为出于人类的“善根”。复旦队员马上以事论事，反取其义，说：“对呀，这正好论证了我方的观点，如果人性都是善的，还要法律和规范干什么呢？”对方无言以对。

4. 论辩者借用对手的语言，巧妙地赋予其中关键性词语以新的含义，或者改变其语法关系，来反击对手。这种方法能借助对方的进攻力量回击对方，对方的进攻力量越大，反击的力量也就越大，往往能使对手猝不及防，自取其辱。《三国志》有一段关于伊籍奉刘备之命出使东吴的故事，伊籍就成功地运用了这一方法，维护了蜀主的尊严。“蜀先主以伊籍为左将军从事中郎，使吴，孙权闻其才辩，欲折其辞。籍适入拜，权曰：‘劳事无道之君。’籍应声对曰：‘一拜一起，未足为劳。’吴主大惭，无语以对。”孙权所说“劳事无道之君”的“劳”是“奔走效劳”之意，“无道之君”当然是指刘备了。伊籍故意“装聋作痴”，随机应变地利用他正在给孙权跪拜的机会，巧妙地把“劳”的意思改成“一拜一起”，那么“无道之君”自然是指孙权了。孙权终于取笑不成，反取其辱。

5. 论辩者采用对手使用的方法来制服对手。《阿凡提的故事》中有这样一段：有个巴依（财主）听见老乡们都夸阿凡提染布染得好，心里很不高兴，于是就挟了一匹布前来刁难阿凡提。他对阿凡提说：“我要染的颜色普通极了，它不是红的，不是蓝的，不是黑的，又不是白的，不是绿的，也不是青的，（实际上不要染成任何颜色）你明白了吗？”阿凡提胸有成竹地一口答应下来：“没有问题，我一定照您的意思染就是了。”巴依非常惊讶：“什么，你能染？你说话可得算数！我哪天可以来取呢？”阿凡提说：“就到‘那一天’来取吧！”巴依追问：“‘那一天’是哪一天呢？”阿凡提说：“‘那一天’不是星期一，不是星期二，不是星期三和星期四，也不是星期五和星期六，连星期天也不是。亲爱的巴依老爷，你就到‘那一天’来取吧！”巴依听了，不禁目瞪口呆。不是任何具体颜色的颜色，是无法染成的，阿凡提如果说染不成，就会遭到巴依的奚落，如果和这种无理取闹的人讲道理，将会纠缠不休。于是他以其人之道，还治其人之身，要巴依在不是任何具体日期的日期来取布，这就把巴依出的难题交给巴依自己去解决，使得他自讨没趣。

6. 依照对方的逻辑进行推理，揭示出对方观点上的逻辑矛盾，让其自我否定。古希腊科学家亚里士多德认为：物体降落的速度和物体的重量成正比。伽利略在反驳这一论断时，就运用上面的方法。伽利略说：“按照亚里士多德的说法，把一个 100 磅重的球和一个 1 磅重的球同时从同一高度落下，100 磅重的球应比 1 磅重的球先落地。如果把 100 磅重的球和 1 磅重的球拴在一起，让它从高处落下，按亚里士多德的逻辑，它可以得出两个不同的结论：一个是，这两个球连在一起，它的重量，比 100 磅的球重 1 磅，因而应当比 100 磅重的球先落地；另一个是，1 磅重的球与 100 磅重的球连在一起，由于 1 磅的球比 100 磅的球降落得慢，1 磅球的降落速度必然会减慢 100 磅重的球的降落速度，这样，捆在一起的两个球就应该比 100 磅重的球后落地。”伽利略从亚里士多德的论断出发，运用逻辑推理的方法，推出了两个相互矛盾的结论，这就使亚里士多德的论断从理论上不攻自破。

7. 抓住论敌在辩论过程中的前后矛盾，以子之矛，攻子之盾，使其自我否定。首届国际（华语）大专辩论会上，复旦队与剑桥队辩论时，剑桥队的三辩认为法律不是道德，二辩则认为法律是基本的道德。他们队员与队员间见解相互矛盾，复旦队趁机以子之矛攻子之盾，使对方于急切之中，无力反驳，陷入窘境。

# 隐含判断在论辩中的妙用

李建新

隐含判断的特点，一是隐，即所言真意并不露于语言词句的表面，而是隐藏在它的背后；二是含，所有隐含判断均含有言外之意，如果你不领会它的言外之意，听不出弦外之音，那么你的答辩或驴唇不对马嘴，论不对题；或误入圈套，上当受骗。

隐含判断在论辩中用途很广，既可用于询问、讥讽，也可用于辩白，还可用于反驳，现分别举例加以说明：

## 一、用于询问

在某些时候，说话人想了解某一内容但又不便或不能直接询问，便可以制造一个相应的隐含判断，对这一隐含判断的回答必然内含着肯定或否定某一前提，或者内含着某些特定的信息。对这一前提的肯定或否定，对这些特定信息的掌握，恰是说话人想要了解的内容实质。

譬如，一天中午，一位旅客带着一个小孩走向火车站出口。检票时，车站工作人员发现小孩没有票，便要求旅客补一张票。旅客解释说：“这个孩子没有乘火车，他是进车站来接我的，不小心把站台票弄丢了。”听了旅客的回答，工作人员把头转向孩子问道：“小朋友，今天上午你在哪儿吃的早点？”“在火车上吃的。”孩子天真地答道。

显然，车站工作人员询问小孩在哪儿吃的早点，其目的不在于关心孩子吃饭的情况，而是要以此为契机确定孩子乘了火车并进而拆穿旅客的谎言，达到让旅客补票的目的。“在火车上吃的”这一判断隐含着“孩子乘坐了这趟列车”，车站工作人员终于如愿以偿。

隐含判断的这一妙用是通过询问与回答实现的。询问者的询问为A但隐含着B，回答者的回答为C但隐含着D。从表面上看，询问者问A听C，但实际上，询问者是以A、C为幌子，实质上问的是B，听的是D。对于询问者来说，询问中的隐含带有故意性，对于回答者来说，回答中的隐含带有无意性。然而故意也好，无意也好，双方的隐含判断全都带有必然的性质。

为使隐含判断带有必然性，必须注意A与B、C与D之间的内在联系。否则，A不能必然隐含B，C不能必然隐含D，就会丧失询问的价值。譬如，某男性若想了解某女性的年龄，可以问她哪年上的小学，然后根据对方的回答再加上学龄前的年龄就达到了目的；如果不是这样，询问者问她哪年入的党，恐怕就很难推算出她的实际年龄了。

## 二、用于讥讽

高明的讥讽不同于赤裸裸的谩骂，它是以表面上的柔和似水潜藏着对被讥讽者深深的嘲弄和深深的蔑视。这种貌似柔和实则专剥丑类画皮的讥讽之所以能有好的效果，一个极为重要的原因就是运用了隐含判断。隐含判断在这里不需要对方去回答，只需要对方去领悟，对方只要按照说话人提供的思路稍作考虑，就会了解说话人的本意，从而窘得无地自容。

据说，一位诗人尽管诗作得很蹩脚，但自我感觉却非常好。一次，他满怀信心地问一位读者："您是否认为,我应该在我的诗里投入更多的激情的烈火？"读者答道："不，我认为您应当把您更多的诗，投入到熊熊的烈火之中。"

"把诗投入烈火之中"这一判断是颠倒了"把烈火投入诗中"的语序作出的，它隐含着读者对诗人的蹩脚诗的强烈不满，讽刺意味相当浓厚。

## 三、用于辩白

这里所说的辩白，当然是自我辩白，通常在自己做了错事并想求得有关人士谅解的情况下使用。但是，过分直接的赤裸裸的辩白容易给对方造成"自以为是""推卸责任"的印象，容易引起反感，得不到对方的认可。在这种情况下，恰当地使用隐含判断，就可以改变自己被动的状态。

《史记·滑稽列传》中有"淳于髡献鹄"（鹄即天鹅）的故事，故事相当精彩，译成白话抄录如下：

从前，淳于髡受齐王委派到楚国进献天鹅。不料刚出国门，一不小心天鹅飞走了。淳于髡拿着空笼，半道上编了套瞎话，来见楚王。

淳于髡对楚王说："齐王派我进献天鹅，路过水边的时候，我实在不忍心天鹅的干渴，就把它从笼子里放出来让它喝点水。谁想到它竟然离开我而飞走了。在这种情况下，我本来想用剖腹或上吊的方法自杀，但恐怕别人议论大王您呀，说您竟然会因为禽鸟走失的小过错而迫使信士自杀；天鹅不过是一种鸟，天下相类似的很多，我原想买一只代替，后来又感到这是对您的欺骗；我还想过逃往别的国家，却又痛心我主齐王与大王您的交往中断。想来想去，还是决定前来认罪，请大王惩罚我吧！”楚王听了这番表白，大加赞赏：“太好了，齐王竟然有如此忠诚的信士！”于是赏了淳于髡许多财宝，比天鹅没飞给得还多！

淳于髡之妙，不仅妙在他的口才，更妙在他所讲的主旨全都隐含在他的辩白中。“不忍心天鹅的干渴”，隐含着他是一位具有菩萨心肠的慈善者，三个假言判断隐含的意思是：“我是一个满腔忠诚的信士”“我是一个为楚王着想的人”“我是一个为齐楚两国之交往舍命奔走的人”“我能够逃避惩罚但不肯逃避完全是为了楚王”“对于我你不能治罪”“你如果将我治罪就不再是仁义之君，你就会成为地地道道的昏君”，等等。淳于髡传达给楚王的语言信息，从形式上看，完全无意解脱自己，实质上他则希望楚王能够从他的话中悟出他的言外之意，作出“无罪”和“厚赏”的决定。淳于髡的目的终于达到了。

## 四、用于反驳

反驳是引用已知为真的判断来确定某一命题为假的论证过程，通常反驳所依据的已知判断是明确的，但在特殊情况下，反驳所依据的判断也可以隐含在其他判断之中。用隐含判断驳斥谬论，揭露虚假，往往可以起到含蓄而有力的作用。

笔者的老友邹君疾恶如仇，容不得半点虚假和夸饰。一次，食堂管理员正在向上级汇报食堂如何进行了改革，如何取得经济效益，邹君听到后当即插话：“的确，食堂真正地体现了改革的精神，食堂的饭菜价格上不封顶，质量下不保底。”邹君的这番话隐含着对伙食质次价高的批评，由于批评套用了改革语，并且以“褒”的形式道出了“贬”的内容，就显得十分风趣，同时也耐人寻味。

如果论敌的观点悖谬昭彰，那么有意地使用隐含判断来暴露这一悖谬，其反驳的效力甚至比直接点破更佳。譬如，某人买回 1 公斤肉，吩咐女仆晚上烤着吃。女仆把肉独自吃光后欺骗主人说："我正在揉面的时候，你那只可爱的猫把肉全吃了。"主人当即将猫捉住，放在秤上一称，刚好1公斤。主人自言自语道:"如果这是猫,那么肉到哪儿去啦？如果这是肉,那么猫到哪儿去啦？"主人不断地重复这个疑问，女仆如坐针毡，终于坦白了一切。显然，这一疑问隐含着"女仆你在撒谎"的判断。

在论辩过程中，论敌有时抛出的判断本身就是一个隐含判断，如果这一判断虚假，我们固然可以将其曝光，但上乘的做法则是"以其人之道，还治其人之身"，即按照相同的逻辑，也制造一个隐含判断，用隐含判断反驳隐含判断。这种做法可以获得双重的胜利：其一，我用我的判断反驳你的判断；其二，你的逻辑被我利用，以子之矛，陷子之盾，我又胜一筹。

譬如，诡辩家欧布里德向邻居借了一笔钱，过了很长时间仍不肯归还，邻人只好前去讨账。欧布里德洋洋自得地说："不错，我是向您借过一笔钱，但是您应该知道，一切皆流，一切皆变，借钱的我乃是过去的我，而过去的我不是现在的我。你应当去找过去的我要钱呀。"邻人一听，火冒三丈，抄起棍子把他狠狠地打了一顿。欧布里德恼羞成怒，拉着邻人要去告官。邻人笑道："不错，我是打了你。不过正如你刚才所说，'一切皆流，一切皆变'，打你的我乃是彼时的我，而彼时的我不是此时的我。你应当去找彼时的我告官呀。"

欧布里德侈谈"过去的我不是现在的我"，隐含着"我不必还钱"；邻人如法炮制，先打他个鼻青脸肿，然后大谈"彼时的我不是此时的我"，隐含着"打你我不必负责"。由于邻人的逻辑源于欧布里德的逻辑，所以欧布里德只能自认倒霉了。

又如，一位漂亮的姑娘嫁给了一个丑陋的男人，不久她怀了孕。快要分娩时，妻子瞅着自己的丈夫抱怨说："如果孩子像了你，你实在是该诅咒的。"丈夫立即回答道；"如果孩子不像我，你才是该诅咒的。"

妻子的话隐含着对丈夫丑陋不堪的责怪，而丈夫的回答则隐含着"如果孩子不像我，那么这孩子一定是你和别人的"。由于丈夫的回答套用了妻子抱怨的格式，就显得幽默而有力。

# 反诡辩的一种方法
## ——澄清语言层次

赵传栋

我们先看一则浅显的例子：

A：火不是热的。

B：胡说，火咋不是热的？

A：我们在地上写个“火”字，赤脚踩在上面会烫伤吗？没有燃料时，在锅底写个“火”字，可以做好饭菜吗？

A 的话显然是诡辩，说他诡辩就在于他混淆了语言的层次。

逻辑学家们认为，语言分为对象语言和元语言等不同的层次。所谓对象语言就是用来叙述我们讨论对象的语言，元语言就是用来研究对象语言的语言。比如，以下两个命题：

1. 鸟是会飞的。

2. “鸟”是一个汉字。

命题 1 中的“鸟”反映的是自然界中的鸟，是对象语言；命题 2 中的“鸟”反映的不是自然界中的鸟，而是对对象语言“鸟”这一语词的反映，因而它是元语言。

非常明显，对象语言与元语言的含义是不同的，如果随意混淆，我们岂不可以得出“自然界中的鸟是一个一个的汉字”“‘鸟’这个汉字是会飞的”等荒谬的结论么？而上面“火不是热的”一例中 A 的诡辩就在于混淆了对象语言与元语言的区别。又如：

学生：我发现所有的词都可以作主语。

老师：不对，汉语中虚词一般就不能作主语。

学生：虚词怎么不能作主语？比如说，句子中的“‘很’是副词”，这个句子中“很”既是副词又充当主语。以此类推，岂不是所有的词都可以作主语么？

对于这样的问题，一般的老师往往会被难住，或者以“这是特例”而加以搪塞。实际这个学生的话是不对的。我们试分析语句：

“今天天气很好。”

“‘很’是副词。”

前一句中“很”是对象语言，在这种意义下它不能作主语；后一句中的“很”却是元语言，它们的含义是不同的，而这位学生却混淆了这二者之间的区别，得出错误结论。

我们再看下例：

A：我认为，世界上一切事物都是固定不变的。

B：不对。辩证唯物主义认为一切事物都不是固定不变的。

A：既然“一切事物都不是固定不变的”，你这个命题本身也是一个事物，它本身也是会变的，那么，只要它略微变一变，岂不可以得出“一切事物都是固定不变的”结论了呀？

由辩证唯物主义的基本原理却又得出与之截然相反的结论，这就足以使许多读者大惑不解了。同样，A 的谬误就在于混淆了语言的层次。“一切事物都不是固定不变的”，这是对世间万物的反映，属于对象语言，而关于这个命题本身的研究、讨论，却属于元语言，它们之间的含义是不同的，这也跟“鸟是会飞的”“‘鸟’是一个汉字”中“鸟”的区别一样。而 A 却混淆了之间的区别，这就难免得出荒谬的结论。

这种谬误在我们的生活中举不胜举。它不只是存在于今天，实际上古已有之。

古希腊著名学者亚里士多德在给学生德奥夫拉斯特和欧德谟斯上课。他在黑板上写道：

黑板上有三个句子错了。请你指出是哪三个。

1. 苏格拉底是埃及人。

2. 芝诺是智者。

3.《理想国》是柏拉图的作品。

4. 苏格拉底与柏拉图是师生关系。

5. 逻辑不研究推理问题。

看了黑板上的文字，德奥夫拉斯特和欧德谟斯都举起了手，老师叫德奥夫拉斯特先回答。

“老师，你弄错了，黑板上只有第 1 句和第 5 句是错的，其余都是对的。”德奥夫拉斯特说。

亚里士多德回头看了看黑板，发觉的确如此，他带着歉意说：“很抱歉，我太马虎了。”他一边说，一边准备去改正。

就在这时候，欧德谟斯站起来发言：

“老师，你没错。黑板上的确有三句话错了，德奥夫拉斯特说得对，只有第 1 句和第 5 句是错的，但正因为如此，所以说你黑板上写的‘有三个句子错了’的断言也错了。这样加起来正好有三个句子错了。”

亚里士多德被这两个学生弄得晕头转向，他想说德奥夫拉斯特是对的，但欧德谟斯的话也无懈可击，如果说两人都对，那岂不是自相矛盾？这真是一个难题。

这一例中，欧德谟斯的话是错误的。黑板上所写的那 5 个要学生断定真假的句子是所要研究对象，是对象语言；“黑板上有三个句子错了”，是对这 5 个句子进行研究的语言，是元语言，它们属于不同的层次，欧德谟斯正是混淆了这两者之间的区别，将它们搅和在一起来扰乱视听的。

更有趣的是这么一件事：萨维尔村里有个理发匠，快过年了，来理发的人很多，一时忙不过来，于是立下了一条店规：“我只给村子里自己不刮脸的人刮脸。”

累了一天后，到了晚上，理发匠正要对着镜子给自己刮脸。这时他儿子说：

“你只给自己不刮脸的人刮脸，现在你自己刮脸，这违反了店规。”

于是理发师放下了刮刀。可转而一想，我不给自己刮脸岂不属于不给自己刮脸的那类人，又可以给自己刮脸么？刮则不当刮；不刮则当刮，他就这样把刮刀拿起又放下，放下又拿起，不知如何是好。像这种由某个命题真，可推出该命题假；由某命题假，又可推出该命题真，人们称之为悖论。

历史上最著名的悖论是“说谎者悖论”。这个悖论可表述为：

“我正在说假话。”

这个命题是真的还是假的？如果是真的，那么我正在说假话，说假话的话就又应当是假的；如果这个命题是假的，那么我没有说假话，我说的话就又应当是真的了。请问：这个命题到底是真的还是假的？

长期以来，人们一直在寻找解决悖论的方法，相传公元前 4 世纪古希腊，有一位名叫“柯斯的菲利塔斯”的学者，就因为寻找解决“说谎者悖论”的方法而积劳成疾、终至夭亡了。1947 年，美国哈佛大学学生威廉·哈克哈特和西奥多·卡林制造出世界上第一台准确、高速的能用于解决逻辑问题的计算机（即图灵机），有人相信用这台计算机能解决“说谎者悖论”，但当他们把“我正在说的这句话是谎话”这一命题输入这台计算机时，计算机不但不能解开悖论之谜，而且自身也陷入反复振荡、来回倒腾的困境。他们便立即让计算机停止工作，以免这台价值昂贵的计算机被悖论这个妖怪折腾坏了。

悖论真是一个难解之谜！

实际上，悖论的要害就在于混淆了语言的层次，如果分清了语言的层次，悖论也就不称其为悖论了。

“我正在说假话。”它表示，“我正在说一句话并且这句话是假的。”这是语言的第一层次，是对象语言。“我正在说假话，这是真的。”这是对对象语言加以研究的语言，是元语言。

对象语言和元语言分别属于不同的语言层次，具有不同的含义。不能以元语言是真的而证明对象语言“我正在说假话”中的“假话”是真话。对象语言中的“话”是假的，元语言是真的，这丝毫也不矛盾。同样，“我正在说假话”是对象语言。“‘我正在说假话’是假的”是元语言。它表示对象语言中“我正在说假话”是假的，也即“我没有说假话”。元语言中为假，对象语言中为真，这并不矛盾，正像对象语言中“鸟不是一个汉字”与元语言中“‘鸟’是一个汉字”不能构成矛盾一样。

语言层次理论是反驳以上谬误的最锐利、最有效的武器，我们必须掌握它。当然，这并不是要求我们必须指出我们使用的每一句话属于什么层次；我们只是说，当我们碰到以上因混淆语言层次而导致的谬误乃至诡辩时，可以用语言层次理论的知识，通过区分语言的不同层次去进行反驳。

# 巧用类比，制服论敌

王文建

论辩中，有一种技巧，它迂回而进，曲径通幽。它，就是类比。其方法，以下文所列三种居多。

围绕“学知识是否应该要求立竿见影”，王、栗两位同学展开了一场激烈争论，王辩：“学知识不应该要求立竿见影，毕竟知识进入大脑后，还需要分辨、整理、消化和吸收，不可能马上就能显出效果来。正如现在我们吃下一块牛肉，就梦想着一天半天后会长出一块牛肉，不但没有可能，而且没有必要。学习应该是一个潜移默化的过程……”栗不服：“吃进食物当然不可能立竿见影，也万万不能立竿见影，我们一生不知要吃多少东西，吃一块长一块，我们会胖成什么样子。但学知识却不同，我们的大脑好比电灯，知识好比电源，电源对电灯的充电功能，肯定是立竿见影的！”王：“这……”

**比喻式类比，就是在类比时运用比喻修辞，以形象说理。**王同学认为“学知识不能立竿见影”，为证明自己的观点，给了典型的论据。栗同学没有直接否定对方的论据，在附和的基础上，他选择了比喻式类比，把“大脑”比作“电灯”，把“学知识”比作“电源”，先破后立。简单一个比喻，贴切生动，风趣幽默，谈笑间，使得对方无言以对。

汽车站出口处，一个出租车司机正在等着拉客。忽然，一个打扮入时的姑娘走过来，老远，便对司机招手，高腔大调地嚷：“车夫，快把你的车开过来，送我去‘明珠大酒店’！”司机已等了有一段时间了，他不想失去这单生意，可又觉得姑娘的做派太过出格。气不过，司机将车开了过去，没好气地问：“你怎么叫我车夫？”姑娘振振有词：“做役的叫役夫，挑担的叫挑夫，赶马的叫马夫，你是开车的，不叫车夫叫什么？”司机乜斜她一眼：“照你这么说，如果我是记账或是打仗的，你不就要叫我丈夫了吗？”姑娘勃然大怒：“你这人，怎么这么没教养？”司机针锋相对：“那你说说，我哪一点说得不对？”姑娘想说什么，却说不出来。

**推理式类比，就是依据对方论点、论据或论证，进行合情合理的类推，推导出一个荒谬无比的结论，使其自掴嘴巴。**对方没有礼貌，还无理狡辩，司机据其逻辑，推导出一个让其无法接受的观点，有了这个观点作刀剑相向，对方不得不乖乖缴械投降。推导式类比建立在逻辑严密的敷衍基础上，杀伤力自然不可小觑。

某厂工会组织职工表演节目，演员刘若愚对工会主席说：“尊敬的主席同志，表演节目讲究一个‘真’字，我表演的节目里有一个场景是喝酒。你说你这也不给弄点真酒，我怎么去演呢？”工会主席看看刘若愚，“没有酒就不能展现喝酒场景？”刘若愚不假思索：“那当然。”“这可是你说的啊！”工会主席微微一笑，回身对站在一旁的小李说，“小李，你现在赶紧去厂门口的农药市场买瓶‘3911’去！”刘若愚不解，“主席同志，你是不是听错了，我让你弄瓶真酒来，可不是让你去买毒药！”工会主席正色道：“我可没听错，第一个节目里有喝酒场景你就要真酒，第二个节目里有个饮毒场景，不买点毒药可怎么演？”刘若愚挠挠脑袋，道：“主席同志，也别让小李去买药了，我就用白开水将就着演吧！”

**仿拟式类比，就是模仿对方的语意层次、语气，或逻辑，再“克隆”一个高度仿真的“怪胎”，然后以这个“怪胎”来说事。**“怪胎”虽“怪”，却是对方“诞下”的，对方还能有什么话可说。为逼真就要喝酒，当然为逼真也得饮毒，工会主席随便一个仿拟，就将“多事的”刘若愚逼进了墙角。仿拟式类比反击力极强，此处可见一斑。

类比反驳，抓住对方“漏洞”，援引特点、性质和现象等相近，甚至完全相同的人或物，寻隙而击，不但诙谐风趣、说理形象，而且具有无可辩驳的逻辑力量，读者诸君大可一试。

# 交际指南

JIAOJI ZHINAN

# 不善言谈者成功交际的良方

张天儒

无须例证，人们也会形成这样的共识：口才好的人在交际场上能够左右逢源，语言反应灵活，应答随机应变，在社会交际中人缘广结。反之则不然！这就使有些语讷迟钝的人对社会交际活动感到望尘莫及，常常使他们产生一种自惭形秽的感觉，认为交际只会青睐那些巧舌如簧者，对不善言辞的人是没有缘分的，致使一些木讷者丧失了交际的信心。那么，口才不好的人应该打入交际的“另册”吗？其实不然。只要掌握适当的交际方法，拙口笨舌也能胜过唇枪舌剑。

下面介绍的四种交际方法，不失为语讷者搞好交际的一贴良方。

1. *以柔克刚法*。这种方法就是以“诚”待人，用态度上的“柔”来克语言上的“刚”。

富兰克林在年轻的时候，被推选为宾夕法尼亚州议会秘书。在此之前，他却被一位新议员在一次长篇演讲中骂得狗血喷头。怎样对待这位新对头呢？若以牙还牙，论口才富兰克林绝不是这位议员的对手。富兰克林心想：我对这位新议员的攻击自然很不高兴，但他是个很有学问的人，日后在议会里定会成为有影响的人物。不过，我也绝不能以卑鄙的阿谀奉承来讨取他的欢心，我必须用诚恳的态度来打动他。富兰克林听说那位议员有几部很珍贵的藏书，便写了封短函，表示很想向他借阅。议员收到短函，果真把书送来了。过了一星期，富兰克林把书还给他，另附一封信表示诚挚的谢意。结果，当两人在会议室相遇的时候，议员主动亲切地和富兰克林打招呼，开始友好地交谈，后来还许诺要在一切事情上支持富兰克林。就这样，两人逐渐成为知心朋友，友谊一直维持到议员去世。

富兰克林为了克服口才不好的缺点，他时常把一切意见都用十分谦逊的口吻表达出来，从不说一句易于引起别人反感的武断话。对他人的意见总是予以相当的尊重，即使觉得有些不对的地方，也用十分温和的间接方法指出来。同时，如果自己有了错误，一经发觉，立刻坦白承认。他深知自己缺乏能言善辩的口才，不能与别人的唇枪舌剑一决雌雄，不得不用这种“态度上的柔术”来补救。这时，沉默也很有效。但沉默不等于呆若木鸡，一言不发。你可以时不时地微笑着与人打打招呼、向人点点头或偶尔投去友好的一瞥，这样就会给人一种庄重、尊严的感觉，也不会失体面，而且更能吸引人。

2. 欲取先予法。衡量交际成功与否的重要标志就在于是否取得了众多人的理解和信任，即是否“赢得了众人心”。口才不好且善于交际的人，往往就是采取“欲取心，先予助”的方法来获得交际上的成功。

汉高祖刘邦成功的原因之一就是擅长运用人才。但是，他的部下并不都是温顺地听从主人的那一类型，而且各有各的脾气，刘邦本人也不善“以言动人”。可是，大家都奇妙地聚集在他身边，即使情势再差，也没人背叛他。原因何在？刘邦有一次跟群臣共进酒宴时，自己突然问道：“我为什么能够得天下，你们知道吗？”众臣答曰：“陛下得到手的东西不会独享，让我们大家分享。”可谓一语道破天机，刘邦聚才安邦的诀窍就在于“善施、助人”。

然而，受惠过多往往会令人感到不安，产生逆反心理。因此，在现代交际活动中，采用“欲取先予”法时，要注意维护对方的自尊心。一方面，在助人时，应本着不求报偿的态度，使受惠者安心，使之认识到施助本身正显示着对受惠者的尊重；另一方面，故意请求对方给予自己容易做到而又代价不高的帮助，来提高对方的自尊。

3. 以德取信法。交际学认为，人的品德是一种重要的交际素质。高尚的品德有着强大的影响力，其势为唇枪舌剑者所不敌。常常言行不一的人，演讲的水平越高，人们越反感。实际上，人们在交际过程中，往往总是听其言、观其行、察其德，“口蜜腹剑”者最遭人唾骂。所以，口才不好的人应弃其“言”而养其“德”，以德取信于人。平时交往要豁达大度，胸怀宽阔，要有容人之量，切莫斤斤计较，得理不让人。这样无须用“舌战群儒”的雄辩之才，也同样能打动人心。

有这样一个故事：战国时期，楚庄王有天晚上大宴群臣，恰逢风吹烛灭。黑暗中，有人趁机拉了一把庄王爱妾许姬的衣袖，许姬顺势摘下那人的帽缨，并禀告庄王掌灯追查。庄王则曰：“酒后狂态，不足为怪。”并叫大家统统摘下帽缨。不久，楚国遭到吴国大举侵犯，一个名叫唐狡的将军英勇奋战，冲锋陷阵，立下了赫赫战功。庄王问他为什么这样勇敢？唐狡则说："臣乃先殿上绝缨者也。"庄王不计较臣下的小过失，从而赢得了臣子的效命之心，而终获大益。这颇值得口才不好者借鉴。

4. 以行补讷法。孔子曰："君子欲讷于言，而敏于行。"这一观点正好为口才不好的人如何进行交际指出了一条路子。在现代社会里，人们羡慕能言善辩的人，但更赞赏和崇拜实干家。所以，口才不好多干实事更得人心。

某单位有一职工，素来不善言辞，说话直来直去，起初也得罪过不少人。但他干事却一个赛仨，很能助人为乐，谁家的电器坏了，水管漏水了，他都抽时间帮忙修理。谁家办事，他都乐意跑前跑后张罗，所以谁家有事都爱请他帮忙。结果，他在单位里的人际关系最好，人人都喜欢和他来往，原来被他得罪的人也理解他了。

可见，口才不好的人只要有交际的信心和勇气，有一定的以长补短的方式，就一定会取得交际的成功。当然，如果再下功夫练出一副好口才，那就会在交际中如鱼得水，如虎添翼！

# 善言可使新交一见如故

晓　梦

人们都渴望友谊，希望与新交一见如故。那么，究竟怎样才能实现这种愿望呢？我认为，从言语交际的角度来说，应从以下三方面做起。

## 一、努力创造一种友好亲切的气氛，消除陌生感

人际交往是相互的。在你的眼里，对方是陌生人；在他的眼里，你也不是多年的老朋友。因此，就要想办法消除陌生感，变“生”为熟。在这个过程中，热情、诚恳的态度是至关重要的。你想让对方对你有一见如故的感觉，你自己就先要对他有一见如故的态度。刚一见面，你不能拘谨、冷漠，而应该用表达谦恭、热情、关心的语言，如，“能认识您很高兴”“久仰久仰”等，来表示你结识新交的愉快及渴求心情。对方受到你情绪的感染，心里会热乎乎的，“陌生感”会随之开始消失。吴伯箫的散文《猎户》中写的猎手董昆对于初识的来访者的“见面话”，就具有这个特点。来访者到了目的地，却听说董昆到县城领火药去了，只得在林场场长家里借住一夜。第二天一早便要离开了。正在这时，董昆赶了回来，对他们说：“怎么，你们要走吗？晚上在县里接到电话，说有客人找我，鸡叫赶着往回走，想能碰到，果然真的蹦到了。走，再回去谈谈吧。”于是，来访者跟他到家里，开始了畅谈。我们看，董昆与第一次见面的客人说的几句话虽然普通，却很有真情实感，很能留住客人。开头一个反问，就把自己渴望迎接并留住客人的心情表达得非常真切：我特地赶来，你们却要走了，这太出乎意料了。接着说明自己为什么知道有客和怎么一早就来到了客人面前，特意点明是“鸡叫”就“赶着往回走”，而不是在县城里坐等，为的是稍尽地主之谊以减少客人扑空的失望感，现在果然碰上，简直是天从人愿了。最后盛情邀请客人留步，到家里叙谈，该是多么符合双方的愿望啊！这几句话说完，客人的陌生感定会化为乌有，还有什么不觉得一见如故呢！

## 二、对来自对方的信息迅速做出反馈，善于寻找“共鸣点”

陈毅同志曾邀请书法家张伯驹到家里相见，在电话里先告诉对方：“我是陈毅。”对方问：“您是陈副总理、陈外长？”陈答：“是的。张先生，你好！”张回答好。陈：“好，很好！谢谢你的问候。”接着赞扬张举办明清书法作品展是做了一件大好事，然后说：“我想请你今天下午到家做客，不知你有没有时间？”张答：“陈副总理，我怕打搅您的工作！”陈：“你以后就叫我‘陈老总’好了，大家都习惯这样叫我。我也是人，愿意广交朋友。我想你是会来的。下午两点，我派车去接你。”（据郑理《张伯驹传》）就这样，从一次通电话，开始了陈毅与张伯驹之间“一见如故，相见恨晚”的交情。这对地位悬殊的新交之间的第一次谈话，不仅表现了陈毅礼贤下士的胸怀，而且反映了他深谙语言技巧，善于就对方传递过来的信息迅速作出反馈，善于寻找“共鸣点”——谈对方举办的书法展览，必能引起对方的兴趣。从而缩短了彼此间的心理距离，使“新交”犹如“故人”了。

## 三、因时、因地、因人、因事制宜，灵活多变

人们在社会交往中结识新交的机会很多：出差、旅行，常结识同车同座，去同一去处的旅行者；外出踏青、逛公园，常遇上爱好、嗜好相同者；住处或单位，也常有新搬来的邻居、新分配（调入）的同事……如何使这些新交一见如故，可就要看你的言语交际能力了。

如果是同路旅行，你欲结识同座、邻座的新交，可以设法引对方开口，从去处、出行意图、籍贯、爱好等聊起。这样不仅消除了对方的旅途寂寞，还增进了彼此了解，甚至可能结成好友。倘若自己到家了而旅伴仍在客中，有意邀其来家小住，可以说：“咱们一路下船（车），就住在我家吧！房子还宽裕……”北方用语中，“咱们”是包括式，把受话人包括在内，所以比用“我们”更显得亲密。

如果早晨到公园遛鸟，遇到爱鸟者，谈话自然是从“鸟”说起，也可以稍出新意，表达“求其友声”的意愿：“都说咱们是‘会鸟’来了，其实呢，这该叫‘以鸟会友’——是不是，您呐？”

如果对方处在困境中，你有意帮他一把，对方不好意思随便接受一个陌生

人的帮助，问到报酬什么的，那你可以说："你把我看成什么人啦？谁不兴许有个难处？"这样一来，对方的羞惧心理就可以解除，对你也会加深了认识，说不定会从此结下莫逆之交呢。

如果你家的左右搬来了新邻居，单位来了新同事，你首先要热情地对其表示欢迎，向他介绍一下住地或单位的一些概况，主动询问、帮助解决一些实际困难，等等。这样，你的热心和行动必将唤起对方的好感，从而迅速建立起相互交往的基础。"一见如故"，也就不难做到了。

总之，能使人产生一见如故之感的言词可以千变万化，但是一颗渴求友谊和理解的心，却是引发美言佳语的泉源。套用宋人的两句诗，可以说是："问君哪得亲如许，为有心头火种来"。

# 假痴不癫
## ——交际中的“错傻术”

贺陶乐

陶承的回忆录《我的一家》中，有一处写了革命烈士欧阳立安小时在汉阳机智而勇敢地为我地下党组织当秘密交通员的故事。说有一次，十来岁的立安到鹦鹉洲某工人住宅区与人接头，去时那人已被捕，特务就藏在屋里等抓接头人，他一推门，就被捉住问“干什么的”。他说：“收豆腐钱。”特务不信，打他。他趁势哭闹开了：“你们不讲理！我爹病了，叫我收十八号豆腐钱，你们不给，还打人……”特务一想，这是十七号，这孩子收十八号豆腐钱，可能真走错门了，就把眼一瞪：“你瞎眼了，上十八号往这儿跑？滚！”立安就赶紧退了出来……不言而喻，这欧阳立安的脱险，是他装错弄傻（装收豆腐钱走错门）用谎言骗过敌人的结果。古往今来，交际中这类“错傻术”颇多，了解它们，对提高我们的应急应变能力极有好处。

### 一、以错傻求解脱

——假装认错人或地方，摆脱某种危难、困窘。认错地方，如上述欧阳立安的以走错门骗特务。认错人，如《南亭笔记》“民女巧对彭宫保”：晚清时，一女子高台晾衣，没小心竹竿掉下，正打在路经此处的彭玉麟宫保大人头上。彭大怒，女子甚怕——她知是彭。但惶急中，她却有意将彭错认作旁人，居然也厉声说：“你喊什么？听你这腔调简直像个行伍之人，没一点文明气！你可知道彭宫保就在这里？他老人家可是爱民如子，我若告诉他，怕要砍了你的脑袋！”……一番装痴卖傻、以攻为守、寓“捧”于“攻”的巧语，居然化解了一场大祸——彭本非常恼火，但一听这不认识自己的民女竟还这样敬重自己、夸自己，也就不觉转怒为喜，一声不吭地走了。

## 二、以错傻来讽谏

——假装认错地方或人，巧讽、巧谏对方。如《左传·襄公十五年》“师慧欲回郑”：师慧是郑国乐官。这一年，郑为使宋国交还早先郑内乱时逃到宋的叛党，给宋送礼物，把师慧作为一件礼品送到宋国。师慧不想去，不由他；去了想回，更没门儿。这天，他就装痴卖傻——在被搀引到宋朝廷奏乐时（他是盲乐官），假装不知那是朝廷，作势要小便。引者说：“不能啊，这是朝廷！”他说：“朝廷怎么了？朝廷没人嘛！”引者说：“怎么没人呢？”他说：“肯定没人！若有人，还能看上我这瞎子？（这里已将‘人’的概念偷换成‘人才’）还能用千乘之相（指那些叛党）换我这演唱淫乐的瞎子？”一番假痴不癫、意在言外、借题发挥的乱喊，使得满朝廷的宋大臣均感扫兴，很快就放他回国。

## 三、以错傻来嘲骂

——假装不认识对方而当面嘲讽他。如明末少年抗清英雄夏完淳巧骂洪承畴。洪原为明总督，抗清兵败降清而助清灭明，俘捉了夏。夏恨透了这为虎作伥的叛徒，受审时决意要嘲骂一下他。洪对夏说：“你小孩子家，造什么反？只要你归降，一定前途无量！”夏说：“人各有志，我岂能跟你们一样！我最仰慕我朝的洪承畴先生，要做他那样的英雄！”他假装不认识洪，不知洪叛变事。洪怔了一下：“你仰慕洪先生？”夏说：“当然仰慕。当年先生在关外与清兵血战于松山、杏山一带，矢尽援绝，仍坚强不屈，最后英勇就义。消息传来，举国震动，先帝为之垂涕。这样的英雄难道不值得仰慕吗？”一番话说得洪面红耳赤，非常狼狈。洪的左右忙插话说：“你不要胡说，洪大人就正在堂上！”夏说：“你们才胡说呢！洪老先生早已为国捐躯，天下谁人不知！你们这些贼子还想冒充他、败他的名——先生在天之灵也不会放过你们的！”一番装痴卖傻、别出心裁的挖苦嘲骂，把洪弄得无地自容，只好慌慌乱乱地叫人把夏押走，结束了这次审判。

## 四、以错傻来威慑

——以一种看似错傻（认敌为友、借寇兵而赍盗粮——）实大有深意的行为，巧妙威慑对方。如《左传·僖公三十三年》“弦高犒师”：秦军准备袭郑，行至滑国，为郑商人弦高察觉。弦即遣人回国报告，并冒充郑前来迎接、慰问秦军的使者，将已十二头牛、四张牛皮以国家名义赠给秦军。秦军大惊，以为郑已窥知它此行的秘密，做好了防卫，便一改初衷地收兵。

## 五、以错傻扬名气

——以一种惊世骇俗的“错傻之举”，扬自己某种名声。如一则古寓言所说的渭人（君主近侍）为君主买马事和一则外国故事所讲的英宇宙足球厂赔偿琼斯太太孤独费的事。渭人为君主买千里马，可是一直也未找到，好不容易发现一处，跑去，马死了。渭人就以千金买下这死马骨头。琼斯太太荒诞地指控宇宙足球厂的足球引诱她丈夫（丈夫爱踢足球或爱看足球赛），是她丈夫的“第三者”，而球场老板竟还欣然接受此指控，主动赔给她10万英镑孤独费。是他们疯了，傻了，专门胡扔钱？他们有其目的。渭人的“千金市骨”，是要显示他的君主爱马，发疯般爱马，舍得出最高价买马——让天下有好马者都冲此最高价送马上门；而宇宙足球厂老板则想以此奇怪的赔偿案，传扬他厂足球的魅力——看，我们的足球啊，已完全吸引了男子汉，致使妻子都视它为“第三者”，要与丈夫离婚，要让厂家赔孤独费！

## 六、以错傻求机会

——以一种怪（傻）举，造某种宣传、表现机会。如《唐诗纪事》卷八《独异志》所载的“陈子昂买琴摔琴事”：初唐时，年轻的陈子昂写得一手好诗文，苦于无人知晓。一日，在长安街见许多人围看一琴——那琴要价百万，无人敢买，他便上前买了。并对人说，此琴多好多好，他善弹，如果谁有兴趣，明日到某处听。而次日当众多的慕名者前来聆听时，他却在酒宴招待之后，拿起琴，猛摔在地上，说：“我陈子昂学富五车，有文百轴（卷），驰走京都，不为人知，此操琴小技岂是我留心的！”说着，就把自己所有诗文，拿出让大家看、评价。结果“一日之内，声华溢都”——满京城都知道有个能诗善文的陈子昂了。

“错傻术”，从人们想问题的角度、方式看，它是一种多向（主要是反向、异向）思维的奇葩。一般人想事常一种思路、一种处理方法，如冲撞了人，就只想着好好道歉，以道歉求解脱；欺哄敌人，就只想着装一老百姓，而想不到装一走错门的老百姓；办事情，只知不能吃亏，不知有时还须专门吃亏——吃小亏占大便宜！因此，经常留心、研习交际中一些巧妙的“错傻术”，对开启我们的思路，提高我们的应急应变能力，无疑是大有裨益的。

# 假设句的五大交际功能

高万云

如果在表态时难置可否，如果在求人时无从开口，如果在尴尬时急待解脱，你是否感到需要一种有效的表达方式呢？如果需要，那我告诉你：请多选用假设句式。

假设句由两个分句构成：一个表示虚拟条件，另一个表示必然结果。一方面，由于条件的虚拟性，所以它可以委婉表达，留有余地；又由于结论的必然性，所以它能够引人入彀，斩钉截铁。另一方面，它既可通过假设肯定推演出结果，又可通过结果的荒谬否定假设的条件。正是在这个意义上，我们称它为“万能的交际句式”。下面就简述假设句的五大功能。

## 一、暗设伏兵，主动反击

从逻辑本质上说，假设句所表判断的真假仅仅取决于条件和结果的充分条件关系，肯定条件必然肯定结果，反过来，否定结果必然否定条件。因此，人们常利用假设句来进行否定，以达到进攻对手的目的。据载，英国著名剧作家萧伯纳送给时任首相丘吉尔两张戏票和一张便条，便条写道：“来看我的戏吧。如果有朋友，就请带一个来。”丘吉尔当即回复一个便条：“首场演出我没有空去，但我愿意第二天晚上去看，如果你的戏还演第二场的话。”萧伯纳用一个假设句推出丘吉尔没有一个朋友，是孤家寡人，嘲讽意味十分明显。丘吉尔也如法炮制，也用假设句推出肖的戏不受欢迎，不可能演第二场，对萧伯纳的戏谑给予有力的反击。另外，把一个或然条件分句和一个荒谬的结果分句组合在一起，也能收到同样的效果。美国的布莱恩和麦金莱竞选总统时，一名布莱恩的支持者自信地宣称：“明年 3 月 4 日，布莱恩夫人将在白宫下榻。”这时，一个共和党人回敬道：“如果那样，那她一定跟麦金莱睡在一起！”可以看出，共和党人正是通过这荒谬的结果去否定假设，从而否定对手的断言。

## 二、巧避锋芒，自如应对

在特定的交际场合，有时碍于面子，有时把握不准，这时可以用假设句去表达。甲有两个朋友：乙和丙。不料这二人反目成仇，一天乙对甲说，丙在众人面前说甲的坏话并揭其隐私。甲听后半信半疑，骂丙吧？怕冤枉好人；不骂吧？一来怒气难消，二来怕乙尴尬，他琢磨了一会儿，说了一句两全其美的话：“如果那样，丙这人可不咋样！”有时，与师长、上级辩论，你认定自己的观点绝对正确，不能让步，可是出于礼貌或无奈不能坚持，在这两难境地，假设句可以说是最好的解围方式。一个学生和班主任争论男生能不能到女生宿舍串门，老师一口咬定绝对不能。学生很长时间不能说服老师，又见老师似有怒意，为了结束争论，给老师一个台阶下，他巧妙地说：“如果老师说得正确，那我肯定错了。”这本是一句废话，它并没有肯定老师的观点，然而这位老师听了却不再争执。有时，对猝不及防或不愿、不好回答的提问，也可采用这种句式。问：“你爱王小姐吗？”回答一：“如果她爱我，我就爱她。”回答二：“如果她可爱，我就爱她。”回答三：“如果我爱她，那就是爱上了她”……由于附加了假设的条件，使表达变得婉转，所以问话人、说话者和涉及对象都能接受。

## 三、婉转谢客，礼貌求人

有些话不适宜直接陈说，一般要借助假设句表示。比如，你有事要办，而闲聊的客人却坐着不走，这时就不宜直说：“请您走吧，我还有事。”因为这样显得不太礼貌。要是选用假设句，其效果就好得多：“您如果没有别的事，就请先走一步，我还有点事。”尤其是求人帮助而又摸不准对方是否愿意的时候，假设句的功用就更加明显。这有两个好处，对说话者来说，使用假设句，可以避免直陈句的祈使语气；对听话者来说，假设句给他铺设进退自如的台阶。比如，向人借钱，可以说：“您如果手头便当，请借给我十元钱。”这就定了调子，不管对方是否愿意，都须按照已假设的条件回答。如不愿意，他一定会说：“这几天我也正缺钱呢！”这样，双方都不失面子，因为借钱者已留出了余地。尤其是请陌生人帮忙，这种句式更为有效。“如果您不介意，我就从您前边过了。”“请您让一下，要是不影响您看书的话。”这样说，即使影响了别人，他们也会提供方便，因为假设句体现了“文明”和“高雅”。

## 四、自我解嘲，以笑脱身

在人际交往中，难免有失误或出丑的时候，这时，假设句也是自设台阶的好方法。传说古代有个石学士，一次骑驴不慎摔在地上。这对一般人来说，一定会不知所措，可这位石学士不慌不忙地站起来说：“亏我是石学士，要是瓦的，还不摔成碎片？”一句妙语，说得在场的人哈哈大笑，自然这石学士也在笑声中免去了难堪。以此类推，一位胖子摔倒了，可说：“如果不是这一身肉托着，还不把骨头摔折了？”换成瘦子，又可说：“要不是重量轻，这一摔就成了肉饼了！”笔者亲历了这样一件事：一位矮个子学者的妻子嘲笑丈夫太低，这位学者笑眯眯地说：“我看还是矮点好，我如果不是一米五七，现在能够著作等身么？如果不是我身短力小，我们的战斗你能场场取得胜利么？如果不是我矮，你能很优越地说我太低吗？”话毕，全场叫绝。可以看出，用假设句摆脱尴尬，能够收到预期的效果。

## 五、发誓表白，加大力度

汉代有这样一首乐府诗：“上邪！我欲与君相知，长命无绝衰。山无陵，江水为竭，冬雷震震，夏雨雪，天地合，乃敢与君绝！”这是女子自誓之词，它用的是一个潜在的假设句式：“如果与君绝，那么山无陵……”这也是利用充分条件假言判断否定后件就能否定前件的性质建构的，从而通过后一分句所述的不可能推出前一分句所述的不可能。在现代生活中，假设句也往往用于发誓表白：“我要是骗你，我就是小狗。”“我要是有半点谎话，天打五雷轰。”“我要是不报此仇，誓不为人。”……因为这类句子结果分句所说的都是不可能出现或是人们不愿意接受的情况，所以用此发誓效果甚好。

总之，假设句在交际中有着重要的作用，恰当选择，定能为人们减少烦恼，增多快乐，进而较好地完成交际任务。

# 怎样获得好人缘

胡　锐

所谓人缘，用社会心理学的术语来说，就是一种人际关系，指的是个人与个人、个人与群体之间的关系状况。而影响人际关系的好坏因素又是很多的，尤其重要的有以下几个方面。

一是交往水平。大家知道，人际关系是在“互动”中发生联系和变化的。人与人之间的关系要密切，彼此的交往是前提。原来关系密切的两个人，后来由于交往少了，关系可能淡薄下去；而原来不熟悉的两个人，由于经常在一起活动，关系也可能亲密起来。一般地说，人际关系的亲密程度是同交往水平成正比的，交往水平越高，关系越密切，反之亦然。交往的内容有工作性交往和非工作性交往之分。工作性交往是客观情境规定的交往，这种交往水平主要体现在交往效果上。举个普通的例子：有三个人在一起工作，甲、乙二人工作很认真，唯独丙马马虎虎，而他的工作又经常由甲、乙进行返工，或者他的工作质量给甲、乙工作带来一定损失，如果不考虑其他因素的话；那么甲、乙的关系就易亲密，而他们同丙的交往就易疏淡。因工作效果好，工作协作性相应提高，交往的双方，就感到满意，彼此容易产生信任感，这样就扩大了交往的范围。所以许多在工作中配合默契的同事，生活中成了好朋友，恐怕友谊的桥梁就是由良好的工作交往所构筑的。

非工作性（或业余性）的交往不是由特定环境规定的必然交往，它属于人的主动行为，对于形成良好的关系有重要的作用。同事之间在工作之余，串门、聊天或聚餐、郊游、看电影，都是交往的形式，这种交往水平，就体现在交往的数量和深度上。通常业余性的交往双方感到愉快，加深感情的联系，并逐步形成一种整体感，彼此的关系就易密切。如果一个人性格孤僻、不合群，业余时间从来不与别人交往，他与别人关系渐渐疏远是十分自然的了。

二是互酬水平。社会心理学指出，人的行为具有某种互酬性。这里的“酬”，不仅包括物质内容，而且也包括了精神、感情的内容。生活中这样的事情很多:

你的书本丢在教室里，就会有同学帮你拿回；你的心情不佳时，室友会帮你分忧解难。你心里很感激，总想报答对方，这就是一种“互酬”。人与人之间的互酬水平越高，关系越是稳定、密切。互酬性低可以表现为两个方面：其一，对别人的困难需求漠不关心，使人感到你很冷漠。其二，用等价交换、买卖商品的态度来对待同志之间的相互关系和帮助，使人感到你“门槛精”，很势利。别人从你这里既然得不到感情上的温暖和愉快，同你的关系疏远也就不难想象了。

三是评价水平。也就是你对别人怎么看，又要求别人怎么看你。评价水平的高低，主要不取决于你讲别人的好话多少，而取决于你对别人的评价是否真诚和符合实际。人缘好，既要求有感情上的沟通，也要有心理上的好感。对他人的好感反应也是一种情绪定势，它是多次类似的情绪积累而成的。而影响这种定势的重要原因是双方在交往中的态度。有的人在别人面前，自以为是，表现出一种轻蔑的姿态，即使在求助于别人时，似乎也摆着一副考虑别人的架势，久而久之，别人对你就会产生一种反感；有的人对评价别人缺乏一种真诚性，认为吹捧、奉承别人就是交往的良药；有的人当面一套，背后一套，嫉妒别人的优点和成绩，或者从来不对别人讲心里话，使人感到你虚伪、很褊狭；还有的人，只喜欢听好话，一听刺耳话，就表现出厌烦和不满，别人见你肚量如此狭小，自然就避之唯恐不及了。

四是包容水平。哲学家斯宾诺莎说过，世界上没有两片完全相同的叶子。出身、经历、文化修养不同的两个人之间，发生这样那样的差异，就更是不奇怪了。对这种差异，需要加以包容，这也是人际关系协调的重要条件。包容性的另一层含义是，彼此相处中的非原则性矛盾要善于“钝化”。包容水平越高的人，与他人相处的适应性就越大，人缘自然容易好。有些人与他人相处中缺乏“弹性”，碰到一些矛盾喜欢咋呼，只有别人让他，没有他让别人，其包容水平很低，人缘关系搞僵也就成为顺乎逻辑的结局了。

那么，在交往过程中怎样才能获得较好的人际关系呢？笔者以为应当从以下几方面着手。

## 一、增加交往的主动性

这种主动性，应该表现在工作上协调帮助与主动照顾。一个人即使为人热情，容易被人接近，但在工作上拈轻怕重，不负责任，使别人感到你是个累赘，那么要融洽你和同事之间的普遍关系，仍然是很难的。诚然，人们对交往的喜厌倾向，同人的性格是有关的。性格外向的人，爱交往；性格内向的人，好独处。但人的性格并不是先天注定、亘古不变的。同事之间是有些话可谈，有些事可商的。比如，有人生病了，主动去看望，平时碰到什么问题，主动谈谈心，遇到感兴趣的事情，大家交流交流，逢年过节串串门，搞一些集体活动，诸如此类的事情多做些，可以联络和增进思想感情的交流。当然为交往而交往，也大可不必，至于为了某种不纯正的目的，而去拉拢别人，那就更不对了。

## 二、增加互酬的无私性

生活中类似事情是屡见不鲜的：有些人接触伊始，给人的印象不错。但时间长了，人们却渐渐地疏远他了；有些人刚相处，似乎很难交往，但日久天长，人们却逐渐喜欢他了。什么原因呢？原来他们的“人品”不同。有些人表面上很热情，实际上却“拔一毛而利天下不为也”。他帮助别人的目的，是企图“虾子钓鲤鱼”，想从别人那里捞到更大好处。这样的人品能博得他人一时的好感，而很少有人与之成为“患难与共”的知己朋友。有些人正好相反。他帮助别人，不露声色，也不要得到别人回报，而别人对他的帮助，他总是铭刻在心，必欲报答而后安。前一种人讲的是“互酬”的自私性，后一种人讲的是“互酬”的无私性，你说哪一种人际关系好呢？这就显而易见了。

## 三、增加包容的广泛性

换言之，不但在相好的朋友之间能互相包容，就是关系一般的甚至与自己有疙瘩、有意见的同事中，也要学会宽以待人。不但要在没有是非的问题上善于妥协，不去斤斤计较；就是在对方明显“亏”了自己的事情上，也要学会“以德报怨”。人与人相处是需要有一定的“弹性”的。一个人待人的“弦”绷得过紧，容易射出损害相互关系的意外之箭。有时，即使你主观上无此意愿，客观上仍会出现令你遗憾的局面。有句话叫“难得糊涂”，用在同事相处中，也是有其合理之处的。自然，这并不是鼓励人们去做老好人，不分是非。一团和气的老好人，不是当代青年人应有的人品。

## 四、增加评价的真诚性

最主要包括三点：看人、议人、对人要“尊”“真”“诚”。所谓尊，就是要尊重别人，不要自以为是，自命清高。人的能力尽管有大小，贡献也可能不同，但在人格和政治上是平等的，即使一时后进的人，也是如此。如果自恃智力高人一筹，或家庭地位优越而轻视别人，结果是必然在损害别人的自尊心，得到离而远之的回报。所谓真，就是对人不应口是心非，讲话总留后半句。或者当面说好，背后说坏。也不要无端地去猜疑别人，好像别人总同你过不去。人与人相处中，难免发生矛盾，有了矛盾应该开诚布公，不要做肚皮功夫，这也是真的一个要求。所谓诚，就是对别人的缺点、短处不讥笑，对别人的优点、长处不嫉妒，而是虚心学习，补己之短。“尊”“真”“诚”的反面就是“傲”“伪”“妒”，它是人际关系的大敌，不可不除，以免为人之大患。

当然，在人际交往中，关系好坏也是相对的，而且有个过程。但是，只要我们在“交往”“互酬”“包容”“评价”等方面努力下功夫，比较理想的人际关系是不难获得的。

# 面对冷遇怎么办

山西　王涛

在社交活动中，受到冷遇是很常见的。对此，不同的人有不同的反应：或拂袖而去，或予以回击。有时这两种方式未必不可。但如一概而论，则有时就会因小失大，影响交际效果。因此，了解冷遇的具体情况再作不同的反应，是十分必要的。

若按遭冷遇的成因而分，不外三种情况：一是自感性冷遇，即自己估计过高，对方未使自己满意而感到的冷落；二是无意性冷遇，即对方考虑不周，顾此失彼，使人受冷落；三是蓄意性冷遇，即对方存心慢待，使人难堪。因此，当你被冷落时，就应首先区别情况，弄清原因，然后再采取如下合适的对策。

1. 对于自感性冷遇，自己应反躬自省，进行心理调节，实事求是地看待彼此关系，避免猜度和嫉恨于人。常常有这种情况，在进行社交活动前，自以为对方会以高规格接待，可是到现场后，对方并没有这样做，而是采取了低调。这时，心里就易产生一种失落感。其实，这种冷遇感是自己对彼此关系估计过高，期望太大而形成的。应该说，这种冷遇是“假”冷遇，非“真”冷遇。如遇到这种情况，应自己检点自己，重新审视自己的期望值，使之正确反映彼此关系的客观水平。这样就会使自己的心理恢复平衡，心安而理得，除去不必要的烦恼。有位青年到多年不见面的一同事家去探望。这位同事如今已是商界的实力人物，每天造访他的人很多，十分疲劳。因此，对来家的客人，只要是一般关系的，一律不冷不热待之。这位青年一心想会受到热情款待，不料遇到的是不冷不热。这位青年心里顿时有一种被轻慢的感觉，认为此人太不够朋友，小坐片刻便借故离去。他愤愤然，决心再不与之交往。后来才知道，这是此人在家待客的方针并非针对哪个人的。他再一想，自己并未与人家有过深交，自感冷落，不过是自作多情罢了。于是又改变了想法，并采取主动姿态与之交往，反而加深了了解，促进了友谊。

2. 对于无意性冷遇，则应采取理解和宽恕的态度。在交际场上，有时人多，主人难免照应不周，特别是各类、各层次人员同席时，出现顾此失彼的情形是常见的。这时，照顾不到的人就会产生被冷落的感觉。当你遇到这种情况，千万不要责怪对方，更不应拂袖而去，相反应设身处地地为对方想一想，给以充分的理解和体谅。比如，有位司机开车送人去做客，主人热情地把坐车的迎进，却把司机忘了。开始司机有些生气，继而一想，在这样热闹的场合下，主人疏忽是难免的，并不是有意看低自己，冷落自己。这样一想气也就消了。他悄悄地把车开到街上吃了饭。等主人突然想起司机时，他已经吃了饭又把车停在门外了。主人感到过意不去，一再检讨。见状，司机还推说自己不习惯大场合，且胃口不好，不能喝酒。这种大度和为主人着想的精神使主人很感动。事后，主人又专门请司机来家做客，从此两人关系不但没受影响，反而更密切了。由此可见，对于无意性的冷遇应采取理解和宽恕的态度。这种态度引起的震撼，会比责备强烈得多，同时还能感召对方改变态度，用实际行动纠正过失，使彼此关系得到发展。

3. 对于有意性冷遇，也要从具体情况出发给予恰当处理。一般说，当众给来宾冷遇是一种不礼貌行为，而有意给人冷落那就是思想意识问题了。在这种情况下，予以必要的回击，既是维护自尊的需要，也是刺激对方、批判错误的正当行为。当然，回击并不一定非直通通地对骂不可。理智的回敬是最理想的方法。比如，讥讽性幽默就是很好的一种。有这样一个例子：一天，纳斯列金穿着旧衣服去参加宴会。他走进门时，没人理睬他，更没人给他安排座位。于是，他回到家里，把最好的衣服穿起来，又来到宴会上。主人马上走过来迎接他，安排了一个好位子为他摆了最好的菜。纳斯列金把他的外套脱下来，放在餐桌上说："外衣，吃吧。"主人感到奇怪，问："你干什么？"他答道："我在招待我的外衣吃东西。你们的这酒和菜，不是给衣服吃的吗？"主人的脸唰地红了。他巧妙地把窘迫还给了冷落他的主人。

还有一种方式，就是对有意冷落自己的行为持满不在乎的态度，以此自我解脱。有时候，对方冷落你是为了激怒你，使你远离他，而远离又不是你的意愿和选择。这时，聪明的人会采取不在意的态度，"厚脸皮"地面对冷落，我行我素，以热报冷，以有礼对无礼，从而迫使对方改变态度。比如：妈妈看不上女儿的男朋友，每次来她都不爱搭理，还给点难听的话。对此，男青年并不计较，照样以笑脸相迎，彬彬有礼，该帮助干活照样去干，最后终于以自己的言行使未来的岳母转变了态度。

# 朋友交往的距离意识

田永明

交友，一般讲究要志同道合，唯此，才能达到亲密无间。然而，许多朋友相互之间并非在空间、认识、爱好方面没有距离。善交友者往往以增进友谊为出发点，在交往中注意保持一定距离，从而达到一种超然的境界。

## 一、保持空间的距离，让友谊永远新鲜

我们常有这样的体会，即使最要好的朋友，如果常泡在一起，话题便越来越少，甚至感到腻味；反之，身处两地，相隔千里的朋友，倒思念异常，一旦相聚，便道不尽异地见闻，说不完新鲜感受。原因在于，前者相互缺少距离，故觉乏味；后者因为距离，反多了亲近。例如，小张和小王一起大学毕业，分在一个单位，他俩吃喝不论，形影不离；时间一长，便各自发现对方许多缺点，互相看不惯。关系虽未破裂，却趋于平淡。后来，小张“下海”去了南方。一年后回来，两人一见，便是彻夜长谈。小张叙述他下海的艰难：打过工、扛过包，失业时，有夜游长街、无处容身的尴尬；被业主重用，也有过一呼百诺的踌躇满志。小王也情不自禁地对小张叙述了单位的人事变动，诉说了他一年来工作中的苦恼和快乐。他俩在长谈中，不觉“东方之既白”。以前那种曾经产生过的腻味，早已烟消云散。他们都觉得空间的距离使友谊反比昔日如影随形时更为密切。此后，他俩虽身处异地，被空间隔阻，而心里却觉得更为贴近。

保持空间距离，会使友谊更新鲜而有活力。即使同在一个单位工作，也应有意识不常接触，使空间距离得以保持。一旦有了新见识、新思想，然后相聚。这时，互道新见闻，交流新思想，每次相聚都常新，友谊便在新鲜感中更为浓烈。

## 二、保持认识的距离，让友谊协调发展

生活中，每个人的认识水平，因经历、环境、教育、修养、资质诸方面因素，总会有一定的差距；作为朋友，认识水平有距离，一时无法改变，保持这

种距离而不道破，便有利于友谊的保持。德国作家都德在他的《巴黎三十年》的回忆录中，谈到他跟曾侨居法国的俄国著名作家屠格涅夫的友谊时，记述了他跟屠格涅夫等几个人每天在一处晚餐、喝咖啡、谈论文艺和人生的诸多问题。屠格涅夫始终都向他表示了最亲切的友谊和热情。但在屠格涅夫去世后，都德无意间从友人的文字中发现屠格涅夫认为他是“我们同业中最低能的一个”。都德看了十分伤心难过。但是，屠格涅夫是对的，他认为都德在文学艺术方面认识能力最为低下，说明他们在认识上有距离。然而，屠格涅夫为了友谊，并不道破，反而写过许多亲切可爱的信跟都德只叙友谊，不谈相互的认识水平。因为他知道，如果他把都德的认识水平跟自己的距离道破，他们的友谊便不复存在了。可以看出，当朋友的认识水平低下时，保持这种距离而不去触动它，对友谊的保持是有利的；反之，如果常指责朋友认识水平低下，会使朋友成为路人以至于敌人。

### 三、保持爱好的距离，让友谊多姿多彩

人各有所好。尊重别人的爱好习惯，是交友之道的基本常识。不能以你之所好去匡正规范朋友，而应能容忍或尽可能交跟自己爱好有距离的朋友。L的业余爱好是无线电，以为这是一门技术，其好友N先跟他一起立志学无线电，但后来失去了兴趣，痴迷于围棋不能自拔。L便看不惯，对N说下围棋是闲人的爱好，是纨绔子弟、公子哥儿才会迷上的，经常指责N不务正业。说得多了，N不乐意了，冷冷地回道：“我就是想作公子哥儿呢！”从此，二人关系便冷漠了。显然，正是因为L不知距离意识的重要，故而失去了朋友N。

其实，跟爱好有距离的人交往，要比跟爱好相同的人交往更有意义。相互爱好不同，聚在一起，各叙自己爱好之乐趣，便可改变单调的生活。如果你所交的朋友中有体育爱好者、音乐爱好者、收藏爱好者，有从政的，经商的，那么，你的见闻会更广阔，思想会更活跃，生活会更丰富多彩。如此，何乐而不为呢？

总之，交友，在某种意义上看，求亲密无间固然不错，而要达到亲密无间，却要有强烈的距离意识，这是交友的辩证法。只要有广阔的胸怀，便可在距离中求得亲密，化距离为亲近，变天涯为咫尺。真正的亲密无间，只有那些有强烈距离意识的交友者才能达此境界。

# 人际交往的“回避”效应

詹平相

都说人际关系越热乎越好，怎么还要来什么回避？我国有句老话“久别胜新婚”，讲的是夫妻之间不必成天耳鬓厮磨，适度的分别更能增添夫妻生活的情趣。推而广之，在人们日常交往中，交际双方表现出过分的亲密或纠缠不清，有时也会让人感到别扭。在一定的情况下，交际的一方作适度的“回避”，也有其独到的功效。

## 一、当你和亲友过分亲密时，“回避”可增添思念之情

不知您有没有这种感觉，亲戚朋友相距不远，抬头不见低头见，久而久之，相互之间除了礼节性的问候或拜访外，好像与一般人没什么两样，甚至还不如某个新结识的朋友来得热乎，用一句俏皮话来说，就是“好得没话说”。造成这种状况的原因当然很多，但有一点可以肯定，就是双方太熟悉太亲密了，连早上吃什么晚上喝什么都知道，总之就是明里少了一份新鲜感，暗里多了一种距离感。为了改变这种熟悉而又陌生的状况，我们不妨做些“回避”。小王和小胡在师专念书时就是同班同学，毕业后分到两个相距不远的学校教书。小王每个星期天从家去学校都要路过小胡所在地，小胡也常利用空闲时间到小王单位去玩。两人打鸟钓鱼，看电影下馆子，该玩的都玩了，该说的都说了，久而久之，两人都对这种过于频繁的交往感到没多大意思。聪明的小王意识到这可不是什么好迹象，要想保持过去的友谊，看来还得暂时“疏远”一下才行。于是他破例三个星期没在小胡所在地下车，平时也不打电话联络，专心忙于自己的事业。到了第四个星期，小王突然出现在小胡面前，令小胡且惊且喜：“我还以为你没在世上了呢，差点到派出所报失踪了。”小王说：“怎么，才一个月就耐不住寂寞了，‘久别胜新婚’嘛！”小胡朝小王当胸一擂：“难道你真的会忘了我吗？”两人相视一笑，双双找他们的乐子去了。

## 二、当你和上司过分热乎时，“回避”可知晓你在上司心中的地位

在一个单位里，上下级之间除了工作关系，个人感情也还是有的。

随着工作的改变，地位的升降，人们的思想也在不断地变化。以前良好的上下级关系一旦某一方调离后，彼此之间有的会更亲密，有的会逐渐疏远。常年在一起共事的上司和下属，保持良好的个人感情更能促进工作的展开。“试探”自己在上司心中的地位，当然不必动不动就闹调离，暂时“回避”也有一定的效果。老甘和上司共事多年了，双方工作上配合默契，个人感情也不错。有一次老甘因家事回老家小住了一阵，其间恰逢上司爱人过生日。老甘一时“糊涂”，没有赶来庆贺。过了些日子，老甘风尘仆仆赶到单位，老领导一把拉住他的手说：“老甘呀，这些日子你不在，我工作上就像少了一只手似的。我爱人也念叨你呢，走，晚上到我家喝两盅去。”老甘听了这话一股热流涌上心头：老领导真还记挂着咱呢！“好，我罚酒三杯！”老甘这下不再糊涂了，心头更多了一份敬意。

## 三、当你和别人争执不下时，“回避”能免去不必要的情感伤害

我们周围的有些人生性好强，一块小石头不和你辩出水分来他不服输。对待这样的同志，我们大可不必和他针锋相对，适度的“回避”定能使他有所清醒。小张和小白有一次为一件历史事件的起始年月争得不可开交。小白心里确有把握，因为这个历史事件还是在小张的书架上无意中看到的，印象特别深。但面对咄咄逼人的小张，眼看着旁人就要围上来探个究竟，小白不想立即取出“证据”，而是以缓和的语气说：“算了，我们也别争了。晚上我们回去好好睡一觉，明天找资料证实一下，我们心里清楚就可以了。”争强好胜的小张哪里睡得着，待他找到“证据”时，不得不佩服小白给自己留了一级台阶。试想，一个争强好胜的人，自己的错误没有被人当面“揭露”，过后反思，感情能不有所升华吗?

## 四、当你被别人误会时，“回避”更能显示你的宽容

生活和工作中被人误会的事常会发生。心胸狭窄者往往会把别人的无意看成故意，甚至把好心也视为恶意。作为被误会的一方，大可不必当面斥责人家

“狗咬吕洞宾，不识好人心”，也不必“破罐子破摔”，立马同人家“断交”。不妨先把理挑明，然后暂时“回避”一下，过后看看对方的反应。如果他有认识错误的迹象，你再同他“恢复关系”，这样经过小波折得来的友谊，一定比从前更牢固。老陈和老肖同在一个单位，以前关系不错。可是老陈作为副职领导，有一次因为工作的事“得罪”了老肖，老肖因此明里暗里对他颇有微词。这次单位分房，老肖也属困难户之一，他生怕老陈从中做手脚，便四处托人情找关系，希望老陈“君子不计小人过”云云，弄得老陈很是尴尬。他知道老肖疑心很重，过多的解释反而会引起他更多的“联想”，便决定在这件事上采取回避态度。班子成员表决时他投弃权票，民主讨论会上他不作发言，各位“困难户”宴请领导，他一律谢绝……后来当老肖拿到“房票”时，才终于明白老陈根本不是那种人，心头更多了一份敬重。

以上所说的“回避”，决不是要人们在交际中退而远之，避而躲之。当你走路遇到一个壕沟当时不能过去时，后退几步，稍稍用力，定能一跃而过。人际交往的“回避”效应，就是这个效果。

# 缩短与交际对象的心理距离

詹平相

有人常有这样的体会：同在一起，为何别人能左右逢源，而自己除了个别信得过的朋友，与其他人的交往总是若即若离，“贴”不到一块儿。那么，怎样调整好同交际对象的心理距离呢？

## 一、模糊等级观念

交际中的等级观念，具体表现在上司不愿和下属过多、过深地交往，怕引来麻烦，以后不帮人家办点事面子上过不去，怕有“无城府、失身份”之嫌；也有些心高气傲的下属不愿当众同上司亲近，怕人讲闲话。其实，领导在成为领导之前他也是普通一兵。当了领导后，除了工作关系，生活上他应该是普通一兵。上下级之间有了某种共识，不愁关系不融洽。某高级干部回乡搞调查，大部分基层干部本着“报喜不报忧”的原则，尽汇报些无关痛痒的话。某“致富典型”心想，高级干部也食人间烟火，当年他还是村上的放牛娃呢。他如果不是真心想倾听群众心声，何不派两个部下来转一圈，交份材料得了。他今天能和大伙坐在一起，俺就把他当作自家的远房亲戚吧。于是他就把当前农村中存在的一些问题如乱集资、乱摊派等如实地讲了出来。后来高级干部回去后特意来信向他表示感谢，感谢他的真心话使他“兼听则明”，并邀他有机会常去聊聊。“致富典型”之所以能同高级干部套上关系，是因为在心理上拉近了距离，把他看作“当年的放牛娃”，视为“自家的远房亲戚”。这就使交际产生了平等关系，因而便于交流。

## 二、淡化物质前提

所谓“淡化”物质前提，一是主观上不要一味地以贫富来衡量交往的贵贱；二是客观上不要时时处处以钱访人，以“物”待人。克武和春生是一块儿光屁股长大的朋友，他们从小学到中学一直亲如兄弟。后来克武随“落实政策”的父母进城当了工人，几年后承包了一家集体小厂，厂子利润成倍增长，克武本人也成了大款。春生落榜后回乡扶起了犁耙，但他并没有因为克武成了大款而自感低人一等。每每到克武家，既不带这送那，也不低三下四、阿谀奉承，而是直呼克武小名，说长道短，谈古论今，真情融融。在春生的家庭陷入困境的时候，克武曾鼎力相助，并不收分文馈赠。他感慨地说：我帮助春生，既不是施舍，也谈不上奉献，而是真诚的友情。可见，丰厚的物质基础也许能给你的交际提供便利的“硬件”，但切不可成为交际的障碍。与人相交，心灵的“软件”才是主要的。

### 三、不以成见待人

当一个人以某种固有的心理去和别人交往时，交际对象的选择和交际内容的深浅就会受这种思维定式所左右。天地万物都在变化之中，人的思想、观念等更具可变性，如一味地依自己的主观意念去交际，就会陷入“物以类聚，人以群分”的小圈圈，更有甚者，还会走进交际的死胡同。老卢因分房之事去找单位领导，领导说他各方面条件都够格，正在研究。事实也正是如此。老卢心太急，心想自己第一次是空着手去，没有得到明确的答复，以为领导是“放长线钓大鱼”。过了些日子他带了厚礼再次找到那位领导，恰好这时内部意见已经统一，老卢已在分房之列。送去的礼物推三阻四硬是被老卢留在了领导家。后来老卢搬进了新房，在心理上就产生了“做官的就是心黑手长”的想法。以至以后换了几茬领导，他总是抑郁不得志，老怀疑自己是没有请吃送礼，才会“面和心不和”。像老卢这种交际心理，于人于己，都是不利的。

### 四、弥合年龄“断层”

所谓“三十不交五十”的看法是片面的。从交际角度讲，这是个误区。年轻人有年轻人的长处，中老年有中老年的优势，交际的目的及效果取决于交际内容而不是年龄层次，有些“忘年之交”会给双方的事业及生活带来好处。青年教师小王朝气蓬勃，在和年轻人关系融洽的同时，他不忘常和老教师“拉关系”，业务上向他们取经，生活上更是主动贴近他们，和他们拉家常，谈古论今。久而久之，老同志们都喜欢他，相信他，有人甚至把自己年轻时的“恋爱机密”透露给他，使他受益匪浅。学校每次评选优秀青年教师，小王总是得到老前辈们的一致首肯。有些上了年纪的人不愿和年轻人交际，一方面觉得他们“嘴上没毛”，另一方面怕别人议论自己没大没小的。其实，中老年人只要真心和年轻人打成一片，就会觉得自己也变年轻了。因为一个人只要心理永远年轻，哪怕他是白发苍苍，他也是一个“年轻人”。

# 跳出“看人”的心理误区

敖忠生

人们常说：“看一个人真不容易。”这里的“看人”即是认识、评价一个人。的确，看人看得准不准，是决定人们交际得失、事业成败的关键。

然而，在现实生活中，有些人常因看人不准，或失之于片面，或只看到表面而未看到本质，或把人看得太死等，而影响了人际交往，错过了合作的良机，造成工作上的失利。而造成这一局面的原因，就是这些人没有跳出看人的心理误区。一般来说，看人主要有以下几个误区：

## 一、“优先效应”的心理误区

所谓“优先效应”即指人们在和交际对象最先接触中给自己留下的印象或影响，又叫“第一印象”或“先入为主”的心理现象。这个印象好，就会产生正向“优先效应”，以后就认为此人样样好，对他百般喜欢和信任；反之，这个印象如果不好，则会产生负向“优先效应”，对他样样看不顺眼，就排斥、疏远、嫌弃他。其实，这是以偏概全、只看表面未看实质的一种心理误区。由于这些人陷入这一误区较深，所以常造成对人判断的失误，把好人看坏，把坏人看好；有才华的看成庸才，饭桶看成智能高超的人。如此看人用人，哪有不误事之理？然而，真正明智者就能跳出这种误区。楚汉之争时，韩信是一个白面书生，全无大将风度，手无缚鸡之力，当街从别人胯下爬过去。然而他胸怀韬略，能决胜千里。刘邦透过表面看到其内里，大胆起用他为统率全军的大将，打败了西楚霸王项羽。这就是排斥“优先效应”的负作用而获成功的典型例证。

## 二、“近因效应”的心理误区

所谓“近因效应”是指人们交往中最近接触的事情给自己留下的较深印象，往往影响以前对对方的整个看法的心理现象。与上述的“优先效应”相类似，“近因效应”也有正向和负向之分，对以后的交往也会产生积极或消极的结果。

例如，某中学生以前表现一直较好，在团委书记的印象中也不错，可就在最近他上课迟到了一次，而上这堂课的又恰恰是这位团委书记，因而团委书记改变了以前对他的看法，他的入团申请就没有批下来。这就是“近因效应”在团委书记头脑中产生的负向作用和消极结果。

### 三、“晕轮效应”的心理误区

所谓“晕轮效应”是指由一点做出对整个人或事情的判断，又叫以点概面效应。人们在观察人、认识人中，由于对方的某一特征或某一行为使自己产生了突出印象，由此掩盖了对此人其他特征和行为的知觉，因而作出了整体都只具有这些特征的错误判断。这在哲学上称为“见木不见林”。“晕轮效应”也有正向和负向之分。看到对方某一特征或行为好，则认为他整个的好；反之，则认为其人整个的坏。由此，造成看人失误。例如，一位女青年一次在列车上钱包被窃，一位不相识的男青年抓住了窃钱包的小偷，由此，女青年对这位男青年产生了好印象，并从此交上了朋友。而当自己失身于他之后，女青年才发现原来这个男青年也是流氓团伙的，于是追悔莫及。这就是“晕轮效应”在这位女青年头脑中的正向反应所产生的消极后果。

### 四、定型观念的心理误区

这是指人们头脑中存在着对某类人的固定形象，而看到某人也就把他归入这类人的群体之中，由此产生对这个人的固定的判断与评价。有这种定型观念的人，把世上的人和事物视为一成不变，静止不动。某中学一位学生以前调皮捣蛋，不认真学习。班主任便把他划入那些被认为没有希望升入高校的学生行列，另眼相待；不久，他觉悟了，改掉了以前的缺点，开始认真学习，然而班主任却视若不见，不以为然。他只好要求调换一个班。第二年高考，他出人意料地考入了一所重点大学，那位班主任这才意识到自己的失误。

### 五、从众心理的误区

这是指根据旁人或多数人的看法来确立自己的观点或态度的一种看人方法。这种人对人对事没有自己的主见，人云亦云，鹦鹉学舌。人们常说“跟着感觉走”，他连“感觉”都没有，遇事就随大流。有的人原来有自己的看法，但因见别人是那么看，他也就“随机应变”，改变自己原来的看法，而不管别人的看法是否正确，是否符合事实。用这种方法去对人作判断，哪有不失误的?

以上五种心理现象都是我们认识人、评价人的误区。如何才能跳出这些误区呢?笔者认为，首先要时时、事事坚持用全面的、发展的眼光看问题。其次，多与交际对象接触，多了解、少表态。在不把问题看清楚之前不发议论或不采取实质性的行动。这样就能为自己确认对对方的态度留下思考和回旋的余地，而不至于冒冒失失地作出错误判断，妨碍交际与合作，或自己上当受骗。再次，一旦发现自己对人的看法不准，态度不妥，就要及时加以调整和纠正，切不可一味地错下去。

# 抓住每一个增进交往的良机

刘学柱

谁都想与周围的人建立正常的人际关系，但由于复杂而微妙的原因，人与人之间的沟通与顺畅是不易达到的，致使人际关系常常维持在一般状态，甚至存在互不通融、互相对立的难堪局面。如何使人际关系超越一般，进入较高层次呢？最重要的一条就是抓住每一个增进人际关系的良机。那么，在人际关系中，都有哪些适合交往的机会呢？下面笔者结合生活实例进行一下介绍。

## 一、在对方注意你时

在交际圈中，你在对方心目中到底处于何种位置一般是不易认定的。假若你在对方交际视野中是个不起眼的普通角色，你作出过多亲热的表示，对方是接受不了的。但若对方注意你了，便表明你在对方的心目中已经是个显眼的角色。这时你不失时机地亲近他，就会很快被接受，你们两人关系就会很快密切起来。青年教师小江在省课堂教学比赛中取得了第一名的好成绩。住在本校的外校王校长对小江原本不以为然，而此时对小江却另眼相看。小江隐隐感到王校长“注意”自己了，便主动热情而又自然得体地与王校长交谈闲聊。结果两人很快发展成为忘年交，王校长还准备把江老师调到自己单位去哩。

## 二、在对方看来值得纪念的日子里

平日里你来我往，忙得不亦乐乎，谁也不想刻意交际。你即使有某一特别的交际举动，对方也可能未作注意或体味不深。你若选定在别人看来值得纪念的日子进行有效交际，就显得意味深长了，对方就会对你产生特别的好感。莫同学性格内向，性情怪僻，想同他发展交际关系确非易事。但本班的穆同学同他处得甚为融洽。谈到这件事，穆同学说当初两人关系也很一般，关键是一次穆同学递给了莫同学一张贺卡，两人关系才发展到现在的样子，那张贺卡是这样写的：你还记得去年的今日吗？那天你取得了演讲比赛的第一名，一向默默无闻的你给人一鸣惊人的感觉。莫同学想不到穆同学对自己这么关心、友好，遂对穆同学产生异乎寻常的感情。

## 三、在别人对你表露出不满情绪时

人际交往常常是曲折多姿的，既有通畅和谐的时候，又有矛盾对立的时候。当别人对你表露出不满情绪时，你不针锋相对，以牙还牙，反而热情地抚慰他，对方就会更加感到你的真诚友爱、宽广坦诚的心胸。暂时的矛盾不仅不会损伤你们的友谊，反而成为你们增进情谊的契机。上面提到的青年教师小江，在取得省课堂教学比赛第一名之后，引起了同教研组青年教师小文的不服和嫉妒。小江深为理解，以其独特的交际方式，让小文领悟到自己并不心高气傲，并未从此小觑他人。小文终有所感，对自己的表现反而自责起来，两人的关系在原有基础上变得更加融洽亲密了。

## 四、在对方需要帮助时

人的一生难免陷入困境。有些人很势利，在对方志满意得时阿谀奉承；一旦对方失意受挫时，就对他疏远冷淡起来，甚至干出落井下石的事。学生小梁对班主任吴老师素不恭敬。一次吴老师善意地批评了梁同学几句，梁同学竟视为对自己过不去，扬言要纠集“哥儿们”予以报复。吴老师曾主动采取一些巧妙方法想感化他，但都无济于事。后来梁同学在打闹时从双杠中跌落下来伤了脾，家里难以承担昂贵的医药费，吴老师便发动和倡议全校师生为其捐款。这件事令梁同学十分感动，视吴老师为恩人，回到学校后逐渐转变成品学兼优的学生。

## 五、在别人急于有福同享时

真朋友应是“有福同享，有难同当”的。大凡人在取得成功、有了喜事之后，都渴望得到别人的认同、欣赏和赞扬，希求与人同庆共乐。此时你适时到他身边，向他道个喜，祝贺一番，对方会由衷高兴的，对你的印象就会加深，就会视你为知己。某单位老秦评上了高级职称，感到十分荣耀。但几位同事反应冷淡，甚至有人有嫉恨之意。老秦不敢在单位露出得意欣悦之色，那种激动之情颇受压抑，只好在家里祝贺一番。与老秦关系一般的老舒得知老秦的喜事之后，欣然前去道贺，还转身上街买了有纪念意义的物品赠给老秦。老秦激动不已，收下了礼品，也交下了老舒这位朋友。

# 精品文苑

JINGPIN WENYUAN

# 本　色

刘诚龙

天空最美丽的时候，并不是白云朵朵彩霞飘飘，而是那一汪高远的湛蓝，那一份肃穆与深邃，总能摄人心魄的时候；原野最动人的时候，并不是姹紫嫣红繁花似海的时候，往往是在苍茫广漠的皑皑雪景中，钻出一枝摇曳的竹绿。豪华落尽见真淳，褪尽光怪陆离浓墨重彩，生命呈现固有的本色。本色，是生命美的极致。

我们活着，常常感到苦和累。与人寒暄，言不由衷；为人处世，身不由己；在灯光迷离的舞台上，搽脂抹粉重重衣冠；在觥筹交错的宴席间，虚与委蛇频频举杯；在步履匆匆的旅途上，脸如春色轻轻握手。可是其中有几许真几许诚？有几许从心中迸出的血接通彼此的手心？戴着面具，去演绎逢场做戏的故事，用坚固的铠甲与盾牌去防备人家包裹自己。于是，人生成了战斗，人生成了演戏。如此时时警戒时时化装，能不感到苦与累吗？

我们都有过这样的体验：步入家中放下行装，洗掉生旦净末的油彩，解开紧箍脖子的领带，脱掉僵硬带威的西装，光着膀子蜷着身子，或横躺或直卧，彻底地放松自己，露出生命的本来面目，我们就会感到无穷的开心与惬意。谁还在乎脸上有雀斑呢？谁还在乎姿势不体面呢？谁在乎自己有这样那样的缺点与遗憾呢？生来不很完美，但我们很真实，我们自自然然地把本相交给自己，为什么不坦坦荡荡地把本心亮给他人？

接触爱情，不用香水的浓芳去代替体香，不必遮挂身份的低微与性格的弱点，以欺骗的爱情进入婚姻，婚姻只能以痛苦而告终。从开始就露出庐山真面目，知己知彼，我们的爱情就会善始善终。

走进朋友的内心，不能凭把盏的次数，不能凭语言的花巧。华丽的包装饰出迷人的美，却常掩盖了做人的本真；漂亮的祝福能愉悦神采，却不能真实地滋润心田。然而本色不是浅淡，不是冷漠。也赞美你，也批评你，但这一切都是真情流露，不掺任何色素。这是人生中真正的绿色食品，真诚使友谊与山高与水长。

受了委屈，可哭，不要强憋痛苦；有了喜事，可笑，让天真的童心如山花般烂漫。别那么有着深深的城府，活着，何不让自己觉得可爱，何不让别人觉得可亲？

保持本色，不要为了防范别人而时时处于备战状态，因而丧失做人的乐趣；保持本色，不要为了取悦人家而仰人鼻息，从而丧失做人的风骨；保持本色，不要为名为利而变腔变调，不矫揉，不做作，尽显真我风采。

我曾经独坐在湖边，被湖的风景深深地感动。湖水格外平静而清澈。天光云影，草色花颜，无不掩映其中。假如湖水被黄土染了被黑炭污了，它又怎能把赤橙黄绿青蓝紫全部包容其中呢？

本色就是这样的湖水，好像不着色，其实涵盖了人生的任何一份美丽。

# 距　离

钟　鸣

天空与大地之间，存在着一种距离。

白天与黑夜之间，存在着一种距离。

男人与女人之间，存在着一种距离。

心与心之间，存在着一种距离……

距离是生命的烙印，是一种区别，一种状态，一种刻度……它既是物质的，也是精神的。

距离的尽头是诱惑。

距离的源头是召唤。

距离的中间是无奈。

对于小溪来说，它只知道不停地赶路，因为它坚信大海离它不远。

对于太阳来说，从日出到垂暮，它一直都在运转不息……

我们从前者的身上看见了大海对小溪的接纳，两相合一，距离消失了。

我们从后者的身上悟出，白天与黑夜为何靠得那么近？

——因为距离就在积极进取者的胸中与脚下！

这世上，最牵引人心的，大概就是距离。我们无时无刻不在关注着距离。

生命质量之间，不可能等距离。

所谓笨鸟先飞，勤能补拙，实际上是有自知之明者，以距离为起点的一次跑步。

距离的存在，其实是对生命的更好鞭策与激励！

人生就如一趟赶集。

在我们纷纷兜售自己的产品与成果时，距离便是对生命的一次大检阅。

距离的存在绝对不以人的主观臆想为转移，它如凌驾高空的智者，以一双洞若观火的慧眼，于时空的高处，鸟瞰生命的原色与处境，鸟瞰滚滚红尘芸芸万象的嬗变与裂变。

有时，我们恰恰要感谢距离，因为它至少是生命的动力，追求的归依，希望的源泉。

认识了距离，就认识了世界。

进取者总是把距离当作参照物，由量到质进行跨越与超越。参照物消失了，距离却不会消失，因为，必然会再出现另一个新的距离。

距离，如同生命的影子，已深深地楔入我们的血肉与灵魂，并维系我们的一生。

# 平 和

段正山

世界需要和平，人类需要平和。

历史平和的民族，人民的生活一定幸福和安详。

太富有传奇色彩的人生，也透出了太多的不幸和悲凉。

不能平和，最激烈的方式就是冲动。冲动，或者是因为不知道该怎么办不动脑筋地瞎干，或者是因为知道怎么办而不顾一切地蛮干，所以，好冲动的人常常是好心办错事。

冲动，以偏激开始，而以后悔结束。

如果平和些呢？也许在无奈深处的一瞬就会找到一个办法，如果再平和地沉稳下去，也许这个办法就会演绎出一个绝妙的结局。

不能平和，不太激烈的方式常常表现为浮躁，有时是出于眼红而忘记了自己是谁，稀里糊涂折腾了一番什么也没抓住，还碰了个鼻青脸肿。

有时是缘于过分自信而不把谨慎当回事，在自以为清醒的误区里陷入糊涂，把一切都搞乱了还不知道自己的错。

如果平和些呢？看明白了周围也看明白了自己，不轻易亮出招数，亮出来就要让人耳目一新。如果再平和地坚持下去，一步一步都走得扎实而有远见，一步一步串起来就完成了路的开辟和路的告别。

平和的状态最合理，因为在流动的程序中运转达到了平衡。

平和的心境最成熟，因为在静默的执着中追求达到了老练。

平和地在开始保持着沉着，那是通达地面对未知的不可捉摸；平和地在艰险中保持着微笑，那是乐观地相信自己更强有力；平和地在成功后悄悄地躲进一个角落，那是把不安和忧虑默默地反刍成一种超前的觉醒和领先一步的预言。

平和的目光里没有喷涌燃烧的激情，但它蕴含的是睿智；平和的举止中没有挥舞出慷慨激昂，但它贯穿的是通达；高耸的雕像是平和的，但它始终是神圣不可侵犯的。

修炼平和的风度吧，那需要你十足的勇气；平和中坦然面世吧，那需要你十足的把握。

如果世界给我们一个平和的怀抱，而且我们又平和地接受了这个世界，想想看，在这平和的情境和心境下该会诞生多少惊人的奇迹呀。

# 让人际洒满精神阳光

丁凯隆

当朔风怒吼，寒气逼人；当彤云密布，天色阴沉；当细雨绵绵，无休无尽……人们无不渴望着阳光，那亮亮的、灿灿的阳光，那暖暖的、柔柔的阳光。

人们恋着阳光，因为那是光明之源、温暖之乡。

然而除了大自然的丽匡以外，人们还渴求着另一种阳光——精神的阳光。

大自然的阳光照不进人的心灵，而精神的阳光却能融化千万人心底的冰霜。

当你的妻子第一次自制了一件新颖的时装，站在穿衣镜前向你投来探问的目光；当你的学生第一次踏上讲台，发表关于人生的演讲；当你的下属第一次走进你的办公室，畅谈有关企业改革的设想……请给他们以真诚而热烈的赞扬吧！赞扬，给人激励，给人力量；赞扬，催人奋发，助人向上；赞扬，使人的心理得到满足，使人的价值放出光芒。赞扬啊，就是人际交往中那一缕温馨的精神阳光。

你的朋友失恋了，他在痛苦的深渊里挣扎，整日丧魂落魄，栖栖遑遑；单位里新分配来一位姑娘，面对举目无亲的环境，她忐忑不安，苦闷彷徨；你的徒弟在开拓事业的征途上遭到挫折，一次次失败使他丧失了成功的希望……请给他们以慷慨的无私的关怀吧！关怀，是冬日的炉火；关怀，是长夜过后的晨光；关怀，可以熨平一颗受伤的心；关怀，可以驱散郁结于心头的忧伤。一句温暖的话，足以暖和一个漫长的冬季；一缕深情的目光，足以使颓丧者重又升起希望的太阳。关怀啊，就是人际交往中那一缕亲切的精神阳光。

一个犯了错误的学生，怯生生地走进教师的办公室，他低着头准备承受老师那严厉的目光；一个失足的儿子，颤抖地回到家里，准备接受父亲饱含痛苦的责骂；父母年事已高，往往语言唠叨，举止失常……请给他们以诚挚的仁慈的谅解吧！谅解八旬老人的迟钝，谅解热恋青年的疯狂；谅解失足者的困惑，谅解开拓者的彷徨。同志、朋友、夫妻、师生之间，熟悉的和陌生人之间，只要架起谅解的桥梁，冷漠者会热情奔放，稚嫩者会迅速成长，失足者会重返战场，糊涂者会心明眼亮。谅解啊，这就是人际交往中那一缕和谐的精神阳光。

大自然的阳光洒遍大地，精神的阳光流淌在千万人的心房。这阳光是真诚的赞扬，是热情的关怀，是宽厚的原谅；这阳光，是一句话语，是一次微笑，是一缕目光。沐浴在精神的阳光里，我们每个人的心里都涌着爱、涌着情、涌着生活的甜蜜与芬芳……

# 让我们捧出一颗纯净的童心

丁凯隆

山野里，一群孩子在奔跑、追逐、搜寻……

路上，他们睁大好奇的眼睛。一朵野花、一棵小草、一只蝴蝶、一条蚯蚓……一切都是那样新鲜、奇异、神秘；一切都使他们倾心神往、激动忘情。

在孩子们的眼里，世界永远像童话一样神奇而诱人。

啊，这就是童心！像晨露一样晶莹，如山花一般纯真。

谁拥有孩子们的童心，谁就拥有比金子更珍贵的好奇心，谁就拥有探索宇宙的动力与创造未来的热情。

让我们永远保持珍贵的童真吧，让我们永远像孩子那样面对世界睁大惊喜而好奇的眼睛……

历经人世风霜的侵袭，我多么渴望返老还童，重新拥有孩提的稚嫩。

因为在孩子们嬉戏、欢闹的乐园里，没有歹毒的圈套与蒙骗的陷阱；没有阴冷的话语与仇视的眼睛；没有虚伪的面纱与奸诈的灵魂……一切都像阳光一样明朗，一切都像溪水一样明净。

啊，这就是童心！人与人坦诚相见，心与心贴得紧紧。

假如在人际的频繁交往中，人人都捧出一颗纯净美丽的童心，生活中何来风刀霜剑的威逼？路途上哪有荆棘丛生？

假如人人都捧出一颗纯净美丽的童心啊，我们就会永远告别沉重的叹息与痛苦的呻吟；我们就会沐浴在爱的春风里，为未来贡献诗一样瑰丽的人生……

哦，我赞美你，童心！

愿我们都捧出一颗纯净的童心，愿我们的祖国是一个童心永存的大家庭。

# 投　入

谢胜瑜

投入是一种心境，一种忘我的心境。

投入的时候，心中有一团激情的火，照耀我们不分晨昏地伏案劳形。

投入的时候，前方有一盏信念的灯，引领我们不知疲倦地跋涉前行。

我们投入了事业，敬业便成了洞开成功之门的钻头。在孜孜以求的年华里，我们一路采撷思想和智慧的叶子，炼制并凝聚着成功的果浆。当一方书桌、一张图纸、一个蓝图、一项实验占据着心灵的每个角落的时候，所有的辛苦劳顿或许只是亲人眼中歪斜的投影。而在我们的心中，山不动，地不摇，不屈的神情写满了山脊般的刚毅——工作着是美丽的，追求着是充实的！

我们投入于爱情，忠贞便成了丰富人生盛宴的佳肴。在真情浸润的日子里，男人邀女人共度一生，女人找男人相伴永远。当我们满眼里只剩心与心的对望、情与情的交融的时候，诱人的风流浪漫永远只是别人心中旁逸的故事。而在我们的左右，影不斜，身不歪，甜蜜的表情透出春风般的得意——天下美景只在眼前，世上良辰只在今夕！

我们投入了生活，尽心便成了摆正生命航标的桅杆。在平淡如水的岁月里，我们悠闲时摆渡溪间，激情中浪遏飞舟。我们全身心陶醉于花草树木，怡情于锅碗瓢盆；我们的身边，阳光灿烂，空气清新，我们平和的容颜中浸染着东篱采菊的恬然——多舛的命运是一条河，平淡的生活是一首歌！

一次投入，就是一次灵魂的净化。

一次投入，就是一次生命的升华。

我们一生都在寻找快乐。可我们在苦苦追求的同时，快乐也在狡黠地躲藏。常常，因为无法投入而做不好想做的一切，我们困惑烦躁；因为过分计较而卸不下个人的得失，我们伤心痛苦。或许，生之快乐并不在于达到怎样一种终极目的，而在于进入一种物我两忘的人生境界。

投入的时候，时光如水不见日出日落；

投入的时候，心情如诗忘了天地物我。

蓝天上有云卷云舒，人世间有名利权情，而生命之树却只能在投入中青翠挺拔。投入地活一回，生命便无悔！

# 我愿同真诚交际

陈少松

我愿同大自然在一起，喜看花儿真诚的笑脸，也爱看花瓣坦然地飘落。

躺在织毯似的草地上，那绿色的情意，无私地涌进我的血脉。

夏凉里，爱听鸣蝉唱单音符的歌，诚挚地唱尽了它的生命。

秋虫真诚地哭泣，虽然使我凄凉，却感动了明月，洒一天流银，照亮它生命短暂的旅程。

大自然或哭或笑，或悲或喜，都不戴假面，一个真诚灵魂的袒露。

我愿拥抱自然，与真诚交际。无伪无藏，无矫无饰，天然洒脱，坦坦荡荡。

血与血相交流，心与心相叠印，情与情相融合。

我崇拜真诚的高尚，也不嫌弃真诚的卑俗；我崇拜真诚的尊严，也不欺凌真诚的懦弱，真诚的拘谨和真诚的狂放，我都愿握手言欢。

我哭出来的是血，也希望你呼出来的是风；

我的笑是心海的波澜，你吼吧，只要是真诚的雷霆。

我只希望一切都出自真诚。

塑料制作的花朵虽然很美丽，蝴蝶却不肯同它接吻，蜜蜂也谢绝它的邀请。

# 心灵的渴望

王 飙

一天夜里，我在梦中，突然听到了我有形的躯体和无形的心灵之间的对话。

躯体说：“不安的心灵啊，是该让我们的主人知道满足的时候了。你看我们的主人在温暖的席梦思床上，在他美丽的妻子旁睡得多么香，多么甜，你还忍心用那虚无的理想的号角去搅扰他的梦境吗？在生活的海洋里，谁知道他流了多少汗，撒了多少网，你为什么还不让他静下心来享受他辛勤劳动的收获？你为什么总是扇动着他的灵魂，去追逐一些似乎并不存在的东西，就像风总是吹着白云让它飘向更遥远、更不可知的远方？”

心灵说：“我的兄弟啊，我随着我们的主人来到这个世界上，可不是为了来分享他的快乐和幸福；我是代表造物主的意志，时时要唤醒他的作为一个人的责任和使命，让他能透过生活的表面看到生命之中更高远的东西，让他的耳朵总能听到令他的灵魂为之燃烧的声音。已经获得的一切，都在获得它们的一刹那间失去了意义，如晶莹的露珠，在清晨它光彩夺目，太阳一出来它便消失得无影无踪一样。可是，你却想用这些东西去编织一个精美的牢笼把他们的主人囚禁，还美其名曰是享受‘收获’！啊，对小鸟来说，再美的笼子也不如贫瘠的原野，因为只有那里才有着天地之间最宝贵的自由；对我们的主人来说，你企图编织的囚笼再舒适，也不如他背着行囊在大自然里向山峰登攀的艰难的脚步，因为这脚步正展示着他的生命里能超越一切的力量。所以啊，在我们的主人最快乐的时候，我让他的心里有一种如失落了某种高贵的东西的感伤；在他获得成功和荣誉的时候，我又在他沸腾的血液里注入自卑的冷却剂。我必须时时刻刻让他明白：造物主所创造的生命之杯，他用自己获得的东西是装不满的，别指望这些东西会像啤酒花一样从杯中四溢！但在他最悲伤、最痛苦和最无望的日子里，我又要唤醒他作为一个人的神圣和崇高；让他坚信：生命之犁能在最坚硬的土地上翻出田垄，种下渴望，收获成功之果！我的兄弟，你可以和我们的主人一齐甜睡，可以和他一起在盛满快乐和幸福之酒的杯中畅饮，但我必须清醒，我必须时时告诫他：生命的意义并不在他昔日的已枯萎的荣誉的花环里，而存在于他尚未达到的、且充满相思之苦的梦境里，存在于他苦苦求索的行动里！”

我在梦中笑了，我为自己能拥有这样的心灵而骄傲。

# 一缕星光

梦天岚

倘若有朝一日，你成了漫漫夜海中的赶路人，因未知的沟沟坎坎暗生的荆棘沼泽而跌倒，可别忘了，在浩瀚的天际有一双关切的眸子在凝视着你——爬起来！它会使你的心中一片光明。

或者，你此刻正蜷缩在冰天雪地里，为茫茫寒冬里的那个锥心刺骨的梦而诅咒、叹息，以至一蹶不振，难道你已经忘记：每一朵飘零的雪花都蕴含着早春的生机，每一根耸立的冰骨都满蓄着凝固的热情？

让一缕星光指引你我，我们就会为每一次爬起增添一份自信；让一缕星光温暖你我，我们就会在每一个梦醒时分多一份自省和激情！

面对困顿，叹息和抱怨只能消磨我们的意志，犹疑和畏缩只能助长一个弱者惯有的惰性。不要轻易就忽略一缕星光的赐予，这一精神的载体一旦被我们捕获，成功就不再是遥远的事情。

因为我们不是圣人，因为我们也会做错事，我们才会得到人们的谅解，但我们绝不在谅解中怡然自得，我们唯一不能谅解的人就是自己。既然想作一颗星，就要在无限向上的攀援中亮丽；既然选择了光明，就要有足够的勇气和毅力去迎接黑暗的洗礼！

没有真正地拼搏过，就不要轻易言累；既然不甘心窘迫的现在，何不重新再来？因为我们还有不胜锦绣的将来，还有足够的理由将一缕星光延展成永恒的信念！

影影绰绰的灯塔，明明灭灭的渔火，抑或一滴烛泪一捆干禾，都会激起我们年轻的渴望。于是，我们就会沿着岁月漫长的河堤倾听漂泊在浪尖上的渔歌号子，让一个又一个夜晚在水中浸泡洗涤，让一轮又一轮新鲜的红日从水底冉冉升起；我们就会登上苍老的峰顶，倾听远山之外的钟声铿锵而起，任飞鸟展开惊恐的羽翼，任震颤的枝头抖搂青铜的锋刃……

挺一挺疲惫不堪的身躯，用一丝不易觉察的微笑，生动每一枚深深浅浅的足迹——这就是我们。我们本身就是一缕缕烁烁耀动的星光，随时照耀着身边的世界及身边的芸芸众生。

拧在一起，我们就是一道闪电一堵火墙；聚在一起，我们就是整个星空，就是一轮金光四射的太阳！

# 愿每个人都微笑

陈少松

微笑是阳光，能消除人们脸上的冬色。

——雨果

春天里，微笑是一朵盛开的花。微笑的人多了，中国就是一座美丽芬芳的大花园。

蝴蝶来，蜜蜂来，小鸟聚集在树枝上歌唱，孩子在绿草地嬉戏，所有的人都在花园里徜徉。微笑的花永远开放吧，谁不愿是一朵美丽的花呢？谁不愿在美丽的花园里愉快地生活呢？

夏天里，微笑是一把撑开的伞。细雨濛濛，请君进入我的花伞下，我们手挽手，走一程温暖的路。烈日高照，请君进入我的花伞下，给你一片绿荫，洒你一片清凉，消去你的烦躁与闷热。夏天里，谁不渴望一把微笑的伞呢？

秋天里，微笑是一枚成熟的果。请君品尝，只愿你的心里永远甜美。记住秋天里我对你的一次微笑，记住一枚甜甜的果。

冬天里，微笑是阳光。微笑的人多了，冬天里就会有一个春天。脱掉你的羽绒服，轻松地跳吧，解下你的头巾露出微笑的脸，把阳光洒向每个人，冰雪消融了，寒风不再怒吼。

对每一个人都微笑吧！

富贵者需要微笑，贫穷者需要微笑，商人和律师，工人与农民都需要微笑！文明者曾与微笑握手，失足者从微笑中看到新的光明。向别人微笑的人，他自己是拥有百万微笑的富翁！

向别人微笑的人，他每天都生活在微笑的花园里！

# 自　尊

陈　益

自尊的人才能开掘自身潜藏的富矿。

他对自己不丧失信心，哪怕是在山穷水尽的困境中。他知道天生我才必有用，明天的成功是必然的，当然应花费十倍、百倍于人的努力。

自知者英，自胜者雄。

真正懂得人生价值的人，是百折不挠的。他们忽喇喇在地平线站成一派好风景。

人，首先是有羞耻心，然后才有自尊心。

劝喻、呵斥、鞭笞乃至禁闭，都是为了给人以羞耻而唤起他的自尊。用罚款来规范人的行为，也是出于这个道理。但有时候某些人真的是长不大。

其实，自尊不是妄自尊大。自尊仅仅是一条起码的常识：每天告诉自己，你不再是可以不负责任的顽童了，你是有个性的鲜活生命，但你生活在社会机器里。

自尊，源于自觉。

伤害一个人，常见的是伤害他的自尊心。但，时间会让这样的创口渐渐愈合。倒是自尊心的自我放逐，那隐形的伤害和无奈的扭曲，让人长久地直不起腰来。

难怪曾子以“吾日三省吾身”自诫。

自卑永远是自尊的逆反。

都知道自己不该看不起自己。然而，当碰壁再三、壮志不遂，所有的希望都变成泡影之后，自卑不失为逃遁的一种方式。不是吗？连蜗牛都有一个并无光彩却很安逸的庇护壳呢。

有些人活得很可怜，是因为他连蜗牛的背壳都失去了。

找不到自己的时候，莫不是最该承受生命中难以承受之轻的时候？

对我们这个世界的尊重，对一切客观存在的尊重，是自尊的基点。

我们很多时候是为别人活着的，就像别人为我一样，唇齿相依是一个浅显而又深刻的道理。

任何个体存在，都有所局限。叱咤风云的伟人与凡夫俗子的区别，或许在于他得道多助。所以，一个善于尊重别人的人，总是最先获得自尊。

# 最好的活法

王书春

最好的活法是顺其自然并努力奋斗。

许多人都感叹命不好，其实是他自己的活法不好。上一座山，刚上一小段，就发现另一座山更美丽壮观，于是匆匆跑下来又开始登那座“美丽壮观”的山；刚登一小段，又发现一座更美丽壮观的山，于是又匆匆跑下来去登新发现的山……如此下去，这些人跑来跑去，跑了几十年却仍在“山”脚下徘徊，当然又是命苦又是心累地叫个不休，可这怪谁呢?

最好的活法是顺其自然。这里的自然不是随波逐流，不是随遇而安，更不是醉生梦死地跟着别人走，而是指一个人弄明白自己的人生方向后踏踏实实地顺着这条路走下去，心安理得地不羡慕别人的成功，更不会跑过去盲目地跟着别人走。应该明白，鱼儿不能因为羡慕鸟儿就飞上天空，小草不能因为羡慕大树就发疯地长高，一个人更不能因为羡慕别人的成就而跑来跑去。

每个人都有自己的长处和优势，也就是每个人都有自己的一座“山”。关键是找到那座“山”，然后坚定地攀登上去。坚持登一座山的人一定能达到顶峰，坚持做一项事业的人一定会成功，坚持一种生活信念的人一定会幸福。

这个世上最不幸的人就是那些永远随潮流跑来跑去的人，他们没走一步自己的路，没登一座自己的“山”，到头来匆忙一生却两手空空，艰辛奔走到头来却发现自己在原地踏步，人活到这份儿上多可悲呀!

最好的活法就是顺其自然、努力奋斗。既不感叹命运也不抱怨时代，是鱼就遨游在水中，是虎就奔跑在深山里，是鹰就飞翔在天空中……明白自己是什么也就明白了自己该走的路，也就可以心安理得地坚定地走在自己选定的人生路上了，也就会在生活中创造出无穷的乐趣，也就会在前进中开发出无尽的幸福与欢乐。

# 超越之歌

丁海伦

我的超越不是竞技场上体力与速度的角逐；也不是那种在蓝天白云间任意翱翔的阿拉伯地毯式的神话传说。

不，我的超越是精神的富有、心理的成熟。

我超越环境的约束。

当我的周围繁衍着浑浑噩噩、庸碌冷漠、投机钻营的病菌时，我告诫自己切不可在污浊的氛围里耳濡目染、随波逐流，被悄然无声地吞没。

“出污泥而不染”——我自信有荷花的清心与傲骨。

我超越世人的评说。

甜蜜的称赞与恶毒的诅咒，都不会激起我灵魂的骚动，都不会使我忘乎所以或怒不可遏。

让人们去品评吧，我无须东张西望，我无须瞻前顾后，我无须从别人的评说中寻求人生的依托。

我超越多彩的诱惑。

地位、金钱、荣誉、女色……我的四周如霓虹灯似的闪着五彩缤纷的诱惑。每当我狂热地倾心于某种诱惑，我也就同时体验着心灵的孤独与冷落。

多彩的诱惑是甜蜜的陷阱，是柔性的锁链！超越它，清净的生命才不会被污秽所俘获。

我超越自身的软弱。

古今中外有多少本该成为杰出人才的人被埋没了啊！埋没于传统的禁锢、埋没于社会的冷漠、埋没于家庭的阻遏。但更多的则是埋没于自身的软弱！

自卑、怯懦、懈怠、忧郁……人们常因此而黯然失色，人们常因此而自我埋没！

超越自身的软弱吧！我们就会有足够的勇气战胜人世风霜的侵袭，我们的人生就会有壮丽的日出。

我学会了超越，因而我便拥有了心灵的宁静与精神的富足。

# 顷刻间便把人心抓住

徐宝作

你想要听众为你的演讲倾倒么？你就得在一登台、一亮相、一张口的刹那间，便能把人心抓住。

顷刻间便把人心抓住，你就不得不在刚登台、刚亮相的时候，十分讲究台风和台型。如果你生来就是一个仪表堂堂的男子，或者是一位雍容大雅的女流，气质、风度本来就是得天独厚，你便可尽得风流。如果你是一位凡夫俗子，这也没什么要紧；先天不足，后天可调，容貌不扬，神采可补。要紧的是，你一登台，就要显出你超凡的气度；你一亮相，就要让人被你的神采折服；你一开腔，一张口，便能把人心扣住。你的思辨，应该凝练浑厚；你的热情，应该熊熊如火；你的话语，应显示出逻辑的雄辩；你的眼睛，应闪烁着智慧的亮度；你的手势，应该独具魅力；你的双脚，应该迈出超常的步伐。一句话，在一瞬间，你就应该健步登上一个理想的高度。

在这顷刻之间，你可以采用最有效的方法表达你的热望、冷思、情感、理智；你可以娓娓叙事，着力描写，把听众引入一种令人神往的境界；你可以托物言志，或者直抒胸怀，让听众的思绪随着你心灵的流淌而流淌；你可以纵论人生，睿语警世，任人们沉醉于你所揭示的理趣。一句话，在顷刻间就使你的演讲充满着引人、诱人、迷人、醒人的魅力。如此，你还有什么好怕？怎不能在顷刻间便把人心抓住？

顷刻间便把人心抓住，你便给听众留下了美好而难忘的第一印象，有了良好的开头；良好的开头是成功的一半，你尽可以顺势把你那已有了精彩的开头的演讲推向一个个激动人心的高潮，最终以你整体的逻辑力量去把听众征服，于是你便有了成功者最美妙的体验和享受。

# 行业口才

# HANGYE KOUCAI

# 如何让顾客说出他的顾虑

赵　原

作为销售人员，知道顾客的顾虑在哪儿，才能对症下药。怕就怕顾客心里犹豫，嘴上却什么都不说。营销人员应该想办法，让客户说出他的顾虑所在。

王洁是房产经纪人，她接待了一个客户，对--套房子很中意，但是犹豫不决，迟迟下不定决心。王洁对客户说道："您觉得这套房子有哪些地方让您不满意，您可以告诉我。咱们看房不光是为了挑房子，也是学会辨别哪套房子好，哪套房子值得买的过程。您把顾虑告诉我，我能给您提供一些建议或者经验。不管您将来买哪套房子，不管您是从谁那儿签约，我的这些建议总归能给您提供一些参考。咱们跑一趟别白跑，哪怕房子没相中，增加点看房的经验以及和房产相关的知识，对您买房子总是有帮助的。反过来，您把想法告诉我，对我来说，也是宝贵的经验和财富，对我的成长是很有帮助的，不管您最后签不签约，我都由衷地感谢您！"

王洁站在客户的角度思考利弊，让客户觉得说出自己的顾虑对自己是有利的，同时还能收获王洁的感激，他有什么理由不说呢？人总是会趋利避害，作为客户，有时会对销售人员抱有一定的警惕心理。我们站在客户的角度，跟他们分析利弊，让他们知道说出顾虑对他们是有益的，他们会做出更符合自己利益的选择。

客户来实地考察了几次，一直不肯签约，刘翔宇对客户说道："陈总，您要是还有什么不满意的地方，尽管提出来，我肯定尽心尽力帮您解决。说句不怕您笑话的话，我一直觉得自己是给客户打工的，不是给老板打工的。老板就算不喜欢我，我手里客户多，业绩好，他舍得开除我吗？舍不得，甚至还得花心思想想怎么留住我。客户呢，提出的问题有一个我解决不好的，他就可能走掉。没了客户，我天天给老板赔笑脸，他也得开了我。所以啊，您的问题在我这里有最高优先级，把您的问题解决好，您才能留下来；您满意了，遇到了有需求的人，才会介绍到我这里来！您有什么不能跟我说的呢？”

对于跟我们有着相同立场、相同目的的人，我们会给予更多的信任，说话时也会更愿意袒露心扉。销售人员要让客户觉得你是跟他站在一边的，而不是站在他的对立面想要赚他的钱的，他才会对你知无不言，言无不尽。

张斌联系了一位大客户，来来回回谈了很长时间，客户始终不肯签订单，也不说问题在哪儿。张斌去拜访客户，说道：“李总，我知道您肯定是对我们的产品有兴趣的，否则您也不可能跟我们谈这么久，但是也肯定有顾虑。您是客户，我是为您服务的，我的职责就是解决您的问题，消除您的顾虑。我在这个行业里钻研了十几年，服务过很多客户，不敢自夸是业内专家，但是至少积累了丰富的经验，专业能力也得到了大家的认可。也许在您那里觉得很难解决的问题，到了我这里，很可能就曾经服务过类似的客户，解决过相似的问题。您是客户，提出您的问题这是您的权利；我是为您服务的，解决您的问题，这是我的义务！”

张斌在谈话中，首先肯定了客户对自己的产品有兴趣，这是双方继续交流的前提。接着他强调自己的专业能力和丰富的经验，让客户相信把问题提出来他就能解决，赢得了客户的信任。专业的人是最值得信赖的，客户有顾虑，说到底就是对产品或者服务不够信任。你让他相信你的专业能力，一方面让他更信任你，另一方面也让他更信任你所代表的公司和产品，他会更愿意倾吐自己的心声。

客户说出自己的顾虑，我们才有了继续说服他的可能。上面提到的让客户吐露心扉的方法，不仅对销售人员有用，生活中我们遇到了有话不愿意说的人，也可以遵循上述方法所体现的原则，寻找打开他们心扉的方法。

# 教育语言应具有的几种特性

徐桂生

语言是教师与学生交流思想的重要工具，更是一门独特的艺术。教师如何运用语言艺术，捕捉最佳的教育时机，达到完美的教育学生的目的，我以为至少要注意以下互为联系的八个方面，更要注意它们的综合运用。

## 一、语言的哲理性

教师谈话的对象多数是学生，他们有一定的分析理解能力。特别要注重谈话的哲理性，做到以理服人。

一次我领全年级学生到远处参观，分坐两辆大客车。我告诉我班的学生后上，另一个班学生先上，男生让女生坐。在总结会上有一个学生给我提意见，说我“整景”。他说现在坐公共汽车都抢着上，没让座的。我也没急着表态，而是让同学们讨论，我最后总结说：“这是连动物界也存在着的互让本能，更是人类赖以生存发展的基本准则。随着社会的发展，这种文明程度会更高。弘扬中华民族的传统美德，是我们每个人责无旁贷的义务。作为青年，对社会上存在的某些消极东西不应推波助澜，而应以自身的良好的观念和行为去促进这种传统美德发展，去推动这种文明程度前进才是。”同学们听了我的话，纷纷点头称是，再没人提出异议。我想，如果当时我就“整景”的意见提出批评，效果不会这样好的。

## 二、语言的情感性

教师的语言总是要表现自身的情感体验。教师应通过语言的情达到所要实现的完美目的。

有一个初一男生，他中午跑到附近小学去找小学生“借钱”并打了人。我问他：“你要钱做什么？家里没钱吗？”他支支吾吾。“你父母做什么的？”“父亲在水泥管厂，没母亲。”“你母亲呢？”“离婚了。”没说完就哭了，很伤心。我想：这就够了，不能再批评了。这是缺少母爱，需要的是情感的抚爱。我说：“回去吧。”留给他的是思索，是情感，是老师的“母爱”。这情感化为动力，以后这个学生变好了。

### 三、语言的鲜明性

有一名学生平时“三天打鱼两天晒网”，很多任课老师还不知有这么一个学生。一天，他做了一道较难的题让我改。我发现不仅全对，而且思路清晰。我肯定了他。回教研室后我想：“这是个很有发展前途的学生。但他为什么不经常上学呢！”一家访才知道，他家住25里外的山区，父母双亡，一个哥哥精神失常，妹妹年幼，一间草房，除一床破被褥子，没有任何家具。回校后我用热情鲜明的态度鼓励他，学校也从经济上帮助他，从此，他学习进步很快，后来考了大学、读了研究生，并在大学任教。我想，如果我不开门见山地肯定他，不用热情的态度鼓励他帮助他，他的发展前途很可能不是这个样子。

### 四、语言的隐蔽性

人有其自尊心，特别是青年学生，教师随便暴露教育企图，往往会产生逆反心理。有时宜隐藏真正的谈话目的，采用声东击西的方法。

我教过的学生李某，同学们传言说她母亲是跳大神的，方圆百里很有“名气”。为探其奥秘，我和她说：“我家谢老师眼睛有病，请你母亲给看看。”不几天她拿来一个中药方，有冰片、蛇皮、鸡爪鳞等。我心里明白了，她母亲会用中草药治病。怎样向同学们揭开奥妙呢？只能等待时机。一天我领全班学生到农村支援农活。一名男生从山上采回一棵青草，草上长着看似黄黄的大虫子，扔到炕上吓唬女生。她看到后就要，我抢过来说：“你要做什么？不说不给你。”“这是中草药。”“治什么病？”“治浮肿病。”“你怎么知道的？”“我母亲教的。”“你母亲怎么会呢？”“我母亲有中草药书，还是手抄本的呢！”到这时，全班同学恍然大悟，原来她母亲看病靠的是中草药。此事自始至终没有暴露教师的教育企图，但却澄清了她母亲是巫医的传言，并由此消除了同学们对她的歧视。

## 五、语言的应变性

教师随着谈话时出现的新情况、新问题，应及时改变谈话的内容、方法和情感。

一次，有名女教师在食堂检查就餐。吃的菜是粉条炒芹菜。学生多数用的是匙，桌上有掉下的粉条，女教师批评了他们，学生不服，争吵起来。一次又吃粉条炒菜时，女教师又来了，同学们热情地“接待”了她，递上匙子让她尝，说“菜可香了”。她很快反应过来，说：“我使匙子不习惯，还是用筷子吧！”夹完菜，她笑着说：“你们是要考验我，出我的洋相，对吧？”又说：“你们也要随机应变嘛！”同学们都笑了。

试想，如果这位老师不采取应变性语言，而是在“很快地反应过来”后，一甩脸子生气地走了不接受这种考验，或真的拿匙子吃粉条出了洋相，那会是什么结果呢？绝不会像现在这样，既解除了与学生间的“积怨”，又指出学生也应“随机应变”，像她那样换上筷子吃粉条，从而解决了掉粉条的浪费现象。

## 六、语言的互信性

教师和学生谈话的基础是相互间的信任感。没有信任感的谈话肯定是失败的。

一次，我们班级有一个学生丢了钱，同学们反映肯定是姓朱的同学偷的，理由是他平时穿着打扮挺怪。我经过观察和分析，认为不是他，但他行为衣着为什么反常呢？我找他谈话时说：“钱不是你偷的。”他瞅瞅我。看来，我信任他，也取得了他的信任。我问：“你为什么这么打扮呢？”他说：“有次我上公共汽车被两个打扮很怪的小青年推到一边，其他人都躲着，气得我第二天也打扮起来，上车时老头老太太闪到一边，小伙子也不敢惹。上车还有座位。”我明白了，我与他一番畅谈，他笑了。从此他的穿着再不反常了。我想，此事“人赃”俱在，狠狠地批他一顿，他也没有理由反驳，但治了“标”不能治“本”，他在学校不穿“怪”服，离开学校还穿呢！相反，运用“互信性”的谈话，不仅治了“标”，连“本”也治了。

## 七、语言的时空性

教师的语言特别受到时间、地点和场合的制约。同一件事，时间、地点、场合的不同，效果可能相反。所以，不要在人多的场合或在异性同学面前批评同学。而在异性同学面前表扬却会收到意想不到的效果。

有一个学生受不良社会风气的影响，认为“人不为己，天诛地灭”，缺少上进心。她家很困难，一天，她要请假回家插秧，不参加运动会。我想：要让她体会到集体的温暖，就说：“要拿到全班讨论。”她生气地说：“不给假就不给，还要在全班丢我的人。”我拿到全班讨论，大家不仅同意给假，还提出利用星期天全班去帮忙，运动会完了的植树活动也不让她参加。她后来看到同学们捐款支援大熊猫和救灾，资助丢钱的同学，她的思想也转变了。教师就是要随时随地捕捉教育的时机。

## 八、语言的个体差异性

教师的谈话对象有年龄、性别、个性等的个体差异，这就决定了教育语言的个体差异性。

教师总是有一个通病，喜欢学习好的，对他们总是笑脸相迎；同样，对学习差的总是瞧不起。其实，好的与好的，差的与差的，总是存在个体差异的。只有看到这种个体差异，根据这种差异，选择与之相适应的教育语言，才能事半功倍，话到成功。

有一个学生学习不好，但他关心班级，热爱劳动。后边这两条就是他与学习差的学生的个体差异。有一次，他很早来校帮助生炉子，生完炉子就坐在桌子上休息。班长来后看他坐在桌上，批评他不爱护公物，二人吵了起来。我知道后，根据他的个体差异性，先肯定他“关心集体，早早来生炉子”的优点，并说，这是“人所共睹的”，希望他发扬下去，而后指出他“不应打人”，不管对方批评得对不对，都不应打人，打人本身就没有理。他低头不语，表示服气。当时刚开学，班上还没有劳动委员，我接着说：“你热爱劳动，以后就当劳动委员吧！”他高兴极了。从此，他表现一直很好。我想，如果我当时看不到他与一般学习不好的学生的差异，不采用个体差异性语言，而是把他看成“雪上加霜”——学习不好，表现又不好，还打人，狠狠地批一顿，说不定他会破罐子破摔呢！

以上仅就教师教育语言的八个方面谈了一点看法，并不包括语言艺术的全部，诸如语言的严肃性、生动性、准确性、科学性、思想性，等等。

总之，语言是教师教育学生的基本功。教师的一句话往往会令学生终生难忘，记你一辈子的“恩与仇”，甚至会改变一个学生的人生轨迹。

# 人事干部语言修养一二三

陈存标　黄丽云

人事干部的语言修养是人事干部联系群众、处理人际关系成功与否的关键问题。下述三点即是人事干部语言修养的最基本的内容。

## 一、对不同层次、不同类型的人要采取不同的谈话方式

由于工作需要，人事干部每天都要接触不同层次、不同类型、不同性格特征的人。有时同样是一件事、一句话，由于表达的时间、地点、方式、语调或对象的不同，所产生的效果就不尽相同。语言修养比较好的同志，对于不同身份、不同年龄、不同层次和不同性格的人，在不同的场合，都应采取相应的接待和表达方式。例如：

向上级机关或领导汇报、请示有关工作时，就尽量简明扼要、层次分明、主题突出、观点明确。请示汇报的问题较多时，就列出请示汇报的提纲，尽量让领导满意。和初次接触的人谈话时，先进行“暖身运动”，面带微笑，让人有安全感；谈对方关心的话题，以消除对方的拘谨感。和各类专家学者说话时，要客气、注意礼节，恰如其分地添加些颂扬和恭维的客套话。和离退休的老同志谈话，尽量使用热情、尊敬、关心体贴和亲切问候的语言，消除其“人走茶凉”的失落感。

## 二、要多使用文明礼貌、热情友好、同情理解的语言

无论是谁，都离不开受人尊重的需要，都喜欢找态度和蔼、平易近人的人事干部，希望得到同情和理解，渴望得到文明礼貌、热情友好的接待和服务。因此，当迎来新同志时，一个笑脸，一声“欢迎”“请坐”，就会像温暖的春风，吹开新同志心头拘束紧张的阴云；当送走同志的时候，一个目光，一声“再见”，一次握手，就像特殊的电波，传送着同志之间真诚美好的感情……

与人谈话，眼睛要注视对方脸部，做到神态从容，亲切诚恳，语言流利。

要避免立即谈起直接与对方意见冲突的事，尤其要避免用含有否定意见的字眼和生硬、命令的语气。非要争论某问题时，说话的语气也要和善，不要讽刺、辱骂和攻击。切忌损害对方的自尊心，使之感到屈辱或难堪，导致不欢而散的后果。在谈话结束时，还要尽量选择融洽气氛的语言，面带笑容地告别。

### 三、要掌握随机应变、灵活多样的表达策略

人事工作政策性和原则性都比较强，而且总是涉及人们的切身利益问题，因此，人事部门是人们敏感的部门，人事干部的一言一行，往往受到人们的关注。有时候自己信口开河说一句无意的话，却导致说者无意、听者有心的后果。所以，人事下部的言行应该谨慎。要注意发现彼此之间某些相似的因素，寻找共同感兴趣的话题。要利用有效的时差，对谈话对象所表达的信息进行积极的思考，耐心启发。要善于察言观色，迅速调整自己的思路，如果觉得对方有疑虑，就要及时加以解释和开导；觉得对方乐于接受，可单刀直入，不必再绕圈子；觉得对方要插话，要请他先发表意见；如果对方唠叨不休，你又不愿意再听下去时，要善于启发，顺水推舟，转移目标，趁机谈别的事情，养成灵活机智地处理问题的习惯。

在某些特殊场合，使用模糊语言能给对方下台阶或摆脱尴尬的机会。例如，有一次我们在主持一次大型的迎新会时，由于到会的毕业生多达 70 多人，所以打破常规，只请几位有代表性的科主任参加。当我们宣布座谈会开始时，有位老主任匆忙赶到门口问主持人：“我要不要参加？”面对这种情况，如果回答“要参加”显然违背事实，因为根本没有准备通知他。如果回答“不要参加”或“没通知您参加”，在大庭广众面前又会使这位老主任感到尴尬和难堪。这时主持人脱口一句：“欢迎您参加。”既没答复“要”，也没答复“不要”，但却向这位主任暗示了会议的原意，使他摆脱了尴尬场面。

在我们日常工作中，常常会遇到某些合理不合情或合情不合理，以及因保密不便说明等难以预料的棘手问题需要表态的情况，有时候没有时间对自己的言辞进行理性的思考和充分准备，那么感情的准备则是非常重要的。当有人冲着你无理取闹或气势汹汹找上门来时，此时最重要的是“降温减压”，善言相慰。如果当即制止不了，他继续讲下去时，应当尽量让其发泄。当他受周围的条件反射冷静下来，表现出愿意听听你讲话的神态时，则可带着微笑平心静气

地按照自己的思路进行劝说。对于这种类型的人，一般要扬长避短，看到他的长处，欣赏他的优点，以称赞代批评，寓安慰于鼓励，力争化消极因素为积极因素。如果一次谈话不成，还可寻找第二次机会，有时还要忍受暂时的委屈。切勿急躁行事，当面冲突，这样往往事与愿违。

# 关于讲课时情感的运用

郭　政

什么是讲课时情感的运用呢？就是教员能按照课程的要求，运用语言、声调、表情、动作等方式，把喜怒、悲愤、爱慕之情表达出来，从而使听课人接受、感动，产生一种明显的是非界限，受到某种程度的教育。

讲课时恰当地运用情感，有助于表达主题，增强效果。

## 一、要有真诚感

这就是讲者对每一个听课的人，怀有真挚而诚实的感情，并用这种感情去感染听者。人们常说，教师是人类灵魂的工程师。在听课者心目中，授课者应该是最正直而无私的。所以，我们当教员的一定要负起对教学的责任，做到每堂课，都力求体现真理、体现原则。如果有了这种责任感，那么，教员有什么不顺心的问题，不愉快的情绪，不合意的事情，就不会带到课堂上来。只要一讲课，个人的烦恼和不快，都要抛诸脑后，置之度外。“教学就是一切，一切为了教学”，这应该成为讲课时的座右铭。这样，在课堂上就能兴趣盎然、一鼓作气地把所有的激情都表达出来，甚至临场发挥比预料得还要好。如果教员对事业没有热忱，对听课者没有责任感，只是“我讲你听”“时间到，任务了”，那么感情是不可能出来的。我们决不相信，一个整天心事重重、心灰意懒的教员，能以充沛的感情去讲课。

真诚感还表现在，授课人对自己所讲的问题的坚定信念。有人说，真诚是口才的一部分，要想说服别人，自己首先要看真诚与真情。我们讲政治课的人都有这样的感受：有很多内容是大家都熟悉的大道理。对这种大道理的解释，必须注入真诚的感情。特别是讲到重点问题、难点问题和听课人疑虑的问题时，真诚感情的表达尤为重要。只有授课人有真诚感，讲的时候理直气壮而不吞吞吐吐，听课人才能坚信不疑。例如，我讲关于如何克服不正之风时，按理论上的要求，要讲“不正之风是一定能够克服的”。但实际上，自己也觉得难以克服。用这种心情去讲课，必然胆小气虚，羞羞答答。不正之风到底能不能克服？先来说服自己。于是，我翻阅了大量的材料；找到了十多个过硬的事例，自己的思想通了，讲课时真诚的感情就发挥出来了。所以说，以心换心，贵在真诚；虚情假意是不能说服大众的。连自己都不相信的东西，决不要兜售给别人。

## 二、要有专注感

专注感就是要使自己进入角色，有一种专心致一的感觉。做到“一切与你都无关，只有讲课是根本”。教学经验说明，如果没有专注感，在课堂上就会出现紧张、分心的毛病。所谓紧张，就是首长来查课时，听课人表现出不耐烦时，自己偶尔忘了讲稿的内容时，就显出慌乱的神色和动作，讲话语无伦次，前言不搭后语，以致发生口吃、胆怯和恐惧。所谓分心，就是在讲课的一瞬间，思想跑了，想别的事情去了，或者课堂外边有什么动静，课堂里有什么异常的表现，打断了自己讲课的思路，把一部分精力引到别的地方去。所有这些，都会影响情感的表达。因此，授课人只有锻炼出一种专注的功力，将思路凝聚到一点，讲课时才能很快进入角色。把全部精力关注进去，把全部感情调动出来。据说，人民艺术家赵丹每晚七时演戏，下午四时就到化妆室调动感情。我们讲课也应该具有这种精神。

教员课堂上的专注感，不仅表现在讲课的思路上，而且表现在善于观察上。有经验的教员告诉我们：授课者应该学会善于把自己放在听众的地位，始终边讲课边清楚地“监”听着自己的讲授；注视听课人的情绪，通过“一心二用”，研究听课人的“内心世界”，掌握其心理变化。因为听课人每一个微小的动作、微妙的神态，往往就是授课人的一面镜子。讲课人只有专心注意于听课人的哪怕一点微小的心理变化，才能根据实际情况，准确适度地表达自己的思想感情，以影响听课人。

## 三、要有爱憎感

爱憎感就是表达授课人对人民、同志和革命事业，充满无限的爱；对敌人、坏事和反动思想，充满无比的恨。讲课时，要以最优美的语言，去热情地歌颂先进人物，歌颂伟大的党和社会主义制度。

比如，我给指导员讲如何帮助后进战士时，就用最能激发感情的话、最能打，动人心的事例去讲。还选用了三首古诗、两个典故、十多段警句和格言来加以说明。当讲到指导员的职责时，就调动一切手段，把指导员的光荣感、责任感表达出来，使指导员这个基层政工干部的形象高大起来。

相反，当讲到坏人坏事和错误行为时，就用最说明它的危害的语言和感情去加以揭露和批判，使听课人也有一种跃跃欲试、摩拳擦掌的心情，准备和它们斗争一番。

## 四、要有豪放感

豪放感就是要表现出自豪而奔放的情感。特别是讲到如何对待困难、经受挫折、不计名利等问题时，用豪放的感情，就能够使听课人克服悲观情绪，产生奋发向上的士气。例如，当我讲到如何正确对待当兵时，为了增强豪放感，我用了保尔·柯察金的“一个人……当他回首往事时，不会因为虚度年华而悔恨，也不会因为碌碌无为而羞耻……”的名言，用了“贪近利而忘本，图小惠而丧志”的格言，还用了“人之一生是当虱，当蚁，还是当蚕”的比喻。这样，就使大家感到，在革命队伍里，如果斤斤计较小事和名利，的确是没有意思、没有出息的。同时，我还充分运用小说的形象、相声的幽默、诗歌朗诵的激情来深化讲课内容。比如，我在讲连队的经常性思想工作时，讲了及时性、群众性和战斗性，讲了疏导方针和实事求是的原则，讲了表扬为主的方法。按授课要求，这一课讲完这些就可结束了，但我总觉得还不够劲。于是就想象到，如果指导员真的这样做了，一定会带出一个好的连队，涌现出一批先进战士来。为了把这种效果显示出来，把大家感情推向高潮，我就以“记者”的身份，到一个连队去“采访”。在讲台上自编自演了一个由老班长、文娱骨干、文盲战士和城镇兵参加的四人“座谈会”，分别用幽默的语言、热情的诗歌、形象的比喻、歌颂了连队，歌颂了政治工作，歌颂了指导员。这个“座谈会”不到八分钟，但活泼严肃，情理并茂。在讲的过程中，我自己和听课的同志都产生了激情，仿佛回到了热气腾腾的连队。

# 练兵必先“练心”，“警语”也是战斗力

季广芳

古人云，“练兵必先练心”，是指训练部队首先要重视思想教育，解决兵将思想上存在的畏、惧、宽、懒、散、懈等问题。这就要求军官在训话时能掌握士兵的思想状态，有的放矢地进行训话，以警策之语消除思想隐患，从而达到凝聚军心、增强战斗力的目的。

## 观古鉴今，是非分明

某部新兵刚入伍，面对安排得令人喘不过气来的训练产生了畏难情绪，互相抱怨训练强度大且环境艰苦，有的甚至打起了退堂鼓。对此，指导员赵仕林说：“南宋岳家军练兵从难从险，常让将士置身于比战场还严苛的环境中接受磨炼，才练得过硬武艺，造就了‘撼山易，撼岳家军难’的威名。反观清朝号称‘亚洲第一’的北洋水师，在训练中观念闭塞、不思进取，‘平日操练炮靶、雷靶，惟船动而靶不动’，满足于低层次、低水平的训练，严重背离实战，终在战争中全军覆没。两支军队，不同的练兵态度，取得不一样的战果。平时训练稍一安于现状、松懈止步，便会不进则退，距离战斗力标准‘一落千丈’。因此，要坚决摒弃日常训练中一突就破、一打就中、一战就胜的顺境思维，紧贴作战任务、作战对手、作战环境，在自找‘麻烦’、自讨‘苦吃’、自寻‘难题’中接受考验、突破极限，练就克敌制胜的过硬本领。”

指导员面对新战士怕吃苦的畏难情绪，援引了南宋岳家军和晚清北洋水师的练兵史实，从正反两个方面进行对照比较，一个“让将士置身于比战场还严苛的环境中接受磨炼”，另一个“平日操练炮靶、雷靶，惟船动而靶不动”，结果大相径庭。指导员观古鉴今，用铁的史实向新战士揭示了高强度训练的合理性和必要性，是与非、对与错自然分明。

## 借物喻理，正误尽显

有些战士在作战训练中总是急于求成，导致基本功不扎实。对此，指导员刘奇山说：“玉米成长有三个周期，分别是苗期、穗期、花粒期。从出苗到拔节以前都属于苗期。这个阶段，玉米主要以根系为中心，重点进行营养生长。拔节进入穗期，玉米才开始快速生长。苗期扎根是一棵玉米生长的基础，没有苗期的努力扎根，就没有穗期的拔节生长，也不会有花粒期的籽粒饱满。该蹲苗的时候就要蹲苗，把根系一寸一寸扎深了、扎壮了、扎稳了，茁壮成长的‘下篇文章’也就能接续进行了。成功的道路有千万条，唯独没有一步登天的捷径。如果基础性工作没做扎实，条件不具备就急功近利、揠苗助长，则会违背发展规律，结果往往事与愿违。实战训练当如玉米生长那样，‘苗期’阶段多做强基固本的工作，一步一步把基础性的工作做扎实了，才能迎来好的结果。”

《论语·子路》中说：“欲速则不达，见小利则大事不成。”面对一些战士急于求成却忽略基本功的思维和做法，刘指导员有的放矢，精心遴选和阐述了与其事例相近的“玉米生长论”。表面上说的是玉米的成长过程，实质上讲的是在军事训练中“急功近利、揠苗助长”的危害，警策战士们摒弃“速生”的错误思维，践行强基固本的正确做法。

## 以小见大，高下立见

在某部进行的一次红蓝军模拟实战对抗中，蓝军战士无意间把自己的薄弱点暴露给了红军。在演练总结中，蓝军将领解释说：“这是我们的短板。”有些轻描淡写。总指挥张忠博却紧盯不放，说：“短板，是你方战斗力链条上的薄弱点，在敌方眼里却是攻击的关键点。有短板却不攻克是战斗力建设的堵点，短板攻克了是战斗力提高的增长点。打赢战争靠扬长避短，也靠扬长补短。不补短，短板就会成为作战体系的‘命门’‘死穴’，就会成为暴露给敌人的‘软肋’‘七寸’，就可能在作战中引发多米诺骨牌效应，成为‘阿喀琉斯之踵’。有一个‘软指头’，就难以攥成‘硬拳头’。没有破茧的勇气，难有化蝶的壮丽。补短板，决心比方法更重要。敢不敢向短板叫板，是一名军人血性和担当的‘试金石’。补短板，就得拿出战争年代攻山头那样的决心和劲头。”

蓝军将领对己方部队中暴露出来的薄弱点，试图以“短板”来掩饰，意思是存在短板乃正常现象，从而忽略了其“致命性”。张总指挥却紧紧围绕“短板”这个关键词展开论述，从“短板”的性质、危害，到对待短板的态度、做法，以小见大，条分缕析，此番警策之语不仅让大家认识到了短板的危害性，而且增强了补短板的紧迫感，从而为提升部队战斗力起到了加油、助力的作用。

“练兵必先练心”，只有“心”齐了，“力”才会凝聚起来。在作训或演习过程中，对症下药的警策之语总是能够起到凝心、聚力的作用。所以从这个意义上讲，“警语”也是战斗力！

# 落败致辞，英雄气不短

风不息

一般而言，败军之将，未免有些英雄气短，这些情绪也势必会反映到兵败之后的讲话中，给人以英雄迟暮的苍凉感。然而，一些败军之将的演讲，非但没有灰暗与落寞的意味，反而处处充满深情与力量。不妨撷来以飨大家：

> 1815 年，拿破仑兵败滑铁卢，法兰西第一帝国垮台，拿破仑被放逐圣赫勒拿岛。在临行前，他在枫丹白露同他的卫队发表演说："各位战友们，你们要各自珍重。这 20 年来，我们同在一起生活，你们的行为使我不再希求什么了，我常常发现你们都在步向光荣之路。由于你们，欧洲的强权必须联合起来才能对付得了我们。我的一些将军对他们的责任以及法国都不忠实。法国本身还有其他的事情要做。我真希望能和你们以及忠于我的勇敢的人们再进行一次政变，但是法国不会赞同。因此，请你们忠于你们的新王，服从新指挥官，而且不要遗弃我们可爱的国家。你们不要为我的命运而怨叹，只要我知道你们都快乐，我也会快乐的。我可能会被赐死，但是，假使我能生存，我将乐意去增进你们的光荣，我将会把我们所获得的伟大成就都写下来。我不能拥抱你们全体，但我要拥抱你们的将军。来吧！小将军，我将紧紧拥抱着你！给我鹰旗吧，我也要拥抱它！啊！亲爱的鹰旗，我希望我给你的吻会在你最近的子民身上有所回应啊！再见，孩子们，我将永远祝福你们！你们也不要忘了我！"拿破仑讲完后，战士们痛哭流涕，拿破仑则在大家的注视下毅然转身离去。

在演说开始，拿破仑就以"战友"相称，一下子拉近了和部下的距离，整个演讲过程都充满了浓浓的情谊。在这篇演讲中，拿破仑不谈自己的失败，却表达了对部下的感激。他没有责怪自己的士兵，反而赞赏并感谢他们为自己、为法兰西第一帝国所做的贡献。如此深情大义，战士们怎能不感动？拿破仑抛开现实不谈，而从大局出发，他请求战士们要服从新政府，服从新指挥官，不要遗弃“我们可爱的国家”。作为一个兵败被流放的将军，他仍然对自己的祖国和人民饱含深情，这也使得他的演讲更具感染力。

1940 年，“二战”中的英国远征军和法军从敦刻尔克仓促撤退。英军遭受重创后，蒙哥马利将军被调离第八集团军。临别时，他对全体官兵发表了一场动人的演说：“在这里讲话很易激动，但我当努力控制自己。如果说不下去时，请你们原谅。我不得不遗憾地告诉你们，我离开第八集团军的时刻来到了。我实在很难把离别之情适当地向你们表达出来，我就要离开曾经和我一起战斗的战友。在艰苦作战与赢得胜利的岁月中，你们忠于职守的勇敢与献身精神，永远令我钦佩。我觉得，在这支伟大的军队中，我有许多朋友。我不知道你们是否会想念我，但我对你们的思念，特别是回忆起那些个人的接触，以及路上相遇时愉快致意的情景，实非言语所能表达。我们取得过的那些胜利，我知道，这是由于每个官兵忠于职守、全心全意合作的结果，而不是我一人之力所能做到的。正因为这样，你们和我彼此建立了信任。司令官与他的部队之间的相互信任是无价之宝。我激动得说不出话，但我还是同你们说：第八集团军之所以名声大振，是你们的功劳，是你们，使得它在全世界家喻户晓。因此，你们一定要维护它的良好名声和它的传统。再见吧！希望不久又再见面，希望在这次大战的最后阶段，我们会再次并肩作战！”

这段篇幅不长的演讲没有空洞虚浮的辞藻，也没有言不由衷的表白，从头至尾蕴含着一股浓烈的情感，战友间的这种生死情谊建立于并肩作战的艰苦环境，只有亲历其间才能深切体会这情感在别离时给人的感觉。蒙哥马利的演讲感情充沛，却并不损害他的军人形象，反而更让人觉得他是个真正的铁血汉子。将士们从演讲中不仅感受到了他难以割舍的友情，还从他身上获取了力量和信心。

电视剧《新三国》中，曹操兵败赤壁后对将士们讲的一段话，打动了不少颓丧的士兵：“将者如医者。医者，是医过的人越多，医术越高明。

换句话说医死人越多，医术越高明。将者，如果不经历几次败仗，如何能够知道怎么去打胜仗？这世界上从来就没有百战百胜的将军。只有败而不殆，败而亦勇，并且最终取得胜利的人。我们八十三万大军挥师南下，却败于孙刘五六万军队，为何？我看最根本的原因，是因为最近这些年，我们胜仗打得太多，兵骄将怠，文恬武嬉，轻敌自负。尤其是我，居然连一个小小的苦肉计，都未能识破，致使东吴火攻得手。由此看来，我们是到了该吃一个败仗的时候。失败是个好事，失败能教我们如何成功，失败能够教我们如何取胜，失败能够教会我们如何取得天下。一个人要想成事，就得拿得起放得下。打仗也是如此，要胜得起，也要败得起！”

曹操以医喻将，指出“医死人越多，医术越高明”，虽然略显武断，但也符合其性格。“负天下人”的曹操，却没有负手下的将士，在大战兵败之际，用理智与果敢的话语抚慰士兵。他从辩证的角度点明“我们打败仗是因胜仗打得太多了”，从而将败绩转化为下一步取胜的动力。曹操没有推脱战败的责任，将失败原因主要归为自己的轻敌大意。一番诚挚的语言，让刚经历一场大败的士兵，精神得到慰藉，心理得到疏导。

俗话说，胜败乃兵家常事，没有绝对的常胜将军。然而，极具个人魅力的“败军之将”，充满真挚情感的告白也打动了无数将士，以及听到这些故事的人。这样的军人才是真正的军人，这样的演讲才是真正成功的演讲。

# 婚礼司仪的口才

方　圆

结婚乃人生中的一件大喜事，故大多数人结婚，都要举行典礼仪式。婚礼能否圆满成功，固然与环境、各方面准备等因素有关，但其主要因素之一，就是看有没有一个善于随机应变、口才出众的司仪。

妙语生花的司仪能使婚礼分外红火、热闹，不仅能使来宾们在笑声中享受到乐趣，而且能使人们增长知识，得到教益。更可贵的是司仪的有些话能给新婚夫妇留下深刻的印象，即便是他们到了“银婚”“金婚”之年，子孙满堂之时，一提及当年的婚礼，仍会忍俊不禁。可见，司仪的口才对于增进友谊，发展爱情，具有不可忽视的作用。那么，司仪究竟应该怎样发挥其口才的作用呢？

## 一、妙语开场　渲染气氛

俗话说：“万事开头难”，主持婚礼也不例外。司仪在婚礼开始时，必须用幽默、风趣的语言，把来宾们的注意力吸引过来，借以渲染热烈气氛，为下面各项“节目”的进行做好铺垫。

妙语其实多得很。它既可以取材于生活，又可以取材于古今中外的文学作品，但值得注意的是妙语要有针对性，要切合新郎、新娘以及来宾的特点，即要考虑他们的文化程度、思想修养、生活习惯等。例如：有一次，我给一位较有文学修养的青年主持婚礼，来宾中也不乏文学爱好者。典礼一开始，我说了一段这样的开场白：

“今天，承蒙莎士比亚派遣，我不远万里，来为罗密欧与朱丽叶主持婚礼，感到十二万分荣幸……”话音刚落，新娘忘了拘谨，新郎神采飞扬，来宾们开怀大笑，会场顿时沸腾起来了。

## 二、借题发挥　别开生面

有了良好的开端，事情就成功了一半。接下去在每个“节目”的进行中，司仪都要见景生情，即兴发挥。这样才能推波助澜，使婚礼的气氛益趋生动、活泼。

有一次，我给一位朋友主持婚礼。当证婚人宣读结婚证书时，我发现新娘的名字中有“燕”字，正好我那位朋友名“英”，我索性即席吟诗一首，作为对新婚夫妇的祝福：“爆竹声中比翼飞，莺（英）歌燕舞紧相随。四化征程互勉励，双双携得捷报归。”顿时会场上掌声雷动，连新娘都情不自禁地鼓起掌来。又例如：新郎新娘“交换礼物”时，如果新郎送给新娘一束鲜花，新娘送给新郎一块手帕，你就可以说：“鲜花虽美难比新娘貌美，手帕再好怎及新郎心好。”总之，在婚礼进行的过程中，借题发挥的机会很多，只要注意寻找，动脑思考，便可捕捉到。

## 三、幽默风趣　意味深长

既要“逗趣”，又要耐人寻味，这是司仪语言的主要特点。但幽默风趣并不等于无聊地插科打诨，更不等于庸俗地耍贫嘴。所以，司仪的语言要含蓄、文雅，切忌低级粗俗。一位哲学家曾经说过：“幽默是具有智慧、教养和道德上的优越感的表现。”有口才的司仪都长于用幽默隽永的语言取代低级、无聊的玩笑，使婚礼在欢声笑语中充满高尚的情趣。

# 良言胜过良药
## ——医生语言技巧谈

陈旭昭

“良言一句三冬暖，恶语伤人六月寒。”医生亲切、善良和恰当的言行，可给病人以温暖、信心和慰藉，使病人产生安全感，减少顾虑，增强抗病能力，促进肌体早日康复，起到药物所起不到的作用。即所谓“良言胜过良药”。反之，则会使病人丧失信心，加重心理障碍，从而削弱肌体的抗病能力，甚至促使其病情恶化。

下面谈谈临床上运用言语技巧的常用方法：

**循序渐进法**。医患之间，接触伊始，常要进行探询性对话，以便收集病案资料。在进行启发性询问时，医生既要处于主动地位，又要耐心倾听患者陈述。交谈开始，宜以“中性”的闲聊来松弛病人的情绪，以便活跃气氛，消除拘束，然后才自然地引导病人将话题转向目标内容（急诊时例外）。这样，可以使患者自然地“进入角色”，消除警戒心，增强信任感，从而主动地流露出内心的隐痛。对于“讳疾不言，隐情难告”的患者尤须如此。

**投其所好法**。在人生“舞台”上，每个人都扮演几个“角色”，在社会上可能是教师或工人，在家庭中可能是爷爷或孙子，当他患病时，又兼当了一个“病人角色”。人患病后，自我价值感降低，自尊心增强，对别人给自己的称呼较为敏感。为此，医护人员要顺应其心理需要，根据其身份选用“老师”“师傅”“大爷”“小朋友”等称呼。这样，可以让对方领受到一种亲切感。

**直截了当法**。对于那些性格较开朗、外向，态度随和的患者，在患一些有把握治好的疾病时，医生应向他讲明身体的状况以及身体不同部位应有的感觉，采用肯定、保证的口气，给他们指出光明的前景。既“告之以其败”，又“语之以其善”。当然，也不能信口开河，说过头的话。

**积极强化法**。儿童在注射前问：“这痛吗？我害怕。”护士应诚实，但又不冷漠地答：“是有点痛，不过很快就不痛了”！当患儿因疼痛而啼哭时，不能横加斥责，因为哭喊可以解除紧张状态，发泄恐惧感，避免抑郁和屈从。儿童有一种争强好胜心理，在病房里，当他主动配合治疗的行为受到表扬和肯定时，常可表现出对打针“不怕痛”的举动，当众逞起“小英雄”来。给孩子好评语是一种积极的强化。这就是“××最勇敢”的心理效应。

**循循善诱法。**一些焦虑症、疑病症或癔病患者，总是诉说自己“满身是病”。为了获取可靠的临床信息，医生必须运用好谈话的技巧。首先，为给患者主动暴露自己的机会，医生忌用封闭式提问，如“你和邻居相处得好吗？”而要用开放式提问，如“你能谈谈和邻居的关系吗？”这样，可以诱导他谈出更广泛而细致的问题来。其次，应避免用“怎么能……”“干吗要……”之类质问性或责备性口气，以免使患者处于受审地位而产生防卫的心理和行为，尤其医患双方观点不一致时，更不能贸然反诘对方。

**顺应情绪法。**一些平素少病而突然发病的人，当被告知患了一种自己闻所未闻的疾病时，常会惶惑不安，而向医生提出“得这种病的人多不多”的问题。这时，要根据“多数情况下，多数人是倾向于避免与众不同”的社会心理现象，告诉他：“患这种病的人不少”！以便顺应其情绪。如退休工人林××，平日与疾病“无缘”，突然患了糖尿病，血压也升高。进院时，他忧虑地问我：“这种病多吗？你医过这种病吗？”我根据他的“从众心理”，向他列举了国内外糖尿病不少的事实，以及经手治疗显效的病例，让他先吃颗“定心丸”。俗话说：“良好的开头是成功的一半。”由于病人态度正确，情绪稳定，配合治疗，取得了良好的效果。

**避重就轻法。**性格内向、敏感、疑虑较重、暗示性强的患者，病后可能“一头栽进疾病之中”，或盘问再三、道听途说“××人得这种病死掉了”，以至惶惶不可终日。对这种病人，医生应把病情说得轻一些，并向他列举出患这种病而被治愈了的实例。独特的例证或个人的经历，比那些概括性的安慰更易使人信服。让病人往好的方面想，有时比给他们多打针吃药还重要。这是信心的力量。

**说理开导法。**临床上并非所有的病人都乐意与医生合作，接受诊治。他们或许惧怕检查有损肌肤，或许怀疑诊断不够妥当，或许担心药物有副作用，所以顾虑重重。有资料表明，许多病人是不遵照医嘱服药的。对此，医生要随时查明原委，及时给予解释、劝说和开导，使之明了真情，“回心转意”。但须注意，切莫为了达到让患者接受检查治疗的目的，而片面夸大病情的严重性。

“如果你不接受检查，那么一切后果自负！”“这么吓人，我可能是得了不治之症！”敏感的病人将备受心理创伤。

**苦口婆心法。**许多慢性病常常使病人对治疗失去信心。青年女工盛×，10年内因肺结核咯血而多次住院，由于被病痛折磨而自叹“红颜薄命”，由于自认为是“危险人物”而羞于与人接近，每次止血后即要求出院，疗程中断，迁延不愈。对医生的劝释，她回答说：“如果真能治好，我跪下来拜你！”

对此，我仍耐心地给予启发和鼓励，指出她还年轻，这样自怨自艾很不明智；又指出她身体素质好，只要坚持治疗定能痊愈，并且不厌其烦地向她解答用药的原则和方法，为其提供基本常识，讲述肺结核的历史与现状，强化治愈意识。在“试试看”里，患者随着对忠言和药物的接受，逐步抛弃了悲观和疑惑。由于坚持治疗，取得了预期的效果。

**交谈减痛法。**痛觉具有生物学意义。但在剧痛情况下，病人把注意力都集中在痛点本身，使“痛情绪”加重到“痛感觉”的程度。镇痛剂虽能止痛，但却无法制止病人情绪上的痛苦。如果向病人讲清疼痛的原因，并进行分散注意力为目的的交谈，往往可以减轻病人的恐惧情绪，使镇痛剂效果更佳。交谈内容以患者喜爱为宜，可以是生活趣事、家乡喜讯或来自报刊的新闻等。如果医务人员时间有限，也可以指导病人家属来做这样的交谈。

**谆谆告诫法。**经受一场手术，对多数人来说，都要产生强烈的情绪反应。如果对病人术前出现的各种顾虑和担忧，一味给予安慰和劝释，效果并不好。病人的个性特点和手术前心理状态，是决定其手术成败的重要心理因素。手术前的心理准备可以促进手术中的良好适应和术后的顺利康复。为此，手术前除了要向病人说明手术的必要性外，还须告知病人有关手术的实际知识，解释手术中必要的情绪体验，指出手术后可能出现的虚弱现象，使病人对手术的消极方面能有一种现实的预期，并对与之相联系的难受感有所准备，以增进手术后的适应。

要在临床上运用好言语技巧，做好“人”的工作，医护人员就必须认识心理因素在病因诊断、治疗工作中的重要作用，掌握病人的一般心理特点和特殊心理需要。

运用言语技巧不要言行不一、言不由衷、虚伪做作，而要从内心和外表上都表现出对病人抱有好感，对治疗充满信心。这样才能收到预期的效果。

# 律师演讲六要

胡炳光

律师在法庭上的演讲，就是辩护或者起诉。无论属于哪种类型的演讲，律师都必须将自已对案件的观点和意见很好地表达出来,以便法庭采纳正确意见，作出正确判决，起到维护法律的正确实施和当事人的合法权益的作用。当前，我国律师业务活动正在广泛廾展，认真研究和探索律师演讲艺术，提高其演讲质量对于发扬社会主义民主，加强社会主义法制建设是有一定意义的。因此，在这里谈六点不成熟的看法，以求教于大家。

## 一、烂熟于心

律师在法庭演讲之前必须对与案件有关的事实和法律条文了如指掌，如果是辩护演讲，就要对起诉书进行悉心研究。无论何种案件，律师在出庭之前都要做好充分准备。律师在法庭上的演讲是针对特定的对象进行的。作为辩护演讲，是针对公诉人提出的起诉书来作辩解作为控告演讲，是代表原告人向被告人提出“辩解”。不论何种演讲，一般都可能遭到反驳，所以法庭演讲常常是唇枪舌剑的争辩，要经过反复较量才能见分晓。因此只有对案情烂熟于心，才能成竹在胸。在辩论演讲中牢牢掌握主动权，不仅使对方无懈可击，而且能“寻机破敌”。如果律师对案情掌握不准，那么在法庭辩护或控告中就会被对方找出破绽，甚至被驳得理屈词穷，张口结舌。由此可见，熟悉法律和案情，是律师掌握主动权，做好法庭演讲的基础。

## 二、不离准绳

法庭演讲和其他演讲不同，它是一种在特定场所所具有特定的内容和程序的演讲。这就决定了律师在法庭上的全部演讲，都必须严格遵循“以事实为根据，以法律为准绳”的原则。语言要准确，既不能模棱两可，也不能不着边际。演讲的中心问题是“依法办事”，在任何情况下，都要做到：讲事实必须以法律为准绳，讲法律必须以事实为根据，互相结合，互为依存。演讲的根本落脚点在于一个“法”字。衡量法庭上演讲口才的高低，往往不是“滔滔不绝”，而是“一针见血”。演讲的目的是为了维护国家法律的正确实施和委托人的合法权益，围绕法律做文章，就能节省时间，提高演讲质量，实现演讲目的。

## 三、抓住重点

律师在法庭上的演讲不可面面俱到，必须选准演讲的“主攻方向”。对案件和演讲材料，都要注意事实是否真实，证据是否确凿，理由是否充分。如果是进行刑事辩护演讲，可根据案件的具体情况确定下述某一方面作为辩护的重点：（1）从认定事实方面进行演讲。如果起诉书对被告提出控告的根据与事实全部不符，可以作无罪辩护；如果部分不符，可以作减轻罪责的辩护，或要求法庭延期审理，补充调查。（2）从适用法律方面辩护。如果起诉书所认定的罪名与犯罪事实、性质、情节不符（例如将过失杀人起诉为故意杀人），均可提出辩护。（3）从适用刑罚方面进行辩护。根据法律和事实，考虑在适用刑罚和量刑上是否恰当，如果原告对被告处罚要求过重，可以作减轻刑罚的辩护，或者根据被告人具有犯罪中止、自首、悔改等表现和情节，作出要求从轻、减轻或者免予刑事处罚的辩护。

## 四、讲究分寸

律师在法庭上的演讲要按照事物的本来面目进行客观地表述，讲事实不言过其实，讲法律不言过其实，忠实于法律和事实真相。律师在法庭上所讲的话要合乎自己的身份，既要仗义执言，又要有理、有利、有节。“有理”就是根据事实和法律阐述理由，“有利”就是维护被告人或其他委托人的合法权益，“有节”就是有“度”。“度”是一定事物保持自己质的数量界限。在演讲中，掌握适度之原则，注意分寸和“火候”是很重要的。古语说：“过犹不及。”“过”和“不及”一样，都是违反了适度的原则，所以演讲不要说“过火”的话，也就是避免失度。列宁说：“如果把真理说得‘过火’，把真理运用到实际所能应用的范围以外去，便会弄到荒谬绝伦的地步。”

## 五、灵活变通

即在演讲时不要机械死板地拿着辩护词或上诉状“照字读经”。律师的辩护词或上诉状即使是苦心孤诣地写出来的，在演讲时也不能一成不变。法庭上的诉讼活动是由多方面当事人参加的活动，而且案情往往是复杂的，律师要在有限的时间和范围内做好演讲准备,即便对案情的认识可能具有一定的局限性，通过法庭调查和质证，律师对案情也能产生新的了解和认识，甚至在双方辩论的过程中，也可能形成新的观点和意见。因此,律师必须当机立断，在演讲中改变或修正原来的观点，如果缺乏必要的灵活变通，演讲是不会成功的。机智和口才是一对孪生兄弟。忠实于事实真相和法律原则辅之以机智灵活，不是见风使舵，而是根据具体情况具体处理，是实事求是。

## 六、注意辞令

律师在法庭上的演讲要措辞得体，表达准确、生动。这就全靠演讲者平时知识的积累和实践。心中要有一本“百科全书”。律师既要善于使用词汇，又要防止故意卖弄辞藻。质朴的语言是最美的语言，华而不实的演讲往往令人生厌。这里关键是遣词造句必须严格服从表达内容的需要。律师在法庭上的演讲要出口成章，语言必须精练、紧凑、鲜明、生动，要尽量使每一个词句都成为辩护词整体不可缺少的组成部分。此外，还要注意吐字清晰，声音和谐，快慢适度。必要的地方可作重述，但须避免啰唆。

# 让偶发事件不再“发”

陈　双

偶发事件处理得好坏，是一个教师成熟与否的具体体现。这里介绍几位教师处理偶发事件的成功实例。

## 一、制怒“灭火”，避其锋芒

学生制造事端不分时间和场合，使你难以预料，不是一肚子气，就是一腔怒火。而要处理好偶发事件，恰恰需要“制怒灭火”。因为一气一怒，就要失控，只有冷静对待才会“计上心来”。

一位新体育老师上体育课，刚要下整队令，突然有个学生大喊：“全体立正，向左——看齐！”全班同学顿时哄笑起来。这位新老师十分气愤，可他立刻制怒熄了火，以冷静的神态说道：“这位同学的口令喊得很标准——洪亮而有力。请这位同学到队前来，代老师下整队口令！”

原来等着挨批的学生，不好意思地低下了头。在老师鼓励下，出队代老师下了整队口令。闹课堂的学生变成了整顿课堂的主角，使坏事变成好事。

在处理偶发事件时，不但自己首先“制怒灭火”，同时也要在学生怒气冲冲时，为其“灭火”，只有这样，才会达到预期的目的。

一位老师推开教室门，只见两个同桌学生架着胳膊“顶牛”打架。旁边还有大喊大叫的“拉拉队”，班干部也在一边“观阵”。老师见此光景，气不打一处来，刚要发作，立刻想到以前的教训，便冷静下来。这时学生发现了老师，都回到了座位上。可当事人还在火头上，谁也不认输，仍不撒手。这时，老师采取了“灭火法”，静观了有半分钟，然后用体育解说员的腔调说：“现在场上进行的是摔跤比赛，比分是——多少？哪位是裁判？”打架的两个学生听到老师宽容幽默的语调，火气消了，主动地放开了手，“拉拉队”和班干部也都红了脸。气氛变得轻松之后，老师严肃地说：“你们俩耽误了上课时间，下课后都到我办公室去说理由，我给你俩打分。现在上课！”

如果教师不先为学生“灭火”，这场架不被轻易地拉开，就要耽误更多的上课时间。看来凡是学生打架正在气头上时，都可采用此法解决。

## 二、柔情“灭火”，情理疏导

当学生执着于一念的时候，都颇有些“刚气”。特别是他有意制造事端之时，更为甚。如果老师去批评他，正落入“圈套”，不是“顶牛”，就是两败俱伤。最好的方法就是以柔克刚，情理疏导。

一个年龄较大的学生平时纪律松散，常顶撞老师。一天，他被前一节课的老师批评，这节课故意将桌椅横放在教室后门门口。准备新的“战斗”。这节课的老师上课走进教室，立刻发现这个学生不对头。这位老师微笑着说：“同学们知道俗语‘春捂秋冻’的道理吗？”大家都有点丈二和尚摸不着头脑，坐在门边的学生也竖起了耳朵。老师接着说：“春初秋末天气冷热无常，如果春天过早地减衣，秋天过早地添衣，身体一时不能适应气候的变化，就容易感冒。”说到这里，老师把语锋一转，和颜悦色地说：“××同学一定是课间活动热了，想坐在门口图个凉快，不过这样一来，寒气乘虚而入，要感冒的。还是‘捂’一点好，对不对？”在同学们的善意笑声中，这个学生下意识地掩了掩敞开的衣服，不好意思地把桌椅搬回了原处。

这位老师高明之处，就是“未成曲调先有情”，以关怀学生的柔情，“灭”掉了学生的怒“火”，使之自愧而改正错误。

## 三、以冷“灭火”，因势利导

中小学生处于不成熟时期，制造一些事端，有时是出于好奇，有时是兴趣所至，对于后果很少考虑。因此，老师对于某些偶发事件要及时查明原因，捕捉学生“闪光点”，发现现场积极因素，因势利导，这些因素往往会成为“差生”转变的契机。

一次，一位老师在课前将课文标题“琥珀”写在了黑板上，待她上课时见“琥珀”二字被人擦去了一些笔画变成了“虎王”了。老师被气得火冒三丈，厉声问：“这是谁干的？”一个平时被同学笑他“笨蛋”的差生站了起来，不以为然地说“我擦的”，神色洋洋自得。老师意识到此刻批评他效果不会好，于是冷静下来，以冷“灭火”，请他坐下并告知课后交谈。

课后，老师问他为什么要那样做，这个学生很坦然地说出了真实的想法。他说：“什么‘琥珀’，我不知道它是什么东西。当时我想，虎是兽中之王，老师不正像大老虎一样吗？所以我就擦成‘虎王’了。”原来学生并没有恶意，而是敬重老师呢。老师立刻抓住学生的“闪光点”表扬他说：“你很爱动脑筋，很聪明嘛。”接着老师因势利导地讲述了祖国文字丰富的内涵和奇妙的结构，写出了“总、月、告、堇、田”五个字，问他能不能变成别的几个字。学生认真思考后，写出了“聪明靠勤奋”。老师大喜过望，又表扬了他爱动脑筋的优点，并启发他如何学好语文课。自此，这个学生努力学习，小学毕业时成了品学兼优的学生。

# 让比喻为你的思想教育工作生辉

刘伯奇

怎样才能提高思想教育工作的说理性，从而达到思想教育的目的？我劝那些对思想教育工作望而生畏或不知所措的朋友，拿起“比喻”这个武器，使您的说理教育形象、生动，给人启发，令人折服。

## 一、比喻，增强思想教育工作的生动性

用生动形象的比喻，简洁明了地表达某些革命道理，是我们做好思想教育工作和理论宣传工作的有效方法之一。马克思、恩格斯在他们的演讲、著作、书信中常用古希腊神话和莎士比亚创作的人物事件作比喻，生动形象地说明深刻的革命道理。有人统计，仅《马克思恩格斯选集》一至四卷中引自古希腊、罗马的神话典故就有 70 多处。这些比喻生动而深刻，易懂又易记，是把比喻方法用于思想教育工作的成功典范。当代一切成功的思想教育工作，往往是较好地运用了比喻手法，增强了思想教育工作的生动性。有位指导员讲了一个流传广泛的外国民间故事：一个和母亲相依为命的王子，长大后不断地讨取一位金发碧眼的漂亮姑娘的欢心。当姑娘贪婪地向王子索要他母亲那颗心的时候，他竟用宝剑挑开了母亲的胸膛，掏出了母亲那颗滚烫的不断跳动的心。当王子向姑娘奔去，途中摔了一跤时，母亲的那颗心说话了：“我的儿子，你摔疼了吗？”指导员含泪讲到这里时，战士们的眼圈也红红的，有的脸上淌满了泪水。这时指导员趁势激动地高声说道：“爱我们的母亲吧！朋友！不论我们的母亲贫穷还是多病，她永远都是我们的母亲，因为只有母亲才最疼爱自己的儿女！”指导员通过这个比喻激起了战士们对祖国——母亲的无限热爱和深厚感情。可见，生动的比喻在思想教育工作中有着多么大的鼓舞作用。

## 二、比喻，强化思想教育工作的形象性

我们知道，比喻是形象思维的方式之一，其本质特征就是借助于事物之间的联系，以形象生动、充满感情的比喻和描述来引起联想，表达一定的思想情趣或说明事理。因而运用比喻说理比一般的说理教育就更具有说服力和感染力。广东武警总队某中队指导员龙中芬发现战士杨思保因爱情受挫，而产生轻生的错误思想。当杨思保将要做出幼稚的举动时，龙指导员将他救下，并把小杨请到自己宿舍里，拿出一盘苹果招待他。有几个苹果烂了一小点，龙指导员拿起就要往垃圾堆里扔。小杨连忙阻止说："这苹果只烂了一点点，扔掉多可惜呀！""是可惜呀，"龙指导员说，"几个苹果价值很小，扔掉都觉得可惜，而你作出如此轻生的举动，这不更令人痛心吗？"龙指导员的这个富有哲理的比喻，竟奇迹般地拨开了小杨心头的迷雾。他悔恨地说："指导员，我真糊涂啊！"由此可见，政工干部以生动形象的比喻，调动青年战士的积极心理活动，往往会起到事半功倍的作用。而那些只想以现成的观点、结论去训导战士的，即使不引起反感，也只能给人以机械、抽象、肤浅的记忆，显然，这对做好新时期思想教育工作是无益的。

## 三、比喻，消除思想教育过程中的"意义障碍"

我们有些政工干部在工作中时常碰到一些令人头痛的现象。如有些青年战士对一些政治道理和道德要求表现出某种"对立情绪"，甚至你越提倡，他们就越不以为然，这种现象在教育心理学上称为"意义障碍"，也就是说当被教育者头脑中的某些思想观念或心理心素，阻碍了他们对某些教育内容及其意义的理解和接受时，如果采用一般的教育方法就很难奏效。采用比喻法，就可以设置情绪过渡期，达到情绪"缓冲"以利于消除教育过程中的"意义障碍"，也可以使被教育者在轻松愉快的气氛中受到潜移默化的教育，从比喻中悟出做人处事的道理。如某新兵连几个战士因为老乡观念作怪，闹不团结，有时还纠集外单位的老乡来"支援"，搞得这个连队气氛很紧张。指导员经多次劝告做工作，不见成效，后来采用比喻法进行启发、诱导，很快就平息了这场风波，缓和了连队的紧张气氛。他说："古时候有父子俩脾气都很倔，凡事不让人。一次，家里来了客人，父亲打发儿子去买肉打酒，儿子买好了酒肉往回走，走

出城门时迎面遇上了一个人，说来也巧，这个人的脾气也很倔，两人谁也不肯给谁让道，就这样面对面地挺立在那儿。父亲在家等急了，出门来找，一见这情景，便对儿子说：‘你先回去陪客人吃饭，让我替你同他站着，你吃完了饭赶快来换我。’”指导员说，“有这个必要吗？为了争一口气还换着班儿和那人对站，费时费力又添气，这不是自讨苦吃吗？我们作为革命军人应该记住：加强纪律性、革命无不胜。”这样讲得大家眉飞色舞，喜笑颜开。

总之，运用比喻手法，对于做好思想教育工作的作用是极大的，它也是改善思想教育中的说理工作的重要方法之一。但是，我们在运用比喻手法时，除了应注意与文艺创作中的运用有区别外，还要结合教育过程中的具体情况灵活运用，不能生搬硬套。只有这样，才能使比喻手法的作用在思想教育中和说理中得到充分的发挥。

# “故错”在教学中的特殊运用

何世林

教学，这种特殊的人际交往活动，要求教师表述准确、科学，工于达意，以圆满实现教学目标，完成教学任务。但在特定的场合中，教师若能巧妙地有意错说、错引、错辩，不仅不影响教学效果，反因这些“错”使语言增添“光彩”，产生出一种神奇的语言艺术效果。

## 一、“故错”使课堂组织有序，秩序井然

良好的课堂秩序是顺利进行教学的重要保证,它表现为师生关系友好融洽、学生纪律性强等。但课堂中有时难免因学生间有纠纷、回答有错误等突发事件破坏这种有序环境，此时教师或手足无措，或横加指责，这些都不利于教学活动的顺利开展。相反，教师如能针对具体情况灵活施“错”，以错养序，既能活跃课堂气氛，又能使课堂秩序井然。在一次公开课上课之前两三分钟时，两名学生不知为什么事争执起来，其中一位还哭鼻子了，客人和其他老师都不约而同地把目光投向主持人斯霞老师。只见她不慌不忙，仍微笑着，像突然想起什么似的说道：“哎哟！老师太粗心了，把一本书忘记在办公室里了，谁帮我去拿一下？”霎时，教室里小手如林，那个哭鼻子的学生也举起了手，斯霞老师冲着他点点头说：“好！请你去帮我拿一下。”那位学生眼泪还顾不上抹就跑出教室，不一会儿就把书拿来了。这时斯霞老师又微笑着说：“老师太粗心，差点误了事，多亏这位同学，我得好好地感谢他。”“说完对那位同学微微一弯腰。教室里掌声四起。斯霞老师正是妙用“忘了带书”这一美丽谎言，平息了学生间的矛盾，保证了课堂正常秩序，又渗透了思想教育。

## 二、“故错”能引起学生注意

唐人李瑞化用典故“曲有误，周郎顾”写了一首《听筝》诗：“鸣筝金粟柱，素手玉房前。欲得周郎顾，时时误拂弦。”把一个弹筝女子故意弹错音律

以博得意中人眷顾之情态写得意趣盎然，令人百诵不厌。教学过程是一种开放的活动过程，外界因素的干扰，哪怕是上一节课留下的痕迹都会导致学生分心，影响学生的认识活动。在理解教材的关键处（关键的字词、关键的概念、关键的推导过程）和导入新课时，教师也不妨用一用“误拂弦”来博得学生“眷顾之情”，更能转移和集中学生的注意力。一位老师在教授“原子”一节时，上课一开始，就边说边在黑板上写上一句古语：“一尺之棰，日取其半，万世不竭。”学生疑虑顿起，迷惑地注视着教师：怎么化学老师今日上起古文课来啦？教师由此将“葫芦里的药”慢慢地“卖”给学生。化学老师正是用与化学“毫不相干”的古语之“错”激疑，以引起学生注意，从而导入新课，收到很好的教学效果。

## 三、“故错”启迪思维

思起于疑。心理学家鲁宾斯坦说过：“思维通常总是开始于疑问或者问题，开始于惊奇或者疑惑，开始于矛盾。”“故错”也是置疑、激疑、制造矛盾达到引思的一种方式。有时教师有意把字读错写错，如“铿锵”读成“坚将”，把句子的修饰语用错，把例题算错、答错等，以此引导学生由个别到一般，由具体到抽象，经过分析、比较、概括的思维过程，促进学生准确地掌握知识，加深对知识的理解。

## 四、“故错”增强语言的感染力

语言是教师教学的主要工具，说话是教师的一种特殊艺术。教学语言具有感染力，除了讲究说话的表情、语气、语调以及伴随的手势、体态等，还要有幽默感。教师有时故意修饰不当，措辞错误甚至张冠李戴，能增强语言的风趣效果，“言虽错而意无穷”，使话妙趣横生，具有极强的谐语效应。有位教师教地球知识时说：“我今天把地球带到教室里来了，让我们一起去周游世界，看，这蓝色是海洋，其余部分是陆地……地球距今已有50多亿岁了。”课堂顿时活跃起来。很显然“带到教室里”“周游世界”这一连串的“错”言“误”语不仅给人以极其新鲜之感，而且形象生动地说明了地球知识，语言谐趣幽默，让学生在轻松活泼、热烈欢快的气氛中掌握了教材。

## 五、“故错”蕴含情感，促进转化

对学习差的学生的转化是教师教书育人的职责。一般来说，教师除了在学习上补课、动机上激励、意志上磨炼外，更多地要在教学中投入感情，保护学生的自尊，提高他们在学生集体中的地位，消除自卑。教师有时对差生的错一言蔽之，甚至为其曲解、错辩，帮助他们摆脱困境，正是渗透情感教育，促进转化的一种方法。一位教师在教《就义诗》时，让一差生朗读课文，可这位学生把“还有后来人”误读成了“还有后人来”。大家听了都哄笑起来。这位学生很难堪。但见教师神态自若，从容不迫地问：“同学们，你们在笑什么？这位同学念的意思并没有错呀！”经她这么一说，教室里静了下来。教师接着说：“‘还有后来人’意思是还有接班人，‘还有后人来’意思是还有人接班。”还说这位同学念错了是由于没有看清楚的缘故……这位同学很感动，再一次情绪激昂地读了起来。教师的错辩误解，既保护了学生自尊心，又及时纠正学生错之所在，不愧是一种好的转化方法。

## 六、“故错”能免于尴尬

缪老师第一堂课自我介绍说：“同学们，我姓缪——”突然不知从哪个座位上发出一声模仿猫的叫声“喵——”，学生哄堂大笑。面对调皮学生这个不大不小的玩笑，教师微笑着说：“同学们先别夸我妙，从今天起我们一起学习，到时再请你们给我作评价，到底妙不妙。”学生们安静了。课堂上学生违纪，向老师发难，常使教师尴尬难堪，如果处理不当会使课堂教学陷入僵局。应当像缪老师那样将错就错，曲解智辩，既能平稳自然地化解课堂上的矛盾，从容地跳出窘迫的圈子，又委婉地教育学生。

综上所述，“故错”并非真错，而是在特定场合下错出谐趣的语言技巧，是随机应变、因势利导的教育艺术。不过，教师语言最重要的是真理性。所以，我们决不能为了“故错”而处处去刻意示错，那就成了故弄玄虚，关键是要把握好分寸。

# 教师语言要有吸引力

于 漪

教师，通过言传身教，在学生心田播撒知识的种子与做人的良种；教师的言教，相对来说，用文字的比较少，大量是用口头语言，因此，口语是教师从事教育教学的基础，教师口语是否规范、生动、娴熟，是否有说服力和感染力，关系到教育质量的高低，丝毫不能掉以轻心。

那么，怎样才能使自己的语言有吸引力，像磁石吸铁那样吸引住学生呢？我认为应做到：

## 一、声情并茂

情是教育的根，“感人心者，莫先乎情”。教师的语言要能拨动学生的心弦，就要以声传情，注情于声，声情并茂。教师带着感情教，满怀深情说，所教的课，所讲的道理就能在学生心中引起共鸣，从而使师生心心相印。

声情并茂不是提高嗓子，矫揉造作，而是要发自肺腑的真情。比如，语文课中，要以课文中某高尚人物的思想感情激励学生，教师自己首先要动情。自己动情，才可能对学生动之以情。教师动情，语言就会有感情的冲击波，这种感情的冲击波是肺腑心声的吐露，能叩开学生的心扉。如《七根火柴》主人公无名战士牺牲的场景十分感人，教师如果重复“真伟大、真了不起”这样的语言，不仅不能感染学生，而且会损坏人物的形象。此时此刻，在启发学生阅读理解的基础上，教师如果满怀感情地说：“言为心声，一个人的遗言更是心声的表露。一般说，一个人临死之前留下的遗言多半是自己的后事和子女家庭安排，而无名战士用尽力气所说的却是‘这，这是，大家的’，‘你把它带给……’，死神没有让他把最后一句话说完，但从他的手势，从他断断续续的话语中，我们能深刻领会到他把生的希望留给战友，把死亡留给自己的无私忘我的精神，这种精神光芒四射！”效果就大不一样。这样描述，无名战士的高大形象就从茫茫草原移植到学生心中，学生感情的潮水就会涌上心头。

强调“情”，不等于语言不考究。“言之无文，行而不远”，音准、语调、声音频率、语速、用词造句等均要琢磨，才能达到表达情意的最佳效果。

## 二、丰富多彩

语言贫乏，干瘪无味，是教师口语的大忌。翻来覆去用那几个词，说来说去那几个句式，可听性差。教师要善于准确地遣词造句，善于从众多的词汇与句式中选择最恰当的表达自己的思想，才能入耳入心。

语言要新鲜。青少年学生具有好奇心的特点，语言新鲜、多彩，就能有效地激发学生进行新的探求活动，激发他们的求知欲。

例如，指导学生作文，讲观察的重要性，三次五次，总是说，“要观察”“要仔细观察”“观察要仔细”，学生味同嚼蜡，毫无吸引力。如果这次说：“眼睛是通向心灵的窗户。扑入眼帘的东西要看仔细，脑子里转一转，刻下痕迹，切不可浮光掠影，视而不见。”下次说：“要看仔细，识得事物独有特征，要体察入微，辨毫析厘；要深入底里，识得神气。”再下次说：“反复观察，巨细不漏，细微处尤其看真切；多角度观察，看出层次，看出多种形态；边观察、边联想，使静物‘活化’。”然后又可说：“记人、写景、状物，要识得真，勘得破。”与学生谈的是同一个问题，但在不同的场合又有些微不同的变化。不重复同一句式同一词语，学生有新鲜感，易于接受。

马卡连柯在《论共产主义教育》中说：“只有在学会用十五种至二十种声调来说‘到这里来’的时候，只有学会在脸色、姿态和声音的运用上能作出二十种风格韵调的时候，你才称得上是一个真正有技巧的人。”这段话是对口语技巧而言，口语技巧要娴熟，要富于变化，因人而异，因事而异，因情境而异。教师语言的丰富多彩不能停留在技巧的表层，要在学识上下功夫，文化上打功底，学习语言，积累词语，丰富词汇。语言有文野之分，雅俗之别，丰腴与贫乏之不同，积累到一定程度，多加训练，就能得心应手。

## 三、娓娓而谈

娓娓而谈，就要敞开自己的心扉，或叙述，或议论，目中有人，语调平和，字字句句轻叩学生的心弦。就如小河淌水，淙淙潺潺，悦耳动听；犹如春风化雨，吹拂学生的心田。例如，组织学生学《听潮》一文，课的起始，教师这样与学生交谈："同学们，你们看到过海吗？听到过有关海的故事吗？回忆一下你们在电影、电视、书刊报纸中看到的形象，列举一些词句来形容它的情状好吗？（放手让学生说）我也说一点自己的感受。海，无边无际，辽阔壮美；神秘莫测，变化无常。有时它平静温柔，海鸥掠过水面，在海空盘旋翱翔；有时它汹涌澎湃，浊浪排空，怒吼咆哮。生活在海边的人，目睹海的情态，耳闻海的呼啸，熟悉海的脾气，热爱大海；远离海边的人，读描绘海景的佳作，也会有身临其境之感，感受到海的壮观。作家鲁彦的《听潮》，着力描写了海潮涨落的情景，让我们一起认真阅读，仔细体味。"学生是学习的主人，尊重学生，平等交谈，是师，是友，感情交融，学生就会迅速进入学习佳境。

侃侃而谈特别要注意思路的清晰和语言的优美。理思路最为重要的是一根线索手中擎。目的地在哪儿，起点在何处，心中要一清二楚。中途有岔道，千万不能七拐八拐。云深不知处，忘记了目的地，说到哪儿滑到哪儿，学生就会丈二和尚摸不着头脑。语言要优美。爱美是人的天性。爱迪生说过："最能直接打动心灵的还是美。"自然美、人文美能打动学生的心灵，教师优美的语言更能直接打动学生的心灵。优美的语言诉之于听觉，应音量适度，语速恰当，语调和谐；应遣词造句比较讲究，文学气息比较浓一点。

## 四、幽默风趣

教师要善于用风趣的语言开导学生，讲究幽默，把情趣和理趣结合起来，使课堂充满笑声，充满和谐、愉悦的气氛。一次，学生抄袭作业，怎么教育呢？课上教师说了这样一段话：天工造物真是无比奇妙，即使是同一种、同一类的事物也会千差万别。人们不是说，天底下绝对没有完全相同的两片叶子吗？可这一次我们班却出现了一个奇怪的现象，批改作业时我发现不少人的面孔一模一样，比如这个嘴角往下歪，那个嘴角也往下歪，孪生姐妹也没有像到这个程度的呀。请你们帮助我解答解答这个问题。学生先是煞有兴趣地听，接着表情有点紧张，最后大声笑着说："抄。"毛病由学生自己诊断，教师只要顺势而下，指点良药就行。学生在学习中发生差错，厉声厉语、指责、批评，定然把事情搞砸。此时此刻，说一两句风趣的、富于幽默感的话，不仅能缓和气氛，而且是安慰剂、定心丸，能消除学生的窘态，帮助他们跳出困境。

幽默风趣，是语言艺术，对词义的褒贬、色彩、应用范围等创造性地运用，就能收到非比寻常的功效。幽默风趣，特别能启迪智慧，因而，对学生很有吸引力。恰当的场合，恰当的时机运用，可催化感情，深化理智，达到教育的目的。

语言千古事，得失寸心知。教师语言的锤炼看似容易，实则艰辛，绝非一日之功。乍看是口才的问题，实质是学识与修养问题。文如其人，言如其人，就是这个道理。

# 和战士谈心要动之以情

王景文

和战士谈心，是部队干部做政治思想工作经常使用的方法。为了达到谈心的目的，我感到除了要做好谈心的准备、选准谈话的时机、恰当使用语言外，很重要的一条就是要动之以情，这是谈心获得成功的关键。

所谓动之以情，就是要求我们在谈心时，要怀着深挚的感情，使我们的言辞、语调、表情都带上强烈的感情色彩。如果谈心不动感情，那无论其思想意义多么大，政治色彩多么强，都是难以获得成功的。二十世纪八十年代的战士，年龄小，文化水平较高，思想活跃，情绪易波动。这些特点对开展谈心活动来说，既有有利的一面，也有不利的一面。我们只有对战士充满深厚的感情，战士才能信任我们，相信我们谈心是从真心实意地爱护他们的角度出发的。这样，即使是再尖锐的意见，他们也是能够接受的。相反，进行声色俱厉的训斥，野蛮粗俗的辱骂，只能使战士产生反感，进而对教育者憎恶和蔑视。这样，再正确的意见也听不进去了。

如何运用丰富的感情去打开战士的心扉达到谈心的目的呢？我认为应该注意以下几点：

**第一，要有针对性。**我们的战士虽然年龄小，但成熟较早。他们思想的形成往往与很多方面有千丝万缕的联系。因此，我们在谈心时必须仔细分析，摸准脉搏，有针对性地解决战士的思想问题，而绝不能千篇一律，万人一方。例如，某连驾驶班战士小胡买了一尊维纳斯塑像摆到床头上。连长发现后，很生气，主张召开连军人大会点名批评，并当众摔碎塑像。而指导员却主张先调查明白，进行个别谈话。他找到小胡问："你买维纳斯塑像做什么？"小胡回答说："好玩呗……""你知道维纳斯塑像是谁雕塑的？为什么断了臂？为什么至今也没有补上断臂？"小胡低下了头说："不知道。"指导员让他坐下，倒了一杯水给他，然后讲起维纳斯塑像及其来历。从古希腊的神话传说讲到维纳斯塑像的诞生，继之又讲到断臂之谜至今尚未揭开……小胡听得津津有味，他感慨地说："真没想到，这里还有这么多学问。"接着，指导员进一步开导他："你想过没有，欣赏艺术品要有一个正确的观点，从中汲取知识，提高鉴赏能力。要是单纯地追求感官刺激，那不但亵渎了艺术本身，对自己的身心健康也是不利的。"紧接着指导员又说：军队有军队的统一庄严的美。虽然维纳塑像是艺术品，但艺术品不一定都适合摆在战士的床头。如果每个战士都在床头摆一个维纳斯塑像或者类似的东西，那我们的连队还像个战斗连队吗？指导员真挚的话语打动了小胡的心，他第二天一早就请假把塑像寄回家了。

**第二，要有信任感。**和战士谈心一定要信任战士，这是动之以情的一个基本点。每个人都有自尊心。青年战士总是希望战友特别是领导同志尊重自己的人格和志向。如果我们忽视了这一点，就不能很好地变他们的消极情绪为积极情绪。苏联教育家马卡连柯说过："你信任他，任用他，赋予他更多的责任，往往正是调动他积极性的最好手段。"

有一个连队的一名战士在洗脸池旁捡到一块罗马牌手表，便悄悄地放在自己的背包里，过了十多天才拿出来交给了指导员。他痛心地检查了自己想贪便宜的错误，又汇报了自己思想斗争的情况。指导员不是直接尖锐地批评他，而是委婉耐心地讲述道理，并热情地表扬了他能够自我觉悟和自我教育的行为。指导员的做法使那个战士不但没背上沉重的思想包袱，而且更加热爱连队、关心战友了，后来连队党支部还让他当上了军械保管员。由于他对工作认真负责，年底被评为优秀共青团员，还得到了团里的通令表彰。

**第三，要有亲切感。**我们部队是一个大家庭，干部和战士之间是亲如兄弟的同志关系。干部和战士谈心，交朋友，只要对他们倾注深厚的感情，使他们感到亲切和温暖，就能引起他们内心深处的强烈共鸣。相反，不关心战士的疾苦，不把他们的各种问题或困难放在心上，只是板起面孔来讲大道理，就会使他们感到压抑，心灰意冷。某连老战士小孟连续收到爱人从江西寄来的两封信。信中诉说苦衷：她抱着不满周岁的孩子，眼看着五亩责任田地没人翻，水没人灌，早稻插不上秧，心急火燎。信中她向丈夫呼吁："你能不能向领导请假或提前休假，来家帮我把早稻插上！"当小孟找连长汇报自己家里情况时，还没等说到请假，连长就板起面孔说："农村种责任田的又不是你一家，都请假回去，连里的工作谁来干？"冷面加冷语，使小孟的心一下子凉透了。此后他就闹着要复员。相反，同是这个连队，战士小石的母亲生了病，来信要小石设法买一斤天麻寄回去配药。小石请假跑了几趟县城也没买到，整天愁眉苦脸。指导员发现小石的情绪不对头，就找他谈心，知道此事后，就设身处地地劝慰他，并积极替他想办法。指导员给在北京工作的爱人写信，用自己的钱买了一斤天麻悄悄地寄给了小石的母亲。小石收到母亲的回信后，感动得不知如何是好。以后，他更加努力地工作，积极为连队建设出主意、想办法，受到团领导的表扬。

**第四，要讲真话**。和战士谈心，即使你抱着与人为善的态度，不讲心里话，也会引起对方的“戒备”，甚至产生反感。战士们性情直爽，说话坦率，最忌“虚伪”。我们有啥说啥，直抒己见，开怀畅谈，战士感到领导在和他推心置腹地讲实话，他就会主动地谈出自己的真实思想。这样以真换真，以诚对诚，以爱求爱，才能达到真正交流思想的目的。

总之，动之以情在和战士的谈心中有着不可低估的作用。我们只有把理和情真正结合起来，才能情通理达，发挥好谈心在政治思想工作中的作用。

# 幽默口才

YOUMO KOUCAI

# 巴金的幽默

武俊浩

有一次，记者去巴金的家里采访，请他谈谈童年的生活。巴老的记忆力好得惊人，儿时生活的细枝末节，都讲得栩栩如生。记者听得入迷，竟有些忘乎所以了，不断地向他提问，要他讲讲当年向祖父请安时穿的什么衣服，质地和样式如何，问得非常烦琐。巴老仍然一脸和煦的笑容，对记者说："可惜，我那时不知你要问我这些，否则我就记下了……"接着，他自己也笑出了声。

奥·弗洛伊德说："并不是每个人都能具有幽默态度，它是一种难能可贵的天赋。"当记者繁琐地发问，已经超出了巴金的记忆范围时，他竟然惋惜地说自己当时不能穿越到现在。这样的说法超出了记者的意料之外，从而终止了发问，化解了不能回答的尴尬。如果遇到超出范围而又难以回答的尴尬时，可以借用巴金先生的幽默之法巧妙地化解。

巴金的儿子小棠和父亲一样，外表看着沉稳，内心相当幽默。有一年，小棠坐车去看望父亲，钱包却不慎在车上被偷了。到了巴金那儿，小棠说了钱包被偷的事，然后赖到巴金头上，说："老巴金，赔我钱。"巴金可不"糊涂"，说道："你的钱包在车上被人偷了，为啥要我赔？""我是来看望你，钱包才被人偷的，所以要你赔。"小棠"强词夺理"。巴金幽默地"回敬"道："那我告诉你一个办法，你多写几部电视剧卖出去，钱就会回来了。"看着他们父子俩"唇枪舌剑"斗嘴，一旁的工作人员都乐了。

莎士比亚说："幽默和风趣是智慧的闪现。"巴金没有想到儿子把钱包被偷的责任赖到他头上，这出乎他的意料，也让他很尴尬。而他提出解决问题的办法也是儿子没有想到的，巴金用侧面迂回的说辞化解了尴尬，显得幽默风趣。如果遇到强词夺理的人，不要被对方的思维牵着走，要学会运用幽默手段去应对。

冰心送给巴金一张墨宝，在一张狭长的宣纸上写着："巴金老弟存，人生得一知己足矣，斯世当以同怀视之。冰心，一九九〇年八月十日。"冰心老师的字写得多么俊秀飘逸,她是借用了鲁迅写给瞿秋白的前人联句，以表明两位文学巨匠的纯真情谊。有位记者从巴金家人手中接过联句，欣赏了半天，然后走近巴金，笑嘻嘻地说："巴老，您能不能借给我复印一下？"他这一唐突要求让周围的人都愣住了，场面十分尴尬。没想到，巴老不慌不忙，也是笑嘻嘻地答道："我能不能不借给你复印一下呢？"多么机智幽默！尴尬化解了，大家都笑了，谁都不难堪！

普鲁塔克说："忠贞不渝的至交是件踏破铁鞋无觅处的稀世之珍。"冰心送来的墨宝，在巴金看来是稀世之珍，而且内容是不能复制的私人订制。但这位记者却提出了如此唐突的要求，是人们都没有预料得到的。巴金巧妙地给记者的原话插进去一个否定词，就轻松地拒绝了对方，从而破解了尴尬的局面。面对某些人的无理要求，可以用添加一个否定词的幽默方法去化解。

巴金先生的幽默，是不顺着对方的思路说，他的回答永远是要出乎对方的意料之外。对方说过去的事，他却说现在的事；对方要求他这样，他偏要对方那样；对方期望得到肯定的答复，他却给对方否定的答复。有人说："换个角度思考，路的旁边也是路。"巴金的幽默虽然是一种不同寻常的幽默，但也是能够有效化解尴尬局面的幽默。

# 词义一变，幽默自见

宋桂奇

所谓“换义”，是指在与他人交流中，说话人利用词语的多义性，将对方用作甲义的某个词语，巧妙变换为乙义，以达成自己想要的谈话效果。由于这种出人意料的变换，既灵动智慧，又风趣幽默，因此十分受人喜爱。

1987年5月，“全国漫画艺术讲习班”在天津师范学院开讲，主办单位邀请相声大师马三立给学员们讲一节课。马三立一上来就抖起了包袱：“我不会画漫画，可主办方非让我来——他们说，漫画跟相声是近亲；我一听便摇头道，那我就更不能来了，为嘛？近亲不能结婚啊！”待笑声和掌声结束后，马老又把话锋巧妙地转至将要讲授的内容上：“既然是近亲，相声和漫画自有相通之处，二者都是幽默艺术，都有塑造人物的手法。”

主办方代表所说的“近亲”，是指漫画跟相声有相通之处，用的是比喻义；马三立却将其巧妙变换为常用义“血统关系比较近的亲戚”，以使“近亲不能结婚”这个包袱抖得炸响。凭借这一幽默妙语，自能立马吸引学员的注意力，从而取得良好的教学效果。

一次记者招待会上，有位英国记者向俄罗斯总统普京提出一个非常尖锐的问题：“有媒体报道说，你是欧洲最富有的人，这是真的吗？如果是真的，你那么多钱又是从哪儿来的呢？”此问一出，台下顿时议论纷纷。只见普京淡定地一挥手，出人意料地给出一个肯定回答：“这是真的！我不仅是欧洲最富有的人，应该还是全世界最富有的人，因为俄罗斯人民四次选择了我，让我来领导这个伟大的国家。”话音刚落，台下顿时爆发出雷鸣般的掌声。

“富有”，既可以指物质上的富有，也可以指其他层面上的富有。当记者以前一个意义来暗示普京有贪腐之嫌时，普京则智慧地将其变换为后一个意义，即他拥有全体俄罗斯民众的无限信赖。这一回复，既显现出一种发自内心的自豪感，又巧妙地回答了对方的难题——如果我真贪腐了，俄罗斯人民又怎会四次选择我？

著名作家沙叶新一直主张说真话，经常写一些针砭时弊的文章。对此，虽有许多人鼓励喝彩，但也有少数人非议批评。一天，当他在办公室说起自己喜欢洗冷水浴时，一名时常非议其文章的同事便阴阳怪气道：“冷水浴有什么好处？大冷天的洗冷水浴，就不怕感冒吗？”他则笑道：“别人我不知道，对我来说，最大的好处就是不怕别人泼冷水了。洗了几十年冷水浴，还怕别人给我泼冷水吗？”闻此幽默豁达之语，在场的人都忍俊不禁。

“冷水浴”中的冷水，是指温度较低的水；“泼冷水”中的冷水，是比喻受到意外的打击。面对批评者的阴阳怪气，沙叶新借助“冷水”两个意义的变换说出幽默妙语，以表明自己不惧他人批评的勇气和决心，这种豁达乐观，让人的敬意油然而生。

由上可见，这种由“换义”形成的风趣幽默，不仅能给人带来愉悦快乐，还可以取得一种化解难题、和谐交际的良好效果，值得我们仔细品味并学以致用！

# 反转语序，幽默风趣

正常情况来说，我们说话得有先后顺序，才能说清楚要表达的意思，但在有些时候，故意打乱、反转语序，会增强表达的效果，常常会产生意想不到的幽默效果。生活中，语序发生变化的句子是很多的，比如“湖南人不怕辣，江西人辣不怕，四川人怕不辣”等。巧妙地把“不”“怕”“辣”三个字互相调换顺序，不仅准确地概括三省人吃辣椒的特点，而且耐人寻味，妙趣横生。

反转语序的表现形式是多种多样的，在一定的情景下有如下几种运用技巧——

## 语言倒置

李晓娟大学快毕业了，于是跟自己的室友一起拍了一组毕业照。几天后，李晓娟带着男友陈志新去摄影室取打印的照片。李晓娟拿到了照片，发现室友们拍得都比较端庄美丽，就她自己由于比较爱搞怪，所以拍的照片都显得有点喜感。李晓娟把照片拿给陈志新，然后说：“你看，她们笑起来很好看。”陈志新看了看照片，然后笑着说：“是的。但你不一样，你是看起来很好笑。”李晓娟被逗笑了，故意撒娇说：“你太坏了，我要用我的小拳拳打你的大胸口。”没想到的是，陈志新又抛过来一句调侃，说：“你太坏了，你这是用你的大拳拳打我的小胸口吧。”听到这话，李晓娟更是被逗得笑出了声。

语言倒置，就是打乱话里字的顺序，形成新的，甚至相反的，但依然能够合乎情理的句子。陈志新在与李晓娟的对话里，都巧妙地运用了语言倒置，都是在故意打趣李晓娟。现实中，很多常用语，都可以通过反转语序的方式，变成幽默的句子。比如，把本来是夸赞的一句话，倒置一下，成了一句贬低的话，这就很意外，幽默的意味也就出来了。

## 角色倒置

第二次世界大战的时候，德国军队占领了法国首都巴黎。德军的头目们，为了显示其珍爱艺术，经常装腔作势地出入巴黎的毕加索艺术馆。有一天早晨，毕加索亲自站在艺术馆的入口处，把他的名画《格尔尼卡》的复制品分发给每一个来艺术馆参观的德国军人。这幅画真实地描绘了西班牙城市格尔尼卡遭到德军飞机轰炸后的惨状，有很强的现实意义和极高的艺术价值。德军不知道这幅画的创作背景，反而为能得到这样的名作而感到受宠若惊。有一个德军头目指着这幅画问毕加索："这是您的杰作吗？"他满以为毕加索会笑着回答说"是"，并对他的光临表示感谢。没想到，毕加索却说："不，这是你们的杰作！"这绝妙的讥讽，使所有德军都尴尬不已。

角色倒置，就是通过反转语序，改变双方的角色，从而构成一个新的句子。在这里，毕加索就是巧妙地改变了双方的角色——我毕加索只是画了一幅废墟的画，而真正把渔庄炸成废墟的，却是你们德军。一句讥讽，充满幽默的意味，却又让人深思其中的内涵。可见，角色倒置特别适合反唇相讥，否定性地引用对方言语，达到以其人之道还治其人之身的目的。

## 逻辑倒置

下班后，吴宝涛和宋建国一起走出单位准备去坐地铁回家。但在过马路的时候，一辆轿车疾速驶来，差点撞到了他们，吴宝涛还因此摔了一跤。事后，吴宝涛站起来问宋建国："怎么样，没事吧？"宋建国说："没事，差一点就撞上了。"吴宝涛见他没事，就笑着说："你怎么不跑啊，别撞坏了人家的车，咱赔不起。"宋建国听后也笑了，然后说："你倒是跑了，可是却摔了吧？"吴宝涛说："是的，还好只是轻微摔了一下。"宋建国这时也童心大发，笑着说："你可得小心啊，你这鞋子多好看，可别弄破了。"说到这里，两人都哈哈大笑了起来。

逻辑倒置，就是通过反转语序，颠倒事物的逻辑关系，本末倒置，反客为主。比如，宋建国差点被车撞上，正常逻辑应该是关心人怎么样了，但吴宝涛关心的却是车；同样的，吴宝涛摔倒了，正常逻辑应该是关心人怎么样了，但宋建国关心的却是鞋子。这些都是逻辑倒置，话语幽默搞笑。在生活中，我们可以通过这招来调侃别人，或者怼那些难为你的人。

这些倒置的说话方式，都能轻松制造意外感，制造幽默的效果。语序改变虽然只是调整了语句的顺序，却可以产生无穷的意趣。我们只要了解语序改变的特点和作用，就可以在现实生活中适当运用，以增强语言的表达效果。

# 话中情趣何处来

丁凯隆

稍加观察，我们就会发现生活中有这样一类人：他们人缘好，说话有“趣”，所到之处，常能以妙趣横生的谈吐、幽默机智的语言，令他人捧腹大笑，给周围带来一片欢声笑语。

说话有“趣”，就是有情趣、有趣味，就是耐人寻味；与之相反的当然就是说话索然寡味或味同嚼蜡。

可是说话之“趣”从何而来呢？说话不是烧菜，多放点佐料就会变得有味的。

## 依我之见，说话之“趣”首先来自“个性化”

最近，我采访了上海民办前进业余进修学院原院长，曾14次赴美、日等国访问并被邀请出席克林顿总统就职典礼的蔡光天先生。蔡院长风趣的谈话却常让我忍俊不禁，不时发出会心的微笑。究其原因，是他的谈话闪烁着鲜明的个性色彩。

例如，他讲过这样一段经历：1994年12月23日，日本外务相秘书来沪与他约定1995年1月18日12时至14时在日本大阪给150名大资本家演讲。可是，恰恰在1月17日日本神户、大阪地区发生了严重的地震。路毁房塌，人员伤亡惨重。面对如此险境，去还是不去呢？蔡院长豁达地说道：“当然去，不去就不是我蔡光天！我想过了，无非是三种情况：受伤、死亡或不死不伤。受伤，日本友人会来慰问我，我在日本会因此而名声大振；死亡，日本外务省会为我开追悼会，我也算为国争了光；不死不伤当然更好。”说完，他一边用胳膊肘捅了我一下，一边放声大笑起来。

这一席话活脱脱地道出了他的精神风貌与鲜明的个性风采。因此，听来有“趣”。

## 其次，说话之“趣”来自“形象性”

抽象、空洞的话语大多没有情趣，没有吸引力，说多了，听的人便会厌倦，甚至反感。要使自己的说话富有情趣，就要寻求生动的形象，用“形象”说话。

公共汽车上发生过这样一件事：甲踩了乙一脚，乙什么也没说，只是朝甲瞪了一眼。谁知甲却大声吼了起来：“怎么样？你以为你能吃了我吗？”我以为乙会跟甲争吵起来，弄不好还会在车厢里拳脚相加、大打出手。不料，乙却露出一脸轻蔑的微笑，慢条斯理地说道：“哦，要把你吃下去也真不容易。你有血有肉有骨头，还有头发，我可没有那么高水平把你吃下去。”话音刚落，车厢里爆发出一片笑声。甲满脸涨得通红，想发作也无可奈何。在这里，乙用“软顶”的方式，给甲碰了一个软钉子，既避免了无谓的争吵，又维护了自身的尊严。而他的话之所以引发出一片笑声，就在于他选用了形象化的语言（血、肉、骨头、头发等都是具体可视的形象），把原本枯燥无聊的争吵化作妙趣横生的嘲讽。

## 最后，说话之“趣”，来自“自嘲式”

自身有缺陷或某种不足，不是讳莫如深，不是唯恐避之不及，而是来一个善意的自我解嘲，这样的谈话大多能逗人发笑，给人以快乐。

此类例子多得很，一些相声演员、笑星或节目主持人常以此赢得观众的好评。生活中也不乏这样的人。一位教师，虽只40多岁，但头发大多秃光了，露出一片“不毛之地”。以前常有学生在背后叫他“秃顶老师”，后来他干脆在课堂上向同学们讲明了因病而秃发的原因。最后，他还加上了这样一句自嘲：“头发掉光了也有好处，至少以后我上课时教室里的光线可以明亮多了。”同学们发出一片友好的笑声，此后再也没有人叫他“秃顶老师”了。

当然，自嘲不是自我辱骂，不是出自己的丑。这里要把握分寸。

力求“个性化”“形象性”并学会适当自嘲，往往可以使自己说话变得有“趣”起来。

然而，以上三条只是表面的，决定一个人说话是否有“趣”，关键在于自信与智慧。

有了自信，也就有了个性。自卑的人，说话大多只会人云亦云，说些别人听腻了的套话。

有了智慧，也就有了幽默。智慧者开口便会妙趣横生，令人捧腹；愚笨者只会板着脸说教，嘴里飞不出可以引发笑声的词。

最后，还得说明的是说话有“趣”并不是故意摆噱头，哗众取宠，甚至弄一些滑稽动作去逗引别人，那是低级趣味之“趣”。我们所说的说话有“趣”，指的有丰富内涵的“雅趣”。

## 巧用幽默，博人一粲

独立寒秋

人在面对尴尬或受到刻意刁难的时候，总难免充满负面情绪，这时的当事人就像一个火药桶，随时都有爆炸的危险。此刻，如果有人抛出一句幽默话语，使处于尴尬和暴怒中的当事人听了忍俊不禁，一场难堪局面就会因之缓和，危机也就随之化解。

南北朝时期，有一次梁武帝招待群臣。酒过三巡，已有六分醉的大臣萧琛趴在桌子上小憩。梁武帝见了童心大起，于是就抓起一颗栗子来投他，不偏不倚正好打中了萧琛的头。迷迷糊糊中，萧琛抬起头，由于在酒醉之中，将栗子又向梁武帝投了回去！瞬间，席间变得鸦雀无声，萧琛的酒劲儿也一下子醒了一大半。梁武帝脸色自然很难看，但还没说话，机灵的萧琛已经开口了：“臣罪该万死！但是，陛下把赤心投给臣，臣怎敢不用战栗来回报呢？”

梁武帝听完，顿时哈哈大笑起来，说：“好你个萧琛，朕饶恕你了！”

诗经云：“投我以木瓜，报之以琼琚。”投我以赤心，报之以战栗——这显然是不合逻辑的，萧琛的举动把自己推向了风口浪尖。但是他的一番机智幽默的话语，让皇帝解颐一笑，也让自己从危机中摆脱了出来。这就是幽默的巧劲儿。

台上，一位华盛顿州议员在做一个很冗长的演讲，旁边一位犹他州的议员觉得对方占用的时间太长，就走到华盛顿州议员跟前低声说：“先生，你能不能快点……”话未说完，那位正在演讲的议员便回过头来，用严厉的口气低声呵斥他道：“你最好出去！”然后继续演讲。于是，这位受了委屈的犹他州议员走到联席会议主席卡尔文·柯立芝（后来的美国第30任总统)面前说:“柯立芝先生,你听见那个家伙刚刚对我说的话了吗?”“听见了,”柯立芝不动声色地答着,“但是,我已经看过了有关的法律条文,你不必出去。”这位犹他州议员马上难为情地笑了。

卡尔文·柯立芝这一回答实在是太聪明了,他把那位议员的愤怒当成了玩笑,而并没有让自己卷入这种儿童式争吵的旋涡中去。如果柯立芝也采取一种较真的态度,那对于大家又有什么好处呢?无非是更加激化双方的矛盾。用幽默的巧劲儿,柯立芝大大缓解了那种伤感情的纠纷,从而制止了进一步的争论。能从白热化的僵局中看出其中所包含的幽默成分,就可巧妙地避免麻烦和纠纷。

在上海浦东召开的一个活动现场,某位明星迟到20多分钟仍没有任何消息,台下观众很是生气。主持人多次上台解释,但台下的观众还是怒气难平,很不耐烦地对主持人说:“你唱一个吧。”听了这话,主持人立刻非常幽默地回答道:“不行的,主持人是说得比唱得要好听。如果今天我唱了,明天各大报纸会说我说不好,只能现场卖唱了。”台下观众哈哈大笑。

原本要出场的明星迟迟未到,自会引起现场观众的愤懑和不满。主持人发挥了他的幽默巧劲,用一句玩笑话稳住了观众的情绪,分散了观众的注意力,有效地消除了突发情况给观众带来的负面影响,从而也平息了他们的怨气。假如一本正经地去解释“自己不会唱”,观众势必不会买账。而采用幽默话语博观众一粲,使他们的不满情绪得以纾解。一句话使人跳,一句话使人笑,幽默的力量真是不可小觑。

出现尴尬局面时,用幽默的巧劲博得当事人一粲,让对方的怨怼化解于无形,委实是一种高超的话语调解技巧。利用幽默话语,可以避开正面争端,以最微小的代价解决问题,因此也是化解矛盾的“巧招”。同时,在周围的人看来,你能用幽默淡化紧张气氛,一定是个有智慧、能包容的高情商者,别人也会非常愿意和你成为朋友。

# 小幽默，大作用

亚明辉

在人们的印象中，幽默似乎只是一种调节气氛的手段，但是对于带兵人来说，幽默的作用可不仅仅是这些，不信你看：

## 幽默能鼓舞士气

公元前480年，斯巴达国王莱奥尼达斯率领斯巴达300名勇士在色摩比利山与波斯的军队进行最后的决战。当时波斯军队十分强大，而斯巴达这边的力量要弱小得多，很多战士忧心忡忡。此时，波斯派了一位使者来到斯巴达，想劝莱奥尼达斯放弃抵抗，使者高傲地说道："我们的士兵是那么多，我们的箭飞起来能遮蔽太阳。"莱奥尼达斯听后不但丝毫没有畏惧，反而大笑了起来，说道："越多越好！到那时我们就可以在荫凉处作战了！"他的话不但让波斯使者碰了一鼻子灰，战士们看到国王如此乐观，也更有信心了，军队的士气高涨了起来。

带兵人是一支部队的主心骨，带兵人的态度、情绪对部队的士气是有很大影响的。尤其是在一场大战前，如果带兵人情绪低落，战士们就会受到消极的影响。而幽默的话语，表现的是带兵人积极、自信、乐观的态度，战士们在会心一笑的同时，也能从这幽默中感受到带兵人自信豁达的态度、积极乐观的情绪，从而变得更有信心，士气也更加高涨。

## 幽默能讲明问题

"二战"时期，担任欧洲战区盟军最高统帅的艾森豪威尔不仅统率着百万大军，手下的军官也是不计其数。如何把部队拧成一股绳呢？靠他自己肯定不够，他必须让军官们也学会如何带兵。有一次他给军官们开会，讨论带兵的问题，军官们兴致不高，昏昏欲睡。艾森豪威尔停止了讲话，而是找来一根绳子扔到了桌子上。大家的兴趣一下子就被勾了起来。艾森豪威尔说道："你们看，我用手推绳子，只有手边的绳子动了起来，其他地方根本不会动；我改用手拉，整条绳子都动了起来。军队的领导人就像这样，不能推，而要以身作则来拉动大家。"军官们鼓起掌来，也对艾森豪威尔的话留下了深刻的印象。

带兵人靠什么带兵？很显然要靠嘴。带兵人说出的话下属爱听，才能记得住；下属听得懂，才能遵照去执行。而幽默的语言恰恰有这样的功效，一来，幽默的语言是人们最喜闻乐见的说话方式之一；二来，幽默能让许多艰深拗口的道理变得浅显生动，让别人一听就能理解。带兵人掌握了幽默这个利器，无论是讲述道理，还是布置任务，都能事半功倍。

## 幽默能带来亲和力

苏联巴格拉米扬元帅虽然职位很高，却一直让人觉得平易近人，很受战士们的喜欢和尊敬。有一次，他去一个新建的训练场视察，一群新战士正在锻炼身体。战士们看到元帅到来，有些紧张。他问一名小战士："你姓什么？"小战士回答道："报告元帅，我姓沃罗比约夫。""沃罗比约夫"是麻雀的意思。巴格拉米扬笑道："你现在是麻雀，一年之后便会长成翱翔天空的巨隼！"他又问一位战士姓什么，战士回答说："奥尔洛夫！"这个词是雄鹰的意思。巴格拉米扬很高兴："好啊，上帝把你这只雄鹰派给我们了。"两句话让战士们的紧张情绪全消除了，甚至一位战士还主动说道："元帅，我姓科兹洛夫，是山羊的意思，我该怎么办？"巴格拉米扬说道："你会向歌星科兹洛夫斯基一样，成为连队最耀眼的人！"大家都笑了起来。

带兵人需要有威信，同时也需要有亲和力。那怎么才能有亲和力呢？幽默的话语会为你加分不少。因为幽默代表的是你温和、友善的态度。你说话幽默，别人会觉得你是温和的，会愿意接近你；你用幽默的话语回应别人，别人会感受到你的善意，愿意跟你交流和沟通。说话幽默的带兵人，亲和力不会太差。

幽默的作用可不仅仅是调节气氛，它还能帮助带兵人鼓舞士气、说明问题、增强亲和力。幽默，可以说是带兵人的一把利器。

# 幽默，创造快乐的生活

丽　清

一个具有幽默感的人，生活一定是快乐的，即使身处困境，他依然拥有乐观、豁达的态度，创造出生活的乐趣，不仅让自己开心，也把快乐带给身边的人。

在一个家庭里，男人把房间搞得乱糟糟的，妻子看到后，生气地说：“你看你，把家搞得像个猪窝。”男人说：“你真是个善变的女人，前两天你还说我把家搞得像狗窝。”妻子说：“少贫嘴！我现在看见你就烦！”男人说：“我也一样！”妻子杏眼圆睁。男人说：“你瞪我，我也得说，我也一样，越看我自己越烦！”他话音刚落，妻子“扑哧”笑了。

这个男人是一个懂得幽默并善于创造幽默的人，面对妻子的指责，他没有“逆来顺受”，也没有争辩，那样做都不会让妻子变怒为喜。先是一句“我也一样”，制造误会，而后陡转再一句“越看自己越烦”，制造出幽默的效果，将妻子的怒气变成了开心的笑声。生活中，我们就应该尝试去创造一些小小的幽默，为生活增添一些情趣，悦人悦己。

公司发了年终奖，赵峰悄悄问李晓杰：“你年终奖发多少？”因为公司领导一再强调年终奖是保密的，不能相互打听，李晓杰自然不能实言相告，可又不能生硬拒绝。于是，他就问赵峰：“你是想要一个怎样的答案呢？是希望我的奖金比你多，还是少呢？如果比你多你不满意；如果比你少，我不满意。”赵峰说：“实话实说，我告诉你我的多少，你也如实相告。”李晓杰说：“还是算了吧，这样做领导很不满意。”赵峰听了，“哈哈”笑了起来，不再追问奖金多少了。

面对不能满足的要求，幽默地拒绝能化解难题，又能创造快乐，让对方在笑声中放弃自己的要求，以一种愉快的方式接受你的观点，这是幽默的妙用之一。多一份幽默，就少一份尴尬；多一份幽默，就多一份快乐。没有幽默化解不了的难题，没有幽默打破不了的尴尬。

> 张凯做错了事情，惹女朋友李雪生气了。李雪喋喋不休地批评他，张凯故作生气，大声说：“你不要在这喋喋不休了，我非常生气！”李雪一听，更生气了，说：“你犯了错误，我说你几句，你还生气，你想怎样？”张凯说：“你说我想怎样？告诉你，要不是看你温柔、善良、美丽、善解人意，我早和你分手了！”李雪一听，怒气全无，笑得直不起腰来。

有人说，幽默是生活的润滑剂，能消除摩擦，化解矛盾；有人说，幽默有神奇的力量，能化烦恼为美好，化干戈为玉帛。这都是因为幽默能创造快乐。所谓笑能解千愁，有了欢快的笑声，人与人之间，还有什么难题呢？幽默的人，不仅拥有较高的情商，往往还特别有礼貌和涵养，他们看似有一种圆滑的处世技巧，实则更多是一份对他人的善意、理解和包容。

> 某社交平台上有个小彭，其貌不扬，常常被网友说“长得有点着急”，他却拥有上千万粉丝。原因就是他能给大家带来快乐。有一次他调侃自己的长相，说：“我承认 30 多岁的我，长得有点着急。20 多岁的小姑娘，叫我叔叔我能接受；同龄人喊我大叔我也能接受；就是 40 多岁的人喊我大哥，我也能接受；可 50 多岁的大妈，你问我有没有老伴是什么意思？”就这一番自嘲，瞬间赢得了成千上万的赞。

自嘲是制造幽默的最佳方法之一。敢于自嘲，就是敢于正视自己的不足和缺点，这本身也是自信的体现。自嘲的人展示自己的痛点，把优越感留给别人，在带给别人快乐的同时也赢得了别人的喜欢。自嘲带来的幽默充满魅力，是走进他人心灵的捷径，谁都不能拒绝一个幽默的人，因为谁都不会拒绝快乐。

幽默固然需要一点天赋，但更重要的是后天的培养和练习。它需要积极的思维，豁达的态度，宽广的胸襟，还有对他人的尊重和包容。有了这些，我们在生活中就能经常制造幽默，创造快乐，成为一个幽默风趣的人。

# 幽默的人最有风度

谁都希望自己在他人面前能够保持风度。做个幽默的人吧，因为幽默的人最有风度。

## 幽默的拒绝，彰显风度

著名航空工程学家西奥多·冯·卡门在八旬高龄时获得了美国的“国家科学勋章”，授勋仪式结束后他走下台阶，因为患有严重的关节炎，步履显得非常艰难。来参加仪式的时任美国总统主动上前搀扶他，他却拒绝了，说道：“总统先生，下坡而行的人，无须搀扶。那些举足攀登的人，才需要人们助他一臂之力！”

总统是一番好意，如果冯·卡门直接拒绝，在那样庄重的场合，显然会让总统下不了台，自己也会给别人留下不识好人心的印象，失了风度。他用幽默的话语拒绝总统，称自己是“下坡而行的人”，一句满含智慧的话语，表达了自己的态度，也照顾了总统的面子，让人们看到了他的风度。

## 幽默的自嘲，不失风度

民国时期，姚明辉担任上海一所师范学院的老师，他本就体弱清瘦，还留着山羊胡子，戴着眼镜，有些学生觉得他长相滑稽，经常拿他取乐。一次他走进教室，看到黑板上画了一幅漫画：那是一只人面猫头鹰，猫头鹰的身姿栩栩如生，而面容正是姚明辉的样子。姚明辉摇摇头说：“画得不好。”学生错愕，他接着说道：“应该加一行字：此乃姚明辉之尊容也！”学生笑了起来，姚明辉也笑了。

所谓风度，有时就是当你在面对他人的冒犯时，克制自己的能力。对于学生的公然调侃，如果姚明辉歇斯底里地怒问：“这是谁干的？”他作为一个老师的风度会丧失殆尽。他能够不生气、不发怒，而是用幽默的方式进行自嘲，让大家在哈哈一笑之余，既看到了他宽广的胸襟，也看到了他的风度。

## 幽默的反击，尽显风度

有个富翁和诗人拜伦关系不好。有一次，富翁在河边散步，不小心掉进了河里。拜伦看见了，不计前嫌，下水将他救了起来。富翁说道："我可不会欠你的人情，我会补偿你的。"说着从身上摸出一枚铜钱丢给拜伦，扬长而去。围观的人纷纷指责富翁，拜伦却说道："不要指责他，他很清楚自己的价值。"众人都笑了起来。

拜伦拼着命救了富翁，富翁却丢过来一枚铜钱羞辱拜伦，对于这样的行径，如果拜伦口出恶毒的诅咒和谩骂，显然会丢了自己的风度。他用幽默的方式，嘲讽富翁只值一枚铜板，回击了富翁，尽显自己的风度。

## 幽默的批评，展现风度

张铭约新交的女朋友一起吃饭，服务生端上来的汤里居然有一只苍蝇。张铭非常镇定地叫来了餐厅经理，说道："你好，尽管我认为在颜色单调的汤里加一些点缀是个不错的主意，不过你们应该把汤和苍蝇分开来放，这样可以让那些喜欢的人自己添加，你觉得如何呢？"餐厅经理听后，连连表示歉意，并马上为他们更换了餐品，还多赠送了一道菜。经过这一件事，女朋友对张铭的印象也变得更好了。

汤里有苍蝇，固然是餐厅的错。可是，如果张铭歇斯底里地把餐厅经理训斥一顿，女朋友对他的印象会怎样？他的风度从何体现？所谓风度，有时就是保持情绪稳定，温和地对待他人的能力。他用幽默的方式，温文尔雅地说出了批评的话语，既指出了餐厅的错误，展现了自己的态度，又不会破坏气氛，展现了自己的风度。

幽默是一个人智慧和风度的外在体现。对于展现一个人的风度而言，幽默是一面很重要的镜子。与人交流时，如果能够做到谈吐幽默风趣，会让朴实无华的表达更富于变化，并给人带来一份惊喜，为自己的形象加分。

# 幽默感来自洞察力

有个作家说："我们为什么不会幽默？因为缺乏洞察力！"是啊，世事洞明皆学问，世事洞明也皆幽默。幽默一定是来源于洞察力的——在不同事物之间，发现微妙的区别与联系的能力。幽默的内核，就是通过语言制造出人意料的微妙连接。

如今写字绘画的人不少，自诩为"书画家""书画大师"的人满天飞，作品要价也不低。那么，如何判断一个人是不是合格的书画家呢？启功说："书画家的水平究竟如何，最好的检验办法就是把他的作品'挂上'。这就好像检验一个京剧演员，最好的办法就是给他'扮上'，他究竟够不够'角儿'，一'扮上'就看出来了；是不是书画家，一'挂上'也就看出来了。"

启功没有高谈阔论品鉴书画的标准，而是洞察入微，洞见到了就像京剧唱得好坏，主要评判权在观众，对书画作品的评判也由观者决定。所以他能出其不意地将"挂上"与"扮上"连接在一起，一语中的，幽默无比，洒脱诙谐中尽显世事洞明的通透，耐人寻味。

法国巴黎有座卢浮宫，耀眼的玻璃金字塔边，总会有人驻足欣赏："真是太美了！"然而，当初设计这些美妙建筑的贝聿铭却被法国民众骂了两年多，甚至连走在街上，都会被人吐口水。后来玻璃金字塔落成，成为法国人最骄傲的建筑。贝聿铭因此被授予法国最高荣誉奖章，德国记者和纪录片导演盖罗·冯·波姆在专访时问他："您为何在不被法国人待见的情况下，还去帮他们设计？"贝聿铭幽默地说："幸亏当时我法语很差，听不懂他们在说什么，刚好落得两耳清静，两耳不闻窗外事，一心只管去设计。如果听懂了，我一定会当场走人。"

在日常生活中，幽默是让我们应付自如、摆脱尴尬场面、制造轻松气氛的最好调节剂。贝聿铭被问曾经遭受的屈辱，他既没有愤懑的情绪，也没有刻意美化自己的坚贞不渝，而是洞明事理，戏谑自嘲“法语差”，听不懂，心不烦；耳不听，心而静。既幽默化解了他的处境，也不会伤害任何人，还传达出一个做人道理，也就是当无辜受到别人的责难时，就当没听见，专心做好自己的事就好了。

有一次，广西大学公共管理学院教授蒋永甫和刚入学的新生座谈，他一开口就让新生们感受到了他的幽默。他说：“西大不仅具有辉煌的历史，还是一所花果飘香、躺着都会被芒果砸中的大学，是一所占地近5000亩、让人走路走到脚抽筋的大学。读大学，到底读什么？读大学不是读教材，而是读经典著作；读大学，读的是独立，人格的独立，养成独立之精神；读大学，读的是自由，应形成自由之思想；读大学，读的是寂寞。因为读大学需要思考，思考需要时刻保持一颗寂寞的心。如何读大学呢？首先是跟老师读。大学就像一个知识的鱼塘，老师是塘里的大鱼，学生是塘里的小鱼，小鱼跟着大鱼游，游到最后，小鱼也就变成了大鱼。二是跟同学读。一个班，总有些出类拔萃的同学，对这些同学不要羡慕嫉妒恨，而要见贤思齐。作为大学生，你们可以卓尔不群、标新立异，可以谈恋爱，甚至可以合理逃课，但不可以考试舞弊。”

一个有幽默感的人，随时随地都能洞察发掘事情有趣的一面，形成自己独特的话语风格和幽默的生活态度。蒋永甫三言两语就对广西大学做了最能体现和反映学校特色的介绍，很接地气。他也对新生们读好大学提出了最幽默风趣的忠告，诸如“读大学，读的是寂寞”“小鱼跟着大鱼游”等，都蕴含着细致的洞察力，让人深思。

作家王蒙说：“幽默是一种成人的智慧，是一种穿透力，一两句就把那畸形的讳莫如深的东西端了出来。它包含着无可奈何，更包含着健康的希冀。”你想成为一个有幽默感的人吗？那就要善于洞察，你有多深的洞察力，就有多强的幽默感。

# 幽默一到，难题让道

海　炎

有句话说：“幽默面前，没有难题，如果有，那就是你还不够幽默。”幽默作为一种能力，是一个人情商的体现，它能给人带来快乐，也能解决难题。

## 幽默解除尴尬

有位德国音乐指挥家随团来中国演出，演出结束后，他接受中国朋友的邀请共进晚餐。由于朋友的疏忽，桌上没有摆放西方人使用的餐具刀叉，他只好拿起筷子，笨拙地左夹右夹，夹不起想吃的菜，场面显得滑稽可笑。他放下筷子，说：“一根棒子可以让我吃饱饭，两根棒子恐怕会把我饿死。”在座的听了，都哈哈大笑，朋友赶忙去拿刀叉。

面对尴尬，音乐家由筷子联想到指挥棒，那根棒子是他的工作，能养家糊口，填饱肚子，而吃饭用的“两根棒子”却无法让他夹到想吃的菜，看着美味只能挨饿。两相对比，形成强烈反差，收到了很好的幽默效果，为自己解除了尴尬。幽默是解除尴尬的良方，生活中遇到令自己尴尬的事情，不妨幽默一下，为自己解除尴尬，也给他人带来快乐。

## 幽默地表达不满

郑爱文的婆婆喜欢唠叨，就是鸡毛蒜皮的小事也常常说个没完，告诉郑爱文该如何如何做，常常讲她认为对的道理。婆婆是长辈，郑爱文又不能顶嘴和反驳，以免婆婆生气，影响家庭和睦。怎么办呢？有一次，婆婆又唠叨上了，等她说完，郑爱文说：“妈，我嫁到咱们家，感觉像考进了一所培训学校，而且还永远毕不了业。我学习累，您这个老师更累吧，咱俩何不都轻松点。”婆婆一听，笑了。从此之后，婆婆的唠叨渐渐地少了。

郑爱文把家庭生活的琐事和学校学习联系起来，把婆婆的唠叨比作老师的教导，巧妙地嫁接，引起事情与语境相排斥、冲突而发生意想不到的幽默效果，避免了直接表达不满带来的矛盾和抵触。幽默能让语言变得悦耳，让听者能愉快接受，幽默应该是用来表达不满最好的方法之一。

## 幽默地反击

在一次联合国会议中，间休时，一位西方发达国家的外交官很不礼貌地问一位非洲的国家大使："贵国医疗条件那么差，死亡率一定不低吧？"非洲大使回答道："和贵国一样，每人死一次。"本来要嘲笑别人的发达国家的外交官悻悻而去。

发达国家的外交官问话时对该非洲国家充满嘲笑和挑衅，非洲大使没有选择针尖对麦芒反唇相讥，而是避免毫无意义的论战，答非所问，将死亡率针对每个人，闪避问题的实质，营造了别样的幽默效果，维护了本国的尊严。使用幽默进行反击，既能起到出其不意的效果，给挑衅者有力的反击，又能保持自己的体面和风度。

## 幽默地拒绝

庄子因为自己的思想和才华，被世人欣赏和尊敬。一些从政的人希望庄子辅助自己，劝庄子做官。这天，又有一个人来劝庄子，庄子说："你看到太庙里被当作贡品的牛马了吗？当它们没被宰杀时，披着华丽的布料，吃着比较好的饲料，的确风光，但一旦到了太庙，被宰杀成为牺牲，再想自由自在地生活，可能吗？"来人听了，会意一笑，不再勉强庄子。

庄子没有正面回答，而是用了一个贴切的比喻，表明了自己的追求和志向，幽默委婉地拒绝了对方的提议。用幽默的语言去拒绝，避免生硬的话语伤害彼此的感情，避免给人际关系带来障碍，也能让人体面地知难而退。

幽默一到，难题让道。幽默可以淡化人的消极情绪，消除沮丧、尴尬和难堪甚至痛苦。生活中许多令人为难的事情，都能以幽默轻松自如地应对。用幽默来处理烦恼和难题，会使人感到和谐愉快。尽管，它需要天赋，但后天也是可以练习的。只要我们保持幽默的思维，习惯用幽默的方式去解决问题，慢慢地也能成为一个幽默高手。

# 幽默语言的逻辑分析

王成烈

## 鳏夫的心愿

有一位年老的鳏夫想续妻，但羞于向人启齿，只好采取暗示的方法。他对儿子说:“晚上独自一人睡真冷清啊！”儿子立即为他买了一个暖水袋。

他又说：“我的背痒时，没人帮我搔痒啊！”儿子又为他买了搔背杆。

不久，老人得知孙儿即将结婚，他感叹道：“结什么婚，给他买一只暖水袋和一只搔背杆得啦！”

赏析：这个故事中的老人家是在说谜语给人猜。谜语要具有两个方面的特点：又显示，又隐蔽。不显示事物的特点则无贴切性，而明显地讲出特点则无迷惑性。老人之所以要说谜，是羞于启齿。在特定的语言环境里，他只好说了个以“续娶”为谜底的谜。平常说话，人们都要求概念明确，概念的内涵要反映事物的本质属性。而老人只能绕过“续娶”的本质特征，只能说一些次要的征象，即说一些容易与别的事物相混淆的征象，结果就只能闹笑话，被人误解。当然，这只是个笑话。在现实生活中，讲究一下说话的技巧，不难解除老人的苦衷。比如，用与“续娶”属于同一关系的概念来表达，把“续娶”说成“续弦”，就既含蓄又准确了，还可以说“找个老伴”，或者说“让孙子再有个新奶奶”。

## 两亲家

两亲家好开玩笑。一次，一家办喜事，宴请亲家，请柬上写道：“来，就是好吃；不来，就是见怪。”另一亲家还是大大方方地去参加宴会，他带了一份礼物，礼单上写道：“收下，就是爱财；不收，就是嫌礼轻。”

赏析：这则小品包含着两处二难推理，所谓二难推理，格式是这样的：

如果……就……

如果……就……

或者……

或者……

在辩论中，一方设置二难推理，常常使另一方陷入进退两难的境地。即如这位被请的亲家，或者好吃，或者见怪，都将是难堪的。若认真研究起来，请客的亲家设置的二难推理并不高明，它不是在特定的辩论环境中自然形成的，而是挖空心思编造的。对方赴宴的原因和目的可以有多种，比如：来是为照顾情面，不来是为公务在身；来是为领受难却的盛情，不来是为躲避吃喝的嫌疑，等等。请客者只说一种可能，未免武断，这就不是凭机智而生发出幽默来。故事如果只说这一半，无疑是笨拙的。真正有答辩机智，有幽默感的是被请者，他们以眼前的请客送礼为题，以其人之道还治其人之身，巧妙地一击，就把难堪还给了东道主，至此，才使故事获得了强烈的幽默效果。

### 骄傲有理

父：孩子，你得改一改骄傲的毛病啊！

子，骄傲有什么坏处呢？我看用不着改。

父：你不知道有句格言吗？“骄傲必败。”

子：您不是曾经教给我另一句格言吗？“失败为成功之母”。骄傲既然带来失败，它不就是成功之母吗？

赏析：怪不得这孩子骄傲哩，他确实有几分聪明，他的根据还不是每个做父亲的所能驳倒的。

孩子的推理是依据这样的三段论的：失败是成功之母，骄傲带来的失败也是失败，所以，它是成功之母。有人也许会说这个推理是不能成立的，因为中项在大前提中没有周延，大前提实际上是：“某些失败是成功之母”，并非“一切失败都是成功之母”。这种批判是不对的。应该说，大前提中的“失败”是周延的，即“一切的失败”，包括骄傲带来的失败。

下面这样的认识是正确的：只有在失败之后，总结经验教训，在以后的实践中克服导致失败的因素，才能使失败成为成功之母。如果我们以这个正确认识为大前提来进行推理，即必要条件假言推理，可知这种推理形式，否定了前件，也就否定了后件，即：如果有人不总结经验教训，不在以后的实践中克服导致失败的因素——骄傲，就不能使失败成为成功之母。看来孩子为骄傲辩护，是由于他曲解了“失败为成功之母”的真正含义。

### 尚书和侍郎

纪晓岚与和珅同朝，纪晓岚任侍郎，和珅任尚书。一次，二人同饮，和珅指着一只狗问：“是狼是狗？”纪晓岚非常机敏，知道和珅是在辱骂自己，就给予还击，他泰然自若地回答道：“垂尾是狼，上竖（尚书）是狗。”

赏析：这则笑话巧用谐音的手法，赞扬了纪晓岚的机智与文才。从逻辑上说，混淆概念常常导致谬误，可是，在日常生活中，有意识地混淆概念，常常成为制造幽默的重要手段。这个故事中，“是狼”与“侍郎”谐音，“上竖”与“尚书”谐音，听起来，两个概念完全混同了，真正妙趣横生。纪晓岚不转变话题，不作任何铺垫，随口答问，以守为攻，万分机智！

# 制造虚无，话语有笑果

哲学家康德说：“笑是一种从紧张的期待突然转化为虚无的感情。”他认为可笑的东西是人为不露痕迹，故意制造出来的荒谬、乖讹、虚无，常常出乎人的预料之外。在讲话中制造的“虚无”越精彩、越出格，越有“笑”果。

20世纪80年代，杨少华所在的天津市曲艺团，到各地巡回演出，非常辛苦，当时演出队队长是王佩元。有一年，他们到西安演出，听说华清池是杨贵妃洗澡的地方，杨少华一听非常兴奋，别人都去参观兵马俑，他非要在杨贵妃曾经沐浴的池子洗澡。可是演出队集合的时间到了，杨少华说什么也不走。有人赶紧向队长汇报情况，王佩元只好自己去劝说。杨少华先发制人说道：“你来也没用，今天这个澡我是非洗不可。”王佩元说：“实话告诉您，我本来也想洗，可是一打听啊，这池子为了保留原汁原味，洗澡水从来没换过。”听王佩元这么一说，杨少华转身扭头就走，嘴里还嘟囔着：“早说呀，害得我排了半天队。”

杨少华迷恋杨贵妃的洗澡池，非要洗个澡，谁的话也不听。为了劝说他及时归队，王佩元在这里制造了个“虚无”的把戏“杨贵妃的洗澡水从来就没换过”。试想啊，“窖藏”一千多年的洗澡水，都能生虫养鱼了，在这种“污浊”的水里洗澡，杨少华能不害怕吗？于是顺台阶而下，扭头就追赶队伍去了。王佩元制造“虚无”的话语，既收到了劝说杨少华的效果，也不乏可乐的笑果，显示出了高超的语言技巧。

林语堂在纽约时，有一次当地的林氏宗亲会邀请他讲话，希望他宣扬一下林氏祖先的光荣事迹。这种演讲吃力不讨好，因为不说些夸赞祖先的话，同宗会失望；若是太过吹嘘，又有失学者风范。当时只见他不慌不忙地走上台，说：“我们姓林的始祖，据说是商朝的比干丞相，这在《封神榜》里提到过；英勇的有《水浒传》里的林冲；旅行家有《镜花缘》里的林之洋；才女有《红楼梦》里的林黛玉。另外还有美国大总统林肯，独自驾飞机越大西洋的林白，可以说人才辈出。”林语堂这一段演讲简短而幽默，令台下的宗亲雀跃万分，禁不住鼓掌叫好。后来细心的人还是发现，这些人都是小说里面的人物，林肯、林白与林家更是没有半点关系。

林语堂的话之所以讲得好，就在于制造出了一种“虚无”的幽默效果。他把古今中外文学作品中的人物和译名中有林字的外国名人的事迹串联起来，看似声势浩大、有理有据，听着好像很了不起，实则如同开玩笑一般，没有一个是有力证据。这样的讲话方式，满足了听众的心理需求，也不违背自己的底线，可谓妙趣横生。

动画制作公司的小李，上班经常迟到。有一天小李又迟到了，高主管把他找来，面带笑容地对他说：“你经常迟到，应该都是闹钟的问题。所以我打算给你制定一个人性化的闹钟。”小李听了有些费解，不知道一个闹钟怎么人性化？高主管对小李眨了一下眼睛，轻松地说：“那我就给你具体解释一下。晚上调好闹钟，你要是不醒，它就鸣笛；再不醒，它就敲锣；还不醒，它就发出爆炸声；还是不醒，它就对你喷水。假如这些招都叫不醒你，它就会自动打电话给我帮你请假，或者告诉我你得了睡劳死，我会尽快叫救护车。”这时小李知道再迟到，就真的“死”了，从此改掉迟到的毛病。

遇到经常迟到的下属，绝大多数管理者都会给予严厉的批评，甚至下达最后通牒。可是这个高主管用一连串的夸张，鸣笛、敲锣、爆炸、喷水、叫救护车，给小李制造出一个人性化的“闹钟”，在嬉笑怒骂之中，终于让他明白过来，必须尽快改掉迟到的懒习。高主管的话语说着句句是笑话，听着却句句如钉子，让人不能不重视。

制造谈话“笑果”，很重要的一个条件就是制造虚无，虚无有了，幽默的“笑果”也就有了。但是，“虚无”的制造要贴合谈话主题，从现实需要出发，能够很好地服务要表达的结果，达到述说的目的。英国人认为：“幽默是制造出来的怪物。”怪才有意思，才能让人笑起来。

# 自嘲，高境界的幽默

有位哲人说：“笑的金科玉律是，不论你想笑别人怎样，先笑自己。”因此，自嘲者必定是幽默中的智者。只有智者才不惧暴露缺点，只有智者才有能力将缺点说出幽默的意味。因此，自嘲可以说是幽默的最高境界，只有聪明的人才能驾驭。

中国台湾著名作家林清玄被誉为“宝岛十大才子”，一次，他应邀到河北金融学院做演讲。会场上座无虚席，连过道上都挤满了人，大家都想一睹林清玄先生的“风采”。而当身材矮小又略有秃顶的林清玄一出现，全场一片哗然。林清玄没有介意，仍然微笑着走上了讲台。讲台是多媒体台式讲桌，林清玄坐下后，顿时便“无影无踪”了。正在大家惊讶之际，林清玄站了起来，不无自嘲地说道：“这桌子有点高喔！”全场观众不禁哈哈大笑起来。林清玄接着说：“为了让大家近距离看清我‘英俊帅气’的容貌，我就站到讲台下，接受同学们雪亮目光的‘洗礼’吧！”说完，林清玄真的走下讲台，来到了同学们跟前。全场观众都被他幽默的话语与机智的举动逗乐了。

凡是能够做到自嘲、轻松调侃自己缺点的人，都是不以此缺点而自卑的人。他们懂得欣赏自己的长处，表面挖苦了自己，实际却极其自信和豁达。时时这样，会表现出你这个人的豁达和谦虚，还有最重要的自信。自嘲是一种修养，不仅能给人以友爱与宽容的印象，还能润滑现实，突破其他方法无法突破的限制。

钢琴家波奇有一次在美国密歇根州的福林特演奏。当他出场的那一刻，才发现上座率不到五成。他心里难免有些失落，但他知道不能让这种失落的情绪影响演出。于是他走向舞台，向观众一鞠躬，然后对着观众说：“福林特这个城市一定很有钱。”观众都很好奇波奇为什么这么说。

稍停顿之后，波奇继续说："我看到你们每个人都买了三个座位的票。"观众都哈哈大笑起来，会场的气氛也变得不那么尴尬了，波奇也顺利完成了演出。

自信的人拿自己的缺陷机智地回应别人的抱怨和嘲笑，化尴尬为轻松，这就是智慧的幽默。观众太少，演员往往会感到尴尬甚至生气，而波奇却能保持镇定，还用幽默调节气氛，不得不说这是一种良好的修养，一种充满魅力的交际技巧。

1727 年英法战争期间，伏尔泰到英国旅游。那时英国人对法国人的仇恨已经不可控制，他们抓住了伏尔泰，将他判处绞刑。伏尔泰被送往绞刑台的时候，他的英国朋友纷纷赶来替他解围，他们紧张而又急切地喊道："你们不能将他处死，这位伏尔泰先生只是个学者，他对政治不感兴趣！""只要是法国人就该死！把他吊死！"那些英国群众不停地叫喊着。就在双方争执的时候，伏尔泰举起双手，说："可不可以让我这个将死之人说几句心里话？"等到全场安静了下来之后，伏尔泰对群众深深鞠了个躬，说道："各位英国朋友，你们是应该惩罚我的，因为我是法国人。以各位的聪明才智，不难发现，我生为法国人，而不能生为高贵的英国人，这难道不是对我最大的惩罚吗？这么大的惩罚难道还不够吗？"说完，英国人都哈哈大笑了起来。

显而易见，是伏尔泰这番诙谐幽默的自嘲让他死里逃生。伏尔泰的自嘲最终化解了英国人对他的敌意，从而打破僵局，化险为夷。没有足够自信心的人是无法做到自嘲的，因为他们生怕暴露自己的缺点，只想遮掩、躲避，哪里还敢拿自身的缺陷来"开涮"呢？假如伏尔泰垂死挣扎地为自己"辩护"，势必会引起狂热的围观者更激烈的情绪，结局如何，可想而知。

自嘲不是自轻自贱，而是一种豁达开朗和返璞归真的人性美的体现。自嘲者通常是大智若愚的，同时自嘲也是一种巧妙的表白方式，不仅可以博人一笑，还能使人们更愿意亲近你。一个人若懂得以贬低自我来衬托他人的优越，绝对可以算得上是一个成熟而敏锐的人。

# 教学演讲的幽默艺术

袁 丁

教学演讲，是以演讲的方式进行的课堂教学活动。幽默，则是人们相互交往时的一种情趣表现，一种引人发笑、令人愉悦的艺术。把这二者融合为一，就会形成一种新的事物——幽默性教学演讲。

## 一、教学演讲要不要幽默

课堂教学的氛围是影响教学效果的一个重要因素，而愉快轻松的氛围则是创造最佳教学效果的前提。这种良好氛围的创造，除了依靠教学内容、教学方式等因素之外，运用幽默艺术，乃是不可缺少的重要方面。

一般来说，教学内容本身大都是固定的知识和理论，因此课堂教学很容易枯燥无味、平淡无奇，使学生不乐意听，甚至昏昏欲睡。对于那种抽象性很强的学科来说，更是如此。要打破这种局面，靠教师对学生训斥恐怕不行，而如果运用一点幽默艺术，却能收到意想不到的效果。例如，一位军校教员在讲课时，有几位学员睡着了。这时他便停止了讲课内容，而是讲了这样一个故事："听说有一个小企鹅，在跟老师傅学垒巢时，总是爱把头和脖子贴到地面上待一会儿。老师傅问，你这是什么意思？小企鹅回答，是对师傅的礼貌。由此我深受启发，有些同志，上课不注意听讲，总是喜欢把头贴在桌子上，可能这也是对教员的礼貌吧！"话音一落，笑声骤起。几个睡觉的学员在笑声中被惊醒，面生愧色。等教室静下来之后，这位教员才又接着讲下去。

不仅课堂沉闷时需要幽默活跃氛围，而且在课堂出现意外的嘈杂时，使用一点幽默也是很见效的。在一次数学课上，几个男同学看着窗外的春色互相使眼色，甚至小声叨叨。数学老师强调了一遍纪律后，仍不见效。于是，这位老师便笑着说："今天是3月8日，是女生们的节日。可我搞不懂，咱们班的几位男同学干吗那么兴奋？"一句话说得全班哄堂大笑。那几位男同学开始时很不好意思，跟着也和大家一起笑起来。笑声过后，他们也和其他同学一样，聚精会神听起课来。

其实，对教学演讲来说，不光是出现上述意外时需要幽默，即使在一般情况下，使用幽默艺术也是必要的，它不仅活跃课堂气氛，融洽师生关系，也能润滑教学内容，调节教学方式，从而造成最佳的教学效果。

## 二、幽默从何处来

教学演讲作为一种口语交际活动，它的幽默将从哪里获得呢？或者换句话说，从何处入手来使教学演讲具有幽默特性呢？我觉得，至少可以从教学内容和课堂情境这两个方面寻求契机，将幽默艺术注入教学演讲之中。

大学生化课上，一位老教授讲解人体所需要的氨基酸。那是上午第一节课，学生们显得有点困倦。这样的状态，讲什么学生也听不进去。忽然，老教授停下讲话，转身在黑板中央写下一行字："赖射杰笨蛋，书亮——亮。"然后，转过身来看着大家。同学们以为课堂出现意外，怀疑定是哪位同学"大梦谁先觉"，而且书尚未翻开。可大家环顾四周，并没见谁在睡觉，于是目光全集中在教授身上，想探个究竟。这时，老教授的面孔由严肃转而微笑，慢慢地揭开了谜底：这句话是以谐音方式表达了人体所需的八种氨基酸。学生们的心情一下子轻松活跃起来，反复回味黑板上那句有趣的话。几分钟内，所有同学都已朗朗上口，将人体所需这八种氨基酸熟记于心。

从课堂上的具体情境中寻求幽默，是一个非常有效的途径。这问题大家都比较熟悉，这里就不评述了。

## 三、幽默用什么方式表现

幽默是一种艺术，一种情趣。正如相声大师侯宝林所说："幽默是一种对事物矛盾性的机敏反映，一种把普遍现象喜剧化的处理方式。"其本身并非一种实体，甚至不是一种独立的活动方式。幽默只有借助于人的某些活动方式才得以表现。那么，在教学演讲中，幽默艺术是通过什么来表现的呢？"

一方面，幽默表现离不开语言。上面所讲的几个事例，都是借助生动、有趣、形象的言词来造成教学演讲的幽默色彩的。这是最常见的幽默手段。另一方面，幽默表现也要借助于态势语。态势语中的服饰、眼神、手势、动作等因素，都可以用来表现幽默。利用图表、教鞭、实物等教具来表现幽默，也是一个有效途径。

## 四、幽默的具体方法

对于教学演讲来说，表现幽默的具体办法是很多的。比喻、夸张、拟人、排比、借题发挥、小题大做、一语双关、巧用借代等几乎任何一种幽默方法，都可以用于教学演讲中，并达到惊人的效果。

教师们最不乐意上的课，是上午第四节课。大多数同学会因为饿了，或因听了一上午课而感到累了，而在临近下课时往往显得烦躁不安。这时，除了留一些作业题等学生们不得不做的事情外，要稳定课堂纪律，就要来一点幽默艺术了。在第四节的语文课堂上，离下课还有 15 分钟，一些同学便开始收拾课本笔记，等待下课铃声。语文老师见状，便以朗诵的语调说："同学们，不能着急，要耐心等待！请告诉你的肚子，大米饭在锅里，还没冒出热气来。"几句幽默的话语引起了全场善意的笑声，收拾课本的动作停止了，笔记重又打开了，讲授得以顺利进行。

# 演讲与幽默

侯宝林

演讲的确值得研究。这是门艺术。大概咱们都领教过这样的演讲：滔滔不绝地重复尽人皆知的内容，车轱辘话来回转，平平板板，淡而无味。听这样的人唠叨，真不如回家睡觉。更有甚者，全篇“哼哼啊啊”“这个这个”“那个那个”，没个要领，到处“串胡同”；要是再碰上一位专好当众表现自己的天才，三天两头硬让人坐在那儿聆听他的教益，没准儿真能逼疯几位。依我看这种人跟杀人犯也差不了许多：他这一辈子不知道要浪费别人多少宝贵的生命。

可见演讲术的研究是件大事。演讲学应该成为一门独立的学问。

到底怎样才能提高演讲的水平？我没研究过。可是我觉得演讲也就是说话，只不过是独自一人对着众多的听众说话，内容更充实、更讲究方法罢了。一个人如果跟朋友聊天的时候能说得头头是道、条条有理、要言不烦，能让对方想一直跟他聊下去，一旦把他挪到大庭广众中去演说，恐怕也能“抓人”。所以照我看培养演讲的能力应该从平时说话聊天练起。

可是演讲跟平时说话又不是一回事。它要经过周密的组织，不能像聊天一样扯到哪儿算哪儿；它应该讲究效率，不能像拉家常那样没完没了；它应该随时琢磨听众的反应、心理，不能有口无心，像交谈中的“哪儿说哪儿了”。从这些方面看，演讲倒是跟说相声很相近。

这可真是三句话不离本行。那没办法，因为正是对相声艺术的爱好和责任感，才引起我关心说话的技巧。

从大的方面说，要言之有物，用正确的思想教育人，要注意结构安排、轻重主次，要讲究遣词造句、修辞方法，要言简意赅、含蓄精炼，这是演讲与相声都要具备的。从小的方面看，表演相声所讲究的身段、手势、表情、语调，恐怕也是演讲所必需的。相声演员在表演时必须既能“入戏”又能“跳出来”。这似乎与演讲无关：做报告、发表讲话不是演戏吗，其实不然。演讲者也应该进入自己所讲的内容里去。演讲的内容中有理论、有过程、有人物，那么讲演者就应该表达出“自己的”理解、感受、爱憎，不但用逻辑的力量，而且应该用感情去征服听众。正因为我这么理解演讲与相声的关系，所以有时候跟朋友开玩笑说：要想学会演讲并不难，可以先学说相声！这话不是没道理。相声演员里没笨蛋，因为在长期的语言实践里他们摸索到了表情达意的诀窍，形成了独特风格的思维结构。这说明相声的作用的确不小。

演讲跟相声还有一点应该相通：需要幽默。相声不幽默就不称其为相声；演讲不幽默也会让人感到沉闷枯燥，而风趣的话语又有助于深入浅出地表达一些抽象的道理。当然演讲带上点幽默应该仍然是演讲，使用幽默的场合、分寸、表达的方法都跟相声不同。

什么是幽默？这是中外哲学家、美学家长期争论未决的问题。咱们无须凑热闹也来研究幽默的科学定义，就按大伙通常朦胧的印象讨论吧。

幽默不是耍贫嘴，不是出怪相、现活宝，它是一种高尚的情趣，一种对事物的矛盾性的机敏反映，一种把普通现象喜剧化的处理方式。比如大家熟悉的一则西方“幽默”说：三位朋友同住在旅店的四十五层楼上。一天晚上归来，电梯坏了，他们又不愿意另换住处，于是一起爬楼。为了消除疲劳和寂寞，其中一个人一路上不断地讲笑话。好不容易爬到三十四层时，大家早已疲惫不堪，决定休息一下。这时讲笑话的人说：

“现在该轮到你了，彼得。由你讲一个长一点的故事，情节要有趣味，最后来个使人伤心的结尾。”

彼得于是说了：“故事不长，却使人伤心极了：我把房间钥匙忘在大厅里了。”如果我们不着眼于整个故事，只就彼得而言，他的话就是幽默的。我们可以想象得出他的伙伴听了他的“故事”后的反映：沮丧、尴尬、无可奈何，但又不得不“佩服”他报告这个此时最大的不幸时语调的轻松。不管怎么说，彼得的话已经大大降低了同伴“伤心”的程度。我们不妨设想一下，如果彼得一发现钥匙没在身上，便突然打断正在津津有味讲故事的伙伴的话，喊：“糟了！咱们的钥匙是在一楼呢！”那会产生什么样的效果？

生活中的幽默可以给人们带来欢乐，减少许多烦恼、不和、痛苦，演讲中如果适当带点儿幽默，不是也能帮助人们理解演讲的内容、提高人们对所讲的道理的信心吗？起码消除一点儿因为长时间坐在那儿一动不动导致的疲劳，溜号的可以少一点儿。

要做到说话幽默，就需要有幽默感。所谓相声演员独特的思维结构，其中包括幽默感在内：他们能从日常生活中那些不起眼的现象里发现别人发现不了的幽默因素。当然并不是所有的相声演员都有幽默感，能在演讲中运用幽默的人就更少，因此这个问题更需要在演讲学里提倡。

幽默，也是口才的一个组成部分。如果没有幽默感，即使口若悬河、析理入微、富有鼓动性，口才也是不全面的。要有口才就要先有一个清醒的头脑和科学的思维方法，而要做到这一点，最好的办法是向生活学习、向社会学习。在我们的周围，不乏颇富幽默感的人，跟各行各业的人聊天，你会经常意外地发现他们运用语言之妙，表达之风趣，足以令人倾倒。幽默是一种酵母，跟幽默的人在一块儿待长了，自己就会受到“传染”，增强幽默感。读书也很重要，古今中外的书籍中关于幽默语言的记述甚多，从中我们可以受到启发。但深入生活和读书更主要的作用是开阔眼界、丰富知识，因为幽默是在广闻博见的基础上突然产生的奇妙联想，对生活、对历史所知甚少的人很难幽默。

幽默又是一个人、一个社会对待生活的态度的反映，是对未来、对自身的力量充分自信的表现。我们的民族是乐观的民族，我们的人民是充满希望的人民，我们的时代是蒸蒸日上的时代。我们的生活需要幽默。我们的演讲家们应该学会幽默。

我期待着演讲学对幽默性演讲的深入研究。

我希望多听到一些妙趣横生的演讲。

# 演讲辞选登

## YANJIANGCI XUANDENG

# 穿出我们心中最美的“时装”

张　婷

年轻的朋友们：

大家好！这套检察官服穿在我身上美吗？我知道您看清了，瘦削的身段着这套服装远不及我在舞台上穿的长裙来得风光，也不及我在生活中穿的便服来得妩媚，但我知道，这套威严端庄的藏蓝色制服，不同于量身而取的衣装，它是要用自己的热情、才学乃至生命去挺直的永恒的“时装”。因为赋予这种独特颜色生命的是一个威武的名字——检察官。

我清楚地记得，当书记员那会儿，我跟着办案人员内查外调后，昏倒在回程的列车上而留下病根；陪同检察员出庭，一天记下的84页，数以万计的文字，僵硬了我的手指，把手掌磨出了一大块老茧。当我独立办案时，为调取一个证据，跋山涉水，脚底冒出了血泡，还得撑着一根树枝做的拐杖前行；在一年中最炎热的四天内，我怀着八个月的胎儿在法庭上与20名被告人及20名律师唇枪舌剑，胎儿却在抗议母亲的无情……然而，我得到了什么？曾经有人诬告，说送了我1000元说情费也不网开一面，曾经有人在路上指着鼻子让我“小心点”。我也曾委屈过、担忧过、苦闷过。然而当我听到山坳里种蘑菇的那个曾被凌辱的女孩说：“大姐，他是工程师就可以为所欲为吗？”当我目睹邻居因门被撬，物被盗而洒下痛苦的泪水，我的心就揪得发痛。当我看到一个个罪犯被绳之以法，一双双的眼睛闪出欣慰的光芒，也就长长地舒了一口气。国家稳定，人民平安，其中有我的一份心血，这是我最大的幸福！

当公爵王、奔驰满城飞旋，当小洋楼如雨后春笋，当“卡拉OK”拉起休闲主调的时候，我也曾想到自己选择这项“苦行僧”般的事业是不是太傻？当我那些一手持着“大哥大”、一手扶着方向盘的朋友的呼唤震撼着我蜗居的斗室时，我也曾动摇过。我也想拥有“金钱造就的一切”。可是我更多地看到我的身边活跃着一个个只认一种色彩，用自己的一生站成一道藏蓝色风景的清心寡欲之人。像王乃骥，为调取证据，半夜三更深入虎穴，顾不上吃饭引发胃病却一声不吭，炼就了一双洞察罪犯的火眼金睛，解开了一个个“牛角尖”里的硬结；像马耀良，只认法律，不认亲情乡情，做了一次次打退“糖衣炮弹”的黑面人，被人誉为绊不倒的“千里马”；像廖亚光，哪里需要助手，哪里就有他默默无闻的身影，人称最佳配角；像陈建胜，当被告人的亲属拱手相赠2000元现金想“意思意思”时，他回报一个“不开窍的脑袋”……

朋友们，金钱就像一个“宠儿”游荡在我们周围，它可以买走飞机、大厦，也可以买走贪图私利和安于享乐者的灵魂，但是它买不走的是一种精神和责任！当一些人穷得只剩下金钱的时候，我们的检察官却穿着藏蓝色的“时装”两手空空舞蹈着自己盛满追求和奉献的无价生命！他们对检察事业的执着追求和赤诚肝胆，一直感动着我活泼跳跃的生命，足以坚定我为检察事业倾注一腔热血的初衷！

任何有理智的儿女都不会忘记造就、滋润自己生命的母亲，任何母亲都希望自己的儿女花枝招展。但当母亲还不时遭到敌对势力的冲击，人民还不时受到不法之徒的伤害，祖国需要我们这些儿女站成一道藏蓝色的屏障的时候，一切风险，一切苦涩，都被“检察官”三个闪光的字眼击垮了。

也许我们会感到疲倦，也许我们会遭遇失败，也许我们永远默默无闻，但只要我们能把对事业的情、对岗位的爱奉献给人民，只要我们能使祖国母亲容颜焕发且光彩夺目，一切都心甘情愿。这是骄傲无比的选择，这是回报祖国母亲最浓缩的爱。这种爱的召唤力是金钱无法诠释的，苦累、清贫都无法挥去我们心中那一份神圣。

我不是演员，但我要在人生的舞台上跳出最优美的藏蓝色之魂；我不是模特儿，但我要穿出我心中最美的时装。若干年后，飞扬世界的检察官服有了最佳“模特儿”，那一定是我们手拉手的年轻检察官！我们能擎起头顶上沉甸甸的国徽，我们肩托的五星红旗会更红更艳，那片迷人的藏蓝色一定会因为我们灿烂的笑容凝成闪亮的光环，国家因为有了我们血染的青春而长治久安！

# 护士的人生之路同样辉煌

吴月玲

朋友们：

人生的路有千万条，而我却对护士的人生之路情有独钟。我是一名有14年护龄的护士，14年的护士生涯里，我一直遵循着“一切为了患者，一切服务患者，一切方便患者”的宗旨，以廉洁、敬业、勤勉维护了白衣战士的圣洁形象，迎进了一个个极度痛苦的面容，送走了一张张康复出院的笑脸。

记得我上高中的时候，我的外祖父因患阑尾炎住进了一家医院。有一天我去探望他，正巧碰上一名护士摆着一副严厉的面孔对外祖父大声地斥责。当我看到一向自尊、自重的外祖父受到如此凌辱，脸上露出极度痛苦的表情时，我亲身体验到作为患者及家属内心所受到的伤害。从那时起，我就立志将来一定要做一名急患者所急、想患者所想，一切为了患者的好护士。

1982年，我怀着一腔热情走上了护理工作的岗位。上班时，精神饱满、神情专注地为患者输液、打针、巡视病房；下班后，不顾疲倦，大量翻阅护理资料、撰写护理论文。然而，日复一日、年复一年的工作重复，慢慢使我失去了以往的工作热情，尤其是一件事情深深地刺痛了我的心。那是1987年春天的一个中午，我正准备下班，一个胃癌患者刚从手术室回到病房，突然呼吸停止，我二话没说当机立断对患者进行人工呼吸，立即给氧、输液、配合医生抢救了长达两个钟头。疲惫的身心尚未得到歇息，却听到患者家属一声声感谢医生，而只字不提我们护士。此时，我感到一种从未有过的困惑和失意，我的人生观、价值观受到了强烈的震撼，萌生出一种跳槽的冲动。极度的矛盾中，我又遇到这样一件事：一个做了前列腺摘除术的患者在手术后的当天，我去病房巡视，突然发现病人极度烦躁，大汗淋漓，打开血压监测仪，血压降到50/20mmHg，不好！患者已经休克了！我立即重建一路静脉通道，两路液体同时开放滴速，等医生来后，血压已经回升，为抢救赢得了宝贵的时间。这个患者经过我们48小时的日夜监护，终于转危为安，痊愈出院。临走时，他感激地对我说："若不是您观察仔细、及时，我恐怕早就见阎王了。人常说'三分治疗，七分护理'确实是这么回事啊！"听着患者这朴实的话语，我想，在护理工作这平凡的岗位上，只要我们倾注激情、爱心、努力，一样可得到患者的认可、社会的理解与人民的尊重！

1993年12月，我当上了总监护室的护士长。内行都了解，总监护室的护士们每天所面对的都是脑外、普外、胸外、骨科等大手术后麻醉未醒的病人，有的脑外伤患者昏迷长达一个多月，这些患者身体上大都留置有多种管道，病情平稳才转回各科，所以，这里全都是特级、一级护理的患者，病情随时可变，随时都可能有抢救任务。这里的工作意味着更繁重，更紧张。这是一种特殊的环境，它比普通病房需要付出更多的劳动与艰辛，但同时也更充满了喜悦与无穷的收获！

在1994年腊月三十万家团圆的夜晚，我正值夜班，电话铃响了——有人遭遇车祸！重度脑外伤！一连三个患者被抬进了监护室，全都处于昏迷之中，没有家属，无人照料，整个抢救护理工作全都落在了我一个人的身上——吸氧，一个接着一个；输液，一瓶连着一瓶。一床的患者要吸痰，二床的患者要导尿，三床的患者呼吸微弱，可拉明、洛贝林15分钟交替小壶滴入。这真是一场无声的战斗，整个夜晚没时间吃饭，没时间喝水，汗水湿透了衣衫。当新年的钟声响起的时候，看到一个个患者脱离了险境，内心涌出一种无比的欣慰之情。后来其中一名患者的弟弟非要给我100元钱，说算是一点心意。几番拒绝之后，他双手捧来一块写着"医德高尚，护理精良"的镜框。是啊，我虽然不是一个合格的妻子，不是一个称职的母亲，没能为家人亲手端上迎春的饺子；虽然我们护士的工资待遇还不高，我们付出的和得到的还有很大差别，甚至由于世俗的偏见，我们的工作有时还不能被他人理解。但是，为了救死扶伤，为了那些呻吟着、呼唤着我们的患者，护士——这碗酸甜苦辣、五味俱全的饭，我们吃了！置身于这些饱受疾病折磨的重危患者之中，只要我们用爱的力量温暖每一颗心，就能让患者从我们这里不仅得到良好的护理，更得到真情，得到一种人道主义的启迪，从而把这种人道主义的爱传到每位患者的心里；就能用我们纯真感情的纬线和崇高医德的经线织出我们心中的红十字，织出灿烂的明天！

如果，我们把监护这个工作只看成是一种职业来对待时，将会觉得是极其辛苦和平凡的，患者只不过是一个一个的工作对象。而当我们把它作为一种崇高的事业时，对重危患者的认识就会有一种全新的意义，我们不会再用一般的职业心理去对待他们，在为他们治疗护理时，爱的情感就会油然而生，工作中的辛劳就会变为我们付出后的欢乐。

两年的时间里，我与我们监护室的全体护士们，成功地监护了 787 名重危患者，除 7 人抢救无效死亡外，全部痊愈出院。我个人在工作之余撰写了护理论文 7 篇，有的登在了护理杂志上，有的参加了全国性的学术论文交流。现在，我觉得我内心很充实，已不再感慨“何处是归程，长亭更短亭”了，也不再有跳槽的想法。我觉得，自己的价值取向是正确的，自己的职业是崇高的，自己的精神世界是富有的，我的路是通向辉煌的，而且，我一定会走下去的！如果有来生，我还会做护士。

# 军旅生涯最珍贵

王 平

朋友们：

或许有人说：军营生活单调、枯燥、乏味。的确，在这个男子汉占绝对优势的世界里，有的只是一色的国防绿。然而，一旦你穿上军装，置身于其间，开始肩负使命时，你就会发现：强健的体魄、顽强的意志、勇敢的精神都出自军营。

真正标准的男子汉，好多在军营成长，不信你看世界的名人，好多穿过军装。托尔斯泰、司汤达、裴多菲、莫泊桑……

为什么如此众多的名人、伟人都曾有过“兵”史？他们的军旅生活到底对他们后天所取得的伟大成就有什么影响？为什么离开军营后又是社会出类拔萃的伟才？且不说我们党和国家的许多杰出领导人都曾穿过军装。在美国历史上的 40 位总统中，有过“兵”史的就有 26 位。英国战后产生的 9 位首相有 7 位曾当过兵。在世人瞩目的诺贝尔奖获得者的行列里，你可以看到好多曾经有过军旅生涯的文学家、经济学家、哲学家。在企业界，更是数不胜数。文学泰斗托尔斯泰曾是一名优秀的炮兵指挥官，海勒用他 365 天的军旅生活创作了脍炙人口的名篇《第二十二条军规》，从而开创了“黑色幽默”这一文学流派；戴高乐是政治家、历史学家，但他最先是军人，而且曾是一名非常出色的军人……

太多的事实，使我得出这样的结论：军队锻造出来的军事素质是永恒的财富。一个军事素质过硬的军人，将永远是成功者。难怪德国军事理论家克劳塞维茨曾如此赞叹军事素质：“这种像矿石提炼出来的闪闪发光的金属似的优秀品质，促成了多少伟大的事业。”

军事素质是在军事机器的运转中产生的。威武雄壮的铁甲阵容，龙腾虎跃的演练兵场，完全可以冲刷尽一个人萎靡不振、松散懈怠的精神污垢。军事素质还是一个国家、一个民族精神风貌的象征。一个国家的发展，一个民族的生存，需要一种精神，需要一种气质。没有哪一个国家不把自己的军队作为自己民族精神的象征；很多国家都以自己军队的精神去影响自己国民的风貌。

军事素质是通过军营生活逐步形成的。军队强调铁的纪律、全局观念、团结协作精神、效率和时间观念、竞争意识、强健的体魄等，这些既是军事斗争的客观要求，也是人类社会不断发展的客观需要。

军事训练能培养军人转轨应变能力。军人就技术而言，专业种类繁多，可以说应有尽有；就军事知识来说，学科门类齐全，天文地理无所不包，很多技术、知识都具有极强的兼容性。

军事训练能培养军人出色的组织指挥才能和管理教育能力。怎样正确地选择主攻方向，怎样选择攻击目标，怎样选择正确的突破口，周密的计划、科学的决策、正确的指挥等，都能在严格的军事训练中培养。

军事训练能培养军人驾驭错综复杂态势的能力。特殊的军事斗争赋予了军人高效、独特的思维方式，只有经过严格军事训练的军人，才能从瞬息万变的战场情况中，透过纷繁复杂的表象抓住事物的本质，从而得出正确的判断，定下正确的决心。

军事素质是在严格的军营生活中形成的。在军队，强烈的民主意识和遵守各种纪律的自觉性，强烈的个性追求和需要的整体意识，强烈的竞争意识和专一守诚的务实作风，积极的进取精神和灵活的抉择，多彩的生活需求和自觉的自我约束，时而融合，时而矛盾，随着时间的推移、矛盾的不断解决，军事素质就产生了。

军事训练的功能是锤炼人。军事训练最能培养人一往无前的精神、坚韧不拔的毅力、顽强的意志、必胜的信念和适应环境的能力。就这些而言，过几年军营生活，接受几年严格的军事训练，对于一个人的一生来说，是十分必要的。

军事素质是永恒的。纵观古今，横看中外，那些从军营中走出的成功者，尽管他们出自不同性质的军队，生活在不同年代，但有一点是相同的：他们之所以能在后天取得了不起的成果，创造出令人赞叹的伟绩，有的直接得益于军营生活，有的间接获益。在他们身上都有一个明显的特点——珍惜自己的军旅生涯，珍视国家利益与民族尊严！

# 平安就是幸福

郑成富

朋友们：

在这个人海如潮滚滚红尘的现实社会中，请问你最需要什么？是金钱美女，做官掌权，还是荣誉财富，功名利禄？如果让我来回答，我就说：我最需要的是平安！

人的一生，总要经历或多或少的曲折、坎坷，甚至磨难。自然界的风霜雨雪、严寒酷暑考验着人们，地震、火山喷发、山体滑坡、泥石流、台风等自然灾害严重威胁着人们。不仅如此，生活中还有各种各样的悲剧始终在不断地上演着，战争、饥饿、疾病、犯罪、毒品、交通事故，人为的祸患层出不穷，无时无刻不在夺走我们永远不愿失去的安宁！何况天灾人祸又是不择富贵贫贱的，不是吗？

平安，平安，作为平民阶层，一个小小的平头老百姓，最大的幸福莫过于平平安安过一生，最大的愿望也许就是一生平安。平安无疑是我们最普遍的基本要求。君不见，一首《祝你平安》的歌曲，电视剧《渴望》中的一句“好人一生平安”的祝福，为什么会唤起亿万老百姓的共鸣？就是因为它反映了百姓的心声！

然而要想一生平安，又是多么不容易！远的不说，就在我工作和生活的这个不足万人的小城镇上，不幸的事总是接二连三。在我曾任教过的那所中学里有一个14岁的学生，浓眉大眼、品学兼优、人见人爱，不幸在一个夏日的黄昏，金沙江的漩涡无情地将他卷走。那长眠在镇上的公墓里的，有不少人年仅二十多岁，或因车祸，或因“不治之症”而不幸离世。我们活着的人，随时可能失去健康或生命。八年前，被列为几大传染病之一的“乙肝”光顾了我，使我有生以来第一次成为一名住院病人。短短的八年时间，曾与我同病相怜的病友们一个个都相继命赴黄泉，永远地告别了“乙肝”。于是我便成为那间病室五个同病患者中的唯一幸存者。近两年来，小镇上还不断地有三十来岁的酗酒者身亡的事发生，这实际上是给那些“男子汉不喝酒枉自世上走”的豪饮君子们在时时敲响警钟：“人们啊，生命是脆弱的，请珍惜时光，珍惜生命！”

我们生活的这个时代，发财几乎成为举国一梦。随着一部分人先富起来，另一部分人先穷下去。人们年复一年地互祝升官、发财、好运。然而真正如愿以偿的，虽然有，却不是你我，就像买彩票一样，只见一个又一个幸运者霎时大富大贵，而绝大多数人却从来得不到一丝安慰同情。于是，莫名的焦灼、失落，驱不走的郁郁寡欢，悲悲切切，就在难以承受者中间蔓延。如果你是一位贤惠能干的妻子，下了班还要买菜、做饭、干家务、带孩子，照顾丈夫的饮食起居。这样辛勤劳作，而脾气暴躁的丈夫与三朋四友一番“感情深一口闷”后回到家，给你的却是无端的谩骂和羞辱。也许你是一个随遇而安恪守本分的丈夫，她却经常抱怨指责你不思进取，不能天天向上，对你没完没了地数落，冲得你不知所措。也许人人都有自己的难处，家家都有一本难念的经。人生实难，大道多歧。人们工作之后不再是享受天伦之乐的良辰美景，而是续补着为更优越的生活奔波，总想在一天的时间里干更多的事情，产生更多的效益。农民没有了上下工之分，工人在上班以外算计着生财之道，知识分子或夜以继日著书立说或外出兼课；中小学生一面抵御着电视节目的诱惑，一面为升学竞争而寒窗苦读……总之，似乎人人都在忙，人人心里都缺乏宁静。为名累，为利牵，许多人都在经历大悲大喜。

其实世界很简单，复杂的是人；其实生活很轻松，沉重的是感情。为许许多多重要的和不重要的得与失，为形形色色愿意和不愿意的喜与忧，许多人寝食不安、坐卧不宁、疲惫不堪。何必呢？人应该活得简单些，活得简朴些，平平淡淡方为真，安安乐乐才是福。普通的收入，普通的衣着，普通的两室一厅或一室一厅，普通的和睦家庭，这都是幸福。因为生活平静安定；勤恳劳作、辛勤耕耘、不存侥幸，只求一分付出、一分收获，也是幸福的，因为事业执着潜心。唯有那成天都在忙忙碌碌，时刻都在操心，总想更多地进钱，更快地升迁，更大地扬名，总想制服对手、称霸一方、红极一时的，才会不仅奋斗时尝尽“患得”之苦，占有后也会品尝“患失”之痛。置身于现实生活中，要正确对待工作和劳动，对待社会和事业，善待他人，善待自己，善待人生，得意淡然，失意泰然，居逆境而能超脱，遇忧愁而能自解。

一切的大富大贵、大红大紫、纸醉金迷、灯红酒绿、昭著声名，都是一时的“辉煌”，只有平平安安、愉快祥和，才是生活的本质、本色和本位。当世上许多东西被纳入钱的范围，当权位的拥有者颐指气使，不可一世，独有平平安安变得奢侈，变得难以捉摸！我要说：平平安安是生活赐给每一个懂得它意义的人的最好礼物，平安就是幸福！

## 是军人，就要永远地站立

刘建国

首长，同志们：

四年前一个满天阴霾的日子，我带领战士进山巡查通信线路，突然右腿膝关节一阵疼痛，当即软倒在地。我没有在意，以为是由于经常外出查线蹚雨水患的关节炎。同年6月中旬一天，暴风雨使40多公里外的一段线路出了故障。我立即带领4名战士分两路冒雨赶去查线。走到集合地点，不见另一组回来，我怕发生意外，便独自顺着电线杆去找他们。走了不到500米，腿疼得发颤，就折一根树枝支撑着往前走，当我一步一跛与大家会合时，战士们紧紧地把我抱住，含着泪水哽咽着对我说："排长，你的腿疼成这样，去医院看看吧。"在领导的再三催促和战士们的恳求下，我住进了医院。但十来天后，听说军区在某分部召开通信工作现场会，为了不放弃以会代训的学习机会，我硬着头皮找医生请假。会议结束后，我第二次住进医院，可只过几天，上级下达了紧急抢修被洪水冲坏的宜章至临武段通信线路的任务。我再次找医生软缠硬磨出了院。20多天里，我每天拖着一条病腿，带领战士翻山越岭抢修线路。在全线修复的那天，被病魔侵蚀的右腿再也支撑不住我疲倦的身躯。我第三次被送进医院，被确诊为右股骨恶性纤维组织细胞瘤。医生含泪告诉我："你耽误太久了，只能高位截肢。"当我从病床上清醒后，摸着右腿空荡荡的裤管，泪水禁不住簌簌地流下来！从此，我再不敢翻看那本心爱的影集，也不敢回首24年青春年华中值得留恋的往事。可是，只要闭上眼睛，生命中那些精彩的镜头，仍然抑制不住地一个个闪现：学校的歌咏比赛，我站在前面指挥；军营篮球场上，我全场冲杀打中锋；第六届全运会团体操表演，我曾站在三层人体的顶端，做着展翅欲飞的造型……如今我却从人生的巅峰跌落谷底！作为党和部队培养出来的大学生，我功业未成翅先折；作为父母的独子，我恩情未报腿先残；作为青春勃发的青年，我还没有享受到家庭的幸福和欢乐。在沉重的打击面前，我曾悲伤。首长、战友、亲人纷纷来看望我，一声声真诚的问候，一双双鼓励的眼睛，使我恢复了理智：我是一名军人。作为军人，即使浸血的旗帜只飘着最后一缕悲壮的经纬，你也要让她招展成永恒的辉煌；即使饮血的刺刀行将告别你渐渐冷却的大手，你也要让她站成不倒的军魂。我庆幸自己比许许多多与病魔抗争的病友更具有优势，我不是还有腿吗？不是还有健全的大脑和双手吗？

出院后，我主动要求重返载波排。早操，我经常到排里督促战士起床；傍晚，搞农副业生产，我和大家一起去菜地。从宿舍到机房要走一段近 200 米的坡路，登 57 级台阶，无论刮风下雨，我每天都拄着拐杖爬上爬下，记得有一次不留神摔了一跤，右腿残部碰到坚硬的水泥台阶上，疼得我从十多级台阶上滚落下来，好长时间，我才慢慢爬起来。我想，只要精神不垮，生活的每一步都会是充实的，只要不放弃追求，一条腿也能走完人生之路！ 1993 年上半年，我们管辖的 636 国防通信线路经常被盗。为了保护线路，我带领战士白天抢修，晚上潜伏。时值仲夏，火辣辣的太阳晒得皮肤发痛，假肢套接口处的皮肤常被磨破发炎，被汗水一浸，疼痛难忍。傍晚，一天的疲劳还来不及放松一下，又得去潜伏，接受蚊虫的叮咬。这样周而复始两个多月，终于在 6 月 25 日凌晨，我带领 4 名战士当场抓获 3 名盗线贼。这个曾被广州军区、湖南省人大高度重视的特大国防通信线路被盗案终于破获了。

一分耕耘，一分收获，我辛勤的汗水结出了丰硕的成果。我带的排荣立集体三等功。我个人 5 次立功受奖，被军区授予“模范青年军官”荣誉称号。在鲜花和荣誉面前，我保持着清醒的头脑。尽管分部已给我下达通信科副营职参谋命令两年多，但我仍然舍不得离开仓库，我要为仓库建设尽自己最大的努力。库里干部值班，我主动要求参加，晚上上厕所不方便，就忍着，尽量少喝水晚休息；仓库人手不够时，我又主动请缨，单枪匹马闯南宁，为仓库追回欠款 16 万元；逢年过节，仓库举行文体活动，我又编又导；业余时间，我坚持自学外语，现已翻译了两本英文资料；积极投入新闻写作，已有 20 余篇稿件在中央、省市报刊上发表。

朋友们，时间对我来说尤为珍贵。我不知道腿上的癌细胞是否完全消失，也不知道生命还能延续多久，但我想，是军人，一条腿也要站立，永不倒下！

# 同志的事业

钟　鸣

同志们：

以往听报告、听领导讲话、听各种演讲等，我们听到的第一句话常是：同志们。

“同志们”给我们的印象实在太深了！

今天，当我们从城乡的各个角落会聚在县委党校，带来的同一个话题的开场白，依然是“同志们”。

一声“同志”，在今天，却使我们有着深深的亲切感与强烈的共鸣。因为，坐在我们周围的，都是真正意义上的同志，都是名副其实的党的同志，都是为了党和人民的事业，有着共同纪律、共同方向、共同信仰、共同志向的党员干部。

我们的同志，在各个历史时期，为了新中国和全人类的解放事业，做出过多少巨大的牺牲与奉献啊！

这些同志为了党的共同事业，不惜抛头颅，洒热血。

这些同志为了党的共同事业，忍辱负重，勤勤恳恳，兢兢业业，甘为人民公仆。

这些同志，为了党的共同事业，留下了多少可歌可泣的业绩！

无论是倒在敌人屠刀下“生的伟大，死的光荣”的刘胡兰，还是作为兰考人民心中不灭的灯塔焦裕禄；无论是以胸膛堵枪眼的黄继光，还是被誉为西藏高原活骆驼的孔繁森……

他们都使人震撼！

这些同志，多么杰出的好同志！这些同志把整个身心都交给党、交给人民、交给心中神圣的事业了！

曾几何时，多少人以革命同志相称而深感荣幸，因为只有为着共同的革命事业而奋斗的人，才配叫同志。

记得周恩来曾对一些同志说过：“不要总是叫我总理，就叫我恩来同志吧。”

唤一声同志，多亲切啊！它包含着革命者之间纯洁的感情和共同的志向。

今天，抛头颅的事业已成为历史。战争的狼烟已远去。摆在我们面前的是一种新的长征，是一种新的战争，是一种新的革命，那就是改革，那就是建设有中国特色的社会主义。

在这场改革中，有多少同志克服一切困难，站在经济建设的前沿阵地！

在这场改革中，有多少同志满腔热情，发挥战争时期艰苦奋斗的精神与优良作风！

在这场改革中，有多少同志廉洁奉公，勇于开拓，求真务实，赢得了群众的称赞！

在这场改革中，有多少张鸣岐、孔繁森式的好同志使人潸然泪下！

我们党中优秀的同志实在太多了，多得举不胜举。

据报载，孔繁森同志英雄事迹报道以来，举国上下掀起了学习孔繁森的热潮。孔繁森同志家乡山东聊城地区仅 3 天时间就有 800 多名干部自愿报名援藏，继续英雄未竟的事业，而分配名额才 7 名。

我们为有这样的同志而自豪。我庆幸，我也是一名党的同志。虽然我所从事的工作与所取得的成绩还微不足道，但我决不自卑。作为一名普通的青年党员，一位人民的教师，我时时处处以党的要求严格要求自己，并把它投入工作当中，投入为祖国培育花朵的事业当中。

我深信，祖国的未来必在我们的共同建设中变得越来越美好。

位卑未敢忘忧国。虽然处在平凡的岗位上，但我们同样可以创造出很好的成绩。

同志们，让我们为祖国的繁荣富强有一分热发一分光。让我们紧跟在党中央的周围，在新时代的各个领域中贡献出自己的青春与才智。

同志们，让我们加紧奋斗吧！

事业尚未成功，同志仍须努力！

谢谢大家，谢谢同志们！

# 幸福未涨价

三　笑

朋友们：

小时候我在乡下，日子很穷苦，不知幸福为何物，认为生日能吃上娘做的一碗小麦面和两个煮熟的鸡蛋，就是幸福；尔后上了学，长点儿见识，认为能考取大学，早日走出这个穷山沟，就是幸福；后来到了城里，认为能找份尚好的职业，有间不大也不小的房子，谋一位志同道合的伴侣，生一个英俊可爱的儿子，就是幸福；再后来，又认为能位居高官，名声显赫，或腰缠万贯、衣锦还乡，那才算是幸福。

幸福，似乎也在“跟着感觉走”，嗅着时代的气息，追赶潮流。它随着人一步步走向高处而不断升级，随着人欲的一天天膨胀而不停地提价。因此，我认为，幸福之价永远是最高的。不过，后来一场意外的病变，使我真正认识了幸福，领悟了幸福的价值。

前年春天，我在江南锡城大哥处养病，病好后便进一家小厂打工。一次，因我操作不慎而碰破了手。说来还算幸运，并未伤着筋骨，仅受点皮肉之苦，我自然没放在心上，到医院买几帖“邦迪”贴上完事。当时医生见了我的伤情，再三劝我：“为袪除后患，你还是打剂‘破抗’保险！”我说：“不必了！小时在乡下割牛草，被镰刀划破手那是常有的事。”说完，转身走出医院，显出北方人很果敢的天性。如今想来，我那时也许太自以为是了，总认为医生爱小题大做，咋呼做派。

时至秋初，伤手果然招来后患，初是高烧不止，后是筋骨紧缩，终是浑身痉挛，疼痛难忍。大哥带我到市大医院检查，被确诊为“破伤风”。我一听得的是这病，心想小命休矣，便当场昏厥过去，醒来后就是后悔，悔恨自己当初未听医生的良言忠告。那一刻，我认定自己要客死他乡了，因为此病极惨，快则七日，慢则八日，人就不治而死。先前，村里就曾有人得过此病，发现后仅有一星期，人就没了，一米八几的汉子，死后缩得仅有三尺来长。忆起村人的那副惨状，我油然想起自己的归宿，是否也是如此下场？我愈想愈恐慌，愈想愈绝望，愈想愈痛苦，不禁怆然泪下。

自从住进医院，大哥日夜伴我左右，陪我聊天，给我安慰，我那昏暗的心境在亲情的净化下，渐渐明亮起来，不再有绝望的念头，也不再有往日的繁绪杂念，什么出人头地，什么名利纷争，一切都不想了，只求病好能活着，活着就是世上最幸福的人。倘若真遭不幸，我也要死在自己的故乡，对流浪者来说，叶落归根也是一种幸福呀！

后来，总算天不亡我，让我遇上一位神医，重又捡回生命。到阎王府前逛了一遭，我才猛然醒悟：幸福未涨价。

幸福还是原来那般货价，它并未随波逐流，也没随市抬价，尽管如今万物之价飞涨。幸福就是幸福，它永远那么低廉、那么简洁，让人时时感受到它的温馨。

有人说夜间行路，被陌生人信任着是一种幸福；有人说落难关头，被好友们关怀着是一种幸福；也有人说漂泊在外，被亲人们牵挂着是一种幸福。而我却说生病也是一种幸福。因为在病中，我尝到了幸福。所以，我要告诉大家和自己：幸福真的未涨价！

# 在法院“迎新”会上的讲话

杨庆祥

同志们：

今天，我们举行迎新大会，欢迎25位品学兼优、年轻有为的同志加入法官队伍，这是省法院发展建设史上的一件大事。在此，我怀着十分喜悦的心情，代表院党组，向这些同志表示最热烈的欢迎！听到刚才几位同志热情洋溢的发言，感慨良多，大有同未来相连接、同希望相结伴之感。借此机会，我愿说几句心里话，同大家共勉！

第一，要深刻认识抓紧培养选拔德才兼备、跨世纪人才的重大战略意义。历史的兴替告诉我们：得人才得天下，得人才得胜利，“治国之道，务在得贤”，“得贤者昌，失贤者亡”，国之存亡，业之兴衰，概在能否举贤任能，这是古往今来广为人知的真理。为了社会主义千秋大业后继有人，为了国家长治久安、国富民强，我们必须坚决认真贯彻中央的伟大决策，有计划地、分期分批地把德才兼备、高学历、高学位、高水平、高层次的人才选进省高级法院来。到二十世纪末，省法院的法官队伍，全部达到大学本科以上文化程度。

第二，人才在于培养。一年树谷，十年树木，百年树人。树人是个历史过程，也是当务之急。法院的各部门领导，要以求才若渴、爱才如命、惜才如金的政治家胸怀和历史使命感、责任感，创造良好的氛围，为人才的健康成长架设金桥，使大批德才兼优的同志大展雄风。各部门领导要树立正确的人才观，清醒地认识到，在岗的老同志和刚进门的新同志，都是社会主义的宝贵财富，一方面要发挥好才华横溢的青年一代的作用，另一方面也要发挥好经验丰富的老同志的骨干作用。只要我们甘洒心血育英才，万木逢春皆栋梁！

育人者要先受教育。广大干警，特别是身负领导责任的同志，要多一些兄长之风、同志之情，处处事事给新同志做出样子。做到身教加言教，身教胜于言教。“上所不正，下必倾；上有所好，下必甚焉！屋漏在下，止之在上，先理自身，后理他人，理心胜于理人，理人则人才出，事业兴！”全院干警，特别是领导同志，在业务上帮助新同志，在生活上照顾新同志，使他们尽快适应工作，尽快成长起来。

第三，对新同志来说，结束学习生活，踏上工作岗位，是人生的一个新的转折，在迈步伊始，校正人生坐标、把握好方位和航向至关重要。哲学家认为，读书是间接了解人生，实践是直接了解人生。从现在开始，你们对人生的了解，进入了认识世界和改造世界的并轨阶段，步入了做人做事合为一体的新旅程。大千世界五彩缤纷，纷繁复杂，阅人阅事，做人做事，都有一个正确审视、正确剖析、正确选择、正确裁处、正确把握的问题。一个人对未来、对现实没有一个正确的看法、没有理想抱负、没有执着追求、没有给予奉献，就没有正确的人生导向。积极的人生，必须树立正确世界观、人生观。同样，没有为人民服务的精神和作为，就谈不上实现自我价值。社会主义核心价值观，是以为人民服务为基本内容的。离开为人民做好事做实事，去奢谈价值观，就是布尔乔亚！不为人民做好事做实事，纵有年寿，也是白活一生。当前，摆在我们面前的一个重大课题是学会做人，然后才是做事。做个什么样的人？备受人们尊重的老教育家黄炎培先生二十世纪三十年代就曾提出一个底限标准，那就是：思必求新，理必求真，事必求实，言必求信，行必求果。虽然说是低标准，但真正做到也不易，何况作为人民的法官，是真理和正义的卫士，维护法律和秩序的裁判员，更应当树立高标杆，忠于人民，忠于事业、忠于法律，做一个真正的人、纯粹的人、高尚的人、有益于人民的人、受人民尊重和信任的人。

同志们，希望大家同心同德，团结一致，意气风发，携手共进，努力把法院的事情办好！

# 做个敢于奋斗乐于奉献的人

廖济忠

朋友们：

让我们先听一个故事：秦代的大政治家李斯出身下层，地位卑贱。有一次上厕所，他看见厕所里的老鼠吃的是肮脏的粪便，还时时遭到人或狗的惊扰，由此他想到躲在谷仓里的老鼠吃的是金黄的稻谷，住的是敞亮的仓房，一天到晚自由自在，于是他发誓要改变自己的生活环境和卑贱地位。经过一番艰苦奋斗，他的确成功了，赢得了“秦之文章，李斯一人而已”的美名，达到了“富贵极矣”的地步。但他从此贪恋富贵，患得患失，而对奸臣的胡作非为一再妥协退让，最终落得个全家丧命的可悲下场。

从这个故事中，我们可以看到，人处于贫困和卑贱时并不可怕，可怕的是安于现状，没有不怕吃苦、敢于奋斗的勇气。

每一代人都是历史长链中不可缺少的一环，肩负着继往开来的历史使命。艰苦奋斗是民族生命的钙质，劳动流汗是民族生命的灵魂。艰苦奋斗发扬，民族兴旺；艰苦奋斗丢失，民族走向衰落。历史证明，伟大的成功只会降临在不惧艰难、艰苦奋斗的人身上，唯有这些人才能赢得光荣和价值。秦代的李斯之所以获得成功，与他为当时有积极意义的统一大业而奋斗是分不开的。但是，他由厕鼠变成仓鼠的本质追求注定了他的悲惨结局。只为个人的富贵享受而奋斗的老鼠哲学是一种目光短浅、自掘坟墓的害人哲学。

最近我们地区又抓出了一批贪赃枉法之徒，令人不敢相信的是，他们中的不少人都曾有过一段令人感动的逆境奋斗史。有的出身农家，从小便挑起了生活的重担；有的从村支书干起，每一个脚印都厚似一本诗集；有的无钱上学，靠艰苦的自学拿到了大学文凭……可就是这些人竟也摇身变成了令人深恶痛绝的贪官污吏。为什么会有这种质的蜕变呢？用其中一个市长的话来说：“当上市长，权力、金钱、享受都有了，我觉得目的实现了，于是我变了，腐败了。”

这不禁使我想起《诗经》里的诗句：硕鼠硕鼠，无食我黍，三岁贯女，莫我肯顾，多年来我豢养了你，你却毫不顾惜我的劳累艰辛。这是千百年来普通百姓带血的心声。大家知道，老鼠的门齿特别发达，有一种“磨牙”的天性，如果不贪婪地吃，不拼命地咬，它就比死还要难受。但是谁愿意拿自己的劳动果实让老鼠来磨牙？谁愿意国家的大粮仓让老鼠来糟蹋？历史发展到今天，硕鼠们再也不能饱食终日，无法无天了，党委管他，纪律要约束他，法律要制裁他。刘青山、张子善等一批新中国成立初期的硕鼠被杀之以平民愤，王宝森等一批改革开放时期的硕鼠被绳之以法，以谢天下。俗话说得好，老鼠过街，人人喊打，不管是厕所里的老鼠，还是仓库里的老鼠，不管是小老鼠，还是大硕鼠，都逃不掉被打的命运。

吃苦奋斗的精神是可贵的，但只求从厕鼠变成仓鼠是可悲的。一个人赢得好射手的称号，并非由于他的弓箭，而是由于他的目标。艰苦奋斗的精神实质不仅应包含“一粥一饭当思来处不易，半丝半缕恒念物力维艰”的生活品质，更应包含“先天下之忧而忧，后天下之乐而乐”的奉献意识。

北大的陈章良教授 30 岁时就荣获了贾乌德·侯赛因青年科学家奖，他是一个农民的儿子，靠艰苦奋斗和忠心报国的精神创造了惊人的成就，他的成功启示我们，在为社会奉献的过程中实现自我的价值是人才成长的捷径。我们有不少校友曾在京九线上奋战，他们自豪地写下了这样的诗篇：“百里战场机车隆，架桥筑路斗志昂，风餐露宿何所惧，天寒地冻脚下降，高扬旗帜献青春，修建国脉留功名。”明知一线苦，偏到一线去，因为苦干出真知，奉献出人才，这是他们的金玉良言。在苦斗与奉献之中，他们找到了价值感和自豪感。

吃苦是人生的必修课，奉献是实现人生飞跃的起点。奉献是神圣的，伟大的祖国需要我们奉献，火热的生活需要我们奉献，需要我们奉献热血、辛劳、眼泪和汗水。同时，我们自身也需要奉献，在奉献中完善生命，在奉献中实现人生的价值，在奉献中获得真诚和坦荡。

朋友们，让我们抛弃害人的老鼠哲学。做一个奋斗奉献的人，也就是做一个脱离了低级趣味的人，一个有益于人民的人，一个高尚的人！谢谢大家！

# 骄傲，我是个女兵

黄春鸽

我尊敬男兵，因为他们威武、强健、潇洒；我更崇敬女兵，因为她们是花、是歌、是军人的一半。

我们来了，我们带着女孩子迷离的梦幻，带着祖国春天的气息，浪漫地跨入庄严而又神秘的军营。我们曾甜蜜地笑过，也嘤嘤地哭过；我们曾高兴地喊过，也无奈地沉默过。但，我们从没有后悔过。

有人说，你们女兵连的小楼如宫殿一般，那你们的生活还不是优哉游哉，其乐陶陶吗？如果你这样问我，我只能说，你和我一样都富有幻想。

记得我刚入伍吃的第一顿饭就是难于下咽的高粱米，睡的是草垫地铺。还有那次紧急集合，真狼狈啊！我只知道跟着队伍跑啊跑，背包跑到一半就散了，我就一边跑一边哭，在跑到胜利塔前时，随着一声令下：“卧倒！”我们都趴在冰凉的马路上。那几分钟我如同过了一天，黑漆漆的夜、冰凉凉的地、冷飕飕的风，冲走了我往日的梦幻。后来我看到我的伙伴们一个个坚强地挺着。是啊，为什么娇气、任性总是和我们女孩子画等号呢？为什么我们自己总留给男兵们小小的嘲笑机会呢？既然古代就有花木兰戎马生涯的壮举，近代又有鉴湖女侠秋瑾的英名，我们怎能落后于我们所崇尚的女中豪杰呢？

别人能干的我也能干，别人能吃的苦我也能吃。就这样，我度过了三个月的新兵连生活，四年过去了，还是觉得新兵连最愉快、最充实，也最使我留恋。

新兵连的经历结束时，我和伙伴们都想分一个好工作，洁净的机台、整齐的扳键，信号灯一亮就可以到北京、上海，多神气！然而命运之神却安排我当上了猪倌。天哪，喂猪！我永远也忘不了第一天挑着猪食桶的情景，根据自己的体力，喂一次猪，要挑两趟，可我怕更多的人看见我，就一次性处理了。出了大门，我就左看看，右瞧瞧，看有没有人注意我，见机会成熟，我就一个箭步冲过去，谁知摔了个大跟头，猪食料扣了我一身，我顾不了这些，爬起来就往回跑，趴在床上“哇哇”大哭起来。班长看到说：“看来还得换个坚强的人。”听了这话，我想：怎么，女兵就不坚强？就喂不了猪？我不信。第二天，我鼓足了勇气，昂着头从司令部大门前走过，我发现人们还投来赞赏的目光呢。不过，也有人说：“她，是要入党。”天哪，入党？我连嘉奖还没有一个呢。

我爱军营，因为她给了我勇气，我爱我的工作，因为我学会了自食其力。

如果说：温柔、细腻、娇嫩是女孩子的秉性，那么女兵呢？自爱、自重、自强才是她们真正的代名词。

我们有个技师，已经是一个孩子的妈妈了，她特别爱她的孩子，可她在一类站评比的时候，测试机器要在下半夜进行，她只有把未满周岁嗷嗷待哺的孩子送回老家，吃住在机房。当她听见别人的孩子在母亲的怀里甜甜地叫着“妈妈”的时候，她只能暗自流泪。我看过前线战场上的孩子妈妈的事迹，此时的机房不也是战场吗？如果把军营比作海洋，那么军人母亲就是一朵闪光的浪花。

我们的工作确实很平凡，但我们决不因事大而不敢为，不因事小而不欲为。就拿总机来说吧，一天不停地循环一样的动作，重复一样的问话：“您好，您要哪？”或许第一天，说起来新鲜，第二天听起来不厌，那么，第三天，第四天呢……一年 365 天呢，四年 1460 天呢？声音要永远这么清晰，态度要永远这么和蔼，靠什么？靠忍耐、毅力、涵养、热情和信念。

我们连有一个话务员叫朱亚男，可她并不亚于男儿。她当了 4 年兵，接了 4 年电话。现在，荣誉像鲜花一样撒落在她面前：全军优秀话务员、海军“三八红旗手”、海军优秀妇女、荣立三等功一次。要问她成功的动力，不过有二。

其一，亚男的母亲是家乡锐意改革的风云人物之一，亚男为之感动过，可那是母亲的。她的妹妹也曾获得全国中学生运动会 5 项全能亚军，可那是妹妹的。

其二，在她当上话务员后不久，有一天，她去车站接人，因车次有误，眼看就要超假，急忙向连里要总机请求续假。由于总机的怠慢和态度的生硬，误了假，她大滴大滴的泪珠落在话机上！就在那一天，她决心不再让第二个人把眼泪落在话机上了。她用真情实意架起了话务员与用户之间理解、信任的桥梁。一次一个用户要青岛，她热情地回答：“线路不空，来了会叫您。”这时电话中传来了一个很不礼貌的声音：“你这个丫头片子是存心不给。”

这对于一个满怀热情的人来说，对于一个真心想接通电话的姑娘来说意味着什么？打开搬键、痛痛快快、毫无顾忌地“回敬”几句，方可解心头之恨。但她，一个在母亲面前永远是“胜利者”的她，一个在哥哥面前无论何事都坚持“反败为胜”的她，尽管委屈的泪水洒落在机台上，但当线路一空，依旧和蔼地说：“您要的青岛来了，请听好！”她似春风，温暖了每个用户的心。尽管人们不知她有多高，是何模样，但她却架起了一座和边防、哨所，和人们的心灵沟通的桥梁。

如果说军营中的男兵，是集宽阔胸怀、威武的形象于一身，强健的体魄、潇洒的举止共一体的话，那么我说，我们女兵，就是哀而不伤、挫而不堕的歌，美而不艳、雅而不俗的画。我们是军人的一半，伟大祖国的万里海疆上，也点缀着我们女兵青春的金色的光环！我骄傲，我是个女兵，我为女兵而骄傲！谢谢大家！

# 我是军人!

周孝平

年轻的朋友们、战友们：

当你在绿色的军营中迈着矫健的步伐操练的时候，当你戴着红色的领章、帽徽骄傲地行走在长街广场的时候，你是否想到过这样一个概念：我是军人！在这里，我要给大家讲述一个共和国的真正军人的故事。

那是1992年12月18日，一个让人永远不能忘怀的冬天。

下午12点32分，313次列车冒着严寒，喘着粗气，艰难地抵达了家乡邵阳的小站。已经有三年没回家的哥哥，兴冲冲地下了火车，迎面碰上早已等了一个多小时的妈妈。三年了，两地书，母子情，几多思念，几多牵挂，更有几多的衷肠。哥哥太想妈妈，妈妈也太想儿子了！母子俩尽情地谈着、笑着，久别重逢的喜悦，使哥哥忘记了旅途的疲劳，忘记了肚子的饥饿，也忘记了回家前在医院的最后一次吊针。

突然，车站对面的玉带桥上，人群一阵大乱，紧接着传来了“救命啊，小孩掉水了”的惊呼！“不好，小孩掉水了！”哥哥本能地震动了一下，双手已经自然不自然地松开了背上的行囊，看也不看就放在雪地上，拔腿就跑。“剑龙，你要干什么？”妈妈急了，她知道，哥哥的这一动作意味着什么。她想起了他18岁时冰窟救人的那个冬天。“妈，我去看看！”简短的两个字“看看”，只有妈妈心里明白它的分量！面对自己孩子这一本能的选择，妈妈有过瞬间的激动，但更多的是对自己儿子的一份牵挂与担忧。冲着瞬间已经跑出几十米的儿子的背影，妈妈唯有坚定却又是揪心地叫喊：剑龙，你可要小心啊！

桥上，黑压压的人群：焦急万分的，爱莫能助的，奔走呼号的，无动于衷的，也有讨价还价的，可单单没有跳进水里的；桥下，两个小孩忽沉忽浮，哭喊着，挣扎着，近乎绝望的求救声越来越微弱……

车站到玉带桥不过两百米，哥哥几乎是狂奔到江边，还没等看清是怎么回事，也没来得及脱下厚重的毛衣，只气愤地抛下一句：“同志们，救人啊！”

就跳进了江中。然而，悲哀的是，哥哥是第一个跳的，却没有第二个跟着跳下！他振臂一呼，然而却没有一个人跟他跳下……

零下二三摄氏度的气温，江水的温度可想而知。刚刚走出医院，又刚刚坐了两天两夜火车的哥哥，拖着疲惫的身子，却又是几乎疯狂般地拨开刺骨的江水，朝已经漂到江中心的小孩游去……小雪，无声地下着；资江河，也在静静地流着；人群，更在紧张地窒息着。岸上，桥上，死一般的寂静：行人停下来了，车辆停下来了。人们，一动不动地望着江中心，默默地祈祷着；妈妈闭着眼睛，捂着胸口，木然地站在岸边，泪水一滴一滴地往下掉……哥哥，你心脏病刚好，你能不叫妈妈担心吗?

五米，三米，一米……哥哥终于抱住一个小孩，孩子已经只有微弱的一丝气息了。出于求生的本能，孩子死死地抱住他的脖子，勒得他喘不过气来。他努力地挣扎着，一手紧紧地抱着孩子，一手奋力地拨开冰水，艰难地、一步一步地把孩子送回岸边，哆嗦着却又是毫不犹豫地游了回去！江水中，还有一条在死亡线上挣扎着的生命啊！可这哪是游啊！哥哥！这分明是一步一倒地向孩子倒去；这哪是救人啊，哥哥，这分明是在拿你的生命与孩子的死作交换！“小心啊，孩子！”岸上，一位老人流着眼泪，带着哭腔。“孩子，有妈在，挺过来！”妈妈强忍泪水，唯一的选择便是给哥哥以安慰。可此刻，除了脑海中孩子绝望的神情和微弱的呼吸，哥哥似乎什么也没听见，什么也没看见，他只是无力地却又是坚定地一步一倒地向孩子倒去。

就在哥哥把孩子抱到离岸边不到五米远时，他突然抖了一下，眼前一黑，栽在水里。他，心脏病，又发作了！妈妈哭喊着，绝望地，不顾一切地跳进了水中！而几乎就在同时，十多名围观的群众也飞身跳进了水中。当人们噙着眼泪把奄奄一息的哥哥抱上岸时，只听见他喃喃地重复了四个字“我是军人”，就永远地走了！

孩子们得救了，作为绿色军营中的一名硕士研究生的哥哥，却走了；只留下了短短的四个字：我是军人，就永远地走了！爸爸哭了，妈妈哭了，被救的孩子哭了，孩子们的爸爸妈妈也哭了。市长来了，市委书记来了，哥哥学校的领导来了，自发组织的群众也来了，哥哥却走了，只留下短短的四个字！

短短的四个字：我是军人，没有更多的眷念，没有更多的言语，更没有丝毫的抱怨，哥哥是带着一份军人的自豪，一份军人的欣慰离去的！那天，哥哥着了便装，除了妈妈和他自己，谁也不知道他是军人。如果说，没有军人的一份神圣的职责，没有军人的一份强烈的责任，没有军人的一份无私的奉献和视死如归的凛然，哥哥也可以视而不见，充耳不闻。然而，他并没有这样想，更没有这样做，军人强烈的责任感激荡和震撼着哥哥，面对生与死的考验，哥哥选择了后者。也许，他也想过，刺骨的江水对有心脏病的他来说，该意味着多大的危险；也许，在把第一个孩子推上岸时，他也知道，自己已经不行了；也许，在听到妈妈揪心的哭喊时，他也想到过那一份亲情，自己应该活着回来；也许，他更没忘记，六年前的那个冬天，当自己在冰窟中救人晕倒时，妈妈昏死在岸边；也许，也许这一切的一切根本就没有也许过……然而，哥哥正是以自己的实际行动，给自己短暂的人生画上了一个完美的句号，正是以他那微弱的却又是格天彻地的铁骨铮语——我是军人，回答了自己曾经立下的诺言。

还是在七年前的那个秋天，哥哥就义无反顾地选择了这个只有奉献而不求索取的职业。穿上军装的第一天，哥哥就在日记本上写道："今天，我成了一名军人。有人说，选择了军营，就选择了牺牲；那么我随时都做好牺牲的准备。我执着地相信自己，穿上军装，我是军人；脱下军装，我还是军人。"正是这坚定的信念，激励着他在七年多的军旅生涯中，时刻以一名军人的标准要求自己，锻炼自己，塑造自己。七年来，大大小小的奖状、证书，无一不清晰地印记着哥哥所走过的并不寻常的一步步：先后二次荣立三等功，一次二等功，十三次荣获嘉奖和学雷锋标兵、优秀党员的称号。面对成绩的取得，哥哥从不满足，用他的话说："存在一天，就该有存在一天的价值，就该向自己的目标前进一天。生命不息，奋斗不止，终生献给绿的事业！"

而今，怀着对哥哥的一份敬意，怀着对军人的一份理解，我也坚定地穿上了军装。放心吧！哥哥，接过你手中的枪，沿着你走过的路，我会永远记住我的誓言："哥哥，你走了，我来了！你未竟的事业，我继续干下去！你没走完的道路，我继续走下去！"

40周年豪华精装典藏版（第Ⅱ卷）

# 演讲与口才

籍艳秋 主编

刘 仪 李万良 副主编

中国言实出版社

# 第Ⅱ卷 目录

## 演讲艺术 / 039



## 论辩之道 / 085

# 谈话技巧

TANHUA JIQIAO

# 优化你的社交语言

姚扶有

我们每天都会遇到一些场合，需要我们说几句适当的话，使别人不但乐意接受，而且能够帮我们很大的忙。同时，从彼此的谈话中，我们还能得到启示，了解对方，与对方建立良好的友谊。但是，我们常常看到一些不会说话的人，要么出言不逊，令对方不能信服地接受；要么就是啰啰唆唆，令对方反感；要么就是词不达意，令人费解；等等。

比如，有一次我去参加一个聚会，在我的周围坐着几个男孩、女孩，正当我们“侃”得起劲时，聚会的女主角出场了。这时，一个女孩说：“这位小姐好靓噢，可是太浓妆艳抹了！”当时我想了很久，觉得十分纳闷，为什么她不说“这位小姐太浓妆艳抹了，但是人长得很靓”呢？假如这两句话用来评价你，你喜欢哪一种说法？

看来，优化一下你的社交语言，的确很重要。

## 一、勿生硬多柔和——优化应酬语

人际交往中，柔和的言语就像一股强大的电磁波，能给交往对象留下深刻的、良好的第一印象。所以，很多在社交场上游刃有余的人都知道良好的第一印象在于适宜、得体的应酬话语的使用，增加交际语言的柔和度少不了优雅的客套话。

请你回想一下，你是不是有这样的经历，当你走进商场，被琳琅满目、“花枝招展”的商品刺激得“买”欲大增时，突然会被营业员生硬的一声“买什么”惊得颇难为情，仓皇逃离“现场”。

这种看似主动招揽生意、一句话也不多说却严重缺乏热情、语言生硬的营业员，既不会给人留下良好的印象，也不会在可买可不买东西的顾客面前产生“边际效应”，做成一桩买卖。只会让人觉得他（她）是唐突、无礼的家伙。然而，我们更多的时间会遇到这样的营业员：

“先生（小姐），您好！欢迎您光顾本店，请问您想买点什么？我可以为您导购哇！”

只不过多了几句柔和的应酬话，却使得你感觉非常亲切、温馨、愉悦，说不定你本来不想买什么东西的，但为了答谢这种善于使用柔和语言的营业员的热情接待而改变初衷，临时动意买一件礼品作纪念哩！

所以，无论我们办任何事，只要将这个“事”加一层柔和的“包装”，是很容易成功达到目的的。打个比喻吧，我们所要办的“正事”就像骨头，而柔和的应酬话是肌肉、脂肪，生硬的言语则像是缺肌少肉的“皮包骨”，谁见了都会生厌的。

## 二、勿空泛多“点染”——优化恭维语

人总是喜欢别人恭维自己的。有时，即使明知对方讲的是奉承话，心中还是免不了会沾沾自喜。这是人性的弱点。然而，刻板空泛的恭维客套话，无论如何是不能获得人们的好感的。“久仰大名、如雷贯耳”“贵号生意一定兴隆发达”“愚弟才疏学浅，一切请阁下指教”等都是些缺乏感情色彩、完全公式化的恭维话，让人听了会有一种酸溜溜的感觉。

因此说奉承话是与人交往所必备的技巧，奉承话说得得体会使你更迷人。比如美容师通常会对一些得意于自己天生有对双眼皮的小姐说：“你虽然不特意去修饰眼睑，却能具有如此好看的双眼皮，真是令人羡慕。”被催稿的作者会因编辑的“以您写作的速度及功力，这些时间也绰绰有余”的赞誉而奋笔疾书。急欲爬上科长职位的职员也会因“主任也认为你升为科长将对公司有所助益”的话而欣喜若狂。

以上诸例说明，你在奉承别人之前，要经常敏感地意识到，对方究竟期待何种赞美。然后，用“点染”的手法表达出你的恭维，对方自然会因你具有的这种善解人意、巧舌“点染”生花的能力而心情愉快，对你产生好感。

又如，一个对公司人事制度长年不满的人，他所希望获得的奉承不是其在公司内的表现有多么优秀，而是人们对他的创业能力的赞美。我们姑且不论这种要求是否有实现的可能，但“点染”到对方的“花蕊”，能不令对方心花怒放吗？

### 三、勿命令多相商——优化祈使语

如果你要别人遵照你的意思去办事时，最好用商量的口气，比如你对对方说：“把这排椅子搬走！”这远不如用商量的口气说：“你看把它们换个地方好不好？”假使你要你的秘书起草一份报告，你把大意讲了以后，要再加一句：“你看这样写是不是妥善？”固然，你可以站在发号施令的角度，对你的部下指东呵西，可是任何一个办具体事的人最厌恶的就是别人对自己颐指气使，所以，用命令的口气说：“你按照我说的写！”是不会与秘书有很好的合作关系的。

比如一个盛夏的中午，几位为即将竣工的大楼赶排线路的电工，正在阴凉处小憩。这时，他们的头儿走上前和颜悦色地对大家说：“天气真热，坐着休息还是不住地流汗，这简直没办法呀！弟兄们，现在这些工作很要紧哩！我们忍耐一下好不好？早赶完了，早早去洗一个澡，痛快地休息是不是更舒服？”多亲切感人的话，就像一股凉爽清新的和风，一下子吹走了工人们的倦意，激起了大家的干劲。试想，这位头儿如果见大家正在休息，走上前就把大家训斥一顿，恶言恶语地强迫大家起来干活，也许工人们碍于命令，会立刻起来工作，但他一走，大家一定会停手休息。

### 四、勿自诩多谦和——优化自夸语

日常生活中，人们惯于津津乐道自己最高兴、得意的事。事实上，对于你怀有最大兴趣的事，有时也很难引起别人热烈的响应，甚至还让人觉得好笑。“那一次的纠纷，如果不是我给他们解决了，不知还要闹多久，你要知道他们对任何人都不放在眼里，不过当着我的面他们就不敢含糊了。”即使这次纠纷的确是因为你的排解解决了，可是一句“当时我恰巧在场就替他们排解了”的话，不是更让人敬佩？一件值得称道的事，被人发觉之后，人们自然会崇敬你。但假如你自己夸夸其谈，所得到的效果，必然是遭到大家的蔑视嘲笑或嗤之以鼻。

如果你总是情不自禁地想谈谈自夸的话，那就有必要知道两个最好的谦和的自夸法，一是不要一直夸耀自己的事，而要边饶舌边赞美对方。例如，小姐妹们在一起，想要夸耀自己的毛皮大衣时说：“这是狐皮大衣，很温暖的喔！

你看是不是有点华贵的品位？不过，你身上穿的鹿皮大衣也不错哎！尤其是那深绿色，绿得漂亮极了！不论何时，你的穿着我都很欣赏！”

另一种说法是让别人也脸上增光。比如自己获得某种奖励，要想自夸时可以说：“能获得这种奖励，的确不易，毕竟全市就我这一个呀！当然，这也是仰仗你对我的关怀、支持和鼓励呀！”毕竟有的事并不是一个人可以独立完成的，而必须仰赖他人的力量。你最后一句话既衬托了你的谦和，又掩饰了你自夸的骄傲。

## 五、勿兜圈多坦诚——优化事务语

人际交往中需要一点转弯抹角的委婉艺术，但不论场合、对象和时间的推磨兜圈就不太好了。尤其是初次交往的对象，让人家陪着你海阔天空，迟迟不谈正事，是不是让人心里发毛，感觉发腻呢？

所以，与自己不太熟悉的人交往，在申请面谈或开始谈话时，坦诚地问清楚到什么时间为止，或占用对方多长时间，这是用你办事果断利索的良好形象和尊重对方的礼貌行为来让对方悦纳你的心理战术。

例如刚开始与人会面，寒暄两句话后，你就问：“今天我们谈到何时您较为方便？”或者在申请面谈时问：“我占用您 10 分钟，可能的话能给我 20 分钟的时间吗？”你以这种坦诚的方式开始与对方谈话，对方一定会感到你是以他（她）的方便为主，进而对你产生良好的印象。

不论是谁，在心底里都希望别人认为自己是非常忙碌的。而这种欲求是因为一般人都不想浪费自己的时间的心理作用，所以即使在面谈时，对方肯定会因你有“承蒙您匀出宝贵的时间”的认识而感到满足。若能得到这种满足，即使比预定的时间稍延长，也不会感到急躁痛苦——你的坦诚早已告诉他，不会打扰他多久，况且，他因为你对他的尊重，也早已愉快满怀，怎能不尽兴地陪着你，娓娓畅谈呢！

# 说话圆通“三字经”

庄关通

怎样才能具备真正的口才？各家自有各家的说法。我以为，把话说得畅达、圆通、精妙，做到“简”“快”“诚”，无疑是最根本的要求，不妨称为“三字经”。

**一、简** 平常我们听到的“××有口才”“××会说话”，往往与出口成章、诙谐生动联系起来。这没错。可是，许多情况下，口才的好，好就好在话不多，极其简洁精练。为什么？因为简则易一言道破，简则信息传递快，简则节省双方金贵的时间。看几个例子：

明代海瑞一次对仗势侵夺民田的董其昌毫不客气，公事公办，而他的手下在具体执行时又更严厉。于是一些官员来替董其昌解围，对海瑞说：“圣人不做过分的事。”海瑞只气愤地说一句话：“诸公岂不知海瑞非圣人耶！”就把他们顶了回去。

元代有一年，京城外闹饥荒，许有壬请朝廷发放救济粮，同僚中有些人责备说：“你的话固然出于好意，但不是亏了国家吗！”许有壬却当即回了一句：“不对！民是本，不亏民，难道会亏国！”这简明而深刻的道理把丞相也说通了，就发了四十万斛救济粮，一语救了许多百姓。类似上述二例的妙语，我们在读时听时不难碰到。但要做到畅达而简洁，并不容易。这不是一个单纯的语言表达技巧问题，而是要靠多方面良好的因素。就拿答问来说，大凡能被智者一言道破、一语中的者，对方的问话、言论往往有其破绽，或不合事实，或缺乏前提，或徒有其表，或片面狭隘。说话人只有从实际出发，只有善于运用唯物辩证法，才能识破绽、中要害。

**二、快** 人家问你问题，你隔了几分钟才悟出名堂；人家说了个错误观点，你想了好半天，才开口驳斥，这称得上口才好吗？“快”，至关重要。对人家的说话要点梳理得快、对问题的关键思考得快、对自己如何表达组织得快，才是善于言辞者的本领。

《清朝野史大观》中有这么一个故事：1897 年德国侵略者强占胶州湾，广大民众无比悲愤。有几个人聚在一起谈论此事，难过地流下了忧国的眼泪。其中有一个人却说："你们何必这样呢！此事关系大局，有四万万人民共同担着，我们几个人何必担忧呢。况且德国人无礼入侵，以后历史自会作出公正的结论。而且世界之大，一切都由老天爷主宰，我们哭哭啼啼又有什么用呢？"刚一说完，就有一个人愤怒地打了这个人一个耳光。他捂着脸问："为什么打我？"那人说："你何必问呢？我打你一巴掌，是你整个身体遭受的耻辱，为什么你的嘴要唠叨个不停呢？况且我如此无礼，将来自会有公论。而且凡事皆由天定，你怎么知道我会不会遭受报应呢？"不难看出，这两个人，一个是阿 Q 式的软骨头，一个是硬骨头。而那爱国的硬骨头简直不假思索地当即打了前者一记耳光，跟着四句话，真是快人快语，快得惊人：硬骨头一下子理出对方的三条谬论，一下子看到了对方错误的实质所在，一下子采取了有力的驳斥方法，因而说得不仅很形象贴切，而且很有力，针对三点谬论，驳他个无地自容。

**三、诚**　古人说："胸中具素心者，舌端斯有惊语。"这句话不错。言为心声，心纯心诚，则言语畅达。言不由衷者，无论如何出不了奇言妙语的。

从历史记载看，宋代的王旦是个大度大方的人，寇准屡次在宋真宗面前数落王旦的短处，而王旦专门称赞寇准。一次宋真宗对王旦说："卿虽然老是称赞他的美德，他却专说卿的坏处。"王旦坦然地说："这是理所当然，臣在相位的时间够长了，处理政事方面的失误必然很多。寇准对陛下无所隐瞒，揭我的短处，这更加可以看出他的忠直。这正是臣尊重寇准的原因所在。"宋真宗听了感到这几句说得坦率而在理，因此，越发认为王旦品德是高尚的。

"心诚则灵"用在语言表达上倒很相宜，要想把话说得圆通漂亮，有说服力和感染力，就应让你的话充分体现出你的"诚"，起码是"真诚"，有的场合还得"热诚"。

# “无话可说”怎么办

万艺林

与人交谈时找不到话题，即使打过交道，总觉得无话可讲，这种情况在交谈实践中是屡见不鲜的。因为交谈是双边或多边参与的言语交际活动（不管是什么性质的交谈），所以一旦出现无话可讲的局面，那是相当令人尴尬的，其效果当然也是不言而喻的。

发生这种情况的原因归纳起来主要有：第一，观念上有偏差。虽然交谈内容千变万化，但我们仍可以把它概括为两大类型，即正式交谈和非正式交谈。正式交谈如就工作问题找领导谈话，一般都有很强的目的性，话题比较集中和单一，交谈时的气氛也比较庄重和严肃，因而交谈前通常需要认真准备，非正式交谈则往往与此相反。如果我们不了解这两种交谈类型的特点和要求，把所有交谈都看得太认真太严肃，在大量的非正式日常交谈中就会顾虑重重、束手束脚，以至于总感到找不到合适的话题，甚至无话可讲。第二，知识面比较窄。从某种程度上讲，无论何种交谈都是知识的竞争，大凡在交谈中能说会道、居于主动地位者，都是有比较深厚的知识基础的。假如阅历不深、知识面不宽，在交谈中感到难以应付、无话可讲就是必然的了。第三，情绪过于紧张。由于缺乏必要的交际实践锻炼，一些人总害怕跟人打交道，一旦与人接触交谈时，情绪就异常紧张，要么羞于开口，要么无话可说。第四，不善于找话题。交谈话题的选择是一门艺术，有的人苦于无话可讲，并不是无话题可找，而是不善于选择话题。此外，无话可讲有时可能还与对对方的态度有关，如对对方压根儿不感兴趣或抱有成见，自然就“话不投机半句多”。这种情况需要另当别论，这里所要力图解决的是，由前四种因素导致的无话可讲究竟应该怎么办。

要从根本上解决这个问题，一是要转变认识，正确对待正式交谈和非正式交谈；二是平时要注意书本知识、社会知识的学习和积累；三是要尽力提高口语表达能力，培养良好的心理素质。就具体的交谈实践而言，则特别需要学习和掌握选择交谈话题的方法。

**一、循趣法是找话题的常用方法。**一般来讲，人们既想谈、爱谈又能谈的，总是自己最感兴趣的事情。正如美国口才训练专家卡耐基所告诫的那样："不要忘记在与你谈话的人，对他自己（他的需要，他的问题）比对你及你的问题要感兴趣多一百倍；他的牙痛对他要比世界上死亡百万人的天灾还重要得多；他注意他颈上的小疖比注意非洲40次地震还多。"因此，设法了解对方的情趣爱好，抓住对方的兴奋点，循趣找话，往往能比较顺利地展开话题。如对方喜欢养花，你就可以此为题，谈谈花盆、花的品种、花的病虫害防治、花的买卖价格、养花协会之类。谈这类的话题，你本人如果有一定的常识，当然更有助于谈话融洽自如，即使知之甚少，也可从中学到知识。

**二、试探法也是人们惯用的一种方法。**同陌生人或不很熟悉的人交谈时，由于对对方的背景、喜好、当时的心境等不甚了解或全然不知，要找个合适的话题确实不易。在这种情况下，可先提些投石问路式的问题，观察一下对方的反应，再做进一步交谈，这就是试探。比如，某天你在一家饭馆门前避雨，你耐不住寂寞，不妨对身旁素不相识的避雨者试探性地说两句"雨真大，这鬼天气实在害人"之类的话，然后顺着对方的答话交谈下去。英国人与人打交道时，一开始总喜欢谈些天气方面的事，看起来这是一种没有意义的交谈习惯，其实是一种交谈策略：用试探法找话题。当然，试探法并不仅仅适合与陌生人或不太熟悉的人交谈，与熟人交谈时同样有效。

**三、接生法也是行之有效的找话题的方法。**有的人交谈或聊天时，就是侃上数小时也总有说不完的话。为什么？其中一个重要原因就在于：他们往往都是善于用接生法找话题的高手。所谓接生法，就是抓住话题与话题之间的相互联系，中止原交谈话题，自然而巧妙地接生出新的话题。在交谈过程中，这种方法是经常被用到的。例如，几位爱好演讲的同事某日在老王家聊天，大家就演讲研究这一话题侃了好半天，正当大伙都感到没什么可讲的时候，张某顺势引出了演讲教育这一话题，顿时大伙议论纷纷，你一言我一语，气氛又异常活跃起来。

找话题的方法远不止这些，以上所及只不过是举些例子罢了。只要多实践、多动脑，我们就可以不断地总结出更多更好的方法来。

# 交谈时要学会做“配角”

刘学柱

谈话中有主角也有配角，唱主角的侃侃而谈，纵论东西，笑谈天地，主宰、掌握着谈话局面。唱配角的则应是零零星星插几句话，择时顺势补说一二。下属汇报工作时，领导就成了配角；反之领导与下属谈心，下属就成了配角。在交际场所没有固定哪一个是主角、哪一个是配角，完全是根据交际需要决定谁是主角、谁是配角，有时候甘于做配角，善于说“衬话”，是现实生活中对每个人的要求，也是谈话者修养、品德、技巧的表现。

下面是说好“衬话”、做好“配角”的几个要点：

**一、择时而发谈话是呈流线型的，随着时间的推移而延续伸展开来。“衬话”起点缀和映衬的作用，需要择时而发，方可达到应有效果。**

其一，在主角谈话者掀起内容高潮时。谈话高潮是谈话重心所在，也是气氛的燃点，需要给它以渲染、衬托。其二，在主角谈话者以探寻、商榷或不肯定的口吻说话时。从礼貌和意见的准确性角度而言，谁说话都希望得到积极反应、支持和补充。衬话依附和围绕主角的话语，话不多却作出积极的响应，会使意见得到充实、明确，也是对方所希望的。其三，在主角谈话者一时语塞或思考间隙时。谈话难免会出现思路不畅不清的时候，语言也会出现言不达意现象，同时还会出现由于复杂原因造成的暂时冷场现象。及时的“衬话”会帮助对方接上思路，明确认识，还能保持和维护谈话的热烈气氛。想要做到择准时机，必须把握好说话的脉络和中心，同时还要对谈话者的心理、愿望作出敏锐的捕捉和把握。小洪话不多，但善于择时而发，很受尊重和敬仰。比如人们聚在一起谈些人生之悟话题，他常洗耳恭听，做个配角，但偶尔说出一些“衬话”，就有对话题推动和点染之效，人们对他颇感亲切。他介绍说，他的最大秘诀就是认真听、适时说，该张口时就张口，至少这是一种参与精神。

**二、简洁清晰的配角在谈话中是客观存在的，却并非一定要某些人担当，不过是谈话现场的一时需要罢了。不过一旦做了配角就要遵守角色要求，既要**

**选准适当时机说话，还要注重话语简洁清晰。**

简洁是指话要说得干净利索，不拖泥带水，不啰里啰唆，三言两语，点到为止，数量要远远少于主角，频率也要适度地把握。清晰是指话要说得清楚明白，不模棱两可，观点鲜明，内容精辟，能让人垂耳细听，听之会使人了然于胸。能做到话语简洁清晰，一需要深思熟虑，理清思路，抓住关键；二得力于准确的语言表达能力，没有相应的语言功夫，是不可能把话说得明白简要的。“衬话”是一种谈话的形式，分量并不是该比“主话”轻。简洁清晰的衬话既体现了“衬话”的形式特点，又可做到“敢云少少许，胜人多多许”。比如就某一话题，某君正在高谈阔论，你当然不能随便压住他的话，你在他那气畅语酣的话语间，说出恰到好处的衬话，若简洁清晰，同样能表达清楚你的意思，还能与对方交相辉映。

**三、能托会配谈话总有相对集中的中心，“衬话”不能悖离中心，不能对主角谈话置之不理，另说一套。**

从内容上说，“衬话”是依附于对方的，起绿叶衬红花的作用，要注意配合。所谓配合，就是在对方影响和制约下说话，作补充、陪衬。内容都是支持和依附性的，既不能独立分离，也不能越俎代庖，超越对方。同时要学会“捧托”，这有点像相声中的“捧哏”。“衬话”要求遵循求大同存小异的原则，对方说什么都应从不同角度予以托扶，从而创造一个和谐融洽的谈话气氛。从形式说，“衬话”处于从属和次要位置，要做到嵌入话语的整体中，需要以托和配的方式和技巧加以黏连、贴合。这主要有以下几种具体形式：一是应答式。如“哦”“啊”等赞同语，“嗯”“哼”等反应语。二是补充式，续接对方话头作合作性的补充。三是支持式，对对方观点作出合乎原则的呼应，或赞同或欣赏。

**四、略有主见“衬话”并非一味仰人鼻息，依附他人，它也有一定的独立性，高质量的“衬话”正是很好地解决了会陪能衬与独立性的关系，达到完美统一的境界。**

所谓独立性包括个人的独特风格和鲜明个性，更主要是指内容上具有主见。“衬话”要做到有原则，能充分显示出自身价值，必须寓含说话人的独到观点。如果陷入附庸的境地，便失去其应有的光彩，没有生命也无价值，成为腐草。只是“衬话”所显示的观点不能锋芒毕露，要从对方观点出发，立足于对方的内容，属于自己的一得之见，且能使对方话语得到丰富的印证。小蔡对曹禺名剧《雷雨》颇有研究，很希望把自己的认识发表出来。在一次由文学青年组织的文学沙龙上，小蔡侃侃而谈，认为周朴园对鲁侍萍的感情是真实的，而不是通常认为的虚伪。大家都认真听着，不时有人插话，并表示赞同。比如有人补充说，周朴园与鲁侍萍旧情并非“始乱之，终弃之”一类，而是一种真情，这种真情在周朴园赶走了鲁侍萍，与繁漪相守几十年却感情淡漠的比照中，显得尤为真切可贵。这一“衬话”虽一句带过，却给人以启迪，也有力地衬托了小蔡的话，给人以深刻的印象。

把握位置谈话中主角与配角是相对的，是相互转化的，体现着一种自由平等的规则，呈运动变化的状态。就是说任何人不可能只扮演谈话的中心角色，也不可能一味只有说“衬话”的份儿。充当谈话场面的主角则是每个人的愿望。当谈话需要他做配角，要求他说“衬话”的时候，他往往会按捺不住自己，难以把握位置，具体表现为说话内容过多、过重，观点性过强，陪衬感较弱，喧宾夺主。在形式上则显得过分抢眼，声势过大，把自己弄到谈话场面的核心位置，结果抑制了他人，扰乱了谈话的合理秩序。把握位置一方面要求切准做配角、说“衬话”的一般规律；另一方面要学会自我控制、自我调整，演好自己的配角，说好自己的“衬话”。如果能做到把握位置，既能显示出你良好的说话修养和品格，又能显示出你把“衬话”说得恰到好处的境界。

# 倾听——成功交谈的必备素质

刘　进

让我们先看一个例子：在一次年终总结会上，甲评价乙是个有上进心、工作能力也强的同志，就是考虑自己的问题多了一点。甲用欲抑先扬的方式含蓄地指出乙的不足之处，还是比较注意谈话艺术的。可是乙听了以后生气地说：你看我不顺眼，要说我自私自利就直说，不要拐弯抹角的。

我们可以想象，如果甲真的直截了当说乙自私自利，乙可能会更加恼怒。可见，缺乏倾听素质，会使交谈艺术无用武之地，更会使缺乏交谈艺术的谈话雪上加霜。交谈是一种互动式的双向交流活动。交谈双方共存于一个交谈场合，交替充当说话者和听话者，二者是互相依存、互相作用的辩证统一体，忽视任何一面都可能导致交谈的中断和失败。作为谈话者，每个人都应努力提高谈话艺术，但作为听者不能完全苛求别人的谈话艺术，特别要理性地对待缺乏谈话艺术的话语，以及自己不愿听的批评、指责性话语。这就需要我们提高倾听的素养，能动、灵活地理解别人的话语。良好的倾听素养可以从以下几方面来培养。

**一、专心倾听，能动理解。倾听应是交谈活动中的一种重要行为，当自己交替成为听者时，对对方的谈话，应该专心倾听、能动理解。**专心倾听，不仅要用耳，而且要用全部身心，不仅是对声音的吸收，更是对意义的理解。听者如果对谈话内容漫不经心，采取消极被动的态度，左耳进、右耳出，那就很难和对方进行沟通，更无法取得较好的谈话效果。听者在采取专心倾听的态度后，还要对谈话内容进行能动理解。所谓能动理解，就是对谈话内容自觉努力地去接收和处理，即一方面用自己具有的科学知识、人生体验、实践经验，正确和全面理解；另一方面以谈话背景为参照，有重点有取舍地理解。

某学校新上任的校长和教师座谈，谈到本校的一个发展优势时说："本校的大多数教师都来自全国各地的名牌大学，这些新鲜血液，改变了过去教师来源单一的状况，这是一笔宝贵的人才资源。"这段话使许多年轻教师深受鼓舞，也使少数由本校培养的老教师听了心里不舒服。教师如果用科学常识和实践经验来考虑问题，对教师全部或主要由本校培养，代代相传，存在的许多弊端进行阐述，本校培养老师就会有认同感，再结合谈话背景，也会明白这段话是面向青年教师，是鼓励教师发展优势的，并不是为了否定由历史造成的师资来源单一的老教师的。只要这样全面和客观而且有取舍地去理解，心里就会坦然起来。

**二、善解别人的谈话动机。一般来说，谈话者要谈问题，要批评或表扬人，等等，都有一定的动机。**这个动机或者是善意的或者是恶意的，或者是较隐蔽的或者是较显露的，或者是从主观需要出发的或者是从客观需求出发的。作为受话者要尽量善意理解别人的谈话动机，即尽量寻找和发掘对方善意的说话动机，从客观需要出发的谈话动机。

如何听出别人的谈话动机要因人而异，因具体情况而定。有的人性格开朗，做事大大咧咧，说话心直口快。既然他说者无心，我们又何必听者有意呢？听别人的批评指责，应本着言者无罪、闻者足戒的态度，不仅不应轻易怀疑别人批评的诚意，相反还要尽量发掘别人的诚意。对待言词激烈、情绪异常、很不理智、一股脑儿倾泻的话语，更不能妄加猜测别人有某种不为人知的、含有敌意的动机。为了不因对方情绪的变化，而影响对谈话动机的善意理解，首先要换位思维，为对方的冲动寻找客观原因，从而给予谅解，其次要引导对方把他恼怒的原因说出来。

一个公司的主管与外商谈判，未能达到预期的结果，他窝了一肚子火回来对下属说："你们这些人把事情办成了什么样子，存心和我作对吗？"下属们听了丈二和尚摸不着头脑。

其中，小A猜测主管是冲着她来的，是想炒自己的鱿鱼，于是也大吵大嚷了起来。而小B心想：主管一贯是很和蔼的，今天大光其火，一定是有原因的。他待主管发完火平静下来后，对主管说："您的压力很大，能让我们一起承担压力吗？到底发生了什么事？"主管于是说出了谈判不顺的事，并主动为自己的不理智向大家道歉。

**三、忽略方式，注意内容。一般来说，谈话方式和谈话内容是相辅相成，具有内在联系的。**作为谈话者要尽量注重方式和内容的联系，运用既得体又富有艺术性的谈话方式。但作为听话者首先要注重谈话内容，不要太计较别人的谈话方式，有时甚至要有意识地忽略一些不恰当的方式。

有一个刚进高中的学生，第一次英语测验成绩很不理想。英语老师在班上说：“有个别同学连一些基本题都做得一团糟，还想考大学？不如回去找个工作算了。”这样的冷语，使这个同学和英语老师产生了对立情绪，进而影响到学英语的积极性。这种状况虽然在高二换了英语老师后有所改变，但他和同学们的英语水平距离却不是短时期能够缩短的。那个老师的批评实在拙劣，学生因为这拙劣的批评而耽误了学业，也实在可惜。这个同学如果能忽略老师的批评方式，注意批评的实际内容，认识到自己确实基础不够扎实，针对薄弱环节进行切实的努力，不仅能改变老师的偏见，而且能提高自己的水平。

有的人喜欢以主观猜测的方式说出客观事实。如某领导对文书说：“你不想在我这儿干了吧？所以将文稿写得这样糟糕。”如果计较这种情绪化的批评方式，文书就会反唇相讥，不仅于事无补，而且还会增加互相的误解。反之，对领导的话采取忽略方式，注重文稿不合要求这一事实，主动采取措施弥补，不仅能获得谅解，而且还能使情况好转。

# 如何做到“言之有序”

满在永

在日常生活中，我们也许遇到过这么一些人，无论是讲评工作、汇报思想，还是平时的谈天说地，都语无伦次、颠前倒后。讲得很多，内容也很“丰富”，却达不到自己想达到的目的，从而大大影响了工作的顺利运转以及主要问题的及时解决。那么怎样才能使自己或他人的语言顺理成章、条理清楚呢？下面三种方式我们不妨试试：

**一、数序理清法**。有时候我们要表达的意思有几个方面，应当开始就告诉听者我们准备讲几个问题，然后每一点开始的时候，把数序告诉听众：第一点，第二点，第三点……

一位母亲临出门时对仅有六岁的孩子说：“妈妈要去上班，你一个人在家要关好门，做作业。中午自己吃饭，吃完了不用洗碗，做好作业我回来检查。不要开窗户。写作业前要擦桌子。饭在锅里。”说了这么多，孩子容易记得清吗？当然不容易。如果她换一种方式采用序数就好得多：“第一，在家关好门窗；第二，擦桌子，写作业，妈妈晚上回来检查；第三，饭在锅里，中午吃完不用洗碗。”这样，孩子一定会听得清、做得好。

**二、给以引导法**。在说话中，如果遇到对方叙述条理不清的情形，是很伤脑筋的。特别是在一些危急的场合，有些反映情况的说话者由于不够冷静，说话前言不搭后语，影响了对事实的正确反映。“119”报警台的值班员就常反映有人报告火警却紧张得甚至说不清到底是哪儿出现了火情。遇到这种交际对象就需要你对他加以引导。

1927年4月26日早晨，莫斯科刑事调查处值班人员别兹鲁科夫的电话铃响了。他拿起听筒，听到一个很激动的男人的声音。“别着急，公民！”别兹鲁科夫说：“按顺序讲，你是谁？从哪儿打电话？发生了什么事？”听筒里沉默了一会儿，接着传来叹息声，像是在喘气，然后那个声音略微平静地说："我是沃尔洪卡美术馆的科研副秘书，姓斯特拉霍夫。我们这儿出了件大事，刚才发现西欧画家一些仅存的名画被盗，其价值相当于一百万金币……"

经过值班员的提示，报案者迅速地理清了"言路"，按要求把问题逐个讲清了。如果我们遇到一个语无伦次的说话者，不要急躁，更不能责怪对方。最好的办法就是给他以提示，耐心地告诉对方，应按什么次序讲。

**三、说前与说后法。**条理的要求之一是合理地安排材料次序，哪个先说，哪个后说，都要按中心而定。有时候，同一个材料摆的位置的先后不同，会产生相反的效果。相传清朝将领曾国藩带兵镇压太平军时，因屡吃败仗，不得不上奏朝廷以示自责。在上书时，他说到太平军太强大，使得清军"屡战屡败"。手下一位幕僚则建议他改成"屡败屡战"。结果，曾国藩不但未因此获罪，反而得到了皇上的嘉奖。究其缘由，虽然两句都反映了失败，但前者显得不堪一击，而后者却显得英勇顽强。

当然同是言之有序，人们排序的方法却是不尽相同的。战国时代，齐王派使者访问赵威后，问候的信件还没有取出来，赵威后为表示对齐国的关心，问使者道："贵国的收成好吗？老百姓好吗？齐王好吗？"使者面有不悦之色，反问说："齐王让我来问候您，是一番深情厚谊，而您却不先问候齐王，反而先问什么收成、百姓，真是先贱后贵。"赵威后说："你错了，收成不好百姓怎么会好？百姓不好，君王又好在哪里，难道要我'舍本逐末'吗？"在这则故事中，两人都将最主要的摆在前头，只不过在摆什么上有分歧而已。而这分歧也恰好表现出两人对立的思想立场。

所以，我们说，说话中为了加强表达效果，注意条理，应该充分利用事物间不同顺序体现出的不同特点。具体一点说，既要打破常规又要在情理之中。"屡战屡败"是事实，"屡败屡战"也是事实，都表明了战与败之间的关系，但是它们的感情色彩和重点意思却不同。对此，我们应予以重视。

# 特殊情况下的“半句话”效应

孙玉茹

“半句话”，俗称“半截子话”。我们这里所讲的“半句话”，指的是说话时有意省略一部分话语或重要内容的不完整的话，而不是被动地、无可奈何地说不下去。

生活中，人们常批评那些说半句话的人是“藏着葫芦露着把儿，不会说句完整话”。然而，只要认真观察就会发现，在交谈中，说“半句话”的不仅大有人在，而且一经巧妙运用还会收到颇佳的效果。

1998 年 8 月 17 日，在中央电视台举办的“我们万众一心”抗洪赈灾募捐晚会上，有这样令人难忘的一幕：大屏幕上，一位抗洪战士对晚会现场上抱着不到两个月孩子的妻子讲话，在他向妻子表示问候之后，深情地对妻子说：“我现在战斗在抗洪前线，不能守在你身边，你要好好……”然后就不再说下去了。要“好好”什么？是好好保重身体？还是好好看管孩子、照顾老人？后半句他省略了。这种省略实则是蕴含了千言万语。在场的人们完全领悟了他要说的是什么，并被他为了“大家”舍“小家”的精神深深感动了。

为什么“半句话”还能有这样感人的效果呢？

因为口语表达与书面表达不同，书面语通常要求主、谓、宾各种成分齐全，讲究结构的严谨；而口语表达往往有特殊的语境，看起来成分残缺，但却不影响交流。相反，“半句话”如果说得好、说得妙，不仅显得简洁，而且更富有感情色彩，更加余味无穷，更能提高谈话效率。

但“半句话”不是什么时候都能用，一般只用在以下情境中。

## 一、心照不宣留半句

在交谈时，当谈话双方对所谈内容都比较熟悉，并且彼此间对省去的内容心照不宣时，可以只说半句。

例如，在电影《战火中的青春》中，当指导员高山在病床上把自己“是女的”的事实告诉排长雷震林并让他看了照片后，雷震林简直不敢相信这是事实，他坐不住了，来回踱着步说：“这不可能，你怎么会是个女的呢？我要知道你是女的，怎么能叫你……”

他没说出下半句，可高山却完全明白他指的是自己在火中为救他而负伤的事。雷排长留下半句话，不但不影响意思的表达，反而更突出了他自责的真实情感，不能不使听者动容。试想，如果他这样说：“怎么能叫你一个女同志为救我而负伤呢？”话是说完整了，可自责的力量却明显减弱了。

## 二、不愿言传讲半句

谈话者对不愿说出（或不好意思说出）的话，有时只吐半句“把儿”，剩下的或借助于特定的手势或借助于眼神、表情来表达，同样也能使人领会出藏起来的“葫芦”。

例如，在火车站，两位老同学不期而遇。他们寒暄了一阵后，一个同学问：“听说你和桂英……”（两手做分开的动作）这个同学听后笑着说：“你那是老皇历了，去年我们又……”（把两手握在一起）说完，两人都笑起来。

在交谈中，他们都说了“半截子话”，问话的同学不好意思直接点出“离婚”二字，就用手势表达了下半句的意思，而对方听出了问话者的弦外之音后，在回答时也不愿把“复婚”说出口，于是回应时也只说了半句话，后面也用手势语补上了。真是心有灵犀“半句”通。

## 三、背景单一省半句

交谈时，如果所处的环境、显示的意义比较清楚，就可以省略“半句”，省略掉的内容环境就可替你补上。

比如，当一个战士把女朋友的照片拿给家里人看时，母亲微笑着连连说：“好，好！”嫂子说：“够标致。”妹妹说：“太靓了，像演员！”她们的话都省略掉了“主语”，可由于她们都处在看照片这个单一的背景中，所以并未显得“缺斤短两”，不知所云。并且要比说“这个姑娘真好”“这个女人够标致”“照片上的人长得太靓了，像演员”更显得态度中肯，富有情趣。

## 四、含蓄表意说半句

在谈话中，人们常常会遇到这种情况，如果把要说的话全部说出来就显得太直白太直接，而适当地省略一些内容，则既能表达出所要表达的意思，又显得含蓄蕴藉，这样的“半句话”不妨一说。

例如，小芳拿出一元钱对明明说：“昨天买书时，我借了你一块钱，现在有零钱了，把钱还给你。”说着把钱塞在对方的口袋里，而明明则生气地把钱掏出来扔给小芳，说：“不就一块冰糕钱吗，你这人也真是……”“真是”后的词是可以说出来，但一说出来就显得没味了，于是她只说半句。虽然没说出来“是什么”，但对方已读懂了那半句话的意思，领会到了“拒绝”的真诚。

## 五、委婉暗示来半句

美国著名心理学家多萝西·萨尔诺夫曾指出：“交谈是双行道。”并说，谈话艺术最重要的是得到对方的回应。在拒绝别人时，有些人就常巧妙地运用这种抛出“半句”，而让对方接“球”的方法，来达到暗示的效果。

一天，李小姐来到某家销售公司，找到负责事务的老同学张先生，想请他帮忙买一台电视机，张先生热情地带她挑选，可选了一遭，也没挑到中意的，于是李小姐提出进库房去看看。按规定，库房是不可以随便进入的，可是张先生碍于同学情面又不好直接说“不”，于是他就微笑着用暗示性的话语对李小姐说：“我们公司经理昨天刚刚在大会上强调，除了库房保管人员，其他人员一律不得入内，违者必究。而我又新来公司不久，这事你看……”李小姐知道自己给老同学出了个难题，于是她自己补上了张先生未直接说出来的半句话：“我看我还是别给你找麻烦了。”真是话不在多，半句则灵。张先生虽然是话到嘴边留了半句，却既拒绝了李小姐的要求，又得到了她的谅解。

## 六、“否则”后面空半句

小赵和男朋友强子共同开办了一个向阳书店，生意很红火。只是小赵总想着找机会能上业余大学，可谈了几次强子都以书店离不开人为由不同意她去。这天，小赵又开始和强子谈判：“强子，告诉你，我已下决心考电大了，你必须答应我，给我时间让我复习，否则……”小赵没说出后半句，但此时无声胜有声，强子听后感到了“否则”后面的“威胁”，他只得让步了：“我答应你，还不行吗？”

当然，“否则……”这样有些“吓唬”人的半句话，一定要用的是“火候”，既不能乱用，也不能常用，否则就会失去它的“威力”。

总之，说半句话的情况有很多，它主要是说话者在表达激动、自责、亲切等情感时的一种自然真诚的倾吐，而不是故意“卖关子”。只有这样才能达到含蓄有味、幽默诙谐、感人至深的效果。

不过，值得注意的是，说半句话的现象，从本质上看并不是语言的省略，它不过是一种语言表达形式的转化或替换，即用其他非口语形式，如环境语言、默契语言、体态语言、表情语言等辅助表达而已。因此，在说半句话时要格外当心，一定要注意场合和对象，当说再说。如果留半句以后对方难解其意，甚至可能造成误解或歧义，就千万不能玩“半句话”的潇洒了。否则，那可真是“藏着葫芦露着把儿，不会说句完整话”了。

# 怎样纠正说出口的错话

张中莉

现实生活中，常常会有人因说错话而陷入尴尬困境的情况。这种情形的出现或多或少会给人际交往带来负面的影响。因而错话说出以后如何进行补救就显得尤为重要了。为了使自己的错误能够及时得以补救，创造良好的人际关系和心境，最要紧的是掌握必要的纠错方法。

**一、将错就错**。就是在错话出口之后，能巧妙地将错话续接下去，最后达到纠错的目的。其高妙之处在于，能够不动声色地改变说话的情境，使听者不由自主地转移原先的思路，不自觉地顺着我之思维而思维，随着我之话语而调动情感。某次婚宴上，来宾济济，争向新人祝福。一位先生激动地说道：“走过了恋爱的季节，就步入了婚姻的漫漫旅途。感情的世界时常需要润滑。你们现在就好比是一对旧机器……”其实他本想说“新机器”，却脱口说错，令举座哗然。一对新人更是不满之情溢于言表，因为他们都各自离异，历尽波折才成眷属，自然以为刚才之语隐含讥讽。那位先生发觉出错，连忙住口。他的本意是要将一对新人比作新机器，希望他们能少些摩擦、多些谅解。但话既出口，若再改正过来，反为不美。他马上镇定下来，略一思索，不慌不忙地补充一句：“已过磨合期。”此言一出，举座称妙。这位先生继而又深情地说道：“新郎新娘，祝愿你们永远沐浴在爱的春风里。”大厅内掌声雷动，一对新人早已笑若桃花。

这位来宾的将错就错令人叫绝。错话出口，索性顺着错处续接下去，反倒巧妙地改换了语境，使原本尴尬的失语化作了深情的祝福，同时又道出了新人间情感历程的曲折与相知的深厚，颇有些点石成金之妙。将错就错不失为一种机智的圆场方式。

**二、借题发挥**。就是错话一经出口，在简单的致歉之后立即转移话题，有意借着错处加以生发，以幽默风趣、机智灵活的话语改变场上的气氛，使听者随之进入新的情境中去。曾有一个新毕业的大学生去某合资公司求职，一位负责接待的先生递过来名片。大学生神情紧张，匆匆一瞥，脱口说道：“滕野木石先生，您身为日本人，抛家别舍，来华创业，令人佩服。”那人微微一笑：“我姓滕，名野柘，地道的中国人。”大学生面红耳赤，无地自容。片刻后，待大学生神志清醒后，他诚恳地说道：“对不起，您的名字使我想起了鲁迅先生的日本老师——藤野先生。他教给鲁迅许多为人治学的道理，让鲁迅受益终生。今天我在这里也学到了难忘的一课，那就是‘凡事认真’。希望滕先生日后也能时常指教我。”滕先生面带惊奇，点头微笑。经过认真的考核，最终录用了他。

不难看出，借题发挥，妙在一个“借”字，重在一个“发挥”上。借什么样的“题”，如何发挥，这是关键之所在。很显然，它并不是不动声色地续接错处，而是有意渲染和凸显错处，借机大作文章，为自己的错话寻找最佳的解释。这位大学生便是借对方的名字有意生发，巧妙地将话题引向了鲁迅的恩师藤野先生，既消除了望文生义将对方误作日本人的尴尬，又语义双关，诚恳地检讨了自己的不认真，同时又不失时机地暗示了愿在该公司效力的愿望，可谓纠错有术，别具新意。

**三、自我解嘲**。就是在错话出口之后，机智地将话题引向自己。通过对自己的善意攻击来消弭对方的敌意，转移对方关注的焦点。这样做的好处是，能够不露痕迹地照顾到对方的自尊心，同时巧妙地使紧张的气氛得以缓和。

某寝室。新生初到，争排座次。老七心直口快，与老八争执了半天，见比自己稍小几日的老八终于叨陪末座，便说道：“好啦，你排在最末，是咱们寝室的宝贝疙瘩，你又姓王，以后就叫你‘疙瘩王’啦。”说者无心，听者有意，原来老八长了满脸的疙瘩，俗称“青春美丽痘”，每每深以为恨，此时焉能不恼？老七见又惹来了风波，心中懊悔不已，表面上却不急不恼，揽镜自顾道：“‘蜷在两腮旁，偎在鼻翼间，迷人全在一点点’。唉，老八，我这真是‘一波未平，一波又起’呀！”老八听了，不禁哑然失笑。原来，老七也长了一脸的雀斑。

老七的自我纠错术也堪称高明。在无意中冒犯了别人之后，马上含蓄地进行了一番自我调侃，并巧借余光中的诗句点明了自己也是面生雀斑。其“一波未平，一波又起”之语，既是对自己面部雀斑分布形状的自嘲，又是对自己两番口无遮拦惹来风波的含蓄自责，因而博得了老八谅解的一笑。这种自我解嘲术能通过调侃自己求得对方的谅解，是一种颇为灵活的纠错方法。

**四、曲解翻新**。就是将一些现成的诗句、成语、俗语、歇后语、名言等有意别解，翻出新意，以掩饰自己言语中的某些疏漏。在这种情况下，说错者不仅容易取得对方的谅解，而且会以幽默诙谐、机智风趣博得对方的好感。

一次聚会上，某人不慎将一冯姓小姐的姓氏误记为“牛”，对方顿感不悦。其人大窘，略一思忖，继而说道：“对不起，这真是冯（风）马牛不相及了！”说得冯小姐扑哧一笑，不由得对他刮目相看。

实际生活中，这种曲解翻新的情况还是较为常见的。这样既显得俏皮，又见出修养。但在曲解翻新时，切忌庸俗浅薄，也忌冗长拖沓，更不可“掉书袋”。

**五、恭维表白**。就是说错话之后，巧妙地通过恭维对方以达到自我解困的目的。俗话说：“良言一句三冬暖，恶语伤人六月寒。”任何人都会反感恶语而绝不会拒绝赞美。适度的恭维既会令对方心生暖意，又会令自己摆脱语误的困境，何乐而不为呢?

有这样一例：一个高高瘦瘦的小姐新买了一件掐腰的短上衣，兴冲冲地邀女友品评。女友见她穿了新衣越发显胖，不禁脱口说道：“这件衣服并不适合你。”对方顿时面沉如水。女友见状自责，转而笑吟吟地说道：“像你这样苗条又修长的身材，如果穿上那种宽松肥大长至膝下的衣服，就会越发显得神采飘逸、潇洒大方了。那些矮而又胖的人就穿不出这种气质来。”小姐听罢顿时转怒为喜。

女友的话既巧妙地暗示了这件衣服不合其身材，又诚恳地指出了其择衣标准。同时用“苗条修长”这样美好的词语委婉地指出了其身材的特点，又用“矮胖”之人来对比，照顾对方的自尊心。一句看似恭维的话，实则蕴含了无限的玄机，因而便显得委婉含蓄，巧妙地为自己解了围。

**六、话留半句**。“犹抱琵琶半遮面”之所以具有美感，是因为被琵琶遮掩的半面不为人所见，反倒给人留下了说不尽的朦胧与含蓄。同样，道歉的话也不必完全说出来，话留半句也会令自己摆脱难堪的窘境。

比如，说了错话之后，见到对方不妨用“对不起，我刚才……”，或者“真抱歉，我这脾气……”，或者“我这人……对不起……”等这样的话，双方都心照不宣，说错者很容易在这种吞吞吐吐的情况下得到谅解。用这种方式时，要切忌轻描淡写，切忌眼神游离，要显得真诚恳切，语言尽量迟缓，“对不起”

这样道歉的话要语气稍重些，这样很容易冲淡那种浓浓的火药味，进而显出自己的诚意来。如果对方是老友，自然不忍见你那副面红耳赤、欲语还休的“尊容”，会很大度地一挥手：“算了！”如果对方是新相识，那也很容易因这残缺不全的半句话对你留下好印象，诸如老实、木讷、坦诚等。对一个如此老实的人，谁还会因一句无关紧要的错话而计较前嫌呢？事实证明，在某些情况下，吞吞吐吐并非坏事，作为一种纠错方式，话留半句也是十分可行的。

# “隐身语”：含蓄深沉，韵味绵长

卢仁江

日常生活中，有些话不是直白地说出意思，而是以含蓄隐晦的方法把真意“藏”起来，给人以深刻的思考和启示。这样的说辞，含蓄深沉、韵味绵长，既让人能够领会你说的意思，又增加了说话的艺术色彩。

## 把意味藏在“诗”外

曹雪芹家曾经富裕阔绰、衣食无忧。一天，他到野外游玩，看到一个贫穷的老农在种地，就问他：“你这样不辞辛苦地耕作，就不怕万一遇到天灾，最终颗粒无收吗？”老农说：“没有耕作，哪来收获？如果光想着失败，而不努力了，那我们就只能等着饿死了。”后来，曹雪芹家道中落，在“绳床瓦灶”的穷苦背景下写作《红楼梦》，有人不解地问他：“你这样执着地去写一部根本不知道结果的书，值吗？”曹雪芹说：“老农种地，没想着当年会不会遭遇天灾，他们只想着耕耘，不想着收获。老农没想着收获，却也许会获得满满的收获。播种子，不见着种子的收获，却也扮绿过大地呀。”曹雪芹执着地写作，终于留下了不朽之作。

曹雪芹用老农的种地，说出了“诗”外藏着“只顾耕耘，不问收获”的绵长意味。曹雪芹这样说，是用老农种地来指代世上做任何事都不应抱功利之心的意味。这一谈话技巧的中心点是，以一种现象作为虚拟的“雾纱”，而“雾纱”之后才藏着真意。这就是把意味藏在“诗”外的谈话技巧。

## 把意蕴藏在背后

有个儒商叫陈琼，性格豪迈洒脱。他在一个叫二里冈的地方建了一所别墅，这里在城的北面，不仅距离市中心稍远，而且别墅后面不远处还有两座坟墓。有人到他的别墅拜访后说：“每天看到这些东西，心情肯定不好。”他却笑着说：“不，风景是一张固化的照片，面对着它，就看你怎么生发联想。风驰云涌、激浪排空，你可以生出恐惧的心情，但也可以生发激越奋进的联想。就像我别墅后面的景致，一些人每天看着不快乐，可我觉得，每天都看这些东西，就使人不敢不快乐。”

这番话的意蕴非常深刻，它藏着的意蕴是，万物都有凋敝的一天，既然每个人也都有这样的归宿，那你还不珍惜每一天、快乐每一天？这番话的技巧在于，在对方话语的基础上，通过转化、延伸语意，产生新的意蕴。即通过谓语的变化，使宾语“快乐”的意蕴发生了变化，使其隐藏着的意思有了新的、深刻的、不一般的内涵。

## 把意旨藏在题中

李奎在一家粮油集团干了十年装卸工，这十年里，有跟他一起进集团的，也有比他晚来的。而这其中，有许多员工都被提拔了，有的当了领班或主管，还有的成了集团扩建后多家分店的负责人。而李奎认为自己资格老，便不努力等着提拔。然而，他却一直是个装卸工。这天，心里郁闷的他，推说身体不舒服请假回了老家。在父亲面前，李奎说了一肚子的抱怨话。父亲听完李奎的牢骚话，便让他到房后把当年李奎自己种下的那棵树砍来派用场。李奎到了林子里怎么也找不到那棵树，父亲跑过来帮李奎找到了那棵树。李奎一看，自己种下的这棵树怎么又弯又矮，明显跟别的树不成比例。父亲见李奎不解，便说：“你刚种下这棵树不久，它还是很直的。但很可惜，它后来不努力地往上蹿，结果总是被别的树盖过了风头，吸收不到阳光和营养，到头来又弯又小，简直没法派上用场了。”李奎心中一惊：这棵树种下的十年，不正是自己在粮油集团干的十年吗？树跟人竟然会如此相似！于是，李奎急忙赶回集团，重新拼命地干活了。

父亲的话，以“树”喻人，把“奋斗则进”藏在了“隐身之语”的题意之中。这样说，是以此言彼、以虚说真，拿出一种喻体，比喻出背后的真意。即是以某种媒介为工具，把要说的主旨通过这一媒介引申、发挥和图解，进而使藏在题中的意旨充分表露出来，让听者能够轻松地接受和开悟。

“隐身语”含蓄深刻、韵味悠远、绵长，会让听者受到深刻的启发和顿悟，其中的表达艺术睿智而巧妙，给人以极大的启发和鉴赏价值。

# 安排好说话顺序，才能达到完美效果

卢仁江

在一次题为《说话的顺序》的演讲中，作家刘墉举了一个很有意思的例子："假如你是一名钢琴家教，最近要涨学费。如果你对家长先说：'下次开始要涨价了。'家长很可能皱眉头。这时，你接着说：'因为小孩越弹越好，要教比较高级的技巧了。'家长很可能一撇嘴：'得了吧，我听啊，还是弹得跟以前一样烂。'但如果你换个顺序，先说：'恭喜您啊，您孩子真有进步，下次可以升级了呀。'家长定会眉头一扬，很高兴：'哎哟，不错啊。'这时你再说：'不过因为升级，学费可能稍稍要调整一点儿。'听完这话，家长感觉是不是好得多呢？"由此看来，相同的意思，不同的表达顺序，最终效果有时是完全相反的，因此，只有说话顺序安排得当，才能使你的话语更中听，进而获得理想的表达效果。

## 犯错理亏，情话在先

一次，牛某主编一本杂志，便邀请好友蒋某拍封面。最后整整拍了20多卷照片，但牛某偏偏挑出最"惹火"的一张作了封面。不料，杂志面市后，招致了很多读者的质疑和批评，然而蒋某还未知此事。牛某心里很过意不去，便主动找到蒋某说："因为咱俩做了这么多年的'哥们儿'，所以每次给你拍照时，我都比给别人拍得更投入、卖力，就是想把你最美丽动人的一面拍下来，呈献给你的粉丝。"接着，他开始道出了实情："但是，这次拍的照片，由于我之前工作考虑得不周全，给你带来了一些负面影响，要是事先请你把把关，就不会出这事儿了。所以，我老牛对不住你，认打认罚——打，你让你老公打我一顿；罚，罚我为你提供终身免费摄影服务。"听完这一席话后，蒋某虽然略显惊讶，但并没有恼怒，反而安慰牛某说："牛哥，我知道你也是好心，以后咱们再拍照片时，考虑周全一些就行了，过去的事情就让它过去吧。"

当你犯错后，不妨先跟对方讲讲情谊，加深彼此间的感情，然后再承认错误，这样更易取得对方的宽容和谅解。这里，在得知自己犯了错后，牛某先是跟蒋某重温了一下过去的情谊，这就让蒋某心里很热乎，更加念及牛某的好。最后，牛某话锋一转，适时地把自己犯的错告诉了蒋某，并主动请罪，认打认罚，以此表明自己重修这份情谊的愿望和诚恳道歉的态度。这样，即便蒋某得知牛某对不住自己，听完这番话后，也不好意思再追究了。倘若牛某先把“照片风波”告诉蒋某，然后再讲以前的情分，效果势必会大打折扣。

## 意欲否定，肯定在先

措姆是美国查尔斯将军的一名下属，在连打了几个胜仗后，便开始居功自傲，频频违反军纪，还经常顶撞查尔斯。这让查尔斯非常恼火，于是要按军法处决他。大家都劝查尔斯，只见查尔斯把手枪往桌上一拍，厉声说道：“谁也别劝我，我的子弹可不认人！”这时，部下乔治笑着说：“将军，您是对的，我支持您！措姆犯了错，就是应该受到处分。”查尔斯一听，面露喜色。乔治接着说：“您说措姆这人咋样？”查尔斯不假思索地答道：“简直是个笨蛋！”乔治紧接话茬，说：“对呀，只有聪明人理解聪明人，笨蛋怎么会理解您的良苦用心呢？他当然会和您顶嘴啦。”当查尔斯听得心花怒放时，乔治又说：“所以，你就不要为此计较生气啦，再说，现在战场的形势危急，如果处决了措姆这样的猛将，我们的战斗力将会受到大大的损失，还是给他一个将功赎罪的机会吧，您说呢？”查尔斯听后，终于点头同意了。

乔治的目的，是要否定查尔斯的处决意见，但他深知查尔斯要面子，便将否定之语先按下不表，而是先把肯定、尊敬、赞美查尔斯的话说在了前面，当查尔斯“心花怒放”，心理上得到了满足时，才把自己的真正用意说了出来，这时，劝说自然也就水到渠成了。倘若乔治先劝查尔斯留着措姆立功改过，那么也许还没等他把话说完就被轰了出去。可见，否定之前先肯定，对方便会觉得自己被尊敬、被重视，于是，最初的反感和戒心都减少了许多，从而开始慢慢地接纳你，对于你说的话能听进去。而且，对方当初所坚持的主张与意见，也不再那么固执了。

## 告知急事，结果在先

一天上午，天鸣家用电器公司的黄总正坐在办公室里看材料。这时，质检科的科长小张跑来报告说：“黄总，刚才市里的质监部门突然派人来咱们公司抽样检查了，不过您不必担心，检验结果说，咱们的产品质量都合格。”当时，黄总先是一惊，随即便镇定下来。只见小张继续汇报道：“质检部门的工作人员跟我说，他们接到有人举报称咱们生产的热水器有质量问题，所以才来公司进行调查。最后证明，咱们的产品没有问题，而是那个举报人购买了仿冒咱们牌子的‘山寨货’。”这时，听小张介绍完事件的来龙去脉后，黄总才恍然大悟，长舒了一口气，笑着对小张说：“原来是虚惊一场，要不是你先告诉我检验结果，我还以为咱们这次惹麻烦了呢。”

倘若遇到紧急事件，当你已经处理妥当并准备向领导作汇报时，为了打消领导不必要的心理负担，不妨先把好的结果说出来，这样不仅有利于你将情况传达到位，更会使领导安心、放心。质检科长讲这段话的中心内容有两个部分，即产生问题的原由和问题的结果。如果他先讲问题的原由，就会使黄总焦急万分，很难平静地听他把事情讲完。而如果把“产品检查合格”的结果放在前面，就不会使黄总听到这个消息时感到着急和担心，并且能够安心地听自己把“前因”叙述完毕。如此颠换顺序的叙述，丝毫没有影响其把整个事件的来龙去脉解说完整，反倒使黄总听了很满意。

犯了错，先讲情话，后作道歉，便会让对方更易谅解你；在向他人表达不同见解时，先肯定对方的部分看法，便会让对方更容易接受你的见解；发生了紧急情况，如果已经处理好了，不妨先把结果告诉对方，然后再讲“前因”，便会让人安心听你把话讲完。所以，当我们向他人发表意见或传达信息时，考虑好先说什么、后说什么，安排好顺序，才能有助于把话讲得中听，达到最完美的效果。

# 一样事两样说

赵 琪

有位妈妈去开家长会，老师说：“你儿子有多动症，三分钟都坐不住，你最好带他去医院看看。”回家路上，儿子问妈妈，老师说了什么，她鼻子一酸，全班30位小朋友，只有儿子表现最差，唯有对他，老师表现出不屑。然而她还是告诉儿子：“老师表扬你了，说宝宝原来在板凳上坐不了一分钟，现在能坐三分钟了。其他妈妈都很羡慕我呢，全班只有宝宝进步了。”那晚，儿子破天荒吃了两碗米饭，而且没让她喂。孩子上了初中，又一次家长会上，她坐在座位上，等着老师点儿子名字，每次家长会，儿子的名字总是在差生行列中被点到。然而，这次却出乎意料，直到结束，都没听到点儿子名字。她有些不习惯，去问老师，老师说：“按你儿子现在的成绩，考重点高中有点危险。”等儿子问她的时候，她说：“班主任说了，只要你努力，是有希望考上重点高中的。”后来，这个孩子不仅考上了重点高中，也考上了清华大学。当他把一封印有“清华大学招生办”的特快专递交到妈妈手里时，哭着说：“妈妈，我知道我不是个聪明的孩子，可是，这个世界上只有你能欣赏我……”

这位妈妈是多么伟大啊，当老师对她的儿子做出负面的评价时，她却能改换角度，用欣赏的眼光、积极的角度去表达，给了儿子信心和力量。一样的事情，不一样的说法，就能产生不同的效果。这就是语言的神奇。多用赞美、鼓励、温暖的语言说话，就能给人力量和信心。

有家工厂为了提高效率，让工人以记工作日志的形式；详细记录自己的工作情况，作为绩效考核的依据。一周之后，领导发现一车间工人工作积极，效率提高，而二车间却恰恰相反，工人出现了抵触情绪。问题出在哪儿了？原来一车间主任对工人这样传达：“公司每天要求大家写工作日志，统计工作量，咱们平常干那么多活，领导离得远，根本看不到，正好借这个机会好好向领导展示咱们的干劲和努力。”二车间主任这样传达：“公司要求大家写工作日志，统计工作量，纳入绩效考核，以提高咱们工厂的工作效率。”工人们听了，心里就有情绪，感觉这是领导在监督，让他们多干活。

有句话是：“我不在意你说什么，我在意你是在为谁说。”一样的事情，一车间主任站在工人的角度，说了这种做法对车间和工人的益处，工人们就能欣然接受。二车间主任却单纯强调工厂对工人的监督，不考虑工人的感受，起到了反作用。一样的事情两样说，尽量要站到听者的角度说，这样才更有说服力。

一开始的时候，美国是英国的殖民地。它们刚组建军队的时候，大部分都是从英国来的年轻人，许多士兵喜欢模仿英国绅士，手拿一根手杖。这严重影响了部队的行动效率。长官对士兵们说：“谁拿手杖就处罚谁！”可那些士兵们还是不愿意丢掉手杖，反而说：“这是我们的习惯，你不能强迫我们！”长官苦思冥想很久，对士兵们说道：“是我疏忽了，有些人身体瘦弱，风一吹就倒，确实需要手杖。好吧，以后弱不禁风的人可以拿着手杖！那些壮得像牛一样的小伙子们，我相信你们不需要它！”此话一出，士兵们纷纷扔掉了自己的手杖！

士兵们拿手杖，是沿袭了英国人的习俗，是很难更改的。长官用严厉的命令强迫他们，很难起到效果。而长官换了一种说法，允许体弱的人拿手杖，而称赞不拿的人是强壮的小伙子。兵营里的战士都崇拜强者，谁愿意承认自己弱不禁风呢？考虑别人的感受，用别人更容易接受的说法，你的话语才能走进对方心里！

一样事，两样说，关键看你怎么说，用什么样的态度和语气说，不同说法的效果完全不一样。

# 硬话软说，淡化对立情绪

西山居士

生活中，有时候需要态度鲜明，需要硬气地表达立场、观点，或者遇到与人争执、产生矛盾的时候，需要硬气一点。但硬气不代表态度强硬、语气生硬。如果硬话软说，效果可能会好一些。

一位老总有位秘书，经常迟到，而且还喜欢找理由。有一天，他又迟到了，向老总解释："我这表需要修一修了，总是出毛病，耽误事啊。"老总说："是应该修一修了，修不好就换。如果你不换，那我可能要换秘书了。你刚才说了，不能耽误事啊。"自此之后，秘书再也没有迟到过。当然他没有换表，只是换了工作态度。

秘书迟到，老总可以严厉批评，可以发脾气训斥，但很容易把关系闹僵。硬话软说，则以委婉的表达，像开玩笑一般提出警告。看似柔和，其实自有力量。最重要的是不必撕破脸皮，赤裸裸地对立。

小两口吵架，妻子说："我马上收拾东西，立马回娘家，你一个人过吧。"几乎每次都这样，只要一不顺心，就拿回娘家威胁。这一次，丈夫彻底被惹生气了，他本来想说："想走就走吧，我一个人过就一个人过。"但话将要出口时，他还是冷静下来，怕激化矛盾。于是，他故作严肃地说："你这样做可不好，动不动就回娘家，威胁我。你觉得这样好吗？你忘记了结婚时我当众说的话了，一切听你的，要做到妇唱夫随，所以，你回娘家，一定要带上我。"妻子一听乐了。

硬话硬说，必定会激化矛盾，尤其是生气的时候，硬话出口就是怒火，容易把人烧伤。而硬话软说，以幽默诙谐的语言表达观点，提出要求，就能淡化对立情绪，化干戈为玉帛。强硬表态，说话还费力气，硬话软说，心平气和，委婉表达，绵里藏针，效果更好。

一段时间，公司有不少人用公司的打印机、打印纸打印自己的东西，甚至打印孩子的作业。还有人把公司提供的水果、招待用水带回家。李总了解后，在一次会议上，他笑着说："咱们公司有很多人让人感动啊，真正做到了以公司为家，公司的东西像自己家的一样。既然公司和家一样，那以后不如在家办公，工资奖金都不用领了，谁在家里干活还要钱呢？"

面对损公肥私的现象，李总幽默地给予警告，把员工拿公司的东西解读为"以公司为家"，继而提出"在家办公"，且没有工资，隐含着再干这样的事情，会辞退回家。硬话软说，委婉地警告，能在给人留面子的前提下，把要表达的意思说出，还能消除对立情绪，避免出现紧张局面。

有一位企业的老板，有一天巡视工区，看到几个工人在库房里抽烟，按照规定，库房吸烟是被严厉禁止的。但老板没有训斥工人，而是掏出自己的烟盒，拿给工人们，对他们说："请尝尝我的烟，咱们一起在这里抽，看能不能把库房给抽着火了。证明一下，工厂守则上'禁止在库房抽烟'是不是错误的。"工人们听了，不好意思地掐灭了手中的烟。

一个人说话并不是气势强、嗓门大就让人信服。硬话软说，显得宽容大度，又不失威严。硬话软说，是自己先退一步，并不是软弱退让，而是以退为进。真正的目的是为了让对方更好地接受后面的硬话。一些硬性的规定和要求，简单粗暴得让人厌烦，容易让人产生对立情绪，使得抗拒心理瞬间增强。硬话软说，既能表达意愿，又能收到想要的效果。

硬话软说是表达的技巧，是说服的智慧。硬话软说，既坚持原则，又保持灵活性，既保持了立场，又在人际交往中游刃有余。在与人沟通中，避免用生硬的话语，多用柔和的语气，善意的语言去表达，不让人反感，往往就能产生双赢的效果。

# 让“意料之外”的话变“情理之中”

李元元

小亮今年11岁，长得虎头虎脑，很讨人喜欢，但他父母却一谈到他就叹气，因为他经常调皮捣蛋，招惹是非。一次，小亮又和同学打架，被同学的父母找到家里。小亮的妈妈跑到学校找小亮的班主任陈老师哭诉：“陈老师，我们实在没有办法了，你看他总是不听话爱惹事怎么办？”陈老师并没有直接回答她的话，而是反问道：“您复印过文件吗？”小亮妈妈说：“当然复印过。”“那如果复印件上面出现了错别字，您是改复印件还是改原件？”“当然是改原件了。”“是呀，”陈老师说，“父母是原件，孩子是复印件。孩子是父母的未来，父母更是孩子的未来！要想改变孩子，就得先改变自己啊！”

小亮的妈妈去向陈老师请教如何教育孩子，陈老师却跟她讲起了复印文件的事情，这让小亮的妈妈一头雾水。但陈老师接着用复印件和原件的关系与孩子和家长的关系作对比后，小亮的妈妈顿时恍然大悟。那么，问题来了，剧情逆转的原因是什么？很简单，不过是因为问题的原因被说透了，从而让意料之外的事情变成了情理之中。

## 欲扬先抑，原因寓于逆转中

魏风江是丰子恺的学生，他对老师的画功和人品都十分佩服。后来，魏风江留学印度，与大诗人泰戈尔成了朋友。一次，泰戈尔兴致勃勃地和魏风江谈起了丰子恺的漫画。泰戈尔说：“你老师的画很有特色。有人评价说丰子恺画画不要脸，对此，我非常赞同。”魏风江禁不住惊讶地张大了嘴：“您怎能这样说？”

泰戈尔却不慌不忙地说：“你看，这几幅画，用寥寥的几笔，就写出了人物的个性。脸上没有眼睛，我们却可以看出他在看什么；没有耳朵，却可以看出他在听什么。高度艺术表现的境地，就是这样。”“原来是这样。”魏风江这才恍然大悟。

当着学生的面骂老师，这怎么能行？但泰戈尔就这样做了，不过，他有自己的理由，当泰戈尔将个中原因娓娓道来之后，魏风江才突然茅塞顿开。说透原因的方法有很多，欲扬先抑的方法可谓其中的“奇门绝技”之一，勾起听众的好奇心之后，再把合情合理的原因一一说明，就把意料之外的事情轻松地变成了情理之中。

## 比照推理，原因寓于比较中

韩磊大学毕业后开了一家电脑销售公司，希望可以在商海中闯出自己的一片天地，但公司的经营并不尽如人意，生意惨淡，徘徊在破产的边缘。韩磊很沮丧，找到朋友于东喝起了闷酒。几杯酒下肚后，韩磊打开了话匣子：“兄弟，我准备把公司盘出去，不干了，太难了。”

于东说：“咱先说点高兴的事，你知道吗？我前天跟着我们老板去了趟金矿。你猜，在金矿里，我看到最多的是什么？”“金子。”韩磊不假思索地说。

“不对。”于东说，“是矿渣。”“矿渣？怎么可能？”韩磊忍不住笑起来。于东也笑了，说：“也许只有身临其境，你才会感觉到，即便只是一小块的金子，也要淘尽千千万万的矿渣才能炼成。其实，天下的人才也是如此，需要‘淘’尽无数的缺点、瑕疵、毛病、失败、坎坷和挫折等‘矿渣’才能成为人才。很多人就是悄无声息地淹没在了淘金的过程中。”

于东为了说服韩磊不要轻言放弃，以金子和矿渣作比，分析出为什么金矿里最多的不是金子而是矿渣，继而引到所说的问题上，从而让韩磊触类旁通，并使其最终明白遇到困难时要坚持，才能真正收获自己所要的金子。“不识庐山真面目，只缘身在此山中。”处于一种情境之中时，容易被迷住双眼，看不清事情的本质，但运用比照的方法却可以让人找准原因，让意料之外变成情理之中。

## 条分缕析，原因寓于剖析中

郭子仪是唐代中兴名将，功勋卓著，威震朝野，被封为汾阳王。有一年，因朝廷重要祭祀的日子临近，禁止杀生。郭子仪的仆人违反禁令，宰了一只羊，右金吾将军裴谞立刻禀奏唐德宗，予以弹劾。德宗为此多次夸赞裴谞不畏权贵，忠直刚正。有人不以为然，认为这样有损郭子仪的名声，便责问裴谞："郭公有功于社稷，为什么不加以庇护呢？"

裴谞回答说："正是因为郭公德高位隆，我才这样做的。郭公位高权重，皇上刚即位，本来担忧郭公党羽众多，难以驾驭。我揭发他较小的过失，说明郭公不足畏惧。这样，上尽了事君之道，下安了郭公及朝臣之心，不是一举两得吗？"

别人都不明白裴谞为什么会经常弹劾郭子仪，裴谞先是开门见山、一语中的，然后又层层剖析，从皇上、朝臣、郭公三方面讲明了自己这样做的原因，顿时让人们对其所作所为心服口服。理不讲不明，条分缕析的方法能充分地把事情的因果讲清楚，让听者跟随自己的脚步逐渐变得豁然开朗。

有些道理我们都明白，但却常常被生活蒙蔽了双眼，找不到正确的方向。这时，施助之人只有把原因说透，透过现象看到本质，才能最终解开心结。我们不妨用欲扬先抑、比照推理和条分缕析的方法说透原因，把看似意料之外的事情变成情理之中。

# 演讲艺术

Y ANJIANG YISHU

# 初学演讲应处理好的四种关系

海 沙

随着知识经济时代的到来，演讲能力已成为考核和评价人才素质的重要尺度，学习演讲的人越来越多。笔者作为一名演讲爱好者和语言教学工作者，通过总结自己的演讲实践以及与一些初学演讲者的交流，我认为初学演讲，应注意把握好以下四个方面的关系。

**一、演讲理论与实践的关系众所周知，任何没有科学理论指导的实践都是盲目的实践。**演讲亦然。演讲是在特定的环境中，由演讲者的品德修养、语言表达和听众心理、信息传播价值及方式等多种因素共同作用的综合行为过程，具有很强的科学性和艺术性。科学的演讲理论是从演讲实践中概括、抽象出来的，熔铸了哲学、美学、社会学、教育学、心理学、语言学、逻辑学、文学、历史等许多门类的科学成果。

初学演讲的人，往往有着迫切的成功欲望，但却容易走上两个极端：或者轻视理论、盲目实践，或者死抠理论、忽略实践，结果都是屡讲屡败，事与愿违。究其原因，前者忽视了演讲作为一门严肃的科学所具备的科学性和艺术性，忽视了对演讲理论的深入学习和研究，企图凭借浅薄的个人经验去盲目摸索或简单地模仿而形成高水平的演讲能力，要么单纯地把演讲能力等同于口头表达能力或普通话水平甚至演讲稿的写作水平，以偏概全；要么专心在态势语言上下功夫，钻牛角尖；要么错把演讲理论当成可有可无的调味品，以几个演讲名人的某次演讲或几句名言作为指南，夸夸其谈。而后者则往往被当前百家争鸣的各种演讲理论惹得眼花缭乱，要么难辨真伪，无所适从；要么视理论为要诀，一招一式都非得从书本上讨说法，被理论束缚住了手脚。如此等等，只能是事倍功半，甚至误入歧途。

事实证明，没有一个人的演讲能力是天生的，而在科学的理论指导下经过长期的艰苦实践，这才是古今中外的一切著名演讲家成长的共同道路。目前，在我国，以邵守义教授为代表的一大批演讲学专家对演讲理论广泛深入的研究成果，应该是指导我们演讲实践的宝贵财富。初学演讲的人，应该抛去浮躁，系统地掌握有关演讲的基本概念、演讲稿的写作、口语表达技巧、演讲中的机变艺术、演讲设计等知识，把科学的理论和扎实的实践相结合，开展有序、有效的演讲活动。

**二、即兴演讲与常规演讲的关系。**我们一般把经过演讲者深思熟虑并备有演讲稿的，比较严肃郑重的演讲称之为常规演讲，而把演讲者兴之所至，有感而发，在没有准备或没有充分准备的情况下所发表的演讲称之为即兴演讲。

常规演讲和即兴演讲是两种常见的演讲方式，虽有各自的特点和适用范围，但并无彼重此轻之分，更无不可逾越的鸿沟。一些初学演讲者往往急功近利、好高骛远，认为常规演讲是念稿子或背稿子、装样子，是人人皆可为的没水平的表现，而即兴演讲才能体现一个人的真实口才，所以一味追求即兴演讲而竭力否定常规演讲，初登讲台就毫无准备或只拿个简单的提纲就“即兴演讲”一通，渴望出口成章、一鸣惊人，结果往往是语无伦次、纰漏百出。我们认为，即兴演讲能力固然能真实体现演讲者的水平，但并非以“没有准备”为其根本特征，并非如毛泽东同志所批评的那种信口开河、胡讲乱说，向人民群众哇哇叫的老鸦声调那般，而“兴之所至，有感而发”才是它的灵魂，更何况所谓备有演讲稿的常规演讲，也并非只是机械地照本宣科或背诵讲稿，即使是十分严肃郑重的会议上非照稿宣读不可的，也应该是边看讲稿边看听众的。比如，我们从电视上就看见过江泽民同志在国内、国际各种政治活动中所作的经过深思熟虑、严肃郑重地写就的报告、发言，也曾聆听过他在抗洪前线极具感染力、号召力的即兴演讲，这些各种场合、不同类型的演讲，十分准确地体现出演讲者独具的风采和魅力。另外，我们也常会看到这样的情况，在常规演讲中，一些演讲者为了追求理想的演讲效果，机智灵活、随机应变地从当时、当地听众的实际出发运用一些即兴演讲，或者放弃准备好的演讲稿，即兴发表演说（如时间不充足、听众不耐烦、演讲主题临时改变、天气地点变化等）。这些事实都说明常规演讲和即兴演讲之间并无非此即彼的矛盾，我们学习演讲也就没有厚此薄彼的必要了。一个演讲者高水平的即兴演讲能力离不开常规演讲能力的培养，而一个只具备常规演讲能力、缺乏即兴演讲能力的人，也只能算是演讲台上的“半桶水”。所以，对初学者来说，应该脚踏实地地进行长期的文化修养、心理品质、思维方式、语言技巧等各方面的艰苦训练，全面培养各种演讲能力。

**三、演讲稿与演讲的关系。**演讲前要不要写演讲稿？演讲时带不带演讲稿？这似乎是一些初学演讲者碰到的难题。有些初学者认为，演讲稿无非就是演讲前下点儿功夫写就的一篇“作文”而已，念熟甚至背诵过，如果允许带就上台照着念，否则就照原样背出来。演讲稿就起这点儿作用吗？这就涉及了演讲中一个重要问题，即如何正确处理演讲稿与演讲的关系。

演讲稿，顾名思义，就是为演讲而准备的文字材料。由于演讲的类型和方式以及演讲者的水平等因素的差异，对演讲稿的要求会有所不同。一般说来，严肃郑重的常规性演讲，如公务报告、学术研讨，由于各自的政策性和权威性、科学性和真实性等的严格要求，都必须事先备有“全稿式”讲稿，并且必须在台上照稿宣读；而英模报告、经验交流等类型的演讲，则既可以准备全稿，以便做到胸有成竹、从容上阵，在有限时间里抓住问题的关键，揭示问题的实质，也可以只写出梗概或基本观点，临场充分发挥、灵活应变。至于“兴之所至，有感而发”的一些特定场合的即兴演讲，虽然由于时间的紧迫“没有准备或没有充分准备”，但也应在情况允许的范围内迅速打出“腹稿”或列个提纲，以免上台后信口开河。

初学演讲者往往人为地割裂了演讲稿与演讲的有机联系。要么把心思全放在演讲上，只考虑着上台后如何去“演”去“讲”，对演讲稿为演讲服务的重要性认识不足，即使有充分的时间也不愿去撰写演讲稿，或者写了也当成可有可无的“道具”，显示出心态上的浮躁；要么倾尽全力在“写”上下功夫，成语、典故、格言连篇累牍，忽略了从演讲稿到演讲之间语体上的有机转换，失去口头语言应有的通俗、朴素、简短、流畅等特点，失去了演讲的可听性，上台后唯稿是从，不敢越雷池一步，结果把演讲变成“作文朗读”或“作文背诵”。我们认为，作为初学演讲者，不但应认真撰写演讲稿，还应充分把握演讲稿的写作要求，努力达到演讲稿为演讲服务的目的。

**四、口头语言与态势语言的关系。**我们习惯上把演讲中的语言分为口头语言和态势语言两种。仪表、风度、表情、手势这样一些非口头语言因素被统称为态势语言。毋庸讳言，和谐、自然的态势语言是演讲成功不可或缺的组成部分。古今中外很多著名的演讲家都十分重视态势语言的作用，陶行知先生说：

“演讲如能使聋子看得懂，则演讲之技精矣！”但演讲作为人类重要的交际活动，首先是一种口语行为，不同于电影、电视、戏剧等表演艺术。

一些初学演讲者为了追求轰动性的演讲效果，很容易过分夸大态势语言的作用，把演讲的“演”理解为演戏，脱离具体的演讲内容，或者借鉴一些喜剧明星的表演技巧，比如，模仿口技演员学鸟鸣马嘶，模仿小品演员学老年人说话、走路等；或者按演讲前精心“设计”的表情、“排练”的动作上台表演；或者简单学习一些演讲名家的演讲习惯，这些片面的做法往往给人东施效颦、矫揉造作的感觉，使演讲的形式与内容貌合神离、缺乏个性，甚至被听众斥为“金玉其外，败絮其中”！笔者曾就演讲的得失与一个初学者交流，他竟把演讲的失败归结为会场临时改换而使他难以调整“动作”这一原因上来。这种观点虽非普遍，但也绝非偶然。我们认为，作为一个初学演讲的人，如果过分夸大态势语言的作用，渲染态势语言的魅力，势必是哗众取宠、舍本求末，使演讲失去本来的意义，只有把丰富深刻的演讲内容、准确熟练的口语表达能力与和谐、自然的态势语言有机地结合起来，才是学习演讲、最后达到成功的必由之路。

# 即兴演讲的“兴”从何而来

李增源

即兴演讲是人们在特定的场景中，受客观事物的触发，产生某种兴致而临时发表的演讲，“兴之所至，有感而发”是即兴演讲的基本特点。既然“兴”在这类演讲中如此重要，那么，它是从何而来的呢?

实践经验表明，即兴演讲的“兴”，是处在特定场景中的人通过以下几条主要途径感受和激发起来的。

## 一、感“时”起兴

特定的时间，是演讲活动的一个构成因素。倘若这一时间具有某种特殊意义，就可能成为一种现场触媒，激起这一活动参与者的兴致，从而引发即兴演讲。例如：

你们好！“教师节”是我们在座每一位师生自己的良辰吉日，可喜可贺！现在不正是如此吗？师生汇聚一堂，欢迎她，情意殷切；你我竞相赞美，祝贺她，激情满怀！此时此刻我感触良多。

这是一位教师在教师节师生联欢会上即兴演讲的开场白。显然，演讲者对“教师节”这一特定的时间概念，有着真切的情感体验和深刻的思想认识，正是这具有特殊意义的“此时此刻”，使他“感触良多”，从而不可抑制地产生了即兴演讲的强烈兴致。

## 二、感“地”起兴

特定的地点，同构成演讲的环境因素密切相关。如果处在现场环境中的某人对这一地点有着难以忘怀的人生记忆，就可能由此激起内心强烈的情感活动，从而产生一吐为快的表达欲望。这样，一次热情洋溢的即兴演讲就开始了。例如：

今天，我们这些老知青，为了重温一个旧梦，顶着烈日，冒着酷暑，从四面八方汇集到阔别二十多年的第二故乡——南江。在这片红色的土地上，曾洒下革命先烈的斑斑血迹，也曾留下知识青年的深深足印。当我又一次踏上这方热土时，心中涌起了多少感慨、多少欣喜……

这是一位知青在第二故乡联谊会上即兴致辞的一段话。作为在农村插队八年的老知青，他重返故地，青春时代那些难忘的生活情景一下子在头脑中浮现出来。这让人印象深刻的地方，就成了演讲者即兴发言的情感动因。

## 三、感“人”起兴

作为演讲活动中的人，演讲者和听众的关系是十分密切的。从实际情况来看，处在语言交际场合中的某人，面对他人的时候，往往会受到这一特定对象的影响，从而激发兴致，情不自禁地临时发表演讲。例如：

刚才，我听会议主持人说，在座的都是来自农村的小学校长。我也当过农村小学校长，我深知在贫困落后的偏远山区当好这个校长是多么艰辛和劳苦。尽管如此，你们却义无反顾地肩负起了培养跨世纪农村建设人才的重担。我本来不准备讲话，现在却想借此机会，向你们表示崇高的敬意，并说几句心里话……

这是某市教委副主任在小学校长培训班结业典礼上即兴讲话的开场白。显然，这位领导同志是临时被邀到会的。当他了解面对的特定对象以后，类似的经历、深切的体验，就促使他产生了说话的兴致，并发表了真切动人的即兴演讲。

## 四、感“事”起兴

在社会生活中，人们的热门话题固然可以成为即兴演讲的材料，其实，即使是所谓小事只要蕴含着重要的意义，对善于体察和感悟生活的人来说，也同样可以激发强烈的兴趣，促成一次富有启示性和感召力的即兴演讲。例如：

最近，我上街的时候，发现商店招牌和商品广告上的错别字大大减少了。也许有人觉得这是小事，可我认为这是一个令人高兴的好现象。因为它说明社会用字的规范化问题已经引起了政府部门的重视并得到了人民群众的理解和支持。同学们是未来的人民教师，更有义务承担起规范用字的社会责任。

这是一位中师语文教师的一段课前即兴讲话。他出于职业的敏感度，由社会上商业用字的变化，体察出了一种语言文明的新趋向，并怀着喜悦的心情，感“事”起兴，对学生讲述了自己的见解和希望。

## 五、感“景”起兴

处在公众场合中的人，有时会受到眼前某种特定景象的触发而引起讲话的兴趣，从而发起一段精妙绝伦的即兴演讲。例如：

今天天气真好，春风特别和煦，春光格外明媚。蓝天流云飘拂，青山飞鸟啼鸣。苍松翠柏掀起阵阵林涛，红花绿叶织出幅幅彩锦。在这充满生机与活力的季节里，我们走进美丽的大自然，一颗颗年轻的心怎能不振奋、激动和欣喜！让我们放开喉咙，尽情歌唱这美好的春天！

这是一位中学班主任在春游中即兴演讲的一段话。当他带领学生登上山顶，举行联欢活动的时候，面对大自然多彩多姿的景色，他兴致勃勃地讲起话来。这情景交融的演讲，产生了多么强烈的感染力。

## 六、感“物”起兴

在会议现场，有时会出现某种引人注目的物品。一个善于观察和联想的人，往往能够感悟到此“物”的特殊内涵，从而即兴发挥，以开场白的方式，发表一段精当的即兴演讲。例如：

我这个人作报告，很容易激动，激动起来就会手舞足蹈，这花瓶放在台上就有点碍手碍脚了，说不定碰翻摔破了，我还赔不起呢！

这是一位领导干部在20世纪50年代为某文联作形势报告的一段即兴开场白。他走上台来，一眼就看到讲台洁白的台布上放置着一个插着鲜花的花瓶，他小心地把花瓶移到台下，然后讲了这段话。显然，这感“物”起兴的演讲，不仅活跃了气氛，而且委婉地批评了讲排场的风气，给人以深刻的启发和教育。

## 七、感“言”起兴

在有许多发言者的公众场合，某人的言论，可能成为他人即兴讲话的触媒。因为无论这种言论是激起与会者的同感还是反感，都可以促使别人临时产生说话兴致，以表达自己的现场感受。例如：

> 刚才这位家长先生的发言真是太好了。我十分赞同他提出的家长要给自己的孩子建立家庭档案的意见。是的，把孩子在家庭中的表现情况记成文字材料，并装入档案，这不仅能够反映孩子的思想变化，而且可以检查他们的性格缺陷。这样，就便于从家庭的角度配合学校，更有针对性地教育孩子，引导他们不断成长和进步。

这是在家长座谈会上一位与会者的即兴发言。显然，这位家长是在聆听了别人的言论之后，兴之所至，才有感而发的。因为这“兴”是被一种强烈的赞同感激发出来的，所以，他立即发言，表明了自己的看法和态度。

## 八、感“行”起兴

在现实生活中，人们的行为方式是由思想支配并受一定的道德准则来规范和评价的。倘若某种行为具有了普遍的社会意义，就可能激起关注者的强烈兴趣，从而引发特定场合下的即兴演讲。例如：

> 昨天是星期日，我们班上有几位同学自发组织起来去慰问聋哑儿童。他们给孩子们唱歌跳舞，还送给孩子们一些学习用具。这个“学雷锋”的实践行动，使我既高兴，又感动。因为他们作为未来的人民教师，怀着一种强烈的社会责任感，为残疾儿童奉献了一份爱心……

这是一位中师班主任在班会上的一段即兴讲话。作为教师，他为自己的学生的行为感到高兴，正是这感“行”起兴，才激发他对全班同学发表真挚感人的即兴演讲。

综上所述，即兴演讲中“兴”的来源是丰富多样的，它离不开人们对现实生活的真切感受。初学者只有在社会实践中，注重德才学识的培养，加强情理意趣的体悟，才能通过长期的口语锻炼，不断提高对客观事物的敏锐感应力，以激发说欲的产生，从而促使即兴演讲的顺利进行并获得良好的现场效果。

# 开场白——成功演讲的前奏曲

张景芬

演讲总有开场白。一则好的开场白能够迅速抓住听众的注意力，进而引人入胜。有一次，临近烟台大学的中国煤炭经济学院的学生会请我去作有关胶东经济的演讲。我在开场白中这样讲：

我对中国煤炭经济学院有某种素来的敬意。这一感情的萌发不仅仅因为烟大和煤院是近邻，原本即有天然的亲近感。还由于以下两个原因：

第一，在胶东半岛,中国煤炭经济学院是第一个以“中国”命名的学院。

第二，你们是“经济”学院，而我们国家的改革是首先从经济领域开始的。

从这个意义上说，你们一建校就站在了改革的前沿。

这一则开场白当即被听众报以热烈的掌声。我这样开场还有两重意思：其一，中国煤炭经济学院当时无论从师资力量、设备条件，还是从建校规模看，都比不上烟台大学；另外，煤炭系统院校的分配去向也不尽如人意，学生有某种程度的“自卑”心理。我上来以“中国”命名为题，抬高煤院的地位，为在座的学生打气。其二，我那天演讲的题目是“胶东经济”，尤其是改革开放以来胶东半岛的发展变化情况，故又在“经济学院”问题上做一点文章，以引起听众心理的共鸣。

为了使开场白给人留下深刻的印象，最好辅之以恰当的比喻。在一次同韩国学者的学术会议上，我谈到经济界讲“马太效应”，城市发展也遵循这个规律，梯度不同，大、中、小城市各自获取的利益也不同。为了说明问题，我对胶东半岛上的三个城市的发展情况作了这样的比喻：

胶东半岛在地图上,形状像一个骆驼头。半岛上有三个主要城市：青岛、烟台、威海。其中，威海在“骆驼头”的“鼻孔”的位置，烟台在“眼睛”的位置，青岛在“咽喉”的位置。很显然，这三个点离“骆驼”的腹部——华北经济腹地——的距离数“咽喉”青岛为最近。这也就是近百年来烟台与青岛之间此伏彼起、此衰彼盛的地理原因。这个相对坐落的先天差别影响及今，仍然构成青岛同烟台、威海之间接受开放成果的不同梯度。从开放十年的实际情况对比，还是青岛步子最快。可以这样类比，威海（鼻孔）嗅到了开放的气味，烟台（眼睛）瞭望开放，而青岛（咽喉）则把开放的成果吞到肚里去了。（实际情况也确实如此。从1990年韩国对中国直接投资出资现状来看，共投往十个省、市，山东不到11%。山东又主要在胶东，占总投资的9.6%，其中青岛占总投资的7.55%，烟台占1.8%，威海的石岛占0.025%）。

开场白不仅要讲求精彩，还要紧紧扣住所要演讲的主题。一年春天，国外的一个大学生旅游团来中国并到烟台大学参观访问。校方要我去给他们介绍一下胶东半岛及烟台市的某些情况。我这样开场：

中国有句老话：“一年之计在于春。”在胶东，春天并不是旅游的好季节，然而是交流友谊的好季节。

我这样讲有两重效果：一是从侧面介绍了胶东的气候特点，即春季风较大，不是旅游的最好季节；二是强调友谊比旅游更重要。开场白不仅仅是一般的客套话，而且要能够把讲话的主题贯穿其中。

开场白还要考虑演讲者的社会角色，比如同企业家交朋友，特别是同农民企业家交朋友，让他们认定你是个知己，彼此间达到水乳交融，并不是一件很容易的事。牟平西关的带头人李德海是个风靡胶东的典型人物，他的个性及作为同胶东半岛民众传统意识之间的反差很大。在胶东的改革开放之初，像李德海这样的冒尖人物，率先打破农田单一经营，大搞商品经济，自然容易引起那些具有正统观念的人的误解。加之李德海本人脾气火暴，对村民时有打骂之举，更是受到来自不同方面的道德裁判。实际上李德海是个有胆识、有血性的男子汉，是西关村民勤劳与智慧的结晶体。他务过农，当过兵，经过商，有较为丰富而复杂的社会经历，他的许多见解及精辟言论不是来自书本，而是来自皮肉和实践。西关及李德海个人的发展历史在胶东半岛颇有代表性、典型性，有很深刻的企业文化意义。1991 年秋，我把对西关的调查作为一门面向全校的选修课，课程名称叫“西关经济和胶东文化”，选课学生达四百多人。学期末，我把李德海同志请到课堂介绍西关情况。当时教室爆满，学生如堵。我作了下述的开场白：

> 今天，我们非常高兴地请到了西关党总支书记、西关明珠总行董事长李德海同志亲临课堂为我们授课。
>
> 李德海同志刚从莱阳二十六军作报告回来，一路风尘仆仆，可谓“才饮长沙水，又食武昌鱼”。
>
> 提起牟平西关和李德海同志，对于胶东半岛以及我们在座的每个人来说，可说是久闻大名、如雷贯耳。电视上演西关，报纸上报西关，广播里播西关。而在我们大学的讲堂上，“西关经济”竟成了大学生们的一门选修课；不光如此，西关的带头人还亲临课堂为我们讲课。我想，此举对于活跃我们的教学、开阔学生视野以及使学问走出象牙塔，理论联系实际，肯定会带来很大的裨益。我认为，对于在座的涉世未深的青年大学生来说，这将是十分宝贵的一课。“鲁叟谈五经，白发死章句；问以经济策，茫如坠烟雾”。我们不要学成了“鲁叟”，而应成为经世致用之士。烟大与西关之间还不到 20 公里，这样近距，可不能“春风不度玉门关”，我们希望，烟大的科技与信息能借地利之便，对西关有所辐射；而李书记及西关干群也能经常光临烟大，为我们传递实践第一线的体会与经验，从而使西关之路越走越宽，使烟大办学方向越来越广，使“星火计划”在胶东成为燎原之势。

开场白里我之所以要引用“才饮长沙水，又食武昌鱼”的毛泽东诗词，是因为深知李德海对毛泽东特别崇拜；而所以要引用李白的《嘲鲁儒》诗，是因为我知道李德海很瞧不起只尚空谈、不懂实际的那类知识分子。由于我充分考虑到人的社会角色，不光拉近了演讲者与烟大学子心灵的距离，也激发了演讲者的演讲热情。

# 如何设置演讲的“兴奋点”

刘春阳

所谓兴奋点，是指散落在演讲稿中那些富有激情，容易对听众产生较强刺激或引起其高度重视、能产生强烈共鸣的词句。

在演讲稿中设置兴奋点，不但能有效地引发演讲者的深入联想，有利于增强演讲者的自信心，使演讲更加生动感人，而且会让听众时刻跟着演讲者的思维转。这样，台上台下就会同呼吸、共悲欢，形成讲与听的整体效应。

## 一、酝酿浓厚情感，留出掌声空间

掌声能够活跃会场气氛，给演讲者以“感情回报”，使之心情更加愉快、思维更加敏捷，也能给听众以陶冶，使之更加认真投入。掌声的调剂会使演讲产生强烈的现场感染力。因此起草演讲稿时应有意识地给掌声留出一定的空间。这就需要在演讲稿中主动运用那些带有浓厚感情色彩、充满激情的语言，那些立场鲜明、见解独到、能够给听众以深刻启迪的语言和那些热情歌颂真善美、无情鞭挞假恶丑的语言。这些语言能让听众受到激励、鼓舞和启发，从而自发地鼓掌。具体而言，一种是感情澎湃、妙语连珠。如闻一多《最后一次讲演》中的：“这是某集团的无耻，恰是李先生的光荣！李先生在昆明被暗杀，是李先生留给昆明的光荣！也是昆明人的光荣！”一种是“寓情感于情理之中，发掌声于妙语之外”。如朱镕基总理在就任伊始的记者招待会上说：“不管前面是地雷阵还是万丈深渊，我都将勇往直前，义无反顾，鞠躬尽瘁，死而后已！”铿锵的话语赢得了满堂的掌声。

## 二、设置兴奋语言，满足听众心理

所有能够引起听众兴趣和热切关注的事例、名言、佳句和精辟独到的见解都属兴奋点的范畴。在演讲稿中，按照演讲内容需要，有计划、有目的地选取一些兴奋语言，绵延不断地“埋设”在演讲稿中，让它像星星一样闪烁，像眼睛一样放射出睿智的光芒，会拉近演讲者和听众的心理距离，满足听众的心理需要，但要讲求顺理成章、水到渠成，千万不能不顾对象，故弄玄虚，刻意求工。美国总统杜鲁门在日本投降时发表的广播演说中，首先把人们的注意力集中到了日本签署无条件投降书的美军军舰“密苏里号”上，接着又回顾了四年前的珍珠港事件，让所有美国人的心都为之跳动，在缅怀亲人的同时，阐明这是自由对暴政的胜利，并认定“胜利后的明天将是全世界和平与繁荣的希望”。整篇演讲起伏有致，既肯定了民族的精神与意志，又让人民对明天充满必胜的信心。

### 三、敢于打破定式，善于标新立异

人都有好奇心，满足人们的好奇心和求知欲本身就具有兴奋作用。打破常规，标新立异是设置兴奋点的好方法。为了使演讲吸引听众，在尊重文化传统和思维习惯的基础上，要对演讲稿进行必要的创新，打破思维定式，要敢于创造，善于借鉴，造清新之气、树时代新风。外交场合的演讲大多平稳有度，但1972年尼克松来华时，在一次演讲中却说：“长城已不再是一道把中国和世界其他地区隔开的城墙。但是，它使人们想起，世界上仍然存在着许多把各个国家和人民隔开的城墙。长城还使人们想起，在几乎一代人的岁月里，中国和美国之间存在着一道城墙。”听到这里人们不知来意是善是恶，自然细心聆听下文：“四天以来，我们已经开始了拆除我们之间这座城墙的长期过程。”一句话让人轻轻放下提起来的心。

### 四、加大语言力度，提高刺激强度

从生理学角度讲，在额定域值内，人的感官接受外来刺激的强度越大，神经兴奋的程度越高。心理学研究表明，人们最容易记住对自己有重大影响、对自己有利的、自己主观愿意记住的或给予自己重大刺激的信息。听众对演讲反应强弱，或者说演讲对听众兴奋程度的影响，一定程度上取决于演讲语言的强度。演讲语言的强度主要取决于演讲者对演讲内容的熟悉程度、对事物的感悟程度、对问题分析的透彻程度和现实立场的鲜明程度。演讲要尽最大努力把问题看得透彻、准确、鲜明，始终给听众一种压力感和责任感。如泰戈尔在清华大学的一次演讲开头便说：“我的年轻的朋友，我眼看着你们年轻的面目，闪亮着聪明与诚恳的志趣，但是我们的中间却隔着年岁的距离。我已经到了黄昏的海边；你们远远地站在那日出的家乡。”相对陌生而又清新雅致的诗句从诗人的口中缓缓流出，哪一个青年能不为之动情动容，继而为他的连珠妙语所吸引？他由此升发开去的保持纯净灵魂和自由精神的演讲自然就异常深入人心。

# 升华演讲主题的技巧

黄中建

演讲应有正确鲜明的主题，演讲的主题最能体现演讲的思想价值和审美品位，使演讲具有深刻感人的艺术魅力。然而，表现演讲主题又不能流于空洞的说教、现象的罗列和人云亦云的老生常谈。正确的做法是在运用典型充分的材料表达演讲主题时，及时对材料的本质内涵加以分析、概括、提炼、延伸，并通过富于理性色彩的语言点拨、渲染，激起听众的心理共鸣，将听众的思维引向一个更深邃、更崇高的境界，使演讲的主题得以升华。

在演讲实践中，一般可以运用以下几种技巧来升华演讲的主题：

## 一、由点及面的扩展

演讲中的事实材料是灵活多样的，诸如一次亲身经历、一个小故事、一段人物描写，甚至人物的只言片语等，这些虽是个别的却是很典型的材料，往往就能成为升华演讲主题的“点”。由对“这一个”事实的叙述推及包含“这一类”的全部或部分事实内涵的概括，就是由点及面地扩展演讲主题的技巧。

例如，傅缨的演讲《铭记国耻，把握今天》中的一段话：

> 吉鸿昌高挂写有“我是中国人”标语的木牌，走在一片蓝眼睛、黄头发的洋人群中。
>
> 正是这千百万个赤子，才撑起了我们民族的脊梁，祖国的希望；正是他们，在自己的“今天”，用满腔的热血，冒着敌人的炮火，谱写了无愧于时代的《义勇军进行曲》，才使得我们今天的共和国国歌响彻神州，那么气势磅礴，那么雄壮嘹亮；正是他们，才使得我们今天的炎黄子孙一次又一次地登上世界最高领奖台，并使那音量越来越大，那旋律越来越强！

演讲者以吉鸿昌的爱国行为做基点，然后高屋建瓴，联想到千千万万个爱国者的精神，用“正是这千百万个赤子”“正是他们”的提示语，通过三层铺排推进，概括出一代代爱国者的崇高情怀，使单一的事例所体现的思想意义得到扩展、升华。演讲时就能燃起听众爱国的情感之火，产生一定的感召力。

## 二、由表及里的深化

有些蕴含着深层意义的事实材料，不经点破，听众也许理解不透演讲者所要表达的主旨，而一旦经过演讲者的揭示与深化提炼，就如同在沙砾中发掘出闪亮的金子，在贝壳里发现晶莹的珍珠，催人感悟、发人深思。这种由外表行动或客观存在事实的叙述，升华为内在思想或深层含义的表达方法，就是由表及里深化升华主题的技巧。

## 三、由此及彼的引申

在演讲中，有时也可以以某一典型事件或自然现象作触发点和媒介来加以引申，联系到另一类相关事物和事理，以此来升华演讲的主题。这种由此及彼引申的升华主题的技巧，通过形象化的渲染，不仅可以启迪听众的智慧和洞察力，还可以创设充满哲理美的境界和氛围。

例如，一位在中国某医学院任职的美籍教师对学生演讲时，他先讲了一则小故事：

> 在暴风雨后的一个早晨，一个男人在海边散步，沙滩上有许多被昨夜暴风雨卷上岸的小鱼被困在浅水洼里。忽然，他看到一个小男孩正在捡起水洼里的小鱼，并且用力把它们扔回大海。这个男人问道："孩子，这水洼里有几百几千条小鱼，你救不过来的。""我知道。"小孩头也不抬地回答。"哦？那你为什么还在扔？谁在乎呢？"小男孩边扔小鱼边回答："这条小鱼在乎！这条，还有这条……"

教师讲完了这则小故事，满怀深情地说道：

> 今天，你们在这里开始大学生活。你们每一个人都将在这里学会如何去拯救生命。虽然你们救不了全世界的人，救不了全中国的人，甚至救不了一个省、一个市的人，但是，你们还是可以救一些人，你们可以减轻他们的痛苦。因为你们的存在，他们的生活从此有所不同——你们可以使他

们的生活变得更加美好。这是你们能够并且一定会做得到的。

这位美籍教师在演讲中对一个富有哲理意味的小故事进行了由此及彼的引申，形象地阐发了医学院学生应树立的高尚的职业道德，升华了演讲的主题，使演讲具有一种隽永的感召力。

## 四、由陈及新的点化

在演讲中，套用仿拟一些过去的材料，并且进行由陈及新的点化，挖掘出具有现实意义的深刻内涵，也是一种较好的升华主题的技巧。

例如，在弘扬爱国主义的主题演讲比赛上，一位演讲者讲述了盼望台湾回归、祖国统一的内容，最后他是这样升华主题的：

有一位老知识分子病重期间叮嘱自己的子女：“祖国完成统一日，家祭毋忘告乃翁。”这句话比陆游的名句又有了新的内涵。它代表着多少老知识分子的心愿，代表着多少中国人的心愿啊！同志们，朋友们，我们盼望着这一天的到来！

这一天一定能到来！

在这里，演讲者对这则典型材料中改过的陆游名句进行了由陈及新的点化，赋予其更深刻的现实意义，把演讲所体现的爱国主义思想感情推向了高潮。

## 五、由抑及扬的反衬

演讲中的高潮常常是升华主题的关键之处，而恰当地运用由抑及扬的反衬技巧，能使集中于高潮的情与理的表现更有效果，从而使演讲的主题得到升华。

例如，卢国华的演讲《愿君敢为天下先》的高潮部分：

也许有人说，年轻气盛，不知天高地厚，改革的浪潮是那么好弄的吗？弄得好，该你走运，福星高照；弄得不好，该你倒霉，身败名裂……我们如果徘徊观望，如果激流勇退，如果不求有功但求无过，如果事不关己高高挂起，如果害怕枪打出头鸟，信奉“人言可畏”的法则，那么，就会被历史所淘汰，被时代所抛弃，被生活所嘲弄。我们只有去无畏拼搏，去大胆开拓，去承担风险，去顽强竞争!

在这里，演讲者逆水推舟，以退为进，先设立一个与结论相反的前提，极力地“抑”，再用否定性结论，为结论的“扬”蓄势，最后才水到渠成地“扬”起来，这样由抑及扬的反衬，把演讲推向了高潮，使主题得到了升华。

总之，如何升华主题是演讲艺术的一种重要技巧。用好这种技巧，不仅可以使演讲掀起一次次波澜跌宕的高潮，而且使演讲者与听众之间形成时起时伏的和谐呼应、感情共振，增强演讲的感召力、鼓动性和艺术魅力。

# 事迹演讲怎样才能不落俗套

叶洪军

事迹演讲的常见病是雷同化，主要是材料雷同、观点雷同和行文雷同。似曾相识的事例，老调重弹的观点，程式化的篇章，势必倒人胃口，达不到感染人、激励人、教育人的目的。要使事迹演讲不落俗套，必须把好两关：

## 一、把好材料筛选关

在选择演讲材料时，力求人无我有、人有我新。对自己或他人的事迹材料，在收集时不厌其多，而在选取时不厌其精，“精”就是具有最能反映生活本质和时代风貌的典型性。必须知道，任何具有典型性的材料都是个性化的，主要是下面两种材料：

1. 独特的经历

每个人都在一定的自然、社会环境中生活，拥有自己的特定的千差万别的经历。要做事迹演讲，就得把那些称得上“事迹”的独特经历挖掘出来。周青、罗会江的演讲《镶嵌彩灯的女性》中说道：

> 你能想象吗？曾经，一位地质勇士孤独地跋涉在荒无人烟的峡谷，当他忍受了十天半月的孤独以后，竟然对豺狼的嗥叫已不再惧怕，相反却感到亲切、兴奋，然而，即使是这样，也从未动摇过他对地质事业的热爱和渴求……

对一般人来说，那种置身荒野的“孤独”是很特别的；即使对地质队员而言，那种闻狼嗥而兴奋的感觉也不是人人都有的。这种闻所未闻的经历很能打动人。发掘出个人特有的经历不仅具有很强的真实感，而且能动人心魄。

2. 独特的细节

其实，不少“事迹”颇为相似，但是，只要在细节上体现出不同的时间、情景、场合、外貌、动作、心态，等等，就能真实地写出富有个性的“这一个”了。有一篇写煤矿工人的演讲，没有像多数人那样，去表现“他”手持钻机采煤的常见镜头，而是用独特的细节牵动全篇：

人们熟视无睹的阳光，对他来说却很珍贵，长年起早摸黑的井下生活使他无法像常人那样享有阳光，他的脸上黑乎乎的，缺少血色。这天，他终于有空坐在阳光下，尽管冬天的太阳并不温暖。他脱下煤迹斑斑的棉衣，光着上身晒太阳，用身体吮吸寒飕飕的冬日之光。我看到，煤粉已钻进了他的肌肤，每个汗毛孔都是乌黑的！这个给千家万户送去光明的人，原来竟如此缺少阳光，浑身都是黑的啊。

冬天光着上身晒太阳，“每个汗毛孔都是乌黑的”。这是演讲人捕捉到的与众不同的细节，在情感上内涵上具有非同一般的力度。

## 二、把好感受体悟关

要抓住牵动人心的感觉，在情感上、意义上挖掘材料的内涵，力求有新鲜、深切的感受和看法。一篇好的事迹演讲，不可没有：

1. 独特的感觉

事迹材料大多都是感情化的、原生状态的。要使事迹演讲产生如闻其声、如见其景、如临其境的现场效果，演讲者必须把有血有肉的富有生活气息的东西抓住，找到自己的“感觉”，才能再现实情。有的事迹演讲即使无法亲历的素材，也能独具慧眼地产生自己的感觉，如厉风《血染的木棉花》：

那墓碑上只刻着这样几个字：“烈士，女，十九岁，某连卫生员。”霎时，我仿佛看到一个清瘦身影，在硝烟弥漫的战火中闪过，她救出了伤员，自己却流血过多，苍白的脸那么稚嫩、纯洁……也许她正编织着少女七彩的梦，已经有人爱她；或许她正爱着一个人，但军号响了，她收起了少女的情思，毅然奔赴严酷的战场。她躺在我家乡的这块土地上，为了我们这一代年轻人，她过早地离开她热爱的这个世界。才十九岁呀，正是人生如花的季节！

2. 独特的见解

一个事迹材料就像一个多面晶体，不同的观察角度会“看”到不同的内涵。演讲者要力避“正常”的观察点，要用自己的眼光发现新颖、独到的意义。《一个共产党员的自豪》（杨铁军）在讲述了两个共产党人催人泪下的事迹后，表达了“我”的自豪：加入这个党，是追求真理的阶梯，就像一滴水投入大海的怀抱，就像一名战士听到了进军的号角！这既是个人的“心得”，也洋溢着时代精神。如果在这里袭用现成的口号和俗套的说法，不仅不能恰到好处地升华材料，反而削弱了材料本身具有的力量。如果不能从所选材料中生发出独立见解来，就无法在运思成篇上具有特色。

# 演讲的入题、破题与点题

瞿泽仁

我们选定一个演讲题目之后，首先应当考虑的，便是这个题目如何进行解构？如何尽快凭借自己对题目的兴趣引发出听众同样的兴趣？如何以自己对题目的感觉和热情去点燃听众内心的感觉与热情之火？如何以自己对题目的精深理解去启迪听众随着这思路一道共鸣和思索？这些，都关乎演讲的成败，也都同“解题”的方式——入题、破题和点题紧密相关。“立文之道，唯字与义”，演讲也同样如此，抓住了与入、破、点题相关的“字与义”，也就牵住了解题的“牛鼻子”，从而取得理想的演讲效果。

**一、辞明而义见：**入题要快而曲毫无疑义，欲使听众尽早进入自己规定的主题，就必须重视入题的速度和方式两方面的安排。既要“开门见山，一针见血”，这就是“快”；又要有逻辑上的悬念、起伏和跌宕，以收到“文似看山不喜平”之效。欲达到这样的效果，概括地说，应注意灵活地运用如下几种主要方式。

一是开门见山，以期迅速将听众带入规定情境和思路中去。恩格斯的《在马克思墓前的讲话》，起初草稿上是从马克思夫人的逝世说起，然后才进入自己的题目。在客观和冷静的叙述中，难以将听众迅速地引领入规定情境。因此，恩格斯对此进行了认真的修改。在后来的定稿中，他采用单刀直入的入题方法，直接讲马克思“停止了思想”“永远睡着了”，这样就迅速将听众引入到沉痛和肃然的既定情境之中，比原稿那种缓慢的节奏强多了。

二是讲究悬念和曲折，以引起听众的关注。前面我们强调入题要快，并不是说所有入题都以“开门见山”这样“直”的方式为佳。其实，有时候入题更需要讲求一定的曲折和委婉，尤其要讲求一点逻辑悬念，方才有利于入题的引人入胜。因此，有时候，我们不妨多用一点言辞，以悬念抓住听众心理，引起他们的注意和重视。有一篇叫作《人呵，认识你自己》的演讲，主讲人给自己划定的题目是“人与社会和自身的关系”，可是一开始，演讲者并不直接挑明这个题目，而是先援引恩格斯的话，讲了个“司芬克斯之谜”的引子：“大自然——司芬克斯向每个人和每个时代提出了问题……”，继而话锋一转，问道：“那么人类呢？人和人类社会有什么难题呢？”最后他自己答道：“人类面对着的有三大难题：人生、社会和人自身。”这就是“转折式入题”了，它使自己的入题显得有些跌宕，有些波澜，甚至有些悬念，一点也不平铺直叙，自然能引起听众的关注与兴致了。

三是用强烈的反差、对比来引出自己的题目，以期在听众心目中留下深刻的印记。这主要指以对比、对照和映衬之类的修辞手法，来引领和导入自己的话题。有一篇名为《论男子汉》的演讲，一开始，演讲者的话似乎跟一般的谦辞没什么两样，颇有离题之嫌。因为，他一口气就洋洋洒洒叙说了四个“为难”之处：

> 我一点也不明白主办者的意图何在，这使我感到为难，这是我遇到的第一个困难。今天，我是第一次来到你们学校，一切都是陌生的。在一个陌生的环境里，人容易有一种不适应的感觉，这是我遇到的第二个困难。况且，刚才前面的几位同学又作了精彩的演讲，热烈的掌声可以作证，这给我增加了压力，算是我遇到的第三个困难。不巧得很，我本想凭手中这么一张卡片作一次演讲，却忘了戴眼镜了，想把它放在桌上偷偷地看几眼也不成了，这就是我的第四个困难。

乍一看，这开场白颇有些饶舌的味道；岂料到，那演讲者讲罢“第四个为难”之后，话锋突然一转，便进入自己早已拟定的题目了：

> 但是，我并不胆怯；相反，我充满了信心。我相信，既然我站到了这个讲台上来，我就必定能够鼓起勇气，竭尽全力，让自己体面地走下台去！因为，我选择了这样一个演讲题目——《论男子汉》！

这样《论男子汉》特有的“勇气”之题目，便同一开始的“胆怯”与“为难”形成鲜明对比和反差，巧妙、贴切而又风趣盎然，听来令人解颐。这样的入题，不是做到“辞明义见”和“曲径通幽”的完美统一了吗？

**二、辞约而旨达：**破题要确而奇。演讲中，入题并不等于破题，二者的区别在于：入题只是引导进入设定的题目或论点的方式，而破题则是提纲挈领地进入各个论据或阐述的要点之中。这就好比说，它们二者一个是树冠，一个是树冠下的主枝。破题的意义在于，可以决定“主枝”的发展方向，让听众对自己的演讲能初见端倪，有一定的心理准备。可见，破题对听众在不知不觉中跟随自己的思路走，是关乎演讲成败的又一重要环节。大致说来，我们可选择以下几种方式，来做到破题的明确与奇趣的有机结合。

一是立一定句并加以强调，来作为破题的“标志字符”或“标志语符”，以期引起听众的注意和重视。《论男子汉》的演说中，作者为了论述“男子汉”最突出的特征——勇气，故意使用了“勇”的对立物，即一个“难”字来作为破题的标志字符——当然，这个标志字符也不是凭空而来的，且听他是如何表述的：

刘晓庆说，做女人难，做一个名女人尤其难。我说，做男人难，做一个男子汉尤其难也！但男同胞们是欢迎这个“难”的，正因为其难，才富于挑战，才能显示勇气和力量，因此令人神往。

二是用语义的转折、对立等手法来制造“波澜”以实现破题的目的，并给人以警醒、新颖的意境和感受。道格拉斯在《谴责奴隶制的演说》中，入题时使用了提问的方式：“为什么今天邀我在这儿发言？我和我所代表的奴隶们，同你们的国庆节有什么相干？”接下去他没直接指出“废奴”这个主旨，而聪明地选择了“国庆”，以及和这个与全体美利坚公民欢乐气氛相反的心情的词——“凄凉”来破题，一开始就引起了听众的同情。他在叙述了国庆意义后这样说道：

但是，情况并非如此，我是怀着一种与你们截然不同的凄凉心情来谈及国庆的。我并不置身于欢庆的行列，你们巍然独立只是更显露出我们之间难以度量的差距。

三是使用自问自答的方式来破题，以期给听众以随和而亲切、警醒又奇特的感觉。丘吉尔在担任首相时发表的就职演说就用了两处设问来加以论述，当然也可以看作是为破题而设立的标志语了。他说：

你们问：我们的政策是什么？我要说，我们的政策……这就是我们的政策。你们问：我们的目标是什么？

我可以用一个词来回答：胜利——不管一切代价……也要赢得胜利。

当然，破题的方式还有不少，但有一个共同点，就是用尽量简约、明确的言语标志符号去吸引听众，以便朝自己拟定的方向去理解、接受自己阐述的内容。

**三、辞真而意深：**点题要新而深。所谓点题，即点明主旨。跟入题和破题不同的是，这里所谓的点题，主要指的是最能点明演说目的、主旨的那些话，即通常所说的“警句”“文眼”之类；而且，这种点题的句子，其位置也可不拘一格，可前可后，也可在中间；关键是要有新意，要有底蕴，尽可能做到理性与情趣的融会贯通，给人以隽永、深刻且耐人寻味的印象。这里，提供几种点题的形式，从中我们不难得到某些有益的启迪。

一是用感情色彩浓烈的词语来点题，以期引起听众的内心的共鸣。这种共鸣的实现，也是符合演讲的第一人称语言角度的特性的。马丁·路德·金的《我有一个梦》的演说，为了点明题旨以增强感染力，就反复描述了“我梦想有一天”的情景，每一个情景就是一个镜头，连续组成主观与客观相融为一体的连续不断的“画面群”，既强烈地渲染主题，实际上也是一种颇具艺术性的点题方法。

二是使用点出主旨的警句，以期留下难以磨灭的余响和值得咀嚼的东西。警句得来并不容易，但是，如果我们注意将情感和理智融为一体，并辅以反复、倒叙、排比等多种加强论证的言语力度和感染力的手段与方法，也是有可能留下警句名言的。肯尼迪总统的就职演说，开头并没多少新意，更不用说警句了。但快结束时，他连续使用了两个重复的呼告语，使那警句立即凸现了出来，不仅新意盎然，而且颇有深刻寓意，仿佛黄钟轰鸣，余音不绝于耳。

三是艺术地运用熟语，以期听众受到感染并乐于接受自己的观点。熟语，包括成语、民谣之类，通俗易懂，人们耳熟能详。对此，切不可视之为下里巴人而妄加轻视与贬低。如果演说时，我们对此能艺术地加以改造和利用并糅进其他修辞手段加以强化，也有可能赋以其新意并铸成警句，从而给人以艺术享受与心灵震动。朱镕基在 1998 年当选为总理后的记者招待会上，有一段讲话就颇有感染力，至今为人津津乐道，念念不忘。其实，推究起来，也大都不过是一些熟语罢了。可是，由于将它们导入连续的排比句式之中，再辅以形象生动的比喻，既点出了题旨，表达了自己的决心，又因其强烈的节奏感和陈中见新的造句手法，而使人感受到了一股排山倒海的言语张力和气势——不管前面是地雷阵还是万丈深渊，我都将勇往直前，义无反顾，鞠躬尽瘁，死而后已。

# 演讲态势语言的学习途径

朱善九

演讲态势语言包括了演讲者的姿态、面部表情、手势等表演活动，它与语意、有声语言一起构成了演讲意义表达体系，并具有独立的、直观的审美价值。得体的演讲态势语言，要经过演讲者苦心揣摩、刻苦训练才能获得。学习的途径，可沿下列四点循序渐进。

## 一、控制无意姿势

许多初次登台的演讲者，一站到麦克风前，面对黑压压的人群与无数审视的眼睛，心里发慌，情绪高度紧张，往往会很不雅观地抓抓耳朵、挠挠头皮，或摸弄纽扣、拉扯衣角，或是两脚踵交替摩擦。这些毫无实际功用、与演讲毫不相干的小动作，其实并不是演讲者有意识地做给听众看的，而是在连自己也不知不觉的情况下用来掩饰紧张的心情的。但是，无意识地抓耳挠腮非但不能掩饰紧张，反而欲盖弥彰地向听众泄露了演讲者的内心真相，从而诱发听众的注意和议论，既加剧了演讲人的窘态，又影响了演讲现场的良好气氛。

这类无意姿势，往往出现在演讲者刚登台、讲到中途“忘词儿”以及演讲结束三个“关口”，它是演讲者失败的先兆。往往愈是急于摆脱这种窘境，演讲者的不安的心情愈是无意识地流露：话音刚落，情不自禁地吐吐舌头，做个鬼脸，迫不及待地逃下台去。可见，无意姿势是“夹带”进演讲表达体系的“副产品”，必须排除，尤其在上述三个“关口”，演讲者应该格外自律，加强对无意姿势的控制。

## 二、筛选有意姿势

有意姿势是演讲者有意识地用来表达情感的表情动作，如点头、摇头、扬眉、皱眉、挥拳、摆手以及扳手指、耸肩，等等。和无意姿势不同，它表达了一定的意义，是演讲表达体系的组成部分。

但是，有意姿势不等于得体的演讲态势语言。所谓得体，有两重意义：一是姿势是否准确地传达了演讲者的情感，能否获得听众认同，不引起歧解误会；二是姿势本身是否规范，审美价值如何。例如，演讲者列举了一些消极现象后，双手一摊，耸了耸肩膀，想用这个姿势来表达“请看，这是何等令人愤慨”的情感，而有的听众却认为摊手和耸肩反映了演讲者无可奈何，甚至玩世不恭的态度。这样的姿势就不能算得体。又如，演讲者为了表达不屑、鄙夷的情感，伸直手臂，跷起小指，并狠狠地啐上一口，这个姿势虽然传达了演讲者的情感，但它是粗鲁的、不美的，因而它也是不得体的。

通过筛选，剔除“姿不达意”和不美的有意姿势，才能使演讲的态势语言规范而得体。

## 三、适当地运用象征姿势

象征姿势是指并不模仿具体事态、只显示约定俗成的某种抽象意义的动作，如表示胜利的“V”形手势，表示赞许、肯定的“OK”手势，来自篮球裁判语言的表示停止的“T”形手势等。这类手势大多有时代气息或专业特征，造型简洁明快，与演讲需要手势的表演又不以表演为主的特征相符。在演讲中适当运用，能收到很好的效果。

## 四、吸收融合各类艺术创作的创意姿势

许多艺术创作过程，都伴随着艺术家优美潇洒的创意姿势。以民族乐器演奏家刘明远先生的板胡曲《大起板》演奏姿势为例，刘先生以持弓的右手腕—臂—肩部为中心，从推挽运弓的动作中表现出强韧的力度，头部、颈部随之生动地摆动。大段摧枯拉朽式的快弓急奏刚告终，乘着乐队间奏的瞬间，“忙中偷闲”地放下弓，将滑落下来的眼镜往上一推，这一推，似乎也平复了激情，马上持弓和着乐队进入了舒展和缓的乐段，从容自如又画龙点睛地显示了乐曲诙谐风趣的格调。受此启示，在演讲者慷慨陈词，一句紧跟一句地将演讲推上高潮后，可以如释重负地长舒一口气，很自然地用一个小小的动作来梳理一下思绪，再开始将演讲推上第二个高潮。这样的姿势点缀会使演讲的层次分明，节奏起落有致。同理，书法家们泼墨挥毫时大开大阖、纵横自如、蓄势而发的创意姿势，画家们时而流畅若行云流水、时而又谨慎得如履薄冰、纤毫必较的

创意姿势，都可为演讲态势语言所吸收融合。

最后需要强调两点：一是得体的演讲态势语言，不管借鉴吸收了什么艺术门类的营养，它都应该是经过演讲人消化的、是个性化的，而不是硬装上去的。二是演讲者不应在“忘我”的状态中期待得体的态势语言“自发”地涌出来，演讲者得事先精心设计，刻苦学习，反复训练，才能学会用得体的态势语言来辅助有声语言去打动听众。

# 演讲者心理压力的产生及消解

刘宗粤

心理压力是个体因社会不适或机体病变而导致的心理应激，主要表现为个体在生理及心理方面的紧张状态。从演讲的应激源来看，绝大多数都是由于社会不适而形成的。国外的生活事件量表一般都将应激源中的社会不适分为若干等级、类别，多的达 100 多种。实际上，心理压力的应激源主要可归结为下述 5 种，演讲者所面临的心理压力也大都与之相关：

**1. 冲突**。人际冲突包括人际关系的不和谐会导致压力的产生，此外，由于个体存在着社会依附性，当人们与他人特别是众人存在着观点冲突时，也会产生不同程度的压力。表现在演讲方面，如果听众通过语言及非语言的表情、姿势等对演讲者显现出不友好、不合作、不支持、不信任等消极态度，演讲者就会面临直接的心理压力，特别是当演讲者明了自己将要表达的观点与大多数听众不一致，甚至尖锐对立时，更是如此。

**2. 负荷**。超过个体能力的学习、工作及生活负担是一个常见的应激源。对于演讲者而言，临场负荷还与其自卑态度密切相关。如果演讲者认为自己的经验不足，缺乏应有的演讲素质，上台仅是“应景”而已，对演讲内容还不熟悉，甚至确认听众比自己更了解演讲的主题，那么就会感受到明显的心理压力，甚至产生逃避意向。

**3. 变更**。个体生活的重大变化也是主要的应激源，至于进入新的环境，特别是新的文化环境，由于语言、习惯等不适，还可产生心理学所称的“文化休克”焦虑状态。初登讲台的演讲者由于“陌生体验”，即置身于不熟悉的环境、氛围中，站在讲台上，以自己不熟悉的角度、距离及副语言（音量、声调等的变化）、非语言（表情、手势等的运用）对众多听众演讲时，紧张的体验是必然要产生的。

**4. 完型**。格式塔心理学派认为人都具有一定的心理张力，力求诸事趋于完善；如果张力系统过分扩大、突出，则会表现出完成欲、至善欲，形成以焦虑为主的心理压力。就演讲者而言，如果对演讲效果期望过高，则会使其过分注意每个细节的完美无瑕，从而患得患失，在听众反映不佳时，特别容易产生慌乱、烦躁、沮丧等情绪，进而扰乱预定的演讲安排。

**5. 挫折**。与个体有关的消极事件如晋升受阻、下岗分流，失意、失恋、失学、失窃等是最为普遍的压力源。如果演讲者以往的演讲经历有过较大的挫折，也会形成消极的情绪定式，所面临的心理压力使其惧怕后继演讲。

个体存在的心理压力表现为心理应激，导致个体产生忧郁、忧虑、焦虑等心理反应，在压力适度的情况下，个体产生的心理压力动员了机体的潜在能力及活力，促使其注意力集中、情绪适度唤起等，有利于个体对环境的适应；但过度的心理压力则会使个体的心理及生理反应出现紊乱，并引起相应的心理及生理障碍。演讲者最为忌讳的临场过度紧张就是由于过度的心理压力而造成的。过度紧张是演讲的大敌，它可使演讲者精心准备的一切化为乌有："嘴里仿佛塞满了棉花"（马克·吐温）；"不是在讲话，而是在尖叫"（甘地夫人）。由此，分析演讲者临场的心理压力并采取必要的调适手段，使之消解，便显得十分重要。

演讲者临场时都会产生一定的心理压力，演讲者临场的心理压力呈现过度，即表现为怯场，而怯场大都与演讲者的自信程度有关。从心理学的角度分析，一个人的自信程度是其心理状态的重要指标，也是影响其行为效率的重要因素，演讲者也概莫能外。由此，作为杰出的演讲家，电学创始人之一法拉第提出了一个秘诀，那就是：假定听众"一无所知"，以增强演讲者的自信心。

事实上，假定听众"一无所知"还有一个真正的内涵，它说明了有准备的优势。尽管听众并非"一无所知"，但如果演讲者对于演讲的主题、题材是经过广泛收集、反复比较、深入钻研、精心设计的，同时，演讲者对于所讲的内容也熟记在胸、背诵如流。那么，面对听众，他是不应该怯场的。也就是说，要消解临场过度紧张的心理压力，充分准备是必要的基础环节，也是最有效的手段。

除了充分准备外，演讲者还应该加强平时的"自信训练"。美国、瑞典等国的心理学家在矫正演讲者的"演讲焦虑症"时，经常采用一些行为疗法，如"喊叫训练"等，其他途径还有：

养成昂首阔步的习惯，径直地迎着别人走去；

训练自己盯住别人的鼻梁，让他感到你正在注视他的眼睛；

养成微笑的习惯（注意：是左右脸部对称的微笑）；

用毫不含糊的语调说“不”；

习惯于高声说话的人要有意识压低声调，习惯于低声说话的人则相反；

在黑夜或空旷无人的田野里唱歌、朗诵……

除平时的自信训练外，演讲者还应掌握一些具体的、随机的临场调适方法，以减轻过度心理压力带来的紧张状态，如：

**形象调节法**。心理学家马丁认为：“就像我们可以用图画创造运动一样，我们也能用内心的图画创造松弛的心境。”为缓解演讲者临场的心理压力，上台前，演讲者可以闭上眼睛，在头脑中展现出一幅图画：在灯火辉煌的大厅，自己正用浑厚洪亮的声音，准确而生动地表述着自己的观点，而听众则聚精会神地仿佛听入了迷，不时发出会心的笑声和热烈的掌声……

**松紧交替法**。取立姿或者坐姿，手笔直地伸向前方，手指大张开，指尖、脚尖向内，吸气，屏息，全身肌肉尽量绷紧；稍停后，大喊一声“哈”，指尖、脚尖同时向外摊开，全身肌肉放松。如此进行三至五次后，进行短时间的腹式呼吸和调整。此法也被称为“多多良纯氏体操”，它有助于演讲者在放松肌肉的同时放松紧张的情绪。如场合不允许，演讲者也可在临上台前简单地绷紧然后放松肌肉，交替进行。

**表情扮演法**。心理学家詹姆士·朗格认为：“情绪是身体变化的结果，而不是身体变化的原因，即情绪反应系列为：情境—机体表现—情绪。”如果演讲者感到过度紧张，那么千万别紧握双拳、皱着眉头、咬紧牙关，否则只有加重紧张状态。临上台前，演讲者可对镜凝视自己，垂下眼帘，细眯着眼，然后慢慢牵动外眼角、嘴角均衡向上，反复数次后，则可能真的忍俊不禁地发出微笑，使情绪得到优化。

**饮料摄入法**。演讲前或演讲过程中，摄入加糖的饮料不仅能解除因紧张带来的咽喉不适，也能产生暂时的精力旺盛和舒适的体验。心理学的研究表明，多食糖会使人变得孤僻或放肆，甚至易于冲动，反应过度，但短时间的摄入能促进人们的社交兴奋，使人们变得友善、健谈。

# 幽默使演讲结尾更富情趣

傅用功

在多种多样的演讲结束语中，幽默式可算其中极有情趣的一种。一个演讲者能在结束时赢得笑声，不仅是自己演讲技巧十分成熟的表现，更能给本人和听众双方都留下愉快美好的回忆，也是演讲圆满结束的标志。那么，怎样才能达到这种效果呢?

## 一、用幽默的语言来结束演讲

1. 造势。我国著名作家老舍先生是好幽默的。他在某市的一次演讲中，开头即说“我今天给大家谈六个问题”，接着，他第一、第二、第三、第四、第五……井井有条地谈下去。谈完第五个问题，他发现离散会的时间不多了，于是他提高嗓门，一本正经地说：“第六，散会。”听众起初一愣，不久就欢快地鼓起掌来。

老舍在这里运用的就是一种“平地起波澜”的造势艺术，打破了正常的演讲内容，从而出乎听众的意料，收到了幽默的效果。

2. 省略。1985 年底，全国写作协会在深圳罗湖区举行年会。开幕式上，省、市各级有关领导论资排辈，逐一发言祝贺。轮到罗湖区党委书记发言时，开幕式已进行了很长时间。于是，他这样说：“首先，我代表罗湖区委和区政府，对各位专家学者表示热烈的欢迎。”掌声过后，稍事停顿，他又响亮地说：“最后，我预祝大会圆满成功。我的话完了。”他以迅雷不及掩耳之势结束了演讲。

听众开始也是一愣，随后，即爆发出欢快的掌声。因为，从“首先”一下子跳到“最后”，中间省去了其次、第三、第四……这样的讲话，如天外来石，出人意料，达到了石破天惊的幽默效果，确实是风格独具，别出心裁。

3. 概括。某大学中文系举办毕业生茶话会，首先是系党总支书记讲话，三分钟的即兴讲话主要是向毕业生表示祝贺。然后是彭教授讲话，主题是希望同学们继续努力学习，还引用了列宁的名言。第三个讲话的潘教授朗诵了高尔基的《海燕》片段，以此勉励毕业生们学习海燕的精神。第四个讲话的系副主任希望同学们永远记住母校和老师们。紧接着，毕业生们欢迎王教授讲话。在毫无准备而又难以推辞的情况下，王教授站起来，先简单地回顾了数年来与同学们交往的几个难忘片段，最后一字一顿地说："前面几位给大家提出了殷切的希望，可我还是喜欢说他们说过的话。（笑声）第一，我要祝同学们顺利毕业！（笑声）第二，我希望同学们'学习、学习、再学习'。（笑声）第三，我希望同学们像海燕一样勇敢地搏击生活的风浪。（笑声、掌声）第四，我希望同学们不要忘记母校，不要忘记辛勤培育你们的老师们！"

在这里，王教授通过对前面四个人的演讲主题的简练概括，旧瓶装新酒，不落窠臼，结束了一次机智、风趣且具有个性特点的演讲。

## 二、借助道具产生幽默效果结束演讲

1. 对比。鲁迅先生在结束《在上海中华艺术大学的演讲》时说：

以上是我近年来对于美术界观察所得几点意见。

今天我带来一幅中国五千年文化的结晶，请大家欣赏欣赏。

说着，他一手伸进长袍，把一卷纸慢慢从衣襟上方伸出，打开一看，原来是一幅病态丑陋的月份牌。顿时全场大笑。

鲁迅先生借助恰到好处的道具表演，与结束语形成鲜明的对比，极具幽默。不仅使演讲在欢快的气氛中结束，而且使听众在笑声中进一步品味先生演讲的深意。

2. 双关。在延安的一次演讲会上，当演讲快结束时，毛泽东掏出一盒香烟，用手指在里面慢慢地摸，但掏了半天也不见掏出一支烟来，显然是抽光了。有关人员十分着急，因为毛泽东烟瘾很大，于是有人立即动身去取烟。毛泽东一边讲，一边继续摸着烟盒，好一会儿，他笑嘻嘻地掏出仅有的一支烟，夹在手指上举起来，对着大家说："最后一条！"

这个"最后一条"，毛泽东的话是最后一个问题，又是最后一支烟。一语双关，妙趣横生，全场大笑，听众们的一点疲劳和倦意也在笑声中一扫而光了。

## 三、借助幽默的动作结束演讲

借助幽默的动作来结束演讲，这样的例子虽很少见，但不乏珠玑。

美国诗人、文艺评论家詹姆斯·罗威尔 1883 年担任驻英大使时，在伦敦举行的一次晚宴上发表了一篇名为《餐后演讲》的即席演说。最后他说："我在很小的时候听人讲过一个故事，讲的是美国一个卫理公会的牧师。他在一个野营的布道会上布道，讲了约书亚的故事。他是这样开头的：'信徒们，太阳的运行方式有三种，第一种是向前或者说是径直的运动；第二种是后退或者说是向后的运动；第三种即在我们的经文中提到的——静止不动。'（笑声）先生们，不知你们是否明白这个故事的寓意，希望你们明白。今晚的餐后演讲者首先是走径直的方向（起身离座，做示范）——即太阳向前的运动。然后他又返回，开始重复自己——即太阳向后的运动。最后，凭着良好的方向感，将自己带到终点。这就是我们刚才说过的太阳静止的运动。"（在欢笑声中，罗威尔重又入座）

这种紧扣话题的传神动作表演，惟妙惟肖，天衣无缝，怎能不赢得现场听（观）众的热烈掌声和欢笑声！

演讲的幽默式结尾方法是不胜枚举的。关键是演讲者要具有幽默感，并能在演讲中恰如其分地把握住演讲的气氛和听众的心态，才能使演讲结束语带来"余音绕梁，三日不绝"的轰动效应。

# 增强竞选演讲的竞争力

高永华

竞选演讲在我国是随着人事制度的改革而兴起的一种演讲形式。这种演讲与一般的演讲有所不同，其差别主要表现在以下几个方面：

一是从目的来看，竞选演讲不是为了教育人，不是为了宣传，而是为了展示自己、推销自己，让听众和领导进一步了解自己，一句话，它是为了赢得信任，争取选票的。

二是从环境场合来看，竞选演讲有一定的对比性、挑战性和竞争性。竞选演讲通常不是一个人来演讲，而是多个对手同台演讲。这样从内容、形式、风度、语言上就存在相互比较、鉴别、优胜劣汰。

三是从影响来看，竞选演讲有较强的严肃性和使命性。竞选演讲是要负一定责任的。竞选领导职位是为了工作、事业，他们的言论要对单位对工作高度负责，也就是说在演讲中亮出来的旗帜、做出的保证是要在今后的实践中兑现的。所以，演讲内容要求必须准确，有分寸感。

认识和把握竞选演讲的特点，对于每一个企图在竞选中获胜的竞选者来说都是至关重要的。那么，竞选演讲如何才能赢得听众的好感，获得更多的选票呢?

### 1. 竞选演讲必须旗帜鲜明

在竞选演讲中，当你提出自己一旦当选将要实施的蓝图、方略时，必须用十分简洁的语言亮明自己的看法、任期目标和相应的切实可行的措施。通过展示自己设计的这个蓝图使人们看到你的水平、你的思路、你的宏观决策的能力和具体实施的办法，从而使大家听了能相信，产生信心，感到可行，觉得把一个厂子、单位交给你是放心的，这就达到了目的。

为了取得这样的效果，首先，思路要新颖独到。使人感到你有创新、有发展，高人一筹。这样，竞争演讲才会有吸引力、号召力。如果你的方案完全没有新鲜的气息、没有新的货色，都是老生常谈，这就很难得到听众的认可和拥护。

其次，目标要具体实在。只有实在的东西才能令人信任。如果为了争取群众而说大话，开空头支票，哄骗群众，群众是不会买账的。群众是最讲实际的，你说的话他们以为不可靠，就不会投你的票。

2. 竞选演讲要在优势上突破

竞选演讲是一种竞争。竞争不是去揭他人的短，而是要善于展示自己的长处，唤起听众的理解和支持，增强群众对自己的信心。因此，演讲的内容应有所选择，要用适当的方式展示自己的长处和优势，以便群众在对竞争者的比较中发现你、选择你。一般说来，最能引起听众兴趣获得信赖的优势是：

已有的政绩。这是当选的重要依据。因为这些东西是被实践证明了的东西，是最有说服力的。它足以说明你的水平和能力，是最易于取信于人的。如果你在以前的工作中有明显的公认的政绩，就可以用适当的语言把它作为“王牌”打出来，一般是容易得到听众的信任的。

突出的特长。比如，较高的学历、年富力强、经验丰富、事业心强等特点，都可以成为自己竞争的“筹码”拿出来。有一位女性在竞选经理时，就把自己作为女性特有的优点展示了一番。她说，我们单位的女工多，我当经理后可以更好地和她们沟通，而且女同志有男同志不具备的细心、体谅人、办事公道正派的长处……很多听众接受了她的观点。

表里如一的品质。真诚坦率的品格是最容易赢得人心的。比如，在演讲中公开地披露自己存在的缺点和问题，不文过饰非。这种直面缺点的态度和坦荡的胸怀往往是很能产生积极影响的。

3. 竞选演讲要善于解疑

大凡来听竞选演讲的人都是关心单位的前途命运和自身利益的，而且他们对于未来的当家人总是持一种评价、挑剔和期待的目光。在听演讲的过程中，他们希望心中的疑虑能从演讲中找到答案。因此，成功的竞选必然是有的放矢，能解释和排除听众心中的疑虑。当你的演讲把听众的疑虑解除时，你已经把听众拉到自己的一边了。

能否解除疑虑，主要体现在你能否回答听众最关心的问题上。在演讲之前，竞选者就应到群众之中调查研究，掌握第一手材料，并针对这些问题拿出对策。有两类问题要特别关注：一类是关于演讲者自身的。因为人们可能对于演讲者的情况有这样那样的传闻或猜测，甚至误解。在演讲中不待听众提出就要主动加以说明，以便解除误会。另一类是关于工作上的。人们特别关注单位的一些难题，看竞选者有什么解决的良策。对于这些问题不能回避，而应对症下药，实事求是地加以回答和说明，能解决到什么程度就说到什么程度，尽量和群众求得共识，并使群众建立信心。

4. 竞选演讲要有气势

竞选演讲本身就是公开的亮相，是让领导和群众认识竞争者的舞台。因此，不仅演讲内容很重要，而且竞选者所表现出来的形象和气质也不能忽视。在整个演讲过程中，必须表现出一种强烈的自信和得体的风度，努力塑造出让群众信赖的良好的形象，给听众心目中留下一个靠得住的好印象，这样他们才会投你一票。

首先，竞选者要注意自己的外在形象。衣着能给听众留下第一印象。在上台演讲时，衣着要引人注目，但不能鹤立鸡群。此外，衣着要注意和自己的角色身份相一致，不能反差太大，否则就会令群众反感。比如，一个小厂的厂长上台竞选演讲时，穿着一身干净的工作服，而另一位则是西装革履、油头粉面，最终人们选择了前者。

其次，上台亮相要有风度。上台时要有朝气，要面带微笑，充满自信，这样会给群众一种力量，一种必胜的信念。相反，有的人上台时无精打采，像打了败仗一样，那就会影响群众对你的信心。试想，谁愿意把自己的命运、单位的命运交给一个萎靡不振的人来管理呢？当然，自信不是高傲，如果演讲者上台后拿出一副好斗的样子，目空一切、不可一世，这样的形象群众也不会接纳。他们更不想让一个蛮横的家伙来主宰自己的命运。

总之，通过竞选演讲要给人一个既有城府，又很谦虚；既有开拓精神，又脚踏实地；既不同凡响，又落落大方的好印象。这样必定会赢得人们的信赖，并在竞选中得分。

# 找好竞赛演讲的切入点

袁红云

竞赛演讲一般都有一个大主题，各个选手都围绕这个主题展开自己的演讲，而这些主题往往都是一些比较常见的内容。比如："党在我心中""我爱祖国"，等等。如果演讲者不找好自己演讲的切入点，就很难讲出新意，讲出自己独到的见解，也就不容易取得好成绩。可见，能否找好演讲的切入点直接关系着演讲的成败。

那么怎么找好演讲的切入点，找好演讲的切入点有哪些具体作用呢？

**一、找好演讲的切入点有助于使演讲内容新颖，构成独特的视角。**演讲内容新颖是演讲成功的要素之一。比赛演讲往往有严格的时间限制，在短短的几分钟内要表达一个严肃的主题、完整的思想，而且还要有适当的事例作支撑，这就要求演讲者要有丰富的演讲经验和一定的文字功夫。

例如：在一次以"党在我心中"为主题的演讲中，一个选手以《镰刀和锤子下的畅想》为题目，通过自己看到党旗上的镰刀和锤子，联想到我们党历来坚持群众路线，引出"我们党历来把全心全意为人民服务当作自己的宗旨"这个主题，他在这篇演讲的开头是这样讲的。

朋友们：

如果我们在这里给大家看两样东西：镰刀和锤子的话，大家一定会说：这有什么可稀奇的，无非是两种劳动工具罢了。是的，这确实是农民兄弟和工人师傅在劳动中所必不可少的两种劳动工具。但是，当我们把这两种工具结合在一起，并把它们镶嵌在鲜艳的红旗上的时候，它们的意义已远远不是劳动工具所能包含得了的了。

接下来演讲者从我们党始终坚持紧密联系群众，讲到我们党把全心全意为人民服务当作自己的最高宗旨，并列举了两个共产党员无私奉献的事迹，歌颂了我们党的伟大。

这位演讲者的演讲切入点与众不同，他没有像以往的演讲者一样直奔主题，而是从党旗上镰刀和锤子的象征意义入手，通过“镰刀和锤子结合在一起并镶嵌在鲜艳的红旗上”暗示我们党始终与人民群众心连心，然后列举事例烘托主题，既达到了歌颂党的目的，又避免了口号式的空洞，由于视角独特，切入点又非常巧妙，所以演讲大获成功。

**二、找好演讲的切入点，有助于激活演讲的思路。**当演讲选手面对竞赛规定的大主题时，常常会觉得无从入手。因为这些大主题所涵盖的范围很宽，包括的内容也非常丰富，如果找不好演讲的切入点，就会陷入无所适从的尴尬境地。一旦选好演讲的切入点，就会使演讲的思路豁然开朗，摆脱常规思维方式的限制，使演讲取得意想不到的效果。如：在一次以“抒理想，讲奉献”为主题的演讲赛中，一个农业学校的学生以《家乡的那片黄土地》为题，通过自己在家乡所搞的一次农业生产调查，抒发了自己毕业后献身家乡农业事业的理想。她在开头是这样讲的：

> 同学们：
>
> 不知你是否听过这样一首歌：家乡的那片黄土地，曾经风沙筑成堤，没有那个星星没有那个月亮……等到秋天的收获里，不知道谷场上到底多少米。

由这首歌，演讲者谈到了自己对家乡的依恋，谈到了自己在家乡调查到的农业生产的现状：由于缺乏农业科学技术知识的指导，家乡的农业生产还很落后，农民的生活还很困难，每年春天都播种着希望，但“等到秋天的收获里，不知道谷场上到底多少米”。作者想到自己是一名农业学校的学生，自己就是农业科技的载体，自己应该为家乡的农业建设尽一份力量，并号召像自己一样的农业学校的毕业生，应该回到家乡的黄土地上去施展自己的才华，实现自己的理想。相信在不久的将来，家乡的面貌一定会得到改变。那时的家乡“等到秋天的收获里，数不清谷场上到底多少米”。（演讲结尾的话）

理想奉献向来是各类演讲永恒的主题，如何才能讲出自己独到的观点，能否吸引听众，是决定演讲成败的关键。在这篇演讲中，作者巧妙地利用歌词作为切入点，由歌词里唱到黄土地的贫瘠，引出家乡农业落后的生产现状；由希望通过千千万万的农业科技人才与家乡的人民一起努力，创造出家乡的美好明天，引出歌词里黄土地上的丰收景象。不仅做到了内容新颖，而且思路活跃，行文流畅，首尾呼应，一气呵成，使演讲获得了成功。

演讲的切入点与演讲的开头不同，从它们与演讲内容的关系上可以知道：开头与内容的关系，是先有内容后有开头，只有先确定了演讲的内容，才能根据内容确定采取什么样开头的方式更能引人入胜；而切入点与内容的关系则是：先有切入点后有内容，确定了切入点，也就是确定了演讲的角度，确定了演讲者要从哪个侧面去抒发自己的情感，从哪个角度去阐述自己的观点，也就是确定了演讲的方向和基调，根据这些前提再去选择材料，充实内容。

找好演讲的切入点，不仅对竞赛演讲很重要，在其他类型的演讲中也是不容忽视的。要想真正找好演讲的切入点，需要演讲者对规定的大主题作深入的分析和研究，在大主题规定的范围内找出自己感受最深的一点或者找出最容易被人们忽视的一个方面，再根据自己的演讲特长，开发想象，转变思路，扬长避短，巧妙切入。找好演讲的切入点没有固定的模式和框框，只有在实践中不断摸索体会，才能逐渐地做到得心应手。只要演讲者善于动脑，用心揣摩，勤于实践，就能使恰当巧妙的切入点为自己的演讲增光添彩！

# 制服即兴演讲心慌的对策

孙玉茹

很多人怕即兴演讲，尤其突然被叫起来发言时，人就会心慌得脸发烧、唇发抖，大脑一片空白，想说的话一句也说不出来，即使“挤牙膏”似的挤出两句，也是前言不搭后语……在突然袭击的情况下，一般人都会心慌。那么，怎样才能克制心慌而使自己的发言取得成功呢？

**一、微笑开路，以“谢”镇慌。**“微笑”是一剂很好的“镇静剂”。镇定听众，也镇定自己。当你被突然叫起来时，即使你“心揣小鹿”，手心出汗，也不要让别人看出你“慌”来，你要缓缓地站起身，微笑着对听众或主持人点头表示“感谢”，与此同时，要积极冷静地思考答谢的内容，等到大家安静下来后，你再把谢意表达出来（或对请自己参加大会的主办者表示谢意，或对主持人给了自己这样一个发言机会表示谢意）。然后你再“骑马找马”地说几句真实的感受，或讲几句祝愿的话，这样，在不知不觉中你就完成了你的即兴演讲。

**二、喝水压“慌”，迅速联想。**为了镇定你慌乱的情绪，使自己有点想词的时间，发言前你可先喝几口茶（或咽几口口水）。在喝茶水（或咽口水）时，千万不要自己吓唬自己：“天哪，怎么让我发言呢？这回我可惨了。”而要积极进行联想，寻找发言的切入点。你可把目光投向会场环境（天气、会标、参加人、奖旗等），只要开了头，你的头脑就会变得清晰明朗起来。有一位老红军战士和自己的老排长一起被邀请参加了某校的庆“六一”活动，原本安排的是请老排长讲话，可老排长因为有事离开了会场，临时改为让他发言，他慌得脑门直出汗。在掌声中，他先喝了几口茶水，然后站起身来环顾四周，把目光对准了那飘动着的红旗。他不由得想起了过去，于是说：“孩子们，想当年，我们高举着红旗，不怕牺牲，英勇战斗，就是为了解放全中国。”他又看了看红旗下面的如花朵般的少先队员们，于是又想起了一句：“今天，你们生活在红旗下，就要努力学习本领，长大了好好建设咱们的新中国。”他以红旗为引子，只说了两句话，但却获得了热烈的掌声。

**三、治“慌”良方：只说一句**。当你突然被邀请发言时，你往往为自己想不出更多恰当而美妙的词而惊慌，此时你克服慌乱的最好方法是“只说一句”。因为突然被叫起来，大多是在临时需要你做“插言”补充或需现场助兴的情况下，此时此刻，听众的掌声是希望你能用一两句话表达你的“意思”，因此，如果你在心慌之时心里只想：“我就讲一句话”，这样你就会减轻心理压力。如，突然让你在会议开始时发言，你可以说一句“预祝……取得成功”；当会议将结束时，你可以说一句“希望……取得更大的成绩”；或根据自己的身份对会议进行一句话赞扬，或对演讲者进行一句话评语等。如果你的“一句话”说得恰到好处，就可一句顶十句，给人以欲听却止如嚼橄榄般的无穷回味。

**四、袒露自我，以“熟”克“慌”**。你可能有这样的体会：当说自己熟悉有把握的话题时就不太慌。因此，要克制心慌，就要拣自己顺手拈来的话题来说。那张口就来的熟悉话题是什么呢？我想最便捷的莫过于说“自己”——说自己的真实感受，说自己原本的想法，说自己的缺点与长处，说自己对未来的畅想与希望……

张老汉从山西赶到北京参加孙子的婚礼。在婚礼上，主持人请他说几句。在村里他很少见过这样的场合，不说吧，怕扫了大家的兴；说吧，可自己一个老农民会说什么呢？他站起身来，看着一对新人停了片刻，哆嗦着嘴唇说：“我今年78岁了，能看到孙子结婚我太高兴了，太高兴了。我们做老人的不求别的，只求自己的儿孙们生活得比我们幸福，越来越幸福。”他的几句实实在在的话，引起了在场的不少来宾的心理共鸣，大家一边鼓掌一边向他点头，孙子走过去抱住了爷爷，眼里闪着激动的泪花。

**五、发挥特长，扬“长”制“慌”**。有人不善言谈，一遇说话的机会，就乱了方寸。但有人却很聪明，每当遇到这种“突然”被叫发言的情况，就另辟蹊径，采取扬长避短的方法来应付。在一次老同学集会上，大家畅谈之后，二十年前的那位爱开玩笑的“班长”突然站起来说：“咱们请当年的‘老蔫儿’给咱讲几句怎么样？”“好！”在一片热烈的掌声中，“老蔫儿”的脸涨得通红，他摸着头埋怨地看着“班长”，大家笑得更欢了，这时他走到黑板前，拿起了粉笔。人们都知道他书法很好，于是静下来目不转睛地看着他，只见他转身在黑板上挥笔写下了“友谊地久天长”几个苍劲的大字。然后转过身来对大家说：“‘友谊地久天长’，是我的祝愿，也是我的希望。谢谢大家。”说完后在大家的掌声中微笑着走了下来。“‘老蔫儿’真有你的！”班长说着就指挥大家唱起《友谊地久天长》的歌来。想不到他的这一招儿，不仅掩饰了心慌，而且还溅起了欢乐的浪花。

# 论辩之道

L UNBIAN ZHIDAO

# 立论要合乎情理

## ——写在首届国际（华语）大专辩论会决赛之后

俞吾金

由新加坡广播局和中国中央电视台联合主办的首届国际（华语）大专辩论会于1993年8月21日至29日在新加坡举行。参赛的大学有：英国剑桥大学、澳大利亚悉尼大学、加拿大英属哥伦比亚大学、马来西亚大学、新加坡国立大学、中国香港大学、中国台湾大学和中国复旦大学。比赛采用分组淘汰的方式进行。复旦队先后战胜剑桥队和悉尼队，在决赛中与先后战胜了中国香港队、新加坡队的中国台大队相遇。

决赛的辩题是“人性本善”，通过抽签，我们抽到的是反方，反方的立论并不是任意的，而是事先作了规定，即“人性本恶”。就这个辩题而言，我们究竟应该如何立论呢？换言之，立论的依据是什么呢？许多辩论家认为，立论的主旨是要说服对方，这看起来是很有道理的，其实却是一种误导。一方面，对方是无法说服的，即使到了“山重水复疑无路”的窘境，对方也是不会认输的；另一方面，辩论胜负的评判者是评委，而评委又是受听众影响的，所以，旨在说服对方的立论并不一定会在听众和评委中引起共鸣和反响。根据初赛和半决赛的经验，我们认为，立论的最根本的依据是评委和听众的接受意向。一个辩论队员上场后，他的目的并不是把已经准备好的一番话说出来，就像一辆装满黄沙的翻斗车，把黄沙卸完就完成任务了，而是要说服乃至打动评委和听众，使他们觉得他的话是合情合理的，是应该接受的。也就是说，在立论中，既要避免“自我表现中心论”，也要避免“说服对方中心论”，而要确立“评委和听众中心论”。换言之，评委和听众的可接受性乃是我们立论的最基本的参照系。

正是基于这样的思考，我们对“人性本恶”的立论作了数次更动。第一次准备的稿子主要偏重于从理论、历史、现实等不同的角度阐明人性本恶的道理。这一稿子虽然把人性本恶的道理讲透了，对方也很难抓到理论上的漏洞，但听众和评委却不一定容易接受，因为整个稿子给人的感觉是：把人性讲得漆黑一团，充满了悲观主义和宿命论的情调，虽然也谈到了教化问题，但语焉不详，不可能给人留下深刻的印象。在决赛前两天，我们对稿子作了较大幅度的更动，在四个辩手的辩稿中都增加了教化和促使人性向善发展方面的内容，但在统稿时又发现，我们在立论上又偏向了另一个极端，由于过多地强调人性向善的一面，人性本恶这一主题思想反倒显得蔽而不明了，弄得不好，这个稿子会给评委和听众留下这样的印象，即复旦队的观点不明确、思路不清晰。怎么办？

决赛的时间已经临近了，经过考虑，我们决定，对稿子再“动手术”。最后，我们确定了一种听众和评委较易接受、理论上又较严格的立论方式，即把立论分成两个层面，第一个层面是事实判断，即我们摆事实、讲道理，理直气壮地说明人性本恶是一个颠扑不破的真理；第二个层面是价值判断，即从价值取向的角度上看，表明我们并不赞成人的恶行，也不主张听任其发展，我们主张通过教化来抑恶扬善，使人性向善的方向发展。我们还把“恶”定义为“人的本能和欲望无节制地扩展”，并不简单地把“恶”与人的本能和欲望等同起来。这样一来，我方的立论就具有相当大的回旋余地，也易于被评委和听众所接受。

从后来的决赛可以看出，我方在立论上的更动是有道理的，既讲清楚了我方的基本立场，又表明了我方在实现人性向善的道德价值方面的基本追求。反之，对方的立论比较粗率，认为人性本善就是人人有善根，人都能随时放下屠刀，立地成佛。我方队员立即追问：“既然人性本善，屠刀是怎么被拿起来的？”“既然人性本善，最初的恶是如何产生的，善花是如何结出恶果来的？”这些问题很快地瓦解了对方的立论，使之陷入被动挨打的局面。而对方试图把我方“人性本恶”的观点曲解为“人的本能和欲望全是恶的”也未能在评委和听众中引起回应，因为我们早已把“欲望”和“欲望无节制地扩展（亦即“恶”）”这两者严格地区分开来了。此外，对方在用玫瑰色的眼镜看待这个世界，似乎每个人随时都可行善，这也有悖于常理，加之我们用大量的事实和历史故事来阐明人性本恶，如曹操的“宁可我负天下人，不可天下人负我”，路易十五的“我死后哪怕洪水滔天”，以及当今遍及世界各地的战争、绑架、谋杀、掠夺，等等，更使评委和听众觉得，我方的观点比较现实，而对方的立论则太过浪漫，给人以“刘郎已恨蓬山远，更隔蓬山一万重”的感觉。

中国台大队在陷入被动的境地后，开始产生“破罐子破摔”的情绪，他们不但在自由辩论中把荀子和告子的思想混同起来，还指责荀子的思想是错误的，我方队员立即反唇相讥：“如果你认为荀子是错误的，荀子就错了的话，那还需要在座的这些儒学家干什么？”这段话很机智地使中国台大队与评委和听众在心理上对立起来。由于立论上的不谨慎，中国台大队虽然有场下不少啦啦队员的鼓舞，但已无济于事了。

通过紧张的角逐，五个评委一致判复旦队获胜。于是，在这次国际（华语）大专辩论会上，复旦队不仅获得了团体冠军，而且第四辩手蒋昌建还获得了“最佳辩手”的称号。回顾这场辩论，我们深切地感受到，合情合理地确立自己的论点乃是辩论取胜的关键。

# 抛砖引玉

## ——谈自由辩论中的“引诱”术

何小兰

《孟子·告子上》中记载了一段很有趣的辩论。孟子为说服告子人性是善的，用了不少辩论技巧。孟子说：“你认为白雪的白和白玉的白是一样的吗？”告子回答：“是。”接下去孟子就说：“（照你这样的说法）那么人性和牛性、犬性都是一样的喽？”孟子不愧为一个老资格的辩手，他抛出一个问题，又将对方的回答作为自己将要论证的逻辑起点，很自然地论证了自己的观点。这其实就是自由辩论中的“引诱术”。

“引诱术”在自由辩论中常常会被频繁使用，理由很简单：在对垒的双方辩手中，谁都不能说服对方，只有寻得几个讨巧的方式，抓漏、散打或引对方上钩，以显出己方的优势，从而更完善地论证自己的观点。“引诱术”用得好，往往也会取得极好的观众效应。由于场上的氛围异常紧张，辩手对于诱饵往往不易识别，故“引诱术”得逞的机会也很大。由此看出，“引诱术”是有其可行性与实用性的。

为了更好地理解“引诱术”，我们先来看几个例子。

**例一：**（国际华语大专辩论会复赛：艾滋病是医学问题，不是社会问题）

反方蒋昌建：一个老太婆被车撞倒了，请问这是救人问题呢，还是撞人的问题？

这一场辩的是艾滋病，反方要论证艾滋病是社会问题而不是医学问题。这是个难解的题目，无论正方或反方，都不能完完全全将社会问题与医学问题割裂开来。这里，“引诱术”是必不可少的了。蒋昌建这个问题看似与辩题无甚大关系，可只要通过分析就可以看出这个问题所暗含的逻辑关系了：救人是医学问题；撞人是社会问题。而这个问题的答案只能是撞人——社会问题。这个诱饵设计得相当巧妙。

**例二：**反方蒋昌建：问一个简单的问题，治疗一个艾滋病患者需要多少钱？

参赛的辩手对艾滋病问题研究得较深，因此这是个极易回答的问题，而对方辩友如果一回答，哪怕只沾上一点点用钱的边，反方就可论证他们的观点了——钱需要社会集资啊，这不是社会问题吗？真是惊险。

**例三：**反方季翔：我倒想请对方辩友回答我一个很简单的问题，今年世界艾滋病日的口号是什么？

正方李耀华：今年的口号是“更要加强预防”，怎么预防呢？要用医学方法去预防啊。

反方季翔：错了！今年的口号是“时不我待”。对方辩友连这个基本问题都不知道，怪不得谈起艾滋病问题来还是不紧不慢的。

这是个非常好的“引诱术”的实例，一个平平常常的诱饵，却得到了极不平常的效果，既显示了自己的知识面，又打击了对方。当掌声与笑声响起的时候，反方一定得分不少。

从实例我们看出了“引诱术”不同于别的辩论技巧的妙处，也同样看到了引诱技巧的重要之处。如果对方辩手缺乏场上的应变能力，会很快得到收效；而万一对方老谋深算，那么诱饵也必须设计得更巧妙才行。怎样有效地运用“引诱术”呢？我们可以试着从以下几点出发：

**一、注重事先准备。**由于场上时间较短，不可能临时设计一套完美的严密的论证思路，所以诱饵也必须在场下做成。在准备辩题的时候，就可以和队友讨论诱饵，准备得越充分，取得的效果也就越好。尤其要注意材料的搜集。例三中季翔的“时不我待”的诱饵，就是搜集材料过程中产生的灵感。

**二、多用提问方式。**提问是引诱的一大手段，因为辩论中有问不答往往会显出弱势，而有问即答，又常常会上钩。例一、例三的表达都采用反问的方式。

但应注意的是：问题要短，尽量不要让对方回过神来捉住漏洞；问题也要精，如果第一次抛出诱饵，对方不上钩，切莫重复使用，以免矫枉过正。

**三、善用类比**。类比有利于表达，也有利于迷惑对方辩手。孟子用的就是类比，例一中用的也是类比。不过，类比一定要妥当，否则易让对方抓住破绽，以攻代守。孟子的类比有所不当——用无生命之物与有生命之物来类比，如果告子反应快，他一定不会哑口无言的。

由此观之，“引诱术”很注重场外的设计，不仅仅要设计诱饵，还要设计对方上钩后怎样运用对方的逻辑为己方服务。只有这样，一个漂亮的引诱才完整而有效。

孔子说“巧言令色鲜矣仁”，尽管“引诱术”有狡诈之嫌，可一名辩手终会将辩场当作战场，在对方辩手无法被说服的时候，设几个机关未尝不可。是否成功，就要看自己的准备和对方辩友的应变程度了。

# 谈判中的说服技巧

肖沛雄

随着时代的进步和人际关系的发展，传统的自利型谈判模式已被现代社会所淘汰，取而代之的是互惠型的谈判模式。在这种谈判模式中各方都把对方视为平等的合作伙伴，以合作开始，以互利为结果，是现代社会最佳的谈判模式。但是，谈判的发生毕竟根植于双方主观上的求利欲和客观上利益关系的矛盾性，这样双方就构成了一个矛盾的对立统一体，谈判正是在这种寻求共同利益与各自利益的合作中展开竞争，通过竞争求大同存小异而达成协议。所以有人用法国的一句关于爱情的定义来形容谈判：“合作的利己主义。”

既然谈判是通过合法的公平竞争来达成利益均沾的合作，因此，谈判的任何一方要在互利的前提下实现己方的谈判目标，决不能靠顶牛、欺诈、压迫、耍赖和蛮缠等可鄙的手段，而必须依靠有理有据的说服去展开竞争。谈判的说服技巧是丰富多彩、变化万千的。有时循循善诱，侃侃而谈，如春风化雨，达到让对方明理动情、心悦诚服的目的；有时需要迂回侧击，委婉含蓄，实现暗度陈仓的意图；有时需要先发制人，刚柔相济，趁热打铁，以最快的速度达成交易；有时却最好抓住契机，以“四两拨千斤”，获得举重若轻的奇效。只要路子对头，用劲灵巧，则有如中医的要诀：“一六得气，全络贯通。”收事半功倍之效。

那么，在运用各种说服技巧的过程中，有哪些要领是必须掌握的呢？根据许多成功的谈判者的经验，下面概括为九个要领。

## 一、先易后难，步步为营

谈判中讨论问题的次序应当按“先易后难”的原则去安排。这样做，由于双方利害冲突不大而比较容易取得初步成效，使双方从一开始就显示了合作的诚意和彼此的信任、理解，从而为谈判的进展创造更加热情友好的气氛，减少双方的戒备心理，增强双方对交易成功的愿望与信心。这样一来，在谈判深入发展中要说服对方理解我方的意见与方案，就比较容易了。而双方意向差距较大的问题可以放在较后的位置和安排较多的时间去讨论。这时由于前面的谈判成果已增强了双方的合作意向，谈判的困难会相对减少。

## 二、先直言利，后婉言弊

在说服对方时，为了满足对方对谈判结果的心理需求，不仅要就我方的主张晓之以理，而且更应侧重联之以利。但只言利、不言弊的单面论据往往会引起对方的猜疑，因为人们不会相信你的提议纯粹是为了让他们一方得到好处。因此，要成功地说服对方免不了要兼言利与弊两个方面，把一好一坏的信息传递给对方。在这陈述过程中，一般的原则是先讲利的一面，然后再以委婉的口气陈述弊的一面。这样做是因为谈判者以利的追求为目标，会十分注意利益的得失。为了说服对方，我们首先迎合对方的需求示之以利，有助于激发对方的兴趣与热情。而且，这种“先入为主”的思维定式往往会使对方更注重他得到的第一个信息。这样，当我们委婉讲到关于弊的第二个信息时，不但不会太大地削弱第一个信息的印象，相反，我方还会给对方留下坦率、真诚、友好的良好印象，从而使对方更易于接受这个利大于弊的方案。

## 三、强调互利，激发认同

谈判中交织着冲突与合作的双重因素，没有冲突就不需要谈判，而没有合作，谈判中各执一端，冲突也无法解决。谈判是在双方互相合作、各得其利的基础上达成协议、解决冲突的。谈判的成功与否取决于合作与冲突的强弱。强调利益的一致性比强调利益的差异性更容易提高对方的认知程度和接纳的可能性。因此，在谈判中，我们应当更多地强调双方利益的一致性与互利互惠的可能性，这样会有助于激发对方在自身利益认同的基础上接受你的建议。

## 四、恩威并施，刚柔相济

既然谈判中双方难免产生各种对立的意见分歧，作为谈判的双方既要维护自己的应得利益，又要满足对方的必要需求，因此无论是执意地强求，企望压服对方，还是一味地退让，对对方有求必应、百依百顺，都不能达到互利互惠的合作目的的。有经验的谈判者应当根据己方的合理需求和对方的必要利益，凭借自己的实力、经验和技巧，实施恩威并施、刚柔相济的策略。在涉及我方应得的必要利益的问题上，应凭借我方的实力与优势，施展强攻的心理战术与语言策略，显示“刚”的威力，促使对方在这些问题上作出让步，实现我方的既定目标；而在涉及对方应得的必要利益问题上，则应理解对方的实际需求，作出必要的退让，向对方示之以利，动之以情，发挥“柔”的吸引力。这样，“刚”的威力在“推”着对方；“柔”的吸引力在“拉”着对方，说服的成功就有了双重的保证，达成的协议也体现了利益均沾的互惠性。

## 五、投入至好，取我急需

谈判的任何一方都必然是以满足自己的需要为主要目标，但往往任何一方都不可能全面满足自己的所有需求，而任何一方的各种需求也不是没有主次之分的。谈判者在谈判中往往着重就自己的第一位需求去千方百计说服对方，同时不得不以降低自己的其他次要需求，作出适当的退让为代价来达到满足主要需求的目标。因此，需要在说服过程中尽量去发现对方的迫切需要或第一位需要。如果我们发现了对方的迫切需要与我方的第一需求并不重合，那么我们就可以比较容易提出一个“投人所好，取己所需”的方案来，达到吸引和说服对方，一拍即合的良好效果。而如果万一双方的第一需要重合的话，那么就要求双方在第一需要的问题上作出相应的退让，找出一个合适的接合点，或辅以对第二、第三……需要的相应调整，这样的提议，也是有可能说服对方的。

## 六、设身处地，动之以利

爱因斯坦曾说过，人，是一种计算的动物。心理学家珂斯德里西说过，人类是计算加感情的动物。在谈判桌上，人们无时无刻不在计算自己一方获利的程度。因此，一个谈判高手知道，利益是说服对方改变想法的重要杠杆。谈判者对谈判成功的欲望，往往与他们从成交方案中获利的大小成正比。因此，我们要说服对方，就应及时地、适当地、有的放矢地强调某一提议的实施和这场谈判的成功对双方的好处，特别要强调切中对方第一需要的各项条件，从而去影响对方的思考权衡，进而影响谈判的结果。另外，在阐之以利的过程中，还要注意一个立足点的问题，即把思维与表述的立足点从己方转到对方的立场，让自我角色发生移位，把说服对象当作主体自我来评价权衡所提建议，设身处地阐明建议对满足对方需求的好处。这样做的好处在于它能使说服者的立场、角度与对方相一致，无形中缩小了与对方的心理距离，使对方对我方产生一种“理解我并为我着想”的印象，其自尊心和求利欲都得到满足，就会对我方的说服产生较强的认同感。

## 七、多言成果，淡化争议

随着谈判按先易后难的问题次序的层层深入，已解决的问题逐步增多，而重点问题的争议也会越来越激烈。为了更好地说服对方，我们应十分珍惜和充分运用已取得的谈判成果，这时不应单纯去强调未解决的争议问题，甚至抓住一点，全线出击；而应注意通过重点、反复宣传已解决的问题，赞扬双方前阶段谈判的真诚意向和良好合作气氛，展望“冬天的来临意味着离春天已经不远”的前景，这样有助于增强对方合作的信心和决心，鼓励和说服对方始终以积极的态度互相理解、互相体谅，以不断淡化争议，扩大战果，直至达成协议。

## 八、兼听为先，后发制人

当谈判进入关键阶段，关键问题上的分歧意见逐步显露，争议也会越来越激烈。这时候不宜操之过急，强加于人，因为争议已进入了关键性的讨价还价阶段，要说服对方，关键不在于你先强调了什么，多说了什么；而在于你能让对方相信什么。所以这时候我们不应急于去多发表意见，不应迫不及待地反驳对方，而应冷静地多去倾听谈判桌上的各种意见，从中识出双方的利益冲突和关键所在，找到双方可求之同与应存之异，然后再高瞻远瞩地提出自己较之前任何一种意见更全面、更成熟、更易于为双方接受的方案。这样的方案常常最有说服力。

## 九、多言事实，少说空话

事实是人们可以凭借感官和经验予以验证的东西，“事实胜于雄辩”。研究证明，人的一切行为均与一定事实的经历和存储有关。在谈判中，有的人喜欢用空话、大话来炫耀自己的产品，什么“质量上乘”“人见人爱”“誉满全球”“领导时代新潮流”，这除了给人以自吹自擂的感觉外，是不能说服对方的。为了说服对方，我们应力戒“肥皂泡”式的空话，而注意多用确凿的事实、有代表性的典型事实说话，让对方凭借自己的实践经验和独立思考来获取结论。

# 反向思维，夺取论辩主动权

高宝宝

论辩中，谁能掌握论辩的主动权，谁就占据了优势。但是有时被情势所迫，主动权在别人手里。我们可以反向思维，夺取主动权。

战国时期，魏、赵联合攻打韩国，韩国向秦国告急。韩国的使者一波又一波地向秦国求救，但秦国却一直没有派救兵，韩国国君急得团团转。这时田苓主动请缨出使秦国，面见秦国当权者穰侯，为韩国解围。田苓见到穰侯后，穰侯却慢悠悠地问："韩国现在很危急吗？为什么把阁下都派来啦？"田苓也慢悠悠地回答说："还不危急。"穰侯生气地说："这样说话怎么可以代表国君出使呢？韩国的使者往来不绝，都到敝国来告急，您却说'还不危急'，这是什么意思啊？"田苓说："如果韩国真的危急，就会背叛秦国了，现在还能不断派遣使者，说明不危急。"穰侯赶紧说："您不必去见大王了，我马上出兵救韩国。"

韩国被攻打，秦国本来是高高在上的"拯救者"，按常理来说，主动权在秦国手里，韩国只能苦苦哀求。但是田苓反向思考，秦国不仅是"拯救者"，它也需要韩国这个追随者。因而他以韩国危急了可以背叛秦国为筹码，一举夺得了主动权，让秦国主动要求出兵，解了韩国之围。

阿凡提在镇子上开了个染坊，给附近的乡亲染布，他对乡亲们很和善，但是经常戏弄财主，财主很恨他，一直想尽办法为难他。一次，镇子上新上任的法官住到了财主家里，财主仗着法官的威势来刁难阿凡提，说道："人们都说你聪明，我看你是徒有虚名，新来的法官老爷才是世上少有的聪明人，他曾经跟随有名的学者学习，学识渊博，脑袋里充满了智慧。"阿凡提不慌不忙地说道："有可能，因为现在当法官的，办事情只看谁给的钱多，用不着智慧，所以智慧就都在他脑子里存起来了。”

财主的提问其实已经给阿凡提划好了回答的框架：阿凡提回答法官有智慧，财主就会继续讥讽他是徒有虚名；阿凡提如果回答法官没智慧，法官确实曾经跟着有名的学者学习，财主就会讥讽阿凡提说谎。阿凡提反向思考，不跟着对方的思路走，承认法官有智慧，却是因为用得少，跳出了财主的框架，夺取了主动权。一番话绵里藏针，看似是在认同财主的观点，实则是讽刺财主和法官沆瀣一气。

卞壶是东晋名臣，他为人刚直不阿，即使是当朝最有权势的人犯了错误，他也敢在朝廷上直接指出来。这让很多人看不惯他。一次大臣阮孚遇到卞壶，嘲讽道：“您经常这样说人管事，不仅常常让自己没有闲暇安逸的时候，而且好像嘴里含着瓦石，让别人厌恶，这不是很劳累吗？”卞壶听后并不气恼，从容地说：“你们各位都是君子，以品德宽大著称，即使看到别人违反了朝廷的法度，也选择用相互庇护的方式处理，以顾念君子的情意。那么那些卑微粗鄙、不知分寸得罪人的事，只有像我这样的人去做了！”一番话让阮孚无言以对，自讨无趣。

阮孚主动挑衅，嘲讽卞壶多管闲事，掌握着话语的主动权。卞壶看似只能被动应战，忍气吞声，如果针锋相对、言辞激烈地反驳，对方就会继续讥讽他“嘴里含着瓦石”。但是卞壶反向思维，说相互包庇是君子的包容，得罪人的事只能自己去做。一番话指出了他们相互包庇的弊病，又没有撕破脸，而是用嘲讽的方式回击嘲讽，对方无言以对，还不能翻脸，主动权也转移到了卞壶手中。

辩论中，最怕的就是跟着对方的思路，被对方牵着鼻子走。反向思维，就是要跳出对方划定好的思维框架，掌握主动权，赢得先机。

# 巧妙建立因果关系，驳倒辩敌

周光琦

南北朝时期，徐陵在梁国担任散骑常侍一职。一次，梁武帝派他出使东魏首都洛阳，魏国特地设宴为他洗尘接风。魏国的礼仪官魏收对他颇为轻视，刚巧那天天气很热，便嘲讽似的对他说：“今天天气真热，大概是徐常侍带来的吧？”徐陵知道魏收有意取笑自己，便回答：“太妙了，想不到我到洛阳，使你们懂得了寒暑。”魏收听了，大为佩服他的才能，不敢有所轻视了。

魏收想让徐陵难堪，故意说洛阳的天气热是他带来的，从而建立起“徐陵来了洛阳，所以洛阳天气很热”的因果关系；面对魏收的嘲弄，徐陵没有束手就擒，而是另辟蹊径，巧妙借用同样的原因而衍生出不同的结果，即“正因为我的到来，才使你们懂得了寒暑”，有力地还击对方。论辩中，我们也可以通过在两种事物间建立起巧妙的因果关系，去反驳对方。让对方搬起石头砸自己的脚，有苦难言。如此一来，我们自然也就取得了论辩的主动权。

## 巧妙建立因果关系，驳其无知

陶行知创办南京晓庄师范学校后，影响日益扩大，国民党当局感到这所学校的存在已构成对他们的威胁。一天，蒋梦麟把陶行知请去，问道：“晓庄办得怎么样？不会出什么毛病吧？”陶行知从容不迫地回答：“人有时也害病，一个团体要出点毛病是意料之中的事。晓庄是根据五种生活施行五种教育。”蒋梦麟追问：“哪五种生活？会出毛病的是哪几种？”“我们的五种生活是：一、健康的生活；二、劳动的生活；三、科学的生活；四、艺术的生活；五、社会改造的生活。前三种我可以担保不会出毛病。”陶行知把语气一转笑道：“你如果要过艺术的生活，便难免有‘浪漫曲’混进来，叫你伤心。你若想改造社会，处处会和土豪劣绅、贪官污吏、帝国主义短兵相接。有时咳几声就完了，有时会受重伤。”蒋梦麟又问：“你为何不把后两种生活除掉？。”陶行知反问：“五官齐备才像一个人，谁愿因怕伤风而把鼻子割掉？”蒋梦麟苦笑道：“那是不好割的。”“嘴也不能封起来啊！”陶行知又意味深长地补充一句。

陶行知的晓庄师范学院成了国民党的眼中钉、肉中刺，国民党欲除之而后快。当蒋梦麟指责陶行知为何不把五种生活中可能出毛病的后两种生活割除时，陶行知把五种生活比喻为人身上不可分割的五官，质问对方，两种生活既然是人所受教育内容中不可分割的组成部分，怎么可以说去掉就去掉了？从而驳斥了对方的无知。论辩中，当对方胡搅蛮缠时，我们可以通过打比方的方式，建立因果联系，使对方理亏而退。

## 巧妙建立因果关系，斥其自傲

在一个慈善舞会上，萧伯纳邀请一位女士共舞。这位女士非常高傲轻佻，虽然拒绝别人的邀请，但是面对大名鼎鼎的萧伯纳的邀请，她接受了，只是，她依然一副唯我独尊的态度，好像她是很给萧伯纳面子一样。在华尔兹乐曲声中，这位女士得意地问：“萧伯纳先生，你怎么会想到邀请我跳舞，是不是倾慕于我的高贵和美貌呢？”萧伯纳故意惊讶地回答说：“您怎么会这样想呢，完全不是这么回事。”女士奇怪地问：“那究竟是为什么呢？”萧伯纳有意一本正经地回答说：“哦，女士，莫非您真的如此健忘？今天这个舞会不是个慈善舞会吗？”对方愣了一下，很快面露尴尬之色。

在慈善舞会上，女士自视甚高，傲慢无礼，话里话外都是一副派头十足的样子。萧伯纳故意装傻，曲解慈善舞会的初衷，向对方表明，因为今天是慈善舞会，自己是来“施舍”的，所以自己才会请对方跳舞，狠狠打击了对方的高傲和自以为是。论辩中，当对方傲慢相欺时，我们可以通过假痴不癫，故意歪曲理解事物的本来意义，建立因果联系，使对方自取其辱。

## 巧妙建立因果关系，揭其愚昧

有一天国王问阿凡提："阿凡提，这个世界上有让人吃了就会变聪明的药吗？"

阿凡提很有把握地说："当然有啊！"

国王高兴地说："那你赶快去给我弄一点来，当国王的就要聪明嘛！"

几天后，阿凡提恭敬地献上十颗药丸，叫国王一天服用一丸。第九天，国王派人叫来阿凡提大叫："阿凡提，我吃了九颗药丸，未见聪明，反而吃出泥土味来，这药是泥巴捏的？"

阿凡提说："陛下，恭喜您啦！您吃了聪明药，真的变聪明了，连我阿凡提都骗不了您？"

国王气得差点晕了过去。

在这里，愚蠢的国王一直快吃完了阿凡提的"聪明药"，才回过味来。当他指责阿凡提的药有问题时，阿凡提故意说反话，称"因为我阿凡提都骗不了你，所以证明您变聪明了"，好像是说聪明药有效，实则嘲笑国王的愚昧，连被骗都不知道，令人忍俊不禁。论辩时，当对方的指责可笑之极时，我们可以通过说反话的方式，建立因果联系，让对方醒悟。

常言道：兵来将挡，水来土掩。这里我们所说的因果联系，并不一定是严格逻辑意义上的因果关系，而是面对辩敌的来犯，我方通过一些即兴而起的手法，顺手拈来的一种"强加"的因果。有礼有节、不卑不亢，为自己挣回面子，让辩敌无言以对，朋友们，何不多学学呢。

# 鲁肃讨荆州，论辩太精彩

叶其凑

三国时期，诸葛亮的“舌战江东群儒”堪称千古绝唱，但鲁肃向刘备讨荆州时的辩论也同样非常精彩。当鲁肃为讨荆州渡江时，诸葛亮和刘备便揣度：来者不善，善者不来。

在把鲁肃迎进大堂后，刘备开门见山问道：“这么说，子敬还是要强索荆州喽？”鲁肃答道：“不，不是索取，是恭请皇叔归还。”这“索取”与“归还”两词的不同，瞬间将事情说得有理，像是有利于鲁肃。张飞大笑三声道：“鲁大人，你可真会讲笑话，我哥哥又没借你的，为什么要还啊？”只见鲁肃不紧不慢地说：“张将军这话说得好，这话好在哪里呢？他等于说了，如果借了，就应当归还，对吗？”

这一招着实高明，借力打力，从对方的借与还的关系作突破口，以彼之矛攻彼之盾，搞得张飞答应是该归还后感觉上了当一样，丈二和尚摸不着头脑。

鲁肃接着道：“早年，皇叔贩过履，张将军卖过肉，虽然如今都成了气候，但不管怎么说，以前都是做过生意的，早年做的是小生意，如今做的是大生意，不管生意大小，这里的规矩可都是一样的：就是谁出的本钱大，谁就获利多。”

鲁肃明知皇叔贩过履，张飞卖过肉，故利用做生意作为切入口，从而引出孙刘联盟就像是合伙做生意，也要符合做生意的规则。

“至于刘皇叔有没有向东吴借过东西，张将军说没有，而我说有：你向东吴借过五万大军，借过八千三百名将士的性命。八年前，曹操引百万之众南下，连克荆襄各郡，将各位逐得地不过百亩，兵不过数千，可谓命悬一线。是我江东以举国之力败曹操于赤壁，这才给了各位以残喘之机，方才有今日之盛，而我东吴则为此付出了兵马、钱粮、性命等沉重的代价。现在仗打完了，我东吴不仅未得寸利，而荆襄各郡反而被贵主趁虚占下，这合乎生意的规矩吗，这合乎天理人情吗？这合乎皇叔一贯标榜的仁义吗？”

鲁肃绘声绘色地陈述着，让对方听起来感觉这一切历历在目。这一节，鲁肃可谓是抓住要害，一箭三雕：1. 回答了究竟有没有借，既然是借了，就得还；2. 孙刘联盟败曹操，东吴出的力大，根据生意的规矩，理应获利多；3. 一语点中了刘备一向标榜的仁义示天下的软肋，趁虚占荆州就是失仁义。

至此，诸葛亮连忙解围道：“子敬啊，子敬，好一张利嘴，先前相处多日，我竟没看出来，该罚，该罚！”顺而举起酒杯，转移了话题。诸葛亮后发制人，面对着鲁肃的咄咄逼人，他从容不迫，接着鲁肃论述做生意的规矩，抓住规则的漏洞进行反击：“刚才子敬说到了做生意的规矩，好，那我也来讲讲这做生意的规矩，赤壁之战，东吴的本大，获得的利应该比我们大，但说到根上，荆州它不是利，而是刘景升的基业，是三十六年前大汉天子敕封给刘表的属地，你怎么能把刘氏的基业说成是东吴的呢？怎么能把天子的敕封当成利钱买卖呢？”

这高就高在从这个“利”本身来做文章，跳出鲁肃罗织的网，故意把荆州说成刘氏的基业，既然它不是利，就不能买卖，这也符合做生意的规矩，起到绝地反击的妙用。

诸葛亮继续道：“刘景升去世后，荆襄才被曹操占据，刘景升之子刘琦再三请他的皇叔替他夺回祖业，我主才不避刀兵，不计生死，从曹仁手中夺回荆襄，还于刘琦。吴侯和公瑾、子敬都是高人，断断不会也像曹操一样抢夺刘公子的产业吧！”

诸葛亮在这里能起到一石二鸟的作用：1. 既为刘备辩解，说成是不得已而为之，是帮刘琦夺回基业，一句话就把责任推卸得一干二净，保全了刘备的面子；2. 给吴王、公瑾、鲁肃等人戴高帽，说他们断不会像曹操一样窃取大汉城池土地，遭受世人鄙视。

鲁肃见占不了便宜，起身便说："和孔明斗嘴，真是徒劳无益啊！"最后为事情解决，诸葛亮只好命随从把刘琦抬出来，鲁肃仔细观察此人命不久矣，因此道："刘琦在，荆州归刘公子，如若刘公子不在，皇叔则断断归还荆州，否则，公瑾的脾气孔明也清楚，到时候哪怕是我主公也拦不住他，东吴十万大军将兵临城下，皇叔则永无宁日。"刘备则借台阶下，"子敬连我们怎么过日子都想到了，那就这样说好了吧，喝酒，喝酒。"这也为下回讨荆州埋下了伏笔。

纵观整个讨荆州的过程，鲁肃的"讨"丝丝入扣，无懈可击，善于从对方弱点寻找辩机，具备非常高的说服力；而诸葛亮则从对方的观点中寻找漏洞，后发制人，两者都是论辩高手，再次展示了语言的魅力！

# 对付特殊论敌的妙法

栗 博

有几种论敌，貌似强大，但技如黔驴，完全可以像捏纸老虎般轻而易举地把他们击败。

## 对付“专门家”

有种人，不知道“隔行如隔山”的道理，不具备“多闻阙疑，慎言其余”的谦虚品质，凭恃狭小天地中的孤陋见闻，动辄对异己摇唇鼓舌，妄下判词。一旦你在说话时出现了什么细小的漏洞，或出现什么他认为不对的地方，那他就会咬住你不放，翻来覆去地贩卖他那点可怜的小聪明。如果他是弄历史的，他会考据气十足地说你哪个时间记错了一天，哪个字古音没念对。如果他是搞医学的，他会否定你的一切历史知识，硬说是由于肚皮上长了一个疤，所以拿破仑才会横扫欧洲大陆。如果他是钻哲学的，那更完了，你干脆就别再开口说话，他那左一个右一个的什么“主义”就会把你呛死。这种人在性格上都会“根屋及乌”，从你的一个小错误出发，进而否定你的所有结论。这种人，用钱锺书先生的话说，不但褊狭，而且固执，你对他作任何解释都不会有一点效果。他会像不喝水的驴子，无论你说水怎么甜，并且喝给他看，他都不会下河去一试。

对这种偏执的对手，你最好是给他补补课，请他再去看看某几本书，然后再来说话。或者，干脆直截了当地对他说：“对 ×× 问题，你根本不懂，请闭嘴！”

## 对付“博学家”

与“专门家”恰恰相反，这种人蜻蜓点水地读过几本书，道听途说地知道一点奇闻轶事，于是自命不凡。他们嘲笑专家，说他们知识面不宽；他们嘲笑常人，说他们平凡庸俗；他们甚至也嘲笑同类。怎么嘲笑呢？就是从自己的记忆内库里提取一点谁也不曾听到看到，或者根本就是子虚乌有的怪谈轶事来吓唬人。他们对什么都知道一点，但对任何问题都知之不深。他会从吃早饭扯到家庭分工，从家庭分工扯到夫妻关系，从夫妻关系扯到拳王泰森，从拳王泰森扯到西方文明的衰落，再到叔本华、尼采，再到康德、黑格尔，再到……对这套阵法，不熟悉的人往往会被他牵着走，迷失方向，“入他彀中”。他也就是在你的目瞪口呆中获取一点可怜的自我满足。

遇到这种人，你首先要做的是镇静下来，告诉自己千万别慌。然后，抓住一个问题，穷追猛打，质问到底。这样，不一会儿就会轮到他瞠目结舌，气喘吁吁了。

### 对付“深沉者”

这种人没有多少知识，但外表却像个鸿通大儒。本来不近视，鼻子上也会架一副平光镜；本来只读“少年不宜”的书，也会在腋下夹一个皮包；尽管从来不大写字，口袋里也时常插几支笔。这种人下意识里知道自己的弱点，但不愿或不敢承认，而是蒙上一层东西来骗人。他们在某种程度上懂得“沉默是金”的道理，知道少说话可以少暴露。但这决不可理解为藏拙的谦虚，他们绝对看不起别人（不过他不说），尽管有时会对你的某些他并不懂的见解微微一笑或轻轻颔首，以示他们和你同样高明。如果在人多的场合，众人注意你了，赞赏你的看法了，这时他就会像情窦初开却相貌丑陋的少女那样吃起醋来。不过他实实在在又没有什么高见，于是就摆出深沉相，冷冷地笑一声，把你吓一跳，以为什么地方说错了；也把别人吓一跳，觉得此人云里雾里，高深莫测，单纯一点的人还会就此以为他是“真人不露相”呢。

碰到这种并无多少深度的烂泥塘，如果你愿意跟他闹一闹，那不妨在听他说完话后幽幽地加一句：“这个问题嘛，很复杂，很复杂。”马上他就会心虚，以为自己好不容易开金口启玉牙说出的某句话一定是错了。过不久他的脸色就会变得极不自然。如果你懒得和他计较，就以其人之道还治其人之身，像他那样沉默下去，仰头看天，不时冷笑。这样，他自会在心里向你告饶。

### 对付“狂人”

这种人和你辩论，全然不讲什么规则，骂声不断，懂几句洋文的间或迸几句洋骂；你和他论道理，他是不会听的，要么嘻嘻哈哈，要么哼哼唧唧，客气点的给你句“胡说”或“瞎辩”之类，不客气的恐怕就要给你点颜色了。他会忽然地来阵干笑，表明他对你根本就不在乎，他跟你玩根本就是以狮搏兔；他会突然地一把搂住你，嘟哝句什么，随后就“仰天大笑出门去”了。

对于这种人，你大可以无言表示轻蔑，或者悄悄地走开，让他自己在那儿表演。你也可以以疯制疯，以狂制狂，他笑你也笑，他傻你也傻。这种人一般色厉内荏，一看小巫遇见大巫了，他自会草草收兵。当然，这后一种方法对我们来说有些降格了，不到万不得已是不用的。

# 公诉人的开场白怎样才能无懈可击

曾　琪

检察官代表国家依法出庭支持公诉，在法庭上，其主要任务是揭露犯罪，论证指控的犯罪事实和罪名成立。犯罪的内容和形式是多种多样的，检察官因不同的案情和不同的侧重点，其答辩的内容也是千变万化。但是，开场白却有一定的规律性。笔者根据多年出庭支持公诉的体会，归纳出以下几点：

## 一、公诉人在反驳律师辩护意见时的开场白

辩护意见往往很长，甚至论点或论据有时不明显，因此，反驳辩护意见时，应首先将辩护意见高度概括，用一两句话将要反驳的辩护论点或论据鲜明地表达出来，以明确将要反驳的是什么。例如，“刚才辩护人的辩护意见主要是：被告人因为饥寒交迫、生活无来源才进行盗窃，而且数额不大，年龄较轻，不构成盗窃罪，不应承担刑事责任。”先将你要反驳的问题提炼出来，告诉听众，然后，准确、鲜明地表明自己的观点，并加以论证，例如：“公诉人对这一辩护意见不能同意，因为……”这里要用“不能同意”而不可以用“是错误的”“是违反法律规定的”，甚至使用讽刺、带有人身攻击性的语言。这样可以避免辩护人产生对立情绪和出现个人之间互相攻击的情况。

## 二、发表完公诉词或答辩以后发现有错误或遗漏，进行更改或补充时的开场白

在发表完公诉意见或答辩以后，自己或经法庭提示，或经辩护人答辩，发现内容确有错误或遗漏并必须更正或补充时，应视不同情况使用不同的开场白——如果是自己发现的，应当立即补充，开场白是：“公诉人对刚才发表的公诉意见中的……问题，现再作如下说明……”这种“说明”就是为了将错误的内容改正过来；如果是经过法庭调查和出示有关证据以后发现的，开场白则是：“通过刚才的法庭调查和出示有关证据，现在公诉人对以上公诉意见重申

如下……”这种“重申”，一是表达了对法庭的尊重，二是借机更正公诉内容的错误；如果是听取了辩护人的辩护意见以后发现的，开场白是：“刚才听取了辩护人的辩护意见，公诉人认为辩护意见中的……是可取的，本着以事实为根据的精神，请法庭在对被告人定罪量刑时予以酌情考虑。”肯定了辩护意见，就是对公诉意见的否定，用这种方法表达了实事求是、有错必究的精神，同时又维护了国家公诉人的身份。

### 三、有两个或两个以上的公诉人出庭支持公诉，后发言的公诉人发现前边公诉人发表的公诉意见有遗漏或确有明显错误时，进行补充和更正时的开场白

对重大案件或一案中有数名被告人的案件，检察机关往往派两名或两名以上的检察官出庭支持公诉。如果发现前边的公诉人发表的公诉意见有遗漏或确有错误，需要及时更正时，应抢在辩护人发言之前及时更正，以免造成被动。这种开场白有两种：一是对有遗漏的补充，开场白是：“现在本公诉人对刚才公诉意见中的……问题，进一步阐述如下……”用“进一步”，既肯定了前边的公诉意见，又适时地进行了补充；二是对确有错误之更正，开场白是：“就刚才的公诉意见，本公诉人就……的问题，重新发表公诉意见如下……”用“重新发表”，就是对前边发言中同一内容的否定。上述两种开场白，既能及时弥补公诉时出现的失误，又能很好地维护国家公诉人的整体形象。

### 四、在法庭上遇有其他情况时的几种开场白

1. 公诉人已多次答辩，但辩护人仍反复要求公诉人继续答辩。公诉人可用极简单的几句话予以回答。例如：“关于……问题，公诉人已答辩多次，既然辩护人对此问题十分重视，公诉人再作最后一次答辩……现提请法庭注意，就此问题公诉人将不再答辩。”

2. 在法庭上，辩护人使用个人攻击性语言或使用偏激性语言的情况极少见，但也有发生，遇此情况，首先不要激动，更不要使用类似语言反击，而是要做到不卑不亢，有理有节。例如，辩护人说：“不知道公诉人否认辩护意见是出于什么目的，如果不懂法律或者没有受过专业训练倒是可以理解和谅解的。”

公诉人答：“为什么否定，在答辩时已反复论述，在此不再复述，至于公诉人的学历问题，不属于法庭答辩范畴，如果辩护人有兴趣，公诉人可庭下告之。至于说理解和谅解，公诉人不需要辩护人的理解和谅解。”

# 辩论中的反对抗技巧

周　鹏

论辩的过程是一个对抗与反对抗的过程，而对抗中又以例证对抗为常见。因此，本文想以例证对抗为例，谈点反对抗技巧。

**一、从构成对抗的例证本身寻找反对抗的突破口。**在1995年国际大专辩论会半决赛第二场中有这么一节辩词：

正方：我们听说要颁布基本法，可没有听说要颁布“基本道德”呀！

反方：……我深深记得对方三辩同学在前几天的辩论场上曾经说过，在我一张伶牙俐齿之下是一颗善良美好的心灵（笑声），那为什么不说是颗“法律心灵”呢？（掌声）

正方立场是“社会秩序的维系主要依靠法律”，于是以强调法律的重要性为立足点，举颁布基本法为例向反方发难，反方立即就地取材反唇相讥，与之构成尖锐的对抗，赢得了观众的喝彩。

请看正方是怎样反对抗的：

对呀！我善良的心灵是要大家认识我才知道的，可是现在大家都知道我首先是一个守法的好公民啊！（热烈掌声）……

正方咬定法律不放松，以敏锐的洞察力从反方构成对抗的例证中“窃取”与法律相关的事实，以先主后次的逻辑强调“首先的”就是“主要的”，从而压制对方的对抗。

还有一些对抗的例证，表面看来牢不可破，实际上如果稍作推敲，还是可以反对抗的。例如，在“女性比男性更需要关怀”的辩论中，正方为了论证文字反映封建社会的男尊女卑，举例说：

有两个字表示结婚的概念，一个是“娶”字，另一个是“嫁”字。男人是“娶”媳妇，女人是“嫁”给男人，那这个“娶”字它表示一种主动性，“嫁”字它表示一种被动性。（笑声，掌声）请回答！

反方马上以牙还牙：

像这个例子，我们也发现了中国字的“好”字和“妙”字，都是褒义词，那么请问“妙”字和“好”字是不是用“女”字旁开头呢？（掌声）

当反方举“好”和“妙”进行对抗时，正方居然束手无策。

其实，正方完全可以在反方的例证上做文章，作出反对抗：

“妙”可以拆为“女”和“少”，“好”可以拆为“女”和“子”，从造字角度看，这都是两个会意字，也就是“女”性“少”方为“妙”，“女”性得“子”才叫“好”。这岂不正表明了在封建社会女性受压抑的社会地位了吗？

上面两个例子表明，从构成对抗的例证本身发掘对己方有利的观点或材料，可以有效地进行反对抗。

**二、避实就虚，攻其不意。**不是所有的对抗例证都存在着漏洞，更多的情况下，辩敌的对抗是严谨缜密、毫厘不爽的。这时候，避开对抗的冲击力，从侧面突发反问进行“强攻”，是行之有效的反对抗技法之一。但是有一点，这个反问必须直接攻向对方的立论点，不能有任何偏差，否则就会影响反对抗的力度。

我们来看关于“治愚比治贫更重要”的辩论中的一段辩词：

正方：作家写了这本书《愚昧比贫穷更可怕》，说明了治愚比治贫更重要，可见对方同学似乎是没有看这本书呀！

反方：政府也说过，生存权、温饱权是人的第一权利。对方如何回答？

这一组对抗中，辩论双方都选取了权威言论作为例证，权威能制造不容置疑、无以反驳的特殊效应。正方在不可能正面向权威发起攻势的情况下，突然反问：

……如果治愚不比治贫更重要，为什么中国人说“养儿不读书，不如养头猪”？（笑声，掌声）

俗语是劳动人民智慧的产物，是约定俗成的语言的精华，它具有言简意赅、说理透彻、通俗易懂等特点。正方在这里引用俗语再次证明己方观点是十分明智的。其力之劲猛，一步到位，起到了相当直观的反对抗效果。

从这个例子我们可以得到启示：广泛收集有分量的材料支撑己方观点，一方面可以避免辩论的空洞化，另一方面更可以在关键时刻加强辩论的说服力度，争取出奇制胜。

# 论辩中反客为主的技巧

周　鹏

反客为主的原意是：客人反过来成为主人。比喻变被动为主动。在辩论赛中，被动是赛场上常见的劣势，也往往是败北的先兆。论辩中的反客为主，通俗地说，就是在论辩中变被动为主动。

下面，本文试以技法理论结合对实际辩例的分析，向大家介绍几种反客为主的技巧。

## 一、借力打力

武侠小说中有一招数，名叫“借力打力”，是说内力深厚的人，可以借对方攻击之力反击对方。这种方法也可以运用到论辩中来。

例如，在关于“知难行易”的辩论中，有这么一个回合：

反方：我们要请教对方辩友，今天基本上任何一个中国人或者说任何一个种族的人都知道杀人者死，或者都知道杀人是不对的，“知”是如此容易，那么为什么还是有那么多人无法克制内心的欲望而去杀人呢？所以说“行难”啊！（掌声）

正方：对啊！那些人正是因为上了刑场死到临头才知道法律的威力、法律的尊严，可谓“知难”哪，对方辩友！（热烈掌声）

当对方以“知法容易守法难”的实例论证“知易行难”时，正方马上转而化之从“知法不易”的角度强化己方观点，给对方以有力的回击，扭转了被动局势。

这里，正方之所以能借反方的例证反治其身，是因为他有一系列并没有表现在口头上的、重新解释字词的理论作为坚强的后盾：辩题中的“知”，不仅仅是“知道”的“知”，更应该是建立在人类理性基础上的“知”；守法并不难，作为一个行为过程，杀人也不难，但是要懂得保持人的理性，克制内心滋生出恶毒的杀人欲望，却是很难。这样，正方宽广、高位定义的“知难”和“行易”，借反方狭隘、低位定义的“知易”和“行难”的攻击之力，有效地回击了反方，使反方构建在“知”和“行”表浅层面上的立论框架崩溃了。

## 二、移花接木

剔除对方论据中存在缺陷的部分，换上于我方有利的观点或材料，往往可以收到“四两拨千斤”的奇效。我们把这一技法喻名为“移花接木”。

例如，在《知难行易》的论辩中曾出现过如下一例：

反方：古人说“蜀道难，难于上青天”，是说蜀道难走，“走”就是“行”嘛！要是行不难，孙行者为什么不叫孙知者？

正方：孙大圣的小名儿是叫孙行者，可对方辩友知不知道，他的法名叫孙悟空，“悟”是不是“知”？

这是一个非常漂亮的“移花接木”的辩例。反方的例证看似有板有眼，实际上有些牵强附会；以“孙行者为什么不叫孙知者”为驳难，虽然是一种近乎强词夺理的主动，但毕竟在气势上占了上风。正方敏锐地发现了对方论据的片面性，果断地从“孙悟空”这一面着手，以“悟”就是“知”反诘对方，使对方提出关于“孙大圣”的引证抱薪救火、惹火烧身。

移花接木的技法在论辩理论中属于强攻，它要求辩手勇于接招，勇于反击，因而它也是一种难度较大、对抗性很高、说服力极强的论辩技巧。诚然，实际临场上雄辩滔滔，风云变幻，不是随时都有“孙行者”“孙悟空”这样现成的材料可供使用的，也就是说，更多的“移花接木”，需要辩手对对方当时的观点和我方立场进行精当的归纳或演绎。

比如，在关于“治贫比治愚更重要”的论辩中，正方有这样一段陈词：“……对方辩友以迫切性来衡量重要性，那我倒要告诉您，我现在肚子饿得很，十万火急地需要食物来充饥，但我还是要辩下去，因为我意识到论辩比充饥更重要。”话音一落，掌声四起。这时反方从容辩道：“对方辩友，我认为‘有饭不吃’和‘无饭可吃’是两码事……”反方的答辩激起了更热烈的掌声。正方以“有饭不吃”来论证贫困不足以畏惧和治愚的相对重要性，反方立即从己方观点中归纳出“无饭可吃”的旨要，鲜明地比较出了两者本质上的天差地别，有效地扼制了对方偷换概念的倾向。

## 三、顺水推舟

表面上认同对方观点，顺应对方的逻辑进行推导，并在推导中根据我方需要，设置某些符合情理的障碍，使对方观点在所增设的条件下不能成立，或得出与对方观点截然相反的结论。

例如，在“愚公应该移山，还是应该搬家”的论辩中：

反方：……我们要请教对方辩友，愚公搬家解决了困难，保护了资源，节省了人力、财力，这究竟有什么不应该？

正方：愚公搬家不失为一种解决问题的好办法，可愚公所处的地方连门都难出去，家又怎么搬？……可见，搬家姑且可以考虑，也得在移完山之后再搬呀！

神话故事都是夸大其事以显其理的，其精要不在本身而在寓意，因而正方绝对不能让反方迂旋于就事论事之上，否则，反方符合现代价值取向的“方法论”必占上手。从上面的辩词来看，反方的就事论事，理据充分，根基扎实，正方先顺势肯定“搬家不失为一种解决问题的好办法”，既而增入“愚公所处的地方连门都难出去”这一条件，自然而然地导出“家又怎么搬”的诘问，最后水到渠成，得出“先移山，后搬家”的结论。如此一系列理论环环相扣、节节贯穿，以势不可挡的攻击力把对方的就事论事打得落花流水，真可谓精彩绝伦！

## 四、正本清源

所谓正本清源，本文取其比喻义而言，就是指出对方论据与论题的关联不紧或者背道而驰，从根本上矫正对方论据的立足点，把它拉入我方“势力范围”，使其恰好为我方观点服务。较之正向推理的“顺水推舟”法，这种技法恰是反其思路而行之。

例如，在“跳槽是否有利于人才发挥作用”的论辩中，有这样一节辩词：

正方：某乒乓球运动员从江苏跳槽到陕西，对方辩友还说他没有为当地人民做出贡献，真叫人心寒啊！（掌声）

反方：请问到体工队可能是跳槽去的吗？这恰恰是我们这里提倡的合理流动啊！（掌声）对方辩友戴着跳槽眼镜看问题，当然天下乌鸦一般黑，所有的流动都是跳槽了。（掌声）

正方举运动员为例，他从江苏到陕西后，获得了更好地发展自己的空间，这是事实。反方马上指出对方具体例证引用失误：张勇到体工队，不可能是通过“跳槽”这种不规范的人才流动方式去的，而恰恰是在“公平、平等、竞争、择优”的原则下“合理流动”去的，可信度高、说服力强、震撼力大，收到了较为明显的反客为主的效果。

## 五、釜底抽薪

刁钻的选择性提问，是许多辩手惯用的进攻招式之一。通常，这种提问是有预谋的，它能置人于“两难”境地，无论对方作哪种选择都于己不利。对付这种提问的一个具体技法是，从对方的选择性提问中，抽出一个预设选项进行强有力的反诘，从根本上挫败对方的锐气，这种技法就是釜底抽薪。

例如，在“思想道德应该适应（超越）市场经济”的论辩中，有如下一轮交锋：

反方：我问做好事到底是无私奉献精神，还是等价交换精神？

正方：对方辩友这里错误地理解了等价交换。等价交换就是说，所有的交换都要等价，但并不是说所有的事情都是在交换，人们还没有想到交换，当然做好事谈不上等价了。（全场掌声）

反方：那我还要请问对方辩友，我们的思想道德它的核心是为人民服务的精神，还是求利的精神？

正方：为人民服务难道不是市场经济的要求吗？（掌声）

第一回合中，反方有“请君入瓮”之意，有备而来。显然，如果以定式思维被动答问，就难以处理反方预设的“两难”：选择前者，则刚好证明了反方

“思想道德应该超越市场经济”的观点；选择后者，则有背事实，更是谬之千里。但是，正方辩手却跳出了反方“非此即彼”的框架设定，反过来单刀直入，从两个预设选项抽出“等价交换”，以倒树寻根之势彻彻底底地推翻了它作为预设选项的正确性，语气从容，语锋犀利，其应变之灵活、技法之高明，令人叹为观止！

当然，辩场上的实际情况十分复杂，要想在论辩中变被动为主动，掌握一些反客为主的技巧还仅仅是一方面的因素，另一方面，反客为主还需要仰仗于非常到位的即兴发挥，而这一点却是无章可循的。

# 逻辑思维和形象思维在论辩中的运用

汤　明

我们都知道，在论辩中获胜的决定性因素往往取决于哪一方能够在理论上自圆其说，能够表现出高超的论辩技巧。这就要求辩手在论辩中有极强的思维能力。思维包括逻辑思维和形象思维两部分。逻辑思维使论辩显得条理严谨，使立论变得牢不可破；形象思维能活跃场上的气氛，增强论辩的说服力。两种思维的紧密配合可以使整个论辩妙趣横生。

## 一、逻辑框架是论辩的灵魂

1. 透彻分析辩题。论辩所面临的第一个问题就是辩题。为了使双方能激烈地对抗，组织者常常会出一个令双方都易出现逻辑漏洞的辩题。那么仔细分析辩题的逻辑关系，明确论辩双方的真实的逻辑地位和逻辑困难，寻求解决方法就成为论辩的首要任务。比如“打假主要靠消费者／打假主要靠执法者”这一辩题，在逻辑上双方均肯定了消费者与执法者在打假中的作用，但又强调作用有大有小。这实际上是在肯定双方基础上的一种程度较轻的逻辑割裂。如果不明了“主要”的逻辑含义，在实际操作中就会片面强调消费者或执法者而忽视另一方的作用，给人“跑题”之感，也会自己为自己制造逻辑漏洞，使对方有机可乘。同时，你也不可能去攻击对方的这种逻辑割裂，因为这种缺陷双方都存在，对方也可以用同样的方式来指责你。这样的话，论辩就会陷入无意义的僵持状态。因此，明了双方在辩题上的逻辑关系是确定双方立论之要害的前提之一。

2. 构筑逻辑框架。确立双方逻辑地位和逻辑困难之后，就要分析双方的进攻思路，构筑自身的逻辑框架，也就是给本方队员划一个共同的底线，使他们在发挥时有纲可依，心中有数，便会坐怀不乱。以“打假主要靠消费者／打假主要靠执法者”为例，在具体操作中正方就必须在肯定执法者同样起作用的前提下，强调消费者的作用，强调如果没有消费者的自发投诉，执法者就无法在打假中发挥作用。只有消费者这个坚实的基础群体发挥作用后，才可能涉及执法者这个上层群体。而反方则应充分发挥执法者是一个有组织的群体这个优势，强调强制性、组织性在打假上的强大力度。

3. 表达上讲究逻辑层次。论辩主要依靠语言传递信息，依靠听众的耳朵接收信息。为了防止听众左耳朵进右耳朵出，辩手应该十分重视自己表达的逻辑层次，第一点讲什么，第二点讲什么，都要清清楚楚。另外，四个辩手的陈词在总体上也应体现逻辑层次：一辩侧重逻辑，二辩侧重理论，三辩侧重事实，四辩侧重价值取向。四个人在总体上具有逻辑的连贯性就能做到浑然天成、滴水不漏。例如：复旦队在国际大专论辩会的决赛阶段，抽到“人性本恶”这一辩题。可是，主办国新加坡是一个崇尚儒学的国家，而论述“人性本恶”也不符合人们追求“真、善、美”的良好愿望。在这种情况下，复旦队的一辩在陈词中首先界定了“人性”与“人性本恶”这两个概念（指出“人性”是由社会属性和自然属性组成的，自然属性指的就是无节制的本能和欲望，这是人的天性；而社会属性则是通过社会生活、社会教化所获得的，是后天属性。“人性本恶”是指本能和欲望的无节制地扩张，而善则是对本能的合理节制），为以后的论辩建立了基本的逻辑框架。紧接着，二辩阐明许多哲学家关于“性恶”的理论，指出个人修养、社会教化的存在就是因为人性本恶。三辩则举出许多历史与现实的事例来论证这个问题。最后，四辩在重申本方立场后，呼吁调动一切社会教化的手段来扬善避恶，体现了本队在人性这个问题上的价值取向：虽然坚信人性本恶，但是渴望“真、善、美”，并对世界趋向“真、善、美”充满信心。绝妙的配合，使复旦队赢得冠军。

4. 善于进行归纳。论辩就像写论文，如果能言简意赅，就不要长篇累牍。特别是在有时间限制的情况下，更要求辩手有很强的归纳能力。这样才可能在有限的时间里传达更多的有效的信息点，就像拳击赛中的“点数”，招招击中要害。同时，辩手还要善于归纳对方的见解，才可能有针对性地打击对方，从而占据主动。归纳对于陈词的四辩来说最为重要，这是由四辩的角色分工所决定的。他必须归纳出整场比赛中双方的见解和要点，并在陈词中强调己方基本见解。论辩场上风云变幻，奇招迭出，常常是赛前所始料不及的。四辩就可以在陈词中及时强调己方最漂亮的攻击点，夸大对方所露出的马脚，从而加深听众印象，赢得评委支持。

## 二、形象思维是论辩的血肉

如果没有严密的逻辑，论辩就会漏洞百出、溃不成军。同样，如果没有形象的融入，论辩就会缺乏活力和幽默感。逻辑思维需要形象思维的包装，就好像灵魂需要附着在肉体上一样。

白居易的诗连老妪都能听懂却丝毫不影响其艺术性。论辩作为面向大众的一种文化活动，语言方面深入浅出的要求就更加严格。形象思维就是要用具体可感的东西去打动人。

1. 用形象的类比取代抽象的说理。形象的类比，说穿了就是生动的比喻。任何超出日常生活的狭隘的思想凭借比喻的手段才有可能表达出来。比喻如果形象确切，就能引起听众丰富的想象，加深对所阐明道理的理解，从而认同你的观点。“如果要吃西瓜，就得撒西瓜种子。这个世界上有这么多的善行，就是因为人类本性中早已有善的种子。”由于比喻贴切、传神，便很好地支持了人性本善的观点。同时，也通俗易懂，便于理解。

2. 用生动的事例取代烦琐的论证。事实胜于雄辩，论辩特殊的要求使摆事实比讲道理更易于为人接受。特别是那些家喻户晓的事例，政坛、体坛的爆炸性新闻最易引起轰动效应，使人心向背出现明显的变化。王海作为消费者买假索赔的事就被各大报纸炒得沸沸扬扬。克林顿访华，特邀王海座谈，讨论打假问题。这使王海再次成为众人瞩目的焦点。一次论辩中，论证“打假主要靠消费者”的辩手不失时机地举出王海作为例证，有效地遏制了反方的进攻。

3. 用幽默感人的语言取代简单枯燥的论述。幽默是智慧与智慧相撞的火花。在紧张激烈的论辩中，适当的幽默可以调节场上的气氛，显示出你的轻松与自信，更重要的是让评委与听众为你的学识与风度所折服，从而把心理的天平倾斜到己方。例如，在国际大专论辩会的一次比赛上，复旦队阐述“艾滋病是社会问题，不是医学问题”时，说了一句十分精彩的话：“我们不能仅仅让医学来参与！在非洲很多地方，艾滋病已经导致了‘千山鸟飞绝，万径人踪灭’，还要让医学这个‘孤舟蓑笠翁’来‘独钓寒江雪’吗？”赢得了一片喝彩。

总之，一个人要想把自己的感情和思想传达给他人，并且得到别人的认同，就要给予它们以一定的形象来表现。逻辑思维与形象思维的完美结合是论辩制胜的要素之一。

# 三种常用的以谬制谬术

傅用功

一般的谬论，其荒谬之处比较容易发现，用直接指出的方法即可反驳成功；但有些谬论，似是而非，此时，直接反驳难以下手，而运用“以谬制谬”的辩术则可取得较好效果。

为了驳倒一个错误论题，先假设它是正确的，然后以此为依据，用语言或行为合乎逻辑地推出下一个明显是错误的结论，以便对方从这个结论自然地反推出自己论题的错误，从而使对方的观点被驳倒。这种人为设置圈套、制造谬论，用以反驳对方谬论的方法，叫作“以谬制谬”论辩术。根据制造谬论方法的不同，“以谬制谬”辩术的具体表现形式又可细分为引申归谬术、类比归谬术和模拟归谬术三种。

## 一、引申归谬术

为了战胜对手，先假定对方的论点是对的，并以此为前提进行推理，最后得出荒谬的结论，这就是引申归谬术。其最大的特点就是“以子之矛，攻子之盾”。

相传秦宣太后守寡在宫中，与大臣魏丑夫明来暗往，十分情投意合。后来太后染上重病，卧床不起，临死前感到离不开魏丑夫，便下了一道命令，要魏丑夫为她陪葬。听到这个消息，魏丑夫吓得面无人色，到处找人说情。大臣庸芮自告奋勇找太后，见到太后说道：“请问太后，人死了还会有知觉吗？”太后不知道庸芮问话的用意，便随口答道：“我想是会有的。”庸芮听了太后的回答，接着说：“如果人死了还会有知觉，那么在阴间的先王早知道你和魏丑夫的关系了，积怨一定很久很深。而今假如你要魏丑夫陪你到阴间，先王不会责怪你吗？到那时，你在先王面前请罪都来不及，还能有什么闲心与魏丑夫相好呢？”这一席话，振聋发聩，使太后看到了一个如此严重的后果，于是连连说：“罢了，罢了！”

正是庸芮的几句话，救了魏丑夫一条小命。庸芮是怎样把太后说服的呢？他先问太后一个“人死后有无知觉”的问题，等太后回答“有知觉”后，他假设太后的回答正确，然后以太后回答的观点为前提引申出一个荒谬的结论，让太后没法反驳，这就是引申归谬法。

## 二、类比归谬术

在运用“以谬制谬”辩术的过程中，由被反驳的论点推出新的荒谬论点时，如果使用的是类比推理的方法，就叫类比归谬术。

齐国有一个姓田的大贵族，占有很多土地，家里养有食客千人，供他使唤，替他做事。有一天，田家在大厅里举行盛大宴会。参加宴会的宾客中有人献上大鱼和大雁作为礼物。主人看了很高兴，感叹地说：“上天对我们人类可真是优厚呀！他不但叫地里生长五谷，供给我们粮食，你们看，上天还安排了这些大鱼、大雁供我们享受，多么伟大的天神呀！”众人听了齐声喝彩。这时，宾客中有个鲍家的孩子，才十二岁，毅然站起来反驳道：“我不同意主人刚才的说法。我认为，弱肉强食的情况，并不是上天做出的安排。这些东西也不是上天特意为人类创造出来的，只不过是我们人类选择可以吃的东西做食品罢了。请问，蚊子叮人吸血，虎狼吃人的肉，难道也是上天安排的吗？照你的说法，上天生我们人类，岂不是为了供给蚊子吸血、供给虎狼吃肉了吗？”客人们听了都哈哈大笑，而主人脸上红一阵白一阵的，非常狼狈。鲍氏之子辩胜的关键在于，运用类比归谬辩术得出了“上天生人类是为了供给蚊子吸血、虎狼吃肉”这一针锋相对的结论，真是如匕首，如投枪，痛快淋漓。

## 三、模拟归谬术

在运用“以谬制谬”辩术的过程中，由被反驳的论点推出新的荒谬论点时，如果使用的是模拟推理法，就叫模拟归谬术。

古代有个叫魏周辅的人，送诗给陈亚看，其中抄袭了古人两句诗，陈亚对他很不客气，以直言相劝。谁知魏周辅又送上一首绝句说：“无所用心叫‘饱食’，怎胜窗下作新词？文章大都相抄袭，我被人说是偷诗？”陈亚阅后非常气愤，当即按照他的诗和原韵和了一首诗说：“明加贤人该加罪，不敢说你爱偷诗。可恨古人太狡猾，预先偷了你的诗。”

古人偷窃后人诗，那绝对是个天大的错误，可对于爱抄袭的魏周辅来说，正是个绝妙的讽刺！

总体来讲，运用以谬制谬术时应注意发现对方的谬误，并对它进行全面的透视，然后寻找适当的角度或是寻找存在的疑隙，用引申、类比、模拟的方法进行有力反击，并最好与其形成对比。在结尾时可做一些归纳，但要简短，只要最后一句有一点揶揄、调侃的口吻便可。

# 交际指南

JIAOJI ZHINAN

# 打出一条人际交往中的“安全隔离带”

龚炜斌

近日朋友告诉我一件事，他们学院里有两位女大学生，平时非常要好，形影不离如孪生姐妹，平日里两人一起用餐，一同学习，真可谓亲密无间，然而最近偶然一次两人之间产生了小小的摩擦，关系一下子降到了冰点，原本有说有笑的双方成了“怒目相视”的仇人，而且双方似乎都各有其理，都认为是对方先伤害了自己。彼此之间太多的了解，此刻非但没有给她们带来任何的理解和原谅，反而在不断的互相攻击中，双方都承受了太重的打击。双方在冷静之后陷入了深深的思索：我们到底是怎么了？事实上，诸如此类的现象在青年朋友的交往中时有发生，还不只是发生在这二位的身上。

这就给我们的人际交往提出了一个值得探索的问题，即在人际交往中，为了交结更多的朋友，如何恰当地处理好“我”和他人之间的关系。我们在人际关系学当中了解到的对人要诚恳，要谦虚，要全心全意，然而又为什么会出现这样的情况：当你的诚恳、谦虚和全心全意付出以后，换来的却不是“以心对心”的真情，相反却是冷漠和误解，使你得到了不应有的回报，就如同上例中的女大学生一样，尽管平时无话不谈，但一下子不知怎的却成了冤家，这是什么道理呢？这就涉及了人际关系当中一个不太令人注意而又不得不令人注意的问题，即人际关系当中的“安全隔离带”问题。

“安全隔离带”用在人际关系上似乎有些唐突，其实它在我们的生活中却是再熟悉不过的，马路上的快慢车道、自行车道和人行道之间就存在着安全隔离带，它以明确的形式限制了车辆的行进范围，唯有如此，方有车水马龙，忙而不乱，那么在人际关系当中它又是指什么呢？那就是说，在我们的人际交往中，为了使自己的交往更加成功，更显风采，必须注意调整好自己与他人之间的距离，在彼此之间设下一条安全隔离带，这条安全隔离带并非是一成不变的，相反随着交往的深度、交往的时间及场合等各种因素的变化，其长度、宽度、质感也发生一定程度的变化，但不管其如何变化，它总是存在的，不能也不可能等于零。下面，我们不妨从谈话内容以及心理范畴等方面来作如下分析：

首先，从谈话的内容上来讲，有些人认为既然我们是好朋友，既然我们亲密无间，如果不把自己心里所有的话全都告诉他，那就是对朋友的不忠。这种说法貌似正确，其实是不对的。对人的诚恳并不意味着要把所有的秘密都告诉给别人，朋友有各种各样，交往程度也有不同，以为只要是朋友就可以一吐为快，这本身就是一种不科学的交友观。更有甚者，好多话不考虑朋友愿否接受以及接受以后的反应，就滔滔不绝，侃侃而谈，这不仅是对朋友的不尊重，同时也是对自己不负责任。以为让自己来一个“大曝光”，便是一片忠诚，而不顾朋友的实际需要，没遮拦地把自己的、他人的一切都说与人知，并欲以此来换取朋友的真心，这在审慎的朋友眼里只能是一种轻率、不负责任的行为，除了给人以厌倦以外，产生不了任何好的效果。我们不否认真诚永远是人际交往的生命力，但是真诚必须是讲究技巧的，人际关系的魅力也正是体现在这种讲究技巧的真诚中，而绝非是没遮拦、竹筒倒豆子似的真诚。因此，在谈话内容上要自觉地建立起一条安全隔离带，在任何一次交往中都不要让自己“大曝光”。

除了在谈话内容上设下一条安全隔离带外，每个人在心理上也应建立起一条安全隔离带，即每个人在思想上必须认识到，你和朋友，不论是多么亲密的朋友，终究是两个人，这就是距离。两个人的认识不可能100%的一致，两个人的七情六欲也不可能100%的一致。你认为对的朋友不一定都认为对，你爱听爱看的朋友不一定都爱听爱看，而且深一步讲，你对自己的认识、对自己言行正确性的认识，你对朋友的认识、对朋友言行正确性的认识都不一定100%正确，这些不正确就是交际间的隔离带。我们必须承认这条隔离带的存在，正视这条隔离带，按照隔离带存在的客观规律性进行交际，才能使我们的人际交往顺畅地进行，才可以使我们在任何情况下都保持积极健康的人际交往的心理，而不会失望沮丧，丧失对人际交往的信心。

在人际交往中，对自己对别人的了解都是一个难题。有人可能会说，我自己怎么可能不了解自己呢？请不要过于自信。历史和现实都告诉我们，认识自己绝非一件易事。古代圣贤曾子说：“吾日三省吾身。”他之所以每日“三省”，无非是说明人永远有反省自己、认识自己的必要，无非是说我们对自己的认识、对自己言行正确性的认识有一个不断地深入的过程。同样，对朋友的认识也如此。

为此，在人际交往中，对你所接触的朋友，不管他是哪一个方面的，必须要确切知道他的人品，并且要慎重地与他交谈，不必像小孩子一般幼稚，过分天真，或者敞开自己的心扉与之结交。因为如果这样的话，对方接受倒也罢了，但是如果对方置之不理呢？那你必然会碰上一鼻子的灰，伤心和沮丧自然是不必说了，所以在你的交往过程中，内心始终应有一种心理上的准备，要为自己设下一条安全隔离带。如此，你在心理上一方面能承担起被好朋友理解以后的幸福感和信任感，同时另外一方面，也能承受起被对方误解，或者是受到了不应有回报以后的伤心和失望。一旦你在心理上有了一条安全隔离带，你认识到了每个人身上都有尚待认识之处以后，你就会知道你对别人或者是别人对你的认识完全可能出现错误，你有可能被别人误解，但同时也可能误解别人。因此，在被误解以后，双方都要宽容别人，这样才能使你在人际交往中有永远的动力和希望，才能永远保持和建立良好的人际关系。

由此看来，完善的人际关系是我们所希望的，真诚的人际交往也是我们所企盼的，但是在人际交往当中，切不可忘记要始终小心地调整与朋友之间的关系，在自己的人际交往中设下一条安全隔离带，注意保留自己的本色，一方面交得了朋友，另一方面又使自己永远有被朋友了解的内涵，永远有取之不竭的交往魅力。在“说”与“不说”之间，在“可说”与“不可说”之间，在了解别人与被别人了解的心理上架起一条安全隔离带，必将使你的人际交往更加成功，使你更添交往的魅力，少一些麻烦和失望，早日走出人际交往的童稚世界。

# 当你下不来台时怎么办？

田永明

生活中经常会发生一些让人尴尬的事情，如果置之不理，会使自己难堪；如果计较太过，会显得没有风度；如果无所适从，或处理不当，会使自己更下不了台。面对下不来台的事情，要想从容以待，化尴尬为潇洒，化被动为主动，化下不了台为应对自如，以下方法可供参考：

**一、转换角度，巧语解难。**让人下不了台的事大多发生在人们料想不到的时候，但是，只要能及时转换角度，巧说妙解，不但能给自己找个台阶，甚至能给生活增添某种乐趣。有一对夫妻因小事争执不下，在家吵闹不休。正当妻子向丈夫作狮吼状时，有一对朋友来访，丈夫尴尬得无地自容。好在妻子也顾及丈夫的面子，看朋友到来连忙噤口。但对丈夫来说，终究一时无法从窘境中摆脱。朋友见状，笑着说："听你俩交流还挺热烈，我来得可真不是时候啊！"此话一出，其妻先红了脸，无语离去。其丈夫马上调侃地对朋友说："打是亲骂是爱，我们刚才是在打情骂俏呢！别看她刚才那么凶，其实正表示她对我的关心，不信你问她。"这时他妻子从里屋出来也与朋友打哈哈，争吵便化为云烟。

丈夫的"打是亲骂是爱"，把他和妻子的争吵说成是一种"亲"和"爱"，朋友自然不会信以为真，但这样转换了角度，给自己找了一个台阶，也似乎多了一些生活情趣。想来，朋友走后，他们也不会再争吵了。

**二、反唇相讥，争取主动。**生活中，总有那么一些人爱故意找茬儿、寻衅滋事，想让别人下不来台。这时你如果退避三舍，必会遭人耻笑；如果视而不见，也难免有软弱之嫌。你想化被动为主动，采用反唇相讥法，既可让寻衅者无言以对，也能在主动中有台阶可下。张因和李意见相左，便想在公众场合故意给李难堪。李在一次发言中，不慎读错了一个字，张便在大庭广众下说李："水平太差，那么简单的字都不认得，还好意思在众人面前说话！"李见张故意寻衅滋事，也就不客气了，笑着对他说："这总比你做错事不认账还强一点吧！”李的话实际是事出有因，张在损坏了别人东西后，非但自己不承认，还欲嫁祸于人，但又被人揭穿。因为这件丑事人人皆知，因而李的话一出，众人皆知其意，大家默然相视而笑。张偷鸡不成反蚀一把米，欲辱人而自取其辱。

李在下不了台的情况下，运用反唇相讥之法，转移了视线，巧妙地回击了张的侮辱，也使自己从窘境中摆脱出来。

**三、调侃自嘲，低调退出。**如果下不了台的事因自己不慎而生，当然不能埋怨别人，只有自己承受了。这时，最好采用调侃自嘲、低调退出的方法。一群二十年后相见的老同学中，有一男一女曾是同桌，因而说话遮拦便少一些。但女同学不久前丈夫因病去世，男同学并不知道，因而在玩笑中一无顾忌地提及其丈夫。另一同学知情，便忙阻止，让他不要再说了，但他不知其详，玩笑开得更为厉害。阻止的同学只得说出实情，这个男同学可谓无地自容，非常尴尬。不过他迅速回过神，先是在自己脸上打了一下，之后调侃地说：“你看我这嘴，几十年过去了，还和当学生时一样没有把门的，不知高低深浅，只知道胡说八道。该打嘴！该打嘴！”女同学见状，虽有说不出的苦涩，但仍大度地原谅了老同学的唐突，苦笑着说：“不知者不为怪，事情过去很久了，现在可以不提它了。”男同学便忙转换话题，从尴尬中解脱出来。

一旦因自己失误而造成不好下台，最聪明的办法是：多些调侃，少些掩饰；多些自嘲，少些自以为是；多些低姿态，少些趾高气扬。像上面的无意中触人隐痛的男同学那样，用调侃自嘲之法，低调退出，便容易轻松地找到可下的台阶。

总之，谁都有可能碰上难下台阶的情境，但只要能多想办法，给自己找一个台阶也并不是太难的事。要给自己找个台阶，以上三法可以看出有一个共同点：都要在窘境中及时调整思路，选择一个巧妙的角度，改变眼前的被动局面，想方设法争取主动。这样就能比较自然地在窘境中给自己找到一个可下的台阶。

# 调整好交际中的“期望值”

敖忠生

所谓“期望值”是指人们希望自己所想或所做的事情达到成功的一种比值。人们在社会交往中，都希望自己所想或所做的事获得成功，但客观现实又往往不遂人愿。有的事成功了，有的事没有成功；有的事一定意义上或部分地成功了，有的事却完全办糟了。事情成功了，令人兴奋；事情没有成功或办糟了，叫人懊恼、悲伤。尤其是办事前寄予的成功“期望值”越大，而一旦事情没有成功或办糟之后，其失落感就越强，心理上越得不到平衡，由此内心的悲伤、痛苦愈强烈。如此状态，势必影响工作，妨碍身心健康，贻害无穷。因此，人们在社会交往中，最好是要调整好自己的“期望值”，即把“期望值”调节在最恰当的位置。若能如此，你就可以免受其难了。

那么，如何来调整自己的“期望值”呢?

## 一、对自己本身有个正确的评价

古人云：知己知彼，百战不殆。你对自己都没有个正确的、客观的认识，连自己的“底”都不清楚，盲目地瞎撞，就不可能获得大的成功。比如，某青年到特区找工作，刚来就面临着一个选择，是应聘某公司秘书一职呢，还是应聘某厂招收的普工呢?他选择了前者。结果失败而回，又错过了某厂招工的机会，使得他一段时间内萎靡不振。显然，这位青年就是没有正确评价自己，对应聘秘书一职寄予的“期望值”太大，也太存侥幸，因而作了错误的选择。因为，他学历较低，写作和口头表达水平都很一般，怎么可能做秘书呢?

## 二、对自己所想或所做的事以及与之相关的方方面面也须有个全面、客观的分析

比如，有人爱上了一个姑娘，然而姑娘是不是也爱他呢?这就得从双方的本身、家庭及与对方接触的过程中去客观地估计了。曾有这么一个男青年，自

己才能、相貌平平，却偏偏爱上了一个刚分配来的女大学生，对这位漂亮的已有对象的姑娘大献殷勤，却屡遭拒绝，最后归于失败。他自己也因害了单相思而思虑成疾。这位男青年对自己所想念的异性寄予的“期望值”太高，而没有去冷静分析其中对自己的不利因素（如才能上的差异、对方已有男友等），以致相思成疾。这是多么不值得呀！

## 三、事前要有成功与不成功的两种思想准备

无论是结交他人，还是办事情，都有成功与不成功两种可能。对事情只想到成功，而不想到失败，似乎是不客观、不现实的态度。干练成熟的人，做任何事之前都有两手准备。他们交际办事，常常胸有成竹，不因事情顺利而沾沾自喜、忘乎所以；也不因事情受挫而悲观失望、牢骚满腹。我们称这种人为“心理正常”或“心理健康”。比如，和人家谈判，不管是有关商业的，还是有关法律的，那是多么复杂的事呀！作为一个冷静成熟的谈判者，就应当有两种准备，即不要把成功的“期望值”定得太高或太低。太高，你就会麻痹大意，谈判前该准备的材料和应商定的对策，你就不会去认真准备，结果“大意失荆州”，被对方弄得措手不及而陷入被动；太低，你就可能丧失信心，或怯场，或精神萎靡不振，而丢了自己的优势，让对方牵着鼻子走。

## 四、宁可事先将不利因素估计得严重一点

俗话说：“先难后易。”是说任何事宁可在事前把不利因素估计得充分一点，也不肯到事后来找麻烦。因为，事前尚有应变、回旋的余地；事后却“生米煮成了熟饭”，要想挽救也来不及。就拿结婚成家来说，宁可在婚前双方把自己的观点、条件都亮出来，把性格中的弱点都暴露出来，也宁可在婚前经受一些挫折或考验，而不应在婚后暴露出以前被掩盖或被隐瞒的问题。因为婚姻大事，不可儿戏。婚前问题暴露了，能合即合，不能合分手也不对双方构成影响，造成痛苦；婚后问题暴露出来，就麻烦得多。离婚则对双方造成影响和心灵的创伤，若有了孩子，还会造成下一代的不幸；若不离，合不来，捆在一起也是痛苦。现实生活中，人们往往对有利的因素估计过多，而对不利的因素估计过少，故而往往造成“后悔”。这是因为，人们对事情成功的“期望值”往往偏高，结果反过来掩盖了人们的视线，使他们看问题片面、静止、主观，感

情冲动而缺乏冷静客观的分析，于是作出错误的或不明智的选择。本地就有一例：有一机关职员，看到别人辞职做生意赚了钱，于是自己也想发财，仿效他人做起了生意。但由于对自己不适合于做生意的种种不利条件和其他客观的不利因素估计太少，结果失败了，不仅亏了本，而且丢了原本不错的工作。后又见原来的同事加了工资，非常后悔，痛苦万分，弄得如今神经错乱。究其原因，很重要一点就是对自己经商这一行为所确定的“期望值”太高，而被主观上的成功冲昏了头脑，既缺乏对情况的总体把握，又缺乏必要的心理准备和应变措施。这是交际办事之大忌。

## 五、在交往处事的过程中适时地调整好“期望值”

由于人们对人情世故的把握程度所限，人不可能是“诸葛亮”，事事能掐会算。因此，在实践中学习，在实践中调整自己的行动，就是十分重要的了。这就是说，在交往处事的过程中，及时地根据此时此地和彼时彼地情况的变化，来审视和调节自己的“期望值”，适时地采取相应的变通措施，才可以避免或减少失败。事变我变，人变我变，不把希望盯在某一点上。成功的可能性变小了，就后退一步，或改弦易辙；成功的可能性变大了，就全力争取，奋勇拼搏。与前例不同，某地一教师，曾辞职经商，办了一个电器维修和电子产品的经营商店，然而不景气，他立即改变门路，与人合作办起了一所电器维修学校，就学者络绎不绝，不仅受到上级领导和群众的欢迎，而且经济收入颇丰。如今经上级批准该学校已扩大为民办的一所大学（电子学院），闻名省内外。

人们常说“祝你心想事成，万事如意”，等等，当然是一种美好的祝愿。作为当事者本人，遇事总应当朝好的方面想。但一旦行动起来，就不能不从多方面考虑。其中，重要一点是调整好自己的“期望值”，使自己处于正常行为和正常竞争的心理状态。这样，你就少了一份失败的危险，而多了一份成功的希望！

# 不诱于誉，不恐于诽

周　雷

荀子在《非十二子》中说："是以不诱于誉，不恐于诽，率道而行，端然正己，不为物倾侧，夫是之谓诚君子。"意思是，不为赞誉所诱惑，不因诽谤而恐惧，才是真正的君子。荀子以此告诫人们，自己要努力向上，做一名真正的君子，就不必太在意他人的褒贬。

西谚有云，谁在凯旋中战胜自己，谁就赢得了两次胜利。换句话说，谁能在赞誉声中保持清醒，谁就能不诱于誉、大道直行。齐人邹忌，可算是个清醒者，当身边人都说他比徐公美时，他却十分清醒："吾妻之美我者，私我也；妾之美我者，畏我也；客之美我者，欲有求于我也。"

邹忌正是认清自己，不诱于誉，不自以为是，才明白自己该干什么，从而尽到一名策士应尽的职责。

章太炎为人做事不拘小节，并且愤世嫉俗，久而久之得到了"章疯子"的绰号。但是章太炎并没有因此而生气，还往往主动介绍自己是神经病，常对人说："大概为人在世，倘若被人说疯癫，断然自己不肯承认，除非那笑傲山水的诗豪画伯一流人物，又作别论，其余总是一样。独有我承认自己是疯癫，是有神经病，而且听到这样的说法，反而格外高兴。为什么呢？大凡非常奇怪的议论，不是神经病人断不能想，就是想也不敢说。说了以后，遇着艰难困苦时，不是神经病人，断不能百折不回，孤行己意。所以古来有大学问成大事业的人，必得有神经病才能做到……"

得了"章疯子"的绰号，章太炎不恐于诽，用幽默心态积极应对，成就了一段佳话。这种超然的自信来自"百折不回，孤行己意"的内心坚守。

画家刘海粟问梁启超："您为什么知道的东西那样多？"梁启超想了想，恳切地回答："这不是什么长处，你不要羡慕。我有两句诗，'吾辈病爱博，用甚浅且芜。'一个渔人同时撒一百张网，不可能捉到大鱼。治学要深厚。你应当尽一切力量办好美专，造就一批人才；此外还要抽出时间集中精力作画。

基础好、天分好都不够，还要业精于勤。以上两件事要倾注毕生精力以赴，不能把治学的摊子摆得太大。生命是有限的，而知识无穷。‘才成于专而毁于杂。’一事办好，已属难得。力气分散，则势必一事无成。”刘海粟听从了梁启超的教诲，终于成为一代大师。

刘海粟称赞梁启超博学，梁启超诚恳地表示所谓“博学”恰是自己的缺点，正是因为“博”而没能做到“专”，他告诫刘海粟不要走自己走过的弯路，要专心做好一件事。梁启超不诱于誉，启迪了刘海粟，促使他在绘画上成就一番事业。

古人提醒，“一事之能无轻奖，一语之俊无妄夸”。然而，世间陋习，多喜于顺耳之言。要知道，美言美语听多了，有时并非好事。《风俗通义》中讲了一个故事：“长吏马肥，观者快之，乘者喜其言，驰驱不已，至于死。”作者指出，“杀君马者路旁儿”。其实，杀快马者并不仅是道旁之人，还有喜欢听赞美之言的乘马者。

王安石在《伤仲永》中记载，方仲永五岁就能指物作诗立就，一直受乡邻追捧，结果本该成就大才，最后却“泯然众人矣”；《史记》记载了赵括的悲剧，面对“秦之所恶，独畏马服君赵奢之子赵括为将耳”的虚夸，赵王信以为真，拜赵括为将，导致四十万赵军一战败北。由此可见，溢美之词不加辨别，盲目听信，其危害何其大矣！

元代诗人王冕著有《墨梅》诗一首，内中有句：“不要人夸好颜色，只留清气满乾坤。”我们在为人处世中，要体察前人的智慧，做到“不诱于誉，不恐于诽”，成为自己心态与情绪的主人公。

# 达时莫失“分润之心”

曾昭安

宋朝名相范仲淹，出身清寒，年轻时很穷，他决心将来若能出人头地，定要救济贫苦者。后来当了宰相，范仲淹不忘初衷，便把自己的俸禄拿出来购买义田，分给贫穷无田地的人耕作。还给他们无偿提供饭食、衣服，凡是有婚丧嫁娶的，他还拿钱补贴他们。就这样他用一人不算很高的收入养活了三百多家乡亲。他做官几十年，所得的俸禄几乎全部都用来接济了穷人，家里极为节俭，每天早上都吃咸菜粥，儿子们都穿粗布衣……

有一次，范仲淹在苏州买了一处住宅，一位风水先生夸赞此屋风水极好，后代必出大官。范仲淹却立即把这个宅子捐了出来，改作学堂。因为他想，让苏州城百姓的子孙都能出人头地，成大器、有出息，比起自己一家独自享福，岂不更好？后来这个学堂将近一千年来，出了将近四百个进士、八十几个状元，可谓英才辈出。

俗话说：富不过三代。但范氏家族却兴旺了八百年、数十代！范仲淹四个儿子都德才兼备，当了宰相或大官。范家的后代一直到民国初年都犹兴不衰。其秘诀就在于范家子孙不忘“先天下之忧而忧，后天下之乐而乐”和“积德行善”的祖训。

声名赫赫的晚清重臣曾国藩也深谙得失之道，具有一般人难有的“分润之心”，就是有能力时，懂得分利给别人。

曾国藩生活在一个大家庭里，一大家子的生活全靠他一个人供养，但他从没觉得这有何不公平。其实，他当时寄给家里的钱，除了少数的几次，一般都是在京城向同僚或朋友交借的。除了无私供养大家庭之外，他也非常关心远方亲属与亲戚。道光二十三年（1843 年），他一次就从薪俸外的偶尔一笔合法收入中拿出四百两银子，分赠给亲族、亲戚。在曾国藩的家书里，分赠亲族、亲戚银两的叮嘱比比皆是。

当曾国藩的官做得更大些，入了阁学、当了礼部侍郎，他开始思考如何扩大“分润”利益的范围。咸丰元年（1851 年），曾国藩写信给几个弟弟，希望家里捐出二十石稻谷，并且劝附近的富家也捐出一些稻谷建立社仓。夏时借给缺粮的贫户，秋冬收还，利息一分，即一担多还一斗。曾国藩希望将这个社仓做成数百石、上千石的规模，他觉得有了这样的社仓，境内便可无饥民。社仓虽然要收利息，但对贫民来说其实是合算的，因为清代社会生产力水平低下，夏粮价格常常是秋冬的两三倍，何况，收取的利息也是用于今后的救济，曾氏一家并不借此获取任何收益，完全是源于善心、悲悯心。

曾公是以读书人入仕的，浑身渗透着传统文化的味道。他坚信“盈满则亏”，觉得聪明不可用尽，福不可享尽。因此有了利益，自己得一份，也要给周围的人一份。曾国藩此举，彰显的是做人的大智慧，闪耀的是人性的光辉，令人感动和敬佩。

曾国藩去世时没有给儿孙留下多少财产。可是后来曾氏家族过得怎么样呢？可以毫不夸张地说，这个家族是中国最近二百年来最成功的家族。有人曾经统计，曾国藩家族十代中，没有一个败家子，三代之后，依然兴旺发达、人才不断，共出了二百个人才，覆盖数学家、艺术家、教育家……这完全得益于曾家人传递了曾公的信念、意志和精神，而前辈们的信念、意志和精神，才是给子女们真正有穿透力和影响力的财富，才是子孙后代代代高贵和富有的保证。

《周易》上说：“积善之家，必有余庆；积不善之家，必有余殃。”意思是说，行善的人家就一定会得到福报，而作恶之人定会得到灾殃。人有多少德，就有多少福；无德不得，失德散尽。达时莫失“分润之心”，如果我们想为自己和家人开创美好的将来，那就自己身体力行并教育子孙做一个为别人着想、有善心的人吧！

# 当心，别被沉没成本拖累

西山居士

沉没成本，是指以往发生的，但与当前决策无关的费用。人们在决定是否去做一件事时，不仅看这件事对自己有没有好处，而且也看过去已经在这件事上有过的投入。这些已经发生的不可回收的支出，如时间、金钱、精力等称之为“沉没成本”。在交际中，有些人本来应该及时止损，但觉得自己的沉没成本太大，所以狠不下来当机立断，结果自己越陷越深，损失更大。

孙晓伟和罗霖本来是不错的朋友，罗霖向孙晓伟借了五万块钱买期货，不到三个月就赔个精光。罗霖找到孙晓伟，提出再借四万，说这次一定赚钱，到时候连本带利还十万。孙晓伟本来不想借，可想想已经借出去五万了，如果这次不借，罗霖没本钱，怎么赚钱还账呢？他要没钱还账，自己借出去的五万块钱等于打水漂了。思前想后，孙晓伟还是借了。过了一段时间，孙晓伟没等到罗霖上门还账，等来的是罗霖被公安机关逮捕的消息，原来他涉嫌非法集资高达四百多万，债主成群结队。

如果在第一次借钱后，罗霖没有及时还钱，孙晓伟能坚决一些，不再借钱，他的损失就会小。没有及时止损，就是顾及自己之前那五万块的沉没成本，结果失去了更多，朋友也做不成了。对于沉没成本应该发扬“断舍离”精神，当断则断，当舍就舍。就像看一部连续剧，看着看着发现并不好看，就果断放弃。若觉得自己已经花了那么多时间，就坚持看完，结果就是浪费了更多的时间。

在一次争吵后，相恋四年的男友平静地提出了分手，这让李萌很伤心。男友明明白白地告诉她，已经不爱她了。她却没有选择离开，觉得自己这四年付出太多，不能就此结束。她想着只要自己做得足够多、足够好，就一定能让男友回心转意。于是，她卑微地爱着，无论男友怎么躲她，她都不介意。男友新租了房子，不告诉她地址，她跟踪男友到新住处。时常早早下班在那里等男友回来，等他开门，她进去给他收拾房间，洗衣服。男友好言相劝，李萌听不进去。最后，男友漠然对她说："你愿意做就做吧，总有一天你会后悔把心思浪费在我这里了。"半年后，男友交了新女友。李萌想不开寻短见，幸亏被同事及时发现，才捡回一条命。

在失败的爱情里，往往总有人舍不得沉没成本而一条道走到黑，觉得自己投入、付出太多，接受不了失败的结局，幻想着更加努力去付出反败为胜。最终是自己失去了更多。当感情面临问题时，付出较多的一方往往难以接受分手带来的损失和痛苦。就是因为沉没成本让他心有不甘。其实，放弃沉没成本没有任何代价，盲目的坚持则会带来更大的损失。生活中，很多人明明知道对方不爱自己了，甚至知道对方很渣，但舍不得付出了那么久的情感，结果越陷越深，直至把自己彻底拖垮，加深自身的悲剧性。

王义拓展新渠道，发展新客户，非常努力、用心。其中一个叫姚振的客户，他追踪了三个多月的时间，一次次拜访，一次次洽谈，王义是不厌其烦。为了能让客户签约，他连客户及其家人的生日都打听到了，在他们生日时，又是送花，又是发红包表示。主管领导经过了解，姚振压根都不打算和公司签约，另有合作伙伴，且关系非同一般。他劝王义放弃。王义不肯，觉得自己花费这么多心血，没有结果就放弃是对不起自己。他以为精诚所至，金石为开，又坚持半年之久，看不到任何希望，才彻底放弃。而为了这个客户，他花费了太多的时间和精力，耽误了开发新的客户，和现有客户的维护也受了影响。他的年终业绩在部门垫底。

方向错了，及时转身回头，就是及时止损。否则，坚持走下去，结果只会更糟糕。无法更改的事情，不要以为持续增加投入，就一定能连本带利地捞回来。舍不得沉没成本的人还都有点赌徒心态，明明输掉了很多钱，果断离场就少输当赢。可他们不会，总想捞本，觉得自己马上就否极泰来，结果往往输得连底裤都没了。

过往不恋，及时止损，果断放弃没有那么难，只要你抛弃自己的沉没成本，一切向前看，就不会被沉没成本所拖累。不是所有的坚持都值得坚持，不是所有的努力都有意义。好的人生，都离不开及时止损。

# 君子不蔽人之美

杨绍妮

《韩非子》中说："君子不蔽人之美，不言人之恶。"意思是说，君子不掩盖别人的好处，不谈论别人的坏处。那么，在交际中，我们该如何对待"人之美"呢？

1953年，时任中国文学工作者协会副主席的邵荃麟收到一个很厚的包裹，打开一看，是一个叫王蒙的青年，寄来一份名叫《青春万岁》的文稿。于是，只要有一点空闲，他都会抱着那本厚厚的文稿阅读。得知情况后，一个同事说："不就是一个文学爱好者的文章嘛，值得你一个主席费这么多时间和精力去如此拜读？"邵荃麟抬起头，揉了揉发涩的眼睛说："这是一个文学青年的热血和心血，前面写得很好，所以我要全部看完。如果它是一部好作品，我不想它的精彩被埋没；如果这个作者可造，不能因为我让他失去这个机会。"当接到邵荃麟的回复，对方肯定了他的作品并要帮他发表时，王蒙的兴奋之情无以言表。

哲学家笛卡尔说："尊重别人，才能让人尊敬。"面对一个后生的作品，身为前辈的邵荃麟是对事不对人，一以贯之地去发现和欣赏精美的作品，不肯因为自己的怠慢和不尊重，而失去任何一部潜在的划时代的佳作。交际中，对于优秀的人和作品，我们要心怀尊重，去挖掘和发现别人的才能，而不要被有色眼镜迷住双眼。

公元前200年，赵王无故遭到汉高祖的辱骂，他的宾客田叔等人鼓动赵王造反。赵王坚决不同意，他咬破自己的指头出了血，说："没有陛下，我们死后会尸体生蛆，无人收尸，你们怎么能说这样的话呢？不要再说了！"于是大伙暗地里商量弑杀皇上。结果他们的谋划遭人告密，很多人自杀身亡。可田叔不肯死，他要为赵王申冤。他和赵王等人被装进囚车押到京城，酷吏要他承认赵王是主谋，可田叔坚持说：“只有我们这些人参与了，赵王确实不知。”官吏用严刑拷打，但他始终说实话。经过多方查证，赵王是无辜的。汉高祖赦免了赵王和田叔。田叔忍辱偷生，最终真相大白，不但赢得了汉高祖的称赞，赵王对他也以朋友相待。

西汉文学家刘向曾言：“义士不欺心，仁人不害生。”田叔忍辱偷生，就是为自己的错误负责，还赵王一个公道，向天下昭告赵王对国家的忠心。他之所以这样做，就是因为内心的“仁义”二字所驱使。其实，人和人交往，能不计利害关系地为他人说句公道话，做点公正的事，才能让人坦诚地接纳你。

狄利克雷是德国数学家，他读大学时曾经师从著名数学家高斯。一次，高斯给大家讲算术方面的知识，可是几乎没有同学能听懂。高斯很失望，他叹了口气，把手稿揉成一团，随手扔到废纸篓里。看到此情景，狄利克雷一下子从思考中清醒过来，快步起身，翻出老师扔掉的手稿，自己理顺、抚平。看到高斯不解的样子，狄利克雷解释说：“老师，虽然我现在对您的教诲不能全部理解和接受，但我相信这一定是一个伟大的发现。我要把您的手稿好好收藏，如果将来我有了成绩，一定要让所有人都知道，您是我的领路人，您是我最尊敬的老师。”后来狄利克雷创作了《数论讲义》一书，使高斯的研究得到更加广泛的推广和认同。

思想家洛克说：“感恩是精神上的一种宝藏。”既然无法理解和掌握老师所传授的知识，那么学生对老师自然就无法心生感激和谢意。但是狄利克雷却不这样看。在他眼里，即便一时不能从老师那里收获什么，但老师的教导必定会给自己今后成长带来重要的帮助和扶持。所以，我们和别人交往，也不要只看眼下的得失，而要珍惜和感激朋友为自己的付出。

艺术家王尔德说：“美高于善，善胜过丑。”君子不蔽人之美，就是君子有一双发现美的眼睛，一颗发现美的心。要懂得善尊重、通仁义、知感恩，发现他人身上的“闪光点”。

# 看一个人，要看其背后不做什么

马　德

三国时期，有一个人叫黄权，曾经在刘璋、刘备和曹丕的手下做事。尽管侍奉过三位不同的主子，但好像没有谁腻歪过他。按理说，只有圆润甚至圆滑的人，才能活到如此之地步。事实上，黄权却是个直筒子脾气。

黄权在益州的老大刘璋手下做主簿的时候，当时的别驾张松建议迎接刘备入蜀，帮助征讨汉中的张鲁。黄权不同意，认为让刘备入川，就等于引狼入室。刘璋没有听他的，结果真的被刘备夺取了益州。刘备的军队所到之处，益州的各个郡县差不多都望风而投诚了，只有黄权所管辖的广汉县紧守城门，拒不归降。直到刘璋降了，他才降。尽管老大昏庸没听他的，但是他的心里盛着老大。

刘备在西蜀称帝，挥师向东讨伐孙吴。黄权分析形势后，力劝刘备，说：“东吴人剽悍善战，再加上我们水军是顺流而下，进易退难，还需小心才是。”但刘备一意孤行，黄权见此，便请求做先驱试探敌人，以防不测。刘备没听他的，反而把他支得远远的，任命他做了镇北将军，去防备曹魏的军队。结果，陆逊火烧连营七百里，刘备大败。此一役，由于江北的道路被切断，黄权无法及时退回，无奈投降了曹魏。西蜀听说黄权叛敌后，就逮捕了他的妻子老小。刘备痛心地说：“是我对不起黄权，不是他对不起我啊。”于是，对待黄权的家属，依然像从前一样。

投降曹魏后，有一次，魏文帝曹丕问黄权：“你离开蜀汉是想像陈平、韩信一样为我朝效力吗？”显然，这为黄权提供了一个顺杆子爬的机会，只要他说句“是”，就可博得曹丕的好感。但黄权非但没有顺着说，回答得还很难听：“我是因为回蜀没路可走了，才投降了你们。像我这样的败军之将，能活命就不错了，还学什么韩信、陈平？”

曹丕喜欢他的率直，任命他为镇南将军，并加封为育阳侯，平时出行，还要他陪乘。黄权被曹魏大领导赏识，于此可见一斑。有一段时间，有人谣传说他在西蜀的家人已被害，黄权不相信。后来，刘备去世的消息传来，群臣都向曹丕庆贺，唯独黄权没有这么做。曹丕想拿这件事故意吓唬吓唬他，于是，传旨宣他入朝觐见。他走在路上，骑着马前来催促的使者一个接着一个，黄权的部下早已吓得魂飞魄散了，觉得此行肯定凶多吉少。但“权举止颜色自若”，也就是说，黄权根本没把这个当回事。就连司马懿都觉得黄权是条汉子。他曾经问黄权，像你这样的人物蜀中还有多少，敬仰之情，溢于言表。司马懿在给诸葛亮的信中说：“黄公衡（黄权），快士也，每坐起叹述足下，不去口实。”意思是说，黄权真是个爽直的人啊，他常常以赞叹的口吻谈及你，而且自始至终都是这样的态度。

看一个人，既要看他人前做什么，更要看其背后不做什么。黄权在人前，即便面对的是上司，也该说什么说什么，从不违心地去逢迎和谄媚。在背后，无论是对失势的主子还是去世的主人，抑或是对有才华的同事，他总是顺应本心，从没有因为自己位置的改变，而说违心的话，做违心的事。《三国志》对他的评价是：“黄权弘雅思量。”言其气度不同凡俗。我想说的是，活得越正直率真，越容易被他人赏识和器重吧。

# 克服影响人际交往的心理偏见

木　子

每个人都生活在一定的社会环境中，每天都在与各种各样的人相互交往和沟通，形成一定的人际关系，这是一个社会互动的过程或人际间相互作用的过程。在这一过程中，往往会由于自身的思想、理论、文化素质和心理素质不高而产生一些心理偏见，影响人际关系正常、和谐地发展。

## 一、与人交往不可先入为主，克服“首因效应”的心理偏见

人际交往中的“首因效应”又称初次印象或第一印象。在很大程度上，对某人各方面的评价，都将依赖于对他的最初印象，可以说，第一印象对以后的人际知觉和人际交往，起着主导性作用。如果某人给我们留下了“热情”的第一印象，在以后的相处过程中，即使有时他表现得并不十分热情，我们也会把它解释为“他可能遇到什么不顺心的事了”或“为人热情也不见得都在表面上，有的人热情的样子也很深沉”。某人给我们留下了“冷漠”的第一印象，在以后的相处中，即使他表现出关心和热情，我们也会想“谁知道他怎么了，今天心血来潮”或“他准是有什么事有求于我”。第一印象是从短暂的接触中，通过对方的体态、举止、言谈、仪表等获得的认识，甚至是听别人说的。这种认识是肤浅的，有时也是不正确的。然而这第一印象鲜明而牢固，影响并制约着我们对某人新的印象。俗话说“远来的和尚好念经”，之所以好念经，是因为一个人在新的陌生的环境里，最容易给人留下深刻的印象和影响。第一印象虽然是我们认识人、了解人所不可缺少的信息来源，但却不利于我们全面深刻地认识人、了解人。因此，在人际交往中我们应该注意防止产生这种心理偏见。18 世纪 70 年代，法国的拉普拉斯成功地把德鲁奥培养成一名杰出将领，是从摆脱第一印象的消极影响开始的。如果拉普拉斯像考场上的其他人一样，看到德鲁奥贫寒、委琐的外表，就认定他是一个无知无识的农民，那么他就会拒绝对他进行任何考查，或草草了事，走走过场把他刷下去就完了。然而拉普拉斯

没有，他不为表面现象所迷惑，保持冷静的头脑和考官的严谨作风，才使他有可能认识到德鲁奥乡下佬模样后面的出类拔萃的数学才能，从而发现了人才。

## 二、对人的了解不要以点概面，克服“晕轮效应”的心理偏见

人们在交往中，会因为对某个人的个别特征印象特别突出，以至于对他的特点或特征缺少清晰的感知，往往从对方的这一个别特征而泛化到其他一系列有关特征，就像晕轮或月晕一样，是从一个中心点而逐渐向外扩散成越来越大的圆圈。

日常生活中，“晕轮效应”往往是悄悄地却又强有力地影响着我们对人的知觉和评价，如果我们看到某个人的个别缺点如对他的衣着打扮、生活习惯不顺眼，于是就会把他看得一无是处。也有的青年人由于对自己倾慕的、知心的朋友的某一特点特别喜爱，就会把他看得处处可爱，所谓“一俊遮百丑”，甚至爱屋及乌。《韩非子・说难篇》中讲过这样一个故事：卫灵公非常宠幸弄臣弥子瑕，一次弥子瑕的母亲病了，弥得知后就连夜偷乘卫灵公的车子赶回家去。按照卫国的法律，偷乘国君的车是要处以刖刑的（把脚砍掉）。但卫灵公却认为这也是弥子瑕的优点，夸奖他孝顺母亲，连刑法也不顾了。又有一次，弥子瑕与卫君同游桃园，他摘了个桃子吃，觉得很甜，就把咬过的桃子献给卫灵公，卫灵公又夸奖他的爱君之心。后来，弥子瑕年老色衰不受宠幸了，卫灵公由于不喜欢他的外貌进而不喜欢他的其他品质了，甚至以前被他夸奖过的两件事，现在也成了弥子瑕的“欺君之罪”。

可见，人际交往中这种认识上的偏见是很容易发生的。产生这种心理偏见的根源在于信息不足的判断及定式作用。即根据很少的信息，就作出或好或坏的判断，而后再从这个判断推论其他品质。一个人被认为是好的，他就被一种积极的光环所笼罩，从而也就把其他的好品质赋予他；如果一个人被认为是坏的，那么他就被消极的光环所笼罩，从而也就赋予他不好的品质。很明显这种心理偏见不利于我们正确认识他人，影响我们与他人的交往。因此，我们在了解、评价某个人时，首先要注意不要过早地下结论，更不要感情用事。特别是对新结识的朋友或同事，不要凭一时一事就对他给予全盘肯定或否定。要听其言观其行，还要注意听取其他人的意见。只有这样才能够全面地看待一个人。

## 三、与人交往善始还要善终，克服“近因效应”的心理偏见

“首因效应”指最先接收的信息的效应；“近因效应”则是指新近接收的信息的效应。首因效应和近因效应并不矛盾，首因效应主要发生在对陌生人的认知上，近因效应主要发生在对熟悉的人的认知上。对陌生人的认识第一印象起决定性作用，而对熟悉的人的认识最近的印象起决定性作用。这两种效应的共同弊端就是忽略了中间的大量信息。

在我们的人际交往中，近因效应的事例也不乏存在。某人多次被评为单位的先进工作者，他为人正直，待人真诚和善，就因最近的一次调动未成功而使他心灰意冷，原来的那份热情烟消云散，又因连续两次旷工导致工作失误而受到处分。现在再提起这个人，谁也想不起那个单位上的先进工作者了。同事们都毫不犹豫地说太糟了，领导们对他的印象也不再是模范、榜样了。周围的人不禁发出“路遥知马力，日久见人心”的感叹。

近因效应同样是一种认知上的心理现象，不利于我们全面地、历史地看待一个人。在与人交往时，我们要建设性地利用近因效应，有意识地避免近因效应的不良影响，给人留下好印象。一生中我们会与许许多多的人交往，而这些交往绝大部分都是断断续续的，有的会长时间地中断或终止，不管持续的时间长或短，任何一段交往都会在自己和对方的生活中留下记忆。美好的记忆对自己对他人都是珍贵的，都会产生积极的心理体验。由此可见，与人交往善始善终是何等重要，前一次交往的善终正是下一次交往的善始。许多人都有这样的体会，好朋友中断联系几十年后，仍然一见如故，相互理解，坦诚相见。

在我们的交往活动中，要善于全面地了解每个人各方面的情况，正确地评价每个人，克服影响人际交往的各种心理偏见，这才是与人交往的起点。

# 人际交往要有欣赏他人的心态

刘学柱

人际交往需要彼此认同，倾注情感，需要一种欣赏的心态和姿态。这是人们的共识和愿望。尽管如此，很多人在交际中并不能很好地做到欣赏他人。有的朋友很惶惑，感到无所适从，读读下面几点，你就会有办法的。

## 一、最要一颗锦心

欣赏他人是别人强迫不了的事，也不能自己强迫自己，它出自一种愿望，是一种内心的自然流露，自然而然，毫不虚假。这种欣赏才是真实可靠的，才能让对方认可，才具有特殊的感染力。欣赏他人，光有认识不行，生硬付诸行动也不行，必须从深层培养自己的处世品格、做人德操，铸锻出自己的一颗锦心，和善待人、真诚不苟。到了这种境界，不必刻意去做，欣赏他人就会成为对人的基本方式和自然格调了。

小黄持“性恶论”的观点，认为人从本质上是坏的。他举例说：一个人若有了成绩，引来的嫉妒会多于祝贺；一个人若遭逢不幸，会有人做伤口撒盐、落井下石的勾当。王老师于是对小黄说：不，那是你心头有阴影，清洗你自己，会看到另一番光景。王老师不是让小黄换角度看待人和事物，那不过是表层的技巧性问题。王老师的深刻之处是要求小黄从内在深处铲除心头的“恶”字。这就触及根本了。如果小黄按照王老师的说法踏踏实实做下去，相信他会真正以欣赏的态度对待他人，还会转变为一个“性善论”者。

## 二、想想他人的趣处

欣赏他人是交际的一般原则。但现实交际情况是，有些人是你所欢迎的，而有些人与你并不投合，不能让你认同，甚至不免有偏见。这样就是抱一种欣赏的愿望，恐怕也难以变成自觉行动了，更谈不上充分、到位了。但每个人都有自己独到的趣处，这最惹眼，最易让人接受。想想他的趣处，你会忍俊不禁，不自觉地兴奋起来，乐于接受对方，以此为引子，进而扩展、深化，就会自觉欣赏他、真正欣赏他。

小袁这人狂妄自大，自以为是，好贬损排斥别人。就说小郑吧，只因妻子是二婚嫁过来的，小袁就在这话题上纠缠不休，让人感到一张臭嘴臭气熏天。但认真注意一下会发现小袁是个有趣的人。比如，他和孩子玩的时候那种投入与机智，有趣极了，每个孩子都喜欢他，小郑看着也打心眼里喜欢。所以虽然小袁有时说话嘴损一点儿，小郑还是不想与小袁怄气，也不愿与之为敌，小袁那有趣的模样吸引住了小郑，让小郑回味有甘。这是一个好现象，如果以此为切口去学会欣赏他人，就会对你不喜欢的人有个更全面、客观的认识。对于诸如性格怪僻者，与你有仇隙的人你都可采用这种方法。

### 三、寻找双方共同点

一个人总在观照着他人，从他人身上找到印证自己的地方。尽管人与人差异是很大的，但总有共同点。共同点也便是共通点，双方会激起交往的火花，会产生心理的共振共鸣，会形成一种互悦互纳的心理倾向。换句话说，双方共同点是最易得到认同和接受的东西，会自觉、自然地欣赏他人，不仅是发自真心的，而且是富有激情的。这种共同点是欣赏的对象，同时也是欣赏的切口和开端，会促成你成为一个欣赏他人的人。

小陈是一位中学教师，不到三十岁，喜欢写作，但性格孤傲怪僻。老李是一位小学教师，五十多岁了，两人住在同一单元，是门对门的邻居。一般来说老李对小陈并不容易接受，但老李也喜欢写作，这与小陈有了共同点，对小陈格外欣赏起来。小陈虽然心高气傲，但也因写作而对老李亲热有加。老李与小陈互为欣赏达成默契，充分说明共同点是欣赏对方的重要基础。寻找共同点，就能很好地实现欣赏他人的要求。人与人的共同点是很多的，而那些最易引起你共鸣、认同的共同点，则是我们要寻找的。

### 四、关注他人的优势

一个人的优势是其魅力所在，对方最能打动你，最让你信服的是他的优势。不同的人优势程度状况并不一样，有的十分炫目耀眼，距离你也近，有的则不太明显、突出，距离你也太远了些。就前者而言，容易引起我们的关注和欣赏；

就后者而言，则往往为我们所忽视和漠视，这样对方难以对你构成吸引，无法产生一种源自内心的欣赏情绪。对他人优势投以特别的关注，既是对他人的正确认识，公正对待，也会培育自己欣赏他人的情绪。

老尹是通过竞聘而当上单位领导的，他对那些逢迎拍马的人特别憎恶，视为小人。而小宋偏偏不识时务，在老尹面前大施拍马术，希望新领导对他格外重视。不过老尹很理智，并不感情用事，他懂得对待下属要仁和友爱。小宋有自己的优势，他办事积极热情，活动能力强。这引起了老尹的注意，由此产生欣赏情绪。结果公正地对待了小宋，也激励和教育了小宋。老尹的做法可算是个范例，值得我们借鉴。

## 五、用发展的眼光看待他人，人总是优、缺点同在，长、短处共存的

人拥有优点长处，容易赢得欣赏，而有短处缺点，就要受冷漠和轻视吗？人都是向善向好的，优点长处是其奋争努力的结果，短处缺点则由众多复杂而微妙的原因决定的。从根本上说对方会正视自己这些不足，会加倍努力，自求发展，自我提高，让优点长处更为突出、丰硕，让短处缺点得到摒除和克服。所以我们要用发展的眼光看人，不能盯着他人的不足不放，这才客观公正，才能让你以理解的、宽容的、欣赏的态度善待对方。

大黄的前妻缺点太多，他一忍再忍，最后终于忍无可忍，于是与对方分道扬镳了。不久大黄又续新妻，本满怀憧憬，一腔热忱，谁知新妻与自己也很不合适。大黄大失所望，没奈何只得面对现实。渐渐地新妻注意调整自己，大黄也有意识地用欣赏的眼光看待妻子，结果夫妻双方迅速磨合，渐入佳境。大黄是在一种不自觉状态下用发展的眼光盯着妻子的，让自己学会了欣赏。如果他光盯着妻子的所谓“不足”不放，心理消极，就无法真正以欣赏的态度对待妻子，妻子也不会很快好起来。

## 六、克服自己的消极心理，欣赏他人需要一种良好的心理基础

这在你心境好或感觉好时，是容易做到的。而当对方缺点、不足十分突出和明显时，或对方与你不睦，甚至存在威胁和影响关系时，你则没法澄静心理，消极的情绪总驱赶不掉，不觉对对方投以嫌恶、敌视、对抗的态度。这种消极心理是欣赏他人的根本障碍，不加以有效地克服，要做到真正欣赏他人是不可

能的。当你发现自己有这种心理时要设法予以克服，在正常状态下你也要加强反省，及时清理和避免消极心理。

小郭独来独往，与亲戚、邻里、同事的关系处得都很疏淡。在小郭眼里：这个世界人情淡漠，人心险恶。在这种十分荒谬的认识下，人变得可恶起来，他哪里还能做到欣赏他人呢？对于小郭来说，他要把思想从死胡同里拉出来，克服消极心理，做到这一点，才谈得上慢慢学会欣赏他人。小郭的现象是严重的、个别的，而对每个人来说，都或多或少、或重或轻存在消极心理，需要加以认真克服。

# 如何激发不同交际对象的“兴奋点”

张天儒

在人际交往中，当你面对多种不同性格、经历、地位、年龄与心理状态的交际对象时，必须要针对不同对象的特点，采取不同的交际方式与语言，做到因人而异，投其所好，从而赢得多种不同交际对象的好感，达到成功的交际与沟通。而激发不同交际对象的“兴奋点”，是一个最有效的方法。

## 一、根据对方的个性特征，因人注“兴”

大千世界，芸芸众生。人与人之间不仅存在着体貌上的生理差异，而且在兴趣、爱好、能力、气质和性格等心理特征上也大相径庭。正所谓“人心如面，性格各异”。这种差异，在心理学上称之为“个性”。每个人都有自己独特的个性和交往方式。譬如，虚荣心强的人总喜欢与能满足自己虚荣心的人来往；争强好胜的人，大都热心与谦恭的人相处；坦诚直率的人往往喜欢结交一些诤友。与人相处，必须掌握对方的个性特征，从而采取不同的方式，因人而异，注入交际的“兴奋剂”。

1. 对虚荣心强的人，要学会赞美。赞美，是一种容易引起对方好感的语言交际形式。人，大都是喜欢听好话的，尤其是虚荣心强的人，更渴望得到人们的赞美。陶家三姐虚荣心很强，在家里一向是大家听她的，甚至出嫁后，还对娘家实行遥控。近日，她听说新娶的弟媳所做所为标新立异，唯恐危及了自己至高无上的地位，于是决定趁母亲七十寿辰之机去兴师问罪。结果弟媳早有觉察，一见面，还没等三姐发难就热情地迎了上去，说：“三姐，可把你盼回来啦！这么多的客人，这么大的场面，我还是头一回应付哩，生怕出什么漏子。你回来就好啦，这回我可有靠山了。”几句赞美的见面话，说得陶三姐心里美滋滋的，虚荣心得到很大满足。于是，她面对众多的客人，不得不顺水推舟地显得很豁达：“妹妹聪慧过人，陶家有你操持我就放心了，以后我们陶家就靠你啦！”就这样，一场兴师问罪的舌战，在赞美声中化成了和风细雨。

2. 对心胸狭窄的人，要表示谦恭。俗话说“谦恭能博众人悦”。对于心胸狭窄的人来说，绝对容不下表现超过自己的人。三国时的杨修之死，便是佐证。因此，与心胸狭窄的人交往不能自以为是，表现出众，只有谦虚方能激发其与你交往的兴趣，提高交际的质量。

谦虚不仅表现在语言上，而且还表现在行动中，就是要多主动接近对方，以示尊重。因为心胸狭窄的人最关注别人对自己的态度。在现实生活中，只要稍加留意便不难发现：在交谈中期望得到说话者关注的人，往往是最挨近说话者的人；说话者也会感到，最靠近自己的人，往往是对自己最有好感的人。这种现象可以启发我们，在社交活动中要主动接近交际对象，同时多向对方请教，多征询对方意见。这样，即使对方心胸狭窄，也会开怀雅纳，与你乐交不疲。

3 对冷漠孤僻的人，要多关切。这种人生性孤僻，好像对什么事情都不太感兴趣，对社会交往活动更是显得迟钝。对这种人，只有增强对他的关切度，才能唤起他的交往欲。某单位有一职工，生性孤僻，不善交友，待人冷漠，平时无论遇到什么事都表现出漠不关心的样子，所以在单位很少有朋友。然而，该单位一位年轻的领导却与他交情甚厚。因为这位领导调入该单位后，对他的家庭、生活和工作都给予极大的关心和帮助，使他从中得到了温暖，从而取得了他的信任。

4. 对坦诚直率的人，要多进忠言。一般来说，坦诚直率的人大都喜欢听直言、真言，他们最讨厌那种言不由衷、话到嘴边留半句的讳莫如深的人。因此，要使坦诚直率的人有兴趣与你交往，不妨多对他提一些建议或忠告。历史上的齐景公就是一位坦诚直率的人，晏子则善进忠言，君臣二人一“直”一“忠”，关系越来越密。

## 二、根据对方的心理状态，巧创“兴”境

在交际过程中，交际对象的心理状态对交际方式有很强的选择性。不同的交际方式在不同的心理状态下就会产生不同的交际效果。譬如：人在高兴时，容易接受别人的夸奖，而遇上苦闷时，却反感别人的夸奖。因此，交往中要激发交际对象的兴奋点，必须根据对方的心理状态，去创造兴奋的交际环境。

1. 在对方苦闷时，要善于倾听。一个人在遇到不顺心的事时，往往很苦闷，因为苦闷，就渴望找到诉苦的对象，以泄心中之苦。所以，人们都在有意无意

地寻找能替自己分忧解闷的倾听者。这时候能诚心诚意地听对方诉说，必然使对方大喜过望，从而视你为知己，对你另眼相待。同时，还可以通过倾听，找到说服对方的最佳突破口。

2. *在对方高兴时，要善于“助谈”*。常言道“人逢喜事精神爽”。人在遇到高兴事时，精神就格外亢奋，同时话语就会明显增多。倘若交际对象处于高兴状态时，你一味倾听，一言不发，对方的兴致就会大为减弱，甚至会与你不欢而散。实际上，对方高兴时，话语增多是渴望与你同享快乐。此时，你必须要善于助谈，用自己的言语增加他的谈兴。这时，对方才能从中体会到他在你心目中的重要位置。因为，恰逢此时，才能让对方感到他的快乐已被你看成是自己的快乐，产生一种同甘共苦的亲近感。

3. *在对方悲伤时，要善于安慰*。当一个人身遭不幸时，其心理状态表现为悲伤。人在悲伤时需要的不是同情，更不是“与己同悲”，而是实实在在的安慰。因此，与悲伤的人交往，要学会安慰。帮助是安慰的最好方式。因为，精神上受创伤的人可能会被日常生活所压垮,你应主动伸出援助之手去帮他一把。如帮其做些家务，替其跑跑腿、张罗张罗等，这会使其感到莫大安慰。此外，打打电话，寄寄明信片，邀请对方到家中吃顿饭，或一起到外面散散步等，都是比较有效的安慰方法。

## 三、针对对方关注的问题，引发“兴”趣

在日常生活中，往往会出现这种现象：当涉及自己关注的事情时，人们会立刻产生高度兴奋。这种现象，沿用到交际活动中，可以用对方关注的问题来激发交际对象的交往兴趣。

有这样一个故事：

美国柯达公司创始人伊斯曼，捐赠巨款准备在罗彻斯特建造一个音乐馆、一个纪念馆和一个剧院。当时谈生意的承建商蜂拥而至，然而都一无所获，败兴而归。此时，优美座位公司的经理亚当斯前往会见伊斯曼。

亚当斯来到伊的办公室，见其正埋头看文件，于是便静静地站在那里仔细打量起这间办公室来（亚当斯事先已了解到伊十分关注别人对他设计的办公室的评价）。不一会儿，伊发现了亚当斯，便问道：“先生，有何见教？”这时的亚当斯并未急于谈生意，他说：“伊斯曼先生，在我等您的时候，我仔细观

察了你的这间办公室。我本人长期从事室内的木工装璜，但从未见过如此精致的办公室。”

亚当斯又走到墙边，用手在木板上一擦，说：“我想这是英国橡木，是不是？意大利的橡木不是这样的。”

“是的。”伊斯曼高兴地站起来回答说，“那是我专程从英国进口的橡木。”

伊斯曼情绪极好，便带着亚当斯仔细地参观起办公室来，并把办公室所有的装饰一件一件地向亚当斯详细介绍，从木质谈到比例，又从比例谈到颜色的搭配，然后又详细地介绍了他设计装修的经过。与此同时，亚当斯面带微笑，饶有兴趣地聆听着。

直到午饭之际，两人都未谈到生意。不久之后，亚当斯不但得到了大批订单，还和伊斯曼结下了深厚的友谊。这便是利用对方关注的问题，达到交际的成功的最好佐证。

## 四、寻求与对方的共同之处，激发“兴”致

社会心理学研究表明，人们都乐于同与自己有相同之处的人交往和谈话。因为有相同的地方，既能缩短彼此的心理距离，又能发出共同接收的信息，产生相同、相近的情绪体验，进而在感情上产生共鸣。因此，在交际活动中，要激发对方交往的欲望，必须努力寻求与对方的共同之处。

1. 寻求共同的爱好。共同的爱好最能促使交际双方相互接近。一对素不相识的人，可以因为都喜欢下棋而偶遇后成为终生棋友；上下级之间因为都爱好打球而成为朋友。

2. 寻求共同的经历。共同的经历，往往可以使人产生共同的回忆，形成相同的思想感受，交往起来就会有共同语言，便于感情沟通。比如，同是下放知青、都在部队当过兵、都在工厂工作，等等。

3. 寻求共同的目标。共同的目标可以使不同区域、不同经历和爱好的人紧紧地拧在一起。正如毛泽东同志所说的那样：“我们都是来自五湖四海，为了一个共同的革命目标走到一起来了。”因此，在人际交往中，要善于寻求与对方共同追逐的目标，抓住了这一点，就抓住了与对方沟通、交际的纽带，就有助于交际的成功。

# 社交：小处不要随便

张爱文

人们时常把社交中的一些不良举止（如掏耳、挖鼻、搔头皮、吐痰等）、衣饰（衣冠、领袖、皮鞋、手绢等）不整洁、言行失礼（随意翻阅、拿取熟人或朋友的书及东西等）视为鸡毛蒜皮、不足挂齿的小节。更有甚者，竟以此为洒脱。结果导致“大江大海趟得过，小河沟里翻了船”。从而留下“大意失荆州”的悔恨。

某医疗机械厂要从美国引进大输液管生产线，与客商谈判已经结束，第二天将正式签订合同。可巧在此期间，厂长陪客人到车间参观，随意向墙角吐了口痰，然后用鞋底擦去。谁知这一口痰竟会吐掉一项已基本谈成的项目。“为山万仞，功亏一篑”，实在可惜。

这位厂长一定认为，一口痰微不足道，然而他却不知，交际中一举一动总关情，任何微小细节都是其内心世界、个人修养、处世态度和精神面貌的体现，甚至还是其生活背景和周围环境的反映。你听那位美商就是这样评论随便吐痰的：“一个厂长的卫生习惯，可以反映一个工厂的管理素质，更何况所生产的是用来治病的输液皮条。”小事不小，人命关天，不可随便。社交是双向或多向交流活动，人们观察和了解对方时，常自细微处着手：有人曾以横在地上的扫帚来观察人，视用脚踢者为骄横，绕道过者为自私，放好过者为和善；还有的通过手绢的叠法而断定对方的为人处世态度；通过内衣领干净与否及他人的坐相、走相、吃相而判断其修养，如贪吝、大方、小气等。当然这种“一粒沙看世界，一滴水观沧海”，观微知著，“窥一斑而知全豹”的以小看大的判断，不一定完全科学和准确。但是它既然经常作为人们认识和判断对方的依据，我们就不能不重视，也就不可过于随便。

这里必须指出的是，下列情况，尤其不可随便。一是作为特殊身份者，像为人师表的教师就要“教师无小节，处处为楷模”。至于公关人员、外交使者等，他们的一举一动不仅代表着自己，而且还代表自己的团体、民族和国家，所以更应严格要求自己，处处追求完美。在这方面，敬爱的周总理为我们做出了榜样。仅从他的仪表格言“面必净，发必理，衣必整，纽必结，头容正，肩容平，胸容宽，背容直，气象勿傲勿怠，颜色宜和宜静宜庄”中就不难了解他是怎样处处精细，为什么总能以最佳形象来随时反映中华民族的精神面貌。

二是面对特定对象和特定场合。在此方面毛泽东的做法也是颇值得我们学习和效仿的。众所周知，他对党内同志的交往，一般不讲过多的礼节，不搞迎送，不留吃饭。然而对于党外人士却非常注意礼节，常常人还未到，他已立候院中；而对上岁数的民主党派的负责人，则更是特别客气和尊重；对老人则要亲自搀扶客人上下车、上下台阶……这种区别对象和场合，具体问题具体对待的做法，就是对特定对象，在特定场合，小处不随便的典范。

总之，理想的社交，应有理想的表现，理想的表现要时时多留神，小处不随便。

# 适度——交际成功的重要原则

吴恒海

在交际中，掌握各种各样的交际方法，是交际成功的重要前提。然而，如果方法运用上失度，同样也会影响交际的进行。可以说，适度，是成功交际的万法之宗，它比方法更重要。

**一、交际领域的开与合——不可擅闯禁地。**每个人在交际中都有自己的一片领地，这方领地的放开与闭合，要受交际主体的情绪、思想、所处的外在环境以及交际主体与客体的亲疏程度等诸多因素的影响，当交际主体不愿敞开这方领地时，如果硬要探访，硬要开启，便会碰钉子，交际活动便会受挫。

阿惠一个人坐在操场边，平时无话不谈的好朋友玉英走了过来："阿惠，好久没见到你了，是不是在谈恋爱？""没有的事，这几天功课忙。"阿惠连忙否认。"像你这样的校花怎么会闲得住呢。告诉我，他是谁？"玉英又追问。"真的没有。"阿惠只淡淡地应了一句。"看样子，你又与白马王子闹翻了，要不你怎么一个人跑了出来。告诉我，他有没有欺负你！"玉英不顾阿惠的反应，一个劲地唠叨。"哎呀，你都在胡说些什么呀，根本没有的事。"阿惠显得有些不耐烦了。"好啊，看样子是你抛弃了他吧？"玉英说个不停，阿惠十分尴尬。

一对平时无话不谈的好友为什么此次竟会不欢而散呢？就在于玉英欲擅自闯入阿惠已经闭合的领域。若在平时，阿惠心情舒畅时，会毫无保留地与好友分享初恋的甜蜜，会敞开自己的心扉与好友交谈。但此时，阿惠正遇不顺，这方领域处在闭合状态，交谈当然不能顺畅，如果玉英及时地意识到这一点，顺着"功课很忙"谈下去，一定是另外一种结局。

**二、交际方法的曲与直——善用迂回和闪避。**面对交际中出现的棘手问题，直来直去，正面解决，不失为一种好方法。但有时直通的道路被堵死后，再走直路，必然碰壁，这时，灵活地绕个弯，就会是另一番天地。

明代隆庆年间，"给事官"李乐清正廉洁。有一次他发现科考舞弊，立即写奏章给皇帝，皇帝对此事不予理睬。他见不理又面奏，结果把皇帝惹火儿了，以故意揭短罪，传旨把李乐的嘴巴贴上封条，并规定谁也不准去揭。封了嘴巴，不能进食，就等于给他定了死罪。这时，旁边站出一个官员，走到李乐面前，不分青红皂白，大声责骂："君前多言，罪有应得！"一边大骂，一边叭叭地打了李乐两记耳光，当即把封条打破了。由于他是帮助皇帝责骂李乐，皇帝当然不好怪罪。其实，此人是李乐的学生，在这关键时刻，他"曲"意逢迎，巧妙地救下了自己的老师。如果他不顾情势，犯颜"直"谏，非但救不了老师，自己怕也难脱缧绁。这种迂回方法的运用，在我国古代文献中有很多记载，体现了古人丰富的辩证交际的思想。

有时因为某些分歧的存在而使交际双方的合作出现障碍，这时，要实现顺利的合作，就必须讲究交际策略，避开障碍。需要注意的是，闪避障碍并不是进行蓄意的欺骗。

柯南道尔把《福尔摩斯侦探案》的戏剧改编版权转让给弗罗曼的时候，附加了一个条件："戏剧里的福尔摩斯不许有男女情爱事件。"弗罗曼满口答应。但是弗罗曼聘请吉莱特将小说改编成剧本时，隐瞒了这个条件。吉莱特为了迎合美国观众，编了些浪漫的故事进去。一年后，弗罗曼和吉莱特在英国晤见柯南道尔，在向柯南道尔诵读戏剧改编稿请他指正时，一句不提其中恋爱故事的台词，柯南道尔听完表示满意。当柯南道尔后来渐渐知道了事实真相后，也没有过分计较。弗罗曼故意隐瞒了事实，闪避了障碍，顺利地实现了交际合作。假如一开始他坚持要写进爱情故事，他们可能不会有如此愉快的合作。注意交际方法的迂回和闪避，有时比直线进击更能取得良好的效果。

**三、交际内容的深与浅——循序渐进，由浅入深。**交际艺术的至善至美处，在于自始至终都能使对方产生共鸣，使对方都能获得交际的愉悦。人们往往认为只有深交才更有利于沟通，有利于达到愉悦和谐的地步，这固然有一定的道理，但当交际还处在浅层阶段时就开始深层次的交际言行，则交际活动很容易搁浅。当交际还没有达到融洽和谐的地步时，无所顾忌的言行必然导致对方心理的不适应，使交往受挫。比如，一位男士在一次聚会上对一位以前只见过一面的小姐大加恭维："小姐，你真是漂亮极了！"结果这位小姐不但没有高兴起来，反而满脸通红，怒目而视，半天没有说出话来。这位男士的恭维之所以没有得到热情的回应，就在于他没有把握住交际的深浅度，他在彼此还很生疏的情况下，就贸然向“纵深”发展，他的交际受阻就是自然而然的事了。

交浅言深有碍交际，交深言浅也会给交际带来伤害。有位年轻的女打字员与一位小伙相恋两年，爱情的果实已经成熟，但姑娘性格内向，思想“正统”。小伙虽对她深深爱恋，可总觉得可望而不可即，连寻求热恋中的接吻也每每遭到拒绝，结果情感反差悬殊，爱情陷入僵局。

把握由浅入深、循序渐进的交际原则，该浅则浅，该深则深，是交际少走弯路少遇挫折的法宝。

**四、交际情态的收与放——有话则长，无话则短。**交际情态即交际中思想情感表达的形态，它包括交际口语与交际态势语（如握手、点头、微笑等）的使用两个方面，应掌握适时、适量、适度三个原则，适时即不失时机，如见面时的及时问候，分手时的及时告别，失礼时的及时道歉，询问时的及时回答，等等。适量即话语行动的适当，以把自己的主旨、意思表达清楚为准，啰啰唆嗦、没完没了或者惜言如金、答问不全等都影响说话情感表达的效果，影响自己的交际形象。比如，有人问：“你晚上有空吗？”对方答：“有空。”照理发问者应该转向另一个话题，如果接着再问：“你晚上没别的约会？”那就是啰唆废话了。适度即适可而止，就是根据不同对象把握言谈的时间，根据不同场合把握言谈的得体度，根据自己的身份把握言谈的分寸。表达歉意，表现热情，表示谢意，表露谦让等都要适度，否则都会让人感到难受。比如，你去朋友家对朋友的帮助表示感谢，只要说明来意就行了。倘若你小题大做，一边捉住朋友的双手摇个不停，一边不停地表示谢意：“啊，谢谢您啦，真是太感谢您了，为这事麻烦您，真是过意不去，真不知该怎样说才能表示我心中的感激之情……”这样的话，朋友肯定会很难受。交际情感的表达要掌握适度的原则，过了度则会适得其反。

**五、交际目的的隐与显——欲速则不达。**人们都是怀着一定的目的展开交际活动的，或者为了寻求友谊，加深感情；或者为了交流切磋，互通信息；或者为了寻求合作，获得利益；或者为了求得帮助，摆脱困境。一般情况，交际双方有了明确的交际目的，便于双方的互惠互动，可以互相呼应。但有时，交际目的过于显露，反而会有碍合作，不利于交际目的的实现。这就需要隐蔽交际目的。

某陶瓷厂给酒厂生产包装瓶，原定价每只两元，在准备签订下年合同时，陶瓷厂考虑到原材料涨价等因素，准备调高酒瓶价格，但又怕酒厂不接受，经过一番谋划，陶瓷厂向酒厂展开了攻势："由于国家抽紧银根，控制信贷以及其他原因，我厂流动资金严重不足，希望贵厂能预付下年三分之一的货款。否则，生产难以保证，耽误供瓶计划，将给贵厂生产带来影响。"

酒厂当然不愿一下子支付大笔的预付款。经过数次商谈，最后陶瓷厂做出了"让步"：不支付预付款，只好考虑适当提高酒瓶价格。结果陶瓷厂如愿以偿。

交际中的适度原则还不止这些。只要我们自觉运用交际的适度原则指导自己的交际活动，就会有效避免交际中的失误，提高交际的质量。

# 增强人际吸引力的六个因素

杨玉峰

人与人之间交往的密切程度，是由双方之间的吸引力大小直接决定的。完全可以这样说，正是人际间的吸引力创造了社交生活中的赤橙黄绿青蓝紫。那么，影响人际间吸引力大小的主要因素有哪些呢?

## 一、美感性因素

人的美也如自然美、艺术美一样，具有一种不可抗拒的吸引力。女性在舞会上总是喜欢接受英俊潇洒的男子的邀请；在选择伴侣时，男性总是喜欢挑选如花似玉、风姿绰约的女子为对象；在日常生活中，人们也总是对外表俊美的人更有兴趣、刮目相看、品评较高。美的人能吸引他人，这是因为美能给他人一种心理上的愉悦感，使人感到赏心悦目。

当然，这里所说的人之“美”包含着外表美与内在美两个方面。外表美首先给人良好的第一印象，使人感到愉悦，给人以吸引。为了适应人们这种天然的心理需要，注重自己的仪表，讲究风度，是很必要的。这不仅是对别人的尊重，也是对自己的尊重。随着接触的频繁，内在美便超过了外表美给人以经久不衰的吸引力。人们总是喜欢那些表里如一的人。一个人尽管具有令人羡慕的外表，但内在品质冷酷无情、贪婪成性、邪恶自私……他仍然不能获得良好的人际关系；而一个具有忠诚无私、热情善良、开朗正直品质的人，尽管其貌不扬，仍然能像磁石一样吸引人，并与之建立起密切友好的关系。那些天生缺乏外表美的人，务必要发展你的精神、态度和个性，从而洋溢你的内在美。这类人中有不少因此而成功，成为社交场上受欢迎的人物。

## 二、接近性因素

接近性因素对人际交往有着十分重要的影响。在现实生活中，我们也能直接观察和体验到，人与人之间在地理位置上越接近，越容易形成彼此之间的密切关系。同在一个班级学习的同学，同在一个车间劳动的同事，同在一条街居住的邻居，往往比较容易形成人际间和睦友好、互帮互助的关系。

首先，距离的邻近为人际交往创造了频繁接触、相互熟悉的环境，而熟悉是建立友好关系的前提条件之一。越是邻近的人，交往的机会就越多，机会越多越熟悉，越熟悉就越了解。这就是所谓“日久生情”的道理。其次，距离邻近影响着相互之间的利害关系，大家都比较重视搞好邻近关系。中国有句俗话：“远亲不如近邻，近邻不如对门。”如果你与周围的人相处得比较融洽，在遇到困难时，大家热情相助，就会使困难得到较快的解决；如果你与周围的人关系紧张，在遇到困难时，大家不仅不帮助，还会幸灾乐祸，这时候你就会品尝到世态炎凉的滋味了。所以，在你和周围人交往中，经常关心和帮助他人，这样不但对他人有好处，对自己也将十分有益。

## 三、相似性因素

常常有这种情形，有的人初次见面，就能和人聊得热火朝天，很快交上朋友，这就是“一见如故”。有人认为这是缘分。其实不对，主要是因为他们之间有许多相似性因素，从而产生较强的吸引力，所以才能一见如故。具体地说，这些相似性因素包括：在态度、信念、思想、理想、目标、志趣等方面的“志同道合”；在教育水平、经济收入、职业身份、社会地位等方面的“门当户对”；因经历、遭遇相似而产生的“同病相怜”。

如果追求相似性吸引的心理归因的话，只要稍加注意一下你周围朝夕相处的人们，就不难发现这样一个事实：一方面，态度等方面相似的人往往具有共同的心理特征；另一方面，每个人都对自己满意和喜爱，人们喜欢与自己相似的人，实际上是一种间接的自我肯定和欣赏。了解了这些，我们就知道，懂得建立和培植友谊的人，一定善于寻找和创造相似性因素。

## 四、互补性因素

人们不但追求文化历史背景、个性特征、态度、价值体系的相似性，而且还追求需要的互补性；人们不但喜欢那些在人格上与自己相似的人，而且还喜欢能满足自己的需要、补充自己人格的人。当双方的需要及对另一方的期望正好成为互补关系时，就会产生强烈的吸引力，从而形成密切的人际关系。

相似性和互补性事实上是相互联系、相互作用的。有些时候人们要追求相似基础上的互补。每个人的性格、志趣等除具有个别特征以外，还具有共同的特征。比如，爱国、恨敌、正直、从善、爱美、好学等，而这些就是我们喜欢与之交往的基本点。这说明，人们为了和谐相处和完善人格，总是把相似性和互补性结合起来考虑，不但要求对方在人格、物质、心理诸方面与自己相似，而且要求双方需要的满足能相互补充。事实上，有些性格迥异的人，因为能求大同、存小异，各自尊重对方的性格，保持自己的兴趣，互相支持、互相适应、互相补充，所以生活得很有味道。

## 五、报偿性因素

在人际交往中，双方或一方具有要达到一定目的、满足一定需要的想法，并由此而产生了交往，这种吸引就是报偿性吸引。可见，报偿是自觉或不自觉的人际交往中的一种社会动机。在现代人效益观念日益增强的情势下，交往能否互惠互利，能否从中得到好处，这种报偿性的社会动机，更明显地支配着社交的频率和深度。交往中能够在物质上或精神上得到某种报偿，则交往活动能产生吸引力，得到的报偿越多，交往的吸引力就越大。

君子之交淡如水，小人之交甘如饴。真正的友谊靠的是赤诚相见、志趣相投，而不在于甜言蜜语或重金送礼。君子之交是“神交”，即以精神上的互相交流为乐趣，不仅能经得起时间考验，也经得起外界环境的考验。也只有这样的友谊才算得上纯真，才可以地久天长。总之，君子之交与小人之交的根本区别在于：前者追求的是精神报偿，后者追求的是物质报偿。

## 六、能力性因素

英国作家毛姆写道：“友情有两种类型。第一种类型是一种动物性本能的友情……第二种类型的友情是理性的，即被对方的才识所吸引，对方具有自己陌生的思想，能预先看见未知的人生，有感情丰富的经验……”事实确是如此，凡是聪明能干、知识丰富而又热情的人一般都能引起人们的喜爱、钦佩、尊重和敬慕，在人际交往中具有吸引力。因为与这样的人交往，可以使自己变得充实起来——知识上充实，精神上充实，生活上充实。人们崇敬名人，实际上就是被名人较强的能力所吸引的缘故。所以，要想对他人有吸引力，提高能力是一种行之有效的方法。有理由相信，随着你事业的蒸蒸日上，你的吸引力也就越来越强。

在现实生活中，我们还会常常碰到这种情形，有人在道德品质方面有严重的错误，但他某方面的才华却很突出，很能吸引人，这种人不是不可与之交往，但要在交往中注意，不要让他的坏习惯、坏思想影响你。如果你能用健康的思想影响他、改造他固然好，但若做不到的话，最好保持“独善其身”。至于那些意志不坚定、对拒绝诱惑缺乏自信的人，最好不要交这种容易把你带坏的朋友。

总之，上述的六大要素并不是孤立存在的，而是互相联系、相互作用的。其中，外貌和空间等外在吸引力是有限的。如果要深交，保持长久的密切交往，还要靠强烈的内在吸引力。在这方面，高尚的道德品质和丰富的才识无疑是最为重要的。

# 准确把握你的交际角色

田永明

在交际中，如能根据交际的情境、氛围、场合、对象，对自己应扮演的角色迅速及时准确定位，那么，无疑会在纷繁多变、千差万别的交际活动中如鱼得水，游刃有余。

那么，怎样才能演好自己的交际角色呢?

**一、扮演主角不迟疑。**一些交际场合，主角非你莫属。既天降大任，便毋需迟疑，更不必畏缩，而应当仁不让，有舍我其谁的气派。如果在该表现自己的时候畏畏葸葸、卑琐窝囊，便会让人小瞧，自己也觉得别扭。有一次老同学集会，身处微贱的老班长，面对许多飞黄腾达、身居高位的老同学期待的目光，在主持同学会时推辞再三；大家以掌声欢迎，他却语不成句。其实，老同学相会，并不是来比地位高低的，而是想在聚会中怀想逝去的青春年华，昔日的班长此时此刻仍是大家心目中的主角。班长如能以主角的身份在聚会中显示昔日的风采，便会给大家以美好的回忆。而班长此举却让大家大失所望，既扫了大家的兴，他自己也失去了一次一展风采的机会，实在可惜。

可见，如果生活把自己推到主角的位置，就不必顾忌，尽其所能，施展才华，方能让人佩服。例如，有一单位派某人去有合作关系的单位联系业务，但某人在那个单位发现他们违规掺假。他即刻以单位的名义对合作单位提出警告。作假心虚的合作单位不得不向他保证下不为例。由于此人在特殊场合及时准确地扮演了主角，使自己的单位免遭损失。他的行为受到了单位的表扬、大家的称赞。

**二、甘做配角不僭越。**无论你地位多高，都会有成为配角的时候。既为配角，只是陪衬红花的绿叶。此时，便要甘为人梯，为主角修桥铺路，切忌喧宾夺主。例如，在一次教育部门工作现场会上，由于请来省教育部门领导参加，大会给他安排了十分钟讲话。但这位同志逮住话筒，一口气讲了两个小时，东拉西扯，直讲得天昏地暗，把台下听众讲得昏昏欲睡，弄得会议主持人如坐针毡，不停抬腕看表，这位同志却总讲不到头。待他讲罢，时间已不容再进行下去。大会总结只好草草收兵。一个十分重要的大会，被弄得不欢而散。

不难发现，该作配角而越俎代庖，喧宾夺主，是一种交际中的不识大体的表现，也是一种自我贬损的行为。一旦在生活中作配角，就应时时坚守自己的配角地位，起到绿叶衬红花的作用。如在一次企业谈判会的间歇，有人向某单位秘书讨口风，想从他口中探知他们厂对某件事的态度。尽管秘书知道，但事关重大，他觉得自己不能表态，便说：“这个问题，我们领导刚才已有所阐述，下面还会进一步说明，到时你便会明白。”秘书的话，十分得体，对方虽未从他口中得到什么，却对秘书的交际本领大加赞赏。这就是因为秘书不僭越，甘做配角，对自己在交际中的角色把握得很准确。

**三、若处中介不决断。**交际活动中，诸如月下老、经纪人、传递信息的人、穿针引线的人，地位比较特殊。天下婚姻许多靠月下老人成就，交易市场由经纪人在中间说项以促成交易。而这些中介身份的人要明白自己非当事人，因而，对事情本身如何进展，可以起催化作用，但却忌讳忘记了自己的角色，贸然对事情作出决断。例如，有一经纪人为别人买牛，在买方未完全同意的情况下，他不是去跟人家沟通、商量，而是自作主张，拍板定案。结果，买牛人拒绝交钱，卖牛人却非要经纪人给钱。弄得经纪人两头不好做人。这就是由于经纪人没有在交际中准确为自己定位，贸然决断，导致自己两头受气，咎由自取，怨不得别人。

若身处中介人地位，便不该忘记自己仅为穿针引线人，对自己的角色有了明确的认识，准确的定位，那么便会成就好事，令人赞叹。中介人，一般不能对别人的事下断语，但却要尽可能婚姻说合、祸事说散、解决矛盾、成全美意。如有人为兄弟俩纠纷做调解人。一方面述说兄弟二人的不是，另一方面又提出多种解决纠纷的方案。说他们的不是，让他们兄弟都明白纠纷双方都有责任；提出多种解决纠纷的方案，目的是让兄弟俩择其可接受的条件，达成共识。调解人的提议只是一种参考，是对纠纷的一种调解。通过多次商讨，在兄弟俩都认为能接受的条件下，调解人才最后宣布解决办法，终于使兄弟纠纷得以化解。

# 精品文苑

JINGPIN WENYUAN

# 爱意，正是滋润我们心灵的甘泉

阿 健

那天，到一所很闭塞、落后的山村小学采访，我在钦佩那位四十出头的学校唯一的女教师所取得的感人的业绩之余，更惊讶的是——繁重得令人难以想象的超负荷的工作，连医生都束手无策的顽疾，再加上接二连三的家庭变故，都没有褶皱她的肌肤，没有留下点滴的憔悴的影子。她那红润的、泛着青春光泽的容颜，实在令人惊讶不已。

我不由得脱口问道："你有驻颜秘方吧？"

她莞尔一笑："有啊，就是让心中时时充盈着爱意。"

"让心中时时充盈着爱意"，我轻轻地重复了一遍，不由得怦然心动：心存爱意，竟然有着如此神奇的魔力啊！

其实，我们每个人都会有这样的感觉——当心存爱意的时候，陌生的会变得亲切，艰难的会变得容易，平淡的会变得神奇，琐屑的也会变得可爱起来……

因心存爱意，世界在我们的眼里霎时多了美丽，多了情致，多了诗意。仰首蓝天白云，俯身闲花碎草，看高山流水，望树长莺飞，皆有情趣，皆生神韵。甚至六月的一阵急雨，冬日的一场瑞雪，甚至一枚晶莹的鹅卵石，一截过火的树根，都让人欣欣然、怦怦然，都让人情思悠悠。因心存爱意，那么多人心甘情愿地匍匐成一根根枕木，托起别人前行的足音；那么多人悄然化作一株株小草，默默地装点秀丽的风景。因心存爱意，多了亲人关心的问候，多了朋友专注的倾听，多了恋人幸福的呢喃，多了关于真的故事、善的话题、美的旋律……

因心存爱意，意外风雨中，有了陌生人伸来的一柄杏红伞；泥泞的路上，有了一双搀扶的臂膀；苍茫的夜色里，多了一盏驱散寒意的明灯；独行的背后，多了一道热切关注的目光；匆匆的行旅中，多了一声善意的提醒；漫漫的征途上，多了一份诚挚的祝福……

前天在杂志上看到的一位多病的母亲背着自幼患病从未站起来的儿子求学的故事。当采访她的记者感慨地说她受苦了，这位母亲却十分幸福地回答道：

“儿子能上学，哪里还有苦啊？”

我相信这位母亲说的是真话，因为被爱意充盈的心灵，永远是快乐的。同样，充盈着爱意的生活，自然是幸福的、温馨的；充盈着爱意的人生，自然是年轻的、活泼的、向上的……

爱意，正是滋润我们心灵的永不枯竭的甘泉啊！

## 从梦想起飞

牧 一

我们都曾做过飞翔的梦。在葱绿的童话森林里，我们挥舞着蝉翼般透明的手臂，和小鸟一起轻盈地在阳光下舞蹈，稚嫩的心似海天片羽，在澄澈的天空越飞越高。

梦想是一只温暖的手，它牵引着我们走过童年。

梦想是一支神奇的笔，在我们的人生长途，画出了一条雪白的起跑线。

当我们从母亲的注视里渐渐长大，在那个需要坚硬的哲理与格言包装我们的幼稚的年龄，我们曾很认真地相信这样的哲理：成熟意味着不再做梦。我们都太渴望成熟，于是我们那么轻易地把“梦想”这个美丽的字眼，丢进了童年的小摇车，折断在少年的纸鸢上，再也不想用它来涂抹自己青春的日记。

对于这个世界，我们不会再睁大一双惊奇的眼睛。我们渐渐学会了用习惯与冷漠来面对一切。我们的窗子紧闭着，不再飞进斑斓的蝴蝶；我们的双耳也过早地老去，不再飘进悠远的鸽哨。

终于有一天，有一位老人告诉我梦想的意义。

94 岁高龄的冰心老人，躺在医院的病床上，却微笑着轻轻地说：我做了一个彩色的梦，给我输血的，一定是位画家。

我感动于老人那颗晶亮的童心，感动于时间的剥蚀仅仅混浊了她的眼睛，老迈了她的身躯，而她的心却如此年轻。

原来梦想这只温暖的手，不仅要牵着我们走过童年、走过少年，还要走过青年、走过老年，一直抵达生命的终点。

只要我们的心中还有梦想，生命的果园就会永远垂满绿荫。

我们不要忘记，在我们小小的世界里，让我们的梦想挥动它无垠的翅膀。

那是因为：

梦开始的地方，就是希望生长的地方。

# 大道朝天

大 卫

这世界上的路有千条万条，若论难易把它们归纳起来，其实只有两条道路：一条是上坡路；一条是下坡路。

走上坡路很费力这是尽人皆知的道理，从起程的那一天起你就要穿着芒鞋、戴着斗笠向前方的目的地走去。沿途可能会有荆棘刺破你的双脚，也可能会有风雨甚至冰雹对你进行某种打击。你付出了汗水还不行，有时候还需付出血水和泪水。

走下坡路就显得很容易，你总觉得有一股外力在向前推着你，双足长在自己的腿上，但脑袋却似乎长在别人的肩膀上，你不能把握自己，因此也就显得迷迷糊糊不能自主，远方对于你来说只是一团永不消散的迷雾，自己做不了阳光，又如何能把前途照亮？

不管是上坡路还是下坡路，它们都有一个终点。走上坡路的人会流下欢欣的泪水，因为在他走过的地方是一步一个脚印；而走下坡路的人若良心未泯，他会流下咸涩的泪水，因为在他走过的地方是一步一个悔恨……

如果说上坡路的路标是坚强，那么下坡路的路标是软弱；

如果说上坡路的路基是崛起，那么下坡路的路基便是沉沦。

上坡路与下坡路的区别并不是“坡度”的大与小或者低与高，它们唯一的区别就在于你意志的坚定与否！一个正走上坡路的人如果取得了一点成绩就沾沾自喜，收到几束鲜花和几句赞誉就骄纵得不可一世，那他可能会原地踏步、停滞不前，甚至会走入下坡路。同样，如果一个正走下坡路的人，某一日忽然发现自己的误区，那他可能会幡然醒悟，并咬紧牙关走出灵魂的“百慕大三角”，从而走上那条虽艰险却有着光明前途的上坡路。

由此可见，上坡路与下坡路的关系就像一块跷跷板，它们的互相转化就在于你把意志的砝码放在哪一边。

人，不一定非要活它个轰轰烈烈，更多的时候要活得有滋有味。有人说：

这世界上没有比脚更长的路，从某一种意义上讲这句话是对的。但在记住这句话的同时你更须记住：脚是不长眼睛的，我们千万不能盲目地迈动双足，而要看清自己所走的是一条怎样的路——若是上坡路，我们当然要持之以恒地走下去；若是下坡路，我们当然要不容置疑地停步驻足！人活在世上最重要的事情莫过于把路走好。我们常说大道朝天，这儿的“天”不仅是指远方的那个辉煌的终点，而且它还表示着你心中的那个坚强的信念：不管生活让我哭泣还是让我欢笑，我都将义不容辞地走那条遍布鲜花也遍布荆棘的上坡路。

# 厚　道

刘诚龙

厚道有如参天的大树，给你遮挡暑热炎凉；厚道有如坚实的舞台，容你演绎生旦末丑；厚道有如母性的怀抱，替你抚慰喜怒哀乐；厚道有如宽广的大海，载你搐击风雨浪涛。

地基愈厚，愈能载高；础石愈厚，愈能负重；湖床愈厚，愈能纳深；人性愈厚，愈能受众。

想要纪念碑高高耸天，首先要夯实底座；想要赞美诗远远传播，首先要充实内涵；想要伊甸园四季如春，首先要气候温厚；想让友谊树常青不谢，首先要土地肥沃。

土地不厚，承不了山川海岳；人心不厚，得不到道义情谊。

厚道，就要心地单纯，化复杂的人生为简单处世；厚道，就要心胸宽广，化恩怨干戈为真情玉帛；厚道，就要心存善良，人负我，我不负人；厚道，就要心向美好，少栽刺，多栽花。

别人的心也许深不可测，而我清澈见底，是谓厚道；别人的心也许变化多端，而我常处恒态，是谓厚道；人家看人，以待己为是非，我看人，以对他为对错，是谓厚道；人家待人，以利己为恩怨，我待人，以利人为取舍，是谓厚道；人以地位升浮为亲疏，我以感情真假为远近，是谓厚道；人以得失为得失，我以善恶为善恶，是谓厚道。

人给我自尊，我还他高尚；人给我快乐，我还他幸福；人给我宽容，我还他真诚；人给我抚慰，我还他热情；人给我希望，我还他感激；人给我亲切，我还他尊敬。

人给我一道横眉，我给他一张笑脸；人给我一支暗箭，我给他一束鲜花；人给我一个陷阱，我给他一双肩膀；人给我一句坏话，我给他一曲赞歌；人给我一回屈辱，我给他一顶桂冠。

厚道，既是以心换心，以情还情；也是以德报怨，以善报恶。

厚道，是人性中的真善美。

易涨易落山溪水，易反易复小人心。在这个世界上，我们常常感到世态炎凉；害人之心不可有，防人之心不可无。在这个世界上，我们常常容易受到伤害；一将功成万骨枯。在这个世界上，常有人利用我们又践踏我们；粉面含春威不露。在这个世界上，常有人讨好我们又出卖我们。这都是缺少厚道的缘故。

缺乏厚道，就会有鸿门宴；缺乏厚道，就会有莫须有；缺乏厚道，就会有农夫与蛇；缺乏厚道，就会有卖友求荣。

缺乏厚道，就缺乏信任；缺乏厚道，就缺乏融洽；缺乏厚道，就会缺乏和睦相处；缺乏厚道，就缺乏坦诚与友爱。

也许做事需要精明，但你做人必须厚道。

# 跨越苦难

谢胜瑜

苦难原本是生命旅途中一道不可或缺的风景。

苦难是竖在现实和未来之间的一扇纸糊的门，你只要敢于捅破，前方的路便天宽地阔；苦难是蹲在成功门前的看家犬，怯弱的人逃得越急，它便追你越紧；苦难是火焰熊熊的炼狱，灵魂在苦难中涅槃，就会显露出金子般的成色……

四季轮回。既然有春天的葱茏，也就有秋天的落叶；既然有夏天的热烈，也就有冬天的风雪。我们没有理由不接受苦难，没有理由不善待苦难。

世上没有不弯的路，人间没有不谢的花。苦难宛如天边的雨，说来就来了，你无法逃避，无法退却；苦难又似横亘的山，赶也赶不跑，你只有跨越，只有征服。面对苦难，最要紧的是心不烦意不乱。闭上你的眼睛，聆听一段清泉叮咚的乐曲，幽远清新的旋律会送你一份“心静自然凉”的轻松；放飞你的思想，翻开油墨飘香的书页，睿智俏丽的文字会给你一份“蓦然回首，那人却在灯火阑珊处”的惊喜。在泪水涌出眼眶之前，请抬起你的头。仰望头顶那方包容了亿万年风霜雨雪的天空，读懂那份旷达那份宽容那份蔑视一切的恢宏气势后，你怎能不顶礼膜拜，信心倍增？

也许，所有的艰难险阻都是通向人生驿站的铺路石？也许，每一阵雷电霹雳都是响彻于青春岁月的爵士乐？曹雪芹满腔辛酸作成《红楼梦》、贝多芬用苦难谱写《第九交响曲》、诺贝尔则用生命的代价换取了震慑世界的一声巨响。苦难之于人生，实在是一笔丰厚迷人的财富。失意的时候，总要忍不住说日子难过。但再苦再难也得过。人生如爬山，苦难便是通向山巅的崎岖小路。不曾历经苦难，你就永远只能在山脚下徘徊，永远无法领略虎啸生风、群峰叠翠的无限风光。

生命，总是在挫折和磨难中茁壮。

思想，总是在徘徊和失意中成熟。

意志，总是在残酷和无情中坚强。

让我们对所有的苦难心存感激，然后投入所有的心智所有的激情，认认真真地过好每一天，用一生的无畏和执着浇灌勃勃生命如花绽放。

接受苦难，不为别的，就为你来到了这世上；

跨越苦难，不为别的，只为你不白活一回。

# 聆 听

韩 杰

在这个世界上我们常常聆听。

譬如在大自然中我们寻觅那“明月松间照，清泉石上流”的韵致，寻觅那“蝉噪林逾静，鸟鸣山更幽”的空灵，寻觅那“红树醉秋色，碧溪弹夜弦”的意境。聆听轻风喁喁低语，聆听松涛娓娓吟唱，聆听蛐蛐细细鸣叫，聆听山林中鸟儿欢啼。那脆灵灵的音符好似一颗亮露滴落，使你的心中也流淌出一挂清粼粼的飞泉。

虫鸣鸟语，溪泉淙淙，人也焕发了童真，胸中的块垒随溪水逝去，工作的疲惫被溪水洗去，心灵的尘垢随溪水流去，身心如沐，愉悦清朗，潇洒通透。

聆听，涵养了你的性情，旷达了你的胸臆，给你智慧的灵光和启迪，你的思维也流转自若，鲜活水灵。聆听是一种怡情忘机的人生态度，充满着潇洒的生活意趣。有时候，我们失去了许多快乐，并不是无法引起快乐，而是缺少一颗平常心，缺少爽朗清静的心情，缺少毫无掩饰的童稚的天真。

有位睿者说：“当我们明心见性，达到内外如一、心物合一的境界，我们便能从任何细微的事物中获得智慧的启示。安静地看一瓢水，可以听到它演示的清净义，请汲来柔润自己的心田；细致地看一朵花，可以听见它宣说的庄严义，请掬来美化自己的生命。这就是奇妙的无情说法，万事万物，无时无地不在百般譬喻，殷勤示教，你听见了吗？”

心情浮躁的人不会聆听，利欲熏心的人不会聆听，心胸如豆的人不会聆听，老谋深算的人也不会聆听。他们过于浅薄，过于功利，过于狭隘，过于世故。他们缺少颖悟的耐心、适度的宽容、舒展的心灵、好奇的天真。他们所能听到的只是铜臭的撞击、生活的噪音。

在这个世界上我们需要聆听。

譬如聆听父母的忠告，聆听老师的教诲，聆听朋友的劝慰，聆听婴儿的啼哭，聆听妻子的关爱……

聆听是心与心的碰撞、爱与爱的交流、情与情的融汇；聆听是一种主动的生活姿态，一种亲切的对待，一种由衷的信赖，一种美妙的心境。

一位伟人说："喜欢聆听的民族是一个智慧的民族。"

狂妄自大的民族不喜欢聆听，只喜欢征服，他们的傲慢，遮挡了他们的视线；

闭关自守的民族不喜欢聆听，只会沾沾自喜，他们坐井观天，妨碍了他们的见识；

急功近利的民族不喜欢聆听，只会浮在表面，他们浅尝辄止，缺乏深厚的内涵。

因此，学会聆听才不自满，才不孤独，才开眼界，才见学问；学会聆听才善于思考，富有创意，从容冷静，虚怀若谷，这个民族才变得生机勃勃，充满魅力。

# 倾听我们的心灵

杜殿台

孤独寂寞时候，别说冷清，莫叹不幸。此时此刻，飞扬的思绪正如汩汩的泉水在我们胸腔喷涌，真实美妙的音乐也正以最悠扬深邃的旋律在我们的心弦上奏鸣。

欢喜得意的时候，不要失控，不要放纵。漂泊奔走的心灵需要栖息安宁，纷乱汹涌的心情需要梳理平静，心灵深处为浮华所盖的。执着的生命律动需要我们用心倾听。

我们的心灵呵，是何等的丰厚，是怎样的富有。诗情画意，田园意境，浪漫情调，赤子心声，千般灵秀，万种风情。它是我们生命的家园，是我们灵魂的居所，是我们情感的港湾；它给我们思考与颖悟，给我们体验与启迪，给我们琼浆与玉露。

倾听我们的心灵，这里有我们纯真无瑕的天性，有我们渴求的慰藉、依托与归宿，有我们刻骨铭心、发自肺腑所憧憬的自由而幸福的人生。

情绪低沉时，倾听我们的心灵，我们会昂扬奋发如搏击长空的雄鹰；意志疲软时，倾听我们的心灵，我们会坚定顽强如傲对风雪的青松；阴云笼罩时，倾听我们的心灵，我们会豁然如雨过天晴，心也柔柔，情也悠悠……

波澜不惊时，倾听我们的心灵，我们会蓦然觉醒而挥别混沌梦境；平淡度日时，倾听我们的心灵，我们会主动地去为生活创造一份辉煌，绽放一段惊喜；志得意满时，倾听我们的心灵，我们会清醒地觉悟到来路漫漫前途尚远而砥砺前行风雨兼程……

倾听我们的心灵，我们可以在心灵的天空里自由翱翔，放飞沉重的思想，抛弃尘俗的烦恼，撤掉设防的城墙，撇舍浮华的诱惑，恬恬淡淡、从从容容地送迎岁月。

倾听我们的心灵，我们可以在思悟的大海上逸兴翩飞，啸歌云霄，尽情地挥洒，畅然地扬帆，找到自己最真诚最渴盼的理想与向往。

倾听我们的心灵，我们将更加洒脱地走向人群，走向生活，将在生活中更酣畅淋漓地展示出自己，亮出自己的本色，活出自己的风采，大道直行，天马行空，洋洋洒洒，无牵无挂。

倾听我们的心灵，我们会自己把自己感动，心地更加玉石般澄明，情怀更加白雪般洁净；为人越发坦荡、豁达、从容，做事日益自信、顺心、应手。

倾听我们的心灵吧——听我们永不枯竭的青春热血的澎湃，听我们永远蓬勃的生命激情的呐喊……

# 取　暖

谢胜瑜

冰雪覆盖的时候，我们需要一团火取暖；暗夜无边的时候，我们需要点点星光取暖；前途茫茫的时候，我们需要一盏航灯取暖……

四季轮回。心头滤不完的是烦恼和忧愁，脚步略不去的是艰辛和伤痛。寒天冷日，我们靠什么来温暖迎风伫立的自己？

留些思想给自己取暖。人类没有思想，世界就没有了分量。让我们在静夜里，思想昨天的去和往；让我们在晨光里，思想昨天的对和错。思想着，我们的耳朵便是尘世杂音的过滤器；思想着，我们的眼睛便会成为万千形态的监视仪；世界五光十色，思想着，我们才能清醒处世，明白做人。

留些正直给自己取暖。树不直，将无以成栋梁。让我们在风雨中，舒展叶的葱茏和向往；让我们在烈日下，挺拔根的遒劲和深情。正直着，我们的身躯便是没有弯曲的攀缘树；正直着，我们的目光便会成为无数邪恶的消防栓；人间三教九流，正直着，我们才能日不怕雨淋，夜不怕霜打。

留些自信给自己取暖。自信是一面火红的旗帜，旗帜不倒，生命不败。让我们在惊涛巨浪中，展示凌波仙子的飘逸和从容；让我们在火光霹雳中，映现世纪巨人的无畏和高大。自信着，我们的血液便是不灭的熊熊火焰；自信着，我们的骨骼便会成为承载千钧的擎天柱；旅途万水千山，自信着，我们才能大步逐日，肩扛宇宙。

留些真诚给自己取暖。真诚是灵魂栖息的小床，真诚不在，灵魂便永不能寝。让我们在清风中，掂量尊严的轻与重；让我们在清澈中，照见人性的美与丑。真诚着，我们的心胸便如空谷幽兰；真诚着，我们的视野便会泊满天蓝云白水清；人生千沟万壑，真诚着，我们才能两脚踏实地，双手打天下。

面对寒冷，篝火需要我们带上火柴才能点燃；走进暗夜，星光需要人们拨开心头云雾才会闪亮；陷入迷惘，航灯需要我们在启程前高高挂起！我们无须感叹世态炎凉，无须埋怨人心不古，因为，所有的美好都根植于我们自身！

太阳也许明天才会升起。那么，让我们点燃思想、正直、自信、真诚等所有的美好，围炉取暖，照耀今天……

# 手心向下

大 卫

这世界上的人可分为两种：一种是手心向上的人，一种是手心向下的人。

手心向上的人是一些索取者，总是等待别人的施舍，如那些可怜兮兮的乞丐。

而手心向下的人却不是这样，他们总是不断地帮助别人和帮助自己。

每天早晨从睡梦中醒来的第一件事就是轻轻地告诉自己：你要做个手心向下的人。

看到别人因为失恋或者亲人丧亡而痛苦不堪、快要跌倒的时候，我会手心向下扶住他颤抖的肩头，告诉他失去满天星星，就会迎来一个崭新的黎明；告诉他抬起头，把泪水擦干，远方就是那个晴朗的天！

看到一个因病重而没钱治疗的孩子那憔悴的面容，我会发动众人从自己的薪金里，拿出一片深情而又真诚的问候，走近募捐箱手心向下，塞进一片同情与挚爱。

人生是一段坎坷不平的路，喧嚣的尘土会迷蒙你的双眼。风雨来临之时，脚下的道路会泥泞你前进的步履。如果一不小心滑倒在地，请不要灰心也不要丧气，手心向下，掐住大地的脉搏，从哪里跌倒就从哪里爬起。真的，唯有手心向下，你才会撑起一个坚强而又从容的自己。

我常常对着蓝天发呆，心想它为何总是那么湛蓝、深邃、博大、高远？！终于有一天，我发觉蓝天也实是一只巨掌，它总是手心向下地支撑着自己永不塌陷。那光辉而又灿烂的太阳是它的一个红红的手印。面对蓝天，我还发觉我们每个人的生命其实都是一架硕大的钢琴，昼与夜构成白键与黑键，我们唯有手心向下才能弹奏出高昂、激亢而又悠远洪亮的琴音。于是，我更加坚定地对自己说：做个手心向下的人。

手心向下——

给予别人的是无私的温暖和奉献！

手心向下——

给予自己的是坚强的信念和支点！

# 天　真

赵功强

每每面对那些因简洁愈显真切、因平实尤见气势的自然景观，譬如深秋中湛蓝辽远的晴空、北国浩瀚无际的茫茫大漠，或者雪后纤尘不染的原野、雨中的一方迷蒙空灵的天地……我就觉得，自己久蒙尘垢的心顿然浸入了一片慰藉之中，就像一株久已脱水、渐趋蔫萎的水仙被重新植入盆中的净水一样，那么叫人心智舒展、活力洋溢，轻轻松松地，就抖落了满身的疲惫与困乏。

我感激这些景观赠予我的纯真、明净，还有坦荡、实在，感激它们的本色带给我的感觉。

而天真，就是人性世界里的这片晴空、大漠，或者这片原野和空灵天地；就是一泓使人心性复苏的净水。

我很相信，人的心灵世界也如同外在的自然景观一样，亦是千形百貌、状态迥异。既有一览无余开阔明朗式的豁达爽直，也有峰回路转、曲折迂回式的深沉老到。前者是发乎性情的情感自然流露，近乎或等同于天真；后者乃自卫保守的处世之术，多设了城府，心灵便蒙了一层薄纱，失去了本真。

如果说，天真是一枝初绽的花朵，纯而又纯，那么，老练就像一枚坚果，一层厚壳封存了一个未知世界；而矫揉造作则更像长满了虫子的烂果。比较而言，我会更由衷地钟情于花朵，却不愿贸然接受一枚果实。我知道，即便花儿有毒，嗅一嗅也不至于像咽下毒果那样后果难料。

所以，尽管在功利的词典上，天真早已沦为头脑简单幼稚无知的代名词，我却坚信，实实在在的天真，就是心存爱心，胸怀良知。崇尚天真，实则是渴望真诚，珍视爱心。

事实上，唯有天真，我们眼前的世界才会明媚可爱，心底的天地才会洁净无瑕。

不设防的心灵，最是天真。拆除了心扉，敞开了心窗，友情的阳光才会更容易照进来，爱情的暖风方能更顺畅地吹进来。

有一颗包容的心，才能天真。荡开的胸襟足以容纳所有的闲言碎语、飞短流长。纵然有人不懂天真、不信天真且容不下别人的天真，你的宽容依然能让天真闪耀它那圣洁的光辉。

拥有青春与纯真，才与天真有缘。道貌岸然，勿论天真；老成持重，无从天真。青春是精品，天真就是美质；青春是旗帜，天真就是清风。保鲜你天真烂漫的心，你青春的花期将会延伸到人生的每个春夏与秋冬！

# 恬　静

胡　平

对面的那幢大楼，每到夜晚便灯红酒绿，不断飘出温软的歌声。在它的后面，住着一位姑娘。她的房间里摆满了书，床上有一件织了一半的毛衣。灯光在书页、银针和她的手指尖上跳动。眼睛疲倦了，她就推开窗子，窗外的那棵丁香树发出沁人心脾的馨香……

她就像长在岩岸上的花朵，每天耳边响着急流奔涌的声音，她虽然震慑于这种轰然的气势，却不想汇入其中。因为那样你就有可能变成在水面上漂流的花朵，最终被急流冲走和淹没。

她从岩缝中长出来，经历了拼搏和伤痛，更懂得生命的真谛。如果说有一部分人是因为天性纯朴而保持着恬静，那么她则是在获得了对生活的理解和顿悟后，超脱般地拥有了恬静。

因为恬静，她不会受外界喧闹的诱惑而做出轻率与鲁莽的举动。

因为恬静，她不会因迷惘躁动而干出浅薄和荒谬的事。

因为恬静，她对人生的冷与热有了更多的感受和体悟，知道什么是真正有价值的，什么是必须加以珍视的。她不会仅仅因为喜欢就去攀摘公园里的花朵，她更注意那个在赏花人群中所见不到的园丁……

因为恬静，她不羡金银，不妒权势，她看重的是作为女儿、妻子或母亲的身份，看重的是和相爱的人默默相拥……

恬静，使她高居岩岸而不跌落。她每天迎接朝阳，目送晚晖；天空中的雨再大，只能增加激流的汹涌，而她的身体却能在雨中沐浴一新；当轻风吹过岩岸，她也接受轻风的抚慰；她身在高处，不仅能欣赏两岸的风光景致，也接受舟上人的赞叹！

在喧闹的世界中，恬静是一道优美的风景，是一种壮美的境界，是一首动听的诗……

# 无人喝彩

雷志宇

无人喝彩的人生，就似没有花香的小径。

人生的赛场常常是这样开始的：两旁是朋友助威的呐喊，身后有亲人关注的目光。我们大多数人的生命是在这亲朋们的赞美与喝彩中长成的，那是我们成长过程中快乐的源泉。

但是，既然我们要前行，就总有一天会远离朋友呐喊的范围，走出亲人关注的视野。当生命孑然独行于荒野，你可经受得住孤独和痛苦的煎熬？

甚至，在你蹒跚的身影之后还有无数的诽谤和嘲讽，你是否仍能默然坚守？沙滩能让汹涌澎湃而来的海浪心平气静地退去，并且留下些珍珠和贝壳，是因其胸襟的坦然与博大。

那些只习惯于繁花锦簇的春天的生命，如何度过群芳凋零的冬天？那些被众星捧月般拥戴和欢呼的人们，不经受孤独和冷落，如何蓄积一种于困境中自信从容的人生大气？

孤独和痛苦检验着生命的弹性，让人更真切地感受到生命的硬度和精神的韧性。我们生命的最大值正是在这种承受和忍耐中求得的，而不是以他人的喝彩为砝码来度量的。

喝彩，本是人们对那些闪烁着真善美光辉的人和事的真诚赞颂，是人们内心对人性的亮点情不自禁地共鸣的反应。由衷的喝彩，对于自卑和脆弱的人，确是一根能支撑其前行的手杖。但在这个浮世时代，许多喝彩成了随意的问候或礼节性的安慰，甚至不乏谄媚的精神贿赂。正如太多的泡沫只会令人窒息而不能将其抬升一样，廉价的掌声和无端的喝彩总是让陶醉其中的人们放慢了快行的脚步。

其实，对于我们这些很平凡的生命，能否赢得别人的喝彩并不重要，只要在自己生存与生活的环境里，大部分人能容纳你，接受你；小部分人能善待你，喜欢你；有那么几个人能牵挂你，真爱你，便是幸福的人生了。

而那些一心埋头走路的人，纵会忽略沿途许多美丽的风景，却能明晓自己的每一步迈于何处。跋涉之途是否花香满径，他们是不会在意的。对于这些真正值得喝彩的人，喝彩于他们，反倒成了煞风景的惊扰。

黎明不是因鸡鸣才到来，鲜花亦不是因人们赞美才芬芳。

无人喝彩，我们依然昂扬向前。

没有掌声，我们一样虔诚地歌唱。

# 心中的恩

岳 扬

自从母亲被接到城里与我们一起生活后，她成天惦记的除了乡下那垄送给他人的正在生长的麦子外，尤其让她揪心的则是那些曾经在苦难日子里拯救过全家的村民们。

自从父亲去世后，正是在村民的周济下，母亲凭借巨大的信念与勤劳在那个贫穷闭塞的小山村将我们弟兄三人无声无息地拉扯大，还一一让我们读书，直到我们考上大学。

每当母亲将那些村民周济的细节不厌其烦地讲述给我们听的时候，我们心中都充满不绝的恩情。“我们借的钱不是都还了吗？”有一次二嫂小心翼翼地插了言。

“但他们现在还很穷啊！”母亲用讲了一辈子的方言情绪激动地形容了那些仍然贫穷闭塞的村民们的真实情形。那是我常常不愿意去想象的一种没有梦想的贫穷生活。

在那个艰辛得邻居的鸡子踩了秧田就要引发一场争斗的贫困与闭塞中，村民常常将他们卖鸡蛋卖谷的钱合伙凑上交给母亲供我们读书，我知道那是他们用血的代价在表达心中无尽的同情，以及他们用最高的诚意表达自己无以为报的对苦难的抗争……

母亲的叨念常常干扰了我感觉良好的、全神贯注的生活，也干扰了我脆弱的神经，使我动容。我知道那是一种善以及一种朴素的爱。在我早已可以凭自己的能力挣钱娶妻生子，然后置一幢房子，可以世世代代生活在这个城市的时候，我开始觉得缺憾。一种爱的回报的缺憾。

偶尔有村人到这个城里来办事，我发现母亲常常将我们给她的零用钱塞给他们。每次同母亲及女友出外散步，我和女友发现母亲对那些乡下人尤其是乞丐的感情特别明显，不管别人是否假装，只要她有钱，总要施舍点给他们，直到口袋空空。我在私底下感谢母亲，感谢她表达了我们的爱。

我也惊奇地发现，在那些乞丐身边，给钱的似乎都是像母亲一样朴素的老人。在母亲与他们的交谈中得知，他们大都是儿孙从乡下接来的。这些自己尚且被儿孙供养着的老人们，不惜拿出仅有的零用钱随时随地周济比自己更苦的人们，我想这就是他们的报答—— 一种更博大的爱啊！

我也就明白了，在母亲们的心中，所有比我们过得苦难的人，都是我们心中的恩，都必须时时牢记……

# 拥抱生活

蓝　轲

阳光灿烂，生活像一片霞。

在日出时分，随晨雾夜露远行，这张扬的日子，孤独与失意同在，充满青春的诱惑与困惑。

曾经有过的幻想，如五彩梦一般，在夜的星空飘忽而又美丽。理想毕竟不同于现实，失败是生活的一部分，谁也无法选择，无法拒绝。

心想事成是一句美妙的祝辞。

穿越每一个风雨交加的夜晚，你就会有一次生命的彻悟，因为你毕竟走出了梦之谷。再多的花草，只是自然的一件饰品，是大地的慷慨赠与，是给人类的一次惊喜。而人类生活中最大的惊喜不是拥抱这自然的赏赐，而是有惊喜也有伤心的、如花草般迷乱人眼的生活。

拥抱生活，在所有伤心的时刻和惊喜的时刻。

拥抱生活，就拥有一种现实。理想是花草，生活是土壤，真诚是泉水。只有当你融进生活的时候，你才会感到活着的踏实。

拥抱生活，就拥有真正的人生。

生活是一种等价交换的过程。乞丐式的依人施舍，只是懒汉庸夫的本领。用生命和青春去“赌”回属于自己的那个灿烂明天，把尘封在心底里的“上帝”扫出心之门去,让生活的影子随着你的舞步翩翩跹跹——这才是生活的主旋律。

拥抱生活，就拥有一次机遇。

生之旅并非坦途。在每一个人流熙攘的十字路口，也许你会碰到红灯，或者绿灯，或者黄灯。真正懂得生活的人会不放弃一次机遇，他知道什么时候把果断勇敢留给绿灯，把审时度势留给黄灯，把耐心等待留给红灯。

红灯，绿灯，黄灯——人生不就是由这三种颜色染成的么?

拥抱生活，就拥有一次参与。

坐井观天的，不是人生。青灯古庙的，不是人生。参与进取的人生才是快乐而真实的人生。风吹雨打我们都见过，酸甜苦辣我们都尝过——生命中多了一次参与就多了一次激情的冲动，而享受冲动时的快乐，是那些在生活的浅水滩前徘徊观望的人们无法得到的！

拥抱生活吧！让七色的梦幻装饰你未来的道路，吹响一支短笛，折来一枝桂花，向着远方迷蒙而辉煌的地平线，就着希望前行、前行……

远方并不远，那里阳光灿烂。那里的生活像一片霞。

# 找到生命的亮点

阿　健

一天，一位年轻人悲伤地跟老师诉说：“我简直是一无所有——相貌平平，体质单薄，大学没考上，无一技之长，父母是普通的农民，一点儿‘家庭背景’都没有，找一份工作都很难……”

老师耐心地听完他垂头丧气的叙述，平静地说：“我给你介绍几个人，你去见见他们，回来我再听你说什么。”

于是，他见到了这样几个人——

一个终生坐在轮椅上的青年，靠顽强拼搏，成了千万富翁；

一个连小学都没念完的农民，出了七部书，有两部获国家级奖励；

一个下岗，如今仍每天哼着歌在劳务市场寻找机遇的青年；

一个外出打工的农村姑娘，因偶然得到的一个信息，酝酿出一个大胆的设想，自己富了，还让自己的村子成为远近闻名的富村……

回到老师那里，精神振奋起来的他，激动地大声说道：“老师，比起我所见到的几位青年，我算是最富有的，我知道自己该怎么去做了。”后来，他真的满怀信心地投入生活中，靠着热情、勤奋、执着，做出了许多令人惊讶不已的辉煌业绩。

其实上苍是公平的，他赋予每个人一些亮点和暗影，问题是我们不要总是拿别人身上的亮点，同自己身上的暗影相比较，而忘了去找到自身的亮点，那样只能是越比较越灰心，以致心灵终日沉迷于暗淡之中，没了向上的朝气，没了积极的进取，最终让自己的一生少了许多本该拥有的斑斓。

我们每个人都是阳光下独特的一个，每个人身上都存在着不少的亮点，都需要我们去细心地发现，让那一个个亮点像灯盏一样照亮心灵，照亮我们注定不应该暗淡的人生。

# 行业口才

# HANGYE KOUCAI

# “拔高”评价语可以点石成金

陈　强

小学生一般不大关心以往自己是怎么做的，而对老师形成性评价的关心却尤为强烈，他们喜欢把老师的赞誉、夸奖看作是自己积极行为的结果。因而，对儿童适时做出“拔高”评价——指老师对学生思想品德状况、行为表现、学习成绩等诸多客体因素做出的一种略高于客体事实的褒奖性评价——可充分满足儿童的表扬需要，引起更高层次的积极行为。具体如下。

## 慧眼看优势——拔高评价语具有优点放大作用

在儿童身心发展进程中，随时体现着许许多多闪着童稚光芒的优点。但让学生自己主动地去发现、去认识，也是比较困难的。因为他们对自己的评价大部分要依赖成人的意见。而老师的“拔高”评价语则能把他们的优点放大到可见程度，使儿童一眼就能看到有哪些进步的优势，从而增强争取更大进步的内驱力。

数学课上，老师对一名小马虎说：“××真棒，这次作业对了8道题，很了不起，你确实是一个爱动脑筋的孩子。”这个纵比评价语对小马虎的错题量只字未提，显然有故意拔高之嫌。但通过这样策略的描述，小马虎的进步却摸得着看得见了，使他增添了克服缺点的动力。

美术老师在作品讲评课上说：“我们班是小画家最多的班，我们班是小画家的摇篮。多数同学的画不仅能够代表全校的最高水平，而且还能反映我们全市的最好水平。”老师把学生称作“小画家”，把班级称作“小画家的摇篮”，又如“最高水平”“最好水平”云云，着实高于被评价对象的实际情况。但这种拔高评价并不是毫无根据地瞎扯，它是建立在孩子们的绘画已经具备了较高水平基础之上的。所以，孩子们听了不但不觉得空洞无物，而且还会产生“小画家”就在我身边、“小画家”就是我的感觉，无形中给他们的学习加了一把劲。

## 有意避缺点——拔高评价语具有行为上浮作用

星期一上午，老师接到中队长“报案”：这期的手抄报没有收齐，原因是有的人没带来，有的人根本没做。老师就这个问题在下午的周会上却做出如此评价：“这次的手抄报大家做得都很成功，无论是内容还是版面设计，比以往任何一次水平都高，就连老师们读了也都很受感动。没交的同学可能做得也很好，因为大家都努力了。如果明天带来交给中队长，这次手抄报评比，我们中队一定能在全校取得好成绩。”这里，老师把没做手抄报的有意忽略掉了，没过问，没追查，且从整体角度做出了相应的拔高评价。老师的话，使几个没做手抄报的孩子很难为情，回家之后抓紧时间补上了。有已经交了的同学认为不太好，又重做了一张也一同交了来。结果，这期手抄报的整体水平真的提高了一大截。所以我们说，避开缺点的拔高评价语对儿童行为具有上浮作用，它能够驱使儿童尚未达到评价标准的行为迅速上浮到评价水平。

## 乘机多赞美——拔高评价语具有精神激励作用

儿童在学习和生活中，哪怕是回答对了一个提问，做对了一道黑板演示题，或是做了一件帮助他人的好事，他们都会产生积极而愉快的心理体验。这种体验越深刻，维持的时间越长，下一次积极行为出现的机会就越多。当儿童愉快体验出现的时候，老师乘机及时予以拔高评价，会更加重这种体验的感情色彩，从而使体验长时存留，促进积极行为的再度出现。如对儿童成功的回答和黑板演示，一个老师是这样说的：“好！ ×× 的回答太精彩了。他不但回答得正确无误，而且组织语言的能力也快要超过老师了。我们都要向他学习呀。”“××真不愧是咱们班的数学专家，大家看他做的题有错误吗？”对“红领巾文明一条街”和“小白鸽导医”等社区服务活动，一个老师是这样总结评价的：“小雷锋在行动，小赖宁在成长。你们是当代的小星，你们是未来的太阳。”以上这几组拔高评价语，看似信手拈来，实为匠心独运，作为愉快刺激物，极大地激励了儿童的进取精神，加重和延长了孩子们的愉快心理体验，为积极行为的不断涌现埋下了伏笔。

## 闻过也欢心——拔高评价语具有缺点补偿作用

儿童在校内外从事各项学习活动，不可避免地会出现这样或那样的过错。对于他们的缺点错误，我们一味用批评、惩罚的方法，很难说不让儿童产生逆反心理，很难说不遭到儿童拒绝。如果改用拔高评价的方法，透过优点的夹缝看缺点，儿童会闻过也欢心。

某生常和同学闹不团结，这次又被告到老师处。老师对他说："你已经两个多星期没和同学吵架了，可见你的自制力是很强的。我看每天都不吵架，就凭你的努力并不难做到，因为你在班里是最能管得住自己的人，今天这是怎么啦？跟老师说说！"这里，老师用"自制力强""有毅力"等拔高评价语包藏起批评的锋芒，把兴奋点转移到了优点方面，使该生撤销了对老师的心理防御，很容易地接受了老师的行为指导，缺点错误也因而得到纠正和补偿。

# 第一次讲课如何战胜怯场

贺陶乐

讲课，谁都企盼成功，尤其是第一次。可怯场常从中作梗，使你窘迫失态，力不从心。这里介绍几种防御方法，供初登教坛的朋友参考。

## 一、反复试讲，设计好开讲语

良好的开端是成功的一半。新手讲课前，若能在全面备课的基础上狠抓开讲语设计，使自己出场就有个漂亮开场白，底下就可能越讲越顺，不感到紧张。开讲语，一般指一篇课文的导入语、作者介绍、题解等（以语文课为例）。它虽然不属课文正式内容，却是最先显现教师水平的序曲。开讲语讲好了，学生一下子听上劲，自己也就勇气大增。开讲语设计，要注意简洁、切题、有真体会、有吸引力。切忌敷衍塞责、照抄教学参考书、语言干巴、东扯西拉、卖弄辞藻。要紧密结合试讲设计开讲语，务求表情达意，吻合自己正式讲话时的语调、语速、语气，并与彼时自己的动作、表情（态势语）、板书相配；不能脱离讲课实际来搞花点子。

应当说明的是，开讲语的设计，不是一次就能完成的，它要经过试讲—修改—再试讲—再修改的多次反复才能完成。不经过试讲的开讲语不可能是完善的开讲语，不经过反复试讲、修改成的开讲语，也不可能是一篇具有磁性的“漂亮的”成功的开讲语。因此我们强调，写好开讲语必须反复试讲。

## 二、提早熟悉现场、适应现场

一般说来，初次登台，有了好的开讲语，就能基本稳住阵脚。可有时一些意料不到的事，也可让你发慌。如：你刚进教室推门，却猛感到这门怎么这样难开、难闭的（旧教室旧门）；上了讲台，却猛感到这讲台怎么这样高，讲桌又那样低；准备拿粉笔写字——教室竟没有粉笔，粉笔还要你教师自带（一般大学教室多放有粉笔盒，中学多不放）……这些现场意外，都可能使你心情烦乱，原来准备得好好的开讲语，一下子讲不顺了。要防止它，就得提前适应、熟悉。可利用上课之前，观察有关情况，有意识从教室讲台上经过几回，把前门开闭几次……还可与校方联系，就利用星期天或晚上时间，在实习班级教室试讲。

### 三、以板书助说话

讲课中，还可适当利用板书调整自己的节奏，消除紧张。一般说来，第一次讲课每个人都怯场，开头多是背原先设计好的话。这种背有二忌：一忌长，二忌一个劲地呆背（那会使你越来越别扭）。要设法在你的讲话中适当穿插些板书——要用那种不时出现的转身写字、就字（词、句）讲解，避免一直面对学生；并把学生的注意力也引向黑板，使之不再老看自己，从而使自己稍稍平静、轻松一些。板书的多少、密度，因内容、因人而异。一般较紧张、胆怯的人，可适当多写一些，写早一点——可以一上讲台就直接说：“这一节我们上第 × 课 ××××”随即转身写课序及课名。“它的作者是 ×××，生于 ×× 年”随即又写作者的姓名及生年。写时可适当地将速度放慢，使自己刚上讲台的那种紧张心情松弛一下。切忌慌里慌张，毛手毛脚。

### 四、以文才助口才

备课中，充分调动知识积累，施展文才，极力将讲稿写得精彩生动，也是增强自己讲课信心、消除紧张的重要途径。大凡讲课怯场之人，多认为讲课靠口才，而自己口才不行。实际上，讲是建立在深刻掌握知识，精心撰好讲稿、教案的基础上，它还附丽于知识、文才。口才稍差些，一般不会成为讲课大的障碍。只要充分发挥自己的知识、文才优势，认真备课练讲，那表达自然会好的，胆子也自然会大的。1988 年春天，我带学生外出实习。一学生备《井冈翠竹》一课，说他口才不好，不会发挥，想把开讲语简单处理。我说：“不行。把你大学四年的功底往出拿。先看古人有哪些咏竹诗，在‘竹’字上做文章……”结果，他按我的意思办了，不长时间就拿出一个很好的开讲语，经多次练讲，整堂课都讲得很成功。

一般说来，讲课语言还是可以适当“文”一点——可以较多地用一些精彩的书面语，引用些古诗文。因为与演讲、讲话（发言、作报告）比，它还可以较多地使用板书把那些难懂的、需要记住的精彩语、关键话写到黑板上，使学生连看带听弄明白。所以，有文才你就大胆地用你的文才——以板书助说话，以文才助口才!

## 五、考而后讲

第一次上课，也可不讲新课，先考学生；在第二次上课时再由学生答题中的缺点、错误讲起，由告诉他们应怎样学习入手——这既是一个发现、纠正学生先前学习中问题，使之更好地步入正轨，使自己教课也更有的放矢的重要手段，也是消除自己初次上课紧张的妙招。因为讲课紧张的人往往在潜意识里已把学生不当学生而当成那种非常懂行的专家、评委；把自己也不当成教师，而当成一个什么都不行的人。通过这一考，就会清楚看出学生和自己实际存在的差距，从而提高自己的讲课勇气和信心。

这种方法，对实习教师不一定适用。因实习队和指导教师就专门听你这节课的讲授情况，一般不允许只考不讲。但也可在讲前抽一段时间，检查一下学生的复习、预习。

## 六、防疏误、学应变

上课是个“人前站”的事。对新教师来说，除认真备好课外，课前吃好、睡好，保持情绪的稳定，临走照照镜子，修整一下衣着、仪容，注意一下举止等，也是不可少的。总之，要细心，要谨防一切足以影响讲课情绪、效果的疏误发生。不但要防疏误，还要学应变，学习别人讲课的应变经验——尽量多听课，多听同行特别是一些老教师谈经验，多看有关谈口才、机智、应变的书刊。他山之石，可以攻玉，别人所遇的事及解决办法，对自己也往往有着很大的启示。在“听”与“看”时，头脑中要多一根弦，要多想一想“如果我遇上这事怎么办”。这对提高自己的应变能力，保证课堂效果，无疑是大有裨益的!

以上，是战胜讲课怯场的几个常见方法。其中根本的一点，就是要自信、自强。只要我们坚信自己的能力、意志，有必胜的信心，能“台上一分钟，台下千遍功”地苦练、摸索，虚心细致，善于学习，总结经验，成功就在你脚下，怯场不战自无!

# 服务人员机智应对四法

汤进为

服务行业的工作人员时常会遇到一些突发情况和事件，如何应对才能圆满解决呢？

## 委婉、含蓄法

一个妇女怒气冲冲地走进食品商店，向营业员喝道："我儿子刚才在这儿买一磅果酱，现在怎么才有半磅多一点。请问小姐，这是怎么回事？"

"太太，请您回家称一称儿子，看他是否长重了。"营业员有礼貌地回答。妇女起初一愣继而脸上怒色消失，心平气和下来，最后恍然大悟，对营业员说："噢，对不起，误会了。"

这里营业员小姐认准了自己不可能称错，便剩下这种可能：是小孩把果酱偷吃了。可如果明说"我不会搞错的，肯定是你儿子偷吃了"，或者"你不找自己儿子的麻烦，倒问我称错没有，真是莫名其妙，不可思议。"这些，不但不会平息顾客的愤怒，反而会爆发一场更大的争论。营业员回答得巧妙，妙就妙在她能以礼貌的口气含蓄、委婉地陈述了妇女所忽视了的问题，她的语气、态度就很能为妇女接受。营业员以委婉、巧妙的方式维护了自己的信义，也维护了商店的声誉。

## 否定法

一顾客在宾馆里吃饭，一开口就吃了许多砂子出来。当服务人员走来时，他说："哎，怎么尽是砂子呀！"营业员微笑答道："不对呀，也有饭粒嘛。"一句幽默、风趣的话把顾客的不满情绪转移了。顾客不由得会心一笑，营业员趁机说："先生，来，我给您换一碗饭，真是对不起。"当一个人高兴时，是很容易被说服的。这里，营业员就利用人的这一心理特点，先否定顾客的话，逗他一乐，排除其不高兴心理，继而不失时机地把话引入正题，达到维护宾馆信誉，使顾客满意的目的。不难想象：倘若营业员直接从换饭入手的话，就不能达到这一效果。

在英国某城市，许多商场门口都有大幅标语：我们这儿有您需要的所有商品。而有一家商店门口标语却与众不同：凡是您不需要的商品，我们这儿都没有。双重否定表示肯定意思，这句话吸引了大量顾客，商店利润也有了明显增加。

## 激将法

有时，一些顾客并不想买商品，但营业员的巧言推销，诱发了他们的猎奇心理，刺激、激发他们去买。

某推销员在一男主人刚下楼时就敲开了门。

“太太，您看这本书吗，书名叫《丈夫夜归借口五百种》？”

“为什么我要买呢？”

“您真的不买吗？您丈夫刚才就买了一本。”听到这，女主人马上买了一本。

我们且不说男主人是否真的买了这本书，关键在于他对女主人的巧妙回答。当推销某本书时，人们往往会直截了当地说书作者如何有名气，书写得如何好、如何畅销。这都难免落入俗套，但此推销员却能抛开这些，从夫妻之间最微妙的关系入手，采用激将的办法让女主人主动买书。

当一位中年妇女指着一种化妆品对男售货员问，“这化妆品能管啥用？”

“管啥用？”男售货员不紧不慢地朝着一位年轻、漂亮的女售货员说：“妈，您过来，让这位太太瞧瞧您的肤色。”看到或者听到此，我想每一个人都会捧腹大笑的。如果你在场，即使发现这种化妆品效果不太好，我想你也会买的。一个人高兴时难免不办高兴事。哪个人逗你乐了，让你高兴了，你也不会让人失望，是不是？

## 转换法

在商店、酒店等营业性场合，难免不发生一些尴尬、不好应付的事情。这时，你可以采用转换的方法，从事物的另一面（或侧面）入手，转换其思维方式，调节顾客的心理，从而达到预期目的。

打个比方说，顾客问你：“为什么我的菜还没来？”你回答：“您订的是什么菜？”

“炸蜗牛。”

如果你直截了当解释：“请您再稍等一下，我们尽快把菜送来。”这样效果未必好。而事实上，你可以转换话题，以幽默的方式回答：“因为蜗牛是一种行动迟缓的动物。”这时顾客的烦躁心理就转向被你的幽默所逗乐，你可以接着说下去：“对不起，让您久等了，我们马上送菜来。”然后吩咐厨师快一点，这就避免了可能会发生的一场小冲突。

一宾客在席间喝咖啡时，发现里面有一只死苍蝇，朝营业员问：

“请问，这是怎么回事？”

“恭喜您，小姐，您中了本酒店‘再来一杯’的幸运奖。”

显而易见，不会有酒店为了设幸运奖而把死苍蝇放在饮料里，一定是中途出了什么差错。而营业员则随机应变，巧舌如簧，转换话题，巧妙地回避了这一事实，消除了顾客的怨愤、不满心理，并且维护了酒店的信誉。

思维敏捷、随机应变不仅仅是服务行业人员应具有的才能，现实生活中的每个人都要做到这一点，培养应变能力，以适应各种错综复杂的情况。

# 教师的评价语 学生的顺帆风

王晓平

教师评价学生的学业、行为时使用的语言称之为评价语。它不同于一般的表扬和鼓励，而是具有较浓的评定、评议、评析、评点的色彩；其用语讲求确切、简练，有一定概括力；较多地运用判断句、评议句、陈述句等句类来表述。评价语既有书面的形式，如操行评语、作文评语；也有口头的形式。本文仅对口头形式的评价语加以探讨。

学业评定，好风劲吹。对学生学业的评定，恐怕是使用频率最高的一种评价语了。为了保护学生的学习积极性，教师对他们学习的点滴成绩和微小进步，都应及时地给予充分肯定、高度评价，使他们感受到进步的快乐，越学越爱学，越学越有劲。我们先来看一段学生的文章吧：“我原在外地的一所学校读书，老师认为我文章写得不坏，所以分数不下六十三四分；因为字写得不好，所以上不了七十分。来到实验班，第一次得了九十分，我以为老师打错了，便拿着本子去找老师。老师说：‘文章写得非常好。字不好不扣作文分，通过临帖去解决。’听了老师的话，心里真有说不出的高兴，巴不得天天有作文课。后来我的作文更有长进，不仅文章好，字也写得不差。”从这位学生的进步可以看出，教师寥寥数语的评价，却无比神奇！两位老师对学生不同的评价就有不同的结果启发了我们：在学生求学的过程中，不应苛求他们十全十美，也不应求全责备。而是要努力去发现他们的特长和才华，一旦有所发现，就要好风劲吹！

即兴评价，热情洋溢。课堂上，运用好即兴评价语，即调节性评价语，有调节课堂气氛、激发学生求知欲的积极作用。对答题答对了的学生，立即给予肯定；发现学得好的，及时加以评议。听听钱梦龙老师公开教学时的几段精彩的即兴评价语吧。学生朗读了课文后，他评价说：“朗读，能做到声音响亮，吐字准确，有顿有挫。”学生归纳了段意，他评价说：“我们同学很会读书。编提纲，用五言、七言回目式编提纲，不仅通俗，而且概括性很强，又易于记，是个好方法。”学生提了问题，他说：“我们同学很会动脑筋。不仅能读懂这篇文章，而且还能根据文章揆情度理、思前顾后地提出问题，更可喜的是敢于质疑求疵，找出文章的毛病来。”这些评价语，要言不烦，准确恰当。既条分缕析，又溢满赞美之情，对调动学生情绪，调节课堂气氛，起了很大的作用。

评价发问，肯定当先。学生学习或听讲座时，常常会提出各种问题，有的问题可能是对文章理解不全面，有的问题可能是钻牛角尖，有的问题可能很怪，老师一时也解决不了。但不管怎样，老师首先要对同学敢于大胆发问、敢于发表不同意见给予充分的肯定，以培养他们勇于探索、勇于质疑的精神。善教者都很注意这点。在钱梦龙老师公开教学时，讨论到左光斗“爱才、护才”，一位学生说：“既然左光斗仍爱史可法之才，那为什么要骂史是‘庸奴’呢？而且‘怒曰’，说明他真的已经动怒了。我觉得光用‘爱才、护才’来解释不够确切。”从这位同学的发问可以看出他对文章理解不够深透。但钱老师却评价道：“这个问题提得好极了！证明这种自由自在的课堂讨论，会使我们在思维的互相撞击中不断迸发智慧的火花。谁来解决这个同学提出的问题？”然后钱老师引导学生自己来解答。确实应该这样：对待学生的发问，不管正确与否，都要肯定当先。这样，学生才会积极思考，大胆发问，畅所欲言。这也是教师作风民主、治学严谨的表现，对学生是一种影响深远的熏陶。

评价异议，虚怀若谷。学生还经常会发表与老师不同的意见：或对老师的讲解提出不同看法，或对老师的工作提出批评，或对老师处理的某一问题表示不满。这时，教师的评价往往就不那么冷静、客观了。如果评价失当，其消极效果则很难挽回。因此，遇到这种情况，教师要以教师的职责提醒自己：切忌急躁、发怒，而应该冷静、沉着，虚怀若谷，不但能对异议持欢迎的态度，还应豁达大度地找出对方可以肯定之处，给予恰当的评价。许多优秀教师在这方面都作了榜样，因篇幅所限就不具体举例了。

“长风破浪会有时，直挂云帆济沧海。”作为教师，在各种不同的场合、情境，构思出独具自己风格的评价语，使它为学生生命的航船高扬起前进的风帆，这是很富有诗意的呢！

# 介绍商品的语言要得体

肖沛雄

介绍商品，是推销活动过程中一个举足轻重的重要环节。是买卖双方供与求这对矛盾对立统一的过程。卖方希望把商品推销出去，在满足顾客需求的同时自己也获得较好的经济效益；而买方愿意合理地付钱，为的是满足己方某方面的需求。这对矛盾的统一，是通过推销过程买卖双方对商品的质量、价值及价格进行反复权衡、达成协议来完成的。因此，推销中的商品介绍应紧紧围绕着这一目标来进行。

现在的问题是有的经商者以为既然商业要追求利润，那介绍商品自然就要像王婆卖瓜那样，尽量往好里说，更有甚者，以“奸商奸商，无商不奸”为信条，以“‘商’字八口——浑身都是嘴”、“横说竖说都有理”来标榜自己的推销语言技巧，这就大错特错了。

事实上，推销活动中介绍商品的过程，不仅仅是一个买卖过程，它还是一个处理推销者（企业）与顾客关系的公关过程。也就是说，买卖过程中渗透着买卖双方相互交流、沟通与合作，它同样应当遵循公关的真诚信任、平等互利、相容与发展等基本原则。因此，我们探讨介绍商品的语言技巧，主要是为了根据不同品质、品种、等级、规格、型号、款式的商品，针对顾客各种不同的需求与爱好，实事求是而有的放矢地对商品作出介绍，以达到满足顾客真正需求、推销商品、发展企业的双重目的。

## 一、因情制宜，各得其所

因情制宜，指的是介绍商品时应根据不同的物情、行情和客情来介绍，做到有的放矢。

先说物情。一个企业的商品五花八门、品种繁多、各有特点、价值不一。介绍商品时不能千篇一律，百部一腔，搞公式化，而应抓住特点与关键，有的放矢。比如像香烟、火柴、草纸、牙膏、油、盐等消耗量大、价格低廉的日用商品，人们往往不会作过多挑选，喜欢就近购买、随机购买和按习惯购买。据此，售货员一般不必详细介绍，否则顾客会认为是多此一举而厌烦。当然，如果推出了新牌号的日用商品，也可以稍微推荐一下其新的特点和好处，但介绍要“点到即止”。比如前段时间北京推出一种“万次火柴”，售货员介绍说：“这一根火柴一个盒子，体积小，却可重复使用万次。”路过群众一听，既明白，又感新鲜，都想尝试一下，买者不绝。而对于金银首饰、高档家用电器等价格高昂、使用周期长、质量差异大的特殊商品，顾客购买前都会反复了解和比较，推销者不但要对同类商品各种牌子、型号的特点、性能、使用方法了如指掌，还应乐于和善于作详细的介绍，对顾客提出的疑问要热情作答，使顾客感到推销者真诚、可信。

其次是行情。对于经济周期不同的试销商品、畅销商品和滞销商品，推销者在介绍时也应根据其不同的行情和顾客的购买心理因情制宜。比如对试销商品，介绍时要抓住一个“新”字，其中包括它的新特点、新功能，所体现的新的审美观和价值观。例如这样介绍一种试销的防水运动手表：“这是防水运动手表，曾在水深100米处试验不渗水；整天工作、休息、运动都可戴着，计时准确，适用于紧张的生活节奏；还有预拨闹响、小时信号、12/24小时变换等多种功能。”这样介绍，既突出强调了手表防水度高的新特点，又介绍了其他各种实用的新功能，表现了此表的新价值，因而使推销获得了成功。又如对畅销商品，要认识到其所以畅销，是因为其质量、功能、价值已广为人知，因此对商品本身不需详细介绍，而应着重介绍其畅销的行情和原因，使顾客不但感到畅销合情合理，而且产生一种“如不从速购买，可能很快脱销”的心理，从而争先购买或提前多买。再如对滞销商品，考虑到其供过于求、款式偏旧、质量稍次、性能较劣等原因，介绍商品时则应突出其价格低廉的特点或某方面的实用价值，并主要面向那些晚期采购和寻求价廉商品的顾客。可以同时恰当地对照说明其滞销的某些原因和可取的优点。比如对老年人介绍说：“这种羊毛衣是老字号名牌产品，纯毛、保暖性强、经久耐穿，样子大方；就是样式不够新潮，所以赶时髦的年轻人看不上它！”老年人一听，心里想：赶啥新潮？我可不想“要风度不要温度”。这老名牌咱信得过，保暖耐穿，朴实大方，价廉物美，正求之不得哩！

最后是客情。由于顾客来自不同的国家、地区，而且在地位、职业、文化教养、年龄、性别、性格爱好、民族风俗等方面都有所差异，审美标准、价值观念和情趣需求各不相同，对商品的评价表现出不同的心理特点，介绍商品时更应抓住不同顾客的行为习惯和心理特点，做到因人施语，有的放矢，讲求实效。这里应注意几种情况：其一是由于顾客所处国家、地区不同而带来的购买兴趣的差异，我们应投其所好，突出重点。如我国几个城市的轻工和纺织品进出口公司在南洋群岛诸国发展贸易、推销商品时，根据当地经济较落后、市场容纳量不大、零售商不喜欢专营，而爱综合贸易的特点，着重介绍多色多样、价格便宜、经久耐用的轻工业品；又根据当地群众酷爱热带风光的审美情趣，注意多介绍质地轻薄、色泽鲜艳，并印有大海、太阳、椰树、沙滩、帆船、小屋之类热带风光的服装料子，所以深受南洋群岛诸国客商和群众的欢迎，获得了多种商品的贸易成功。其二，是要根据顾客受不同国家、地区民族风俗、社会风气影响而形成的不同的性格特征和购买心理来介绍商品。如英国人偏于持重守旧、语意含蓄，向他们介绍商品时应稳重、委婉些；美国人性格开朗、作风浪漫，介绍商品时可以放开些，随意些；印度人精于心计，比较追求眼前实利，喜欢看样交易求方便，介绍商品时应附以样品展示，广为介绍实惠之处；日本人脑子灵活，既重行情，又重人情，讲求礼节，介绍商品时用语应文雅庄重、彬彬有礼、讲求策略。其三，还应根据客商和顾客在性格、心理上不同的类型特点，在介绍商品时做到知人善语、区别对待。比如对待老成持重、一问三思的沉稳型顾客，介绍时应力求周全稳重，讲话时可以慢一点，并留有余地，稳扎稳打；对待自以为是、夸夸其谈的独尊型顾客，介绍商品时不妨先心平气和地听其评论，稍加应和，进而因势利导地作出更正与补充；对待性情急躁、褒贬分明的率直型顾客，介绍商品时应保持平静愉快，避其锋芒，以柔制刚，设身处地为之出谋献策，权衡利弊，促其当机立断；而对待患得患失、优柔寡断的犹豫型顾客，介绍商品时应察言观色，及时准确地捕捉其要害之处，晓之以利，促发其购买冲动，并步步为营，扩大战果，以致达成贸易。

## 二、实事求是，不卑不亢

在介绍商品时，卑恭求怜的倾销言行固然是可鄙的，而自我吹嘘的介绍也常常会使企业的声誉扫地，失去更多的顾客与利益。因为人们都懂得，正如列宁的一句名言所说的：“在市场上常常看到一种情况，那个叫喊得最凶和发誓发得最厉害的人，正是希望把最坏的货物推销出去的人。”据说，有那么一位推销员，先后向几个国家的客户推销商品，他的介绍一开口就以本企业的人数之众来标榜企业规模之巨，地位之高；闭口就自诩产品“优质耐用”“世界第一”“领导时代新潮流”，结果客户被弄得哭笑不得，或拂袖而去，或婉言告退。

推销人员对于本企业商品的优点、功能和价值，当然应当了若指掌并长于简明生动地加以介绍。但任何一种商品都不会是完美无缺的，长处与短处是相对而言并客观存在的。我们的自信心和顾客的需求都仅仅在于商品的长处在某种程度上大于短处，在于商品的某些相对的长处和价值与其价格基本相称，所以，对商品的成功的介绍并不在于过分地渲染和夸大商品的优点与地位，因为这些只能引起顾客的怀疑与反感，甚至会引发顾客对企业的不信任感，他们决不会把命运的赌注押在肥皂泡式的大话上。在介绍商品时，要尽量避免使用赞美诗式的语言和诸如“最佳”“超级”“绝无仅有”一类令人难以置信的修饰语，而应代之以实事求是、恰如其分的介绍与评价。要记住：商品介绍中最重要的不在于推销者说了些什么，而在于顾客们相信了什么；不在于告诉顾客商品如何至高无上、十全十美，而在于让顾客了解此商品有什么适应其需求的好处。广州市某进出口公司的一位推销员在一次广州秋交会上遇到一位香港客商，在互递了名片之后，港商忽然似有所悟，接着说：“贵公司的商品我们去年已领教过了，关于这批商品的某些重大缺陷你们当时大概忘记介绍了，所以，今年我们总经理要求订购一些没有缺点的商品。对不起了。”去年的片面介绍，导致了今年交易的失败，这件事告诉我们，商品介绍还是实事求是好。

另外，我们也不应在介绍商品时用说同行业竞争者的坏话来抬高自己商品的身份。这样做，只能如向天吐痰，自得其害。因为说别人商品的坏话被公认为是缺少商业道德的行为。

当然，在介绍商品时也不应当向顾客和客户采取乞求开恩的推销方式。如说：“我们上次帮了您的忙，关照您买了一批上等品，这些次等品得反过头来请先生多多关照了。”“老主顾了，虽然这批货较差，但你们的订货对我们这个小公司事关重大，高抬贵手吧！”这种卑躬屈膝的推销与介绍，不但使商品贬值，也会使企业的声誉扫地，是要不得的。

# 律师如何提高法庭演讲水平

苏福祯

律师要注重演讲艺术的修养。律师在法庭辩论阶段发表的辩护词或代理词就是律师的演讲词。它是律师业务中的代表作品，是律师汗水与心血的结晶，是律师业务中的精华和闪光点。在审判人员和旁听群众的心目中，衡量律师业务水平和能力的高低大小、案件办得是否成功，其主要标准往往不是案件判决的结果，而是律师在法庭上演讲时水平发挥得如何、反映效果如何。如何才能提高律师的演讲艺术呢？笔者就此问题提出四点看法和意见，供青年律师参考。

## 一、全身投入，细致工作，吃透案情

律师在受理案件后要认真翻阅起诉书、起诉状或答辩状，细致地、较全面地摘阅该案卷宗，作必要的调查取证以及会见被告人或当事人，找出该案的关键问题是进行法庭演讲的基础。

律师在开庭前对案情的全面了解，是律师法庭演讲的基础性工作。律师要在熟悉案情过程中抓到“理”，演讲时才能以“理”服人。因此，律师要研究全部案件材料，既包括法庭现有的卷宗材料，也包括当事人反映和自己直接调查或间接获取的材料。反复研究案卷材料，找出关键问题，包括案件发生的时间、地点；当事人或被告人、证人所谈的该案的基本情况；案件发生的前因后果；证据的来源和种类，以及确凿充分的程度等方面。例如，刑事案件中，律师要按照事实和法律，寻找被告人有无从轻、减轻、免除刑事处罚的法定情节，即是不是少年、从犯、胁迫犯，以及是否有犯罪中止、未遂、投案自首等情节；有无前科劣迹，退赃或赔偿损失、减少社会危害、认罪态度好坏等酌定从轻处罚情节。据此，再通过逻辑推理和分析，达到去伪存真、去粗取精、由表及里、由此及彼，进而把握案件的关键、吃准案中的性质，确立法庭演讲词的观点和立场，为下一步拟定和撰写演讲词打下坚实的基础。

## 二、拟定提纲，巧妙构思，写出讲稿

开庭前律师根据案情拟出演讲词是法庭演讲的必要途径。

一篇演讲词就其结构而言是一篇完整的论述文。它需要有鲜明正确的论题、充分的论据和强有力的逻辑论证。这些充分的论据当然主要来自该案的卷宗。

一般说来，一篇演讲词应由序言、中心部分和结尾组成。

序言即开场白，从采用什么样的形式，到具体有什么内容，都应当根据案情和案件的性质、影响的大小和不同场合来决定。律师要巧妙构思，应当力求新颖、独特，一开始就引起听众和审判人员的兴趣，引导他们了解演讲的主题，以便审判人员对律师提出的看法和意见能够给予足够的重视。那种不分场合、不论案件的性质和社会影响的大小，只要是同类案件，就使用千篇一律的开场白的做法应当摒弃。

演讲词的中心部分，是全篇的重点。在这部分中律师通常要依法说明，讲清几个主要问题，要向审判人员和旁听群众阐明案件的关键所在。定性的正确与否，事实是否准确，证据是否充分，应适用什么法律，对刑事被告人定罪量刑，对经济、民事、行政案件的处理意见等，并指出这些结论是如何得出的。这样主题鲜明、层次清楚的演讲词才能引起审判人员的充分注意，促使其从内心确信演讲者提出的新观点、新看法的正确性、可信性，并纠正原来较定型、先入为主的看法，从而达到演讲者预期的目的。

结尾部分即结束语，和序言一样应简短、明白、有力，其形式也应不拘一格，可以是简单平静的叙述；可以是慷慨激昂的陈词，也可以是把演讲的重点再重复一遍。重复的目的是要引起审判人员重视，因此一定要简单扼要，否则会引起审判人员的厌烦，致使其随口说出：“希望简单点，不要重复！”，从而影响演讲效果。最后对法庭的请求也要清楚、准确，当然是要以前面的演讲内容为依据，要顺理成章，不能提出过高要求，更不能前后矛盾。比如，在中心部分论述被告人犯罪情节显著轻微，不宜定罪定刑，而在结尾部分又提出被告人有认罪悔改表现，请求法庭对其从轻或减轻处罚。

## 三、征求意见，反复推敲，庭上定稿

律师拟出的演讲词务必反复修改、删减、增补，征求当事人与同行们的看法和意见。这是演讲成功的关键所在，同时也是演讲深层次的要求。

开庭前演讲词是否要全部一字不漏地写出，这要取决于演讲者的素质、经验、习惯和应变能力等方面的情况，不宜一概而论。但笔者认为，不管在什么情况下，时间如何紧迫，案情怎样复杂，都应精心准备，拟写出演讲稿，这样做有利无弊，有备无患。讲稿写出后还要进一步地熟悉案情，查阅有关法规，仔细地思考自己演讲的内容、论点和论据，是否经得起法庭上的论辩。因此，在开庭前律师认为有必要时可以向本所主任提出意见，召集全所律师讨论该案，对自己拟定的演讲词中心部分进行讨论，推敲一下观点是否正确。在听取各律师的意见后再修改其演讲词，进一步地确定演讲词结构和锤炼语言文字。必要时也可以先模拟试讲，以便提高演讲时表达能力。当然，即使一篇十分完善的演讲词，无论开什么样的庭，也不能一成不变，更不能照本宣读，或者事先背下来，到时如流背出。因这两种情况失去的不仅仅是灵活性和吸引力，至关重要的是没有较强的说服力。

律师在开庭时，一方面要认真听取审判人员审理该案，做必要的记录；另一方面要根据庭审调查的深入，证据的质证，律师还要不断地修改庭前拟写的演讲稿，在辩论阶段发表的辩护词或代理词才能算作最后定稿，即庭上定稿。这才是一篇好的演讲词。

一般来说，那种庭前拟写的，庭上一字不改的演讲词不是好的演讲词。那种庭前不拟稿、庭上埋头撰写，不认真参与庭审调查的律师发表不出好的演讲。

## 四、坚定信念，加强学习，精益求精

律师在法庭上演讲，不是宣读文件，而是依法论辩。因此，要不断地增强心理素质，增长业务水平，要善于学习，集思广益。

律师在法庭上发表演讲是诉讼活动的重要时刻。有时场面很大，旁听群众甚多，其场合不同于一般的会议讲话和授课，一方讲授另一方听。而法庭上演讲，律师要与另一方公诉人或律师进行面对面的论辩，加之，坐在国徽下面，庄严肃穆的气氛给演讲者造成一定的心理压力。特别是一些资历不深者，往往容易出现紧张不安，思想障碍，反应迟钝，以致自信心产生动摇，使法庭演讲难以为继。要避免出现上述问题，还要注意下面八个方面的问题。第一，应克服心理上的障碍，保持心理平衡，要有一种“目中无人、唯我在场”的心理状态，即要坚定信念，肯定成功。要解决这一问题，一定要准备好演讲词，庭前最好能准备好三轮的演讲词，以便在答辩时对答如流，防止应急时措手不及。第二，律师要多看小品，多听相声，向表演艺术家学习。在演讲中律师要不时地同审判人员和旁听群众保持目光接触，以促进彼此意识、情感上的交流，缩短相互间的心理距离，表达彼此之间的相通和理解。第三，律师应向电视节目主持人学习，其眼神与演讲稿之间保持着“若即若离”的联系，像电视主持人那样眼既不离稿也不离开观众；既不照本宣读，也不完全脱稿，其形象和姿态给人一种轻松自如、自然大方、充满自信心的感觉。第四，律师应向播音员学习，律师语气、语调要注入情感，要像播音员那样分出轻重缓急、显出抑扬顿挫，把声音从台上打到台下去，让远处的听众都能听到。第五，律师应向人民教师学习，律师要以必要的手势和面部表情帮助说话，既风趣幽默，又不失锋芒和尊严，使演讲充满活力和自信，又有一定的力度。不能用挖苦的语言还击对方的律师和公诉人，也不能对其进行人身攻击。更不能在气愤之下不顾法庭纪律拍桌踢椅，或不经审判长允许而擅自中途退席。第六，律师在引用法律条款，运用案件中的证据或具体数字时，要在庭前准备好，不宜借助或翻阅资料，而应信口讲来，要做到准确无误，以给人一种演讲者既熟谙法律，又对案情了如指掌的大律师风度。第七，律师演讲时要有一定的风采，包括适当运用比喻、成语，或引用典故，但应掌握分寸，否则就有华而不实和哗众取宠之嫌。第八，新老律师都要不断地学习新文件、新法规，精通本专业业务，不断地向专家们学习，向同行学习，取长补短，戒骄戒躁，不断地提高演讲艺术。

# 秘书的口头报告能力

田开林

做秘书工作的同志，经常要向领导报告有关事项。报告的形式无非两种：一是书面；一是口头。口头报告形式的运用，远远多于书面报告形式。因此，具有较强的口头报告能力，是秘书工作者发挥参谋助手作用应该具备的基本素质之一。笔者做了十多年的秘书工作，有不少事要随时向领导口头报告。联系亲身的实践，我觉得，秘书工作者不断提高自己的口头报告能力，必须从以下几个方面作出努力。

**一、文明礼貌**。向领导口头报告有关事项，在举止和语言上，要注意文明礼貌。比如有的同志对领导高声呼唤，举止毛毛躁躁，神态轻浮，甚至语言粗鲁、啰唆，这都是很不好的。有的同志觉得，长期在领导身边工作，领导对自己比较了解，随便一点没关系，其实这种看法不全面。我们主张秘书同领导之间有比较随和的关系，不必客套、寒暄，也不必拘束。但这种“随便”仍有一个“度”。超过了“度”，就会打扰领导情绪的平静，影响其在听取报告时的正常心态，于工作不利。所以，秘书在向领导口头报告事项时，不论是大事小事、急事缓事、难事易事，都应当保持平静从容的态度，举止言谈要文明礼貌。

**二、力求准确**。秘书工作者随时向领导口头报告有关事项，实际上是一种信息的传递，讲求准确性显得尤其重要。我们向领导报告的信息，不应该是无头无尾、缺胳膊断腿的，不应该是不合情理、不合逻辑的，更不应该是道听途说、似是而非的。我们应该像新闻工作者一样，把真实性视为信息的生命，并且要懂得构成完整信息的基本要素，把事情发生的地点（单位）、时间、人物、基本事实、原由都讲清楚，而不是简单机械地当“二传手”。即使是有些事故性信息，一时难以弄清原由和结果的，也应主动向领导说明。同时，为了准确地向领导报告有关事项，我们在口头陈述时，一定要坚持用事实说话，不可想当然地画蛇添足，也不可滥用形容词妄加渲染，防止把客观事实“说走了样”。

为了准确地向领导报告有关事项，对许多重要的和比较重要的事，除了口头报告，还应该留下文字报告单，对领导同志的重要意见，要有文字记载，以防止出现差错。

**三、简要明白。**口头报告要做到简要明白，一般要注意下列几点：一是说话要讲究层次，抓住主要事实。特别是比较复杂的事项，应该照事物构成的基本要素，先陈述主要事实，然后再交代重要背景。千万不可颠三倒四、东拉西扯，枝枝叶叶、胡子眉毛一把抓。至于报告者本人接受和搜集信息的详细过程和其他相关的事，只有当领导问及时，才需择要答之。二是语言要力求精练，不要一句话当两句话讲，不要一句话重复几遍，更不可夹杂许多“嗯啊”“的时候”“这个这个”之类的口头禅。三是不要重述领导已知的事，比如，属连续向领导报告的信息，领导已知的部分就应略去。汇报领导布置的事，也不应该重述领导布置的要求。四是报告人不要把个人观点渗透到报告的事实之中。向领导报告信息，重在简明而客观地陈述事实。报告人当然要对许多事项主动考虑参谋意见，但参谋意见或处置建议，应当放在客观陈述事实之后再说，或者当领导征询参谋意见时再讲。如果带着先入为主的观点向领导报告有关事项，不仅造成啰唆的效果，而且会影响到领导的独立思考。

**四、灵活对待。**秘书向领导口头报告有关事项，在办事过程中发挥参谋作用，还要注意因人因事因时间和地点制宜，灵活对待，而不能拘泥于一种机械的操作规程。

首先，领导的作风特点和当时的情绪是报告者必须把握好的。比如，有的领导回答处理问题干脆、爽快，有报告必有反应，有请示必有回答，但有时在急于表态之中又难免有不周全之处，秘书就应当用请示和商讨的口气，提示领导全面思考问题。有的领导对问题多虑而慢断，常有对报告不及时反应、对请示不及时答复的情况。对此，我们应该具体分析，如果属通报性事项或属可暂缓决断的事项，不必强求领导及时表态；如属急事、又确系该领导的“必答题”，秘书则应提示其尽可能快地表态，以免延误工作。再者，领导所处的场合、环境，也是我们报告者必须注意的。比如，我们准备报告有关事项时，正碰上领导在同他人谈话，或者正在聚精会神地批阅文稿，思考问题，就不要急于开口，最好是待领导发现后，问及再答，若是特急之事，也应先说明“有急事，打搅一下”之后再陈述事项。

总之，我们在向领导报告有关事项时，一定要促使领导有稳定的情绪和宽松的环境来听取报告，这样才会有较好的效果。

# 售货员：别让顾客说出“不”

罗　西

商店的售货员时常有这样的经历：顾客需要某种商品，你精心为他（她）挑选了半天，费了不少口舌，顾客看了，也提不出什么毛病，但最后却说不买。这的确是让人尴尬的事。在这个时候，售货员绝对不能发火，应该像个愈挫愈勇的战士，耐着性子为顾客介绍商品的性能和优点，使商品得以旺销。这就需要售货员具备一定的口才，针对顾客的心理，激发其购买商品的欲望，把话说到点子上，说到火候上，使顾客信服，从而成功地把商品推销出去。完成这一过程，需要以下几个步骤。

## 一、弄清顾客说“不”的原因

一般情况下，顾客突然改变主意，不买你为他（她）推荐的商品，原因主要有：对商品不太满意，没有想象的那么好；想到别的店看看，或许会碰到更好的；很认真地考虑购买这样的商品，因而特别挑剔；需要再多一点时间考虑有没有购买这种商品的必要，不想马上定下来；售货员的说明不够详细精彩，无法提起购买兴趣；售货员的言行举止引起顾客的反感。对以上原因，售货员应该有充分的认识和心理准备，然后对症下药，改变顾客的看法，这样，就不难使顾客顺心如意。

## 二、对顾客采取友善的态度

俗话说：“没有笑脸莫开店。”售货员和顾客打交道，最重要的是坚持“顾客至上”原则，友善地为顾客服务。在顾客当中，什么样的人都有，但不管遇到什么样的顾客，你都要努力保持微笑，使顾客感觉出门买东西找对了地方。采取友善的态度主要体现在这几个方面：尊重顾客的意愿。即使顾客不愿购买商品的理由微不足道，售货员也不要嘲笑顾客，应当尊重其意愿，然后用真诚化解顾客的心结，使顾客尽量接受商品；不要和顾客强争力辩，因为即使你驳倒了顾客拒买的理由，也未必能使顾客购买商品，顾客会有种不服气的感觉。最好是倾听顾客的想法，在适当的时机，指出对方想法的缺漏，使其重新考虑；拉近你和顾客之间的距离，和顾客沟通并产生共鸣，使顾客对你产生好感，以后也能建立良好的关系。以上几点是售货员同顾客打交道的前提，只有坚持这样的态度，才能进一步为推销商品铺平道路。

## 三、用口打动顾客的心

前面的两个步骤是售货员用心的过程，即揣摩顾客心理，采取什么样的态度的问题。现在这个步骤到了售货员显示口才的时候啦。一般来说，当顾客开始表示意见时，也就是售货员说服顾客的时候。顾客购买商品或多或少都会嫌东嫌西，而售货员必须知道在这种情况下如何将顾客抛来的难题迎刃而解，同时，也能让顾客逐渐认同你的见解，以下就是几种在具体说服顾客过程中可以运用的招数。

1. 附和法

附和顾客所提出的异议，同时也将此异议当作是让顾客赞同的理由。

“现在物价上涨了，还是节省一点好了！”

“对呀！在这种情况下，是该节俭一点。所以，我们公司才推出这种节约能源的产品。”

2. 以退为进法

虽然同意顾客反对的理由，但是马上转换语气“可是……”，提出反驳的见解。

“我们家里什么东西都挤得满满的，放不下了！”

“这样啊！都放不下了？可是我们这款产品小巧玲珑，不占空间的，最适合您府上的情形了。”

3. 举例法

对顾客所陈述的意见，举出实例来说服顾客。

“这太大了，我屋里放不进去！”

“怎么会呢？隔壁二栋五楼的屋子，和你们的一样大就可以，本来他们也以为放不进去，现在也是买了，如果您不放心的话，我带您去看一下，真的正好！”

4. 反问法

顾客如果拒绝，就反问他："为什么？"

"我们是蛮喜欢的，不过，今天还是先不买好了！"

"这种产品是很棒的，不会再生产第二批了，喜欢的话，哪有什么问题，不要客气，尽管说出来，我们可以商量商量。"

5. 比较法

拿其他公司的商品，或同类型的商品来比较。

"这个东西有点……"

"那 ×× 牌的怎么样？是稍微贵一点，可是这种产品……"

以上所举的方法，只是实践的一部分而已，售货员可以依照自己的情况研拟对策，再见机行事，相信必能大有所获。

# 主持文艺晚会的几种方法

崔宝坤　韩晓英

主持人恰如其分的语言技巧，对整台晚会能起到承上启下、锦上添花的作用。常用的方法主要有：

设计一段精彩的开场白。开场白是一台晚会的“脸面”。一段好的开场白无疑会先声夺人，使观众耳目一新，为之一振，观赏情趣陡增，从而收到未曾开戏先有情的艺术效果。开场的方式可以不拘一格、直抒胸臆。

比如，一个部队慰问地方的文艺晚会的主持人开场白：“尊敬的东营市领导、亲爱的各界朋友们：晚上好！军民鱼水情意浓，黄河岸边喜相逢。我们怀着无比激动的心情，带着部队首长的殷切嘱托，带着全体官兵的衷心祝福，向东营人民学习来了……”开门见山几句话，说明了来意，道出了心声，表达了情感，一下子拉近了双方之间的距离，体现了鱼水情深般的军民关系。高度概括。开场白无须长篇大论，面面俱到。在一次解放军部分三军官兵联欢晚会上，有这样一段开场白：“带着南国海疆官兵真诚的渴望，带着黄河两岸官兵热切的期盼，带着塞外大漠官兵殷切的呼唤；为了一个多年的梦想，为了一个绿色的希望；从大地，从天空，从海洋，从将军的摇篮里，我们走到一起来了。今天我们要用自己的歌，来歌唱这一难忘的时刻……”寥寥数语，高度凝炼，抒发了来自不同战斗岗位的三军指战员的真情实感，内涵十分丰富。回顾追溯，“当一曲曲难以忘怀的旋律在耳畔响起，昔日那一幕幕壮丽的画卷映入眼帘；从嘉兴南湖的红色航船到八一南昌的开天辟地；从井冈山上的星星之火到雪山草地的深沉呼唤；从游击战争的艰难困苦到八年抗战的不熄烈焰；从战略决战的波澜壮阔到开国大典的独立宣言……”这是纪念红军长征胜利歌咏晚会的开场白，运用排比的手法回顾人民军队诞生、成长、发展、壮大的历史，具有教育启迪意义。

串联好每一个具体的节目。如果把节目比作是一粒粒散落的珍珠，主持人的串联便是贯穿珍珠的一根红线。恰如其分的串联，能使节目锦上添花。串联的方式多种多样，有时可用概括式。比如，某单位文艺晚会上有个《初为排长》的相声，串联词是这样概括的："人之初，离不开良好环境的熏陶；兵之初，离不开正确教育的引导；排长之初，应如何迈好第一步呢？请听……"这段剥笋式层层递进的串联词，使观众未欣赏节目之前，先领会了其概要和主题。有时也可以用启发式。比如，小品《羊毛出在猪身上》的串联词是这样说的："一个要买书，一个要买猪，公说公有理，婆说婆有理，究竟是先买猪还是先买书呢？还是请观众自己来评判吧！"短短几句，道出了物质文明和精神文明要一起抓的深刻含义。有时候还可以用设问式。比如，"观众朋友，您见过万里长城吗？下面的一曲《长城长》，将把您的思绪带回历史的遐想中。"这种设问的方式，常常给老节目赋予一种新鲜感。有时不妨采用借代式。"干我们这一行的，常年奔波在外，很容易得胃病，得了胃病不要紧，怕就怕遇到那些草菅人命的庸医。您瞧，他来了——"这段串联词，就是借用了大家十分熟悉的电视广告词，把《庸医》这个小品引出来的。有时候，主持人的客串不是在节目之前，而是等节目演完之后，再不失时机地插上一段话。比如："一曲《战士第二故乡》终了，不仅使我们想起了大海、小岛，更使我们感受到了海防战士的胸怀像大海一样宽广。"这种情况可谓之照应式。

讲究一个完美的结束语。成功的结束语，或是在火爆动情中将晚会推上高潮；或是营造出一种余音绕梁的艺术氛围，给观众以回味无穷的心理感受。一是以继往开来的方式结束。比如："昨天，我们到黄河口来，看到的是经济建设的春潮澎湃；今天，我们到黄河口来，看到的是日新月异的腾飞世界；明天，我们还会到黄河口来，期待着石油新城更美的风采……"这当中既包含了对共建单位以往取得成就的赞美称颂，又寄托着对美好明天的良好祝愿，这样的结尾，怎能不使人心潮起伏，豪情倍增？！二是在深情赞美的气氛中结束。如："有位著名的作家这样说过：在所有的称呼中，有两个最闪光、最动听的称呼——一个是母亲，一个是教师。我们的老师就是这样以敬业奉献为荣，以教书育人为本，笑迎冬寒夏暑，喜育春华秋实。他们培养的学生，有的当上了工程师，有的成了科学家，有的走上了各级领导岗位，而他们自己仍然是一名默默无闻的普通教师。他们一根教鞭，两袖清风，三尺讲台，四季耕耘，执着从教几十年痴情不改，忠诚于党的教育事业这一神圣使命，无愧于这一伟大闪光而动听的美名——"这段串联词从人们最为崇尚的教师的职业特点讲起，字里行间，充溢着赞美颂扬，每每听到这样的语句，一种对人民教师的敬仰之情便会油然而生。三是以希冀憧憬的方式结束。如：“催征的战鼓已经响起，眼前是一片崭新的天地；时代在召唤，未来在昭示；面对挑战，跨越世纪；时不我待，只争朝夕；让我们投身建功立业的大舞台，让壮丽的凯歌奏响在鲁豫大地！”这样的结尾，似催征，如号角，很能鼓舞士气，激发力量，使每一位出征者如鼓满风的帆等待起航，从而使晚会在高潮中落下帷幕。

注意不失时机地拾遗补缺。有了现成的开场白、结束语和每一个节目的串联词，并不等于万事俱备，届时照本宣科就行了。作为节目主持人，一个很重要的基本功就是对于演出中的纰漏，能够及时给予弥补，确保晚会顺利进行。某团在官兵同乐文艺晚会上，有个爱兵知兵的节目，要求上台的连队干部当场说出指定的本连战士的简历。结果有个指导员把战士的出生月份多说了一个月，引起哄堂大笑。这时，主持人灵机一动，当众圆场道：“大家不要误会，刚才这位指导员说的是阳历，幻灯上显示的是阴历，其实都是一回事。”这样一来，不但给这位指导员解了围，还让观众领略了主持人的机智灵敏，晚会反而显得更活跃了。初登舞台的演员，由于临场经验不足，很容易因怯场而出现“卡壳”，有时是“千呼万唤终不出”，急得直抓耳挠腮。遇到这样的情况，主持人不妨接过话茬：“刚才这位同志实在是太激动了，下面让他放松一下，我们猜个谜语。”演员从这热情鼓励的话语中，得到了理解，恢复了平静，说不定就能“眉头一皱，计上心来”。主持人除了熟记事先拟好的台词外，还应事先准备一些诸如谜语、笑话、对联、智力游戏等小点缀。一旦场上出现演员失误，或音响、灯光等出问题，便能临急不慌，有条不紊地搞一些小穿插。这样，既保证了节目自始至终不断线，又活跃了晚会的气氛，增强了晚会的魅力。

# 班主任：幽它一默好处多

张玉庭

班主任若能够“妙语连珠”地多幽它一默，肯定对做好工作大有裨益。

## 一、幽默有助于班主任恰到好处地引出所要议论的课题

有个班主任，发现他们班的女学生有点爱哭，就决定在班会上就此谈点看法，他是这样引出问题的。首先，在课堂上，他先问了个问题：“大家看过《红楼梦》吗？”大家立刻回答：“看过！”他看了看大家，挺神秘地说：“现在，我想悄悄地问一个男同学一个问题，也请他悄悄地回答我。”说着，这位班主任走到一位挺勇敢的男生跟前悄悄地问了两句话，那男生笑笑，也悄悄地回答了两句。然后，班主任笑眯眯地走向讲台，对大家说：“现在，我可以公开答案了。我问他的问题是‘你喜欢林妹妹吗’，他的回答是‘不喜欢’；我又问了一句‘为什么不喜欢’，他的回答是‘因为林妹妹爱哭’。”听了班主任的介绍，全班同学都快活地笑了起来，而这位班主任也就立即借题发挥，恰到好处地讲起了哭意味着无奈、软弱和缺乏信心等道理。

## 二、幽默有助于班主任创造明快欢乐的课堂气氛

有一次，某班在数学竞赛中得了团体第一，教数学的班主任就曾当着全班同学的面发表了“演说”：“这回咱们班得了第一，为什么？因为大家听课特别认真；为什么特别认真，是因为本班主任讲得特别生动！”轰的一声，大家全都快活地笑了，可班主任却一点也没笑，反而推了推眼镜，接着又来了一句：“大家笑得太好看了，太迷人了，为什么？因为本人的演讲太成功了，太出色了！”轰的一声，又是一串欢乐的笑声。

## 三、幽默有助于班主任巧妙摆脱某种不期而至的窘困与尴尬

有一次，某班主任裤子后面剐了个窟窿，可他一点也没发现，仍然那么投

入地上课。坐在第一排的两个学生十分心疼他们的老师，绝不情愿大家看见班主任的这个小小的不雅，就紧急磋商想了个办法，这就是瞄准他每回落座的位置，在那张椅子上反放了一块橡皮膏，可是，一向准确无比的班主任这回却偏偏没坐准位置，以至于那块橡皮膏不仅没有贴准，反而“生动无比”地挂在那了——一走一扇呼，引得全班人大笑……可也就在这时，发现这一切的班主任不仅一点也不慌乱，反而极幽默地说了一句：“这叫什么？这就叫异峰突起，这就叫意想不到，异峰突起的直接效果是笑，而对付意想不到的最佳策略就是随机应变——这就是，既然这个不雅的地方出了一个不雅的故障，我就有了百分之百坐下来讲课的理由，请多关照，本人这就坐！”说着，教师从容落座，教室里也随之响起一片愉快的笑声！

## 四、幽默有助于班主任把严肃的批评变得亲切得体

有一次物理考试，有几个一向拔尖的同学因为骄傲考砸了，班主任曾在总结时发表了如下的一段演说：“我听过一个故事，有个大学生放假回到乡下老家，为了说明他见解深刻，就在吃饭时大谈哲学，还特意指着桌上的烧鸡对爸爸说：‘哲学上讲究具体与抽象，说得明确点，鸡也有抽象的与具体的之分，比如这儿——这只盘子里的烧鸡就是具体的，此外还有一只抽象的鸡在。’老父亲见他滔滔不绝，听得挺烦，就立刻顶了他一句：‘那好！这只具体的鸡我吃，你吃那只抽象的去！’”听到这，大家果然哈哈大笑，而这位班主任也就恰到好处地接着说：“大家笑了，说明大家知道骄傲不好，也知道该让骄傲者吃点‘抽象的鸡’！那么，这次物理考试，应该让谁吃‘抽象的鸡’呢？大家猜猜？对了，就是那些骄傲轻敌的人，说得具体点，有几位同学一向拔尖，可这次却偏偏只考了七十几分！因此我建议，‘具体的鸡’，请谦虚者吃；‘抽象的鸡’，就留给他们！”见大家听了有默默含笑的，也有低头深思的，这位班主任接着说：“不过，我也要补充一句，如果这几位是因为谦虚才这么干的，那就另当别论，也请他们吃具体的鸡！”于是轰的一声，教室里又一次响起愉快的笑声。班主任的话既是对谦虚者的一个热烈的表扬，也是对骄傲者的一个既含蓄又明朗的批评！

## 五、幽默有助于班主任对症下药，及时缓解学生的紧张心理

一天，一个初中二年级的女同学因到校医室打针迟到了两分钟，气喘吁吁地站在教室门外，由于恰好嗓子发炎喊不出“报告”二字，便在教室外急得小脸通红，双手紧紧抓住教室的门框。好在班主任及时发现了她，于是立刻对她说了一句：“我一看就知道你特别特别地爱我们的教室，瞧，你把门抓得多紧！进来吧！”那学生笑眯眯地进来了，自然不再慌乱，并打心眼里感激这位善解人意的好老师。

# 联欢会上串联词的几种方式

黄宏飞

联欢会上，在进行每一个节目之前，主持人通常用一些过渡性语言将一个个节目串接起来，这些过渡性的语言就叫作串联词。常用的串联词有以下几种形式。

**一、朗诵式**。朗诵式多用于开场白或结束语，在正式的联欢会上，朗诵式往往一下子点出主题，烘托气氛。一般情况下，朗诵式多用对偶句或排比句。例如：

（女）：走过了多少年的风风雨雨，我们又走到一起来了。

（男）：就在当年，我们挥镐抡锤修铁路的时候，我们也曾想过：铁路什么时候修到我们家乡呢？我们家乡多么需要铁路啊！

（女）：这一天终于来到了，来到了！京九铁路修到了我们家门口，以往的梦幻变成了现实。

（合）：感谢你们，筑路大军！感谢你们，铁道兵老战友。

（男）：多少年来，无论走到哪里，我们都忘不了曾经并肩战斗过的艰苦岁月。

（女）：无论走到哪里，都忘不了那首雄壮有力的歌曲——《铁道兵战士志在四方》。

这时台上台下全体起立，共同高唱这首歌。联欢会进入高潮。

**二、问答式**。问答式就是主持人一问一答，或由一人领诵，众演员齐答。这种方式也多用于正式联欢的场合。例如：

（男领诵）：是什么使我们克服重重艰难险阻？

（女领诵）：是什么使我们从胜利走向胜利？

（合）：是中国共产党的正确领导，是全国人民团结的力量。

（女领诵）：请听！大合唱——《团结就是力量》，演出单位，经济管理系八四级全体。

**三、承上启下式。**当一个节目表演完毕后，后一个节目的内容又和前一个节目有一定的联系，这时，采用承上启下的方式来串词，两个节目之间的过渡就显得很自然。例如：

一曲优美的舞蹈《洗衣歌》，表达了军民鱼水之情，然而，沙奶奶给指导员提意见又是军民鱼水情的另一种表达方式。请听！京剧《沙家浜》选段“军民鱼水情”。

**四、沟通观众式。**将即将表演节目的内容与观众的某些特点联系起来，以便达到交流感情的目的。例如：

今天，我们非常荣幸地邀请到 ×× 单位的朋友前来联欢，他们当中，有些是一直关心支持和帮助我们的老朋友，有些则是刚刚结识的新朋友。通过这次联欢，愿熟悉的更加熟悉，陌生的不再陌生，“结识新朋友，不忘老朋友”，让我们《永远是朋友》。

**五、悬念式。**通常，男女主持人一问一答，最后一个问题故意答不上来，留下一个悬念，就像说相声抖包袱那样。这个悬念正是即将表演节目所要回答的。例如：

（女主持）：哎，小李，你喜欢喝酒吗？

（男主持）：当然，那还用问吗？

（女主持）：那你说，新春佳节、万家团圆的时刻，人们都喝什么酒？

（男主持）：那当然是醇香浓郁如意酒。

（女主持）：那么，八月中秋节、九月重阳节呢？

（男主持）：这——我就不知道了。

（女主持）：那么，还是请黄先生和刘小姐来解开这个谜吧。

（这时过门起，自然过渡到《赞酒歌》上来）

**六、附加情节式。**主持人有时附加一些情节，如收到一张条子，故意念错，装糊涂，出点小洋相等，往往会引起观众捧腹大笑。例如：

刚才我收到一张条子，条子是这样写的："我们一致要求我们班的郝班长、洪书记、文体委员何胜建来一段京剧《沙家浜》选段——'智斗'。"

事实上，主持人并没有收到什么条子，而是自己拿出一张信纸装模作样念起来，显得滑稽可笑。

总之，恰当的串联词好比一剂调味品，能将一个个节目串得津津有味，活跃气氛，达到联欢的目的。当然，串联词的方式还很多，例如，引用名人名言式、引用小典故式、借题发挥式、观众配合式等。以上之言，仅为抛砖引玉。

# 柔·勤·亲——护士语言三要诀

戴苗起　丁晓月

护士的工作对象是人。人与人之间交际的最佳沟通工具是语言。古希腊名医希波克拉底曾断言，医务工作者“有两件东西能治病，一是药物，一是语言”。基于此，我们认为“柔·勤·亲”三字经是护士语言修养的根本问题。

**柔（柔和）：**如春雨润物语气温和，语势柔和，语调平和，恰似如酥春雨，润物无声。面对病人，一声温和的问候，俨如一股暖流沁人心脾；一语柔和的应答，顿使患者及家属有了被尊重的感觉；一句平和的探询，刹那间让人体味到人际关系的平等、温和与亲切。俗话说：“说话听声，锣鼓听音。”一个人的语气取向往往由他的心理、个性、情绪、气质和修养决定。护士语言之柔刚、细粗、平凸，是其内在气质与涵养的信息窗口。如果护士语言柔和又悦耳、温和而恳切、平和且沉稳，病人则觉得温暖亲切、舒坦放心，并从中得到安慰与鼓励。某大医院收了一个五十多岁的肠瘘病人，可他却坚持不住进病房。他担心这家医院和他以前住过的某乡镇医院一样，服务态度不好。于是就与送他来此的亲人吵起来，决定要“死到屋外去”。一位护士走进去，笑着说：“老大爷，您都把我吓得不敢进来了。我是这个科室的护士。您老有什么要求和意见，我们商量着办好么？”就这一席话，病人顿时安静了下来，以后还主动配合，不到半月便基本痊愈。出院时，老人笑着对这位护士说：“闺女，你的甜嘴巴救了我的命咧！”

护士语言有三忌：一忌生硬；二忌粗暴；三忌疏忽。一句生硬粗暴的气话，让病人咽不下，吐不出，很不利于病人的治疗。一句疏忽无心的话也往往造成难以预料的恶果。有位护士，漫不经心地对一名重症患者说：“不要念着出院的事了。住这个单间的特护病人很少有活着出去的！”病人感到求生无望，当晚就跳楼自杀了。

**勤（勤问答、勤谈心）：**如春燕衔泥，心勤者，话自勤。一个视病人为亲人，以病人为中心的事业心强、责任心强的护士，常常会想病人之所想，急病人之所急，答病人之所问，释病人之所疑。因此，勤问答、勤谈心为护士修养之要项。

第一，勤问答。中医学讲究“望闻问切”，很强调“问”。有问有答，问答相谐，是一种礼尚往来、人际关系正常的反映。护士与病人的关系，是同志式的平等、互助、互尊、互谅的关系。有病要治，有疑要释，必须如此，不能含糊。

要勤问。勤问才能预知病情，了解病情，及时治疗。某患者黄昏时入院，尚未确诊，无“气急”症状。八点钟左右察问，言胸间有些不适；九点钟时再察问，病人已说不出话，且呼吸急促，咳嗽不止。护士果断予以输氧，置患者为半卧位，同时呼请医生处理。经检查证实为左心室衰竭，处理后症状得以缓解。倘不相问，仅以黄昏时病人表象为据，安然处之，岂不误了大事？问是一种责任感，问是一片关切情，问是一份护德美。

要勤答。护士比医生有更多机会接触病人，而病人往往医护不分。对于病人的提问，护士宜在可能和允许的权限范围内作出必要的答复。答时不要不懂装懂，图虚荣；不要装聋作哑，一问三不知，光会翻白眼；更不能敷衍塞责，放不下架子。某患者问：“直肠癌能治吗？”护士随口答道：“既然是癌症，一般治不了。”结果，病人无望等死，天天嚷着出院。故“答”有三戒：一戒随意；二戒胡诌；三戒推诿。

第二，勤谈心。谈心是一种技巧，更是一种艺术。许多住院病人因为脱离了工作岗位，远离了亲朋好友，心里常常飘然不定，精神往往迷离恍惚。每天与之接触的，除了医护人员外，即为各式各样的病友与陪护。这样，病人的注意力大多集中在疾病上，甚至日里夜里都在细心体会着身体的细微变化，担心病情恶化，难以治愈，担心家庭子女、升级、加薪、开支等问题。因此，一个合格的护士，必须想方设法，循循善诱，给病人以机会倾吐苦痛，疏浚悲愁，从而达到医患互补、配合治疗的理想境界。恰如医书所言：“治一切心病，药所不及者，亦宜设法以心治心……”

谈心对话，亦有“三讳”：一讳哪壶不开提哪壶；二讳强人之所难言；三讳泄露病人隐私。

**亲（亲热·亲切·亲善）**：如春风拂面，“富人怕贼偷，好汉怕病磨”。人一旦告别健康，尤其生重病、患绝症者，即如进严冬，甚或产生死之将临的恐惧感。这个时期，是病人特别敏感的时期，也是医护人员语言的至要至慎的时期。俗话说：“良言一句三冬暖，恶语伤人六月寒。”一语亲切的问候，一声亲热的招呼，一句亲善的话语，可能化坚冰为春水，化浓云为晴空，辐射出良好的心理安慰效应。反之，一句生硬、疏忽的话，也可能酿成悲剧，遗憾终生。因此，护士语言当有“三亲”特色——

第一，语调宜亲热。护理病人，先得有“同志、先生、小姐、老大爷、老大娘、请进、请坐、您好”等语言作为开场白的“见面礼”。人们常说：“良好的开端是成功的一半。”一个美好的开场白，往往能给病人带来一种亲热温暖、平易近人的感觉。亲热温暖、高低适中的语调，不但可以培养病人对护士的信任、尊重、亲近的情愫，给日后交往、交谈、交心打下心理基础，而且还能让病人对护士产生一种有气质、有能力、有涵养的心理感受，从而增添出一种这个护士可敬重、可交往、可信赖的意识。有位住院十余天的老大娘临出院前亲热地拉住一位优秀护士的手说：“闺女，听到你说话的腔调，再看你慈眉善目的脸相，我就一颗心落在了实处。我的病好得这样快，可要感谢你这不高不低的说话声音呢！”

第二，语意当亲切。护士的语意亲切，当偏重关心、关切与真诚。言为心声，来不得半点虚假。夜深人静时，为病痛所扰，病人仍未入睡，此时，护士轻轻来到病床前，轻轻握住病人的手，柔声地鼓励安慰他：“忍着点，就会好些的。”——这才是真心诚意的关切。

第三，语气要亲善。人们常说：“一听他说话的口气，就知道他心里的主意。”诚心的亲切，诚恳的亲近，诚挚的热情，一般表现为真的关心、善的用意、美的言行。护士接触交往的人多，更要注意平时的一言一语、一颦一笑的友好趋向。在交往中，利用已有的客观事实去缩短护患之间心与心的距离，是一种真实意义上的亲善友好的体现。譬如：“我们还是本家呢！”“我爱人也姓 ×。”“我也是某地人。”“我们院长（或主任、护士长、某护士、某好友）也是某地人。”“你还是我爱人的校友嘛！”……人心都是肉长的。一旦心与心相通，话与话投机，步与步对路，往往会解决许多桌上、会上都难以解决的问题。

总之，语气柔和，勤于问答，亲切诚挚，“请”字引航，“您”字常用，是护士素质和语言修养的必需。但愿广大的护士同仁重视之，践行之，让人类充满爱，让清新绚烂的春天永驻人间。

# 推销员如何化解顾客的价格异议

王超美

推销员在产品推销过程中，经常会遇到顾客提出各种异议，如“太贵了，买不起”“不划算”“别人比你卖得便宜”等诸如此类的话。面对顾客的价格异议，推销员该怎样选用恰当的推销语言与技巧来化解呢？

**一、先顺后转法**。这是最常见的一种推销语言与技巧。当推销员聆听完顾客的关于价格的异议后，先肯定对方的异议，然后再用事实或事例婉言否认或纠正。其基本句型是“是的……但是……”。采用这种方法最大的优点是可以创造出和谐的谈话气氛，建立良好的人际关系。

一位顾客光临某家家用电器销售店。当他得知该店的电风扇的价格后，脱口而出：“哎呀，你卖的电风扇太贵了！”推销员听了之后，并没有马上反驳，而是面带笑容委婉地对顾客说：“您说得对，一般顾客开始都有和您一样的看法，即使是我也不例外。但您经过使用就会发现，这个牌子的电风扇质量非常好，您要是买一台质量差的，以后的维修费可能就是个无底洞，相比之下这种电风扇的价格并不贵。”

在这里，推销员先是表示与顾客有相同的看法，使顾客感受到自己得到了对方的理解和尊重，这自然也就为推销员下一步亮出自己的观点，说服对方铺平了道路。一般顾客都明白“一分钱一分货”的道理。当顾客得知电风扇价格高是因为质量好的缘故时，也就不会再争议了。相反，如果顾客一提出异议，推销员就立即反驳：“你错了，好货不便宜，你懂吗？”这样的出语犹如利剑，很容易伤害顾客的自尊心，甚至激怒顾客，引起不快。

**二、细分法**。产品可以按不同的使用时间计量单位报价。如果推销员把产品的价格按产品的使用时间或计量单位分至最小，可以隐藏价格的昂贵性，这实际上是把价格化整为零。这种方法的突出特点是细分之后并没有改变顾客的实际支出，但可以使顾客陷入“所买不贵”的错觉中。

一位人寿保险公司的推销员去某机关家属院推销少儿保险，几位年轻的妈妈询问保费怎么缴，这位推销员未加思索，脱口而出：“年缴3650元买10份，连续缴到年满18周岁……”话音未落，人已散去。试想，那些月收入在500元左右的工薪族，一听每年要缴3650元，怎么不吓跑呢？无奈，推销员也只好打道回府了。没过几天，这家保险公司又来了一位推销员，他是这样告诉年轻的父母的：“只要您每天存上一元零花钱，就可以为孩子办上一份保险。”听他这么一说，吸引了不少孩子的爸爸妈妈前来咨询。其实，前后来的这两位推销员推销的是同一险种的保险，保费也没有说错，但为什么会有截然不同的两种效果呢？原因是他们的报价方式有别。前者是按买10份一年需缴的钱数报的，这样报价容易使人感觉价格比较高，买保险可望而不可即。而后一位推销员是按买一份保险一天要拿出多少钱说的，爸爸妈妈们听起来，会觉得一天省下一元钱是不难做到的，这样他们就会对投保产生浓厚的兴趣。可见，由于后来的这位推销员把价格进行了细分，更容易被顾客接受。有些推销员只从个人的业绩出发报价，往往适得其反。

**三、比较法。**推销员面对顾客提出的价格异议，不要急于答复，而是以自己产品的优势与同行的产品相比较，突出自己产品在设计、性能、声誉、服务等方面的优势。也就是用转移法化解顾客的价格异议。常言道：“不怕不识货，就怕货比货。”由于价格在“明处”，顾客一目了然，而“优势”在“暗处”，不易被顾客识出，而不同生产厂家在同类产品价格上的差异往往与某种“优势”有关，因此，推销员要把顾客的视线转移到“优势”上。

在某家具商场，一位顾客欲买一套组合柜，但看到这里的标价比别处贵一些后，有些犹豫不决。这时推销员主动走上前向这位顾客介绍说：“我们这里卖的柜子与别人卖的不一样。请您看看这木料、烤漆都是上乘的，做工也很考究，不仅结实，也很光亮。还有，我们的柜子比一般的要深100毫米，放物空间大6%。我们的拉门也比一般的精致、灵活、耐用，不管怎么拉都非常方便自如。另外，我们这里的组合柜还做了两个抽屉，并配有暗锁，可以放一些较贵重的东西。这一比你就知道，我们这里的组合柜与一般的组合柜不能相提并论。您多花上一点钱所得到的好处是一般组合柜的两倍以上。”顾客听了推销员的介绍后，得知这里的柜子有这么多的优点，也就不再犹豫了。相反，在生活中人们也碰到这样的推销员，当顾客告诉他“某某商店比你这里卖得便宜时，他“回敬”一句“那你就去他那儿买去吧”。在这种情况下，顾客找不到做“上帝”

的感觉，十有八九会“说走咱就走”，生意告吹。

以上是推销员消除顾客价格异议的一般用语与技巧。需要指出的是，作为一名优秀的推销员，必须以诚信为本，实事求是，实话实说，切忌说假话、空话和大话，玩弄欺骗术，否则物极必反，害人害己。

# 幽默口才

Y OUMO KOUCAI

# “跌宕”的话语最幽默

宋桂奇

曼德拉在其寓所接见了新当选的南非小姐辛迪奈尔。拍好几张合影后，曼德拉突然开口道：“我刚才有点担心……”就在人们一脸紧张时，他补说道：“我担心辛迪的男朋友会不高兴。”一片会意的笑声后，老人又来了一个逆转：“但现在想想，辛迪来见我这个老头子，应该没什么大不了吧！”听到这话，现场一片笑声和掌声。

曼德拉先以“担心”设置悬疑，给人以一种负面的心理预期；而待说出原因、人们的紧张心理舒缓下来后，老人又来了个逆转，以调侃自己的“自作多情”；有此跌宕起伏之妙语，谁又能忍得住自己的笑声？

这便是“跌宕”术，它是指说话人利用烘托、悬念、停顿等手法，使听者按常规思维做出预判后，再口吐妙语，让对方的期望落空。由于此术既出人意料，又合乎情理，故而能给人以智慧幽默之感。且看：

**一、起跌术。**即是用一句出人意料的话语开场，然后再通过妙语解释转为跌落。由于起句已吊起听者胃口，对方自会按正常思维进行预判；而待跌句出现，使其期望落空，则对方又会倍感意外；两次意料之外，自是幽默顿生。如：

晚饭时，丈夫问妻子：“老师们对我的报告有什么看法？”

“他们说很精彩。”也听了报告的妻子说。

“是吗？他们说哪个部分很精彩？”丈夫一脸高兴地问道。

“最后。当你说‘我的报告完了，谢谢大家’时，老师们都热烈鼓掌呢！”妻子笑道。

“我的报告有那么臭吗！”丈夫也不禁笑了起来。

妻子开口即是“很精彩”，感到意外的丈夫自然高兴非常；而在知晓“精彩”之所在、明白妻子在调侃和批评后，他仍然不怒不恼，显然与这种“起跌”术极具幽默色彩、能让人心情愉悦有关。

**二、顿跌术**。即故意将本可一句话说完的话语分成两部分：先说一半后停顿一下，让听者按定势思维误以为其说是一种真实；随即再抛出与前半部语意相对或相反的真实话语。由于前后矛盾明显，幽默也就随之而生。如：

北宋仁宗年间，有一个自以为水平高超的黄州诗人，听说苏东坡来此地为官，便带着诗作前去拜访。自吹自擂一番后，他又抑扬顿挫地朗诵起自己的诗作，诵罢，便一脸自得地问东坡道：“拙作如何？”

“可得十分——”就在对方喜形于色时，苏东坡又笑道：“诗有三分吟有七。”听到这话，这个三流诗人随即羞愧而去。

对这首诗作，苏东坡本可以直接说很烂的；但惯于幽默的他却先评“十分”，使对方误以为非常优秀；稍作停顿后，再说出其真实水平。如此亦庄亦谐、委婉含蓄的话语，自令人忍俊不禁。再如：

某市郑市长在与干部座谈时，听到有人强调这里风大气候差，妨碍了发展，郑市长便说：“我知道这里的气候，一年只刮两次风，一次刮半年——”

一片笑声中，那位干部急忙附和道：“就是嘛！这能不影响经济发展吗？”

“但这两次风，也为我们带来了一个优势——可以搞风力发电啊！如果我们能把这个工作做好，这两次风就有可能成为我市吸引多元化投资的新热点……”

面对干部对气候的抱怨，郑市长先用“我知道……”相承，这便给对方以同意其说之错觉；而待其附和时，再进行逆转，说出风大亦是优势这个真实想法。由于此语既具辩证色彩，又有幽默之趣，它能引发人们的兴趣，进而接受其观点，自是一种必然。

日常交际中，如果我们在说话时，也能多一些起伏变化，以打破听者的心理预期，进而取得幽默之效，自可以悦己愉人，赢得交际的和谐，提升自己的形象。

# “反差萌”式幽默

武俊浩

“反差萌”是指人物表现出与原本形象不同的特征，或多种互为矛盾的特征同时存在，借助“反差萌”，可以揭露生活中的讹谬和不通情理之处，给人带来会心的笑声。

> 我爸对我很好，每次过年的时候，他都会给我一千块钱。我就说：“爸，你看我都多大了，你还给我压岁钱？”我爸说：“拿着吧儿子，给你的是单身狗慰问金。”我跟我爸好到那种无话不谈的程度，老人嘛，总会为孩子操一些没有用的心，比如家庭、事业，等等。我爸问我：“儿子，你说你在外边这么多年了，就没遇到过让你面红耳赤的女神吗？”我说：“咋没有呢？老干妈呀。那别说面红耳赤了，吃完之后还有一种初恋的感觉呢，火辣辣的。爸爸你这么做是什么意思呢？你这属于在逼我呀，逼婚啊，不要老操那么多心。”

苏霍姆林斯基说：“你匆匆忙忙地嫁人，就是甘冒成为不幸者的风险。”面对爸爸的逼婚，上述例子中的年轻人用年轻姑娘和老干妈制造岁数反差，用待嫁闺阁和待售货架制造空间反差，他用这样的“反差萌”告诉爸爸，自己不想匆匆忙忙地结婚。用时空反差的搞笑手段，讽刺了逼婚的不通情理之处。

> 在外面这么多年也经历了很多，也在同事的撮合下相过几次亲，什么样的都遇见过，遇见过好看的，也遇见过难看的，还遇见过好难看的。她们的问题都差不多：“你有房吗？你有车吗？你有房车吗？你有财吗？你有产吗？你有财产吗？你抽吗？你疯吗？你抽疯吗？”我有房有车有财有产，还过来相亲，我有病啊？什么年代了，我们这些人，家里没什么财产留给我们，又不是什么富二代，哪有那么多的钱？再说了，又帅又有车，

那是象棋。真的是这样的。

萨克雷说：“金钱可以买房屋，但不能买家庭。”上述案例中的主人公先吐槽容貌的差异，然后用异同反差，讽刺把房子看作婚姻前提的拜金女；又用财富多寡反差，讽刺贫富差距拉大的现实。最后又运用象棋和人的反差，说明帅和车是象棋的必需品，不是人的必需品。多种反差结合，讽刺了荒唐的金钱观和婚姻观。

我的班长学习非常好，人长得也漂亮，从小父母给她灌输一个思想，那就是：你吃饭的时候筷子用得越远，你长大就嫁得越远。班长有个小梦想，就是想远嫁国外，于是她吃饭都是两根筷子系在一起吃。最后她成功地嫁给了一个炸油条的，那咋地？不烫手啊。所以父母对孩子的引导至关重要，我们小时候，几乎都会问家长同样一个问题：爸爸妈妈，我是哪来的？这个时候他们的谎言该出现了——儿子，你是地里刨出来的；儿子，你是门口捡来的。更可恨的说法，你是充话费送的。我爸那个解释绝对另类，儿子你是切西瓜切出来的！导致我长这么大，看见别人切西瓜我就害怕：哎！哥你慢点，里面可能有孩子。

狄德罗说：“谎话可以有用于一时，从长远看来它必然是有害的，反之，真话从长远看来必然是有用的，尽管暂时也会发生害处。”在这个段子中，先渲染爸爸妈妈的谎言编织得美好，然后又讲述现实的残酷无情，展现在蒙骗环境中长大的孩子往往会陷入窘境，贻笑大方。这一谈话突出真假反差，讽刺了这位家长蒙骗教育的荒谬。

索菲亚·罗兰说：“有了幽默感，人们可以在一种非常融洽的气氛中彼此交流思想和看法。缺乏幽默感，生活就变得非常单调和枯燥。”喜剧演员小沈龙借助“反差萌”制造出很多幽默，令人在捧腹之余，又陷入对现实生活的深深思考，“笑果”颇佳。

# 答非所问也精彩

宋桂奇

一天，佛印和尚去苏东坡家拜访，正赶上苏东坡在作画。苏东坡便问他："你觉得这幅画画得怎么样？""如果让我来画的话，我宁可不要这片乌云。"说这话时，佛印还做出一个用手去抹的动作。这可吓坏了苏东坡，只听他赶紧高声喊道："别动，你没看见颜料还没有干吗？""没关系，我的手套还没有摘下来呢！"佛印笑道。见老朋友是在戏耍自己，苏东坡也止不住哈哈大笑起来。

佛印所用的谈话技巧，即是"答非所问"术。答非所问是指面对别人提问时，因某种原因不能或不便直接回答，便借助极为精练的妙语或暗示对方不愿回答，或避开对方问题实质的一种技法。由于这种暗示或回避既有悖于惯常思维中的合作原则，又蕴含着一种"答非所问"却又"理据充分"的高妙智慧，因此，问者即便在希望落空之后，仍会情不自禁地惊叹于这一妙语，进而滋生出一种愉悦；有此，自然是皆大欢喜。答非所问的技巧大致有如下几种。

**一、附加前提式。**即巧妙设置一个前提，以暗示对方自己不愿意回答这个问题。如：

梁实秋丧偶不久，就跟韩菁清热恋。当时梁实秋客住美国，只能和在台的韩菁清书信往返，梁实秋在信中表示在外漂泊的厌倦，并商谈回台久居之事。由于梁、韩都是名人，不仅新闻在炒，甚至还有电视对这段忘年之恋应该不应该进行辩论。1977年某日，得知梁实秋回台这个消息后，他的一位记者朋友便带着摄影师连夜赶到机场，刚一见面就急急问道："梁教授，据说韩菁清小姐已经把家里重新装修好，一切具备，您能不能透露，婚礼定在哪天啊？"可梁实秋却不慌不忙，抬起头，看看天，笑道："这，总得等天亮再说吧！”听到这话，朋友便不好再问了。

由于“婚礼定在哪天”关乎个人隐私，不想广而告之的梁先生便以一句笑语应对。此中，梁先生以“天亮”为附加条件，既切合当时情境，又可免因直接拒绝而给对方带来难堪；作为梁先生的朋友，自然能听出这句幽默妙语的言外之意。于是，在知道对方不愿回答之后，不会再问自是情理之中。

**二、转移重心式。**即明知对方问题重心之所在，却故意予以转移后再进行回答。如：

有一年，国际著名的小提琴家马思聪先生来到台湾，中国电视公司更是特别开了个“马思聪时间”，由著名作家刘墉担任主持。访谈前，经大家反复讨论，不仅确定了提问内容，而且估计了回答每个问题的大致时间。

经过礼貌性地寒暄，刘墉便进入正题，问马思聪：“您能不能回忆一下从前的经历？”

闻言，马思聪微微一笑，淡淡地说：“还是别去想不愉快的事了吧！”

原以为十分钟回答的问题，马思聪竟然用五秒钟就答完了，搞得刘墉在节目后半段，不得不加入许多访问他女儿和孙女的内容。

刘墉所提问题的语意重心，显然在“回忆”一词上。“回忆”需具体讲述，可谓人所共知；但马先生不愿回忆，于是，就把问题重心转移到“经历”上，进而又将其归结为“不愉快”。既然是“不愉快的事”，“想”它都有违人之常情，何况于“说”？由此，自可见这一答语的智慧和巧妙。

**三、条件推演式。**即将对方问题放在某个条件下进行讨论，进而回避对方的难题。如：

隋朝时，越国公杨素听说儒林郎侯白才思敏捷，善辩能言，便派人将其招来陪他谈天解闷。礼貌性地寒暄之后，杨素就刁难道：“如果有一个大坑，深达几百尺，你进入其中，怎样才能出来呢？”侯白说：“我进去后不需要其他东西，只要用一根针就可以。”杨素自然不解地问：“用针干什么？”侯白答道：“在头上扎洞，再把脑袋中的水放出，让它填满大坑，这样就可以浮游于水面走出深坑了。”听到这一匪夷所思的回答，杨素更加不解，于是再问：“脑子中哪有如此多的水呀？”侯白却一本正经地答道：“如果脑子里没有这么多的水，那什么原因使得我跳进这么深的坑呢？”闻言，忍俊不禁的杨素亦不禁叹服道：“人都说你聪明绝顶，真是名不虚传啊！”

因为带有考验性质，杨素便故意设置难题。对此，侯白并不急于作答，而是提出“需要一根针”之条件。由于这个条件出人意料，引发对方疑问并随之围绕这个条件进行讨论，自属情理之中；而等侯白吐出最后一语，暗示对方所问为“伪问题”后，杨素也就无力回天了：问题都不存在，我还有回答的必要吗？

**四、借助废话式。**即用一些永远正确的废话来应答，使对方得不到有用的信息。如：

二十世纪七十年代，美国纽约刚有乐透彩的时候，不仅众多彩民为之痴迷，就连那些新闻媒体也以此为关注焦点：每当开奖之日，记者们便使出看家本领，以挖掘出那位得了大奖者的真实身份，随后，更是长枪短炮，前呼后拥地来到幸运儿的家中进行采访。某年，一位名叫史密斯的装卸工赢得大奖后，在他简陋的家中，一名靠前的记者问他道：“你一下子得到这么多钱，打算怎么花呢？”面对这个老套的问题，史密斯并没有像别的得奖人那样，说些诸如“还清贷款、辞掉工作、买辆新车、买栋豪宅、环游世界”之类的话，只是笑意盈盈地说了三个字：“好好花！”此语一出，一片笑声和掌声。

对“钱怎么花”这个敏感问题，如果高调地说出自己的计划，不仅有可能招致他人的反感，而且还会引来某些商家的纠缠不休。因此，最好的回答便是让对方“好像得到了答案，又似乎不是答案”。此中“好好花”三字，看似回答了问题，实则为无效信息；如此四两拨千斤，真可谓高妙之极了！

由上，我们自不难看出，若能成功运用“答非所问”术，不仅可以取得避免尴尬、化解难题等多重效果，而且还能给人留下一个礼貌优雅、智慧幽默的良好印象，值得我们学习。

# 幽默，增进家人之间的感情

魏邦良

人人都希望家庭的港湾宁静而和谐，而宁静的生活也需要笑声作点缀，和谐的日子也需要诙谐来调剂。在家庭中适当运用一些幽默话语，能使家庭气氛更融洽，家人生活更幸福。几位文化名人的做法可供效仿。

## 唇枪舌剑，温情脉脉

著名剧作家沙叶新幽默感极强，其女儿也天生具有幽默细胞，还在童年时就对“女大不中留”有过一番妙论：“我认为‘女大不中留’的意思就是……嗯……就是女儿大了，不在中国留学，要到外国去留学。”后来她果然去了美国留学。

一次回国探亲，她和父母谈起同在美国留学的弟弟，说弟弟想娶个黑人姑娘。母亲不由大吃一惊。“妈妈怎么还有种族歧视？黑人女孩是黑珍珠，身材好极了，长得也漂亮。”“我倒没有种族歧视，”沙叶新插话说，“我就担心他们以后给我养个黑孙子，送到上海来让我们带。万一晚上断电，全是黑的，找不到孙子那不急死我们！”女儿连忙说：“那没关系，断电的时候你就叫孙子赶快张开嘴巴，那不是又找到了！”

在父女之间这场温情脉脉的唇枪舌剑中，父亲显示了他开阔的胸襟、年轻的心态和幽默的天性，而女儿更是青出于蓝而胜于蓝，她机灵的回答、狡黠的反击为久别重逢的父女间增添了一份额外的喜悦。

在读者眼里，钱锺书是满腹经纶的学者，自然不苟言笑，其实不然。钱氏夫妇在清华养过一只很聪明的小猫。爱猫成癖的钱锺书特备长竹竿一根，倚在门口，不管多冷的天，听见猫儿叫闹就急忙从热被窝里爬出来，拿了竹竿帮自己的猫打架。和钱家猫打架的是邻居林徽因女士的猫，妻子杨绛怕钱锺书为猫伤了两家的和气，就引用钱氏小说《猫》中的一句话来劝他：“打狗要看主人的面，那么，打猫更要看主妇的面了。”钱锺书调皮地笑答道：“理论总是不实践的人制定的。”此后却不那么冲动了。如果杨绛硬去阻止正在生气的他打猫，也许会适得其反，最聪明的办法当然是迂回出击先逗他笑。表面上看，他俩针尖对麦芒互不相让，但隐匿在一问一答中的幽默，让人一眼就能看出他俩是妇唱夫和、其乐融融。

## 正话反说，柔情倾诉

台湾诗人余光中育有四女，再加上妻子，十足的阴盛阳衰。好在余光中已习惯与五个女人为伍，沙发上散置皮包和发卷、浴室里弥漫着香皂和香水的气味、餐桌上没有人和他争酒都是天经地义的事。所以，余光中戏称家为“女生宿舍”，称自己为“舍监”。

由于家中的电话装在余光中的书房，所以他会忙得不可开交：“四个女儿加上一个太太，每人晚上四五个电话，催魂铃声便不绝于耳了。像一个现代的殷洪乔，我成了五个女人的接线生。有时也想回对方一句‘她不在’，或者干脆把电话挂断，又怕侵犯了人权，何况还是女权。在一对五票的劣势下，怎敢冒天下之大不韪？”

在余光中的满腹牢骚中，我们分明可以听出他作为家中唯一一名男性的自得与骄傲。与其说他是忍气吞声为家中的女人们忙进忙出，不如说他是心甘情愿为家中的女人们吃辛吃苦；与其说他忙得焦头烂额，不如说他是忙得不亦乐乎。聪明的余光中是以正话反说的方式向妻女“谈情说爱”的。

倘若说余光中的“叫苦”还有一丝“欲说还休”的味道，那么，当代著名漫画家丁聪的“抱怨”则完全是“一吐为快”了。

有人问丁聪：“你身体这么好，有何养生之道？”他回答说：“大概是有个好饲养员吧。饲养员就是我老伴，她做什么，我就吃什么，从不挑食，不挑食的孩子就是好孩子。”当然，丁聪所谓的“不挑食”仅限于肉类，至于蔬菜，他是难以下咽的。对此，丁聪看法如下：“我的理论是顺其自然，想吃说明身体需要，不想吃说明不需要，何必勉强呢！所以，我是想吃什么吃什么，当然还要在老伴的管辖之下——我什么也不会做，因此只能逆来顺受。”有时，丁聪索性将老伴称为“家长”，他的幸福感便表现在不时地向朋友们抱怨“家长”的管束。名为诉苦，实为夸耀，丁聪正是运用这种独特的方式向老伴进行柔情倾诉的。

## 痴人谐语，真情流露

作为当代宿儒，钱锺书的“痴气”几乎无人能比。他曾很认真地对杨绛说：“假如我们再生一个孩子，说不定比阿圆（钱氏独生女）好，我们就要喜欢那个孩子了，那我们怎么对得起阿圆呢！”对女儿如此“用情专一”堪为天下父亲的楷模。

上海作家陈村也视女儿为掌上明珠，谈起女儿他就没大没小、口无遮拦了：“我现在是名花有主，动辄得咎。出门要请假，回家要汇报，自己看自己也觉得有教养多了。之所以有这点滴的进步，全是女儿天天对我的栽培。”倘若不是深爱女儿，陈村怎么可能对女儿言听计从、毕恭毕敬呢？

他还说过：“我从小就没有父亲，不明白一个标准的父亲是怎么样的。我本可以自学成父，可是真的当了父亲才知道比较困难。好在有女儿的言传身教，就把父亲当了下来。”“自学成父”一方面说陈村从小没有品尝过父爱的滋味，另一方面也表明了他做一个好父亲的决心。

三毛和荷西的爱情故事曾感动过无数少男少女，在撒哈拉那个物质极度匮乏的地方，是幽默的话语使他们的生活情趣盎然。有一次，荷西指着岳母从台湾寄来的粉丝问三毛：“咦，什么东西？中国细面吗？”三毛随意发挥道：“这个啊，是春天里下的第一场雨，下在高山上被冻住了，山民们扎好了背到山下来，一束束卖了换米酒喝，不容易买到哦！”在三毛极富诗意的回答中，在她对荷西的小小“欺骗”中，新婚妻子对丈夫的亲昵之情溢于言表。创造幽默使妻子三毛平添妩媚，品味幽默使丈夫荷西倍觉甜蜜。

# 你也可以变得幽默

康家珑

说话怎样才能让听者感到幽默风趣？最有效的方法之一是让听者“出乎意料”。人们听话的时候，都有一种心理预测，你说了上一句，他心里已经在预测你下一句要说什么。如果所讲的果然“不出所料”，他会感到平淡无奇，甚至索然无味；如果所讲的竟然“出乎意料”，并令他感到新鲜奇妙，幽默感便应“话”而生了。

据画家徐悲鸿夫人廖静文的回忆，在一次旅行途中，旅客们为了消除旅途中的寂寞和疲劳，请徐悲鸿讲笑话。徐悲鸿就讲了下面这则笑话：

从前有个大官，坐了轿子进城。可是夜色已深，城门紧闭。他的听差在城门下面威风凛凛地叫道：“王大人来了，快开城门。”

守城门的卫士看不清来者的排场，便回话说：“拿个片子（即名片）来！”

王大人没想到手下的卫士居然敢向他要名片。于是大动肝火，坐在轿子里大声嚷道：“片子（骗子）就是我，我就是片子（骗子），我姓王，王八蛋！”

故事中的王大人，受到小卫兵的盘查刁难，心里十分不爽，火冒三丈，口不择言地骂了一通。王大人在气恼之下这样说话，本没有制造幽默之意，但无心插柳柳成荫，经徐悲鸿这么一讲，却引起了旅客的大笑。原因就是王大人的话大大出乎听话人心理预测之外。他骂人的话原意是：“什么片子不片子，片子就是我，我就是片子，还要什么片子！我姓王，是王大人，难道你还不知道吗？你这个王八蛋！”由于“片子”和“骗子”同音，而“我姓王”与“王八蛋”之间，又缺少必要的词语和停顿，使得听话人在听话时所解读的语意与王大人所要表达的实际意义，出现了错位。王大人的话变味了，原本骂卫士的话，却变成骂自己的话。王大人不但成了“骗子”，而且还是一个“王八蛋”！同听众解读的差别如此之大，差得如此之奇妙，自然叫人笑破肚皮了！

有意诱导听话人，使其在听话中“出乎意料”，从而取得幽默的效果，常见的方法有两种。

## 一、在语意突然转向中生出奇妙

运用这种方法，常常是先表述一种事物的多种情况，或者多种事物的一种情况，使听话者心理上形成一种明确的语意趋势，然后突然转向，亮出与先前趋势不同的奇妙的意思，使人发出一种由意外而引发的笑。这种形式，常常会通过以下两种方法来给语意趋势加压。

一是语意趋势的层级递增。语意的层级，是由小到大、由弱到强、由低到高……层层递增的。比如，有一段传统相声这样讲：

甲：当学生的，胸前的衣兜里插着钢笔。

乙：学习用具，必不可少。

甲：衣兜里插一支钢笔的，是……

乙：是什么人？

甲：是中学生。

乙：插两支钢笔的呢？

甲：是大学生。

乙：插三支钢笔的呢？

甲：留学生！

乙：那么，插四支钢笔的呢？

甲：那——那是个修理钢笔的！（听众大笑）

这段对话的幽默，就是利用了听话人递增性的心理预测。学生胸前衣兜里插着钢笔，插的钢笔越多，学问越多，学历越高，层层递增，听众心理已经形成了递增的趋势，递增到“插四支钢笔”时，突然出现逆转性的反差——“那是个修理钢笔的”，乍一听“出人意料”，再一想却“合乎情理”，幽默的效果好极了。

二是语意趋势层级递减。语意的层级是由大到小、由强到弱、由高到低……层层递减，以至于小到超出了意外。比如：

在美国一次观看足球比赛的看台上，3个小伙子正好坐在3个修女的后面，由于修女的头上戴着高高的修女帽，挡住了他们的视线，小伙子很不高兴。其中一个说："伙计们，这里戴高帽子的人实在太多了！我希望我住在俄亥俄州，那里只有25座教堂。"

另一个说："噢，我希望我住在爱达荷州，那里只有20座教堂。"

最后一个说："噢，我希望我住在俄勒冈州，那里只有15座教堂。"

刚说完，前面一位修女突然转过身说："你们为什么不去地狱呢？那里一座教堂也没有哦！"

三个小伙子有的耸肩，有的吐舌，暗暗地笑了。周围的人听了也乐开了。

这段对话利用了语意递减中突然转向，形成了幽默。那几个小伙子所说的教堂数目，一个比一个少，这就在听者的心理上，形成了一种递减的预测趋势。此时，听话者心理自然会预测修女一定会说出一个比15座教堂更少的某个州。而修女做出的反驳性解释，超出听话者的心理预测——竟然举出一个少到连一个教堂也没有的地方！乍一听"出乎意料"，再一想，批驳得"合乎情理"，于是大家都忍俊不禁了。

## 二、在语意断而再续中生出奇妙

说话者故意把本来可以一口气说完的一句话，故意不一口气说完，而有意先停顿一下，给对方留下一个预测语意趋势的时间，然后再把后一半说出。当听者听完以后，突然发现说话者的意思竟"出乎意料"，顷刻顿悟，开心一笑。如，电视《男子汉》中有这样的对话：

甲：当我拿工资后，你猜我会怎么办？

乙：交给老婆。

甲：不，存银行。

乙：嗯，这才是男子汉！

甲：……然后把存折给老婆。

乙：……？！

对话中的甲，故意将“（把钱）存银行，然后把存折给老婆”，分成两部分来说，使人对他话语意义的预测和理解出现差别，趣味横生。

语意表达的割断，有时也可以通过语音的停顿来实现，如：

一个小伙子说：“昨天在大街上，有一位漂亮的姑娘，与我素不相识，却主动对我开口说话。”

他的朋友走过来说：“老弟，你可真走运了！那位漂亮妹妹对你说什么了？”

“她说……”

“说呀，别不好意思嘛！你我又不是外人了。说出来，我说不定还可以为你当参谋呢！”

“她说，同志，随地吐痰，罚款五角。”

小伙子有意把要表达的意思截成两节，使朋友在心理上预测“这小子有艳遇”了。可是，当他把漂亮姑娘的话说出来的时候，竟完全在听者的预测之外，话语便出现了幽默的转。

这种口语上的停顿，实质上就是对思维惯性的利用。停顿前说的部分，常常是给对方一个思考方向的暗示；停顿后说的部分，则是语意的陡然逆转，让人产生某种突兀感。下面这对恋人的对话就是这样：

女：举个例子，假如我们已经生活在一起，我在外面生气回来，虽然知道你也刚刚回家，却毫无理由地向你发脾气，嫌你没有做好饭菜，这时你会怎么办？

男：这好办，我会一下子冲到厨房，拿起菜刀……

女：怎么样？

男：赶快给你……做可口的饭菜，让你没有办法再生气。

丈夫故意把“拿起菜刀，赶快给你做可口的饭菜，让你没有办法再生气”分成两部分来说。先说出前部分“拿起菜刀”，这是故意诱导女方去按思维惯性思考，去预测他拿菜刀是来打斗。当他把妻子的思路方向搞定以后，他说出的结果却是：拿起菜刀“赶快给你做可口的饭菜，让你没有办法再生气”。这种突然的转向，起伏跌宕，一惊一喜，幽默出来了，在这对恋人间平添了浪漫情趣。

除了语意的“出乎意料”可以产生幽默之外，选词择句等修辞手法突破听话者的预测，也会产生幽默的效果。请看一个小品中的话：

男：前途是光明的！

女：对，前途是光明的，道路……

男：道路是弯的！（观众都笑了）

这里为什么会产生幽默呢？“前途是光明的，道路是曲折的”是脍炙人口的名言，当男的说了前半句，大家心里不约而同地把下半句预测出来了。但是后半句竟让大家“出乎意料”，说成了“道路是弯的”，意思没变，可书面语词“曲折”突然变成了口语词“弯”，还是让大家“出乎意料”。一两句对白便把角色的“酸气、土气”刻画得淋漓尽致，直叫人把肚子笑疼。

朋友们，谁都想把话说得幽默风趣，让听话者听得乐呵呵的，大家都开心，既表达了意思，又融洽了人际关系。做到说话幽默，除了要求说话者见多识广、豁达乐观之外，还必须掌握一定的技巧，本文介绍的两种招法，朋友们不妨试试哦！

# 绕了一个弯，话语趣味多

高圣林

世界上的许多事物，在道理上都有相通之处。比如说道路，就交通而论，以笔直畅达为好；就审美而论，以曲折有致为好。所以，公园里的路大多曲径通幽。同样的道理，我们说话写文章，如果直抒胸臆，尽可一吐为快；但是，在社交过程中，出于礼貌原则，往往要说得含蓄委婉。有时，为了幽默逗趣，还故意在说话时绕一个弯，就是不直截了当地表达，而是采用迂回曲折的说法来表达本意的一种言语表达方式。

日本有一个笑话：

蜡烛铺老板的儿子杉太郎娶了天下第一美人为妻。

每遇到一个人，他就极想夸耀一番，可他又不愿露骨地炫耀，后来终于想出了一个妙法。

在同行的聚会上，杉太郎说："我不久前娶了妻，名叫静子，她的妹妹喜美是个大美人，可她俩站在一起，分辨不出谁是姐谁是妹！"

例子中的丈夫利用姐妹俩同出一源，相貌上有相似之处，借彼夸此，手段还算很高明。当然，这个笑话的可笑之处还在于：古人说到妻子都很谦虚，甚至是贬抑，称之为"拙荆""贱内"等，而这位丈夫却大加赞美，实在是出人意料之外。

这种绕弯说话的表达方式可分为四大类：一是伴随式；二是对应式；三是因果式；四是行为换述式。

1. 伴随式

即只说相伴随的事物，让人意会到主干事物，或先说伴随事物，然后再说主干事物。如：

“你丈夫到赌城去了吗？”玛莉问她的朋友。

“是的。”白洛克太太回答道。

“他赢了还是输了？”

“他去时只坐一部价值三十万元的小汽车，回来时却坐了一部价值五十余万元的大巴回来。”白洛克太太低声回答。

白洛克太太不直说她丈夫输掉了一辆小汽车，只说了他来去乘坐的是什么车，伴随物——交通工具的变化，使人想象到她丈夫输掉了那辆小汽车。

2. 对应式

即不直接说出某一人和事，而是说出与之对应的人或事物，让人从中悟出或者推导出来。如：

陆某善说笑话。邻居中有一个妇女生性不爱笑。他的朋友激他说：“你如果能说出一个字让那个妇女笑，又说一个字让那个妇女骂的话，那么我愿用好酒好菜招待你。”

一天，那个妇女站在门口，恰好门前卧着一条狗，陆某跪着向狗叫了一声：“爹！”妇人见此情景不禁好笑。陆某又抬起头来向妇女喊了一声：“娘！”妇人听了顿时破口大骂。

如果说陆某把那个妇女逗笑是因为他的荒唐的话，那么，他把妇女惹骂则是他将妇女与狗建立了对应关系，并且相提并论，让人推导出她与狗是夫妇关系。

3. 因果式

即利用事物的因果关系，先说原因，后说结果，或先说结果，后说原因。如：

一个顾客在酒店喝啤酒。他喝完第二杯之后，转身问酒店老板：“你们这儿一星期能卖掉多少桶啤酒？”

“35 桶。”老板得意洋洋地回答说。

“那么，”顾客说，“我倒想出一个能使你每星期卖掉 70 桶的办法。”

老板很惊讶，急忙问道：“什么办法？”

“这很简单，你只要将每个杯子里的啤酒装满就行。”

例子中的顾客不直说杯里的啤酒太少，只有一半，而是通过因果关系的联想，即多倒啤酒就能增加销售量的联系，先说结果，然后再说要达到这一结果的条件，从而既幽默又含蓄地表达了自己的意见。

4. 行为换述式

即不直截了当地说出某一行为，而是用拐弯抹角的方式去暗示。如：

曾经当过国务卿的美国五星上将卡特利特·马歇尔在他驻地的一次酒会上，要给一个小姐送行。

这位小姐的家就在附近不远，可马歇尔开了一个多小时的车才把她送到家门口。

“你来这里不很久吧？”她问，“你好像不太认识路似的。”

“我不敢那样说，如果我对这个地方不熟悉，我怎么能够开一个多小时的车，而一次也没有经过你家门口呢？”马歇尔微笑着说。

这位小姐后来嫁给了马歇尔。

马歇尔不直截了当地说：我认识路，开车兜风这么长时间，只是想和你多待一会儿，而是按照逻辑推理来反问对方，这种方式含而不露，耐人寻味。

这种故意绕一个弯的表达方式何以会产生如此奇特的趣味和魅力呢？笔者以为：

其一，融入了说话者的语言智慧。从以上的例子可以看出，绝大部分都是说话者在回答问题时说的，在这样短的时间内便能组织好语言，不能不说是机智敏捷。

其二，有道是“曲径通幽处，禅房花木深”。绕弯子的说话方式避免了直来直去，一览无余，给人以新颖别致、跌宕多姿之感。

其三，调动了听者的参与意识，让人在参悟、回味中明白说话人的用意，从而产生一种破译成功的喜悦。

# 设疑：一种欲露先藏的幽默技巧

高圣林

所谓设疑，就是在言语交际时，先故意说出令人疑惑不解的话，让对方产生疑问，然后再加以解释的一种语言表达方式。这种表达方式往往在一藏一露间说出真相，体现出幽默效果。如：

**例 1** 有一次，孙权让自己的儿子跟诸葛恪开玩笑说：“诸葛恪吃马粪一堆。”诸葛恪问：“臣子可以跟君王开玩笑，儿子可以跟父亲开玩笑吗？”孙权说可以。于是诸葛恪说：“我请太子吃鸡蛋。”孙权不解地问：“别人让你吃马粪，你却让对方吃鸡蛋，这是为什么？”诸葛恪回答说：“这两样东西都是从屁股后面出来的呀！”孙权听了大笑。

**例 2** 刘罗锅子陪风流皇帝乾隆沿大运河下江南。船到扬州，一妙龄女子正在河边洗衣。乾隆龙心大动，船过很远，仍回头张望。刘罗锅子暗自发笑，便问乾隆：“陛下，您可知道天地间什么力量最大？”“水呀，”乾隆不假思索，脱口而出，“水能载舟，也能覆舟。”刘罗锅子摇了摇头，故意引而不发。乾隆反问：“快说，你以为什么力量最大？”刘罗锅子说：“妙龄女子！”乾隆不解地瞪圆双眼。刘罗锅子诡秘一笑：“女子能把龙颈扭弯。”

例 1 中的诸葛恪当时还是一个少年，与太子年龄差不多大，但在封建社会毕竟有君臣之别，在太子嘲弄侮辱自己的情况下，自然不能与之对骂，否则会犯不敬之罪，但也不愿忍气吞声，显得自己软弱无能，于是采用设疑的手法，出人意料地要请太子吃鸡蛋。用这一反常话语的目的就在于引人发问，这一招果然应验，孙权大惑不解，问他为什么。诸葛恪在解答中运用了求同思维，说它们都是从同一个部位出来的，从而非常得体地进行了还击，既照顾到君臣礼节，又捍卫了自己的人格尊严。例 2 中的刘罗锅突然向皇帝提出了一个天地间女人的力量最大的话题，让乾隆大惑不解，直到最后一句补充说明，才使人茅塞顿开，原来他是用一句幽默的玩笑，非常得体地讽刺了皇上的风流好色。

从结构上看，设疑可分为两部分，即前面部分是设置疑点，后面部分是解答疑点。根据设疑方式的不同，可把设疑分成如下两种：

1. 不合情理的设疑。即先故意说出不合情理的话，让人产生疑问，然后再补充说明，使之趋于合理。比如过去有这么一个故事，有一个人因偷牛而被戴上枷锁，亲友问他：“你犯了什么罪，以致如此？”偷牛的人说：“我在街上走，碰巧地上有一条草绳，以为别人不要，就把它捡了回来，所以才惹了祸。”亲友说：“误拾一根草绳犯了什么罪？”偷牛的人说：“因为绳子上还拴着一样东西。”亲友问什么东西，他回答说：“是一头小小的耕牛。”

偷牛者先说自己因捡了地上的一根草绳而披枷戴锁，这不仅不合情理，也不合法律，不管是哪朝哪代。在亲友的追问下，他才补充说，绳子的另一端还拴着耕牛，这种避重就轻的说法，先令人疑惑，继而让人哑然失笑。

> 阮籍做大将军从事中郎时，有一次，有司（相当于现在的司法部门的官）向皇上报告说：“有一个人杀了自己的母亲。”阮籍说：“哈！杀了自己的父亲尚且说得过去，怎么竟杀了自己的母亲呢？”当时在场的人听了都非常吃惊，责怪他怎么说这样的话。皇上司马昭问：“杀父，罪大恶极，你怎么能说‘说得过去’呢？”阮籍说：“禽兽只知其母而不知其父，杀了父亲，便是禽兽，杀了母亲连禽兽都不如。”众人听了，都很佩服他的幽默口才。

阮籍先故意说出杀父说得过去这一违反人伦之语，引出皇上司马昭的疑问，然后再将人与禽兽作比较，说出人不如兽的结论，展示了他不同凡响的说话艺术。

2. 欠缺信息量的设疑。即先说出极少的几个字，信息量严重不足，让人捉摸不透，然后再加以解释说明。

> 明代文士陈全，误入宫禁，被宦官拿住，陈全恳求：“小人陈全，求公公饶恕。”公公平素就听说过陈全的大名，便说：“听说你善于说笑话，

说一个字，能把我逗笑，我就放你。”陈全脱口而出道：“屁！”公公道：“这算什么意思？”陈全说：“放也由公公，不放也由公公。”公公笑得前仰后合，就释放了他。

陈全，只说出一个字，信息量严重不足，宦官自然无法领悟，直到说出“放也由公公，不放也由公公”才明白，这个“放”字一语双关，既可指放屁，又可指放人，言在此而意在彼。如果一开始就解释清楚了，就没有这么可笑了。

综观以上的例子和分析可以看出，设疑具有如下两个显著特点：一是设疑的关键是要有疑点，要让听话人疑惑不解，进而产生疑问，听话人是否有疑问是判断设疑是否成功的标准，如果听话人没有疑问，甚至连疑惑的表情都没有，那就无所谓设疑格，进而也就无所谓幽默了。二是先布疑阵，然后再点明，这种欲露先藏的手法，有效地调动了听者的参与，利用了他们的求知欲和好奇心理。两千多年前的西方著名学者亚里士多德曾说过：“求知和好奇，一般说来，是使人愉快的。”这恐怕就是设疑格能引人发笑、产生幽默的效果的奥秘所在。

# 实话巧说，幽默效果佳

郑纯方

人们往往把实话实说理解成实话直说。其实，实话只是交流的前提，实言相告，实事求是，无可争议，但实说应当怎么说，怎么让真诚得到恰当的表达，收到预期的效果，其中可就大有文章了。

## 急话缓说

有些实话急于要说出时，往往带着明显的主观情绪，声音抬高，语气加重，免不了带上怨责或训人的口气。这样即使浑身是理，理直气壮，也会因为态度不好，把事情弄僵。如果忍一忍，缓一缓，平静一下心绪再说，情形就截然不同。

某男士过日子很勤快，喜欢扎起围裙下厨房帮忙，妻子自然欢迎。可炒菜时倒油倒多了，妻子立刻心疼得瞪圆了双眼，责问道："你吃油不花钱，还是开油坊的？咱是炒菜，不是炸油糕！"男士听了很生气，回道："不就是多倒点儿油吗？嫌我不管用，只好辛苦你自己了。"甩了围裙回客厅看电视去了。女士之言太急太重，丈夫如何吃得消呢？

某女士打电话的热情较高，拿起话筒一聊就是十分八分钟，家长里短，谈兴不减，让人想起马季先生的那段相声《打电话》。每到交话费时才惊呼："哇，这么多哟！"先生对此早有感觉，却不急于把话说出来，等太太又要去打电话时，才笑着提醒道："请注意节约时间，开短会，开小会。"太太会意地点点头："知道了，减少会议开支，从我做起。"急话缓说，善于调节说话的情绪，心平气和，可化沉重为轻松，变严肃为调侃，既不伤害对方，又能解决问题。

## 直话曲说

生活中曾有这么一个动人的故事。一个女生在日记中写她心上有了一位白马王子，但一直还没有向他表白。某男生无意中看到那日记，笑问那幸运的马儿是谁。女生没有直说，给了男生一只小盒子，说祝你生日快乐。男生打开盒子一看，是一面镜子，正照出自己的青春风貌，于是喜上心头：原来是我呀！夸张的神态更令少女钟情不已。假如那女生直说出来："那白马王子就是你！"不但不符合人物的性格，且再美好的情调也荡然无存了。实说曲说，曲则生姿，可获得不可言喻的情韵。

有一次，作家陈祖芬问词作家乔羽：《思念》那首歌的歌词中"好像一只蝴蝶飞进我的窗口"，你写的一定是女蝴蝶吧？周围的人目光"定格"，都看"乔老爷"怎么回答。乔羽很快调动一下他的聪明，笑笑说："我这首歌被译成几国文字。其中有一个国家——是哪个国家我忘了——它们的文字里，男蝴蝶和女蝴蝶完全是两个不同的词。译者就问我译成男蝴蝶还是译成女蝴蝶？我说，演唱时如果是男士，就译成女蝴蝶；如果是女士，就译成男蝴蝶。"于是，大家用哄笑为"乔老爷"喝彩。问话直率又有点刁，答话峰回路转，曲折生姿，颇有些"道高一尺，魔高一丈"的大气。

### 怨话趣说

怨言本身总是包含一定的情绪，不吐不快。但吐将出来，多是一方快，一方不快。若能把埋怨、指责、怪罪的成分减少到最低限度，斟酌出风趣幽默的谈吐，令双方皆快，不产生负面效应，就须讲求表情达意的艺术性，把握得好，还可创造出交往与相处的悟道禅境。

我的衣服扣子掉了，妻子一直没顾上替我缀好。我等着穿，就找出针线自己缝扣子。妻子看见忙说："笨手笨脚的，一会儿我来缀吧。"我抬起脸冲她一笑："自己动手，丰衣足食。不就三分钟没老婆嘛！"妻子忍俊不禁道："这话真幽默，批评了你还没法还嘴。"在许多情形下，幽它一默是最好的"怨"、最佳的"责"，因为"怨"的最佳结果是对方无任何逆反心理，甘受其"怨"而无怨。

硬话柔说。有时候实话实说会显得生硬，不近情理，像扔给人一块石头，不好接受。若用一种柔软的方式说出来，则像海绵球打人，架势好像在打，感觉却"恰似你的温柔"。

某球队背水一战，进军"世界杯"再度失利。球迷S君又失望又气愤，非要砸点东西不可，不发泄一下肚子会爆炸。其妻本欲大喝一声"你敢！"，一想丈夫向来吃软不吃硬，便改换成同情的腔调："砸吧，只要舍得随你的便，反正旧的不去，新的不来。"S君闻言怒气已消去一半。可是，说出的话，泼出的水，怎么收场？他发现了妻子新买来的核桃，跳脚叫道："看我一个个砸得你们粉身碎骨！"妻子一句软话，柔中有刚，比任何硬话都有效力。

# 像捧哏一样说话

姚　远

说相声的，讲究七分捧三分逗，看似话很少的捧哏角色，往往在相声中起到至关重要的作用！生活中说话也是如此，如果你能学会捧哏的艺术，走到哪儿都会是一个受欢迎的人。

比如，一位朋友跟你说道："我儿子最近在北京买了一套房子，三万多一平米，贵死人了！"生活中有些人不喜欢给别人捧哏，他们更喜欢逗哏，总想自己掌握话语的主动权。这样的人会说道："在北京，三万多一平米可不算贵，那得到郊区了吧？我亲戚家的孩子，去年在北京四环上买了套房子，七八万一平米呢！不过人家孩子也争气，光年终奖就五十多万！"别人跟你讲他儿子买了房子，是因为高兴，想跟你分享一下。你却说人家买的是郊区，这不是当头给人家泼一盆冷水吗？人家还愿意跟你聊天吗？而善于捧哏的人绝不会去争夺话语权，他会说道："是吗，你儿子太厉害了！能在北京买房，收入挺高的吧，做什么工作的？"这样的话语，一方面赞扬了对方，让对方高兴；另一方面，又主动把话语权让给了对方，让对方可以继续跟你分享。对方本来就在兴头上，你这样一说，他会更高兴，也会更愿意跟你继续聊下去。

还有一些年轻人过年回家会遭遇"催婚"。长辈们会不厌其烦地跟他说道："你也老大不小了，还挑什么啊？人长得好看不好看有什么关系呢，结了婚就是柴米油盐过日子，都一样！"有些人不愿意捧哏，表现在自己不喜欢的话一定要顶回去，他们会回答："我没说非要找漂亮的啊，我就是想找一个自己喜欢的，有什么错吗？我自己一个人挺好的，为什么非要找一个自己不喜欢的，凑合在一起，天天吵架呢？"一般情况下，你一旦说完这种话，长辈会用十倍二十倍的话来教育你，你这是自寻烦恼。而善于捧哏的人，他们会怎么说呢？"您说得在理儿，我这不是一直没找到合适的吗？要不您给我介绍一个！"你赞同了对方，捧着对方说，反而让对方没有继续教育你的机会。

还比如，在单位的会议上，领导发完言，你赞同了领导的话。会后有人调侃你："你这个人，最会拍领导的马屁！"你可能会回击："这怎么能叫拍马屁呢？我这个人，向来对事不对人，领导说得对，我肯定会赞同；领导说得不对，我也会反驳！"对方很可能会回击："那我怎么从来没见你反驳过领导呢？"这个话题继续下去，无论你怎么说，都只会越描越黑！善于捧哏的人，他会开玩笑地说道："这都被你看出来了，你可真厉害啊！"缓和了气氛后，接着问道："我这个人有时候说话不周全，今天的发言是有哪些不妥的地方吗？你给我讲讲呗！"用开玩笑的形式回应对方的调侃，就不会迎来对方的反击；真心地向对方请教，把说话的机会让给对方，这样既能听到对方的意见，让自己进步，又能获得对方的好感，一举两得。

所谓捧哏，有两个关键点：第一个是不争夺话语的主动权，善于把说话的机会留给别人，让别人去"逗哏"；第二个就是捧，不针尖对麦芒地回击别人，而是给别人更多的赞扬。学会了这两点，你会更受欢迎！

# 演讲辞选登

YANJIANGCI XUANDENG

# 朝霞映在阳澄湖上

吴东权

老师们、同学们：

您到过阳澄湖吗？您了解生活在阳澄湖畔的苏州人民吗？或许，有这样一段乐曲，你并不会感到陌生："朝霞映在阳澄湖上，芦花放、稻谷香，岸柳成行，全凭着劳动人民一双手，画出了锦绣江南鱼米乡……"一曲《沙家浜》，使阳澄湖的名声传遍了神州大地。阳澄湖，我的家乡，苏州人民的骄傲，多少世纪以来，我们的祖辈们就在这美丽富饶的土地上休养生息，清澈的阳澄湖水啊，倒映出多少时代的风雨、历史的烟云：

神武的吴王阖闾，一剑劈开了一座山峰，留下了虞山剑门的试剑石。

刚烈的伍子胥，"此头须向国门悬"，留下苏州城的"胥门"，警示着一代代的后人；一代名相范仲淹，戍守祖国西北边陲，使敌人胆战心惊，后又在沧浪亭兴办义学，泽被后世，"先天下之忧而忧，后天下之乐而乐"，这千古传诵的名句，已经成为中华民族精神文明的一块重要碑石。

历史，翻过了一页又一页。当日本帝国主义的铁蹄踏到阳澄湖畔的时候，姑苏大地响起了抗日杀敌的嘹亮军号，阳澄湖的儿女们，义无反顾地担起了这历史的重任。"祖国的好山河寸土不让，岂容日寇逞凶狂！"这期间，出现了多少可歌可泣的动人故事，崛起了多少叱咤风云的英雄儿女。我们的任天石同志，这位当年上海医科大学的高材生，在"中华民族到了最危险的时候"，他毅然投笔从戎，回到家乡常熟组建了抗日武装。一支使敌人闻风丧胆的队伍活跃在阳澄湖畔，敌人遇到他，哭爹喊娘；人民见到他，欢天喜地。想当年，阳澄湖畔，"阿庆嫂"、"沙奶奶"、"郭建光"相濡以沫，鱼水情深；芦苇荡里，修枪所、印报馆、后方医院，安然无恙。任凭它天低云暗雨骤风狂，英勇的阳澄湖儿女挺起了胸膛，越战越坚强！这便是我们的苏州人民，他们用青春的生命和热血抒写了阳澄湖的凯歌，迎来了阳澄湖的霞光！

历史的尘烟，掩盖不住世纪的风雨。星星之火可以燎原。无数先驱者，已将希望的种子撒向人间，绽开了一树烂漫的红色。弹指一挥间，上下五千年，黯淡与辉煌，幻灭与再生，永恒的悲怆与不朽的豪情，贯穿于这一切的清晰脉络，这便是阳澄湖的儿女们坚韧的求索。

“朝霞映在阳澄湖上”。苏州人民在党的领导下，昂首阔步行进在社会主义建设的大道上。火红的捷报，映红了火红的岁月；沸腾的锣鼓，敲响了沸腾的生活。党的十一届三中全会的春风，染绿了阳澄湖边的青青芦苇；改革开放的春雷，激荡起阳澄湖上的澎湃春潮！乡镇工业如雨后春笋，崛起在阳澄湖畔；“苏南模式”似烂漫山花，辉映着神州大地！历史上著名的鱼米之乡，今天创造出的业绩更加辉煌：到去年年底，苏州全市的国民生产总值在全国各城市中列上海、北京、广州、天津之后，位居第 5 位，张家港保税区、太湖旅游度假区、昆山经济开发区、苏州高新技术开发区、新加坡工业园区，名闻遐迩，蜚声海外。

“朝霞映在阳澄湖上”。自古就人文荟萃的家乡，教育事业也有了长足的发展。1992 年底，苏州市所有中小学全部通过验收，达到我省实施义务教育办学条件标准，在全国范围内率先进入全面实施九年制义务教育阶段。阳澄湖边，欢歌笑语，书声朗朗。不久前，日本绫部市的教育代表团参观了我们学校，他们对我校第二课堂的活动产生了浓厚的兴趣：书法室、美术室、微机房、实验楼……代表团一行六人，每人一台微型摄像机，从踏进校门起就一刻不停地拍摄，丰富多彩的课外活动、先进规模的教学设施、优美整洁的校园环境……都被一一摄入了镜头。我们学校的校长，正是当年沙家浜抗日游击队负责人的后代，这些日本朋友们如果知道这个事实，不知他们会作何感想？而我，当时就有一种痛快淋漓的骄傲和自豪！

“朝霞映在阳澄湖上”。气象万千的阳澄湖畔，捷报与彩云齐飞，富庶同文明共长！我们是阳澄湖的儿女，我们的血管里，奔流着革命前辈的鲜血；我们的胸膛里，燃烧着对祖国的热爱。在青青阳澄湖畔，我们立下年轻的誓言：做一块砖吧，让我们一同构筑家乡繁荣昌盛的大厦；做一颗螺丝钉吧，让我们一同铺设民族走向辉煌的路轨，哪怕明天我们只是一棵小草，我们也要为祖国的春天奉献自己生命的乐章。我们，早晨八九点钟的太阳，要趁着青春年少，以自己执着的追求、不懈的努力，去圆一个强国之梦，以自己“清于老凤声”的歌喉，再唱一首“朝霞映在阳澄湖上”！

# 把爱心奉献给孩子

史　磊

朋友们，有人曾在小学高年级做了个调查：“什么样的母亲最好？”最后的统计表明：最好的母亲既不是漂亮有才华的，也不是富有大方的，更不是严肃古板的；最好的母亲，是那些对孩子富有爱心的妈妈。

这个调查的意义，远远超出了孩子对母亲的要求，它也透露了孩子对老师的一种精神渴望，暗示了孩子对自己老师的评价标准，这就是：希望老师也能给予他们一颗爱心，富有爱心的老师才是最好的老师。

儿童是我们祖国的希望，是我们民族的光辉未来，是我们建设事业的可靠继承人，他们的素质如何，直接关系着我们炎黄子孙的兴衰荣辱。梁启超先生说得好：“少年智则国智，少年富则国富，少年强则国强，少年独立则国独立，少年自由则国自由，少年进步则国进步，少年胜于欧洲，则国胜于欧洲，少年雄于地球，则国雄于地球。”虽然梁启超先生所说的“少年”与我们所说的“儿童”是两个不同的概念，但人的发展是动态的、连续的，儿童时期是人的一生发展的基础，它很大程度地决定着少年、青年时期的发展方向。因此，教育和培养好儿童，成了我们的千秋大计。

教育儿童，有些教师觉得，让他们学好科学文化知识就行了。于是，强化学习就成了达到这一目的的重要手段，课堂安排大量的学习内容，课下布置繁重的练习作业。天真活泼的孩子，成了学习的机器，他们失去了自由，失去了欢乐，失去了童趣，失去了对生活的信心。倘若不能按照老师的要求完成任务，以致影响班里的整体成绩，他们就会看见老师不满的眼神、恼怒的表情，听到家长严厉的斥责、严肃的警告。天长日久，他们可爱的小脸变得冷淡，清澄的双眼有的过早近视，活泼的天性开始消失，烂漫的年华开始枯萎……这是多么可怕的现象啊！不错，孩子们需要学习，需要知识，但他们更需要温情，更需要爱！

爱是一种美好的感情，也是孩子最基本的心理需要。当孩子从母体降临到我们这个世界，对世界的山川景物、日月星辰、茫茫人海、人类文明等一切，感到惊恐，感到神奇，感到迷惑时，是母爱的温情使他们安宁，使他们渐渐了解了自己以及自己以外的世界。孩子离开父母，来到我们教师身旁，同样需要得到爱，得到老师的关怀和爱抚，得到老师的理解和帮助，得到老师的鼓励和指导，得到教师的宽容和微笑。他们得到了这爱，自然就会珍视这爱，理解这爱在人类共同生存中的重要作用，并注意把爱再施予他们周围的人。“只要人人都能献出一点爱，这世界就会变成美好的人间！”这句被千百万人吟唱的美好祝愿，不就可以变成一种现实吗？

爱有催人上进的力量，它能孕育英雄。英雄少年赖宁的成长历程，就充分印证了这一命题。他之所以能面对肆虐的山火，毫无畏惧，为保卫国家财产英勇捐躯，以惊天地泣鬼神的壮举，谱写出中国少年气吞山河的新篇章。除了因为学校、家庭、社会整体环境的良好教育和影响外，老师对他付出的炽烈的爱，也是促使他形成英雄性格的重要因素。赖宁不会跳绳，笨拙的动作惹得周围同学大笑，是老师走上前去，伸出援助之手；赖宁患有鼻病，在学校碰出鼻血，是老师细心地为他医治；赖宁“探险”划破了脸，老师就轻轻抚慰他，关切地问长问短；赖宁用小刀划损课桌，老师的批评既严厉又诚恳，句句语重心长；赖宁向老师汇报“探险”奇遇，老师即使卧病在床，也会满面春风，与赖宁共享“探险”成功的喜悦……老师爱心的滋润，使得这棵幼苗茁壮成长，终于成为一座永远矗立在青少年心中的不倒的丰碑，激励他们勇往直前！

爱有非凡的作用，它能创造奇迹。法国有个名叫鲍尔撒扎的孩子，他是提前了三个月的早产儿，出生时只有1.65公斤，并有严重的精神障碍和下肢肌肉萎缩。医生断言：他永远不能行走，将在床上度过一生。既是他的母亲又是他的老师的皮埃尔夫人，决心誓死改变这种惨酷的结局，以博大的爱心温暖他，以坚强的毅力训练他，以正确的教育引导他，以不懈的努力医治他。物换星移，第十二个春秋，这个弱小残疾的鲍尔撒扎，终于能独立行走，入正规学校上学了！并且，他以才华和品德博得了师长和同窗的喜爱。医生惊叹：这简直是个奇迹！而皮埃尔夫人则自豪地认为：这完全是爱心的结果。

爱有神奇的功效，它能创造崭新的教学境界。现在由北京、上海、沈阳等大城市兴起的“愉快教育”法，正向全国普遍推广，这种教育法，从情感教育入手，给孩子爱和美，激发孩子的兴趣和创造，实施智能教育、情感教育、意志教育并重的整体人格教育。“愉快教育”法，给一度沉闷、压抑的小学教学开辟了一方清亮、湛蓝的天空，透进了新鲜、活泼的空气，注入了无穷无尽的活力。而这种教育法的四要素“爱、美、兴趣、创造”中，“爱”的教育被摆在首要的位置上，整个愉快的教学境界，是由“爱”渲染、烘托出来的。

教育需要爱心，儿童渴望得到爱。广大的从事小学教育工作的园丁们，让我们携手共进，努力更新教育观念，大胆探索教学规律，以母亲般的诚挚胸怀，把自己的爱心无私奉献给孩子们吧！

谢谢大家！

# 把握生命

王军峰

各位同学：

在我的心中，有过许多梦想。我梦想长大能做一番伟业，能成为中国的爱因斯坦，二十一世纪的保尔，能为中华的腾飞做出自己的贡献。梦想着有一天，面对历史，我能够大吼一声：问苍茫大地，谁主沉浮？年轻的血液、年轻的棱角、年轻的心灵、年轻的憧憬，这一切不断地激活着那个梦想。我为之兴奋、激动；我为之欢呼、雀跃。站在新世纪的面前，我大声地喊道：来吧，我早已企盼多时了！

然而，然而就在现在，当我真的长大就要步入社会的时候，那曾有的梦想却渐渐淡去。站在现实的面前，我感到自己何等的渺小。梦想，那毕竟只是一个梦。今天，我考虑更多的是：毕业后，怎么能到三资企业中去工作，每月能多挣它 500 块钱。这大约就叫作成熟吧。

就在我为这所谓的“成熟”而沾沾自喜的时候，心中那曾有过的梦想却时时闪过；就在我以为自己已经长大而自诩超脱的时候，一种痛苦却悄悄地来临了：在深夜准备进入梦乡的时候，内心深处突然涌出一种感伤，一天就这么过去了，没有方向，没有目标，没有激动人心的欢乐，也没有刺入肺腑的哀伤。单调、贫乏、空虚、无聊这一切紧紧包裹着我。更可怕的是明天还会如此。岁岁年年，一切笼罩着一种灰色。这时，一种强烈的要改变我生命的欲望油然而生，它猛烈地撞击着我的心房，撕扯着我的情感。我变得恐惧，难道一生就这样度过？待到有一天，当自己回首这一生的时候，要如何面对那份曾有过的豪情和冲动？

我到处去找寻一种从痛苦中解脱的方法。我找啊，找啊，直到一天，我听到，我终于听到了一个从远方传来的声音：志向，你的志向！

志向，当我从字典中取出这个词时，前人过多的描述已使它变得暗淡，我小心地擦去上面的尘埃，终于，它放出了光芒，直射天边的光芒！

梵·高，一代艺术巨匠，印象派绘画大师，遗憾的是这个称号是我们后人给与他的。在他的艺术生涯中，没有理解，没有荣光。一生与痛苦、压抑为伍。但今天，当我们面对着那幅《向日葵》时，跨越世纪的才华令世界为之倾倒。

伽罗华，第一位提出“群论”的数学家，以严谨的证明论证了“五次以上代数方程没有公式解”这一人类数百年的困惑。然而，那时的人们不能够理解这超越历史的结论。诽谤、污蔑接连而至。但即使这样，在参加决斗的前一夜，他仍一气写出了数十篇数学论文，每一篇都足以使他进入历史上最伟大的数学家之列。第二天，他倒在了决斗场上。当历史终于明白了他的价值，体察到他那份对人类深沉而博大的爱时，整个世界为他致哀。

我想知道，是一种什么样的力量支撑着他们在如此的境遇下还能奋然前进；是一种什么样的勇气能使他们义无反顾，九死不悔。

是志向。我们不也曾有过志向吗？不，那只是梦想。真正的志向是建立在对其本身深刻的理解上；是建立在对它正确的认识上；是一个人对它所蕴含全部意义的准确的把握；是“衣带渐宽终不悔，为伊消得人憔悴”的痴情；是以生命相托的赤诚。梦想只是人生大树的枝叶，而志向则是扎在土壤中那深深的根。枝叶无疑是美丽的，但它是脆弱的。在现实的狂风暴雨中，它终会无奈地落下。而根不同，任尔东南西北风，它终会支撑着我们的生命傲然屹立。

树立志向无疑是艰难的。今天，在社会上有人也实践着这样的一种人生：他们追求享受而不愿艰苦创业；追求潇洒而甘于平庸；追求完美而缺乏责任。他们淡化理想，淡化未来；他们崇尚理性又鄙视理性；他们藐视神圣又躲避崇高。他们常喊着“过把瘾就死”！

但这决非是历史对我们这一代青年的期待。这将意味着堕落，意味着我们终将被历史所抛弃。

人生为一大事而来，为一大事而去。曾子曰：士不可以不弘毅，任重而道远。《易经》有云：天行健，君子当自强不息。青年，一个国家、一个民族的希望所在。大学生，作为这个群体中的佼佼者，振兴中华，责无旁贷。当我们每个人跨进大学的校园时，心中无不闪烁着那个梦想，那么现在就是让这梦想成为志向的时候了。难道，我们还能有任何的犹豫吗？

我们这一代是幸运的，前辈们几代奋斗，终于为我们找到希望的种子，汗水浸透，鲜血染红，生命铸就。历史赋予我们重托。

面对这希望，面对着那姗姗而来的二十一世纪，我们怎能不为之怦然心动。父辈把那希望交与我们手中时，几分骄傲，几分遗憾。难道我们交与我们子孙手中的还能仅仅是一个希望吗？在校园里我们指点江山，激扬文字，但民族更企盼我们去实践这诺言，去完成那希望，去圆那个做了太久的强国梦！

纵使艰难，也要树起那志向。为青春，为理想，为我们民族的振兴去奋斗一生。或许我们成不了伟人，或许我们一生会平平淡淡，但这不要紧，群星闪烁同样灿烂，只要我们是灿烂星系中的一颗。我们个人的力量或许是微小的，但当这共同的志向把我们联系在一起时，我们便能做出一番伟业。志向，我们人生的动力、行为的坐标。想把握生命？那就树立起志向吧，它将是我们生命最终的归宿！

（此演讲获“93世纪的选择与清华人”演讲大赛一等奖）

# 大山——爸爸的脊梁

曹　毅

朋友们：

每当校园夜深人静的时候，我就仿佛听到来自大山里的热切呼唤："我的女儿，你一定要回来呀！……"这呼唤，又把我带回到遥远的童年……

我童年里的记忆，最深刻的是爸爸的脊背。听爸爸说，在我很小时，妈妈就因病永远离开了我们。从此，爸爸的脊背就成了我童年里最温馨的天地。爸爸一有空，就把我从邻居家接回来驮在背上，来表示他那深沉的、双倍的爱。爸爸是民办教师，我常常在爸爸的背上看他做饭、改作业，也好多次在爸爸背上随他跋山涉水去家访。有天夜里回来，爸爸一脚没踩稳，父女俩一起滚下了山坡，摔了个鼻青脸肿。回到家里，爸爸好容易才把我这个哭喊着要妈妈的孩子哄上床，我见他默默地在桌前坐了好久好久，眼泪直往下掉。第二天早上，他又拄根棍子摇摇晃晃走进了教室，上课不久就昏倒在讲台上……

后来我也上学了，才知道爸爸的课比他的脊背更迷人，他的神情总是那么亲切、生动、有趣，特别是他上音乐课，同学们就好像被带进了神奇的乐园忘了时间。后来还真有两个同学被县文工团选上了，那时爸爸笑得好开心！也在这时，我才知道爸爸不只是心疼我一个人。他常常背生病的学生去医院，常常给大家发铅笔和本子，甚至还把给我买衣服的钱凑给了学校安电灯。这时我感到好委屈好委屈，爸爸的心里装着那么多人，连他那温暖的脊背也不是我一个人的。

在我的记忆里，爸爸最忙，爸爸的人缘也最好。他的桌上总是放着大叠大叠的书和本子，他也总是在灯下看呀改呀，有时我半夜醒来，灯还亮着，爸爸却趴在桌上睡着了。逢年过节，乡亲们总要送些吃的来，爸爸怎么也推辞不了，好些人家门口贴的对联，也总是爸爸的笔迹。有几次爸爸好像要调走了，镇里人老老少少都来挽留，他们的眼睛红红的，爸爸的眼眶也湿湿的。后来我真正懂事了，才知道这一切都说明着什么，才知道爸爸为什么总是那样辛勤、那样投入、那样执着！也才懂头发都已经花白了的爸爸为什么还要跟着录音机学普通话，搞幻灯教学，办《山外致富信息》！那是淳朴的山民对知识的敬重和渴望呀，哪怕是半斤苞谷酒、两个煮鸡蛋，那是一个教育工作者对乡亲们厚望的报答呀，这报答却是爸爸的整个有生之年！

山外的喧闹和精彩使山民更加急切和渴望，也使我对爸爸的死心眼有些抱怨。爸爸拿出一封信说："云儿，你看看就知道了！"那是一封来自北京某大学的信，信中夹着一片红叶，其中写道："敬爱的老师，没有您的教诲就没有我的今天，大恩难报，千里迢迢寄片香山红叶聊表寸心。山外的世界虽然很精彩，但家乡的孩子们不能没有您啊……"我还能说什么呢？爸爸常常翻看那些学生从全国各地寄来的明信片，望着那张省长接见他的照片，指点着镇上一幢幢新房子，这时，爸爸好像年轻了许多、许多……

谁知我考上湖北民院的第二年，爸爸就一病不起了。当我匆匆赶回家时，非常虚弱的爸爸拉着我的手，从枕头下摸出一根精致的教鞭，又慢慢扫视着床前围着的乡亲们，吃力地对我说："云儿，这根教鞭是省里开表彰会的纪念品，就留给你吧！大山应该是地平线上高高挺立的脊梁，山的儿女应该是大山崛起的力量！你毕业了一定要回来呀！你懂我的意思和心情吗？"我流着泪扑在爸爸身上直点头。

爸爸的葬礼震动了整个县、区、镇，爸爸在县各级部门工作的学生都来了，有穿西装坐轿车来的，也有打手电从山里赶来的，连镇里拄拐杖的白发老人也上了山。人的长龙、花圈的长龙从学校一直连到山上。人们请家乡最好的石匠赶制了一块大墓碑，上面刻着"山民恩师覃文正之墓"几个醒目大字。望着这墓碑，望着这么多老老少少鞠躬磕头，望着这么多人跪着用手往爸爸坟上堆土，我突然感到了爸爸生命非凡的充实和光彩，非凡的伟大和壮丽！听着这么多人失态的哭喊声和鞭炮声震荡着山谷，想着山外的精彩和山里的渴望，想着爸爸执着奉献的一生，我真正懂得了爸爸的心情，真正感到了爸爸嘱托的分量！真正认定了自己的人生道路！是的，大山应该是地平线上高高挺立的脊梁，山的儿女应该是大山崛起的力量！透过都市金钱声中涌起的阵阵喧闹，大山啊，我听到了你热切的呼唤！你的女儿一定会回来的！

# 千万别忘了，咱们是教师！

吴有双

朋友们：

假如有人做一下调查,问一问当今的中小学生家长们最怕的是什么？我想，十有八九的家长会回答：“最怕孩子的老师！”

如今，家长怕老师之普遍已成为诸多社会流行病的一种，不管那些家长是说一不二的，还是宁折不弯的，他们大都在孩子的老师面前变得老老实实，俯首听命，任老师摆布起来。要说家长怕老师究竟怕的是什么呢？说到底，不就是怕咱们当老师的给他家的小皇帝穿小鞋、戴眼罩吗？这一点孩子们比家长更清楚，更敏感。有一位家长对老师有意见，在家里刚发了几句牢骚，孩子就跳了起来：“别说了，老师会治我的！”你看，也难怪现在的孩子小小年纪就如此世故。不知从什么时候起，令孩子和他的家长，以及家长的家长们世代景仰的师表形象，在人们心目当中变得久远了、模糊不清了！有一位家长对老师留大量的家长作业有些力不从心，极认真而又实事求是地向老师反映：“我文化水平太低，实在完不成那么多家长作业！”老师闻听此言，阴阳怪气地说：“家长都不为自己家孩子学习着急，我这当老师的可是着的哪辈子急呀！”

现代人敢说敢为，没有不敢提的意见，没有不敢发的牢骚，可人们对渎职教师的抱怨却极有分寸，且基本局限于民间，拿不到桌面上来。

是啊！教师需要全社会的关心、理解、尊重和支持！不过我们做教师的也不该忘记：教师和医生一样，所从事的是维护人类生存和推动社会前进的神圣事业。就教师劳动的本质来说，教师是太阳底下最光辉的职业！

教师职业的特殊性决定了教师必须讲求职业道德。

我们每个人都做过学生，都有过学生时代，都不会忘记自己做学生时的向师性和模仿教师的本能，学生大都有尊重、崇敬和乐于接受教师指导的自然倾向，每个学生都希望得到老师的重视、注意和肯定。教师的评价，对学生一生的发展都将产生至关重要的影响，教师的言行品质，为人处世都被学生追学效仿，教师的意志、情感、信念无一不对学生产生潜移默化的影响。一个社会的道德风貌如何，与这一社会的教育质量，或者说与教师的总体素质有着直接的影响！这不是冠冕堂皇的大道理，而是原原本本的大实话，早在20年代，伟大的教育家陶行知先生当谈到教师的机会和责任时就曾说过："教育者应当知道教育是无功利且没有尊容的事儿，教师所得到的机会，纯系服务的机会、贡献的机会，不论任何环境和条件都不能成为把教师劳动功利化的理由！"然而令人忧虑的是，如今我们教师队伍当中，一部分人"为人师表"的道德强制性和自我约束力被明显地淡化了、萎缩了！他们常常是随心所欲地做事、随随便便地讲话！有一位青年教师为教训一名上课不注意听讲的中学生，竟指着干干净净的黑板问学生："你往前看，看见什么了？"学生莫名其妙，战战兢兢地回答："什么也没看见。"这位老师把学生往黑板前推了推又问："你再给我仔细看看，你眼前到底是什么？"学生疑疑惑惑地嘟囔："就一块黑板。"话音刚落，这位教师得意忘形、极其满足地说："这就对了，在你眼前，确实是漆黑一片，暗淡无光！"这是多么不负责任的评价，这是多么沉重的打击呀！它无异于一把利剑直刺向孩子那小小的心灵！

尊敬的老师们，我们暂且不说那些伤筋动骨、明显违法的种种体罚，就是这一类讽刺、挖苦、嘲弄、伤害究竟有多大？假如，我们的教师队伍当中有1%的人是滥竽充数，不胜任教师这个职业，那么他所教的学生将是100%的不合格呀！这是多么巨大的影响，多么可怕的后果啊！

说了这些，其实我何尝不知有那么多日夜操劳，爱生如子，在讲台前销蚀生命直至最后一息的园丁们，其中甚至还有一面无奈于久拖不付的工资，一面仍含辛茹苦，默默奉献的无私耕耘者，他们才是我们事业的中坚、民族的脊梁。不过好话车载斗量不用愁没人去说，而由于教师职业道德的下降所引起的批评性意见也得有人直言，否则都去充当好人，老是在"地位低、待遇差"上转磨而使我们的教师变得耳边清静、牢骚满腹，不思进取，这未见得就是负责、就是好事！您说是吧？

敬爱的老师们！当我们情愿或不情愿地跨入教师这支队伍，登上三尺讲台的时候，请您千万别忘了，我们的一言一行、一举一动都被孩子们看在眼里、学在心上，我们要对孩子负责，对未来负责，我们是塑造人类灵魂的工程师，来不得半点马虎，不要小看自己，我们要自尊自重，自信自强，决不能愧对人民教师这一神圣的事业和光荣的称号！

老师们，千万别忘了，咱们是教师！

# 河到中游

王霄飞

朋友们：

和许多在城市中长大的朋友们一样，我在看到真正的河流以前，早已熟悉了大街上的车流和人流。几个月前，我又加入了准备托福考试的人流之中。我所在的辅导班教室门口的过道很窄，每到下课的时候，大家只能十分缓慢地鱼贯而出。在蠕动的人流里，我听到有人笑着说：“托福，I love this game！”

听到这话，我也忍不住笑了。我不免有些佩服这位同学的乐观。因为我那时的心情，与其说是在希望中欢乐，倒不如说是在苦难中忍耐。一年前，听了从美国归来的闵维方老师的精彩报告，我便决心要到国外学些东西回来。可是，向目标走着走着，眼前却突然模糊起来。翻开那厚厚的听力书，吸引我的是结束语中的一句话：“谦虚曾使我们进步，而现在正是盲目的自卑自贱使我们步履蹒跚。”

于是，我开始了艰难的思索。今天，我站在讲台前，深深感到自己有义务把思考的结果展示给大家。

我曾经怀疑在托福的人流中，有多少人会执着地出去，又无悔地回来。一天，我和一位准备参加托福考试的好朋友谈到出国，他一字一顿地讲：“出去可以，但关键是要回来，国内才有我们的用武之地。”近三年来，留学生回国数量以每年13%的比例递增，更消减了我的疑惑。

我曾被一个真实的故事感动。闻一多离开美国回国的时候，刚一登岸马上面对着欢迎的群众，把全身的衣服脱了，只剩一个短裤，随后把衣服扔到了大海里面。今天的年轻人，不再模仿闻一多的行动。一代青年有一代青年的方式，一代青年有一代青年的选择，一代青年有一代青年的激情。

我曾无数次地想，当代青年的激情与从前相比有怎样的区别？的确，那些豪言壮语，经过千万次重复，仿佛变成了生硬的躯壳。其实，今天的青年，与五四运动中的新青年，有着相似的情感，只不过在这和平建设的时代，同样的冲动被浓缩、被珍藏。请看中国运动员桑兰阳光般明媚的笑容：桑兰，被评为1998年的英雄，成为美国青年人的榜样，在身体只有五分之一有感觉的情况下还在为国争光。经过这样的思考，我的心情似乎有了头绪。前两天，我在图书馆里随手翻开一本画册，看到那奔腾的黄河之水，我的眼前顿时一亮：现代青年的精神，不正像一条河流吗？

五四精神，像上游崇山峻岭之间翻滚咆哮的河水。那时的青年，在国家主权和领土完整处于危险境地的时候，被赋予了保卫它的使命，被召唤用行动证明他们对祖国的忠诚。

今天的青年精神，像中游的河水，水量更大，更适宜航行，灌溉着更多的田地。河到中游，美得丰满，美得深刻。现在，号角又在召唤我们这一代青年：不是战斗，尽管我们需要拼搏；不是舍生忘死，尽管我们需要奉献牺牲。让我们记住蔡元培先生的话："希望诸君专心求学"，"这是救国最好的方法"。

河到中游，支流纷纷汇入，壮大了河流，给河水带来了新鲜的力量。这正如任何一个青年群体，都不可能单独奋斗。只有联合起来，才能不负历史的重托。河到中游，流速减慢，泥沙也沉积下来。我们每一个年轻人，都要找准自己的位置，做一滴清澈的水珠，不要成为加高河床的石子。

河到中游，会有更多的蒸气升入天空，也会有水渗入地下。它们回到河里，能从天上氧气、从土壤里带来有机质，使河水丰富多彩。我们中的一些人，或许能成为这样的水滴。只是不论飞到天涯海角，都别忘了哪里是我们的家。

青年精神之河，属于青年，但不仅仅属于某一代青年。我们北大之精神，属于北大青年，更属于全国青年。马寅初先生说过："所谓北大主义者，即牺牲主义也。服务于国家社会，不顾一己之私利，勇往直前，以达其至高之目的。"

我在中国近现代的留学生中，找到了这样一位楷模——周恩来。年轻时，他东渡日本，明白了军国主义救不了中国；他远赴欧州，终于找到了马克思主义。最后，请允许我用赤诚的心灵把周总理的诗略做改动，奉献给大家：

大江歌罢掉头东，少年不泯报国情。
面壁十年图破壁，万里神州多英雄。

# 我心中的石头

佘鹏程

朋友们：

在我的办公桌上，一直摆着一件珍贵的纪念品，就是这块石头。这是太行山上最普通的石头，却蕴藏着我一段刻骨铭心的采访经历。

1996年8月，太行山旅游区山洪暴发，可怕的洪水卷着石块、木头倾泻而下，一时间，道路、房屋被大面积摧毁，交通中断，通行困难，省委、省政府和当地驻军领导闻讯后马上组织人员奔赴灾区展开抢险抢修工作。为了拿到第一手采访资料，我和几名记者冒险顺着游人出来的路线往里走。几个小时后，我们遇到了第一拨出来的游客，他们虽然有些衣衫不整，精神气色却不错。听说我们是记者，他们先是兴奋地欢呼，尔后却哭了起来。一位老大爷拉着我的手激动地说："你们太应该报道这里的事、这里的人了，我们能活着出来，全靠他们了！"

原来，当地一位正在村委会值班的干部，听说洪水要下来了，赶紧去动员疏散游客。等洪水冲过去后，他才想起自己的家。回去一看，房子已给冲没了，妻子和女儿也永远地离开了他。洪水卷走了很多粮食，使得灾区内食物特别珍贵，当地的老百姓却站在路边，把家里所剩无几的食物送给游人们吃，忍着饥饿，忍着失去亲人的痛苦，向那些离开这里的游人道一声："一路平安！"路途中，游客们还看到一队搭桥铺路的解放军战士，满身是土，浑身是泥，由于过度的疲惫，竟在路旁的乱石中睡着了，游人不忍心惊醒他们，就在乱石中一人拣了一块石头，揣在怀中，留作纪念。老人把自己的那块石头送给了我，动情地说："小伙子，好好拿着，这是太行山的精神啊！只有共产党领导下的社会主义国家才有这样的事，这样的人！我是个老党员，可今天我还是要代表大伙儿由衷地喊一声：共产党万岁！"

从此以后，我和这些游人一样，有了一件太行山抢险的纪念品，每当我看到它，都会想起那生死存亡、利益取舍的一瞬间，想起人性的崇高和党的伟大！

从此，这块石头成了我的忠实伙伴，成了我工作生活不可缺少的一部分，很多时候，它都能给我启发、给我力量，激励我勇敢无畏地履行记者的职责。

我一直觉得这块石头是有生命、有知觉，而且是完美和无懈可击的，直到有一次我走进了一个特殊的人群，才改变了这样的看法。那是1998年的夏天，我策划主持了一期《远离毒品》的节目，邀请了两名警官和两个戒毒者与我一同来现身说法，以图告诫人们不要陷入毒品的深渊。节目的气氛一直不错，直到一名警官拿出了几个试管，告诉现场的观众——这个是大麻、这个是海洛因、这个是可卡因……这时两个原本无精打采的戒毒者突然把眼睛瞪得大大的，露出渴望的神情，浑身开始抽搐，其中一个不停地咬牙，嘴角流出了口水，而手也不由自主地向毒品方向抓去！要不是现场的警官及时制止，就会上演抢毒品的滑稽一幕。我问警官："他们不是已经戒毒了吗？"警官说："戒生理毒瘾易，戒心理毒瘾难，一朝吸毒，十年戒毒，终生想毒！"看着两个面容枯槁的戒毒者，我的心突然紧缩了一下，我想起了我的伙伴、我的石头——如果有人向它的身上点几滴化学药品，从外到内地腐蚀它的肉体、它的心灵，坚强的它不也很快就化作一堆粉末了吗？而远离污染，洁身自好，不也正是我和我的石头应该共同遵循的人生准则吗？！

其实，在我们广阔的新闻事业中，又何止仅有一块小小的石头呢？正是因为有了千千万万具备着石头精神的中国新闻工作者，我们的事业才充满了希望，战火里、洪水中、矿井下、天空上，他们的身影无处不在。紧跟时代、勤奋敬业、透视社会、关注生活，他们是共和国前行路上每一个脚印的最好见证！

别看只是一块小小的石头，不甘堕落，经得起腐蚀，就能成为摩天大厦的一块基石；万众一心，汇聚起来就是一座高山仰止的峰峦；手臂相挽，众志成城，就是一道抵抗狂澜暴雨的万里长堤；默默耕耘，勇于奉献，就是一条宽阔笔直的康庄大道！

感谢这块太行石，给了我这么多心动和灵感，赋予了我人生更多的提示和意义，当我两鬓飞霜安然知命的时候，我还要把这块石头交给我的下一辈，并向他们讲述我心中石头的故事。

# 永远冲不垮的青春大堤

赵岳平　王学明

各位领导、同志们、青年朋友们：

大家好！

我来自湖南省岳阳市，两天前刚从抗洪一线大堤下来。

在超历史的特大洪灾面前，我们岳阳20万团员青年发扬“党有号召、团有行动”的优良传统，以饱满的热情、高昂的斗志，投入到抗洪抢险、保卫家园的战斗中。青年突击队的旗帜插到了防洪大堤的最险段，青年突击队员的身影穿梭在灾区的各个堤垸。根据市委、市政府的部署，团市委先后三次发布紧急动员令，组织青年抢险突击队2160支，招募队员近7万名，其中有526名专职团干部、3000多名兼职团干部战斗在抗洪抢险第一线。广大青年突击队员在抗洪抢险中表现了不怕艰难困苦、不怕流血牺牲的英雄气概，用青春和生命构筑了一道道“永远冲不垮的青春大堤”。

1998年8月4日凌晨2点，根据岳阳市防汛指挥部的命令，两支由团市委机关全体男同志和市直青年志愿者组成的青年突击队紧急集合，由团市委书记张群望同志和我分别带队，奔赴两段险情不断的10公里长的大堤。当时的情况极其困难而又危险，我们要求队员“不怕苦、不怕累、不怕死”，而对随时有可能倒塌的大堤，我们硬是“天做衣被地做铺，披星戴月顶风雨”，让青年突击队的旗帜在大堤上高高飘扬。在这种极其艰苦的情况下，队员们个个斗志昂扬、争先恐后。沙包背在肩，抢险跑在前：先后9次参与重大险情抢险，12次参与重大突击。我们每天冒着39℃的高温，顶着六七级大风，徒步奔波在20公里长的大堤上，24小时不间断查险。许多队员双脚磨起了血泡，大腿也磨破了皮，80%的队员得了皮肤病。可谁也不肯离开大堤半步，硬是坚持了38个日日夜夜。团市委书记张群望同志因长期风雨拍打，得了重感冒，需要打吊针，整整一个星期只吃了不到1斤饭和3袋方便面，队员们知道他曾胃出血，担心他身体吃不消，就劝他回家休息。可张书记说：“只要洪水一天不退，我就坚决不下大堤。”突击队员于辉荣是应届大学毕业生，正在联系分配单位，家中被水淹、母亲病危住院。当他看到团市委的动员后，就置个人家事于不顾，主动请缨来到前线，一连38天从未离开大堤半步。鲜艳的青年突击队队旗，引起了广泛的关注：市委书记来了，团省委书记来了，团中央书记也来了！小于23岁生日的那天是在堤上度过的。团中央书记处常务书记巴音朝鲁正好亲临大堤慰问青年突击队员，他拉着小于的手，动情地说：“你用自己的行动为青年突击队这个光荣称号作了最好的注解。”直到两天前小于和我们撤离大堤的时候，他的工作还是没有着落，家还是淹在水中，母亲还是病在床上。但他无怨无悔！充分展现了当代大学生崇高的精神风貌。

在这场力缚洪魔的搏斗中，共青团组织经历了战斗的洗礼，广大团员青年经受了生与死的考验！

团洲垸北临长江，东接洞庭湖，素有“湖南第一险”之称，堤身单薄，岌岌可危，稍有闪失，将会给80万人口带来灭顶之灾，1996年这里就曾决口成灾。7月22日凌晨，天空突然电闪雷鸣，风雨大作，60多米大堤出现大滑坡，六七级狂风卷起刚铺好的防渗水的彩条布，掀起了3—4米高的巨浪，雨水疯狂往裂缝里灌，凶猛地撞击着一线防洪大堤。在洪水中浸泡了一个多月的大堤危在旦夕！危急时刻，作为全乡抗洪抢险尖兵的50多名青年突击队员，迅速背起上百斤的沙袋往彩条布上压。28岁的共青团员、青年突击队长李三保大喊一声：“突击队员跟我上！”第一个跳入水中，3000名村民也纷纷跳入水中，手挽着手，肩靠着肩，用血肉之躯挡住风浪。全体突击队员在洪水中高喊：“坚持，顶住！人在堤在，人在堤在！”激昂的话语响彻云霄。这是一次意志与体力的考验，这是一次人与自然的抗争，水高浪急，水中的勇士们，一次次聚合，又一次次被冲散，随时都有被恶浪卷走的危险。闻讯赶来的妇女、儿童、老人趴在泥泞的堤上，用绳子死死拉住突击队员，大声呼喊：“千万不要松手！千万不能松手！”大家只有一个信念：坚决保住大堤！顷刻间，雨水、汗水、泪水，风声、涛声、呼声交织成一曲惊天地泣鬼神的壮歌。经过四个小时的战斗，伤痕累累的大堤终于奇迹般地保住了。

一波未平，一波又起。麻塘大堤在几次洪峰和特大洪浪的撕咬下，千疮百孔，险象环生，成为继团洲垸保卫战之后的又一主战场。这条大堤，不仅是岳阳县90万人民的生命线，还是京广铁路、107国道的屏障，有11公里铁路从这里通过，稍有闪失，44年前的悲剧就会重演：1954年特大洪水淹没铁路深达2米，交通大动脉被迫中断63天。麻塘大堤牵动着党中央、国务院领导的心，他们谆谆嘱托，一定要确保麻塘大堤安全，确保京广铁路畅通！

麻塘大堤的青年抢险突击队员永远不会忘记那次生与死的考验。7月29日晚，他们刚刚结束长达3小时的抢险战斗，正准备吃饭，重大险情又发生了：大堤纵向裂缝长达70米，宽达10厘米，出现300米长的滑坡，部分堤段下沉1米多。这时，洞庭湖风浪突起，掀起五六米高的巨浪，一次又一次地冲击堤身，盖过堤顶。滑坡在加剧，大堤在颤抖。指挥部下令：打一条长310米的抱围，23名青年突击队员毫不犹豫一齐跳入齐腰深的水中，打木桩，垒沙包。风急浪高，一名年仅18岁的队员不慎连同100多斤重的沙包跌在水里，当战友们把他救上岸时，他已经不省人事。经过人工呼吸，他好不容易缓过气来，又毅然投入战斗。水底下护坡的石块像一把把尖刀，把他们全身划得鲜血直流。但他们全然不顾这些，忍着伤痛，在风浪中翻腾、滚打。激烈的战斗持续了18个小时，全体队员茶饭未进，5名队员因劳累过度当场吐血，10名队员严重腹泻，生命处于极限状态。

洪水是残酷的，当你眼巴巴地看着自己的家园被冲垮、农田被冲毁的时候，你会是一种怎样的心情？灾难面前，我们的青年突击队员，谁又没有经历这样一次又一次精神境界的升华呢！青年突击队队长彭强，家里成熟了的4亩早稻，顾不上抢割，只好眼看着烂在田里，一天，一个村民又急匆匆地跑来告诉他：他妻子得了重病，正在医院抢救。可彭强知道更大的洪峰就要到来，于是他冷静地说："妻子在医院，我就放心了。这个时候，我不能走。"7月30日，狂风大作、雷雨交加，又一次威胁着大堤的安全，彭强正和队员紧急打桩护坡，突然，从他家方向传来轰的一声巨响。他循声望去，自己家的房子在风雨中全部倒塌，家中亲人生死未卜。彭强忍住泪水，继续打桩。队员们劝他回家看看，可他始终没有去。当他看到工地上急需木材，他默默地驾着木排，来到已是废墟的家门前，从水中捞起自家的房梁，迅速运到抢险工地。队员们深受鼓舞，用他家的房梁打下了一排排"特殊的"护堤的木桩，终于使这段大堤及时化险为夷。

舍小家，保大家，是许多青年抢险突击队员的无声行动。面对生与死的考验，我们这些可爱的突击队员更是表现出惊人的镇静与从容。他叫王凯达，是华容县终南乡一名年仅23周岁的突击队员。7月2日，小王接指挥部命令，迅速赶往大堤。人一到，他就与大伙一同背沙包、打木桩，一连几天几夜没下工地。一天傍晚，即将临产的妻子含泪打来电话，让他回家陪一会儿。年轻的丈夫抑制着自己的感情，怜爱地说："现在大家都日夜坚守在大堤上，我是共产党员、青年突击队员，怎能在这关键时刻离开岗位呢？等防汛结束后，我再好好陪陪你，好吗？"妻子无语，默默地放下了电话。可这边的王凯达却双眼湿润了。是啊，此时此刻，他何尝不知道妻子多么希望自己能陪伴在她身边，他何尝不想立刻回家，去尽一份做丈夫的责任呢？他又何尝不想早一点享受将为人父的喜悦呢？8月24日，是他妻子永远难忘的日子。这天上午10点多钟，正在营部值班的王凯达听到电话铃声骤然响起，以为是指挥部又来了新命令，他条件反射般地一蹦而起。万万没有想到，这铃声原来是室外的1万伏高压线因老化、高温掉在了电话线上而引起的警报声。就在这一霎间，他被一股强大的电流击倒在10米开外的地上……来不及与他朝夕相伴的战友说上一句话，来不及面对妻子实现那曾经许下的诺言，也来不及亲手接过襁褓中的婴儿看一眼。凯达，这位汉子，就这样匆匆地告别他曾经坚守了54天之久的大堤，走完了他23个短暂而壮丽的春秋。

"抗洪抢险献身重于泰山，青春热血殉职精神永存。"这副挽联对长炼青年罗巍来说是最好的注释。7月29日下午5点，云溪区严重滑坡，突击队接到区防指的紧急援令后迅速集合赶往现场，他们的战友罗巍，本应是晚一个钟头出发的第二批队员，却在第一批队员中最先翻身下车，冲到船上。搬石块，他专选大的；一个钟点换班，小罗干满了三班，浑身上下都是泥。战友贾云昌担心他单薄的身体，递上一支烟，想让他歇一口气，他却回答："都什么时候了，还有工夫抽烟。"在完成任务的转战途中，细心的罗巍发现东风汽车的左护栏开始裂缝，情况危急！他毫不犹豫，一把推开战友，突然汽车急剧颠簸，护栏折断，罗巍摔了下来，战友们跳下车来抢救，他留给战友的是他人生的最后一句话："不要管我，抢险要紧。"晚上10点半，罗巍因脑、肺严重积血，抢救无效，永远地躺下了。他把生让给了战友，把死留给了自己。日前，共青团湖南省委授予罗巍"抗洪英雄"的光荣称号，并将他生前所在的突击队命名为"罗巍青年突击队"。

险情就是命令，在特大洪灾面前，青年农民曹治辉是一个顶天立地的抗洪英雄，他用生命谱写了一首青春赞歌。8月10日上午，曹治辉在大堤上抢险归来，看到附近福兴堤内河电排机埠正在忙着拆除临时挡水的子坝。这里10天前一场暴雨使全村320多亩农田遭淹，随着天气转好，人们正准备启用电排向内河排涝，但子坝上的编织袋等杂物却已将水下的叶轮缠住。小曹主动投入排涝战斗，跳入了3米多深的水中，然后跃出水面，擦了一下满脸的水珠，向岸上负责指挥的队长介绍了情况。队长知道他是独生子，水下作业十分危险，正欲拖他上岸，可曹治辉却又一个猛子扎了下去，他在清除叶轮杂物时，头部被水下的水泥横梁撞伤，随后被卷入了一个直径1.5米、长30米的涵管中，40分钟后，当悲痛的人们将曹治辉打捞上来时，看到他手上仍然紧紧地抓着那些缠着叶轮的杂物。曹治辉光荣牺牲后，分场党委根据他生前申请，追认他为中共党员。

一个曹治辉倒下了，千万个曹治辉又冲了上去。87个日日夜夜、20万岳阳青年，他们用自己的汗水、鲜血和生命，保卫了京广铁路和107国道的畅通，保卫了500万岳阳人民生命财产的安全，书写了中国青年突击队历史上蔚为壮观的一页。

巨大灾难给我们带来了不可估量的损失，但我们用自己的实际行动再一次向世人证明：滔滔洪水可以冲走我们的物质，但青年突击队员用血肉之躯筑起的青春大堤是永远冲不垮的；肆虐的洪水可以无情地夺走我们的伙伴年轻而宝贵的生命，但他们的伟大精神却在洪水中永生！

他们将时刻激励着我们向前、向前、永远向前！

谢谢大家！

# 战胜大海的人

胡积飞

朋友们：

大家好！

1997年中韩竹筏跨海漂流探险，战台风、斗恶浪，历时23天，行程1100多公里，于1997年7月8日胜利到达终点——韩国西海岸仁川市，完成中韩历史文化交流的首次伟大壮举！在这个伟大壮举中，浙江省宁海县梅林镇杨梅岭村村民吴连宝是唯一的一名中方队员。

今天，我愿借此机会向在座的朋友们讲一下被誉为华夏跨海漂流第一勇士吴连宝的故事。

1997年香港回归祖国的前夕，刚届不惑之年的吴连宝和宁波的几个朋友筹划，准备驾竹筏从宁波港口出发跨海漂流到香港，他们要以一种独特的方式庆贺香港回归，用惊人的毅力与胆魄向世界宣告：中国人民是有勇气的，炎黄子孙也能征服大海！然而，吴连宝漂流香港迎回归的申请，由于计划中的那条航海线路必须经过台湾海峡而被国家有关部门否决。于是，他把目光投向了计划中的1997年中韩跨海漂流活动。早在1996年，韩国的4个探险人员曾经进行一次1996年中韩竹筏跨海漂流活动，由于遇到8号台风的影响，那次活动没有按原计划到达目的地而失败。吴连宝看到过那次漂流探险失败的报道，为当时没有一名中国队员而深感遗憾。这一次，他满怀一颗赤子之心，主动写信向此项活动的主办单位杭州大学韩国研究所“请战”。经主办单位通过严格的筛选与考核，吴连宝在10多名志愿者中，以强健的体格、上乘的水上功夫和熟悉海上航行联络讯号等别人没有的优势，成为入选这次漂流探险唯一的中方队员。

就在吴连宝为海漂全力以赴购毛竹、打竹筏、办手续而作最后准备的时候，一手把三岁失去双亲的孤儿吴连宝抚养成人并因此终生未娶的大叔父却患肝腹水晚期而奄奄一息。海漂主办单位在杭州举办新闻发布会的当天，他赶回家中看望病榻上的叔父，弥留之际的叔父只说了句："连宝，你去吧！别管叔父……"便撒手西去。铁塔似的汉子吴连宝哭倒在床前，长跪不起。"叔叔，为了给祖国争光，请您一路多多保佑！"吴连宝擦干了眼泪，告别了亲人，踏上了征程。

1997 年 6 月 14 日晚，浙江省对外友好协会和舟山市政府为中韩海漂探险队举行了壮行酒会和新闻发布会。6 月 15 日上午 7 时舟山朱家尖南浴场的沙滩上彩旗招展，锣鼓喧天。浙江省人大常委会、省政协、省对外友好协会有关领导出席了出征仪式，向探险队赠送了国旗、鲜花、徽标，并为漂流纪念碑揭幕。上午 11 时许，吴连宝高举五星红旗，站在竹筏的小木屋上用旗语告别送行的人群，"东亚地中海"号竹筏漂向大海……

5 天……10 天……整整 11 天了，漂流探险队与两国主办单位失去了联系！按照出征前的约定，漂流队携带的发报机从第 5 天起，在每天的北京时间 11 时至 12 时，韩国时间 12 时至 13 时，用固定的频率开机保持联系，然而漂流队在出征的第二天就因发报机进水受潮而无法使用。11 个昼夜，他们在哪里？《人民日报》《羊城晚报》《钱江晚报》等多家报纸相继以醒目的标题，刊登寻找漂流竹筏下落的文章……韩国国家电视台发出了寻找探险队员的紧急启事，并与海军取得了联系，要求帮助寻找……直到 6 月 26 日凌晨，韩国仁川市一个业余无线电爱好者才在自己的频点里收到探险队的微弱信号。11 个昼夜的悬念总算放下了，但探险队在茫茫大海中已经与海浪进行了两次难忘的较量！

1997 年 6 月 30 日晚，当香港回归祖国的钟声回荡在华夏大地上时，海漂竹筏正向大黑山岛附近的一座无名小岛靠近。在这举世瞩目、普天同庆的时刻，吴连宝心潮澎湃！他从旅行箱中取出一瓶白酒，邀请在海漂中结成生死之交的韩国朋友举杯同饮，在茫茫的异国海域里，在生死未卜的一叶小竹筏上献上一份庆贺香港回归的赤子情怀。然而，就在胜利在望的时候，一股强劲的热带风暴正悄然地向探险队袭来。

7 月 1 日凌晨，狂风呼啸，暴雨如注，竹筏在海涛中颠簸，一会儿被高高地抛向几米高的浪尖，一会儿又猛地像跌入万丈深谷。探险队长尹明喆指挥队员两次抛锚停筏都没有成功，海浪无情地推挤竹筏向礁石撞去，随时可能筏毁人亡。危急关头，韩国队员焦急的目光齐刷刷地期待着吴连宝，吴连宝骤然闪出一个念头：冒险强行登陆！"行吗？""行！"不行也得行！吴连宝心里清楚：

论体质论经验论水上功夫，此时此刻舍我其谁？！——他在部队服役时曾在万米武装泅渡比赛中，以6小时30分钟游完1.15万米，勇夺全军第一，还曾创下入水屏气3分35秒的最高纪录，被称为“浪里白条”——他迅速地穿上救生衣，背上一条200余米长的缆索纵身跃入大海……一个海浪，把吴连宝推向礁石悬崖，他赶紧用手去抓，可湿漉漉长满苔藓的礁石崖壁如何抓得住？他被海浪掀回波谷。接着又一个海浪把他高高地托在浪尖上直向礁石顶端撞去，吴连宝猛地伸出双手去抱礁石，这一次仍然没有成功……如此一浪接着一浪，苦涩的海水直呛得吴连宝头昏脑胀。此时，又一个排山倒海的大浪“哗”的一声猛地把吴连宝抛到了一个礁石的夹缝中，他只觉得一只脚陷入岩隙里，海浪再也无法把他带回大海，而是一浪又一浪地劈头盖脸地向他袭来。目睹险情，队员们焦急地呼喊着“吴——连——宝——”然而，在狂风恶浪的呼啸声中，队员的呼叫声却显得那样的微弱与无力！

时间在一分一秒地过去，吴连宝从昏迷中醒过来，强忍着剧烈的疼痛，把一只脚从岩缝中艰难地拔了出来，拼尽了全力爬上了礁石崖，顽强地探出头来！“吴连宝没有死！”队员们惊叫着。此时的吴连宝，像一只壁虎紧紧地贴在峭壁上，一手死死挽住礁石，一手不停地示意，一面撕破嗓子高喊：“快把绳子放过来，放——过——来——”可是，队员们听不到他的呼喊，见他一次次挥手，还以为是要把绳子收紧。此时此刻，若是绳子继续收紧，吴连宝就会被重新拉回大海，在礁石上粉身碎骨！4个队员生命危在旦夕！吴连宝情急之中，一边旋开盘在腰上仅有的几米绳子，一边反复地招手示意。队员们终于明白过来。绳子放了过来，又饥又累又冷的吴连宝顾不上喘一口气，小心翼翼一步一捱地攀上了无名小岛，把绳子牢牢系在一棵大树上，竹筏被牵引到礁石的僻静处。凌晨时分，5名探险队员终于登上了这座荒无人烟荆棘丛生的小岛，他们用枯枝点燃了一堆大火，发出了紧急呼救信号……

1997年7月8日17时，漂流探险队胜利地到达韩国西海岸仁川市海警码头。在隆重的欢迎仪式上，探险队长尹明咭指着吴连宝向欢迎的韩国人群介绍：“没有吴连宝，我们这次很可能葬身鱼腹之中。”当人们得知在惊涛骇浪中冒着九死一生才使韩国勇士得以生还的是曾经当过海军的中国队员吴连宝时，一个个跷起大拇指振臂高呼：“吴连宝，万岁！”“OK，中国海军！”

出席欢迎仪式的仁川市长与中国驻韩国大使馆官员握着吴连宝的手说：

“你为中国争了荣誉，我们向你表示祝贺。”

当吴连宝披红挂彩荣归乡里的时候，宁海县县长陈炳水高度赞扬了他的大智大勇，称他是宁海县56万人民的骄傲和光荣……

朋友们，“1997年中韩竹筏跨海漂流探险”是一次成功的探险与考察，探险队员在探险日记中记载的航海、水文、气象、海洋生物等大量资料，都具有很高的科学研究价值。中方唯一队员吴连宝不仅是这次伟大壮举取得成功的决定性人物，而且，也向世界证明：外国人能做到的，中国人同样能做到；外国人做不到的，中国人也能做到！吴连宝以他的勇敢和智慧当之无愧地成为华夏跨海漂流的第一勇士！

让我们向吴连宝同志致敬！谢谢大家。

# 中国人来养活中国

王海滨

尊敬的领导、老师，亲爱的朋友们：

大家好！

前不久，有个外国人发了一篇题为《谁来养活中国》的论文，谈及中国的粮食问题，说什么21世纪中国将丧失自己养活自己的能力。面对“谁来养活中国”的提问，我们这些跨世纪青年的回答是：

中国人来养活中国！

在我们回答这个足以震撼我们整个民族自尊心的问题之前，让我们先来仔细聆听一下这个来自大洋彼岸的声音，它给我们总结了四个不可逆转：

1. 人口增长不可逆转。中国人口每年增长1400万，相当于一个北京市人口，到2030年将超过16亿。

2. 消费趋向不可逆转。在以大米、白面为主的传统食谱上将逐渐加大肉、蛋、奶的比例，而中国粮食却不能随其饮食爱好同步增长。

3. 农田减少不可逆转。中国大部分是干旱不毛之地，东南部粮食生产集中地区也是人口集中地区。随着人口和工业经济的同时增长，工厂、住房、道路在与农作物激烈地竞争土地。结果是当中国最需要扩大农田面积时它却以每年100万公顷的速度在减少，这相当于中国现耕地面积的1%。照此发展，不到100年中国的耕地面积将是零。

4. 环境破坏造成的减产不可逆转。中国是以灌溉为主的多熟农业，而储水量世界第一的中国，却因为日益严重的缺水减缓了粮食产量的增长。

这个老外最后给我们下了一个结论：中国到2030年，若人均粮食消费水平达到现在的美国水平的一半，进口缺粮将达到3.78亿吨，而那时世界粮食出口总量却不足3亿吨。到那时，不仅中国养活不了中国，世界也将不能养活中国。

在充满希望的21世纪的曙光即将升起，沉睡多年的雄狮刚刚苏醒之时，“谁来养活中国”这六个大字却赫然刻在了饱经风雨的神州大地上。

的确，是我们该反思的时候了。古代的中国人说“民以食为天”，现代的中国人讲“农业是立国之本”，而今的外国人却提出“谁来养活中国”。

也难怪这种声音使人们振聋发聩：在庞大的人口基数下，人口的迅猛增长举世瞩目；几经改道的黄河又频频断流令人深思；粮食产量增长缓慢、粮食进口越来越多有目共睹。

痛定思痛，感慨之余，当冷静的思考赶走了不安的迷茫，理性的灵光罩住了感情的激昂，我深深感到我们当代大学生的未来任重而道远。“天下兴亡，匹夫有责”，而我国农业的兴亡，对于我们这些并非匹夫的时代宠儿又该有怎样的责任呢？此时此刻，我不禁要感谢那位老外给我们敲响了粮食危机的警钟。

“谁来养活中国”，听着这轰鸣的钟声，我把目光投向了东方升起的太阳，我想站在长城上高声呼唤：中国自己能养活中国。卫星能上天，播种机却下不了田，非不能也，实不为也。改革开放的结果不应该、也决不会让十几亿人饿着肚子奔小康。农业政策的努力落实，已使农民日渐消退的土地热情有所回升；环保意识的逐步确立，也使日益严重的环境污染得到改善；农业地位稳步提高。农业这个改革开放落伍者的体温终于不再是那么的冰凉。

“谁来养活中国”，听着这轰鸣的钟声，我想登上珠穆朗玛峰的山巅，面对黄河长江传出我心中的呼唤：中国农民能养活中国。农、经、饲相结合的三元结构农业，将来靠他们的身躯定能撑起；绿色农业、白色农业、蓝色农业相并联的三色农业，将来经他们的双手也定能闪光。可是，现在我却要对你们说：八亿同胞们，快醒醒吧！东方巨龙在呻吟，四大发明已经蒙上厚厚的历史灰尘。洋洋数千年，你手中握着的不该还是曲辕犁呵！

“谁来养活中国”，听着这轰鸣的钟声，我想抓把泥土，写下我们共同的宣言——我们就能养活中国。现在，中国最需要的，是把青春的汗与泪切实洒到科技事业上的一代人。有人说：“考上大学，自己终于跳出农门。”而我现在却要说：“考上大学，自己终于踏入农门！”

今天，当我们回顾古老的中国农业在过去的二十年里所走过的历程时，既为其取得的巨大成就而欢欣鼓舞，又为其面临的种种困难而忧心忡忡。中国将以何种姿态迈入下一个世纪？中国农业和中国农村又将以何种途径跨入兴旺发达的明天？如此一系列关系国家前途和命运的重大问题都刻不容缓地摆在我们面前。在这新的机遇与挑战并存的世纪之交，中国农业需要科技进步，中国农村盼望科技人才，中国农民渴望科技知识。这一切向我们明示：中国未来蓝图的画笔已经交到了我们手中。既然老师说我们是国家的希望，国家说我们是祖国的栋梁，那么我想，我们就应该，也一定能使这栋梁撑起祖国的希望，使这希望熠熠闪光！

# 走过去，前面是个天

孙守云

亲爱的姐妹们：

大家好！

在今天这个特殊的日子里，在我们广大妇女自己的节日里，我手捧鲜花站在讲台上，心中是难以抑制的激动。在这里，我不想空洞地讲女性该自尊、自爱、自立、自强，我只想用我自己的亲身经历告诉大家：生活没有走不出的泥泞，生活没有渡不过的险滩，只要心中有爱，我们一定会为自己重塑辉煌！

我和在座的大多数姐妹一样，都已人到中年，可以说我们的前半生没赶上什么好时候，“出生就挨饿，上学就停课，毕业就下乡，回城没工作”，这简简单单的四句顺口溜中包含了多少无奈和辛酸，只有我们自己的心里最清楚。不堪回首的年代断送了我们的青春、断送了我们的学业，我们差一点儿就成了社会的累赘！

改革开放了，我们凭着残余的青春挣扎着成为社会的中坚，看时代的鲜花在自己手中慢慢绽开。就在我们已不再年轻的脸上也要绽开花朵般的微笑时，新一轮的经济大潮又将我们淘汰出局，“下岗女工”这个名词成了我们头上一顶沉重的帽子，压得我们抬不起头。我进修过大专学业，我做过工厂的办公室主任，可在历史的车轮面前我又是那么的渺小，我也无法逃避这属于我自己的命运。

和大多数的姐妹一样，我有过颓唐、沮丧，我扑在丈夫的肩头大声哭过，我甚至冲动地摔碎过家里的杯盘碗盏……我不明白噩运为什么总是降临到我的身上。“淘尽黄沙始见金”，即使我不是闪光的金子，我也不甘心做一粒被时代遗弃的沙子。

下岗之初的日子好难挨。丈夫上班，儿子上学了，我就一个人对着空荡荡的屋子发呆，脑海里全是工厂中姐妹们的欢歌笑语。下岗了，丈夫和儿子变着法地逗我开心，他们给我讲了历代许多的女性故事，什么替父从军的花木兰，击鼓退金兵的梁红玉，什么“至今思项羽，不肯过江东”的李清照，“休言女子非英物，夜夜龙泉壁上鸣”的秋瑾，还有近代的女革命家蔡畅……可他们不知道，越听我的心里越难过。虽然有了时间辅导儿子的功课，有了时间替丈夫做好家务，可我真的不甘心就此退守家园，更何况没有了那份经济支撑，日子过得好难好难。

1996 年初，我向朋友借钱办了一个小小的馄饨摊儿。那时天还冷，别人都有个板屋，只有我冻得瑟瑟发抖地在露天地里包馄饨、煮馄饨。为了竞争，我尽量做到皮薄馅大、早出晚归。春风冻人不冻水，几天工夫，我的双手就红肿得像馒头，如今落下了病根，每年冬天都得用辣椒水反复地洗。可我没有退缩，我只想证实我存在的价值。丈夫心疼我，劝我别干了；儿子心疼我，十六岁的小伙子哭着要拉我回家。浓郁的亲情温暖着我的心，为他们而感动的同时，我要让自己成为他们的骄傲。

1997 年，经过原始积累，我的馄饨摊变成了一个小饭店，我拒绝了许多年轻漂亮、手脚麻利的女孩，招收了两名和我一样的下岗女工做帮手。曾经经历过那种日子，我懂得下岗的苦闷和生活的艰难。同时，看到更多的姐妹走出工厂走向市场、走向社区服务的网点，我的心里倍感欣慰。因为在经历了人生的挫折与磨难之后，我们没有一蹶不振，我们在重新为自己开辟生活的天地，重新在时代生活中塑造自我。

今年，我又在饭店的基础上开办了市里第一家净菜社，看着大路蔬菜经过姐妹们的手变得清洁鲜嫩，看着消费者脸上新奇和满意的神情，我的心里乐开了花。姐妹们在工作中找回了自信，也找回了早已消逝的青春。

姐妹们，从许多年前芝加哥那场如火如荼的妇女运动开始，我们年复一年地纪念自己的节日，在有人倡导女性走回家庭的今天，我们看到的却是更多的姐妹们走向社会，撑起了属于我们自己的那半边天。在岗的姐妹们为社会创造着价值与贡献，像我一样的下岗的姐妹们也一定能够为自己重新定位。社会不会抛弃我们，我们更不要抛弃自己！我们是新时代的女性，摒弃了旧时代的自卑与怯懦，我们以自己独立的人格立于二十一世纪的门前。事实证明，我们不逊于男儿，我们还要凭借自己的坚韧和顽强胜过男儿！

今天，在我们共同的节日里，我要把手中的鲜花献给所有不甘沉沦的姐妹，让我们记住：走过去，前面是个天！

40 周年豪华精装典藏版（第Ⅲ卷）

# 演讲与口才

籍艳秋 主编
刘 仪 李万良 副主编

中国言实出版社

# 第Ⅲ卷 目录

# 谈话技巧

T ANHUA JIQIAO

# 立意出新，才能打动人心

许建平

我们正处在一个创新的时代，善于出新的人，总是受到别人的关注和欢迎。说话，自然也不能例外。立意出新的话，能够产生巨大的力量，从而打动听者。

## 一、“愚公移山”，愚还是不愚

在一次以“务实求真，科学发展”为主题的座谈会上，一位领导说：“我们都知道‘愚公移山’的故事，事实上，愚公至少有两种选择：一是率子孙几代挖石运土，移山填海；二是务实求真，选择科学的方法——打通隧道或移民搬家。这体现的是两种思维方式的取舍。我们赞赏锲而不舍、迎难而上的决心和意志，但必须指出，愚公移山既不现实，也不科学。人的精神固然重要，但不能片面地无限夸大而违背自然规律。愚公的愚，就在于无视客观条件和客观规律。让世世代代都去移山，且不说子孙们吃什么，更重要的是挖山填海，破坏自然生态，将会导致灾难性的后果。自然属于人，而人也属于自然，人与自然应该是相互和谐存在的。愚公的目的是实现与外界沟通，而解决这一问题的方法是多样的。我们的任务首先是在诸多的方法中选择一种科学合理的方法。这就需要我们打破封闭僵化的思维模式，提倡科学的思维方法。我们认为挖山填海不如凿岩打洞，凿岩打洞不如移民搬家。”

在这番谈话中，说话者在赞同前人借“愚公移山”赞扬不怕困难的伟大精神的基础上，紧扣“务实求真，科学发展”的主题使立意出新，通过对愚公挖山行动的分析批判，指出了愚公脱离现实，违背客观规律的愚蠢，从而阐明了做事情要遵循客观规律，选择科学方法的观点。“愚公移山”是一个形象体系，它所包含的意义是含蓄而不确定的，站在不同的角度即可对其作不同的理解。运用逆向思维，反其意而用，就可以使我们的谈话出新。

## 二、“老虎屁股”，摸还是不摸

有段时间，某公司多名业务骨干先后递交了辞呈，理由大同小异，都是抱怨某些高管动不动就开会训人，公司里闲人碎语太多，干得一点也不开心。在一次公司高层领导会议上，公司董事长说：“有人喜欢用‘老虎屁股摸不得’来指责别人，特别是指责那些有才干又有棱角的人。找不到人家的毛病，就一味地指责人家清高，目中无人。我要说的是，我们应该怎样对待老虎。如果认定对方是‘虎’，就应当把它当成‘虎’来看待，虎是一山之王，虎有八面威风，它要跃，它要啸。为什么要无端地摸人家的屁股呢？人才是有个性的，他们可能桀骜不驯；人才是有弱点的，但那只是白璧微瑕。我们当领导的，职责之一就是尊重他们的个性，包容他们的不足，给他们发展的空间，发挥他们的才干。总摸老虎的屁股，甚至总是纵容一些人摸老虎的屁股，我们的企业靠什么发展，我们的市场靠谁去占领，靠狗靠猫吗？”

董事长的这段谈话很有针对性，也形象生动。他套用“老虎屁股摸不得”这个俗语，但没有人云亦云地去指责“老虎”，而是独辟蹊径，借题发挥，严厉批评了企业里嫉贤妒能、诋毁和打击人才的不良风气。他将有能力也有棱角的骨干比作虎，一反“老虎屁股摸不得”之骄横跋扈、谁也触犯不得的原意，劝导大家一定要善待人才，尊重有功之臣。这段立意新颖的谈话产生了极佳的效果。

## 三、“他人走狗”，当还是不当

某市文联与该市语文教研室联合举办了一次关于“做人与作文”的研讨会，一位老师发言说：“在我看来，我们应该做一条狗，做一条忠实的走狗。”这位老师出语惊人，与会者都面面相觑。接着，他讲了两位名家的故事：“扬州八怪之一的郑板桥有一枚印章，刻着‘青藤门下走狗郑燮’几个字。青藤是明代以写意花卉而闻名的画家徐渭的号，郑燮（郑板桥）对他的作品赞叹不已，便以‘青藤门下走狗’来表达对徐渭的仰慕之情。齐白石老人也曾有诗言：‘青藤雪个远凡胎，老缶衰年别有才；我欲九原为走狗，三家门下转轮来。’这里的‘三家’指徐渭、朱耷（号雪个）和吴昌硕（号缶庐），齐白石要做这‘三家’的走狗。并自称‘在所有古今名贤面前，永远是一条忠实的走狗’。”大家听后，恍然大悟。老师最后总结说：“写作就应该继承传统，博采众长，永远以先圣为师。”

这位老师的话很有新意。首先，他语出惊人——“我们应该做一条狗，做一条忠实的走狗”，一下子引起了与会者的惊讶。因为“走狗”现在常比喻受他人指使，帮凶作恶的人，在这么高雅的场合，当着这么多儒雅之士，怎么一上来就说要做“走狗”呢？但通过郑板桥、齐白石两位名家甘当先贤“走狗”的故事巧释悬念，人们才“恍然大悟”，领悟了作文要“继承传统，博采众长，永远以先圣为师”的道理，贬词褒用，颇有新意，深深地打动了与会者。

## 四、“昙花一现”，好还是不好

在某大学中文系举办的一次以“如何使自己的人生更有意义”为主题的讨论会上，同学们畅所欲言，但所谈都缺乏新意，大家听得很乏味。这时，一名叫李桦的同学接过话题，从容地说：“我愿意做一株昙花，我也希望大家都来做昙花。”此语一出，立刻引起了同学们的注意。因为一提“昙花”，大家很自然会联想到“昙花一现”这个成语，它通常是比喻突然显赫起来的人或流行一时的事物继而很快消失，没有持之以恒的精神。而李桦居然要同学们和她一起做一株昙花。大家疑惑不解，纷纷打起了十二分精神等待李桦继续发言。李桦接着说：“大家知道‘昙花一现’这个成语，昙花花期不长，生命短暂，但它不因生命短暂而草率一生，它依然是兢兢业业地孕育花蕾，依然是一丝不苟地绽开花朵。它把短暂的生命，把瞬间的美丽，献给了人间。在历史的长河中，我们每个人短暂的生命何尝不是一株昙花？只要我们有昙花的这种精神，就不枉此生。”李桦说完，很多同学都表示了认同。

李桦的这段话，让听者感到新颖别致。除了她的话语观点鲜明外，能够让人印象深刻的原因，还在于她的立意能够出新。她把自己的观点，建立在大家都熟知的“昙花一现”这个成语之上，别出心裁，语惊四座，引起了同学们的注意；然后将旧成语进行新的分析解说，赋予昙花一种新的崇高的精神，表达出了主旨，作了顺理成章的解读。

创新是当今重要的主题，话语的立意如果没有创新，就无法产生巨大的力量。只要你平时多读、多想，努力使说话的立意出新，那么你的话语就能打动人心。

# 独辟蹊径，语惊四座

罗建兵

古人说：“文似看山不喜平。”说话与行文一个道理，也应该是“话似看山不喜平”的。先请看一个古人说话“不平”而“妙极”的故事：

阮籍是魏晋名士，说话做事狂放不羁。司马昭专权时期，许多官员都噤若寒蝉，唯有阮籍敢狂放直言。

一次，有个官员向司马昭报告，有一个儿子杀死了自己的母亲。在场的阮籍一听，大声说：“啊！杀死父亲也就算了，竟然达到杀死母亲的地步啊！”一言既出，满朝皆惊。晋王司马昭很不满意，问他：“杀死父亲，这是天下罪大恶极的行为，为什么你认为‘也就算了’呢？”阮籍不慌不忙地说：“禽兽，只知道自己有母亲而不知道自己有父亲。杀死父亲，同禽兽一个样；而杀死母亲，就连禽兽都不如了！”经阮籍解释，满朝文武才恍然大悟，知道阮籍的真正态度——其实杀父和杀母他都是反对的，只不过他认为杀母之罪比杀父之罪更不可饶恕。大家非常佩服他的说话技巧。

阮籍这番话的妙处在哪里？话一出口，满座皆惊；惊定细想，果然有理——既出乎意料，又合乎情理。如果说话只是让人“出乎意料”，便是哗众取宠的狂妄话；如果说话只是“合乎情理”，便是人云亦云的俗套话；两者兼备，才是妙语！阮籍的话既扣人心弦、起伏跌宕，又合情合理、无可挑剔，实在妙不可言。由此笔者又想起另一件事：

我们学校筹办了一个叫“春笋工学社”的“勤工助学”社团。几位筹办人在一次会议休息时，去征求领导、老师的意见：工学社怎样办？“春笋”这个名字好不好？大家七嘴八舌议论开了，有人觉得来自成语“雨后春笋”的社名有点俗。中文系李主任却力排众议，他说：“‘春笋工学社’这个名字好！工学社的同学就应该做山间竹笋——嘴尖皮厚腹中空嘛！（大家大吃一惊，洗耳恭听他的高见）所谓嘴尖，就是要具备出众的口才；所谓皮厚，就是‘脸皮要厚’，有沟通四面八方的公关勇气和能力；所谓腹中空，就是要拥有容天下难容之事的度量。有了这样的人才，才能使我校的勤工助学活动如雨后春笋，蓬勃向上！”大家异口同声为李主任的妙语喝彩。

可以想象，大家听了开头两句话是多么的吃惊，因为“嘴尖皮厚腹中空”的典故是大家非常熟悉的。它出自明朝洪武年间进士解缙的一副对子：“墙上芦苇，头重脚轻根底浅；山间竹笋，嘴尖皮厚腹中空。”解缙用来嘲讽一位只会念“牛跑驴跑跑不过马，鸡飞鸭飞飞不过鹰”的愚蠢秀才。明明是一句带贬义的话，可是这位李主任却要工学社的学生做“嘴尖皮厚腹中空”之人，怎不令人惊愕？这就紧紧抓住了大家的心，急欲知道下文，及至他一番“妙口回春”，众人一想，对呀，“口才好、善公关、有度量”这三条确实是搞好勤工助学活动的重要条件，比喻多么生动贴切呀。贬语褒用，跌宕起伏，妙语天成啊！

上述两事尽管古今有别，人物各异，却是神韵相通，说明了一个道理：说话，在有理的前提下，如果想要避免老生常谈，不妨独辟蹊径，于奇崛处做文章，常能获得“无限风光在险峰”的奇功特效。

# 用创造性的话语点亮生活

蔡恩泽

生活是个万花筒，但习惯却使我们往往只会循着一种思维定式去面对多维的人生。这时，如果将话语进行创造性发挥，那么或许你会发现，生活原来还能产生另一种情趣。

## “骂得太好了！”

小李的老婆脾气不太好，动辄对小李破口大骂。一天，他俩逛超市的时候，因为一点小事，老婆又开始喋喋不休地责骂起小李，最后，她尖声地嚷道：“这世界上所有的男人中，你是最窝囊的一个！”这时，超市里所有的人都吃惊地看着他俩。小李面带微笑不慌不忙，也提高了嗓门说：“骂得太好了！你还对他说了些什么？这种人确实够窝囊的。”老婆见小李处变不惊，“扑哧”一声笑了起来，再也骂不下去了。周围的人以为他们在议论另外一个男人呢！一场眼看就要爆发的大吵大闹一瞬间化为乌有。

一般情况下，男人在公众场合被老婆奚落或臭骂是一定要反抗的，因为男子汉在众人面前有天生的虚荣心，而在背后则可任凭老婆收拾。但这位小李却反其道而行之，非但不恼羞成怒，反而笑脸相赔，偷换概念，大声附和，叫老婆再也骂不下去了。一句睿智的附和引得老婆破嗔为笑，而且移花接木，转移了围观者的视线，摆脱了自身挨骂的狼狈相，非大度为怀、思维敏捷、幽默诙谐者，万难如此！

## “报名费从工资里扣”

一天，下岗工人王东收到一封信和一张表格。某公司招聘业务员，只要他交报名费60元，就能成为本公司的业务员，保底月薪800元，另有提成奖金。王东经过一番思考，觉得肯定是个骗局，于是按报名电话打过去说：“我的报名费请从我下一月的工资里扣除，余下的740元，请速寄来，至于当月奖金嘛，就不要了，算是给公司老总的见面礼。”只听得电话那头一句“啊？”后便匆匆挂掉了电话。

类似这种行骗的方式实在是不胜枚举，贪小利者往往上当受骗。但王东却洞察其奸，以对方的诱饵作铺垫，以子之矛攻子之盾，以攻为守，揭穿了这个广告骗术。这比回信大骂某公司公然行骗更具有讽刺韵味。我们不难想象，那个骗子接到这个如同投枪、匕首的电话后，不羞得无地自容才怪呢！

### “反正没什么油水”

聪颖大度的芳芳和几个小姐妹到餐馆会餐，饭要吃完了，可汤还没有端上来。性格火暴的一位小妹大声喊：“快上汤呀！”话音刚落地，只见一个服务员端着一碗汤一路小跑赶来，那汤泼洒了一地，端到桌上时一碗汤只剩下半碗了。老板连忙赶上来满脸讪笑地表示道歉，芳芳却毫不介意地说：“没关系，反正也没什么油水。”那个老板听了羞得满脸通红地走了。

生活中时常会遇到不顺心的事，但大可不必大动肝火，暴跳如雷地去宣泄。一句诙谐幽默的话就能发泄内心的愤懑和痛楚。这就要有高度的涵养和睿智。幽默的讽刺往往比直白更具杀伤力，而且不会引起争斗，在平和中消解了心中的怨气。如果这位芳芳拍案而起，指着老板的鼻子大骂饭菜质量低劣，那一场唇枪舌剑则不可避免，而且极易酿成意外的伤害。

# 让你的谈吐更精彩

别业清

一个人是否会说话，话说得是否精彩，往往不在于言语的多寡，而在于是否能说得机智巧妙，切中肯綮。运用机智巧妙的说话技巧，可以使你妙语连珠，使你在人际交往中如鱼得水。

## 避实就虚法

有些问题我们不愿意回答，对方却穷追不舍，偏要打破砂锅问到底，这时你不妨运用避实就虚之法，表面上看似回应了对方，实则避开了问题的关键和实质，使对方从你的回答里得不到任何有用的信息，最后不得不无功而返。

一位男导演成名前，追求过一位女影星，但是遭到了女影星的拒绝。这位导演成名后，所导演的几部影片中的女主角都和他追求过的那位女影星很相像。一名娱乐记者抓住这个问题不放，问这位导演："为什么您所选择的女主角都有一张相似的脸？"这位导演一本正经地解释道："因为这种脸型最容易上镜。"

这位导演的回答，避开了问题的实质和关键所在，即他与那位女影星之间的微妙关系，而就表象上的脸型相似来作答，说"这种脸型最容易上镜"，机智巧妙，又合情合理。既避开了记者的纠缠，又向大家展示了他睿智的一面。

## 巧设迷宫法

遇到一些主观性很强，任你冥思苦想也难以应答的问题，这时你不妨转换一下思路，运用巧设语言迷宫之法，反过来让对方陷入你的语言陷阱中，从而使问题迎刃而解。

文成公主美丽聪慧，她选驸马时提出了一个条件，求婚者谁能提出问题难倒她，她就嫁给谁。尽管前来求婚的公子王孙络绎不绝，然而面对对答如流、口若悬河的文成公主，个个都乘兴而来，败兴而归。松赞干布却别出心裁，他这样问文成公主："请问公主，为了使你成为我的妻子，我应当提个什么问题才能难倒你呢？”松赞干布提的这个问题巧妙、刁钻，文成公主无言以对，欣然接受了这门婚事。

松赞干布没有像那些公子王孙那样老老实实地提一些问题让文成公主去答，而是独辟蹊径，以商量的口吻，貌似请教，实则智设迷宫，让文成公主进退两难：如果你能告诉我一个可以难倒你的问题，那么我就可以用这个问题难倒你，使你成为我的妻子；如果你不能告诉我一个可以难倒你的问题，那么我这个问题就难倒你了，你也要做我的妻子。告诉也好，不告诉也罢，你都将成为我的妻子。松赞干布之所以能力挫众敌，赢得文成公主的芳心，正是跳出了传统思维的模式，运用巧设迷宫之法，使文成公主进退维谷，从而赢取了这门婚姻。

### 借言推辩法

与一些不怀好意的强劲对手谈话，要思维敏捷，能准确把握问题的关键所在。同时借用对方话题、观点和思路，或正或反进行推辩，巧妙应答，使对方处于被动。

### 归谬法

与一些喜欢讲歪理、善于狡辩的人谈话时，我们要能抓住对方观点的谬误所在，先假设对方的观点是成立的，然后顺着他们的观点进行推理，得出更为荒谬的论断，致使对方处于窘地。

在一电影拍摄现场，导演见演员小李没有做好拍摄准备，便催促他道：“小李，快点做好准备，马上开拍了。”小李却说：“导演，这场戏拍的是醉酒场面，您不给我们来桌真的酒席，我们进入不了角色。”只见导演微微一笑，对小李说：“是吗？那下一场拍服毒镜头时怎么办？”听了导演的话，小李一脸羞愧，立刻去补妆了。

对于小李的狡辩，导演并没有讲什么大道理，而是抓住了他说话的谬误之处，即把艺术的真实和生活的真实等同起来。按照此逻辑推理下去，就得出了更为荒谬的结论——如果不真服毒就演不好服毒戏。如此结论小李自然不能接受。导演就这样轻而易举地说服了小李。

## 虚实相生法

面对别人的一番好意，我们不好直言推却，这时不妨使用虚实相生之法，将事物的本意和比喻意巧妙结合起来，进行委婉劝说。

《左传·襄公十五年》中有一段记载：有一个地方官名叫子罕，为官清正。有一天，有一个人执意要把自己的宝玉献给子罕。献玉人说："玉石公都认为这是宝玉，所以才敢献给你。"面对献玉人的一番美意，子罕委婉地对他说："我把不贪当作宝，你把宝石当作宝，如果把它给了我，咱俩就都失去了自己的宝，不如咱俩都保有自己的宝。"

献玉人执意要献玉，如果子罕一味地生硬推辞，势必令双方都感到有些尴尬。在这里子罕巧妙地抓住了献玉人说的"宝"字，借题发挥，牵引出自己的"不贪之宝"，使"宝"的含义骤然升华。两个"宝"字，一虚一实，以实衬虚，虚实相生，突出了无价之宝——清廉。子罕的话，不落"打官腔"的俗套，既委婉地谢绝了他人的馈赠，道出了自己纯洁如玉的心志，又教育了献礼人，令人拍案叫绝。

# 怎样使你的谈话更具魅力

卢海燕

说话分两个层次：一个是要把话说清楚，让人听明白；另一个是要把话说得有魅力，能让人感动、给人以启迪。前一层要求把话说对；后一层要求把话说好。把话说对，一般人都能做到，但把话说好，让所说的话有魅力，却需要努力。当然，每个人都希望自己不但能把话说对，更希望自己能把话说好，让自己的语言更具感人的魅力。

那么，怎样才能使你的话更具魅力呢？

## 简明有力的概括

话有魅力，指所说的话有穿透力，要使话具有穿透力，就要一语中的，用最少的语言表达事物的实质。就是说，语言要有极强的概括力。这样的概括，必须具备三个条件：一是要内涵丰富；二是要简练明确；三是要精警有力。例如，一位学者在谈及中国古代的婚姻家庭时说："封建社会的婚姻是无爱婚姻，所以，所谓家庭的和谐，实质是一种文化规定。"当有人又问起女性在历史上的地位时，他说："中国古代的女性只有容貌，没有声音。"

是的，纵观中国古代的家庭婚姻，有很多是没有爱情做基础的，家庭的所谓和谐，也不过是一种道德的规定。他的观点也许有值得商榷的地方，但是如此概括，虽然只有简短的几句话，却能用如此简明有力的概括语言表达思想，其魅力自是不言而喻。

## 贴近生活的具象

把话能说清楚，大多是对所说的内容进行一般性的说明，很多局限于某件事情的对或不对，但是，对事物进行是与否的简单判断，并不能引起人们对生活的联想，而语言表达有魅力的人，往往不这样做，而是通过贴近生活的具象来更好地对事物进行描述性的判断。所谓贴近生活的具象，是指能通过语言表达，让人感受到生活中的形象，给人一种冲击力。

## 准确形象的比喻

比喻，既是一种修辞方法，也是一种思维方法和思想方法，当然也是一种语言表达技法。人们在表达思想时，大多数情况下通过概念、判断、推理来实现，但是人们又觉得有时这样做很难真正表达思想，于是便借助打比方的办法来诠释思想。一个能把话说得魅力无穷的人，一定是一个善于运用比喻的人。例如，有一个教师在介绍他的学生口头作文时讲过这样一件事，这个老师让学生通过几个句子来表达对祖国的感情。于是，便有了“祖国多么美好”“祖国，我热爱你”等老生常谈的话，老师感到还不够有新意，这时，有一个同学站起来说：“如果祖国是一只雄鸡，我愿意成为散落地上的一颗米粒。”这个老师说，当他听到这里时，精神不禁为之一振。

如果说最后这个学生的话富有魅力的话，那是因为他运用了准确形象的比喻。其实，无论是读文学作品，抑或听演讲，如果能看到或听到几个准确形象的比喻，便会觉得甘之若饴、如沐春风。再想一下，古代的智者，他们之所以为智者，他们的许多名言至今仍能脍炙人口，都是因为他们通过准确形象的比喻来表达思想，例如孔子的“岁寒然后知松柏之后凋也”“逝者如斯夫！不舍昼夜”，西方哲学家赫拉克利特的“驴子宁吃豌豆，也不要黄金”等哲语，其丰富的思想和语言的魅力皆因比喻而成。

## 超越凡俗的见解

语言是思想的物质外壳，说语言的魅力，实际是在说思想的魅力，没有思想的语言是苍白的语言，没有见解的话语是干瘪的无味的噪声。所以说，要让你的话更具魅力，实际是要求语言要承载超越凡俗的见解。老生常谈让人生厌，是因为人们觉得那不过是经过许多人嚼过的馍，没有什么味道。只有那些新颖的、富有新意的话，才能激起人们精神的渴望，引起人们深入思考。例如，人们在谈论婚姻时，要么认为像孟光、梁鸿那样举案齐眉，要么是今天经常说的必须以爱情为基础，这些话人们听得多了，虽然也不无道理，但却因为大家都这样说，从而使其蕴含的仅有的意义，像吃剩了的饭菜，让人没有食欲。而著名学者周国平在谈这个问题时有这样一段话：“性遵循快乐原则，爱情遵循理想原则，婚姻遵循现实原则。这是三个不同的东西，彼此之间常常发生着冲突。婚姻的困难在于，如何能在自身中把三者统一起来。”

他的见解和一般人的想法都有所不同，当我们听到这样超越凡俗的见解后，自然会觉得如美味佳肴，你可以不同意他的观点，但你却不能否认他的话很有思想，正因为有了思想，他的话，因见解深刻而有了无穷的魅力。

### 含蓄有致的暗示

生活中有许多话如果直截了当地说出来，会大煞风景，而换一种说法，虽然仍表达了同样的内容，但会有一种特别的韵致。所谓换一种方法说，有很多方法，这里只说一种不直接表达要说的内容，而是通过其他内容把要说的意思暗示出来。某公司的老板，想赶走一个自己不喜欢的员工。他把该员工叫到自己的办公室，对这个人说：“很感谢您长期以来对我们公司所做出的贡献。我们决定让您长期休假，并支付您两个月的工资（按照公司规定，辞退职工，应付两个月的工资）。”这名员工说：“可是，我一直干得很出色。”老板微微一笑：“是的，您很出色，但是在您的岗位上，我们需要更出色的。”

在谈话过程中始终没有用解聘和走人这样的字眼，而是通过含蓄的暗示性的话语来表达，将尴尬降到了最低。老板谈话的魅力可见一斑。

### 整合反差的归纳

逻辑中讲究归纳法，其标准形式是把同类的事物归纳在一起，从而得出一种普遍的东西，这当然并不是一件很难的事情。比较而言，如果把极不同的事物，能通过你的归纳而融为一体，便不是一件容易的事情了。当然，能在极不相同的事物中找出相同点，实际是找出反差极大的事物之间的联系，非智力高卓者不能。因而，要想让你的话有魅力，能整合反差极大的事物，用你的话表达出来，自然会出语卓尔不群。例如，北大有一个经济学教授在一次演讲中说过这样一段话：“我曾经有过一段在北大荒的生活经历，后来又来到北大读书，这完全不同的经历中，我却有一个完全相同的体会，这就是，只有凭自己的努力，才能生存。在北大荒，环境十分艰苦，你必须和自然进行残酷的对话，在那里，你无论是什么身份，你必须面对残酷的自然，你要生存，你的身份、家庭背景都不起任何作用，你只有和自然斗争，才能满足生存的基本要求。进了北大，这里众多的精英聚集在一起，其竞争的‘残酷’并不亚于在北大荒，你想在这里生存，身份和家庭背景也没有什么作用，你必须在激烈的竞争中不断努力，才能在北大有容身之地。就是说，无论是残酷地与自然对话，还是激烈地与学术对话，都必须靠自己，才能生存。”他的一席话，赢得了听众阵阵热烈的掌声。

这个教授所说的话之所以能让听众感动，就是他能够把完全不同的生活经历整合起来，从中归纳出共同的东西，并能给人以启发：每个人无论在什么环境下，都必须有生存意识，而生存必须依靠自己，必须通过努力来实现。

此外，幽默风趣、机智调侃等也都能为你的谈话增辉添色，使你的语言具有魅力。

# 打破对话僵局的五种方法

卢仁江

人们在工作、生活的交谈中，常常会出现言语“顶牛”的现象，一言不合，你不退，我不让，形成僵局。怎样打破这种僵局，使交谈达到预期的效果呢？请试试以下几种方法。

## 一、说服对方

交谈双方由于观点分歧、认识差异、利益矛盾等原因，出现僵局，打破这种僵局的首要办法就是说服对方。一方把另一方说服了，扫除了横亘在彼此之间的思想障碍，交谈就可以顺畅地进行了。

某县水利局徐局长一行到小蛮河检查防汛工作，发现水库的黏土大坝年久老化，新打的防洪木桩有少数不牢靠，存在较大隐患。徐局长找水库管理所丁所长谈话：

徐局长：小丁，你的防洪木桩有的用手都摇得动，能防大风大浪吗？

丁所长：只有极少数木桩不够牢靠，无关大局。这密密麻麻的两排木桩发挥整体效应，什么风浪都抗得住！

徐局长：小丁呀，欧洲古代有个故事，说的是一位将军的坐骑，它马掌上掉了一颗钉子。将军觉得是小事一桩，不以为意。谁料钉子掉了，导致马掌脱落；马掌脱落，导致坐骑阵前失蹄；坐骑失蹄，导致将军战死；将军战死，导致战役失败；一场关键的战役失败，导致帝国灭亡！这就是“钉子效应”。我国古代也留下了“千里之堤，溃于蚁穴”的教训，细节决定成败啊！

丁所长：局长，我明白了！……

徐局长和丁所长的谈话出现僵局时，双方都企图说服对方。丁所长的“整体效应”没有说服力。徐局长用“钉子效应”，说明万万不能轻视细节，对人民的生命财产负责，必须从细节做起，教育小丁认识了“千里之堤，溃于蚁穴”的道理，成功地打破了僵局。

## 二、转移焦点

交谈中，双方发生“顶牛”现象，三言两语又说不服对方，这时可以设法转移对方的心理焦点，缓和气氛，另辟蹊径，巧妙地打破僵局。

几位顾客在一家饭店用餐，当服务员把一碗雪菜黄鱼汤送上来时，言语僵局出现了：

顾客：我们点的是雪菜黄鱼，怎么把鱼汤端上来了？

服务员：对不起！也不知哪个环节出了差错，我们查查。

顾客：你们的服务态度也真成问题！重做？哎，时间又来不及了。

这时，两难的局面出现了：重做吧，顾客没有时间等待了；退款吧，顾客没菜可吃。怎么办？能不能说服顾客接受既成事实呢？

服务员：（风趣地）看来，这鱼呀，就是离不开水，它活着时喜欢水，做成菜还是喜欢水。各位要是喝了这雪菜黄鱼汤，保你们做事、交友一定会如鱼得水……

顾客：（高兴地）小姑娘真会说话，就冲你这句大吉大利的话，这碗鱼汤我们喝定了！

服务员面对言语僵局，不急不躁，不顶不退，巧妙地用诙谐幽默的话，转移顾客关注的焦点，化解了顾客的不满，并引申成吉祥之兆，使顾客高高兴兴地接受了既成的事实，成功地打破了言语僵局。

## 三、折衷利益

交谈双方各自坚持自己的利益，互不相让，形成僵局，这是谈判桌上常见的现象。这时就需要双方权衡利弊，寻找一个双方都可接受的折衷方案，使谈判取得进展。

某轴承厂与某农机厂进行商务谈判，在交货时间上发生了分歧，谈判陷入僵局：

农机厂长：本厂定做的各种型号的轴承，必须在一个月内全部交货！

轴承厂长：一个月内交货，仅所需的原材料都不可能全部到位，巧妇难为无米之炊哟，请你们谅解，两个月内交货，我们是可以做到的。

农机厂长：两个月交货会严重影响我厂的总装进度。

轴承厂长：我们非常理解你们的急需，也请你们体谅我们的实际困难。这样吧，我们提前半个月，一个半月保证交齐。

农机厂长：好吧，我们同意，但是第一个月底必须交货 70%。

轴承厂长：60% 吧，已经能保证你们的总装进度啦。

最后两位厂长就供货进度达成了协议，谈判圆满成功。

两位厂长谈判陷入僵局时，互相体谅，在交货的时间和进度上讨价还价，终于找到了双方利益的结合点，达到了双赢的结果。

## 四、求同存异

交谈双方既有共同的认识，又有不可调和的分歧，在这种情况下形成的僵局，可以用求同存异的方法去解决，各自保留意见，按共同的认识去办事，打破目前的僵局。

张晓丹今年 9 岁，上小学三年级。怎样安排她今年暑假的生活呢，她爸爸、妈妈有一次这样的谈话：

妈妈：晓丹暑假怎么过，咱们来个精心安排吧！

爸爸：孩子平时功课重，压力大，放假了就让她放松放松，完成作业，以玩为主。

妈妈：哪家的孩子成才是玩出来的？都是逼出来的嘛！我安排晓丹上午去学英语、练钢琴，下午到体操班训练，做暑假作业是晚上的事……

爸爸：慢！我不同意你的安排，搞得比上学还紧张，对孩子成长没有好处！

妈妈：现在家家都是独生子女，在竞争，在攀比，我们家丢不起那个面子！

爸爸：重视对子女的培养，这是我们的共同认识。到底怎样安排对孩子成长更有利呢，我们看法不同。我看也不必再争论了，听听晓丹的意见，听听孩子老师的意见再说吧！

孩子怎样过暑假？妈妈主张“以学为主”，爸爸主张“以玩为主”，谈话中僵局出现了。爸爸先肯定双方的出发点，都是为了把孩子培养好，然后建议各自保留“如何培养”的不同意见，先听听孩子、老师的意见再说。他用求同存异的方法打破了谈话的僵局。

## 五、搁置争议

交谈时，由于双方的利害冲突出现僵局，而这种利害冲突短期内无法解决，与其再“争议”下去，矛盾激化，两败俱伤，不如把“争议”搁置起来，暂时不予解决，让双方偃旗息鼓，结束僵局。

李家湾有棵大枣树，树干长在李家门前的地面上，可一半的树枝都伸过了邻居张家的地界。前年枣熟了，两家都来收枣，吵起架来：

李大娘：呃，张家的！谁让你们来收俺李家的枣啊？

张大娘：凭什么说枣树是你们家的？是谁栽的树哇？

李大娘：树是当年生产队栽的，可包产到户那年村里规定，房前屋后三丈以内的竹木，归各家所有。枣树长在俺家门口，就是俺家的！

张大娘：树枝有一半伸到俺家门口，树不是你们一家的，你收枣，俺也收枣，俺收自家地面上的枣！

两家争得不可开交时，村主任来了，他问了情况后，说：“两家都不要争了！枣树属谁家所有，我们先不忙下结论，反正枣熟了两家各收自家门前那半棵树的枣，好不好？”

两家接受了村主任的意见，从此和睦相处，相安无事。

面对一时不好解决的枣树产权争议，村主任巧妙地把它搁置起来，让两家共享利益。他用搁置争议的方法，打破僵局，调解纠纷，是十分明智的。

应该说，说服对方——转移焦点——折衷利益——求同存异——搁置争议，是交谈时打破僵局的五个步骤，也是五种方法。从亲友间的私人谈话，到商务谈判、外交谈判，都会遇到这样那样的交谈僵局，希望朋友们临场结合实际，灵活选用这些方法，以保证交谈顺畅无阻，达到预期的目的。

# 面向公众侃侃而谈有诀窍

杜丽艳

如果你是一名领导，如果你是一名推销员，如果你是一名竞选者……那么你就要面向公众进行说辩。现代社会里，如何靠简单的几句话、几段话就能给听众留下深刻的印象，是摆在每个人面前的一个重要问题。那么，怎样才能在公众面前侃侃而谈呢?

## 一、照顾全面

面向公众说话，不同于同一两个人进行交谈。如果你说青苹果好吃，可能甲喜欢，但乙、丙、丁等人不一定喜欢。因此，照顾全面，是面向公众说话的一个基本要求。一位名叫肖曼·巴纳姆的著名杂技师在评价自己的表演时说，他之所以很受欢迎是因为节目中包含了每个人都喜欢的成分，所以他使得“每一分钟都有人为之欢呼”。在心理学上，这种倾向被称为“巴纳姆效应”。“巴纳姆效应”在生活中十分普遍，应用到公众说辩中，就是要求照顾全面。某市林业局局长在植树造林动员会上说：“绿化家园是我们的职责，如果处处有大树、有绿地，那么老人可以在大树下乘凉，青年可以在花园里谈情说爱，小孩子可以在绿地上奔跑。植树造林是造福后代的百年大业，如果植被保护好了，树阴小草多了，那么抗洪就不再严峻，夏天就不再炎热，人们会健康长寿……”局长的一番话语得到与会人员的欢迎，动员会开得非常成功。之所以会取得如此好的效果，是因为局长照顾到场的所有听众，予以展开，这一段话牵涉到了每个人的利益，因此到会接受动员的全体人员植树热情高涨。

## 二、高人一筹

如果你能对公众谈上一段独具创意、新潮流行并为大伙所信服的观点的话，别人就会瞪大眼睛听你谈论，并在内心里暗暗对你佩服；如果你能谈上一段有关某名著中小人物的事情、某名人的琐事、非常久远的历史小事，听到的人一定会目瞪口呆，对你博览群书、见多识广、记忆力强而万分佩服，你在众人心目中的地位也会得到一个提高。任何一段充满灵性和智慧、含金量高的话语都具有强大的冲击力。时教授在学校里威信很高，这要源于他对社会最新趋势的敏感度。他与人们聊天的话语中，常常有当今社会的最新趋势方面的内容，如：最新畅销书是什么，最新流行服装款式是什么，最新流行语是什么，股市行情走势是什么。人们在听到这些话语后，会为他能够把握时代发展的脉搏、具有敏锐的洞察力而倾倒，从而对他竖起大拇指。时教授话语含金量高，一是因为他判断力强；二是因为他经常看书看报，留心形势发展，因此字字珠玑，受人尊重。

## 三、充满真情

充满诚挚情感的话语好似春风，能够吹绿田野上的枯草。朴实、生动、充满真挚情感的语言能够唤起公众的深切同情，从而达成理解，促成合作。白居易说：“感人心者，莫先乎情。”说一句动情的话，胜过滔滔万言。一个人可以抵挡住形形色色的诱惑，却抵挡不住诚挚之情的莅临。一次，一个旅游团不经意地走进了一家糖果店。他们在参观一番后，并没有购买糖果的打算。到了临走的时候，服务员将一盘精美的糖果捧到了他们面前，并且说：“这是我们店刚进的新品种，清香可口，甜而不腻，请您随便品尝，千万不要客气。”如此动情的话，让旅游团成员的心里热乎乎的。他们觉得不买点什么，实在有点过意不去，于是每人买了一大包，在服务员“欢迎再来”的送别声中离去。这种居家待客式的真诚话语，使顾客们不知不觉进入了糖果店营造的一种双方好似亲友的氛围之中。“人敬我一尺，我敬人一丈。”既然领了店家的“情”，又岂能空手而归呢？短短的几句话，因为抓住了顾客们的心理，侃侃而谈自然也不是难事。

## 四、令人信赖

有些话语，能够使人对你产生信赖。使人产生信赖的话语因为能够提高劝说的分量，从而是使你面向公众侃侃而谈的定心丸。有两位厂商都去银行贷款，一位申请贷款 200 万元，另一位申请贷款 207.9 万元。单从这方面看，银行愿意贷给哪一位呢？答案是后者，因为带尾数的数据让人觉得可信度高。能够令人产生信赖意识的话语有：在言谈中，引用恰当的谚语、民谣、名言；在言谈中适当暴露自己的不足，让人觉得坦诚；谈话时有条不紊，让人觉得做事有始有终；当对方向你提出要求时，你复述这项要求；信守酒后之言；使用肯定语气的话语；等等。

# 深入浅出——口语表达的硬功夫

李凯源

把深奥的道理、复杂的事情，用通俗、浅白的话语讲出来，让普通人听得清楚，听得明白，这无疑是口语表达的硬功夫和高境界。

女作家冰心讲她上医院看病的故事：她在检查中被发现有动脉硬化的现象，几个年轻医生用医学行话给她讲了半天，她似懂非懂，最后去请教一位医学专家。老专家指着胸前听诊器的胶管说："人的血管就像这根胶管，新的时候，柔软有弹性；用的时间长了，就老化，变脆、变硬。一旦破裂，血液就会冒出来，如果在脑部，就是脑出血；在眼部，就是眼底出血。血管像自来水管一样，用久了内部就会产生沉积物（水垢），血管里沉积物多了，就容易堵塞。堵在心脏是心肌梗死，堵在脑是脑梗死，堵在肺是肺梗死。吃药，就是让'胶管'延缓老化脆裂；就是让'水管'的水垢去掉一些，保持畅通。"深入浅出的讲解使冰心豁然开朗。

我国著名数学家华罗庚，创立了一门应用数学——运筹学。一位老干部问他："你的运筹学理论深奥，用于经济活动能产生巨大效益。这门大学问能不能解决生活小问题呢？"华老问了他每天早上刷牙、洗脸、热牛奶、吃早点的时间后，说："您起床后，先用中火热牛奶，去刷牙。刷牙后，牛奶煮好，倒入碗中，您去洗脸。洗罢脸，牛奶温度已降至适口，正好食用。时间可节省10分钟，上班就不赶忙了。这样交叉安排、合理利用时间，就是最简单的运筹。"简简单单的几句话，不但解决了这位老干部的实际问题，也通俗地介绍了运筹学的原理。

一位癌症专家在讲乳腺癌肿块的形成时说，这一般可分为软、韧、硬三个阶段。自我触摸检查如何界定呢？他说："触摸时，手感像嘴唇的是软；像鼻尖的是韧；像额头的是硬。"深入浅出，讲得具体、明白，可操作性极强。

一位华裔美籍医学博士，是营养免疫学的创始人。他在中国讲学，面对中国的受众，以中国人耳熟能详的故事打比方。他说："武松在景阳冈打虎时，刚见到老虎，生死攸关，精神紧张，免疫力下降。与老虎搏斗，用哨棒猛打老虎，大量出汗，排出体内有害的荷尔蒙。打死老虎后，身心放松，躺在地上，消除了恐惧与忧闷，提高了免疫力。”他没有故弄玄虚，而是入乡随俗，做到了深入浅出，取得了良好的效果。

中国人对外国人做宣传，也要考虑对方的接受习惯，让人家听清楚。1954年日内瓦会议期间，中国代表团为外国朋友举行了一次电影招待会，放映戏曲片《梁山伯与祝英台》，工作人员按中国的习惯准备了长达16页的说明书。周恩来总理看后，认为让外国朋友去看这份说明书，会糊里糊涂、不得要领。他说：“我们只需要讲一句话：请您欣赏一部彩色歌剧电影——中国的《罗密欧与朱丽叶》。”工作人员照此去说，果然言简意明，外国人一听都来了，效果奇佳。

针对不同的受众，用通俗的比喻、有趣的故事、浅白的话语，把深奥的道理、复杂的事情准确、鲜明、生动地讲明白，只有对这门科学、这件事情，有了深刻的理解和透彻的领悟，并具有很强的口语表达能力，才能够做到。化难为易、以简驭繁、深入浅出，是口语表达的硬功夫，只有经过长期的努力、艰苦的磨炼，才能达到这样的高境界。

# 赞美的话巧妙地说

木千容

获得别人的赞美或者由衷地赞美别人，不仅能够愉悦彼此的心情，还可以拉近彼此的距离，为进一步沟通打开局面。但是生活中不乏这样的现象：由于缺乏技巧，原本的赞美之言变成了夸张的恭维，变成大而不当的套话，无法传达出说话者的良好心意，对方会因此而尴尬，无法领情，说话者还常常被人误解。那怎样去赞美，才能让对方乐于接受，使彼此的关系更加融洽呢？

## 一、以小见大

得体的赞美并不需要多么华丽的辞藻，更不能去曲意迎合，否则就会流于庸俗，给人浮夸虚伪之感。与其说些人们耳熟能详的大话、套话，不如以小见大，于细微处发现他人身上独特的地方。当他们那些潜在的、难以被人看到的亮点，被我们发掘出来并给予了真诚的赞美时，他们能不感到由衷的高兴吗？

有一次几位朋友到小林家聚会，有人带来了一位新朋友孙女士，作为主人的小林自然过来招呼，与她坐在一起。初次见面，寒暄过后一时无语，但很快小林就发现孙女士虽然说不上漂亮，可她的皮肤特别白嫩，光彩照人。于是，小林羡慕地说："您的皮肤真美，又白又嫩还有光泽，配上这荷花色的旗袍、银灰色的小天鹅胸针，时尚而不俗气……"话刚说完，孙女士眼里一亮，原来她对保养皮肤颇有心得，相当自信。其他人根本没在意，只有小林赞美了让她引以为傲的亮点；她很愉快地谢谢小林的赞美，两人从保养皮肤谈起，聊得十分投机。

如果小林按老一套去赞美孙女士："您这个大美人光临寒舍，使蓬荜生辉，我真的非常高兴……"孙女士即使表面上不说什么，但心里明白对方在说些虚伪的应酬话，能真正地高兴起来吗？而小林一句简简单单的赞美话竟然将陌生人变为了朋友，这正是由于这句话以小见大，深得人心。她从别人忽略的细节上去挖掘孙女士的长处：皮肤保养得好，"又白又嫩还有光泽"；衣着得体，"时尚而不俗气”。从细微处去赞赏对方的审美情趣，她的赞美之辞既别具一格又切合实际，让人从中感受到赞美者的用心和诚恳，用真诚打开了友谊的大门。

## 二、类比达意

有时我们已经明确了从什么方面去赞美，但直接去说总觉得话语苍白空洞，缺少魅力。这时，不妨采取类比的方法，就是用一些美名远播的人和事同你想要赞扬的对象作比较，找出二者的共同点类比着去赞美，这样的赞美话显得自然而内涵丰富。

有一次，当教师的小秦拜访一位刚刚结识的同行。这位刘老师因自己家窄小简陋而面有尴尬之色，连说“家里太简陋”“招待不周”之类的话。小秦觉得他家虽不宽敞，但藏书颇丰，让人仿佛置身于浩瀚文海；窗台上那盆君子兰含苞待放，令人心旷神怡。小秦恳切地说道：“你这可太谦虚了。当年陶渊明‘采菊东篱下，悠然见南山’，刘兄是‘养兰窗台上，南山在心间’啊，虽说起居简单却别有一番清雅格调。而你这儿也是藏书丰富的书香之家，‘斯是陋室，惟吾德馨’，何陋之有呢？”刘老师非常高兴，两人打开话匣子，畅谈起来。

小秦要赞扬刘老师情趣高雅，不用直说的方法，而用巧妙类比之法，把刘老师的“养兰”与陶渊明的“采菊”作类比，夸赞了他的高雅情趣，把刘老师的“书香之家”与刘禹锡的“陋室”作类比，赞美他的高尚情操，话说得适合对方的身份和性格，显得自然贴切，对方听来顺耳顺心，赞美的话说得恰到好处。

## 三、设喻传情

赞美别人，还常用比喻的方法，设喻传情。只要比喻得当，话语就生动形象，还常常会新颖有趣。

张祥的朋友大同和小玉经过五年的“苦恋”，终于修成了正果，走进婚姻的殿堂。在他们的婚宴上，张祥举杯祝酒时，风趣地说：“……当年这对新人初识时，就像两只虫！”一语既出满座皆惊，就连新人也不由得一愣。在这大喜之时，怎么不恭维几句吉利话？张祥却不慌不忙地接着说道：“不过他们不是普通的虫，而是两只‘春蚕’。古人说‘春蚕到死丝方尽’，祝你们像春蚕把思念进行到底，忠贞不贰！蚕是要化蝶的，祝你们像两只彩蝶，在百花丛中翩翩起舞，永远快乐！”大家鼓掌喝彩，一对新人格外兴奋。

赞美新郎新娘的话，如果老是“龙凤呈祥”“珠联璧合”那些套话，千人一腔，千年一调，人们早已审美疲劳，不感兴趣了。张祥设喻传情，打了个比方，说“这对新人……就像两只虫”，制造悬念、吊起胃口之后，他抖开包袱：“祝你们像春蚕把思念进行到底”“祝你们像两只彩蝶……永远快乐”，比喻贴切新颖，而且讲得起伏跌宕，皆大欢喜。

## 四、明贬实褒

古人说：“文似看山不喜平。”赞美之言也是如此。有时换一个角度，换一种方式去赞美，会产生独特的效果。有一种赞美的方式叫明贬实褒、正话反说，表面上看是否定，其实是在逆向地肯定和赞美，就像大家都熟悉的京剧《沙家浜》中郭建光赞美沙奶奶，表面上“批评”她对新四军伤病员的特殊照顾，实际上是夸她对战士们无微不至的关怀。这种讲法会给人出其不意之感，比正面的褒扬更能让人铭记在心。

朱大姐是公司的出纳，“2006年公司十大突出贡献人物”候选人榜上有名。公示榜出来后，员工们在榜前议论纷纷，朱大姐是工会委员，也来到人群中听取意见。供销处的小吴当着朱大姐的面就提起意见来：“朱大姐，你呀，真是铁公鸡——一毛不拔哇！我去年出差去深圳，赶时间买了一张软卧票，回来后软磨硬抗，你这铁公鸡就是不给报。朱大姐的老公王处长，去上海接客户，开洋荤住了一晚总统套房，回来后还是被铁公鸡卡住了……我们供销处对朱大姐相当不满意呀！”大家一听都乐了，七嘴八舌夸起朱大姐坚持原则的好作风来。

小吴的话一开始是惊人的，朱大姐是“铁公鸡——一毛不拔”，用这个贬义词去评价朱大姐，特别扣人心弦。接下来举了两个例子，去证明朱大姐的“一毛不拔”，原来是铁面无私地坚持财务制度，连她的丈夫也不能违规报销！正话反说，明贬实褒，以这种方式说赞美的话，显得诙谐、别致，平添了许多生活情趣。

朋友们，在生活中我们免不了要说赞美别人的话，学点赞美的技巧，把赞美话说好，是一件很有意义的事。因为恰如其分地表达出我们对他人的欣赏之情、仰慕之意，让别人高兴的同时，也能够给我们的人格魅力加分，使得大家乐意和我们相处，人际关系也会因此而变得更加融洽和谐。

# 客套话，怎样讲才得体

李鸿贵

客套话，就是表示客气的话。在生活、工作中，恰如其分地讲些客套话，显得谦虚、恭敬，是文明、礼貌的表现。但这些客套话如果运用的对象、场合、分寸、时机不当，也容易造成相反的效果。客套话要怎样讲才得体呢?

## 一、对象得体

客套话适用对象是特定的。对应该表示客气、表示尊敬的人士，如对上级领导、贵客嘉宾、尊长名流等，才需要讲客套话。对象得体，客套话可以表示自己的谦虚，对对方的尊重；对象不得体，反而会显得说话者的虚伪，甚至有嘲弄对方的嫌疑。

一天，杏花楼酒家隆重举行开业庆典，黄总经理在酒家门口迎接贵宾：

欧总：黄总，恭喜开张大吉！（送上名片）

黄总：（亲切握手）原来是天河旅游公司的欧总啊，久仰久仰！大驾光临，使蓬荜生辉呀！

欧总：哪里哪里，今后还得仰仗黄总多多关照！

黄总：欧总客气啦，旅游、餐饮，咱两家携手同发！

在开业迎宾的场面，黄总同第一次见面的嘉宾欧总互相说了些客套话，如“久仰”“大驾光临”“蓬荜生辉”“仰仗”等，显得黄总谦逊、礼貌、好客，欧总觉得自己受到较高的礼遇，心里自然欢喜。

在杏花楼开业庆典时，黄总对一些老朋友却没有讲客套话，如：

海子：黄哥，（一拳砸在黄总胸前）鸟枪换炮了，你行啊！

黄总：海子！（热情拥抱）帮哥一把，杏花楼要靠你的水产公司呢！

海子：没事儿，谁叫咱是哥们儿呢。海鲜供货，我全包了！

黄总：一言为定！到时候送不来海蜇皮，我扒你的皮！（哥儿俩大笑）

黄总与海子是十分熟悉的铁哥们儿，就完全不用讲客套话了。他们用哥们儿的俏皮话，如“鸟枪换炮”“帮哥一把”“一言为定”“扒你的皮”，来传情达意，非常自然，也是很得体的。如果讲“大驾光临”“蓬荜生辉”那些客套话，反而显得虚情假意了。

## 二、场合得体

说客套话要讲究场合，在比较庄重的公务、谈判、迎宾、庆典等场合，说客套话是得体的，在日常生活中的某些场合，是不宜多说客套话的。

市政府丁市长列席环保局的民主生活会，主持会议的张局长首先发言说：

今天，丁市长在百忙中挤出宝贵时间，参加我们局的民主生活会，反映了市领导深入基层、重视调查研究的好作风，反映了市领导对我们局、对环保工作的高度重视，我们深受鼓舞，一定要把这次生活会开好。希望同志们畅所欲言，把相互间的意见都摆到桌面上来（丁市长插话：包括对市政府、对我本人的意见，欢迎大家横挑鼻子竖挑眼嘛！）丁市长是虚怀若谷哇，我们就知无不言、言无不尽吧。

作为下级的张局长，对下基层参加会议的丁市长讲了一些客套话，如“百忙中”“高度重视”“深受鼓舞”“虚怀若谷”等，对象适当、场合得体，表现了自己的谦逊，对领导的尊重，使生活会有了一个良好的开头。

说客套话要注意场合，场合不得体是要闹笑话的。

老陆在机关工作多年，平常见到领导总要打招呼，客套一番，并且特别喜爱用“亲自”二字，只要见到领导做什么事，总要恭维说“您亲自……”，说习惯了，“亲自”竟成了老陆的口头禅。例如，“您亲自开车啊”“您亲自买菜啊”“您亲自陪嫂子逛商场啊”，甚至见到领导自己倒开水，也不忘说“还要您亲自倒开水呀”，抢着给领导倒开水。

一天早上，老陆上厕所小解，看到赵主任也在，十分热情地与赵主任寒暄，口头禅顺嘴溜了出来：“赵主任，您早啊！亲自上厕所来了。”不料赵主任这天正遇上了烦恼事，心里不痛快，见老陆这样说，以为老陆故意调侃他，于是没好气地反问：“上厕所有什么亲自不亲自的，这种事还好让你代替？”说完扭头就走，扔下老陆一个人发愣，好不尴尬。

平心而论，老陆绝无调侃领导的意思，可悲的是某些客套话竟成了他的口头禅，一遇见领导便顺口溜出来了。“亲自”用错了场合，就成了多余的修饰语，便有调侃的意味和讽刺的嫌疑了。对领导说话，“您亲自下矿井调查”，是赞颂；“您亲自陪嫂子逛商场”，是调侃；“您亲自上厕所”，就是讽刺了。

## 三、分寸得体

说客套话表示尊重、礼貌，但并非越多越好，客气程度越高越好，分寸要注意把握，否则，会引起听话者的反感，效果就事与愿违了。

一天，某大学草庐文学社的社长、大三学生小唐登门拜访研究《三国》的专家谢教授：

小唐：谢教授，进了您老的书房，“求是斋”书橱壁立、书香扑鼻，果然超凡脱俗啊！

谢教授：呵呵，除了书我别无嗜好哇，研究《三国》，我面壁十年，才小有收获……

小唐：“面壁十年图破壁”呀，我们草庐文学社想请您老“破壁”给我们做一次关于《三国》的学术讲座……

谢教授：哦，草庐文学社，取名于诸葛草庐吧？好嘛，我就跟诸葛亮的当代“追星一族”讲讲诸葛亮吧！

小唐对谢教授讲的客套话很有特色、分寸十分得体。他赞美谢教授的书房“书香扑鼻”“超凡脱俗”，夸他“面壁十年图破壁”，很切合学者教授的身份，谢教授听了很高兴，爽快答应了他们的要求。如果讲“学富五车”“才高八斗”“学贯中西”“著作等身”“学术大师”之类的套话，客气过了头，谢教授反倒会心生反感，岂不糟糕？

下面请看客套话分寸不得体的例子：

某局办公室王主任多年和领导打交道，难免要经常讲些客套话，但王主任有个毛病，就是客套话连篇，专选“最客气”的话去说，唯恐对领导不敬。

一天上级统计部门派郑科长来该局调查情况，找几个同志座谈。王主任首先发言：

郑科长在日理万机之中抽出时间亲临我局指导工作，我代表金局长、郝书记对首长的光临表示最最热烈的欢迎！（稀落的掌声）我们与会的同志，要认认真真地向郑科长汇报。首先请首长——郑科长给我们做重要指示！”（笑声、议论声，郑科长直摇头）

郑科长来下级单位找人座谈，王主任应该热情接待，但这番客套话大失分寸，什么“日理万机”“首长”“亲临”“最最热烈”“重要指示”等话，无实事求是之意，有奉承取宠之心。结果往往导致领导不满、群众反感。

## 四、时机得体

讲客套话，把握时机也很重要。什么时候可以讲，什么时候不可以讲，都有讲究。讲得时机恰当，皆大欢喜。如果在不该讲客套话的时候大讲特讲，会使对方反感，有可能造成双方不欢而散。

主任医师邓健从市第一医院退休后，自己开了一家诊所。他精湛的医术、热忱的服务态度，社区居民有口皆碑，前来就医的人络绎不绝。一天凌晨，他接到思达公司总经理宋鸿的电话：

宋鸿：您是邓大夫吗？久闻大名，如雷贯耳，您高超的医术、高尚的医德……

邓健：宋总哪，原谅我打断您的话，请您长话短说，是不是要找我出诊啊？

宋鸿：真不好意思半夜打扰您，我母亲突然得了个怪病，右肩痛得难受，右臂抬不起来……

邓健：没事的，我马上过去看看……对，您把车开到小区来接我！

宋鸿半夜请邓大夫出诊，那歉疚的心情是可以理解的，但此时此刻救人要紧，哪有时间去讲客套呢？连邓大夫都着急了，制止了宋鸿说得不是时候的客套话。

原来宋大妈得的是急性肩周炎，邓大夫用中西医结合的方法，经过三个疗程，病完全好了。正月十五，市委、市政府邀请各界名流共度元宵佳节，企业家宋鸿、著名医师邓健都在邀请之列，两人在聚会中不期而遇了。

宋鸿：邓大夫哇，您真是华佗再世，德艺双馨，叫我佩服得五体投地呀！

邓健：不敢当，不敢当！宋大妈全好了吧？

宋鸿：全好了，一点后遗症也没有，大秧歌扭得欢着呢！

同一个邓大夫，这次为什么高高兴兴地听宋鸿讲客套话呢？在元宵佳节的聚会上，正是朋友畅抒胸臆的好时机，宋鸿的客套话虽然夸张，但对邓健医德、医术的赞美是诚挚的，对他的感激是由衷的，邓大夫便欣然接受了。

总之，在人际交往中人人都免不了要讲客套话。客套话要做到得体，包括对象得体、场合得体、分寸得体和时机得体，才能表现说话者的谦逊、谨慎，才能表示对对方的恭敬、礼貌。希望朋友们学好讲客套话的招法，把客套话讲得十分得体，取得理想的交际效果。

# 老掉牙的话题新颖地说

吴强

在日常生活和学习中，我们常常要谈及一些老掉牙的话题。这些老掉牙的话题往往因其平淡、呆板使听者厌烦，甚至产生抵触情绪。老掉牙的话题新颖地说，才能增添话语的新鲜感，产生良好的谈话效果。

## 一、以喻论理，生动中给人深刻的启迪

比喻能使平淡的事理变得生动形象，让对方在新奇感中受到深刻的启迪。某公司地处郊区，由于扩大规模，一次性招收了二百名临时工人，这些临时工绝大部分刚踏上社会，自我防范意识和能力很差。加上公司地处偏僻，临时工宿舍接连多次被盗，工人怨气极大。

公司杜经理在工人大会上说了这样一段生动形象的比喻话语：“在一座大山里，一只狼逮住了你的一只小羊，你请求狼：‘你行行好饶了这只小羊吧，你看它多可怜呀！它毕竟是你的同类啊……’假如这只狼刚吃完一只羊，正胀得肚子难受两眼微闭着要睡觉了，听了你的话后，说不定就会擦把满嘴的鲜血，大发慈悲地说：‘好吧，这会儿就听你的，饶了它。’可是如果这只狼已经三天三夜没吃东西、正饿得眼珠子发蓝，那么任凭你怎么求它、说服教育它都毫无作用，说不准它还会连你一起吃掉呢！贼性如狼性。善良的人们怎么能寄希望于狼不来吃羊而放松警惕呢？又怎么可以对他们抱有幻想而不严加防范呢？还有，窃贼偷了一次，如果大有收获，他就会伺机来偷第二次，第三次，第四次……让我们防不胜防。可假如他偷了一次什么也没偷到，他就会因一无所获而不再来偷。这就好比狼找羊吃：如果它转遍了整座山连只羊的影子也没看到，它就会得出这样的结论：‘这座山上没有羊。’从而放弃找羊吃的念头，或者转向其他的山。大家如果认同我的观点，那么请认真地想一想，你本身遭受了被盗的损失，的确令人痛心，但这次的被盗是否在客观上起了一个‘引狼上山’或者说是‘引贼入室’的作用呢？”新鲜生

动的比喻，使“贼性难改，必须严加防范”这个老掉牙的话题变得鲜活有趣，说得工人互相点头认可。

## 二、连续排比，酣畅中给人强烈的震撼

排比能使平板的老话题节奏鲜明，论理透辟，气势增强，产生酣畅淋漓之感。如对“领导干部要以身作则”这一话题，人们听烦了的说法是：领导干部是人民的公仆，必须在各方面起模范带头作用，只有这样，才能带领广大群众把各项工作做好。而一位市委书记在全市科级以上干部整顿动员大会上却做了这样的连续排比：“人看人，户看户，群众看的是干部。作为领导干部，只有自己做得正，站得直，才能树立起良好的干部形象，才能享有较高的群众威信，才能赢得群众的信赖，才能产生较强的号召力，也才能真正把群众组织好，领导好，管理好！”这里，话虽不多，却字字珠玑，铿锵有力，使台下的领导干部深受感染。三组排比各显其妙：第一组，三个“看”，鲜明指出领导干部在群众中的地位及其言行在群众中将会产生的重要影响。第二组，五个“才能”，环环相扣，层层深入，透辟地论述了领导干部“正人先正己”的必要性和迫切性，如雷贯耳，发人深省。第三组，三个“好”，又突出强调了领导干部“正己”的最终目的和重要意义。

## 三、巧作对偶，神奇中给人全新的感受

面对一个经常违纪的所谓不可救药的差生，我们耳熟能详的批评是：“我看你是念够书了！”“我只给你最后一次机会，何去何从你自己看着办！”而一位省优秀教师却充满鼓励地对他说：“给你一个机会，还我一个奇迹，好吗？”结果使该生深受触动，常规违纪明显减少。当一些学生时常抱怨学习太累、生活太苦而精神萎靡、情绪低落时，一位班主任巧用了这样的对偶话语：“苦不苦，想想爹娘背朝苍天面朝土；累不累，比比父母走南闯北谁遭罪。”朗朗上口的对偶话语，让学生耳心一新，唤醒了他们沉睡的心灵，使他们在羞愧中深切意识到自己的无知和娇惯。这种对偶的话语，表意凝练，有音乐美，能化腐朽为神奇，使老话题变得清新有味儿。

## 四、妙用夸张，波澜中给人难忘的印象

夸张的话语，能创造或者烘托气氛，引人联想，所以它能平添语言的魅力，如同拂面春风，清心爽耳，给人难忘的印象。一位家长对陷入早恋误区的女儿，语重心长地说了下面这段让女儿难以忘怀的夸张话：“孩子，你知道吗，中学生早恋的成功率极低，仅为百分之一。我知道，你心里一定会痴情地认为，我们就是这百分之一中的一对儿。果真如此，我想说，你们本来能长成一棵棵令世人羡慕的参天大树，可就因为要做这百分之一中的一对儿而只能成为乡间荒野里一株株可怜兮兮的狗尾巴草了！因为，你错过了千金难买的、奋力向上生长的大好时光啊……”这位家长极富色彩的夸张话里蕴含的深意和道理深深地触动了他女儿的心灵，犹如一挂长鸣警钟，时时给女儿以警策，使她远离了早恋。显然，“早恋影响前途”之类的老掉牙的话语是很难有这种感染力和说服力的。

# 表达言外之意的六种方法

刘晨红

一般情况下，人们谈话时表达意思需要直白晓畅、准确清晰，即所谓明话明说。有时，说话人出于某种原因，有些话不便明说，不能明说，不想明说，采取“言在此，意在彼”的表达方法，而要求听者能够明白言外之意，以达到谈话目的。所以，说话人表达言外之意时，应在话里话外让听话人有迹可循，以便顺着“迹”，全面、准确地理解话语的真意。那么，怎样才能做到言者之“意”与听者之“心”的契合呢？

## 一、抑扬顿挫总关情——调整语气法

人们表达意义应有相应的语气语调。正常的语流中，话语的音高、语调、重音等比较固定。一旦作了刻意的调整，就会给话语增添新的信息，增添言外之意。

①“老兄，你真是上知天文下知地理呀！”这句话如果用轻蔑的语气去说，突出强调不切实际的“上知天文下知地理”，就成了一句反语，变成“你什么也不懂，别在这里充内行”了。

②“谁稀罕见到你？”见到了非常想见的老朋友，以喜悦的语调、反问的语气说出这句话，突出“稀罕”这个词儿，就变成“其实我要见的就是你”了。

③“冤家！”情侣之间用亲昵的语调去说，它就变成“我的心肝”了。

可见，有时说话人为了表达一定的意思，使用超习惯的或夸张的语气语调，能使话中带有不便明言的言外之意，而且由于语气语调的不寻常，听话人很容易意识到其中的奥秘，使得交谈能够顺利达到目的，取得预期的效果。

## 二、山外青山楼外楼——一语双关法

表达言外之意的重要手段是双关辞格。表面说甲，而暗中指乙，言在此而意在彼，有“山外青山楼外楼”的表达效果。双关分谐音双关和语义双关。谐音双关是利用音同或音近的条件使话语一语双关。语义双关利用词语或句子的多义性在特定语境中形成双关。汉语的同音字和多义词比较多，人们用双关来表示言外之意是很常见的。

县委何书记下乡蹲点，在朱家庄同老乡们拉家常。谈到修路时，朱大爷风趣地说：“俺这里的路哇，下雨时是‘水泥’路，天旱时是‘洋灰’路……”

何书记会意地点点头，说道：“朱大爷说得好嘛，要致富先修路，我们要把这‘水泥’路、‘洋灰’路修成晴雨通车的柏油路……”

领导的答话似乎与老人的话语不相符，实际上他听懂了老人的言外之意，回答了老人话语的深层意思。朱大爷话语表面上是说道路都是“水泥”和“洋灰”修建的，实际上这里“水泥”是指“水”和“泥”，“洋灰”是指“扬灰”即飞扬的尘土。老人巧妙地利用“水泥”一词的多义性，“洋灰”和“扬灰”的读音相同，言此意彼，含蓄地表达了他对农村路况的不满，何书记听懂了老农的心声，同他就“修路致富”的问题交谈起来。

## 三、我寄真心与明月——比喻表意法

比喻是广泛使用的一种修辞手段，在谈话过程中，谈话的双方常常运用共有知识，用此喻彼，构成言此意彼，达到谈话目的。

一位老父亲问她那漂亮的女儿为何年近三十还不结婚。女儿告诉他，她曾有几个好朋友，但都不能使她称心如意，想再等等，挑一挑。老父亲警告女儿要抓紧点，“你可不是皇帝的女儿哟！”

漂亮的女儿满不在乎地说：“放心吧，爸爸，大海里的鱼多着呢！”

“是啊，我的孩子，”老父亲笑了笑说，“可钓饵放久了就没味了！”

在一旁的母亲也说开了：“听你爸的话没错的，过了这个村就没有这家店喽！我跟你这么大的时候，已经同你爸结婚十年了。”

“妈，还啰唆啥呢！”女儿听懂了父母含蓄而恳切的忠告，严肃地考虑自己的婚姻大事，不久就选定了自己称心的男友。

谈话中父母和女儿都用比喻来表达言外之意。针对女儿的“大海里的鱼多着呢”，父亲用“钓饵放久了就没味了”的现象来作比喻，表达了“随着时间的推移就会人老色衰，失去魅力”的言外之意，母亲用“过了这个村就没有这家店”的俗语作比喻，表达了“机不可失，时不我待”的言下之意，其话含蓄，其意真切，果然把女儿说服了。

## 四、心有灵犀一点通——隐语暗示法

所谓暗示，即利用一定的语言条件使话语产生言外之意。暗示需要谈话的双方根据知识水平、角色、场合、目的等因素进行设置和破解。当谈话的双方“心有灵犀一点通”的时候，话语的言外之意就可以顺畅地传递了。

一位顾客买牛奶，售货员只给了半杯。顾客说：“请给我一把锯子！”

“干什么？”售货员不解地问。

“把这杯子上面空着的地方锯掉，就成了名副其实的满满一杯了。”

售货员一边笑，一边又给他加满了杯子。

顾客对售货员的做法不满，他没有直白地说出，而是结合场景，说要用锯子锯杯子，使半杯牛奶变成满杯。利用这样的非常话语，来引起售货员的注意，暗示话中有话。由于“心有灵犀一点通”，售货员顺利地解读了顾客话语的言外之意，愉快地接受了意见，给他加满了牛奶，取得了圆满的交谈效果。

## 五、醉翁之意不在酒——迂回烘托法

本该一句话说清楚、说明白的意思，故意迂回曲折地从侧面或是用烘托之法将本事、本意讲出来，让人思而得之，从而获得委婉深沉、意在言外的效果。

一位嗜酒如命的演员在拍摄“大碗喝酒”的场面时，向导演提出：“戏里面喝的是茅台，如果拍摄时把低度酒换成真茅台，我就更容易找到感觉，表演效果会更逼真了。”

导演一听，笑着说：“可以呀，只是下一场还有服毒自杀吃砒霜的戏，又该怎么办呢？”演员听懂了导演的意思，一笑了之，不再坚持己见了。

对于演员的过分要求，聪明的导演将计就计，提出了一个让对方无言以对的问题，迂回曲折地回答了演员的要求，同意是表面的假象，言外之意的否定才是真实的目的。

## 六、只缘身在此山中——巧借语境法

话语的言外之意是在特定的谈话语境中实现的，即“只缘身在此山中”，一旦脱离了特定的谈话语境，也便失去了所谓的言外之意。所以，结合语境表达言外之意，才会使对方明白，与目的一致。语境包括谈话的客观环境和谈话双方的主观条件，如场合、身份、年龄、性别、职业、经历、教养和心理状况，以及特定的社会历史、社会文化等。

大学者胡适，学贯中西，长于文章，也善于辞令，但有一次却因言辞不当讨了个难堪。

在一个宴会上，胡先生遇到长他十几岁的齐如山先生，没话找话地说了这么一句：“齐先生，我看你活到九十岁绝无问题！”

齐先生先是一愣，然后从容地说道：“我倒有个故事：有一位年过九旬、精神矍铄的老叟，人家恭维他可以活到一百岁，他勃然作色，说：‘我又不吃你的饭，你为什么限制我的寿岁？’”

胡适一听急忙道歉：“对不起，我说错了话。祝齐老寿比南山！”

胡适的本意是恭维齐老，但齐老已是八十多岁的人了，因此用“九十岁”来恭维就不是恭维，成了诅咒他“活不了几年了”。胡适疏忽了说话对象的年龄条件和心理因素，使得话语的言外之意与目的南辕北辙。而齐先生的不悦也不是直言说出，而是讲了一个含有言外之意的故事，故事中的情景和他们谈话时的情景完全相符，因此，胡适也听出了齐老的言外之意，马上承认了错误。

谈话是一种互动性、现场感很强的交流活动，说话者表达言外之意时要考虑多方面的因素，采用恰当的方法，才能避免言外之意不被接受的两种情况：一种是没有言外之意却被听者误解为有——无心插柳柳成荫；一种是有言外之意而听者不解其中味——有意栽花花不发。掌握了以上六种基本方法，才能把自己的言外之意表达得恰到好处。

# 演讲艺术

Y ANJIANG YISHU

# 怎样有效地突出演讲的主题

徐　琼

主题是演讲的灵魂。如何在演讲中有效地突出主题，这似乎是一个老生常谈的问题，然而在演讲实践中，许多演讲者并不善于将主题鲜明突出地表现出来，而让听众感到“忽闻海上有仙山，山在虚无缥缈间”。那么，怎样在演讲中有效地突出主题呢?

## 一、开宗明义法

就是在演讲的开头直截了当地揭示主题。它的特点是开门见山，使听众一听就明白演讲的主旨，进而全面理解其思想内容。比如，刘翔在奥运成果报告会上的演讲《中国有我，亚洲有我》的开头：

> 我从来都不认为自己今天的成功仅仅是个人的荣耀。北京时间2004年8月28日凌晨那12秒91，毫无疑问将成为我生命中为之自豪的瞬间，但我更愿意把那一刻的辉煌献给我亲爱的祖国，献给全亚洲。

这篇演讲，开篇入题：今天的成功不仅仅属于个人，而更应属于集体，属于祖国。因为体育不光是竞技水平的较量，更是一个国家综合国力的晴雨表和民族精神的载体。国运兴，体育盛。因此，刘翔能在骄人的成绩中，保持清醒的自我认识，“我从来都不认为自己今天的成功仅仅是个人的荣耀”，“我更愿意把那一刻的辉煌献给我亲爱的祖国”。拳拳之心，历历可见。

## 二、收篇点题法

演讲结束时，用简洁凝练的语言，进行“画龙点睛”的归纳，把主题加以点明或深化，这就是白居易极力推崇的“卒章显其志”的方法。这种方法，能够突出演讲主题，给听众留下深刻的印象。例如，《一个青年军人的思考》的结尾：

世上没有靠编织谎言而成名的诗人，也绝没有靠纸上谈兵而赢得胜利的将军，而只有靠自身的素质、实力和价值，靠学，靠干，靠拼，才能真正成为强者。一个国家，也只有自强才能跻身于世界强国之林。

演讲者从一个农民出身的军人靠自己的努力拼搏，最后在人才竞争激烈的社会中脱颖而出，成为一家著名报社记者的生动事迹，悟出这样一个道理：一个人只有自强不息才能在强者如林的社会中立足，而一个国家也只有自强才能跻身于世界强国之林。听众能从这有独特见地的结束语中，悟出深意，获得启迪。

## 三、片言居要法

用精练的文字，放在文章的关节处，要害处，“立片言以居要”，能够起到画龙点睛、警策全篇的作用。范仲淹《岳阳楼记》中“先天下之忧而忧，后天下之乐而乐”，欧阳修《醉翁亭记》中“醉翁之意不在酒，在乎山水之间”等，就是这种方法的经典应用。演讲中，采用这种方法，能使主题表现得格外清晰明朗。

著名演说家佩特瑞克·亨利《诉诸武力》的演讲，便是用“不自由，毋宁死”的“片言”，来揭示全篇的主题。因此，演讲中当叙事抒情的“火候”已到，恰如其分的“片言”议论，能使演讲达到水到渠成、情理交融的效果，使听众的情感认识获得理性的升华。

例如，以歌颂抗“非典”英雄事迹为主题的演讲《用生命践约》，在叙述完四川医院传染科全体医护人员，没有一个在困难调查表上填写“困难”之后，作者加上了这样一句话：

明知凶险却达观，这是一种坚忍的力量，一种无畏的美丽。

这句议论，揭示了医护人员的无畏精神和高尚人格，即使前面叙述的事实得到强化和升华，又明确地点明了主题。

## 四、反复申说法

演讲中，为了让听众彻底了解演讲的主旨，有必要对自己的观点反复进行申说与解释。古今中外许多著名的演说家，都曾采用这种方法来突出演讲的主题。实践证明，这是一个行之有效的方法。例如，马丁·路德·金的著名演说词《我有一个梦想》：

> 我梦想有一天，这个国家会站立起来，真正实现其信条的真谛……
>
> 我梦想有一天，在佐治亚的红山上，昔日奴隶的儿子将能够和昔日奴隶主的儿子坐在一起共叙兄弟的情谊；
>
> 我梦想有一天，甚至连密西西比州这个正义匿迹，压迫成风，如同沙漠般的地方，也将变成自由和正义的绿洲；
>
> 我梦想有一天，我的四个孩子将在一个不是以他们的肤色，而是以他们的品格优劣来评价他们的国度里生活。

演讲者应用一连串气势磅礴的排比句，反复引申说，表达了他反对种族歧视，要求自由、平等的呼声，给听众带来强烈的心灵震撼。

### 五、正反对比法

要想透彻地说明一个观点，单从一个角度去论证是不够的，运用正反对比法，可使主题鲜明突出。请看这篇演讲：

> 美国有两个繁衍了8代人的家庭。一个是爱德华家庭，其始祖爱德华是一位治学严谨、成就卓著的哲学家，他不仅本人勤奋好学，而且以良好的德行培养后代，他的8代子孙中，出了13位大学校长，100多位教授，60多位医生，80多位文学家，20多位议员，1位大使，1位副总统。另一个家庭的始祖叫珠克，是臭名昭著的酒鬼、赌徒，无法无天，他的后代中有300多个叫花子、流浪者，7个杀人犯，60多个欺骗盗窃犯，还有40多人死于伤残或酗酒。

血统论是错误的，但家教能导致不同结果。在这篇反对种族歧视的演讲中，演讲者为了证明种族歧视的荒谬，建立起“家教的作用大于血统的遗传”这一判断，然后以正反两方面的事实加以论证，取得了很好的效果。

## 六、巧用修辞法

语言是表现思想的载体。优秀的演说家，往往善于运用生动形象的语言，把抽象的事物形象化，把概念的东西具体化，把深奥的道理浅显化，从而有效地突出主题，让听众留下难以忘怀的印象。这样，应用富有表现力和感染力的修辞格，就成为他们表达主题的有效手段。比如，林肯的演说中有这样一段著名的话：

> 一幢裂开的房子是站不住的。我相信这个政府不能永远保持半奴隶半自由的状态，我不期望联邦解散，我不期望房子崩塌，但我的确期望它停止分裂。

林肯以“裂开的房子”作比，把联邦分裂的危害具体化、形象化了。它充分表达了林肯对当时政治形势和前景的深刻理解和英明预见，既通俗易懂，又发人深思，因而也增强了演说的说服力。

## 七、提炼警句法

警句，言简意赅，具有引人注意的力量。尤其是富有文采和哲理的警句，能够引发人们思考，给人教育与鼓舞。因此，有经验的演讲者，常常喜欢把所要阐述的重要思想，概括提炼成警句，以显示演讲的思想之光和文采之美：

> 中国人民从此站起来了！
>
> ——毛泽东《在中国人民政治协商会议第一届会议的开幕词》

> 无论道路多么艰难遥远，也要去争取胜利，因为没有胜利，就没有生存。
>
> ——丘吉尔《出任英国首相的就职演说》

> 正义是杀不完的，因为真理永远存在！
>
> ——闻一多《最后一次讲演》

不自由，毋宁死！

——佩特瑞克·亨利《诉诸武力》

这些警句，没有因为时间的流逝而失去光芒，相反，它们经过岁月的磨砺，散发着迷人的光彩和恒久的魅力。这是思想的力量，也是语言的力量。

# 演讲立意有三问

李宝华

在演讲中，演讲者总要表明自己的主张和态度，提倡什么，反对什么，歌颂什么，鞭挞什么等，这就是我们所说的演讲的主题。确立主题的过程，我们称之为“立意”。“意”是一篇演讲的灵魂。演讲若没有主题，犹如人没有灵魂。因此，演讲必须在“立意”上下功夫，做好以下三问——

## 一问：我的演讲立意正确吗

演讲是一种旨在传播真理的信息交流活动。演讲成功与否，首先取决于是否有一个正确的立意。立意正确，也就是确立的思想观点和演讲目的要健康、有意义，能表达积极向上的情感，能给别人和自己以教育和启发，能引导听众对真、善、美的追求。如果立意不健康、不正确，那么演讲也就失去了价值，这个灵魂就是丑恶的。

> 生活给了我们每个人一片土地，这片土地就是今天。有了今天的耕耘，才可能有明天的收获。风华正茂的我们，有谁不渴望拥有那灿烂而又辉煌的明天？可是，在我们周围，特别是在年轻的大学生中，有着一批为数不少的空想家、空谈家，他们也有理想，也有盼望，但却不愿为之努力，为之奋斗。在他们人生的日历上，今天是昨天的翻版，明天是今天的再现。不事耕耘，哪来收获？灿烂的明天，不会是空谈浮夸就能换来的。要想拥有一个灿烂辉煌的明天，我们必须脚踏实地地耕耘今天，用今天的辛勤劳动去换取明天的灿烂辉煌！

这是一名大学生在《为了明天》演讲中的一段话。演讲者从“脚踏实地地耕耘今天”进行立意，紧紧围绕“有了今天的耕耘，才可能有明天的收获”这一主题进行说理。演讲者根据主题的需要，对“不虚度每一天，努力耕耘今天”

之于人生、社会的意义进行辩证分析，号召听众“脚踏实地地耕耘今天，用今天的辛勤劳动去换取明天的灿烂辉煌！”如此一来，揭示了正确的人生观、价值观，也使演讲具有一种积极的内涵，使演讲的主题闪烁着理性的光芒，给听众以深刻的启迪，最终达到了“以理服人”的演讲效果。

## 二问：我的演讲立意深刻吗

立意深刻，就是一下子抓住问题实质，完成演讲者对事物认知由表及里、由浅入深、由此及彼的思想飞跃过程，而不是在表面现象上做文章，就事论事地议论一番。演讲若能抓住问题的实质，主题就会具有鲜明的共性，就会走向深刻。

鲁迅说过：“时间就像海绵里的水，只要愿挤，总还是有的。”其实人身上的潜力也像海绵里的水，只要有压力就会迸射出来。在每个人的身上，都蕴藏着惊人的能量，这种能量，就像隐藏在地心深处的岩浆，在非常时刻，这种能量会突然释放，迸发出耀眼的光辉，显示出生命的价值。

现在大学生毕业后纷纷“孔雀东南飞”，其中一个重要原因，就是在东南沿海有更多的机遇。其实机遇也意味着挑战，意味着压力。但他们因此发挥了自己的潜能，获得了成功。如果在危机感薄弱的一些单位，整天一杯茶一张报纸，一生虽然安逸，但终究碌碌无为。因为在没有压力的情况下，惰性就像厚厚的壳，封闭着生命的潜能。要挖掘这种潜能，必须自己向自己挑战！

演讲者要有自己的观点与看法,这就要求演讲者对事物要有敏锐的洞察力。这样，才会立意深远而精妙，从而用独到的见地对听众施加影响。上例是某机关工作人员做的《迎接压力，向自己挑战》的演讲片段。这篇演讲旨在说服听众“不能贪图安逸，要不断向自己挑战”，所折射出来的人生观、生活观之所以能触动我们的心弦，引发听众深思，就在于演讲者能正确、深刻地认识到压力与机遇，奋斗与成功之间的辩证关系和本质意义，指出“在每个人的身上，都蕴藏着惊人的能量……在非常时刻，这种能量会突然释放”，揭示出“因为在没有压力的情况下，惰性就像厚厚的壳，封闭着生命的潜能。要挖掘这种潜能，必须自己向自己挑战！”这一主题，从正反两方面说理，把道理说得好、说得透、说得深。

## 三问：我的演讲立意新颖吗

我们所指的主题新颖，就是主题有新意、有创新。如果演讲的主题尽是些机械的模仿，一味因袭别人的思路，听众得不到新知识和启迪教育，怎能不大倒胃口呢？立意新颖，演讲才能吸引人，鼓舞人，才能更加耐人寻味。请听演讲《狗拿耗子也无妨》——

生活中常常发生这样的小事：在路上，两个人为一点儿小事争得面红耳赤，不可开交。一位好心的人上来劝架，想不到那人讥讽这位好心人，还说："谁让你管？狗拿耗子——多管闲事！"好心人被弄得很不好意思，好像自己做错似的。

显然这样的想法是错的。请问，狗拿耗子有什么不好？

耗子是对人类有害的动物，我们应该把它消灭干净，不管是用捕鼠夹还是用耗子药，抑或是其他办法。这狗拿耗子又有什么错呢？猫可以帮助人类捉耗子，为什么狗就不可以呢？狗看见主人的食物被耗子偷吃了，狗帮主人捉耗子这是尽职尽责的表现，却被人说它"多管闲事"！这是多么不公平啊！

在"狗拿耗子——多管闲事"这一错误的思想下，人们该问的不问，该管的不管：教室里纸屑到处都是，可没人捡、没人扫；看到公交车上有孕妇、老人、残疾人也不主动让座；歹徒在光天化日之下行凶、抢劫，大家却熟视无睹；看见小偷在行窃，却睁一只眼闭一只眼……这是多么让人感到悲哀呀！

可见，"狗拿耗子"的精神是值得提倡的，管"闲事"是对集体、对社会有利的"好事"。相反，见到"耗子"不捉，见到坏事不理，其结果可能是害人害己。看来只要对大家对社会有利的事，我们完全可以放心大胆地去做！

这篇演讲立意新颖，没有附和前人看法，不拘泥于"狗拿耗子——多管闲事"的固有思维模式，大胆地提出了自己的看法，"耗子是对人类有害的动物，……猫可以帮助人类捉耗子，为什么狗就不可以呢？"由此展开议论，认为"狗帮主人捉耗子这是尽职尽责的表现”，尖锐地鞭挞了有些人“事不关己，高高挂起”的麻木精神，从而得出迥异于前人的新见解：“狗拿耗子”精神是值得提倡的，管“闲事”，是于国于民都有益的好事。相反，如果见到“耗子”不拿，见到坏事不管，只会害人害己，以致国无宁日，民无宁日。

总之，演讲的主题，犹如军队的统帅，军队有了统帅，才能以极大的权威号令三军，静如山林，动如海啸；进可以攻，退可以守。演讲如果立意不当，也就等于三军没有了统帅，那么，材料的取舍、结构的安排、语言的使用、情感的浓淡也就无从把握了。

# 这样亮出题目演讲更吸引人

张东华

人们听演讲，第一个兴趣点就是急于知道演讲人要讲什么。为了满足听众的这种心理需求，演讲人在开讲之前，很有必要打开演讲的窗户——亮出演讲的题目。亮出题目的方法多种多样，有的开门见山，简捷明快，而有的则欲擒故纵，采取迂回战术，曲径通幽，别有一番境界。这里就谈谈后一类的几种方法，希望能给大家一些启发。

## 一、步步铺垫法

这是一种“明修栈道，暗度陈仓”的方法。演讲人由闲话说起，似乎离题万里，但却是步步铺垫，不断引出相关话题，为亮出题目创造条件，最后水到渠成，把题目顺理成章地推出。如一篇题为《你妈我妈都是妈》的演讲：

> 今天，我要借这个演讲台，向各位透露一下，我和我爱人结婚的当天晚上说的第一句话是什么。结婚的那天晚上，我爱人羞羞答答地碰碰我说：“哎！有件事跟你说一下。”我高高兴兴地赶快说：“说吧，说吧！尽管说。”妻子说：“我家在农村，条件不好，我妈培养我上学也不容易，毕业后我参加了工作，每月都要给我妈寄点钱回去。现在我们结婚了，你说，以后还寄不寄？”我万万没有想到，在洞房花烛夜妻子会问这么个问题，我怎么回答呢？我说：“从今天起，你妈就是我妈，那我妈呢？”妻子笑笑说：“当然也是我妈了。”好！今天我给大家演讲的题目就是《你妈我妈都是妈》。

演讲者一上来就抓住听众好奇心，吊起了听众的胃口，要讲讲新婚之夜他与爱人说的第一句话是什么，演讲者通过对这句话的交代，引出了“我”的回答：“你妈就是我妈”，做了第一步铺垫；然后，用“我”的反问，引出妻子的回答“你妈当然也是我妈了”，完成了第二步铺垫。至此，万事俱备，用一个“好”字一收，点出题目——《你妈我妈都是妈》，自然顺畅得让人赞叹不已。

## 二、由此类推法

是以某人、某事所表现出来的精神、气度为类，进行推演，得出结论，亮出题目的一种方法。这种方法常用于激励性演讲，或是鼓动性演讲。如题目为《你，与众不同》的演讲：

> “同学们：面对你们‘雪亮’的眼睛，虽然我的样子呆头呆脑，可是，一点儿也不紧张。因为我知道，我不见得是最好的，但此时此刻，你的眼里只有我，你们的眼睛告诉了我：你，与众不同！今天我演讲的题目就是——《你，与众不同！》”

站到台上来，演讲人先是以自嘲的口气对自己一抑：呆头呆脑，紧接着又是一扬：一点没有紧张，表达出处于劣势的“我”在优势面前不卑不亢的自信气度。这时，由“我”推向“你”，亮出题目。话语不多，但洋溢着一股很强的激发力量。

## 三、设悬解疑法

设悬，就是提出疑问，设置悬念；解疑，就是作出回答，释疑解难。这样，一问一答，一呼一应，使题目深入人心。使用这种方法，要把重点放在疑点的设置上，设置得越有气氛，就越有表现力，越能突出演讲题目。如《向生命的极限挑战》的演讲：

> 我看了看今天演讲的女士们，除了如花似玉的姑娘们，就是漂亮时髦、风姿绰约的少妇们，唯独我是个年过半百的人。要问这么大岁数了，为什么还来凑这份热闹？我想用曹孟德的诗句来表达自己的心声：“老骥伏枥，志在千里。烈士暮年，壮心不已。”今天，我演讲的题目是《向生命的极限挑战》。

用一个“除了……就是……唯独……”的句式和对姑娘们、少妇们的一番描绘，来突出自己在演讲女士们中极不相称的暗淡形象，这就设置了疑点，提出了疑问；接下来，用曹操的诗句作答，在回答中点出题目：《向生命的极限挑战》。把自己的伏枥之志、暮年壮心，表达得坚定而又响亮。

## 四、渲染造势法

在亮出题目前，故意制造出某种浓烈气氛，掀起听众的情感波澜，在这种烘托或映衬效果达到高潮时，把话锋一转，亮出观点，推出题目。这样可以在跌宕起伏中突出演讲题目，给听众留下长久的记忆。如《论“男子汉”》：

各位同学：

上星期接到你们学校的电话邀请，要我来参加一次演讲会，既没有提出题目，也没有说限定在几分钟内。我一点也不明白主办者的意图何在，这使我感到为难，这是我遇到的第一个困难。今天，我是第一次来到你们学校，一切都是陌生的。在一个陌生的环境里，人容易有一种不适应的感觉，这是我遇到的第二个困难。况且，刚才前面的几位同学又做了精彩的演讲，热烈的掌声可以作证，这给我增加了压力，算是我遇到的第三个困难。不巧得很，我本想凭手中的这么一张卡片做一次演讲，却忘了戴眼镜了，想把它放在桌上偷偷地看几眼也不成了，这是我的第四个困难。所以，上台伊始，就弹开了“困难四重奏”了。但是，我并不胆怯，相反，我充满了信心。我相信，既然我站到了这个讲台上，我就必定能够鼓起勇气，竭尽全力，让自己体面地走下台去！（掌声）因为，我选择了这样一个题目：《论“男子汉”》。

演讲人一上来，先是一大篇“难”字当头的诉说，说了一难又一难，连着弹出了“困难四重奏”，这次演讲真是寸步难行了。然而，这篇演讲亮出题目的成功之处也就在这里，因为它不仅起了渲染造势的作用，更与《论“男子汉”》的题目相辅相成，相映成趣，相得益彰。

## 五、议论明理法

就是先根据题目要求展开议论，揭示题目本质内涵，把听众引入理性的认识境界，然后亮出题目。这样，就为听众能进一步理解演讲的内容奠定了基础。如李燕杰《国家、民族与正气》的演讲：

> 每个青年都关心自己的祖国和民族的命运。国家的正气，民族的正气，是团结鼓舞群众积极向上的巨大力量，是一个国家，一个民族兴旺发达的重要精神支柱。我今天就以《国家、民族与正气》为题做个发言。

李燕杰先以简要的语言、精辟的议论，揭示“国家、民族、正气”三者的关系，让听众明确地认识到：正气在国家、民族中意义重大，关心祖国和民族的命运，就必须树立民族的正气。有了这样一段明理的议论，再亮出《国家、民族与正气》的题目，就能够使听众把握住主题，更好地去理解这次演讲的意义。

## 六、经验教训法

就是通过总结经验教训引出演讲题目。实践中，有成功的喜悦，也有失败的痛苦，但不管是成功与失败，我们都应直接面对，认真总结，从成功中找出经验，从失败中引出教训。这样，我们才能不断发扬成绩，克服不足，走上新的成功。有的演讲，演讲人就是借总结经验教训亮出题目的。如工人演讲家冯守民的一次演讲：

> 我16岁入厂，今年59岁了。我看见过许多事故，也经历过许多事故，也受到过事故带给我的伤痛，至今我头上、身上还有事故落下的伤疤。可以说我是侥幸活到今天。在我厂发生的事故中有煤气熏死的，热水烫死的，火灾烧死的，触电死的，高空掉下摔死的，机器绞死的，火车轧死的，1970年一次液化气爆炸就死了14个人……这一切都历历在目不忍回首。所以我今天演讲的题目是：《事故是敌人，安全是幸福》。

以 40 多年“看过”“经历过”和“自己也受到过”的许许多多、各种各样的不幸事故为沉痛教训，上升到理性认识，引出《事故是敌人，安全是幸福》的题目，紧紧抓住了听众的心。

从以上事例可以看出，演讲者巧妙亮出演讲的题目，往往能在第一时间吸引听众的注意力，使听众对演讲内容更好地理解和把握，收到最好的演讲效果。当然，亮出题目的方法还有很多，在此不再赘述；但是不管采用哪种方法，都要紧扣主题，不可无边无际，瞎扯一通。

# 熔理、事、情于一炉，才是好演讲

丁建明

演讲如果没有鲜明的主题，听众便如置身云里雾里，不知你要说什么；如果没有典型的例证，就会显得干瘪抽象，令人兴趣索然；如果没有浓烈的情感，就会显得冷淡，苍白无力。好的演讲必须有鲜明的主题、典型的例证和真挚的情感。熔理、事、情于一炉的演讲，才是精彩动人的演讲。

**好演讲应以理服人，情事相辅**

“理”即演讲中的深刻道理，这是演讲之灵魂，演讲应以理服人。演讲者在演讲中总要表明自己的主张和态度，提倡什么，反对什么，歌颂什么，鞭挞什么，这就是我们所说的演讲的主题。一个人如果没有了灵魂，充其量是一个没有价值的躯体；而演讲若没有主题，犹如人没有灵魂。“理”能否成为演讲的灵魂，统率演讲的材料，驾驭演讲的情感，使演讲具有说服力，则要看你这个“理”是否正确、新颖、鲜明、集中、深刻。说理的成功与否，往往是衡量演讲质量高低的首要标准。

亲爱的战友们，积“小善”只需举手之劳，却能给对方带来欢欣，自己的心灵也会得到净化。把自己的爱心真心实意地奉献给他人，而自己并不会因“给予”而减少什么。相反，我们给予他人的愈多，那么自己所得的也会愈多，从而也就使自己的思想境界更高。流萤没有虎的勇猛，青草没有树的威严，但流萤把光亮和诗韵带给黑夜，青草把绿色和生机献给世界，一样拥有生命的活力和意义，一样拥有生命的崇高和骄傲。我们作为社会中微小的一分子，不妨认真地做一个拥有爱心、忠心、孝心和信心的人。做不了星星，那么先做盏明灯吧！

这是一位战士在《积“小善”，做好人》演讲中的一段话。演讲围绕“从自己身边的小事做起，与人为善，做一个乐积‘小善’的好人”这一主题进行说理。演讲者根据演讲主题的需要，对“积小善，做好人”之于人生、社会的意义进行辩证分析，号召听众“把自己的爱心真心实意地奉献给他人”“做不了星星，那么先做盏明灯吧！”如此一来，揭示出了人生的哲理，也使演讲具有一种深刻的内涵。演讲者把道理说得好、说得透、说得深，使演讲的主题闪烁着理性的光芒，给听众以深刻的启迪，最终达到“以理服人”的艺术效果。

在讲述“做好人”的道理时，演讲者采用“流萤没有虎的勇猛，青草没有树的威严，但流萤把光亮和诗韵带给黑夜，青草把绿色和生机献给世界”等典型的事例来说明“小角色”一样可以为社会做贡献，无疑增强了演讲的说服力。“做不了星星，那么先做盏明灯吧！”这番话又将演讲者期盼听众做个好人的美好愿望和真挚感情表达出来，达到了“使人感动”的效果。在这篇演讲中，“事”“情”很好地辅助了主题，将道理讲述得更加清楚深刻。

## 好演讲应以事感人，情理兼容

“事”即演讲中采用的材料，材料是演讲的血肉，演讲应以“事”感人。演讲者阐述自己的观点、主张，也就是为了说明自己的主题必须选取一些材料作为论据，来充实演讲，使演讲更加丰满。用事实讲道理，这是演讲者应该遵循的法则。光讲道理不摆事实的演讲只能是一种空洞的说教，是达不到理想的演讲效果的。因此，演讲者应精选、巧用典型事例，增强自己演讲的感染力。

你们听说过这样一个故事吗？一个失意的年轻人向一位哲人请教成功的秘密。哲人递给他一颗花生说：“用力捏捏它。”年轻人用力一捏，花生的壳便碎了，剩下了花生仁儿。然后，哲人叫他再搓搓它，结果，红色的皮也被搓掉了，只留下了白白的果实。哲人再叫他用力捏捏，年轻人迷惑不解，但还是照着做了。可是，不论他如何用力，却怎么也捏不碎这粒花生仁。哲人同样叫他再搓搓它，结果仍是徒劳无功。最后，哲人语重心长地告诫年轻人：“虽然屡受打击与磨难，失去了很多东西，但始终都要拥有一颗坚强不屈的心，这样才会有美梦成真的希望啊！”很多人一时间失意了，受到挫折了，或是失去了一些珍贵的东西就心灰了，志穷了。有的，还要怨天尤人，愤世不公，却很少想过是否给自己打造了一颗坚强不屈的心。如果，一个人连一颗敢于面对重重磨砺和困难的心都没有，还有谁会赋予你成功的希望呢?

这是一名大一女生所做的题为《打造一颗坚强的心》的演讲中的一段话。她在讲述“要拥有一颗坚强不屈的心”这个看似枯燥无味又很抽象的道理时，借助失意的年轻人向哲人请教成功的秘密这个事例来阐述。有趣的故事吸引了听众，演讲变得有事有理，让人感动。材料和主题有机结合，使听众感到生动、形象和震撼。

在运用典型材料讲述深刻道理的同时，演讲者还注意了融入饱满的情感。“如果，一个人连一颗敢于面对重重磨砺和困难的心都没有，还有谁会赋予你成功的希望呢？”这样意味深长的话语充满了真挚的感情，发人深思，让人动容。

### 好演讲应以情动人，事理相济

“情”即演讲中的情感，演讲应以情动人。演讲中，情感应该像人体中的神经一样贯穿演讲始终。演讲的目的之一，就是要传播真理，使听众感动并行动。而达到这一目的，没有情感能行吗？离开了情感，演讲也只能是“耳边风”，没有什么价值和意义了。所以演讲者必须表达出美好的、健康的、高尚的情感，才能算是做了一次成功的演讲。演讲如果没有情感，不但不能唤起听众相应的情感，而且也不可能引起听众对演讲者思想的共鸣。

生活中，总会有让人感到某种不安的东西如幽灵般不散。社会主义荣辱观是建设和谐社会的重要保障，它的深刻意义在于唤醒我们的荣辱意识。它进一步要求对丑恶的行径加以批判，我们要丑其丑，恶其恶，罪其罪；对践踏道德底线的人，除了法律相应制裁外，道义上还要口诛笔伐，使行为者自觉可耻、罪孽。当丑陋者有了羞愧难当之感、无地自容之感，当缺德者有了忏悔意识和负疚意识，当作恶者有了心惊肉跳之感，我们民族的道德水平才会有整体的提高。

这是一位机关工作人员在《我们该敬畏与坚守些什么》演讲中的一段。演讲者感情饱满，情动于衷。演讲者用社会中存在的一些不良现象作为事例，进行猛烈抨击，表达出自己的愤慨与痛恶之情。然后揭示出提倡社会主义荣辱观的重要社会意义，话语之间充满了期待之情。演讲者满怀挚情，语重心长，对真、善、美的热爱与呼唤，以及对假、恶、丑的憎恶与贬斥之情贯穿始终，从而让演讲具备了一种意蕴深远的审美格调。

通过对社会上丑恶事情的无情痛斥，演讲者阐述了树立荣辱观、知荣明耻的重要性，演讲中既蕴涵了深刻的道理，又有生动鲜活的材料，做到了以情动人，事理相济。

将理、事、情三者有机地熔于一炉包含着两个方面的意思：第一要三者俱备，缺一不可。以理服人，以事感人，以情动人，从各个方面去俘获听众，这就比只有理，只有事，或只有情来得高明。哪一个听众，都抵挡不住理、事、情的全面进攻。第二要各司其职，有机结合。在一篇演讲中，理、事、情固然应该三者兼备、水乳交融，而且三者之中，应以理为主，事和情必须指向理，充分地为理服务，而理，则当仁不让，应负起统辖事和情的责任。只有很好地把握这一点，做到熔理、事、情于一炉，才称得上是好演讲。

# 如何使演讲富有深度

李增源

演讲是一种思辨活动，它要求演讲者在演讲中善于运用唯物辩证法的科学原理，认识和分析客观事物，从而使演讲的叙事、说理产生出巨大的逻辑说服力量和强烈的思想教育效应。这样的演讲，才能以其思想观点的深刻性和哲理内涵的丰富性，给听众以心智的启迪，也只有这样的演讲，才能历久弥新，永葆活力。那么，如何才能使演讲富有深度呢？

## 一、思考演讲的社会背景

在演讲过程中，演讲者的视点不能只停留在某一客观对象上就事论事，因为任何事物或现象都有其产生和发展的历史和现实的大背景。只有通过对背景的理性分析，才能启发人们在一个宏大的视野中去审视人生和社会，从而深化演讲的主题思想，使演讲富有深度。例如：

> 朋友们，当你嫌饭菜不好，而将它倒在桌子上的时候；当你在努力编造理由而不想去上课的时候；当你因某件小事，诸如暂时停电而抱怨学习条件太差的时候；当你因自己某种无聊的愿望没被满足，而以“我不上学了”来威胁父母的时候，你可曾知道这样一组数字：全世界每四个文盲中就有一个是中国人；中国每六个人中就有一个是文盲或半文盲；在我国每年至少有六七百万小学生从学校流失，有三千多万名学龄儿童从未入学，而他们大多数是因家庭贫困，缴不起学杂费而失学。（韩东《托起明天的太阳》）

演讲者首先用一组排比句，列举了现实生活中许多人不珍惜学习机会的现象，然后用一组数字突出了因贫困而失学的儿童的艰难处境，这前后的强烈对比和巨大反差，促使听众在宏观的社会背景下对教育问题进行理性反思，从而自觉地行动起来，为“希望工程”贡献力量，以托起祖国明天的太阳。

## 二、透过现象揭示本质

在演讲中描述或议论某一现象时，不能仅局限于感性认识的层面上，必须进行深层次的理性思考，这就是所说的透过现象揭示本质。只有这样，才能表达演讲者独特的见解，以引导听众更加深刻地认识社会，理解人生。例如：

> 真没想到，秋风送回的已不是当年充满风采的那朵“小花”，而是一个傲气十足，令人生畏的“洋”小姐。谁都知道她是喝长江水长大的中国人；可谁能相信她和同胞交谈，竟不说半句中国话。一次，我们的一个战士到休息室喝水，她对这个战士指手画脚地说了一大串英语，直到翻译讲明，才知道她说的是“这是供外国演员喝的水”。秋风扫着落叶，送走了这位“洋”小姐所乘的豪华轿车。目送远去的车队，一种不可言状的滋味涌上我的心头。我在思考：一个小有名气的影星，何以在自己的国土上像昔日的外国人一样趾高气扬呢？抚摸着伪皇宫的雕龙塑凤，我在深思：为了能在外国人面前理直气壮地挺起脊梁，中国人曾经付出多少血的代价。今天，侵略者的马队、刺刀再也不会占领祖国的一寸土地了，但是，并不等于中国人都已经树立起了自尊、自爱、自强之心！（侯国峰《一个青年军人的思考》）

一个小有名气的影星在同胞面前的傲慢表现，激起了演讲者关于中国人必须树立“自尊、自爱、自强之心”的理性思考，这样透过现象揭示本质，给听众的启示是十分深刻的。

## 三、对事物的两面性进行辩证分析

事物总是存在着两面性。演讲者只有运用辩证的观点，对事物的两面性进行理性分析，才能正确认识客观世界，引导听众掌握事物发展的规律。例如：

> 什么能使我们超越这个怪圈？只有经验和理性。这里的经验，就是

二十世纪我们面对自然胜利与失败、获得与丧失的经验；这里的理性，也不是静止的理性，而是二十世纪我们在痛苦的丧失中所获得的观念进步。没有二十世纪人类面对自然环境对自身的反省，“胜利就是失败，获得就是丧失”的怪圈就完全可能在二十一世纪重演，而我们的地球已经没有多少可以供人重演这个怪圈的空间。二十世纪，我们的物质进步、科技进步在环保上的补偿，加上人类环境观念的进步，或许可以“平衡”掉我们在环境中的损失。如果我们不珍惜这些，我们可能是“净亏”，并且将接受地球更加严厉的报复。（吴明《二十世纪留给我们的债单》）

环境保护是新世纪人类面临的一个重大课题，演讲者由此引发的思考本身就体现出了一种强烈的社会责任感。应当说，演讲者对“胜利就是失败，获得就是丧失”这一环境问题两面性的分析是深刻的，正是这种具有深刻意义的辩证的分析，才为我们解决环境污染问题提供了发人深省的思路，因此也使得演讲更有深意了。

### 四、升华普通事件的内涵

善于发掘出现实生活中某一件小事的深刻内涵,是使演讲富有深度的体现。演讲者如果能将事物的内涵升华为某种哲理，那么，听众就会在深刻的感悟中获得思想的启迪。例如：

记得有一天上课，我因身体不适，带着几分倦意走上讲台，一个小同学忙搬来自己的凳子，轻轻地说了声：“老师，请你坐下来讲！”我激动地说：“谢谢，我不坐！”

今天在这里，让我再次郑重地说一声：“谢谢你小同学，我不坐！”

我不坐，因为我深深地懂得，从某种意义上讲，教师的职业就是站立着的事业。有人说，教师像蜡烛，毁灭了自己，照亮了别人。我要说，教师像人梯，为了共和国的高高站立，我愿让孩子们踏着我的肩膀攀登。（陈世明《为了我们祖国的繁荣昌盛》）

演讲者从一个小学生为老师搬凳让座的小事中，升华出“教师的职业就是站立着的事业”的深刻内涵，他认为“教师像人梯”，孩子们的攀登，就是“为了共和国的高高站立”。如此精辟的哲理，让听众领悟了教师工作的意义和价值。

# 设计并讲出演讲的高潮

孙玉茹

一篇优秀的演讲词，不能没有高潮，它是演讲者感情最激昂的时刻，是听众最振奋的瞬间，是“深刻”带来的掌声雷动，是“真情”唤起的热泪盈眶。高潮起时，如同惊涛拍岸，让听众平静的心田“卷起千堆雪”；又如巨雷滚过，强烈震撼人们的心灵。作为演讲者无不希望自己的演讲能高潮迭起，但写稿时却不知如何设计“高潮”，为此，在这一讲里同大家谈谈关于演讲高潮的几个问题。

## 一、演讲高潮的特点

（一）思想的深刻性。演讲高潮是演讲者就某个论题，经过一番举例、分析、说明后，对于肯定什么，否定什么，拥护什么，反对什么所作出的最鲜明、最深刻的回答，例如，一位演讲者在讲《热爱生活》时说：“生活并不是每天都阳光灿烂，有时也会乌云满天。正义可能得不到伸张，邪恶也许会一时得逞，但无数事实证明，正义最终要战胜邪恶，光明总要战胜黑暗，因为黑夜再漫长，也挡不住黎明的曙光！”他的话揭示了生活的真谛，激起了听众的共鸣，获得了热烈掌声。

（二）感情的强烈性。演讲高潮，是演讲者爱憎感情的强烈迸发。白居易说：“感人心者，莫先乎情。”演讲者的真情、热情、激情是把演讲推向高潮的飓风。一位学生在毕业生大会上演讲时说：“不少人说我放弃大城市而自愿到西部山区去教学是一时的冲动，是犯傻，将来一定会后悔；其实我非常明白这其中的利弊。但我想的是，我是一个孤儿，是党把我培养成了一名大学生，人活着要知恩图报，我不能为了个人的安逸而忘了回报社会，因此，我决心傻到底，地老天荒也不会为今天的选择后悔。”她的一番发自心底的话在听众心里激起朵朵浪花，不少学生站起身来为她鼓掌。

（三）语言的精美性。没有漂亮的砖瓦建不成夺目的高楼，同样，没有精美的语言也难以形成演讲高潮。从上文的举例就可看出，凡是掀起高潮的地方定有妙言佳句，或名言警句，或呼告，或排比。这样的语言可以形成演讲的高潮，但不要为了刻意追求演讲的高潮而随意堆砌辞藻，这样反而会使演讲晦涩难懂，语义不明。

## 二、演讲高潮的时机

演讲高潮，不是凭空产生的，设计高潮要讲究时机。如果是一个高潮，大都出现在结尾，如果有几个高潮，一般在以下几种情况下出现：

（一）析理时的观点聚焦

高潮应是在论述说理之后的“亮点”和“卖点”，具有深刻性和警示性。在以“环保”为主题的演讲会上，一位演讲者先说了环保对人类的重要，接着讲了人类对环境的破坏，当他讲明了不注意环保的危害后，发出这样的呼喊：“朋友们，我们应该有这样一个意识——‘天人合一’；我们应明白这样一个道理——吞噬绿色就是吞噬人类自己；我们应该叫响这样一个口号：绿色就是生产力！让我们用实际行动保卫家园，保卫地球，保卫我们来之不易的美好生活，还有那象征和平与生命的绿色。”他的话如九川汇海，使听众“心潮逐浪高”。

（二）叙事之后的感情升华

“我是一名特困学生，为了凑学费给一个饭店老板的孩子当家教。一天那个老板对我说，他很喜欢我，如果能和他一起过夜的话，还可以每月另加1000元的补贴，说着拿出一沓钱塞给我。我听了非常气愤。把那叠票子一甩，头也没回地走出了饭店。是啊，我是需要钱，但不能为钱出卖人格；我是穷，但再穷也不能没有自尊。”她的话激起听众长时间的掌声，人们敬佩她的举动，更敬佩她的人格。

（三）走出低谷后的顿悟

有低谷才有高潮，因此，演讲者要讲出认识的“曲线”美。一位残疾人在讲述了自己生来左腿就有残疾，三岁被高压电线夺去双臂，15岁时父母又相继死去，他两次曾想自杀，被人救过来后，在大家的帮助下挺了过来，经过努力成为作曲家。在讲述了这些不幸而坎坷的人生经历后，他说：“李白说‘天生我材必有用’，对于我，则是天生我残也有用。正如《鲁滨孙漂流记》的作者笛福说的：‘当我跌入大海，只要能游泳，我就要不停地划水，而绝不甘心被淹死。’”把自己对生活的感悟告诉听众，这样就给了人们以很大的激励，赢得了听众的“满堂彩”。

## 三、演讲高潮常见的修辞手法

（一）排比法

演讲高潮的地方常常离不开排比句。它可多层次多角度地表达演讲者的思想感情，并增强语言气势。例如：“正是她，用有力的法律之手，把一艘艘陷入泥沼的经济之舟拉出险滩；正是她，循循善诱，苦口婆心，使一面面破镜再度重圆；正是她，在庄严的审判台上，匡扶了正义，震慑了邪恶，展现了人民法官特有的风采！”（《一位法官的风采》）这组排比句，由浅入深，由表及里，犹如金鼓齐鸣，既概括了人物特点，又把演讲推向了高潮。

（二）设问法

设问虽是自问自答，但却可以激发听众听讲的热情，引发思考。如：一位救火英雄在讲自己的事迹时说“你想知道我受伤后躺在医院里想的是什么吗？是害怕，害怕在脸上留下疤，怕找不到男朋友；可我现在什么也不怕了，因为我已战胜了怯弱，我深深地知道，一个人美丽不在于外表，而在于她的心灵，我相信男朋友会有的，美好的生活会有的。（热烈掌声）”演讲者通过设问句，巧设悬念，真诚朴实，动人心弦。

（三）反问法

这种句式，感情色彩浓重，一方面可以使演讲衔接紧密，过渡自然，一方面可加强气势，造成语势的波澜起伏。特别是在说理性和鼓动性的演讲中，其作用尤为突出。一位演讲者在《改革，唤起女性的觉醒》演讲中有这样一段：“有人说，现在的女人都想上天了，我想，这话说得不错，美国不已有一位女性登上了‘挑战者号’吗？今天改革为我们提供了超越自己的舞台，‘海阔凭鱼跃，天高任鸟飞’，那么，天若是可以上，我们女人为什么不能上呢？（笑声、掌声）”两个反问句穿插在叙述中，表现出一种无可辩驳的气势与力量，增强了感召力和说服力。

当然，把演讲推向高潮的方法远不止这些，只要做有心人，高潮会有的，“掌声雷动”也会有的。

# 演讲“口语化”，效果格外佳

李宝华

演讲是一种高级而且富有审美价值的口语表达形式，“上口”“入耳”是对演讲语言的基本要求，“口语化”是它的主要特点之一。演讲语言的口语化是指演讲者面对听众进行演讲时所使用的、以人民群众常用的口头语言为基础的、经过加工提炼的、让听众一听就明白的口头语言。

演讲离不开口语，口语化的语言使演讲充满生气。然而有的同志在撰写演讲稿或进行演讲时，由于认识上的错误，忽视了演讲语言的口语化，而是向散文甚至是诗的语言靠拢，出现了演讲语言散文化、书面化的不良倾向，显而易见，这是达不到演讲效果的。

那么，如何才能做到演讲语言说起来上口，听起来顺耳，记起来入脑呢？

## 一、化单音词为双音词

单音词声音短促，不容易听清楚，有时还会产生歧义；而双音词声音存在的时间相对较长，读起来上口、响亮，留给听众的印象就会较深。因此，在撰写演讲稿或进行演讲时，要尽可能地将单音词改成双音词，这样就符合了演讲语言口语化的要求。

为迎接某市第十五届运动会的召开，某著名饮料生产企业决定向运动会组委会捐赠饮料。在捐赠仪式上，该企业老总向出席仪式的各界人士发表演讲道：

> 再过一周，恰是我市第十五届运动会召开的日子，也是全市的一场盛事，此时，我能感受到全市人民对这场盛事的期待。我虽仅是一名普通市民，但也有义务为我市的这场体育盛会做些贡献……

他的演讲主题积极，目的在于表达自己对全市运动会的期待和支持，但由于单音词的大量使用而削弱了语言的流畅性，他自己在台上虽然讲得澎湃激昂，听众在台下却始终“热”不起来，降低了与广大听众的交流效果。如果他能够把演讲中出现的单音词“周”“恰”“能”“虽”“但”，改成双音词“星期”“恰好”“能够”“虽然”“但是”，非但不会影响意思的完整表达，反而有利于听众的接受和理解，实现自己所期待的演讲效果。

## 二、化长句为短句

演讲是通过口头表达进行的，演讲时会有较多的停顿。如果句子过长，那么讲起来费劲儿，听众听起来也感到紧迫，意思不好把握，重点也难以突出。因此，要想使演讲语言做到“口语化”，就需要把修饰成分和连带成分多的长句，改换成言简意明的短句。这样讲起来既清楚明了，听众也容易记住。

短句词数少，往往是独语句、无主句，有的只有一个词，结构简单，可以把话讲得明快、简洁、活泼、生动，使语言明白易懂，有跳跃感，节奏鲜明。例如：

> 有些网吧老板利欲熏心、唯利是图，非但对上级出台的、对青少年上网成瘾有重要约束作用的《网吧管理条例》置之不理，还千方百计地以注册尊爵会员、豪爵会员的方式吸引、诱骗青少年观看带有淫秽性质、不利于青少年身心健康成长的视频……

这是一位中学教师在题为《阳光不会被风打败》的演讲中的一句话。这句话竟然有 100 多字，修饰语过多，中间缺少停顿，讲起来费劲而拗口，听众听起来也糊涂。如果把这句话作如下改换，那么就比较符合“口语化”的要求，说和听的效果就好多了：

> 有些网吧老板利欲熏心，对《网吧管理条例》置之不理，千方百计地吸引、诱骗青少年观看带有淫秽性质的视频……

## 三、化倒装句为正装句

倒装句具有强调某种成分的作用，是一种积极的修辞手法。但倒装句若出现在演讲里，不仅讲起来很别扭，而且听众不易把握意思，因此还是不用为好。

在不改变原意的前提下，如果能把倒装句改成正装句，那么话语就会既顺当、流畅，又容易为听众所把握。

要想改掉自己的不良习惯并不难，甚至可以说是一件很容易的事情，如果你下定决心改变并付诸努力的话。

这是某校大学生张刚同学在他的《迈出一小步，文明一大步》演讲中的一句话。由于这是一个倒装句，所以讲起来别扭，听众听起来也费解。要想使这句话更加具备“口语化”的特点，可以对句子的结构做如下调整：

如果你下定决心改变并付诸努力的话，那么改掉自己的不良习惯并不难，甚至可以说是一件很容易的事情。

## 四、不用或少用书面语

演讲是通过声音来表达意义的。演讲语言是一种讲究瞬间效果的口头语言，其声音稍纵即逝，听众若一句听不清就很难补救，乃至会影响听众对一段甚至整篇内容的接受。如果在演讲中掺杂一些不便于听的或为听众所不熟悉的书面语言，甚至文言词语，那它就不成其为演讲了。即使勉强用书面化语言讲了，不仅讲起来不上口，恐怕听起来也不易入耳。

而为群众所喜闻乐听的口头语言具有好听、易记的特点，不但有声有义，而且还有语音的轻重，语调的高低，语气的变化，停顿的长短，速度的快慢，生动活泼，绘声绘色，形之于声，会之于意，比较容易达到演讲语言“上口”“入耳”的要求。

……今日欣闻孙师傅荣获全省劳动模范称号，我兴奋之至，全厂以及洗磨车间工友也欣喜异常！尤其凑巧的是，今日又恰逢孙师傅的生日，可谓“双喜临门”啊！在此，我提议，大家以热烈的掌声共同祝贺孙师傅得此佳绩，同时也由衷地向他致以生日的祝福！……

这是某厂政工干部得知本厂洗磨车间资深技工孙师傅获奖后，在车间里所做的即兴演讲。演讲表达了他对孙师傅的祝贺、祝福之情，但由于满口全是书面语言，甚至夹杂了许多文言词语，除了让工人们听后不知所云外，也让工友们感觉他有卖弄之嫌，“酸”得可以。如果他能把“今日”“欣闻”“兴奋之至”“欣喜异常”“恰逢”“可谓”“在此”“由衷”等书面色彩较浓的语言改换成“今天”“高兴地听到”等通俗易懂的口头语言，就有利于听众的理解和接受。

总之，演讲具有暂留性，它那连续流动的声音稍纵即逝，听众若一句听不清就很难补救，甚至会影响听众对一段进而整篇内容的理解和接受。一个渴望成功的演讲者，就要以听众所喜闻乐听的口语句为主，如果不考虑“上口”这个条件，不做到演讲语言的“口语化”，那么，即使演讲的主题再新颖、内容再好，也不能使听众“入耳”，完全听懂。

# 吸引听众注意力的技巧

王　瑛

作为演讲者，只有首先调动各种因素和运用各种手段，刺激听众的听觉与视觉，引起听众的注意，从而激发其心理感应，才能使听众认可和赞赏你的演讲，并按照你的“指示”去行动——也就是说，引起注意是产生演讲效应的第一步。

那么，演讲者应该采取哪些技巧来捕捉和吸引听众的注意力呢？

**一、讲中有演，用表演来激起听众的兴趣。**演讲是“讲”与“演”的结合，自然要有“演”的成分。“讲”“演”结合演讲自然形象生动，可听可看。

大晴天，一位演讲者擎着一把雨伞走上讲台，惹得听众直笑。演讲者把伞立在地上，用手扶着，开始了她的演讲：

有一天，我们出去旅行，忽然间暴风雨来了。因为没地方躲雨，我们就向前跑，一看前面有个草棚（指着这把伞），大家哗地冲了进去。但是这间草棚似乎抵挡不住暴风雨。于是，大家就想尽用尽了一切办法，不让它倒塌。在这种状况下，你们说是我们需要这个草棚，还是这个草棚需要我们呢？我看是我们需要这个草棚。这草棚就是我们的国家，再不富裕也是我们的国家，我们都要爱她，建设她，发展她，而不要埋怨她，责备她。

这是新中国成立初期一位有识之士，面对有些人的国家观念淡薄所做的爱国主义教育演讲，他将草棚比作国家，使听众受到了深刻的教育。

**二、制造疑点，用悬念让听众急切期盼。**就是不将答案或结果直接说出来，而是运用各种方法制造疑团，为听众创设一种心理上的蓄势。

伦敦曾出了一本被公众认为不朽的小说杰作，很多人都称它为“环球最伟大的一本书”。当该书出版之初，伦敦市民在街头巷尾，朋友相遇，都要彼此问一声："你读过这本书吗？"而答案一定是"是的，我已经读过了"。这本书出版的第一天，便销出了1000部，两星期内共销出15000部；自然，以后再版了不知多少次，世界各国都有了它的译本。在几年前，大银行家摩根以巨价买到了这本书的原稿。现在这本书的原稿和摩根的其他无价宝物一并陈列在纽约市的美术馆中。这一部世界名著是什么呢？它就是狄更斯著的《圣诞节的欢歌》……

这篇介绍一部名著的演讲，一开始就引起了听众的极大注意。随着悬念的"加剧"，进一步引发了听众的好奇心，他们会想："哟，这是什么书，怎么这么有魅力，讲的是什么内容？"这样一来，他们自然就专注于下面的演讲了。如果你第一句话就能引起听众的好奇心，也就能立刻吸引住听众的注意力。

**三、张扬气势，用激情吸引听众。**激情投入是演讲者必须重视的，因为激情能强化刺激的力度，极大地调动听众的注意力，让听众随之爱和恨，随之褒和贬。

劳动妇女们！你们的丈夫在哪儿？你们的独生子在何处？8个月以前他们就在战场上了。他们——青年人，父母们的依靠和希望，年富力强的男人，头发灰白的男子，家庭的养育者们，失去了工作，失去了家庭。他们都穿着各种颜色的军服，蹲在战壕里，奉命毁灭勤勉的劳动所建起来的东西……

这是国际工人运动家、国际社会主义妇女运动领袖克拉克·蔡特金的《打倒战争》，揭露了帝国主义战争给妇女带来的深重灾难。这几句充满激情的话，把战争灾难展现在妇女面前，使妇女们因亲情和母爱而讨厌战争，而憎恨战争，而团结起来打倒战争。

**四、投其所好，用利益让听众高度注意。**听众都有自己的需要，只要触及其利益，就会引起他们的注意。

诸位，你们知道，依照人寿保险的表格，你今生还能够活多少岁吗？寿险统计学家说：你的寿命，还有你现在的年龄与80岁之差的三分之二。

比方你现在是35岁，那么你现在的年龄与80岁之差是45岁，那么你的寿命就还有30岁……活这样一个年龄够了吗？不，我们谁都想多活几年的。然而这里的表格，是根据几百万人的精确记录制成的，绝对不会有错。那么，你我就没有希望逃过这个数字了吗？不，只要你小心谨慎保养适当，一定不难达到长寿的目的。第一步应该做的事就是，你得经常有一个详细的体格检查……

这是一位医生的演讲。为了让听众意识到体格检查的重要性，在演说的开端，他就讲了足以引起听众注意的话，因为这些话与听众直接相关：谁不在乎生命呢？

**五、寓庄于谐，用幽默吸引听众。**幽默人人都喜欢，演讲中恰当地运用幽默，可以增加演讲的趣味性和吸引力。

一对热恋中的情侣，各自为了给对方一个好的印象，就竭力在对方面前表现自己，使自己变得文明高雅，风度翩翩。（笑声，热烈的掌声）我不知道在座的大学生中有多少位已进入了爱的轨道，每当我步入电影院看到那成双成对的朋友对号入座的时候，（笑声）我就这么想：如果当初他们不是勇敢地在对方面前表现自己，跨出第一步的话，那么就无法迈出第二步和将来的第三步。（笑声，热烈的掌声），尤其对大龄青年来说，如果还是躲躲闪闪，畏缩不前，羞于表现的话，那么，有些东西过去了，就真的过去了。

演讲者谈的主题是勇敢地表现自己，在这部分中他以恋爱中的表现与追求去说明道理，使平常的道理具有了强烈的吸引力：因为在座的都是正当恋爱季节的大学生。

**六、随机而变，灵活控场，用应变让听众由惊而喜。**演讲者要随机应变，遇到卡壳、忘词、撞车、冷场、反对，都要急中生智。那种惊险场合是十分考验人的，只要你未被“难倒”，扭转了局面，控制了场面，那你扭转、控制的方式和过程，一定是听众最关注的，也是急切等待的。一旦成功，听众就会十分佩服你，自然，也就注意了你的演讲。

# 离任演讲要做到“四个真”

李鸿贵

某些领导者由于工作需要，有可能调离现任岗位异地任职或升迁，离职前，免不了做一次离职演讲。这种演讲是领导者最后一次与大家面对面的交流，意义比较特殊，领导者要做到开诚布公，以情感人，把握好“四个真”，才能引起大家的共鸣，从而为自己的任职过程画上完美的句号。

**真情留恋。**“红花虽好，绿叶扶持”，领导者开展工作，解决矛盾和问题，取得一定成绩，离不开周围同志的支持。经过较长时间的相处，无论是作为同事还是作为上下级之间必然会建立起一定程度的友谊，特别是对那些雪中送炭、帮助自己走出困境的同志，更会有较深的感情，一朝分别，不知什么时候才能相遇，依依惜别之情油然而生。这时候更多的是对美好往事的回忆，更多的是恋恋不舍。演讲中要发自内心表达真实情感，切不可因为春风得意，兴奋之情溢于言表，也不可因为心中不满，而牢骚满腹，那样容易引起大家的反感。一位领导者在离职演讲时说：“有缘才能相会，与大家朝夕相处三年多时间，是我莫大的幸运，在这个大家庭里，同志们给了我很多支持和帮助，用‘感谢’两个字分量显得太轻了，从大家身上学到的知识和经验将成为我终身受益的宝贵财富，此时此刻，我有一种游子出远门的感觉，真不想离开这个温暖的家啊！”一番感人话，真切地表达出演讲者的留恋之情。

**真心表白。**俗话说，“金无足赤，人无完人”，作为领导者，不管水平多么高，能力多么强，也会存在缺点和不足，在工作中也难免会出现这样或那样的失误。对于即将离任的领导者来说，要表现出坦荡、宽广的胸怀，对其他同志而言，即使心存芥蒂，因为就要分别，以往的恩恩怨怨已变得不重要。所以领导者要进行认真回顾，总结得失，如果有可能，要选择适当的时机，与有误解的同志进行个别交谈，消除误解。演讲时要诚恳地进行自我批评，切不可矫揉造作，大谈政绩，而对缺点不足轻描淡写，甚至对有意见的同志暗含讥讽，这样只能使误会进一步加深，留下难解的心结。一位领导者在演讲中恳切地说：

“我清楚地知道自己身上有不少灰尘，这几年，在大家的帮助下，已经掸去不少灰尘，干净多了啊！但是，由于我的工作能力和水平有限，可能给工作带来一定影响，给同志们的感情带来伤害，在此我向大家表示歉意，请求大家谅解。俗话说：相逢一笑泯恩仇。我衷心希望，今朝一别泯恩仇，他日相逢分外亲！”在演讲中，演讲者坦诚地分析了自己的不足，胸襟坦荡，话语真诚。

**真言相告。**领导者在与周围同志接触的过程中，对每个人的工作能力、水平，取得的成绩，以及存在的缺点和不足都有一定程度的了解，由于平时交流不够或心存顾忌，可能没有及时进行思想上的沟通，离任前要坦诚地指出有关同志存在的不足，并提出中肯的建议，这对于其他同志的进步和提高将会有很大帮助。因为领导者即将离开，双方思想上没有什么顾虑，可以直截了当，一针见血，无须拐弯抹角，言者真心实意，闻者理解和接受，不仅不会产生误解，反而会由衷地感激，甚至会有醍醐灌顶、茅塞顿开的效果，所以临别真言相告显得弥足珍贵，不可或缺。

**真诚邀请。**一位领导者在演讲中风趣地说：“有人说，人一走茶就凉，但是我不这样认为，无论今后工作多么繁忙，我会常回来看看，回来之前提前打个电话，请大家为我准备一杯热茶！同时我也恳切地请求大家，有机会一定要到我家里坐坐，我也有一杯热茶等着大家！”在现实生活中，领导者“人一走，茶就凉”的现象屡见不鲜，这固然与领导者在任时没有什么明显政绩或群众基础不佳有关，但也与领导者离任前没有做好相关思想沟通有关。因为职务升迁或异地任职，与原来同事或下属之间无形中会产生一种距离，影响以后的来往，这时要以十分恳切、热情的态度向大家发出邀请，消除大家思想上的顾虑。

# 典礼演讲怎样激发听众情感的共鸣

黄晓娟

典礼演讲是生日庆典、结婚典礼、开业典礼、开学典礼、毕业典礼等场合不可或缺的一项重要内容，其目的是阐明特殊意义、联络感情、增进友谊、激发热情、激励斗志。因此，演讲者在进行典礼演讲时应饱含深情，从而营造或喜庆或庄严的气氛，激起听众情感上的共鸣。

## 一、托物寄情

物，本来都是无情的，但人是有情的。在典礼演讲中，演讲者要善于抓住事物的特征与自己的感情引起共鸣的地方，将自己的情感倾注于对物的讲述之中，将自己的认识、感受和情感传递给听众，使听众听了之后，不仅能如见其物，同时也能感同身受。例如，杨鹏程教授在湘潭师范学院97级新生开学典礼上的讲话：

我今天要说的是——门！世界上最有名的门是法国的凯旋门，中国最有名的门是天安门。我们今天不讲凯旋门，不讲天安门，只说一说咱们湘潭师范学院的校门。这幢门，线条流畅，姿态优雅，造型别致新颖，号称湖南高校第一门。中文系说它是革命的浪漫主义与现实主义结合的产物；数学系说它昭示着我们要不断探索；物理系说它的寓意是学如逆水行舟，不进则退；历史系说它是迎接高考胜利者的凯旋门……真可谓仁者见仁，智者见智。这是一座幸运之门，这是一座光荣之门，这是一座科学之门。你们从四面八方踏进这座校门，你们是时代的骄子，社会的宠儿；2001年你们步出校门奔向五湖四海，你们将是社会的栋梁，祖国的希望！希望你们在门内的四年勤奋刻苦，门门功课优秀，为校大门“添砖加瓦”；跨出校门后献身科学，献身教育，争当中国的爱因斯坦、门捷列夫，为校门增色添彩！

校园广大，事物众多，如果一一罗列，就会给学生以杂乱无章之感。杨教授演讲的巧妙之处，在于一下子抓住最先吸引学生眼球的事物——校门。首先对校门进行生动的描述，继而阐述了大门的深邃寓意，并对门内门外的莘莘学子提出了殷切的期望，始终围绕“校门”来讲，每句话都蕴涵了浓浓的情意，让同学们听后油然而生自豪之情、奋发之志。

## 二、借景生情

典礼演讲具有较强的即兴性，演讲者往往要根据场合、环境等因素而临时进行即兴发挥。王国维曾说：“一切景语皆情语。”演讲者要善于观察典礼现场的情景，激发灵感，把自己的主观情意巧妙地融入典礼现场特有的景物之中，使山水有情，草木含意，情景交融。如李德馨在一个下雨天举行的婚礼上的演讲：

> 今天是个黄道吉日，老天爷下的这场大雨，真是一场及时雨啊！（众愕然）静波与梨花七年苦恋，你们的精诚至爱，感动了老天爷，特在这大喜之日，降下这滴滴甘露，为你们洗去爱情路上的仆仆风尘，好让你们身心俱爽、精神焕发地投入新的旅程！（满堂叫好）饮今日之幸福酒，思往昔之父母恩。父母的爱又何尝不像这雨水一样，绵绵密密，润物无声！（四位老人喜笑颜开）感谢今天光临的诸位亲朋，感谢他们在这飘雨的日子里，为你们的婚礼“保驾护航”！也相信他们在未来的岁月中，会和你们的小家庭风雨同舟！（众鼓掌欢笑）静波、梨花，愿你们记住这个美丽的日子，漫漫人生路上，你们将风雨无阻、风雨兼程！滂沱雨如缠绵爱，缠绵爱比雨更多。今天的雨，象征着来日的丰收与富足，在此，祝愿这对新人，也祝愿在座的每一位：爱情甜蜜像雨丝，生活富足如大地！（众热烈鼓掌）

举行婚礼碰上下雨天，确实比较扫兴，婚礼现场的气氛也比较沉闷。演讲者便借景发挥，化愁景为喜景，对新人的祝福、对父母的感恩、对亲朋的感谢都由“雨”引发出来，诙谐新颖的话语点燃了所有宾客心头的激情，使现场的气氛由沉闷变成了喜气洋洋。婚礼在一片掌声、笑声、欢呼声中进入了高潮。

## 三、因事达情

在典礼演讲中，演讲者可以通过讲述某些相关的故事和经历来抒发情感，但讲述不一定要过于完整、详尽，在叙述时加上强烈的感情色彩，使演讲带上浓重的抒情性。如项金红在启蒙老师的生日庆典上，发表了让老师无比激动的演讲：

尊敬的老师，在已经走过的人生旅途中，我受到过不少赞扬、嘉奖，但这些我都淡忘了，唯独您给我的两次批评，我总是“耿耿于怀”。一次是您在课堂上要我背课文，我特别不敢当众说话，先是出不了声，后来像蚊子叫，您一遍又一遍让我重来。最后您说：“我到教室外面去，什么时候背完了什么时候吃午饭。”您走出教室，全班同学都盯着我，我鼓足所有的勇气，终于“吼”出了课文。随着话音落地，您满面笑容走进教室。

还有一次全校作文竞赛，我获得全校第一名，可五天后，您怒气冲冲地把我叫到办公室，指着一篇报纸上的文章叫我看。我马上明白了，老师发现了我“参考”的那篇文章，我的脸唰地红了。老师那天把我训了三个小时，从作文讲到做人。老师，旧话重提，我不是记仇，我是记恩啊！我今天向您汇报的是，我大大小小发表过一千多篇文章，没一篇是“参考”别人的；我大大小小做过一百多场报告，多大的场面也不发怵。老师，您知道吗？这些都是从您的批评中起步的！

在老师的生日庆典上，演讲者紧紧围绕着自己与老师密切相关的故事来选材，追忆了恩师教育自己的两件事情，描述了恩师帮助自己成长的历程。就是这些朴实无华但饱含深情的语句，把演讲者真实而激动的情绪充分地表达了出来。可以说，这些事情的追述比那些空洞的祝愿更能打动人心。不难想象，老师听了这番话，欣慰、感动和喜悦之情会如浪潮般在她的胸中翻腾。

典礼演讲要充满激情，有激情才会有感染力，有感染力才能激起听众感情上的共鸣，才能营造热烈喜庆的氛围。要注意的是，激情的抒发要适度，如果华而不实，激情过“激”，就会破坏典礼的和谐。

# 述职演讲的语言如何“个性化”

孙玉茹

在述职演讲的实践中，不少人习惯于“跟着感觉走”，从而使语言形成同一种风格，呈现给听众的是“异口同声”，多人一腔。尽管述职演讲有“汇报工作”的性质，其“路子”又大体相同。但越是这样，越应该将语言“个性化”。只有这样，才能使你与众不同，才能增强述职演讲的“磁性”，同时树立起较好的个人形象。那么，怎样才能将述职语言“个性化”呢？

## 一、讲切合自己身份的话

身份，即演讲者的年龄、职位以及自己在与听众的关系中所处的位置等。比如你是年轻人，你的语言可以讲得轻松活泼，幽默风趣；如果是领导干部，听众是你的下属，这时就要用虚心接受群众监督的话来述自己所做的事，而不是用给听众作报告的语言来“吓”人；如果你和听众很熟，平时关系又很好，你就可以把述职讲得如同聊天一样的平易；如果是在评定职称中的述职，面对的是同行代表和评审小组成员，那么，不管你是领导者还是一般工作人员，在他们面前你只是一名职称申请人，因此就要用严肃得体的语言来述职……总之，述职时说符合自己身份的话，就很容易形成独特的个人风格。

比如，公安局的刘局长是任职多年的老局长，对下级要求非常严格，述职时他认真严肃地讲着一年来所做的工作和取得的成绩，之后，真诚地对大家说：“一年来咱公安工作取得了一个又一个的胜利，可工作是大家做的，你们才是第一线为人民服务的人，流血流汗的人，勇于牺牲自己保一方平安的人，在这里我向大家致敬！（起身给大家敬礼，全场响起热烈的掌声。）‘有困难找民警’是我们警察的口号，可你们有了困难却默默地自己克服，这让我很感动。今后我对你们也提一个口号，那就是‘民警有困难找局长’！”他的话获得了长时间的掌声。

而另一位新上任不久的办公室主任则是另一种味道：“在办公室里我是个

新兵，别看我的官不大，可管的事却不少。领导不管的我全管，连计划生育我都得抓。（众笑）上任一年了，说实话，我对自己的工作很不满意。因为成绩没见，听到的多是意见。今天让我述职，我想把所做的工作和出现的问题都摆到桌面上，大家听了可横挑鼻子竖挑眼，并恳请大家为我支点高招儿，让我把明年的工作做得让自己满意，大家更满意。”他的一番话下来，竟获得了比其他述职者更热烈的掌声。

以上两位述职者之所以受听众的欢迎，其原因就是都能巧用自己的身份和大家沟通，前者严谨，“述”出领导对下属的赞扬和关爱之情；后者“活泼”，讲出了虚心接受大家意见的真诚。两者的述职都具备了“个性化”风格，因而缩短了与听众的心理距离。

## 二、讲突出自己性格的话

人的性格是千差万别的，有的人稳重练达，有的人风趣幽默，有的人真诚忠厚，有的人机警灵活……就是同一类型的人，其间也有着很多细微的差别，述职时就要努力用切合自己性格的语言。如果你是一个性格外向的人，你就最好把自己热情直爽、开诚布公的性格特点带到述职中来，以洋溢的情感来感染听众；如果你富有情趣，你可以用幽默诙谐的语言把述职演讲说得趣味盎然；如果你性格粗犷，你大可不必那么小心谨慎，一字一句念自己写的那些没有味道的“条条”……人的性格有千万种，只要抓住自我，认识自我，发挥自己的长处，讲出自己的个性，照样能形成一道亮丽的风景。

刘敏是学生部的副部长，她是一个性格内向的人，她善于做事，不善于讲话。在述职时，她没有像他人那样热情澎湃有条有理地讲述，而是细声细语如讲故事般娓娓道来：“今年是我做学生工作以来最怵头的一年，大家知道，咱们学校招了首届影视和体育班的学生，开学不久，我就遇到了大难题。这些学生晚上不睡，早晨不起，老师去上课，班上还锁着门。上课的时候，有吃东西的，有打闹的，有听收音机的，有的同学请假上厕所还找老师要纸，几个老师都反映这课没法上。下了课就更不好管，打架的，外出不归的，搞对象行为出格的……有的老师指责我们说，你们学生处是干什么吃的，怎么不管啊？我听了觉得很委屈，因为我们不是不管，而是大会讲小会谈，个别人也找了，可都效果不好。当时愁得我好几天都吃不好、睡不着。后来，我们深入学生宿舍，跟学生一块上课，经过多次接触，终于摸出了一些对艺术类学生要进行艺术管理的路子……”她以近乎促膝交谈式的独特风格吸引了听众，收到了使人心悦诚服的效果。

## 三、讲符合自己素养的话

金鑫是复员军人，主管后勤工作，他文化不高，平时说话就不会拐弯，人称“炮筒子”。开始述职时，他学着别人的样子拿腔拿调地念稿，结果人们笑他是“笨鸟学舌”。自己觉得也不是味儿。后来，他放开了，不再念稿子，而是脱稿讲，有一说一，有二说二，虽然不成“条”文，但让人听着痛快。他说：“别看我姓金名鑫，可自从我当了后勤的官以来，没给大家带来什么财富。不仅工作上没有新起色，还跌了几个大跟头。中秋节给大家发了点月饼，想不到上当受骗，买的是冒牌产品，当时我恨不得抽自己的嘴巴，好事儿没办好，真对不起大伙儿。不过，我也不是‘白吃饱’，今年我重点整顿了咱的校办厂，现在重新上马了。前不久，我把光拿钱不干事的几位官太太请了出去，把那些通过关系来的整天惹是生非的少爷小姐给开了！（掌声）现在剩下的都是精兵良将。还要告诉大家，通过多方联系，现在工厂已有了上百万元订单，保守点说，春节免费向大家供应鸡鸭鱼肉、鲜菜果品绝对没问题。当然我再不会给大家买假货！（掌声笑声）”

林红岭是某市文联主席，也是一名有影响的老作家，他说起话来，总是平易中显出秀美，幽默中透着激励。而且总爱和听众现场“沟通”。下面是他述职开头的话：“我今年 56 岁了，可以说已没有了属于自己的创作黄金期，但正因为老夫已知黄昏至，所以不用扬鞭自奋蹄；我一直保持着一种飞速的写作状态，今年就拿出了 5 个中篇，几十个短篇。（掌声）先别鼓掌，我问一下，有谁把我的作品都读了啊，请举手。（台下人笑，无人答话）哈哈，我自己知道我的‘大作’没有‘市场’嘛。说来我也没什么大出息，同他人比，我的成果是不少，可都是卖不出去的酸果，既不好看又不好吃，是吧？（众笑）看来超越自己很困难，独领风骚更不可能了。（众笑）不过，一年来文联的工作在众位努力下满眼都是绿：在全国小说散文大赛中，我们把一、二、三等奖都拿来了，而且多数作者是文学新人，雏凤胜于老凤，可喜可贺啊！（热烈鼓掌）是不是有点跑题了，好，下面咱再拉回来接着‘述’……（笑声）”

上面两人的素养不同,述职的语言风格也迥然不同,但由于讲出“这一个”,所以都受到了听众的欢迎。

所谓修养，包括自身的文化素质、经历、见识及情趣等方面。这些方面也将影响述职者的语言组织。我们每一个人都有自己独特的语言表达习惯，这种习惯往往不同于他人。在述职前你可分析一下自己，如果发现自己的习惯中有某些长处，就抓住它，发扬它，以形成自己个性化的述职风格。

# 即兴讲话怎样选好话题

管　华

即兴讲话是领导者的一项基本工作。领导者出席座谈会、协调会、工作会，参加一些礼仪活动，接待群众来访时，经常要作即兴讲话。这种讲话没有现成的稿子，来不及认真准备，全靠现场思索和临场发挥。且“一言既出，驷马难追”，不容修改和掩饰。因此，即兴讲话是对一个领导者心理素质、应变能力、说话水平、文化修养等综合能力的考验，不少人畏之如虎。美国有心理学家曾在 3000 人当中做过心理测验：“你最担心的是什么？”答案很多：死亡、失明、丧失亲人、疾病……令人吃惊的是，40% 的人认为最担心的是在大庭广众之中即兴讲话，排在第 6 位。

即兴讲话这种讲话形式，并非高深莫测，也有一定的规律可循。首先要选择好话题，它是即兴讲话成功的基石。

## 一是选择与活动主题相关而又符合语言环境的话题

任何活动都有自己的主题，即兴讲话首先要紧扣这个主题，切忌跑题，干扰活动方向。

文物收藏家邓老先生先后分三批向某市博物馆捐赠文物 1300 多件，在他 70 大寿寿宴上，一位市领导代表受赠单位，同时作为老先生的朋友作了即兴讲话：

> 今天我要送给邓先生两句话：“大德必寿（出自《礼记》），美意延年（出自《荀子》）。”意思是说，有高尚品德的人会得到长寿，心情愉快就能延年益寿。养生不仅仅是一种健身手段，更是一种人生哲学……邓先生平时自称是“五乐老人”，即助人为乐、知足常乐、自得其乐、与众同乐、苦中寻乐。我要说，你的“五乐”应当加上一乐——为善最乐，你是六乐老人！（热烈鼓掌）

这段即兴讲话，考虑到在座的来宾多是文化界人士，很多是文物鉴赏家、教授学者，故引用文言古语，彰显出浓厚的文化氛围，既切合了寿宴的主题——祝寿，而且又能跳出诸如“福如东海、寿比南山”的俗套，符合语言环境，应景又应人，一番话说得老寿星心花怒放，后来还亲自登门致谢。

**二是选择能吸引和打动听众的话题**

讲话是让人听的，效果如何，关键是看听众的反应。因此，选择话题要考虑听众是否关心，是否愿意听。如果听众对此不感兴趣，尽管你津津乐道，讲得口干舌燥，也没人听。即兴讲话要尽量选择那些与听众关系密切、有一定新意、能给人启发的内容作为话题。吸引人的话题，也并非都是奇闻轶事、深奥的哲理。

在一次离退休干部座谈会上，市分管老干部工作的副书记讲了这样一段话：

> 趁这次相聚的机会，我想提出十六个字，与大家共勉。这十六个字是：养心健体，继续学习，保持晚节，发挥余热。保持晚节，就是在老年阶段仍要重视气节、保持气节。有气节，就能坚持正义，不为恶势力所屈服。清末民初的林琴南说过：“为人重晚节，行文看结穴。”晚节不保，是一个人最大的悲哀。要保持晚节，就要防止精神缺钙症，要培养无畏的精神。但对无畏要具体分析，有的人是无私无畏，有的人是无知无畏，有的人是无耻无畏！我们应该培养无私无畏精神，克服无知无畏，反对无耻无畏……

这段话最能打动人、最能给人以启发的，就是关于“三无畏”的这两句。因为适逢其时，当时群众纷纷议论有个别领导干部以权谋私、胆大妄为。正所谓动人心者不需多，这两句话对广大听众无疑有一种震撼力量，一时间许多人对此口口相传，成了警句箴言。

**三是选择有独到之处的话题**

衡量讲得好不好，有没有水平，关键是看有没有新意，有没有独到之处。如果老生常谈，把众所周知的事情和道理讲个没完，听众就会厌烦。因此，要在仔细观察现场、体味气氛，在知己知彼的基础上确定一个好的话题，追求新意。切忌把别人说过的话题再拿来“炒现饭”。做到这一点，就要转换角度，提高层次，另辟蹊径。若先说，就要出奇制胜，先声夺人；若后讲，也要后发制人，道别人所未道，高人一筹。

在一次老知青的聚会上，几十个人到中年的老同学聚首一堂，共叙30年的相识相知，人生的酸甜苦辣，百感交集。会上，一位公司总经理、当年的知青队长感慨万分地说：

> 旧时候，人们常说“人生如梦”，不无道理。但我觉得，就我们这一代人来说，似乎以“人生如歌”来形容更为恰当一些。从总体上来说，我们大致经历过：悲歌、情歌、颂歌、战歌、凯歌、幸福歌等阶段。我们唱悲歌而不消沉，唱情歌而不沉迷，唱颂歌而不盲从，唱战歌而不冒进，唱凯歌而不骄傲，唱幸福歌而不忘知恩图报……

以“人生如歌”为话题，从“悲歌、情歌、颂歌、战歌、凯歌”一直讲到“幸福歌”，串起了他们这一代人生的经历和感悟，表达了今后要继续唱好这人生之歌的愿望和决心。“人生如歌”使得这个即席讲话有了贴近听众生活的好话题、有了积极进取的好主题，又有了纲举目张的好思路，讲来就自然得心应手了。

### 四是选择能借题发挥的话题

即兴讲话最担心的是没有话说，或话说不下去，但如果你能“借”到可以生发新意的事物，就不会有这层担心了。能“借题发挥”的事物很多，如人名、地名、前面演讲者的讲话内容、会议的氛围、自然景物等，只要能生发新意，切合活动宗旨的事物，都可以大胆使用。《书讯报》主编贲伟同志在“钻石表杯”业余书评授奖会上的即兴讲话，就很好地运用了这一技巧。他说：

> 今天，我参加“钻石表杯”业余书评授奖会，我想说的是一句话：钻石代表坚韧，手表意味时间，时间显示效率……坚韧与效率的结合，这是一个人读书的成功所在，一个人的希望所在。谢谢大家！

贲伟同志的讲话虽然简短，但句句讲在点子上，给人以深思，给人以力量。而取得这一效果的诀窍，就是他能根据活动的宗旨，巧“借”钻石表，利用它的象征意义，来揭示珍惜时间、持之以恒、读书成才的道理。

当然，上述几点都要以选择自己熟悉的话题为基础，这样才能够有效地消除紧张情绪，打开思路，应付自如；也才能够准确表达你的思想和观点，容易讲出深度和新意。

# 论辩之道

LUNBIAN ZHIDAO

# 辩论时如何选择好论据

刘 进

无论是日常工作辩论、法律辩论、教学辩论，还是竞赛性辩论，支撑辩手观点的是充足、确凿、有说服力的论据。辩手们要想赢得辩论的成功，就要从不同角度、不同方面对自己的论据进行论证，判断自己的论据是否充足、确凿、有说服力。那么，什么样的论据才能做到合理充分，让辩手们在论辩中不被对方攻击，从而获得辩论的成功呢？现以论辩赛为例，对此进行说明：

## 一、论据的来源要合理

一般来说，人们获得论据的来源主要是权威机构和媒体，如政府文件，权威出版物，中央和地方电台电视台节目；也可以是普通人物事件，如有关人员的言论、历史资料、文艺作品等。从这两种论据源的比较而言，来自权威机构和媒体的论据更具权威性，容易被接受；而来自民间传说和亲身经历的论据则更具现实感、亲和力和针对性。

2001 年国际大专辩论赛，加拿大温莎大学与中国台湾东吴大学，就“全球化是否有利于发展中国家”这一论题进行辩论。反方要论证全球化不利于发展中国家。据此，反方论据的陈述既有取自权威组织机构的，如联合国农业组织的报告，韩国、印尼等国家公布的经济增长率及失业率的数据；又有来自不同行业的数据，如发达国家将制造业放到发展中国家，造成的环境污染数据、农业危机数据; 甚至还有全球化进程中发达国家和发展中国家获利比例的数字。由于反方论据中的论据渠道比较宽广，所以说服力就比较强，自然赢得了评委和观众的赞同。

## 二、论据要有可信度

辩手要有力地证明自己的观点,就要在所搜集的论据中确定使用哪些论据，淘汰哪些论据，找出可信度强的论据作为论据的主要构成部分。同时，还要在辩论中有力地驳斥对方的论据，找出对方论据中不可信的论据进行反驳。论据中论据的可信度可从以下几个方面来看：

1. 是否有充足性

所谓充足，就是基本能穷尽自己所要论证观点的主要方面，或基本能回答对方可能提出的主要疑问。只有充足的论据才是可信的。如某大学从 1999 年开始，根据国家扩招政策，招收了一些校统招生录取分数线以下的学生，并组建了民办学院，单独组班进行教学。从 2000 年开始，学校将这些民办生插入相关院系，与统招生混合编班。可一学期下来，95% 的民办生高等数学考试不及格。因此，就下学年是否继续混合编班的问题，学校有关部门进行了决策辩论。一些人以成绩为据，说明混合编班不合适。虽然这条论据是可信的，但另一些教师认为，这一论据过于单一，他们从学生心理感受、成才需要、学校人力资源的有效配置、管理效率等方面摆出了有力佐证，证明混合编班更有利于学生成长。由于后者论据充足，可信度明显高于前者，最终学校采纳了后者的意见。

2. 是否有可证性

论据可被证实，一是指论据来源可靠、公正并能被证实；二是指论据内容可靠、公正且能被证实。辩手选择论据和驳斥对方时，都要检测论据来源以及论据内容的可证性。如在“大学毕业生择业的首要标准是否在于发挥个人专长”的辩论中，反方认为，当今大学生择业，不应有什么首要标准，应从实际出发呈现多元化的态势。辩手提供了这样的论据：湖北 36.47% 的大学生，注重能否实现个人价值；北京 67% 的大学生选择高收入；甘肃 4.8% 的大学生赞成发挥个人专长。上述百分比出自何处，辩手没有交代，而且百分比分别出自什么时间、地点，其统计数据是否可靠也是值得怀疑的。

3. 是否有时效性

有些辩题，具有相当强的现实性，所以论据必须体现和反映事物的发展变化，具有一定的时效性。例如某食品管理部门，要对能否在制作食品时使用某添加剂，做出决策。辩论一方强烈反对在食品制作中使用该添加剂。他们列出加拿大科学家的研究证明：该添加剂食用者患膀胱癌的可能性，比不食用该添加剂者高 60%。这个论据，距当时已有六年时间。这几年是否有新的报道出现不得而知。辩论的另一方提供了最新论据，某国科学研究机构证明：食用该添加剂的人，如果他们有可能患膀胱癌的话，其数量和比例并不比不食用该添加剂的人高。显然，后者的论据比前者的论据更有时效性，最后管理部门接受了后者的意见。

### 三、论据要有整体说服力

辩论过程中，辩手使用的论据并非越多越好。论据多了有时会产生冲撞或自相矛盾。特别是几个人组成的辩论队，各辩手的论据，如果缺乏协调，就可能互相重合，从而削弱论证力量。因此，辩手使用论据时，既要各自为阵又要顾及彼此，使论据具有整体的说服力。论据具有整体说服力主要表现在：

1. 论据避免重合

辩手要尽量从不同角度选择论据，以尽量减少论据的重合。相同或相似的论据，可以强调指出，但太多的重合，就会让人觉得辩手论据单薄、理屈词穷。

如武汉大学队与马来西亚队，辩论“金钱是不是万恶之源”时，马来西亚队几个辩手，多次以强奸犯罪不是受金钱的驱使，而是兽性作祟为论据，证明金钱不是万恶之源。于是，正方辩手不无调侃地说：“今天，对方辩友怎么对强奸问题如此感兴趣呢？”显然由于反方论据重合太多，既给对方造成揶揄的机会，又削弱了辩论的力量。

2. 保持论据的一致

一般来说，在自由辩论中，因为要抢辩，会经常出现不一致的现象。要想获得辩论的成功，就要避免此类现象的出现。

例如，在有关部门进行的“当今社会家庭暴力事件是否有所上升”这一辩论中，正方的一名辩手说：一些社会成员把社会矛盾转嫁到家庭，家庭暴力事件有所上升，并列出当年法院处理的家庭暴力事件数据。而另一名辩手补充道：由于女性自我保护意识加强，敢于维护自己的利益，投诉家庭暴力事件，并举出当年的投诉数据。而这个数据恰好和前队友列举的数据完全一样。于是反方辩手指出：正方辩手概念模糊，论据混乱，作用不一致。前一个辩手说的是事实上的家庭暴力事件上升，而后一个辩手说的是推断上的家庭暴力事件上升。同时又把法院处理数据和投诉数据混淆了。按照此推论，过去女性不敢揭露家庭暴力，家庭暴力就不存在或很少吗？今天，女性敢于揭露家庭暴力，就说明家庭暴力事件比以往上升了吗？反方正是由于发现了对方论据的混乱和作用的不一致，成功地找到了反驳的突破点。

3. 注意论据的追加

论据的追加，就是对已提出的论据进行补充证明，把散在的论据综合归纳，将其汇成一股激流，使之具有真正的冲击力。一个辩手或几个辩手的论据，如果得不到一定追加和追踪，辩论就如一盘散沙。

在上述加拿大温莎大学队与中国台湾东吴大学队的辩论中，东吴大学论证全球化不利于发展中国家时，论据很充足，具有一定的论证力量。但也有美中不足之处，现场点评指出：反方辩手的论据多，事例多、国家多、数据多，但由于缺乏对这些论据的追加和追踪，论据多而不得要领，影响了论证力量。由此可以看出，几位辩手论据的追加应是一场完美辩论的特色之一，在辩论中应加以注意。

# 形象思维——辩论赛制胜的重要武器

刘昌明　赵传栋

在论辩中，借助于形象思维的形式，运用具体生动的形象来说服对方，可以使我们的论辩语言有声有色，具有深切感人的力量；如果仅仅是板着脸孔使用抽象的道理进行说教，即使它逻辑严密、无懈可击，也会使人感到空洞乏味、难以制胜。

形象思维是征服对手、评委与观众的强有力的舌战武器，要使自己的辩词形象生动，不妨采用以下方法：

1. 描述亲身经历

要使自己的论辩形象、生动、深刻，有时可以通过描述自己的亲身经历来达到目的。亲身经历、切身体会，往往比引用其他事例作为论据具有更为强大的感人力量。比如：在2003年国际大专辩论会上，在关于“爱比被爱哪个更幸福”的论辩中，反方新加坡大学队吴天同学一开场便娓娓说道：

> 当我第一次看到这个题目的时候，萦绕在我脑海里的一直是我的父亲。小时候冬天很冷，父亲总是为我焐热被窝，自己却冻得直哆嗦。我睡着了，还爱蹬被子，父亲就半夜爬起来帮我盖被，这个习惯甚至一直持续到我长大，一直到我出国念书，他还时常从梦里惊醒，然后站在我空空的床前发呆。其实我的父亲很普通，可是他那深沉的父爱，真的让我觉得自己就是世界上最幸福的人。

吴天同学所叙述的“父亲为自己盖被”是日常生活中极为普通的一件小事，但她在以朴素平实的语言对这件小事的叙述中，洋溢着深沉的父爱之情，使得在场的每一位观众的心都受到强烈的震撼。舒乙先生在点评这场辩论时也说道：

“反方的优点是一上来就提‘被子’，这个‘被子’居然占了今天的主题，真棒！”

有时长篇大论、滔滔不绝的叙述，远不如对自己的切身体会的生动描述给人产生的印象深刻。

2. 叙述生动故事

在论辩中恰当地叙述故事，可以使人们在对故事情节和感人形象的审美享受中获得深刻的启迪，可以极大地调动人们的浓厚兴趣和欢悦情绪。

3. 讲述相关历史

在论辩中，人们喜欢引用与现实相似的或有联系的生动史料，以古鉴今，论证本方观点的正确，批驳对方的谬误。比如，首届中国名校大学生辩论邀请赛关于“医学的发展是否应有伦理界限”的辩论中，反方浙江大学队的一节辩词：

> 每当我们翻开饱经沧桑的医学发展史，我们人类感到深深愧疚。几百年前也就像今天一样一个烟雨濛濛的日子里，欧洲的一个教会广场上燃起了一堆熊熊烈火，在那熊熊烈火中站立的正是我们伟大的医学先烈塞尔维特，他因发现血液循环，触犯了占统治地位的教会伦理而被加尔文教会活活烧死！人类为这场大火付出了几百年来几千万人口死于瘟疫的代价。对方辩友，你们可曾想过那些举着火把点燃塞尔维特脚下柴堆的刽子手们，也是像你们一样相信“医学发展不可离经叛道”啊！（掌声）

反方队员为了反驳对方的“医学的发展应有伦理界限”的观点，将对方的观点跟塞尔维特被教会活活烧死这一历史事件联系在一起，将对方的心态和那些举着火把点燃塞尔维特脚下柴堆的刽子手们相比较，两相对照，鲜明地揭示了对方观点的荒谬性，给了对方观点以极大的讽刺。

4. 展开丰富想象

在舌战中借助于联想和想象，能使我们从某些类似事物生发开去，由近而远，由浅而深，从现实到历史，从现在到将来，从微观世界到宏观世界，上下几千年，纵横数万里，纵横捭阖，思如泉涌。这样论辩起来才能挥洒自如，汪洋恣肆，使我们的论辩语言更具艺术魅力。请看第五届中国名校大学生辩论邀请赛关于“净化网络的关键在（不在）于道德自律”的论辩中，反方上海交通大学队的一节辩词：

> 现实生活要依法治国，网络上要依法治网。有一位伟人曾经说过，人是靠不住的，制度才靠得住。连古代的皇帝都能认识到这一点，坚持不懈地推行太监制度，他们知道，在三宫六院七十二嫔妃的八面包围、十面埋伏中，男人的道德自律是根本靠不住的。（笑声，掌声）要保证后宫安宁，皇家血统的纯净，还是要靠制度，于是灭绝人性的太监制度延续了几千年。（笑声，掌声）网络社会的开放程度，比皇宫内院要超过千万倍，又怎么能指望道德自律呢？当然我们绝对不是说要推行一种让人人都去当太监的恶劣制度，我们只是想说，连愚蠢的皇帝老儿都能认识到制度的关键性，我们为什么不能呢？

反方队员在论证自己的净化网络的关键在于制度的主张时，由当时的辩题、现代的网络，巧妙展开联想，竟然联想到古代的封建皇宫里的太监制度，联想奇特，妙趣横生，取得了很好的场上效果。

5. 运用恰当比喻

生动形象的比喻，能化深奥为浅显、化抽象为具体、化生僻为通俗，同时能启发人们丰富的联想，使自己的论证如虎添翼，效果倍增。

如去年国际大专辩论会在关于“广告是否有利于大众消费”的论辩中，反方的一节辩词：

> 广告虽然提供了资讯，但是它提供的往往是报喜不报忧、说好不说坏的资讯。就好比有个媒婆，要帮我介绍男朋友，她说他英俊潇洒，却没有说他身高只有一米二八；她说他才华超群，却没有说他今年六十八，适合当我爸。请问，这样的资讯，对我而言是有利还是有害？

广告一般只提供正面的信息，反方队员将广告的这一特性比作只说好话不说坏话、坑人害人的媒婆，这样便将这类广告对消费者的不利方面淋漓尽致地揭示在人们面前。

6. 借助具体物品

为了使自己的论辩形象生动，有时还可以借助一些具体的物品。请看2003年国际大专辩论会在关于“代沟的主要责任在长辈还是晚辈”的论辩中，正方中国香港浸会大学队的一节辩词：

有许多家长都相信一句话，叫作棍棒底下出孝子，叫作不打不成器。那么请问，受了委屈的孩子，您认为这个形成代沟的责任，是在长辈还是在晚辈呢？

辩手在用语言陈述的同时，还抽出一根雪白发亮的“家法”棒展示在人们面前，不由使人产生一种不寒而栗的感觉，在这种棍棒面前，人们自然会想：代沟的责任主要在长辈。

又如国际大专辩论会在关于“广告是否有利于大众消费”的辩论中，反方中国台湾世新大学队的一节辩词：

让我们看看一则广告吧：这是“大碗满意”牌泡面（举起一包方便面，指着上面的广告）好大块的排骨、好鲜嫩的青菜啊！实在有料！再看看它的实际（撕开包装，掏出一小包汤料），原来就这么一丁点！看了这样的“大碗满意”，你还能满意吗？

反方借助实物，让人们从广告与商品的巨大反差中，自然而然地得出“广告误导消费者”的结论。

形象思维在论辩中所能产生的作用是不容忽视的。辩论中抽象思维和形象思维，如鸟之双翼、车之双轮，是缺一不可的。我们的辩论有了这两只思维翅膀，才能自由翱翔，无往而不胜！

# 例证反驳在辩论中的巧妙应用

周　鹏

例证反驳，就是通过列举实例的方法，来反驳对方的观点，它是辩论赛场上应用广泛且行之有效的反驳技法之一。下面分析一次辩论的片段，看例证反驳的巧妙应用。

反方：真正的人才，必须具有全面发展的能力基础，具有合理的知识结构。偏科生知识结构严重失衡，根本不能算是人才！请看老一辈的卓有成就的知识精英吧：鲁迅、郭沫若，两位文坛泰斗，他们留学日本，先攻医学，后弃医从文，不仅文科知识渊博，而且理科造诣也极深。数学界两位大师陈省身、苏步青，国学根基深厚，会写诗填词，而数学研究的成就更是世界公认的，他们是文理兼优的杰出人才。这才是我们的榜样和方向！

反方列举了四个例证，论证了自己“人才必须具备合理知识结构”的观点。例证是典型的、有说服力的。且看正方如何反驳了。

正方：那么，我想请问对方辩友，李白和杜甫，对数理化可谓一窍不通，却当了诗仙和诗圣，他们在文学史上的地位总不亚于鲁迅和郭沫若吧，这两位“偏科生”算不算是人才？（观众鼓掌、喝彩）

这是一个典型的例证反驳。从技法思路上来看，这一反驳基本成功，因为它完全符合例证反驳的一般特征。但正方的反驳是否真的无懈可击呢？答案是否定的。反方结合辩题，将这一例证“归位”到其特定的时空领域，找到了反驳的突破口。

反方：众所周知，李白、杜甫所处的时代，推崇“以文治国”的学风理念，当时的学科设置，远没有现今这样多元化，唐朝的学子，只学诗、词、歌、赋，根本就不开数、理、化、外，他们无科可偏嘛！（笑声）他们能在应试中写出一篇锦绣文章，就足以踏上仕途。所以，我们承认李白、杜甫是人才，但他们与21世纪的“偏科生”没有可比性！对方犯了类比不当的逻辑错误。

这一节辩词鞭辟入里，成功地批驳了正方的例证。它将李杜与其所处历史时代联系起来，并紧扣辩题中的“偏科生”这一关键概念，一针见血地指出对方犯了逻辑推理的错误。这么一来，反方的辩驳又占了上风。正方当然不甘失败。

应该如何扭转被动局势呢？

正方：就算李白、杜甫这两个人才算不上偏科生，那么韩寒呢？作为少年作家，他在多次理科考试中“大红灯笼高高挂”，但他写出了畅销小说《三重门》。还有写出了《幻城》的郭敬明，写出了《愤青时代》的胡坚，这些少年作家的理科成绩很差，但他们的文学天赋和成就，断然是不容否定的！请问，韩寒、郭敬明、胡坚算不算是人才？（掌声、议论声）

这一例证以东山再起之势，直指反方要害，于反方立论而言，无疑是一个致命的威胁。它包含了这么一个省略三段论：少年作家是偏科生。他们是人才。所以偏科生中间也有人才。从而推翻了“偏科生根本不能算是人才”的论断。反方输了吗？不！他们的四辩挺身而出，努力“挽狂澜于既倒”。

反方：对方所举的几位少年作家是不是人才，现在下结论实在太早了！他们的作品经得起时间和历史的检验吗？他们的作品经过人民群众和专家学者的检验吗？他们哪位获得茅盾文学奖啦？这些被媒体炒热的少年作家，他们当中就有人坚决反对这种称呼，倒是很有自知之明的。他们以后如果像刘绍棠那样，十几岁写出小说之后，继续刻苦学习、深入生活，写出许多人民群众喜闻乐见的优秀作品，当然是人才；如果写出一两本小

册子之后，便江郎才尽了，当然就不是人才！对方辩友在例证分析中又一次犯了时空错位的逻辑错误！（热烈鼓掌）

这个辩论片段里的例证反驳真是一波三折、起伏跌宕、精彩纷呈。我们从中可以体会到例证反驳的三点技巧：

1. 招法要运用自如，频频出击。例证反击的基本招法是：对方说“纸都是白的”，你能举出一张彩纸来，就把对方的论点推倒了。正方运用这一基本招法，频频反击，先以李白、杜甫为例，后以少年作家为证，努力去推倒“偏科生不是人才”的观点。招法的运用是对的。

2. 战机要及时捕捉，突然袭击。反方这点做得特别好。他们头脑清醒、思辨能力较强，两次抓住对方例证的漏洞，出其不意、突然反击，使自己走出困境，绝处逢生，表现出较高的素质和辩论能力。

3. 例证要典型严密，无懈可击。为了论证“真正的人才必须具有全面发展的能力基础，必须具有合理的知识结构”的论点，反方举出了鲁迅、郭沫若、陈省身、苏步青四个例证，其才能与成就，已有历史定论，两文两理，考虑周到，使对方无懈可击。而正方为了反驳举出的几个例证，李白、杜甫所处的时代不同，无可比性；所举的几位少年作家是不是人才，尚未定论，都不够典型和严密，给对方留下了反击的可乘之机。

例证反击是辩论中很常用的技法之一，用处很大、方法甚多。值得学习辩论的朋友继续深入探讨。

# 论辩中的欲擒故纵术

杨百顺

论辩中的欲擒故纵术，就是先纵——首先假定对方的论点是正确的，后擒——以这个所谓正确的论点作为大前提去推理，推出一个十分明显的错误结论，使它的荒唐性突显出来，从而驳倒对方的论点。这是一种迂回反驳的方法，在舌战中先让一步，后发制人，不动声色地把对方驳倒。欲擒故纵术用好了，思辨深刻、语言风趣、妙趣横生，在古今中外各种论辩中多有运用，尤其适用于对固执己见、蛮不讲理者的反驳。我们先看一个我国古代的著名辩例——

楚王酷爱马匹，有一次，他最心爱的一匹马摔死了。楚王决定用葬大夫的礼仪隆重地埋葬他的爱马。大臣们纷纷劝谏，恳求楚王不要这样做。楚王大怒，竟然下令："谁再来劝谏就杀谁的头！"一言既出，朝中鸦雀无声。

这时，一个叫优孟的跌跌撞撞地跑进宫来，跪着号啕大哭不止。楚王问："你为什么大哭哇？"优孟哭着说："大王心爱的马逝世了，像我们楚国这样的堂堂大国，哪能用大夫的礼仪去葬它呢，应该用国王的礼仪去厚葬！要用玉石做内棺，用梓木做外棺；要让全国的士兵和百姓都来挖坟坑，通知各国使节都来送殡；还要为它建祠堂，封它为万户侯。这样一来，天下人都知道大王您把马看得比人更高贵喽！"

楚王慢慢听出优孟话中有话，渐渐地清醒起来，嗫嚅地说："我，我的过失真有这么严重吗？……那怎么办呢？"优孟转"悲"为喜，说："那好办，大锅就是它的棺材，再放上姜枣等作料，灶里加大火，炖得香喷喷的，葬到大伙儿的肚子里得了！"

楚王和大臣们都哈哈大笑起来。

优孟是怎样驳倒楚王的呢？他用的就是欲擒故纵术，他不是戗毛捋虎须去顶撞楚王，以免引起反感，而是将其“用葬大夫的礼仪隆重地埋葬他的爱马”的荒谬观点和做法引申到极点，推出一个“马比人更高贵”的结论，使楚王的荒唐暴露无遗，在这场舌战中终于“束手就擒”。

让我们再看一个外国的辩例——

语言学家马尔有一个观点：语言是一种生产工具。斯大林反驳他，幽默地说：“如果语言是生产工具，它就能生产物质财富，那么，夸夸其谈的人就会成为世界上最富有的人了。”马尔无法置辩，败下阵来。

斯大林用的也是欲擒故纵术。他首先假设马尔“语言是一种生产工具”的观点正确，用这个论点去推理，从生产工具“能生产物质财富”，推出了“夸夸其谈的人……最富有”的荒唐结论，三言两语便驳得对手无“还口之力”了。

欲擒故纵术在各种论辩中被广泛应用——

某公司的何总经理提请董事会任命一位25岁的博士为副总经理，有的董事不同意，说：“嘴上无毛，办事不牢。一个小青年也能当副总？等他胡子长长些再说吧！”

何总笑着说：“如果按胡须长短去任命干部，当年刘备应该任命美髯公关云长当军师；张飞的胡子也不短，应该当副军师。刘备偏要三顾茅庐请胡子不长、年仅27岁的诸葛亮出来当军师，有没有搞错哇？”董事们笑了，最终同意了何总的提名。

何总经理的反驳是很巧妙的，他首先假设“按胡须长短去任命干部”的观点正确，引申出刘备应该“任命美髯公关云长当军师”，“张飞的胡子也不短，应该当副军师”，而不应该“请诸葛亮出来当军师”。几句幽默的话便使对方观点的荒唐突显出来，毋庸再驳了。

请看一个生活中的辩例——

母亲：你唱的什么歌，嗲声嗲气的，那么低俗？

儿子：你不懂，这可是流行歌曲。

母亲：流行的歌曲就好吗？

儿子：那当然！流行的就是好的，你想啊，不好它能流行吗？

母亲：那么，流行感冒、流行传染病也都是好的喽？

儿子：……

母亲用欲擒故纵术去驳斥儿子，她先承认儿子“流行的就是好的”这个观点，推出“流行感冒、流行传染病也都是好的”这个明显错误的结论来，儿子辩输了。

欲擒故纵术在赛场辩论中也很常用。在“明天，民工子女比得过（比不过）城里孩子”的赛场辩论中有以下的攻辩——

反方：明天是今天的延续。今天物质条件、学习环境好的孩子，明天才会有出息有前途。民工子女今天的物质条件比城里孩子差得很远，明天比前途比出息，民工子女绝对比不过城里孩子的！

正方：按照对方的逻辑，今天物质条件好的孩子，明天就一定有出息有前途，请问：清朝八旗子弟物质条件绝对优越，他们应该是最有出息的，可是他们当中出了几个状元、名士、功臣、良将？现在的富豪大款的子女物质条件绝对优越，他们应该是最有前途的，可是他们当中出了几个科技精英、时代先锋、感动中国人物？

正方首先假定反方的观点正确：“今天物质条件、学习环境好的孩子，明天才会有出息有前途。”然后用它去推理，推出“清朝的八旗子弟最有出息”“现在的富豪大款子女最有前途”的结论，而这个结论显然与客观事实大相径庭，让人们看清了对方观点的荒唐性，欲擒故纵术运用自如。

欲擒故纵术是一种应用十分广泛的论辩术，希望热心参加说辩活动的朋友，学好用好这一辩术，关键时也来个“欲擒故纵”，胸有成竹而举重若轻，用迂回的方法去夺取论辩的胜利。

# 论辩中的“釜底抽薪”反驳术

甄丽秀

论辩中，对方要使其论点成立，一般会提出相应的论据加以支撑证明，因此，我方只要抓住对方论据中最主要的纰漏，集中火力打击，其论点自然也就站不住脚了，这样就能击溃对方，顺利取得论辩胜利，这就是“釜底抽薪”的反驳术。

明代戏曲家汤显祖曾任浙江遂昌县县令。县境内有个村子山高林密，常有老虎出来伤人，老百姓叫苦连天，纷纷请求灭虎除害。汤显祖当即派人上街，鸣锣招募乡勇，准备进山灭虎。

这时，有个贼眉鼠眼的皮神仙来到汤显祖面前，问：“听说老爷要聚众打虎，不知可是真的？”

“老虎伤人害畜，肯定要除掉！”汤显祖回答。

皮神仙神秘兮兮地说：“天降神虎下凡，惩罚恶人，千万不能乱杀。死在虎口的人都是天命注定，不是前世留下冤孽，就是今生做了坏事；积德行善之人就是放在虎口，老虎也会避开，不会伤他一根毫毛的。”

汤显祖厉声喝道：“既然如此，那就将你放在虎口试试，看看你到底是善人还是恶人。”

皮神仙吓得屁滚尿流，连忙跪地求饶：“老爷，要不得，要不得，我还想多活几年！”

轰走了皮神仙，人们争先恐后报名应招，成立打虎队平息了虎患，老百姓过上了太平日子。

在这里，皮神仙蛊惑人心、胡言乱语：“天降神虎下凡，惩罚恶人，千万不能乱杀”，并摆出了“老虎只吃恶人与坏人，不伤积德行善之人一根毫毛”的言论作为论据，支撑其荒谬的论点。汤显祖发现了其论据中的纰漏，不失时机地来一个“釜底抽薪”将皮神仙放到虎口，测测皮神仙是善人还是恶人，这一出其不意的攻击，将皮神仙吓得屁滚尿流，赶忙跪地求饶，也彻底否定了皮神仙的胡言乱语、安抚了人心。

当对方所使用的论据存在虚假或谬误时，“釜底抽薪”的反驳术也能得到施展的空间。我方可以针对其论据的虚假、荒谬处进行强有力的反诘、揭露，从根本上挫败对方的锐气，最终赢得辩论的胜利。

日本有一个年轻人，熟读了许多佛典，拜访了多位佛学大师，自认为已经通晓了佛学要义。于是，他决定拜访著名的洞空大师，与之论道。

为了给洞空大师留下一个深刻的印象，他自负而神气地对大师说：“我研究佛学很多年了。我认为，佛学的根本要义就是万物皆不存在，一切现象的本质就是空，没有现实存在，也没有虚幻，没有圣贤，也没有庸者，没有给予，也没有接受，没有喜悦，也没有哀苦，一切都不存在。”

洞空大师静静地听着，一句话也没有说。年轻人以为自己的言论说服了大师，继续滔滔不绝地发表着自己的看法。突然，大师在他头上敲了一下。

年轻人被这一变故惊呆了，继而变得怒不可遏，大声质问道：“你为什么打我？”

大师不紧不慢地开口了：“年轻人，如果万物都不存在，那你的愤怒又从何而来呢？”

听完大师的话语，年轻人哑口无言，羞愧地低下了头。

在这里，无知的年轻人提出了“万物皆不存在”的谬论，并引用虚假论据加以佐证。在反驳时，洞空大师巧妙地“釜底抽薪”：先是借敲头激怒年轻人，并在年轻人质问时予以反驳——如果按照你的“万物都不存在”的论点，那么你就没有理由愤怒了，由此及彼地驳倒了年轻人的虚假论据，使其论点成为无根之木、无源之水，迫使年轻人搬起石头砸了自己的脚，最终“哑口无言”，“羞愧地低下了头”。

日常生活中，“釜底抽薪”的反驳术也有极为广泛的用途——

一天，张天松与刘庆利围绕“沉默是不是金”展开了一场辩论。

张天松：（得意洋洋）我一直将“沉默是金”奉为座右铭，你以前一直驳斥我说得不对。

刘庆利：（直言反驳）是呀，我一直认为不对，鲁迅先生不是早就说过嘛——“不在沉默中爆发，就在沉默中灭亡！”这不是对“沉默是金”

的最好驳斥吗?

张天松:(不以为然)你看,三个月前,咱们单位同时新招聘来李亮明与王刚两位员工。李亮明性格张扬,对什么事情都看不惯,工作没做多少,牢骚倒发了不少;王刚则说话很少,总是兢兢业业地工作,没有一丝一毫的怨言……昨天三个月试用期满了,老总决定留下王刚,而让李亮明卷铺盖走人。他们一个饶舌,一个沉默,结局迥然不同,这不正好验证了“沉默是金”这句话的正确性吗?

刘庆利:(哈哈大笑)李明亮离开,是因为他“说得多做得少”,工作浮躁,没有任何业绩;王刚留下,是因为他“说得少做得多”,工作踏实,业绩突出。抛开这件事情来说,如果你真的信奉“沉默是金”的话,你就应该紧闭嘴唇,别再就此事跟我发生任何争辩,而应该用沉默这块“金子”为自己辩护了。

张天松:(低头妥协)没想到,我居然用自己的言行推翻了自己的座右铭了哟!

在这里,张天松赞成“沉默是金”的观点,并以该单位新员工李明亮由于饶舌“卷铺盖走人”,而另一名新员工王刚由于沉默被老总留下的职场境遇作为论据,支撑自己的论点。刘庆利抓住其论据中的纰漏,指出两人的不同境遇并非不沉默与沉默的问题,而是说得多与少、做得少与多的问题,并且还从“沉默是金”的本意出发,指出张天松如果真信奉“沉默是金”的话,就不再应该就此事和他发生任何争辩,从而驳倒了张天松的论点。

在论辩中运用“釜底抽薪”的反驳术,必须注意以下两点:

1. 寻找纰漏,蓄势待发。我们必须全面考虑,善于发现对方论据中的纰漏,为自己在釜底下抽薪寻找突破口,做好准备工作。

2. 集中火力,攻击一点。在论辩实战中,我们会发现“釜底”的“薪”可能很多,也就是说,支持对方论点的论据很多,这时候,我们就要抓住其主要的论据下手,集中优势兵力攻击一点,以击溃对方;而不能“面面俱到”,否则就会分散兵力和火力,使自己的攻击失去针对性与杀伤力,得不偿失。

我们只要认真研究“釜底抽薪”的反驳术,注意理解、吸收、掌握其技法要领,融会贯通,并在论辩实战中反复实践,对提高自身辩才一定会大有裨益!

# 破解“两难夹击”的四招法

黄中建

“两难夹击”是指进攻一方设置刁钻的是非问、选择问，使答辩者无论回答“是”或者“不是”，都会陷入预设的圈套，处于进退两难的境地。这是论辩中进攻一方常用的“撒手锏”。那么，作为答辩的一方，如何去应对这“两难夹击”呢？下面介绍四种破解的招法。

## 一、推翻前提

对方“两难夹击”的设置是有一定前提的，只要答辩者抓住前提中某一漏洞，一针见血地剖析，推翻其前提，对方的“两难夹击”也就不攻自破了。

在“社会秩序的维护主要靠法律还是靠道德”的赛场辩论中，双方有一段精彩的攻辩——

正方：东郭先生对狼循循善诱，可最后差一点被狼吃掉了。那么，对于人类社会中有着恶狼般行径的人，我们是不是应该施以法律制裁呢？

反方：对方辩友误解了这篇寓言的意思。东郭先生的故事旨在告诉我们，狼是不可以教化的，而人，包括许多曾经作恶的人在内，却是可以教化的。

正方的提问是个圈套，回答“是”，就认同了正方“主要靠法律”的观点；回答“不是”，显然违背事实：对狼怎能实施道德教化呢？寓言《东郭先生和狼》就是正方设置“两难夹击”的前提。东郭先生“姑息养狼”，差一点害了自己的性命，只能说明狼的野性难驯，并不能证明人不能教化。正方设置“两难夹击”时，把“狼”和“人”等同起来了。反方抓住这一漏洞，从推翻前提入手，立即使对方的“两难夹击”归于失败。

## 二、增设情景

当对方用“两难夹击”发难时，答辩者也可针对其提问，增设一个情景，跳出“两难”之境，从另一个角度去阐明己方观点，使对方的“两难夹击”失效。

还是上例的辩题，在辩论中双方有这样的攻辩——

正方：你家里如果被梁上君子光顾了，你是立刻去报警呢，还是坐等那个小偷良心发现呢？

反方：可是我们社会也常有这样的情形：一个小偷偷了东西，法律还没有来得及惩罚，倒是被那些见义勇为的有道德的人先行擒获了。可见，道德不但能够“扬善”，同时也具备“惩恶”的功能啊！

正方的“两难夹击”是个圈套，回答“是”（报警），就同意了正方的观点；回答“不是”（不报警），在极短的时间里怎么可能“教化小偷”呢？这时，反方不正面回答对方的提问，而是特意增设一个现实生活的情景，从另一个角度举例论证了“道德也能惩恶”的观点，守住了己方的立场，破解了对方的“两难夹击”。

## 三、闪避夹击

在论辩中，面对“两难夹击”，答辩者要善于超越“非此即彼”的思维模式，跳出对方“两难夹击”的包围圈，找到闪避夹击的好办法。常用的闪避之法大致有以下三种：

1. 非此非彼

古代有这样一个辩论故事——

老学究：小孩，你从哪里来？

小机灵：我从江南来。

老学究：江南草木秀丽，不过薪炭之料而已。

小机灵：江南草木之林，岂无出类拔萃者？

老学究：出类拔萃者先被砍伐。

小机灵：那么，我就为国家作栋梁啦！

老学究：进三步就会死，退三步就会亡，你何去何从？

小机灵：我横着走三步就是了。

老学究无言以对，小机灵旗开得胜。

老学究先为小机灵设置第一个“两难夹击”是：出类拔萃之才，先被砍伐，不幸；不是出类拔萃之才，只能作薪炭，也不幸。小机灵略加引申，来个“非彼非此”——“为国家作栋梁”，万幸。老学究又设置第二个“两难夹击”：“进三步就会死”，“退三步就会亡”。小机灵再来个“非此非彼”——“横着走三步”。这都是闪避夹击的成功例子。

2. 先此后彼

在以“治愚与治贫哪个更重要”为辩题的辩论中，有这样一段攻辩——

正方：比如说吧，我现在钓到一条鱼，你是愿意吃这条鱼呢，还是不吃这条鱼而愿意跟我学钓鱼的技术呢？

反方：不妨先把这条鱼吃掉，填饱了肚子后再精神抖擞地学好钓鱼的技术。

正方设置了“两难夹击”：是“吃鱼”（治穷），还是不吃鱼而“学钓鱼”（治愚）？反方来个“先此后彼”，先“吃鱼”，再“学钓鱼”，闪避了夹击，捍卫了己方的立场，棋高一着。

3. 亦此亦彼

有一次，张老师和几个学生发生了一次有趣的论辩——

张老师：你们说说，读书好，还是看戏好？

学生甲：读书好。

张老师：这是老生常谈，谁不会说？心里想着看戏好，嘴上说读书好，这不是自欺欺人吗？

学生乙：看戏好。

张老师：你除了知道玩，还知道什么？

学生丙：读书即是看戏，看戏亦如读书嘛。

张老师哈哈大笑，称赞第三个学生答得好。

张老师设置了“两难夹击”：“读书好”还是“看戏好”？学生甲和学生乙先后陷落圈套，难以自圆其说。学生丙采取“亦此亦彼”的招法，抓住读书和看戏都有乐趣这个共同点，把二者统一起来。如果读书如同看戏一样有趣，可谓善学；如果看戏如同读书一样受教益，可谓会玩，一举两得，何乐而不为呢？答辩闪避了“两难夹击”，话语富有哲理，理所当然受到老师的称赞。

**四、以难制难**

面对“两难夹击”，有时可以采取“以其人之道还治其人之身”的方式去破解,即仿拟对方两难推理的模式,从另一个角度作反向的两难推理,以难制难。

某村有个青年很想竞选村主任，他的父亲训斥他说：“嘴上无毛，办事不牢，你充什么人物头儿？村主任这么好当的么？你想想看，如果你这个村主任执行政策时敢于斗硬，坏人不满意你；如果你不敢斗硬，好人不满意你，你不是耗子钻风箱——两头受气吗？”

儿子笑着答道：“老爸，你说得不对！如果我当了主任，执行政策时敢于斗硬，好人会拥护我；如果我不敢斗硬，坏人会拥护我。村里好人是大多数，得到多数人的拥护，我为什么不干呢？”

父亲无话可讲了。

为了反对儿子去竞选村主任,老父亲同儿子论辩时设置了一个“两难夹击”：斗硬，坏人不满意；不斗硬，好人不满意，让儿子看到反对者很多，知难而退，不去参选。儿子的回答换了个角度，从拥护者的角度去讲，以难制难，说明了敢于斗硬就会赢得多数人拥护的道理，把老父亲的错误观点驳倒了。

总之，破解论辩中“两难夹击”，关键是要突破常规的思维定式，识别并跳出对方处心积虑设置的圈套，善于逆向思维、发散思维、创新思维，以全方位、多角度、多层次的眼光去审时度势，才能选择恰当的招法去应对，达到克敌制胜的目的。

# 借坡巧下驴，论辩多取胜

韩文虎

刘黄是东汉光武帝刘秀的姐姐，因为丈夫去世，十分悲伤。刘秀担心姐姐愁坏了身体，便有意在大臣中为她挑选一位如意郎君。结果，刘黄相中了大司空宋弘。于是，刘秀马上召见宋弘，并说："宋爱卿啊，朕想为你介绍一位女子为妻，不知你意下如何？"

宋弘恭敬地回答："多谢万岁爷关心，但万岁爷您知道的，宋弘已经是有妻室的人啊。"

刘秀说："很多古训都很有道理，咱们应该遵照着做才好啊。有一句古训就说'富易交，贵易妻'。人富了就要换一批新朋友，地位显赫了就另娶门第高贵或年轻美丽的妻子，你看古训都这么说，可见这是人之常情啊。"

宋弘鞠了一躬，说："臣谨遵万岁爷的教诲。也有一句古训说'贫贱之交不可忘，糟糠之妻不下堂'。意思是说，人不能因为飞黄腾达就忘记了自己贫贱时的朋友，和自己患难与共的妻子永远也不能分离。臣正是牢记古训，才不敢再寻妻室。"

听完宋弘的这番话，刘秀也只好放弃将姐姐介绍给宋弘的想法。

被皇帝的姐姐看中，但自己又有了家室，这使得宋弘处于两难境地。答应皇帝的要求，就辜负了自己的结发之妻，成了令人唾弃的负心汉，于情不合；不答应皇帝的要求，那就是抗旨不遵，有被治罪的危险，于理不通。但宋弘看准机会，借用皇帝"遵照古训办事"的论点，顺势引用了另一句古训"贫贱之交不可忘，糟糠之妻不下堂"作为论据。遵照这一古训，宋弘不但含蓄地回绝了皇帝的要求，委婉地说明了自己不能再娶的道理，还不露痕迹地保全了皇帝的尊严，实为巧妙。

论辩中，巧妙借用对方的论点、论据和论证方式进行推理分析，使之为我方所用，以取得论辩胜利的技巧，人们称之为"借坡下驴"术。在论辩中，若善于运用这种技巧，会大大帮助我们赢得论辩的胜利。

“借坡下驴”术不仅在中国颇有市场，而且在国外也很受青睐。请看——

英国著名的诗人乔治·英瑞出身于一个木匠家庭，但他从不隐讳自己的出身。一个贵族子弟因为嫉妒乔治在诗歌上取得的巨大成就，一直想借机羞辱他。

一次，他故意在众人面前问乔治：“尊敬的乔治先生，听说阁下的父亲是一个木匠？”

“不错，您说得很对。”乔治彬彬有礼地回答道。

“那他为什么没把你培养成一个木匠？”贵族子弟说完，非常得意。

乔治·英瑞没有慌乱，他礼貌地反问道：“那阁下的父亲一定是一个绅士了？”

“那当然。”贵族子弟高傲地说。

乔治微微一笑：“那他为什么没把你培养成一个绅士？”

众人听了哄堂大笑，那贵族子弟顿时目瞪口呆、面红耳赤，急忙灰溜溜地逃走了。

贵族子弟成心羞辱乔治，便通过故意探问乔治身世的方式，嘲讽乔治出身低微。面对嘲讽，机智的乔治没有慌乱，而是抓住对方的论证方式“借坡下驴”：木匠的儿子应该是木匠（有什么样的父亲就会有什么样的儿子），反问对方“阁下的父亲一定是个绅士了”。当对方承认时，他顺势再问“那他为什么没把你培养成一个绅士”，表面上好像是在提问，实际上是犀利地指责对方极尽无礼之态，毫无绅士之风，借得巧妙，讽得辛辣。对方立刻“哑巴吃黄连，有苦说不出”，只好灰溜溜地逃走了。

在日常工作和生活中，“借坡下驴”术也大有用武之地——

四川某养殖场向贵州某孵化场订购了一批良种鸭仔，双方签订合同规定，由卖方代办运输，货到后如数付款。不料在运输途中，因卖方管理不善，鸭仔死了几千只。因合同上没有提及损耗之事，卖方便借机钻空子，要买方如数付款，买方自然不肯，双方展开了一场论辩。

买方：“我们是养殖场，不是烤鸭店，死鸭仔怎么能要活鸭仔的钱？”

卖方："合同上不是说货到如数付款吗？难道死鸭仔不是鸭仔？"

买方并没有因此而发怒，而是笑着说："同志，我想先请问你一个问题。"

卖方："好，你问吧。"

买方："请问你家有几口人？"

"五口人。"卖方脱口答道。

"哪五口？"买方接着问。

"我母亲，我们夫妻俩，还有两个孩子啊。哎，咱们这说鸭仔的事呢，你问这些干什么，查户口啊？"卖方反问说。

买方说："那你父亲、祖父母呢？"

"早去世了，不能算数。"卖方回答。

"请问，难道去世的人就不是人了吗？"买方问道。

"啊？这……"卖方这才听出对方话中的玄机，无话可说，承担了损失。

在这笔鸭仔交易中，运输中途出现了意外，死了几千只鸭仔，而合同中又没有写明出现这样的情况怎么处理。卖方抓住这一漏洞，想利用诡辩让对方承担所有的损失。当买方提出"死鸭仔怎么能要活鸭仔的钱"，卖方则提出了"难道死鸭仔不是鸭仔"的观点，虽明显是在搅理，但细一琢磨还不好辩驳。聪明的买方没有因此而发怒，而是从对方论证方式中找到缺口，"借坡下驴"：按照对方的逻辑——死鸭仔也是鸭仔，依样画瓢，反问对方家里有几口人，对方不明就里，顺口回答，最后被买方"难道去世的人就不是人吗"的反问击溃，迫使卖方低头认输，承担了损失。

在论辩中运用"借坡下驴"术，要注意把握以下两个要点：

1. 静观敌势，寻找可借之"坡"。我们必须冷静地分析对方的论点、论据和论证方式，究竟有哪些可为我所用，以便回击对方，为我方的论辩服务。

2. 巧妙利用，借力顺势"下驴"。一旦找到对方辩词中可以利用的元素，就要以此为突破口，或进行推理，或进行转化，用对方的理由击破对方的观点，达到"以子之矛，攻子之盾"的目的，使对方"自己被自己辩倒"，乖乖认输。

# 巧仿妙拟 辩出精彩

雷 泓 彭真平

仿拟，仿照某个现成的语言形式拟出一个临时性的新说法，是一种常用修辞手法。它具有简洁、生动、新颖、幽默等多种修辞功能。在论辩中巧妙运用仿拟修辞手法，“旧瓶装新酒”，能使论辩显得明快犀利、机智有趣、生动形象，取得很好的论辩效果。

## 一、仿拟诗文名句

生活中，人们耳熟能详的诗文名句不少。在与人论辩时，如果对这些诗文名句进行巧妙仿拟，就能增强论辩的艺术性，让人过耳不忘，印象深刻。

比如，张志和下海经商，几年来惨淡经营，渐渐富了起来。可惜“男人有钱就变坏”，这两年他竟沉溺于麻将，整天魂不守舍，常常夜不归宿，妻子批评他不务正业、玩物丧志。张志和不服气，与妻子争辩起来——

张：玩点小麻将又怎么啦，用不着那么上纲上线吧？人嘛，谁没有个业余爱好什么的！

妻：人是有爱好的，但哪个像你这样为麻将疯狂？

张：麻将有什么不好？你不玩当然不晓得其中滋味，只知道瞎咋呼。

妻：那你说麻将有什么好？

张：好处多了去啦！一可怡情消遣，二可交结朋友，三嘛——嘿嘿，还可以发点小财呵！

妻：发财？打麻将发财的事没有听说过，被麻将搞得倾家荡产、妻离子散的倒大有人在！春眠不觉晓，处处闻“和（hú）了”；夜来“呼啦”声，家破知多少？你打了五年麻将，艰苦创业的干劲儿丢光了，家里的存款输光了，借债不还把亲友得罪光了！这可真是“麻将桌上说‘赢钱’，听取‘输’声一片”啊！

张：……

妻子仿拟唐朝孟浩然《春晓》诗句和宋朝辛弃疾“稻花香里说丰年，听取蛙声一片”的词句，对丈夫所谓玩麻将“一可怡情、二可交友、三可发小财”的狡辩进行讥讽和劝诫，信手拈来，妙语天成，寓庄于谐，用风趣而辛辣的话语批驳了丈夫的谬论。

## 二、仿拟成语俗话

成语、俗话，作为一种相沿习用的固定词语或句子，简洁精练、通俗易懂，为大众喜闻乐见，具有旺盛的生命力。在论辩时，有时对这些成语和俗话临时进行仿拟，推陈出新，“仿”出新意，“拟”出活力，使论辩者的论辩语言鲜明生动，更有力量。

比如，某中学初一（3）班学生陈某因视力下降，看不清黑板上的字，想调换到靠前面的座位，多次提出要求，老师总是以种种借口推托搪塞，没有答应。后来，他的家长打听到，原来那些坐好座位的同学都给老师送了礼。于是十分生气，就去找老师理论——

家长：我家孩子怎么就不能照顾一下，安排一个靠前面的座位？

老师：陈若洋虽然有点近视，但他个子长得太高，坐前面会影响其他同学。我们这么做叫“因材施教”，因他“身材较高”，所以安排他坐后排，懂吗？

家长：这是因“身材”施教喽？不过我发现，有好几个身材比他高的不也坐在前排吗？我看你是因“钱财”施教吧！

老师：说这话是什么意思？你……你不要无理取闹好不好！

家长：我当然是无“礼”取闹啦，我们确实没有给你送礼，如果有“礼”还用得着我闹吗？！

老师：……

老师以“因材施教”为借口“忽悠”家长，并指责其“无理取闹”，家长则仿“因材施教”拟“因‘财’施教”反唇相讥，仿“无理取闹”拟“无

‘礼’取闹”讥笑戏谑，并摆出“有好几个身材比他高的也坐在前排”的事实，智言巧语，绵里藏针，针砭不正之风，一语中的，那个钱迷心窍的教师自然欲辩无辞了。论辩语言新颖独特，虽平易通俗，却也形象生动，显得活力十足。

## 三、仿拟流行话语

语言具有鲜明的时代性。随着社会变革和生活变化，一些原来的话语被赋予新的内容，新词汇、新语句不断出现，经过人们口耳相传，在社会上迅速得以流行，如新民谣、新俗语，等等。在论辩中，适度地仿拟这些社会上的流行用语，自然天成，富有趣味。

比如，王友清是某法院的法官，他的同学赵鹏是小有名气的律师，虽然他们时常在法庭上针锋相对地辩论，但两人私交很好。有一次，赵鹏代理了一起经济纠纷案，主审法官正好是王友清。案子开庭审理前，有一天，赵鹏在法院门厅碰到王友清，赵鹏请老同学到酒店吃顿饭，于是两人发生了一段有趣的辩驳——

赵：老兄，今天请吃饭可是我做东，与案件当事人无关，你就给老同学一个面子吧！

王：老同学呀，你是案子代理人，你做东也不行！“吃人家的嘴软，拿人家的手短”，吃了你的饭，法律的天平就要倾斜，我这个法官就得下岗，你这不是害我吗？

赵：你呀，就是太原则了！有句话怎么说来着，“大盖帽，两头翘，吃了原告吃被告”，不就是一顿饭么，有那么严重吗？何况老兄还是个“酒肉穿肠过，佛祖心中留”的真人！

王：我是法官，还是原则点好。不讲原则，怎么能“大法袍，身上罩，服了原告服被告”？对不起啊，老弟，吃饭事小，违纪事大，我就怕“酒肉穿肠过，原则心中流”啊！

赵：佩服，佩服哇！

律师用“大盖帽，两头翘，吃了原告吃被告”的新民谣，劝法官去吃请，又以电视剧《少林寺》中“酒肉穿肠过，佛祖心中留”的台词来恭维他；法官则巧借“大法袍，身上罩，服了原告服被告”和“酒肉穿肠过，原则心中流”的仿拟语，表明态度，断言回绝，既义正辞严，言之有理，又诙谐幽默，言之成趣，使两位老同学之间的争论不至于出现不欢而散的尴尬局面。

## 四、仿拟对方言辞

在辩论中，有时抓住对方的观点、言辞中的疏漏和失误，巧妙进行仿拟，顺势反击，“以子之矛攻子之盾”，可以使反驳言简意赅、干脆利落，从而占据上风，掌握主动权。

比如，某报社群工部接群众来信，反映某酒业公司有假冒名牌商标的不法行为。记者小胡被派去调查核实，谁知小胡好酒贪杯，中了对方的“糖衣炮弹”，调查报告满篇都是不实之辞，竟称赞该公司是“遵纪守法的模范”。发现小胡反映情况严重失实，群工部黎主任同他辩了起来——

黎：小胡，这是你写的调查核实报告？

胡：是呀，群众反映的情况不太真实，这家酒厂可是我们市的利税大户，要大力保护嘛！

黎：保护他们搞假冒伪劣，欺骗消费者吗？群众又寄来几张照片，是厂长请你喝酒碰杯的场面，（递给胡记者照片）难道这也不真实么？

胡：（面红耳赤）这个……

黎：你喝了人家敬的酒，拿了人家送的酒，就昧着良心，替违法行为说话啦？

胡：（强辩）我……我酒后失察，酒后失言……

黎：（严肃地）酒后失言？我看你是酒后失语，被美酒封堵了喉咙！是酒后失责，忘记自己是个记者！是酒后失德，丢掉了一个记者应有的职业道德！

胡：……

对部下“酒后失言”的辩解推托之辞，主任用一组排比句，以“酒后失语”“酒后失责”“酒后失德”的仿拟语，对他进行严厉批评，指出他“酒后失言”的实质和后果，毫不留情，一针见血，给他当头棒喝，促其警醒。驳斥简洁有力，掷地有声，振聋发聩。

辩友们，你们在辩论时，如果能够运用好仿拟这种修辞手法，巧仿妙拟，就会使你的辩辞言之有文、言之出新、言之成趣、言之有力，辩出精彩来。

# 慧眼识破诡辩者的画皮

瞿泽仁

与人论辩时，我们常常会碰到这样的情形：明明知道对方是在作无理狡辩、瞎辩，甚至诡辩，自己却又找不到反驳的话，无言以对，好不尴尬。那么，这时候，能不能找到一件可以攻克对方之“盾”的“矛”呢？做到这一点，关键在于洞察出对方的逻辑错误——找到它，也就找到了克敌制胜的利器。

## “肠子”到底是谁的——概念不容混淆

生活中的争辩，有时候是因误会而生，而误会又因词不达意所致。其中有时还存在逻辑错误，需要你有一双慧眼去洞察。

这类错误在论辩中常见，如一次关于未成年人上网问题的辩论，正方说“我们坚决反对未成年人上网”，对方立即反驳：“请问：青少年在课余时间上网看新闻、查资料、学科技、开眼界，难道也有害处吗？”正方被驳得哑口无言。应该反对的是未成年人“毫无节制地上网”，而不是反对“上网”，正方用词不准、混淆概念，导致了辩论的失败。可见，对于一个普遍概念来说，在关键时加以限制是多么必要。

## 大山的辩解错在哪里——概念不能偷换

论辩双方所使用的概念必须指相同的事物。有时候，对方为了取胜故意偷换概念，面对这种诡辩，就需要你有慧眼去洞察其逻辑错误了。

加拿大来华相声演员大山，有一次在北京郊外开快车，车速达到每小时100公里，超出了规定的时速，结果被交警给拦截了下来。

大山故意问：“请问，按照规定，一小时行驶多少公里才可以罚款？”

交警说：“时速达到80公里就得罚款。”

大山说：“瞧，你这就不该罚我了。我开车才半个小时，还没超过50公里呢。”

交警一愣。不等他回过神来，大山又辩解开了："这样吧，在剩下的半个小时里，我只跑29公里。你们不妨跟着我，如果超过了一米，我不但认罚，还请你们吃涮羊肉！"

交警一听，哭笑不得，一时竟不知如何与他理论了。

大山的辩解不乏黑色幽默色彩，但在逻辑上，他显然犯了偷换概念的错误。在同一思维过程中，概念的内涵和外延必须保持同一性。交警所讲的"时速"，是指"以小时为时间单位的速度"。大山却故意偷换成"一个小时行驶的路程"，诡辩说他前半个小时跑50公里，后半个小时保证只跑29公里，不应该受罚。大山当然心知肚明，他跟交警在玩逻辑游戏呢。

这种偷换概念的诡辩在生活中是很常见的。一位父亲批评儿子："你太骄傲了，这样下去，会妨碍你进步的。"儿子辩解说："我是太骄傲了，生活在这阳光灿烂、天高任鸟飞的新时代，我能不骄傲吗？"在这里，儿子偷换了概念，把内涵为"自满"的"骄傲"，偷换成内涵为"自豪"的"骄傲"了。

### 难道不能和棋吗——关系不可错认

常常有这样的论辩者，故意将两个对立的概念推向极端，抹杀了两者之间存在着的中间状态，犯了错认逻辑关系的错误。

钢琴演奏家亚瑟·鲁宾斯坦，应邀来到巴黎音乐学院，负责考核学生钢琴演奏水平的工作。按照规则，考分应当限制在零分到20分之间，可是，鲁宾斯坦给每位应试者打的分，不是零分，便是20分。

学院院长见状颇为不满，便问："为什么这样打分？"

鲁宾斯坦答道："我认为只有两种情况，这些考生或者会弹钢琴，或者不会弹。"

院长又气又恼，一时却无言以对。

其实，院长是不难把鲁宾斯坦驳倒的。同一个级别的概念之间有两种关系：第一种是彼此对立，但有中间状态，如下棋有"胜、和、败"，气温有"寒、凉、暖、热"等；第二种是彼此对立，没有中间状态，如生命状况有"死、活"，自然性别有"雄、雌"等。弹钢琴的技巧有"不会、基本会、熟练、精通"许多等级，是第一种"对立有中"关系，而鲁宾斯坦误认为是第二种"对立无中"关系，只有"会、不会"，就错认了逻辑关系。

生活中类似的现象也很常见，两家公司谈判，明争暗斗、你死我活。精明的谈判者认识到，谈判不仅有“输、赢”，还可以有“两败俱伤”“平分秋色”“四六开”“三七开”，甚至“双赢”的结局呢，可不能像鲁宾斯坦那样陷入认识的误区。

## 洛克菲勒何时穿破鞋——判断不能矛盾

有一种辩解颇难识别，那就是模棱两可。这种“两可”之说隐藏了一个逻辑错误：同时肯定两个自相矛盾的判断。

据说，美国前副总统纳尔逊·洛克菲勒对一双已破旧的皮鞋爱不释手，理由是穿起来特别舒服。一次他要到英国休假，随行人员提醒他换掉那双破鞋子，他却不以为意地辩解说：“没关系，在英国又没有人认得我。”

访问回国以后，随行人员再度提醒他换掉破鞋子，他又辩解说：“那有什么关系，在美国有谁不认得我啊？”

洛克菲勒在同一件事情上，却做出两种截然不同的回答，令他的随行人员耸耸肩，一时无以应对。

虽然洛克菲勒的辩解乍一看不乏智慧，但其中的谬误却是显然的：没有人认识我，我可以穿破鞋；没有人不认识我，我可以穿破鞋。两个判断只有一个是真的，而洛克菲勒对两者都加以肯定，是不合逻辑的。如果洛克菲勒的那位随行人员也懂得这一点，他就有可能洞察主人违反逻辑的错误而加以反驳了。

生活中的论辩，类似的错误是常见的。如某家庭父亲打孩子，母亲不许打，夫妻争吵起来，奶奶出来说话了：“当爹娘的，打孩子是爱护他，不打孩子也是爱护他，都没错啊！”瞧，打孩子、不打孩子都是对的，以这种模棱两可的错误逻辑，又怎能分清是非以理服人呢？

逻辑是思维的规律，在论辩中既要把自己的话说得符合逻辑，更要有一双洞察逻辑错误的慧眼，抓住对方的逻辑破绽，才能在论辩中戳穿对方的诡辩、稳操胜券。

# 公诉人庭前预测答辩的途径和方法

刘同权

随着庭审制度的改革，公诉人能否对被告人及辩护人提出的观点及时、准确、客观、有力地进行答辩，直接关系到出庭公诉的成败。因此，做好庭前预测工作显得十分重要，这也是一名优秀公诉人的基本功之一。下面就庭前预测答辩的途径和方法谈谈自己的看法：

## 一、在开庭前开展对重大、疑难案件的模拟辩论

由于重大、疑难案件本身的特点，为确保公诉质量和效果，我们坚持庭前开展模拟答辩活动。即在案件汇报的基础上，由承办人作为控方，其他同志为辩方，根据案情由辩方提出辩护观点，让承办人进行认真答辩。由于对同一案件各人的认识能力、业务水平不同，分析理解的角度有差异，因而提出的“辩护观点”相对全面和富有针对性，从而起到集思广益的作用，有助于公诉人发现“新”的辩护观点，掌握较全面的辩护动态，做到胸中有数，防患于未然。

如某丝绸厂选茧车间工人王先益等6人盗窃车间干茧（价值10万元）大案，其作案方式是利用工作上的便利，白天上班时将干茧放置于靠天窗墙边，晚上从天窗进入盗走，并以报损形式填平损失茧数向厂里报账。公安机关以犯罪嫌疑人涉嫌盗窃罪移送审查起诉，科内讨论时大多数同志认为其行为更符合职务侵占罪的特征。因为主体是企业工作人员，盗窃对象是企业财物，客观方面利用了工作上的便利，为盗窃创造了条件，且在厂里以报损的方式填平了所盗的干茧数。他们深夜盗走干茧只是其完成侵占行为的一种手段。双方将道理越辩越明，最后此案以职务侵占罪起诉，法院以此罪作出了有罪判决。

## 二、在比较薄弱的证据上充分准备

由于案发时间、环境、侦查人员的业务水平、具体案情等多方面原因，导致证据的质量有高有低，有力证据与薄弱证据并存的现象十分常见。而辩

方往往对薄弱证据抓住不放，以此寻找作为无罪或罪轻辩护的突破口。因此我们也常常将此作为准备的重点，十分注意分析整个案情，包括发案原因和案发情况，从中挖掘薄弱证据与其他证据之间的内在联系、因果关系等进行综合归纳运用，使证据之间形成锁链，以证明犯罪行为确系被告人所为，从而确保公诉的成功。

如吴松华强奸未遂案，吴酒后在雷雨交加的晚上 11 点钟窜到同厂女工方某家，对其进行摸捏，并将方某按倒在床上扯掉方某的裤子欲行奸淫。因方某极力反抗，吴心慌逃走。此案被告人始终只承认有调戏行为而无奸淫意图，且称女方是熟人，调戏时半推半就。又因为是强奸未遂，故作案现场没有精液等物证，案中只有被害人陈述，证据十分单薄。承办人受案审查后即到发案地察看现场，发现从被告人宿舍到被害人宿舍，相距两重院子及一个过道，有 400 余米，经调查又了解到受害人在吴逃走后光脚跑到同厂女工李某家向李哭诉了被害经过，当晚在李家睡的。补充了这些证据后，承办人胸有成竹，在法庭上条分缕析：（1）在雷雨交加漆黑的夜晚，吴冒雨摸黑 400 余米窜至单身女子家，有作案动机；（2）虽然作案情况没有第三者知道，但被害人逃到女工李某家并向李某哭诉被害经过的情况，与李某的证词及方某第二天向公安机关报案陈述的情况互相吻合，证明了被告人的犯罪行为；（3）方某深夜赤脚跑到李某家哭诉被害情况，案发自然，且双方从无恩怨，排除方某以损害自己的名誉为赌注而对被告人进行陷害的可能性。此案起诉后，法院当庭对被告人做出有罪判决。

## 三、从犯罪嫌疑人的辩解和翻供中进行预测

由于犯罪嫌疑人在案件中的特殊地位，与案件的处理结果有着直接的利害关系，因此他们在作有罪供述的同时，常常会作无罪、罪轻的辩解，甚至会出现翻供。而有些辩护律师也往往会在犯罪嫌疑人的辩解、翻供的基础上，形成相应的辩护观点。

如储某送故意伤害案，基本案情为：身材高大的储某送发现自家的一只鸭子因吃被害人储某炎家稻田里的水稻被被害人击打，便与其扭打在一起，多次将被害人甩倒在地并压在其身上，造成被害人脾门血管破裂后大失血休克死亡。案件发生后储某送一直辩称自己没有伤害的故意，之所以与其扭打只是想出出

气，没有拳打脚踢，并不想真心伤害被害人。针对这一情况，承办人意识到庭审中这将是答辩的重点。经过仔细审查案卷材料和到案发地勘察走访，发现储某送看见鸭子被打后，气势汹汹地从家中追出百余米后扑向被害人并与其扭打，虽经旁观者多次劝阻和拉开，但储某送仍倚仗其身强体壮，三次将身体羸弱的被害人储某炎摔倒在地并挤压在其身上，因而其伤害的故意非常明显。当然，储某送此时没有想到具体要伤害到什么程度，因而是一种混合故意。另外，这种“打架”是非法行为，不同于体育竞技场上运动员之间的合理碰撞。

不出所料，庭审中本案辩护律师在储某送辩解的基础上提出了被告人没有伤害故意的辩护观点。由于有了准备，这个观点得到了有力的驳斥。

因此，在审查起诉阶段，案件承办人要充分注意犯罪嫌疑人的辩解和翻供，对此要精心研究，反复推敲，理清思路，分析原因，进行预测。在此基础上制定对策，必要时补充证据，做好答辩准备。

## 四、在庭前与律师的接触中做有心人

控辩式的庭审方式决定了辩方律师是公诉人的主要对垒方，而律师介入诉讼时间的提前给公诉人创造了与律师接触了解的机会。律师在进行查阅、摘抄、复制本案诉讼文书、技术鉴定材料等工作中与审查起诉的案件承办人接触时，可能会有意无意地谈到自己对案件的看法。这时，承办人就要做有心人，这些“看法”极有可能就是律师的辩护观点，应该进行分析预测。

如一起特大盗窃案中，承办人在依法听取辩护人的意见时，辩护人认为储某有自首情节。据此承办人根据本案的事实和证据对被告是否有自首情节进行准备。庭审中有关人员充分阐明储某是在侦查机关掌握了其部分盗窃事实，并在其销赃时，人赃俱获的情况下将其现场抓获的，属被动归案，因此，其行为根据《刑法》和有关司法解释，不属于自首。辩护人听后没有反驳，即默认了公诉人的意见。

古人云：“凡事预则立，不预则废。”对庭审辩论可能引起的争论焦点，多从辩护人的角度提出疑问，认真估计几种可能性，多问几个为什么，做多种应变准备，做到宁可备而不用，不可用而无备。实践证明，只要考虑周密一点，问题设想多一点，难一点，根据理由找得足一些，答辩成功的概率就大一些。

# 交际指南

JIAOJI ZHINAN

# 成功交际，从“心”开始

彭　萌

生活在一个充满机遇和挑战的时代，我们怎样做才能获得这种“与人相处的本领”，赢得好人缘呢？笔者认为，成功交际，要从以下四“心”开始。

## 一、要有自信心

自信是一种感觉，这种感觉是建立在相信自己有某种能力的基础上。自信心是与人交往的前提，只要有了自信心，你就能与他人大大方方、从从容容地交往。

何莉来自贫困山区，由于家境不好，内心十分自卑，平时不敢大声说话，总觉得自己是只“丑小鸭”。这不仅妨碍她的人际交往，而且影响了她的学习。辅导员阳老师了解她的情况后，在一个周末的晚上，与她进行了一次长谈。老师告诉她“自卑像一根受了潮的火柴，任你怎么擦，也燃不起希望的火花”，鼓励她千万别低估了自己：“其实你是一个很不错的女孩，优点很多的，比如学习认真、生活俭朴、吃苦耐劳等。只是让自卑蒙住了眼睛，你并没有看到自己的优点而已。尺有所短，寸有所长，你不善言辞，但你能写啊，文章就写得很不错嘛！哦，对了，下周系里有个文艺晚会，我想请你写个晚会主持词，可以吗？”“我能行吗？”何莉怯怯的，有点迟疑。“你不试一下，怎么知道自己不行？”阳老师热情地鼓励她，“我相信你能行的！”何莉鼓起勇气接受了。

受到鼓励的何莉如期交稿，阳老师看后，连声说好。经过精心修改，主持词被晚会采用后效果相当好，主持人连忙打听是“何方高人所写”，并说“学校广播台正缺少这样高水平的撰稿人”。阳老师热情地向他们推荐了何莉。这样，何莉就成了学校广播台的特约撰稿人，并很快进入“角色”。

通过在广播台的锻炼，何莉发现自己原来真的不比别人差，人也变得越来越自信了。从此以后，在同学和老师面前，那个内向自闭、寡言少语的“小女生”不见了，取而代之的是一位开朗活泼、热情大方的“大才女”，她的交际圈越来越大，人缘也越来越好了。

“梅须逊雪三分白，雪却输梅一段香。”一开始，何莉是因为家庭条件不好，而一直被自卑感笼罩，觉得自己像一只丑小鸭，不敢在人前抛头露脸。经辅导员开导和鼓励，她到广播台锻炼，她发现，原来自己也有不少亮点，自信找到了，人缘也随之好了起来。

## 二、要有诚实心

常言道：“人无信则不立。”诚实是人们交往的基础。在人际交往中，维系人与人之间的感情和友谊，重要的不是技巧而是诚实。拥有诚实心的人，一生都可以得到真诚的回报和馈赠。

叶世贤 1993 年大学毕业后，到了一所中学做教师。家里因为供他上学，变得特别困难。有一次，他父亲要做胃切除，需要一万多元手术费，这对当时的他来说无疑是一笔天文数字，他身上没有，只有向同学借。他打电话给高中同学王晓说明了情况后，王晓很爽快就借给他三千元，并对他说：“世贤啊，借钱给你我放心。记得上高中的时候，有一次，同寝室的张宏，在期中考试前一个星期，从教导处把数学和英语试卷偷了出来，当时因为你的这两门课成绩好，张宏就请你帮他做题目，并且承诺期中考试考好了，他父亲给他 500 元奖励，分给你一半。这对于当时来自穷山村的我们来说，可是一学期的零用钱啊。我们都有点心动了，但是你就没有帮张宏做试卷，并且把这件事情告诉了班主任。高中三年里，你在我心目中一直是个诚实守信的人。”后来他又向几个同学借钱，居然没有一个驳他的面子，他体会到了诚实的力量！

2000 年，他冒着极大的风险借了 20 多万元下海创业，这些钱只有 8 万元是银行贷款，其余 10 多万元都是向朋友、同学、同事借的。因为在生意场上，他毅然保持着自己的诚实，三年后他成了一家电器公司的老板。他的诚实守信，为他的顺利创业和后来的事业成功打下了基础。如果一开始他就是个牛牛哄哄皮皮癞癞的人，恐怕没有人会借钱给他，即使借了也不会那么爽快吧！

拥有一颗诚实心，也就是拥有了一笔巨大的财富，它是看不见的资本，关键时刻却能迸发出神奇的力量。可见，在人际交往中，诚实心能赢得好人缘，好人缘能换来好运气。

## 三、要有同理心

所谓同理心，是指在人际关系中，能够体会他人的情绪和想法，理解他人的立场和感受，并站在他人角度思考和处理问题的心态。拥有同理心的人，在交际中往往更容易获得他人的信任，赢得别人的尊重。

刘嘉和王路同为佳艺装饰公司设计员。刚进公司时，相互间竞争，由于一个客户的原因，两人产生了误会，虽同在一办公室，但彼此关系却不融洽，一直不冷不热的。

前几天，刘嘉接了个业务，为一对准备结婚的青年设计新房装修方案。熬了几个夜晚，刘嘉终于把装修的方案设计好了。这不，周一上午，客人前来看图样，他兴冲冲地把设计方案拿给他们看，谁知他还没有介绍完自己的设计意图，客人就横挑鼻子竖挑眼，说起了设计方案的不是，门厅玄关、客厅吊顶、卧室窗户如何如何，说得设计方案几乎一无是处。刘嘉没想到客人如此挑剔，一时面红耳赤，满脸窘态，不知如何是好。

见此情景，坐在一边的王路连忙走过去，拿起刘嘉的设计图对客人解释说："门厅是住房的'第一张脸'，方寸之地自有玄机。作为连接室外室内的一个过渡地带和缓冲空间，它既要有很好的使用功能，又要有较高的审美要求。所以你们不能只考虑美观而忽视实用……""还有卫生间……"针对客人的质疑，王路解释得很细心，刚才还面有愠色的一对新人听后连连点头。"当然，这只是设计初稿，你们有什么意见尽管提，刘设计师一定会为你们提供最好的设计方案。"王路见客人情绪缓和了许多，就说，"你们可以坐下来，充分地交换意见嘛！"

回过神来的刘嘉向王路投去了感激的目光……从那以后，两人冰释前嫌，成了一对工作上的好伙伴，生活中的好朋友。

平时关系不融洽的同事拿出的设计方案，遭到顾客非议和质疑时，王路并没有幸灾乐祸，落井下石，而是尽力维护同事的利益，出面解围，使事情出现了转机。王路积极主动地站在别人的立场，想他人之所想，急他人之所急，这种在交际中表现出的同理心，最终让他赢得了信任和友谊。

## 四、要有宽容心

宽容是人际关系的“黏合剂”和“润滑液”。宽容，我们给了别人一个机会，也就给了自己一个机会。若斤斤计较，寸土必争，不善于体谅他人，势必会影响和阻碍人际交往的顺利进行。

刘伟和谢华在大学里是“情敌”，关系一直有点疙疙瘩瘩。毕业后，两人进了同一家公司，谢华在市场拓展部，刘伟在行政办公室。尽管不在一个部门，但肚量不大的谢华人前人后还是说了刘伟不少坏话，什么刘伟在大学里风流成性，什么好斗逞能，打人闹事被学校处分啊之类子虚乌有的事，在谢华嘴里说得有鼻子有眼的，公司里很多不明真相的员工因此对刘伟都有点“另眼相待”。

一年后，刘伟调任市场部部长，成了谢华的上司。谢华想到自己平时对刘伟的造谣诽谤，担心刘伟会借机报复，给自己穿小鞋，为此心神不宁，惴惶不安。谁知刘伟不但没有对谢华进行打击报复，相反大会小会、人前人后经常夸他脑子活，点子多，能力强，干劲足，并放手让他去拓展业务。刘伟的宽容心让谢华心服口服，工作积极性更加高涨，放弃了偏见和妒忌，主动地帮刘伟出谋划策，成了他工作上得力的助手。当初那些准备看他俩“好戏”的员工也被刘伟的宽容大度所折服，大家齐心协力，整个市场部的工作搞得有声有色。

对与自己心存芥蒂的部属，刘伟不借机打压排挤，而是待之以宽，容之以量，励之以行，从而避免了一场两败俱伤的“窝里斗”，实现了“双赢”，刘伟这种宽容待人的交际之道值得我们借鉴学习。

“交际之道，在乎一心”，亲爱的朋友，请你做个有心人吧！现实生活中，良好的人际关系需要用“心”去建立和维护，有了自信心、诚实心、同理心、宽容心，我们的人际交往就会更加和谐，更加美好。

# 把握好交际的“底线”

王国安　李含冰

随着人与人之间交往的不断增多，对一般人来说，虽不能在交际中要求有多么精彩的表现，但也要讲究交际的质量，至少要把握好交际的“底线”。

## 给他人好心情

时下，在城市正流行一种新时尚，叫作“好心情共享”。人们在交际中，注重把握自己的心态和情绪，共同营造轻松、快乐的氛围。反之，用自己的不良情绪“污染”他人的心情，就会不受欢迎，以至在交往中被慢慢“淘汰”出局。

表妹小雯是一家企业的白领，在外面在家里常有不称心的事情让她烦恼不已。然而，每当她去接待客户，或者到公共场所参加社交活动，或者应邀和同学、朋友、同事们小聚时，她都会把自己的烦恼深藏心底，把笑容挂在脸上。从不和别人说一句自己的烦恼，也从不皱着眉头叹气。而是满腔热情，高高兴兴，总是和大家聊着令人愉快的话题。有她在，大家就会有一份好心情。她用她的快乐感动着身边的每一个人，同时也淡化了自己心中的烦恼，在送给他人快乐时自己也得到了一份快乐。因此她受到了大家的欢迎，身边的朋友也越来越多。

表妹的一位女同学却和她恰恰相反，每当有机会和他人小聚时，不管是老朋友还是新朋友，也不管是在什么场所什么氛围，那位女士总是向别人倒着自己心中的苦水。本来大家都很忙，都不轻松，好不容易找个时间凑在一起，谁知酒杯未端，卡拉 OK 未唱，风景照未拍……没完没了地听她的“控诉”，弄得大家都没了心情。后来，大家觉得和她在一起太累，也就很少有人邀她和应她之邀而小聚了。这使她感到孤独和苦恼。

其实，日常生活中每个人都有大大小小的烦恼，都在自己的心中压着几分沉重。人们之所以喜欢交际，目的之一就是想从交际中获得一份快乐，从而淡化自己心中的烦恼。本来自己的心中就已经很压抑了，谁还愿意从别人那里再受“污染”从而加重自己的“心脏负荷”呢！送人一份好心情，是交际中最基本的要求。

## 不以貌取人

在人的交际中，有涵养的人是不会以貌取人的。因为只注重一个人外表而忽视其“内质”，常会让人在交际中深受其害。

我有个朋友是出租车司机，在一次婚宴上接触到一位“款爷”。那人一身名牌服装，脖子上戴条小手指粗的金项链，发型讲究，墨镜高档，说话语气“特爽”。更让人“扎眼”的是，各种“卡”掏出好几张。“款爷”主动递上名片，说他非常喜欢交友。要雇朋友给他出车一个月，每天出不出车都照付打车费五百元，比正常的雇车费多了二百元，一个月结算一次。我的朋友对如此优厚的条件并未动心，没有被他的“高档外表”所迷惑，觉得付这样高的打车费“不大正常”，当即拒绝。

那“款爷”又打起另一个出租车司机的主意，那位司机被“款爷”的“气魄”所动。结果，二十多天后，“款爷”被警方抓获。原来此人是个人贩子。那个司机不但白给他出车二十多天，一分钱打车费都没拿到，按正常的开出租车收入他也损失了五千多块钱，而且还“沾光”受到警方的调查，同时被同行们耻笑，真是苦不堪言。警方透露说，那身“行头”是“款爷”的一种“道具”，其中那条大金链子是镀金的，各种“卡”都是假的……

现实生活五光十色，人的内心也复杂多样。因此，在交际中一定要“耳清目明”。一张名片，一个拎包，一身服装，一辆小车……曾让许多人在交际中中了“埋伏”、打了败仗。因此，当我们在与陌生人接触时，一定要在心中亮盏“红灯”，问自己一句：“我了解对方多少？”

## 给人一个“台阶”

在人与人的交往中，有时双方会形成一种特殊的关系，比如：一方做错了什么事情，愧对另一方；一方欠另一方的钱，而且久久未还……即便是这样，在交际中有理的一方也要善待另一方，给人一个“台阶”，不可以“逼人太甚”。

我的一位同事十年前和一个女孩处对象时，遭到邻居无意中的“语言破坏”，结果有情人未能成为眷属。在生活中这是一种很不容易能被人谅解的事。尤其是同事后来虽然结婚了，但一直很不幸福。为了躲避同事一家人的责备目光，邻居只好搬到了外地。谁知前不久一个偶然的机会，那位邻居来沈阳办事，恰好在一家企业的办公室里与早已调来做主任工作的我的同事相遇。同事如同见到了阔别多年的老朋友一样，热情相待。尤其是他没有当着同办公室人的面，说出一句让邻居无地自容的话。中午我的同事还在食堂安排邻居吃了午餐。这让心有愧疚的邻居更加感动和不安。邻居回去后给我的同事打来电话，对当年的“可恨”之举做了深刻的自责，对我同事的宽阔胸怀表示敬意。

与此相反，小民曾把一万块钱借给了同学，说好一年后偿还。可是同学做生意赔了钱，两年也未还上。小民不好意思去他家讨要。在一次酒宴上相遇时，借着多喝了几杯的“酒劲儿”，当着众人的面，向同学要钱，而且用十分尖刻的语言羞辱同学，强迫同学当着大家面，给他写下“还款保证书”，并要求同学在“还款保证书”上“明誓”：如再不能按时偿还，就如何如何……同学受此羞辱心中痛苦不已，不久便患了精神分裂症。小民也因此受到众人的谴责。

在生活中，由于特殊的原因，一时做错了什么或者失信违约，也是无法避免的事情，人无完人嘛。因此，在与这样的人交往时，不可“以长击短”，“穷追猛打”，那样只能是对双方都没有好处。我们在交际中要做到得饶人处且饶人，给人一个台阶下，把握好交际的“底线”。其实，公众场所既是展示一个人的修养、品位的大舞台，同时也是映照一个人素质高低的一面特殊的“透视镜”。

在交际中，还有很多影响交际的因素，比如“平等”“诚信”等。我们现在是生活在一个交际内容丰富的社会里，只要我们在交际的时候注意这样一个交际原则：就是在交际时多想想，准确把握好交际的“底线”，我们的交际是会成功的。

# 人际和谐不妨试试四个“多一点儿”

胡　伟

一位哲人说，人生的美好，是人际关系的美好。其实，和谐的人际关系不仅是身心健康、生活幸福的重要保障，也是事业成功的法宝。

那么，如何创造和谐的人际关系呢？

## 甜美微笑多一点儿

微笑是友善的信号，它可以温暖人心，给人好感。爱微笑的人永远都受欢迎，所以纽约一家大百货商店的人事主管说：“我情愿出高价雇用一个脸上总是带着可爱微笑的、连小学都没毕业的女职员，也不愿雇用一个满脸冷冰冰的博士生。”

丽云作为财务人员，在公司里独用一间办公室。起初，为了能够在工作上早一点干出成绩来，她将自己关在封闭的办公室里，很少与公司里其他人来往。慢慢地，她感到难言的寂寞和孤独，尤其当听到其他同事的聊天和欢笑声时，心里更是羡慕。怎样才能融入同事当中呢？通过认真观察公司里人缘最好的同事媛媛的一言一行，她找到了急需的答案：面带微笑地向每一位同事问好。于是，丽云从每天跨进公司大门的那一刻起，脸上就呈现出甜美迷人的微笑，并且和遇到的每个人都亲切地打招呼：“你好！”这样做的效果非常明显，别人也都对她报以微笑和招呼。丽云的工作环境开始改变，她和大家的关系渐渐变得融洽起来，许多同事都成了她的好朋友，其中几个还成了她的“闺中密友”。现在的丽云，每天都能体会到工作和生活的乐趣，再没有寂寞和孤独的感觉了。

丽云的经历恰好说明，甜美的微笑是人际交往最好的润滑剂，是人际交往中一盏永远不灭的绿灯。既然微笑对于我们每个人来说并不需要花费什么代价，我们又何必吝惜它呢？其实，没有谁能轻易拒绝一张笑脸，我们要想搞好人际关系，就该做到“微笑待人”。相反，冷漠呆板的表情，是人际交往的巨大障碍，仿佛在告诉别人“离我远点儿”，人家见了自然就会尽量回避。

## 主动热情多一点儿

我们常有这样的感受：在寂寞的旅途中，倘若自己对身边的旅客主动一点，热情一点，马上就会打开僵局，大家在一起或打牌，或聊天，这一路将谈笑风生，充满愉快，路程也仿佛缩短了许多。反之，一路上难免沉闷无聊。这说明，人际和谐需要主动热情，消极被动只会让自己孤立封闭。

小张以前从不主动与人打招呼，他总是等着对方先招呼自己，他想：人家都没有和我打招呼，我干吗要理他？于是，每次遇到熟人的时候，他或者低着头或者只点点头，就彼此擦肩而过了。大学毕业那天，每个同学都有几个好朋友依依惜别，恋恋不舍，只有他一个人孤零零的没人理。参加工作后他依然故我。在众人眼里，小张是一个清高冷漠的人，因此他几乎没有朋友。其实小张也渴望友谊，只是不懂要主动与人交往的道理。有一天，他在宿舍门口遇到了同事小李，看到对方满面春风的样子，就随口问了一句：“李哥，是不是有喜事啊？”小李兴奋地回答说：“是啊，我马上就要结婚了。”“需要帮忙吗？”小张客气了一句。没想到，小李还真的请他帮忙了：“小张，你的钢笔字很漂亮，帮我写写喜帖行不？”“行，举手之劳嘛！”小张爽快地答应了。事后，他和小李成了不错的朋友。尝到了甜头的小张，从此像变了一个人似的，经常主动地和人家打招呼，热情地与人交往。如今的小张在单位里已是很有人缘的小伙儿了。

小张前后境遇的变化告诉我们，人际交往中，多一些主动热情，人家就会给你同样的回报，你的人际关系也会随之和谐起来，你的天地将更加广阔，所谓“朋友多了路好走”。而消极被动，“守株待兔”，则会错过许多不该错过的朋友，人际交往也必然举步维艰。须知：冷漠待人，人家回赠你的也不会是温暖。

## 交往次数多一点儿

人际关系，是在交往中建立、发展和深化的。一般说来，人际和谐的程度同交往次数是成正比的。常来常往，人际关系就容易密切，反之，即使是亲朋好友，关系也会淡薄疏远。“远亲不如近邻”说的就是这个道理。

吴康是一所重点中学的英语教师，平时教学任务繁重，毕业两年来和同学之间很少走动。吴康因工作需要一直想买一台电脑，那天，他忽然想起自己大学时同寝的兄弟周林好像就在一家电脑专卖店当销售经理，于是便给周林打电话，希望他能帮自己参谋参谋。不料周林在电话里对他很冷淡，简单敷衍两句就挂了电话。郁闷至极的吴康想了好久才明白：虽然同在一个城市，自己这两年却几乎没和周林联系，现在有事了才想到人家，难怪人家有意见。醒悟后的吴康决定立即弥补自己的错误，多和这位老同学联系。开始的时候，周林对吴康几天一个问候电话，周末必定登门拜访的改变还有点不习惯，但毕竟彼此是老同学，没啥解不开的疙瘩，两人的关系更加亲密了。当然，以后吴康有什么事周林也都会尽心帮忙。不仅是和周林，吴康与其他同学之间也常来常往。大家时不时举办个同学聚会，其乐融融，同学感情自然也变得更深厚了。

俗话说，“交情交情，常交才有情”。吴康与周林关系的前后变化说明，想让人际关系变得和谐起来，最简单却有效的办法就是交往次数多一点儿。不仅是同学，亲戚、朋友、同事乃至邻里之间也要经常走动，相互关照。只有这样，彼此关系才会亲密融洽，办起事来才能顺利方便。那些习惯于“平时不烧香，急来抱佛脚”的人，注定会让自己陷入无人理睬的尴尬境地。

### 真情付出多一点儿

平衡原理是人际交往中一个重要原理，谁也不能只向对方索取却不付出，而“一分耕耘，一分收获”，只要你能真心付出，对方被你的真情所感，彼此之间很容易就建立起亲密和谐的人际关系。

王会大学毕业后，应聘到了一家广告公司工作。公司规模很小，连老板在内还不到10人，办公条件也很差，只有一间阴暗的办公室，几台陈旧的电脑。与实力雄厚的大公司相比，他们太缺乏竞争力了。果然，王会来这里还不到一年，公司的经营已濒临绝境，员工们一连几个月领不到工资，大家纷纷跳槽而去，最后只剩下了老板和王会两个人，老板动情地对王会说：“真是委屈哥们儿了！”王会反而开导老板：“什么也别说了，只要你的公司开一天，我就一天不离开这儿。”没被任何困难吓倒的老板，被王会的话感动得热泪盈眶，就这样，他们成了患难与共的铁哥们儿。在他们两人的共同努力下，公司的经营状况逐渐有了改善，随后公司不断地发展壮大，短短四五年时间，就跻身于当地广告业十强之列。如今的王会已成为公司的股东之一，而他和老板的友情也经受住了时间的考验，越来越深了。

有一首歌唱得好，“世间自有公道，付出总有回报”，可以说，利人就是利己。王会的事例充分说明，要实现人际和谐，密切人际关系，乃至赢得人生的成功，为别人真心付出是必不可少的因素，无论是“雪中送炭”，还是“锦上添花”，都好过如“铁公鸡”“玻璃猫”般“一毛不拔”。那些不肯付出、自私自利的人，只会让自己人际交往的温度降至冰点。

俗话说：“天时不如地利，地利不如人和。”人和，才能万事兴。要构建和谐社会，首先需要我们建立起和谐的人际关系；要建立和谐的人际关系，我们为何不试试以上的四个“多一点儿”呢？

# 低位——初涉世者成功交际的最佳“姿态”

贯志敏

年轻人涉世之初，往往有一种“初生牛犊不怕虎”的闯劲。这固然很好，但往往会表现出“舍我其谁”的霸气，让人难以接受。殊不知，论经验我们是学生，比年龄我们是小辈，于情于理我们都应谦恭些，以低位切入这个新的交际圈里。这样才能在交际中不断提高自己的“人气指数”，努力实现自己的理想和抱负。

## 沉稳于事，低位待人

有些人新到一个单位，总是担心别人不了解自己，太急于表现自我，一开始就想鹤立鸡群。且不说许多人都有的“排外意识”让你受不了，单就中国人讲究资历、论资排辈的习惯，就可以使你不小心成了“出头鸟”。所以，初到一地，一定要沉下心去，谦虚地当好“学生”，低位待人，团结新环境中的人，以求得事业的开拓。

小敏大学毕业后在镇上教书，很快成了学校的教学骨干，并担任年级组组长、教研室主任。在他的努力之下，学校的高考成绩成为全市第一。因此受到县委领导的赏识，被调到县委办公室作秘书。按理说，小敏在新环境下应该能够游刃有余，可他年轻气盛，总是保持他那份所谓“知识分子”的傲气与清高，在同事面前，特喜欢炫耀自己，展示昔日的辉煌，弄得大家关系很是紧张，一时间被领导冷落，去做值班工作。后来他慢慢地悟出道理，以谦虚的低姿态与同事交往，逐渐培养自己处世的灵慧，学了大量从政、交友的知识，并投入农村调查，为领导撰写了数篇有分量的调研论文，竟然登上了《中国改革》《领导科学》《中国农村经济》等中央级报刊上，反响巨大。很快，他做了县委书记的文字秘书，并被提拔做政研室主任。领导和同事对他的表现都十分满意，认为他交际“定位”准确，懂规矩，讲层次，善为人。

## 以静制动，灵活运筹

世上最难测的是人心，最复杂的是人与人之间的关系。但是纵然人际有凶有险，只要自己不失为人之格，分清善恶，予善者用对善者的交际法，予恶者用对恶者的交际法，说白了，来点“平衡术”。

性格刚直、稍有内向的教师寒梅因为深爱这个职业，从教的第一天起，就把“特级教师”当作她的奋斗目标。她一直兢兢业业，年年都有好成绩。可是，个别由于贪牌好要而疏于教学的教师和平庸之辈就看不惯了。找些话题在校长那儿打小报告，说她只知道教学生死记硬背，只知道讲课布置作业，不注重素质教育，不重视创新思维。校长找她谈话，她有苦难言。一次，寒梅辅导的高二班两位学生的作文竟在全国“新概念”作文大赛中得了二等奖。个别教师想方设法证明那稿子是寒梅老师替学生写的，把抄好的稿子署名检举到大赛组委会。寒梅毫不声张，把组委会发回的调查信送到校长办公室，请领导调查取证。寒梅用自己的行动证明了自己的清白。尽管她时时有打击、压制摆在面前，她从不争执，从不声张，从不惧怕，而是靠自己的实力来说话。35 岁不到，寒梅终于破格晋升为“特级教师”。

## 隐忍历练，水到渠成

一些涉世之初的年轻人总想一开始就在交际场应对自如，却不知“真经”的练就需要千辛万苦才可得到。精明的人总是善于把真本事藏起来，表现出对同事的无比羡慕，忽略自己的优长，在不断提示自己的过程中取得同事或领导的认同，进而使自己更加成熟练达。

笔者曾有一位朋友小吴，大学毕业后分到县政府办公室作秘书，因为功底浅只安排他搞一些收发之类的事务。谁都知道，文化人最瞧不起没文化少文化尤其是没有能力的人，这就使得小吴很有难处。加之要在仕途圈子混好，必须要有个人实力。小吴申请援了藏，在西藏锻炼之隙，他猛攻书里书外，体悟人间冷暖。3 年后，他再回办公室，就显得特别“老到”，凡事都知道进退，写的材料血肉丰满，有逻辑，更合领导个性，成为一号“写手”。小吴以他的实力、水平博得了领导的器重，以他圆融的处世获得了同事们的好感。后来，他荣升为办公室副主任，又向他心中的“主任”迈进了一步。

# 年轻人，教你悄悄走进领导的心

傅　辕

在单位里，有些年轻人好像从心里鄙夷走近领导的行为。如果不是向领导交报告、送文件，他们很少走进领导的办公室坐一会儿，和领导交谈一阵。殊不知，这样做会失去在领导面前展示自己的机会，失去一个让领导全面认识自己的机会。其实，聪明的人应该以平常心去面对领导，接近领导，走进领导的心。

## 一、关心领导生活

作为领导，他肩上的压力和心中的孤独往往是无法言喻的。例如：他在事业上取得了成功，却付出了健康；他在人们眼前是成功人士，却不得已抛弃家庭的亲情。因而，领导也需要关怀。尤其是来自下属朋友式的关怀。赵渝是政府机关的职员，一次，科长家需要保姆干活，找了几个，科长都不满意，很为这事发愁。赵渝知道后，就帮忙找来一位干过保姆的亲戚，介绍给科长。一个月后，科长很满意，赵渝也因此受到科长的器重。一年后，办公室主任退休，在科长的推荐下，赵渝当上了主任。可见，一件很细小的事，往往会影响和改变一个人，至少，它会缩短你与领导之间的心理距离。不要觉得这是在溜须拍马。其实，当你的同事、朋友需要帮助时，你不也一样尽心尽力吗？

## 二、不拘小节交往

年轻人，过于注重自己在领导面前的自身形象，总摆出一副严肃正经的样子，谨小慎微，滴水不漏。时间一长就会拉大你与领导之间的距离，这也是唯“工作论”的表象。工作上当然得兢兢业业，私下里不妨放松放松，和领导叙叙生活里的逸闻趣事，袒露出年轻人的活泼幽默，也是借机展示“本真的你”。这种亲近之举，能让领导加深对你的印象和了解，须知，这是信赖的一种前提。刘军大学毕业后进入一家旅游公司，小伙子业务很棒，平日里不拘小节，每向领导汇报完工作，就陪领导叙上一阵。他思路开阔，谈吐幽默轻巧，于是就引起了领导的重视。经过一段时间考察，领导觉得他很适合做鼓动号召之类的事，就委以助理的重任，协助运筹公司里的事情。刘军不拘小节的直露，意外地为自己搭了梯子。

### 三、别怕失去人缘

当你与领导关系密切，又被委以重任，一些原先的朋友可能会疏远你，对你另眼相看，甚至会在背后散布你的流言蜚语。但是，请记住：你无法操纵别人的议论，但你可以生长出自己的智慧之果，因为在果实面前，任何非议都是站不住脚的。你要成功，就不要畏于人言，只要你凭借自己的能力和才华能胜任职位，流言就会云消雾散，朋友就会重聚在身边。小田头脑灵活，下得一手好棋，领导也爱下棋，一闲下来就要和他过几招，有时下去视察也要把他带上。同事们就议论纷纷说小田快要提升了，小田也发现人们看他的眼光变了，心里有些顾虑。后来，小田走上了领导岗位，人们都说他是以棋为媒，他心里暗暗发誓，一定要干出个样子来。最后，他通过自己的才能使他领导下的科室年年获得上级的好评。这样一来，人们对他的看法都改变了。走进领导的心，与领导密切关系，是正当的交往，更是推荐自己的机会。

### 四、坦然面对私约

你接受领导的私约，单位里可能会传言说你要被提拔了。这时候，你是否会因此打退堂鼓，委婉地寻找借口推辞呢？不要忘了，领导观察一个人，考验一个人，不一定都放在正式场合中。因为在正式场合里，每个人都正襟危坐，都面目“模糊”，只有在不经意的氛围里，一个人才能呈现出他的目的性和为人做派。你是光明磊落还是阿谀奉承，要相信识人者是自有眼光的。同时，和领导私晤，是展示你本真面目的机遇，也是领导认识发现你的机会。

综上所述，常常有些年轻人牢骚自己“怀才不遇”“领导一只眼睛看人”等。其实，领导生活中观察的范围是有限的，领导面对的是一个集体，让他考虑的因素很多。在竞争中，首先要看你有没有勇气坐到领导的面前，展示出你在工作中不为人知的那一面。也就是说，你要给领导一个充分认识你的机会。这就要求你放下“清高”的架子，慢慢地走进领导的心。

# “博弈论”在人际交往中的运用

田永明

夫妻俩看电视，一个喜欢看足球，一个喜欢听音乐，出现怎样的情况呢？想来大致有三种情况：一是两人争执不下，你想看足球，我偏不让，我想听音乐，你偏不同意，于是干脆关掉电视，谁都别看；一是你看足球，我到其他地方听音乐，或你听音乐，我到其他地方看足球；一是其中一方说服对方，两人同看足球或同听音乐。在人际交往中，也经常会发生这种情况。研究这种情况有一种理论叫“博弈论”。它的研究者，美国著名的数学天才约翰·纳什（生于 1928 年），由于与另两位数学家在非合作博弈的均衡分析理论做出了开创性贡献，对博弈论和经济学产生重大影响，获得 1994 年诺贝尔经济学奖。有人把博弈论引入人际关系，认为人们之间的相互矛盾和相互冲突的关系，实际上就是一种博弈关系。矛盾冲突的结果有三种情况，博弈也有三种类型：即负和博弈、零和博弈和正和博弈。下面我们根据这三种关系来解释并说明人际交往中的一些问题，也许对我们在交际交往中有一定启发。

## 一、博弈的三种类型及特点

1. 两败俱伤的“负和博弈”。生活中经常会出现这样的情况，在交往时，由于相互的冲突和矛盾，不能达到统一，交际双方都不让步，最后使交际活动不能展开，结果是交际的双方都从中受损，两败俱伤，“博弈论”把这种情况叫“负和博弈”。如上面所举的例子，夫妻俩如果互不让步，干脆关了电视，这样造成的后果是，你的心理不能得到满足，我的感情也有疙瘩，对双方来说都受到损失；双方的愿望都没有实现，剩下的只能是夫妻两个生气冷战，从而对夫妻感情造成不良影响。

由此不难看出，交际中的“负和博弈”，从双方交锋的结果看，都没有所得，或者所得小于所失，其结果是两败俱伤。交际中的“负和博弈”，只能加大双方矛盾，使双方失和。交际发生“负和博弈”，如果是初次相交，便会因为两败俱伤而不再交往；如果是朋友，也会因不断发生“负和博弈”而逐渐疏远；即使是夫妻，经常性出现“负和博弈”现象，感情自然会因之受到严重影响。

2. 吃掉一方的“零和博弈”。有两个人合伙做生意，一个有钱出资金，一个有神通疏通关系。在共同努力下，他们的生意很红火。那个有神通的人便起了歹心，想独吞生意。于是，便向出资者提出还了那些资金，这份生意算他一个人的。出资人当然不愿意，因此双方僵持了很长时间，矛盾越来越尖锐，最后诉诸公堂。那个有神通的人不愧有神通，他在两人开始做生意时，便已经给对方下了套，在登记注册时，只注册他一个人的名字。虽然出资人是原告，却因对方早就下好了套而输了官司。结果，他眼睁睁让对方独吞了生意而没有办法。这便是一种典型的“零和博弈”。

从博弈双方来看，有神通的人是占了便宜，他的所得正是出资人的所失。这对神通广大的人来说，是一时得利，但他这样的作为，从更深一层意义上看，所得也不一定比所失小。这个独吞别人利益的人，会让更多的人不愿意也不敢和他交往，最终也会失去那份很好的生意。可见，交际中如果用欺诈行为而侵占别人的利益，可能会因为欺诈而失去更多。试想一下，有谁愿意和一个一心只想着独吞好处的人交往呢?

3. 互利互惠的“正和博弈”。我见到过一对夫妻，妻子半身瘫痪，勉强可以拄着拐走路，丈夫是个聋哑人，但他们生活得很幸福，譬如他们要去城里，丈夫由于不会说话，当然不好交际，所以，他们要到城里买东西，这个聋哑丈夫一定会骑着三轮车，让妻子坐上，到了要买东西的地方，妻子坐在三轮车上谈价钱购货物，他们从来没有发生过争吵。为什么呢？就是他们虽然都有残疾，但却能默契配合，所以他们生活得倒也十分快乐，这倒不是因为他们有多大本领，而是因为他们能互相补充缺陷：妻子走路不方便，丈夫却有强健的身体；丈夫不会说话，妻子却有很好的口才。由于他们能取长补短，所以他们在一起仍生活得十分幸福。这种在交际中能互利互惠的情况，便是“正和博弈”。

可见，所谓“正和博弈”，就是指博弈双方的利益都有所增加，或者至少是一方的利益增加，而另一方的利益不受损害，因而整体的利益有所增加。

## 二、交际中“博弈论”的应用

由上可以看出，“负和博弈”和“零和博弈”是一种对抗性博弈，或者称之为不合作博弈；而“正和博弈”是一种非对抗性博弈，或者称为合作性博弈。不难看出，人际交往中要取得良好的效果，一般不应采取对抗性博弈，而应该制造非对抗性博弈。要运用“博弈论”创造交际新局面，应注意以下几个方面的问题：

1. *别使性负气，要胸怀开阔*。交际中之所以经常会发生“负和博弈”现象，大多是因为心胸狭窄、遇事爱使性负气而生。上面所说的夫妻俩看电视，由于意见不统一，个人爱好不同，如果都不容对方的爱好和自己的爱好冲突，便使性负气，关掉电视，这样无疑会造成夫妻关系不和，最后弄得两败俱伤。如果当时双方有一个做一些让步或牺牲，最起码可以满足一个人的意愿，如果另一方也能胸怀开阔一些，容纳对方的爱好，就能使夫妻感情更和谐，生活更美满。

在生活中经常会听到这样的话：“这事我办不成，谁也别想办成”，“这东西我得不到，谁也别想得到”。以这种想法进入交际情境，必然会出现上面那对夫妻那样的僵局。如果不使性负气，而是互相谅解，与人交往采取合作态度，便能使有矛盾和冲突的交际活动朝好的方向发展。例如有一对夫妻，他们一生相敬如宾，妻子在煮鸡蛋时，每次都先吃了蛋白，把蛋黄留给丈夫；而丈夫每次煮鸡蛋时，便自己吃了蛋黄，把蛋白留给妻子。丈夫去世前，说自己想吃鸡蛋时，妻子便煮好了鸡蛋，先剥掉蛋白，将蛋黄给丈夫，丈夫说他想吃一次蛋白。妻子说，你不是喜欢吃蛋黄吗？丈夫摇摇头说，其实他并不喜欢吃蛋黄，只是看妻子爱吃蛋白，所以才每次都吃蛋黄的。这时，妻子告诉丈夫，其实她本来爱吃蛋黄，只是因为见丈夫每次都愿意吃蛋黄，所以她每次才吃蛋白的。这个故事很美丽，读后让人动容。其实，在交际中，如果遇到了和交际对象发生冲突的时候，能像这一对夫妻那样，为对方着想，采取一种和对方合作的态度，就一定能避免交际中“负和博弈”的发生。

2. *别见利忘义，要心地善良*。如果说人际交往如博弈，那么“零和博弈”现象的发生，大多是因为有人见利忘义，想吞并对方的利益，这样的人从一开始便心存恶念，自然便会用欺诈手段来达到自己的目的。

不久前，看到电视上报道过一个诉讼案件，甲借乙三万元。后来，乙由于家人有病，等钱急用，便向甲讨要。但乙多次找甲，都被其用各种理由推脱。乙十分着急，便发火了，甲见状，便一把抢过借条，撕得粉碎，从窗口扔下去，并对乙说，现在谁也不欠谁的了。乙知甲想赖账，便急忙在楼下拾了那已经被撕碎的借条一片一片对起来，可是甲根本不认账。最后只好诉诸公堂。可是甲却说自己已经还给了对方，所以才撕了借条，弄得乙有口难辩，法庭也一时无法判断到底是谁想讹谁，因为甲说得也有道理，如果不给对方钱，乙怎么会让他将借条撕掉呢？后来，法庭觉得甲的理由虽然有合理之处，但毕竟还有许多疑点，所以又做了大量调查，最后乙又提供了一通录音电话作为证据，说明乙曾在向甲讨要欠款时发生过争吵，再加上甲夫妻俩在说什么情况下给钱时口径并不一致，最后判甲败诉，归还乙的钱。

像甲这样的人，本来就不是善良之辈，他在人际关系博弈中，本来就想赖账不还，达到把别人财产归自己的“零和博弈”的目的。不过，最终让法庭抓住了他的狐狸尾巴。像甲这样的人，当然不会有人愿意和他交往。所以说，在交际博弈中，一定不能见利忘义，而应该心存善良，这样，才能不因为在交际中发生“零和博弈”而失去人心。

3. *别自以为是，要互谅互让*。人和人正常交往，无论在什么情况下，都要相互适应，在发生矛盾和冲突时，如果能从对方的利益出发，能从良好的愿望出发，便能使交际达到互利互惠的“正和博弈”状态。就是说，人际交往，要达到效益最大化，就不能以自己的意志作为和别人交往的准则，而应该在取长补短、相互谅解中达成统一，达到双赢的效果。例如上面所说的夫妻俩，如果有一方能让步一些，达成一致，都看足球或听音乐，如果能心平气和，双方会共同享受足球的刺激或音乐的美妙，在观看足球或欣赏音乐时使双方同时得到快乐，如果能达到这一点，不是更好吗？

总之，交际就是一种特殊的博弈。如果想让交际向健康方向发展，就必须以非对抗的方式，采取合作的态度，使交际呈“正和博弈”状态，从而收到良好的交际效果。

# 学会调节不良的交际心理

陈　强

生活中有许多人不善交际，没什么朋友，在交际中总吃亏，就像一首歌唱的“为什么受伤的总是我”。这是什么原因呢？其实，这都是他们不良的交际心理在作怪。那么，究竟有哪些不良的交际心理需要调节，我们又该怎样调节呢？

**一、套用固有的印象。**一般情况下，我们往往喜欢把人按职业、年龄、性别等属性分成若干类，对每一类人都会有一种概括的印象。如我们对教师的印象是有学问，为人师表，而对罪犯的印象则是凶残，没有人性；等等。当我们刚接触一个具体的人时，便会不自觉地去套用这些印象，得出认识结果。这种方法极易使我们“认错人”。

李琴从南方偏远山区来北京打工，在一家服装厂工作。一个人出门在外，感到生活无依无靠，举步艰难。比她大两岁的同事林燕，对她特别关照，再加上也是来自南方，所以李琴对她特别信赖。她俩租了一间小屋，同吃同住情同手足，不分你我。李琴在银行办了一张卡，每次发工资除了留下必要的生活费用外，都存到卡上，有时还托林燕替她去存。一晃两年过去了，李琴打算把辛辛苦苦攒下的钱寄给妈妈，没想到把卡插入取款机才发现，她的卡里只有可怜的10元钱了。更出乎她意料的是，作案人竟是被她口口声声称为亲姐姐的林燕。李琴人地生疏，不敢接近老板，也没敢相信那些巴结她的小伙子。她认为，只有像自己一样年龄的女孩才是可以信赖的。林燕文静友善，而且也同样来自南方，她不正是这样的女孩吗？于是，她用对这一类女孩的好印象往林燕身上一套，便给自己找了一个危险的“好朋友”。

调节方法：凭对一类人的印象结识某一个人，其结果并不可靠，要善于对认识对象进行多角度全方位的了解。

**二、闭着眼睛随大流。**人在行为上不由自主地和多数人保持一致的现象称为随大流。尽管这样会给你省去很多思索的时间，但这样做不一定是件好事。

如果不顾主客观条件的限制，闭着眼睛追着别人的背影跑，倘若别人是错的，你会跟着一道错。即使别人是对的，轮到你也未必有好果子吃。因为你的条件和别人总是有区别的。

小冯就“美美”地吃了一次随大流的亏。近几年农村搞产业结构调整，不少人见种杨树苗来钱多来钱快，便一窝蜂似的都去种杨树苗，一个县级市竟种了十几万亩。媒体的炒作，政府的宣传和支持，还有那么多人的大行动，把小冯也卷了进来。他认为，上上下下都认准了种杨树苗能赚钱一定错不了。于是，他放下在城里的工作，倾尽所有凑了 20 多万元，回乡也种起了杨树苗。他的计算器告诉他，两年收回成本再净赚 100 万元没问题。他就要成为富翁了！可颇具讽刺意味的是，一年多过去了，当地销售树苗的市场空间小得可怜，调往外地又不服水土，更没有市场。他跟着别人瞎起哄，人累了个半死，20 万元也打了“水漂”，真是“赔了夫人又折兵”。

调节方法：在产生这种心理但尚未付诸行动时，一定要冷静，要给自己留出思考的时间。至少要好好想想这个“大流”适不适合你，适则“随”，不适则不“随”。即使你觉得很适合你，“随”起来也该小心翼翼，以免付出代价再后悔。

**三、频繁地发泄情绪。**发泄是一种缓解心理紧张、减轻心理压力的方式。但生活实践表明，过多地发泄情绪和故意糟蹋自己的人缘没有什么两样，因为它不但起不到心理保护的作用，还会使人际关系越来越糟糕。

刘丽脾气很大，稍不如意就会大发雷霆。背地里骂领导，当面骂同事，无事生非地经常找茬儿，抬杠拌嘴更是家常便饭。开始人们都因怕她，与她相处时不得不小心翼翼。后来，便没人拿她当回事了。遇有空闲，常有好事者招她发泄，拿她当猴耍。显然，对刘女士来说，这种处境真的很糟糕。

调节方法：你应丰富自己的生活情趣，可以看看电视，上上网，下下棋，多方面寻找生活中的快乐。要确信你周围的人都是神圣不可侵犯的，万不可拿他们当发泄对象。如心中真的有不快需要发泄，可以采取对物发泄的方法。如把可乐瓶子踩扁，使劲踢，或是把一把废纸撕碎扔掉，等等，都能较好地缓解过激情绪，当然这种发泄最好是在没有别人的情况下。

**四、欺软怕硬，专拣软柿子捏。**人受了委屈时，习惯于找一个比自己弱小的对象当出气筒，以发泄心中的不满。受到挫折后你有气憋得慌，理应向给你挫折的人撒，可你却慑于对方的强大，而把攻击的矛头转移到弱者身上。这样，不仅对避免再受挫折没有好处，反而把同情你的人也得罪了。

某超市经理王军捏软柿子的心理就比较严重。老板批评他失职，他便拿员工撒气；老板娘与他要刁，他也拿员工撒气；在家被太太骂个狗血喷头，他还是拿员工撒气。要是赶上工商、卫生、消防等管理部门在商场查出点什么，他的下属就更倒霉了。就是这种捏软柿子的不良心理，使王军遭到了下属的一致唾弃，经常有人找老板告他的状。

调节方法：当你受挫时，要勇于承认挫折的合理性，多检讨自己的不足，并努力使之得到改进。

**五、受群体情绪驱使而失去理智。**一个人单独与人交往时，凭自制力，往往不会做出什么出格离谱的事。但如果和同伴们在一起，当大家的情绪出现激动时，个人的情绪也往往会受到感染，失去个性和理智。

小史和他的几个工友一向很老实，从没有人想过在他们身上会发生痞子行为。去年春天，因劳动时间过长，劳动强度太大，待遇偏低的问题，他们曾与老板有矛盾。后来，小史与工友们结伙找老板理论，因口角而动手，大家争先恐后，一气之下狠揍了老板一顿，还砸了他的办公室。事后，小史他们后悔极了。可他们平时见了恶老板就怕得要死，真的没想到结起伙来竟又这么胆大妄为。

调节方法：无论你在群体中处于什么位置，都要依伦理道德法律行事，决不能盲目地跟着群体情绪跑，决不做群体情绪的应声虫，在群体情绪激动时更要保持自己的理智。

**六、妒忌与偏见。**在日常工作中，我们分析他人成败的原因时，往往会不经意地产生偏见。如谈到别人的工作成绩时，一般容易想到的是客观条件如何有利，而忽视其主观因素；谈到缺点与失误，又往往对人家的工作态度和工作能力大加怀疑，而不会考虑到客观条件的恶劣。总之，就是不能让人家露出“好脸”来。嫉妒与偏见，不仅学不到别人的长处，还有因看低别人而引起摩擦的可能。

小徐是一名很优秀的青年教师。不管是教学成绩、市优质课评选，还是撰写教育科研论文，在全校都是一路领先的。尽管如此，肖健在小徐身上却没发现什么值得学习的东西。他认为，小徐在工作上总挑好班教，成绩当然要好；

发表了几篇论文呢，也不过是“瞎猫碰上死耗子”。如果小徐知道肖健对他如此鄙视和嘲讽，他们的关系就很难相处了。

调节方法：见贤思齐，多用放大镜发现别人的长处，并尽力迎头赶上，而决不把别人的缺点挂在嘴边。这样，久而久之，就不会有类似的偏见了。

当然，所有的不良交际心理都需要调节，你调节好了，就朝出色的交际又迈出了坚实的一大步。

# 交际中怎样尽快赢得他人的好感

武　鹰

人们在初次见面的最初几分钟内所形成的第一印象非常重要，正如信纳法·佐宁博士在《沟通》一书中所写的："当你在社交场合遇到陌生人时，你应在最初几分钟内把注意力集中到他的身上。很多人的际遇会因此而改变。"那么，初次见面怎样才能尽快赢得他人的好感呢？

## 一、要谦和低调

2005 年 8 月 24 日，中国作家协会原党组书记、副主席金炳华在吉林省文联有关领导的陪同下，去看望德高望重的老作家许行先生。金炳华一走进客厅，就赶忙上前搀扶身患重病却坚持站起来欢迎他们的许老，说："许老，您坐下。您坐下我们才能坐。"当许行把自己的两本小小说专集送给金炳华时，金炳华恭敬地请许老题字。许行在其中一本小小说集的扉页上，用工整遒劲的字体写道："请金炳华领导指正。"金炳华非常欣赏许行的字，连声称赞"您的字写得好，写得真好"，并谦和地说："哎呀，许老，您怎么称我为领导啊！"因此，许行在第二本著作上题字时把"领导"改为"同志"。金炳华接过书说"这很好，这很好"，并表示回北京后一定好好拜读。离别前，金炳华把自己的名片送给许行，非常认真地说了三遍："许老去北京一定给我打电话，我接待您。"许行依依不舍地目送金炳华一行下楼，金炳华也频频回首致意。

尊重和平等是人际交往的基本原则，一个人无论地位多高、名气多大，只有遵循这一原则，才能赢得对方的好感，才能使彼此在和谐的气氛中推进交际。上例中，金炳华看望老作家许行，丝毫没有摆作协领导的"官架子"，从他搀扶许行坐下，到请许行题字时不让称他为领导，再到临行时的频频致意，都表现了他对许行的极大尊重，显得谦和低调、平易近人，所以他们的初次会见虽然是短暂的，却给许行留下了深刻的印象。

## 二、要善于倾听

有人曾向日本的“经营之神”松下幸之助请教经营的诀窍，他说：“首先要细心倾听他人的意见。”松下幸之助留给拜访者的深刻印象之一就是他很善于倾听。一位曾经拜访过他的人这样记叙道：“拜见松下幸之助是一件轻松愉快的事，根本没有感到他就是日本首屈一指的经营大师，反而觉得像是在同中小企业经营主谈话一样随便。他一点也不傲慢，对我提出的问题听得十分仔细，还不时亲切地附和道‘啊，是嘛’，毫无不屑一顾的神情。见到他如此的和蔼可亲，我不由得想探询：松下先生的经营智慧到底蕴藏在哪里呢？调查之后，我终于得出结论：‘善于倾听’。”

豪斯先生曾是美国威尔逊总统在位时的副总统，工作非常出色。他的一位朋友曾经这样评价道：“豪斯先生一向是一名好听众。他之所以能够出任威尔逊的副总统，可能多半是出于他对人恭听的态度。因为豪斯和威尔逊首次在纽约会面时，他就用善于恭听的策略赢得了威尔逊的好感，同时也引起了威尔逊对他的注意。”

心理学研究表明，越是善于倾听的人，与他人关系就越融洽。因为倾听本身就是对对方的一种褒奖，你能耐心倾听对方的谈话，等于告诉对方“你是一个值得我尊敬的人”，对方又怎能不积极回应、表现出对你的好感呢。上例中，松下和豪斯虽然都是“大人物”“名人”，但他们在交际中丝毫没有摆出傲慢的姿态，而是恭听他人哪怕是初次见面者的谈话，使对方禁不住油然而生好感。他们这种愿意耐心倾听他人谈话的谦恭姿态，对于交际中想赢得好感的人是一个有益的启迪。

## 三、要投其所好

1981 年 1 月，钟南山已在英国一家大医院公费进修了 3 个多月，取得了一些阶段性研究成果。为了了解国外先进的医学临床技术及最新情况，他很希望到罗伯特教授主持的非常著名的一家临床医院去看一看，如果能跟着他一起查查病房更好。经过艰难的预约，罗伯特教授同意见见，但只答应给钟南山 10 分钟时间。

在去罗伯特办公室的路上，钟南山突然想起一件事，此前自己曾在图书馆里读过罗伯特教授写的《医学生的伴侣》一书，于是他决定从这本书上找点突破口。他按照约定准时进了教授的办公室，罗伯特教授头也不抬，一边玩弄着手中的钢笔，一边再一次提醒钟南山说，预约的时间只有 10 分钟。钟南山没有客气，他直接说："我读过你的一本书，《医学生的伴侣》，觉得它很有意思。"罗伯特放下了手中的笔，抬头望了一眼钟南山，有些怀疑地问："你真的读过我的这本小册子？"钟南山做了肯定的回答，然后对书中一些主要观点进行了简要的评述。

听了钟南山的评述，罗伯特教授一下子兴奋起来，对他产生了极大的兴趣，丢下了手中的笔，摆出了一副长谈的架势。钟南山见此情景，很及时地问了一句："我们不是只有 10 分钟吗？"罗伯特连忙摇头说："No，No，I'm sorry.（对不起，不受限制）"于是，两人从预约的 11 点一直谈到 12 点 15 分，而后，罗伯特又应钟南山的请求，同他一起去查看了病房。临别时，还把一本刚刚出版的精装本《医学生的伴侣》送给了钟南山，并且在书的扉页上认真地题了字："To Dr. Zhong，from Robert"（赠给钟医生，罗伯特）。

美国哲学家杜威曾说过："人们最迫切的愿望，就是希望自己受到重视。"无论是声名显赫的大人物，还是名不见经传的普通人，每个人都有或多或少值得骄傲、为之自豪的事情。在交际中，如果你能抓住对方的"得意之处"，投其所好，那么对方就会因受到重视而迅即对你产生好感。上例中，面对限时谈话 10 分钟的不利情形，钟南山随机应变，从对方的得意之作《医学生的伴侣》谈起，一下子便引起了对方的好感，结果不仅大大突破了双方约定的谈话时间，而且还使对方满足了他的其他要求，从而顺利地达到了交际目的。

需要说明的是，"投其所好"技巧运用的关键在于首先了解"其所好"，然后才能有的"投"矢，否则会弄巧成拙。当然，这跟投人所好以谋取私利不能相提并论。

在交际中，尤其是在初次见面时，要想赢得别人的好感，交际者除了要注意以上三点外，还要态度真诚，举止大方，如果能做到这些，你们的交际就有了一个很好的开头，就会为以后交际的良性发展打下一个很好的基础。

# 应对冷面孔，要有热心肠

关 槐

在人际交往中，我们有时会有意无意得罪了对方。我们再和人家接触时，就会出现“热脸蛋贴上冷屁股”的现象——遭遇对方的冷面孔，让你坐冷板凳。这种冷战状态持续下去，对双方都很不利。怎样办？应对冷面孔，要有热心肠；而且应对不同人的冷面孔，又要有不同的方法。

## 用实绩证明自己

王冠平是七年前师范大学中文系毕业来到一所重点高中任教的，他教了一届毕业班，高考成绩还不错，于是胆子也越来越大了。学校有些规定，比如上课必须要有规范的书面教案，课堂教学必须井然有序，学生的作业必须全批全改，等等，他渐渐不遵守，喜欢别出心裁：他的教案写得非常简单，教学资料做成卡片，带几张卡片就去上课；他的课堂上，交谈、演讲、论辩、表演，应有尽有，热闹非凡，美其名曰“茶馆式教学”；学生的作业他也很少批改，而是叫学生互改。李校长觉得他是个不守常规的“另类”，认为凭他那一套拿不到高考的高分。而李校长的儿子李沛恰好在王老师的班上，李沛的妈妈天天对丈夫唠叨，要给儿子调班。听到这个消息，王冠平去向校长请求不要把李沛调走，李校长一脸不悦，最后竟不客气地对王冠平直言：“李沛不调班也可以，但全班学生高考语文成绩不好，就请你下课！”从此，用冷面孔对他，“以观后效”。

面对上司的冷面孔，王冠平不急不躁，他主动上李校长家拜访，既是向校长汇报，又是同家长沟通。他详细谈了自己的教改方案，耐心解释：重视口语表达能力的培养不会降低，只会提高高考语文成绩。李校长夫妇对王冠平了解多了一些，冷面孔也少了一点。王冠平的“另类教学”很受学生的欢迎。他所教的课，每次考试平均分都名列前茅。他有几名学生还在全国性的刊物上发表了文章，而他自己也不断地在权威刊物上发表文章。高考以后，他所教的学生高考考分居然是全市第一，李沛写出一篇接近满分的高考作文，被选登在报刊上。市教育局授予王冠平“教学明星”的称号。李校长对他也刮目相看，冷面孔变成了嘴都合不拢的笑脸，还要总结推广他语文教改的成功经验呢。

面对上司的冷面孔，王冠平以热诚沟通让上司理解，干出实绩以证明自己。他敢于打破常规，敢于创新，“走自己的路，让别人去说吧！”最终他靠自己的努力，获得了成功，得到同仁的敬重，领导的重视，社会的认可。“没有金刚钻不揽瓷器活。”希望朋友们以实绩证明自己时，一定要实事求是，量力而为；如果过高估计了自己，证明不了自己，上司的冷面孔改变不了，你就得下课了。

### 用诚心消除误解

小于调到老干处工作不久，就发现一种奇怪的现象：处里的同事热衷于接待、引进社会上的医药人员，让他们来单位搞“义诊”，推销药品、保健品，这样每人每月就可以拿到几百元的回扣。大家都不热心去做本职工作，老干处的工作任务完成不好。小于单独找处长谈了自己的意见：社会上的“义诊”大都是非法的、骗人的，目的是推销他们的产品，其中很多是假冒伪劣的东西。老干处不能纵容不法分子去骗我们的离退休干部！从销售药品中拿回扣，也是不合法的！老干处长接受了小于的意见，立即叫停“义诊”售药活动。同事们得知拿不到“外快”是小于造成的，恨透他了。第二天上班，小于面对的是同事们的冷面孔，听到了一大堆风凉话：“人家清高，不食人间烟火！”“咱怕钱扎手，别人不怕，工会、医务室把咱们的活动接过去，照样拿回扣。”

小于感觉很委屈，但并不急于辩白，他知道当时若辩白必然苍白无力！他从那以后，每天就早早上班，主动打扫办公室，还为大家打开水，甚至为同事们泡上一杯热茶。坚持了一段时间以后，他和同事们的关系才逐渐缓和下来。

这时候，小于平心静气地向大家解释：“谁不想多挣几个钱呢？可是卖药拿回扣，眼下正三令五申禁止，查起来我们可就吃不了兜着走喽！”果然，过了几天药政部门就来调查“义诊骗人事件”，工会、医务室受到查处。同事们说多亏小于坚持原则、及时刹车，都夸起小于来。

小于因抵制不正之风而得罪了同事，但他相信误解是暂时的，终究会得到大家的谅解。他并没有急于向同事作解释，而是以热心的服务去拉近与同事的心理距离，当大家怨气消解之后，他再找机会，心平气和地向大家作出解释。诚心消除了大家的误会，使同事们的冷面孔恢复了热忱的微笑。

### 用热心弥补过失

刘海法由重庆市调到四川省绵阳市工作，两地相距1000余里。他一家在绵阳人地生疏，举目无亲。刘海法在绵阳有一个小学、初中时的老同学叫陈奎，他几经周折，终于找到了在绵阳工作的陈奎。虽然有20多年没有见面了，但他们一见如故，亲热得很，真是“老乡见老乡，两眼泪汪汪”啊！从那以后，刘海法家里缺什么东西，陈奎就主动地送来，遇到什么困难，如孩子转学、户口迁移之类，也多亏陈奎帮忙解决，使得刘家很快地度过了由陌生到熟悉的磨合期，适应了新环境的工作。

刘海法是单位的技术骨干，一年之后当了研究所主任，任务越来越重，忙得不亦乐乎，渐渐地就很少和老朋友陈奎来往了。陈奎感觉到被老同学疏远了，心生怨气，再也不主动来看望刘海法了。春节期间，刘海法请陈奎全家来团年，被陈奎不冷不热地谢绝了。

刘海法意识到老朋友生气了，在给他冷面孔瞧。他作了自我反思，深深地谴责自己，不应该因为工作忙而疏忽了老朋友，但也不急于向陈奎道歉。他来个以热对冷，节假日到了，即便不登门拜访，也一定打电话去向老朋友问好。当得知陈奎的妻子出了车祸住院，他全家带上营养品和花篮去探望，趁机说明自己工作的繁忙，陈奎表示理解。刘海法又再次提起陈奎过去对自己的照顾，表示永志不忘，临走时还送了2000元钱给他妻子治病，让陈奎感动得热泪盈眶。从那以后，他们两人又亲如兄弟了。

刘海法对待老朋友的“冷面孔”，用的是“以热对冷”的方法化解的。他对老朋友虽有一时怠慢之失，但他还是不忘旧情的。他及时发现，不失时机地弥合朋友间的裂痕，用真诚挽回了友情。

这种方法很值得借鉴。用“以热对冷”的方法应对朋友的冷面孔，是很得法的。如果双方发生纠葛之后，都来个以冷对冷，互不理睬，这样长期“冷战”下去，好朋友将会变成陌路人。

当然，我们遭遇到的冷面孔还不只这几种。但无论遭遇到什么样的冷面孔，只要我们有与人为善的热心，有愿与人重归于好的诚心，有证明自己的决心和信心，“精诚所至，金石为开”，是能够让冷面孔绽开笑容的。

# 细节，为你的交际形象增辉

武　鹰　马桂华

在人际交往中，人们往往对交谈话题的选择、沟通语言的运用、交际方式的把握等问题比较重视，却忽略了交往的细节，总认为细节无关紧要，不会影响交际大局。其实，细节虽小，作用不可小觑。现实生活表明：细节，往往能为你的交际形象增辉添彩。

## 亲和在细节中彰显

某法院“一把手”陈院长到一政法院校招聘毕业生，要对100多名应聘者进行面试。他们从早上8点到下午3点没有间歇，直到把来的学生都面试完，面试期间仅吃了几块巧克力。面试时，陈院长每次提问都是以“您”开头，对应聘者特别和蔼客气。起立迎他们进去，面试完后站起来送他们。面试出来后，大家都说，这位领导和蔼可亲，能在他手下干一定错不了。

亲和是增辉交际形象的重要砝码，在交际中受欢迎的人一定是亲和力强的人。对于一个单位来说，领导具有亲和力往往最能让下属心动眼热。上例中，陈院长面试时“每次提问都是以‘您’开头”“起立迎他们进去，面试完后站起来送他们”等举动虽然看似细小，但却于细微之处彰显了他的亲和魅力，让面试者感慨、感动，并坚信在这样的领导手下工作一定会顺心顺意，大展才干。

## 眼色在细节中表露

一天，曹小姐和几个新结识的朋友聚会，吃完饭坐在一起闲谈。不一会儿，茶几上的烟灰缸便盛满了烟头、橘子皮和果核，再也无法往里放东西了。但是，大家光顾着说笑聊天，除了小曹外，谁也没注意到这个问题。小曹忙走到茶几旁，准备把烟灰缸里的东西倒掉。由于烟灰缸太满，直接端起来可能散落，有失雅观，于是小曹便找来一个空烟灰缸盖在原来的烟灰缸上，下面托着上面按着将烟灰缸轻轻拿起，走到垃圾桶旁倒掉。小曹的这一举动，引起了几位朋友的“啧啧”称赞。另一个女孩小声说了一句：“我怎么没有想到呢？”

在日常生活中，人们一般把眼里有活的人称为“有眼色”，相反则被视为“没眼色”。在交际中，有没有眼色给他人的印象完全不同，有眼色的人能够发现别人没有发现的细节，进而迅速作出恰当处理，显得反应机敏，办事利落；而没眼色的人则无法及时发现一些细节问题，当然也无法作出相应的举动，显得反应迟钝、办事拖沓。显而易见，在交际中常受到他人称道、赞许的当然是前者。上例中，小曹在别人作出反应之前，首先注意到烟灰缸已满并当即上前清理，而且处理得很巧妙，这虽然只是个细节，却表露出她是一个有眼色的人，眼里有活、行动利索，难怪她会受到新朋友们的一致赞许了。

### 关爱在细节中体现

周六下午，薛涛提着从超市买的生活用品回到单位集体宿舍，发现前不久才招录过来的大学毕业生小戴正斜躺在床上，便问：“小戴，怎么就你自己？其他人呢？”小戴嘶哑着嗓子说：“他们出去找老乡玩去了。我有点伤风感冒，浑身没劲，想休息一下。”薛涛说：“那你要赶紧吃药啊。”过了一会儿，薛涛从外面提着一个保温壶回来了，一进门就说：“我从楼下小饭馆里给你煮了姜汤，快趁热喝了，焐焐汗就好了。”小戴没想到薛涛刚才出去是给他煮姜汤，一时感动得不知说什么好：“薛大哥，麻烦您了……”薛涛笑笑说：“客气什么，咱们远离家乡父母，在外面打拼都不容易，相互照应是应该的。快喝吧，一会儿凉了效果就不好了。”喝下这碗姜汤，小戴只觉得心里和身上都热乎乎的。想到薛涛平时就对同事非常关心，在宿舍总是抢先打扫卫生、倒垃圾，虽然都是一些小事，却让小戴对薛涛多了一分亲近和敬重。

在人际交往中，谁也不愿意与自私自利的人为伍，而那些主动伸出手去帮助、关心别人的人，“人气指数”注定是节节攀升。其实，关心别人并不难，它常常体现在一些细微之处，有时只需举手之劳、只言片语。上例中，虽说薛涛给小戴端姜汤治感冒是件小事，一碗姜汤也值不了几个钱，但在小戴看来它不仅仅是一碗姜汤，而是同事薛涛对他的一片关心、关爱、关照之情，何况他远离家乡初来乍到，又怎能不让他“别有一番滋味在心头”呢？

## 素养在细节中升华

杨杨来到一个新的城市工作，想换一个新的手机号，就到移动营业厅挑选了一个号码，但是业务员告诉她，她想办理的这个卡需要本地人的身份证做担保。于是，杨杨只好让业务员给她保留这个挑选好的号码，等借到本地人身份证再来办理。几天后，已经办理了另外一种手机套餐的杨杨再次来到这家营业厅，专门找到那天帮她保留号码的业务员，说自己前两天挑选的号码不要了，可以给别人选择。那个业务员笑着说："没想到你这么认真。"杨杨很自然地说："我不想让你一直等着，也不想耽误别人用这个号码啊。"

人际交往中，一个善于体谅别人、不因自己的行为给别人带来麻烦的人，也必然能得到别人的喜爱。挑选一个手机号码先占住，可能很多人都做过，可是如果你改变当初的决定、不想用那个已经占住的手机号的时候，有没有想过专门去告诉营业厅呢？这虽然只是一个细节，却体现了杨杨善于体谅他人、注重从方便他人的角度考虑问题的良好素养。在人际交往中，每个人都这样去想去做了，就会给别人的生活和工作省去很多不必要的麻烦，而你的交际形象也会因此熠熠生辉。

## 尊重在细节中展示

张鸣从一所师范院校毕业后，分到家乡一所重点中学任教。一天，她在下班的路上遇到了一位学生家长，就热情地打招呼："柳姐，你的儿子朱涛最近成绩很稳定……"这位学生家长听到张老师如此亲热地称呼自己，还这么重视自己的孩子，很感动，和张鸣很投机地谈起了自己儿子的表现。参加工作不到一年时间，张鸣就和很多家长成了朋友，这给她班主任的工作带来了很多便利；与家长联手以后，班级的学生也非常容易管理。很多老师又好奇又敬佩："小张怎么和学生家长处得这么好啊？"原来，张鸣是在细节上下了工夫。在开家长会时，张鸣记住了每个家长的名字和在单位的职务，下次再见面的时候，就主动打招呼，谈谈他们的孩子。这样家长会认为张鸣很尊重她（他），对他们的孩子很重视，当然积极配合老师的工作了。

人们都希望受到他人的重视和尊重，这是人的基本心理需求。如何做到尊重别人，表现在很多方面，其中就包括一些细节。上例中，张鸣之所以受到家长的欢迎，就在于她开家长会时所表现出的对家长姓名、职务等方面特别关注的细节。这些细节从一个侧面展示了她对别人的重视，人际交往具有互酬性，得到她尊重的家长又怎能不“投桃报李”，对她产生好感呢？

### 周到在细节中流露

一天，小王见同事张腾的朋友来访，就过去给客人倒了一杯茶。他把茶杯放在客人面前后并没有立即走开，而是又把茶杯转了转，使茶杯把手正对着客人右手的方向。看到小王的这个动作，客人微笑着点点头。等小王走后，朋友对张腾说：“你这位同事办事很周到呀，从给我端茶的动作就可以看出来。茶杯把手正对着我的右手方向，这样我伸手就能端起来喝，不用再把右手绕过去，也不至于碰倒茶杯。”听朋友这么一说，张腾也笑了，觉得小王真是表现得很周到。

细致周到是交际成功的一大法宝，而要做到这一点并非难事，只要多注重一些细节就够了。上例中，小王为了方便对方喝茶，把茶杯把手特意转到对方右手的方向，这在别人看来虽是小事一桩，但它从一个侧面无声地展现了小王考虑问题周全、办事周到的作风，因而给初次见面的客人留下了好印象。

一位管理学大师说过，现在的竞争，就是细节的竞争。细节影响品质，细节体现品位，细节显示差异，细节决定成败。既然如此，想赢得交际成功的朋友，请不妨从细节做起。

# 人际交往中的“示弱效应”

陈剑林

美国哲学家杜威曾经说过：“人们最迫切的愿望，就是希望自己能受到重视。”而向人示弱正是一种让对方觉得自己受重视的表达方式。它更是一种策略，一种智慧。它具有疏通人际关系的积极效果，有时还能发挥变被动为主动的作用。

## 在自卑者面前示弱有助于唤起对方的自信

俗话说“尺有所短，寸有所长”，自卑者之所以自卑，并不是他一无是处，而是他只看到自己的短处，看不到自己也有别人所不具备的长处。所以，与自卑者交往，切忌一味显示自己的长处，那样只会加深对方的自卑感，而适当地示弱，却有助于对方换个角度审视自己，使其在获得自信的同时感激你的善解人意。

有一次，逸豪应邀参加一杂志社举办的作者笔会。从其他作者的交谈中，逸豪发现他们个个堪称“高产作家”，有的稿费一年就拿好几万元。相比之下，逸豪发表的文章和稿费就微不足道了，于是他不由得自卑起来，情绪一度很失落。与逸豪同住一个房间的海子了解到他的心理后，没有大谈自己发表多少文章，稿费收入多少，而是在与逸豪交流了创作体会后有意地示弱说：“逸豪，我发现参加笔会的每个作者都有自己的优势。虽然我在纪实和故事方面发表了一些作品，但在实用性稿子上，还基本上是个空白。你在这方面发表的很多，以后你就是我的老师，可要不吝赐教哟。”海子的这番话让逸豪觉得自己受到了重视，增添了自信。临别的时候，逸豪握着海子的手激动地说：“海老师，您对我的肯定使我受益匪浅，我会永远记住您的，谢谢您。”

## 在竞争对手面前示弱，有助于获得对方的支持

当今时代是个竞争的时代，身处职场，即使在同事兼朋友之间，也是既有

合作又有竞争的。既然有竞争就会有成功者和失败者。竞争成功当然值得高兴，但切忌得意忘形，在竞争对手面前摆出一副胜利者的姿态，那样无异于往对方的伤口上撒盐，只会使对方产生抵触情绪，给你的工作人为地设置障碍。要赢得对方的好感，获得对方的支持，就应善于在竞争对手面前适当地示弱，以便使对方失衡的心理获得平衡。

马涛和周政是大学同学,毕业后二人同时应聘到一家大公司从事销售工作。作为好朋友，起初二人合作得很好，但当马涛通过竞争成为销售部经理后，二人的关系就发生了微妙的变化。马涛的晋升对周政是个不大不小的刺激，他心中既有对马涛成功的不服，也有对马涛能否公正对待自己的疑虑。了解到周政的这种心理后，马涛便尽力淡化自己的晋升，仍然像以前那样，时不时约他吃饭、聊天，其间常说这样示弱的话：“周政，我要把销售这一摊子干好，无论如何离不开你的支持。在策划方面，你比我强，以后可得多给我指点指点。”马涛的示弱让周政产生了一种“英雄不以成败论”的成就感，失衡的心理渐渐获得了平衡，从此转而积极配合马涛，支持他开展工作。

### 在下属面前示弱，有助于对方爽快地接受你的安排

一般来说，对上司安排的任务，下属应该认真执行，但是由于上司安排任务时的方式不同，下属执行效果就会大不一样。如果上司口气生硬，使用一种命令的方式，下属虽然不会顶着不干，但心里也一定感到不舒服，执行的效果也会大打折扣。然而，如果上司能自降身价，在给下属安排任务时示弱一下，就会出现另一番景象，使下属心甘情愿完成好任务。

一次，某单位的计生部门接到县委通知，要求准备一份汇报材料，迎接上级计划生育大检查。计生办范主任在写材料上是个外行，便找到主管领导马书记，请他找个人写，找谁写呢，马书记想来想去，便想到了自己分管的研究室，于是便把研究室殷主任叫来。殷主任说：“计划生育方面的材料应该由计生办来写吧？”马书记露出一副为难的样子说：“可计生办没人能掂笔，把这事推给我了，让我也挺为难。殷主任，这次就算你给我个人帮帮忙，好不好？”“领导要我帮忙！”马书记的这番话让殷主任顿时有一种“自己是个重要人物”的感觉，于是爽快地答应下来并很快写出了材料，保证汇报的如期进行。

## 在嫉妒者面前示弱，有助于减少对方的妒意

俗话说“人上一百，形形色色”，在我们的周围总有一些“红眼病”患者，他们一旦发现自己昔日的同事、同学或者朋友比自己混得强，就会产生嫉妒心理。如果你发现对方与你疏远是出于对你的嫉妒，那么你不妨主动示弱一下，这样就会使对方的心理平衡一些，自觉减少对你的妒意。

小曹大学毕业分到某局机关，上班几年后还是个不起眼的小科员。后来在一位大学同学的怂恿下，他停薪留职下了海，收入今非昔比。起初他到局机关去玩时，原来关系挺铁的几个同事对他还挺热情，围着他海阔天空地闲聊。但渐渐地他发现，几位好朋友对他越来越冷淡了，有的见到他，还借故离开。小曹从几位朋友的眼神里读出了“嫉妒”二字，怎么办呢？此后，他时不时地自己做东，请原来的几个哥们儿聚一聚，并在酒桌上说出这样的话：“我之所以收入高，并不是我能力强，只是我的机遇好罢了。”“商场如战场，别看我现在的收入高些，说不定哪天会成为一文不名的穷光蛋，哪像你们坐机关的旱涝保收……”在小曹一番“示弱”的作用下，原先嫉妒的几位朋友觉得小曹虽然混得好，但没有看轻自己，于是心理渐趋平衡了，交往也如初了。

可见，在特定的条件下，适时地示弱，可以使对方有一种“胜利感”，能够增强自信心，重新找回心理平衡，使交际得以顺利进行。

# 人际交往中的“糊涂术”

高兴宇

有位叫伊吹卓的日本作家，一向认为自己很聪明，无所不能，可是奋斗了半辈子，还是乏善可陈。一气之下发明糊涂交际学，告诉人们：处理人际关系要“糊涂一点”。我国清代的郑板桥也说“难得糊涂”。其实不只是伊吹卓、郑板桥，许许多多历经风霜、洞明世事的人都这么认为：很多情况下，“糊涂”是一种机敏、一种理智，是一种优良的交际武器，如果运用恰当，可以让你赢得交际的新天地。

## 一、“我不知晓”——让你进入“绿色空间”

同事之间、邻里之间，难免会产生摩擦，如果斤斤计较、患得患失，往往会使事情越来越糟糕，而故意装作糊涂，一句“我忘了”，则会减少很多不必要的烦恼。王老师到柴校长家做客，可能是酒喝多了，说了不少对柴校长不满的话。第二天王老师后悔不已，忙不迭到柴校长家赔礼道歉。柴校长说：“我也喝醉了，你说昨天晚上你酒后失言。我实在记不清了。”其实，柴校长并没有喝醉，他用自己的“糊涂”委婉地道出了他并不在乎王老师的失礼行为，这既维护了自己的尊严，也照顾了王老师的自尊。假如柴校长不这样说的话，即使他原谅了王老师的行为，也会使两人之间产生一层隔膜，以后的交往中就不像以前那样自然了。

“我不知晓”是“糊涂”交际之道的其中一种，适用于很多种交际情形。有时当别人以为你不了解事实，向你撒谎，如果无关紧要，你也可以装作“我不知晓”，给彼此留有余地，使双方保持一个融洽和谐的关系。一位姑娘坐在咖啡店桌前，支着胳膊足足等了恋人 20 分钟。本来是怀着激动的心情按时约会，可现在她有些烦了。正当姑娘下定决心准备离开时，恋人迈着大步推门进来，看到姑娘生气的模样，他随口解释道：“真对不起，刚才王经理找我商量公务，所以来晚了。”姑娘清楚记得，昨天他还说王经理到国外洽谈生意去了。她真想说："撒谎，你的王经理不是出国了吗？你害不害羞？你究竟把我放在心上了吗？"但是聪明的姑娘并没有那样说，而是装作糊涂："噢，是吗？你真忙，忙是好事，好好干肯定会有出息，我不会为这点小事生气的。"此时的男青年脸上微微发红，他强烈地感受到了姑娘对他的信任，清楚地目睹了姑娘优雅从容的表现，他感到很内疚，下决心再也不迟到，再也不欺骗姑娘了。"我不知晓"的魅力由此可见一斑。

人在世上走一遭，在一些小是小非面前，睁一只眼，闭一只眼地不较真、糊涂点，才会善莫大焉，才不会因小失大；一个人想过得风平浪静、和和睦睦，赢得人际关系的"绿色环境"，就应该做到"糊涂"一点。

## 二、"故意出错"——帮你赢来愉快环境

"故意出错"式的糊涂交际，实是一种大智若愚。它并不是真糊涂，而是大聪明。聪明让人成功，傻乎乎会让人觉得可爱，故意出错就是将二者的优点合为一体。面对"傻乎乎"的人，即使出语木讷的人也会巧舌如簧。李先生到朋友家做客，朋友的小女孩性格内向，不乐意说话。李先生便逗她玩，他说："一个桌子总共四个角，砍掉一个还剩几个角？"听了这话，一直不爱说话的小女孩突然兴奋地说："剩五个。"然后用小手在茶桌上一边比画一边进行解释，待她把这个问题讲清楚了，又鼓起勇气对李先生问道："叔叔，我想考你个问题。一棵大树上有五只鸟，猎人用枪打下一只，还剩几只？"李先生当然知道，但他故意说还剩四只。小女孩高兴地说："错了，错了，一只都没有了。"然后给李先生讲解起来。这天晚上小女孩说了很多很多。她的父母非常高兴，对李先生充满了感激之情。在这里李先生的"故意出错"调起了小女孩强烈的说话欲望，赢得了他们全家人的好感。

愚笨的人在人际交往中，会处处表现自己的"聪明"；聪明的人则会把"糊涂"作为特定情况下的交际武器，来解决一些棘手的难题。一次，一位妇人对林肯说："总统先生，你必须给我一张授衔令，委任我儿子为上校。先生，我提出这一要求，并不是在求你开恩，而是我有权利这样做。先生，我祖父在列克星敦打过仗，我叔叔是布拉斯堡战役中唯一没有逃跑的士兵，我父亲在新奥尔良打过仗，我丈夫战死在蒙特雷。"林肯听后说："夫人，我想你们一家为报效国家已经做得够多了，现在是该把这样的机会给予别人的时候了。"这位

妇人希望林肯看在其家人功绩的面上，为她儿子授衔。林肯不是不明白，他故作糊涂，曲解本意，作出委婉拒绝。这样，既使自己坚持了原则，又不伤害妇人的自尊，把“糊涂”这一武器运用得得心应手。

## 三、“不揭盖子”——使你驶向平坦大道

是非终日有，不听自然无。对于许多琐事，就应当“糊涂”一点，懒得去理会，免得劳神伤气，自然麻烦、恼火、损失就少得多。宋朝的吕蒙正刚任宰相不久，有一位官员在帘子后面指着他对别人说：“这个无名小卒也配当宰相吗？”吕蒙正装作没听见，大步走了过去。他的随从为他忿忿不平，准备去查问是什么人竟敢如此胆大包天？吕蒙正知道后，急忙阻止了他们，对他们说：“一旦知道了他的姓名，那么就一辈子也忘不掉了。这样的话，耿耿于怀，多么不好啊！因此，不要去查问此人姓甚名谁。其实，不知道他是谁，对我并没什么损失呀？”当时的人都佩服他的气量恢宏。曾经有人向宋太宗打小报告说：“吕蒙正为人糊涂。”宋太宗说：“吕蒙正小事糊涂，大事不糊涂。正因如此，才适合干宰相。”

人处世上，事事精明至极难免神经过度紧张，时时棱角毕露难免损人伤己，睚眦必报使自己成为失道寡助的小人。在处理人际关系上“糊涂”一点的人，是比较洒脱的人，也是聪慧的人。王老师的丈夫最近一个时期，经常夜半方归，做妻子的自然不满意。可是王老师并没有正面出击，而是采取了以退为进、“不揭盖子”的糊涂战略。第一次丈夫晚归说：“单位开会了！”第二次，他说：“公司加班了！”第三次，他说：“陪客人吃饭了！”聪明的王老师知道丈夫在撒谎，可她不想把真相弄明白，任由他把这个美丽的谎言编撰下去。这种“糊涂”反而使丈夫理亏心虚了，面对妻子的信任，当他撒谎到第十次的时候，竟红着脸坦白了真相。原来他在两个月前学会了打麻将，很快便乐于此道，经常下班后邀友布方城，因此半夜才归，他说他对不起如此胸怀大度的爱妻，并表示从此“金盆洗手”不再干了。在王老师“不揭盖子”式的“糊涂”对待下，丈夫改掉了毛病。王老师可称得上是懂得糊涂之道的“交际大家”。

同在一片蓝天下，难免有“舌头碰到牙”的时候，如果太认真太较真，非去咄咄逼人辩出个你对我错，争个你高我低，只能使“故事”升级，小事变大。

如果在无伤大雅的小节上，细枝末节的小事上，“糊涂”一点，就能够从琐碎的事务中解脱出来，集中精力办大事，就能够从不必要的纠缠中挣脱出来，去争取大局的利益，这叫“两岸猿声啼不住，轻舟已过万重山”。

# 君子交绝不出恶声

方　醒

“君子交绝不出恶声”是《史记·乐毅列传》中的一句话，意思是说，君子即使同别人断绝了交往，也不说对方的坏话。

在日常生活中，人们难免会与某个人或团体产生矛盾，当这些矛盾发生之后，有的人便能以一种平和的、积极的心态来处理问题；而有的人则常常撕破脸皮，恶语重伤对方。在很多情况下，人们总是觉得既然已经与对方“交绝”，那么出些“恶声”以泄心头之恨对自己并不会有什么影响，而实际情况却恰恰相反，是否出“恶声”，不仅关乎这个人一时的名声，甚至会影响他将来的发展。

李文远性格偏激、胸襟狭小，虽然学习成绩不错，但和同学相处得很不融洽，凡是班里和系里评优，总是被排除在候选人之外。他从不在自己身上找原因，而是把责任全推给了同学、老师和学校。

李文远参加了研究生入学考试，在初试中，他的成绩在所有考生中名列前茅，按说复试时只要不出大错就可被所报学校录取。复试当天，考官看他的专业课成绩不错，就随便问了他几个问题。当问他对母校的看法时，他竟回答说，学校建校时间不长，管理混乱，授课老师水平都很差。这让在场的老师大为惊诧。考官反问他，你的成绩难道和老师的教导没有关系吗？李文远回答说，自己是一个自学能力很强的人，老师在课上讲的对他帮助不大。考官随即问，你的自学能力那么强，还要人教吗？李文远听后只能默不作声。由于这次不愉快的问答，李文远没能通过复试，失去了难得的升学机会。

从这件事中，我们不难看出，因为人们都生活在同一个社会中，一个人做的每件事都会在他身边产生潜移默化的影响，而这种影响又很可能反作用在当事者身上。

在“君子交绝不出恶声”方面，胡适先生堪为后人的典范。众所周知，胡适与鲁迅是中国文坛的两位领袖人物，在新文化运动中，二人曾是站在同一阵营中的亲密战友，然而后来却因为在文学等问题上的分歧而断绝了来往。虽然如此，胡适对鲁迅始终表示出了“最诚意的敬爱”。在鲁迅逝世后，胡适曾多次在文章中肯定了鲁迅在文学史中的地位，对于他的好友苏雪林和陈通伯对鲁迅的一些指责也能够客观地加以指正。在给苏雪林的信中，胡适写道：“凡论一人，总须持平。爱而知其恶，恶而知其美，方是持平。鲁迅自有他的长处。如他早年的文学作品，如他的小说史研究，皆是上等工作……”事实上，胡适并没有因为自己对鲁迅的崇敬而降低了身份，反而，他的这种宽容、大度、实事求是的态度却成为日后别人传颂的佳话。

嵇康是魏晋时期的著名文人，其性格放荡不羁、桀骜不驯，做事不计后果，许多行为即便是在“最风流”的魏晋时期也有些让人难以理解。山涛曾经是嵇康的朋友，二人早年与向秀、阮籍等人常集于山阴地区的竹林之中纵酒酣歌，吟诗作赋，被世人合称为“竹林七贤”。嵇康在谈及自己的交友时曾说：“所与神交者，惟陈留阮籍，河内山涛……”意思是说，世间与自己心投意合、相知很深的人，只有陈留的阮籍、河内的山涛等几人，可见二人的情谊之深。然而就是山涛这样的挚友，仅仅是因为推荐他出来做官，嵇康就写下了满腔愤恨的《与山巨源绝交书》，文中对山涛恶语中伤，全不顾及旧情。嵇康因为如此小事便与挚友决裂并“恶声”相向，虽然逞了一时的口舌之快，却给他在众人心中留下了极坏的印象，并最终导致了自己不能容于人而被杀。而反观山涛，虽然被嵇康辱骂，却依然没有忘记二人当年的情谊，在嵇康被杀后，一直悉心照料并抚养着嵇康的儿女，因此受到了后人的景仰。

在当今快节奏的生活中，随着人与人的交往日益频繁，产生摩擦和矛盾的可能性也随之增加。在这种背景下，“君子交绝不出恶声”这句古语也就显得愈加珍贵。而从某种程度上讲，“交绝”之后，不出有关对方的“恶声”何尝不等于在出自己的“美声”呢？

# 精品文苑

JINGPIN WENYUAN

# 过滤生命的杂质

杨　建

“你的身躯很庞大，但你的生命需要的仅仅是一颗心。”这是美国好莱坞影星利奥·罗斯顿的临终遗言。罗斯顿死于肥胖症，尽管抢救他的医生使用了当时最先进的药物和医疗器械，也没能留住他的生命。后来，罗斯顿的这句遗言，被医院作为警示语镌刻在医院接待大厅里。

我们可以这样理解罗斯顿的遗言，肥胖和贪欲没有什么两样，都是背负着超过自己生命里所需要的东西。身体上过多的脂肪会置人于死地，同样，生命中过盛的欲望也会将人拖入险境。

在印度的热带丛林里，人们用一种简单的狩猎方式捕捉猴子：在一个固定的木盒里装进猴子爱吃的坚果，然后在盒子上开一个刚够猴爪伸进去的小口，猴子一旦抓住坚果爪子就抽不出来了。这种狩猎方法很管用，因为人们熟知猴子的习性：不肯放下已经到手的东西。

先别去嘲笑猴子的愚蠢，冷静地审视一下我们自己，就会发现，这样的错误并不只是发生在猴子身上。人们之所以会常常感觉到举步维艰，那就和身上有太多的赘肉一样，背负太重了，之所以背负太重，就是舍不得放弃，不懂得过滤生命的杂质。

人的生命有如一叶轻舟，载不动太多的物欲和太重的虚荣。如果我们总是费尽心机地在权力的角逐、虚名的争夺、金钱的占有中不能自拔，那我们的这叶轻舟不是搁浅就是沉没，结果跟猴子没什么两样。

放弃，说来容易，可真正去做则需要极大的勇气和坚韧不拔的毅力。敢于放弃，是一种生存的魄力，更是一种良好的心态。但一个人要将生命中的杂质过滤掉，就如有的昆虫脱壳一样，既是个痛苦的过程，也是种智慧和勇气的表现。放弃并不是无奈的选择，而是一种生命的升华，是成功的彼岸。《卧虎藏龙》里有句很经典的话：当你紧握双手，里面什么也没有；当你打开双手，世界就在你手中。它给人的启示是：有所弃才有所为，有所为才有所不为。

当我们喜欢一样东西时，得到它并不是最明智的选择。如果蝌蚪总是炫耀自己的尾巴而舍不得放弃，那它永远也长不成自由跳跃的青蛙。如果幼蝉总留恋那色彩迷人的躯壳而不蜕去，那它始终唱不出动听的蝉歌。

过滤生命的杂质，舍弃心中的贪欲，生命质量才能更高。

# 个 性

付弘岩

山涧小溪，叮叮淙淙，涓涓潺潺。它没有大河的澎湃，没有瀑布的磅礴，但它纤细中不乏刚强，柔弱中颇具信念。它不怕山石的阻拦，不贪幽谷的清静，不恋百鸟的妩媚，毅然地向着大海昼夜奔流。坚毅执着是小溪的个性。

春日小雨，淅淅沥沥，朦朦胧胧。它没有暴雨的洒脱，没有秋雨的威力，但它缠绵里包容着力量，轻微里蕴含着生机。它以细腻的柔情滋润着万物，以温馨的母爱奏响春天的摇篮曲。含蓄柔韧是小雨的个性。

个性是一种独立的品格。它不趋同，不媚俗，它拥有挑战的血型、叛逆的气质、奇异的风采；它拥有自己独特的思想：敏锐的视角、超凡的见识，无论得失，无论宠辱，它都波澜不惊，一如既往。

个性是一种精神。有了它就有了自我尊严，有了生命价值；有了它就摧不垮、压不倒、追求不泯、意志不衰。是雄鹰总要高翔，是翠竹总要拔节，是种子总要破土，是金子总要闪光。

个性是一种力量。它能使你从羁绊中自拔，从无奈中奋起；它能使你放飞思想，冲出樊篱，找到属于自己的人生轨迹。个性是成功的潜动力。

个性是一种魅力。它以独特的方式展现自己，夺人耳目，昭示于人。华山以险，黄山以奇，引人流连；洞庭以涌，钱塘以潮，吸人驻足。牵挂天下寒士的杜甫，不肯摧眉折腰的李白，俯首甘为孺子牛的鲁迅，他们的个性魅力感人至深，成为民族的精神瑰宝。个性是光芒四射的钻石，美丽而永恒。

个性是一种财富。它不能被岁月带走，不能因斗转星移而磨损其棱角，不能因晨钟暮鼓而剥蚀其光泽。个性也不会被潮流卷走。东施效颦，将会亵渎个性；邯郸学步，将会泯灭个性。个性更不能被名利诱走，不能因铜臭而拍卖个性，不能因沽名交易个性，不能因屈于强权而包装个性。个性不可丢，不可辱。

个性既彰显独异又彼此映衬。高山阳刚大气，流水阴柔秀美，水的环绕弥补了山的僵直和呆板。刚柔相济，才自然和谐。月亮明媚皎洁，浮云轻闲飘移，云的烘托弥补了月亮的孤独和冷清。烘云托月，才更有意境。草原广袤宁静，骏马嘶鸣奔腾，马的点缀弥补了草原的单调与空寂。动静相间，才更有生机。因此，挺拔的白杨无须蔑视岩松的横斜，高洁的水莲不必羡慕牡丹的富贵。万物各有风采，世界才气象万千。

个性是先天的赋予，也赖以后天的塑造。那么，何不把握天时地利，不断吐故纳新、扬清激浊，让你的个性更加完美、更富魅力呢？

# 带着种子上路

杨永平

世界是道七彩的虹，社会是道七彩的虹，人生是道七彩的虹。虹的色彩缤纷美丽，虹的故事精彩动人，虹的情谊感人肺腑。

和着青春的节拍，摇着青春的橹桨，喊着青春的号子，带着青春的梦想——我们正在播种人生的七彩虹。沐浴着青春的朝阳，请——带着种子上路。

带上颗宽容的种子：宽容是开春的风，宽容是冬日的阳，宽容是黑夜的星。春风化解了僵冷的冰，暖阳焙干了潮湿的心，星光指点了回家的路。宽容是属于每一个人的小屋，小屋里有你飒爽的英姿，有你自由飞翔的梦。

带上颗坦诚的种子：坦诚是青春的舞台，坦诚是青春的韵律，坦诚是青春的驿站。舞台旋转着燃烧的激情，韵律和谐着优雅的姿态，驿站里有我们褪下的迷惘。灵魂与灵魂开始洽商，心与心开始交流，情与情开始互动，意与意开始交融。

带上颗豪情的种子：豪情是青春的一匹骏马，豪情是青春的一阕诗行，豪情是青春的一面战鼓。骏马驰骋人生的竞技场，诗行润泽人生多彩的年华；战鼓擂动人生冲锋的亢奋。折一管青春的竹笛，吼一曲决战的豪情，在阳光下爆响青春的誓言。

带上一颗拼搏的种子：拼搏是青春的本源，拼搏是青春的注脚，拼搏是青春的灯塔。源头淌出胜利的喜悦，注脚积淀失败的感悟，灯塔昭示人生的价值。挥汗如雨是青春的华彩，追求进取是青春的花园。

让我们带着种子上路，以宽容坦诚之心编排青春的舞台，用豪情拼搏之志写就青春的剧本。播下一个行动，你将收获一种习惯；播下一种习惯，你将收获一种性格；播下一种性格，你将收获一种命运；种下什么样的种子，你就会有什么样的收获。

来吧，朋友，让我们一起，带着种子——上路！

# 成熟的心灵

王　飙

成熟的心灵是那种充满禅意的宁静和明畅的心灵，她追求花的美丽却不迷恋于美丽，她追求果的馨香却不刻意于馨香，她追求目标却不痴迷于目标，她追求成功却不受困于成功；当老于世故者从心灵深处发出“曾经沧海难为水，除却巫山不是云”的感叹时，旷达的禅者却在悠然地吟咏着“千江水映千江月，千江水月共圆缺”的诗句。

成熟的心灵是永远含着笑意面对世界和生活的心灵，她知道烦恼和哀愁是一剂自己酿制的慢性毒药，能让绚烂的青春之花早早凋谢，能让旺盛的生命之树日渐枯萎；只有从容的微笑，才能像荡漾的春风让我们无时无刻不感受到天地间的勃勃生机；只有快乐的欢笑，才能像喷涌的青春之泉为我们的躯体注入无穷无尽的生命活力。

成熟的心灵是那种超越了毁誉荣辱的心灵，她明白人生的价值不会因为自我的吹嘘而增加，也不会因为他人的诋毁而减少；她懂得人生的价值犹如树的成长，只有深深地扎根大地并不断地从那里吸吮营养，才能一天天地长成参大巨木，成就天地间的伟岸雄姿；狂风的摇撼，看似吹落了树叶片片，吹折了弱枝条条。其实，它却更摇出了树的洒脱和自信，摇出了树干的韧度和硬度，摇出了树根的深度和强度。

成熟的心灵是把耕耘当事业的心灵，她知道任何收获都只能来自自己曾经耕耘过的土地，知道任何理想的大厦都只能一砖一瓦地建起；空想改变不了平庸的命运，行动才能为你敲开卓越之门；不管是多么上乘的铁矿石，不经过一次次地炼制，也成不了一把锋利的宝剑；不管你曾经是一个多么聪明的孩子，如果不敢在奋斗中经历一次次失败和挫折的锤炼，那么，在未来的岁月里也注定不会有超群的智慧和傲人的功业。

成熟的心灵不是那种充满机巧和善于钻营的心灵，她崇尚纯朴和简洁，相信老子的“不争”和“无为”之说才是智慧的灵魂；她经营人生是把它作为不朽的艺术来投入其中，她享受岁月是把每一天都当成是自己的最后时刻；她知道一个人既然可以在畅心快意中活得从从容容、洒洒脱脱，为什么还要在怨天恨地中过得苦痛落寞？快意者和失意者拥有的都是同一个太阳，不同的是一个对阳光充满深深的谢意，一个却因阳光不能独照他一人而愤恨不已。

一个演奏技艺成熟的小提琴师，他可以在任何一把小提琴上奏出美妙动人的乐曲，而一个心灵成熟的人，他可以在任何环境和条件下都能活得有滋有味、潇洒自在，都能活出鲜亮的自我、实现自我价值的最大化。一个教师对他即将毕业的学生们说：“在未来的岁月里，我希望你们能常常审视一下自己的内心深处，看看盘踞在那里的是热情还是冷漠，是快乐还是悲伤，是宽容还是愤恨，是期望还是失落，是燃烧的激情还是灰色的懊丧，是坚定不移的信念还是难以自拔的沉沦……如果你总是如前者那样的积极，那么，你就要向自己祝福，因为你已经是一个心灵成熟的人！”

# 表 达

王 飙

表达的冲动，无时无刻不像大海的波浪一样撞击着我们每个人的心灵；表达的冲动，无时无刻不像暴涨的江水一样随时都准备着决堤而出；表达的冲动，无时无刻不像挂在我们心中的一串等待着风儿掠过的风铃……

表达让生命充满激情和活力，表达让我们内在的智慧得以展现，表达使这个世界认识了我们独特的魅力，表达使我们理解了他人的内心和价值，表达让人生一步步走向了完美……

政治家通过动人的演讲，表达了自己与人民和祖国的息息相关的思想，从而赢得人们的支持，实现自己伟大的抱负和理想。

音乐家通过优美的旋律，表达了自己对生活的热爱和对命运的思索，表达了自己的灵魂与大自然母亲的亲切私语。

作家和诗人通过燃烧的文字，表达了自己对人生上下求索的灵魂，表达了自己对民族和家乡的热爱，表达了对人类的关心。

美术家通过色彩和线条，表达了自己对生命和自然之美的独特的体验，表达了自己在人生的岁月里对美好生活的向往……

表达有时像月光下潺潺的流水，悄悄地流进我们所爱之人心灵的原野，滋润着那里无数幸福快乐的花朵永远地绽放。

表达有时像一支在我们的心弦上奏响的歌谣，她常常会在另一个心灵的琴弦上共鸣，这唱和的音符之鸟能超越时空和地域的樊笼，为心灵之约搭起一座座“鹊桥”。

表达有时像一首诗，诗行里渗透了我们对未来的希望和梦想，渗透了我们的意志和决心，渗透了我们对生活的体验和感悟。

表达有时也会像疾风狂飙，把犹豫、徘徊、怯懦、悲观、妒忌、绝望和愤世的乌云吹散，还我们理性天空阳光灿烂的晴朗……

当年，被选为英国第一任女首相的撒切尔夫人在唐宁街首次的演讲中，当她说到“哪里出现了冲突，我们就要给那里带来和谐；哪里出现了谬误，我们就要给那里传播真理；哪里出现了疑虑，我们就要给那里鼓起信心；哪里有了绝望情绪，我们就要给那里带来希望……”时，“铁娘子”竟被自己的话感动得泪流满面。就在她拭泪的那一刻，广场上爆发出了长时间雷鸣般的掌声，因为人们理解了她的演说和泪水所表达的，不是一个女人的软弱，而恰恰是她的智慧和对信念的执着，表达了“铁娘子”并非一副铁石心肠。

正是表达的冲动，使司马迁忍受着屈辱创作了堪称“无韵之离骚”的《史记》，使田汉和聂耳在中华民族的危难关头共同创作了《义勇军进行曲》，使贝多芬在耳聋的情况下创作了《命运交响曲》，使达·芬奇等艺术家共创了灿烂的文艺复兴时期……正是表达使人类共同创造了世界文明的辉煌!

给自己创造更好的表达自我的方式、方法和机会吧，因为每个人都是人类美好生活和伟大功业的创造者!

# 把微笑送给自己

李含冰

有一首歌唱道：“岁月在晨昏中悄悄流去，身上的伤痛需要擦洗，放慢一点奔波的脚步吧，要把微笑送给自己……”

把微笑送给自己，就要为匆匆奔波的脚步减压。我们曾为自己的一份平常生活而自卑，为自己没有高贵的社会地位而自轻，在心灵的库房里堆满沮丧和叹息。其实，我们已经为创造美好的人生尽了最大的努力，至于生活给我们多少回报，让我们扮演一个什么样的角色，那都是生活本身的事情，有时并不能完全由我们自己作决定。我们可以赞美他人的成功，羡慕他人的富有，但绝不可以轻视自己的平凡。平凡也有平凡的价值，平凡不是什么过错。人生没有一个固定的公式，每个人都可以找到属于自己的那份称心答案。只要自己对自己满意，那就是一种幸福和快乐。也许我们看不到他人的敬慕目光，但我们可以为自己鼓掌喝彩。

把微笑送给自己，就要为自己擦洗伤痛。人生之舟在生活的大海上航行，没有哪一只小船不与风浪碰撞，船身都是伤痕累累。睿智的水手不是“望伤兴叹”，而是及时修补船身继续远航。在生命之旅中我们须有这样一种风度：失败和挫折，不过只是一个记忆，只是一个名词而已，不会增加生命的负重。带着伤痕把胜利的大旗插上成功的高地，在硝烟中露出自豪的笑容，才是人生的又一份精彩。大风可以吹落碎石，却永远吹不倒崇高的大山。

把微笑送给自己，就不要有太多的心情透支。我们需要学会过滤自己的心境，善于给自己的心情放假。不停地奔波，让我们的笑声带有几分苦涩。因此，要经常打扫心灵的库房，把昨日的烦恼清扫出去，腾出心灵的空间来存放更多的今天的快乐。人生有时就是活一种心情，心情质量也是生命的质量。巨石无法压垮的身躯，有时会被叹息拧弯。一个人没有一份好心情，物质上再富有也是一种“外强中干”。

把微笑送给自己，就要给自己一份从容。面对争奇斗艳的鲜花，我们会欣赏但不会陶醉；面对袭来的风雨，我们会应对但不会逃避。虽然我们不能停下奔波的脚步，但我们会掌握脚步的节奏。无论是在成功的大门外徘徊，还是站在风光的领奖台上，我们都会挥一挥手，继续坦然前行，生命的脚步多了几分稳健，那也是一份动人的美丽。

# 隽永人生

赵功强

乏味的人生，就如同用温吞水冲泡的咖啡或香茗，精魄尽失，大煞风景。精美的人生则耐读宜品，可圈可点，惹人欣羡神往。

在同一方天地间活着，有的人懂得在苦难的死灰色上涂抹明艳之色，因为他们理智；有的人懂得在逆流中奋力挥棹击响一路雄音，因为他们深刻；有的人懂得视平淡的生活为烹小鲜，尽力调制鲜美滋味，因为他们诗意。的确，相同的是生活，不同的是人生。相同的生活复制了难以计数的庸碌之徒，不同的人生成就了屈指可数的圣者贤人。这就是说，若不甘平庸一世，就得展示你自己的亮点，让人生的影响力长久延续。人生的造化由你自己恩赐。

俗话说，做人要有人味。人味一淡，人生的影响力势必短暂且微弱。人味浓了，生命则得以穿越时空，逾千年万世而不朽。正如音符是固定而有限的，蹩脚的乐手只能勉力炮制一些俗曲小调，干巴无聊，昙花一现。而音乐大师却能求变出新演绎出传世名曲。青史留名者，民间存迹者，无不是其人虽殁，然人生气韵却未曾消逝，且历久绵长，余味厚醇。如此人生，大有皓月碧空下千里澄波的倾流之气势，怎不叫后人览之意兴勃发，荡气回肠？而众多疏于打理人生的庸庸之辈，生命枯寂，一世苟且而草率，何来韵味？又怎会不浮萍苍苔一般在被疏忽被遗忘中生死无痕？

人生韵味，但求纯正美好。而追寻真善美的本性正是这种纯美韵味的源头。生命如果沐浴着大爱至诚，浸透了真挚性情，自然会在芸芸众生中一枝独秀，馨香之气便会氤氲，弥散，溢淌久远。那些徒以躯壳寄身于世而精神早已腐朽的人，活着为千夫所指，死后则骂名远播，如果说他们的人生也有味的话，也是恶俗不堪、腐臭熏人，时人与后人皆掩鼻避之。这种气味自然就会遗臭，往往只配充当纯美的人生韵味的反衬物，在被厉斥痛挞之时为人愤然提及。

如果说民众的口碑是道德法庭的首席大法官，民情民心则是最权威的法典。无论时世如何变迁，丰碑与耻辱柱同在，褒颂与诅咒并存，人的生命品级终会被臧否评判。岁月有眼，人心公道，今生种下的是嘉木还是恶草，后世开什么花结什么果自然妍媸分明。

相信自己吧！相信你也可以拥有自己的理性、深刻或者诗意。也许你无力把人生敷衍成皇皇巨著，但可以将它熔铸成一篇精短的美文，但求清丽隽永，但求能够赠人心香。

# 起　点

马国福

我们的生日是生命的起点；小溪流是大海的起点；种子是希望的起点；沙砾是高塔的起点；信念是成功的起点；春天是丰收的起点；一月，是一年的起点！

在生命的原野和人生的旅途上起点无处不在。一个人选好了起点就等于找准了成功的方向；一件事选对了起点就等于开创了美好结局的一半；一个目标划分好了起点就等于缩短了与成功的距离。

起点有高有低、有大有小、有好有坏、有近有远。起点往往以小而见大，好比千里大堤，微不足道的蚁穴是瓦解它的小起点，更是致命的起点；好比挺拔的参天大树，幼芽是它迎风淋雨能否成材的关键起点。如果幼芽弱不禁风，不经受风雨的洗礼，怎么能长成栋梁之材？站得高看得远，好比巍峨的山峰，如果没有山脚的沙石为起点，怎会有高瞻远瞩的壮阔画卷？

也许由于种种原因我们站在较低的起点上，我们不可能修改人生的长度，但我们可以改变人生的宽度和深度；如果不能拥有美好的人生，那我们必须拥有美好的人生观；如果不能拥有令人仰慕的高起点，那我们可以拥有追求高起点的信心和理想，让毅力作桨、信念为风、理想为船，以小河流为起点，长风破浪风雨无阻，定会抵达理想的彼岸。

亚伯拉罕·林肯是贫苦人家的孩子，他的起点已经很低了，但是他敢于面对无数的磨难、困苦和失败，致力于民族解放和独立，最终赢得了胜利，成为受人爱戴和尊敬的美国总统；贝多芬在追求艺术的道路上遭遇了耳聋、失恋、贫困等磨难，但是他以此为起点，扼住命运的咽喉，给世界人民留下了长盛不衰的经典乐曲；大发明家爱迪生更是不幸，经历了无数次失败、嘲讽、打击，最终他发明了电灯，给世界带来了光明。

精卫填海，起点只有嘴里的一口泥土，然而传说中的她还是以不起眼的一口口泥土填满了大海；愚公移山，起点只有一副担子，然而他并没有被王屋、太行两座大山吓倒，他的决心和恒心感动了天帝，最终他搬走了两座大山，开辟了一条坦途；卧薪尝胆，越王勾践的起点只有被敌人夺去的山河和三千越甲，然而他凭着卧薪尝胆的毅力忍辱负重，最终以区区三千越甲吞没了吴国，夺回了失去的江山。

不同的起点蕴涵着不同的力量，也预示着不同的结局。不同的人处在不同的位置，当然也感受着不同的命运。丑小鸭会变成白天鹅，灰姑娘会变成美丽的仙女，我们何必为站在低的起点上而抱怨、彷徨、自卑、叹息呢?

起点低不可怕，可怕的是失去向更高目标看齐的勇气；起点小不可怕，可怕的是没有化小为大的毅力。

身在兵营，胸谋帅事。调高你的起点吧，新的希望就在后面；转化你的起点吧，成功正在其中酝酿；分解你的起点吧，人生的崭新书页正期待你去书写！

# 凝望生活

蒋　平

上苍给了我们一双眼睛，是用来凝望生活的。但有人凝望了一辈子，也弄不清楚生活的模样。其实生活的模样就是凝望，凝望是人间最形象、最丰富、最真实的风景。

凝望生活，是一种审美。马克思说过：如果你想得到艺术享受，就必须先成为有艺术修养的人。一望无际的大海，一带绵延的山川，一堵雪白的墙壁，一座生动的雕像，之所以引人凝望神思，就是因为它们融会了生活的艺术。朋友之间的关切注视，爱人之间的脉脉含情，是生活艺术的升华；久别重逢或冰释前嫌之时饱含千言万语的深情一瞥，则是生活艺术的经典。

凝望生活，是一幅画廊。以沧桑的理性作笔，沿着人生的主线，给生命以崭新的诠释和生动的假设，于人于世界的纷繁芜杂中融入人性的至纯。年少的凝望是好奇，充满了憧憬；年轻的凝望是柔情，充满了蜜意；中年的凝望是平静，充满了理性；老年的凝望是感叹，充满了回忆。

凝望生活，是一腔投入。以愿望的翅膀为钩，系一线的浮子，让期待在想象中高度充值，赋予时光以全新的定义。屈子凝望汨罗江，是失意的时候；李白凝望月光，是思乡的时候；朱自清凝望荷塘，是孤独的时候；李商隐凝望乐游原，是黄昏的时候；弗洛伊德凝望墙壁，是寂寞的时候……那是种非同寻常的沉默，是伟大与成功诞生的前奏。

凝望生活，是一支晨曲。在命运的每一次曲折跌宕、大起大落之后，一个个休止符开始了下一轮的自由组合；但休止不是停止，而是一个起点；后面的乐章，必将成熟稳重、热烈奔放、荡气回肠。

凝望生活吧，让思维和往事作一次坦荡的、毫无遮掩的交流，总结经验，汲取教训，积蓄勇气，满怀执着，放眼又一段长征。但生活的改变，仅有凝望是不够的，凝望只是一块跳板，是思想的铺垫；凝望者不是没有泪，也不是没到伤心处，因为人生豪迈不应有悔，醍醐灌顶不应用泪，在凝望之中与理想和成功牵手，共点江山迷津，把过去、现在、未来收进档案制成拷贝，作为教材和编年史，去纪念流金的岁月，去安慰不安的灵魂。这样，即使面对瞬息万变的大千世界，我们也永远胸有成竹。

凝望生活，生活也在凝望你。所有的竞争对手都在平等的氛围里重新谈判，所有的生命都在不同的命运里重新洗牌，所有的一切都在蓝天白云里重新开头。

# 毅　力

赵功强

如果干好一件事，只需要克服一个困难，几乎所有的人都会成功。如果需要克服的是十个困难，成功的人数就会减少许多。如果困难增加到一百个，能够成功的人肯定是凤毛麟角。毅力是什么？毅力就是在我们面临不可预知并且无限增多的困难时，不半途而废，不颓然缴械，而是凭借坚韧和才智，逐一击破每一个困难藏身的据点，最终高唱凯歌。

《西游记》被人们热爱和传诵，其实正是缘于人们感动于取经人经历九九八十一难百折不挠愈挫愈坚的惊人毅力。正如马拉松赛跑，跑到离终点只差一步时无力坚持，这是失败。竭尽全力再多跑一步，就是成功。毅力就是敢于迎击重重困难，尤其是接受困难极限的挑战。

事实上，有些事情做起来并非有太多的困难，甚至困难也不是足够大，而是需要极其漫长的等待。也许是十年，也许是二十年，或者更长更长。如此漫长的时间是一种腐蚀剂和麻醉剂，它会让你在不知不觉中丧失激情和信念。持久地奋斗和追求极易让人身心疲惫。

高二时就辍学、在清华大学食堂做厨师的青年张立勇业余坚持学习英语，托福考出了全国第一的好成绩，是毅力让他成为时间的利用者和受益者。毅力有时就是以执着作舟，穿越漫漫的时间长河，顺利抵达成功的彼岸。

还有一种情况，就是做成一件事的希望十分渺茫，甚至可以说是几乎不可能。在这种前提下明知不可为而为之，就可谓非凡的毅力。这种人，已经在头脑中淡化了成功的唯一目标，把奋斗本身奉为信仰，他们的生命境界已臻无畏无欲。人们总习惯于权衡付出与回报之间的差距，很少有人冒世俗之大不韪去做出力不讨好的事情。所以愚公移山、精卫填海、西西弗斯年复一年往山顶推动大石头等传说，才如此令人动容。

奋斗的过程中，难免有形形色色的诱惑，它们无时不在考验你毅力的成色和信念的纯度。所以，能够做到心无旁骛地追求自己的人生目标，无怨无悔地一条窄道走到黑，这样的毅力就是可以创造奇迹的神力！诚如狄更斯所说：“顽强的毅力可以征服世界上任何一座高峰。”

学一学悬崖峭壁上的大树吧，它们是毅力最直观的活标本。一粒种子落在崖壁，要面临虫噬鸟啄的危险。长成一棵树之后，又要遭受风摧雷劈、缺肥少土的磨难，可谓命运堪忧后果难料。即便它能挺过来，要从一棵孱弱的幼苗长成在悬崖上翩然独舞的大树，尚需数百年的等待。

请记住，如果你相信自己是一匹千里马，你就凭毅力跑出一段让人惊讶的里程来证明你的实力；如果你自认是一只鸿鹄，你不妨用毅力助自己扶摇直上九天，以绝对的高度宣告自己的出众！

# 希　望

余启富

夕阳拽着紫红的薄纱依偎黄昏，你可曾有过甜蜜的期盼？清风低唱轻盈的歌儿漫步田野，你可曾有过无垠的遐想？暴风雨来临的日子，只要你挺直腰板，高尔基笔下的海燕能给你前进的勇气和力量；樊笼羁绊的生活中，只要你放出胆子，大自然自由的精灵能助你长出灵动的翅膀！

缺少希望，生活中不会有欢乐和幸福，尽管能饱食终日，也不过是为了留存七尺躯壳；缺少希望，生命里不会有太多的激情和冲动，尽管活着，也不过是为了消磨四时光阴。

希望是一份焦躁不安的等待之后如愿以偿的一缕闪亮，是一份成竹在胸的顾盼之后意想不到的一个回眸。当它来到时，每一个可爱的心灵都一样会心生激动，同时又渴望下一缕亮光能够出现；当它消失时，每一个疲惫的心灵都一样会慌乱茫然，又一样地忧伤懊悔。

激动与茫然，渴望与忧伤，转机常常嵌在事情发展的过程中间，也许由于我们思想的松懈或行动的懒惰才错失了机缘。生活中有很多美丽的结局都源于希望。只是我们过分地肯定了人的努力，而把那份一度导引着我们努力的希望给忽略了。就像面对成功，我们总夸耀自己不辞辛劳，聪明了得，却不曾看到希望曾如何使我们心潮澎湃、激情涌动；有时候，当我们还没来得及为昨天的过错而感到遗憾，而希望又将新的一天送到我们面前了。生活想把人们迎进幸福的大门，让希望送来一缕一缕温暖的阳光啊！

让生命充满希望吧！周而复始的日子里，你会收获太多的喜悦；疲惫不堪的心灵中，你会享受太多的安慰。岁月里潜藏的许许多多瑰丽的东西，春天的生机、夏天的执着、秋天的财富、冬天的品格，它们都能够积淀成你生命最厚重的底蕴。

人生百年转瞬尽，休道“漫漫其修远”。坎坷、挫折、失误、不幸常常冷不丁就给你一击，叫你痛苦、流泪、不堪、倦顿。你可以苟延残喘，但是绝不能从此风平浪静。急流跌落险滩，潮汐遭遇暗礁，雄鹰卷进长风……从来造化注定生命以劫难，谁个三头六臂能躲开。唯一的唯一就是让人生充满希望。

希望是生命辉煌的太阳。就让生命充满希望吧！

# 微　笑

宋明哲

微笑是春天里的一缕和风，吹拂过来总叫人感到神清气爽、心旷神怡；微笑是夏日里的一股清泉，流淌而至总使人感到消暑解渴、清爽怡人；微笑是深秋里丰硕的果实，总让人感到在向你颔首致意、笑容可掬；微笑是寒冬里的一轮朝阳，沐浴其中总令人感到温和柔美、暖意融融。

对上司微笑是一种礼貌的尊重，对下属微笑是一种真诚的鼓励。对老人微笑体现着虔诚的敬意，对孩子微笑饱含着深切的关爱。

看见陌生人微笑，你可能会得到同样微笑的回报；碰见老熟人微笑，你定会得到他主动亲切的问候。

境遇低迷时，不妨微笑一下，它可以增添你的智慧和勇气，使你迅速摆脱心中的阴霾，扬起理想和事业的风帆；心情抑郁时，不妨微笑一下，它可以推开你晴朗的心门，让你很快领略风雨过后彩虹的美丽。

我们都说，笑比哭好！但笑的程度不同，寓意也有所不同，其结果更是千差万别。大笑虽然荡气回肠，但心脏不好的人不宜行之；狂笑亦可放浪形骸，无拘无束，但其结果往往走向歇斯底里，使人分不清是笑还是哭；冷笑让人身上疙瘩顿起，那多是奸佞小人的嘴脸，使人避之唯恐不及；媚笑令人心生厌恶，那是吞噬人心的勾魂酒、惑乱心智的迷魂汤。

万笑皆下品，微笑品最高。微笑的神情最入眼，微笑的感觉最美妙。微笑像昆仑山上的一株小草，给万籁俱寂的山峦带来生机，让广阔无边的旷野彰显春意；微笑如珠穆朗玛峰上的一朵雪莲花，给冰雕玉砌的大自然增添活力，让玉树琼花的冰雪世界充满灵气！

古人对微笑的追求是笑不露齿，那是我们在杨柳青的仕女图上经常见到的韵致；外国人微笑的经典是蒙娜丽莎永远的微笑，她让命途多舛的达·芬奇得到了美的永恒。

微笑是大男人自信修养的内涵，微笑是小女子知书达礼的外现。男人微笑时往往体现出一种风雅、一种气质，女人微笑时每每流露着一种妩媚、一种甜美。

女人们总爱花大把的钱去美容院，却不知微笑是不用花钱却有神奇功效的美容妙方，它会让你青春常驻，美若飞燕；男人们总爱屏神敛气，皱着眉头去赚钱，殊不知微笑会帮你打开情商的通道，赢得诸多的商机。君不见，各大酒店、豪华商场，微笑服务已成为他们的经商秘笈。

微笑是快乐的晴雨表，微笑是健康的指南针！对他人微笑叫笑容可掬，体现的是善意；对自己微笑叫怡然自得，流露的是自娱。

微笑并不难，时时想着营造一个好的心情，做一个向上翘的嘴型，再眨一眨弯月般的眼睑就足够了！

不信，你试试，生活顿时别样精彩！

# 倾　听

程自然

有一种表达，无须笑语盈盈，却让我们感到心旷神怡；有一种宽慰，无须金玉良言，却让我们喜逢柳暗花明；有一种关怀，无须嘘寒问暖，却让我们感动得潸然泪下；有一种支持，无须一诺千金，却让我们坚定执着、无怨无悔。

它没有红杏枝头春意盎然的“闹”意，也没有“万绿丛中一点红”的标新立异，更没有“本来无一物，何处惹尘埃”的超凡脱俗，却有着让你功成名就时的微笑，黯然神伤时的缄默。

它，就是倾听。

有这样一些人，他们似乎无所不知，到哪儿都能侃侃而谈，但却没有谁愿意和他交流，当你和他走近，你会发现：他只会说话，却丝毫不懂倾听，和他说话，不能平等，没有尊重。

不是吗？仔细想想，我们在交际的过程中，太注重自己怎么说，却忽略了对交流者的倾听：别人津津乐道时，我们无动于衷；别人哭诉衷肠时，我们冷眼旁观；别人伤心落泪时，我们故言他物；别人无助伤感时，我们随意敷衍。这就是我们的交流，在亲人朋友最需要倾听的时候，我们没有留下足够的心理空间，只给了他们匆匆的背影，所以他们回报我们的，也只有渐疏渐远的身影和温情不再的冷漠。

其实，帮助别人无须什么“赴汤蹈火，在所不辞”，也许只需“此时无声胜有声”：别人高兴时报以会心的微笑；别人悲伤时和他一起忧愁；别人落泪时温柔地递上一张纸巾；别人沉默时和他一起缄默走过……此时，你给予亲朋好友的往往不只是陪伴，更是真诚的尊重和理解，这些才是最安全的温馨的避风港湾。

很多时候，稍纵即逝的机遇、心结难解的朋友、心有隔膜的亲人、各奔东西的恋人，那些纠葛的起因，往往就因为你不会倾听，就因为你“左耳进右耳出”的敷衍和心不在焉的话语。

倾听与倾诉，不是相互独立毫不相干的两极，而是鲲鹏的两只翅膀，只有它们的完美结合，才能扶摇直上九万里。通过倾听，我们会摆脱“不知有汉，无论魏晋”的闭塞，不再囿于一己之私的狭隘贝壳，潜入浩瀚的深海。通过倾听，我们不断知道：山外有山，人外有人；通过倾听，我们还能感受人类生生不息的创造、快速发展的时代和远方异族的灵慧。我们也慢慢懂得人人都有不幸，苦难也并非只会降临和栖息在你的屋檐。

亲爱的朋友，意识到了倾听的巨大魔力，那么，现在就开始行动吧：用真诚的心去倾听你的朋友、你的亲人乃至整个世界的声音。如果你做到了，你将会因此而变得更加睿智和富有内涵，你的生活也会因此而更加幸福快乐。

# 行业口才

HANGYE KOUCAI

# 教师巧用点评语，春风化雨润人心

曲 晶

教师点评语，是指教师针对学生的学习情况、思想表现和心理状况等进行评价的口头语言。教育教学中，教师若能巧妙地运用点评语的点化作用，使自己的点评语言如春风化雨般滋润学生的心田，那将启迪学生的智慧，取得良好的教育效果。

## 一、巧打比方，使说教变得生动

学生的行为需要教师经常地给予中肯的评价和恰当的引导，如果我们总是用说教式的语言来讲大道理，学生听了难免会腻烦。恰当地运用修辞，可以使原本枯燥的内容变得生动形象，使学生听得入耳入心。

周老师班里有个男生左手畸形，多长了一根指头，经常受到同学们的歧视和调侃。为此，他很苦闷、自卑，不愿意多和其他同学接触。有一次，他又因为同学的一句玩笑话而与那个同学争执起来，并动手打了人。在班会课上，周老师请同学们每人在纸上画一长一短的两条线，再让同学们把短线抹去，同学们面面相觑不知老师的葫芦里卖的什么药。正在大家纳闷的时候，周老师说："短线好比人的短处，无论怎样抹去也会留下痕迹。长线好比人的长处，充分地发挥你的长处，你的短处就会越来越短。我希望同学们，都发挥自己的长处，那你的短处自然而然地就变短了。"周老师的一番话让这个男生深受启发。从此以后，那男生逐渐开朗起来。

班上其他同学听了周老师的一番话后，也都开始正视自己身上的缺点，努力发扬自己的优点，让缺点变得更小。

上例中，周老师不是运用简单的语言，来劝说这位学生忽视自己的缺陷，而是把人的长处比作长线，把短处比作短线，然后用加长长线从而短线就会显得更短这样一个生动的比喻，来说明：六指这一客观存在的缺陷是无法回避的，并向班里的同学说明：不要太关注自己的短处，而应在加强长处上下功夫的道理。周老师把道理寓于形象的比喻中，就使教育语言变得生动有趣，学生也容易接受他的劝告。

## 二、抓住时机，让错误变成珍宝

在教学中，教师会经常遇到学生回答问题出错的时候，有的教师会抓住时机进行巧妙的点评，化错误为珍宝，充分调动学生的学习兴趣。

欧阳老师在课堂上组织学生听写词语，她请了几位发展水平不一的学生在前面黑板上听写。听写结束后，大家对照课文找错误，吴冰在黑板上把“一户人家”写成了“一尸人家”，把“鸟儿”写成了“乌儿”。欧阳老师笑着对大家说：“今天的听写完成得很好，有的同学写错了能自己发现、自己改正。有趣的是这些写错的字，它还是一个字。你们看这‘一户人家’的‘户’，头上少了个点就不是‘户’，而叫作‘尸’，‘死尸’的‘尸’。这个点就像脑袋一样，一个人脑袋掉了，还能活吗？不就成‘死尸’了？（孩子们开心地笑了）再看这个‘鸟’字少了一点，就不是‘鸟’了，而变成‘乌’，是‘乌黑’的‘乌’。这一点就像是鸟的眼睛，鸟儿眼睛没了，不就是乌黑一片，什么也看不到了？（孩子们笑得更欢）同学们，你们看我们汉字多有趣啊！”

这是一堂识字课，针对学生错写的两个字，欧阳老师点评时，随机生成，既指出了吴冰犯的错误，又十分风趣地讲了有关识字的知识。这就使课堂不仅不显得枯燥乏味，而且还生动有趣，化“错”为“宝”，深入浅出地把“户”与“尸”、“鸟”与“乌”之间的关系说清楚，激发了儿童识字兴致，调动了他们识字习文的积极性。

## 三、灵活机智，化尴尬成为和谐

课堂许多情境都是动态生成的，有许多情况是在教师预料之外，面对课堂上突如其来的与课堂教学内容无关的问题时，常常会让教师不知如何回答、如何评价，陷入难堪的境地。对于这些情况，教师可以用灵活的点评语，来保护学生学习的兴趣与热情，化尴尬为和谐。

徐老师教《赤壁之战》，课文学完了，他问学生：

“大战结束后，周瑜在庆功会上会怎样向将士总结这次取胜的原因？如果你是周都督，会说什么？同样，曹操也会总结这次大战失败的教训，如果你是曹操，会怎样向部下作总结？”

学生的发言异常热烈。

一位男生忽然站起来发言：“我看过《三国演义》，曹操是个从来不认错的人，他怎么会向部下分析失败的原因呢？”徐老师先是表扬这位学生读书用心，然后点评说：“你说得对！咱们就不让曹操开总结会了。但是，你说曹操回去以后，独自一人会不会反省自己？咱们现在就把他的内心话掏出来，行不行？”这一简短的点评，一下子激活了课堂，课堂气氛顿时又活跃起来。学生把曹操的“内省”说得一五一十。

在这次课堂教学过程中，面对学生的突发问题，徐老师没有武断地批评学生，也没有简单地回避问题，而是先赞扬学生的想法，然后顺着学生的问题，机智地提出一个假设：曹操回去以后，独自一个人会不会反省自己？咱们现在就把他的内心话掏出来。这样，自然而然地把问题带回到教学内容上来，而且激发了同学们发言的积极性。

总之，教师点评语言用得巧，不仅能使教育教学充满生机和活力，还会促进学生身心健康地发展。这需要教师拥有现代化的教育理念和深厚的专业知识，需要教师不断地加强自身修养，不断地提高口语表达能力！

# 名师余音绕梁的课堂结束语

朱跃生

心理学研究表明，学生的认知积极性呈现一个波形状态。临近下课，学生的注意力进入分散期，其兴奋中心开始转向课外，这就要求教师及时变换课堂活动方式，精心设计课堂结束语，激活学生新的兴奋点。大凡著名特级教师，在结课时都不是草草收场，不是“课到临尾渐渐松”，而是“课了事未休，课终情更浓，课完兴未辍”。

俗话说：“编筐编篓，重在收口。”综观特级教师的课堂结束语，或启迪思维、提升情感，或真情告白、诗意延伸，或创设高潮、意味无穷，或设置悬念、激发兴趣，使学生把课堂学习变成了一种艺术享受，如听美妙的音乐，余音绕梁，三日不绝。

## 一、启迪思维提升情感

苏霍姆林斯基在《给教师的一百条建议》中指出：“你作为教科学基础知识的老师，不应当单纯是知识的传授者，而应当成为青年思想的主宰者。”教师除了在备课中“披文以入情”，还必须以生动的语言、饱满的感情，创设情境，激起学生情感的波澜。这种感情应贯穿教学的整个过程，课堂结束语更要激起学生感情的共鸣。全国著名特级教师袁卫星教学《就是那一只蟋蟀》一课，其课堂结束语就十分精彩，生活的巧合延伸了课堂内容，启迪了思维，提升了情感。请看：

师：由于时间关系，我们只能在课后再作交流了。你看，每个人写上两韵，我们合起来就是一百多韵。是的，乡愁是写不尽的。我们期盼着祖国的统一，我们期盼着民族的团圆，我们期盼着亲情早日把乡愁替代！今天下午，我将要去虹桥机场接从中国台北转道澳门飞来上海、离开家乡已有五十年的叔叔。我的叔叔已经七十岁了，他说他今生最大的心愿是叶落归根。我告诉他，他的心愿，是能够实现的！

师：我现在把《乡愁四韵》从头到尾放一遍，前两韵我们跟着罗大佑唱余光中词，后两韵，各人唱各人写的，好吗？（师放录音，师生同唱。下课铃响，师生道别）

这样结束，看似平常，却能很好地启发学生，由亲情乡愁小事，想到祖国统一大事，学生自然联想到民族团圆、社会和谐，这样的结束语使学生思维得到有效的训练，思想感情也得到提升。这样的结束语符合时代精神，也符合语文教学改革的趋势。

## 二、真情告白诗意延伸

全国著名特级教师李镇西老师非常注意课堂教学结构的设计，置身于李老师的语文课堂，简直是诗意的旅程，是情感的陶冶，是美的享受，是心灵的回归。

请欣赏李老师教学《给女儿的信》一课精彩的结束语——

今天咱们在这里上课，学习苏霍姆林斯基给女儿的信，说实话，我在上课时忘了我是在给你们上课。这堂课勾起了我的回忆，我过去教过的一个学生，她的孩子要读小学，来找我想读一所非常好的小学。当我接到她的电话时，我感慨万千！当年我给他们那批学生讲苏霍姆林斯基的时候，他们和你们一般大，一晃十几年过去了，他们成了爸爸妈妈，有了孩子，孩子都读小学了！我想，你们正在一天天长大，再过若干年，你们也会迎来自己的爱情，迎来自己的家庭，并有自己的孩子，说不定李老师还会教你们的孩子；到了那一天，李老师会从你们孩子身上看到你们的影子！大家想一想，这是不是最浪漫的事？这样的人生多么富有诗意！但是，只有真正懂爱情的人，才会拥有这样诗意的人生！（同学们自发地鼓起了掌，据李老师说：“这是这堂课最热烈的掌声！”）

学生在感悟课文的同时，聆听了老师的真情告白，也走进了老师坦诚的内心世界，与李老师在思想感情上产生了共鸣。在和谐民主的课堂氛围中，他说出肺腑之言、真情话语，将知识转化成学生的智慧，将文明积淀成人格，使课堂勃发出生命的活力。

## 三、创设高潮意味无穷

在课堂教学中，教师要安排一个“高潮”，通过高潮把学生推到一个新的境界中去。正如小说的高潮可以安排在结束一样，课堂教学中的“高潮”也可以安排在结束。著名特级教师顾桂荣在教《月光启蒙》时，便把“高潮”安排在下课前的5分钟内，顾老师在要求学生把作者对母亲的感激之情用自己的笔、自己的心写下来交流后，是这样设计结束语的：

“有一个人，她永远占据在你心中最柔软的地方，你愿用自己的一生去爱她；有一种爱，它让你肆意地索取、享用，却不要你任何的回报……这个人，叫‘母亲’，这种爱，叫‘母爱’。让我们感谢我们的母亲，感谢她给予我们生命，感谢她给予我们深深的母爱，感谢她给予我们的启蒙教育。”

这段结束语，充满真情，生动感人。学生听得群情激昂，老师的话语却戛然而止，留下了无穷的回味余地。可见，在结课时，灵活设计“高潮”，可以把学生的“心”紧紧“抓住”，收到“言已尽而意无穷”的神奇效果。顾老师为我们展示了名师精品课的结课艺术，既充分发挥了教材中语言文字的魅力，又培养了学生的思想品德，陶冶了他们的情操，使他们的心灵得到一次净化。

## 四、设置悬念激发兴趣

利用悬念来启发学生的学习兴趣，使学生产生强烈的求知欲，就如章回体小说一样，看完了这一回，总想急于了解下一回的内容。许多特级教师借鉴了这一手法，根据不同的教学内容，在结课时创设悬念，耐人寻味。有些课文结尾部分并未出现悬念，但为了强化教学效果，教师在教完本课后可设置悬念。如特级教师于永正执教《望月》，在学生分角色朗读后，就是这样设置悬念的：

（文章）写得美，读得也美。罗丹曾经说过一句话：“美是到处都有的，对我们的眼睛来说缺少的不是美，而是发现。”比如月亮吧，“今人不见古时月，今月曾照古时人”，从古至今都是这一个月亮，但是那么多作家、诗人笔下的月亮为什么都不一样，都那么美呢？今天作业就是：在有月亮的晚上，同学们观察一下月亮，再观察一下周围的景物：山、树、人、房屋都是什么样。你仔细观察，用心幻想，你的笔下一定会有一篇篇优美的文章诞生。于老师期待着。

学生们潜能很大，但需要点拨、需要激发。乌申斯基说：“没有丝毫兴趣的强制学习，将会扼杀学生探求真理的欲望。”像于老师这样的结束语，用期待的话语，以读促写，既增强了学生对语文学习的渴求，又使学生因下课铃声而行将关闭的思考的闸门再次打开。

如果我们把一堂课或一篇课文的教学比作一台戏，那么，结束语就好比这台戏的一幕压台戏。我们要用浓墨重彩为这幕戏着上亮色，因为演好这幕戏会为我们的课堂教学带来精彩的活力，可以充分展现教师的文采、知识与气度，还能引领学生由课内向课外延伸、尽情领略无限风光。让我们都像特级教师那样精心设计课堂结束语，让每一节课的“终曲”都能余音绕梁：或轻松愉快地画上一个圆满的“ 。”；或大笔浓墨地书上一个凝重的“！ ”；或意犹未尽地点上一个含蓄的“……”！

# 这样的动员讲话，战士最爱听

王海涛

开展政治和思想动员，是连队政治指导员的一项日常工作。搞好动员也是部队开展工作的必要环节和必备内容，其主要目的是及时消除官兵思想上的疑惑，激发干部战士工作、学习和训练的积极性，提高部队的战斗力。动员工作做得好，能鼓舞士气、激励斗志，增强团结、化解矛盾。反之，则会影响情绪，涣散士气，影响部队的战斗力。那么，怎样作动员讲话，战士才最爱听呢？

## 一、面对新兵，和蔼式动员稳军心

新战士入伍，军营生活不仅给他们带来了新奇，也带来了纪律的严格约束，在还没有完全适应方块加线条的军营生活的情况下，难免产生想家的念头，有的甚至会有私自离队的想法。此时，指导员用和蔼可亲的话语进行思想动员，就会给新战士带来春日阳光一样的温暖，使他们感受到军营严肃的背后也有可亲可爱的一面，从而打消思家念亲的想法，稳定思想情绪，全心全意地投入到训练之中去。

新兵一连朱指导员最近了解到，很多新战士在训练场上闷闷不乐，训练起来无精打采，有个别战士还产生了私自离开部队的念头。为此，朱指导员对新兵做了一次思想动员："同志们，作为你们的大哥，我很清楚咱们的环境和条件不像在家里那样如意，不过，正因为如此，才能锻造出我们军人应有的品格。咱们的父母含辛茹苦把我们养这么大，又送我们到部队，就是盼望有朝一日儿女们能立功受奖，为家争光，为国添彩啊！难道我们愿意做一个吃不了一点苦、受不得一点累的逃兵吗？""不愿意！"新战士齐声答应，掌声雷动。随后几天，新战士个个递交了保证书："保证圆满完成新训任务，为父母争光，为祖国添彩。"

俗话说："基础不牢，地动山摇。"新战士刚入伍，思想基础不牢固，正确的荣辱观还没有形成，念家乡、思父母，这些人之常情会时时出现在他们的思想中，影响他们的军营生活和正常训练。针对这种现象，朱指导员没有用严厉的批评去解决，而是采用了和蔼可亲的话语方式进行思想动员，他先道兄长情，再讲父母爱，用“咱们”“我们”去贴近战士，把父母的期望和家国的荣辱联系在一起，以兄长的身份、用拉家常的话语，让新战士懂得只有为家争光、为国添彩才是回报父母的最好方法。他的这一席和蔼的话语，温暖了每个战士的心，使战士们坚定了搞好训练的信念，稳定了军心。

## 二、面对考验，雷鸣式动员激斗志

军人是阳刚的代表，更多时候展示的是阳刚之美、力量之美，因此，军队里的动员，大多数都需要展现出一种阳刚之气。动员的话铿锵有力，才能给战士们传达出一种慷慨激昂的气势和争做英雄的气概，使他们在听到动员之后激情迸发、雄心勃勃。这种动员不妨称为雷鸣式动员。

比武的命令下达以后，二连陈指导员为了激励战士们在比武中比出风格、比出水平、比出斗志，他在比武前，面对战士作了一次“临战动员”，在动员中，他用激昂的声音对战士们讲道：“同志们，比武的战鼓已经擂起，冲锋的号角已经吹响，作为二连的训练尖子们，你们准备好了吗？”“好了！”战士们的回答响彻云霄。“我们应该怎么办？”“夺第一，当好汉！”陈指导员斩钉截铁地说：“对！比武场如战场，战场没有亚军，我们只要第一，不要第二！”果然，在此次比武中，二连在八个科目中，勇夺了四个第一。

雷鸣式动员的突出特点是，语句简短，铿锵有力，能在不多的话语中激发出战士们的战斗豪情和不怕牺牲敢于拼搏的坚定信念。陈指导员在这次比武动员中就做得非常好，仔细分析，他在此次动员时只说了三句话，第一句用“比武的战鼓已经擂起，冲锋的号角已经吹响”来营造出一种出征前昂扬奋发的气氛；而“训练尖子们”的称谓则激发了战士们不服输的勇气。第二句虽只有短短的一句问话，却言简意赅，激人奋进，具有极强的穿透力和震撼力，胜过千言万语。第三句中五个小短句，句句意思明晰，语短气雄，既有对战士的鼓舞，又充满必胜的信念，话说得斩钉截铁，没有退缩的余地。可以说，陈指导员的战前动员极大地激发了斗志、鼓舞了士气。

## 三、面对困难，深情式动员聚兵心

部队的战士来自四面八方，每一个人都有各自不同的情况，关心体贴战士，倾听他们的心声，了解他们的需要，解决他们的困难，是部队凝聚战斗力和向心力的必要保证。有时候，解决战士的困难，既需要部队的努力，也需要战士们的帮助，动员各种力量，调动各种积极因素，战胜各种困难是政治指导员的一项重要工作。此时，深情地动员最能打动人心，往往能很快促成战士的行动。

小罗是连队的技术骨干，入伍前，由于父母早逝，他靠着打工赚点钱与年迈的爷爷、未成年的妹妹相依为命。当兵后没有了赚钱的机会，妹妹也因失去了经济来源而不得不辍学，小罗常常为妹妹上学的事操心。杨指导员知道后，决定发动全连战士为小罗捐款，在捐款大会上，杨指导员动情地讲述了小罗与爷爷、妹妹相依为命的故事，然后深情地对战士们说：“妹妹是小罗的希望，小罗是我们连队的希望，小罗的妹妹就是我们大家的妹妹，现在我们的妹妹因为没有钱交学费而辍学，你们说我们应该怎么办？我们做大哥哥的该不该伸出友谊之手帮助妹妹一把？”“应该！”战士们齐声响应。之后纷纷慷慨解囊，最终捐款 2600 多元。这些捐款解除了小罗的后顾之忧，使他全身心地投入到了部队的建设中。

捐款动员之所以这么快就得到了战士们的积极响应，既有战士们高度的觉悟和关心爱护战友的感情，同时，也和杨指导员的动员方式恰当有关，他深情的表述，激起了战友们的同情之心，而“我们的妹妹”的称呼也唤醒了战士们自豪的感情，使他们觉得作为“大哥哥”有责任有义务同小罗一起帮助“妹妹”完成学业。杨指导员的动员深情款款，直抵战士们的心灵，让大家明白了既是在为“我们的妹妹”捐款，也是在为我们的希望捐款。一席深情的话语，解决了小罗的困难，也凝聚了战士们的心。

## 四、面对矛盾，诱导式动员促友情

部队中，有许多人工作在平凡的岗位上，他们的工作虽然普通却十分重要。但他们往往不被关注和理解，有时还要遭受误解，这影响了战友之间的友情。怎样让战斗在不同岗位上的人都能互相理解、互相爱护、彼此尊重，是政治指导员要做好的一项工作。这时运用诱导的方法进行动员，让战士们做一下换位思考，就能引导大家体察到不同岗位的艰辛，彼此之间就会有更多的理解，就会促进战友之间的友情。

一段时间以来，某部八连的一些战士对炊事员的工作很看不上眼，他们见到炊事班的战士时，总是嘲笑他们，笑他们的军事技能差，说他们“不扛枪，不流汗，只会围着灶台转”，见了他们就喊“老炊”。炊事班的战士十分伤心，纷纷要求调离炊事班，声称愿意在训练场上比高低，就是累趴下，也不愿意在炊事班里受窝囊气。曲指导员了解到这种情况后，决定在全连进行一次动员，在动员大会上，他先把几名身穿“油服”的战士叫到台上，问大家：“你们知道他们是干什么的吗？”战士们异口同声：“炊事员！”“好，我们今天就讲讲炊事员的辛苦。炊事员是我们的八大员之一，但他们的工作最辛苦！同志们，请想一想，当你凌晨还在睡梦中时，你知道他们在干什么吗？当你吃完了饭回到宿舍休息时，你知道他们在干什么吗？当你节假日娱乐时，你知道他们又在干什么吗？……”此时，台下鸦雀无声。曲指导员稍停顿了一下接着说：“他们在工作，他们在为我们精心准备可口的饭菜，他们就这样长年累月、起早贪黑，没有节假日，没有星期天。他们是我们的战友和兄弟，我们能看不起他们吗？”“不能！”

战士们对炊事员有误解，炊事员与战士有矛盾，如果不能正确解决，就会使战友之情受到伤害。对此，曲指导员没有像以往那样单刀直入地讲团结的重要，而是通过一连串的反问，启发诱导战士们，让他们设身处地地想一想，比一比。通过指导员的诱导，战士们认清了炊事员工作的辛苦，明白了无论做什么工作的人都应该得到尊重的道理。曲指导员的循循善诱，就像一把金灿灿的钥匙，打开了炊事员和战士之间锈蚀的心锁。

部队里的动员，方式多种多样，既可以如春雨入夜一般润物无声，也可以像电闪雷鸣一样慷慨激昂；既可以是小溪潺潺流动的悦耳之音，也可以是大河滔滔翻腾的澎湃之势。动员不一定一味追求讲、说的老路，或喊叫，或吼唱，只要针对性强就是最好的动员。

# 军事演习中鼓动演讲的要领

强珠锁

战场鼓动演讲伴随着人类战争的产生而出现，在高技术条件下的军事演习中得到不断丰富和发展，是现代作战中呐喊助威最响亮的号角。强有力的战场鼓动演讲，能够树立必胜信心、鼓舞官兵士气、激励作战斗志，已经成为现代军事演习中战时思想政治工作的重要内容和独特优势。军事演习中的战场鼓动演讲，主要应掌握以下要领：

## 一、辨析道义，启迪正义之感

《左传》里有个成语是“师直为壮”，即出兵有正当的理由，士气就壮盛，战斗力就强。所谓正当理由，就是我们通常所讲的道义，即战争正义和非正义的性质。军事演习中能够激发官兵斗志的战场鼓动演讲，正是因为讲透了战争的道义，讲明了参战的原因，才使战士内心深处充满了正义感。因此，借助道义的力量来壮自己的声威，成为军事演习中战场鼓动演讲最基本的内容。

当红军在演习中针对蓝军的作战企图而迅速进入紧急战备状态的时候，红军坦克二师政委对参战官兵进行了一次教育鼓动。他说：“大家都知道，蓝军所在的国家一向推行霸权主义政策，已经多次对我领土、领海提出无理要求，也屡次遭到我国政府的严正警告，并受到国际社会的强烈谴责。今天，他们又借口所谓的宗教、人权问题，加紧扩充蓝军的军事实力，在我沿海一带肆意挑衅，赤裸裸地暴露了他们的侵略野心，气焰非常嚣张。可惜的是，他们进行着非正义的侵略战争，失道寡助，已经越来越受到全世界包括他们本国在内的人民的极力反对。现在，我们与蓝军侵略者决一死战，完全是反霸权、行自卫的正义之举，是保和平、卫国家的爱国之举，已经越来越赢得世界热爱和平的国家和人民的广泛支持。作为红军的主力部队，只要我们全师官兵不断发扬不畏艰难困苦、善打硬仗恶仗的优良传统和战斗作风，就一定能够打赢这场战争，保卫祖国的领土完整！”政委的一番话化解了战士的模糊思想和疑虑心事，明白了为什么要打仗，为什么要战斗，为什么要牺牲，从而疾恶如仇，勇往直前。

## 二、宣讲使命，鼓舞参战热情

伟大的历史使命折射出军人崇高的人生价值，伟大的历史使命产生了军队强大的战斗力。准确简洁的战场鼓动演讲一旦触及军人使命的脉搏，必然会触动广大官兵参战奋战的热情，从而能够全身心地投入艰苦卓绝的现代作战之中。

即将毕业的军校学员根据上级指示组建汽车连，配属给军事演习中红军的后勤保障部队参加作战。紧急出动前，该连指导员向全连的“学生官兵”进行出发前的思想动员：“同志们，我们是一支刚刚诞生的特殊连队，是由军校骄子组成的光荣集体，是打赢高技术战争的新型尖兵。往日，我们在教室早认识自己的历史重任，现在，我们即将走向战场，在实践中迎接挑战、经受考验、肩负时代赋予我们的神圣使命。同志们，寒窗苦读两三载，今朝一发展风流。此刻，前线的战友在等待着我们，家乡的父老在关注着我们，党和国家在检阅着我们，我们一定要不辱历史使命，不怕流血牺牲，坚决完成各项运输保障任务！”这样的鼓动不仅促进了军校学员向战斗员的迅速转变，而且极大地激励了青年官兵为使命而战、为时代而战、为自己而战的战斗热情。

## 三、指出光明，坚定必胜信念

演习场就是战场，战场上生与死的较量在军事演习中都有淋漓尽致的表现。人的敢于直面死神的勇气，来源于对光明前途的美好追求。军事演习中指挥员用光明前途进行战场鼓动演讲，是坚定广大官兵必胜信念的一个基本出发点。

在一次军事演习中，蓝军主力部队对红军某集团军进行了陆、海、空、天、电一体化、大纵深、超视距、全方位的机动包抄和致命打击。在生死存亡的重要关头，集团军首长对全军将士进行了有情有理的思想鼓动：“同志们，摆在我们面前的，是一场极其严峻的考验，有许多硬仗和艰险。你们要问：我们的策略是什么？我说，我们的策略就是用我们的全部能力，用人民赋予的全部力量，在海上、陆地和空中进行战斗，同人类历史上最凶残的敌人进行战斗。这就是我们的策略。你们要问：“我们的目标是什么？”我可以用两个字来回答，那就是胜利——克服重重困难去取得胜利，不惜一切代价去获得胜利，打败来犯之敌去赢得胜利！大家必须认识到，没有胜利就没有红军的生存，没有胜利就没有红军的一切。此刻，我肩挑重担，却激情澎湃、满怀希望。因为伟大祖国在坚定地支持我们，广大人民在强烈地拥护我们。同志们，让我们齐心协力，突出重围，奋勇前进吧！”首长话音刚落，全体官兵发出了暴风雨般的掌声。这次战场鼓动，极大地鼓舞了官兵的士气，为红军转危为安奠定了基础。

### 四、树立典型，激励战斗意志

榜样的力量是无穷的，典型的威力是巨大的。利用当时战场上出现的英雄人物或英雄壮举，及时鼓舞官兵战斗热情，是军事演习中战场鼓动演讲又一个重要内容。

红军汽车营在配置地域进行的反机降作战，将一次军事演习推向了又一个高潮。参加战斗的汽车营官兵，应用灵活多变的战术方法，经过艰苦激烈的战斗过程，一举击毙和俘虏了蓝军机降的两个特务排。红军官兵表现出了大无畏的革命英雄主义气概，突击手宋大鹏和张杰两名战士在战斗中立了大功，并在火线入了党。战斗胜利后，汽车营教导员紧紧抓住这个有利时机，充分利用两个作战典型，对全营官兵进行了一次富有成效的战场鼓动：“同志们，在刚刚结束的反机降战斗中，全体参战人员发扬了不怕艰难困苦、不怕流血牺牲的革命英雄主义精神，完全经受住了战场环境和强大敌人的种种考验。特别是刚刚火线入党的宋大鹏和张杰两名同志，顽强作战，英勇杀敌，以实际行动实现了他们加入党组织的崇高理想。同志们，这两名新党员，是我们汽车营的战斗标兵，也是我们汽车营的先进模范。随着作战的逐步深入，我们在运输保障的过程中将会遭遇更加激烈的战斗。我坚信，只要大家以他们为榜样，入党在火线，立功在战场，我营就一定能胜利完成党和人民赋予的光荣任务！”教导员话音刚落，全营官兵就爆发出强烈坚定的呼喊：“入党在火线，立功在战场！”这一切集中展现出了汽车营众志成城、排山倒海、所向披靡的战斗风貌。

# 军队思想政治教育课这样开场，才引人入胜

强珠锁

战士们常说，听一段好的思想政治教育课的开场白，就像观赏一幅名画，心动神移，流连忘返；就像欣赏一首名曲，让你双耳聆听，专注一心地听下去。常用的行之有效的开场白有以下一些：

## 一、巧设疑问，发人深思

教育起于思考，思考源于疑问。只有那些带有探索色彩的问题才能像磁铁一样吸引听众，才能激起受教育者的学习兴趣、好奇心和求知欲，这就需要根据教育内容和官兵特点，有针对性地提出问题，设置“悬念”，引发听众对教育主题的思考。新兵连李指导员在进行“正确对待生活中挫折”的入伍教育时，是这样导入教育内容的：“西汉时的韩信和《水浒传》中武松的哥哥武大郎同样受过胯下之辱，但是，两个人的最终结果却截然不同。韩信成为古今闻名的一员大将，受到世人的敬仰。武大郎却遭遇悲惨，死于非命，受到众人的耻笑。这是为什么呢？要想知道其中的本质原因，就需要我们在今天的教育中找一找答案。”

设置这样一个问题“悬念”，一下子就激起全连官兵寻求问题答案的兴趣和欲望，自然而然地将自己置身于思考问题之中。

## 二、会讲故事，引人入胜

生动有趣的故事，能使人处于一种意味深长的情境体验中，从而保持浓厚的学习兴趣和活跃的思维状态。特别是讲解理论性较强、道理较深奥、理解有困难的知识，运用此法，效果更好。王教授在给某集团军司训大队的干部和学兵们进行心理健康教育，当讲到“性格的作用”这个专题时，用一则有趣的故事导入主题：“同志们，你们知道《三国演义》吗？”官兵们立刻活跃起来：“知道。”“那么，你们知道《三国演义》中诸葛亮唱‘空城计’的故事吗？”

有的说："知道，诸葛亮很高明。"有的说："不知道，教授你快讲！"接着王教授开始讲《空城计》的故事，官兵们静静地认真听，讲完后，王教授问大家："请大家思考两个方面的问题：第一，诸葛亮是怎样唱'空城计'的？他为什么敢唱'空城计'？在'空城计'中显示了诸葛亮什么样的性格？第二，是什么性格使稳操胜券的司马懿失败了呢？"在大家激烈讨论回答的基础上，王教授分析指出："可见，一个人性格的好坏影响一个人事业的成败，这就是本次专题教育要讲解的内容——性格的作用。"

一则故事把官兵引入了分析研究人物的所作所为与人物性格关系的探讨，集中了注意力，提高了教育效果。

## 三、能说名言，让人有感

古今中外有许多至理名言，字字铿锵，句句响亮，寓理深刻，耐人寻味。在思想政治教育一开始，若引用与教育内容相关联的名言导入新课，能使官兵的思想和心灵同时受到启迪和震撼。

某模范营肖教导员在一次党团活动，对全营青年官兵进行题为"开拓进取是走向成功的必由之路"的政治教育时，这样导入教育内容：科学巨匠爱因斯坦曾经说过，"人们把我的成功，归因于我的天才；其实我的天才，只是刻苦罢了"。爱因斯坦有一个著名的公式：A=X+Y+Z。"A"代表成功，"X"代表艰苦的劳动，"Y"代表正确的方法，"Z"代表少说空话。爱因斯坦的这一自勉公式，生动形象地说明了开拓进取精神对于他取得成功的意义。今天我就跟大家一起来探讨开拓进取与成功之路的问题。

名言导入，短小精悍，"如爆竹，骤响易彻"，收到了"四两拨千斤"的功效。

## 四、凭借歌曲，唤人情趣

根据教育内容，在思想政治教育之始，领唱或播放一曲与教育主题相关、为官兵喜爱并熟知的动听歌曲，不仅能唤起官兵的情感体验，而且能激发官兵的听讲情趣。政治部刘主任在给全师退伍战士进行"珍惜战友情谊"的教育时，先指挥大家齐唱军营民谣《战友之歌》。教育刚一开始，刘主任一言未发，却让王干事打开录音机，播放了通俗歌曲《朋友》（全体官兵认真安静地听，并有人心里跟着默默哼唱），而后开始说话："同志们，在这即将分别之时，我想问大家最后几个问题，在部队几年的生活中，你们有真正的朋友吗？在将来离开部队以后的日子里，你们希望拥有战友之间真挚的友情吗？"

由此导入课题"珍惜战友情谊"，一下子把官兵的情感和兴趣激发了起来，把他们带入了歌曲所营造的那种朋友亲密无间的意境和体验之中。

# 主持人：在常规情景中展示语言的非常魅力

张姝婷

主持人实际上就是某一会议、活动、节目的台前指挥。主持人起着串联内容、控制场面、沟通受众、渲染气氛的重要作用。主持的成败主要取决于主持人的口才与应变能力。而主持人不论主持哪种类型、哪种形式、哪种场面的活动，都跳不出开场、串连、结尾和应付突发事故这四种常规情景。一个优秀的主持人，首先要掌握主持人独特的语言特点，即语言要口语化和大众化，要自然亲切、热情，同时也要简洁精练，富有突出的个性特征。在此基础上，主持人才能在开场、串连、结尾、应付突发事故这种常规情景中，以娴熟的技巧、出色的语言、巧妙的调度、机智的控场、超常的发挥，完成主持活动的全过程，展现自己的独特主持风格和非常的语言魅力。

下面我们分别谈谈四种常规情景下的主持技巧。

## 一、工于开场

好的开场白会使活动现场别开生面，色彩飞扬。有经验的主持人总是要在开场白上下功夫。设计精彩的开场白，首先要考虑受众是哪些人，他们抱有什么心理来到现场，有什么爱好、要求；自己的开场白要达到什么效果，怎么引出主体内容，开场白对整体活动要起到什么作用等。这样就能够知道自己的开场白该用什么语句了。成功的开场白一是要富有诱导性和启发性，要能引导参与者进入角色、进入境界；二是要能恰当地介绍活动的主题、目的，根据活动具体内容借助环境、季节、参与者等情况喻示主题。

所主持活动的类型不同，开场白的方式也要不同。文艺性强的可以采用赞颂式。在《正大综艺》的开场白中，第 199 期给人留下深刻印象。那时正逢春节，在欢快的“春之声”圆舞曲的背景下，赵忠祥和杨澜以诗朗诵的语调对刚刚到来的春天热情地赞颂道：“春天是万物生长的季节，是岁岁年年又一次蓬蓬勃勃的开始！春天在小溪的流水中，跃上了杨柳梢头，在争芳斗艳的花蕾上绽开了甜美的笑容。”立即把观众带进春天的氛围之中。对于一些会议、礼仪场合，朗诵式的开头就不合时宜了，一般可采用“评价”式。例如学校科技节举行开幕式，在开场白中就可以对全校学生一年来的科技成果、发明创造作出评价，这也就是本届科技节要展示的累累硕果。如果是校园艺术节闭幕式的开场白，那就应该对校园艺术节期间全校师生所展示的艺术成果作出评价。当然作为“开场白”也负有预告此次活动或节目主要内容以引起受众兴趣的任务。

具体方法是多种多样的，如即景生情式、抒情鼓动式、简洁介绍式等。总之，优秀的开场白要灵活精巧，富有鼓动性和向心力。设计时既要着眼于眼前情景，又要广开思路。

## 二、巧于连接

主持一场活动，少不了语言的“穿针引线”，使全场内容形成一个有机的整体。这就要求主持人借助多姿多彩的串联词来达到目的，展示出全部内容的神韵。串联词的特点是一种动态性过渡，它承前启后，调动受众感官，控制现场气氛，使单摆浮搁的各部分相互关联，使整个活动成为一个不可分割的整体。

串联的基本原则是找出二者之间的内在联系，然后与活动的主题紧紧挂上。例如，在一次校园艺术节闭幕式暨颁奖晚会上，来宾讲话结束之后，汇报演出开始之前，串联词就应该包含感谢来宾的鼓励、答谢师长的厚爱，以我们的演出来表达感激之情等内容。又如，在纪念世界反法西斯胜利五十周年歌咏比赛上，一首歌是中国的《游击队员之歌》，另一首是苏联的《共青团员之歌》，怎样把它们串联起来？首先找出它们共同点——“反法西斯斗争”，再挂上大会主题——“世界反法西斯胜利”，这样，我们就可以说：“反法西斯斗争是世界性的人民战争，无论在中国的青纱帐里还是在俄罗斯的冰天雪地中，战士们都集合起来拿起武器、踏上征途。请听《游击队员之歌》、《共青团员之歌》。”如果是教师节演出《我爱米兰》与《好大一棵树》，我们就可以用米兰的幽香和大树“深情藏沃土”来比喻师德，以此来突出庆祝教师节的会议主题。

串联的方式多种多样，但联想却是往往离不开的。如对比式联想、比喻式联想、对应式联想、关联式联想等，它们的共同点是由眼前的一点出发，按需要涉猎方方面面来组合成有一定关联的妙语佳句为我所用。这样的串联词将会波澜起伏、畅达生动，全场将是珠联璧合。

## 三、精于结尾

无论前面的活动主持得怎么成功,有经验的主持人都不会对结尾掉以轻心,因为只有结尾结得好，才算是完美无缺地最终取得了成功。结尾时要把整个活动推向高潮，实现首尾相联，使人回味无穷。例如：有人主持庆功表彰会，这样结束：“听完发言，我想到了一件事：有人问球王贝利哪个球踢得最好？回答是：下一个！有人问名导演谢晋哪部戏拍得最好？回答是：下一部。有人问一位名演员哪个角色演得最好？回答是：下一个！看来我们的庆功、表彰中也应牢记：下一个！下一部！散会。”结尾的语言常有以下几种：用抒情的方式获取共鸣，用议论的方式引人思考，用点题的方式总结全程。不论使用哪种方式结尾都要意味深长、言简意赅，达到凤头豹尾的理想境地。

## 四、灵于应变

众所周知，无论主持人事前的准备多么充分，都无法保证所有的节目或整个活动完全按主持人的设计行进。因此，主持人是否灵于应变对整个活动的成功起着举足轻重的作用。例如：主持讨论会，往往是开始人人都不说，结束时，人人又争着说，把握不住时间，有人侃侃而谈却离题万里，这里就靠主持人因势利导，化被动为主动。冷场时抛砖引玉，离题时用婉辞拉回正题，要截住话头时，先充分肯定大家的积极性，使人不至于感到泼冷水。当不曾想到的情况出现时，主持人要临阵不慌，保持镇静，急中生智，用恰当的表述化解意外，如杨澜在广州“金鹰”授奖晚会的应急就很得当。那次杨澜到广州主持一个娱乐节目，上台时一不小心跌了一跤，场下顿时哗然。情急之中，杨澜嫣然一笑说：“今天来到广州主持节目，意料之外跌了一跤，看来广州的舞台是不好上的。但我又很自信，有台下这么多热心的观众朋友，我相信今天的这台晚会一定会是最为精彩的。”

# 婚礼主持语怎样能出彩

路玉才

随着时代的发展，那种“一拜天地，二拜高堂，夫妻对拜，共入洞房”的简单枯燥的婚礼主持语言模式，已经远远不能满足人们的审美需求了。在这里，笔者根据自己几年来主持婚礼的体验，谈谈婚礼司仪怎样讲话才出彩。

## 一、借字煽情

婚礼上，为表达对新郎新娘的美好祝愿，可在新人的名字和婚礼日期上寻找由头，抒怀煽情。

有一对新人，新郎叫曹海泉，新娘叫丁涛。因为“海”“泉”“涛”三个字都与水有关，我就在主持他们的婚礼时借题发挥：

……朋友们，新郎的名字叫海泉，新娘的名字叫涛。“海”“泉”“涛”三个字都与水有关，所以我们可以说，两位新人的名字就蕴含着一种缘分。此外，水还孕育了生命，蕴含着生机，凡是有水的地方都会呈现出一派蓬勃的景象。这两个名字的结合，预示着他们的爱情，会像大海一样的深厚与深沉；预示着他们的婚姻，会像泉水一样的清澈与甘甜；预示着他们的家庭，会永远充满着生机与欢乐！（掌声）

中国人结婚大多选在带有“二”“六”“八”“九”的日期。婚礼司仪可借这些数字大做文章，以表示对新人的祝福。某年2月19日，我在给一对新人做司仪时搞起了数字游戏：

朋友们，您知道这“二”“一”“九”三个数字代表的含义吗？下面我给大家解释一下：这“二”是代表新郎新娘两个人，这“一”的意思是走到一起，建立一个家庭，这就叫作“合二为一”呀。（掌声）从此他们小两口就像一个人一样，同呼吸、共奋斗。那么“九”呢？“九”是长久的意思。朋友们，说到这里，您已经明白选在今天结婚的特殊意义了。这就是：新郎新娘小两口儿，人生路上一起走，要问感情有多深，相亲相爱到永久！（掌声）

## 二、讲出喜气

婚礼讲究喜庆热闹，要让新人及所有来宾都感到高兴，必须使用活泼动听的语言来营造欢快喜悦的气氛，尽量运用赞美性词语，使用较快的语速和较高的音调，并配以喜悦的表情，把喜庆的气氛烘托出来。

曾有一对在北京工作的青年回到沧州家乡举行婚礼，作为婚礼司仪的我是这样开场的：

各位来宾、各位亲友，女士们、先生们：

大家好！（掌声）

今天是2003年12月28日，农历腊月初六。朋友们，今天阳光灿烂，碧空如洗。这真是：人逢喜事精神爽，天逢喜事变晴朗。天朗朗，日朗朗，大地朗朗，情朗朗！（掌声）在这个新年即将到来、天也朗朗情也朗朗的日子里，有一对在首都工作的青年，怀着浓浓的思乡之情，回到他们美丽的故乡沧州举行新婚典礼，让我们用家乡最真挚的情感和最热烈的掌声，欢迎新郎新娘上场！（热烈掌声，乐曲）

婚礼便在这热烈而喜庆的气氛中开始了。

结婚要选个好日子，更要选个好天气。但“天有不测风云”，“好晌不好天”的情况经常遇到。如果天公不作美，来宾尤其是双方主家心里会有一种说不出的滋味。这时，司仪必须把不好的天气赋予吉祥的含义，拂去人们心头的那层阴影。

前年秋季的一天，我在主持婚礼时赶上下雨。正当人们埋怨天气时，我开口了：

……朋友们，今天的天气很有诗（湿）意呀！（笑声、掌声）这真是，天上秋雨绵绵，人间情意绵绵哪！（掌声）……面对这么一对光彩照人的情侣，就连无比高傲的太阳也自觉逊色了。不信您到外面看一看，今天的太阳一直躲在云彩后面不敢出来，这就叫作闭“日”羞花呀！（笑声掌声）

新人及双方主家和宾客因天气所带来的不快心情，顿时被笑声和掌声冲得无影无踪了。

去年春季的一天，我在为一对青年主持露天婚礼时，突然刮起了风并下起了小雨。这时我拿起了话筒：

朋友们，您瞧，今天的春风多么强劲哪！朋友们，您看，新郎和新娘是多么精神啊！这真叫“春风得意”“意气风发”呀！天公在今天送来春风和细雨，这不仅预示着当“风雨来临”时，新郎和新娘会相携相助、“风雨同舟”，而且还预示着“风华正茂”的他们，在结婚后将会成为事业的“风云人物”！

婚礼便在一片笑声与掌声中开始了。

### 三、圆场补漏

婚礼的前期准备以及当天迎亲—典礼—婚宴—送客的全过程都由以“总理”为首的理事会负责。“来宾致辞”应照顾到方方面面，不可亲此疏彼；“新人拜谢”必须达及各个组群，不可有所遗漏……但“十事九不全”，尽管理事会在各个环节都小心在意，有时仍难免“丢漏儿”。这时，婚礼司仪就要及时圆场补漏。

我曾遇到这么一种情况：当新郎的父亲依照我安排的顺序发言时，尴尬的一幕出现了：这位从未见过大世面的父亲，在听完前面几位的精彩发言之后，心里着了慌，手持话筒，脸憋得通红却说不出话来，引得观众发出了阵阵的笑声。最后，他只说了句“算了，我不说了”，便在观众的哄笑声中，忐忑地返回了座位。我接过话筒，赶紧圆场：

朋友们，大家看得出，新郎的父亲心情非常激动，激动得——无法用语言来表达。（笑声和掌声）是啊，对于父母来说，儿女的亲事是他们最大的心事，儿女成家是他们最幸福的时刻。此时此刻，任何优美的词汇都无法表达父母的心情。人们常说，世间最真实的爱是母爱，世间最朴实的爱是父爱，我非常赞同这种说法。其实，真挚的情感无须表白，无言的祝福更显父母对子女关爱的情怀！（掌声）

尴尬的场面，在掌声中得以化解。新郎父亲的神情，已由难堪转为释然的微笑。

还有一次，在与新郎新娘事先沟通并征得他们同意后，我为他们设计了“互赠信物”的程序，并且在临近典礼的时候又给以提醒。我自以为万无一失，谁料，当新郎将戒指给新娘戴在手上之后，新娘却无回赠之物——本来事先定好要回赠手表的，后来因有亲友觉得送表、送钟不太吉利而临时取消。听着来宾焦急的呼声，新娘在台上不知所措。我赶忙救场：

朋友们，你们知道新娘迟迟不拿出礼物的目的是什么吗？她是想让大家猜一猜，她送给新郎的到底是什么礼物。那就让我们来猜一猜吧。这位小朋友，你能猜出是什么礼物吗？（小朋友没有猜出）这位小伙子，你能猜出是什么礼物吗？（小伙子也未猜出）朋友们，您也许永远猜不出来。新娘送给新郎的——是人世间最珍贵的礼物。这件礼物，是从市场上、从商店里永远也买不到的！那么，这件礼物到底是什么呢？这件礼物就是新娘的无形的爱心！新娘的这件礼物让我想到了一句歌词，不过，我想将它改动一下：问我爱你有多深，（手指太阳）太阳代表我的心！（掌声）

再看新娘，窘迫的神情，已变成了甜蜜的笑容。

# 端正动机善诱导 尊重事实巧提问

赵大勇

诱导提问是律师在法庭辩论中经常使用的辩论手段之一，但在实践中，有的律师运用诱导提问不仅没能收到预期的效果，反而给接下来的辩护带来了被动；而有的律师在使用诱导提问时却收到了很好的效果。原因何在呢？下面我们结合具体案例，进行分析。

2000年7月13日上午，在某直辖市第一中级人民法院某某法庭，正在开庭审理陈某涉嫌受贿一案。

在法庭调查这一程序中，陈某的辩护人梅律师对其进行了讯问。

梅律师："你和李某（陈某的情妇）有无共同账户，有无共同购置财产？"

陈某："没有。"

梅律师："李某告诉过你她得了多少礼金和礼物了吗？"

陈某："没有。"

梅律师："你们是否讲过礼金和礼物是你们两个人的？"

陈某："没有。"

公诉人闻言，立即愤然起身："审判长，请注意辩护人带有强烈倾向性的诱导提问。陈某的当庭供述与庭前供述明显不同，而侦查至审查起诉阶段陈某的多次供述是一致的。"随后，公诉人开始宣读陈某的庭前供述和李某等几位证人的证言。

在陈某涉嫌受贿一案中，陈某的情妇李某是一个至关重要的人物，因为对李某收受他人钱物行为性质的认定，将直接关系到对陈某的定罪和量刑。在对被告陈某的讯问过程中，辩护人梅律师置案件事实于不顾，以诱导提问的方式对陈某进行讯问，其引导陈某为自己开脱罪责的意图极为明显，从而使得狡猾的陈某很快便吃透了他的“精神”，推翻了自己在庭前的供述。鉴于梅律师对案件事实的不尊重和运用诱导提问的动机不端正，公诉人愤然提出了反对，从而使其讯问不得不中断，其诱导提问也就没能收到预期的效果。

我们再来看另一个案例——

吴汉是一位只有小学文化的私营业主，他在从事经营过程中，被税务机关鉴定为偷交巨额税款，检察机关以吴汉涉嫌偷税罪向法院提起公诉。法庭调查时，一位 50 多岁的税务人员出庭进行税务鉴定。在这位税务人员作出吴汉的行为是偷税行为的鉴定后，吴汉的辩护人李律师向他发问。

李律师：“请问鉴定人，你在税务机关工作多少年了？”

鉴定人：“30 年。”

李律师：“这么说，你对我国的税收法规以及政策都是非常熟悉了？”

鉴定人：“这是当然的，否则我怎么能搞这个工作？”

李律师：“好，现在向你请教几个税法方面的问题。”

刚开始的时候，李律师所提的都是一些常识性的税法问题，所以鉴定人对答如流。但到了后来，李律师所提的税法问题越来越生僻，鉴定人不得不开始从随身携带的工具书中去寻找答案。

李律师抓住这个时机，人声说：“请鉴定人注意，对本辩护人所提的问题，根据你的经历及你刚开始的表示，应当立即回答而不应去查工具书！”

鉴定人提出了异议：“老天！我们国家的税收法规、政策那么多，我不翻书，怎么能记得住？”

李律师：“发问完毕，谢谢鉴定人回答了全部提问！”

在随后进行的法庭辩论过程中，李律师根据法庭调查过程中讯问的事实，发表了如下辩护意见：“连专业的税务鉴定人都有一些税法知识不懂，何况只有小学文化程度的被告吴汉呢？本案中，被告吴汉主观上没有偷税的故意，他的欠交税款的行为主要是缘于其不懂税法，他的行为属于漏税，而漏税不属于犯罪行为。因此，吴汉的行为不构成犯罪！”

李律师的发言掷地有声，连严肃的审判长也不由得暗暗点头。最终，李律师的关于吴汉行为属于漏税而非偷税的意见被法庭采信，吴汉最后被当庭宣告无罪。

考虑到漏交还是故意欠交与吴汉懂不懂税法有直接的关系，辩护人李律师就出其不意地从税务鉴定人的工作年限问起，诱导税务鉴定人在毫无防备的情况下,顺着自己的思路如实回答,从而让现场有关人员明白了这样一个事实——即使一名在税务战线工作了多年的老税务工作者，对税法的了解也不可能做到了如指掌，从而为接下来的“只有小学文化程度的吴汉是因为不懂税法而漏交税款”这一结论的得出提供了一个强有力的依据。李律师在论辩过程中，别具匠心，步步为营，让鉴定人在不知不觉中陷入自己事先设置好的“圈套”之中，收到了理想的辩护效果。

在第一个案例中，辩护人梅律师尽管也使用了诱导提问，但其动机不够端正，希图诱导被告人违背客观事实回答问题，进而达到推翻案件事实的目的，其失败是必然的。

而在第二个案例中，辩护律师在使用诱导提问的过程中，动机端正（只是想为吴汉洗刷“不白之冤”），同时又尊重案件的客观事实，最终达到了讯问的目的，得出了有利于己方的结论，取得了良好的辩护效果。

从上面一反一正两个案例可以看出，律师在辩护中使用诱导提问应当端正自己的动机，尊重案件的客观事实——只有这样，才能驳倒、说服对方，让自己的辩护意见得到法庭的采信，诱导提问也才能收到预期的效果。否则，只能是吃力不讨好，有时甚至会起到相反的作用。

# 调解民事纠纷的谈话技巧

高　明

除了预防打击犯罪外，广大基层派出所的民警还承担着大量的民事纠纷的调解工作。调解民事纠纷意义重大，因为纠纷虽小，但解决不好就会酿成大祸。

下面是几位基层民警在调解纠纷时的谈话技巧，相信他们的经验对其他民警会有一定的借鉴作用。

## 一、顺气灭火，不死搬法律法规

有些人虽然违反了道德准则，但却没有触犯法律或法规，因而不能将之绳之以法。在这种情况下，“受害方”极易因头脑发热和情绪偏激而做出出格的事，从而将“小事”搞大。

为了防止受害方情绪失控，调解民警就要开辟一条“消防通道，熄灭火焰”——这就像在水流受到阻塞眼看要溢漫堤岸时，挖出一条导流渠将水流引出，以避免冲毁堤岸一样。

在派出所实习的小高和赵所长接警后赶到一户人家，见女主人正手拿菜刀，要对一个张姓男子下手。原来，离异后的女主人两年前认识了独身无业的张某，很快便与之同居，并不惜钱物供张某享用。没想到几个月前张某却又和一个导游小姐搞到了一起，要和女主人分手。女主人对此焉能不气？

见女主人又打又闹，赵所长先将其手中的菜刀夺下，然后找张某谈话。待明白了事情原委后，小高就奉劝女主人：“你们虽然搞了两年对象，可是没有领结婚证，还不是合法的夫妻。他现在看上了别人并准备和她结婚，属于婚姻自由，我们也无权干涉。如果涉及财产赔偿的话，你可以同他协商，协商不成再到法院起诉。”小高说得虽然很正确，可处在气头上的女主人岂能接受得了这一冰冷的法律现实，于是就大喊道：“我不用你们管了，你们走吧，我自己能解决。”说着就往外冲。

赵所长经验丰富，马上来到女主人面前：“你要干什么？”女主人边冲边说："这事不归你们管，你们拿他没办法，我有办法。"赵所长提高了嗓门："谁说不归我们管？我们一直也没闲着，他张某要是不把这事处理好，我就处罚他！你先坐会儿，等我把事情调查清楚了，我该教育他教育他，该处罚他处罚他。"听赵所长这么一说，女主人情绪稳定了一些。

接着，赵所长又训斥了张姓男子脚踩两只船的不道德行为，然后说："你也看见了，要不是我们拦着，她今天非拿刀跟你玩命。这事说到天边也是你的不对，不论想什么方法，你都得把事情处理好，否则出现一切后果你都脱不了干系！"赵所长的这些话，让女主人的情绪最终完全稳定了下来。在和张某深谈了一次后，她最终实现了自己的目的。

在这个案例中，赵所长用的就是顺气灭火法，先说要处理张某（其实处理不了）——目的是稳定女主人的情绪，而后才开始做双方的工作。

## 二、亲情诱导，可使用冷言相激

有很多纠纷发生在家庭成员之间，称为家庭纠纷。对此类纠纷，调解民警要善于利用旁观者"清"的特点，以亲情唤醒当事者一时的"迷"，以此来化解矛盾。使用此法时，既可以"热语"相劝，也可用"冷言"相激。

一对平时关系不和的婆媳，这天又因为琐事由口角发展成了相互殴斗，婆婆先动手打了媳妇，而媳妇则咬破了婆婆的手。

刘民警到达现场后，先让婆婆的儿子将她带到医院去看伤，后向儿媳询问了情况。待婆婆和儿子从医院回来后，刘民警说："都是一家人，一会儿我让她给您赔礼道歉，怎么样？"婆婆说："仅仅赔礼道歉绝对不行，她敢打婆婆我，我跟她没完的！"

刘民警板着脸说道："既然这样，我们就公事公办吧，我这就叫人取笔录，按照殴打他人的罪名拘留她。"然后又对儿子说："把你媳妇喊回来，惹这么大的祸还上什么班？你媳妇的工厂是合资企业，据我所知，厂里规定，凡是因打架被公安机关处理的，厂里发现一个开除一个，有这么回事吧？""有这个规定，民警同志您别拘留她，她找这个工作也不容易，再说了我们孩子也离不开她呀。"老实巴交的儿子乞求道。民警故意说："她殴打他人，按照《中华人民共和国治安管理处罚条例》应当治安拘留 7 到 15 天，我也没办法。"

接下来，民警对婆婆说："我先给您取个笔录吧。"婆婆也心软了："不取了，这次我就饶她这一回，让她接受接受教训。”刘民警说：“您说不拘就不拘呀，她违反了《条例》，不拘可不行。”婆婆着急了：“我们是一家人，一家人打架违反什么法了？我这手伤得也不重，不用你们管了还不行。”

直到这时，刘民警才和颜悦色地说：“既然您不追究了，那我就说两句。在一块儿过日子，您老那嘴别那么厉害，你们儿媳妇又上班又操持家务多么不容易啊！再说了，你们俩打架，最难受的是您儿子，他夹在中间多难受！您儿媳妇我已经批评过了，这事就这么结了，她下班您可不能再说别的啊。”

在上面的案例中，民警其实始终在做亲情诱导，只不过是通过另一种方式表现出来，收到了比直说还好的效果。

## 三、疾言厉色，巧妙运用“反话”

有时民警到达现场以后，纠纷双方仍各说各的理，并在民警面前逞强。对这类人，以好言相劝他们往往听不进去，你越劝他们越在你面前表现出咄咄逼人的气势。此时，可以疾言厉色，运用“反语”压住他们的气焰，以便为后面的调解奠定基础。

两名小青年在街上因小摩擦发生争执，很快招来了一圈看热闹的人。民警老路带领两名青年民警赶到了现场，但两人却不听劝解且口出狂言，捋胳膊挽袖子地说要弄死对方。老路大喝一声：“要打到十里地开外的河边去打，那里没人拦着你们，把事情闹大了，我两个一块处理，别在这交通要道充英雄！”两名小青年立刻被镇住了，悻悻地不言语了。这时老路换了一种语调说道：“值得吗，为这么点小事？我看你们一点也不像个男子汉，心胸狭窄，斤斤计较，像个小肚鸡肠的人。有这点时间，干点什么不好啊？何必白给别人看热闹啊？”两人一听都低下了头，表示愿意听从民警调解。

当然，运用这种方法要看情况，如果纠纷双方有深仇大恨而且手里有凶器，就不能用这种方法。

## 四、细致分析，不讲过头之语

在很多情况下，对错没有明确的界限，调解民警在这时就要具体问题具体分析，同时还要分别指出双方的缺点，决不能对其中的任何一方说“你做得很对，这事全怨对方”之类的话，因为这样会使受到肯定的一方“得理”不让人，不利于纠纷的解决。

一位叫刘红的居民因为在家门口泼水和邻居李侠发生了矛盾。张民警在解决这起纠纷时，先对刘红说：“刘红，这事的主要责任在你，难道她骂了你，你就该打人？有什么大事非动手不可？再说了，你不往他们家泼水，她会骂你吗？”刘红说：“我泼水也不是泼他们家呀，公共的胡同我泼我家门口上，关她什么事呀？”张民警说：“那不对，胡同那么窄，你们两家住对门，你泼完了水，人家怎么过呀？再说了，人家把水泼你们家门口，你高兴吗？你得换位思考一下。你让其他邻居怎么看你，不讲理，泼了水还打人，以后谁还敢跟你交往？大家都是邻居，平常总打交道，要为这么点事，闹生分了，多别扭呀！听我的，一会儿主动认个错，把事说开，啊！”

做完了刘红的工作，张民警又开始做李侠的工作：“对方虽然不该在家门口泼水，但你也不应该因为一盆水就骂人啊！你这一骂，就把一件小事骂‘大’了。”李侠说：“谁让她往我们家门口泼水的？泼了水还打人，我可不吃这个亏！你们得给我个说法，让她给我看病。”“人家将水泼在胡同里，你就认为对方对你故意使坏，那你洗完衣服为什么也把水泼在胡同里呢？虽然她这次泼得离你们家门口近了一点，但人家已经说了不是故意的，在这种情况下你还骂人家，这未免显得心胸太狭窄了吧！平常两家挺好的，因为这点事闹僵了对你有什么好处？你并没受伤，看什么病？她打你，你也打她了，你非要去看病，我不拦着；她想去看病，我也可以不管，反正最后把钱都给医院了，对你们谁也没好处。你要是还不听，你们可以去法院，不过，到法院起诉是要收起诉费的，你考虑值不值。反正我是认为不值的——谁没事打官司玩呀？行了，我一会儿把刘红叫过来让你们俩把事说开，让你顺顺气，然后赶紧回家给孩子做饭去。”

经民警这么一说，纠纷解决了。

以上列举的，只是派出所民警运用口才调解纠纷的一般个案。在实际工作当中，我们不能千篇一律，而应该具体问题具体分析，灵活运用各种方法，以求问题圆满解决。

# 导游妙语睿智化刁难

邱丽华

在常人眼中，导游是一个令人艳羡的职业，既能拿到丰厚的薪水，又能饱览天下美景。然而，很多人却忽略了一点，那就是导游带团旅游过程中时常会遭遇到游客有意、无意的刁难。由于导游职业的特殊性，决定了游客就是上帝，导游不能和游客之间发生正面的冲突。那么，面对游客的种种刁难，导游应该如何轻松应对呢？

## 正话反说：纠正不良暗示，激发游兴

周末，小张带团去肇庆，恰逢台风入境，旅游车刚刚抵达七星岩停车场突然下起了倾盆大雨。游客不肯下车，怨声一片，有一两个游客还不满地抱怨："退团！我们要退团！这种鬼天气我们还能游玩吗！"其他游客也跟着高声附和。

在这时候退团，不仅会给旅行社带来不小的经济损失，而且还会有损于旅行社的声誉。小张观察窗外的雨点，发现雨渐渐小了下去，立刻想到了台风雨的特点，然后灵机一动，热情大方地对游客说："恭喜各位啊！各位的运气真是太好了！古人称誉七星岩是'西湖水，桂林山，帛缎天降挂飞帘'。请各位团友往外看，前面烟雨蒙蒙，山和水浑然为一体，既有桂林之趣，又有西湖之妙。我们真是赶上好时候了，若是晴天就看不到七星岩如此别致的一番风景了。"游客们一听，来了兴致，一个个笑容满面，撑着伞争先恐后地下了车。

旅游时遭遇坏天气，游客情绪低落，产生抵触情绪，刁难导游也在情理之中。这时调动游客的积极性就显得非常重要。本是天公不作美，小张却正话反说，说恭喜各位，各位的运气太好了。这其实是在有意识地纠正坏天气对游客心理产生的消极影响和不良暗示。接着小张又用诗化的语言概括了七星岩雨景的妙趣所在，这样就完全矫正了坏天气产生的不良暗示，实现了游客心理的大逆转，激起游客继续游玩的欲望，大大激发了游客游兴。

### 巧用特长：转移注意视线，避免尴尬

在导游沿途讲解完毕后，有一名男游客忽然暧昧地问小叶：“请问你最满意的是身体的哪一个部分？”话一出口，游客们顿时安静了下来，视线全部集中到小叶身上，有几个游客开始交头接耳、窃窃私语。小叶被这突如其来的一问震呆了。这时候不管说什么，这名男游客都有可能借题发挥，让她难堪，下不了台。

小叶很快冷静下来，底气十足地对大家说：“我最满意的是我的嗓子，我的歌唱得可好听了，上大学的时候还拿过奖呢。现在我就唱一首给大家听好吗？请大家给点掌声。”伴着掌声和喝彩声，小叶唱了起来。一曲完了，还有游客高喊：“再来一首。”那名成心想刁难小叶的男游客被大家晾在了一边。

“人上一百，形形色色。”某些游客就喜欢问一些很暧昧、敏感的问题，类似的情况处理起来比较棘手。不回答，得罪了游客；回答，游客又会千方百计地让你难堪。这时导游的应急应变能力就显得非常重要。小叶先是回答游客的问题，给足游客面子，然后充分利用自己的特长——歌唱得好，巧妙地转移了大家对敏感问题的注意，活跃现场气氛的同时，也使自己避免了陷入游客设置的语言陷阱中。

### 察言观色：洞悉游客心理，消除不满

“十一”旅游黄金周，鼎湖山上的庆云寺（广东四大名刹之一，里面供有舍利子）人满为患，小李带团的游客已经排了两个小时的队，还进不了门，都愤愤地责问小李：“你这个导游怎么当的？怎么还轮不到我们？看不到舍利子，这一段行程的钱你得退给我们。”

面对游客的不满情绪，小李只好一个劲地安慰大家，可是游客根本不买她的账。看到很多刚参观完舍利子走出来的游客个个神情凝重，想到游客们此行的目的，小李灵机一动，微笑着说：“大家别着急，我们急，佛祖他老人家比我们还急呢！”一句话把游客们都逗乐了，再也没有怨言。

一个出色的导游，不仅要有很高的业务水平，还要有察言观色的本领，这样才能面对各种情况做到游刃有余。小李把佛祖人性化，赋予他人的性格，说“佛祖他老人家比我们还急”，幽默风趣，又耐人寻味。

## 妙用幽默：化解自身困境，获取谅解

小宁带团去长白山，恰巧遇上某路段施工，路坑坑洼洼的，旅游巴士在路上艰难地颠簸着。一些上了年纪的游客抱怨："你怎么选择走这条破路？想颠死我们啊？"还有一些游客质疑说："你到底有没有带过团啊？"更有一些游客毫不客气地说："带我们走这样的路，回去就到你们公司投诉你。"

听了游客的抱怨和责难，小宁并没有慌乱，反而显得很镇静，她拿起话筒，慢条斯理地对游客说："各位团友，请系好安全带，闭上眼睛，放松，再放松。现在我们的旅游巴士正在给大家做身体按摩，按摩的时间大约为二十分钟，这次按摩是完全免费的。"话刚落音，游客们都忍不住笑起来了。

幽默，不仅能活跃气氛，还能拉近人与人之间的距离，消除隔阂，起到润滑剂的作用。真正的幽默是充满智慧的，积极、健康、耐人寻味而又引人入胜。小宁处乱不惊，结合当时的境况，把颠簸说成是"按摩"，积极乐观；又说"这次按摩是完全免费的"，让人忍俊不禁，笑意自心而发。导游恰当地利用幽默，将游客的抱怨和责难用太极手法消解于无形，缓和了气氛也更容易获得游客的谅解，使自己走出困境。

# 用人文关怀增加推销语的感染力

周敦艳

在推销活动中，如果一个推销员仅仅着眼于商品本身去向顾客推介，难免有老王卖瓜、自卖自夸之嫌，常常令顾客反感而拒绝。一个现代推销员应当知道，你推销的不是产品，而是一种理念或观念。即在强调“以人为本”的今天，注重人文关怀，注意尽力满足对方的心理情绪、实惠利益、命运前途、友谊亲情、安全健康等方面的需要，就有可能使顾客在心灵上受到触动，进而对产品与服务也会发生兴趣。因此，推销员如何在自己的语言中体现出强烈的人文关怀色彩，便成为推销成功与否的一个重要因素。

## 探询中的兴趣关怀

一位食品推销员面对经销商，正想用老套话“我们又生产出了一种新产品”的开场白，忽然脑瓜一动，便改口道：“司马颂先生，如果有一笔能够为你带来2万元收入的生意，你会感兴趣吗？”经销商司马先生一愣，旋即答道：“当然有兴趣啦，你说说看，是啥生意？”那推销员便说：“告诉你吧，今年秋天，柑橘的价格起码要上涨30%以上，我算了一笔账，如果你能售出××罐头的话，那么，就可以净赚到2万元。”这位食品推销员就是抓住了对方感兴趣的话题，先卖了个关子，然后才“抛砖引玉”，进而使经销商很快便进入角色，从而达到了劝说目的。

## 轻松中的情绪关怀

美国有个叫苏珊娜的推销明星，她的推销语言极富人情味儿。每每碰到愁眉不展的客人，她便主动上前去搭讪道：“哎呀，这位先生，你好像是遇到什么不高兴的事儿了，说说看，我能帮助你做点什么吗？”遇到神情泰然的客人，她便这样搭讪：“瞧，这位先生春风满面的样子，准是又发了一笔财啦？要不是遇到一位天仙般的佳丽啦？我能为先生来个锦上添花吗？……”显然，这位推销员非常懂得充满关爱之情的话语给对方心灵的触动，非常懂得推销中需要这样一种另类的人文关怀：情绪上的关怀。有了这样的情绪关怀，就容易调动起客户的情绪来。有位推销员在向一大群顾客介绍一种钢化玻璃杯时，照例将一只杯子摔在地上作示范表演。不料，这次他刚好拿到一只质量没过关的杯子，那酒杯一摔便砰地碎了。面对这始料未及的尴尬场面，那位推销员却依然面带微笑，对顾客说："你们看，像这样的杯子，我是决不会卖给你们的，是吧？"面对自己的失手与对方的怀疑，这位推销员用一种轻松幽默且具有关怀意味的语言，及时地调整对方的心绪，巧妙地营造出一种轻松愉悦的气氛。不但没有因意外败坏对方胃口，反而继续增加了他们的购买欲。

### 率直中的利益关怀

国外有一位煤炭推销员，欲向某连锁店推销煤炭，可总是遭到拒绝。后来，他请教了营销专家如何改进自己的推销法。接受了专家建议以后，这次，煤炭推销员再度到他曾经在推销中碰过钉子的那家连锁店，同经理一见面，推销员便坦率地说："今天我来这儿，不是来向您推销煤炭的，而是想向您请教一个有关连锁经营的问题。"经理一听不觉有些诧异，一问，原来那推销员事前已同专家约定，明天召开一个"连锁的普遍化对国家是否有利"的辩论会，专家指定了推销员必须站在连锁店的观点上，所以他需要了解该连锁店的情况。经理一听，心上不觉一动，认为宣传自己的机会来了，于是爽快地同推销员谈了起来，双方越谈越融洽、越议越热烈。等到交流完毕的时候，连锁店经理竟然主动地提出了购买煤炭的要求，使推销员惊诧不已。正是由于他"站"在了对方的观点上，从维护对方的利益出发，才赢得了对方的信赖。正是这种信赖，促成了对方购买自己产品的欲望与意愿。可见，对对方的人文关怀之语，是一种不战而胜地获得推销成功的妙法。

# 典型故事做前导，教育效果特别好

采桑人

很多知名教师在介绍经验的时候，都提到了典型故事做前导的教育方法。由故事导出所要讲的道理，先吸引学生的注意力，做好充分的铺垫，最后再语重心长地导出人生真意，学生自然更乐意接受，教育效果也就会特别理想。

## 故事中的人物新鲜

林晓的生物成绩不好，被生物老师狠狠批评了一顿，情绪非常低落。班主任王老师发现这一情况后，跟他讲道："在不久前，英国的约翰·戈登教授获得了诺贝尔医学奖。但他上中学的时候，在200多名学生中，他的生物科成绩排在最后一名，其他科目的排名也非常靠后，常常被同学讥笑。在1949年的学校成绩报告单中，戈登被一名老师如是评价：戈登想成为科学家，这个想法很荒谬，他连最简单的生物知识都学不会，根本不可能成为专家。这份成绩报告至今仍被戈登放在自己的办公桌上，偶尔用来娱乐一下。不要过分在意别人对你的评价，应该用事实告诉别人，你能做到，你行的！如果戈登过分在意那位老师的评价，他能完成这样的惊天逆袭吗？"

因为成绩不好被老师批评，批评之后情绪低落，情绪低落怎能提高成绩呢？如果老师不加以引导，林晓势必陷入恶性循环之中。老师在开导他的时候，用刚刚获得诺贝尔医学奖的戈登的故事作前导，戈登是一名正"走红"的科学家，他的事例更有说服力。一名曾经被老师说"根本不可能"的学生能完成惊天逆袭，自己为什么不向他看齐呢？

## 故事中的对比明晰

李猛接受新知识比别的学生慢，他感觉很自卑，语文课的刘老师发现这一状况后，找他谈心："你知道吗？非洲草原的豹、狮子占尽了便宜，每天都有为数众多的野兔、麋鹿和狒狒，难逃它们的獠牙。但是，有一种动物几乎很少死于大型猫科动物的锐牙之下，它就是狐獴。事实上，论聪明灵动，狐獴不及狒狒，论奔跑速度，它不及野兔和麋鹿，那么是什么能让狐獴成功逃生呢？因为荒漠上随处都有狐獴的洞穴。为了躲避大型猫科动物的捕杀，每个狐獴家族都会在荒漠上四处挖洞，最终使洞穴遍布狐獴家族所能到达的所有区域。一遇到危险，狐獴便可以钻入洞穴，令捕杀者们望洞兴叹！在这个纷繁的世界上，各有各的生存之道，如果你不够机灵，你就用勤补拙，每个人都有成功的机会。"李猛听了，眼神变得坚定了起来。

在刘老师的前导故事中，狐獴和野兔、麋鹿、狒狒形成了鲜明的对比，野兔、麋鹿和狒狒虽然更机灵一些，但是它们却经常丧命于大型猫科动物之口。狐獴虽然不够机灵，但却凭借勤奋挖洞，使自己的安全系数大大高过了其他动物。有了这个典型故事作前导，刘老师勤能补拙的道理自然更容易让李猛接受，认识慢不要紧，要紧的是认识要深。

## 故事中的哲理透彻

李丽以前的成绩很不理想，她想振作，于是制订了一个宏大的学习计划，但因为四处出击，效果并不理想。她去找班主任马老师谈心，马老师说道："我先给你讲个故事吧。一位青年豪情万丈地为自己树立了许多目标，可是几年后却一事无成。他去找一位智者，智者对他说，你先帮我烧些开水！青年见墙角放着一把极大的水壶，旁边是一个小火灶，没有柴火，于是出去找。他在外面拾了一些枯枝，装满一壶水后将壶放在灶台上，烧了起来。壶太大，枯枝烧尽了，水也没开。智者问他，如果没有足够的柴，你该怎样把水烧开？青年想了一会儿，摇了摇头。智者说，不如把里面的水倒掉一些！青年若有所思。智者说：你踌躇满志，树立了太多目标，就像大水壶装了太多水一样，而你又没有足够的柴。青年恍然大悟。你恍然大悟了没有呢？不要想一口吃个胖子，先设定小目标，一个一个实现。"李丽豁然开朗。

俗话说，贪多嚼不烂，如果目标过于庞大，往往老虎咬天无从下口，最后焦头烂额，什么都实现不了。为了说清这个道理，马老师让一个透彻的哲理故事作前导，非常形象直观地说明了道理。让李丽了解了自己学习计划的症结所在。哲理透彻，方法明确，才更具有指导意义。

## 故事中的事件贴切

邱芳很想学习钢琴，但她家境贫寒，上不起培训班，更买不起钢琴，她很痛苦。音乐老师知道这件事后，找她谈心："你知道吗？曾经有个少年最喜欢舞蹈，可是家里很穷，父母不能送他去舞蹈学校，只能让他去裁缝店当学徒，他很痛苦。有一天，他给一位无比崇拜的舞蹈家写了一封信，希望对方能收他做学生。3天后，他收到了回信，舞蹈家并没有说要收他做学生，而是告诉他：'我小时候的理想是做一名科学家，可是，家境贫寒，只好跟随一名街头艺人四处卖唱，人活在世上，因地制宜地树立的叫理想，不切实际地树立的只能叫空想。'从此，他在裁缝店里勤奋学习各种裁剪技术。最终，他成立了自己的服装公司，他就是世界时装大师皮尔卡丹。俗话说，三百六十行，行行出状元。懂得变通才更容易成功。"邱芳听了若有所思地点了点头。

皮尔·卡丹想学习舞蹈，但是家境贫寒，条件不允许；邱芳想学习钢琴，但家里拿不出参加培训班的钱。音乐老师所讲的前导故事中所反映的问题，和邱芳的问题如出一辙，非常贴切。在同样的境遇下，皮尔·卡丹因地制宜地走向了成功，邱芳当然也就明白了音乐老师所讲的要懂得变通的道理，当然也就知道自己应该怎么做了。

教师一开始就讲大道理，不但有说教之嫌，学生一般也不乐意接受，不妨用一个典型的故事作前导，充分铺垫之后，学生自然更容易理解教师的用意，进而端正人生的态度，健康快乐地成长。

# 幽默口才

YOUMO KOUCAI

## 语含幽默，人有魅力

陶　峰

日本政治家大平正芳说："由于某种轻巧的幽默，可以使当时的气氛为之改观，使陷于僵局的悬案豁然解决。"在谈话中，如果能够很好地运用幽默，确实能够达到妙语解颐的效果。

中国男篮原主教练尤纳斯不管在场外，还是在私人场合，他的风趣幽默都给大家留下了深刻的印象。有记者就中国队员投篮命中率低的问题提问尤纳斯，他幽默地说："曾经有个音乐教授问我，为什么篮球赛的命中率经常只有50%？如果我们小提琴只拉出50%的水平，恐怕没有人愿意来听。我告诉他：如果你拉小提琴时有几个2米以上的大个子在旁边拽你，那你能拉出50%的水平就不错了。"

如果尤纳斯从专业的角度予以回答，显然会让人觉得是在推卸责任。他别出心裁地将拉小提琴和打篮球比较起来，用充满戏谑的话语表示，有几个2米以上的大个子在旁边拽的话，也最多只能拉出50%的水平。这样一来，巧妙地回应了对方的质疑，又没有贬低自己队员投篮水平低，而且语含幽默，巧妙地化解了尴尬，令人捧腹。

1983年，在杭州举行的艾青创作学术讨论会上，艾青迟到了。当他走进会场时，立即向与会者致歉并解释说，他本可以准时赴会，但因夫人高瑛考虑到他年事已高不适宜坐飞机而犹豫再三，最终还是改乘火车，这才被耽误了。他笑着说："高瑛真是一个好人，她将我像牲口一样照顾，我是她心爱的宠物，吃饱睡好，安全第一，她是一个杰出的饲养员。"即兴式的戏谑，折射出艾青丰富的人生智慧，引发满堂大笑。

面对迟到的现实情况，艾青在解释完原因之后，又荡开一笔，狠狠地表扬了夫人高瑛一番，他将自己比作“牲口”，而高瑛则是饲养员，虽然有些自贬，但句句含情，说到了实处。戏谑的话语，彰显出夫妻间的深情厚谊，让人为之动容。

法国著名的科学幻想小说家儒勒·凡尔纳著作丰富，仅小说就有104部，人们就传闻他有一个“写作公司”，公司里有不少作者和科学家，而他只不过是占有别人的劳动成果罢了。听了这个传说，有个记者特地前去采访。凡尔纳知道他的来意后，便微笑着把他领进了工作室，里面摆放着一排排柜子，柜子里分门别类地放满了科技资料卡片，他指着这些柜子说：“我公司的全部工作人员都在这些柜子里，请你参观一下吧！”

凡尔纳的作品被人传成别人代笔写的，面对前来采访的记者，他并没有做过多的解释，而是将工作室存放资料卡片的柜子让记者参观，并将其称之为公司的工作人员，这显然是告诉记者，自己是依靠着丰富的积累才写出了那么多的作品。话语幽默风趣，既解除了他人的质疑，又证明了自己的实际能力，可谓一箭双雕。

中国著名漫画家丁聪跟妻子沈峻相当恩爱，俩人几十年相处，极少有发生争吵的时候，谈及相处秘诀时，他说：“如果发现太太有错，那一定是我的错；如果不是我的错，也一定是我害太太犯的错；如果我还坚持她有错，那就更是我的错；如果太太真错了，那尊重她的错我才不会犯错。总之，太太绝对不会错——这话肯定没错。”这番话语听起来有些拗口，但细细一琢磨，他对妻子的宽容和爱凸显出来，令人叹服。

爱尔兰剧作家萧伯纳说：“家是世界上唯一隐藏人类缺点和失败的地方，它同时也蕴藏着甜蜜的爱。”家不是讲理的地方，能服软的才是好汉，这也是白头到老的成功之道。丁聪显然是深谙此道理，在这番话语里，他言之凿凿地评说了太太有错时自己应该持有的观点，一环套着一环，始终把错误归结到了自己的头上，幽默的话语，富有情趣，惹人发笑。

意大利演员索菲亚·罗兰说：“我相信幽默感也是魅力的一个组成部分。”确实，在跟人交流时能够言语幽默，不但能够让语言增添魅力、充满灵动的气息，也让自己的个人魅力得以尽显。

# 幽默的三要素

舟寄生

幽默让人发笑，但又具有含蓄且让人回味深长的特征。大多数幽默都具备三个要素：有趣的视角、展露痛苦与真相、一定的原创性。

## 有趣的视角

人要站在一个独特的视角去观察这个世界，这个视角跟正常的视角是有偏差的，这个偏差的角度造成了新奇感、意外感和幽默感。

《阿Q正传》里，赵老太爷对阿Q说："你也配姓赵？！"

姓什么本来是天生的，是一件不需要资格的事情，但是赵老太爷却暗示"你"没出息，没资格姓赵。鲁迅先生用幽默揭示了一个真相：没有地位的人不仅不能选择命运，连自己姓什么也决定不了。

《乡村爱情故事》里，刘能对赵玉田说："你喝什么酒，又不是大学生！"

对一般人来说，喝酒是一件不需要资格的事，但在刘能看来，没上过大学，就没资格喝酒。这个幽默揭示了刘能观察世界的视角。

建立独特的视角，你就处在了一个说什么都好笑的幽默区。要做到这一点，你可能需要比别人多一点天马行空。我们要用一个新奇的视角来观察生活，得出结论。

比如你为脱发烦恼，你可以用自己头发的视角来看待自己："这家伙为啥要做程序员，就不能为了我换个工作吗？长在这家伙的脑袋上太不容易了，随时都有牺牲的风险。成天熬夜，还吃垃圾食品！昨天跟我约会的那根头发，今天已经被冲进下水道了。”

这么一来，你是不是就被自己逗乐了呢？

## 展露痛苦与真相

真相就是你观察到的这个世界的真实面貌。每当你听到一句话让你觉得“扎心”的时候，往往就是真相时刻。平常说话时大家会说自己喜欢什么、擅长什么，而幽默是把生活中失败的、痛苦的、糟糕的事情，用另一种方式表达出来，从另一个角度给人启迪。

有一位程序员，因为写了一个程序，为自己抢到了一盒月饼而被开除了。这件事对当事者来说是一个倒霉的经历，因为一个念头丢了一份高薪工作。但是吃瓜群众大多以一种八卦娱乐的心态来看这个新闻，于是有了很多欢乐的吐槽，比如：“总以为学编程能拿到五位月薪，想不到最后到手的是五仁月饼。”

你可能说这也太没有同情心了！但是你要了解人性，在没有造成真正伤害的情况下，人们更倾向于用吐槽来获得心理上的优越感和宣泄感。幽默是一门研究失败和失败者的学问，越悲情，越好笑。

某公司的一次年会上，公司 CEO 大谈特谈自己创业的丰功伟绩，员工听得昏昏欲睡。试想一下，如果这位 CEO 改为讲讲自己创业过程中的失败，或者自己做了哪些愚蠢的决定、犯了什么错误，最后九死一生才熬到今天，员工会做何反应？这些难道不是更吸引人的故事吗？

由此可见，不敢展现自己脆弱一面的 CEO 不是好的幽默演说家。无论是生老病死这种大真相大痛苦，还是生活中的小真相小痛苦，都可以成为幽默的素材，都能够让大家产生共鸣。

## 一定的原创性

幽默的第三个要素，就是幽默往往是原创的，它是你即兴应对世界的一种表达方式，你可以通过幽默告诉这个世界，你对于很多东西的独特观点。笑话百宝箱并不是真的幽默，真正的幽默必须是即兴应对世界时的一种表达方式。

有一段时间，传言某商人家里囤了1吨黄金。商人听到传言后，公开说："你们传得很嗨，说有1吨黄金，连我自己都信了。早上起来挨屋翻，你说咋丢了呢？"

幽默的目的不仅仅是让人发笑，更重要的是应该让人了解你的想法，帮助你赢得听众。所以，不要讲别人的段子，真正的幽默应该是原创的，能反映出你的个性，是一种饱含智慧和力量的自我表达。

掌握了幽默的三要素，你在与人交谈中就能随时随地即兴发挥，顺手拈来，你也很快就能成为一个幽默高手！

# 让幽默更隽永

如日方升

幽默有三种：第一种是语言的幽默，第二种是事情的幽默，第三种是背后道理的幽默。前两种幽默搞笑的是词语，是事件，幽默都在表面。第三种幽默，它隐藏在词语和事件深处，说的是背后的见识，是隽永的幽默。前两种，笑完就完了，后一种，保质期特别长，值得咀嚼回味。那么，如何让幽默更隽永呢?

## 抱朴含真

有一天，有人向法国哲学家蒙丹抱怨这个世界的不公，诉说自己不愉快的境遇，发了一大堆牢骚。蒙丹耐着性子听他讲完后，不无幽默地说：“你抱怨这也不公，那也不公，感觉世界上只有不公，都是生活欺骗了你，对不起你。其实，世界上有一样东西分配得最公平，那就是人的良心。”对方问：“你有什么根据这样说呢？”蒙丹说：“因为从来没有人抱怨过自己缺少良心。”

幽默到深处就是大大的真实，面对喋喋不休抱怨不公者，蒙丹举例反驳，轻巧有力，不仅含蓄婉转地驳斥了对方的错误论调，而且鞭辟入里地指出了从来没有人埋怨过自己缺少良心的现实，足以让人扪心自问对得起自己的良心吗？他的幽默真是抱朴含真、意蕴深邃，发人深省、耐人寻味。

## 曲尽其巧

有人问“业精六学，才备九能”的一代国学宗师饶宗颐：“为什么能够成为‘超级大师’？”饶宗颐说：“超级大师不敢当，但是能有今天的成就最主要的原因，是因为我没有按部就班上大学，因为大学能够学到的只能是一两个门类，但是父亲给我打开的天空建立的基础是无科不修。在知识海洋里，我就像一个两栖游物，我一天的生活，上午可以在感性的世界里，到了下午说不定又游到理性的彼岸上，寻找着另外一个世界，另外一个天地。越是没有人去过的地方，没有人涉足的地方，我越是想探秘。所以，人们很难把我归到哪一家，我是一个无家可归的游子。”

曲尽其巧，意思是曲折而委婉细致地将其中的奥妙之处充分表达出来。饶宗颐将自己有所成就的原因归功于“没有按部就班上大学”，一番解释真是令人出其不意，在看似有悖情理、无关彼此事理的表达中，却蕴含着人生的“真味”和成功的“真谛”。并非只有上大学才有出息，才能成才。得益于自学而成为“旷世奇才”的饶宗颐，也不愧为妙语解颐的幽默大师。

## 一语双关

第四届“中国图书势力榜”年度好书颁奖典礼上，刘震云凭《我不是潘金莲》一书获奖。主持人问他：“您获奖了，有什么感受要说？”刘震云说：“我只是一个平民作家，没想到，我还如此有‘势力’。图书和作者在中国是弱势群体，越是弱势群体越喜欢说自己有‘势力’，就像穷人就喜欢说自己有钱。”

一语双关，是指在一定的语言环境中，巧妙地借助词语的同音或一词多义，有意识地使一句话具有双重意义，往往言此意彼，含蓄委婉，耐人寻味。刘震云拿“中国图书势力榜”的“势力”二字调侃逗趣，与平民作家相对应，第一个“势力”指权力，是处于高位而产生的威力；与弱势群体相对应，第二个“势力”指经济方面的实力。刘震云的幽默，不仅是自嘲，也揭示讽刺了越弱越想逞强、越穷越爱打肿脸充胖子的人。

最高级的幽默就是这种内涵丰富、意蕴隽永的幽默，它有四两拨千斤之效，更能给人以言语的风趣和智慧的获得感。

# 词语借代，幽默诙谐

宋桂奇

一天，苏东坡正在欣赏一幅书法作品时，老朋友佛印和尚突然大驾光临。“这个书法可以送给我吗？”对佛印的讨要，苏东坡则谎称道：“不行，我已答应给别人了。”但佛印仍不死心，说：“答应和实行是两回事呢！”“那我答应你！”此语一出，两人都禁不住哈哈大笑。

佛印所说“答应和实行是两回事”，其言外之意是“答应”不等于“实行”，亦即可以“不给”；于是苏东坡随即顺水推舟，用“答应”来替代“不给”，确实令人乐而开怀。这便是“词语借代”术，它是指说话人不直接说出事物本名，而是利用自己、对方或他人此前提到的某个词或短语来借代某人、某物或某事的一种语言表达方式。由于这种临时性的借代均为说话人主观上的认定，就客观事实来看，二者之间多是反差巨大，甚至风马牛不相及，因而便能产生一种不谐调之感，进而取得一种滑稽可笑、幽默诙谐之效果。请看：

徐渭一个朋友生性吝啬，一天留徐渭吃饭时，只有豆腐，见此，徐渭开玩笑道：“你们家也没开豆腐店呀？”但朋友却振振有词：“豆腐是我的性命，其他菜都无法跟它相比。”徐渭便信以为真。几天后，这吝啬鬼来到徐渭家中，想到他此前所说，徐渭就用鱼肉豆腐汤来招待他；见他只吃鱼肉不吃豆腐，徐渭就问：“老兄不是说过豆腐是你的性命吗？今天怎么不吃豆腐了？”“见了鱼肉，我性命都不要了！”闻言，徐渭也不禁笑出了声。

这位朋友在待客时，以“豆腐是我的性命”这一夸张的判断作为借口，听起来似乎也有其道理；而后来去徐渭家做客，徐渭“以子之矛攻子之盾”时，他则巧妙地利用自己此前所说的“性命”来代指“豆腐”，以一句更为夸张的雷人之语予以应答。由于此语既别致新颖，又幽默诙谐，徐渭听后自是忍俊不禁，由此，这位吝啬的朋友也就可以将尴尬化解于无形了！

自春节离家外出打工后，半年多来，陆彬不仅一直未回，而且连钱也不寄一文；不得已，其妻便电话催要。听说要钱，陆彬就嬉皮笑脸道：“老婆，老板已好几个月没发工资，我没钱寄给你，就寄100个吻吧！”“好啊！我打算给校长30个吻，儿子不交费不能上学；给电工30个吻，家里不能经常断电；再给村长30个吻，这样村里就没人敢欺侮咱了；剩下的10个吻留给隔壁的刘二哥，以后还要靠他帮咱种地呢！”听妻子这么说，陆彬顿时笑骂不已。

即便真的没钱，作为丈夫，也应该想方设法担负起家庭责任来。可这个陆彬，在妻子催要时，竟说现在“没钱”只能寄“吻”。对此，智慧的妻子不仅巧妙地利用对方此前所说的“吻”来代指“钱”，而且还打算把这些“钱”分批分期地花在好几个人身上。有此奇思妙想，陆彬当是爱恨交加吧？笑骂之后，他敢不快快寄钱？

由上可知，交谈中，这种“词语借代”之术，不仅智慧幽默，而且还能取得化解尴尬、和谐人际等多种效果；如果我们在日常生活中也能试着一用，无疑能提升自己的交际形象。

# “包袱”抖响，笑声飞扬

宋桂奇

“抖包袱”本为相声术语，是指把之前设置好的悬念或铺垫好的笑料说出来，以制造一种出人意料的幽默效果。日常交流中，我们若能巧设“包袱”并将其适时抖响，自会增强话语的生动性和趣味性，让人听了悦耳舒心。

## 巧设悬疑

南京大学历史系著名教授张树栋有着超常的记忆力，很多名家的经典论述他都烂熟于心。一次，给学生讲授世界史，他一上来就不动声色地说：“历史过程中的决定因素，归根到底是现实生活的生产和再生产。无论马克思还是我，都从来没有肯定过比这更多的东西。”就在台下学生一脸愕然时，他又不紧不慢地补上一句：“刚才这话不是我说的，是恩格斯语录。”此语一出，笑声、掌声满堂。

听罢“无论马克思还是我”一语，学生们自会产生疑问：老师竟敢把自己和马克思相提并论，是不是把自己抬得太高了？待张教授抖出“是恩格斯语录”这个包袱，学生们在感知到他的风趣幽默后，自然会好感顿生，进而也就必然会因“亲其师”而“信其道”。

## 尺水兴波

著名作家沙叶新不仅在作品中追求幽默风格，平时说话也非常风趣。一次接受采访，当记者问：“有人称赞大作是钱锺书先生所说的真幽默，您怎么看？”他则哈哈一笑道：“对我而言：幽默尚未成功，不才仍需努力。承蒙有人说我作品幽默，而且还是钱锺书先生所说的真幽默，我受之有愧，不妨借伏尔泰的一句名言来回答你：‘虽然我不同意你说的每一个字，但我誓死捍卫你说话的权利。’”闻此，大家都忍俊不禁。

沙叶新先通过仿拟孙中山名句“革命尚未成功，同志仍需努力”，说自己作品有幽默但还不够，再顺势对他人盛赞表示谦虚，后又借伏尔泰名言掀起波澜——虽然我受之有愧，但对这个盛赞却誓死捍卫。如此尺水兴波，自谦又自得，怎能不让人莞尔？

## 一语双关

蔡元培1917年担任北京大学校长时，恰逢26岁的胡适留美归来，他就聘其为文科教授，这使得一些人心生嫉妒。一天，有个眼红者特地跑到蔡家，劝他不要“为胡适蛊惑”，以免“失节”。闻此，他沏上一杯清茶递给对方道：“前几天胡适来，我只请他喝白开水的。”就在对方以为校长重视自己时，他又含笑说：“胡适专心于学问，肚子里干净；你肚子里好像有点脏东西，喝茶能清洁肠胃。”一听这话，那人也不好意思地笑了起来。

看出来人是对胡适心生嫉妒后，蔡元培随即请对方喝茶，并借此引出双关妙语：胡适肚子里干净，所以我请他喝水；你肚子里有脏东西（妒火中烧），所以请你喝茶以清洁肠胃（消除嫉妒）。由于这个批评既含蓄委婉，又智慧幽默，对方自然会乐于接受。

## 自我嘲讽

一天，有人给朝廷送来一匹宝马，说此马能日行千里。闻此，汉文帝就率众臣前来观赏。一看的确是匹宝马，便有大臣拍马屁说：“此等难得的宝马，怕只有皇帝陛下才能驾驭得了！”见众大臣都纷纷附和，文帝就笑道：“这马确实很不错，只是我骑着恐怕不合适。你们想啊，如果我骑着这匹快马出行，那些随从的马只能日行百里，难道你们让我一个人跑在前面？要是跑丢了怎么办？”没想到皇上竟说出这番诙谐妙语，众大臣都乐不可支。

本可以直接拒绝的汉文帝，却故意引申归谬，自嘲自黑：如果我骑这匹日行千里的快马，而随从的马只能日行百里，这样一来，不认识路的我岂不是有可能跑丢了？如此假痴不癫，既可将婉拒之意蕴含其中，又能借幽默之趣悦己愉人，确实是高妙之极。

当然，“抖包袱”的方法并不限于以上几种，但无论何种“抖”法，我们都要提前预设，精心组织。唯其如此，才有可能在说话时将“包袱”抖得响亮，进而给他人带来“柳暗花明又一村”的惊喜。

# 谦虚的自嘲

指日可待

与人交谈时，采用谦虚的自嘲不仅可以让人感受到表达的艺术魅力，而且能使人领略到幽默的智慧力量。

## 周有光：两个半圆合起来就是个0

有记者采访周有光，称他为“著名语言学家”“汉语拼音之父”，周有光马上打断说：“不要称我为语言学家，我至多是一个语文工作者。把我尊之为‘汉语拼音之父’，我更不敢当。丝绸西去，字母东来。来干吗？来拼音。汉语拼音又不是我周有光‘生’的，我怎能当人家‘老爸’呢！我的人生原是个‘错位’，50岁起从搞经济改行搞语言，我搞经济是半途而废，搞语言是半路出家，这就像两个半圆，合起来就是个‘0’，我就是这么一回事。”

谦虚是美德，但如何表达谦虚就是口才的学问。周有光对冠以自己的“名号”，采取的是大而化小的自嘲手法，他巧妙概括自己的人生经历，直将自己“归零”。其中的自嘲逻辑，“拼音非我‘生’，怎能当‘老爸’”“两个半圆合而为‘0’”，说得颇为合理，极能自圆其说。这样的自谦与自嘲，真乃幽默解颐，让人不禁莞尔。

## 何祚庥：叮在马尾上的苍蝇

中国科学院院士、理论物理学家何祚庥年轻时从事粒子理论、原子弹和氢弹理论的研究，是我国第一颗原子弹和氢弹的研制参与者之一，为国防建设做出过重要贡献。有一次，在谈到个人的贡献时，何祚庥说：“有很多贡献较大的人士，如周光召、于敏院士等，他们是前面奔跑的骏马，而我是追随着骏马向前飞跑的叮在马尾巴上的苍蝇，只是在其中做了小小的工作。马在前面跑，我也跟着跑，所以我没有掉队，跟上了时代，也被评为了院士。”

何祚庥深知“两弹”成功是集体的成功，是集体协作的结果。作为其中的一分子，他能正确地看待个人和集体的关系，清醒认识和评价自己的能力和贡献。最有趣的是，他能运用自嘲表达出来，将贡献大者喻为“骏马”，而把自己比喻为“叮在马尾巴上的苍蝇”，如此谦虚的自嘲，尽显通透、豁达、乐观、诙谐幽默。

## 于是之：一个内行变俩外行

于是之有着“中国话剧表演第一人”之称，他在担任北京人民艺术剧院第一副院长后，因忙于行政事务，演出就少了。一次，有人问他：“于老，您怎么不演戏了呢？”于是之说：“我呀，是从一个内行变俩外行。我原来演戏算是内行吧，但是当了官儿，俩外行了。”后来，很多人都引用他这句话，就是“演员别当官儿，当了官儿，就由一个内行变俩外行”，以此来提醒自己不忘初心，永葆对艺术的敬畏和执着之心。

敢于自嘲，是内心强大的表现。于是之用自我揭短式的自嘲，自黑自评“俩外行”，道出了他对演员这个职业无法割舍的情感，以及对于领导角色的不适。他不怕暴露自己的缺点，不为自己的形象而粉饰，如此谦虚的自嘲意味着清醒、意味着自信、意味着趣味，更意味着真诚。因此，他的话也颇引人深思。一个人能做到内行不容易，需要坚守初心，保持专业专注、至精至诚，别再变成外行。

华中师范大学文学院教授戴建业说：“真正的幽默，或幽默的最高境界，就是自嘲，最忠厚的幽默也是自嘲，最善良的幽默还是自嘲。只嘲别人而不嘲自己，那不叫幽默，那叫尖酸刻薄。”“谦谦君子，卑以自牧”，要想表现出你的谦虚、谦逊、谦和，一定要敢于自嘲，善用自嘲之语表达，这样可尽显魅力风范。

# 巧说妙语助你化解尴尬

徐中山

我们在日常生活中难免会遇到一些比较尴尬的场面。很多人面对尴尬场面的时候无计可施，要么沉默寡言，要么怒不可遏。很显然，这都不是解决问题的好办法。怎样才能化解尴尬呢？如果在面临尴尬局面的时候根据现场状况巧说几句妙语，就一定能让你摆脱尴尬。

## 顺势美言

“顺势美言”就是借着现场已经出现的话语，按照原有的意思继续说，并用比较悦耳的话来赞赏别人。有的人在说自己比较骄傲和自豪的事情时常常说得比较绝对，结果因忽视或轻视了现场其他人的感受，而使自己陷入尴尬的境地。这个时候，如果能在说自豪事情的同时再给别人更多的美言，就可以巧妙地化解尴尬的气氛了。

某公司总经理习惯于别人称他为“头儿”。一天，公司招来一位新雇员，他对这位新雇员谈话时说道：“在公司里我是头儿，所以，你以后只管叫我‘头儿’即可。”可就在这时，平常极少出现在公司的董事长偏巧走进办公室来，总经理马上意识到自己的话有些不合适。可并不认识董事长的新雇员又问道：“你是头儿，那你一定没有上级了吧？”总经理立即回答道：“当然有啦，脖子啊！我是头儿，但是当头需要转动的时候，必须服从脖子的指挥啊！这位就是我的‘脖子’——本集团董事长、优秀企业家孙先生！”新雇员急忙向董事长问好，而董事长则被总经理的玩笑和称赞说得满心欢喜。

这个例子中总经理的初衷是为了通过比较亲切的称呼让新同事和自己的关系显得更加和谐。如果没有遇到其他因素的干扰，他的话其实无可厚非。可偏偏就在他说自己是“头儿”的时候，他的上司——董事长走了进来。这样的话被董事长听到，一定会认为他自吹自擂、目中无人。如果他马上改口否定前面的话，必然十分尴尬。为了避免上司的不满，他便采用了“顺势美言”的技巧，继续说自己是“头儿”，并将上司比作“脖子”，巧妙地用“头服从脖子”来暗示董事长有更大的权力，并称赞董事长是“优秀企业家”。这样机智的赞美让董事长感到十分高兴，尴尬的场面也就随之消失了。

### 以谬制谬

“以谬制谬”就是用比较荒谬的话语来回应对方荒谬的说法，从而使对方承认自己话语的无理。在现实生活中，与蛮不讲理的人讲道理往往是无效的，由于对方并不讲道理，同这样的人去理论常常使自己陷于十分尴尬的境地。如果使用“以谬制谬”的方法，就会给对方以有力的还击，让其不得不承认自己的错误。

某市汽车站候车室内，有个男青年将一口痰吐在了洁白的墙壁上，车站管理员见状，便上前指责说：“喂，同志，‘请勿随地吐痰’的标语你没有看到吗？”车站管理员的话马上吸引了附近的一些旅客，大家都围过来看热闹。青年见到围观者众多，便争辩道：“我当然看到了，但我的痰是吐在墙上的，又不是吐在地上！”围观的人群中顿时爆发出一阵笑声，车站管理员显得十分窘迫，但是他马上回应道：“照你这种说法，那么我有痰就可以吐到你的衣服上了，因为衣服也不是地啊。”在众人的哄笑声中，男青年哑口无言。

同这个蛮不讲理的青年讲道理显然是徒劳的，因为他不是不明白道理，而是明知故犯、蛮不讲理。可现场有那么多旅客在围观，不能有力回击就必然导致管理员的难堪。车站管理员巧妙地借这个青年荒唐的逻辑来以谬制谬，即先假定对方的论点是正确的，推导出“有痰可以吐到你的衣服上”的同样“正确”的结论，从而有力地驳倒了对方的诡辩。准确地找到对方话语的错误之处，以其人之道还治其人之身，这种以谬制谬的方法只要用得合情合理，就会助你化解尴尬。需要注意的是，进行语言上的类比制谬，首要条件是对方有“谬”在先，如果对方的话语合情合理，就不可再使用这一方法了。

### 转移话题

“转移话题”就是用巧妙的语言将话题的锋芒转换到其他地方，从而使自己摆脱窘境。正如人不会十全十美一样，再聪慧的人，也会遇到难以回答的问题。面对这样的问题，如果不能巧妙地应答，就将陷入尴尬之中。此时，最好的办法是巧转话题，用“动脑筋，急转弯”的方法进行似是而非、暗中转移话题的语言应对。

一个导游带着旅游团到某历史名城参观。当他向大家介绍这座城市有着光辉的历史，曾经十分辉煌的时候，有游客提问道：“请问有什么大人物诞生在这个城市吗？”导游一下子愣住了，因为他也不知道。众多游客都围了过来，都打算了解一下。导游见状灵机一动，非常机敏地说：“先生，这个城市里诞生的都是婴儿啊。”旅游团的成员们顿时哈哈大笑。

身为一个导游，带领游客参观古城，却连古城历史上有哪些名人都不知道，这本来是一件让人很难堪的事情。如果直接回答“不知道”，会让导游十分尴尬，后面的解说也将让游客充满怀疑。但这位导游却巧妙地运用了转移话题的语言技巧，暗将问题从“诞生了哪些名人”转移到“诞生的是什么”上。尽管导游的答案似是而非，但大家都清楚这只是个玩笑，于是乐在其中，导游的尴尬也随之化解。因此，遇到一些无法作答的难题时，不妨转移话题，以便分散对方的注意力，使自己在谈话中赢得成功。

# 幽默拒绝，效果明显

宋桂奇

一个星期天上午，刘莉莉刚刚做完作业，穿上一身新装的妈妈便来叫她：“丫头，陪妈妈上街去买点东西，顺便活动活动筋骨。”闻言，不想去的莉莉就走到妈妈跟前，故意前后左右打量一番后，一本正经地说道：“我可不敢跟你去！”“为啥呀？”妈妈自然是一头雾水。“我怕别人说我们是两姐妹呢！”“你个鬼丫头，不想去就直接说不去呗，干吗耍贫嘴？”妈妈虽然嘴上在“骂”，心里却是乐开了花。

如直说不愿上街，妈妈肯定会不高兴；于是，刘莉莉就拿新衣服说事：用“打量”之举、“不敢”之说引发妈妈疑问后，再乘机夸赞她的年轻美丽。由于这种“设疑巧解”既智慧又幽默，心情大好的妈妈也就不会因遭拒而恼怒了。由此可见，拒绝若幽默，则既具“笑果”，又有效果，何乐而不为？

一位朋友来吴敬梓家做客，见他3岁的小女儿长得玲珑可爱，就半真半假道：“令嫒很招人喜爱，和犬子定个娃娃亲吧！”闻此，吴敬梓便笑问：“令郎几岁啦？”待对方说“6岁”，他随即沉下脸说：“什么？你想要小女嫁给一个老头子吗！”这让对方丈二和尚摸不着头脑：“犬子比令嫒只大3岁，怎会是一个老头子呢？”“你还装糊涂！令郎6岁，小女3岁，二人足足相差一倍；倘小女20岁出嫁，令郎就是40岁，要是不幸再耽搁到25岁，令郎就50岁了——还不是老头子吗？”这个匪夷所思的解释，让朋友忍俊不禁：“老弟不愿意就直说好了，干吗绕这么大圈子？”二人于是相视大笑。

今年男孩大女孩3岁，待女孩25岁，仍大3岁的男孩也只有28岁；但不想过早定下女儿终身大事的吴敬梓，却以今年“二人足足相差一倍”为前提，再将“今年相差一倍”偷换为“年年相差一倍”进行巧妙推演，终致28岁青年变成了 50 岁“老头”！你看，这番“假痴不癫”的幽默妙语，是不是比生硬拒绝要好得多!

由此，无论对方要求合理与否，我们在拒绝之时，均应以避免其尴尬为第一要务；果如此，也就可以在心存善意之后口吐幽默妙语，进而于笑声之中赢得交际的和谐乃至别人的佩服。

# 请幽默地说出你的不满

赵 梦

顾客虽被商家尊称为“上帝”，但还是经常会遇到一些不尽如人意之事，这难免会令人心理失衡，那么，运用幽默的方式进行宣泄，既表示了自己的不满，又把批评性的意向间接化，让对方减少被攻击的被动感觉，从而避免了火药味，令对方易于接受。那我们来看看下面这些聪明的“上帝”，他们是怎样幽默地说出自己的不满的。

## 引人就范

为了使对方产生期待的失落，就必须先让他期待。当他被引进你的语言圈套后，再表露出你真正的意图，而这突然逆转的戏剧性，自然会产生出人意料的幽默效果。

一位顾客在啤酒摊上喝扎啤，他发现摊主每次倒扎啤时，不但杯里泡沫很多，而且不满。当他喝完第二杯后，笑着问摊主：“你们这里一星期能卖多少桶啤酒？”“50桶。”摊主得意地回答。“那么，”这个顾客有些神秘地说道，“我刚想出来一个使你销售量翻番的方法，这样你每星期就可以卖掉100桶啤酒了。”摊主一听，急忙问：“您能告诉我是什么办法吗？”“很简单！只要你将每个啤酒杯里的扎啤都装满就行了。”

当这位顾客发现摊主每次倒扎啤不但杯里泡沫很多，而且不满时，他没有直接指责摊主故意“短斤少两”，而是主动谈及如何使摊主的销售量翻番的话题，显然，这是对方很感兴趣的话题，果然，摊主一听，就急于想知道答案，这位顾客在确信对方已进入自己设的语言“圈套”后，才表露出自己真正的意图。这突然发生的情景对转，使摊主产生期待的失落，幽默也因此产生，摊主不好意思地笑了，并主动接了一满杯扎啤以示“奖赏”。

## 拟人幽默

从某种程度上说，动物是有情感的，但毕竟缺乏动机，而拟人幽默则赋予动物强烈的感情色彩和某种动机，把它们的无意识行为或结果故意认定为有意识、有动机的自觉行为，妙趣因此而生。

一位男士和朋友到公园游玩，看到有人骑马，一时兴起，也就租了一匹马来骑。可骑上不久，他就发现这是一匹还未完全驯化好的野马。果然，在经过一道篱笆时，野马突然把他摔了出去。在归还马匹时，朋友问他骑得怎么样，他看了一下站在一旁的马的主人，似笑非笑地说道："还不错，就是这匹马被主人驯化得太客气，太懂礼貌了，一看到有篱笆，它就让我先过去了。"

这位男士的一席话，大家一听就都明白发生了什么事，是马过栏技术不行，把他给摔出去了，但这位男士言语上不但没有怪罪马主人把尚未驯化好的马给自己骑，反倒说这匹马被主人驯化得太客气，太懂礼貌了，荒诞离奇，却又妙趣横生，朋友们忍俊不禁，马主人则一直表示歉意，并保证要好好地驯化这匹马，不会再有这样的事发生。

## 引东说西

人们对事物或人往往会有常规的思路，而引东说西的方法就是要人们在讲话的过程中突然把向东的常规思路放下，而把向西的非常规思路突现出来，在"歪曲"中显示出情趣的诙谐。

一位小伙子带女朋友到一家日本料理店吃饭，吃着吃着，他满怀感慨地对女朋友说："早知道是这样的料理，前几天就应该带你来了。"端菜的老板娘听到了，十分得意地说："谢谢您的称赞，谢谢！"小伙子说："我的意思是这生鱼片，如果前几天吃一定比较新鲜。"

吃到不新鲜的生鱼片，这位小伙子竟满怀感慨很遗憾的样子，让大家误以为他是在感叹有如此的美味应该早一些带女朋友来品尝，果然，老板娘得意地直说谢谢。可就在老板娘得意万分之时，小伙子突然说出"我的意思是这生鱼片，如果前几天吃一定比较新鲜"。这位小伙子巧妙地引东说西，他把占优势的常规思路变成了失去优势的，而把非常规的思路变成占优势的，就在这不动声色的转换中，批评之意溢于言表，却又诙谐风趣。

## 奇妙对比

把本来不同类型的事物奇妙地联系在一起，这本身就超出常理，让人感到奇异，而在这不同之中又的确能找到某种相同的巧妙之感，自然令人好奇，引人发笑。

一名大学生经常去校外的一家川味饭店吃“水煮牛肉片”，可这次上来的牛肉净是筋，吃起来是久嚼不烂，后来饭店老板又像往常一样问他今天的牛肉味道如何。这位大学生便表情很夸张地答道：“嗯，真的是别有风味，与众不同，这比“绿箭”口香糖，还多了几分牛肉味呢。”老板一听，心知肚明，马上笑着说道：“那今天的菜钱你就参照着‘绿箭’给吧。”

作为饭店的常客，和老板也比较熟悉了，面对饭店老板的问题，这名大学生没有直接说牛肉净是筋，嚼不烂，而是欲抑先扬，巧妙地将牛肉和“绿箭”口香糖作比，言外之意不言而喻，老板也很幽默，没直说那就不用给什么钱了，而是顺着对方的话，要对方参照着“绿箭”给吧。双方谈笑之中就把问题解决了，自然双方心情都会很愉快。

## 明褒暗贬

这是一种迂回取道的幽默方法，它表面看来是在褒扬对方，可在看似肯定的背后，却是要贬抑对方，而且要等到对方被迷惑后，才会给他揭开谜底。

一位顾客到一家理发店去理发，碰巧遇到的又是上回那位不太认真的理发师。他灵机一动，好像很激动的样子，大声地说道：“太好了！上次也是你给我理的发。”这位顾客边说还边竖起了大拇指：“上次理得太棒太好了！”理发师略感意外，但还是很高兴地说道：“哦！谢谢！谢谢！”顾客这时凑近理发师，压低嗓音说道：“好就好在我老婆不要我陪她逛街了。”

这位顾客的本意是批评那位不太认真的理发师上回把他的头发理得太难看了，可他并没有正面去说，而是明褒暗贬，采用曲折间接的方式让对方领悟自己的真正意思。他先是大声地称赞对方“理得太棒太好了！”迷惑住了对方，然后，再压低嗓音给对方一个完全相反的解释，原来他说太棒太好了不是因为头发理得太好了，而恰恰是因为理得不好，才省了要陪老婆逛街的麻烦。可以说，这样的“赞美”真是令人啼笑皆非。理发师有些尴尬，不好意思地笑了笑，态度可是变得很认真了。

不难发现，上面这些聪明的“上帝”，他们在表达自己内心的不满时，采取的都是幽默诙谐的方式。幽默，并非只栽花不栽刺，它同样也蕴含着批评和嘲讽，只不过，对于一些非原则性的问题，它采取的是委婉含蓄的方式，这不但同样可以达到批评指正的效果，更重要的是它还给我们的生活带来了更多的欢笑和快乐，而社会也因此变得更和谐、更美好！

# 培养你的幽默感

西　山

大家都喜欢有幽默感的人，不管是在愁苦时、尴尬时、害羞时、紧张时，身边有一个具有幽默感的人，他会让你开怀大笑，会使你觉得整个世界充满了欢乐。怎样培养自己的幽默感，成为一个受欢迎的人呢?

## 心胸开阔

具有幽默感的人一定是个心胸开阔、包容大度的人，他们性格开朗、待人友善，从不斤斤计较，哪怕是被人冒犯。

有一个朋友送给柏拉图一把精致漂亮的椅子，以表示对柏拉图的尊敬。柏拉图非常喜欢这把椅子。过了几天，几位朋友到柏拉图家里来做客，大家都看到了那把漂亮的椅子，问明来处之后，其中一个人突然跳上了那把椅子，疯狂地在上面乱踩乱踏！并一边嚷着："这把椅子代表着柏拉图心中的骄傲与虚荣，我要把他的虚荣给踩烂！"在场的人都吓了一跳！觉得这个人太过分了，柏拉图一定会生气。没想到，柏拉图拿出了一块抹布，温和地把被踩脏的椅子擦拭干净，并请那位踩椅子的朋友坐下，对他说："谢谢您帮我踩掉心中的虚荣，现在我也帮您擦去心中的嫉妒，您可以心平气和地坐下和大家喝茶、聊天了吗？"大家不约而同，哈哈大笑起来。

面对别人的冒犯和不敬，具有幽默感的人不会恼羞成怒，不会选择针尖对麦芒式的反击，那样只会造成矛盾，搞砸人际关系。他们会心平气和，用幽默诙谐的话语化解尴尬，消除对立。在维护自己尊严的同时也能让人体面地下台阶。所以，要想成为一个具有幽默感的人，就要先做一个心胸开阔、包容大度的人。

## 乐观向上

具有幽默感的人一定是个乐观、豁达的人，无论发生什么事情，他们总能用积极的思维看待，以乐观的心态对待。

一支球队在联赛中连战连败，排名垫底，有记者采访该队的主教练，问他怎么看待球队的现状。主教练说："我很高兴！"记者一愣，迷惑不解地看着主教练。主教练继续说："是的，我很高兴，我们已经是最后一名了，没有比这更差的成绩了，以后只要我们团结拼搏，就能进步了！至少不会再退步了。"主教练的乐观感染了记者，也鼓励了他的队员。

具有幽默感的人大多具有积极的思维，他们总是能看到事物积极的一面，乐观看到眼前的一切，说出幽默的话语，减轻自己的压力，鼓励自己也鼓舞人心。如果你总是悲观，怎么可能开心地笑起来？所以，要培养自己的幽默感，就要先培养自己的乐观精神，养成用积极的心态去对待事情的良好习惯，做一个坚定的乐观主义者。

## 善于自嘲

自嘲是幽默感的体现，也是幽默的高级形式。一个具有幽默感的人，一定是一个敢于自嘲并善于自嘲的人。

俞敏洪说话幽默风趣，无论是公开的演讲还是接受采访，他都喜欢自嘲。一次，俞敏洪应邀回到家乡的江南大学演讲，他一出现，现场1000多名大学生就爆发出了热烈的掌声，表达了对他这位在外成功人士的高度欢迎。只听掌声静下来之后，俞敏洪语气缓缓地说道："我18岁离开江南水乡去了北京，被北方的风沙吹得一脸沧桑。"顿时，礼堂里掌声和笑声齐飞。

幽默的一条重要原则就是宁可取笑自己，绝不取笑别人。敢于自嘲的人，一定是个内心强大的人，他通过戏谑的方式把自己的痛点讲出来，让听的人产生优越感，从而哈哈大笑。这也是具有幽默感的人受人欢迎的重要原因。

## 修炼语言

幽默感是通过语言来展现的，利用语言技巧也能创造幽默。要培养自己的幽默感，我们平时就要注意加强语言的修炼。

女儿问爸爸："什么是名誉职位？"爸爸说："就像我说我是一家之主一样。"

女儿和妈妈一起收拾房间，看到了厚厚的一大摞信件，这些信件都是当年爸爸追求妈妈时写的。女儿问："这是什么？"妈妈答道："这是你父亲当年的竞选诺言。"

有个人被单位领导安排去听一位所谓的成功导师的课，回来后，大家问他，导师讲得怎样？他说："我感觉他在给我喂安眠药，越听越困。"

以上三例中的人的回答之所以产生幽默的效果，就是他们使用了比喻的修辞手法，把本来没有可比性的东西硬扯在一起，显得滑稽。

比喻、夸张、讽刺等很多修辞手法都可以制造幽默，平时说话时灵活适用，就能让自己的表达显得幽默风趣。养成这样的习惯，我们的幽默感就会逐渐增强。

你的幽默感有多强，你就有多招人喜欢，培养自己的幽默感吧，做一个幽默风趣受人欢迎的人。

# 演讲辞选登

Y ANJIANGCI XUANDENG

# 前进的中国，永远的骄傲

邓　杰

敬爱的评委、亲爱的朋友：

你们好！

匆匆揭开的是历史的扉页，刻骨铭记的是历史的教训，在大家心中深深扎根的痛楚也许早已被流逝的岁月冲淡了，可是中国人不会忘记过去所受的欺辱与压迫。是的，敌人可以砍下我们的头颅，可是决不能动摇我们的信念，我们深爱着祖国母亲，因为她必将强大自立；我们深爱着所信仰的主义，因为它是坚不可摧的真理。

回顾过去，无论是鸦片战争还是日寇侵华，无一不在印证着：昔日的中国因为懦弱而受尽欺凌。我们对那一张张挥动长鞭时得意的面孔深恶痛绝，可是面对铁一般的事实，我们又能怎样呢？我们改变不了所发生的一切，我们唯一能做的，就是用百倍的勇气来面对所有的不幸，纵使前方的道路荆棘满途，我们也要咬紧牙关。

艰险仍在阴影中潜行，我们却毫不畏惧地前进，就为了我们矢志不渝的信仰。历经了磨难与曲折，我们的祖国终于走向了光明。在这条道路上，“与时俱进，开拓创新”的精神犹如一道强烈的光，将前方的道路照得更亮。

伟大的思想家和文学家鲁迅先生在中华民族被奴役、被压迫的时候，发出了“我以我血荐轩辕”的誓言，为中华民族的觉醒事业耗尽了全部心血。革命前辈的显著功绩，无时无刻不在激励着我们，我们是祖国母亲的儿女，我们应当为她尽自己的匹夫之责，历史已把振兴祖国的重担推到我们肩上，我们义不容辞地要在世代生息的土地上各施所长，并立志要把她建设得繁荣富强。

我们的“母亲”经历了沧桑巨变，昔日的落后与不足已沉淀到历史长河的最深处。如今的中国不仅以文明古国著称于世，而且正以五十多年的辉煌成就屹立在世界的东方，虽然她仍是一个发展中国家，可是她拥有如此之多的华夏儿女为之热血沸腾，奉献青春，终有一天，她会站在历史的最顶峰俯瞰世界，振臂呐喊："中华民族是伟大的，是最值得骄傲的！"我们将以昂扬的斗志，不懈的努力，让脚印证实我们为取得胜利而迈进的每一步，让汗水写照我们为求得成功的辛酸历程。我们不会承诺什么，只会用事实告诉世界：中国人是无所不能的。上苍的慈悲与公平赋予了中国地大物博、人杰地灵的优越条件，虽然我们离"发达"一词还有距离，可是只要我们奋斗拼搏、永不言败，那么中华民族的不甘心将变成所向无敌的信心与决心。

我们是花蕾，希望在每一个季节开放，更渴望能为祖国的落后分担忧愁，为中华之崛起而奉献一切，相信每一个真正的炎黄子孙都会毫不犹豫地接过父辈手中的纤绳，肩负起建设祖国的责任。让我们迎着时代的步伐，唱一曲振国兴邦的正气之歌，以示对祖国矢志不渝的热爱——前进的中国，您是中华儿女心中永远的骄傲！

谢谢大家！

# 昆仑铁骑铸辉煌

汪庆红

各位首长，同志们：

我团是一支执行高原边防运输保障任务的汽车团队，常年战斗在新藏线上。新藏线——东起新疆叶城，西至西藏普兰，途经维、哈、蒙、回、藏等13个少数民族地区，全长1500多公里，越34座耸入云霄的高山，跨46条奔流不息的江河，“氧气吃不饱，六月穿棉袄，风吹石头跑”，可以说是驻地的真实写照。

自新藏线通车以来，冰川、雪崩、泥石流、地震、洪水、大塌方终年不断，先后有389名英烈长眠在新藏线的雪山、深谷之中，仅我团就有9名汽车兵战友牺牲在这条生死线上，他们的平均年龄只有22岁。可以说，新藏线的每一个里程碑下都安息着一位烈士的英魂，每一寸土地上都可以讲出汽车兵感人的故事。1996年4月，我团奉命执行阿里边防油料运输任务，当执勤的车队行至海拔6700米的界山达坂时。暴风雪骤然降临，顿时天地间一片混沌，三四米外很难见到对方人影，此时带队车如闯迷宫。情急之时，团长淮建国从驾驶室内拿出一块擦车用的红布，罩住手电筒用手举着，在车队前方五六米远处引路，凭着20年闯昆仑的经验，他顶着风雪徒步带领车队前行，经过两个多小时的艰苦跋涉，车队终于冲出了风雪迷宫，最终团长淮建国因精疲力竭，一头栽倒在雪地里。当官兵将他抬上汽车时，看到他的身上已包裹了厚厚的冰雪铠甲，僵硬的右手还举着那盏“引路灯”半天弯不下来，官兵们的眼睛湿润了。1999年9月，我团四连为阿里边防连拉运主副食任务的16台车被暴风雪和洪水困在海拔6700多米的界山达坂脚下的“死人沟”地段。“死人沟”是从喀喇昆仑山的红柳滩到多玛300多公里的永冻地带，海拔5300多米，前后上百公里无人烟，沟内白骨随处可见，通过此地的人，谁也不敢停留。就在炊粮断供、洪水肆虐的情况下，官兵们的意志力面临着严峻挑战。紧要关头，四连指导员李焕春用背包绳勒紧了头，强忍眩晕，爬上车厢，取下两块备用的顶车木，用刀子一下一下劈开，燃起火烧雪水，又从怀里摸出两块压缩干粮，递到高原反应最强烈的一名新驾驶员手中，说：“大家一人吃一口，撑到明天，我们就有救了。”“不，指导员，我不饿，我不吃。”两块带着体温的压缩干粮在36名官兵手中转了一圈，又回到了指导员的手中。这时指导员火了，“我命令你们每人必须吃一口。”排长李军说：“不，指导员，我们知道，这两块压缩干粮是我们在麻扎达坂冲过阻碍时，团长奖给你的，再说，你吃的东西这几天都分给了大家，我们不能再吃你的了，你自己也要吃一点。”“你们不吃，我要求团里给你们人人都记处分！”指导员李焕春噙着眼泪再次命令大家。就这样，两块压缩干粮又一次在36个饥肠辘辘的汽车兵手中传着，但每人都还只是轻轻咬了一点，闻了闻就传给了其他战友，最后，这36个汽车兵汉子愣是没有吃完这两块压缩干粮……可以说，在条件艰苦的新藏线上，我团之所以能完成各项急难险重任务，正是因为我团有一支特别能吃苦、特别能战斗的党员干部队伍，在困难时候，是他们奉献在前，在危险时刻，是他们冲锋在前！

1998年5月的一天，我团二营教导员王建林带领车队奔向雪域高原，执行往西藏狮泉河地区拉运水泥的任务；5月的喀喇昆仑山依然“千里冰封，万里雪飘”，路上积雪冻得像玻璃一样坚硬光滑，车队冒着大雪缓缓地向海拔4700多米的库地达坂挺进。车到山顶，驾驶员小张见回头弯上有一辆地方的东风车正在全速爬坡，而坡陡近20度的路面会车十分困难，驾驶员小张刹车时才发现油管已在“西部奇路”上颠断，失去了制动的车不断加速下滑，向崖谷冲去。面对这突发的险情，教导员王建林意识到一场车毁人亡的惨祸在即。“抢一挡！”面对死亡威胁，王建林镇静自若，用自己多年闯昆仑的经验，在这生死瞬间，指挥驾驶员奇迹般地实现了抢挡减速，两辆车以厘米之差会车后，平安地停在崖壁下和崖沿旁。像这样的“昆仑历险记”在教导员王建林的军旅生涯中已屡见不鲜，但每次都以他过硬的驾驶技能而化险为夷。“昆仑山上九十九道弯，道道都是鬼门关”，这是跑了19年昆仑山，素有“铁骑神医”之称的维吾尔族驾驶员买买提·库尔班常提醒战友的一句话。1999年6月，我团八连奉命执行为西藏阿里边防运送冬煤任务，当车队行至5200多米的流沙达坂时，下起了大雪，而且雪越下越大；突然，91号车前轮打滑，车头向右面悬崖滑去，因路基挡住左前轮，车辆停止了滑行，而右前轮冲出路基悬空了。见此险情，从救急车上跳下来一位大胡子的维吾尔族驾驶员——买买提·库尔班，只见他绕车转了几个来回，便果断地提出自己的抢救办法。官兵们在他的指挥下，在路基上垫石头支撑汽车右侧前桥，另两辆车用钢丝绳呈三角形托住91号车的尾部，一切都准备妥当后，他踏进驾驶室，轻拧开关，稳踏油门，与另两辆车配合，缓缓后倒，经过近1个小时的努力，车终于倒回路面，顿时战友们高兴地喊道："买师傅，你真行！"——可以说，在道路艰险的新藏线上我团之所以能完成各项急难险重任务，正是因为我团有一支驾驶技术高超、有勇有谋的战无不胜的队伍，是他们，关键时刻，临危不乱；生死之际，大义凛然！

2000年9月，我团七连和地方60多台车走到海拔5300多米的"死人沟"被风雪围困，夜间气温降到零下18摄氏度，许多藏族和维吾尔族群众被高山反应和寒冷折磨得痛不欲生，他们以为无法活着出去了，不禁号啕大哭。这时七连官兵不顾饥饿和疲劳，迅速组织懂少数民族语言的官兵到群众中间开导鼓动，他们对群众说："只要解放军在，大家一定能活着出去！"四班战士小刘看到一名藏族小姑娘冻得缩成一团，年轻的母亲正放声大哭，他当即将身上穿的大衣脱下披在母女身上。连队其他官兵也纷纷将携带的大部分被褥、大衣让出来，分发到各族人民群众手中。而他们却五六个挤在一起用体温抵御严寒。直到第二天一大早，官兵们和地方司机一道，用脸盆、铁锹等工具刨雪开路，经过十多个小时的奋战，开出了一条通道才使大家脱离了险境，一名维吾尔族老妈妈噙着泪水紧握着官兵的手激动地说："解放军？亚克西……"2001年7月，我团六连车队运送高原物资返回。途经亚卡尔山谷时，看到一辆地方大货车被淹没在洪水中，车上两名司机随时都有被洪水淹没的危险。紧急关头，懂水性的六班驾驶员王运海找来绳子系在腰上，让连长牵住另一头就准备下水救人，一名地方司机冲他大喊："你不要命啦？这么大的水，弄不好连你的命也要搭上！""我不能眼睁睁地看着洪水把他们冲走哇！"王运海头也没回就跳进了滚滚洪流，他几次被洪水掀翻在水里，为了增加体重他便抱起一块石头稳住身体。在齐胸深的洪水中，一步一步地朝被淹没的大货车蹚去。他竭尽全力救起一名司机时，在众人的帮助下，另外一名司机也被救了上来，被救上岸的两名地方司机流着热泪，激动得半天说不出话来。2000年4月，我团奉命要把农场生产的第一批蔬菜送上山，此时身患轻微感冒的六连战士陆光成主动请缨驾车打头阵，排长考虑他身体不适，劝他别去。他说上昆仑山无上光荣，就是搭上我这条命，也要把菜送上山。车队爬行到阿卡孜达坂突遇暴风雪，小陆感冒加重，感冒在高原上如果得不到及时治疗，很快就会引起高原肺水肿，严重的将危及生命。战友们劝他到前方兵站停下来治疗，他说山上的战友和群众半年都没有见到一丝绿色了，我得赶紧把菜送上山。就在翻越海拔 4200 米的黑卡达坂时，小陆的病情再次加重。当战友们把他送到狮泉河医院时，陆光成已经永远地闭上了眼睛，长眠在雪域高原，那年他刚满 18 岁。消息很快在 1500 公里的新藏线上传开，边防官兵和沿线各族人民群众自发以各种形式悼念他，多玛养路段工人多旺用陆光成送的蔬菜做了 18 道菜，并在英雄的坟茔上献上洁白的哈达，表示对烈士的崇敬之情。——可以说，在社情复杂的新藏线上，我团之所以能出色完成各项任务，并受到各族人民的拥护和爱戴，正是因为我们的队伍是纪律严明的，是作风过硬的。是他们，在群众危难时，伸出热情之手；是他们，在群众需要时，舍生忘死、义无反顾！

同志们，我们这支英雄的高原汽车团队，我们这群威武的共和国军人，在千里风雪新藏线上，是他们用青春和热血融化了一座座雪山！用信心和毅力闯过了一道道难关！用平凡和忠诚书写对祖国边防事业的辉煌！ 28 年来，我团累计安全行驶 2.1 亿公里，承运物资 16.8 万吨，先后有 2 人荣立一等功，14 人荣立二等功，463 人荣立三等功，15 个连队荣立集体三等功，11 个连队受到军以上机关 5 次以上表彰奖励；所属一等功连队——七连，被新疆军区树为“基层建设标兵连队”；团队也先后两次被两级军区和总部表彰为“军事交通运输正规化先进团”，荣立了集体三等功。

敬礼！勇闯昆仑的铁骑勇士！

# 国门巍巍映关徽

章　慧

各位朋友：

大家好！我演讲的题目是《国门巍巍映关徽》。

首先，我给大家介绍一个位于新疆维吾尔自治区，中国与巴基斯坦接壤的边界口岸——红其拉甫。

第一次听到“红其拉甫”这四个字，是在1999年海关总署召开的表彰会上。那时，我被安排去迎接有着“冰山雪莲”美誉的米里干同志。听说她曾是海关学校的一朵校花，却第一个踏上帕米尔高原，并且在红其拉甫一干就是十几年。对此，我很不理解，总想不通：她为什么要做出这样的选择？所以，在火车站接她时，我努力在人群中寻找着那张应该十分美丽的脸。“你好，我是米里干。”一个面庞被晒得黝黑、头发有些干黄的人向我打着招呼。握着她甚至有些粗糙的手，我疑窦顿生，这就是大家常说的“冰山雪莲”吗？

再次听说“红其拉甫”，是一位曾在那里工作过的同事讲述了他的亲身经历：“2000年第一次上山，我被高原反应折磨惨了！头晕眼花、呼吸困难不说，最可怕的是我根本说不出话来，嗓子和身体像是被什么东西死死地卡住了！那时候，我真想一头撞出车去！渐渐地，我习惯了他们那种馒头蒸不熟、没有青菜吃的日子；习惯了像他们一样，头痛得受不了，就把脑袋垂在床底下；习惯了每天数着彼此睫毛度日的枯燥，但我却始终习惯不了每次上山前，孩子们哭着要爸爸、要妈妈的那种心酸！”

“猜猜我们七一是怎么过的？”看着我们微微发红的眼圈，他连忙活跃着气氛：“全关去盐碱地割苦豆子草！这种草苦极了，但把它埋在甜瓜地里当肥料，结出的瓜就特别甜！关长说这就叫苦中有甜呀！可惜的是，不久因为我调到北疆工作，没有吃上自己亲手种的瓜。后来，红其拉甫的同事告诉我说我种的瓜可甜了……”

说完，他把目光望向远方。那一刻，从他的眼中，我读懂了红其拉甫海关人“苦干不苦熬、苦中有作为”的坚毅品格，我理解了国门卫士“特别能吃苦、特别能忍耐、特别能战斗、特别能奉献”的崇高精神！

今天，我更看到了在巍巍国门下，一面面同样的关徽正用金色的光芒照耀着国门。

那是2005年初春的一个下午，一架军用运输机降落在首都机场，17件被称为外交信袋的大型货物卸了下来。没有运单、体积超大、军用专机……一切特征都远远超过外交信袋的标准，一切都在挑战着祖国的尊严和国门的安全。根据规定，这些货物应进入海关监管库并按照使领馆公用物品办理通关手续。外方人员把脑袋摇得像拨浪鼓：“No、No、No，这些货物不能入库，不能离开我们的视线。”并摆出了一副坚守到底的架势。不就是24小时不间断监管吗？不就是初春深夜刺骨的寒冷吗？不就是飞机一刻不停、震耳欲聋的呼啸声吗？裹紧大衣、瞪着眼睛、寸步不离，我们就在停机坪上跟你们比一比！5小时、10小时、一天、两天……我们要在坚守中告诉你中国不可欺！就这样，五天五夜、120个小时，挑衅者终于低下了高傲的头。当货物装运离境的那一刻，我看到国门卫士疲惫却坚毅的身影；我看到首都把关人忠诚与无畏的目光！

2006年8月26日，埃塞俄比亚境内，某贩毒集团找来了一名尼日利亚籍黑人男子，并告诉他说：“把这些吞进肚子，只要顺利到了广州，这2000美金就是你的了！”犹豫了片刻，他痛苦地将94粒、重约1500克的海洛因吞进肚子，准备铤而走险了！

首都机场旅检大厅。一群刚果留学生正在排队通关，这名藏毒者悄悄地混了进去，企图蒙混过关。旅检关员礼貌地拦住了他的去路。虽然他一口咬定自己是第一次来中国，但行李中的移动电话卡、住宿明信片、出租汽车票暴露了他的行踪；虽然他坚称自己是个生意人，但口袋中寥寥无几的美金揭穿了他的谎言。“请喝水！”也许是因为过度紧张而口干舌燥，也许真的忘记了肚子里还有94粒海洛因，他一口气喝了两大杯水！当毒品一粒不少地从他体内排出，海关人员们才彻底松了口气。不仅因为这是首都机场海关在短短10天内，在无情报情况下，连续查获的第二起人体藏毒案，这是全国海关查获的人体藏毒最大量。

那一刻，我看到：在金色的关徽下有这样一群海关人，他们用顽强为生命添彩，用热血为祖国把关，用忠诚为人民服务；我看到：在金色的关徽下有这样一群国门卫士，他们将生死置之度外，他们视祖国利益高于一切，他们用热血与忠诚续写着中国海关人的壮丽诗篇！

作为年轻的海关人，我们骄傲！我们自豪！作为年轻的国门卫士，我们肩负使命，我们任重道远！今天，我们传承老一辈海关人对党、对祖国、对人民的无限忠诚；明天，我们会让金钥匙和商神杖的光芒在巍巍国门下更加灿烂与辉煌！

# 在万国邮联大会上的演讲

王顺友

先生们、女士们：

大家好！

1984年，走了一辈子马班邮路的父亲，把他手中的马缰绳交给了我，对我说："父亲老了，走不动了，这个班今后就交给你。"那年我才19岁。我走的是父亲走过的老路，从那以后，一走就走了二十多年。

我走的邮路都是高山和峡谷，人烟稀少，气候恶劣。大多数时候只能露天宿营，在山岩底下、草地上、大树下搭个简易的帐篷就睡。一路上，先要爬山，翻海拔4000多米的察尔瓦雪山，气温在零下十几度，冷得伤心；下山走到海拔1000多米的雅砻江河谷，气温四十度，可能和非洲差不多，又热得伤心。饿了就啃几口糌粑面，渴了只能喝几口山泉水或吃几口冰块。最苦的是雨季，几乎没有穿过一件干衣服，睡过一个安稳觉，本来就难走的烂石路变成泥浆路，深一脚，浅一脚，连骡马都打滑，我常常是连滚带爬，摔得浑身是泥，夜里也只能裹一块塑料布睡在泥水里。

路上的苦和累，我都觉得没什么，最难受的是孤独。一路上，有时几天都看不到一个人影，感觉自己好像要疯了似的。心里憋得实在难受的时候，就和骡马说话，就大声地吼上两嗓子，唱我们的苗族山歌。到了晚上，山里更是静得可怕，我燃起篝火，数着天上的星星，想着家中的妻子儿女，常常是边喝酒边流泪，清冷的山岭上只有我的山歌在夜空中回荡，回应我的是穿过树林的风声、骡马脖子上叮当作响的铜铃声和野兽的叫声。

除了苦和累，邮路上还常常遇上惊险的事。

木里的山太高太大，在我送邮途中经过的察尔瓦雪山，一年当中有6个月都是冰雪覆盖，非常寒冷。有一年，我翻越察尔瓦雪山的时候，老远地看到雪地里有个人站在那里望着我笑，我也望着他笑，问他在那里干什么，他不说话，一动不动的。我走过去用手一摸，全身冰冷，人早就死了。

2005年1月的一天，在过雅砻江的时候，我刚要踏上横跨雅砻江的吊桥时，吊桥的一根钢绳突然断了，整座吊桥翻了个180度，眼看着前面马帮的几匹马和一个赶马人落水，瞬间被湍急的江水冲得无影无踪，我吓出一身冷汗。好险呀！在这样的地方掉下去，连尸首都找不着啊！事后有人问我怕不怕，说实话，虽然当地的乡亲都叫我“王大胆”，说不怕也是假的。但为了送信，这么多年来，我一个人什么路都敢走！

1995年冬天，一次意外的事故，给我的身体留下终身的痛苦。我送邮件到倮波乡，路过一个叫九十九道拐的地方，头顶是悬崖峭壁，脚下是流水很急的雅砻江，羊肠小道至江面的高度有好几百米。我拉着骡子小心地走着，走得很慢。突然，“呼”的一声，一只山鸡飞出来，把走在前面的骡子吓得拼命乱踢乱跳。我赶忙跑上去，想拉住缰绳，哪晓得受惊的骡子抬起后蹄蹬过来，一下子蹬在我的肚子上，我摔倒在地上，一时间痛得背过气去。

过了好一阵子，受惊的骡子才安静下来，它回头看到我痛苦的样子，流出了泪水，还过来用嘴不停地蹭我的脸。

休息了10多分钟，还是等不到人来，我只好忍痛站起来，继续赶路。一路上，我的肚子越来越痛。实在忍不住了，我就倒在地上休息一阵子，汗水硬是把全身的衣服都湿透了。那时，真是喊天天不应，叫地地不灵。我走一步，歇一下，强忍着疼痛把这班邮件送完。9天以后，回到木里县城，我瘫倒在家门口。邻居们把我送到医院检查，医生对我说，你的肠子已经破了，必须动手术，不然就有生命危险。邮局领导请医院一定要救活我。

在医院的全力抢救下，我活过来了，但留下了终身残疾，现在，我的肚子经常痛，有时还痛得厉害。

那次受伤后，我真的有点不想干了，想回家种地。老婆也流着泪劝我不要干了：“咱不能把命也搭上啊！”但是，我要是退下来，怎么向我父亲交代，怎么向邮路上的乡亲们交代！以前，他们没有马，只能靠自己背着邮件走，过河的时候，把邮件顶在头上游过去，有时累得直吐血。父亲那么苦那么累，都没有说不想干了，我怎么能说不干呢？还有那些盼着我的乡亲们，因为在他们眼里，我不仅是邮递员，更是共产党员，是人民政府的代表。我不能让他们失望啊！

最难受的是，我觉得对不起我的家，对不起我的老婆和孩子。

我现在有三个家，我和老婆、孩子的家算一个家，住在白碉乡的父亲家算一个家，我独自走在邮路上算一个家。这三个家，前两个我真是顾不上。最让我负疚的是我的老婆韩萨，她真是个苦命的女人，自从嫁给我，没有享过一天的福。

前年6月，韩萨生病了，儿子住在学校，女儿又在远方亲戚家。她只有一个人孤零零地躺在家里的床上痛苦地熬着。那天我正好出班回来，看见躺在床上的妻子脸色惨白，她紧紧地拉着我的手，眼泪不停地往下流。望着她被病痛折磨的样子，我的眼泪也止不住地涌了出来。我赶紧把她送进了医院。结婚20多年来，那是我第一次伺候她。三天以后，等她好了一点，我硬硬心又出发了。

我认为，做人就要做个好人，做事就要认真，要对自己的工作负责。我们高原的各民族兄弟都讲究做人要实在、诚恳、厚道。我不怕困难，不怕吃苦，就怕别人说我工作没做好，对人不厚道。我最珍惜领导和乡亲们对我的看法和评价。只要大家说我是个好人，是个合格的邮递员，我就满足了，再苦再累，我也感到很幸福！

我还会在这条邮路上一直走下去，直到我走不动的那一天！

谢谢大家！

# 金山脚下的一面旗帜

李运生

各位领导，各位评委：

大家好！我演讲的题目是：金山脚下的一面旗帜。

朋友，你知道顿村吗？你去过顿村吗？你了解顿村的过去与现在吗？那里，有世界著名的仿古建筑，有恢宏璀璨的文化广场，有郁郁葱葱的田园秀色，更有华北第一的温泉游泳度假村。在这鳞次栉比的琼楼玉宇背后，凝结着顿村3000名父老乡亲艰难跋涉的创业史，凝结着顿村党总支、村委会一班人艰苦奋斗、廉洁从政的崇高信念。

20世纪90年代初，改革开放的春风已吹遍祖国的大江南北，然而，面对天上无雨、脚下无煤、山上无矿、地里无收的自然环境，村里的乡亲们感慨地说："真是'春风不度玉门关'啊，难道改革开放的春风就真的与我们顿村人擦肩而过了吗？"

1990年冬天，有人在打井时发现，从地底下喷涌而出的水竟是温温绵绵的温泉水，对于顿村人来说，这无疑是致富之水、生命之水、希望之水啊。人们把对未来美好的憧憬都寄托在这眼井上。于是，村委一班人在全村父老乡亲期待的目光下，冒着刺骨的寒风赶到太原，找到了省第三水工队，请他们帮助勘察打井，对方提出要16万元的勘察施工费，面对这笔数额巨大的资金，他们为难了，这些从没有在任何人面前低过头的汉子们说尽了好话、求尽了情。水工队的领导解释说："你们的心情我可以理解，但是咱们得互相理解。我们是企业，靠施工经费养活着几百号人，我们总不能贴上钱，让工人们饿着肚子干活呀。"听完这简短而又实在的话语，村委们带着一脸的无奈，饥肠辘辘、两手空空地回了家。这下，全村人坐不住了，他们坚定地说："为了将来能过上富裕日子，眼下就是倾家荡产也要打成这眼温泉井。"

刚刚走上富裕路的施工队长、现任村党总支书记刘党良拿来了自家的5000元钱，老党员寇二有把准备盖房的300元钱也拿了出来……，但这毕竟是杯水车薪啊。实在没办法，乡亲们拿出了准备过年用的糕面、红枣、核桃、小米等各式各样的土特产，让村干部带给工程队。开始，工程队的人总是避而不见，支委们只好住在附近的车棚里，漫漫长夜，寒风袭来，冰凉刺骨，一件羊皮袄根本挡不住呼呼吹来的西北风，几个人背靠背蜷缩在一起，用笑话排解着寂寞，用体温传递着信心，用信念驱赶着倦意，用执着支撑着梦想。

在他们身上，没有博大精深的文化素养，没有舌底生花的联珠妙语，更没有足够的资金做后盾，但他们这颗一心为民的拳拳爱心，这种脱贫致富的强烈愿望，这种艰苦创业的坚定信念，深深打动了工程队的职工们，大家纷纷表示："就凭他们这种锲而不舍的精神，咱就是给他们垫上钱也值。"就这样，工程队领导做出了破天荒的决定，在工程款没到位的情况下先展开施工。

1991 年 6 月，当第一口井的温泉水喷涌而出时，乡亲们笑了，笑得那么甜，那么美，那么开心。他们的笑声汇成了山村一曲动人的交响乐。

在村民的欢声笑语中，村干部们又描绘了一幅新的发展蓝图。从 1991 年，顿村党总支、村委会一班人带领村民艰苦奋斗，建成了以温泉疗养为龙头，集生态旅游、民俗文化、服务娱乐及农业科技园区为一体的现代新村。截至 2000 年底，顿村企业产值 850 万元，上缴利税 100 万元，农民人均纯收入由 1990 年的 400 元增加到 2300 元，固定资产投入 1500 万元，超过了前十年的总和，顿村从旅游行业的"三晋第一村"正在向三个文明全面提升的小康村快速推进。

如果说艰苦奋斗是创业致富的法宝，那么廉洁从政就是创业发展的保证。顿村的经济发展了，群众生活富裕了，但村干部们想得更多的是为村民谋实惠、办实事。

在顿村，无论男女老少，人们最熟悉的莫过于一辆破旧的 213 吉普车和一幢简陋的二层办公楼。在高级轿车穿梭往来的旅游度假村，只有我们的村干部还坐着这么一台"老爷车"，乡亲们远远地看见，就倍感亲切；到了顿村，如果你要找村委会，村民们总会对你说："最矮、最旧的那座二层楼就是。"

令人难以理解的是，现在的顿村温泉度假村星级宾馆林立，欧式建筑成群，但村干部居然不动心、不眼馋，仍然坚持坐旧车、住老房。一位村干部曾半开玩笑半认真地对刘书记说："咱们提倡艰苦奋斗这不错，但不能为了艰苦而奋斗啊，现在咱有了钱，买一台好车、盖一栋好楼也不为过吧？"刘书记回答说："代表广大人民的根本利益，并不是说代表人民去享受这些利益，而是通过我们的努力工作去实现他们的利益。省下这点钱，先给大伙办点实事，等大家都富裕了再说吧。”

“为村民办实事”，就要有艰苦创业的精神。2002 年春天，三威集团公司瞄准了忻州这个民歌之乡和忻定这块风水宝地，要建一个世界民族风情园，一期投资 3000 万元，公司老板带领考察组先后考察了三个地方，并打算与当地的一个村签订合同。一个偶然的机会，他们来到顿村，想顺便了解一下这里的投资环境，当他们看到村委会简陋而整洁的办公环境，严谨而实际的工作制度，看到支委们艰苦朴素的务实作风，勤奋敬业的工作态度时，他们折服了，公司老板当即表示：“这儿的村官俭朴、正派，是干事的人，跟这样的班子、这样的人合作没错。”人心回归自然，时代呼唤精神。正是村委们这种艰苦奋斗、廉洁自律的作风，吸引了更多的投资商。

“为村民办实事”，就要有开拓创新的意识。村西坡的千亩山地，多年来寸草不生，为了变废地为宝地，村委们带头上山，风餐露宿，填沟造地，修路送电。近三年来，利用农闲时间，他们共开发了近千亩荒地，植树 10 万株，昔日的黄土坡，现在已是文化长廊展秀色、健身广场迎客来、树木葱茏通幽处、山水辉映放异彩的独特景观了。看着新增添的一处处优美景点，村民们无不钦佩地说：“有这样的班子给咱创业守家，咱放心。”

“为村民办实事”，就要有执政为民的情怀。顿村的村委们对自己严格要求，工作上追求高标准，生活和工作条件上坚持低标准，但对村民特别是村里的老人们却十分慷慨。从 1994 年以来，村里就形成了一条尊老敬老的村规，凡 65 岁以上的老党员、70 岁以上的老年人和有女无儿的老人，村里定期为他们发放养老金，凡 80 岁以上的老人，村里为他们集体过生日，赠送生日蛋糕。另外，国家规定的村民 7 项收费村委会全部承担，仅这几项，村委会每年就要开支近百万元。我问刘书记：“你们自己过着俭朴的日子，却为村民想得这么周到，这是为什么？”刘书记的话语朴实但有分量：“我们是上对党，下对民，中间对良心，我们的工作做细了，既为百姓解了难，又为党分了忧。”

党风正则村风正，言路畅则民心顺。近些年来，顿村干群关系密切，意志统一，没有一个人上访告状，没有一件干群关系紧张的事件，一个团结稳定的局面在顿村欣欣向荣。辉煌的业绩毕竟是昨天的月亮，顿村人正满怀信心拥抱明天的太阳。请相信，金山脚下的旗帜将更鲜艳。

# 立在老百姓心头的丰碑

牛晓农

各位领导、同志们、新闻界的同行们：

我叫牛晓农，是郑州电视台的一名记者。三年来的跟踪采访和频繁的工作交往，我耳闻目睹了任长霞许多感人至深的先进事迹，亲身体验了任局长的工作作风，深切地感受到老百姓对她的真情厚爱。

忘不了2004年4月17日，那是为任局长送行的日子。就在这天，我经历了登封有史以来最悲壮的场面。早上不到8点，登封市区已是万人空巷。14万从四面八方自发赶来的群众将大街小巷变成了鲜花和泪水的海洋。哀悼的人群中有被儿女搀扶的老人，他们步履蹒跚，神色凝重，泪眼模糊；有抱着小孩的年轻妈妈，母亲的脸紧紧贴着孩子的脸，任泪水长流；有从学校结队而来的老师和学生，满脸的悲伤和泪痕无法抹掉；有从偏远山区步行赶来的老农，鞋子上还沾着泥土和草叶；还有刚从工地匆匆而来的民工，挽着的裤脚来不及放下，沾满灰尘的手来不及清洗……他们就是为再看一眼长霞，再看一看登封人民的好女儿。

阳光下，泪水横流；灵堂前，哭声一片，父母双亡，被任长霞收养的孤儿刘春雨哭哑了嗓子："任妈妈，女儿还没有孝敬您一天呢，您怎么就匆匆地走了呢……"曾被任长霞从绑匪手中解救出的学生，16日晚上熬了一夜，亲手做了一幅大的挽幛，上面写着"任妈妈永远活在我心中，听您的话，好好学习，报效祖国"。

一位抱着孩子的大嫂失声痛哭起来："我们失去的是一位好局长，可孩子却永远失去了妈妈。"

登封市城郊62岁的王老太太，早晨4时就起了床，步行5公里来到医院。她说："长霞来登封3年，虽然没有给俺办过事，俺也不认识她，但是俺感到她给登封带来的最大好处就是登封变安全了。今天俺要来见她最后一面，送送她。"

遗体告别仪式开始后，人们看着哭着、哭着看着，肝肠寸断。一个多小时过去了，群众依然潮水般地涌来。当灵车缓缓驶出医院，少林大道两侧的数万名群众再也压抑不住心中的悲痛，放声痛哭："任局长，您慢点走！——长霞，一路走好！"……人群紧追着灵车、喊着长霞，护送着这位女局长走完最后一程。

我流着眼泪穿行于如潮的人群中、纷飞的泪雨里，看着这震撼人心的场面，禁不住感慨万千：

十几万百姓送行，十里长街痛哭。作为一个公安局长，她为什么能赢得百姓如此的爱戴？作为一个党员领导干部，她为什么能赢得乡亲这样的亲情？作为一个人民公仆，她是怎样赢得人民像对待儿女般的热爱呢？

答案写在登封62万人民的心中，写在登封青山绿水之间。

人民爱戴任长霞，是因为她对人民怀着深厚的感情。任长霞到登封工作半个月，就抽调20名民警，组成控申专案组，变被动为主动，变上访为下访，并把每周六定为局长接待日。群众说，这个局长不一般哪。

2001年7月第一个局长接待日。任长霞从上午8点一直忙到晚上11点多，一天里只吃一个烧饼。接待了124位群众的她，腿站麻了，嗓子哑了。外边人多，长霞把乡亲们请到了五楼会议室。有的群众边说边哭，任长霞边流泪边记录。一个叫陈秀英的老上访户把材料交给任长霞，说头被人打伤了。长霞把手伸进大娘蓬乱的头发里一点一点地摸着。摸到伤口，任局长心疼地说："咦，咋打成这样。他人呢？""跑了。""跑到天涯海角也要把他抓回来。"2004年2月份，陈秀英的案子终于告破，犯罪嫌疑人被从广州抓获归案，听到这个消息，陈大娘泪流满面，逢人便说：我终于盼到这一天了。

登封市公安局的民警至今还记得任局长最爱说的那句话："不到案件现场的局长不是称职的公安局长。"就是这位称职的公安局长，上任几个月后，抓了王松、捕了砍头帮，侦破了一个又一个案件，处理了积压多年的申诉信访。她在登封3年，局长接待日从未间断；千余个日日夜夜，任局长接信接访3476件，使476个上访老户停访息诉。从此，登封的天又蓝了，老百姓的心又暖了，任局长的脸上这才有了笑容。"女包公""任青天"的说法也就在乡亲们中间流传开来。

任长霞对人民充满热爱，对孩子更是一片深情。2001年5月，在一次矿难事故中，已经失去母亲的刘春雨又失去了父亲，成了孤儿。当时，任长霞正在事故现场，她眼含热泪一把把小春雨搂在怀里：“孩子，从今往后你就是我的亲闺女！”自此，任长霞独自承担了小春雨生活和学习的全部费用。小春雨对我说：“2002 年秋天，任妈妈到我家来看我，给我带来一双运动鞋和一件粉红色棉袄。她蹲在地上给我穿鞋，见到我的袜子破了一个窟窿，就说：‘这咋穿哪，给你点儿钱去买双新的。’要不是旁边站着别人，我真想搂住她亲她一口，叫一声‘妈妈’。”任长霞牺牲后，小春雨还没开口就失声痛哭：“任妈妈一走，我又成了没妈的孩子了！”在 4 月 17 日送别妈妈那天，小春雨披麻戴孝，在任长霞的遗体旁长跪不起，哭成泪人。

2003 年 12 月 18 日，石坡爻村一起重大案件告破。在囚车缓缓开动时，一个姑娘抱着个小男孩死命地追赶着囚车。小孩一声声哭喊着“爸爸！爸爸！”听到孩子的叫声，犯罪嫌疑人痛苦地将头埋在怀里。见此情景，任长霞走过去让民警把犯罪嫌疑人从囚车上押下来，说：“打开手铐，让他们父子再见上一面。”犯罪嫌疑人抱起儿子号啕大哭。这时，长霞蹲了下来，用双手抚摸着孩子的脸，从兜里摸出 100 元钱，递给旁边的人说：“给孩子买点吃的，以后孩子有啥困难就去公安局找我，我叫任长霞。”说完扭头就走了。当我见到任局长时，发现她在悄悄地抹泪。任局长说：“唉，孩子没罪啊！女人泪窝浅啊！见不得孩子哭。”

我在登封市看守所见到了这个犯罪嫌疑人。听到任局长遇难的消息，他难过地说：“她可是个好人啊，不该走这么早！如果我有机会出去，第一件事就是去坟上看看任局长，我给她烧香磕头。”

任长霞之所以受到人民的热爱，是因为她把生命最壮丽的一刻留在了嵩岳大地，用自己的一腔热血捍卫了一方平安。她以自己的实践，信守了她的诺言：“我的使命就是打恶除霸，保一方平安，扫除阴霾，还群众一片晴朗的天空。”她以自己的行动赢得了党在人民心中的威望，放射出“警徽”的光芒。为我们树立了“权为民所用、情为民所系、利为民所谋”的光辉典范。

长霞走了，甚至来不及再看一眼登封的山、登封的水；甚至来不及再看一眼她年少的儿子、年迈的双亲。她留给丈夫的最后一句话是在电话里说的“正在开会”，她留给儿子的最后一个许诺是“等妈妈工作忙完了，一定好好陪你”……任长霞说：“哪有母亲不爱自己的孩子、哪有女人不爱自己的家？但是作为一个公安局长，工作太多，责任太重，我实在分不开身啊——”从任局长的话里，我们读懂了为什么群众会自发为她树碑立传，为什么她在上任的第一年里竟会收到社会各界送来的那么多镜匾、锦旗。为什么在她罹难之后会有那么多民警、群众请求医生：“求求您，再救救她，救活俺局长，要我身上什么器官都行……”这是一种情结，一种和人民鱼水相依、血肉相连、肝胆相照、生死与共的情结。

任长霞对人民群众深沉的爱，换来人民群众对她真挚的情。老百姓们说：“任局长能拆掉石碑，可她拆不掉俺老百姓心中的这座丰碑啊！”

“生如夏花之绚烂，死如秋叶之静美。”任长霞走了，她化作一棵青松挺立在颍水岸边，她化作一道彩霞光照嵩岳大地。

# 天下兴亡，我的责任！

高震东

同学们，你们说“天下兴亡”的下一句是什么？（台下声音：“匹夫有责”）——不，是“我的责任”！如果今年高考每个人都额外加 10 分，那不等于没加吗？“天下兴亡，匹夫有责”，“匹夫有责”要改成“我的责任”，我是这样教我的学生的。唯有这个思想，我们的国家才有希望。如果人人都说：学校秩序不好，是我的责任；教育办不好，是我的责任；国家不强盛，是我的责任！人人都能主动负责，天下哪有不兴盛的国家？

每个学生都应该把责任揽到自己身上来，而不是推出去。如果教室很脏，我问“怎么回事？”假如有个学生站起来说：“报告老师，今天是 32 号同学值日，他没打扫卫生。”那样，这个学生是要受批评的。在我的学校，学生会这样说：“老师，对不起，这是我的责任！”然后马上去打扫。灯泡坏了，哪个学生看见了，自己就会掏钱去买一个安上；窗户玻璃坏了，学生自己马上买一块换上——不把责任推出去，而是揽过来，这才是教育。

我们要有“勿以善小而不为，勿以恶小而为之”的敬业观念。天下有大事吗？没有。但任何小事都是大事。集小恶则成大恶，集小善则为大善。培养良好的道德，是从那很小很小的事开始的。这种道德是慢慢建立起来的，而不是专门找到大事才干。天下无大事，请先把自己脚下的纸屑捡起来——这就是我的教材。

好的，我给大家讲个关于捡废纸的故事。美国有个叫福特的人，大学毕业后，去一家汽车公司应聘。和他同去应聘的三四个人，都比他学历高。当前面几个人面试之后，他觉得自己没有什么希望了。他敲门走进了董事长办公室，发现门口地上有一张纸，弯腰捡了起来，发现是一张废纸，便顺手把它扔进了废纸篓里。然后才走到董事长的办公桌前，说：“我是来应聘的福特。”董事长说：“很好，很好！福特先生，你已被我们录用了。”福特惊讶地说：“董事长，我觉得前几位都比我好，你怎么把我录用了？”董事长说：“福特先生，前面三位的确学历比你高，且仪表堂堂，但是他们眼睛只能‘看见’大事，而看不见小事。你的眼睛能看见小事，我认为能看见小事的人，将来自然看到大事，一个只能‘看见’大事的人，他会忽略很多小事。他是不会成功的。所以，我才录用你。”福特就这样进了这个公司，这个公司后来扬名天下。福特掌握了这家公司的控股权之后，把它改为“福特公司”。这就是今天“美国福特汽车公司”的创始人福特。大家说，捡一张废纸重要不重要？

同学们，小事不小啊！美国太空3号快到月球了，它却不能登上去而无奈地返回来。为什么？只是因为一节只值30块钱的小电池坏了，他们这个酝酿很久的航天计划被破坏了，几亿美元报废了！天下有大事吗？大家看哪次飞机失事是翅膀和头一齐掉下来的？都是一节油管不通，一个轮胎放不下来才失事的。一个人的死，哪个是全身完全溃烂死掉的？都是一个小器官不正常而死的！——同学们，万万不能忽视小事啊！

我要告诉孩子们，读书、做事要确定一个方向：先做自己应该做的事，再做自己喜欢做的事。很多人为兴趣而读书，岂有此理！真正目标不应是兴趣，而是责任，在责任当中找到兴趣，而不能用兴趣代替责任。我们读书是为了国家。同学们，你们想想你们从小受到什么教育？你爹妈是怎么教你的？他们这样告诉你：你要好好念书！你不好好念书，将来就不能出人头地，你就没有前途！你就是在这种教育下长大的，这就是最错误的教育，这就是最糟糕的教育！喝着国家的奶水，用着国家纳税人的钱，培养出的却是一个自私自利的人。你想：这个国家会有前途吗？你读书的方向都错了！读书不应该为了自己，读书应该为了我们的国家，国家需要人才，国家需要干部，国家需要建设的栋梁！

我常常给我的学生讲一个故事：我们有一天出去旅行，忽然间暴风雨来了。我们没地方避风躲雨，孩子们向前跑，一看前面有个草棚，大家“哗”地冲了进去，一冲进去大雨就来了。大家好高兴，“哇，今天运气不错哟，刚刚找了房子大雨就来了。太快乐了！”大家也不顾虑房子干不干净，只要有避雨的地方就很满足了。但这个房子在风雨中突然间要倒塌，同学们想尽办法“扶住它，不能让房子倒塌”。在这种状况下，我很有感慨，同学们，你们说是我们需要房子呢，还是房子需要我们呢？（掌声）我看是我们需要这座房子。这座房子就是我们的国家，再穷再破，是我们的家，我们要爱她！（掌声）

爱国是很具体的。我的学校门口有个标语：离开校门一步，肩负忠信荣辱。

推而广之，离开国门一步，肩负全国荣辱。一口痰吐在中国也许是小事，一口痰吐在外国，你就丢了中国同胞的脸，因为你代表中国人，而不是你个人，你千万不要以为“好汉做事好汉当”，你错了，你担当不起，你不够资格担当！所以每个同学的一言一行都要注意。到了美国就说中国人伟大得不得了，绝对不会丢中国人的脸，一句对中国的指责也没有。但是，回来一定要实实在在地讲话，诚诚恳恳地建议。有的人刚好相反，在国内他屁都不敢放一个，装得那么温顺，那么可爱，一离开中国就大放厥词，这不是标准的汉奸吗？

# 飞机在起飞的时候最耗油

王静宇

各位领导，朋友们：

记得几年前，我还在吉林传播学院读书的时候，曾经看过中央电视台一期访谈节目。访谈嘉宾是新华社年轻的记者司马波音。访谈的具体内容大都忘却了，但司马波音的一句话，却像钉钉子一样钉在了我的心坎儿上。他说：“飞机在起飞的时候最耗油！”

司马波音 23 岁当记者，28 岁就获得了包括中国新闻奖在内的许多新闻大奖，成为中国当时最年轻最有成就的“名记”。他成功的秘诀是什么？就是他说的那句大实话——“飞机在起飞的时候最耗油！”

是的，“飞机在起飞的时候最耗油”，必须开足马力，全力攀升，而一旦进入万米高空，则十分省油而且自由翱翔。作为一名年轻的记者，要想成为时代的战鹰，那么，在刚刚从事新闻工作的时候，就一定要多耗油，就一定要开足马力，全力攀升。

但在哪些方面耗油，怎样耗油？我认为，一个优秀的记者，首先应该有强烈的社会责任感，虽然不一定做得到“以天下为己任”，但至少应该“对得起自己的良心”。新闻记者是公众的代言人，没有强烈的社会责任感，怎能担当起公众代言人的角色？

“铁肩担道义，妙手著文章。”作为记者，具有敏锐的观察力、准确的判断力、很强的交际能力、出色的表达能力，是远远不够的，他首先应具备强烈的责任感和正义感。富兰克林有句名言：“推动你的事业，不要让事业推动你！”把新闻当作一项事业来做，而不仅仅是谋生的手段，有了这份挚爱，我们才会忠诚于新闻事业，体恤群众的疾苦，才会在工作中有内在的驱动力，才会用辛勤的汗水和不懈的努力来推动新闻事业。在面对社会丑恶现象时，我们才不会熟视无睹，在面对老百姓尤其是最底层的弱势群体时，我们才不会无动于衷。

曾经读过这样一段神话故事：有一只雄鹰，飞过一片森林，遇见森林大火熊熊，它便飞到水上，垂下翅膀，蘸了两翅的水，飞回去滴在火焰上。滴完水后，它又飞回去取水，然后再去救火。它的举动终于感动了山神，于是山神用神力扑灭了烈焰。

试想一下，作为一名记者，我们对社会，是不是应该有雄鹰一样的使命感呢？是不是应该为人类的命运承担责任呢？

在所有的职业中，人与人接触最频繁，生与生拥抱最热烈，莫过于新闻记者的工作。在一次又一次的现场报道中，无论跋涉得多么艰辛，我们都应该坚毅地走下去。正是这份责任的支撑，闾丘露薇第一个勇敢地站在了巴格达的硝烟中；正是这份责任的支撑，王志第一个出现在了“非典”病房。

作为一名年轻的记者，我没有什么值得推广的经验，但是我有着一颗纯净的心灵；作为一名年轻的记者，我没有什么值得炫耀的成绩，但是我有着对职业的无限热情。我知道，要想做得问心无愧，就要比别人付出更多的努力；要想像飞机那样在新闻这片天空中展翅翱翔，就要比别人消耗更多的油。

作为我们电视台一名年轻的记者，2005 年夏天，我有幸参加了“来自一线的报道”采访组，在这次历时一个多月的战役性报道中，采访的地点都是环境最艰苦的地方，采访的对象也都是最一线的工人。采访清淘工人和垃圾处理场的清洁工人的那一次，我至今记忆犹新，深受教育。

我清晰地记得清淘工人毕田国和垃圾处理场的工人见到我们去采访时说的一段话。他们说：“你们记者也不容易啊！我们四点钟干活，让你们也跟着起大早儿，还跟着我们到这么埋汰的地方来，其实你们能来采访，我们就已经挺感激的了。”听着他们的话，我的心久久不能平静。我们只是去采访了一次，他们就已感动不已，与他们的付出相比，我们起点儿早，贪点儿黑，受点儿累，又算得了什么呢？清淘工人每天都要在凌晨四点开始工作，垃圾处理场的工人每天都要工作在臭气熏天，张嘴就能吸进苍蝇的地方。而我们记者一年也只不过去采访一次或者几次而已，可他们却是年复一年，日复一日。看着在垃圾处理场挥汗如雨的一线工人，我还有什么理由不加倍努力工作呢？！望着清淘工人那张淌满汗水的脸，就在那一瞬间，让我深刻地理解了记者应该肩负的责任。

如果您问我，一个优秀的记者应该是什么样的，我会毫不犹豫地告诉您：能够时刻用心去牢记记者职责，勇于用双肩承担责任的，就是好记者！作为记者行业的一个新人，我不敢让现实中的尘埃落满自己的双肩，我要不停地拍打，不停地擦拭，因为我要把双肩留给责任，因为我已别无选择，因为有一句话早就像钉钉子一样钉在了我的心坎儿上。那就是——

“飞机在起飞的时候最耗油！”

谢谢大家！

# 诚信，脆弱的珍贵

罗 欣

亲爱的朋友，你一定知道诚信是可贵的，但你想到过诚信的脆弱吗？是啊，诚信很可贵，也很脆弱！如小树一样经不起风雨，如新生婴儿般一旦失去呵护就岌岌可危，也和爱情一样是一件易碎的瓷器珍品。

请看：古代的周幽王，为博妃子一笑，随意燃起烽火，以致国破家亡，把军令当成了儿戏，周幽王的诚信不脆弱吗？

同样，我对诚信的脆弱也有着亲身体验。一张50元假币不慎落到了我手上。当时，我直怪自己倒霉，一心想着如何挽回自己的“经济损失”，于是，假币待在了我的钱包里。好几次，我都跃跃欲试，但又怕别人辨认出来，也想到别人几天的辛勤劳动会在我的手里化成泡影，总有些于心不忍。50元假币也就成了我的一块心病。不久后，我去越南旅游，歪念又再次萌发，心想外国人总不会辨别人民币吧！就在掏钱的一瞬间，一个声音出现了：为了区区50元，丢掉自己的诚信，丧失自己的人格，这值得吗？这还是我吗？我顿时无地自容，不敢再往下想，也不知从哪里来的力量，我抽出假币，把它连同我的私心杂念撕得粉碎。这一刻，也只有这一刻，我才如释重负，找回了久违的轻松和快乐。

这，是多么真实而又多么艰难的取舍呀！如今，每想到那一念之差，我便体会到：诚信竟是那样脆弱，它差一点被我亲手打碎；诚信又是那么珍贵，那么美好，原来和我们的生命一样，是无价之宝啊！

是的，诚信无价！因为它是人的道德追求，是人的生存法则，也是人与人、人与自然、人与社会之间平衡的纽带。试想，在一个诚信得到普遍遵守的社会，人人都能知道自己的明天是什么样子，人人都能自信地生活、正常地交往、共同致力于社会发展，这是多么美好啊！而在物欲横流、金钱至上的社会中，欺诈压倒诚信，丑恶驱逐良知，经济走向崩溃，最后也会毁了人类自己！

如今在我国，由于诚信缺失导致的企业三角债约为1.5万个亿，每年市场交易中直接和间接的经济损失达5855亿元，相当于我国年财政收入的37%，等于上千个贫困县一年的财政收入啊！对于我们一个发展中的大国，诚信缺失已经阻碍了我们前进的脚步！这时，我想到了《哈姆雷特》中那句经典台词：“生存还是毁灭，这是一个值得考虑的问题。”

其实，答案只有一个：要生存，不要毁灭！要发展，不要落后！要诚信，不要虚假！

所以，随着我国社会主义市场经济体系不断完善，呼唤诚信之声日渐升高，恪守诚信的典范层出不穷。在平凡的岗位上，“中国诚信公民”邓立明夫妇在随手可得的大奖面前尽显诚信本色；在生命的最后关头，我们湖南涟源的普通矿工聂文清，用粉笔在安全帽上留下了自己的欠账清单，诚实守信的高尚人格正在铸造我们的民族精神！还有，“诚信政府”“诚信经济”“诚信档案”也正一一向我们走来，我们已从单纯的呼唤道德、呼唤诚信向制度化、系统化、人性化转变，我们要让老实人不再吃亏，要让全社会给予诚信更多、更有效的呵护。

朋友们，这还不够，我们每个人都是诚信建设中的火石，只有勇敢出击，才能擦出诚信建设中的火花，这成千上万的你中有我、我中有你，就能聚成熊熊烈火，驱逐、毁灭裹挟着虚假和欺诈的黑暗！因此，我们不要再用怀疑的眼光说“我还能相信谁”，而应当思索“谁能相信我”，做些什么才能相信我，那就会“谁都相信我”。到那一天，脆弱而珍贵的诚信便会长成参天大树，它的每片绿叶，都会沐浴阳光雨露，都能经受风霜雪雹，迎风招展，生机无限！

# 责任高于热爱
## ——在北大法学院毕业欢送会上的致辞

朱苏力

几年前，特别针对北大校园的学习生活，在迎新大会上，我说过，“发现你的热爱”。无论你是否发现了，此刻，针对你新的社会角色，我却想说一句不大中听的话：做你能做的，而不是想做的事。

不中听的一般是实话。找工作，说是双向自由选择，但谁都知道，你既没太大自由，也没很多选择，更大程度上是进入一个格式化的社会，是“求职”。社会一点也不“小资”；它最多也就听听，却不在乎你的感受和自尊，不会迁就你。你要与之兼容，而不是相反；你可能得在一个甚至是一系列未必热爱，更多出于功利而选定的岗位上，尽心尽力，干出业绩，然后才谈得上发展、开拓和创造自己。当然，也不必太多抱怨或感叹，这个世界上，古往今来，就没几个成年人干的都是自己想干的事。

因为，你们大了，已经有了更多可以统称为“社会的”责任。“老板”对你有要求，同事对你有期待，甚至就因为毕业的这所大学，这个法学院，你也有额外的压力。你得活得像样，更得活得正派，让父母欣慰，让妻子或丈夫以及孩子幸福，顺带着也让亲友、同学和老师放心。这都是你的责任。当然，还可以，也应当谈谈“治国平天下”或“大国崛起”之类，只是“修身”和“齐家”是最起码的。如果连自己都撑不住，本职都干不好，还得让那最多几十号关心你的人为你操心，还说什么社会贡献，谈什么人类关怀？记住，在社会、职业以及家庭中，责任永远高于热爱。

而且，我们绝大多数人对工作或职业，也未必有什么具体的执着；即使有，是否真值得一生追求，也是问题；即使情愿，谁又能保证你恪守此刻的山盟海誓——你不也曾沉迷于金庸、“曼联”或王菲，甚或认为自己某方面才华不菲？还有，你喜欢，就真能干好？有什么根据说，此刻的热爱，甚或不热爱，不是“吾从众”，不是社会对你的塑造，或干脆就是一个机会主义的选择？我们绝大多数人其实也挺喜欢，至少不坚决拒绝职业或生活的丰富性和多样性，包括与之相伴的意外、风险、惊喜以及一些可以用来装点回忆录的小小——不敢太大——的失败。很多时候，一个人此时此地的成功，恰恰因为他彼时彼地的失败。

我们就是这样走过来的。我们的陈兴良老师就曾是千岛湖畔的一位民警，白天走家串户，深夜还抱着郭小川或浩然。而牟平区姜格庄的大地也一定记得那本——梦想署名“卫方”的《春苗》类剧本；甚至十多年前，我们的“老鹤”还曾勇敢下海，尽管几个月后又扑腾着水淋淋的翅膀上了岸。还有，我们的姜明安老师、王世洲老师、龚刃韧老师和孙晓宁老师，三十年前都当过或当着军人。也许早早预知了贺老师的批评？复转军人没进法院，都进了法学院，而且是北大法学院。在一个三十年前不曾想到更谈不上热爱的职业中，如今，他们都创造了自己，也正塑造着你们和你们的未来。

听起来很有点传奇，这却是我们这代人的经历。不希望你们重复，也不可能重复；前方拐角等着的有你们的传奇。但它还是给你我一些启示：生活和职业，过去不是，今后也不会是个人爱好的光影投射；它是子弹划出的那条抛物线，无论是否连接了击发者和他心中的目标。这是我们所有人的命运：规划人生，却无法完成设计；向往未来，却只能始于现在。

我们只能向生活妥协！但妥协也可以是一种坚持。不仅我们每个人的追求和爱好都必定在社会中校订和丰满；更重要的是，成功和失败，伟大和平凡，从来都不在起点，而只是基于结果的事后评价，甚至，改一改奥威尔的话：未必是你干的事，有可能是你赶上了什么事。评价标准是社会的，不是你个人的；跟自个儿比武，分不出高下。做你能做的事，因此，既不消极，也非无奈，它的另一意味就是超越，超越那个感性的自我。

时间过得真快！对法学硕士来说，有些书可能还没来得及打开，毕业已猛然站在你眼前，带着青春的欢乐、骄傲、活力以及些许伤感。这不是你的第一次，肯定不会是最后一次。你还会重复今天对时间的主观感受：向前看，光阴迢迢，望眼欲穿；事后才感叹，白驹过隙，人生苦短。而随着年龄增长，你还会发现日子是越过越快。

这是我生命的体验，每个人中年后都会感觉，尽管未必自觉。在此说明，只希望你们更珍惜时光，热爱生活。想做些什么事，一定抓紧；无论大事小事，无论工作、学习、创造还是爱，无论追求功名、享受人生还是两者兼得，也无论最后是世俗眼中的成功还是失败。

具体生活永远在琐细平凡的当下，千万别把它抵押给关于自己的“愿景”或“理想图景”，vision（这里指视觉）这个词更多译作幻觉。

你可以持之以恒，也可以随遇而安；可以雄心勃勃，也可以知足常乐；可以谨小慎微，也可以大胆奋进。只是，“莫等闲，白了少年头”，当一个个未来变成“此刻”时，怅然和失落。

未来其实并不遥远；此刻不就是你曾经眺望过的一个未来？！

岁岁年年人不同，年年岁岁“话”相似。在这送别之际，我代表北大法学院和全体师生，祝贺你们每一个人毕业；更祝福你们每一个人，坦坦荡荡，走进社会，平平安安，走过未来！

# 婚姻是真正的双人舞

徐国静

朋友们：

大家好！

男人与女人是天空和大地，青山和绿水。在现实中，婚姻是一种实实在在的生活，它和人的情绪、心境，以及不可避免的琐事纠缠在一起，时常把人的注意力引入鸡毛蒜皮的小事之中，而忽略了内在的意境和情调。

有人把婚姻比作坟墓，在婚姻中受挫和苦苦挣扎，问题并不出在婚姻上，而出在人对婚姻的态度上。

有人说，婚姻好似一驾破马车，要承载生活的所有行囊，并且要在拥挤的路上不停地奔跑；婚姻更像一个垃圾站，每个人在外面捡拾的各种情绪垃圾都携带回家堆放。于是，人们习惯把不幸和痛苦归结为婚姻，把灾难和失败归结为婚姻，这样一来，婚姻就成了名副其实的坟墓。

有关“婚姻是爱情坟墓”的说法，一直影响着人们对待婚姻的态度。尤其是在婚姻中遇到挫折和不幸的人，不断现身说法来提供佐证，于是，这一说法便成为“名言佳句”了。

如果一定要用比喻的方式来探讨婚姻，我觉得婚姻是真正的双人舞。一对男女携手步入舞池，在同一首乐曲中起舞，领舞者是男人，不断花样翻新跳出亮点的却是女人。男人的动作比女人少，但男人的力度比女人大，没有男人的保护，纵然女人有千般变化也跳不出精彩绝妙之舞。因为惊险的大幅度的跳跃表演需要以安全为前提，因为托举的表演需要坚实稳定的底座。跳舞如此，婚姻亦然。

决定舞蹈跳得优美与和谐的先决条件，不是跳舞的技巧，而是对音乐的感觉和不断自我调整的能力。在进入婚姻之前，谁也没有接受过专门的学习和训练。也就是说，婚姻是一门需要学习的新课程，就像第一次进舞场的一对舞伴，不但要倾听音乐的变化，还要学习独自的舞步和双人合作的动作，以及随时跟随音乐不时地调整自己的步伐。乐队的乐曲自由变换，突然由慢三步舞曲切换为快四步舞曲，或者伦巴和探戈，舞蹈者如果反应迟钝，或反应太快，就免不了舞步出错，或相互踩脚，出现暂时的不和谐与混乱，或别扭或冲撞。跳舞如此，婚姻也如此啊！

在婚姻舞蹈中，音乐就是流淌变化的生活，生活经常会演奏意想不到的变奏曲，比如男人升迁，女人下岗；再比如男人失败了，女人成功了等不可预想的变化，这些变化如同舞池乐队突然换了一个曲目，而舞蹈者一时踩不准节拍，脚步自然要出现混乱。

一个女人在叙说自己不幸的婚姻时说："我们的不和谐就像两个不会跳舞的舞伴，谁也不关心音乐，只关心怎么支配对方，纠正对方的错误，经常因互相踩脚而不停地埋怨。还没等一首曲子完了，彼此就厌倦了，天天重复这样的舞蹈，谁还有跳下去的快乐呢？"这个女人说出了婚姻不和谐的秘密所在——支配对方，不停地纠正对方错误的愿望太强烈了，强烈得忽略了生活该有的快乐。两个人都想主动领舞，那舞步必然要大乱。领舞是主动者，可以支配对方，然而，如果领舞者支配对方的意志和力量压过音乐，彼此之间就无法体会跳舞的优雅与快乐，这就是婚姻不快乐的原因。因为当两个人都想领舞的时候，舞步不但不优美，还会相互踩脚，因踩脚而相互埋怨，因相互埋怨而失去快乐，因没有快乐，最后不得不退出舞场。有些婚姻不就是这样解体的吗？

双人舞是以男人为轴心，准确地说是以男人为圆点，以女人为半径，尽情地画圆。女人可以围绕着这个轴心任意创造和表演，因为有男人的安全保护，女人可以自由放松地表演。如果没有男人做托举、提拉等大幅度的安全保护动作，任女人有千般变化，万般变数，也不可能跳出精彩优美的舞姿。因为女人在没有安全感的情况下创造力等于零。婚姻不可能是独舞，一方尽情地跳，而另一方在看台上鼓掌，甘心做欣赏者和观众。因为婚姻是两个人的舞蹈，不能没有交叉和步伐的变化，不能不随着曲子的节奏而变换调整姿势和脚步。

婚姻是一种持续的联系，但在联系中又充满变化，有独立的舞步，有双人和谐的舞姿。重要的不是两个人怎样跳，而是两个人的心灵怎样领会和感受生活的变化和旋律。心灵如果变得僵硬粗糙，灰暗冷漠，不管曲调怎样变化，舞步和姿势都依然无法优美舒展。

双人舞的精彩之处在于两个人的默契与和谐，但默契与和谐是需要长时间苦练的。彼此都应有强烈的学习和提高自己的愿望。如果有一方努力苦练，而另一方原地不动，那么双人舞就变成单人舞了。在婚姻双人舞中，如果两个人没有相同的学习和调整自己的强烈动机，也没有共同提升和创新的愿望。它的容忍度就降低了，耐心也有了限度，更不用说创新了。所以，双人舞的舞者要学会宽容与忍耐，因为只有这样，舞姿才能优美，舞步才能和谐。

亲爱的朋友们，带好你的舞伴，在婚姻的这个殿堂里尽情舞蹈吧！

# 在父亲六十寿辰庆典上的祝辞

曹 斌

尊敬的各位领导，各位祖叔长辈，各位亲朋好友：

大家早上好！

“一元复始，万象更新”；三阳开泰，举家欢庆。在这充满诗情的日子，我们高兴地迎来了敬爱的父亲六十岁的生日。今天，我们欢聚一堂，举行父亲六十华诞庆典。这里，我代表我们兄弟姐妹和我们的子女们大小共十六口人，对所有光临寒舍参加我们父亲花甲寿礼的各位领导、长辈和亲朋好友们，表示热烈的欢迎和衷心的感谢！

“国有国情，家有家境。”我们家子女多、拖累多，家境贫寒。我们的父母亲几十年艰苦奋斗、勤俭持家，以他们毕生的精力拖家带口、养老育幼，把我们一个个拉扯长大成人。常年的含辛茹苦和辛勤劳作，他们的脸上留下了岁月刻画的年轮，头上镶嵌了春秋打造的霜花。所以，在今天这个喜庆的日子里，我们首先要说的就是，衷心感谢二老的养育之恩！

“养儿才知父母恩。”“三十而立，四十不惑”，在我们这些子女都有了一定的社会阅历、能进行理性的思考的时候，我们才深深地感受到，父母亲给予我们的，不仅是生命和身体，还有热血心肝和铮铮铁骨；父母亲给予我们的不仅是物质财富，更多的是勤奋质朴、谦虚谨慎、与人为善、与时俱进的精神动力，而这些，才是一个人傲立于世的无价之宝，是不断前进、不懈奋斗、取之不尽、用之不竭的力量和财富源泉。

父亲是一本不容易解读的书。时至今日，我们才真正懂得这本书那深切的内涵：父亲热爱教育、崇尚科学、追求真理、谨言慎行、教书育人、诲人不倦，所以堪为人师、桃李天下；父亲一身正气、两袖清风、为人正派、独善其身、以才安身、以德立命，所以堪为人范，惠及子孙；退休后，父亲回归田园、培土育苗、耕读传家、颐养天年，在希望的田野里呼吸自由的空气，在平静的生活中享受天伦之乐。作为子女，我们无不为有这样的父亲而感到骄傲和自豪，无不为父母的健康和长寿而齐声祝福！

“甲子重新新甲子，春秋几度度春秋。”今天，我们隆重地为我们亲爱的父亲祝寿以表子女们的孝心，诚邀各位长辈和亲朋好友以表我们的谢意，意义重大而深远。因为父亲六十华诞不仅意味着他踏上了人生的新征程，同时也标志着我们子女的成长成熟和孝敬赡养父母进入了新的阶段。

“兄弟同心，其利断金。”我们有理由相信，在我们弟兄姐妹的共同努力下，我们的家业一定会蒸蒸日上，兴盛繁荣！我们的父母一定会健康长寿，老有所养，老有所乐！

最后，再次感谢各位领导、长辈、亲朋好友的光临！

再次祝愿父母亲晚年幸福，身体健康，长寿无疆！

谢谢大家！

40周年豪华精装典藏版（第Ⅳ卷）

# 演讲与口才

籍艳秋 主编
刘 仪 李万良 副主编

中国言实出版社

# 第Ⅳ卷目录

## 精品文苑 / 139



## 行业口才 / 175

## 演讲辞选登 / 253

# 谈话技巧

TANHUA JIQIAO

# 巧妙“错位”，让你的话语出奇效

靖宝山

生活中，我们和谈话对象之间总会有这样那样的关系，比如说朋友、亲人等。一般情况下，我们说话应该顾及这种关系，说符合自己的身份和立场的话。可有的时候，我们总站在那个应该属于自己的立场上说话，对方反而会听不进去，此时不妨巧妙地错一下位，往往会使对方耳目一新，能收到出其不意的效果。

张教授是一位业界知名的学者，一次他应邀参加一个学术论坛，连夜坐飞机到达上海。到了酒店，却发现本来留给自己的房间已经住进了别人。他了解到，这完全是因为主办方负责住宿安排的小孙的疏忽造成的。本来就已经疲惫不堪的张教授怒气冲冲地向小孙问罪，小孙连忙道歉，可张教授依然不依不饶。主办方外联部的部长赵庆峰连忙走过来，向张教授道歉，并对小孙说：“你怎么那么粗心大意！张教授批评你，也是对你负责，为你好，否则你继续这样下去，迟早会捅大娄子。要不然像张教授这样德高望重的前辈学者怎么会找你，直接一个电话给领导，你就吃不了兜着走！”张教授听后，反而消了气，说：“不要责备他了，知道错了就行了。”

赵庆峰是小孙的领导，对于小孙的错误，他本来应该站在单位的立场上向张教授道歉。可既然张教授对小孙的道歉不依不饶，那对赵庆峰的道歉他会买账吗？聪明的赵庆峰巧妙错位，站在张教授的立场上批评小孙，这样一来，使得张教授觉得他是自己人，拉近了距离。同时，赵庆峰立场的转变，也带动了张教授立场的转变：既然赵庆峰成了批评者，那么张教授会觉得两个人一起指责小孙有点说不过去，反而会把自己转变到“和事佬”的位置上，气自然也就消了。有时候，适时地转变位置，不但会拉近与对方的距离，反而会带动对方位置的转变，使谈话收到良好效果。

戴尔·卡耐基是著名的演讲家，但刚开始的时候，他也很害怕在众人面前演讲。有一次，他在准备一个演讲的时候对一位朋友说：“要是听众不同意我的话，怎么办？要是他们不喜欢我，怎么办？”朋友回答道：“他们为什么要喜欢你呢？你能帮他们干什么？你认为自己要讲的话很重要吗？”卡耐基一愣，承认演讲的内容对听众意义不大。“那么，你凭什么要求听众喜欢你？”卡耐基听后恍然大悟，将之前的讲稿推翻，重新寻找那些对听众有意义的东西，终于做出了一份自己满意的演讲稿。

但他还是有些胆怯，他又向那位朋友求助。朋友问：“你确定你要演讲的内容对听众有帮助吗？”卡耐基点点头，说：“我确定。”朋友说道：“那你还在等什么，那么多人在等着你，赶快把这些内容告诉他们！你是在帮助别人，为什么要胆怯？”朋友的一番话，令卡耐基感触良多，也彻底改变了他对演讲的看法。后来，他始终力求使自己的演讲能对听众有所帮助，这样，他也再没感到胆怯过。事实证明，听众们都非常喜欢他的演讲。

卡耐基遇到了困难，那位朋友本应出于友情对其进行劝慰。可他没有这样做，反而是站在了听众的立场上对卡耐基进行刁难：你的演讲对听众有帮助吗？你凭什么要求听众喜欢你？卡耐基本来只是纠结于自身的胆怯，可朋友的反问却使他跳出了自身的局限，换位思考，从而恍然大悟。后来，这位朋友又用同样的方法，使卡耐基消除了胆怯：既然你的演讲是对人们有帮助的，又何必胆怯？由此可见，在谈话中，如果想引导对方换位思考，那么我们自己不妨先换个位置，将对方的思路引导出他自身的局限，从而收到意想不到的效果。

刘风刚是公司的骨干，雄心勃勃地想在公司里干一番事业，可公司领导却突然一纸调令将他派到一个乡下的分支机构去服务，刘风刚情绪很大，整天寒着一张脸。很多关系好的朋友和同事都来劝他，可他全听不进去。这时，马军找到了刘风刚，脸色比刘风刚还难看，他拉住刘风刚的手深情地说：“刘哥，从我进公司第一天起，就一直跟着你干。这几年要不是你的帮助，我恐怕早就被公司扫地出门了。现在听说你要被调走了，今后我该怎么办呢？”刘风刚看着愁眉苦脸的马军，反而劝慰道：“现在，你已经能够独当一面了，要相信自己，一定能干好！”马军接着说：“可我觉得，像刘哥这么能干的人都被派到乡下了，我在公司还有什么前途呀？”刘风刚继续安慰他道：“你不要瞎想，乡下的业务开拓任务很难，所以公司才会派我去，这也是公司对我的一次锻炼。只要好好干，在公司还是很有前途的。”听了刘风刚的话，马军才放心地走了，而刘风刚的抵触情绪也消失了。这时，他才反应过来，原来马军是特意换个法子来劝他的！

公司派刘风刚去乡下，也是一种锻炼和培养，可刘风刚却纠结于自己的情绪，对公司的好意视而不见，心中充满了抵触，别人的劝解自然听不进去。而马军却反其道而行，本来是劝解者的他却把自己放在了被劝解者的位置上，来刘风刚这里寻求安慰。而刘风刚也不得不放下自己的情绪，劝解马军，并在这劝解中理顺了思路，明白了公司的一番好意。有的时候，当一些人陷入某种情绪中时，便很难自拔，这时你如果能巧妙地转变一下自己的位置，从劝慰者，转为被劝慰者，引导对方思考，往往能事半功倍。

所谓错位，说白了就是巧妙地转变一下立场，寻找一个更合适的突破口，打破对方的思维定式，把对方的思路引导到正确的道路上来，从而使谈话收到更好的效果。当然，这个位置一定要选得巧妙、选得合适，否则很可能适得其反。

# 让别人愉快地答应你的要求

西　风

在生活、工作和学习中，我们常常免不了要向别人提要求。但是，有时候方法不当，自己提出的要求不但得不到对方的回应，甚至会让对方反感，不仅要求未能被满足，还可能弄僵双方关系。怎样提要求，才能让别人愉快地答应你呢？

## 一、从为对方着想的角度提要求，让对方感到你的尊重和善意

王娟开了一家服装店，在开店之初，有一个问题让她困扰。因为店里专卖女性服装，许多女孩在试衣服时，会把自己唇上的口红留在衣服上，要清洗掉这些口红印迹很费劲。为了避免这个问题，每次顾客在试衣服前，王娟总会提醒一句："请您注意一些，千万别把口红印在衣服上了。"然而，尽管她语气柔和委婉，但并没有多大效果。甚至有的顾客听了她的提醒，把衣服还给她，不再试穿，拂袖而去。为此，王娟很是苦恼。很偶然的一天，朋友聚会，王娟将自己的苦恼吐露出来。一位朋友告诉她："以后，你换个说法试试看，顾客试衣服前，你可以说'请注意，不要让衣服弄花了你的口红'。"王娟采纳了朋友的建议，果然，令她苦恼的问题再也没有了。

"别把口红印在衣服上"，这是站在自己的角度要求顾客，没有考虑顾客的感受，不仅得不到顾客的善意回应，反而会引起顾客反感。而"不要让衣服弄花了你的口红"，是从为顾客着想的角度出发，让顾客感受到了体贴、尊重和善意，自然，顾客会愉快接受，在试衣时会小心，避免嘴唇和衣服接触，也就没有口红留在衣服上了。从为对方着想的角度提要求，让对方感受到你的尊重和善意，你的要求就会得到对方积极的回应，对方也会尽可能地满足你的要求。

## 二、打打感情牌，让对方更加重视你们的情谊

成吉思汗登上“大汗”的宝座后，便开始对多年来随他东征西讨的功臣们进行封赏。很多人都得到了很高的职位，可是，幼时被从战场上捡来的义弟失乞忽都忽却似乎被遗忘了。

失乞忽都忽也想得到封赏，于是他找到了哥哥成吉思汗，说：“我的功劳难道比别人少么？我的效力难道比不过别人么？我自婴儿的时候，就在您麾下听从差遣了。除了一心辅佐大汗之外，我从未心怀异志。我从小连睡觉都伴在您左右，您也把我看做亲生的弟弟，从不当我是捡来的弃儿。到了今日，您将如何降恩于我，以表示您依然爱着并需要我这个小弟弟呢？”

成吉思汗听完这一番话后，果然感觉疏忽了这个弟弟了，于是便任命失乞忽都忽担任蒙古国的第一任大断事官，授予其建章立制、治世理政的重大的责任。

失乞忽都忽没有直接向成吉思汗提出封赏的要求，而是讲起了和成吉思汗的旧情，成吉思汗果然动容，给了他很高的封赏。人都是有感情的，当我们向别人提要求时，不妨打打感情牌，和对方谈谈过往的故事，讲讲两人之间互相帮助、互相扶持的往事，这样既能增进你们的感情，又会使对方感觉到，你们的情谊如此深厚，帮助你是理所当然的，从而愉快地接受你的要求。

## 三、使对方换位思考，对你的问题产生切肤之痛

美国人际关系专家吉普逊曾讲过这样一个故事：他的一位好友从小就憧憬着军旅生涯，希望有一天能投身部队。1929 年美国经济大萧条，人们被生活逼得走投无路，年轻人一窝蜂地挤入各兵种军事学校，吉普逊的朋友特别钟情于西点军校，可是有限的名额早就被有办法的人的子弟占据了。他只是个升斗小民，于是乎，他鼓起勇气，去拜访地方上有头有脸的人物，他对他们说：“我是个优秀青年，身体也棒，我平生最大的愿望是进西点报效国家。我想您的孩子大概也已经像我这么大了吧，如果他也像我一样的处境，满腔热情却无法实现自己的理想，您一定会很伤心吧！”

没想到，他这么一说，勾起了那些人的恻隐之心，他们给了他一份推荐书，他终于成了西点军校的学生了。后来，他成为陆军上将。

任何人对自己的事总是怀有更大的兴趣和关切，这位年轻人以“如果您的孩子像我一样”作为攻心战术，引起了对方的关注，使得对方换位思考，切实感受到了他的痛苦和无奈，从而对他产生了恻隐之心，最终说服了对方。我们常说要换位思考，理解别人的痛苦，在向别人提要求的时候，可以反过来，想办法使对方换位思考，使他设身处地，对你的问题感到切肤之痛，这样才能勾起对方的恻隐之心，使他更容易接受你的要求。

## 四、用鼓励和期冀的语气提要求，让对方感受到信任

魏厂长新接到一批订单，客户要求必须在三天之内做出5000个包装盒，这就需要工人晚上加班加点赶工，可是上周工人们刚刚加班加点完成一个订单。如果现在又要求工人们加班，他们恐怕难以接受。

怎么办？魏厂长想了一会，来到车间，大声说：“兄弟姐妹们，辛苦了。上周加班加点咱们及时完成订单，我在这里表示感谢。现在又有一个订单，要求我们三天时间完成5000个包装盒，我本不想接这个单，因为我知道大家上周加班太辛苦了，三天时间不可能完成。可是客户说有几家工厂人手还没咱们多，机器也没咱厂的好，却可以保证三天之内完成。我当时就生气了，它们机器差、人手少就能完成，我们机器好、人手多，难道完不成吗？我是赌气接了这个活，因为我相信大家能完成，一定能完成！我要证明给客户看，我厂的工人是最棒的！我相信大家不会让我失望，你们不会让咱们厂的声誉受损的，对吗？”魏厂长话音刚落，顿时响起一阵热烈的掌声，工人们纷纷喊“对”，有的还高呼“我们是最棒的！”三天时间里，工人们全力投入工作中，没有一个人有丝毫怨言，5000个包装盒顺利交货。

工人们上周一直在加班，如果再要求他们加班，他们思想上肯定难以接受。但是，魏厂长的一番鼓励和希冀，激起了工人们的工作热情和集体荣誉感，给了工人们力量，也给了工人们信任。工人们愉悦地接受了加班，及时完成了订

单。对别人提要求时，不妨对他们提出鼓励和希冀，让他们看到你的重视和信任，这样他们才会更有动力，才更容易接受你的要求。

以上四种向别人提要求的方法，其实都很简单，却具有非凡的效果。以后，当你向别人提要求时，不妨也选一种方法试试，相信对方也能愉快地答应你的要求。

# 兜圈子的艺术

仰　真

著名语言学家王力先生说“兜圈子”是一门说话的艺术。在交际中，要善于分辨言语交际的具体情况，巧妙运用“兜圈子”的艺术，则会收到令人满意的效果。

> 一位年轻媳妇，见小姑穿上件新的羊毛衫，猜想是婆婆买的，故意高声对小姑说：“嗬，从哪里买来的羊毛衫，真漂亮！”婆婆在一旁答话：“从对门商场买的，刚到的货。我先买一件，让她穿上试试，要看中了，下午再买一件。你们俩一人一件。”

**顾及情面：**婆媳之间刚刚建立起来的情感宝塔，基础欠牢固，交往中双方都比较谨慎、敏感，言语中稍有差错，都会带来不快或产生误解、造成矛盾。这位年轻媳妇，如在娘家面对亲生母亲，大可不必兜圈子；但在婆家，面对婆婆，就不好直说要东西了。而她的“兜圈子”，既达到了要羊毛衫的目的，又不失情面。

> 一次晚饭后，几位青年人去拜访某教授。夜已深了，教授便接一青年人的话题说：“你提的这个问题很值得研究，明天我去上海参加一个学术会，准备就这个问题找几位专家一块儿聊聊。”几位青年立刻起身告辞：“很抱歉，不知道您明天还要出差，耽误您休息了。”

**出于礼仪：**在公共场合，对一般关系的人，特别是长辈晚辈间，说话就需兜圈子。这位教授的话，与特定的交际场合、对象、自身的身份相称，实现了和谐的沟通。试想，如果直言明天有会，改日再谈，虽可以达到辞客的目的，却易置对方于较为尴尬的处境，也有失教授的身份。

一天，某青年教师早早回家做了一锅红枣饭。妻子下班回来，端起碗，高兴地问：“这枣真甜啊，哪来的？”丈夫说乡下姨妈捎来的。妻子不无感慨地说：“姨妈想得可真周到啊，年年捎枣来！”丈夫说：“那还用说，我从小失去父母，就是姨妈把我抚养大的嘛！”妻子说：“她老人家这一生也真够辛苦的。”稍停，丈夫忽然叹了口气，说：“听捎枣的人说，姨妈的老胃病又犯了，我想……”“那就接来呗，到医院好好治治。”不等丈夫把话说完，妻子就说出了丈夫想说还未说出的话。

**曲线救国：**直言不讳，估计对方一时难以接受，若对方再明确表示不同意，那么要想改变态度就困难多了。在这种情况下，为了强调事理，征服对方，就可把基本观点、结论性的话先藏在一边，而从有关的事物、道理、情感兜起。待到事理通畅、明白，再稍加点拨，自能化难为易，达到说服对方的目的。这位教师就是针对这种情况而兜圈子的。如果他直言接姨妈来城里治病，妻子不一定同意。而通过吃枣饭、谈红枣、忆旧情，事理人情双关，形成了接姨妈的充分理由，水到渠成，所以不用自己讲，妻子就说出了他的心里话。

需要说明的是，兜圈子是通过曲径来通幽，最终要让对方理解自己的意思。如果曲绕过多，兜来兜去，把对方引入迷魂阵，就不好了。兜圈子这种说话艺术一定要慎用，当兜则兜。不然，兜之不当，会给人留下啰唆、虚伪之嫌，与交际目的相背。

# 铺垫，让说服水到渠成

塘 塘

有一个牧场的主人，因为水源被临近的牧场抢占，几次与对方交涉都无效，最后不得已诉诸法律。法官说：“我可以办他的罪，他也确实有罪。但我如果强制叫他离开这个水源，他也必须接受命令，只是这么一来你就得罪了一个人，以后你势必要与一个仇人为邻。”牧场主人一听：“那怎么办呢？”法官说：“据我了解，他自家的水源出了状况。你可以找到他，说短期内可以和他共同享有这片水源，但是他必须不能影响你的牧场，还要付必要的费用。”牧场主人照做后，对方很感激，彼此还成了好朋友。

法官要说服牧场主人与邻居和睦相处，但他没有选择直接说服，而是从牧场主人的角度，分析了办邻居的罪带来的严重后果。这让牧场主人感觉到法官是站在他的角度考虑问题的，是在帮助他。法官顺势提出自己的建议，成功说服牧场主人放弃起诉，妥善地解决了这起案件。生活中，要想顺利说服别人，先做好铺垫，才能收到事半功倍的效果。

## 拿分享的话来铺垫

金岳霖长期独自一个人生活，喜欢在自己的庭院里种了一些花花草草，平时临摹作画丰富业余生活。但是经常有隔壁邻居家的鸡飞进来寻找食物，常常把金岳霖辛苦种植的花草践踏得一塌糊涂。金岳霖曾前往邻居家提醒，但是没有任何效果。梁思成得知了金岳霖的烦恼后，知道他不忍心拿鸡出气，便教了他一个方法。金岳霖到集市上买来一篮鸡蛋，送到邻居家，说：“我家就我一个人，我家鸡所生的鸡蛋，我一个人实在吃不了，所以送给你们一些。你们平时如果有雅兴，可以来我的庭院观赏我栽培的花草。”邻居满脸尴尬，连连道谢。隔天，邻居就筑起了篱笆，从此再也没有鸡飞进金岳霖的庭院。

巴金说："当对方和你同命运时，他更容易接受你的观点。"为什么金岳霖最初的提醒没有效果，而后来的一番话却能产生立竿见影的效果呢？关键就在于最初的提醒完全是从金岳霖的角度发出的，而梁思成的方法却是先和对方分享，送一些鸡蛋过去，告知对方可以欣赏庭院里的花草。这番铺垫的话，自然让邻居情感软化，不再纵容鸡群乱飞。生活中，当双方产生矛盾，不如拿分享的话作铺垫，能让对方打心底接受你的意见。

## 拿尊重的话来铺垫

李东所在的单位是一家私企，管后勤的赵师傅曾跟随老总的父亲创业多年。有一段时间单位非常忙，连续多天加班，但办公室里有两盏灯闪烁不停。有同事要求更换灯，但赵师傅只是把那盏闪烁的灯取下来，却一直没有换上新灯，办公室里显得比较昏暗。作为办公室主任，李东私下找到赵师傅，认真地说："听说赵师傅来公司很多年了，是公司的元老，所有同事都十分敬重您。老总把后勤的所有事交给您做，从来不过问，我想老总是对您完全信任，觉得您可以把工作做得非常圆满，为他在前方冲锋陷阵守好后方。"赵师傅听完，说："李主任，我明白您的意思，放心。"当天，赵师傅就为办公室更换了新灯，从此单位里有什么工作他都是主动完成。

卢梭说："尊重是最大的说服。"李东要说服赵师傅为办公室换新灯，但先说了一番凸显赵师傅工作重要性的话，分析出领导对赵师傅的信任和器重，继而引到所要说的问题：把工作做得圆满，领导才会放心。从而让赵师傅明白，正因为是老员工，更应该勤奋工作，不辜负领导的信任。生活中，当对方的身份非常特殊，普通的说服不能奏效，不如先尊重他，凸显他的重要性，让他自觉意识到自身的问题，从而接受你的说服。

## 拿包容的话来铺垫

1939 年，美国陆军参谋长马歇尔要选择一名年轻将军组建装甲师，投入非洲战场。巴顿和莱因尔都被选中。在一次实战演习中，天气突变，巴顿临时改变了演习计划，带领部分士兵直冲"敌阵"，最终导致演习中断，造成部分人员受伤。在总结会议上，莱因尔说："巴顿私自更改计划，无视军纪和军令。若是上了战场，必然造成士兵的惨痛损失。"马歇尔让巴顿发言，巴顿说："莱因尔说得非常对，他是站在更高层次上思考问题的，也是为了我日后带兵打仗，能减少我军的伤亡。这次临时改动计划，过错全部在我，请将军惩罚。"马歇尔说："战争，既要遵守军令，但也要临机应变。"莱因尔找到巴顿说："我算是服了你了。"

拿破仑说："你有没有一颗包容的心，决定了能否赢得别人的跟随。"由于天气突变，善于随机应变的巴顿采取了灵活战术，但意外造成部分人员受伤。巴顿说服莱因尔接受临机应变的观点，却先是认同对方的看法，认为莱因尔是为了自己好，主动把错误一肩扛起，体现出的是一颗包容他人的心。生活中，遇到一些分歧，有时候并不需要纠结于问题，不如先包容对方，让他惭愧后反思自己的言行，不失为绝妙的说话方式。

生活中，如果双方有了纠纷、成见，要想说服他，常常需要我们动之以情，晓之以理。但很多人天生性格执拗，有时候哪怕动用法律，都无济于事。人与人之间有了误解，光靠说理很难解决，必须先做好铺垫，让对方软化、自觉、惭愧，之后再想要说服他，也就不难了。

# 渗透式谈话，让人心领神会

王章材

当他人对某事不以为然，我们不妨通过逐渐进入的方式，并推导出可以产生的结果，话语掷地有声，使对方知晓其中的利害关系。当渗透式沟通到位时，对方自然心领神会。

许绾背着筐拿着铁锹，到王宫来求见魏王。他说：“听说大王要建一座‘中天台’，不过我提议大王您在建造高台之前，先得发动大规模的战争。”魏王一时语塞。许绾说：“我听说天地间相距15000里，‘中天台’的高度是它的一半，要建7500里高的台，那么台基就得方圆8000里。大王要建‘中天台’，首先就得出兵讨伐各诸侯国，将各诸侯国的土地全部占领，还得再去攻打四面边远的国家，得到方圆8000里的土地之后，才算凑齐了做台基的土地。造台所需的材料、人力和粮食，这些都要以亿万为单位才能计算，不知道还得要多大的土地才够用呢！这些都必须先准备好了，才能动工造高台。所以，您应该先去大规模地打仗。”许绾说到这里，魏王目瞪口呆，一句话也说不出来。后来，魏王当然是放弃了造“中天台”的想法。

许绾劝说魏王，循循善诱，以理服人，使魏王明白所建造的“中天台”不过是毫无客观基础的盲目行为。在这里，许绾一层层加大建造“中天台”所需的客观条件，其实是告诉魏王如此蛮干劳民伤财，只会让事情变得更加糟糕，迫使魏王知难而退。在谈话中，我们要想说服别人，不妨摆出事实依据，逐层深入，让对方看清事情的弊端和危害，让其知难而退。

有记者问演员李雪健：“您出演了很多角色，您认为怎样才能给‘演员’这两个字增光添彩？”李雪健回答说：“文艺工作者应当是为人民奉献精神食粮的。奉献精神食粮，是精神文明建设的一部分。一方面，演员这个职业和其他职业一样，同样肩负着建设国家、服务人民的光荣使命；另一方面，演员这个职业的影响力稍显特殊，演员是有‘光环’的，一举一动对社会的影响较大。对此我们要正确看待，一要有自知之明，二要把握分寸，三要有一颗纯洁的心。经历 40 多年的演员职业生涯，我深知影视作品是集体劳动的结晶，演员因为露了脸，所以出了名。观众夸赞演员，是因为他们把对待戏中人物的情感，寄托在了演员身上。演员要用角色和观众交朋友，给‘演员’这两个字增光添彩，而不是靠绯闻来挣‘粉丝’。”

德才兼备的演员是为人民奉献精神食粮，这种角色定位是对“演员”最大的认可和鼓励。在这个前提下，李雪健由此得出“演员是一种光荣的职业”，因此，必须要正确对待这个职业，给“演员”这两个字增光添彩。李雪健先定位“演员”职业，再一步步推导角色应有的责任和使命，很有真知灼见。这种渗透式谈话，往往能说出轻重利害关系，让人信服。

有记者问排雷英雄杜富国：“你认为应该怎样看待和应对奋斗过程中的艰难困苦？”杜富国回答说：“生活像海洋，有风平浪静，也有波涛汹涌，而对于军人来说，可能更多的时候要面对波涛汹涌，所以军人要有更强的意志力去面对所遇到的困难，即使摔倒，也能自己爬起来走出困境。就像战斗英雄史光柱，在身受重伤、双目失明的情况下，依然坚持战斗，带领全排攻占了高地。所以一名战士在战场上被击倒了，只要还有一口气，他就要爬起来继续战斗，这才是真正有血性的军人。艰难困苦往往都是一时的，没有过不去的坎，所以不要悲观放弃，要对生活有信心，更要对自己有信心。失去双手双眼后，我知道新的‘战斗’才刚刚开始，我要朝前看，我不往后看。我必须勇于面对现实，不断接受挑战和战胜自己。”

马克思曾说：“生活就像海洋，只有意志坚强的人，才能到达彼岸。”杜富国首先坦陈生活中的波涛汹涌客观存在，军人在困难面前，更要勇于挺身而出；再列举战斗英雄史光柱的事例，加以佐证观点；最后，表达自己修养个人品德，争做时代新人的决心。这种渗透式谈话，逻辑严密，条理清晰，把自己的感悟一点点渗透到听众心里，让人欣然接受。

渗透式谈话，有时好比打地基，建筑物如果没有扎实的地基，就不可以建成高楼大厦。同理，当我们一层层、一步步、一点点讲出自己对事物的理解和对某些观点的看法时，渗透推导出的结果自然会使人理解、信服和领会。

# 说话如吹笛：找准点儿，按对眼儿

王兴国

吹笛子，先按哪个，后按哪个，很有讲究。如果不讲章法，乱按一通，吹出来的就不是音乐，是杂音。

与人谈话也是这样，只有讲究章法，把话说到点子上，切中要害，才可能高效地解决问题。而要想达到这种谈话效果，说话前需要先判断出要害所在，知道对方的心理所需，有了明确的谈话目的，并采取恰当的说话方法，才能收到四两拨千斤的说话效果。

> 导演郑晓龙拿到《甄嬛传》的拍摄权后，一时找不到合适的配乐人选。
>
> 有一天，郑晓龙与刘欢在纽约偶然相遇。老友相逢，分外高兴。郑晓龙很感慨："当年你为《北京人在纽约》演唱的主题曲《千万次的问》唱遍大江南北；你还给我拍摄的电视剧《胡雪岩》创作了原声音乐，那可真棒。阔别十几年，没想到能在纽约街头相遇，真是缘分。"谈兴正浓，郑晓龙说："我这里有个宫廷剧好本子，对配乐要求极高，你能写词、能谱曲、能演唱，还对古典音乐颇有研究，非你莫属啊。"刘欢连连摇头，架不住郑晓龙的再三劝说，只好同意作曲和写词。后来，刘欢耗时三个月，交了差。郑晓龙却说："你写的恐怕一般人唱不出来，不如你来唱，别糟蹋了这好曲子。"刘欢笑着说："我算上你贼船了。"答应了郑晓龙的请求，他的演唱为《甄嬛传》增色不少。

刘欢是个重情义的人，又视音乐为生命，这正是劝说的要点所在。郑晓龙先叙旧，勾起往昔美好的回忆，做好感情铺垫；接着，以情动人，一句"别糟蹋了这好曲子"充满关切与珍爱作品的意味，令刘欢动容，劝说成功。"感人心者莫先乎情"，情感在谈话时具有至关重要的作用，注重情感的作用，以情动人，就能收到"琴瑟和鸣"的谈话效果。

周黎是黑马广告的业务员，她去某知名公司收取一笔广告费时遇到了麻烦。由于两家有过合作，这笔业务是通过电话敲定的，但该公司马经理却想赖账。周黎拿出报纸广告版面及电话记录、发票、协议，说：“您看，这件事确实发生了。我们合作历史良好，合作基础坚实。不管以哪种形式合作，其实都是代表两家公司。您是公司经理，对大小事务都有决策权，这点广告费对您来说根本就不在话下。以后咱们有很多合作机会，因为这么点事耽误了您的宝贵时间、影响了合作基础，是不划算的。您知道，黑马广告是全市有影响力的广告公司之一，在价格上有绝对优势。如果您将我们推出门外，您可能就要花费更大的成本来做相同效力的宣传了。”马经理有所触动，找了个台阶，一周后支付了广告费。

周黎以“利益”为突破口，紧抓马经理的心理特点，以两家公司的利益为重，将以后继续合作的前景作为说服重点，晓以利害，促使马经理去掂量孰轻孰重，进而劝说成功。谈话时晓以利害，供对方选择，正是抓住了人们趋利避害的心理需求，促使其做出有利于自己的选择，达到谈话的目的。

秦国时，丞相范雎得罪不少人，早已萌生退意，却犹豫不决。才子蔡泽便去游说他归隐：“秦国商鞅、越国文种，功成却不身退，结局悲惨。你愿意那样吗？”范雎不悦：“他们虽遭杀害，却功在当代，名传后世。”蔡泽说：“身名俱在是上等；人死名在是中等；人死无名是下等。你愿做哪种人？你的功绩比商鞅、文种如何？”范雎说：“不如他们。”蔡泽说：“你的功绩高不过商鞅、文种，俸禄却远远高于他们。他们尚且不能免祸，何况你呢？你富贵已到顶点，却仍旧贪恋富贵，恐怕祸事难免。‘日中必移，月满必亏’，你何不此时交出相印，推荐有才智的人当选呢？名义上，你是让贤，留下千古美名；实质上却是卸去重担，免除后患呀。”范雎长叹一声。几日后，范雎请辞，并大力推荐蔡泽，蔡泽当上了丞相。

蔡泽抓住范雎“萌生退意”的心理，以商鞅、文种为例，摆明利害，帮助他认清现实，功成身退可以名利兼收，收到了良好的谈话效果。抓住对方感兴趣的话题“对症下药”，易于一下子抓住对方的心，因而获得成功。

美国“柔道式”沟通协会总裁汤普森曾经做过警察。

一天晚上，汤普森接到检举盗窃的电话后，来到受害人家中。他还没来得及询问缘由，受害人就一顿臭骂：“死警察都跑哪儿去啦？我两小时前就报警了，你们现在才来？我屋子被偷个精光，你们在干什么？喝咖啡、扯淡！该你们治安的时候，你们只会开罚单！”汤普森听他说完，才说：“我要看看盗贼从哪儿进的，从哪儿出的。麻烦你带我从头到尾检查一遍，并协助我做好检查。你在带我看房间时，请你仔细想想丢了什么东西，丢的东西有没有登记号码或其他特征。调查完毕后，咱们还要做个笔录，如果笔录完整、记录翔实，我们总可以追回一部分失窃物品。”见受害人情绪有所缓和，汤普森接着说：“先生，你说对了，我非常忙，不过再忙也得抽出一两分钟，巡视一下你的屋子，顺便告诉你一些安保的方法。这方面我是专家，我可以进来吗？”受害人尽管面有不悦，还是带汤普森走进了房屋。

受害人六神无主，总要找人出出气；他需要帮助，关心被偷的东西能不能找回来，如何避免抢劫案再次发生。汤普森深谙受害人这些心理，因而知道受害人的话是出于气愤，并没有恶意，便能对症下药，巧言劝服，一一化解了受害人的疑虑，最终得到受害人的信任。抓住对方的心理需求，有针对性地进行劝说，往往可以四两拨千斤，“话”到成功。

与人交谈，多方了解对方的心理需求，进而把话说到要害处。说话如吹笛，找准点儿，按对眼儿，方能奏出和谐、悦耳的乐曲来。

# 言近意远，语淡情浓

张在峰

一次，有记者采访王蒙：“您被授予‘国家勋章和国家荣誉称号’，是唯一一位作家。能谈谈您的感受吗？”王蒙回答说：“对我个人来说，是最高的荣誉。对我来说是一个鼓励，当然我也应该写得更好，光笔耕不辍不行，我希望对自己有更高的要求。中国人讲‘文无第一武无第二’。文章各有特色，不是说得了称号就比谁写得好。我只有向所有朋友们、文友们学习才能行。这个荣誉称号表现了中央对各行各业人的一种鼓励和认可。有很多科学家，有战斗英雄，跟那么多人相比，我也算不得什么。但我自己非常高兴，非常受鼓励。我愿意拼耄耋加饕餮之力，再当好数年文学生产一线的劳动力。”

王蒙把国家授予的荣誉称号看作国家对多年“文学生产一线的劳动力”的最大奖励和鼓励，并表示，自己在耄耋之年，严格要求自我、向同行学习，向各界英模学习，继续奉献出更多的高水平文学作品。一番浅显而朴素的话语，让我们感受到这位老一辈作家不骄不躁、踏实肯干的工作作风和他对写作事业、对国家和民族的热爱与忠诚。语淡情浓，感人至深。

京剧表演艺术家荀慧生很注意艺术创新，一次，荀慧生在和学生谈戏时说：“无论派给你一出多熟的戏，你也要把它当生戏看。哪儿生呢？要看到你和人物之间就存在着个生字，你是你，人物是人物，相差得很远，这就是生。看到了这个生字，你就会想想人物的来龙去脉了。只有你唱戏的，对人物有新鲜的感觉，观众才会对你有新鲜的感觉，而且，越新鲜就更新鲜。只要你每次都对人物有陌生的感觉，你就会发现原来还有许多细小的地方没注意，这些新发现就会引着你往人物深里头去，哪怕是戏演完了，它还会扯着你：某处还有点事儿没琢磨到家呢，下回再唱时，得把它弄明白了。于是乎无尽无休，越研究越透。所谓千锤百炼就是这个意思。既是千锤，那就是说一锤下去有一个锤的印儿，怎么能回回都一样呢？”

荀慧生教育学生要永远把戏“当生戏看”。他从演员和角色的关系上，登台唱戏时对角色的把握上，以及戏后对角色的反思上，指出这样做的原因、价值和意义。荀慧生的一番多层面解读，既是对多年演艺事业的真挚的内心自白，更是对后生成长的满腔期盼和谆谆教导，让我们感受到这位老一辈艺术家对艺术的多年浸润和钻研，珍爱和敬畏，令人油然而生敬重之情。

有人问：“季文子、公孙弘这两个人，尊荣显赫，却能放下架子，吃穿非常俭朴，然而在当时以至后世，对这两个人的评价一毁一誉，截然不同，这是什么道理？”范晔说：“人对待仁的立场、动机各有不同，有的人看上去做人、做事都有利于仁，可也说不定是拿‘仁’做幌子。孔子说过，仁义的人自己就是仁义的化身，智慧的人一言一行都有利于仁义的教化。害怕触犯法规的人不是出自本心，而是勉强去做合乎仁义的事。二者比较起来，为仁为义的行为表面看上去虽然一样，但仔细考究，就不难发现，各自的心态就截然不同了。天生仁义的人，本性就很善良；言行自觉合乎仁义的人，努力用仁义的标准要求自己，并能身体力行；勉强去行仁义的，是不得已而为之。”

季文子和公孙弘有相同的行为，但得到相反的评价。范晔从人们对待仁的立场和动机入手，引用孔子对真仁义和假仁义的分析，指出表面的一时仁义之举，最终经受不住内心的考验，暴露他狭隘、自私的本性，为人所不齿。范晔的一番内外结合、有理有据的分析，让大家认识到，真诚做人，才能在人们心目中树立高大挺拔的形象，为人称道。

话语浅淡而非无味，正是其不事雕琢而凸显自然和素净，朴实而无华。当你用心细细咀嚼他的话，定能感受到情蕴其中，意味深长。

# 言行有矛盾，妙语来修正

宋桂奇

狄仁杰不畏权势，敢于拂逆君主之意，始终保持体恤百姓，成为佳话。但他曾经也“出尔反尔”过。

狄仁杰出身官宦家庭，所以，他很早就接触到了官宦文化。但在他眼里，对宦官专制、腐败贪污的现象深恶痛绝，曾立下誓言：远离官场，正身修己。但当狄仁杰看到官场越来越乌烟瘴气的时候，他却出人意料报名参加了明经科考试，并成功及第，出任汴州判佐。身边的好友皆不理解，甚至有人骂他虚伪，说他言行不一。

赴任的前一天，他对这些人说：“我对官场阿谀尔诈、勾结营私仍是避之不及，但现在这些鱼肉百姓的官宦太嚣张了，我之所以出官上任，就是要去做些改变。”此番话，赢得好友一片掌声。

狄仁杰因对官场贪污腐化深恶痛绝，发誓远离官场，但他后来却出尔反尔地去做官。面对好友指出其言行不一时，他正确表明了自己的立场，他的解释却让人敬佩不已，同时，也获得了理解和支持。

有时，我们常被某种情绪感染，一时冲动而说出一些极端或偏激的话语，甚至撂下一些不明智的“狠话”，当我们真正冷静下来，才发现这样做是不对的。因此，就会出现言行不一之举，如果此举被人当场指出，我们又该如何进行巧言诠释化解呢？

第十三届青年歌手大奖赛期间，因不堪一些网友质疑，余秋雨便高调宣布：“我已经做了好几届评委，每次都是盛情难却，无法推脱。但是，下一届肯定不做了。”但在第十四届青年歌手大奖赛个人单项决赛开始时，余秋雨却又重返青歌赛点评台。

于是，有观众让余秋雨解释一下“为何自食其言”。对此，余秋雨含笑回答："上一次考虑不来，是因为青歌赛点评的时间太长，要在北京待六十天，其他地方有什么事儿，比如家里老人身体不好等，也都不能离开，今年央视很有诚意地将时间缩短到十几天，我就没办法拒绝了。再说，在这个舞台上能宣传中华传统文化；传承文化，何乐而不为呢？"此语一出，观众们均报以热烈的掌声。

余秋雨因不堪网友质疑，竟然发"毒誓"：不再担任下届青歌赛评委，实属一时激动，所以不免有人会揪他言行不一的"小辫子"。但余先生却从容镇定、处变不惊：以前因时间太长而带来的诸多不便，现在已不复存在；再说，我在点评台上还可以为宣传中华传统文化做些贡献；这便是我出尔反尔、重返青歌赛的原因。由于这个解释既真实实在，又理据充分，情理结合，观众信服并赢得掌声自然是一种必然。言行不一时，解释是必要的，但一定要情理结合，有理有据，给人"不做一根筋"的感觉，更能让人信服和理解。

第 11 任美国总统波尔克宣誓就职后，要任命布坎南为国务卿。对此，前总统杰克逊坚决反对，因为在杰克逊主政期间，布坎南曾担任过驻俄公使，其锱铢必较、婆婆妈妈的作风令他极为反感。波尔克考虑到杰克逊德高望重，他的意见自然不能置若罔闻，于是，波尔克便向其虚心请教："您做总统时，不是也让他担任过驻俄公使吗？"

听到这话，杰克逊先是一怔，发现了自己的自相矛盾、言行不一后，他解释道："是的，我是让他做过驻俄公使——那是我能将他送到的最远的地方了。如果当时北极需要一个大使，我一定会派他去那里的；这样，我就可以不再看到他，不需要听他唠叨了！"

听到这话，波尔克和杰克逊一起哈哈大笑起来。

因为不喜欢布坎南婆婆妈妈的行事作风，杰克逊便对波尔克任命他为国务卿极力反对；而待波尔克指出其言行不一时，杰克逊在承认事实之后，随之便极尽夸张，以表明自己对其爱唠叨的厌恶——由于这几句话既能为自己的反对提供论据，又能给对方以坦诚率真、诙谐幽默之感，杰克逊便轻松摆脱困窘。

有时，言行不一实属无奈，将无奈的理由进行合理夸张加工，没准就能夸出幽默来。

韩信在刘邦门下屡立奇功，但刘邦畏忌他的才能，竟以他有谋反之心为名，剥夺其王号。想到自己竟与灌婴、樊哙之流处于同等地位，韩信深以为耻，于是发誓不再受刘邦奴役，假装托病不去上朝。

闻知韩信牢骚满腹后，刘邦就将他请到宫中聊天。其间，刘邦问："像我这样的才能可以统率多少兵马？""陛下不过能统率十万。"韩信不假思索。"那你呢？""我是越多越好。""您越多越好，那为何还成了我的俘虏？"见刘邦语含讥讽，韩信立忙道："陛下虽不擅长带兵，却善于驾驭将领，这就是我成为陛下俘虏的原因。况且陛下是上天赐予的，不是人力能做到的。"听到这话，刘邦高兴了起来。

骨子里十分高傲的韩信因为不屑与灌婴、樊哙沦为同类，被刘邦剥夺王位，所以一气之下，罢朝装病。刘邦故意放下架子邀请他时，他又欣然应邀。待听到刘邦用讥讽的口吻指出其言行存在矛盾后，机敏的韩信顺风使舵，巧言修正：因为您善于驾驭将领，再加之您赢得天下乃是天意，所以，我成为俘虏是一种必然。韩信的解释非常合理，而且对刘邦的恭维也恰到好处；心情大好的刘邦自然也就会放他一马了。由此可见，当被人指出言行不一时，解释时顺风使舵，顺应对方心意说话，更能得到对方的理解。

俗话说："此一时也，彼一时也。"如果"此时"和"彼时"言行发生矛盾而又被他人当场指出，因为怕被别人说成"言行不一"而不去做应该做的事情，是不明智的；我们要做的，绝不是恼羞成怒以致口不择言，而是应在保持冷静的前提下，或真诚或智慧或幽默地进行解释；唯其如此，方有可能令对方信服，使自己的形象不受损害。

# 有质感的表达

牧野兵

质感是指语言所表现的事物质地精细或人的感情细密，给人一种真实感和审美感，让人忍不住去细细咀嚼，心神向往。有质感的表达，核心包含三个方面：一是层次感；二是精细感；三是想象感。

## 层 次 感

90岁的袁隆平首次挂帅，在新成立的第三代杂交水稻种业有限公司担任实职董事长。记者问他："年龄这么大了，您会如何当好这个董事长？"袁隆平说："我现在是'90后'了。我最喜欢做的事情仍是每天去试验田'打卡'，观察杂交水稻的长势。我不在家，就在试验田，不在试验田，就在去试验田的路上。我几乎天天都在田里办公。"

袁隆平是把一生浸在稻田里的人，他直抒自己在家与试验田之间"两点一线"，其实不仅是一个表象的状态表述，更是一种矢志不渝追求水稻高产的状态。一番话勾起人们不同的思绪，引发多个层次的联想，让人强烈感受到已步入耄耋之年的他，依然"管不住"那双迈向稻田的腿，"收不住"那颗向着水稻的心。没有谁比他对杂交水稻更执着，堪称最美奋斗者。

## 精 细 感

林清玄在宁波书展上与读者交流，有人问他："怎样才能体现一个人的价值？"林清玄说："你看，我和林青霞只差一个字，长相怎么差那么多？不过，我一点都不觉得自己受到伤害。因为这个世界上，本来就每个人都有不同的面貌，每个人都有不同的价值，我们在确定自己的价值时，应该不受任何外在条件的影响。如果事事都要跟别人比较，才可以确定自己的价值，那就表示柔软心还没有被开发，就会活在痛苦的状况之下。所以，我们要学会认识自己的价值、开发自己的价值。人，就像百货公司里的化妆品。以香水为例，每一瓶香水的成分都大同小异，但为什么有的标价一千，有的标价一万呢？还有一种香水更便宜，叫作明星花露水，一瓶33块，30年价钱都没有调整。这些闻起来同样都那么香的香水，价钱怎么会差那么多？结论是：你给自己的定价有多高，你的价值可能就有多高。”

只有细节感，最能动人心。言语表达之中，每一个细节感的调动，都可以触发听者的同感。林清玄拿自己与林青霞“一字之差”的对比来表达人各有貌，人各有价值，以及取香水贵贱不同来类比人之同命不同价，这都是不失细腻的表达，给人以极强的精细感和心灵触动，引人举一反三，避免和人比较的焦虑，焕发创造动力，开发自身潜力，用自身特质彰显人生价值。

## 想象感

饶宗颐是一代通儒，其学问几乎涵盖国学各个方面，且都取得显著成就。有青年学子问他：“怎样才能做出大学问？”饶宗颐说：“我来不及看书，来不及烦恼。我一天的生活，上午可以在感性的世界里，到了下午说不定又游到理性的彼岸上，寻找着另外一个世界，另外一个天地。越是没有人去过的地方，没有人涉足的地方，我越是想探秘。做学问和做人要耐得住寂寞，要有平常心态，要‘守株待兔’，不能急功近利。积极追兔子的人未必能够找到兔子，而我就靠在树底下，当有兔子过来的时候，我就猛然扑上去，我这一辈子也不过就抓住几只兔子而已。”

一些话能给你极强的视觉冲击，能唤醒你想象的空间触感，就是有质感的表达。饶宗颐既有强烈的好奇心和求知欲，又有忘我的境界和默默坚守的精神，读书做学问真是欲罢不能，一读方休。这一切都被他风趣地把自己比作知识海洋里的“两栖游物”，还不吝自嘲要有“守株待兔”的死磕精神，所言无不充满美妙意象，富有画面感，令人遐想，给人宝贵的启发和思考。

岩石质感冷硬，宝石质感温润；亚麻质感粗糙，丝绸质感柔顺；流沙质感厚重，羽绒质感轻盈。有质感的东西更能给人留下记忆，说话也是一样。一般的话，听完就听完了，也不会记住。但是这些有质感的话，会让你听过之后被击中，并牢牢记住这些话，想象这些话里勾勒的世界。

# 语言表达的三个境界

青宝石

人与人之间的沟通交流，最关键的就是语言。语言不仅是交流的工具，更是一门说话的艺术。如何把话说好，这里面大有学问，简而言之，在语言表达上，有从低到高的三个境界。

## 把话说正确

言语表达时，首先是要把话说正确，能够让人认可你的观点。如果你说得毫无道理，甚至错误连篇，那就毫无口才而言。

有一次，有人对读书会创始人樊登说：“我现在不幸福，但是我未来会幸福。”樊登没有苟同，而是说：“这是一种忍辱负重型的人格，有的人一直在等：等我的公司上市就好了，等我的儿子考上哈佛大学就好了，等我能够去环游世界就好了……忍辱负重型的人未来会怎样？过十年、二十年、三十年以后会怎样？答案是，忍辱负重型的人永远都不会幸福。任何期望通过改变外部环境来改变自己幸福状态的想法，都是不切实际的。杨振宁改对联‘书山有路勤为径，学海无涯乐（苦）做舟’，你能够享受当下、活在当下，要在当下做的事情中找到乐趣，这才是人生最重要的智慧所在。当你路途当中能感受到每一步的快乐时，你人生积攒下来的都是快乐的相册，这就是幸福的方法。”

多少感到不幸福的人都期冀于未来，总是等着希望能够实现就好了，所以总会憋着一口气，永远都像被人压在水池里的感觉，人生会永远在求而不得的痛苦中盘旋。樊登洞明练达，不仅将其总结为“忍辱负重型人格”，指明要害，还以杨振宁将对联的“一字之改”来说明不要把幸福寄托于外在的“奖赏”，而应把它植根于内心，真正的幸福源于我们的内心。

## 把话说简洁

言语表达的第二个境界是把话说得简洁完整，让人听了感到一字不多、一字不少，恰如其分。

在一次家庭教育高峰论坛上，有人问钱文忠教授："现在大人为了生计忙碌，没有时间管孩子，怎么办？"钱文忠说："在教育孩子的时候，你选择了挣钱，不去管教孩子，等孩子大了，你辛辛苦苦挣一辈子的钱不够他败家一年。在教育孩子的时候，你选择了管教、陪伴，等孩子大了，你一辈子没挣到的钱孩子一年就挣到了。你在哪方面付出，就会在哪方面收获，孩子的教育时效性太短，错过了就再也没有了。孩子优秀了，你留钱做什么？孩子不成器，你又留钱做什么！"

培养孩子是百年大计，并非所有的家长都能认识到，所以他们总是借口工作忙、挣钱要紧而忽略孩子的教育，很多孩子不成器就是这样被耽误的。钱文忠指点家庭教育，没有长篇大论，而是运用对比的方式，十分言简意赅，把"选择陪伴"还是"选择挣钱"的利害说得清清楚楚，让人循道而为，择善而行。

## 把话说生动

言语表达的最高境界是把话说得生动形象，深入浅出，一下子说明白一个问题，让人听了感到轻松愉悦。

有一次，记者采访袁隆平："袁老，作为外行，我们只知道您研究杂交水稻的核心理论是'三系'配套，您能给我们通俗地解释一下吗？"袁隆平说："给你打几个比方吧，水稻是自花授粉植物，好比一出生就是夫妻成双。想让它出现杂交，就要找到天生的'寡妇'，这就是不育系。水稻每年都要种，不断地需要不育系，所以要让'寡妇'只能生'女儿'，这就要给她找一个特定的'丈夫'，就是保持系。到'女儿'这一辈，就要分两部分，一部分再和保持系杂交，仍旧只生'女儿'，继续做不育系。另一部分则要找到特定的'丈夫'，也就是恢复系，它们的后代要恢复成天生的夫妻成双，也就是杂交水稻的种子。这样‘三系’配套完成，才能循环往复地制造出杂交水稻的种子。”

“三系”配套是一套复杂烦琐的育种工程，要在极短时间内说明白并不容易，而袁隆平通过比喻，其中的“寡妇”“丈夫”“女儿”等喻语再浅显形象不过，一下子就把杂交水稻的大致原理、研究的本质让一个外行人能听得明白，而且听完会产生永久记忆，让人口耳相传。所以说，能够把你想表达的意思说得形象生动，是谈话的最高境界。

人的说话水平是可以培养和锻炼出来的，当你能够得体地运用语言技巧准确地传递信息，表情达意，甚至点“语”成金，就能收到奇佳的表达效果。

# 置换立场，唤醒共情

武俊浩

公交车上来了几个农民工兄弟，他们身上散发着难闻的气味，有个乘客没礼貌地说：“司机师傅，你可不可以把他们给放下车去啊，这气味简直太难闻了，大家都接受不了啊。”这时，司机回答道：“这可不行，他们是乘客，我是司机，没有理由也没有这个权力拒载，人家也是和大家一样投了币的，再说了，我不也跟你们一样忍受着这种浓烈的气味吗？忍忍吧，每个人都不容易，农民工兄弟顶着大太阳干了一天的体力活，这个点公交车是很多，可是几乎都满员了，赶他们下去让他们又等车不太现实。大家换个位置想想，如果是你们自己上车被别人要求赶下去，未必会像他们一样不声不响吧？指不定还会大声叫骂我呢。”

马克思说：“权力，就它本身而言，只在于使用同一尺度。”面对一些乘客的无理要求，司机说他没有权力拒载，实际上就是遵循权力同一尺度的原则。还用同理心的方法，劝说乘客要学会换位思考，想一想农民工的辛苦和被赶下去的处境。这样置换立场的劝说振聋发聩，能唤醒共情。如果遇到强势者，让对方置换一下立场想问题，更易唤醒他们的同情心。

若干年前，倪匡的一位至交好友深夜来电：“报上有人因为某件事攻击我，请你主持公道！”倪匡一听火冒三丈，说：“你受人攻击，居然要我主持公道，这分明是不把我当朋友。主持公道的大有人在，法官可以主持公道，警察可以主持公道，陌生人也可以主持公道，何必来找朋友？我是你的朋友，不会替你主持公道，只会帮你。你要帮助，找朋友！要主持公道，另请高明。我和你是朋友，你不对我也要说成对，死的也要说成活的，对方再有道理也要批臭斗臭，这才是朋友，明白了吗？”朋友唯唯受教，不敢再请倪匡主持公道。

刘鹗说："人人好公，则天下太平；人人营私，则天下大乱。"倪匡说你不把我当朋友，就是奉劝对方置换一下立场，如果站在朋友的位置能否为其主持公道。然后又告诉对方主持公道应该去找什么人，以及找朋友主持公道的危害性。这样置换立场的劝说，顿让朋友醍醐灌顶。拒绝对方，就是要让对方学会和当事人换位，容易唤醒他的理智。

医院里，一个小男孩跟他妈妈闹起了情绪。妈妈是这家医院的护士，小男孩闹情绪的原因是：他马上要去学校了，平时都是妈妈送他，可是今天病号特别多，妈妈走不开，就让他自己去学校，小男孩却不答应。一个医生走到小男孩跟前，说："我给你5元钱，你自己坐公交车去好吗？"小男孩听了毫不理会。妈妈弯下腰搂着他，说："自己去吧，今天病人多！"男孩脸上带着泪痕，还是不答应。大家正一筹莫展，一个经常来看病的老太太在男孩耳边悄悄地说了一句话。男孩听后，竟然答应让老太太顺路送他去学校。老太太打车把男孩送到学校后，给男孩的妈妈打了个电话。护士再三表示感谢，又问老太太："您到底跟他说了什么，让他答应跟您一起走？"老太太回答说："我跟他说，让你妈妈骑电动车送你，妈妈回去的时候，想着还有那么多病人等她打针，心里一着急，会出事的。路上很危险，不安全啊！"

穆尼尔纳素夫说："母爱不仅仅指母亲对孩子的爱，也包含着孩子对母亲的爱。"小男孩任性不听话，只是站在自己上学的角度考虑问题。老太太用置换立场的劝说法，让孩子从妈妈工作忙及安危的角度思考问题，从而说服了孩子。由于这番话是为妈妈着想，情理兼具，更易打动孩子。置换立场劝说的话语，易于唤醒对方的共情之心。

置换立场、角色、角度的劝说，为迷惘的人打开了另一扇窗，打破了他们原有的思维模式，还能让他们体会对方的情绪和想法，理解对方的立场，唤醒其共情的感受，从而站在他人的角度思考和处理问题。

# 借物类比，易于说理

宋桂奇

郑莉大学毕业应聘到一所重点中学教书，虽然环境和待遇都很不错，但她上班一学期后却打算辞职。爸爸问原因，她说：“年级主任总是看我不顺眼，每天凶巴巴的，在鸡蛋里挑骨头！学生打架要挨训，办公室吃早点要挨训，甚至课间回个微信也要挨训。她就是个欺软怕硬的小人，看我新来的没什么背景，有气就往我身上撒！”闻此，爸爸拿起一本书，随手翻开一页让郑莉开始看，继而又问：“你已看了好几页，能知晓整本书的所有内容吗？”“不能。”见郑莉一脸迷茫，爸爸笑道：“既然不能通过几页书的内容通晓整本书，那你又怎能通过主任的几个瞬间行为而否定她整个人呢？更何况，你还是带有抵触情绪在评判其行为，够真实客观吗？”被此语点醒后，郑莉也打消了辞职的念头。

一个人犹如一本书，既然不能借几页书来了解整本书内容，那么，仅仅通过几个瞬间行为就对某人做出整体性否定评判，也就不可能公正而准确；一旦有了这个认识，郑莉自会打消辞职的念头。爸爸借看书来类比看人，仅三言两语，就使对方领略到了看问题要全面的道理；可见，借某个实物来类比说理，便能事半功倍，效果倍增。

明代临江知府钱琦深受百姓爱戴，有人得知他爱吃鳗鱼，就买了几条送到他家中。考虑到直接拒绝会让对方难堪，钱琦就将那人带到院中，指着水井问：“你应该知道每口井为什么都有井台吗？”“是为了防止井水漫溢。”送鱼者答。“那井台是不是越高越好？”“这倒不是。据我所知，如果井深十米，井台就不能超过一尺，若超过这个尺度，一旦遇到大雨，井水多了无法分流，就会胀破井台。”听罢这话，钱琦笑道：“你知道这个道理就好了！我们做父母官的，所拿俸禄就像这固定的井台；如果随意增加，说不定哪天就会水溢台破，岂不是连俸禄都没有了？现在我要是收了你的鱼，就等于增添了俸禄，加高了井台啊！”闻此，那人随即将鱼拿了回去。

引导送鱼者说出“井台并非越高越好”后，钱琦随即巧妙勾连，用“井台”类比“俸禄”：加高井台可能因水溢导致“台破”，增添俸禄是不是也会因不合法律而造成“失去俸禄”的恶果？送鱼者一旦明白此理，还能坚持送鱼以毁掉钱琦前途吗？这种借物说理，婉言相拒，既避免了对方的尴尬，又坚守了自己的原则。

心理学博士发现朋友的婚姻陷入冷战，便将他们夫妻请到家中，泡上一壶铁观音后，博士指着那几个小玻璃杯问：“知道这茶杯为何如此洁净透明吗？”“品质上乘呗！”见朋友不假思索，博士笑道：“这与茶杯品质似乎关系不大。我每用一次，都会将它们洗净擦干后再放起来，这样就不会留下茶垢。如长时间不用，我也会定期擦拭，因为无论多么封闭，灰尘总是无孔不入。”见对方若有所思，博士又道：“其实婚姻也是这样。两口子过日子，时间久了难免会心生倦意，这倦意就是婚姻的灰尘，若不及时擦拭，就会积尘成垢，殃及婚姻。所以，无论多忙，每个月都要有个‘婚姻除尘日’，两口子在一起平心静气地谈一下，使我们的婚姻保持洁净。”闻言，朋友夫妻当即表示，回去一定会经常交流，给婚姻保鲜。

作为心理学博士，自然知道直言会令朋友难堪，便借“茶杯”说“婚姻”：茶杯洁净是因为定期擦拭以清除灰尘，同理，婚姻和谐也须定期交流以消除芥蒂。由于这个类比，既出人意料，又贴切自然，对方感受到其良苦用心后，能不心存感激进而乐于接受？婚姻关乎人一生的幸福，所以，“婚姻除尘日”这剂良方值得大家谨记并践行。

明确了借实物来类比说理，既易于将道理讲得清楚明白，又能让对方乐于接受；我们不妨在说理之前，先搜寻可用来帮助说理的类比物，然后借物明理，以开启对方思维，使道理深入其心。

# 出言有尺，言必有中

渔夫子

以前有一句俗话叫：“出言有尺，言必有中”，意即说话要讲究分寸，什么话该说，什么话不该说，但到底有怎样的“有尺”标准？怎样才能“有中”？

## 颂扬有尺

汉武帝时，在汾阴发现一个周鼎，大臣们为讨好皇帝，纷纷上表献媚，只有光禄大夫吾丘寿王说：“此非周鼎。”当时就惹得皇帝翻白眼不高兴：“此乃我朝幸甚，大臣们都说是真的，只有你说是假的，今天你说清楚，否则你死定了。”只见吾丘寿王不慌不忙地说：“上天为表彰周朝，故降周鼎。如今我大汉朝自高祖以来，施行德政，把恩惠施给天下百姓。到了陛下您，更是大力发展，功德超过前人，有吉兆出现，这是天意。发现周鼎，乃天赐宝物，理应叫作汉鼎，怎能叫周鼎呢？”

同样都是颂扬，为什么吾丘寿王的话能令汉武帝龙颜大悦呢？这是因为吾丘寿王的颂扬在于不媚，显得很真诚。他的一番话，既对阿谀之词嗤之以鼻，又不人云亦云，还不违背圣意，说出的话让皇帝高兴。生活中，颂扬别人要真诚，不能夸大，刻意夸大的颂扬就显得谄媚，让人觉得不顺耳。

## 批评有尺

原外交部长李肇星，早年曾带队代表团访日。报名参团的都是国内大报的资深记者，很多人的行政级别都很高，李肇星觉得自己任团长没底气，提出由人民日报正部级领导任团长，他任副团长。但是问题来了，按规定正部级领导坐头等舱，不好意思再向日方要求增加机票费，这笔费用外交部也没地方出，于是他只好请示老部长钱其琛怎么办？钱部长半推半笑地说：“这事儿是你自己弄出来的，自己去解决吧。”愣是没有批。李肇星终于明白，这实际是钱部长含蓄批评他缺乏担当精神。最后赶紧与人民日报协调解决。

批评的目的在于令对方醒悟，并且改正错误。而李肇星也是有身份的人，所以钱部长在批评的时候既要注意方式和场合，更要有一定的尺度，既不能过于尖锐，但又要合理地挑出对方的错误，这就是批评有尺。生活中，批评要注意方式方法，批评过于尖锐，就容易激起对方的逆反情绪，失去了批评的意义，“批评有尺”才是有效的批评。

## 辩驳有尺

托尔斯泰年轻时的理想是成为外交官，转学外国语，可是学习成绩不好，只好退学回家种地。没想到，十几年后写作成名，有大学邀请他去演讲，还没开始说话，突然台下有人发问：“请问先生，据说当年你的学习成绩并不好，还经常逃课，是不是你的逃课才使你成为小说家？”面对突然出现的发问， 全场顿时安静下来，同学们似乎也伸长脖子顺音到处寻找这个“不长眼”的家伙。在公开演讲台上“揭人短” 也不挑个时候。只见托尔斯泰笑着回答：“我原本打算种地，可是突然产生奇想：既然本地不适合种庄稼，为什么要强迫呢？让它自由生长，若干年后，灌木就会成长为森林。”

对方说的话是事实，但是在公开场合说揭短的话就有挑衅的意思，托尔斯泰并没有据理力争，三言两语巧妙化解了对方的讥讽，同时还彰显了自己的智慧，这便是辩驳有尺。生活中，我们辩驳的目的，是在于辩出真理，不是为辩驳而辩驳，甚至曲解事实。有尺度的辩驳即在风轻云淡之中化解尴尬，避免冲突，何乐而不为。

孔子曾说：“夫人不言，言必有中。”这是说，一个人不说则已，只要说话一定是说中要害。我们把话说到这个份上，说话的艺术性就已是很高了。如此“有尺”“有中” 也。

# 让话语生趣，气氛就易热烈

石 青

生活中我们经常看到，有的人到了某种场合，一开口说话就能很快让气氛热烈起来，每一个置身其中的人都能倍感愉悦；而有的人说话却没有这样的效果，甚至经常冷场，让人感到沉闷不自在。那么，如何才能让谈话气氛热烈起来？一个很重要的诀窍，就是学会让话语生趣。

## 善以潮语逗趣

马识途书法展暨《马识途文集》发布会上，王蒙在现场见到马老前辈激动不已，即兴说道："他是四川的'川宝'，是中国作家协会的'会宝'，更是我们国家的'国宝'。我清楚地记得上一次书法展上马老所写过的诗词，其中有一句'人无媚骨何嫌瘦，家有诗书不算穷'最令我难忘。你看，写出这样一句话，多牛啊！他还写过一副对联，是左宗棠的词，'能耐天磨真铁汉，不遭人嫉是庸才'，有棱角吧，这老爷子厉害呀！厉害了，我的伯伯！我不能叫哥啊！"一下子逗乐全场。嘉宾们无不赞和，马识途也感动不已。

耄耋之年的王蒙说话依旧很新潮有趣，他对马识途不无崇敬之意，兴致颇高地称赞其为"三宝"，从诗词看其人生观，还用了一句网红句式来逗趣，表达对马识途的感情，也让人见证了马老的厉害，这一段交会被传为文坛佳话。生活中的表情达意，就要善于运用一些接地气生活化的语言，特别是流行的网络潮语，马上就会使谈话热烈起来，给大家留下深刻的印象。

## 乐抒感兴寄趣

钟南山出席全国抗疫表彰大会获颁"共和国勋章"。当天晚上10点多，他载誉回到广医校园，面对现场夹道欢迎的师生们，钟南山说："非常感动回到了家，回到广医，看到这么多同学在这儿！今天从京西宾馆坐中巴一出来，就看到现场大概有二十几辆摩托仪仗队在前面开路，就像欢迎外国总统一样。这个使我很意外，也很激动。我感到激动并不是觉得我的礼遇有多高，而是感受到党和国家对医务人员的热爱，更大的感受是责任。大家都知道，我年纪也很大了。所以走红地毯去领奖的时候，我就故意走快一点，显示我还没老，还能干点事。我就是想要体现中国人的面貌，体现医生的面貌，体现我们广医人的面貌！”现场响起一片热烈的笑声和掌声。有学生勇敢“表白”：“钟院士，我爱你。”

获颁国家最高勋章的钟南山，一点也没有表现出高大上的样子，而是乐于放下架子，幽默地跟大家分享领奖细节，并极尽感事寄兴，抒发心声感慨，透露自己的可爱之举——走红毯故意走快显示没老还能干点事，这样的随和自然、直爽风趣，怎么能不让人觉得热络呢？生活中的谈论，越是懂得放下，放低姿态，坦露自己的真实情感并乐于抒发感兴，让人感到趣味横生，觉得分外亲近。

## 巧用调侃造趣

电影《金刚川》首映发布会上，两大主演吴京和张译一上台就让人“京”喜“译”外。吴京说：“这是我和译哥的第二次合作，译哥对戏的痴狂，我自愧不如。每次拍摄，导演说OK了，他会说再来一条，保一条。再OK了他说还能换个方式再来一条。所以，我给他起了一个名字叫‘张再来’。他有句话让我印象深刻，‘把每一次表演都当作生命中的最后一次留痕’。译哥是逢戏必瘸，这次译哥又瘸了，在戏中失去了一条胳膊和一条腿，但人瘸戏不瘸，这样的人一定会成功。”现场气氛立马就火热了。

吴京开朗活泼，巧以调侃的方式趣称张译为“张再来”“逢戏必瘸”，以此表达对张译用生命诠释角色的敬佩，这样有趣的话语自然会让交流气氛热烈起来，比一本正经、正言正语的夸人效果要好10倍！由此也让人看到吴京善于欣赏和敬佩他人的良好职业素养。生活中的示好示赞，不必一味地严肃周正，正言正色，这样会让人觉得冷，而造趣却能让人轻松热络起来。

会制造热烈气氛的人，都有一个有趣的灵魂。学会让话语生趣，悦人悦己，岂不快哉！

# 用“意象”说话

侯睿哲

所谓意象，就是以意取象，以象表意。意象的类型包括仿象、兴象、喻象等。言语交际中，善用意象，寓“意”之“象”，可使谈话情景交融，更有意蕴，让人回味无穷。

## 喻象励志

有一次，山东财经大学校长刘兴云跟入学新生谈心，他说：“许多学生经历过高考之后，突然面对一个相对宽松的环境，好多人会选择睡到自然醒，整天虚度光阴。要知道，大学4年除去节假日，只有700多天，再除去吃饭、睡觉和娱乐，真正的学习时间不足1年。当你算清楚大学里真正的学习时间还剩下多少，就要珍惜每一分每一秒。大学是这样的一个地方：对有些人来说，拿着一麻袋钱去上大学，换来了一麻袋书，毕业了，用这些旧书去卖废品换钱，却买不起一个麻袋；可对有些人来说，大学的短暂经历却足以改变其一生的命运，大学养成的好习惯可以成就明日的未来，这就是大学，让人爱之、敬之、畏之，真实而又生动的生活。”

“喻象”重在以“喻”说明事物对象的某种意义和道理。刘兴云奉劝学生珍惜时光，而且为了让学生们利用好上大学的机会，还巧用意象法，用一麻袋钱、一麻袋书的“喻象”，形象生动地描绘了一幅大学的图画，说明了大学对于人生价值和命运的改变，无不有效激励着每一个学子以时不我待的精神，全身心地投入，学有所成，学有所获。

## 兴象指津

有一次，濮存昕在戒毒所跟一个受毒品毒害很深的女孩说：“人生不要有污点，有了污点就在那儿画出一个太阳。你涂啊，争取把它涂红了。

虽然它是一个黑点，是一个污点。用你的心血，用你的良知，用你还保留的善良、向善的那颗心，用坚定的意志和毅力，每天去擦抹、涂画，把那个污点擦成太阳。我知道你在吸毒的问题上，虽然程度很深，但是我相信，那个污点是能够涂抹上太阳的，你胜利的那一天是屈指可数的。”自来到戒毒所从来没有笑容的她，终于嘴角翘了起来，笑了一下，点了一下头。濮存昕很满足，感觉到自己的话被她听进去了。

兴象是对物象的“感兴”，寄兴于物，托物言志，引发超出形象本身的更为深远的意旨。濮存昕循循善诱，巧妙联想，“将黑点涂红、把污点涂成太阳”这般富有诗情画意的美景，寄托着殷殷期待和祝愿，达到了迷途指津的目的和效果，让人心灵感到振奋，顿觉纯净，去更好地珍重自己，努力改造自己，实现新的凤凰涅槃。

## 仿象释疑

科比是历史上“打铁”最多的人，被球迷们加冕为NBA第一“铁王”。“打铁”在篮球术语中可不是一个好词儿，它是专门用来形容投丢球的“黑话”，喻意投篮命中率低，老是把球砸在篮筐上。有一次，记者言之凿凿地问：“据统计，至今你一共出手25087次，其中打铁次数13766次。难道你不觉得自己出手太疯狂了吗？”科比说：“这得看你如何去理解。好比，有些人认为莫扎特谱写的曲子里含有太多的音符，而莫扎特当年在回应批评时，只是说了一句话，这里并没有太多的音符，也没有太少的音符，只有和需要的一样多的音符。我有时确实会成为一个疯狂的演奏者。”

仿象是通过仿拟现象形态和事物创造出新的意象，借以达到类比说理的目的。记者意在戏谑质疑科比的投篮命中率低，但他并不抓狂发怒，而是机智从容地应对，他巧拿莫扎特谱曲来仿比意象自己的出手，借其言“音符刚刚好”来说明自己的出手也是恰如其分。

意象是一种很重要的说话艺术，它能使你的话语富有独特意境，悦耳动听，灵通感人。言为大事，何妨一试呢！

# 用前提推导法，将道理说透

浏阳君

生活中，当他人对某事不以为然，甚至恣意妄为时，我们不妨通过巧妙设计一个前提，并推导出此前提能产生的结论或结果，话语掷地有声，道理明晰，使对方知晓其中利害关系。

## 反诉自身

一次，蔡元培带着傅斯年等几个弟子到德国慕尼黑游学。一天，蔡元培收到一个在莱比锡求学的学生来电，说要来看蔡先生。平日里，这个学生的性情很偏激，虽然蔡元培时常出钱资助他念书，但他往往是当面接过老师的钱，背后还要说先生的不是。因此，几个弟子认为他一定是来借钱的，而蔡先生当时正穷得不得了，所以大家要先生谢绝他。蔡元培沉吟一下说："人家愿意来看我，我就该对他以礼相待，而不是总拿有色眼镜看人，老想着追究他过去的事。你们说他做人做事很无聊，但如果我们因为这个而拒他于千里之外，不但不能改掉他的无聊，反倒会让他更加无聊下去啊。"

面对性情偏激的学生，大家反对蔡元培和他相见。蔡元培没有只想着这个学生的毛病，而是从自身入手，认为自己对任何人都该以礼相待。蔡元培以此为前提，坚持要接待这个不招人喜欢的学生。蔡元培反诉自身，设定前提，并推导出自己的正确做法，众位弟子因而明白，以恶制恶只会让事情变得更加糟糕，同时大家内心也更佩服先生考虑问题之深远。

## 情理交融

西汉时，太子刘据带兵杀了陷害自己的汉武帝密臣江充，为躲避汉武帝追捕，逃亡在外。大臣令狐茂上书汉武帝："父母好比是天地，儿子就好比是天地间的万物，只有上天平静，大地安然，万物才能茂盛；只有父慈母爱，儿子才能孝顺。如今皇太子本是汉朝的合法继承人，江充本为一介平民，不过是个市井中的奴才罢了，陛下却对他尊显重用，让他对皇太子进行欺诈栽赃、逼迫陷害，使陛下与太子的父子关系隔塞不通。太子作为陛下的儿子，盗用父亲的军队，不过是为了使自己免遭别人的陷害罢了。如果陛下对太子的错误耿耿于怀，执意征讨太子，只能让太子长期逃亡在外！这样一来，就会谗言无休止，天下必然出大乱。希望陛下放宽心怀，平心静气，不要苛求自己的亲人。”汉武帝听了，受到感动而醒悟。

汉武帝恼恨刘据杀了江充，要对自己的儿子斩尽杀绝。令狐茂先是以亲子间的温情感化汉武帝，接着又以江充的恶行对汉武帝晓之以理。在搭建了这个前提后，令狐茂由此得出，汉武帝应宽恕太子的所作所为，否则将贻害无穷。令狐茂情理交融设定前提，并推导得出汉武帝的正确做法，不但使对方明白了孰亲孰疏的利害关系，更醒悟了自己的冲动、过分。

## 列举比较

恺撒成为罗马执政官后，召集了一群有识之士在身边。他的秘书、法学家盖尤斯知识广博，温文尔雅，对恺撒言听计从，恺撒对他很亲近。可是，他的另一个幕僚伊尔久斯却经常指责恺撒的不是，有时甚至让恺撒下不来台，恺撒很不舒服，于是他开始有意疏远伊尔久斯。盖尤斯发现了这个情况，他不无忧虑地对恺撒说：“尊敬的恺撒，在您身边，我就好比一朵鲜花，只能让您享受一时的表面欢愉；而伊尔久斯好比是那种秋季结出的果实，给您带来最实在而又有价值的成就。如果您只想接受我这朵鲜花而不肯接受伊尔久斯这枚果实，最终将会影响到您的大业啊。”恺撒这才明白了自己的失误，赶紧对伊尔久斯重新亲近起来。

恺撒因为伊尔久斯的逆耳之言，逐渐疏远他。对此，盖尤斯通过打比方，说明了自己和伊尔久斯对恺撒的不同贡献。以此为前提，盖尤斯认为恺撒应该以事业为重，重用伊尔久斯。盖尤斯通过列举比较的方式设定前提，并推导得出恺撒应该把伊尔久斯留在自己身边，使恺撒明白了自己因为虚荣心作祟而舍弃伊尔久斯的狭隘，更是仔细掂量孰重孰轻的利害关系。

前提好比地基，建筑物如果没有扎实厚重的地基，就不可能建成令人仰慕的高楼大厦。同理，当我们通过种种方式设定了前提后，推导出的结果自然会使人理解，信服和心动。

# 演讲艺术

Y ANJIANG YISHU

# 化解你的紧张情绪

渐入佳境

上台演讲，谁都难免紧张。当紧张的情绪反应已经出现时，怎么办？有效的化解方法就是坦然面对和接受自己的紧张，善用幽默的话语为自己暖场，把紧张化为乌有。

## 抑扬顿释法

吴京受邀登上央视《开讲啦》的舞台，一开口他说：“大家好！其实我真的不知道在这边应该讲什么，我也有点紧张，我这辈子身上每一块肌肉都练过，但就没练过嘴皮子，所以我才娶了一个主持人老婆，打入他们主持界。”诙谐幽默的开场白，立即逗得主持人撒贝宁和现场观众捧腹大笑，也很好地消除了自己的紧张感。

登上央视大舞台，面对现场数百名青年代表演讲的吴京，心情不免紧张，但武功了得的他善于抑扬，扬己“百炼筋骨皮”，抑己“没练嘴皮子”，顺势逗趣调侃“娶一个当主持人的老婆打入主持界”，不仅风趣幽默，逗人开心，也很好地舒缓了自己的紧张情绪，让自己放松下来。

## 自嘲解颐法

知名历史学者、北京师大二附中教师纪连海在圆明园金秋文化节上演讲，黑黑瘦瘦、其貌不扬的他，一开场就说：“说实话，我站在这里有点紧张、不自信，因为我这张糟糕的脸，我一直对自己的相貌比较悲观啊！我上高三的课时，常叫学生们把历史书翻到第二页，指着上面的北京猿人头像问他们：‘你们看他像我吗？那就是照着我画的！’”现场瞬间乐翻天。

纪连海善于插科打诨，他勇于拿自己的长相调侃，自嘲有着一张“北京猿人的脸”，令人捧腹，一下子让观众觉得很亲切。一番表意诙谐幽默，妙趣横生的话，很好地为自己暖了场，在悦人悦己的氛围中，让自己增加了自信，演讲变得非常轻松。

## 直抒胸臆法

2019年3月，全国政协委员、360集团董事长兼CEO周鸿祎被邀请出席全国政协十三届二次会议第二场记者会，现场回答记者提问时，他说："人生第一次参加这么大规模的新闻发布会而且现场直播,我真的很紧张，说话可能会有点磕巴，请大家理解。"一句话引发了会场轻微的笑声，有几个记者还鼓了掌，气氛一下轻松起来。

在陌生的场合里，大咖也会紧张的。作为国内最大的网络安全企业掌舵人，周鸿祎毫不掩饰自己的紧张情绪，并直抒胸臆，勇于表达自己的紧张，诚言忐忑不安的心情，恳请大家理解可能会出现的“讲不好”。像他这样，真心表白了，真放下了，也就不紧张了。

## 返璞归真法

“南方盛典·年度影视”颁奖礼上，于和伟凭借主演的电视剧《幸福在路上》获得最佳男主角奖。上台领奖并发表获奖感言时，于和伟紧张到发抖，主持人对他说“别紧张”，于和伟稍一镇定，说：“说好不紧张的，但还是忍不住。我现在的心情就像当年小学生受表扬一样，孩子受表扬总会紧张和忐忑，反倒挨批评、写检讨不紧张。”惹得全场一阵笑声，他的紧张全跑了。

返璞归真是一种不再迷失，不再混乱，找到本质的体验，有些地方，你一旦到达，就会浑身释然。于和伟溯源求真，将自己小时候的本真童趣娓娓道来，尽显俏皮幽默可爱的一面，愉悦自己也愉悦大家，顿时释然开怀，赶走了紧张情绪。

紧张人人有，只要你学会这四招，就会心情愉悦，紧张全消，避免在演讲中脸红、出大气、心跳加速、手脚发抖、头脑空白、词不达意、盼望结束等现象。

# 30秒内“抓住”听众

蒋金晖

“读秒演讲”，是公众演讲中最常见，也是最具挑战度的演讲。怎样在一分钟甚至三十秒的时间内，吸引听众，打动听众，乃至“秒杀”听众呢？

## 介绍：概括整体彰显特色

副县长做客湖南卫视“家乡宝藏”栏目，介绍浏阳市——

一河诗画满城烟花。浏阳是一座红色的城市：这里诞生了胡耀邦等党和国家的领导人，走出了30位共和国的将军；也诞生了像谭嗣同、唐才常等一批仁人志士。浏阳也是一座绿色的城市，这里的森林覆盖率超过了66%，空气优良率超过了94%，可以说是山清水秀，生态宜居。浏阳更是一座彩色的城市，浏阳的烟花五彩斑斓，浏阳的菊花石异彩纷呈。浏阳在近十年的时间里连续有八家企业上市，可以说是精彩不断。所以啊，到浏阳来，企业赚翻天，到浏阳来，游客嗨翻天，浏阳，浏阳，留住你，心飞扬！

副县长在30秒的时间内，采用“头韵”、整散结合等修辞手法，将家乡特色概括为“红色的城市”“绿色的城市”“彩色的城市”“经济强劲的城市”四个方面，进行全景式扫描，再通过排比的方式推出，概括精准，印象深刻。

## 说理：精选故事善于归纳

企业面试，某应聘女生被要求在一分钟内结合生活经历，谈谈如何对待新工作——

我上小学时，每次放假，老师总喜欢布置大量的作业，这让我们怨声载道。于是，大家寻思：能否把假期作业，放在平时完成呢？不过这一方

> 法的前提是，要非常熟悉老师布置作业的规律。终于有一天，我们发现老师通常是要求将课后的生词抄写三遍。于是，我们欢呼雀跃。大家放弃玩耍，拼命赶写。放假那一天，老师走上讲台宣布："将课后的生词抄写三遍……这次我们倒着写。"顿时，全班都傻眼了，这意味着我们之前的所有努力都前功尽弃。最后的结果是，那个假期我们相当于完成了两份作业。从那以后，我就开始明白，善于总结固然是好事，但从前的经验无论多么完美，在面对新事物的时候，我们依旧要有"归零"的心态。

一般的应聘者面对提问，大多采用事先备好的，甚至是"背好"的材料，以不变应万变，多是些空话、大话、套话。其中的佼佼者，也就能做到言之有物，说些事实而已；而这位应聘者却另辟蹊径，她把事实转换成故事，用轻松淡定、有情有味的讲述去抓住听众，征服听众，深得演讲之妙！

## 解答：聚焦内涵集中突破

某留学女生接受电视台采访，谈中国印象——

> 我的中文老师告诉我，中国的文字都有特殊含义。当时我不理解，后来开始学习第一个甲骨文汉字，就是"人"这个字的时候，我就震惊了！"人"这个字，是5000年前创造出来的，它有三个意义：一、人是站着的，所以做人要有骨气；二、人必须会弯腰，懂得尊重别人；三、人会伸手帮助他人，做人要相互帮助。你们中国人太牛了！一个小小的"人"字，能讲出这么多做人的道理耶。不过，我也有些遗憾地看到，在现实生活中与这个"人"字内涵很不相符的情况。我真的希望我们大家都能成为顶天立地有骨气、彬彬有礼尊重人、助人为乐帮别人的真正的——"人"。

如何在60秒的时间内，回答一个看似漫无边际的问题？这位留学女生没有放眼大千世界泛泛而谈，而是结合一个小小的"人"字，以字生义，小中见大。通过语音提示，有序概括，先扬后抑，对比映衬，既高度赞美了中国文化的博大精深，又委婉表达了对中国社会某些不良现象的批评。

"读秒演讲"，因其难度高、观赏性强，已经越来越风靡，越来越受到观众喜爱。只有临危不惧，"读秒演讲"才能出奇制胜，异彩纷呈！

# 演讲，应该这样起标题

冯凯旋

好的、有特点的标题最能抓人，不仅能给演讲增色，更能激发听众听讲的兴趣。那么，如何给演讲找到一个好标题呢？我们不妨从演讲内容中挖掘好标题。

## 寻找提出问题的话来起标题

王蒙的《危险是什么？》：今天我们的文化面临一个什么危险呢？就是高端的东西有可能被淹没在平庸的东西里。平庸无罪，但只剩下平庸的东西就很危险了。如果说我们现在只剩下平庸的东西了，那怎么行？小品可以做得很好，但是代表戏曲和戏剧的水平不可能只有小品，我们对舞台的艺术，要求有更高的东西出现。比如说给外国人看一个文艺晚会，你很难上小品，上一个手机段子，再上一段“翠花上酸菜”，上一个《忐忑》，那不是把人家吓坏了：中国闹什么事？老鼠成精了？我们当然有高端的东西。拿文学来说，我们就有楚辞、汉赋、唐诗、宋词、元曲、明清小说。

寻找提出问题的话作为标题，能让听众产生好奇心，更能抓住听众的眼球。王蒙一开场就提出一个令文化人关注的问题，然后翔实分析了一味热衷于快餐式文化的危险所在，并给出了建设性的建议，不管无厘头的、空虚的、碎片化的、快餐式的东西多么强大，我们社会要有一种引领的力量，要有一种学术的责任心，从而引发听众思考。

## 寻找表达强烈感情的话来起标题

宗庆后的《娃哈哈是我的梦》：一千个人心目中有一千个娃哈哈，但对我自己来说，娃哈哈只有一个，是自己整个人生所有的梦，一切的意义、价值、标签和符号，是自己在这个世界上存在过的证明。我希望它成为百年企业，成为不朽的象征，这需要未来者为它注入新的生命。我也不想娃哈哈带给我什么，它已经让我实现了人生价值，我要一辈子把娃哈哈做到底。除了为这个国家提供一个娃哈哈，提供那么多税收之外，我还能为这个国家、这个时代提供的最大的价值是“观念”。有一个宗庆后在这儿，大家就会知道在中国踏踏实实地做商业、做实业，一点一点地积累，还是有希望、有前途的。

寻找表达强烈感情的话就是以情感饱满的话做题目，通过炽烈的感情来感染影响听众。宗庆后在演讲中表明，正因为心中一直装着娃哈哈，所以他才把娃哈哈的发展壮大视为自己整个人生的梦。宗庆后用最朴实的语言表达了自己对娃哈哈最强烈、最细腻的情感，用最诚恳的声音诉说自主创业的艰辛以及把企业巨额财富看得很淡的境界。

## 寻找概括主题的话来起标题

有位主持人讲自己的经历，标题是《幸运儿》：回顾自己主持生涯，我只是很幸运地遇到了这样的时机，很幸运地在某些方面具有一些天分，同时又很幸运地遗传了我父亲的一些性格。我父亲是一个老新闻工作者，他是特别刻苦和勤勉的人，也是特别笃信靠努力改变命运的人，这些都流淌在了我的血液当中，成为我的基因。我的天性当中有一部分比较好强、刻苦、勤奋努力的个性，加上后天我遇到了这样的一些机遇，能够使我成为电视从业者，再加上长期的一些积累和思考，才有了今天的爆发。我真的很感谢，让我遇到了电视节目主持人这份职业。这是一种很难用语言形容的，也是其他事情很难逾越的一种心理的满足感，是一种自我价值的实现。

寻找概括主题的话，就是从演讲的内容中提炼出最能刻画主题的关键字词作为题目。这位主持人的成功有目共睹，但她却谦虚地把这些归结为三个幸运。真的是全靠运气吗？当然不是，这一切都离不开父母的言传身教和自己的刻苦努力以及善于抓住机会的机智和敏锐。这位主持人以幸运作为题目，既彰显了她的一贯的谦逊风格，也给大家道出了上天不会亏待勤奋人的道理。

当然给演讲拟题目方法还有很多，只要我们多动脑，善思考，就能演讲内容中提炼出精彩的演讲题目。

## 典型事例，让演讲观点更鲜明

刘爱军

用事实说话，事实蕴含着深刻的道理，而典型事例，让演讲的观点表达更鲜明透彻。

### 以昔衬今，凸显内涵

2019 年 7 月 4 日，下午两点半，天安门广场上地表温度 50℃，陈春光站在 12 米高的地方，清洗检修华灯，他是第五代华灯班的班长。60 年前，新中国刚成立 10 周年，华灯设计方案就在周恩来总理的亲自主持选定下，与首都十大建筑同步建成，也开启了五代华灯人长达 60 年的坚守。最开始没有专业工具，站在十几米高的灯基晃晃悠悠的。20 世纪 70 年代，终于有了一辆破旧的十轮卡车，铺个板子，再搭上架子，站在上面感觉像在坐船。从木梯子到十轮卡车，到解放牌敞篷汽车，再到如今我国自主研发的现代化工程车辆，华灯班工程车的变化，也成为我们国家走向腾飞的缩影。匠心铸灯魂，是酷暑和严寒下的掌灯人用他们的奉献和汗水，诠释着奋斗的意义，让华灯见证了光阴流转，时代变迁。

——张安琪《华灯》

将古今的典型事例相衬呈现，观点会更加鲜明。将 60 年前华灯班的工作状况和现在作对比，从差异中凸显出巨大的变化。而这巨大变化中蕴含的观点则呼之欲出：在每个中华儿女的不懈进取中，中华民族已由弱变强。生于时代，为时代而生，一番演讲令人难忘。

### 异枝同花，提炼本真

2013 年，四川芦山发生了 7.0 级强烈地震，我和同事们都投入到了救灾的报道当中，有一天前方传来消息说，一处废墟里可能有人。大家的心慢慢提了起来，期盼几天以来能有一条振奋人心的好消息，能有生命的奇迹出现。但是大家都失望了，那几天这样的希望、失望不断反复，我开始怀疑自己的努力有没有帮助到哪怕只是一个人。我拿起电话打给当医生的父亲，父亲说一个医生治病，但更多是对病人的一种陪伴，你的工作就是用声音去陪伴，只要你的声音当中仍然有一份力量在，那一份希望就会一直在。父亲用了40年的时间，用手术刀让这个世界多了很多幸福的家庭，而新闻是我与这个世界的互动方式，我也愿意用我的40年，用新闻报道去传递这个时代的力量。

——姚轶滨《传递时代的力量》

从不同行业的类比中抽出共性，往往观点更深邃。当新闻主播纠结于不能在救灾中给大家带来振奋人心的好消息时，作为医生的父亲却通过自己多年的工作体会，帮助儿子悟出不同行业中蕴含的职业追求。让听众强烈地感受到，只要热爱自己的工作，就无愧于这个时代。

## 功能错位，彰显精神

今天要给大家推荐一个避暑胜地，江西井冈山。很多人可能会说，你给热糊涂了吧，井冈山不是革命圣地吗？没错，井冈山是中国革命的摇篮，但是它七八月份的平均气温只有24℃左右。所以这个季节您上井冈山，不但能接受革命传统教育，还能喝上一杯井冈山的茶，消暑又解渴。2017年，井冈山在全国率先脱贫摘帽，并且神山村获评“全国美丽休闲乡村”，成为全国脱贫攻坚的样板村，这是井冈山精神在新时代最完美的诠释。在这种精神的指引之下，我也从一名普通大学生成长为一名卫视新闻主播。正如脱贫致富奔小康的井冈山人民一样，我也在为心中的梦想努力奋斗着，今天的井冈山从红色历史中走来，向绿色发展中走去。

——尹颂《走进井冈山》

用错位法推出典型案例，其观点令人印象深刻。在听众心中的革命圣地，却成了演讲者口中的旅游胜地，是不是搞错了。于是演讲者通过井冈山的自然环境和荣誉称号，让大家搞清了演讲者的话中之意。井冈山不忘革命精神，不断走向富强，成为我们每个人的精神力量。

典型事例不是孤立存在的，也不会主动说话。一个演讲者，要善于综合驾驭各种事例，并通过各种方式展现事例，让你的演讲观点鲜明深刻。

# 高效演讲的三个基本要求

李增源

所谓高效演讲，是指能够对语言的信息阐释、传导和交流产生高效能、高效用和高效应的演讲。经验表明，一场成功的高效演讲，必须符合以下三个基本要求。

## 言简意赅

在我的心目中，时尚是一个以创造美和感受美为核心竞争力的产业领域，它不仅具有可供开发的高度美学价值，为传承我国的审美教育发挥作用，而且具有可以利用的丰富商业价值，对培养公众审美情趣产生影响。对社会经济而言，时尚可以促进中国制造到中国创造的转型，将创意之美赋予每一件产品，从而完成消费升级中最重要的环节。对个人生活来说，时尚更是一种可以让人变得更美好也更自信的才能和智慧，让消费者懂得并且愿意为产品设计的创意美买单。在新的时代，时尚是每个人都应该具备的精神修养和懂得运用的审美语言。我希望每一个热爱生活的人，都可以骄傲地说：我懂时尚！我爱时尚！我很时尚！

——苏芒演讲《时尚的意义和价值》

语言简洁而语意完备，这种言简意赅的演讲，往往具有高效能的阐释力，能够把某个概念或现象，阐述和解释得清晰而又透彻，容易让听众理解和领会。苏芒着眼于时尚的核心竞争力，并从美学和商业的双向角度，阐述了二者的开发和创意价值，同时还解释了时尚对社会经济和个人生活的促进和启发。如此具有引领性和影响力的演讲，给听众心领神会之感。

## 言浅理明

有人问我，哪本书对你影响最大？也许大家都想得到一个功利性的答案，因为影响最大的书，也一定是最有用的书。对我来说，最有用的书就是《新华字典》。（笑）其余的书都像从源头流出的小溪，沿途都有细水不断地流注其中，慢慢地扩展和壮大，才最终汇成了壮阔的长江和黄河。你能说出哪条溪流汇入了长江，哪条溪流汇入了黄河吗？我一直都在读书，从书中吸取了许多知识的营养，如果你问我哪种营养素对我起的作用最大，我能准确地回答你吗？还有人问我读了多少本书？我说这不重要，因为我读的书变成了我。最重要的是，读书是一种人生境界，它能带给你智慧和乐趣。

——白岩松演讲《读书应当摒弃功利性》

语言浅近而道理显明，这种言浅理明的演讲，能够产生高效用的说服力。因为语言浅近，晓畅易懂；而道理显明，又令人信服。白岩松从有人提问的功利性说起，巧妙地把读书比喻成从源头不断流出的小溪，最终汇流成长江和黄河，形象化地阐明了只有在读书的过程中不断吸取知识的营养，才能促进人的成长和壮大的道理。这样说理，很容易让听众理解和领悟。

## 言实情真

我们那一代大学生感到无比欣慰的是什么？是我们真正读过大学。我们百分之百地肯定，我们有过一辈子都难以忘怀的大学生活，我们有过年轻人的冲动、激情和梦想！但是，我想问现场的每一个毕业生，你们真的读过大学吗？这四年的大学生活在你们生命的天平上占有多大的重量？说实话，我很怀念自己曾经拥有的大学生活，因为我不曾虚度，不曾平庸，不曾泯灭对每一个明天的期待和希望！因为这几年的大学生活在我们生命的历程中无比独特，无比珍贵，无比光亮。虽然不可替代，不可复制，不可重来，但它永远可以记忆，永远可以延续，永远可以向往，永远可以支撑我们，朝着理想的未来奋进！

——钱文忠演讲《让你的人生过得比别人“多”》

语言平实而感情真挚，这种言实情真的演讲，容易激发高效应的感染力。平和而朴实的语言，可让人感到亲近；真切而诚挚的情感，又能让人产生共鸣。钱文忠运用对比性设问，很自然地就激发了两代人对不同大学生活的独特感受和深刻反思，鲜明地展现了一个真正拥有大学生活的时代奋进者的青春情怀和理想风采，深深地触动和感染了现场的每一个听众。

以上三点，体现了高效演讲对语言表达的晓示力、启示力和感染力的基本要求。朋友，努力达到这些要求，你的演讲一定会更加精彩动人。

# 让你的演讲有趣味

蒋骁飞

演讲者在叙事说理的过程中，无论思想是多么深刻，境界是多么高远，如果缺乏趣味性，势必不会引起听众的兴趣，无法打动听众的心灵。因此演讲时，一定要杜绝干巴巴的说理，演讲有趣味，观众才会有兴趣听。以下几种提高演讲趣味性、增加吸引力的小技巧，大家不妨试一试。

## 设一个“妙喻”

我曾采访过季羡林老先生，季老的一席话给我印象很深，他说：“我已经如此老了，但我的道路前方仍有百合花的影子，人生的前方要永远有希望，有温暖才行。”这就是希望、目标的意义，举个例子，狗赛跑怎么比？怎么让狗跑起来、跑得快？每个狗嘴前边都吊着个骨头。我们每个人也要给自己前头放块骨头（笑声），这块骨头就是精神的骨头！（热烈的掌声）再举个例子，有人曾在雨中一站就是四个小时，我刚好路过，就关切地说了一句：“小伙子，别淋感冒了。”没有想到，他无比自豪地说了一句：“我在等女朋友呢，她答应我的求婚了！”这个小伙子为什么能在雨中岿然不动，他有目标有希望啊！（大笑　掌声）

——白岩松在哈尔滨工业大学的即兴演讲

白岩松引用季羡林老先生的话，表明目标、希望对一个人的巨大激励作用，然后巧妙地打了两个比方：“狗赛跑”和“等女友”，说明目标和希望的重要意义，用生动的比喻启发了大学生要有奋斗的目标和追求的精神。这样的比喻说理，通俗易懂，妙趣横生，很容易让听众接受。比喻是演讲中常用的一种说理方法。高明的演讲者往往善于通过比喻来阐释某种理念，以体现自己独特的幽默感和深刻的思辨力，让听众在笑声中感悟人生的哲理。

## 卖一回“关子”

我儿子上的是全市最好的一所小学，但最近我打算给他转学。为什么呢？我得从一件小事说起，这件事是我儿子跟我说的，他们班的一个同学弄坏了投影仪的遥控器，当老师追问时，这个同学死不承认，尽管其他同学都证明是他弄的。一个不到十岁的孩子居然有如此坚持“谎言”的决心，让我惊讶甚至迷茫。我问儿子，学生在学校犯错，老师会怎么对待？儿子说，老师会让他站在黑板前“示众”或者罚他张贴检讨书。我似乎找到了那个小学生说谎的原因。国外教育学家一致认为，惩罚性教育更容易使孩子变得不诚实、爱说谎，因为他们一旦承认自己做错了事，可能就面临严厉惩罚，为了逃避惩罚，他们被迫说谎，这是自我保护的本能。因此，我们不能怪孩子不诚实，因为他受到的教育就是逼人说谎的教育。

——选自演讲《让我们的教育回归“轻松”》

演讲者首先表示“要将儿子从最好的小学转走”，这句话一下吊起了听众的胃口：到底是怎么回事啊？如此巧卖关子，活跃了现场的气氛，增添了演讲的吸引力。演讲者一开讲就故意提出一个容易使人产生迷惑误会的问题，吊起听众的胃口，然后才在后面的演讲中进行巧妙的分析和阐释，从而产生出人意料之外、又在情理之中的现场效应，这就是卖关子，可以使演讲更具吸引力。

## 讲一段“趣事”

罗利夫人很爱自己的丈夫，丈夫死后，罗利夫人将亡夫的头颅作了防腐处理，然后珍藏在一只红色提包里。无论走到哪里，罗利夫人都带着这颗脑袋，逢人就掏出头颅问要不要见见自己的丈夫，当然，对方皆落荒而逃。而罗利夫人还百思不得其解——她无比珍惜的东西，为什么别人却避之唯恐不及？对于罗利夫人的逻辑，我们一定觉得太荒唐可笑了。但当我们将自己所喜爱的东西强加于别人的时候，不就是和罗利夫人一样可笑吗？因为你所喜欢的东西，别人不一定就喜欢。中国有句古语：“己所不欲，勿施于人”，其实，“己所欲亦勿施于人”才算得上真正的“仁道”。也许，你心中的“美味”，恰恰就是别人眼中的“毒药”。

——选自演讲《己所欲亦勿施于人》

演讲者用一段令人忍俊不禁的“罗利夫人”的故事作开场白后，一步步引出自己所要表达的观点——“己所欲亦勿施于人”。开场白看似一番“闲话”，实则关涉题旨。如此富有趣味性的演讲内容，巧妙而又风趣，能给听众带来很多的愉快感。不难发现，有的演讲者喜欢在演讲过程中讲一段“趣事”，然而，“闲话”不闲，正是这生动幽默的“闲话”，却往往能让听众在一种独特的趣味中感受到演讲的意旨。

使演讲充满趣味的方法非常多，只要我们在实践中注重培养演讲时的多种表达方式和叙述技巧，培养语言的巧妙性和幽默感，就一定能创设一场情趣、理趣、意趣相互交织的演讲。

# 聚焦一个词，主题更深刻

李增源

一次成功的演讲，往往会有一个对演讲的构思立意和叙事说理起关键作用的重要词语。如果演讲者善于聚焦这个词语，不仅可以使演讲的结构层次更加严谨而清晰，而且能够让演讲的主题思想更加鲜明而又深刻。

## 剖析原因

中国只有两个职业是带“德”的，一个教师，一个医生，为什么？不复杂，你看其他职业，就用职业道德笼统地包括了，你看这两个职业是单独标示和要求的。原因就在于，教师要负责人们的精神健康，医生要负责人们的肉体健康，其实还不止。教师的职责是教书育人，教书容易，育人难；医生要负责肉体治疗，还要对病人进行精神抚慰，肉体治疗相对好评估，但是这个精神抚慰如何做呢？“德”字就在这精神抚慰和教书育人之间诞生了。

——白岩松演讲《医学与医德》

白岩松讲医德的问题，是从两个带“德”的职业说起的。他剖析教师和医生的“德”之所以单独标示和要求，是因为教师既要教书，又要育人；医生既要治疗疾病，又要精神抚慰。演讲者聚焦一个“德”字，通过剖析原因，从精神层面，深刻透视了医德的实质意义和重大影响，无疑能够激发广大医务工作者的工作责任心和职业自豪感。

## 阐发内涵

我们现在有句时髦的话叫“追求我们的民族富强”。我有个观点，“富”和“强”是两个概念，富而不强的例子很多，从一个人，到一个民族，都是如此。从个人来讲，有俩钱就是男子汉了？不见得吧，到关键时刻，他的人格可能比谁都卑劣。而在我们的民族史上，那些倒下的、今天依然令我们敬仰的英雄好汉们，无一不是精神强者，他们中的绝大多数人在物质上并不富有。一个民族也是如此，我们需要经济发展，当然希望每个人的腰包都是鼓鼓的。但不要忘了，什么叫真正的强大，拼到最后还是拼民族精神，拼一个民族的文化素质。我们总说，现在世界上谁强大，实际上最终比的也是文化。

——王树增演讲《世道人心是文化之本》

王树增认为，“富强”一词中的“富”与“强”是两个概念。从个人来讲，有钱人到关键时刻，人格可能很卑劣。而在民族史上，那些精神的强者，在物质上并不富有。一个民族真正的强大，最终只与民族精神和文化素质相关。演讲者巧妙地运用拆分的方式，聚焦“富”与“强”之间的关系，深刻地阐发了“富强”的文化内涵，给听众以振聋发聩之感。

## 揭示实质

我们为了追求那些我认为虚幻缥缈的目标，就产生了许许多多我们今天看起来本不应该出现的现象。大家可能听说过，现在奥数已经开到了幼儿园，幼儿园已经开始分快慢班了。所以今天我们社会上有更多的现象说明，我们更加看重的是“抢跑”。其实，人生是一场马拉松，我们可能都看过马拉松比赛的场景，起跑的时候谁站在第一排、第二排根本不重要。甚至跑完了一万米，谁在第一、谁在第二，也不能决定哪一个就是最先达到终点的。但是，今天许许多多的家长都在拼命地“抢跑”。没有哪一个国家的家长，像今天中国学生的家长如此热衷于“抢跑”。

——刘长铭演讲《请鼓励孩子成为幸福的普通人》

刘长铭首先指出产生许多社会乱象的原因，接着针对幼儿园开奥数课和分快慢班的现象，揭示人们更加看重的是“抢跑”的实质。演讲者聚焦“抢跑”一词，生动地揭示其违背教育规律的实质，给人以深刻的启示。

在演讲中聚焦一个词，是因为这个词与演讲的主题密切相关。演讲者只要善于针对这样的词语，或剖析，或阐发，或揭示，就一定能够使演讲的主题更有深度。爱好演讲的朋友，请你相信，聚焦一个词，主题更深刻。

# 让听众意犹未尽的演讲结尾

岩　青

演讲有“凤头猪肚豹尾”之说，除了开头精彩、中间内容丰富外，结尾表现有力、给人“余音绕梁，三日不绝”的效果，更是演讲技巧成熟的表现，也是演讲圆满成功的标志。那么，什么样的结尾才能让听众产生“意犹未尽”的感觉呢？

## 抱朴含真的概论催人醒

俞敏洪在《我的成长观》演讲中，讲述了自己个人创业多年的感悟和心得。在演讲结尾时，他总结性地讲道：“人生在世，会有两个‘定’：天定和人定。天定我们管不了，我们能做的就是做好自己、做好人定。具体就是做事情有底线，坚持原则，在各自的范围之内把事情做好，不断反省，有意训练自己，让自己更上一层楼。虽然事业有大有小，我们依然能够每天过得愉快，过得有意义，过得充实。总而言之，就是努力做正确的事情，剩下的就交给老天。”

结尾归纳点睛，更能升华主旨。俞敏洪善于对前面讲的内容进行归纳概括总结，结尾处一言以蔽之为“人生两定说”，重点强调了“人定胜天”的道理。这个归纳点睛式结尾，既揭示了全篇演讲的中心和意义，起到卒章显志的作用，更令人振聋发聩，坚信“我命由我不由天”，靠自己去成功。

## 抑扬有致的意蕴励人志

一个文化学者在一个青年论坛上的演讲结尾：“眼睛看得到的地方叫视线，眼睛看不到的地方叫视野；脑子里测得出的东西叫智商，脑子里测不出来的东西叫智慧；胸口摸得着的尺寸叫胸围，胸口摸不到的尺寸叫胸怀；证件上印出来的叫文凭，证件上印不出来的叫文化；温度计量得出来的叫温度，温度计量不出来的叫温暖；金钱衡量得出的是价格，金钱衡量不出的是价值；脚下走得到的距离叫梦想，脚下走不到的距离叫幻想。何优何劣，何去何从，何求何往，相信每个青年都可以做出最佳的选择，成为最好的自己。”

结尾含蓄留白，更能引人入胜。该学者以七组抑扬的骈句，将自己对青年的期许希望蕴含其中，虽未直白地告诉大家要做什么人，但答案尽在不言中，因为他给大家留下了想象的空间，只要你一咂摸品味，不难想到要做一个有眼光、有文化、有温暖、有梦想、有价值的人。这个含蓄留白式结尾，蕴意深远，往往能收到“言有尽而意无穷”的效果。

## 直抒胸臆的告白透心扉

厦门大学教授徐岚在2021届学生毕业典礼上的演讲结尾：“我从不给人打鸡血、不兜售成功学，我认为一个人成功的过程就是尝试失败，一次次认识到自己的无知，在一次次被削到怀疑人生的经历中成长。‘被削’是什么意思？我的理念就是：如果你不是一块璞玉，那就成为一支有用的铅笔，就必须一次又一次被卷笔刀削尖。我不喜欢把成长比喻成褪去棱角，被磨光、磨平，我更愿意说成长就是一次一次剥去被磨滑的、甚至磨秃了的过去，以崭新的角度和尖锐的士气去面对难题。磨和削的过程虽然是痛苦的，但却是不断进步和保持活跃生命力、创造力的必经之路。把这种疼痛内化，它最终会成为你内心的坚韧。”

结尾直抒胸臆，更具鼓动性和感召力。徐岚不讳莫如深，勇于直抒己见，向学子们发出真挚的呼唤、号召，不要做棱角被磨平的人，要做被削尖的铅笔，要永远保持奋勇争先的朝气、锐气，披荆斩棘，一往无前。这个直抒胸臆、洞见心灵的结尾，给人以强烈的震撼，洋溢着激情，激发出无限动力。

宋朝文学家洪迈说：“一篇之妙，在乎落句。”这些余音绕梁的演讲结尾之法，可谓精妙，很耐人寻味。

# 演讲中的三大语言技巧

云长万丈

一个精彩的演讲需要注意很多语言，演讲语言运用得好与坏，将直接影响着演讲的吸引力和效果。

## 语言要新鲜

王蒙《青春永远万岁》的演讲：“我有写不尽的东西，对大事小事都感兴趣。2019 年夏天，我用 48 天完成了 8 万字的中篇小说《笑的风》。我最牛的感觉是什么呢？就是我还是劳动力！我 85 岁了，我不是一个享受以往成绩的人，也不是这分析两句话、那制造格言的人。我是一个劳动力，我可以写小说，我可以写人物肖像，我可以写各种故事，我可以写一千字、可以写一万字、可以写八万字。所以，我对于自己的劳动力感，非常高兴。我是一个当代文学的劳动者，我还是一头‘牛’，还在那‘耕地’。”

新鲜，即新颖独特，善用别人没有用过的新词，使语言更有个性和气质。耄耋之年的王蒙仍然笔耕不辍，但他没用高大上的词语来形容自己，而是用了“劳动力感”，这个词就很新鲜，再加上“牛耕地”的自喻，它远比“责任感”“使命感”有更多的内涵和味道，更能体现王蒙的纯真、执着、理想，也让人对他“青春永远万岁”的演讲主题有更深刻的体会。

## 语言要通俗

袁隆平《为什么想到要研究杂交水稻》的演讲：“20 世纪 60 年代，粮食非常短缺，闹饥荒饿死人。当时我是学农业的，亲眼看过路边、桥底下，有人没饭吃。提高粮食产量是我们的重要任务。有一次我们在田里选种，偶然间遇到一个鹤立鸡群的水稻，长得非常好，非常大。我欣喜若狂，就把它留了下来。第二年种上去，结果抽穗的时候完了，稻子高的高、矮的矮，穗子大的大、小的小，没有一株像上一代一样好，我就非常失望。本来我的品种是要成‘龙’的，结果是个‘虫’。失望之余我来了灵感，常规稻不可能这么高高矮矮，我选的鹤立鸡群的稻子是个杂交稻，是个天然杂交稻！之后我就开始正式研究了。刚试验时，稻谷产量不增反而还减产5%，稻草倒增产60%。于是有人讲风凉话，说可惜人不吃草，人要是吃草，你这个杂交水稻大有发展前途。我说优势表现在稻草上是技术问题，但它有优势是原则问题，把优势改良到稻谷上，稻谷就可以增产。就这么一句话，我说服了大家。”

通俗，即浅显易懂，善用简单朴素的语言来说明问题。袁隆平的杂交稻可谓是硬核科技，他没用高深晦涩的专业名词、“重量级”专家解读，而是用了非常直白平实的语言、让小学生都能听得懂的语言，就将杂交稻研究的来龙去脉说得清清楚楚，明白晓畅，令人口耳相传。

## 语言要简练

中央民族大学校长黄泰岩《走对路才能成功》的演讲：“走对路，就是走出一条适合你的路。一是只有知己、知彼、知天、知地，才能走对路。二是只有顺天时，借地利，讲人和，才能成为路上的领跑者。三是走对了路，也别忘了身边的树。因为走累了，可以靠靠树。这就要有共享的理念、分享的胸怀和境界。四是走对了路，难得的是坚守。如果有些事对你来说非常重要，即使所有人都反对你，你也应该坚持下去，永远不要放弃。认准了，就要一条道走到亮。五是走对了路，需要的是耐心。只要站在风口，总有飞起来的那一天。现实中可悲的是，许多人等不到飞起的那一天。所以，华为任正非说：‘经九死一生还能好好地活着，这才是真正的成功。’”

简练，即简明精练，善于把要点集中概括。黄泰岩逻辑分明、层层递进地通过“五点”，就将什么是走对路、怎样才能走对路以及走对了路还要注意什么等内容讲得切人心扉，真可谓片言居要，通透练达，要言不烦，令学子们醍醐灌顶，受益匪浅。

相信你掌握了这“三大语言技巧”，你的演讲语言也一定会引人动听，让人过耳不忘。

# 怎样突出演讲中的人物

王章材

演讲者通过自我描述或描述他人事迹，以凸显出演讲中的人物形象特质，进而使听众得到精神营养。因此，演讲可以借助语言、动作、心理等来塑造鲜明饱满的人物形象。

## 语言描述

郭鹤年，也许大家对他的名字很陌生，但对他的投资项目绝对不陌生，那就是坐落在北京东三环的国贸。在 1985 年，他投资了 5.3 亿美元参与筹建了中国国际贸易中心。这项投资在今天看来，也许是明智之举，但是那时发生了这么一件事，那就是中国最开始找的是美日财团，但它们开出的条件过于苛刻，郭鹤年先生听了非常生气，说了这么一段话："国家发展了，企业才能挣钱。咱们中国人，不能让外边的人瞧不起，这件事情，由咱们中国人自己来办！"对啊，没错，他说的就是"咱们中国人"。这就是民族文化身份的认同，这就是马来西亚华人，对于这片土地的眷恋。邓小平先生也曾经花了四十分钟专门接见他，对他的评价是："你我都是一样的，是典型的'引路人'的角色。"

——苏英翔《我们的根》

鲁迅先生说："人物语言的描写，能使读者由说话看出人来。"演讲中进行人物语言的描述是不可缺少的，演讲者描述郭鹤年提到中国人的事情"由咱们中国人自己来办"，铿锵有力，掷地有声，辅之邓小平的评价，表现出一位马来西亚华人的拳拳爱国之心。因此，成功的语言描述，不仅为听众所深切了解和信服，而且更能反映出人物的性格特征和思想感情。

## 动作描述

一天，我接到一位父亲的求助，他的女儿是一名没有毕业的研究生，陷入南京传销组织。短短的几个月时间，就发展了十几个同学成为她的下线。她父亲联系警方找到了她，当时他女儿特别执迷不悟，还认为她的父亲是在挡她的财路。当这个女孩被带到北京以后，抵触情绪非常强，躺在地上不起来，眼睛闭上不交流，甚至她的父亲和弟弟给她下跪，她都无动于衷，绝食三天，以死对抗。在这样万般无奈的情况下，我们从山东调回来一名老师，这位老师到来以后，通宵跟她长谈。一位五十多岁的长者，不图回报，苦口婆心跟她聊了一晚上，终于打动了这个女孩，她的心门终于打开了。她告诉我们："其实我始终难以相信，我受了这么多年的教育，我也会被传销所欺骗。"

——李旭《反传销之战》

传销洗脑有多疯狂？演讲者抓住女研究生陷入传销组织后情绪抵触、躺在地上、闭上眼睛、父亲和弟弟给她下跪都没用，甚至绝食以死对抗等一系列的动作行为，既表现出女研究生的冥顽不化，更衬托出贪婪降低智商，无知导致疯狂，任何人只要贪欲作祟，都有被洗脑的可能。主人公洗脑之深，而反传销之路将任重道远，观点为听众所深刻理解并拥护。

## 心理描述

我有一个孩子，它已经离开我 1 年零 23 天了，我花了五年的时间孕育它，但是我从来没有抚摸过它，连和它真正的合影也没有一张。这个孩子就是天宫二号。当时，我坐在发射的指挥大厅里，听到外面火箭隆隆的声音，我真想跑出去亲眼看一看，天宫二号怎样飞向太空的，可我不能离开工作岗位。那天正好是中秋节，发射完以后，我走出发射大厅，远远地看到发射塔空荡荡地立在那里，抬头看见天上又大又圆的月亮，心里想，天宫二号你现在飞到哪里了，当时眼泪一下子就下来了。天宫二号就是我的孩子，五年来，从一张张设计图纸到实物，我是看着它一天天长大。今天，它要出门去闯荡，在这个团圆的日子，我却和它分离，心里确实不舍。但是我也很自豪，国家把这么重要的任务交给我们，我们圆满地完成了任务，不负祖国赋予我们的使命。

——朱枞鹏《我有一个孩子》

心理描写最常用的是描写人物的内心独白和所思所想，让人物一无遮掩地吐露自己的心声，使听众看到人物的内心世界，在突出演讲主旨的同时，也表现出人物的真挚情感。演讲者讲述自己花五年孕育一个孩子却从未抚摸，甚至没有合过影，一路艰辛拼搏没有打倒坚强的自己，却在中秋夜晚流下不舍泪水的心理历程，让听众听后深深为之动容。

以上将塑造人物形象分为动作、语言和心理三个方面，只是为了说清演讲所用的方法；事实上，很多时候，都需要将这三个方面结合起来，才能生动地展示人物形象，并让演讲中的人物深入人心。

# 材料巧搭配，演讲更有韵味

姚　远

演讲中选用材料，有时候只用一个会显得单调，把相关的材料搭配使用，会让你的演讲更有韵味。

先说两个故事。晋惠帝执政时期，有一年发生饥荒，百姓没有粮食吃，只能挖草根，吃观音土，许多百姓因此活活饿死。“善良”的晋惠帝很想为他的子民做点事情，冥思苦想后终于悟出了一个“解决方案”，曰：“百姓无粟米充饥，何不食肉糜？”美国废除黑奴前，美国南方种植园的白人奴隶主特别喜欢找出一个黑人模范，说他辛苦工作，任劳任怨，所以每个月可以多获得一些粮食和报酬。而对于那些吃不上饭、不满于奴隶主的人，则批评他们工作不认真，说他们没法养活自己的家人是因为自己工作不够努力。 这两个故事，前一个傻，后一个坏。因为它们把穷人之所以穷完全归结于穷人不努力不上进，是活该。

这段演讲想要反驳那种“穷人之所以穷，是因为不努力”的观点。演讲者选用了两个类似的材料，前面一个指出某些人没有经历过贫穷，也不了解穷人，就主观臆断地去讨论穷人的生活，是“傻”；后一个材料指出某些人对穷人的质疑太过片面，是“坏”。将两个类似的材料搭配起来，从不同的层次印证主题，拓展了演讲的深度和广度，也丰富了演讲的层次和内容。

我有一个大学同学，是他们公司最好的销售。公司要提拔一个经理，他以为是他，结果却提拔了一个业绩完全比不过他的人。原因是那个人和一位公司高层领导“有关系”。同学喝酒诉苦：“为什么我不能像他一样生下来就有靠山有资源，因为我的父母是市井小民，我从小就得吃苦，长大还要吃苦……”有些人，越长大，越嫌弃父母不够有学识，不够有能力，不够有资源……可是他们有什么资格嫌弃父母？还记得那个《少年说》里初一的孩子李仁志吗？身为外卖配送员的孩子，他不仅不感到难堪，反而心生自豪。“我的妈妈每天起早贪黑，风吹日晒都没能阻止她的步伐……我希望大家都能给像我妈妈一样的人多一些善意。”所谓成长，其实就是一个发现并接受父母很平凡的过程。

这段演讲中有两个材料：一个是同学因为职场失意而埋怨父母，一个是一个孩子对母亲的理解和关心，两个材料形成了鲜明的对比，也凸显了演讲的主题。对比能让好显得更好，坏显得更坏，将两个相互关联的材料，以对比的形式呈现出来，能够更加直观地呈现演讲的主题，加深听众对演讲的记忆和理解。

前几天，杭州一位宝妈带着自己的孩子逛商场，这位宝妈想进去母婴室给孩子喂个奶、换个尿布，却发现门被紧锁着。她尝试着敲门，却没人应答。等了半天，里面终于有人出来了，提着大包小包的衣服和化妆箱。原来，母婴室被一群网红模特们当成了化妆室，她们经常理直气壮地长期占用。似乎她们化妆、拍照赚钱才是头等大事，而另一边嗷嗷待哺的小孩和心焦的母亲都只能着急干等。我们身边，这样的新闻还少吗？有占用行车道，在国道上唱歌跳舞拍短视频的；有在商场地下车库，带着一整个儿团队拼命凹造型、摆拍的，保安赶也赶不走；还有因嫌阳光刺眼，报警让民警送她去上班的……喜欢占用公共资源、给他人添麻烦，不仅是个人修养问题，更是社会风气问题。

在写作上，我们会经常用到以点带面、点面结合的手法，演讲中也可以用到这种手法。先是详细描述一件事情，然后再由此引出类似的各种问题，推而广之，将这些材料搭配使用，让自己的演讲更具代表性、更有说服力。

没有不好的材料，只有演讲者用不好的材料。将各种材料搭配使用，能让你的演讲内容更丰富，更有吸引力。

# 结尾贵在有号召力

如日方升

编筐编篓，重在收口。如何让演讲结尾更提神，有一种常用的技巧就是“呼告式”结尾法，它的特点是在结尾处向听众发出某种呼告，唤醒和号召大家去行动。要想使结尾有激动人心的号召力，往往离不开以下三个方面内容的生成与表达。

## 经验性的感悟和表述

紫牛基金创始合伙人、少年得到公司董事长张泉灵在中国创客峰会上演讲，结尾时她讲道：“跟大家讲了这么多跟登山有关的事情（主要讲述了她带着12岁的儿子历尽身体的消耗、承受住坚持的痛苦，成功登顶海拔5895米的非洲最高峰乞力马扎罗山的心路历程），我无非在想登山跟创业一样，不是立志立上去的，不是梦想想上去的，也不是支持系统支上去的，而是自己一步步走上去的。创业就像登山一样值得挑战，只要你勇于攀登，就一定能登上山顶！”

作为离职央视的创业者，当时46岁的张泉灵获得了不少创业奖项，在创业上达到了自己的高度。由此她能通过登山的经历生成经验性感悟，对创业的规律和本质进行譬喻化表述，创业像登山一样，成功来自于一步步的攀登，并用肯定和否定两方面的对照排比句来表达所要肯定的意思，大大增强了演讲的号召力。

## 前瞻性的陈述及提醒

中国企业家杂志社社长何振红在中国企业领袖年会上的演讲结尾：“我们正在挥手告别互联网时代，走进智能时代。为了不输掉一个时代，必须有一定的战略眼光去看这个时代的变化。最典型的是诺基亚，当智能手机时代到来时，它们浑然不觉，还在专注于怎么把手机做薄、通信功能做强。什么都没做错，却输给了时代。不关注时代变化，只关注当下，只顾着如何战胜对手，谁承想，不仅没打败对手，还输掉了未来。拿着旧地图找不到新大陆，智能化给大家提供了一个换道超车的机会，千万不要错过。友商不是你的对手，时代才是你的对手，因为时代变了，逻辑变了，如果你跟不上，你可能就会落后于时代！”

唯有前瞻才有生命力和感召力，何振红在最后呼应自己的演讲主题时，以诺基亚失败的例子给大家提供更多的借鉴和思考，激发企业和更多的人关注时代变化，提醒人们及时拥抱新时代，践行新逻辑，实现新作为。她的这段结尾，颇具前瞻性，也不乏金句，有着令人信服的号召力和价值认可度。

## 智慧性的启示与告诫

张国立在《我就是演员之巅峰对决》节目中的演讲结尾：“最后我想说的是，我为什么来参加这样一档节目，我也一把岁数了，得了那么多奖，没有必要到这里来证明自己的演技，没想要对决，我就是自己心中的演员，我也做好了自己心里的演员一行。来到这个节目就是想告诉年轻人，流水不争先，争的是滔滔不绝。做人有做人的道德，职业有职业的道德。只要你遵守，出不了什么大事。但如果说刻意要制造什么‘人设’的话，反而会顾此失彼。技巧的事不要着急，是个熟能生巧的事。你热爱它，好好在这方面用心，演技早晚会提高的。”

在演艺圈比较浮躁、“人设先行”风气日盛的当下，身为前辈和老戏骨的张国立自言不需要事事争先拔头筹，平常的心态、佛系的表达让人心生好感，更是不忘给年轻演员以智慧性的启示与告诫，要踏实努力，不要卖人设。一句“流水不争先，争的是滔滔不绝”，堪为药石之言、警世之语，太精辟了，令人醍醐灌顶，真正达到了示范于人、感召于人的效果。

结尾贵在有号召力。号召力是一种以个人魅力、信念来唤醒听众、感召听众，让听众偏向于己、信服自己的一种能力。如果你能讲好这三个方面，就一定能让演讲结尾号召有力、更提神醒脑。

# 让你的立意高人一筹

胡征和

清代学者王夫之说："意犹帅也。""意"就是"立意"，是文章的统帅，亦即立意高，文自胜。一篇演讲，立意高否是其成败的关键因素之一。那么，如何让演讲的立意更高呢？

先听陈铭的演讲《父亲》，他在讲完手中一枚军功章背后的历史故事——父亲破获震惊全国的"铁山1·2特大枪支弹药失窃案"的经过后，说道："我父亲的一张警察工作照，从我初中毕业开始，我就把它放在我的钱包里，一直到我博士毕业没离开过。父亲之于我早已不再是偶像的地位，已经有一点类似于信仰的味道。他的那张照片，很多时候我一碰到，就觉得安心和踏实。我看到他的样子就仿佛看到了忠诚，看到了智慧，看到了勇气，看到了奉献。父母是孩子永恒的生命范本，到底该怎么做一个合格的父亲，也许我已经找到了答案。你想让孩子成为一个什么样的人，你就先做一个那样的人给他看。芷诺，我的女儿，虽然你现在还听不明白你父亲的这篇演讲，但我希望等你到了我这个年纪的时候，提到你的父亲，你也可以有好故事说，你也可以自豪地微笑，你也可以由衷地骄傲。"

说父亲，一般都是从某个角度赞颂父爱，或是赞颂父亲的某种品质。陈铭的演讲也未能免俗，赞颂了警察父亲的忠诚、智慧、勇敢、奉献。这样的立意本身是不错的，但只是落在了一听便知的层次上。可贵的是，陈铭没有就此打住，除了赞颂了父亲外，更重要的是，还要学习父亲，追求做父亲一样的父亲，追求做一个让女儿长大后也有父亲的故事可讲的父亲。如此提升，立意自然要比一般的赞颂父亲的演讲更高一筹，听众印象自然更加深刻。

我暗暗在自己的心里下决心，虽然没有手了，但是我还有脚，我开始学着用脚吃饭穿衣，用脚洗脸刷牙，甚至去学骑自行车、学游泳，我去做一切别人认为我不可能做到的事。每做到一件我就多了一份自信，多一份自信，我就觉得自己好像多了一份美丽，然后看着镜子里的自己说，雷庆瑶，你一定会越来越美。14岁那年，我被导演选中参演电影《隐形的翅膀》，因为角色的需要，我留起了阔别多年的长发，穿上了梦寐以求的裙子，开始有人夸我漂亮。当我在大众电影百花奖颁奖典礼上拿到了最佳新人奖的时候，导演甚至还夸赞道："雷庆瑶，你让我找到了东方的维纳斯。而我觉得自己更像是只蝴蝶，终于破茧成蝶，在天空中美丽绽放。我想，美丽不仅仅是漂亮的外表和美好的心灵，更是敢于向不完美人生宣战的勇气，不是老天给了你什么样子你就是什么样子，而是由你自己来选择你是什么样子。"

这是雷庆瑶题为《变美的权利》的演讲。雷庆瑶曾做过上千次励志演讲，但都没有涉及对美的追求，这是她第一次坦言自己虽然失去了双臂，但不改她对美的向往。一般对残疾人的赞美都是在内心坚如磐石、行为自立自强的层面上，因为心灵的坚强美好，残疾的外表也显得更加可爱。这样的立意人人皆知，也人人首肯，但雷庆瑶的演讲却进一步深挖：有勇气向不完美宣战，不限于老天给的样子而敢于选择自己的样子才更美。无疑，雷庆瑶的演讲对美的立意更高一筹，令听众耳目一新，久久难忘。

新疆小伙吐格鲁克的演讲《外面的世界》，讲了自己受美国电影《歌舞青春》等的影响，一心想出国留学，认为国外读书真轻松。后来他姐姐留学了，她一个纤弱的女孩，在上大学期间居然会在一栋楼里当夜间保安挣钱。于是他说：慢慢地，我开始怀疑出国的想法，那是一个未知的世界，它不像我想象的那么完美，没有人能够保证我可以在那里学得很优秀。面对未知，我们每一个人都是恐惧的。但又恰恰是未知，让我们对未来充满好奇，有些事只有你亲自体会了才会明白，重要的不是对与不对，而是去经历、去思考。就像我来参加演讲比赛一样，来之前我会想观众不喜欢我怎么办，导师不选我怎么办，我要是没晋级会不会很丢脸，同学们会不会笑话我？但现在我站在这个舞台上，我知道只要我来了、经历了、收获了，也就够了。人生就是体验的过程，很多时候你后悔的往往是那些你该做但却没有完成的事情。

吐格鲁克的演讲主要是说自己对出国留学的向往，但姐姐的先行一步又让他对留学顿生畏惧与怀疑。但未知又激起了他的好奇，他要亲自经历，再去思考。到此，演讲的立意也有了——留学不在于有多完美，重要的在于自己经历了外面的世界，经历就是财富。然而，他没有就此“住口”，而是又说到这次来参加演讲比赛之前的种种顾虑，最后表明人生就是体验的过程，来了、经历了、收获了，足矣！这样拓展，演讲的立意又高了一筹，听众印象自然深了一层。

上面三篇演讲，由于在一般立意的层面上，进行了提升、深挖、拓展，立意更高一层，激活了全篇，令听众耳目一新，获得了评委的青睐，纷纷在演讲比赛中胜出。

# 好演讲的三要素

亚明辉

好的演讲要具备哪些要素呢？把握住三个字：理，情，趣。一篇演讲，这三个字能得其一，已经算不错了。如果全部具备，那必然是优秀的。

## 理是灵魂

如果有人某天心情不错打电话给我："你是地球上最了不起的人，给你打电话我感到非常荣幸。"我明白他是真诚的，我的感觉如何？当然是好极了。可是第二天他情绪不佳，拿起话筒说："你骗人、满嘴跑火车！是全城最大的坏蛋。"我又感觉如何？非常难受。如果他说"你是非常了不起的人"时，我感觉飘飘然；第二天又说"你是坏蛋"时，心情又顿时糟糕透顶，这应该是我的生活方式吗？绝对不是，这就是所谓的外部驱动。我需要的是内部驱动。他说我了不起听起来当然舒服，可是即使他不这样说，以我对自己的评价，我仍然是个好人。转天他让我饱受折磨、心神俱疲的时候，以我对自己的了解，我仍然是个好人。有人说诸如"你让我很生气"之类的话时，控制的重点在外部，但如果我们说"我很生气，要发脾气"的话，控制的重点就转移到内部了。

——爱莲娜·罗斯福

理是一篇演讲的灵魂，也是演讲者想要传达给听众的精髓所在。但是演讲的理，不是单纯地说教，而是把理融合到演讲的整体中，使听众在听演讲的时候，不经意地受到了深刻的人生启迪。如此，演讲的理才会有情、有趣，不生硬，不笼统，不死板。

## 情是血肉

我在欧洲留学的时候，见到一个大概 80 多岁的满头白发的老太太。

她见到我非常高兴。她说我读过你在《自然》杂志发表的那篇文章。当时我非常感动，一个 80 多岁的老太太，她还对我们的科学保持着这样一种原始兴趣的初心。过了几年之后，我做切除息肉的手术。做完手术，正好护士站在我的床前。她说潘教授，你是不是就是研究跟时空穿越类似的东西啊？你能不能给我讲讲？因为我当时鼻子里面插着两个管子，我说现在我讲不了，我将来送给你点资料吧。一个护士也感兴趣，一个乡村里面的老太太也感兴趣。那我觉得如果大家对科学没有这种原始的冲动，没有兴趣的话，我们就不可能变成一个真正的创新的国家。

——潘建伟

潘建伟通过生活中的小事，抒发了热爱科学的情感。这情感中不但蕴含道理，而且以小故事的形式呈现，具有趣味性。演讲要以情动人，情就像演讲的血肉，因为有情，理便不会生硬和枯燥；因为有情，趣也不会肤浅和苍白。

## 趣是外表

人们发现，善良因为力量太弱被邪恶赶走了。于是正人君子联合起来聚集到天上，找到宙斯评理，提出让宙斯把邪恶收回，否则我们天天坐在你宙斯的办公室不回去了。宙斯事前也听到过一些议论，他对来访的人说："你们反映的情况我都知道，但是因为邪恶离人很相近，但善良却从天上来，行动迟缓，得晚几天才能到。怎么办？只有你们大家团结起来，保护善良，打击邪恶。"正人君子终于明白：人很不容易遭遇到善良，却是每日很容易受到邪恶骚扰。唯有团结起来打击邪恶，才能等到善良的来临。

如果说理是演讲的灵魂，情是演讲的血肉，那么趣就是演讲的外表。所谓趣，并非单纯地指演讲的幽默性，而是演讲要以一种灵活、有趣的形式表达出来，对听众富有吸引力。可以说，趣是一种风格，贯穿于演讲的全过程。灵活的结构、生动的故事、活泼的语言，都是趣的方式。

理、情、趣是好演讲的三要素。当我们准备演讲时，应该拷问自己：我的理有说服力吗？我的情真挚动人吗？我的演讲生动有趣吗？三个问题的答案都是肯定的，这才能算得上是一篇优秀的演讲！

# 论辩之道

LUNBIAN ZHIDAO

# 辨析“关键词”，论辩“突破口”

黄中建　杨不问柳

在一次法庭论辩中，辩护人对某司机交通肇事一案提出辩护意见时说：“铁路交叉口有弯道，有拨道房，又有树木，夜间行车不易瞭望，无法预料，不应负刑事责任。”显然，摆出众多的客观原因主要是为当事人开脱罪责。

对此，公诉人一方面承认事实的客观存在，另一方面明确指出：“不易瞭望并不是不能瞭望，司机应该特别注意瞭望，严格按照交通规则规定的那样做：通过交通路口时，一看二慢三通过，以及看不清火车动向不走。这次事故的发生就是因为他违反了这一规定，疏忽大意造成的。因此，辩护人的论点是难以成立的。”

这里，公诉人的反驳之所以有理有力，是因为他巧妙辨析“关键词”，对辩护人提出的“不易瞭望”的关键词进行辨析解读，得出“不易瞭望”并非“不能瞭望”和“应该特别注意瞭望”的观点，让辩护人理屈词穷。

所谓“关键词”是指在辩题的表述中起关键作用的概念。只有对这些“关键词”辨析清楚，使之名副其实，才能做到事理通达，深刻有力，帮助人们认识真理，放弃谬误。这也就是日常所说的“名正才能言顺。”例如：

在公司，李爱华自身工作能力不强，反而不求进步，整天无所事事。一天，部门领导给李爱华布置了一个打文件的任务。李爱华想偷懒，来找同事林格，说：“你看，我打字太慢，你能不能帮我把这份文件打出来？”

林格看出猫腻，说：“正是因为你打字慢，所以，你才需要锻炼啊，你今天不加强锻炼，如果明天领导还给你布置这样的任务，你怎么办？”

听罢此话，李爱华面红耳赤地离开了。

**对“关键词”的辨析，更能遵循逻辑，洞悉立论者的前提破绽。**众所周知，一个逻辑和理论的成立都是建立在一定的前提条件之上的。以辨析对方论据中的“关键词”作为突破口，剖析对方立论成立的前提，发现破绽，便可轻松制敌。如上例中，李爱华不想做这份打字工作的前提是因为自己“打字慢”，林格抓住“打字慢”的“关键词”，同样以此作为前提，着眼未来，从而得出一个完全不同的结论，轻松将李爱华反诘。

北宋时期，范仲淹被皇帝任命为副宰相。当时机构臃肿，很多官员人浮于事，根本不能够胜任。于是他向皇帝上书，建议改革吏治，建立严密的任官制度。皇帝答应了，吩咐他草拟一份不合格官员的名单。回到家里，范仲淹连夜翻阅各部门官员的名册，只要看到庸官、贪官等不称职官员的姓名，他都会用笔逐一勾画。后来，他的助手富弼知道了这件事，就提醒他手下留情，并说：“您也是为官之人，不能太锱铢必较啊。”

范仲淹故意问：“您何出此言呢？”

“您这一笔勾下去，哪里会知道，可能要造成‘一家哭’呢。”富弼再次提醒道。

范仲淹说：“如果让这个不称职的官员仍旧在任上为所欲为，那么在他管理下的百姓将会一直困苦和不幸。你不觉得不才官员‘一家哭’，总比无辜百姓‘一路哭’要强上百倍吗？”

富弼听了，不由汗颜，放弃了争论。

**对“关键词”的辨析，才能将论敌的立论加以引申推导，让荒谬显现无遗。**俗话说，根正苗才红。任何论辩中的推论都要形成一种“结果”，我们若发现支撑论敌观点的推论是不经推敲的，很显然，其导致的结果也是荒谬的。我们可以将这种形成结果的“关键词”进行引申推导，使论敌从极为荒谬的结果中认识到自己言论的荒谬可笑，从而放弃争论。范仲淹作为宰相，锐意改革吏治，却招致富弼的反对。富弼反对的理由是范仲淹长此以往会造成“一家哭”的后果；而范仲淹正是辨析了富弼言论中“一家哭”这个关键词，并将此进行引申推导，得出“宁愿一家哭，也不愿一路哭”的高论。范仲淹认为，在一个地方，老百姓的感受，要比某个官员的感受重要。这样的态度，是很值得回味的。

某厂生产的电器产品在使用的过程中发现产品不合格，用户要求调换或维修。有的营业员嫌麻烦，不但不予以调换或维修，反而振振有词地说："我们出售的电器产品都是经过生产厂家检验合格之后才出厂的，你看，你买的这台也有检验合格证嘛！这就证明我们的是合格的。不合格就不会出厂了，我们也不会出售给你了。所以，产品出毛病不是因为该产品不合格，而是使用不当造成的。"

"呵呵，你这么说就不讲理了吧？"用户反问道，"按照你的理解，那么贴上检验合格证就是合格？那过期的罐头，瓶子上是不是贴上检验合格证也算合格，也能出厂？"

"你……"营业员无言置辩，只得满足用户要求。

**对"关键词"的辨析，要抓住对方论据中的虚假理由，剖析事物之间的辩证关系。**虚假理由是指有意捏造论据，或者用一些不能成立的道理作为论据进行论证，这是违反充分理由律的诡辩。这个营业员的话语中，有两处是明显的虚假理由的诡辩：一是只要产品上贴有合格证就是合格产品；二是产品出毛病都是使用不当造成的。显而易见，这两条理由都是不能成立的，用它们作为论据来论证电器产品的质量合格是片面的，是以偏概全的。所以，用户抓住"合格证"与"合格"之间的主谓关系，轻松赢得了论辩。对一些相对笼统的模糊概念，进行一分为二的辩证剖析，抓住事物之间对立统一的辩证关系，具体问题具体分析，这样才能言之成理。

总之，辨析"关键词"是一种简单易学且行之有效的论辩技巧，它可以作为辩论中的"突破口"，论辩者可以从辨析"关键词"入手，突破对方的防线，并乘势发起进攻，直到取得论辩的胜利。

# 剥离论据，让论点成为空中楼阁

刘思宇

论辩中，论点要靠论据支撑，才能赢得人们的认同。然而，有些辩敌的论据，看似很有力，但是和论点形不成逻辑上的联系。我们从这方面入手，剥离论点和论据之间的逻辑联系，辩敌的论点就成了没有支撑的空中楼阁。

一场辩论赛的主题是："假如今天社会只能提供给每个家庭一个工作机会，那么这个唯一的机会该给妻子还是丈夫？"辩论中，正方支持把工作机会给丈夫，他们说道："大家想一想'安家'的'安'字吧，宝盖头下面一个'女'，这说明家里有女人才是'安'，让妻子们在家里安心待着不是很好吗？"反方马上抓住机会反驳道："对方辩友的论据是错误的，什么田力为男，什么家中有女为安，这种拆字见义的方法随意性很大，反映的往往是古人的认识，用陈腐的古代说法去论证现代的先进理念，不是很荒唐可笑吗？许多贬义字都带有'女'字旁，如奸、妒、嫉、婪等，难道这些字就能证明女人很坏吗？"

正方辩手采用拆字法，看似很有说服力，但是从逻辑上，"安"这个字怎么拆，跟该把工作给男人还是给女人，没有任何因果关系。反方辩手采用归谬法，沿着辩敌的思路去拆"奸""妒"等字，得出了荒谬的结论，也暴露了这种拆字法毫无科学根据的一面，驳斥了正方辩手的论据，也让对方的论点失去了根基。

某高校的辩论赛主题是"顺境和逆境哪个更有利于人的成长"。在盘问环节中，支持逆境更有利于人的成长的反方提道："《西游记》中，孙悟空一开始一帆风顺，却大闹天宫，被压五行山下。后来他跟随唐僧取经，历尽千辛万苦，却最终成功，这不正说明逆境更有利于人的成长吗？"正方辩手站起来反驳道："可他是孙悟空啊，他有72变，遇到了困难也能靠变化脱身。要是换了我去取经的话，一变都没有。可能第一难的时候，就已经被老虎吃了，你还要故意这样磨炼我吗？"

从某种意义上说，用孙悟空的故事只能说明逆境有利于成长，而不能证明逆境有利于成长。因为它是根本不存在的神话传说，可以通过讲述这个故事，让抽象的道理变得形象生动，而无法用它从逻辑上证明这种观点是正确的。正方辩手正是看清了这一点，将神话故事的情节套用到普通人身上，结局马上就变了，辩敌的论据也瞬间失去了说服力。

在"金钱是不是万恶之源"辩论赛的自由辩论环节，反方提出："我的室友跟女朋友分手了，因为他们一个觉得豆浆必须喝甜的，一个觉得豆浆必须喝咸的，大吵一架，就分手了。这对他们来说是一种恶果，请问这跟金钱有什么关系？"正方辩手说道："如果没有钱，他们就买不起豆浆，也就不会有这种矛盾了。"反方觉得这太荒谬了，刚想反驳，正方接着说道："金钱是不是万恶之源，这是一个相对宏观的问题，对方辩友肯定觉得我刚才的论证很荒谬。但是，是你们先举出男女分手的例子的，用这样的生活琐事来讨论这样宏观的问题，是不是也很没有意义呢？"

反方可以说是剑走偏锋，企图用一个和金钱毫无关系的例子来驳倒正方的论点。而正方也是见招拆招，硬是把这个例子和金钱扯上了关系。当反方也觉得这个例子太荒谬时，正方再指出这样琐碎的论据和这样宏观的论题联系在一起是没有意义的，一下子否定了反方论据的价值。

论据能够支撑论点，关键在于它和论点之间的内在的逻辑关系。在辩论中，我们应该学会审视，辩敌的论据和他的论点之间的逻辑关系是否严谨，是否经得起推敲。如果经不起推敲，我们就可以从论据入手，将论点和论据剥离，让论点成为空中楼阁。

# 伺机捣隙，置辩敌于绝境

刘爱军

论辩中，面对辩敌的来犯，辩敌辩词中的罅隙和漏洞，可成为我方反击对方的切入点。

## 案例示范，捣“责任缺失”之隙

东汉时，河南尹梁冀经常做违法的事情，他的朋友崔琦作了一篇《白鹄赋》来讽喻劝谏。梁冀看了以后，叫来他问道：“天下腐败，到处都是，这难道都是我梁家犯的罪吗？您又为何言辞如此刻薄，恶毒攻击。”崔琦回答说：“往日管仲辅佐齐桓公的时候，愿意听取任何劝谏的话，萧何辅佐汉高祖刘邦时，也专门设立了记载过失的官吏，现在您身为重臣，地位和伊尹、周公相等，却不能够施行德政，反而让百姓生活困苦，不能任用贤能的人才，不能听进去忠言，反而想要堵住悠悠之口，让皇上无法了解外界事物，您难道是想把黑说成白，把鹿说成马吗？”梁冀听后，哑口无言，于是将崔琦打发走了。

雨果说：“我们的地位向上升，我们的责任心就逐步加重。升得愈高，责任愈重。”梁冀以世人皆为之为由，为自己的枉法行为找借口。崔琦以先前的管仲、萧何、伊尹和周公这些位高权重却洁身自好的人为例，告诫梁冀要以这些人为榜样，带头守法。论辩中，当对方暴露出责任心缺失的罅隙时，我们不妨像崔琦那样，以榜样驳之。

## 以此衬彼，捣“思维片面”之隙

丁西林从英国伯明翰大学物理学专业毕业后，回北京大学物理系任教，他治学严谨，深受学生爱戴。同时，他还创作了多部深受大家欢迎的戏剧，一时名声大噪，被誉为“东方莫里哀”。对于丁西林业余时间从事文艺创作，一位科学界的朋友批评他说：“你是学物理的，搞什么戏剧？简直就是不务正业！”丁西林反驳说：“你说得对，但我确实把戏剧当作‘业’来务的。如果说物理学这个正业是老师教会我的，那戏剧这个非正业却是我自学得来的。所以，我更珍惜这个非正业，因为它丰富了我的生活，更让我对做好正业充满信心和干劲。”

朋友以为，物理学家研究戏剧，会影响自身的科学建树。对此，丁西林通过自己在物理学和戏剧的学习起源上的优劣对比，以及戏剧研究对物理学研究的促进作用，驳倒了对方的观点。同样，当辩敌犯了思维片面的错误时，我们也可以伺机捣隙，一举将其驳倒。

## 顺势延伸，捣“心态消极”之隙

2019 年 1 月 7 日，吴珊卓担任 2019 年金球奖主持人并凭《杀死伊芙》获第 76 届金球奖电视类、剧情类剧集最佳女主角奖，她的事迹开始受到更多人的关注。一次采访中，主持人问吴珊卓：“你小时候一直学芭蕾，当你发现你不能在舞蹈上有所突破时，你很受打击吧？”吴珊卓说：“是的，那时我感觉到自己不够好，没有那个能力。但是很快我和父母看了音乐剧《安妮》，我喜欢看那些姑娘在舞台上表演，那之后我就开始了表演，我知道我想要表演。我很庆幸在年轻时就明白，我并不是一定要去做一名专业芭蕾舞演员，我要找到自己真正喜欢和适合的事业。事实上，在我的演艺生涯中，我一直像作为一个舞蹈演员那样蹒跚前行。”

朗弗罗说：“乌云后面依然是灿烂的晴天。”这句话说明，心怀积极心态，方可在坚持中取胜。面对主持人的消极引导和暗示，吴珊卓立足自我，简述了自己怎样从跌倒的地方重新出发，找回自我、规划发展路径以及在坚持中终获成功的经历。吴珊卓正是心怀积极的心态，才抓住对方言语中的罅隙，取得论辩的胜利。

在战场对决中，进攻的一方在进攻时，总是会暴露一些破绽给对手。所以在辩论中，我们首先要做的，就是提高自己捕捉对方破绽的意识和能力，而后巧妙施策，将对手置于绝境。

# 当你证据不足时，如何赢得辩论

帅无车

论辩中，如果有充足的证据证明我方观点，那当然是最好的。但是，如果我们的证据不是很充足，怎么办呢？

> 在《封神演义》中，奸臣费仲找来姜皇后父亲东伯侯姜桓楚的旧部姜环刺杀纣王，陷害姜皇后想杀掉纣王，拥立自己的父亲为王。纣王派西宫的黄妃去审查此案。费仲说：“刺客姓姜名环，乃东伯侯姜桓楚家将。”姜皇后辩解道：“我的儿子殷郊已经被立为太子，将来圣上万岁以后，我的儿子将继承王位，我将成为太后，配享太庙。我从来没有听说过父亲当了大王，女儿能够配享太庙的，外孙子能够继承王位的。我虽然身为女流之辈，但是还没有愚昧到让自己的父亲去争夺自己儿子的王位的程度！况且天下的诸侯不止我父亲一个，父亲造反，天下诸侯都来兴师问罪，我们也是覆灭的下场！”黄妃听了姜皇后的话，觉得很有道理，相信了她绝无谋逆之心！

费仲有姜环这个人证，而姜皇后却什么证据都没有，看似处于劣势。但是姜皇后却用合情合理的论述，告诉别人，自己帮助父亲刺杀纣王有百害而无一利，是最愚蠢的行为。一番话逻辑严密，合情合理，说服了主审此事的黄妃。有时候，可能我们的客观证据不是很充足，但是我们可以用逻辑严密、合情合理的论述，让大家相信我们的观点。

> 杰克要竞选一个小镇的镇长，他的对手是前任的镇长老约翰。老约翰说道：“如果一个人从来没干过，你怎么知道他能干好？我至少在这个位置上干了十几年了，事实证明，我是称职的！旁边那个小子他干过什么？他只放过牛而已！”轮到杰克发言，他说道：“一场拳击比赛，如果一个

刚刚加入拳坛的愣头小伙子，已经可以和一个纵横拳坛十几年的老拳王同台竞技了。大家觉得，小伙子和老拳王，谁的潜力更大？干过的人，他能把小镇搞成什么样子，大家都看见了，并没有什么惊喜的地方！但是没干过的人，反而有更多的可能。你们是希望永远过一成不变的日子，还是想要更多的惊喜？”杰克的话，为自己赢得了很多选票！

老镇长用事实说话，而杰克却拿不出自己可以干得更好的证据。但是杰克却用了一个老拳王和新拳手的类比，生动形象地告诉大家，自己潜力更大，能给小镇带来更多的惊喜，为自己赢得了选票。如果我们一时无法拿出充足的证据，不妨采取类比等方式，先给大家一个直观的、可感可知的印象，赢得大家的认同，这样才能进一步锁定论辩的胜局！

哥哥不孝，母亲病重他不管，全由孙素芳照料。母亲病逝后，哥哥却拿出一份母亲多年前的遗嘱，来争房产。在法庭上，他说：“遗嘱上写得很清楚，母亲名下的老房子由儿子继承！”孙素芳的代理律师说道：“这份遗嘱是在五年前写的，那时候老人身体健康。但是老人生病这几年，又发生了什么？老人被病痛折磨，命在旦夕，儿子不但不给治病，还取走了老人所有的退休金！是我的当事人孙素芳把母亲接到家中，朝夕奉养！在老人生命垂危的时候，孙素芳拿出了家里所有的钱给老人治病。别人劝她，病成这样，没必要再治了。孙素芳却说：‘那是我亲妈，就算治不好，我至少要让她少受些痛苦！’我想问的是，这个时候，儿子在哪儿？”律师的一番话，让很多人流下了感动的泪水，也让法官在判决时，更倾向于孙素芳！

哥哥有遗嘱，孙素芳却没有过硬的证据，代理律师讲起了孙素芳悉心照料病重母亲的事实，感动了在场的所有人，也让大家内心里更倾向于孙素芳。如果我们一时无法拿出充足的证据，不妨打打感情牌，用充满细节的事例，赢得他人感情上的认同。有的时候，这种感情上的认同，能帮我们赢得辩论，更赢得人心！

论辩不只讲证据，它更是逻辑的较量，是情感的征服，也是语言的交锋。当证据不是很充足时，采用其他方式，同样可以锁定论辩的胜局！

# 当心那些虚假前提型诡辩

姚　远

前提是事物的先决因素，也是推理中可以推导出一个新判断的原始判断。如果前提是不正确的，就算逻辑推理的过程再严谨、再严密，最终的结果也是站不住脚的。

在生活中，这种虚假前提式的诡辩会经常出现。比如有个叫赵晓霞的年轻人，为了能够在大城市买房，省吃俭用。朋友看到了，说道："钱是挣出来的，不是攒出来的。你现在月薪 5000 元，再怎么节省，一年能攒多少钱？将来你要是年薪百万，用不了多久就能全款买房了！"

"钱是挣出来的，不是攒出来的。"这话看着很有道理，但是同样有个前提条件：你将来的收入必须比现在高得多，甚至达到年薪百万！这样你将来一年挣的钱就比现在攒十年还多。但是这个前提存在吗？生活中确实存在大幅度提高收入水平的人，但是大部分的工薪阶层都很难达到这种程度。他们的收入都是靠着经验和资历的积累，慢慢提升的，他们的钱也都是靠一点一点地节省攒出来的。当我们明白了这个前提是虚假的，就会明白，这个论断对大部分人来说，都是不适用的。

虚假前提式诡辩总是如此：他们不会直接把前提说出来，而是在你不注意的情况下，隐含一个很难被发现的前提条件，把自己所有的论证都建立在这个前提条件之上。有一个保健品推销员向一位阿姨推荐自己的产品，阿姨说："太贵了！"推销员说："贵，什么还能比健康更贵啊！现在这医院，去做个检查就是几百几千的，万一要是生了大病，那更是不得了，几万、几十万都不一定够！保健品再贵，能花多少钱，我们把身体养好，才是最重要的！"

这话听得也很有道理，整个论证过程都没问题，但是它隐含了一个前提条件：他们的保健品效果奇佳，吃了就不生病或者少生病！保健品可能确实含有一些营养成分，但是任何保健品都不能保证，你吃了就会少生病，甚至不生病。阿姨要是反问一句："你们的保健品保证有效吗？那我们签个合同，我天天吃你们的保健品，要是生病了你们给全额报销！”一句话就能暴露出对方的谬误之处。

虚假前提型诡辩有很大的隐蔽性，有时候，有人会把这种虚假的前提以一种“共识”的方式呈现出来，让你无法质疑他的前提。比如在一些纯净水的广告中，他们总是强调“纯天然”。这里就隐藏了一个前提：纯天然一定是更好的，并且把这当作一种人们普遍接受的“共识”。事实上，“纯天然”并不一定就是好的，你去野外的水源地喝水，大概率会闹肚子。还比如前两年我去旅行，当地的饭店一直跟我推销野味，我问：“好吃吗？”他们理直气壮地说：“我们这里的野味都是从野地里抓的，没一只家养的，当然好吃。而且都是大补！”这里也隐含了一个前提：野生的动物一定比家养的动物好吃，而且更有营养。他们把这当成了一种不容置疑的“共识”。事实上大部分野味无论从口感上还是营养价值上，都比不上养殖的动物，而且野生动物还携带更多病菌，容易引发身体的疾病。

如果你仔细观察，虚假前提型诡辩在很多领域都存在，而且以一种无声无息的方式在忽悠着人们。擦亮双眼，看清这种诡辩的本质，能让我们的思维更敏捷，也能让我们少上点当。

# 杜甫妙用“敷演”驳书吏

王文建

人们最为熟知的杜甫是一位名扬天下的大诗人，他的诗作沉郁顿挫，内涵深厚。但其实他的口才同样了得，他曾妙用“敷演”三言两语驳倒了一个书吏，保住了自己的“招牌”。故事得从大历三年说起——

那年春天，杜甫在沙头镇临时开了个中药铺，起名为“百草堂”。药铺开张后，杜甫诚信经营，当地百姓赞不绝口，都到“百草堂”来买药，沙头镇另外几家药铺就门可罗雀了。几家药铺老板一看这阵势不行，便带着金银财宝来见当地县衙里的一名书吏，求他帮忙砸掉杜甫的“百草堂”。书吏看到白花花的金银财宝，立马满口应承下来，他跑到县令面前，蛊惑县令写了张药方，然后带了药方，领着手下，耀武扬威向“百草堂”扑去。

一到“百草堂”，书吏就将药方往柜台上“啪——”地一拍，高腔高调地嚷道：“这是县令大人急需的药，赶快照单发药，若配不齐，你们休想再在此卖药！”

伙计拿过药方一看愣了，药方上面的四味药——行运早、行运迟、正行运、不行运，“百草堂”里根本没有。

伙计连忙走到书吏面前，小心地赔着笑道：“你老哥是请哪位高明郎中开的药方，怎么我们见都没见过……”

不料伙计话音刚落，书吏便开口骂上了：“你们开的是什么中药铺？快给我把杜老倌叫出来，配不齐县令大人的药，我就砸掉你们的招牌！”

伙计不敢怠慢，忙去禀告杜甫。杜甫拿过药方，瞄了一眼，即去药柜里取了四样东西，拿到书吏面前。书吏撇撇嘴：“县令药方上的药怎么能是这四样贱物，你当我是三岁小孩儿啊！算了，我也不跟你废话了，这就让人去摘你药铺的招牌！”说着，指挥手下去取挂在门前的招牌。

“且慢！”杜甫拦住书吏和他的手下，“你怎么知道县令要的不是这四种东西？”

“当然不是了！”书吏鼻孔朝天，看都不看杜甫一眼，自顾自道。

“那我说说，要是说得不合理，你再摘我的招牌也不迟！”杜甫先举起一片萝卜干，侃侃而论起来：“萝卜干是‘甘罗’之意，甘罗十二岁就当了丞相，你说他是否‘行运早’呢？”

书吏实在没想到杜甫竟有此解，可解又解得很是那么一回事，实在挑不出什么来，他咬牙切齿道：“这个，勉强说得通，那其他几种呢！”

杜甫不慌不忙，捏起一块生姜芽，悠然道：“生姜芽是‘姜子牙’之意。姜子牙八十三岁遇文王，是否‘行运迟’呢？”

书吏摇头晃脑一阵，终是挑不出什么毛病，于是紧皱了眉道：“这个嘛，也算行！”

杜甫指着第三样东西，乜眼书吏：“这只鲜李子更有说道，你看这红皮李子，虽说酸不溜丢的，却正是目前市场上的俏货，可说是‘正行运’吧！”

书吏头上开始冒汗了，有气无力道：“那最后一样东西呢？”

杜甫笑笑，不疾不徐道：“这颗干桃肉最是好解，你看清哦，这是隔年的桃子，经过雪冻霜打，算不得鲜果，只能入药，所以说‘不行运’了。怎么样，我解得如何，要是解得不对，那你来解下——”杜甫故意打住话头，望向书吏。

书吏脸上青一块红一块，一句话也说不出来，和手下拿着杜甫送上的“四味药”，灰溜溜地离开了“百草堂”。

敷演，就是陈述而加以发挥。是说话技艺的主要创作方法，是以一定的材料或事实作为依据，充分发挥作者叙事想象力和语言表达能力的文学创造。简单地说，就是把简单的梗概编成精彩的篇幅较长的故事。是一种绝处逢生的辩驳技巧，它是在无解之时通过合理敷演，来摆脱绝境。书吏带来的药方，如果硬去拆解，费尽心力很难自圆，这样只能使自己愈来愈被动，以致最终步入绝境。历经世事的杜甫，于是祭出“敷演”这一绝招，通过人物、行情和事物变化，来为药方注入鲜活生动符合逻辑的“新解”，使得狠毒如蛇蝎的书吏不得不乖乖缴械。

# 反用同一律，击穿“偷换论题”式诡辩

旻 天

在同一个思维过程中，人们的某个思想必须保持同一，不能偷换它的含义，这就是同一律。同样，在一个论辩的过程中，我们的某个思想也必须保持同一，不能偷换它的含义，而有些诡辩者正是通过故意违反同一律来达到其诡辩的目的。要揭穿这类诡辩，不妨反用同一律，以其矛攻其盾。

有一次，两位青年农民给玉米施肥时，因猪粪离庄稼远近的问题争执起来。

甲说：“猪粪离庄稼近，便于庄稼吸收，庄稼肯定爱长。”

乙说：“让你这么一说，应该把庄稼种到猪圈里，一定更爱长。”

甲说：“你这是不讲理。”

乙说：“怎么不讲理？你不是说离猪粪近，庄稼爱长吗？”

这时，一位中年农民凑过来说：“我看你们俩谁说得都不对。猪尾巴离粪最近，没见过猪尾巴长得有多长……”一句话，使那两个青年农民哈哈大笑，乙更是面红耳赤。

甲农民说猪粪离庄稼近便于吸收，是基于一定的生活经验的。而乙农民却将“近”偷换作“种到猪圈里”，显然是“偷换论题”式的诡辩。中年农民一语中的地点破了乙的诡辩（不是越近越好），反用同一律的同时，更兼具强烈的幽默感。

明代有位姓靳的内阁大学士，他的父亲不太出名，他的儿子很不成才，可他的孙子却考中了进士。这位内阁大学士经常责骂他的儿子，骂儿子是不孝之子。后来，这个儿子实在忍受不了责骂，就和内阁大学士顶了起来：“你的父亲不如我的父亲，你的儿子不如我的儿子，我有什么不成才的呢？”这位内阁大学士听了之后，微微一笑，说：“好吧，既然这样，我就奏明圣上，奖掖你的儿子，惩罚我的儿子！”他儿子一听，傻眼了。

看起来，这个不孝子反驳他父亲的话似乎颇为有力，其实是偷换论题式诡辩。他并没有证明自己成才与否，而是偷换成了“你的父亲和我的父亲相比”怎么样，“你的儿子和我的儿子相比”怎么样，回避了自己成才与否的问题。面对儿子的诡辩，内阁大学士反用同一律，一句话就让儿子无话可说。

古希腊著名哲学家普罗塔哥拉曾公开设馆教课。他收了一个想当律师的学生，名叫爱瓦梯勒士。师生签订合同：学生先交一半学费，另一半学费待学生毕业后第一次出庭为人打官司胜诉后交付；如果官司败诉就无须再交这一半学费。爱瓦梯勒士毕业后一时没有找到合适的职业，无法交那一半学费。老师等得不耐烦，就向学生索取，学生无力偿还，老师要诉诸法庭解决。

老师对学生说：“这官司打起来对你没有好处。因为：如果我打赢了，根据法庭判决，你必须给我学费；如果我打输了也就是你打赢了，根据当初签订的合同，你也必须给我学费（合同规定，爱瓦梯勒士第一次打赢官司应交学费），无论我输赢，你都必须交给我学费。”

爱瓦梯勒士听后不甘示弱，他对老师说：“我看这官司打起来实际上对你不利。因为：如果我打赢了，根据法庭判决，我当然不给你学费；如果我打输了，根据当切签订的合同，我无须再交学费（合同规定，爱瓦梯勒士第一次打输了官司，就不要交另一半学费）。无论我输赢，我都不应付你学费。”

这就是逻辑史上著名的“半费之讼”。

这里，作为老师的普罗塔哥拉，其论证方法违反了形式逻辑的同一律。因为按照同一律，师生在争论该不该交学费时，都必须使用同一个标准。但实际上普罗塔哥拉采用了双重标准：一个是法庭的判决，另一个是当初的合同。而作为学生的爱瓦梯勒士，巧妙地反用同一律，也同样采用了双重标准，以此反制了老师。

诡辩是辩场之一大忌，谁都不喜欢，当你发现对方在诡辩时，不妨在摆正自己心态的同时，反用同一律的战术来应对，你就不会抓耳挠腮找不出应对的办法了。

# 揭开“幸存者偏差”的逻辑谬误

卢继元

“幸存者偏差”是指当取得资讯的渠道，仅来自幸存者时，此资讯可能会与实际情况存在偏差。有这么一场论辩，揭开了“幸存者偏差”背后的逻辑错误。

正方：“人们都说读书成才，可没读过大学的人不也有很多成为老板、成为各行各业的人才吗？成千上万的读书人，又有几个成为老板、成为人才的？”反方：“对方看到的只是生活中的片面现象。据第七次全国人口普查统计，全国总人口14.12亿，其中，大专及以上文化程度人口2.18亿，仅占总人口的15%左右。所以即便低学历者成功率远低于高学历者，也照样会导致低学历者出现大批成功人士。对于高学历者，普通人既会关注成功的人，也会关注那些没成功的人，并且高学历却落魄的人尤其受关注。而对于低学历者，我们又往往只关注成功者，忽视了广大学历低又没成功的人。低学历者1000名中出现1名成功人士，而高学历者100名中出现1名成功人士，哪个比例高？正是因为忽视了这些‘沉默的数据’，才产生这种‘幸存者偏差’的错误结论。”

用“统计学观点”立稳论点。反方运用官方统计的数据对比，揭示了对方“幸存者偏差”的逻辑谬误。用“统计学观点”揭露对方“幸存者偏差”的逻辑谬误，就是运用“统计学”中分析、描述数据等手段，以达到深挖现象背后的本质，进而矫正对方“幸存者偏差”的逻辑谬误。对方统计的样本，只涵盖了低学历者中的成功者，这是很片面的。

正方：“听说不少人出去做服装生意一年能赚百万，其年收益是在单位的10倍。因此前不久我们公司也有不少人‘挂冠而去’，我就看到有人挣到了钱。”反方：“我们不是要指责这些盲目辞职的人。但是，这其实就是一种典型的‘穷人思维’。10个人辞职做服装生意，1个人赚到了钱，9 个人扑了空，成了‘穷人’。其实，这一现象的背后正好隐藏着一种不易被人们发现的实质：就是大批做服装生意的人，少数适合在这条河里游泳的人游到了对岸，被你看到了，他们自己也声称赚到了；而那些半途而废的，在河里被水淹没的，他们不敢吭声，你也没能看到他们，这就产生了‘幸存者偏差’的逻辑谬误。‘穷人思维’也是因为‘幸存者偏差’误导而产生的。”

用“穷人思维”立稳论点。许多人穷是因为盲目跟风而造成的。有的人只看到了少数成功的表象，而许多隐藏着的失败以及造成这些失败的原因却未能发现。因为这种“幸存者偏差”的逻辑谬误主宰，而导致了“穷人思维”的出现。反方揭示了对方的逻辑错误在于：运用少数成功的样本，来证明大多数人也能成功。

正方：“我的一个同事不久前成了公司的中层管理者，我就有个疑问，他凭什么比我强，我看他以前不跟我一样做文案吗？”反方：“对方看到的只是同事的升职，却没看到同事背后的努力。他跟你同样做文案，可他的文案质量最高，常常一次就通过了。他做文案常常适逢其时，领导何时要用，他准时放在领导的案头，哪怕是加班到半夜。他做文案还常常考虑到领导应考虑而欠考虑的问题，一边做文案一边成了领导防止百密一疏、出现差错的好参谋。万物的遴选都有规律和原则，这就是‘筛选原则’。你同事的进步就是遵循了这一原则。别人大量沉下去的工作你没发现，而别人浮上来的一束成功的光，你却看到了。你这是观念上‘幸存者偏差’的逻辑谬误所在。”

用“筛选原则”立稳论点。反方以同事进步是“筛选原则”的产物，揭开了对方“幸存者偏差”的逻辑谬误。有时候，人们只看到经过某种筛选而产生的结果，而没有意识到筛选的过程和原因，因此忽略了被筛选掉的关键信息，产生了“幸存者偏差”的逻辑谬误。殊不知，筛选的过程，就是一个按照逻辑规律运行的过程。

揭开“幸存者偏差”的逻辑谬误，能使许多片面观念得以纠正。我们不妨运用试试。

# 巧妙论证，驳回对方的错误观点

武青芳

曾有人这样质问席慕蓉：“你别只描述你贵族的母亲，你也写一些世间平凡的妇人吧。你知道，有一些母亲没有美丽的面容，没有丝质的衣服，没有学识，没有地位，甚至没有娱乐，整天只有那无休无止的工作，跋涉在山间的小径上就如同跋涉在人间的长路上一样，有些很困苦的母亲，在走着很困苦的路呢。”席慕蓉回答说：“母亲有了你和你的弟弟妹妹，再困苦的路她也肯走。你怎么能用外表的一切来衡量母亲的心呢？你要知道，所有的母亲，都是这世间最尊贵的。”

**正本清源** 对方从外表评价母亲，认为母亲是平凡困苦的。席慕蓉采取正本清源的论证方法，指出只用外表评价母亲是偏颇的。这就从根本上矫正了对方论据的立足点，让他不能只从外表评价人，还要从心灵上评价人。在幼儿的嘴上和心中，母亲就是上帝。席慕蓉正本清源，批驳了此人的错误认识，维护了母亲的形象。

“所有的老师都说，精神的宝藏都是自个儿发现的。既然如此，我们为什么还要待在一起呢？”一位学生这样追问纳西鲁丁大师。“你们聚在一起，其原因在于，森林总比一棵树强大。”纳西鲁丁回答。大师见学生仍存疑惑，继续说：“森林能保持空气的湿度，能抵御飓风，还能使土壤肥沃。使一棵树强壮的是其根，而单株植物之根是无法帮助其他植物生长的。我们朝一个目标共同努力，能帮助每一个人按自己的方式成长，这是人们发现精神宝藏的高效之路。”

**对比论证** 学生的论据是发现精神宝藏需要独立探索，纳西鲁丁大师用森林和一棵树比较，论证聚在一起的重要性。独脚难行，孤掌难鸣，纳西鲁丁为了进一步澄清学生的认识，详细地用对比论证，论述相聚在一起的好处。拉封丹说，若不团结，任何力量都是弱小的。有比较才有鉴别，纳西鲁丁通过对比论证驳斥学生的一味强调独立的观点，使他们意识到团结的重要性。

> 曾子小的时候，被父亲拿着大棒追打，以致被打昏了过去。这事传到孔子的耳朵里，老人家很不高兴，告诉手下的弟子说："曾参来了，不要让他进来！"曾子解释说："当时我只有一个念头，既然犯错惹父亲不高兴，就应该接受父亲的责罚。您多次教导我们为人子女要懂得'孝'，不让父母不高兴，所以我才装作若无其事，以免父亲担心。"孔子说："你知道舜帝的故事吧？舜的父亲叫瞽瞍，眼睛是瞎的。舜非常孝顺他的父亲，父亲要使唤他，他总是在旁边；但父亲想杀掉他时，他却每次都会想办法逃掉。父亲用小棍子打他，他就默默忍受，但用大棍子打他，他就会逃走。舜这样做的结果，使瞽瞍没有犯下不行父道的罪责，而舜也没有丧失孝道。可你呢，父亲大发雷霆时，你宁死也不躲避。表面上像是尽了孝道，但万一你被打死了怎么办？不仅会给你父亲留下一辈子的痛苦和歉疚，而且会让你父亲陷于杀子的不义之中。有哪一种行为比这更不孝呢？"曾子一听，惊出了一身冷汗，顿时醒悟了。

**事例论证** 曾子不顾客观实际，一味强调孝，近于愚孝，孔子并不赞成，他用舜帝的事例论证，对父母的忠诚应该是有尺度的。接着他又论述愚孝的结果不但使自己受辱受害，还陷父母于不义。《礼记》说，孝有三：大尊尊亲，其次弗辱，其下能养。孔子的事例论证让曾子明白，孝不但不能让父亲受辱，也不能使自己受辱。

歌德说，错误同真理的关系，就像睡梦同清醒的关系一样。一个人从错误中醒来，就会以新的力量走向真理。有些人难免会产生一些模糊错误的认识，我们一定要摆事实讲道理驳斥他们的错误论点，让其从错误中醒来，醒来之后就会发现真理，走向真理。

# 巧设条件，化被动为主动

王文建

论辩中，有时我们会遇到一些难以用“是”或“否”直接回答的问题，如果冷静思考，完全可以通过设定某种条件，将对方的观点扭向对己有利的方面，从而化被动为主动。

忽然有一天，乾隆心血来潮，想刁难纪晓岚一下。乾隆指着金銮殿外道：“纪晓岚，满朝文武皆知你学富五车，今天朕就来考考你，若是答不出来，朕可要重重处罚你！你算算朕的金銮殿前的水池里共有几杯水？”纪晓岚略加思考，道：“那要看是怎样的杯子。”“怎样的杯子都行，只要你能算出来。”纪晓岚接口：“如果杯子和水池一般大，那就是一杯；如果杯子只有水池的一半大，那就是两杯；如果杯子只有水池的三分之一大，那就是三杯，如果……”乾隆挑不出刺，不由感叹：“纪卿果然名不虚传！”

按照正常的思维，用杯子去舀池中的水，无论如何都是计算不清的。乾隆抛出的问题，于一般人来说，真有点“难于上青天”。然而，面对这一刁钻问题，纪晓岚却“脑洞”大开，抓住“杯子与水池的大小关系”设定条件，在条件限定的范围内予以解答，瞬间把难度系数减为了零。因为条件设定合情合理，推理严密无隙，本想让纪晓岚出个“洋相”的乾隆也不得不叹服。

抗战时期，军饷供应原本就很紧张，韩复榘手下一名团长却在其父亲过生日时，命令手下一名营长给其家里送500块银圆。营长婉拒，团长勃然大怒：“军人以服从命令为天职，你就不怕我撤了你的职？！”营长不卑不亢：“团长说得一点没错。不过，我可以提个问题吗？”“你说！”“战场上，假如有人命令我们向敌人投降，我们能不能执行？”“当然不能。”“对，军人服从命令，首先是这命令必须代表国家利益，和军事行为有关。您刚才命令我们向您家里送银圆，您自己觉得能代表国家利益，和军事行为有关吗？”“好你个小李子，几天不见，越来越会说了。今天，我就不难为你了！”团长挥挥手，让营长走了。

“军人以服从命令为天职”，团长以此为由，强压营长执行假公济私“任务”，乍听起来，无懈可击，实则强词夺理。但如果“硬呛”，可能真会像团长威胁的那样惹下麻烦。聪明的营长于是拐弯抹角，巧设条件，给“军人服从的命令”加上了一个限制，那就是“代表国家利益，和军事行为有关”，将团长“假公济私的‘任务’”排除在外，既没使自己下不来台，又驳回了团长的无理要求。

同学聚餐，免不了喝酒，可刘刚就是不端杯。周兴道：“刘刚，你不够哥们！你又不是不能喝，今天咋一滴不沾！”刘刚解释：“情况实在特殊，主任临走前一再叮嘱，下午让我去‘扶贫点’建档立卡，那里有‘贫困户’在等着。”周兴不依：“领导叫你干啥，你就干啥？今天可是星期天啊！”刘刚反驳：“你说得不错。但是如果领导叫我做与工作无关的事，如果失信别人还能获得好感的话，我完全没必要唯命是从。领导安排建档立卡是我的职责，我们和群众约好了今天去，不去就是失信。老同学你说说，为了责任和诚信，听领导的话有什么不好？”“你啊，就是受累的命！好了，去吧！”周兴没词了，只得笑着打趣。

周兴嘲讽刘刚对领导“唯命是从”，有个前提，那就是周日是“法定”休息日，他完全可以支配自己的时间。这一观点看似正确，却忽略了刘刚的工作性质。可两人毕竟是同学，再说了，周兴的话也没有什么恶意。为了不使“同学情”褪色，刘刚变生硬反驳为巧设条件，给对方观点画上了“原则和诚信”的框框，也给自己“唯命是从”披上了合理的“外衣”。

巧设条件，等于给对方观点绑了条“牛缰绳”。如此一来，对方只能任由你来牵，你便占尽先机，将无往而不胜。

# 情感绑架的逻辑谬误在哪儿

亚明辉

提到情感绑架，很多人都会想到《都挺好》中的苏明玉。因为误会，苏明玉的二哥苏明成将苏明玉暴打一顿，苏明玉被打进了医院，苏明成被警察带走。为了不让苏明玉追究苏明成的责任，苏家人几乎全员上阵。苏明成的妻子更是追到医院，说道："不管怎么说他也是你二哥啊，是你亲哥哥，你不原谅他，让他去判刑坐牢，那他后半辈子就毁了。只要你原谅他，他放出来了我一定让他当面给你道歉。"

**情感绑架的第一个逻辑谬误在于，他们不以事实和规则来判断对错，而是以感情来评判是非。**苏明玉被打成重伤，无论怎么看都是苏明成的错。但是在家人的眼中，苏明成如果被判刑，就会毁了下半辈子，反而像是苏明玉在伤害苏明成。情感替代规则成为评判对错的法官，很多事情就会是非颠倒。苏明玉当时的回击是："苏明成真是好福气，你们都那么理解他，但是我没有办法理解他。苏明成现在已经交给警察处理了，也许他经过这么一遭，才能心智成熟起来。苏明成我已经管不着了，跟你们一样，我也在等待处理的结果。"她跳出了情感的桎梏，以一种置身事外的口吻，强调自己在等待处理结果，这是在强调规则和对错，给对方碰了个软钉子。

王明超和陈建全是好朋友，陈建全供职的公司一个项目招标，陈建全是负责人。王明超去求陈建全，希望暗箱操作，把这个项目给自己。他说道："我的情况你也知道，为了公司经营，我把房子都抵押出去了。如果拿不到这个项目，我的公司就撑不下去了，我们一家就可能要流落街头！这么多年的兄弟，你不会眼睁睁地看着我落魄到这般田地吧！"

**情感绑架的第二个逻辑谬误就是强加因果。**王明超的公司经营困难，和陈建全没有任何关系。但是王明超却拿感情作筹码，硬是把自己公司的困难赖在了陈建全头上，好像他们一家如果流落街头就是陈建全的错一样，以此来增加陈建全的愧疚感，达到自己的目的。陈建全可以这样回应他：“我家的情况你也了解，你嫂子全职照顾家里，全家的收入都靠我。我要是帮你暗箱操作，被发现了就得卷铺盖走人，到时候我们一家的生活怎么继续啊？你是我最好的朋友，不会眼睁睁看着我拿下半辈子的前程去玩火吧！”以彼之道还施彼身，你用情感绑架我，我也用相同的方式回应你，看你怎么应对。

赵菲上学时谈了男朋友，毕业后男朋友去了很远的地方工作，但是他们感情很好，经过三年的异地恋，他们决定结婚。父母不愿她远嫁，不断地给她介绍本地青年。母亲苦口婆心地跟她分析嫁得远的危害，最后语重心长地说道：“我是你亲妈，我还能害你不成？我和你爸辛辛苦苦一辈子，不就图你能过得好吗？我们都是为了你啊！”

**情感绑架的第三个逻辑谬误是混淆概念。**“我是为了你好”并不等于“我的意见是对你有益的”，这是两个完全不同的概念。而进行情感绑架的人，往往将其混为一谈，“我是为了你好”，就等于“我的意见是对你有益的”，所以你必须听。赵菲哭笑不得地回应母亲：“妈，怎么感觉我自己就一直想把自己推入火坑一样啊？我已经长大了，我知道路该怎么走。我们是真心相爱的，我觉得和他在一起，才能得到真正的幸福。如果嫁给了别人，我恐怕就会遗憾一辈子，您觉得我还能幸福吗？”先是用反问的方式理清了“为你好”和“意见是有益的”之间的区别，再详细表述自己的想法，赢得母亲的认同。

逻辑是辩论的基础，但是喜欢情感绑架的人，往往用情感代替逻辑。而且，这些人一般还是和我们关系亲近的人。所以，如何用不那么犀利而又蕴含逻辑力量的语言驳倒对方，是一件很考验人的事情。

# 如何用好辩论中的“立”与“破”

卢继元

在辩论中，运用“立”一个论据，“破”对手论点的方法，会使自己的论证在强大的后盾支撑下，以摧枯拉朽之势粉碎对手的论点。

## 立“参照系数”，破“荒诞论点”

叶诗文在奥运会上拿了两块游泳金牌后，西方人攻击：“中国的泳者能有这个能力拿到两块金牌吗？这不正常！这到底有没有服用兴奋剂，很值得怀疑。”我方反击：“自从叶诗文到伦敦后，已经过了三次兴奋剂检测，没有任何问题。她只拿了两块金牌就说不正常，而菲尔普斯在一届奥运会上拿了8块金牌，岂不是更不正常？为何菲尔普斯拿了金牌是超人，而叶诗文有了好的表现就是服用了兴奋剂？难道说只允许别国人破纪录、拿金牌，而中国人取得好成绩就要单独说事，这不是戴有色眼镜吗？现在我只想告诉你，叶诗文的成绩源自于刻苦的训练，而从未使用过禁药，中国人是清白的！”

反方“立”菲尔普斯的参照系数作为论据，破了对手的荒谬论点。这样的一立一破，借代准确，亮剑有力，论点自然稳如磐石。在论辩中，借用第三方打击对方荒诞论点，进而立起的论点，能形成集束火力，会使对手难以招架。我们可以在辩论中借用试试。

## 立“新颖观念”，破“荒谬论点”

在“现代人好沟通（难沟通）”的辩论赛中，反方：“现在有些人我们如果端正态度对他，他嫌你缠他；而当你不把他当回事时，他愤恨你。你贴着他正面瞧他，他说你不懂礼貌；你不去瞧他，他说你高傲自大。一句话，现代人普遍难交往。”正方：“你说的现象只是少数，其实，随着文化和文明素质的提高，现代人的交际和沟通更趋向理性和更高层次的文明。与人沟通，最有效的沟通角度是45°。盯着对方，不是沟通，是对视，看得对方心里发毛；你不看对方，也不是沟通，是避而远之。我们总习惯于0°或90°甚至于负90°角与人沟通，想用这些角度去了解他人的正面、反面或侧面，结果大失所望。而用45°角看人或与人沟通，是最佳的角度。这时候你看人，最美；你倾听，最柔；你说话，最灵。这时候，你的交际对象在你眼里很优秀，而你在对方的眼里最美好。所以，说现代人难沟通是荒谬的。”

在这里，正方推陈出新，借“45°有效沟通”的新颖观念破出了对手荒谬论点，进而取胜。由于角度新颖，所以这样的一立一破，使己方的论据彰显出强大的张力，使论点稳如三足之鼎，也是辩论中俯拾皆是的论证方法，很值得我们在辩论实践中采用。

## 立“伦理道德”，破“荒唐论点”

人民网报道，某湘菜馆的大门上，堂而皇之地打出了一条宣传横幅：“不要告诉别人，你的肚子是被我搞大的！”正方：“这只是商家为了夺人眼球用的一则幽默广告，为的是吸引人们前去消费。在市场经济条件下，商家的促销手段可以是多元的，因此，没有必要为此上纲上线。”反方：“幽默的噱头也好，哗众取宠的广告也罢，拿‘搞大肚子’作卖点，不仅仅潜意识里会将女性消费者置于尴尬境地，也会对青少年产生不良的观感。我国是一个有着五千年文明史的国家，伦理道德的推崇不仅是过去，而且在市场经济条件下的现在和未来更需要发扬光大。而这类低俗的商业营销模式，置伦理于不顾，反映的是一种浮躁式逐利，对社会绝非好事。在时下竞争激烈的餐饮市场，赢得顾客的应是菜品和服务质量，而不是偏离伦理轨道的宣传噱头及邪门炒作。”

反方站在制高点上，立“伦理道德”，破荒唐论点，让对手最终落败。这样一立一破，条分缕析、层次分明，说理充分、立靶精准、反击有力，最终取胜。应该说，这是一种既平常又普遍的论证方法，值得我们在辩论中采用。

辩论中的一立一破，是以“持之有故”的论据反击对手，好比运用了强大的“武器弹药”和“战略战术”武装自己。因此，它能使我们在论战中威猛强大，节节取胜。

# 移花接木的关键是破旧立新

万旭贤

移花接木的论辩方法，关键是剔除对方论据中存在缺陷的部分，换上于我方有利的观点或材料。在论辩中使用这种方法，需要辩手对对方当时的观点和我方立场进行恰当的归纳或演绎，破旧立新，说出新观点。

伪君子对批评家说：“你应该像我这样，少伸食指，多竖大拇指。”批评家问：“为什么呢？”伪君子说：“当你伸出食指去批评、指责别人时，你的另外三个指头却是对着你自己的。”“谢谢你的提醒，”批评家说，“即使如此，我还是愿意继续伸出食指去及时指出别人的缺点和错误；而绝不像你那样，动不动就肉麻地竖起大拇指去吹捧人家，以致让自己的其他四个指头一起在下面表示反对。

拉·洛詹尔说：“巧妙地置疑是一个优秀批评家的重要特征。”伪君子描述食指批评人时其他三个指头的情状，其观点是批评他人时也在指责自己。善于巧妙质疑的批评家找到他用指头类比的缺陷，模仿他的逻辑，说出自己的新观点，指出伪君子表里不一，当面说好话，背地说坏话。批评家移花接木，破旧立新，揭露了伪君子的伪善面孔。

一所监狱的牢房中关了数名重刑犯。有一天，大伙儿翻着杂志闲聊争论，怎样才能让母亲高兴？怎样才算是对母亲孝顺？其中一名犯人指着杂志上的珠宝图片，感叹说：“我母亲如果能戴上这些首饰，一定会很高兴。”一个犯人指着房屋图片说：“如果我母亲有这么一间漂亮的房子多好。”另一个犯人则说：“要是我母亲有一辆车子，就可以常来看我了。”杂志传到最后一名犯人手中，他拿着杂志沉默良久，忽然流下眼泪，说：“如果我母亲有个好儿子，那就好了。不让父母操心，才是最大的孝顺。”

《劝报·亲恩篇》说："时时体贴爹娘意，莫叫爹娘心牵挂。"前面几个囚犯认为，给母亲以物质享受才能让母亲高兴，才算是孝顺。而最后一名囚犯，发现他们只重视物质享受，不重视精神慰藉的缺陷，直言说自己如果不犯法，不让父母操心才是最大的孝顺。这名囚犯移花接木，破旧立新，说出了重视心灵慰藉的观点。

> 弗尔钦在一家餐馆打工，做夜班服务台值班员。有一个星期，员工的晚餐都是同样的东西：两根维也纳小香肠、一堆泡菜和不新鲜的面包。弗尔钦异常不满，说："我忍无可忍了，任何人都无权要我整个星期吃小香肠和泡菜，还要我付账！"刚来上班的夜班查账员沃尔曼说："弗尔钦，你知道你的问题出在哪里吗？不在小香肠和泡菜，不在老板，不在厨师，也不在这份工作。""那么我的问题到底出在哪里？""弗尔钦，你以为自己无所不知，但你不晓得不便和困难的区别。若你弄折了颈骨或者食不果腹，甚至你的房子起了火，那么你的确遇到了困难，其他的都只是不便。生命就是不便，生命中充满种种坎坷。学习把不便和困难分开，你就会活得长久些，而且不会惹得像我这样的人烦恼，晚安。"

米南德说："坎坷的道路上可以看出毛驴的耐力。"弗尔钦面对生活的不便，不停地抱怨。沃尔曼看出了他话语论据中的缺陷，是把生活中的不便无限放大，放大到非常困难的地步。沃尔曼在说服弗尔钦的时候，用移花接木的论辩方法，破旧立新，让他不要混淆不便和苦难的区别，使对方的心情豁然开朗。

泰戈尔说："果实的事业是尊贵的，花的事业是甜美的，但是让我们做叶的事业罢，叶是谦逊地、专心地垂着绿荫的。"移花接木关键是说出新观点，批评家、最后那名囚犯、查账员沃尔曼，都在发现对方话语中有缺陷的基础上，破除其偏颇的旧观点，树立起自己的新观点，使论辩很有说服力。

# 邓芝三招辩服孙权

王一凡

建兴元年秋八月，曹丕欲联合孙权合攻蜀国，孙权虽表面答应，实际却在观望。得此讯息，诸葛亮特派辩士邓芝出使东吴。看邓芝如何妙语说服孙权按兵不动——

## 先发制人，争取主动

因背后有魏，孙权并不惧蜀，邓芝来到的时候，他摆出了“下马威”的阵仗：在宫殿前立一大鼎，内装数百斤滚油，并选千名横眉立目的武士执刀分立两厢。邓芝来到，却没吓倒，反而昂首而行，如入无人之境，直至孙权面前，长揖不拜。权见状，怒喝：“为什么不跪拜？”芝不卑不亢：“上国天使，不拜小邦之主。”权怒不可遏：“你不想想自己身处何境，难道想效仿当年郦食其劝说齐王而死于非命吗？那就快到油鼎中去！”芝哈哈大笑：“世人都说东吴多贤俊，谁想竟惧一儒生！”权不屑：“我东吴何惧你一匹夫？”芝接口：“既不惧邓伯苗，为什么担忧我来劝说你们？”权一愣，一时无语。

先发制人，是先于对手采取行动，以控制住对手。身负重任入吴，纵有天大本事，如果没有说话机会，依然会回天无力。面对孙权摆下的阵仗，邓芝不畏不惧，反而通过激将，逼迫孙权让自己畅所欲言。论辩中，面对对手咄咄逼人的气势，与其唯唯诺诺被牵着“鼻子”走，不如因势而动，先发制人，从而化被动为主动。

## 虚实结合，摇其心志

看孙权一时无语，邓芝悠悠道：“我是一儒生，特为吴国利害而来。不想大王竟陈兵设鼎，度量多么狭小啊？”权愧，赐座：“吴、魏联合何利，何害？”芝道：“大王想与蜀和，还是想与魏和？”权道：“我正想与蜀主讲和，只是恐怕蜀主年轻识浅，不能全始全终。”芝道：“大王世之英豪，‘相父’诸葛亮也是俊杰；蜀有山川之险，吴有三江之固。若两国联合，互为唇齿，进能吞并天下，退则可以鼎足而立。今大王若称臣于魏，魏一定要大王朝觐，让太子作质。如不从，即兴兵来攻，那时，蜀再随后，如此，江南之地，便不复为大王拥有了。如果大王认为我的话不对，我就死在大王面前，来洗掉‘说客’的嫌疑。”说罢，作势往油鼎中跳，权急命止之。

虚实结合，是依据客观事实，辅之以基于事实的合理推断，以增强说服力。邓芝首先拿孙权能见到的事实及切身体验为据，接着设想吴蜀联合、魏吴联合的利害，利害面前，孙权自然心志会有所动摇。论辩中，虚实结合，可以拓展论述的广度和深度，巧用虚实结合，势必会把话砸进对手心窝里。

## 寻隙而动，一击绝杀

已被说动了心的孙权把邓芝请入后殿，以上宾之礼相待，然而此时还没有最终下定决心，于是随意道：“先生的话，正合我的心意。我如今正想与蜀主联合，先生愿意为我作介绍人吗？”不是隆重地派遣使者随自己前往，而只是让自己回去捎个口信，这样的口信，说与不说有什么两样。这样的举动，哪里是想与蜀国真心结盟。芝一听，知权并未痛下决心，便道：“刚才想烹杀小臣的是大王，现在想使唤小臣的还是大王啊！大王尚且狐疑不定，怎么能够取信于人？”权道：“我的心意已决，先生不要怀疑。”说完，郑重挽留邓芝暂住馆驿，待选定使者后与其同往蜀国。

寻隙而动，是找准对手的“漏洞”，引刃而刺，从而达到一击绝杀的目的。孙权初见邓芝，便欲烹之，实属无礼之举；经邓芝一番劝说虽已动心，却不派使者随其入蜀传递结盟之意，又是无礼之举。邓芝抓住这两点，一针见血，最终迫使孙权不再犹疑。论辩中，无意间，对手可能会露出一星半点“破绽”，聪明的辩手往往会抓住这点“破绽”迅疾有力地展开攻击，一招而制敌。

“一语而胜百万雄兵”，邓芝的连环“三招”，环环紧扣，步步为营，逻辑严密，气势充沛，确实令人信服。

# 归谬反驳，让对方露出狐狸尾巴

法庭上，别看辩敌总是滔滔不绝，威风八面，也别看他们的观点如何冠冕堂皇，看似无懈可击；只要你运用归谬反驳法，究其一点使之得出荒谬结论，照样能使对方露出狐狸尾巴。

## 推导归谬

广东某化工厂因违规排污，造成地下水严重污染。厂长被公诉到法院，有可能被处以刑罚，便串通证人汪某翻证，以撤销关键证据。庭审中，被告律师宣称："证人汪某患有思维错乱症，话怎么假怎么说，总是说假话，包括他对本案的证词。"被告律师的用意，是要推翻证人的证词，以使被告减轻或逃脱罪责。此时，公诉人迅速将目光转向证人，问道："你有思维错乱症，所以，能保证你所说的每一句话都是假的。是吗？"证人愣了一下，然后点头说"是"。公诉人说："既然你说的每一句话都是假的，那么你刚才点头说'是'，承认自己说的每一句话都是假的，也应该是假的。你究竟是要法庭相信你的什么呢？"证人被公诉人绕晕了，不知道说什么好，被告律师的表情也很无奈，不再发声了。

公诉人根据辩敌的话语，推导出新的论点——"证人说的每一句话都是假的"也是假的，这显然讲不通，与被告律师的论点"他说的每一句话都是假的"相冲突，辩护人辩词的荒谬突显出来，再没有了狡辩的底气。从辩敌论点推导出荒谬论点，就等于封死了辩敌的命门，让对方毫无还手之力。

## 矛盾归谬

陕西某法院审理一起文物盗窃案。法庭上，辩护人对文物的价格鉴定有异议，法庭辩护发言说："赃物未追回，唯一能见到的只有照片，而没有实物，凭什么估价那么高？砍下三分之二还差不多。如果公诉人想从重处罚犯罪嫌疑人，可以向法庭提示从重情节，怎么能以高估价加重当事人罪责呢？”公诉人辩答说：“文物估价，是物价部门会同文物部门专家根据照片和文字记载，进行市场调查后做出的，确实没有实物参照。既然专家没见过赃物，估价有偏差，辩护人也没有见过赃物，甚至连赃物的照片都没有仔细察看过，同样不能断言失窃文物的估价。那么，‘砍下三分之二还差不多’，是根据什么讲的呢？”此时，辩护人无言以对。

辩护人以“赃物未追回”为借口，对文物估价过高提出质疑，公诉人同样借“赃物未追回”，得出没见过赃物便没有理由断言估价高低的结论。法庭上，一味强调己方的论点和主张，其辩词难免顾此失彼，留下漏洞。这时候，及时抓住对方辩词的漏洞归谬，“以子之矛，陷子之盾”，便可让辩敌有口难言，无法自圆其说。

## 引申归谬

在一起假种子坑农案中，辩护人提出：“我的当事人出售了假种子，确实给农民造成损失。但远没有像公诉人讲的那样，造成巨大损失。多数农民发现种了假种子，便采取果断措施补救，改种其他作物，已经将损失减少到最低。因而，说假种子给农民造成巨大损失，无疑是对被告进行有罪渲染。”公诉人说：“按照辩护人的说法，两万亩土地一定要颗粒无收，光投入不产出，连一棵草都不要长，才算损失巨大。那些挨坑的农民应该置一年的收成于不顾，土地荒芜了也不要补救，保留受害原状，才能证实被害程度，才能是损失巨大。”辩护人听了，只是低头不语，没有再继续申辩。

公诉人根据辩护人假种子没有给农民造成“巨大损失”的论点，引申出两万亩土地不加补救，颗粒无收，才算巨大损失的论点，显然荒谬至极，辩护人再无法招架。法庭论辩，辩敌抛出似是而非的论点，你无须迎头痛击，而是从辩敌的观点中引申出荒谬结论，实际已经驳倒了对方的论点，让其再没有了周旋的余地。

法庭论辩，运用归谬法打掉辩敌的荒谬论点，是一种“破”。但要确立正确的观点，之后还需要辅以反证，让正确的观点立起来。要“立”，首先要“破”，这就是归谬反驳的精髓。

# 交际指南

JIAOJI ZHINAN

# 把你的脚伸进别人鞋里

海　炎

一个男子抱着刚刚1岁的孩子进超市，他把孩子放下，挑选东西，不一会儿，孩子就哭着让抱。他抱起孩子一起挑选，孩子瞬间就不哭了。当他再次把孩子放下，孩子又哭起来。他对孩子说："你哭什么？这不给你买东西呢吗？"一旁的售货员说："你蹲下来，和孩子一样的高度，再抬头看看两旁的货架，你就能明白孩子为什么哭了。"男子蹲下来，抬头仰望两旁的货架，感觉到压抑。他终于明白孩子为什么哭了。

很多时候，你不经历就无法获得真实的体会。对于成年人来说，超市里的货架，不会带来压抑的感觉，可对于1岁的孩子来说，则完全不一样。如果成年人不能蹲下来，从和孩子一样的视角去看，是无法体会到孩子内心所感受的压抑和恐惧。《杀死一只知更鸟》里有句话说得好："你永远不可能真的了解一个人，除非你穿上他的鞋子走来走去，站在他的角度考虑问题。"把自己的脚放进别人的鞋里，你才能理解别人的感受和处境。

林冉是广州一家医院的医生，常常收到患者家属送来的锦旗，他对病人及其家属特别有耐心。有一天，看病的人特别多。有位病人的家属吵吵嚷嚷，批评医院手续复杂，看病等待时间太长。面对病人家属的怒气，林冉依然微笑着劝他熄火，一直耐心地和他交谈病情。病人家属满意地离开。有排队等候的人为林冉鸣不平，"这人素质真低，有火不能冲你们医生发。"林冉却说："理解，谁的家人生病了，心里都着急，希望能赶快看病，能快点好起来。如果有火能发出来，对他身体好，这也是我们医生所希望看到的。"林冉一番话说完，等候的病人纷纷夸赞他。

面对病人家属的怒气和不礼貌，林冉没有生气，依然保持耐心和微笑，是因为他站到患者家属的角度考虑问题，理解家人生病时家属的心情。这样的理解透出医德，也透出为人的修养。若患者、患者家属和医生都能如此，彼此理解，哪里还会有医患矛盾呢？凡事站在别人的角度想一想，换位思考，就有了理解，少了苛责，没了矛盾。所谓共情能力，就是一种能设身处地体验他人处境，从而达到感受和理解他人情感的能力。这是善良，也是高情商。

"船王"包玉刚在从事航运业之初，曾遭遇一位客户赖账，包玉刚和这位客户关系很好，有些交情。当时，包玉刚只想把时间和精力用在自己的事业上，并没有计较。过了两年后，这位客户生意上遇到危机，向包玉刚求助。原本以为包玉刚会借机翻旧账，羞辱他一番。不承想，包玉刚根本没有提及旧事，很爽快地借钱给他。有人问包玉刚，为何会借钱给一个不守信用的人。包玉刚说："一个人如果不是实在走投无路，是不可能向他伤害过的人求助的。他应该是能借钱的都求过了，实在没有办法才找到我，他心里应该承受着巨大的压力。如果我再不帮他，他就真的完了，这样的忙，是一定要帮的。"

包玉刚的以德报怨，源自于他的理解和宽容。他明白对方若不是走投无路，是不会向他求助，知道对方承受的心理压力。换个角度，看待万物，便是善良。心怀悲悯，互相体谅，才是人情。善于理解和体谅别人的人都是通情达理的，他们都心性豁达，谦逊克己。

把你的脚伸进别人鞋里，体验一下别人的感受，才能知道别人走过来的酸甜苦辣。人与人之间永远是相互的。真正有修养的人都会将心比心，理解别人的不易，体谅别人的难处，设身处地地体验他人的处境，才能营造出良好的人际关系，赢得别人的尊重。

# 卑以自牧

忠毅村人

《易经》有云：“谦谦君子，卑以自牧。”意思是说，君子在为人处世时，都会放低姿态，谦卑自守。生活中，我们若能低调行事，谦逊待人，自会深得人心，赢得尊重。

何泽慧是中国第一位物理学女博士，中科院第一位女院士，有“中国的居里夫人”之美誉；可在1994年科学出版社出版的《中国现代科学家传记大辞典》第六集“物理学”部分中，竟然没有她的传记。直至最后的“附录”，才收入何泽慧的一个小传；对此，该书编者特别说明道：“此篇传记虽早已约稿，但何泽慧先生却反复谦让，不同意立传，后在有关部门一再要求和催促下，作者才着手撰写并于全书付印前交稿。因全书页码已定，不便插入相应学科，故补排在最后。”一次接受采访时，记者问：“为何在有关部门一再要求和催促后才写个小传。”她笑道：“我只是为国家做了些应该做的事，谈不上有多大贡献，不值得大书特书的。”

何泽慧虽成就卓著，享有世界声誉，可她却淡泊名利，反复谦让，以致经有关部门一再要求和催促后才在“辞典”中叨陪末座；这种发自内心的谦卑，当能让那些追名逐利者为之汗颜吧？星云大师曾说：“只有灵魂安放高处的人，才能真正地低调做人。”何泽慧一心想着为国家多做贡献，自然也就会拥有一种忘却小我的高境界。

1993年8月，《白鹿原》在西安首发时，新华书店决定印制一张作者的精美名片，随书赠给读者。当书店经理严建设将样品送给该书作者陈忠实过目时，看到上面赫然印有“现代小说大师陈忠实”字样，陈忠实随即道：“我是大师？还远远不及大师的格呢！”接着就拿起一支笔在“大师”后加上一个“傅”字。见此，严建设便笑：“陈老师，这个字加上去，很土气啊。”陈忠实则一脸认真：“严经理，我只是写了一部读者勉强能接受的小说，怎么敢称‘大师’？充其量也就是个写字的大师傅罢了。如果有了一点小成就就给自己戴上不合适的大帽子，不仅我自己不舒服，后人也会笑话我们的。这名片必须改！”最终，读者收到的是一张印有“现代小说大师傅陈忠实”的名片。

陈忠实在名片上只加一个字，便将一位作家谦卑自守的高境界深深印在了广大读者的心里。《战国策》有云：“贤者任重而行恭，知者功大而辞顺。”意思是说：有才能、有道德的人，举止上谦恭有礼；有智慧、有见识的人，言辞上表现和顺。一个精神世界充实的人，就会自信而不自大，狂放却不狂妄，自然也就不需要外界的标榜来抬高自己。

英国女王伊丽莎白是著名画家卢西安·弗洛伊德的粉丝，不仅收藏了他的大量画作，还曾请他给自己画肖像。1969年的一天，伊丽莎白亲赴弗洛伊德住处求画时，不巧赶上作息少有规律的弗洛伊德正在睡觉。考虑到女王工作很忙，时间非常宝贵，随从就想让弗洛伊德的家人把他叫醒；闻此，女王便阻止说：“是我们贸然造访，怎么好再打扰他的休息呢？就让画家多睡一会儿吧，我可以等的。”待弗洛伊德醒来，得知女王为尊重他的休息时间，竟在外面等了近一个小时后，不禁感慨道：“阁下如此体恤在下，真让我感动莫名啊！”女王则开玩笑道：“我是来向你求画的，怕你不给我好好画，才不敢叫醒你呀。”

贵为女王，却宁愿放下身段，苦等画家睡醒；如此卑己尊人，怎能不让对方感动莫名，进而由衷敬佩？《中庸》有云：“水低成海，人低成王。”谦卑的美德，体现在待人接物的文明举止，体现在为人处世的信任尊重。做人低调谦卑，就能获得他人的敬重；因为，让一个人高贵的，从来就不是出身，甚至也不是能力，而是其境界和修养。

谦卑是一种大智慧，是一种高境界。无论我们名有多显、位有多高、钱有多丰，都应该始终保有谦卑之态；因为，这是一种难能可贵的做人品质与处世哲学。

# 别慷他人之慨

韩小寒

前几年，在老家的县城买了一个三居室，所在的小区离学校很近，我想租出去。十一回老家，亲友们聚会，恰好二姨家的孙女，也就是我表弟的孩子刚入学，想在附近租房子住。他提出租我家的房子。我想是亲戚，租给自己人也放心，租金就便宜点。按照市场价，每月的租金大概在800元左右，我主动提出每月600元，一年按10个月来算租金，每年给我6000元就可以。二姨和表弟他们一家人都还没表态，舅妈说：“什么6000元啊，都是亲戚，我看就5000元吧。你也不缺那千儿八百的。”舅妈这话一说，当着那么多人的面，我也只能同意了。表弟说：“还是舅妈疼我啊！”我听了，心里特别不舒服。明明是我付出了真金白银，舅妈就一句话，落了人情。

慷慨大方的人，谁都喜欢。那是真善良，毕竟慷慨大方是需要拿出真金白银的。然而，有一种人也是慷慨大方，只不过，是慷他人之慨，也就是利用他人的财物作人情或装饰场面。这种人，就让人厌恶了。真正的慷慨和善良，一定是建立在自己真心的付出上。慷他人之慨是善良吗？不，那是伪善。

有次坐火车，特意选了下铺。刚安顿好，进来一个大爷，瞅瞅上铺，说：“这么高，上去还真不容易啊。”这时，中铺大姐热情地说：“你这把年纪怎么不买下铺啊，这上下多不方便，和小伙子商量商量，换一下吧。年轻人利索，做做好事，照顾照顾老年人。”大姐说完看看我。那一刻我有点被绑架的感觉，若大爷提出和我换一下，我真的不会犹豫。可中铺的大姐提出来，让我觉得别扭。我说：“大姐，我看你也是个热心人，我把下铺让给大爷，咱俩换一下，你上铺，如何？”大姐一听，马上拉下脸说：

“关我什么事？”最后我还是把下铺让给了老大爷，这是我心甘情愿让的。我提出和大姐换铺位，只不过是想撕下她伪善的面具而已。我想，如果下铺属于她，她应该不会爽快地让给大爷。这种人就是典型的慷他人之慨。

古语云：“慷他人之慨，解旁人之囊，暖之盗，德之贼也。”这种人相当讨厌，嘴上说的是冠冕堂皇，义正词严，实际上是利用别人来构筑自己的高大，零成本地展露人性光辉。事不关己时永远都是高尚的、正义的、最善良、最大度的。但是一牵扯到自己的利益，就会立马变了嘴脸。这种人，怎会招人待见？

和几个开同款车的朋友成立了一个俱乐部，谁那儿有喜事用车，大家都互相照应一下，捎带手赚点外快，彼此安好。有一天老胡在群里说，他的发小要结婚了，需要用车，希望大家帮忙。于是，那天有空的朋友都去捧了场。谁料在当天晚上的宴席上，老胡没有让发小像以前用车的朋友那样给大家应有的报酬，而是自作主张替每个人象征性地收了100块油钱。大家拿着这区区100块钱，心里不免有点不大舒服，毕竟老胡的行为确实让人不爽。虽然大家当时没有说什么，但事后大家私下里也都说：“他发小，又不是我们的啊，大家伙张罗兄弟们跑活，都给喜钱分，这兄弟关系才能细水长流地交下去，他凭什么招呼不打一个，就让咱们出着时间、车子，来替他圆这份‘仗义’？”后来，大家跟老胡的关系也慢慢疏远了。

像老胡这种人，就是典型的慷他人之慨。慷他人之慨，非但不是一种善良，其实更是一种让人深恶痛绝的恶。他们所谓的大方，只是要求别人付出，而自己只是站在道德的高地上动动嘴。这种嘴上的好人，以道德和善良的名义去绑架别人，自己却不想多付出。你若让他多付出，他很快就能把道德和善良扔到一边，坚决不同意。

慷他人之慨是个特别短视的行为，换句话叫格局小，同时也不道德。这种人，注定不会受人尊重和喜爱的。

# 不因人之过，而亡人之功

刘爱军

《吕氏春秋·注》有一句话，“念人之过，必亡人之功”。意思是说，总是记着他人的错误，就会抹杀他人的功绩。在与人交往中，我们要做到不因人之过，而亡人之功。

## 关心信任，主动扶持

1964年，数学家德·勃兰治向外界宣布，他解决了困扰全世界数学家整整68年的难题“比贝尔巴赫猜想”。不幸的是，他的证明里有一个错误。当错误被别人发现后，不仅他的证明被否定，连他这个人也被否定了。在另一所大学工作的数学家樊畿教授得知后，对身处逆境的德·勃兰治给予了无私的援助。樊畿不仅鼓励德·勃兰治和他一起研究课题，而且把他写的文章发表在自己负责的刊物上。樊畿说：“德·勃兰治犯的错误，是一个隐藏得很深、极其不容易发现的错误，他用了别人的一个结果，上了别人的当！只要过了这个坎，他就可以做出史无前例的贡献。”多年后，德·勃兰治成功地解决了“比贝尔巴赫猜想”。

在樊畿看来，德·勃兰治虽然犯了错，但他完全能够以此为鉴，走上正途，并取得最终的突破和贡献，所以樊畿帮助对方渡过了难关。约瑟夫·鲁说：“信任是友谊的重要空气，这种空气减少多少，友谊也会相应消失多少。”面对他人的过错，我们的关心和信任，会肯定他人的自我价值，进而最大限度地去弥补过失。

## 正直无私，不计前嫌

北宋时，王曙被朝廷任命为西京留守。当时，欧阳修任西京留守司法官，由于前任西京留守的宽容，欧阳修等一干文坛泰斗趣味相投，他们经常在工作时间外出游玩、饮宴，不加节制。王曙上任后，对他们屡加劝诫。可欧阳修不但不听，还反唇相讥。后来，王曙被朝廷召回，任职枢密使，他第一时间举荐欧阳修到馆阁供职，做书籍的编纂工作。朋友对王曙说：“当日西京时，欧阳修疏于公务，而且出言顶撞于你，今日你为何还要举荐他们呢？”王曙说：“对欧阳修等人的过错，自是他们自身的瑕疵，但瑕不掩瑜，他们的才华举世少有，我对其也是欣赏有加。如果因此就不给他们机会，不但埋没了他们，更是朝廷的一大损失。”

在机会面前，王曙想的不是报复和打击欧阳修昔日对自己的不敬，而是惜才爱才，将其举荐给朝廷，让他发挥更大的作用。戚继光说：“正直无私，扬眉吐气，我不怕人，人皆敬我，就是天堂快乐之境，此为将之根本。”一个人能够忘记个人的私怨，以大局为重，公正地去对待他人，这样的人必定会受到尊崇，赢得世人的爱戴。

## 理解接纳，心怀感恩

1943 年冬天，新四军 3 师 7 旅 19 团团长胡炳云，率部在淮阴县小圩村一带的群众家宿营。一天早晨，群众家里准备了山芋干稀饭作为早饭。山芋干发霉了，有的战士实在难以下咽，就用筷子把山芋干挑出来，偷偷丢在了地上。这时，胡炳云看到掉在地上的山芋干，明白了事情的来龙去脉。胡炳云捡起地上的一根山芋干，放在清水中涮涮，丢进嘴里嚼嚼，咽下肚子，说：“很好吃啊！老乡虽然不该给我们吃发霉的山芋，但是他们但凡有一点办法，也不会这么去做。发霉的山芋再不好吃，也能填饱肚子，帮助我们行军打仗。我们心里怀着对乡亲们的感激，就会好好吃下去，打败国民党，帮老百姓过上好日子。”战士们看到团长带头了，便纷纷把地上的山芋干又捡起来，洗涮一下，丢进嘴里嚼，边嚼边说“好吃”。

胡炳云没有和战士们一起扔掉发霉的山芋干，是因为他明白群众的艰苦，反而以此事激励战士们要打胜仗，让老百姓过上好日子。虽然在某些事情上别人有过失，如果我们能够既往不咎，从积极的方面去思考，就会将不利变为有利，为我们赢得更多的战机。

无论何时，我们都要把眼光放长远一些，不要只记着过错，而看不到功劳，不要让努力付出的人感到伤心，这样才能扭转局势，使事情向着良性的方向发展。

# 当心，有意即差

东　山

沈括在《梦溪笔谈》里有一句话是："人不可有意，有意即差。"意思是做事要依从本心不能有所企图，一旦有所图，结局必不圆满。沈括这句话是有感而发。在庆历年间，谏官李兢因言语犯上，被贬到湖南，当时被贬的京官，大多都能再获重用。因此都监范亢觉得李兢在落难时帮他一把，将来他东山再起，定会有所回报。于是范亢变卖家产，换成真金白银送给李兢做盘缠。但世事难料，李兢一到湖南就一病不起，最终撒手人寰。范亢无比郁闷、积郁成疾。"人不可有意，有意即差"，沈括这句话就是评价范亢的。

前年，我弟弟考上了南开大学，临开学前，我爸请了弟弟的多位老师，还有乡亲们。有的乡亲表示心意，给弟弟拿上个三五百元的，爸爸一一收下，都记下来，说将来别人家有事的时候再还礼。村里一位开矿的叔叔给弟弟包了一个两万元的红包，对我弟弟说："以后需要钱的时候尽管开口，在学校，千万别委屈了自己。"我爸说："太多了，钱不能收，心意领了。"叔叔说："怎么不能收？我大侄子是咱村第一个名牌大学的学生，可喜可贺，将来有出息了，老叔找你帮忙，你可别不认识。说真的，老叔早就觉得你小子行，将来能当大官，到时候老叔求你办事，可得给面子啊。"我弟弟不知说啥好，只能笑笑。没过几天，我爸就把钱退给了叔叔。我爸对我说："这么多钱可不是单纯地表示心意的，像投资，拿了就手短。若真有他说的那一天，那不是给你弟弟出难题吗？"

陈果说："真正的朋友应该是无用的，无功利之用。"别人送钱，只是聊表心意，正常的礼尚往来。包两万元红包的叔叔看上去大方，实际上有"投资"的想法，让人不敢接受，这就是有意即差。人情往来是为了增进感情，和谐人际关系，一旦有了功利心，交往便成了交易，就没有了人情味。怀着功利心交往，所有关系都成了利益的产物，是为了获得一定的利益而服务的，让人生厌。

在别人需要帮助时，出于善良而伸出援手，结果多是美好的，一旦有所企图，结局必难如人意。张钰两个孩子都上小学，她辞职在家，专门带孩子。学校没有食堂，张钰每天给孩子做饭。邻居家两口子都上班，中午还得去学校接孩子，带孩子吃饭。看到他们辛苦，张钰便想帮他们一把，她去接孩子时一起接回家，让邻居家的孩子中午在自己家吃饭，邻居每月给她 1000 元钱。

小区还有几位没时间给孩子做午饭的家长听说了，就建议张钰在家开个小饭桌，给孩子们做午饭。看到家长们的热切求助，张钰答应了，每个孩子收 1000 元钱，总共 5 个孩子。一开始皆大欢喜，孩子们有人照顾，张钰也能有所结余，补贴家用。可后来，张钰便觉得自己辛苦，家长们应该给她更多的报酬。她委婉地提出来，能不能把钱涨到 1200 元。家长们没有同意，张钰便心生不满，给孩子们做饭也不用心了，买的食材也拣便宜的买，自己家的孩子吃饭都单独在一个房间里吃不同的。有一天，两个孩子吃坏了肚子，家长批评张钰对孩子不负责，发生了争吵。原本和谐的关系变成了陌路，家长们一致决定不让孩子在张钰家吃饭了。

无论做什么事情，一旦背离初衷，结局必定不好。张钰本意是帮助左邻右舍，可看到有利可图，便改变了初心。适当的报酬是合理的，但超越了限度就变味了。她对利益的追求没有得到满足，便心生不满，导致了矛盾，这就是典型的有意即差。金钱、物质利益最容易让人“差”，蒙蔽人的心智，让人失去本心。经得起诱惑和考验的人都是人品过硬、值得交往的。否则，离得越远越好。

一个人功利心太强，短期看，也许没什么。但长期下去，心态、做事方法、社交生活等方面都会出现偏差。心灵一旦偏离了航向，人就不可能到达理想的目的地。当心，别让“有意即差”毁了你的人际关系。

# 见事贵乎理明

王章材

是仪在孙权手下任职时，典校郎吕壹诬告原江夏太守刁嘉诽谤国家大政，孙权便将刁嘉关进监狱。审问那天，孙权问在场的大臣们："你们曾听到过刁嘉的诽谤之言吗？"大臣们害怕吕壹的权势，便违心地说："我们听到过！"孙权刚要点头，是仪却大声说道："我从来没有听到刁嘉诽谤朝廷的话！"孙权见是仪提出不同意见，就让有关部门重新审查。于是，吕壹便利用手中的权力追查是仪，想逼他就范，审问人员对他说："只要你承认听过刁嘉的诽谤之言，朝廷就不会追究你的责任。"是仪却堂堂正正地回答："如今刀锯已经架在我的脖子上了，我怎能还替刁嘉隐瞒而自取灭亡呢？但我自问应有公正之心，知晓的东西也应有来龙去脉！"是仪的态度引起了孙权的警觉，调查清楚后便释放了是仪和刁嘉。

《格言联璧》有句名言："见事贵乎理明，处事贵乎心公。"意思是，看待事的可贵之处在于明理，处事的可贵之处在于内心公平。趋利避害、明哲保身是人的一种本能，因此，在他人倒霉的时候，很多人的选择是与之划清界限，以免受到牵连。是仪却能坚守内心的公平，挺身而出替当事人说话，对诽谤一事应对得公平、公正，表现出明理，令我们肃然起敬。

英国生物化学家霍顿出身寒门，他凭借自己的刻苦钻研，在白金汉郡塞尔实验室参与丙型肝炎研究。有一次，伦敦大学校长珀内尔让他去采购一些实验仪器。他发现有一部分仪器并不在采购清单之列，当即要求退掉。供应商阿诺德私下求情说："这些仅仅只是很少的一部分，都签收了吧。只要你肯点头，我愿意给你些折扣，并保证下不为例。"面对金钱的诱惑，霍顿没有丝毫动摇："如果你是校长珀内尔先生，你能同意让学校花钱购买并不需要的东西吗？"阿诺德低头不语。霍顿继续说："珀内尔先生让我来验收是相信我，我怎能辜负他？我是代表他来签收，他希望我怎么做，我就怎么做，因为我们都代表着学校的利益。”阿诺德只好打消打包销售的念头。不久，霍顿就被珀内尔升任为实验室主任。

科学家霍顿将集体的事情看成自己的事情，不以人情做公家的事情，而是荣辱相连，紧紧地把自己和集体的利益捆绑在一起，这种换位思考正是明理的表现。古罗马政治家塞内加说：“公正是人们心目中最神圣的美德。”在关键时刻，明理会显现出它更大的价值，你内心公正的做法也会让你达到想象不到的高度。

作为中科院广州再生医学与健康实验室主持人的彭广敦，其重头工作就是在实验室里获取不同发育时间的胚胎样品，进而描绘出全景式图谱。两年后，这部“电影短片”终于完成。彭广敦立即把成果公布在国际权威学术期刊上，他的同事很不解，因为这样做相当于把自己的科研成果拱手让人。面对同事的困惑，彭广敦说：“科研上创新需要跨学科的技术人才，大家都不是孤立地存在。当多个学科共同聚焦于一个问题时，往往能产生意想不到的解决方案。我们有可能提供一个‘慢车道’或者‘分岔路’，我希望有更多的科学家参与进来，就好比以前做出了时长十秒的电影，以后能放上几分钟、甚至更久，也可以加入更多的‘叙事手段’来，把电影变成一个多彩的‘声情并茂’的故事！”听后，大家纷纷点头称是。

对于未知世界的探索，彭广敦不是夜郎自大、固步自封，而是把成果公之于众，目的是希望有更多的科学家参与到实验中来。彭广敦看待事情的可贵处在于明理，吸纳更好的人才和智慧，从而有益于研究工作并产生长远的效应。在交际中，我们要能够明辨是非，选择更好的途径，来实现我们想要达到的目标。

《荀子》中说：“公生明，偏生暗。”交际中，如果我们处事明理，就不会被自己的私欲所羁绊，不被事情的表面现象所迷惑，做出公正恰当的处理，从而拥有和谐健康的人际关系。

# 劳谦虚己，则附之者众

老　侯

东晋思想家葛洪说：“劳谦虚己，则附之者众；骄慢倨傲，则去之者多。”人际交往中，一个勤劳、勤恳、勤快又谦逊、谦恭、谦和的人，会有很多人亲近他。

“中国可持续发展油气资源战略研究”项目启动后，著名石油化工科学家侯祥麟院士担任课题组组长，中国工程院副院长杜祥琬院士被聘为项目顾问。颁发聘书的时候，侯祥麟距离杜祥琬有几个座位远，可是91岁高龄的他仍然不顾年迈，从座位上起身，双手捧着聘书，颤巍巍地绕过办公桌，走到杜祥琬面前，亲手将聘书交到他的手中。此时的杜祥琬65岁，侯老的举动令他十分感动，有受宠若惊的感觉，他赶忙站起来迎上前去，接了聘书，连声说：“我是侯老的兵，您聘我做学生还可以，做顾问真是不敢当！”如今，侯祥麟已去世，但这件事令杜祥琬难以忘怀。他说：“侯老是一个丰满、生动的人，人情味很重，浑身散发着人格魅力。”

劳谦虚己的人总是眼睛向下、脚步向下、俯下身子，绝不以居高临下的姿态待人。侯祥麟是两院院士，是我国炼油技术奠基人，以他的年龄、资格、地位，他在台上颁发聘书时完全可以高坐不动，招呼受聘者到他跟前领受聘书，而他却能降尊纡贵，亲自趋前颁授，展现了他礼贤下士、器重他人的良好品德。这怎能不让人感到亲切和敬佩呢！

著名医学家王振义在培养研究生陈国强时，陈国强写出了近2万字的论文，王振义白天工作繁忙，就利用晚上的时间帮其一遍遍修改，陈国强就根据修改的内容一遍遍整理。王振义极其严谨认真，不厌其烦，先后改了10遍。王振义还多次把陈国强叫到家里一起吃晚饭，一放下碗筷，师生俩就一头扎进了论文。多少个夜晚，多少次交流，使得陈国强的论文成为一篇高质量的论文。等到发表时，陈国强不忘恩师的辛苦付出，把王振义的名字署上，而王振义坚持不参加署名，目的是让年轻的研究骨干脱颖而出。当陈国强表达感激时，王振义却谦虚地说："我的学术水平并不见得比你们高深，我也需要不断学习，不求上进的老师培养不出好学生。"

劳谦虚己的人总是甘为人梯、"甘为他人做嫁衣"，同时又不伐己功，不矜己能。王振义对待学生的论文不是粗略指点，只动口不动手，而是字斟句酌，反复推敲，亲自修改。一字一句总关情，鲁迅说："在人生的路上，将血一滴一滴地滴过去，去饲别人。虽自觉渐渐瘦弱，也以为快活。"可谓道出了劳谦虚己的真谛。

电视剧《先结婚后恋爱》的制片人兼总编剧宫凯波跟牛犇聊角色，聊得很愉快，牛犇立即决定出演。但谈到演出费的问题时，牛犇的回答却十分有个人性格："行，你这样，看你加不加戏？加戏，钱还可以少。戏越多越便宜。"这话让宫凯波听得心里热乎乎的。在片场的牛犇演技没得说，已是耄耋之年的他还十分勤快，主动为剧组分担一些活计，他的手特别巧，遇到木工、电工类的活，他都帮着做。有太忙的演员，他还会帮忙照顾孩子。剧组的人员都很喜欢他，有人说："牛犇老师，你真是牛不停蹄呀！"牛犇听后幽默又谦逊地说："我是像牛一样的，四头牛和十六只蹄子停不下来啊。我也是秋后的蚂蚱，还在拼命蹦跶。"

劳谦虚己的人总是只求奉献，不求索取，造福他人。按照惯性思维，一个演员往往是戏越多，钱越高。但在牛犇身上却是"戏越多，片酬越低"。他真的好像一头牛，吃下去的是草，挤出来的是奶。身为老艺术家的他从来不觉得自己多么高贵，总是以渺小的态度去演戏、去为人处世，去助人达人，将劳谦虚己做到了极致。

一个人大为谦卑的时候，正是他最接近高贵的时候。谁越具有勤劳谦持、虚己待人的美德，跟随、亲近他的人就越多；反之，谁骄横傲慢、盛气凌人，即使是他身边的人也会很快离去。

# 理解的两条腿

落　尘

在月度评比中，这个小组所有外卖员总结一个月以来的成绩。刚刚成为外卖员不久的年轻人向大家抱怨："现在的人真难伺候，今天下雨了，我辛辛苦苦把餐送过去，竟然还得了一个差评，扣了100块。"有老员工问："你为什么经常被打差评啊？"年轻人气愤地说："现在的人一点都不理解我们。"我们打开他的评分页面，才发现大部分打差评的原因是因为迟到。年轻人辩解："跑一趟不容易，我想多挣一个单的钱，只是多等几分钟，这又不是天大的事！"老员工说："我们一个月也不可能次次准时，然而每次迟到都是迫不得已，比如下雨、堵车，但我们尽全力希望能准时送达。而你是能准时送达，但为了多挣钱而没有准时。"年轻人低下了头。

当你都不拿别人当回事，不理解别人，还有什么权利要求别人理解你呢?我相信这个年轻人一直都陷于矛盾中。如果准时送餐，就可能少挣钱；但是为了多等一个单，就可能超过约定的时间。当他埋怨别人不理解自己的时候，实际上只看到了自己的需求，却把别人的需求踩在了脚下。还要求别人大度一点，理解一点，这真是天方夜谭。别人之所以不理解你，是因为你没有尽最大努力去做，为了一己私利而不顾别人的损失。

赵立华刚来单位的时候，我们对他的印象其实挺好的，聪明、口才也不错。部门需要建立数据库，需要所有同事一起添加数据。大家都加班加点地添加，但是他下了班之后总是加一会儿班就走了。刚开始大家认为他效率高，后来数据库投入使用后，每次有异常或者缺少数据，基本上都是因为赵立华负责的板块。我提醒他两次，他就说：我是新员工，我已经很努力工作了，已经做到最好了。你们为啥总是挑剔我？大家一听，愣了，后来纷纷疏远他了。缺少数据，或者数据有误，完全是可以避免的问题，到了他那里，却成了我们不理解他，好像对他有意见。后来，赵立华离开公司，从他的朋友圈看到，原来那段时间他正在准备研究生考试。

大家之所以与赵立华疏远，并不是因为大家针对他，不理解他。问题在于，他把时间花在个人的事情上，却没有尽心尽力完成本职工作。每个人都有自己的不同目标，但是属于自己的职责，就必须承担，这是一个人起码的素养。不是别人不理解你的难处，而是你压根没有把别人放在心上，怎么能获得别人的认可呢？

有一次，我答应帮助同事一起到外地洽谈一个项目。时间临近，我家里出现了紧急情况，我哥哥突然住院。由于他一直没有结婚，我是他唯一的亲人。我只能放弃和同事去外地，陪哥哥一起在医院里。这次完了，这位同事心里该非常怨恨我了。我便请单位另一个非常要好的朋友代替我前往。除了把备好的资料都提供给他，我还仔细列举了洽谈过程中可能出现的各种问题，提供了可能用到的方案。他们出发时，我能看到那位同事一脸的不快。后来，虽然相隔千里，我仍然关注着这次洽谈，出现了问题，就动用所有力量提供解决方案。那天，我接到同事的电话，他说："本来我很生气，如果项目失败了，我们多少辛苦都白费。不过我还是要感谢你，你家里出那么大事，还加班搞方案。放心吧，对方很满意，你可以放心了。"那一刻，我终于如释重负："谢谢你的理解。"

我心里也很感慨，如果我因为家里有事，就对这个项目不闻不问了，不仅可能损失了一个项目，可能还会失去这个好同事。最开始，同事肯定对我有怨言，毕竟是因为我造成项目危机。但后来看到我尽心尽力地远程关注这次的洽谈，他就明白了我的迫不得已。有句话说得好：将心比心，才能换来真诚以待。

理解需要两条腿，只有任何一条都无法直立。这就是需要两个人互相理解，缺一不可。不理解别人而要求别人理解你，是天大的笑话。

# 你我他都是别人的环境

孙 勇

最近流行一句正能量的话：你我他都是别人的环境。这句话具有深刻的内涵，值得我们思考。

想起歌手李泉的事。在参加央视的《梦想星搭档》期间，李泉的父亲去世了，他处理完父亲的后事又继续参与节目。不管是在排练期间还是在节目录制的时候，李泉都是若无其事，像往常一样，从来不把自己的悲伤流露出来。主持人撒贝宁私下问李泉："你靠什么支撑，来掩饰自己的悲伤，一丝一毫也不流露于人。"李泉说："无论多悲伤，那都是我个人的事情，我不能把悲伤带在脸上，影响别人的情绪，破坏了气氛，更不能影响节目的录制。以不高兴的面孔去面对别人，这是不负责任。"李泉的一番话，让当时在场的人都鼓起掌来。

李泉能强忍悲伤，是不想影响别人的情绪。这是与人交往和相处的一种境界。没有人喜欢看别人不高兴的脸色，因此而影响自己的心情。对于别人而言，你的脸色就是他所处的环境，他所要面对的氛围。所以，我们只能把不好的心情隐藏起来，以自己最好的方面示人。如果你带着负面的情绪与人交往，别人又怎会对你笑脸相迎？你是他人的环境，他人同时也是你的环境，所以，给别人一个好脸色、好心情，于人于己都有利！

我们的一言一行都会给身边的人带来影响，从这一点上来说，"你就是他人所面对的环境"这一表述更为贴切。上周末晚上，我接待了一位"不速之客"。他是一位报纸的推销员。专门到我家感谢我的。原来，去年冬天的一天，他敲开我家的门，向我推销报纸，希望我能订一份。我就对他说："不好意思，我单位订了你们的报纸，家里就不订了。"他说："抱歉，打扰你了，谢谢你们单位订我们报纸。”我看他小脸发红，穿得又少。就对他说：“小伙子，天气这么冷，你这在外面跑来跑去，要多穿点衣服，别冻着了。”想不到，我这句话对他产生了巨大的影响。半年后一天晚上，他敲我家的门，向我表示感谢。他说：“去年，您虽没订我的报纸，但您的话让我感到温暖。因为在此之前，我遇到的不是闭门羹就是冷言冷语，心里已经决定不做推销员了，不看别人的脸色了。而您的话让我觉得还是好人多，我坚定了信心。现在我已经是一个发行站的站长了。我想，如果没有您当初的关心话，我早不干了。所以，特意来感谢您。”我当时十分惊讶，想不到自己并没在意的一句话，给他带来那么大的积极影响。

你我他都是别人的环境。与人交往、相处，你对于别人来说就是外在的环境，你怎样，反馈在他心里，就是他所面对的环境怎样，甚至这个社会怎样。所以，有时候人遇到善良的人会感叹“这个世界还是好人多”，而有时候人受骗上当就会骂上一句“这个世界骗子太多”。良好的道德环境让人向善向美，而这个环境的营造取决于每个人的一言一行。

你是他人的环境，还有更高的境界。河北一大学退休教师韩大爷被骑电动车的打工妹石芳丽给撞了。石芳丽辞去工作一心照顾韩大爷，她的父亲送来了医药费。韩大爷却坚决推辞，不要石芳丽一分钱，还积极地帮助石芳丽找工作。记者采访韩大爷，韩大爷说：“现在老人跌倒没人扶和撞到了人逃逸的新闻太多，就是因为很多人怕讹诈。如果这样下去，我们老年人所面对的环境就恶劣了，跌倒了就得不到救助。我就想告诉别人，别怕，勇敢扶，扶了不会被讹诈，营造这样的环境，应从我们每个人做起。”韩大爷的话语很朴实，但同他的善行一样令人感动。

我们生活在一片天空下，这片天空下是怎样的环境取决于我们每个人的行为。如果扶起跌倒的老人被讹诈的事件越来越多，那就会有越来越多的人加入不扶的大军。如果扶起了跌倒的老人得到了积极的回馈，那更多的人会加入敢扶的队伍。如果有一天，你的家人，或者你自己跌倒在地上，就会被人扶起。所以，我们每个人的行动都在营造着我们所要面对的环境。所以，你的行为本身就是别人的一种环境、一种表率、一种导向。

人是社会关系的总和，你的行为是他人的环境，众人的行为就是社会整体环境。著名晋商乔致庸去南方进茶。在他准备运送购买的茶叶返程的时候，发现应付的钱款和购买的茶叶不相符，多出了一些茶叶。他忙命所有的随行立即一一核实。这需要相当大的精力和时间，归心似箭的随行人员说：“这不是咱们的错，何必要把时间耗在这里呢？”乔致庸却说：“这是谁家给咱送货时不小心多装了，虽然不是咱们的错，但如果咱们装作不知就是大错了。等回头人家发现吃亏了，骂的就不是我们乔家了，而是整个山西商人。到时候，山西商人再来这里就得不到信任了。”乔致庸最终将多余的茶叶找到了原主，主人非常感动，执意要把茶叶赠送给乔致庸，乔致庸不收，坚决付了钱。乔致庸的这一行为让他在茶商那里赢得了良好的口碑，他维护山西商人信誉的行为更得到了同行的敬意。

在与人交往中，我们的行为所影响的不仅仅是交往的双方，而是更多的人、一个团体甚至整个社会。正如乔致庸所说，如果他不守诚信，给人留下的印象是山西商人不守诚信，营造了茶主们对山西商人不信任的环境。所以说，你我他都是他人的环境，我们每个人的行为都创造着环境。当你传递一种善的行为，别人就会回报你善，也会相信这个世界是美好的，也会乐意以善待人。这就是善良的“传递效应”。链条会越来越长，覆盖到更多的个体，蔓延到更多组织，我们所处的环境里善的光芒就越来越耀眼。

“蓬生麻中，不扶自直；白沙在涅，与之俱黑。”环境的重要性不言而喻。你我他都是别人的环境，每个人的每一个行为都在创造着环境。我们所拥有的生活环境，关键在于我们用怎样的行为去创造。

# 平等意识显高贵

赵元里

什么是高贵？笔者的回答是：平等意识显高贵。有身份有地位的人，不觉得高人一等，而平等待人，平易近人，这才是真正的高贵。

敦煌文物研究院院长樊锦诗是个名人，对于工作，其实她只要动动嘴就行了，下属自然会遵照执行。有一次，大像窟里正在维修一尊大佛像。正面看去，佛像重面阔颐、神态安详。樊锦诗要继续观察佛像的背后情景。于是，她准备再次亲自登上26米高的架子去观察。这时，工作人员劝阻说："樊院长，您对大佛像已了然于胸，何必再登高观察。况且，您是院长，吩咐人观察就行了。"樊锦诗却说："我跟你们只是分工不同，其实我也是这里的普通工作人员。我们在地面上看到的是佛像优美的线条、圆润的面容，而背后看到的却是粗糙斑驳的泥塑。地上看，觉得它很大气美观；上面看，觉得它粗糙难看，这就是距离与角度产生的差异。其实，我们所处的位置不也是这个理吗？来，咱们一起上。"这个工作人员看着谨慎攀爬的樊锦诗，敬意油然而生。

责任上让领导挑担子，做事时一起迈步子，这就是樊锦诗的平等意识。不摆名人架子，以身作则地与下属干活。领导者这样做，是以自己的平易虚怀感召人、引领人。平等意识能给人温和舒适、轻松和谐的氛围，能激发人创造出不平凡的业绩。所有人生来都是平等的，这是不言而喻的真理。领导者、管理者只有跟普通人一样躬身而行，才能体现真正的高贵。

著名作家王安忆出差在一家饭馆就餐，见一个老妇人点了青菜和豆腐汤。老妇人捧起菜碟，跟旁边的男子说："我把青菜分给你一半，好吗？"男子连忙说自己也点了青菜。老妇人转过身来，对邻桌的另外几个年轻人说：“我吃不了，分一半给你们。”几个年轻人笑着婉拒了。老妇人有些沮[illegible]王安忆正在独自就餐，就走过去。王安忆早就看到了[illegible]为了不让老妇人失望，当老妇人走过来后，她愉快地接[illegible]半炒青菜。这时，老妇人舒展开了满脸的皱纹，说：“今天是我 70 岁生日，可我的孩子们都不在身边，我只是想找人跟我吃点东西，只有你愿意跟我一起分享，真的谢谢你！”

以平等之心待人，用善良之举交往，才是真正的高贵。处世上平等，就是不把自己视作高高在上的高人，而是放平眼界看人，放下身段交往，以凡人善举博得他人尊重。这样处世，对人的平视反而赢得仰视，低姿态却换得别人的高山仰止。人际交往中，我们不可忽视一些不起眼的细节，它往往是检测你，是否有处世平等意识的“大节”。

“山高不自言，水深莫显胜。”平等意识才显高贵，不仅是一种交际品格，更是一种交际辩证法。对一个有优越才能的人来说，懂得平等待人，是最伟大、最正直的品质。

# 所有令人向往的友谊都离不开这

风 吟

莎士比亚说："有很多良友，胜过很多财富。"但这种财富远远比物质上的财富更难得到，正是因为难得，所以尤为珍贵。古今中外，那些所有令人向往、成为佳话的友谊都离不开这三个要素。

## 尊重是一切友谊的前提

> 斯卡利原本是百事可乐的总裁，乔布斯欣赏他，请他到苹果公司任职。可以说，乔布斯是斯卡利的伯乐。两个人也是良师益友。有一次，乔布斯想给一个叫理查德森的员工调换职位，斯卡利却认为理查德森不能胜任，否决了乔布斯的提议，并向乔布斯做了解释。公司内部觉得斯卡利有些过分，伤害了乔布斯的权威。乔布斯知道后，却公开说："关于理查德森，我保留我的建议，尊重并支持斯卡利的决定。他有着自己的判断。而且他总能证明自己的英明。"乔布斯对斯卡利的尊重还体现在，每次找斯卡利商议事情，他不是到斯卡利的办公室去，就是亲自和斯卡利约时间，而不是通过助理和秘书通知和转达。

友谊应该是平等，而尊重才能体现出平等。若一方总是强势，显得高高在上，便不会有真正的友谊。友谊的价值就在于相互尊重，不伤害各自的独立性。乔布斯没有利用自己的权威和地位，把自己的意愿强加给斯卡利，对于斯卡利的决定给予支持。这就是最好的尊重，也体现出不俗的修养。

## 没有信任，建立不起友谊的大厦

> 金庸先生写小说向来严谨，称得上是一丝不苟。1965 年 5 月，金庸应国际新闻协会邀请去英国参加会议，时间大概一个月。这时，《天龙八部》已经在报纸上连载两年了。金庸去英国开会，势必会中断连载，影响

读者的阅读。思虑之下，金庸决定请倪匡代写。当他和倪匡说起这件事情的时候，倪匡显得非常激动，但是也很害怕，激动的是自己有机会代写《天龙八部》这部受很多读者喜爱的小说，害怕的是自己写不好，有负重托。但金庸连一句叮嘱的话都没有说，让倪匡按照他自己的想法去写，可见他对倪匡的信任。后来，倪匡因为不喜欢小说中阿紫的偏执，故意把阿紫写瞎了，引起很多喜欢阿紫的读者不满。金庸还出面为倪匡说话。倪匡也一直把金庸视为良师益友。他们的友谊也被视为佳话。

友谊的基础是信任，没有信任的友谊如同在沙丘上建楼，没有多久就会倒塌。欧阳修说："任人之道，要在不疑。宁可艰于择人，不可轻任而不信。"对于作家来说，作品就像自己的孩子。金庸能把自己的连载小说交给倪匡代写，可见其对倪匡的信任。信任是友谊最重要的空气，这种空气减少多少，友谊的成色便会失去多少。对于朋友，我们要给予信任。获得朋友的信任，我们也懂得珍惜，决不辜负。这样的友情才会长久，真正成为人生最宝贵的财富。

## 友谊之树离不开理解的土壤

"管鲍之交"一直被视为友谊的典范，背后的故事让人感动，尤其是鲍叔牙对管仲的理解和宽容。两人做生意，管仲本钱拿得少，分利时拿得多，别人说管仲自私。鲍叔牙却说："管仲要孝敬母亲，拿得多一点没关系。"后来两人参军去打仗，管仲都是在后面，有人说管仲怕死，鲍叔牙为管仲说话："你们误会管仲了，他不是怕死，他要留着命去照顾老母亲。"后来，管仲辅助公子纠，一箭差点射死公子小白。鲍叔牙辅助小白当了齐国国王，小白要封鲍叔牙为宰相，鲍叔牙却推荐管仲，说："管仲比我有才能，更能胜任。"小白说："当年管仲差点射死我，怎么能当宰相？"鲍叔牙说："这不能怪他，他是为了帮助公子纠不得不那么做啊。"正是因为鲍叔牙的力荐，管仲被任命为齐国的宰相。

鲍叔牙对管仲一而再再而三的理解实在让人感动，在别人看来管仲的行为不可原谅，鲍叔牙都能给予理解和支持，成就了"管鲍之交"。艾青说过："朋友之间的理解和体谅，使友谊之树长青。”再好的朋友，也可能出现分歧、摩擦和矛盾，多一些理解和体谅，设身处地为朋友着想，友情就不会出现裂痕，反而会越来越稳固。

尊重、信任和理解，这是友谊三个不可缺少的要素，做到这三点，友谊才会持久，感情才会越来越深厚。

# 有一种分寸，叫熟人生处

乔兆军

有一次跟表弟一起出门，看到了表弟的一位同学。那位同学西装革履，身边还有几名随从人员，一看就是成功人士。上学的时候，表弟与这名同学关系很好，多年不见，他直接冲上去，抱住那位同学，叫着对方上学时的外号，说道："老猫，真是你啊，现在牛了啊！"那位同学却尴尬地笑笑，不冷不淡地说了两句话就走了！

表弟受了冷落，愤愤不平地跟我说："牛什么牛，连老同学都不认了！"我劝表弟："这也不能全怪你那个同学，熟人要生处，关系再好也要有分寸，尤其在公共场合。你当着那么多人直呼他的外号，不够尊重，让人家也很难堪呀。"

三毛说过这样一句话："朋友之间再亲密，分寸不可差失，自以为熟，结果反生隔离。"最好的关系，不是不分你我，而是熟不越界、不逾矩。《论语》中也说："见齐衰才，虽狎，必变。见冕者与瞽者，虽亵，必以貌。"意思是说，见到服丧的人，即使是亲近者，也必定要改变神色，表示同情；见到戴着礼帽的人和眼盲的人，即使是熟人，也要表示礼貌与友好。这也是熟人生处的意思。

孔子有个老熟人叫原壤，原壤的母亲去世了，孔子去帮忙清洗棺木。原壤噔噔地敲击着棺木道："我很久未唱歌抒怀了。"于是唱道："斑白的狸猫之手，牵着你柔软的手。"孔子是最讲究礼节的人，但是原壤却当着孔子的面做出了如此不讲礼节的事。有人问孔子："先生不去制止他吗？"孔子却装作什么都没看见，走开了。

孔子和原壤很熟，但是熟就可以当着众人的面去制止和指责原壤吗？企业家董思阳说："把握言与行的分寸的关键在于审时度势，该多讲时大胆放言，该少讲时不能多说，该沉默时三缄其口。"孔子选择像一个陌生人一样，假装没看见，给对方留了面子，也不让自己陷入尴尬境地。这也是一种熟人生处的智慧！

我有一个朋友，每次我们约好一起做点什么事，他总会迟到。迟到了还一副不紧不慢、理直气壮的样子，说道："都是老朋友，又没外人，怕什么！"有一次，我们一群朋友包了辆大巴车出去玩，结果一车人等他一个人等了一个小时！此后，再有什么聚会，很少有人再邀请他。

这让我想起了康德的一个故事。康德去拜访一位老朋友，约定了时间。虽然康德出发得很早，但是遇到洪水把桥给冲塌了。康德的马车不能过河，于是四处找船。但是找了很长时间都没有找到，眼看约定的时间就要到了，他就给了附近一个农民很多钱，把他的房子拆了做了一条船渡河。这样他没有迟到，也没有让自己的老朋友久等。

有个词叫熟不讲礼，很多人在熟悉的人面前总会过分放肆，缺少基本的礼数，甚至无理取闹。殊不知，这样只会让人厌烦。做人须知理、知趣、知足，处事把握分寸，能够张弛有度。该玩闹的时候，适度地玩闹；该尊重别人的时候，懂规矩，知礼仪。不要以为是熟人，就肆无忌惮地跨越边界，一而再再而三地挑战对方的底线。这样的结果疏远者有之，反目者有之，严重的可能互为仇雠。

熟人生处，就是要讲究礼节，懂得分寸。真正的朋友就是要学会尊重别人的生活，不伤害对方，给对方以时间和空间，才能熟而不俗，友谊长存，我们的人生之路也会越走越宽。

# 保持理性

徐长才

韩愈与柳宗元同朝为官，他们共同倡导了古文运动。后来，柳宗元积极参与了王叔文的“永贞革新”，而韩愈却反对此次改革，韩愈成了柳宗元的政敌，柳宗元还提出要罢韩愈的官。此次改革因触犯了宦官利益而失败，柳宗元被流放。此间，韩愈在朝掌管修史，他怕修史得罪皇帝与权贵，不想在这方面有所作为。柳宗元写信挖苦韩愈“枉为读书人，为人不齿”。韩愈回应说：“如果我是局外人，也会说这样的话。”多年后，柳宗元病死柳州，韩愈悲恸不已，并主动地为柳宗元撰写墓志铭，赞扬他为官方正廉洁，肯定他文学成就卓越高远。这就使得柳宗元美名远扬，千古流芳。

柳宗元伤害过韩愈，韩愈本可借墓志铭贬抑柳宗元，可他却对柳宗元大加褒扬。韩愈之所以能这么做，是他保持了理性使然，理性使他具有惺惺相惜、换位思考的“同理心”。同理心，是指站在对方立场设身处地思考问题的一种能力。韩愈乐于为伤害过自己的人说好话、说公道话，是他眷念友情、永怀善心、广阔心胸的结果。他的善行彰显了崇高的人格魅力，永存着美德影响，其精神值得世人学习。

叶存仁是清朝雍正年间的一位封疆大吏，他为官一生清正廉洁，始终秉持着两袖清风、为民造福的为官之道。他为官30年后离职。一天夜静更深，一位多年相处甚好的部属进入叶氏私宅，送来了一堆礼品。叶存仁见之，十分感慨，便赋诗一首，诗的最后两句是“感君情重还君赠，不畏人知畏己知”。他就叫家人带着这首诗，将礼品全部退回。

理性的人，总能在名利诱惑前，冷静地看懂利弊得失，分清轻重缓急，辨明孰是孰非。叶存仁也是位有理性之人。在厚礼面前，他没有利令智昏，而是全部退回礼品。理性让叶存仁做人做官都有着“不畏人知畏己知”的坚定信念，因而无论自己身处何时何地，都具有做人做官的内在自觉性；也正因为他有做人做官的自觉力，所以他能清廉一生。

王世襄是我国收藏、鉴赏大家。他求学时，酷爱养蝈蝈，常常将它裹在衣服的大襟里带入教室。有一天，王世襄坐在教室前排，蝈蝈喜欢暖和，那天天气很暖，装在他怀中的蝈蝈便兴奋得大叫起来，王世襄触碰蝈蝈，想制止它不叫。谁知越触它、它越叫。正在课堂上教授《中国通史》的邓文如老师很生气，对王世襄呵斥起来：“你给我出去！是听我讲课，还是听你蝈蝈叫！”王世襄只得满脸通红、狼狈地从教室里退出。后来，王世襄去拜访邓老师，邓老师再没有为此事呵责过他。王世襄心存感激。两年后，学校举行毕业考试，邓文如命题《论贰臣传》让学生写作文。王世襄对该命题颇有感触，文思如泉水喷涌而出，此文写得得心应手，自觉不错，但他也担心老师会因自己对他的冒犯而不给高分。其实，王世襄的担心完全是多余的。据王世襄回忆：“呈卷竟与满分。盖先生未尝以学生之不恭而以为终不可恕也。”王世襄更加敬重邓老师。

理性的人不因对方的一件事、一句话，就把对方永远定性为某一类人，从而轻易改变自己对对方的态度和情谊，更不会因为感情的亲疏而影响对外物的公正判断。邓文如老师就是位能保持理性的人。“王世襄扰乱课堂秩序”和“王世襄能写出满分作文”是两码事，一码归一码，邓老师保持理性，就事论事，不让自己被主观情感所左右，因此，他行事公正，受人敬重。

人生在世，时刻保持理性极其重要。理性使自己头脑清醒，遇事不慌，临危不乱，做出理智地选择而使问题迎刃而解。理性也会使自己平和待人，尽弃前嫌不记恨。理性又能使自己远离灾祸、享受幸福。理性更会使自己模范地遵纪守法，秉持公道正义。一个人只要能时刻保持理性，就会天天看到的是一张张笑脸，呈现在自己面前的是充满阳光的大好世界。

# 精品文苑

JINGPIN WENYUAN

# 言必有中

余　瑞

孔子说："夫人不言，言必有中。"意思是一个人说话，不说则已，一说就能说到点子上，切中要害。这就是说话的水平。

言必有中，要有独特的视角、深邃的思考。一个收藏迷拿出一块和田玉石给收藏大家马未都鉴赏，嘴里不无遗憾地说："这块玉石，一端有裂纹，另一端有些杂质，不然的话，就是上乘之物了。"马未都端详一番后说："这块玉石的中间段非常完美啊，可是你却不在意，偏偏关注两端的那些瑕疵，怎么能不遗憾呢？其实你把玉石的两端截去，只留中间这一段，不就是一块上好的玉石了吗？这就好比识人看人一样，如果你总是看到别人的不足，对他的优点不以为意，那么你能发现别人的才华吗？能让别人高兴吗？"

同样一块玉石，有的人只看瑕疵，越看越觉得瑕疵多，越看越生气。而马未都却有着不一般的视角，不被显眼的瑕疵所蒙蔽，以一双发现和放大其优点的慧眼，甄别出美玉，顺势以玉石譬喻观人察人，引申升华出一番处世的哲理，告诫人们要善于识人所长、用人所长、容人之短，切不可吹毛求疵，求全责备。

言必有中，要有深刻的感悟，鲜明的主见。在一次创客峰会上，主持人请创业大佬们给新创业者提点建议，到了360董事长周鸿祎这里，他说："我给大家的建议是，能不能少谈点概念，少出现在各种会海，不要这么高调。最怕很多兄弟刚看到开头，事还没干，就逢会必讲，炒得沸沸扬扬了。年轻创业者要遵循'小狗原则'，小狗见到大狗时不要汪汪乱叫，不要冲大狗摆出一副要向它扑击的样子，我原来就是叫得太响了，被痛咬了一口。各位小狗们在你没成长为藏獒时，要少叫多干事。"

创业者的大忌是浮躁，太过高调，周鸿祎结合自身经历提醒创业者，成大事者要谨言慎行，并通俗直白地总结为"小狗原则"，以此与年轻创业者共勉。给别人提建议的时候，固然因为要照顾其感受，而运用一些语言技巧，但最重要的还是准确指出问题所在，给予中肯的指点。

言必有中，要有精心的炼意，精辟的哲理。在一期节目中，有人问婚恋主持人孟非：“娱乐圈中分手、离婚的太多，原因到底是什么？”孟非说：“相爱，多半因为五官；分手，大多因为三观。”这话一出，嘉宾们纷纷表示短小而精练，一语中的道出了爱情的真谛。

孟非溯源求因，没有天花乱坠的繁词赘句，没有夸夸其谈的陈腔滥调，而是工于炼意，把自己千般想说的话，坦诚直率归结为一句，对偶相当精巧，意蕴十分深厚，具有启迪人心、发人深省的积极意义。爱情绝不是迷恋、倾慕、贪图对方的漂亮颜值，真正的爱情是三观一致，三观一致才能长久。正如有人总结说，爱情始于颜值，敬于才华，合于性格，久于善良，终于人品。

言必有中是最好的说话艺术，其背后是涵养与功底，是情感、是思想、是知识、是素质。能够做到言必有中的人，往往在生活中也最有话语威信和人格魅力，最能得到人们的信赖和尊重。

# 大器量

佳 一

器量，是一个人的胸怀、境界、格局和度量。凡成大事者，必有大器量。

北宋名臣富弼，就是具有大器量的人。有一次外出，一名随从对他说：“有人在骂你。”其实，富弼也听到了，但他却说：“他骂的不是我，是跟我重名的一个人。”骂人者听到后，羞愧难当，为富弼的气度所折服，当即道歉。和富弼一样具有大器量的苏格拉底在听到有人诽谤他时，回应是：“他诽谤的不是我，因为他说的那些东西，在我身上丝毫不存在。”

只有器量不够的人才会动不动就生气，与别人一般见识，面对不友好的行为，立即针尖对麦芒，让自己陷入无休止的纠缠、麻烦和争斗中。器量宏大的人胸襟宽广，宠辱不惊，总是能表现出让人敬重的修养。《菜根谭》有言：“忠恕待人，养德远害。”意思是对人忠厚，懂得宽恕，提升自己的品德，滋养自己的品性，就能远离灾祸。凡是能成就一番事业的人，无不具备这样的美德和器量。

管鲍之交流芳百世，成为友谊的典范。管仲和鲍叔牙年轻时曾一起做生意，分利的时候管仲总多分给自己一点。有人为鲍叔牙叫屈，说管仲不够朋友。鲍叔牙却说：“管仲不是一个贪财的人，也不是一个不讲义气的人，他是因为家里穷，需要钱去还债。我和他做生意就是想帮他，你们就不要再说什么了。”后来，管仲成了齐桓公的阶下囚，身居相位的鲍叔牙谏言，说管仲有宰相之才，齐国要称霸，就需要拜管仲为相。齐桓公为鲍叔牙的气度所感动，便拜管仲为相。

管仲和鲍叔牙的器量都令人叹服，名利面前，他们一个重情义，一个顾大局。一个人的器量有多大，他的格局就有多大，世界就有多宽阔。眼里只有自己的利益得失，固步自封，刚愎自用，自己的圈子就会越来越小，路也会越走越窄。器量的大小与人的才气、学识没有多大关系，其所关乎的是一个人内在的品性。那才是一个人的魅力之源，做人之根，成事之基。

美国制裁华为，引起国人愤怒，很多人提出要支持中国的华为，拒绝美国的苹果。然而，华为总裁任正非却回应说：“大家不要因为华为绑架全社会的爱国情绪，苹果的生态系统很好，家人出国我还送他们苹果电脑。没有苹果来展现这个互联网世界，我们就无法领略这个世界的美。不能狭隘地认为爱华为就是爱华为手机。”任正非的冷静、客观和理性实在让人敬佩，而他的胸襟和器量更是让人折服。

器量决定格局，格局决定事业。一个境界低的人，讲不出高远的话；一个狭隘的人，讲不出大气的话；一个没有器量的人，做不出宏大的事业。器量有多大，天地就有多宽广。人的品德是随着器量的增长而提升的，所以，具有大器量的人总能表现出不凡的修养、高远的境界和卓越的见识，形成一个人的气场和让人敬重的人格魅力，为自己的成功打下最坚实的基础。

器量决定着一个人生命的高度和宽度，决定着人生质量的优劣，决定着事业的成败和价值的高低。人一定要有大器量，心胸开阔，视线高远，襟怀坦荡，不为一时之利争高下，不为眼前小事论长短。专注于自身，放眼于未来，把精力和心思用在提升自己上，才是正道。

# 观而不语

邹长平

有人打算在伦敦举办中国名画展，请国学大师林语堂和蔡元培，还有法国汉学家伯希和等，去监督选取博物院的名画。伯希和自认为是中国通，到达目的地后，对每幅作品都忍不住要评论一番。伯希和不停地对蔡元培说“这张宋画绢色不错”“那张徽宗鹅无疑是真品”，并大谈对墨色、印章等的看法。林语堂见蔡元培一言不发，也就碍于情面附和：“是的，是的。”等到伯希和过足了嘴瘾，画也看得差不多了，事后才发觉自己言行欠妥，方觉两人给足自己面子，深深佩服。

孟子说：“人之患在好为人师。”伯希和不做默默的观赏者，却卖弄学识，显然已成了笑话。而蔡元培、林语堂却观而不语，既顾全大局，又照顾了友人面子。与人相处，如果纠缠于细枝末节的是非，容易“至察而无徒”。我们既要明辨是非，也要体察人情，对他人无关紧要的不当言行，观而不语，容人之短，给他人留些面子，自己脸上也有光。

达·芬奇受圣玛丽亚修道院委托，创作《最后的晚餐》。由于故事已被无数人画过，达·芬奇为不落窠臼，常常扔掉画笔深思。修道院院长见他一连数天毫无进展，认为他拖延工期，便不耐烦地道：“达·芬奇先生，这个故事连小孩子都一清二楚，根本无需多想。你这是浪费时间，可我们却要遵照约定，按时给你付酬。”为催促他尽快完工，院长又找到米兰公爵抱怨。公爵知道达·芬奇不是唯利是图之人，但碍于院长情面，将两人请到家里。达·芬奇说：“这幅画快完成了，最大的问题是难以勾勒叛变者的形象，如果院长着急而不介意，我倒是非常乐意用阁下头像来完成。”公爵听到此话忍俊不禁，而院长则十分尴尬，灰溜溜地离开了，此后再也没敢去打搅达·芬奇。

达·芬奇想超越前人，画出佳作，用时稍长，属客观创作规律。而外行院长，却横加指点，这是对达·芬奇的不敬。每个人都有自己的独立意志，因此处理问题方式各不同。与人相交，如若对他人缺乏尊重，就会不经意间侵占他人空间，这时观而不语者，往往受人尊重，而干涉者，往往遭人厌弃。

诺贝尔带领助手经过无数次试验，成功将烈性硝化甘油炸药改造得安全可靠。当时，美国南北战争刚刚结束，百废待兴，各种工程建设对炸药存在广阔需求。但由于侵害到了大军火制造商的利益，诺贝尔的发明在美国推广并不顺利。就在他到纽约的第二天，杜邦化工老板亨利·杜邦就发表署名抨击文章：“谁使用硝化甘油，谁就必然丧命，只不过是早死晚死的问题。”诺贝尔积极拜会各地开明人士，一方面深入阐述硝化甘油的优势，另一方面通过代理人广泛进行示范表演。虽然亨利·杜邦是军工权威，但美国人眼见为实，已经相信硝化甘油比黑色火药方便且同样安全。诺贝尔的销路打开后，杜邦的话成为一时笑谈。

蒙田说：“沉默较之言不由衷的话更有益于社交。”亨利·杜邦和诺贝尔存在利益冲突，昧着良心污蔑诺贝尔和他的发明，自毁声誉。社交中，若与人存在利益冲突或立场不同，就不要对别人的事评头论足，以免发出偏颇和武断之言，遭人耻笑。最好还是观而不语，静待其发展就好。

观而不语，本着平和静默的心态关注别人，不冒昧打扰，可谓“此时无声胜有声”，这是对人的尊重，也是自身美德和修养的体现。

# 居高声自远

宋桂奇

俗话说：站得高，才能看得远。人站在高处，鸟瞰全局，自可见人之所未见，言他人所未言。

清代名医蔡玉珂之徒章怀良，见同村孤寡老人生活艰难，遂将其接到家中奉养。某年，当地官府欲对本县德行突出者进行表彰奖励，蔡玉珂就推举了章怀良。没想到他却拒绝说：“我行善不是为了得到奖励，如果这样，我的行为岂不是就变质了？”蔡玉珂则启发道：“善良之所以美好，是因为它能给人带来切实的帮助，这也是人们歌颂善良的原因。如果施善者只得到歌颂，而没有任何回报，甚至还被要求付出更多，长此以往，不仅施善者会身心俱疲，旁人怕也会望而却步啊！”章怀良最终收下奖励，当地崇善之风也随之高涨。

行善不求回报，无疑值得称道，但站在全局的高度来看个体的行为：相较于不接受奖励，接受则既有利于更好地行善，又可引领崇善风气，何乐而不为？身在局部，只见树木时，心怀全局，则能放眼森林，作宏观考量。视野和格局完全不一样，说出来的话才别有洞见，高人一筹，给人深刻的启示。

公元前204年，郦食其建议刘邦：昔商汤伐桀，封夏后人于杞，武王伐纣，封商后人于宋，结果都因为得人心而得天下；若您能封立六国后裔，他们也一定会感恩戴德，一旦您面南称霸，项羽能不恭恭敬敬地前来朝拜？对此，张良却不以为然：汤武之所以那么做，是因为大势已定，即将得到桀纣的脑袋。您现在能得到项羽的脑袋吗？再说，如果分封六国，很多跟随您的臣民将回去侍奉自己的主上，他们还愿意同您一道攻打项羽吗？所以，当前最要紧的是阻止项羽强大，而不是封立六国后裔。结果，刘邦听从了张良之说，最终一统江山。

莫看江面平如镜，要看水底万丈深。郦食其是依据表面相似，进行简单类比；而张良则由表及里，揭示二者本质差异：汤武已胜利在望，桀纣死后，则无需再战；可刘邦这边战争还在继续，若东施效颦，结果也会大相径庭。张良一番说辞去伪存真、理据充分，让人为之叹服，所有的真知灼见都是透过现象看到本质后的所感所悟。

有大师见一少妇欲投河自尽，阻拦成功后问："你年纪轻轻，为何要寻短见？""我和丈夫结婚刚两年，我很爱他，可他却抛弃了我，我活着还有什么意思？"少妇哭诉道。大师问："那你两年前和谁在一起，过得怎样？"闻言，少妇眼睛一亮："那时和父母在一起，真是自由自在、无忧无虑啊！"大师随即道："那时你肯定还没有丈夫吧？现在又没了丈夫，不就等于回到了两年前？快回家吧，你的父母还在等你呢！"少妇听罢，躬身致谢而去。

以积极的思维去看待事情，而不是让消极的态度给生活蒙上灰尘。少妇只想到被丈夫抛弃这一面，但大师却能从另一面来看问题。他由此及彼，引导少妇思及父母亲情，又明知故问，启发对方没了丈夫正好可以回到过去。一番切理会心的劝导，让对方深以为然。摆脱消极的泥潭，站在光明的高处，说话才能让人豁然开朗，如醍醐灌顶。

当然，要站到制高点说服人，就得有高人一筹的思想、见识和智慧，这便需要我们在平时善于学习、勤于思考，唯其如此，才能"居高声自远"，令对方心服口服。

# 妙语自然来

宋　暖

身高2.23米的姚明竟然被一个身高只有1.75米的球员给盖帽了，这事就发生在2006年的一场比赛中。当时，全场哗然，继而发出欢呼，这欢呼当然是给身高1.75米的内特·罗宾逊的。而姚明则是那个尴尬的成全者。赛后的记者会上，记者问姚明有何感想，姚明笑着说："今天的五佳球，肯定又有我，可惜我是配角。"姚明的回答，赢得了笑声和掌声。在各大媒体后来的报道中，姚明的回应成了亮点。

姚明的回应堪称妙语，彰显了他一贯的机智和幽默。面对被羞辱的盖帽，没有恼怒，没有挫败感，而是幽默回应，自我解嘲。这背后是一颗豁达的心，没有豁达，就没有自我解嘲。

在美国的一家银行，发生了抢劫事件。匪徒把一名5岁的孩子作为人质。谈判专家道森被派去现场和匪徒谈判。他用自己高超的语言艺术让匪徒放松了警惕，狙击手得以成功把匪徒击毙，被劫持的孩子毫发无伤。在匪徒倒下去瞬间，道森跑过去抱着5岁的孩子，对他说："这只是一次演习，孩子，你的表现太棒了！我们所有人为你感到骄傲！"刚刚还惊恐万分的孩子顿时高兴了。事后，人们在提到道森在这件事上的表现，并没有对他的高超的谈判艺术夸赞过多，而是都在夸赞他对孩子说的那句话。有新闻评论道：这句话，避免了孩子在心理上产生阴影，堪称本年度最佳妙语。

本是一句谎言，却被视为妙语。因为这句话挽救的是一颗幼小的心灵。在人们都在为匪徒被击毙，孩子获救而欢呼时，道森却在第一时间想到孩子内心所可能受到的伤害和冲击，给他拥抱，说了一句堪称妙语的话。若无怜悯和同情，若无善良和细心，怎么会说出这样的妙语呢？每一句妙语都闪烁出人性的光芒。

梁羽生和金庸为同一时代的"武侠小说宗师"，两个人也常被拿来比较，支持者还展开论战。有记者就这件事情问梁羽生，梁羽生说："我很敬佩查先生，他有很多值得我学习的地方。我们都在向着“为读者奉献更好的作品”这一目标而努力，哪有高低之分，只有读者站的角度不同而已。就像太阳，早晨和中午你感觉的温度不一样，是太阳变了？不是，是地球在自转，早晨和中午你站的地方不一样。”一句话回答了难题，又蕴含哲学思想，给人以心灵的启迪。

梁羽生的回答可谓妙语，没有抬高自己，也没有自惭形秽，不卑不亢，在难题面前淡定从容，游刃有余。既表示出对金庸先生的尊敬，又引导两人的读者转变思维，更客观地看待问题。如此妙语既表现出他非凡的语言艺术，又彰显了一代“武侠小说宗师”的气度和胸怀。

所谓妙语珠，舌灿莲花，背后都是兰心蕙质。没有丰富的内涵支撑，就没有妙语如珠，舌灿莲花。内涵丰富者，修养深厚者，无需装扮，言谈之间，就会让人感到如沐春风，舒适惬意。提升内涵，升华心灵，妙语自然来，正如腹有诗书气自华！

# 心有繁花言自芳

陈　默

语言是心灵的窗口，从中可以窥探出一个人的道德修养、情操、境界和追求。你的内心是怎样的世界，就会说出怎样的话来。

董卿在声名最隆的时候没有继续做那些关注度高的娱乐节目，而是做了一档读书节目——《朗读者》。有人问她，为什么要做这档节目。董卿说："我想到乔治·马洛里，他要攀登珠穆朗玛峰，后来不幸丧生。有人曾问他：你为什么要攀登？他说：因为山在那里。我的回答是：因为文章在那里。我们看到，很长时间里有一些重形式轻内容、重表象轻本质、重潮流轻历史、重伎俩而轻格局的形式长时间霸屏。这真是我们所需要的吗？在这样一个喧嚣的时代，要敢于回归到文字的世界，让大家体会到安静的、隽永的、美好的体验，并且在心灵的共振当中，有了一种重新认识自我、认知这个世界的可能。"

世界越喧嚣，我们越需要安静。作为电视人，董卿不被声浪与噪音裹挟着前进，她的内心有着自己独立的思考和判断，有着当代电视人的担当与追求，有着坚守和传承文化的使命感，才能说出如此有情怀的话。繁花盛于心，言语芳自来。心中若无兰花，话里又怎能会有芳香馥郁。

在北京残奥会上，波黑队打进了坐式排球的决赛。在波黑队里，有一个叫尤索·夫维齐的队员。他16岁那年，不小心踩到了地雷，从此失去了双腿。记者采访他："你痛恨战争吗？"他点点头，然后说："不过，我正在从战争的阴影中走出来。现在，我懂得了宽恕，能宽恕战争，还能宽恕现实中一切的不如意。因为，宽恕也是生活的一部分；而没有宽恕的生活，原本就不会是完整的生活。"尤索·夫维齐的话赢得了记者和现场观众的掌声。

若内心不够强大，不够豁达，尤索·夫维齐是不会说出这样通达、极具感染力的话的。一个被灾难和不幸打垮的人，内心是脆弱的，说出来的话也如凄风苦雨，让人听了情绪低落，精神消极。而内心明媚，心境旷达的人，说出来的话也会如阳光，照亮自己，也温暖他人。正如内心豁达的刘禹锡，当年被贬到巴蜀之地，还能写出“沉舟侧畔千帆过，病树前头万木春”如此生机勃勃的诗句，千古流传，激励着无数人。

著名画家吴冠中是个生活简朴的人，他时常花几块钱在路边理发摊理发。有一次，他正在理发，一位熟人恰好路过，开玩笑说：“这么有价值的脑袋怎就这么廉价地‘处理’一下？”吴冠中倒没不好意思，理发的师傅有点尴尬，停了下来。吴冠中笑笑，说：“剃头师傅是‘行为艺术’，我是纸上谈兵，我们工作的领域不同，价值一样。没有廉价和高贵之分。”理完发，理发师对吴冠中道谢，感谢他的尊重。

纪伯伦说过：“大殿的角石，并不高于那最低的基石。”在吴冠中心里，从不认为自己高人一等，职业也无高低贵贱之分，人人平等亦是他的道德基准。语言是一个人自我修养的外在映射，是思想境界的体现。信奉平等者，说话必给人尊重；追求诚信者，必不说虚无之言。

所谓字字珠玑，必是满腹经纶；所谓慷慨激昂，必是坚韧不拔；所谓良言暖冬，必是善气迎人。一个人的品行修养在言语中便可展露无遗。心有繁花言自芳。修养够了，我们说出来的话自然就让人听了悦耳舒心。

# 雅量容人

海　轻

“雅”原本是一种可以盛很多酒的酒器，后引申为宽宏的气度。赞美一个人有雅量，多是指一个人在待人接物方面能休休有容、豁达大度、宽宏大量。

有人对萧伯纳不满，称他为愚蠢的驴子。萧伯纳并不生气，反而很高兴地接受了，他还以驴子自勉，称赞驴子谦逊、质朴、勤勉和知足。他说：“没有一个人会因为这样的特质而动怒的。”这，就是雅量。

程砚秋是京剧艺术大师，但也有人批评程派的艺术，当时不少报纸发表了尖锐刺耳的文章。程砚秋的好友金悔庐在编《霜杰集》时，征求程砚秋的意见，这些批评的文章是否收录在内。程砚秋的意见是——收，能收多少就收多少。目的只有一个，要让京剧行家和观众，看到不同的意见，看到程派艺术的不足。

做人当有雅量，面对批评，不嗔不怒，敞开心扉去接纳。雅量之人宽容平和、心胸宽广，就会站得高、看得远。一个人有雅量，就能听得进去不同意见，包容不同思想，也能发现他人之长，察觉自身不足，从而变得更优秀。人越有雅量，成就就会越大；而成就越大之人，也越有雅量。正如荀子所说：“成大事者，皆有容忍之雅量。”雅量是做人的格局，也是做事的智慧。

梁羽生和金庸是同时代的两位武侠小说宗师，两人都有各自的武侠迷。有个金庸迷觉得梁羽生的武侠世界缺乏大格局，从而推导出梁羽生内心格局小。在一次研讨会上，此人对梁羽生出言不逊。梁羽生泰然处之，始终保持微笑，以礼相待，显示了长者的风范。有人问梁羽生为何不生气，连一句反击都没有。梁羽生说：“我们年轻时不也是一样血气方刚吗？每有心中不平，不吐不快。”

雅量之人总能为人开脱，轻易地为别人的冒犯找到可以原谅的理由。这是善良，也是修养。一个人最大的修养就是有些话不管爱不爱听，都能保持谦和；有些事不管愿不愿意，都能坦然接受；有些人不管喜不喜欢，都能和平相处。

要做到这些，就必须具备雅量。有雅量才能容天容地、容事容人，才能变得博大和崇高。

林肯是一位颇有雅量的大人物，在他当总统时，不少政敌因政见不合而攻击他。有一次，一位议员当众讽刺他有两张面孔，意指他是两面派。林肯指着自己的脸说："如果我有另外一张脸的话，你想我还会带上这张脸吗？"一句大度的自嘲，立刻就化解了敌意。

一个有雅量之人不会自视清高、唯我独尊，而是胸怀坦荡、气度恢宏。有雅量之人总能释怀他人的不友好，在保持尊严的前提下，化解矛盾，与人和睦相处。雅量化干戈为玉帛，变一堵墙为一条路；雅量能开一扇方便之门，闭一张是非之口。

厚德载物，雅量容人。雅量是一种思想修养的高境界，它喜与宽厚结伴，乐与谦和为伍。它是一个厚德之人做人处世所散发出来的一种海纳百川的气概；一种从容大方、宠辱不惊的气量。愿你我都能提升修养，做雅量之人，容万事万物。

# 一语定乾坤

刘　岩

有位大学老教授监考，看到有位学生伺机作弊，他走过去轻声说："考试如果不过，还有补考的机会。作弊如果被抓，处分将被记录留在档案里，永远抹不去。切勿因小失大。"考生听后，幡然醒悟，认认真真答题，再无作弊之心。下考场后，他特意找到老教授，鞠了一躬，感叹说："谢谢您，老师，这是我大学里上的最好的一堂课。"

老教授一句话惊醒考生，可谓是一语定乾坤，对考生的人生观和价值观的形成起到了巨大的积极影响。看到人将犯错，或者正在犯错时，能怀着一颗治病救人的仁心，给予提醒，为人纠偏，校正人生的航向，是功德无量的事。一句提醒之言，重于九鼎。

杰克·伦敦因为家贫，仅仅读完小学便辍学了。但他热爱阅读，也喜欢写作，他的第一篇散文《日本海口的台风》就在一次大赛中获得一等奖。然而他却没有继续自己的创作，而是去电车公司打工，立志要掌握最先进的电气技术。他对经理说，为了能掌握技术他什么苦都愿意吃。于是他一个人干两个人的活，而且要求很少的报酬。后来他听说因为他的到来，一位员工被顶替了，无法养活妻儿便自杀了。杰克·伦敦非常痛苦，他不知道自己该不该继续做下去。电气公司看守仓库的老师傅平时和他比较谈得来，对他说："无论你身体如何强壮，十年、二十年之后都会有人来接替你，把你扔到垃圾堆里去，而现在，你还有机会选择。"于是，杰克·伦敦辞职了，真正完全投入了他的创作中，并最终成为了享誉世界的作家。

当人处在迷茫中，无法穿透眼前的迷雾时，作为旁观者能以清醒的头脑、积极的思维、切中要害的话语来指点迷津，让人从困惑中解脱，从迷茫中清醒，作出正确的选择。这也是一语定乾坤。要知道人生关键的就那几步，十字路口，方向决定成败。毫不夸张地说，你的指点语言能起到改变一个人命运的作用。当然这不光需要你有不凡的见解，更需要有一颗在意别人的心。

1998 年亚洲金融危机，很多企业家一夜破产。有位企业家接受不了残酷的现实，想一死解脱。恰好，这位企业家在一次活动中遇见了一位哲学家。于是，企业家向哲学家痛诉自己的遭遇。哲学家了解他的事情后，对他说：“10 年前你一无所有，通过自己努力赢得了一切，现在你又失去了你赢得的一切，你现在才 40 岁，你再用 10 年努力，哪怕 20 年努力，你还是能再把失去的赢回来。别忘了，10 年前你没有爱你的妻子、可爱的儿子。现在你还有他们，应该做得更好啊。”企业家听后如梦方醒，感谢哲学家指点。从此他振作精神，奋发图强，终有成就。

一言可以伤人，一言也可以救人。看企业家在痛苦中不能自拔，哲学家说出了禅理之言，给了企业家鼓励，点燃了他内心的希望之灯。一语将人从痛苦的泥潭中拯救出来，重整旗鼓，从头再来，如此一语定乾坤，善莫大焉。话不在多，而在于精，关键要说到点子上。说不到点子上的话叫废话，再多也没用，那叫话痨；说到点子上的话，就可能会一言九鼎，一语中的，一句顶一万句。

一语定乾坤，就是说话有分量，能够起到决定性的作用，一句话就可以决定事情的走向或结局，也可以直击一个人的心灵，乃至影响一个人的一生。

# 怨无益

曾昭安

一位工人向其朋友抱怨："活是我们干的，受到表扬的却是组长，最后的成果又都变成经理的了，不公平。"朋友听了微笑着说："你看手表时，是不是先看时针，再看分针，可是运转最多的秒针你却看都不看一眼。"

有人抱怨人生不公平，有人抱怨怀才不遇，有人抱怨生不逢时，有人抱怨身边人粗俗无礼……似乎这世上的种种都不如人意，似乎独有自己总是被亏待，天下人都有负于我。殊不知，不抱怨，才能腾出眼睛和心情，去看到世界美好的一面；不抱怨，才能怀有感恩之心，学会爱与被爱；不抱怨，才能活得开心、自在，甚至在身处困境时，"把悲伤当成诗"。

一名年轻的修道士加入一个要求谨守静默戒律的教团，所有人都要在修道院院长同意之后才能发言。将近五年后，院长终于来找这位见习修士，对他说："你可以讲两个字。"

修道士字斟句酌，最后说了两个字："床硬。"院长慎重思量之后，答道："很遗憾你的床不舒服，我们会看看能否帮你换张床。"

又过了五年之后，院长再次来找这位年轻的修道士，说："你可以再讲两个字。"修道士仔细考虑了很久，说："脚冷。"院长说："我会考虑一下该怎么解决这个问题。"

在修道士入院十五年时，院长让他再说两个字。修道士说："我走。"院长回答："这样说不定最好。自从你来之后，除了发牢骚，什么事也没做。"

就像这位年轻的修道士，过去你可能并不觉得自己经常抱怨。但现在你已经觉醒了，知道自己的确经常怨气满怀。一个人的内心是什么样子的，他的世界就是什么样子的。如果我们选择抱怨，我们内心就充满痛苦、黑暗和绝望；如果我们选择感恩，我们的世界就充满阳光、希望和爱。

著名作家史铁生，21 岁时就双腿残疾。那段时间，史铁生整天用目光在病房的天花板上写一个字：死。后来他看了卓别林的一部电影《城市之光》。

片中女主人公要自杀，却被卓别林救了。女主人公说："你为什么救我？你有什么权力不让我死？"而卓别林的回答令史铁生终生难忘："急什么？咱们早晚不都得死？"

这句话让史铁生心中怦然一动：是啊，咱们早晚不都得死！死是一件无需着急去做的事，是一件无论怎样耽搁也不会错过的事。既然如此，何不先看看有没有什么解决的办法？于是，左右苍茫、四顾无路之际，史铁生想到了写作，想到用笔杆代替自己的双腿，来继续人生之路。终于，他写出了诸如《我与地坛》《病隙碎笔》《我的丁一之旅》等经典之作。他对人说，对于苦难，我先对它说是，接受它，然后与之周旋，最后即使失败，失败也是成功……

史铁生的故事告诉我们，当事情到了无可挽回的地步时，与其抱怨还不如改变。

美国牧师威尔·鲍温曾发起"不抱怨"运动。他说："我们都明白，天下只有三种事：我的事、他的事、老天的事。抱怨自己的人，应该试着学习接纳自己；抱怨他人的人，应该试着把抱怨转成请求；抱怨老天的人，请试着接受现实并存有良好的期望。"是啊，与其抱怨，不如相信自己。

春，不抱怨干燥；夏，不抱怨闷热；秋，不抱怨悲凉；冬，不抱怨天寒。四季心平，万事气和。将抱怨，还给昨天；快乐，属于今天；期盼，留给明天。愿你排除抱怨，努力向前。

# 自古贵人声音低

吴拥军

胡适说："如果我学得了一丝一毫的好脾气，如果我学得了一点点待人接物的和气，如果我能宽恕人，体谅人—— 我都得感谢我的慈母。"胡适的母亲性子温和、宽宏大量，跟谁说话都是轻声细语，从没说过一句伤人心的话，即便吃了亏，也从没和人吵过一次架。胡适犯了错，母亲从来不在外人面前骂他一句、打他一下，而是到了夜深人静时，关上房门，心平气和地跟胡适摆事实讲道理，跟他说："你要跟上你父亲的脚步，我一生只晓得这一个完全的人，你要学他，不要丢他的脸。"

梁实秋说："一个人大声说话是本能，小声说话是文明。"控制自己的音量，是对他人的尊重，也是一个人的自我修行。母亲的柔声细语，是胡适最好的言传身教。很多时候，温和是一种强大的力量，能抵御世界的诋毁和恶意。控制自己的音量，对家人温柔地说话，是一个家庭幸福的开始，也是一个家庭良好家教的体现。

《小偷家族》里，有一幕让人印象深刻：祥太和妹妹一起去小卖部偷东西，妹妹偷零食时被小卖部的老爷爷发现了，但是老爷爷没有暴跳如雷，更没有大声责骂，甚至没有说破他们是"偷"。而是比画着他们偷东西时的专用手势，柔声地跟祥太说："不要再让你妹妹做这样的事了。"说完送给祥太和妹妹两包零食。柔声细语，就如春风化雨般，拥有温暖人心的力量，往往比大声责骂更具劝说力。人深深地感受到这个世界的善意和温暖后，怎么还会继续对这个世界冷漠呢？从此，祥太的灵魂开始醒悟，开始思考偷盗是否是正确的。

说话的音量，是有温度的。粗声大气冷如严冬，寒彻人心；轻声细语暖如春阳，化解这世间的薄凉。说话的音量里，是能看见一个人的灵魂的，能让人感知你是凶恶还是善良，是狠毒还是温柔，是冷漠还是慈悲。

宋庆龄一生说话声音柔和，有人形容宋庆龄的声音，说它像莎士比亚书中写的一样——"她的声音柔和、安详"。宋庆龄在公共场合说话从来不高声喧哗，一言一行都十分得体，显示出极高的个人修养。宋庆龄15岁就进入美国的一所女子大学学习。有一次，班上讨论历史方面的问题，一位美国学生站起来发言说：“所谓文明古国，譬如亚洲的中国，已经被历史淘汰了！”坐在前排的宋庆龄听到后虽不以为然地摇了摇头，但仍耐心地听同学的发言。那位同学讲完后，宋庆龄就站了起来，她虽然有点激动，但仍用柔和的语调反驳了美国同学所说的话。她优雅娴静的气度折服了在场的所有人。

有道是：“实墨无声空墨响，满瓶不动半瓶摇。”真正有底气有实力的人，待人说话从来是温文尔雅、轻声细语的，因为自信，所以无需张扬。蔡康永说：“讲话时最好自觉地降低音量，不光是因为太大声会吵到别人，而是因为如果一个人连自己的音量都控制不好，会让别人很难信任你其他各方面的能力。”

你说话的音量，就是你内心的样子。柔声细语，虽柔和却最有力量，能春风化雨，温暖这个薄凉的世界。愿你轻声慢语，对家人多些耐心。愿你温厚善良，温和抵抗世态炎凉。愿你从容有底气，不惧岁月的风霜。

# 敢说者赢

亚明辉

在一个剧场，一位戏剧演员的嗓子突然坏了，上不了台。这下可急坏了老板，滑稽节目的名称已经打出去了，自己却没有其他的戏剧演员，怎么办？“我可以！”一个稚嫩的声音响起，原来是戏剧演员五岁的儿子在请缨。大家都哈哈笑起来。小男孩大声说：“我每天都观看妈妈的表演，经常会模仿她的演出。虽然我很小，可小孩子表演滑稽节目，不是更有意思吗？”老板被这个孩子的一番话给震住了。小男孩迅速模仿了几个动作，老板当即决定由他顶替他母亲演出。小男孩的演出火爆全场，而这个小男孩也由此走上了辉煌的戏剧之路。他就是享誉世界的戏剧大师卓别林！

如果不是卓别林勇于表达，主动争取，他能有第一次的登台机会吗？能从此一发不可收拾吗？这个世界，机会就摆在那里，你要去争才是你的。怎么争？勇于表达出来，大声告诉别人“我行”！现在已经不是“酒香不怕巷子深”的年代，你再有本事再有思想，不敢表达，谁知道你想去做，谁知道你能做好？敢说者赢天下，因为透过他们的“说”，人们可以看到他们积极主动的态度，和勇于参与的信心。

刘邦的军队路过洛阳新城，沿途很多官吏来投奔。可这些人大都只是想谋一份差事，到了刘邦手下谨小慎微，不敢多言。只有一个掌管教化的小官董公特意等在刘邦要经过的路上，高声喊道：“臣有一言，可助大王打败项羽，赢得天下！”刘邦说赶紧把董公请到跟前。董公说：“所谓‘顺德者昌，逆德者亡。’兵出无名，事情往往不成。所以，我们一定要指明敌人是反贼，才能容易平定。项羽无道，放逐并缢杀天下共立的主上义帝，他就是天下公认的反贼。大王应当率领三军将士，为义帝发丧，并通告诸侯，共同去讨伐项羽。这样一来，您就能集合诸侯的力量，共同对抗项羽了。”刘邦对董公佩服得五体投地，马上将他留在身边，委以重任。

投奔刘邦的人很多，其中不乏肚子里有才学的人，可你唯唯诺诺，怕这怕那，不敢说出来，谁知道你有本事？唯有你勇敢说出来，被别人认可了，那才是真正有本事。敢说，不仅要有勇气，更是因为对自己才华的自信——自信我的话能被认可，自信我的才华能得到赏识。你有这样的气度，别人才会愿意去了解你、信任你、赏识你、重用你！

吴小莉要去采访董建华，台领导高度重视，给出了采访提纲。吴小莉觉得这个提纲不好，就要去找台领导提意见。别人说："台领导认可的东西，你瞎改什么！"吴小莉不管这些，找到台领导，说："您的提纲很好，但并不适合董建华先生。这几天，我一直在研究董先生的经历，了解他背后的故事。这是根据我了解的情况列的提纲，请您过目！"台领导一看，这个提纲果然更好，同意更换。而采访后，董建华对吴小莉更是赞不绝口，说："我收到过很多约访函，你们那个提纲高度在这儿（手势过头），别人的提纲高度在这儿（手势及胸）"。吴小莉声名鹊起。

成功的人必备的一个品质就是要敢于去坚持对的东西。难道因为是领导的意见，自己的意见就不能表达了吗？自己认为对的东西就不该坚持了吗？敢说者不畏惧、不迎合，他们敢于打破常规发出自己的声音，坚持正确的观点。有这样的勇气，他们才更容易于众人中脱颖而出，得到更多的机会。

有想法，憋在心里什么都不是，只有勇敢表达出来，才会成为好的意见和建议，才会对自己、对他人有帮助。当然，敢说更要善说，这样才能收到更好的效果。

# 话有气度

赵 琪

有一次，《新华日报》刊载中国科学院学部委员名单，其中有一个人名为“失夏”。怎么会有人姓“失”呢？有心人很快便发现，原来是报纸把著名地质学家朱夏的名字写错了。这样低级的失误，给朱夏带来的烦恼可想而知。有的人甚至调侃朱夏说，“朱”变成“失”，那是断了脊梁骨。对此，朱夏却不恼不怒，欣然作《失夏》诗一首：“铮铮脊骨何尝断，小小头颅幸尚留。从此金陵无酷暑，送春归后便迎秋。”朱夏这充满幽默的诗语，展现了宽宏的气度，赢得了广泛的称赞。

面对别人失误给自己带来的麻烦，朱夏没有出言批评，而是欣然作诗，表达了自己的不以为意，为他人卸下了心灵的负担。没有非凡的气度作不出这样的诗，说不出这样的话。气度是指一个人的气魄和风度。我们听一个人说话，不单是要听他说话的内容，更是要通过他的话语去看这个人有没有气度。同样的道理，我们对别人说话，更要有气度，这样才能让别人看到我们的心胸和气魄，为自己赢得他人的尊重。

话由心生，一个人说的话展现着他的心灵，也展现着他的气度。导演斯皮尔伯格决定重回大学校园读书，当初他为了梦想，果断退学，功成名就后再回校园，要求自己要像一个普通学生一样。他在学校注册时另外起了个名字，学校只有几位教授知道。他的作业和论文常常被送给校外的教授评议。评议的结果都很优秀。然而，有一次，一位教授批评他对情节的掌控力不足。这简直是侮辱，一个名震天下、成就非凡的大导演竟然被认为“对情节掌控力不足”！然而，斯皮尔伯格却说：“他并不知道我是谁，是根据我的作业来评价我，这样更客观更公正，他说我掌控力不足，一定是有根据的，我肯定哪里做得不好，我要向他请教。”这番话让人肃然起敬。

说话有气度，要有一颗宽容的心。面对不利于己的评价，斯皮尔伯格没有生气，理解他人，反省自己，展现了一个国际大导演谦逊的气度。受到批评，就为自己争辩，甚至反唇相讥，口出恶言，缺乏应有的气度，结果是失去了提升自己的契机，也给别人留下恶劣的印象。而有气度的人则胸怀宽广，闻过则喜，这种品质也恰恰是成功的一个因素。

古代贤臣多是有气度之人。比如狄仁杰。他不惧危险，与酷吏来俊臣斗争，最终让来俊臣伏法认罪。狄仁杰可谓是立下大功。但来俊臣的势力疯狂反扑，武则天却为了安抚来俊臣一方的势力，不得不将狄仁杰贬到彭泽当县令，也可以称得上放逐。忠贞之臣纷纷为狄仁杰鸣不平。狄仁杰却说：“皇帝也是迫于无奈啊，不在她的立场上，不知道她有多难，只有贬了我，才能避免局势的震荡，我做些牺牲完全值得。”狄仁杰一番有气度之言让他更加赢得了众臣的尊敬。

一个只想着自己的人，怎么可能有气度呢？只有心里想着他人，敢于为别人承担责任的人才是真正有气度的人。狄仁杰有功却被贬，话里没有一丝委屈和抱怨，句句是理解，是担当。受不了一点委屈，没有牺牲精神和担当意识的人怎么可能说出有气度的话？他们遭遇不顺就出言发泄不满，全是牢骚、埋怨、指责。没有一点气度，即使真的受了委屈，也不会得到别人的同情和帮助。

气度是一种看不见但感受得到的特质，它包含了正直、无私、谦虚，有气度的人待人宽厚、懂得尊重、愿意听不同的意见。说话要有气度，正是因为我们所说的话展现着我们的一些品质。气度决定格局，气度决定人生，让我们从平时的一言一行中来锻炼自己，提高自己的修养，做一个有气度的人。

# 风中嗅到每个人的香

包利民

生活在俗世里，每个人都是尘埃里的花朵，总会有属于自己的芬芳。在风里氤氲流淌，把生活，把世界，变成馨香的海洋。

可是，行走在旅途中，我们常常忽视着身旁的种种美丽，我们奔向目标，无暇他顾，即使偶尔去看，也只看到阴暗与丑陋。我有一个朋友，初涉世的时候，很是小心翼翼，从不与人过多地交往。她说，看过许多人际交往方面的书，觉得人心复杂，人心难测，就像周围全是陷阱，便索性谁也不去深交，摸索着自己向前走更好一些。

在人生的长路上，没有谁能自己走到更远。一个人走，注定会充满艰难，不只是境遇上的，更有心灵上的。就像我那个朋友，几年过后，很是疲惫，她说，成功时没人分享，失意时没人安慰。看谁都觉得不怀好意，看见每一张脸都是充满了欲望，久而久之，身外的世界成了一片恐怖的陌生，更是不敢去涉足。

我也曾有过这样的时候，在经历了最初的挣扎之后，便戒心如墙，将心紧紧困囿住。有时候我也会看些社交类书籍，学习一下里面的知识，可是，却觉得里面的道理方法都懂，只是不屑去做，觉得那样做很丢人。而且看到身边的人，觉得他们能力很平常，却都比自己工作得好，便断定是通过别的手段得到的。所以，就更不愿意去同流合污。

有一次为了排解心里的烦闷，我便在周末去野外钓鱼。在一条野河边，不远处是一老者，也在垂钓。后来，便闲聊起来。我在和蔼可亲的老者面前，便忽然有想倾诉的冲动。我说了工作和生活中的种种烦恼，他都微笑地听着。我讲完之后，觉得心里也轻松了许多。老者站起身，拉着我看身后的一片野花，花香飘浮在风里，令人烦忧顿忘。然后，我们又往西走了一小会儿，是一大片草地，老者说，这片草地也有香气呢。

一时间，在青草的淡香里，我若有所思。老者又告诉我，每个人都有值得学习的长处、优点，这才是交往的目的，与你刚才说的利用、阴谋什么的无关。

刹那间心中就像开了一扇门，原来，我所看到的，都是别人不好的一面；我所躲避的，却是那些迎面而来的诸多美好。

当我走回城市的繁华，当我走进那一片人海，忽然觉得每一张脸都带着最美的笑。走近身边的每一个人，在他们身上，都有着那么多闪光的东西，将黯淡的世界辉映得美丽缤纷。原来将心紧闭，挡住了伤害也挡住了阳光，只有融入人群之中，才会感受到生活的美与好。

后来，再遇见那朋友，她脸上的笑容很灿烂，眼中闪着美好的希望之光。她说，经过一番深思，她已走出了封闭的自己，不再把自己桎梏在心里，她说每个人都很美好，只要相信就能看见。我笑问她，不怕再有陷阱、伤害？她说不怕，她只是想让每个人的优点来点染自己，撷取每个人的芬芳，而且，智欲圆而行欲方，只要心里摆正了方向，就不会随波浮沉。

人心之中固然会有阴暗的一面，可是没有阳光哪来的阴影，我们只要去沐浴那些阳光就行了。同样，人性中都会有着芬芳的部分，我们只需借来那一缕香，来点染自己的世界。如此，就是成功的交际。无论一朵花还是一株草，都有着自己的清芬，封闭自己，感受不到别人芳香的同时，也挡住了自己的香气。只有敞开心扉，才能让自己的人格魅力氤氲流淌，不仅美丽自己，更能感染他人。每个人的芬芳相互浸染，世界，才是真诚的世界；生活，才是美丽的生活。

# 一句话的分量

陈鲁民

话有分量，就能一字千钧，一句顶一万句。而能说出有分量话的人，得益于其具有超于常人的思想境界，高瞻远瞩的视野见地，豁达宽阔的心胸襟怀。这样的人，常使我们心怀敬意，虽不能至，心向往之。

苏轼因乌台诗案入狱，办案的一帮官吏欲置苏轼于死地而后快，但杀还是不杀，神宗一时举棋不定。关键时刻，王安石上书斗胆直陈："历朝历代，哪里有太平盛世杀著名才子的？"一句话救了苏轼。而这时的王安石和苏轼还是政敌。在苏轼落难的时候，王安石没有落井下石，而是出言相救。如此胸怀坦荡、光明磊落，说出来的话怎能没有分量、不令人敬佩？

到了清初，康熙的十几个儿子都盯着皇位不放，闹得乌烟瘴气。他的儿子个个都有本事，定谁接班都有道理，康熙很纠结。这时，有大臣进言说：立储难决看皇孙。康熙顿时如醍醐灌顶，毫不犹豫选定了四阿哥胤禛，因为他最钟爱也最看好的孙子弘历，就是胤禛的儿子。因为这一句话，康熙下定决心传位于胤禛，也就是雍正。历史证明，这个决定是多么的正确。这位大臣能说动康熙，是因为他不仅有识人之能，而且有长远的目光。这样的话自然有分量。

清道光年间，鸦片危害日趋剧烈，朝中主张禁烟派与反对禁烟派吵成一团，相持不下，各讲各理，道光皇帝也没主意了。这时，林则徐的一句话让他下了决心："鸦片流毒天下，如果仍然弛缓对待，那么几年之后，中原将几乎没有可以御敌的士兵，并且没有足够做军费的银两了。"林则徐这句话为什么有分量，在于他的话切中要害。一句话就将鸦片的危害体现得淋漓尽致，令人动容。

咸丰年间，左宗棠给湖南巡抚当幕僚时得罪了不少人，因而弹劾他是"劣幕"，朝廷动了杀心。消息传出，曾国藩、胡林翼、骆秉章等大臣们纷纷为左宗棠求情，均不奏效。唯有翰林潘祖荫的"国家不可一日无湖南，湖南不可一日无左宗棠也”一句话，打动了咸丰皇帝，不仅赦免了左宗棠，还破格重用他，使他屡立战功，砥柱中流，成了“晚清三杰”之一。潘祖荫能说出如此有分量的话，在于他独具慧眼地看到了左宗棠的才干，认识到了左宗棠的重要性。这需要一双慧眼，更需要敢为他人出头的勇气。

有的人轻易不说话，一开口就落地成钉，语惊四座，因为那是深思熟虑的结果，是真理的浓缩和凝聚。邓小平的“发展才是硬道理”，就开辟了一个新时代，把一个民族领进了发展的快车道。还有“贫穷不是社会主义”，石破天惊，率领亿万人民挑战贫困，拥抱幸福，走向小康。这一句话的分量重如泰山，说它顶一亿句，也不过分。

“一言兴邦，一言丧邦”，这句话说得一点也不夸张。当然，这些有分量的一句话，不仅要说得正确、及时、精练，切中要害，而且说话的人还要有相当的话语权，才会发生一句顶一万句的奇迹。但这并不意味着作为社会上普普通通的一员说话就没分量了。一句欣赏之语，可以带给人前进的力量；一句安慰之语可以抚慰人心，催起奋进；一句善良之语，可以拯救一颗误入歧途的心……所以，说话有没有分量，在于说者是谁，更在于你说了怎样的话。

# 语言的境界

侯爱兵

明代洪应明有一副对联："宠辱不惊，闲看庭前花开花落；去留无意，漫随天外云卷云舒。"它不仅是一种做人的风范，更是一种语言的境界。

刘震云获得第八届茅盾文学奖，记者采访问："这一届奖金由 5 万元一下子提高到了 50 万元，你有什么感想？打算怎么花呢？"刘震云说："那是一个周六，我正在菜市场各式蔬菜间，纠结于买贵的西红柿还是便宜的茄子。正在此时，一个电话进来，作协通知我得了奖，奖金 50 万元啊，于是我放下电话，豪气地说：'最贵的西红柿，来两斤！'那天中午我吃的是西红柿鸡蛋打卤面，不过我没觉得和平常有什么不一样，鸡蛋就是鸡蛋，西红柿就是西红柿，不会因为外在事物的改变而发生事物内部的改变。"

面对突然而至的高额奖金和荣誉，刘震云表现坦然。借用买西红柿的生活琐事来表达自己的心志，不会因为获得的名利而改变。可谓宠辱不惊，话语洒脱，彰显不骄不喜的平和境界。刘震云能说出这样的话，在于他对名利的淡泊，对人格情操的坚守。名利上的丰收固然好，但绝对不能因为名利而改变自己的初心，才能在事业追求的路上走得更踏实、更顺利。

韩美林在画坛上成绩斐然，谈及自己的生活和创作，他说："我的画多数带给观众的是一种愉悦、喜感、快乐。但要数发愁的事、痛苦的经历，我经历得也非常多。我出生在山东济南一个贫穷的家庭，两岁死了父亲，母亲要拉扯几个孩子，日子过得非常苦。我 13 岁就参军了，给司令当勤务兵。但我选择的是忘记这些，继续寻找美、实现美，这才是我作为一个艺术家应该做的事情。"

尽管人生坎坷，饱受痛苦磨难，但是韩美林的话语里却没有怨天尤人，而是积极向上，把痛苦的压力化为追求美好事物的动力。他的一番"苦乐观"，彰显革命乐观主义的境界，不仅反映了他看得开、放得下的生活态度，还表现了他洒脱开朗的风度和对美的不懈追求。谁的人生都会有不如意的时候，我们应该拿出良好的心态去积极面对，才有可能走出困境，战胜苦难，成就人生。

2015年7月，濮存昕成为中国剧协历史上最年轻的主席，他对大家说："这个职位的天地太大了，我未必担得起。在这个位置上的应该是我们所景仰的前辈，如曹禺先生，我一个小辈怎么敢当。我最熟悉也最喜欢的空间还是舞台，俗话说见贤思齐，可走上主席这个职位之后，我突然发现自己眼前没有人了，大家都在身后，自己有些孤零零的，好像不是我自己了，有些不太自在。这事要是我爸爸知道了，他一定会说你小子胆够大的了，怎么就跑到那个位置上去了。我又没比别人多长一个鼻子，当了主席还是姓濮，还是一个舞台剧演员。我不觉得自己有多么了不得，我想知道大家要干什么，跟大家一起干，摆正心态多干实事。"

濮存昕当选中国剧协新一任主席，实属众望所归。但他自谦"不敢当"，自嘲"孤零零"，自省"还是舞台剧演员"，自信"跟大家一起多干实事"。一番话语，至诚至真，彰显从善如流的境界。说明他看中的不是官衔，而是事业和责任。濮存昕能说出这样的话，源于他是一个踏实、本分、不改初衷的人，也是一个值得大家信赖和追随的人。有了成绩和荣誉固然好，但一定要记得这些成绩和荣誉是怎么得来的，如果丢掉了踏实和本分，再多的荣誉也会失去。

宠辱不惊，话语洒脱，是至高的语言境界。它要求我们"不以物喜，不以己悲"，胜不骄不喜，败不馁不悲，敞开思想说真话，宁静致远表心声。

# 真挚是一吨重的聪明

樊树林

曾巩和王安石两人彼此倾慕，结成挚友。曾巩为人襟怀坦荡，一次神宗皇帝问他："王安石这个人到底怎么样呢？"曾巩直率地回答："王安石的文章和行为确实不在汉代扬雄之下；不过他为人过吝，终比不上扬雄。"神宗感到很惊异："王安石为人轻视富贵，你怎么说是'吝'呢？何况你们是挚友啊？"曾巩回答说："虽是挚友，但朋友并不等于没有毛病，我也不会隐瞒他的缺点。王安石勇于作为，而'吝'于改过。我所说的'吝'，乃是指他不善于接受别人的批评意见而改正自己的错误，并不是说他贪惜财富啊！"宋神宗听后称赞道："此乃公允之论。"

法国作家大仲马曾说过："一两重的真诚，等于一吨重的聪明。"其实，在与人交流中，我们不仅要欣赏彼此优点，更要敞开自己的真诚之心，敢于力陈其弊，促其改之，绝对不能粉饰。特别是在对方"头脑发热"之际，不能一味喝彩，更要用肺腑之言为其"泼冷水"，这就是诤友之可贵吧。

1995 年的春晚，那英一首《雾里看花》迅速风靡全国。于是人们开始对歌词的含义进行了多种阐释。对其进行无限拔高。有一次，阎肃参加电视台访谈节目，主持人直接问："《雾里看花》被很多人赋予了深刻的含义，您是怎么写出这样有深度的歌词的？"阎肃哈哈一笑："歌词很简单，没有所谓的深刻含义！真实的情况是这样的：当年，中央电视台要举办'3·15'消费者权益晚会，需要一首主题歌曲，晚会导演就找到了我。当年正好是《商标法》颁布十周年，我就写了这一首希望人们借助一双慧眼鉴别假冒伪劣商品的歌曲，也就是广为传唱的《雾里看花》。"

作为著名的词作家，阎肃没有故作高深，而是真诚地说出了实情，其襟怀坦白的处世态度值得学习和仰望。"两点之间，直线最短；而两人之间，实话最短。"很多时候，比起极力掩饰，实话实说往往更能直抵人心，打开心门。阎肃的一番话，不仅道出了创作《雾里看花》歌词时的真实情况，而且显示了其虚怀若谷、心静如水的人格魅力。

在这个社会上，虽然尔虞我诈可能会取得暂时的利益，但终究不会走得太远。每个人心中都有一杆秤，一番真诚的话自然会在对方心目中添分。一个人说话真诚，他人也会以诚待你，这样，你就可以建立良好的人际关系，为你的事业打下坚实的基础，最终也能赢得一路花开！

# 说话，还是实在点好

蒋骁飞

汪曾祺最听不惯华而不实的语言，他经常像一个语文老师当场改别人的错。有一次，东北某地聘请汪曾祺先生担任文化顾问。聘请仪式上的发言者也许考虑到汪先生是散文大家，便美词滔滔。汪曾祺先生显然有点受不住了，便边听边轻声地把那些话“翻译”成平常口语。发言者说：“今天丽日高照，惠风和畅……”汪先生立即说：“请改成今天天气不错。”发言者说：“在场莘莘学子，一代俊彦……”汪先生立即说：“改成在场学生们也挺好……”最后，主持人高声宣布：“请文化名人汪曾祺先生讲话，大家欢迎！”汪先生赶紧站了起来，连连摇头：“不对、不对！汪曾祺是人名，不是名人！”一句话，将全场逗得大笑。

有人在公开场合说话，总爱使用华丽的辞藻，认为只有这样才是有修养的、有文化的表现，甚至觉得这样说话，体现了身份和地位。其实，说话需要用讲话者和听者双方都习惯、共同感兴趣的“大白话”来表达，这样才容易沟通感情、交流思想。若追求华丽新奇，过分雕琢，听者就会认为这是在炫耀文采，从而对讲话一只耳朵进、一只耳朵出，这样，话说得再漂亮也不会有什么力量。所以，说话要像鲁迅说的：“有真意，去粉饰，少做作，勿卖弄。”

余秋雨曾参加一个文艺座谈会。会上，一个学者的发言让余秋雨感到如坐针毡，浑身不自在。那位学者说：“……巴尔特消解了索绪尔的符号理论，认为作品是单数，文本是复数，但那文本也是一种元语……”会后，余秋雨说：“说话故作高深者，自我炫耀、哗众取宠也。他们就像蚊子，嗡嗡地说着谁也听不懂的话，但把每个人都搅得心神不宁。”

“话风”实际上是会风、政风、工作作风的体现，只有作风老老实实、踏踏实实了，我们工作中的假话、空话、套话、大话才能根治。

齐景公问孔子怎样才能把国家治理好，孔子回答说：“君君，臣臣，父父，子子。”这八个字翻译成今天的话，意思是说，做君主的要像君主的样子，做臣子的要像臣子的样子，做父亲的要像父亲的样子，做儿子的要像儿子的样子。寥寥数语，言简意赅，一句废话都没有，但把要说的都说清了。1984年7月17日，57岁的法国新总理洛朗·法比尤斯发表的就职演说，更是短得出奇，整篇演讲辞只有两句：“新政府的任务是团结法国人民，实现国家现代化，为此要求大家保持平静和表现出决心。谢谢大家！”措辞简练，内容实在。

孔子的那八个字之所以流传至今，法比尤斯的演讲之所以至今还被人津津乐道，就是因为他们的话说得简洁、到位、意义深远，没有一句废话、空话。看来，说话还是实在点好。

# 一句话，一辈子

“人活一世，总要为这个国家和民族干点什么——认准了就干，要干就快干，要干就大干，要干就干出名堂来！”

说这句话的人是《演讲与口才》杂志的创始人邵守义。

在邵守义先生逝世三周年的日子里，回望他不平凡的一生，他说过的这句话，更像是一句誓言，一句承诺。

——他发表了新中国第一篇演讲学论文《应该让演讲事业获得新生》，这是呼唤演讲事业复兴的第一声呐喊；他第一个在国内高校讲授演讲课，是我国第一位演讲学教授；他出版的第一本专著《实用演讲学》，是新中国演讲理论的奠基之作；他发起并主办了全国第一次演讲比赛“全国十六城市演讲邀请赛”，创意并组织了第一次电视演讲大赛“全国十城市青少年演讲邀请赛”；他借款五千元创办《演讲与口才》杂志，打造了一本至今仍在全球华语世界享有盛誉的期刊品牌。

从灵感迸现，到《应该让演讲事业获得新生》发表、第一堂演讲课开讲、《演讲与口才》面世，仅用不到两年的时间；为了联络同道，组织稿件，他千里走单骑，七天跑了六个城市；为了创办《演讲与口才》，他以个人名义借款五千元，而当时他和夫人养育三个未成年的儿子，年收入还不足一千元；为了抓住全国第一次电视演讲大赛“全国十城市青少年演讲邀请赛”这一稍纵即逝的良机，他毅然拿出当时杂志社的全部家当。

那一年，他刚刚和团中央联合举办了“社会实践与成才”全国大学生演讲比赛，这位拥有百万杂志发行量的大刊主编，住在一间地下室招待所的普通房间里，辗转反侧。忽然，他让同行的人联系中国老年基金会，随即赶去，这一去就成就了一次全球华人的盛事“炎黄子孙孝敬父母演讲大赛”，陈丕显、王光英等党和国家领导人亲临赛场，世界各地华人子孙同台赞颂中华传统美德！此情此景此事，不胜枚举，至今想来，令人赞叹唏嘘！

“人活一世，总要为这个国家和民族干点什么——认准了就干，要干就快干，要干就大干，要干就干出名堂来！”

——君子一言，守义终生！

# 行业口才

HANGYE KOUCAI

# 带兵人讲话如何充满感染力

孟佳林

很多基层带兵人都困惑于跟战士讲话时，认为说得不到位，战士们不买账，导致士气不高，执行力不好。其实这就是讲话缺少感染力，那么怎样让自己的讲话能够很快感染战士情绪呢？下面的事例希望能给基层带兵人一些启发。

肖贺在连队里表现很突出，入伍前，父母离异，他和妹妹还有视力不好的爸爸相依为命。当兵后，家里就剩下妹妹照顾爸爸，最近爸爸身体也不好，妹妹打算辍学，肖贺就为妹妹上学的事着急。指导员知道后，决定发动全连为肖贺捐款。捐款大会上，指导员说：“肖贺和妹妹挺可怜的，他妹妹是非常懂事的孩子。你们当兵，妈妈怕你们在部队受苦，在家都给你们做好吃的了吧。他妈妈不在身边，他妹妹在他当兵前一周变着法子给他做菜。他说自己来，可妹妹说，哥，我就是想让你放心，我一定能照顾好自己和爸爸！她和你们年纪差不多，一个小女孩太不容易了。我们离开家，在这里又是一个家，肖贺是我们的兄弟，他妹妹就是我们的妹妹，现在我们的妹妹要辍学，我们怎么办？大哥哥们该不该帮一把？我带个头……”“应该！”战士们齐声响应，肖贺泪流满面。

指导员没有用“同舟共济”“心连心”之类的套话，讲了肖贺妹妹在家给哥哥做菜的一幕，既道出肖贺家境可怜，又唤起战士们对他妹妹的同情心。谁能看着这么懂事的孩子因为家庭困难辍学呢？有了这层感情基础，指导员又讲起大家应该互相帮一把，把肖贺的妹妹当成自己的妹妹，这样的呼吁，把情感烘托落实到行动之上，得到了大家响应。

一次连队讨论的话题是“自我提升”，杨连长上来讲：“同志们，今天我来说说我们身边的副连长郑重同志。他入伍的时候来自农村，我们那时候就认识，他总觉得自己家庭条件不好，懂得不多，很自卑的。看见战友消沉，咱要鼓励他开导他。我就说，这些都不能妨碍你做一个认真的战士。晨训你可以最早起来，平时训练你最标准地完成，一样会有很多战友佩服你的。他真的就这样做，自信心越来越强。他还利用业余时间学习专业知识，在写作上取得不小成绩。他现在已经不是那个自卑的新兵了，很多文学期刊都发表过他的文章，我以前和他聊天很随便，现在也要越来越‘郑重’了。同志们，这就是自我提升，不但能改变自己，也能改变周围人的眼光。”战士们都积极参加讨论，还说这样比以往讲历史人物故事有意思。

杨连长从身边真人真事讲起，和战士们距离拉近了。他可不是平淡地讲起副连长的成长史，而是在讲述中都蕴含着连队战士们的影子，唤起大家共鸣。榜样的力量是无穷的，看着真实可感的成功案例，大家当然都想参与讨论了。这样讲话，可以更加鲜活地烘托主题，还可以让战士不乏味，不抗拒。

在某连年底的军事训练考核动员大会上，连长做了这样的讲话：“同志们！明天考核的序幕就拉开了。去年，我们准备不充分，一贯的‘尖子连’，连‘一级连’的边都没碰到。大家还记得看着团长把‘一级连’的牌子授给其他连队时的感受吗？我可是记得，那天中午，多少人连食堂都没去，吃不下，这口气在这憋着呢。同志们，落后的滋味不好受吧！我相信，弟兄们都不是孬种！就让我们把憋足的劲用到今年考核上吧。让大家看看，今年的第一一定是我们连的！大家有没有信心？”“有！”战士们的拼劲被点燃了。

请将不如激将，连长在讲话中做好了“心理战”，几句话直奔主题，带着大家回忆去年落败的感觉。战士们那股不服输的劲头被唤醒了，连长要的就是这个劲，大家短促有力的回应证明他的热情已经感染了大家。从心里痛处着手，激起战士们拼搏的劲头，这样的方法效果非常明显，只要找对了点，就像找到了爆破按钮，点下去，战士们的热情顷刻爆发。

连长在给即将参加团演讲比赛的队员们讲话："同志们，你们十个小伙子可是连队的荣誉啊。我们连一向以'文武皆优'让其他连队羡慕，我们很看重这份荣誉，而它这次落到你们肩上了。训练任务很重，为了让大家精力充沛，饮食上我已经和炊事班协调，给大家改善一下营养；关于住宿条件，我已经强调了，寝室里有参加演讲赛的队员，战友们要支持，创造学习环境；关于老师，副连长正在和市演讲协会联系，保证给大家提供最好的。能考虑的连队都会为大家想到，如果有其他需要，你们尽管说，连队里会有求必应的，剩下就是你们用成绩来回报连队，我也相信你们一定做得到！"

连长这次讲话成功之处在于把宏观的"为荣誉而战"之类的话语，落实到工作中的一个个实在的点。一方面彰显了连队对队员们的细心负责；另一方面也表达了连队领导和众战友对参赛者的重视和殷切希望。连长在繁忙工作中还为参赛队员的需要考虑得如此周详，能让人不受感动吗？这份深情，就可以打动所有人，化作队员的拼搏动力。

基层带兵人提升讲话的感染力，不仅仅是语言技巧，我们从上面的案例也看到，几位连长都深入分析战士的心理特征，用内心的感情去唤起战士们的热情。只要带兵人遇到类似问题举一反三，选准讲话的突破口，不用多费唇舌，都可以把话说到战士的心坎上，获得很好的感染力。

# 巧迎顾客心理　推销大获成功

蒋骁飞

被誉为世界上最伟大推销员的乔·吉拉德曾说：“很多人认为，推销术就是一项技术，想方设法将商品卖出去就行了。这大错特错，推销同样是一门艺术，需要心与心的交流、心与心的碰撞。”这就是说，在推销过程中，推销员应注重与顾客进行心灵沟通和情感交流，通过自己的言语感染、感化、感动顾客，从而让对方喜爱我们的商品、关注我们的商品，直至最终选择我们的商品。

## 一、触动顾客的“恻隐心”

在一部电影中，张曼玉扮演一位保险业务员，好不容易见到目标客户后，对方却给了她一枚硬币，说是给她回家的路费。当时她很生气，在她扭头要走的一瞬间，她看到客户的办公室里挂了一张小孩的照片，于是她对头像深鞠一躬说：“对不起，我帮不了你了。”客户大为惊讶，也大为感动——原来这个客户最疼爱他的儿子，所以把儿子的照片挂在办公室里天天看。现在，业务员对小孩照片鞠躬致歉，实际是向客户暗示：买保险的意义不只是让自己多一份健康、平安的保障，而是给家人、给最爱的人多一份安心和爱护。随后，客户叫住了她，与她签订了购买保险的合同。

张曼玉扮演的角色这次推销之所以能成功，是因为她抓住客户的关注点，在情感上打动了客户——谁不爱自己的孩子呢？谁不愿意给自己的孩子多一份关爱和保障呢？推销的时候，交流、沟通的切入点很重要，需要我们收集到足够多的信息，找准对方关心关注的事情，用诚恳的言语触动他心中最柔软的部分，从而消除其抗拒心理，增加成功推销的概率。

## 二、激发顾客的“好奇心”

1996年，被誉为“空调教父”的张跃创办了远大空调有限公司，创业之初，他自己当推销员。一次，一位顾客很不客气地说：“你的空调太贵了，我是不会买的。”张跃却说：“先生，其实我们这款空调是全国目前最便宜的空调！”顾客对此感到非常奇怪：“你的空调明明是一般空调价格的两倍，你怎么说是最便宜的空调？”张跃解释道：“我的空调用电量通常只是其他空调的三分之一，这样算下来，它一年平均可以为您节省电费500元以上；另外，其他空调使用寿命一般只有10年，而我的空调使用寿命在15年以上。如果我们综合考虑以上因素，使用我的这款空调每年总体费用在800元左右，而其他空调就要超过1000元了。”顾客一听恍然大悟，随即决定要买一台这样“价廉物美”的空调带回家。

张跃首先制造悬念，引起对方的好奇心，然后，在解答疑问时，很巧妙地把产品优越性介绍给顾客。在很多时候，顾客不会有兴趣倾听推销员滔滔不绝的游说，我们不妨给顾客制造一点“悬念”或者“神秘感”，从而激发顾客的好奇心，然后我们再趁机将我们的产品推介出去。利用顾客的好奇心推销产品，顾客就没有抵触感，能在不知不觉中了解、接受我们的产品。

## 三、满足顾客的“虚荣心”

江山黛是日本最大的服装经销商之一。一天，店里来了一位十分挑剔的女生，千挑万选之后，仍没有找到一件自己满意的外套。江山黛愧歉地说道：“小姐，我非常抱歉不能提供让您满意的商品。不过，您的到来，让我感到非常荣幸，因为您提醒了我，我们的服装在设计方面还有问题。您能不能给我提一些宝贵建议？我以后就按您的要求去进货。”那位女生随即提出了一些建议。江山黛认真记下了她的建议，然后说：“非常感谢你的宝贵意见，我会马上去改进！最后还请您留下电话，好让我随时请教您。”那位女生很爽快地把电话号码给了江山黛。以后，每当进了新货，江山黛都打电话叫那位女生来“指导”，同时那位女生也成了江山黛的常客。运用这种向顾客“讨教”的方法，江山黛建立了一个庞大的客户群。

其实江山黛向顾客“讨教”只是一个幌子，她只是想凭此招与顾客建立起良好关系，并藉此向他们推介新商品。人人都有虚荣心，当我们自然、巧妙地抬举一个人，一定会让他兴奋并对我们产生好感的。所以，当推销员有意找一些不懂的问题，或明明懂却装不懂地向顾客虚心请教，会为其后的推销打下良好的情感基础和推销机会。

## 四、唤起顾客的“仁爱心”

李宏从农户手上收购家禽，然后再集中推销到市区的食品加工企业。最近，他偶然认识了专门从事酱鸭加工的王总，这位王总每年大约需要30万只鸭子。他专程拜访了王总，但他没谈生意，而是拉起了家常：“听说您把孩子送到国外读书了，是吗？”王总笑着说：“孩子正在英国读大二呢。”李宏赞叹：“您看，您真有能力啊！能让孩子受到这样好的教育！”王总谦虚地笑了笑：“现在很多家庭把孩子送到国外读书。”李宏接过话头：“但现在困难的家庭也不少呢，我手下就有几个养殖户的孩子面临辍学，由于销路不畅，他们花了不少成本饲养的鸡鸭就积压在家。如果再不脱手，他们的孩子不但读不了书，恐怕连基本生活都成问题。王总，您不是做酱鸭生意的吗？您厂里需要这些鸭子吗？”王总一听，忙说：“只要鸭子符合我们要求，当然可以啊，你到乡下把家禽集中收来，然后全部交给我吧。”

李宏一句也没有推销自己的商品，而是讲述了一些农村养殖户的实际困难，引起了王总的极大同情，从而很自然地形成商业合作。人人都有仁爱之心，在推销过程中，你如果在某些方面获得了顾客的“同情”，还担心顾客不去购买你的商品吗？唤起顾客的“仁爱心”推销商品，其实就是一种充满人情味、充满互助互爱的过程。

很多时候，推销也许并不只是向顾客展示、推介商品本身，而是应该更多地关注、揣度顾客的内心。所以，在推销过程中，我们要学会用自己高质量的言语去征服顾客，而不仅仅依靠高质量的商品。

# 诉求条件悬殊，谈判如何开局

孟佳林

诉求条件是己方需要通过谈判实现的商业条件，可是谈判中“一拍即合”的毕竟是少数，通常由于双方立场不同，所开出的诉求条件总会存在差异。当这种差异是非常悬殊的时候，就给谈判双方出了难题，放弃原则承认这些差距，己方吃亏；如果强硬坚持自己诉求又可能使谈判进入僵局。这种时候为了谈判制胜，不妨在开局处做一些文章。

广东某厂厂长率团与美国一公司就引进先进的生产线一事进行谈判。中方希望部分引进，价格也便宜些；美方坚持全部引进，拒绝中方要求。中方代表心急如焚，但开局之初并没有直接提要求：“您好，全世界都知道，贵公司的技术是第一流的，产品也是第一流的。如果贵公司能帮助我们广东厂跃居全中国的第一流，那么全中国人民都会感激你们。美国方面当然知道，现在意大利、荷兰等几个国家的代表团正在同我国北方某省的厂子谈引进生产线的事。如果我们的谈判因为一点儿小事而失败，那么不但我们广东厂，而且连贵公司也将蒙受损失。这损失不仅是生意，更重要的是声誉。目前，我们的确因为资金困难，不能全部引进，这点务必请美国同行们理解和原谅，并且希望你们能伸出友谊之手，为我们将来的合作奠定良好基础。”这话说到了对方的心坎上。

中方避开正面讨价还价的尴尬，从全局观念出发，先肯定美国公司在业界的地位，又分析当前所处的形势。把美方关注点，从中美引进标准一城一地的得失，转移到美国公司和其他国在中国所占份额比重这个问题上，从这个角度出发，双方的利益就有同一性。真正打动美方的当然不是中方的部分引进，而是增加中国市场份额。

我国某玻璃厂要从日本企业引进新设备，但日方一开始的报价就高出中方掌握的外汇底盘200多万美元，而且态度强硬，这样根本没法谈。中方坐在谈判桌上："我为专务先生（日方主谈人）的友好讲话感到高兴，专务先生说我们是真诚合作的朋友，我也赞同。是朋友就要遵循平等互利的原则，不能一方占大便宜，另一方吃大亏，这不是朋友所为，我想专务先生不会对我的话有异议吧！"日本主谈人说："说得好。"中方接着说："关于设备，我们专程考察了美国同类产品，他们质量、性能也都很好，但报价比贵公司低得多，我们已经与美方代表接触。不过，如果贵公司的价格合理，我们也会首先考虑友好邻邦的。"此番分寸得当的话，令日方最终考虑降价。

中方为了开局压制日方士气，用了一招"围魏救赵"，一语道出美国企业也有意合作，意义是表明在中方看来日本并不是唯一合作对象。这样就迫使日本有一种危机感，中方妙在点出这份压力而不失感情，分寸拿捏非常好。达到敲山震虎作用，而又点出邻邦关系优先考虑，双方谈判容易以平等身份交流。

江苏仪征化纤工业公司因从德国引进的反应器有故障，向德方索赔，索赔金额1100万马克，而德方出价只有300万马克，显然数字相去甚远。中方说："国际上的人不是都奇怪日本人的对华投资为什么都比较容易吗？其实最重要的原因是日本人了解中国人的心理，知道中国人最重感情重友谊。你我是打过很多年交道的老朋友了，除了彼此经济上的利益外，就没有一点个人间的感情吗？问题出在贵公司的产品上，那么贵公司就应该以足够的诚意来解决问题。"对方经理说："我们在贵国中标总价值才1亿美元，我们无法赔偿过多，不能赔本啊。"中方继续说："据我所知，正是由于贵公司在世界上最大的化纤基地中标，才得以连续在世界上其他地方15次中标，这笔账怎么算呢？我们是老朋友了，打开天窗说亮话，你们究竟能赔多少？你也为我想想，我总得对这里一万多建设者有个交代……"最后德方同意赔偿中方800万马克。

感情攻势是谈判场上的轻骑兵，在沟通僵局之时往往能柔化气氛，而中方代表无疑是运用感情攻势的高手。双方差距看似无法沟通，中方则打出“友情牌”，把感情加工成谈判的砝码。然后又从中方是世界上最大化纤基地的价值说开，把对方看作“老朋友”，使冷冰冰的谈判多了一些温情，这样开局，德方还好意思板起面孔谈判吗？

安徽宁国县一家校办企业，希望得到美国一投资公司的投资，可是投资金额与中方期待相差太多。厂长觉得美方不了解他们，在谈判时他开诚布公说：“我只想讲四个问题，其中三个是我可以不和你们合作的原因。”美方代表一脸惊讶，他接着说，“第一，和你们谈判的人，都想得到更多资金，我们不这么想，我们每年交税300万元，自己能养活自己。第二，别人要优惠政策，我们不这么想，我们是校办企业，有很多国家的优惠政策。第三，别人还会想要你们的技术，我们也不用，我们生产大学研发的热水器，目前质量和市场都很好。”美方瞪眼睛看着厂长，厂长顿了一下，“如果不合作，我和你们谈什么？说实话，我们的热水器技术非常过硬，完全可以开发成卫生间洗浴系列，比市场现有品种更方便节能。如果我们能合作开发这种新品，我们的利润都是非常可观。当然，合作要建立在互利互惠基础上。”听到这里，美方代表连说“OK，OK。”

希望与美方合作的公司不止中方一家，投资金额又存在差距，如果不能最快时间让美方对中方建立合作欲望可能就与投资失之交臂。厂长逆向入手，先陈述了几点自己不需要合作的理由，这可能是所有有合作意愿的人都不会这么说。美方惊奇之余，被吊起胃口想看看中方意向到底是什么，厂长巧妙引导的目的就实现了。而且前面陈述，也表明中方实力，可谓一举两得。

谈判双方诉求条件差距大的情况时有发生，否则谈判也就失去了它的价值。但我们可以运用智慧的语言巧妙把差距弥合，双方以和谐的状态继续谈判，请相信，这种情况下良好开局就是胜利的一半，只要技巧得当，一定可以为己方赢得空间。

# 协调学生关系，话该怎样说

刘思竹

育人是老师的重要职责，而协调、理顺好学生之间的关系，可以促进学生的健康成长。在平时，当学生之间的关系不畅或产生嫌怨时，作为一个称职的协调人，老师该怎样说话呢？

## 处理矛盾的话，心平气和地说

> 晚自习时，大家都在忙着准备期末考试，坐在后排的杨峻青和吕鹏却无视班里的紧张学习气氛，时不时地咬着耳朵。聊着聊着，二人的声音越来越高，最后竟然拉椅子推桌子，动手打了起来。值班的林老师闻讯赶来，控制住了局面，把二人带到值班室，劈头就喊："又是你们俩！你们俩真行啊，别人都在闷着头复习，你俩不学也就算了，还敢动手打架！你们像个学生样吗？你们就在这给我站着，谁也不许回去。好好反省反省自己，来上学是干什么的！"本来，杨峻青和吕鹏在谈论美国篮球职业联赛的球星，结果因为意见不合，说着说着杨峻青就出言不逊，吕鹏就还之以拳头，就这样动起手来。本来二人都想跟老师诉说心里的委屈，让林老师蒙头盖脸一顿批，两人都很郁闷。

有时候事情发生得就是那么不凑巧，不过是因为你说那个球星好，我说这个球星棒，两人竟然拳脚相加。学生因意气用事而产生矛盾，老师本应微风拂面般给予降温、冷处理，可是急躁的林老师为之火冒三丈，二话没说，冲他俩发了一通火，这种一棒子全打死的做法对解决学生之间的矛盾毫无效果，更谈不上学生会对老师心服口服。这个时候，林老师应该尽量平息内心的烦躁和怒气，努力去缓和紧张的气氛，说："赵本山的二人转真是够火的，你们都在教室里表演起来了。行了，都累了吧，自己都把气喘匀了，一个一个来，慢慢说给我听。"当缓和了剑拔弩张的气氛后，两人都会静下心来，反思自己的行为和心态，把老师当作可以信赖的人，一吐为快。

## 追究责任的话，不偏不倚地说

早晨，检查卫生的老师跑过来告诉高一（5）班的班主任何老师，说他们班有块卫生区打扫得很差。确认问题属实后，何老师找来值日的孙柏鸿和宋福亮了解情况。

孙柏鸿说："我们俩说好了，我负责把垃圾扫成堆，他负责收集起来，送到垃圾箱里。今天早上我来得早，把垃圾扫成堆后，宋福亮还没来，我就先回教室了。"宋福亮说："我来的时候，风把地上的垃圾吹得到处都是。我本来想重新扫一遍，可是没等打扫完，上课预备铃就响了。我就赶紧把垃圾收回去了。"何老师生气地指责宋福亮："你记不记得，你上课迟到多少次了？你呀，做什么都是拖拖拉拉的，就不能利索点吗！"听了班主任的话，孙柏鸿心里松了一口气，脸上还带点沾沾自喜的表情，宋福亮斜眼看了一下孙柏鸿，很不高兴。看起来，他并不买班主任的账。

同在一个卫生小组，虽有分工，却无合作，那么，出现问题也就是早晚的事了。当真的出现问题时，班主任何老师并没有立足于这个二人小组，协调和平衡二人之间的工作关系，而是在了解了事情的大体经过后，直接把矛头指向了做事拖拉的宋福亮，同时揪出往日劣迹对其进行批评。尽管有过，但确实不该由宋福亮一个人来承担全部责任。何老师说话偏颇，不但没有平衡二人的关系，反而无形中像砝码一样，加在孙柏鸿这边，难怪宋福亮不服气了。如果何老师能把二人当作一个整体，说："这次卫生工作做得不好，说明我们小组在配合上出了问题。我希望，你们两人能克服自己的缺点，齐心协力，一唱一和地把班级工作做好。"当把问题实质讲给学生听后，他们定会认识到各自的错误，诚心接受批评，从而团结一致做好以后的工作。

## 化解误会的话，理解包容地说

王俊峰和张寿坤时常结伴出现在篮球场上，打球时他们配合默契，望风披靡，人称"风云组合"。今天，班主任刘老师宣布，学校要选拔一对篮球运动员，参加市里的二人对二人制篮球比赛，班级期末将被评为"体育特殊贡献奖”，个人将另行褒奖。大家都把期望的目光投向了王俊峰和张寿坤。课间，张寿坤找到刘老师，说自己不想和王俊峰搭档。问了半天，张寿坤才吞吞吐吐说出理由。原来，一次有同学夸奖王俊峰篮球玩得棒时，王俊峰说了一句：“打球和学习一样，得多动脑子。这样，咱才玩球、学习两不误。”张寿坤认为王俊峰说这话是影射自己学习差。刘老师当时没说什么，第二天，刘老师叫来张寿坤对他说：“你呀，就是不愿意为别人考虑，你知道吗，王俊峰说那句话完全是无心的。见你最近都不找他玩球，他认为自己肯定做错了什么，都上火了！你什么时候能改掉这个毛病啊。尽快去和王俊峰解释清楚，别拿自己的错误惩罚别人了！”张寿坤听了，又羞又恼，认为一准是王俊峰在刘老师面前说了自己什么坏话。结果呢，两人的关系反而更远。虽然二人勉强配对参赛，但是实力大打折扣，失去了难得的机会。

张寿坤因为王俊峰无意中的一句话而心生猜疑，对其产生误会，从而拒绝与其配对参赛。当刘老师得知原因后，不但没有考虑到张寿坤的感受，反而以指责的口气，对张寿坤进行批评，并要求他做这做那。因此诱发了张寿坤的逆反心理，间接导致两个学生的关系更疏远。如果刘老师能从张寿坤内心的矛盾切入话题，设身处地地与其交流：“能看出，你很在乎和王俊峰的友谊，我很理解。其实，你可能不知道，王俊峰也非常珍惜彼此之间的友谊，并为此而苦恼呢。老师觉得，真正的朋友不是互相猜忌的，要多一点去考虑对方的感受；还有啊，你们既然是朋友，就该相互帮助，要不，你们在学习上也搭档一下？”如此一来，他们不但继续在赛场上叱咤风云，也会成为学习上的好伙伴。

协调的话说得合适，不仅可以增进学生之间的情感和友谊，也会让自己成为学生可以信服和信赖的人，从而树立威信。这样一举多得的好事，需要平时多注意积累和汇总，相信各位教师并不难做到。

# 巧言劝慰，远离医暴

冯　紫

当前，因为医患关系处理不当而引发的医暴现象屡见于媒体，在我们的身边也时有发生。医暴现象的出现固然有着这样那样的原因。但作为一名医生，在处理医患关系时，如果能够掌握一定的沟通技巧，就可以有效缓解医患矛盾，从而远离医暴。

有一位女生来医院看病，称经常腹痛，每次痛起来都大汗淋漓。经过一番检查后，所有指标均正常。由于查不出病因，这让女生的母亲很有意见。医生史航得知情况后，就笑着问女生：“你今年读高三吧？”一听这话，女生及其母亲都流露出了惊讶的神色，史航见状，微微一笑说：“我有一侄女，有一段时间经常出现呕吐症状，原想着到医院进行诊治，就向我打听情况，但被我劝止了，我说侄女患的是‘心病’，过几天就会不治而愈。家里人听从了我的建议。果然，几天后，侄女获得了保送名牌大学的名额，呕吐症状也就不治而愈了。你女儿得的也是心病，是高考前压力太大而导致的肠胃调节失衡，得自己学会放松，不然只会影响到正常发挥。”女生和母亲对史航的“治疗”很是佩服。

一位医生说，话语是一把最好的手术刀。此话绝非妄言，单凭医疗设备，有时并不能检查出病症来，相反语言的安慰则是能够起到很多的治疗效果。史航对女生的话语治疗就是很好的例子，他触碰到了女生的心理症结，通过亲身经历的事情，从而让女生知道了患病的缘由，其母亲对医院的不信任也就消弭了。其实，作为一名医生，如果能用好手中的话语权，让语言作为治疗的辅助手段，往往能起到事半功倍的效果，也能化医暴于无形之中。

## 直击症结，向下比较

一位患者由于担心化疗的副作用而对化疗产生了恐惧心理，医护人员再三劝说，她就是不愿意接受化疗。其主治医师王琳经过与患者交谈时发现，患者是刚输液化疗时就发生了呕吐，这才产生了抵触情绪。王琳说：“你是身在福中不知福。看临床患者用的是最便宜的普通药，可人家就没出现呕吐，而你用的可是进口的第三代产品，副作用小，毒性比别人的小很多倍，你得考虑是不是自己的心理作用。”患者听到这里，还是有些不理解，言道：“肯定不是，我不能化疗。”王琳说：“行啊，不过我告诉你说，要是不化疗的话，这个预后可就不好说了。你不是想保乳吗？你这要是不化疗，乳房肯定保不住，你这个瘤子有点大，进行化疗肿瘤缩小了才有可能保住。不过算了吧，咱化疗那么难受，乳房就别考虑保了！”听了这番话，患者说：“那好吧，我试试。”

患者产生了恐惧心理，扫清心理障碍是首要之选，因为这是问题的症结之所在。王琳直接说明了患者所用药物要比别人的好，之所以出现呕吐是患者自己的心理作用，但未能达到劝说效果。当患者依然表示不化疗的时候，王琳顺势而下，采用了心理学上的向下比较策略，告诉患者不化疗将会保留不住乳房。这样一来，击打到了患者的心理底线，让其不得不说出同意化疗的话语。

## 巧妙用比，借此言彼

一位脑出血患者在入院进行了几天治疗后，病情非但未能好转，相反则是加重不少，为此患者家属很有意见，就怀疑医生的治疗水平。董兵是主治医师，在知道这点后，对患者家属如此言道：“作为家属你们首先要明白，脑出血会在几天里病情加重，就像你手臂因为受伤肿胀了，它会在以后的几天里越来越重，达到高峰期后，然后才会慢慢消肿。无论你怎么用药，它都要经过这样的过程，这是在我们日常生活中经常碰到的，也是常识。颅脑也一样，发病后会慢慢进入病情的高峰值，大概经过一周左右才会慢慢退下来，病情才能慢慢稳定。我们用药物治疗或手术治疗，只是把它的高峰期的峰值降下来，但还是会加重的，会经过高峰期的，这是谁也无法改变得了的事实。”听了这样的解释，家属的情绪慢慢平复下来。

患者家属之所以与院方发生纠纷，很多时候是缘于基本常识缺失，这个时候，医生一定要言辞恳切地把具体情况向患者家属讲明，方能化解矛盾。董兵的这番话里，直接言明了事实情况，而后用手臂受伤肿胀与脑出血病情会先达到峰值进行对比，浅显而明了地表示这是治疗中的正常现象，这是常识。如此一番劝说，既言明了事实，又合乎情理，顿时让家属消除了误解，避免了一场危机。

在治疗中，医生要能够用语言与患者及其家属进行沟通，话语说得好，表达得恰当，一定能够化解掉矛盾，扫清治疗障碍，从而能够避免医暴事件的发生。

# 先说共鸣之语，沟通更顺畅

黛　宁

近段时间，王凯沉溺于网络小说不能自拔，班主任徐老师决定找他谈一谈。王凯被叫进办公室后，徐老师先笑了："王凯，那几本网络小说我随意翻了几页，就被书中的故事情节给吸引住了，怪不得你爱看呢。"王凯觉得有点意外。徐老师接着问："你看完之后有什么感受？"王凯说："这些网络小说的故事情节很吸引我，它总设置很多悬念，让人迫不及待地想知道后面发生了什么事。可一口气看完之后，又觉得没啥意思。"徐老师说："这就像你们挚爱的辣条，吃的时候够美味够刺激，让你欲罢不能，可吃多了对身体却没什么营养，反而有害。况且，你在这辣条上花费的时间和精力已经严重地影响到了学习。"王凯说："老师，我知道该怎么做了。"

面对王凯沉溺网络小说严重影响到了学习，徐老师并没有急着去批判网络小说的负面价值，而是先肯定了这类小说对读者有强烈的吸引力，这与王凯先达成了一个共鸣。这种共鸣使王凯愿意在接下来的沟通中向老师敞开心扉，也更乐于接受老师的建议。如此一来，徐老师想要达到的沟通效果，自然也就水到渠成了。

初二学期马上就要结束了，一向成绩优异的郑阳在学习上却直线下降，上课睡觉、说话、完不成作业，周末还偷偷去网吧，被班主任周老师带到办公室后，一脸的视死如归。周老师说："看着你们每天的时间都被学习塞得满满的，好不容易盼到星期天，又是海量的家庭作业，家长还想见缝插针地报个辅导班，连一点属于自己的自由时间都没有，我都觉得累，更别说你们了。"听老师一口气说了这么多，郑阳的眼圈已经红了："老师，我真的想停下来歇一歇。"周老师接着说："三年的马拉松你已经跑完了近乎三分之二，并且一直遥遥领先，此刻你可以选择坚持，也可以选择放弃。”郑阳沉思片刻，坚定地说：“老师，我不会前功尽弃的。”

面对郑阳在学习上出现的这一系列问题，周老师并没有直接予以批评，而是先换位思考，设身处地道出了郑阳心中所有的压力和劳累。看老师能站在自己的立场上考虑问题，郑阳便在心中放下了对老师的设防和排斥。接下来，他才能认真把老师的话听到心里去，从眼前浮躁和叛逆的状态中清醒过来，最终理智地做出自己的选择。

五一假期后来到学校，班主任李老师在检查学生的仪容仪表时发现，陈娜的头发不仅比其他同学的头发长好多，还将头发染成了棕色。李老师将陈娜带到教室外面，和颜悦色地说：“陈娜你还别说，你这个棕色头发还真是挺时尚、挺好看的。”陈娜看老师一脸真诚，便露出一个很开心的笑脸。李老师接着说：“爱美之心人皆有之，每个人都有追求自己美的权利，对于女孩来说，爱美更是天性。”陈娜在旁边听得频频点头，“可是，当你对美的追求已经超越了自己的年龄和学生的身份，进而影响了班级和他人时，你就得认真衡量一下这种美是否值得追求了。”陈娜不好意思地说：“老师，今天放学后我去把头发剪短，染回黑色。”

陈娜追求个性，标新立异，置学校制度于不顾，李老师完全可以将她狠狠批评一顿。可李老师却先以欣赏的眼光肯定了她染发后变得时尚了，进而又肯定了她的爱美之心是很正常的。善意的赞美和肯定，拉近了陈娜和李老师之间的距离，也促使陈娜更积极地去反思自己在这件事上的不当之处，问题便在和风细雨中迎刃而解了。

青春期的孩子犯错误是件再正常不过的事情，急于指责他们的错误，同时施予暴风骤雨式的批评，有时非但不能帮他们认识自己的错误，还容易激发他们的逆反心理，使事情恶化。相比之下，如果能够选择用真诚的态度和欣赏的眼光去叩开学生的心扉，反而更容易与学生在心灵上达成共鸣，沟通起来也就更加顺畅。

# 带兵人精彩讲话“三字诀”

曹志刚

带兵人的精彩讲话，既能鼓舞士气凝聚军心，又能展示自我，树立威信。带兵人面对公众讲话，要想精彩，就要把握好“情、精、清”三字诀。

## 一、情

带兵要以情带兵，队前讲话要有动之以情的本领。这不仅是以人为本的要求，也是公众讲话具有鼓舞力的重要窍门。

> 电影中，曾经有这样的情节，军长对不正之风深恶痛绝，在某师干部会议上气愤地摔了帽子，说道：“我雷某今晚要骂娘！知道吗，我的大炮就要万炮齐鸣，我的装甲车就要隆隆开进！我的千军万马就要去杀敌！就要去拼命！就要去流血！！可刚才，有那么个神通广大的贵夫人，她竟有本事从千里之外把电话要到我这前线指挥所！此刻，我的指挥所的电话，分分秒秒，千金难买！可那贵夫人来电话干啥？她来电话是让我给她的儿子开后门，让我关照她儿子……我雷某不管她是天老爷的夫人，还是地老爷的太太，走后门，谁敢把后门走到我这流血的战场上，没二话，我雷某要让她儿子第一个扛上炸药包，去炸碉堡！去炸碉堡！……”激起了排山倒海般的掌声。

雷军长讲话其实并没有多少演讲技巧，却为何能让官兵热血沸腾？道理很简单，在于真情流露、激情迸发、言语铿锵。带兵人要注重培养官兵的血性，所以讲话要更有斗志和激情。这一激情是来自演讲者本人对国家的赤子之心和对官兵的真挚之情。带兵人要懂得官兵们所思、所想、所爱、所恨，从而讲官兵的心里话，抒官兵胸中情，引吭正义之歌，高唱公正之音。这种直抒胸臆式的表达，就容易引起青年官兵的共鸣。

## 二、精

部队的管理、训练和教育任务繁重，且工作节奏快，这就要求带兵人公众讲话要重在时效。讲话宜短不宜长，宜精不宜杂，这样官兵才喜欢。如何做到这一点？

> 一位新兵营长在新兵入伍欢迎会上讲话时，这样说：“当兵十多年，对于你们而言，我算是老兵了，我这个老兵最看重的是新兵，因为你们可塑性强，所以前途无量。但我最看不起‘三种兵’：一是逃兵，遇到困难就想逃，碰到吃苦就想跑，遇到委屈哭鼻子，凡事只会发牢骚，像个怨妇。这种人懦弱无刚不像男人，我看你是没种兵；二是散兵，心无组织，目无纪律，破坏部队秩序，这种人松松垮垮不像军人，白当几年兵，糟蹋了那么多军粮，我看你是孬种兵；三是骄兵，总觉得别人不如他，听不进别人的批评和教育，这种人自以为是、自我感觉良好，不像正常人，古语讲，骄兵必败，这是败种兵。你们来到部队，我为什么热烈欢迎？因为你们都不想做那三种人，而想做‘有种’的军人，想当一个铮铮铁骨的真男人。大家先用掌声给自己鼓励一下。”

带兵人讲话只有精辟才能精彩。如何做到这点？就要具备两个要素，一是要讲官兵没有听过的话，这就需要带兵人要有个性化的表达，就是要讲自己想说的话，讲反映自己判断的话。二是要概括精巧，凝练深刻。如可以采取比喻、类比、比拟、压字（头字或尾字相同）、回环等方法，强化个性化表达的效果。这位营长为了鼓励新兵成为合格兵，没有从正面讲，而是从反面讲他不喜欢的兵，讲的是带兵体验和内心想法，这就是个性表达。同时，他运用了“压字法”巧妙概括出逃兵（没种兵）、散兵（孬种兵）、骄兵（败种兵）三种兵，讲起来掷地有声，成为激荡官兵心潮的“语言炸弹”。

## 三、清

带兵必须有章法，否则部队就会带乱、带糟。所以，古人选带兵人，非常重视是否有条理性思维。曾国藩用人之法就有“多条理而少大言”的原则，他又说“若要知条理，全在言语中”。所以，看一个带兵人有无条理性思维，很重要的是看讲话是否有条理。反过来说，公众讲话讲得好不好，条理思维很重要。

有一位指导员对全连退伍老兵进行思想政治教育时，是这样说的：“大家还有一个月就要退伍还乡了。说实在的，全连官兵都舍不得你们走，两年的战友情我这几分钟肯定说不完。但我在这里，想请大家问自己三个问题：第一，走前留下什么？想留给战友的是经验和良好的形象，还是留给战友恶劣印象？第二，走时带走什么？你是要带走战友对你的诚挚祝福和浓浓深情，还是要带走战友对你的不好评价。第三，回家带给家人什么？是把一个安全、自豪的你带回家，让家人高兴？还是把档案中的不良记录带回家，让家人寒心？我相信大家有觉悟，“雁过留声，人过留名”，“编筐编篓，重在收口”。你们一定正在心里说：走之前要给连队留下荣誉，走以后要带走良好声誉，回家路上是安安全全、严格自律。大家说对还是不对？”

这位指导员的讲话有条有理，有声有色。讲话时间没用 3 分钟，却因为之前做好了充分准备而丝丝入扣、直击官兵心灵。这得益于掌握了条理讲话的方法，可归纳为：一是准备好，主次明。抓住主要的问题，省略次要内容。二是要点全，记心间。要将讲话要点烂熟于心，讲起话来才能够有条理。三是序数词，做导引。最好用序数词如第一、第二等对要点进行导引，内容讲起来就有界限感，且铿锵有力。四是收好尾，善总结。要在最后对要点进行归纳。如那位指导员在讲话前把三个问题抛出来引发悬念，最后又进行归纳，做到了有张有合、脉络清楚。

总之，把简单的讲话说好并不简单。掌握好“情、精、清”三字诀，并努力实践和培养，带兵人才能在普通的场合培养“神通”的口才，在平凡的岗位上培养非凡的语言表达能力。

# 欢送老兵退伍，该说点啥

化长河　芮晓华

铁打的营盘流水的兵。每年都会有服役期满的老兵离开军营，光荣退伍，而连队一般都要举行隆重的欢送仪式，给老兵留下军营生活最后的美好记忆。除了给老兵戴上大红花，组织向军旗告别外，连队领导还要发表充满感情的讲话。在这依依惜别的场合，应该说点什么呢？

## 一、回忆当兵之初，突出成长进步

讲话时，可以回忆一下老兵们当年从地方参军的绿色梦想，回顾一下他们作为新兵刚到连队时的青涩懵懂，再说一说他们现在的成熟和自信。这样讲，既可以把老兵带回到刚入伍的那段难忘岁月，引发老兵的共鸣，接近与他们的心理距离，又可以通过前后对比，凸显出他们这几年军营生活的成长和进步，激发他们的自豪感。王指导员这样讲：

同志们，战友们！今天我们在这里整齐列队，欢送我们的十位老战友光荣还乡。即将离队的战友们！时间过得可真快，一转眼，你们就要告别这火热的军营，离开亲爱的连队，离开你们曾经工作战斗过的岗位了。作为情同手足的战友，我们怀着依依不舍的心情为你们送行。回想当初，正值青春年华的你们，为了圆一个绿色的梦，走进了军营，为了祖国的和平安宁，毅然选择了当兵。我还清楚地记得，刚到连队时，你们穿着肥大的军装，背着崭新的背包，是那样天真；记得你们第一次参加连队紧急集合时，有人慌得把裤子都穿反了；记得你们第一次在班务会上发言，有人憋了两分钟也没有蹦出一个字。如今，你们经过严格训练，刻苦学习，有的成了我们的训练标兵，有的成了我们的技术能手，有的成了我们的思想和文体骨干，有的成了我们的等级厨师。你们成长了，进步了，成熟了，自信了，成为铮铮铁骨的军营男子汉了！大壮、小李，你们是大家公认的“球星”，你们那精彩的妙传，还有那潇洒的三分球，让大家掌声雷动。二班长，你是全国的学雷锋标兵，今天一大早，你最后一次把猪圈打扫得干干净净，为你的军旅生涯画上了圆满的句号。炊事班长，入伍前你连做饭都不会，却在连队的灶台上奏了四年的锅碗瓢盆交响曲，如今能烧一手地道川菜，成为有名气的等级厨师。

回顾当兵之初的情景时，最好用生动的事例，要有镜头感，确实能够引发老兵们的回忆和共鸣。王指导员选择新兵下连、紧急集合、班务会等镜头，效果就不错。描述成长进步的表现时，可以用概括性的语言，像“训练标兵”“技术能手”“文体骨干”“等级厨师”等，让老兵们自己去对号入座，也可以指名道姓，具体说出他们的精彩之处，让他们的自豪感油然而生。还要注意适当进行前后对比，显出他们的成长进步。

## 二、数说奋斗贡献，表达感谢敬意

讲话时，要进一步说出老兵在连队奋斗的历程和做出的贡献，从组织的角度给予肯定和表扬，表示对老兵们的感激和崇敬。这样讲，可以让他们感受到军旅时光没有白费，感受到自己对部队的价值所在，激发他们的成就感。张指导员这样说：

你们都是优秀的士兵，你们把一生中最灿烂、最富有色彩的年华献给了军营，献给了这座营院。我的脑海里不断有你们的身影闪过，有你们顶风冒雪、艰苦训练的场面，有你们生龙活虎出现在运动场上的飒爽英姿，更有你们披星戴月坚守在自己岗位上的坚毅剪影。连队的每一个角落都留下了你们矫健的身影，营院的一草一木都洒满了你们的汗水。正是你们为连队争得了岗位练兵比武的金牌，是你们丰富了我们的文化生活，是你们为我们送上营养可口的饭菜。你们今天脱下了军装，却留下了一段人生的辉煌。你们胸前戴的大红花，就是一名军人成功的奖赏。你们为连队做出的积极贡献，战友们不会忘记，连队不会忘记，你们的名字将永远载入连队的光荣史册，与我们光荣的连队一起受到后来者的景仰。在此，请允许我代表连队党支部、代表全连官兵向你们表示衷心的感谢和崇高的敬意！

说奋斗时，最好用点面结合的方法，既要具体说出老兵们在训练、学习、文体活动、公差勤务等方面的良好表现，也要概括地说出他们的奋斗姿态。说贡献时，最好用排比句，列举他们在各个方面所做出的成绩，还可以按照从小到大的顺序表示对他们贡献的认可和铭记。这样，就显得他们的奋斗不怕艰苦，贡献很有价值，表达对他们的敬意水到渠成。

## 三、展望退伍之后，鼓励建功立业

讲话时，还要针对老兵们担忧退伍后不适应社会的心理，强调军旅生活给他们造就的有利条件，描绘一下他们未来成功的美好愿景。讲这些，就像战前动员一样，可以鼓舞他们的斗志，激发他们的士气，帮助他们树立起对未来的信心。李指导员这样讲：

> 亲爱的战友们，你们马上就要奔赴新的战场，与我们分别，我们再也见不到你们的面容，再也见不到你们的身影。你们无须担心会在这瞬息万变的信息时代、竞争激烈的经济大潮中落伍。在部队是好汉，回到地方也不会是孬种，因为你们当过兵！军旅生涯给了你们坚韧的性格、顽强的作风、忠诚的品格、强健的体魄，这是你们最宝贵的财富、最突出的优势。就凭这个优势，你们可以学会原来你们不会的东西，适应原来不适应的环境，能够去拼搏、去奋斗、去创造，你们会像在部队里一样干得好，干得扎实，干出成绩，干出辉煌！我相信在不久的将来，你们当中会有人成为优秀的企业家、出色的经理。不过，出了名，有了钱，你们可不要忘记连队，不要忘记自己曾是一名军人，不要丢掉军人的本色和美德！最后，祝你们顺利返乡，一路平安！

讲话中，要注意用老兵们特有的有利条件去冲淡他们心中的担忧，用未来的发展成就去抵消他们存在的焦虑，有利条件要说得切合退伍老兵的实情，发展成就要描绘得真实诱人。这样，就能为他们注入继续前进的动力，到军营外面的广阔天地另有一番作为。

总之，欢送退伍老兵，要说的话既要符合退伍老兵的身份要求，又要适应欢送的场合要求，通过深情回忆、适度称赞、大力鼓励，使他们心里感动、热血沸腾、终生难忘，达到送别讲话的最终目的。

# 真正的战将，必有震撼人心的战前动员

侯睿哲

什么是战前动员？就是刀出鞘，弹上膛，千军万马整装待发，只等指挥员一句话。指挥员说什么、怎么说，即战前动员。一句震撼人心的临战动员，似催征战鼓，鼓舞斗志，砥砺士气，让人血脉偾张，血性激扬，视死如归、英勇奋战。

## 王震：我领头向前冲，要死我先死！

1938年的冬天，日军进军汾河，直指晋东南，八路军120师359旅旅长兼政委王震奉命攻夺汾河。战前，王震让人抬一口棺材到会场，他站在棺上挥拳大声动员道："我领头向前冲，要死我先死，死后就装进这口棺材里！"结果部队激战一昼夜，大胜。

将有必死心，士无贪生念。王震将军勇于置之死地而后生，有向死而生之志，无苟且偷生之心。打仗是要死人的，是你死我活的较量。没有一种身先士卒、敢于牺牲的精神，是无法激发部队士气的。因此，有效的战前动员必须直面死亡，斩钉截铁，不留余地。

## 许世友：太平我不来，我来不太平！

1941年3月15日，山东纵队三旅旅长许世友率部队攻打大牙山日伪军，他跳上八仙桌，举刀高声动员："我来胶东是要打仗的，太平我不来，我来不太平！这一仗，只许进，不许退！不能摆困难，不能找借口，各自解决自己当面的问题，任何时候都不能停止攻击！要不停顿地攻击！攻击攻击再攻击！临阵逃脱者，杀头！消极避敌者，杀头！投敌叛变者，杀头！动摇军心者，杀头！泄露军情者，杀头！延误战机者，杀头！见死不救者，杀头！"全军肃然，此役大捷。

战前动员，既要鼓舞杀敌之志，也要明确战场纪律。许世友文化程度不高，战前动员却很有水平，一是一、二是二，从不含糊。他一连数个“攻击”，落地砸坑，摧枯拉朽；一番“七杀令”，表明战场纪律，事关生死胜败，来不得半点拖泥带水、模棱两可。

## 王近山：打得只剩下1个连，我就去当连长！

1946年9月的定陶战役，我5万大军要从敌38万军中虎口拔牙，中野六纵司令王近山战前动员道：“我和政委商量过了，我们六纵打。纵队如果打得只剩下一个旅，我当旅长；打得只剩下一个团，我当团长；打得只剩下一个连，我就去当连长！纵队全打光了，我们对得起党，对得起太行山的父老乡亲。”最后战役大获全胜。

临战动员，最能体现指挥员的作战决心和担当精神。王近山铮铮誓言，不恋官位，不慕军功，只恋战杀敌，只念党和人民重托，这才是真正的战将风骨、英雄气概。如果自己都瞻前顾后，患得患失，没有一种舍得的勇气和精神，是断然不能鼓动起大家的杀敌担当的。

## 陈毅：我们只能开庆功会！

1947年1月，陈毅领导指挥鲁南战役，他在动员会上拍着自己的胸脯，风趣地说：“今天，我陈毅一不做，二不休，决心与大家同生死共战斗，打赢了开庆功会，打败了开检讨会，打死了开追悼会！同志们哪，我们只能开庆功会！”“坚决打胜仗，开好庆功会！”大家的口号声响彻云霄。

召之即来，来之能战，战之能胜，打得赢永远是核心。有乐天派之称的陈毅假以打仗的“三种结果”来真切地昭告大家，孰好孰坏，何去何存，立见分明，催人抉择，既体现了大无畏的革命乐观主义精神，又让人谨慎而行，周密备战，以必胜的信心去克服一切困难、战胜一切敌人，实现最好的结果。

一百名战将，就有一百个动员风格。但他们有一个共同点，就是即席讲话，言简意赅，简短有力，有血性，有杀气。大敌当前，一名“推稿子”的指挥员，永远推不出这样接地气、震撼人心的战前动员。真正有力的战前动员，永远由靠前指挥的真正的战将发出。期待新时代有更多经典的、震动人心的战前动员！

# 医生擅打比方，患者疑虑尽消

兰　伟

医生要给患者解释专业度极高的病理情况，又要开解情绪焦虑的患者，久而久之也会练就一点嘴皮子功夫，我身边的医生都爱用打比方这个秘诀。

一位患者体检时，偶然间发现了自己得了“窦性心律不齐”，以为是很严重的心脏病，非常担心。医生又告诉他，要保持心情舒畅，他更焦虑了，担心自己的病很严重。医生看出了他的焦虑与担忧，解释道：“这种现象，属于心肌偶有缺血，就像一个人，平时没啥事，有一天因为工作太忙，忘记了吃饭，感到很饿，很没精神一样。为何情绪要保持舒畅呢？这就像，有些人本来没吃饭就饿，一生气还爱摔饭碗，更没东西吃了，结果心肌也饿了。”听医生这么一解释，患者顿时释然了。

患者不懂，把病情想象得很严重，因而焦虑。你一直跟他聊病情，他心理上会有负担，聊点家长里短反而能缓解他的心情。打比方有一种把一切高大上的问题都变成家长里短的神奇能力。你跟病人讲医学知识，他永远觉得“高大上”，依然会焦虑。但是你讲“忘记吃饭，饿了”，他马上就懂了，消除了心中的疑虑。用打比方的方式，不仅仅是让语言通俗化，也是在更换说话的语境，让谈话的氛围更轻松。

有位病人腹泻严重，住院后输了两天液，依然腹泻。他开始焦虑，一方面担心自己的病情严重，另一方面怀疑医生坑他钱，给他输不治病的营养液。一位医生去跟他解释，说道：“为何腹泻呢？就像这里有一堆垃圾，引来了苍蝇，我们如果只是往垃圾上喷洒些药物，固然可杀死那些可恶的苍蝇，可那些脏东西还在啊，过一会儿，又会引来苍蝇。要清理这些垃圾，需要一个过程。肠胃炎时，腹内有较多的细菌毒素，如果我们给你止住了腹泻，你体内的垃圾却排不出去，后果不堪设想。”病人听了后，理解了医生的治疗方案，也没有抵触情绪了。

人只能理解他知识层面内的东西，而大多数患者显然不具备医学专业知识。你跟他讲得再详细，他只能是听，却无法听懂。打比方的方式，就是把病人知识层面外的信息，转变为病人知识层面内的信息，让他一听就懂。听懂了就理解了医生的治疗方案和良苦用心，也就会减少误解和矛盾。

一对年轻父母带着孩子去医院，孩子高烧严重，用了退烧药，依然高烧不退，父母急得团团转。医生跟他们解释情况，说道：“孩子发烧，就像火炉上烧水，退烧药就像往锅里浇凉水，凉水只是浇在了锅里，水暂时不开了，但只要火还在烧就还会开。所以，咱们要找到高烧的病因，把火炉灭了，根子除了，才会药到病除。现在，我们已经找到了火炉，正是釜底抽薪的时候，还有点烧，也属正常，不必过于惊慌。”孩子的父母听了，心里也就释然了。

医生和患者及家属看到的是不一样的。医生看到了正在“釜底抽薪”的本质，而患者只看到了“烧”的表象，因而焦虑不安。因为专业的原因，我们看到的层次可能更高，而打比方是一个主动降低维度的过程，将高层次的知识、信息降维，使其通俗化，易于理解和接受。

医学知识是医生行医救人的根本，但是和患者的沟通同样重要，语言生动、幽默风趣的医生，总是能快速拉近和患者的距离，受到患者的喜欢和信任。当然，不只是医生，生活中每个人都可能有需要向别人解释一些疑难问题的时候，打比方是一个很实用的方法，医生可以用，每个人都可以用，让自己变得妙语连珠。

# 圆场有道，妙语回春

来日方长

主持人在台上主持节目中，难免会遇到这样或那样的困境、窘境，此时，有些优秀主持人，往往能及时出语圆场，化解尴尬，保证节目的正常进行，彰显出自己的主持功底和非凡口才——

## 反话正说

一次，著名曲艺家、节目主持人崔琦在北京电视台主持一场曲艺晚会，轮到一位杂技演员表演《踩蛋》的时候，一不小心脚下的鸡蛋被他踩坏了一个，这时观众全都看见了，演员很不好意思地又换了一个鸡蛋，崔琦忙打圆场："为了增加艺术效果，证实鸡蛋是真的，所以演员故意踩坏了一个给大家看。"不巧的是，崔琦话音刚落，演员脚下又一个鸡蛋碎了。观众马上转向主持人：这回看你怎么说。只听崔琦说："唉，社会上的伪劣产品屡禁不绝，看来不抓不行了——连母鸡都生产劣质产品！"台下顿时一片笑声和掌声。

面对演员一而再地"失误"，崔琦先是反话正说，把演员不小心踩坏鸡蛋的出丑行为，机智地"正名"为"验证鸡蛋真假"的正常的特意行为，从而一下子为演员挽回了面子。后面，崔琦又借机发挥，巧妙将鸡蛋破碎的原因引申到"伪劣产品"上，既合理又幽默地把责任推到了母鸡身上，令人忍俊不禁，又让人深深感受到了他的圆场技巧和语言智慧。

## 化抑为扬

第 6 届北京国际电影节颁奖晚会上，由于晚会节目有滑冰表演地面有冰，导致颁奖嘉宾梁咏琪整个人摔倒在地。当大家都担心这尴尬的场面时，主持人张斌立马说："我们的目标是三亿人上冰雪，今天又多了一个，谢谢梁咏琪小姐。”然后赶紧询问梁咏琪：“没事儿吧？”又接着连忙致歉：“怪我们，怪我们，因为这块冰面是专门为了迎接北京冬奥会表演而设计的冰面，这是个 7 米直径的舞台，对不起，真对不起，没问题吧您？”得到梁咏琪确认没事，节目才继续主持。

面对嘉宾在冰面上摔倒，张斌能够立刻联想起北京冬奥会“三亿人上冰雪”的目标，开始了寻找赞美的过程，顺势化抑为扬，把梁咏琪的“摔倒”意化为“参与冰雪运动”，真乃妙语化糗。张斌还能从主持人角色迅速转换到节目主办方，并代为致歉，也为自己没有提前提醒颁奖嘉宾而发生的尴尬道歉。他的这一番话救场，一直被人奉为经典。

## 诱之以趣

第 32 届“飞天奖”颁奖典礼上，颁奖嘉宾倪大红上台后，一直愣神，甚至连自我介绍都忘记说。颁奖搭档陈数见他精神恍惚，连忙留出话口，让倪大红预测入围的人谁能折桂。可他支支吾吾，声调低沉，让人听不清他说的是什么。这时候，主持人任鲁豫见倪大红迟迟不说话，就上前开玩笑打圆场，借着倪大红在电视剧《挺好的》中饰演的苏大强的段子说：“倪老师，要不给您来一杯手磨咖啡？”倪大红眼神里立刻闪出光芒，回应道：“有吗？”随后，倪大红恢复了正常情绪，打起了精神，完成了颁奖工作。

60 岁的倪大红也许是太累了，也许是沉湎于戏里的状态，他的无精打采的表现，很是让现场着急。而任鲁豫没有直白地催促，而是善说别人得意的事，因为“手磨咖啡”这句经典台词是倪大红的即兴发挥创作，所以任鲁豫拿这句话开玩笑，不仅有趣，而且一下子说到人的得意兴奋处，即刻诱导调动了倪大红的情绪，保证了节目的顺利进行。

主持人撒贝宁一语中的地说：“主持人就是圆场人。”斯言诚哉！作为节目主持人，在嘉宾出现意外时，快速机智圆场是综合实力的体现，也是一种人格魅力的表现。希望这几位主持人的救场方法对你有所启示，也希望更多的优秀主持人脱颖而出，能够圆场有道、妙语回春！

# 会议主持人怎样说好“点睛之语”

卢继元

大凡会议都离不开主持人，主持人总离不开主持辞：或是会议之前的“开场白”，或是会议之中的“串联词”，或是闭会之际的“结束语”。有经验的主持人说出的话，犹如画龙点睛，总会为会议平添几分色彩。那么，会议主持人怎样说好“点睛之语”？

## “明旨式”开场白点出主题

2014年8月，“大江南”叉车公司召开抗洪抢险表彰会，主持人这样说出开场白：“伟大的诗人歌德曾说过：生命之树常青。是的，生命有着各自的意义，英勇无畏的生命，像绿树常青；苟且偷生的生命如昙花即逝。在7月5日的抗洪抢险战斗中，我们公司涌现了一大批舍生忘死、保卫公司产业的先进人物。他们的生命像绿树常青，给公司的大厦撑起了庇荫。今天，我们在这里集会，就是要一睹这些无畏勇士的精神风貌：‘大江南’叉车公司‘七·五’抗洪表彰会现在开始——”

“明旨式”开场白常常使用一些名言、警句或谚语来揭示会议的中心内容。这种主持辞以富含哲理的比喻或象征引出会议主题，引人关注。我们在运用这种主持方式时，要做到集中突出、紧扣主题，在意蕴深厚而指向明确的叙述中画龙点睛、点出主题。

## “抒情式”串联辞承上启下

京都大酒店召开全员“讲和用”大会，主持人这样说出串联辞：“刚才，我们听完了餐饮部员工们‘微笑使者’的讲用，真让我们感叹，想不到，锅碗瓢盆筷，竟能奏出如此丰富多彩、甜酸苦辣的乐章。这使我想起了我妈妈的一声叹息：你们回家吃饭，不会体会到我摆弄这锅碗瓢盆筷的苦啊；你们回到家里，感到干净舒适，可我一次次弯腰拖地，那是个什么滋味的累哟！是啊，一次次弓背弯腰真让人累。可是，你体会到我们的迎宾佳丽们每天无数次的弯腰了吗？下面请迎宾组的佳丽说说她们的《一天一千六百零八次的弯腰》。”

“抒情式”串联辞往往能渲染气氛、以情动人，它在讲出了前者的结果之后，往往以引用、引申的方法潜在地揭示后者的动势。这样承上启下地串联，既生动感人，又脉络清晰，把画笔点到了巨龙的眼睛上。主持人运用“抒情式”串联辞，要做到贴切自然、干净利落，防止节外生枝、矫揉造作，无限扩大会议主旨。而要把能够体现会议主线和脉络的精髓真正生动形象地贯穿起来，让你的点睛之语更出彩。

### “体会式”结束语发人回味

桃花镇举行环境保护会议，在会议结束时，陶关成副镇长说：“同志们，桃花镇环境保护会议的议程已全部进行完毕，刚才，各村、企业对保护环境的必要性、破坏环境的危害性进行了发言。梁镇长对我镇环保的现状和今后的任务、措施进行了主题性发言。通过今天的会议，让我们认识和体会到：你以破坏环境的方式去挣钱，你的钱挣得再多也愧对自己的良心、也没有意义。所以，绿水青山才是金山银山；环境优美，才能真正安居乐业。让我们去冷静地想一想，是不是这个理；让我们想明白了以后，从我做起，保护好我们的环境，保护好我们的家园。”

“体会式”结束语不一定要用华丽的辞藻来收尾，用真情实感的大实话去总结概括，更能把话说到点上去，更能说到人们的心上去。说出这样的结束语，要把全会的精神和主题集中提炼概括，有体会、有前瞻，让人醒悟、总结提高、回味深远。这样，才会使结束语成了点睛之语。

会议主持人的主持辞是会议的指南、桥梁与号角，只有主持人深明会议主题、统揽会议全局、把握会议要义，才能把话说得生动贴切、点中要害，使主持辞真正成了点睛之语。

# 跟乘务员学“巧拒无理要求”

卢仁江

在旅途中，有的旅客会提出形形色色的无理要求。这时候，乘务员巧拒的功夫，便彰显出其不凡的口才。

## 将心比心巧说理

航班将到目的地，张明突然要上卫生间。当他发现卫生间已经关闭时，便找乘务员李恒要求打开：“就我一个人，开一下卫生间不碍啥事。”李恒和蔼地问：“你是不是很急？”张明说：“急倒不很急，可憋着总有些不舒服。”李恒又耐心地说：“当然，你突然想方便这也正常，不过，临近目的地关闭卫生间不但是航空规定，更是为了保持城市卫生。俗话说，前半夜为己想，后半夜为人想。这污染物要是洒在你家窗户上，你会作何感想？我们不能自己方便，让人不便。我看你是个有素养的人，一定会配合我们的工作。你不是很急，就坚持一下吧，飞机很快就降落了。”张明无理辩解，点了点头，回到了座位上。

李恒站在旅客的角度，将心比心地理解对方，同时，又引导对方将心比心地体察别人，并肯定对方高素质。这样说，驱使旅客从“理”的高度去裁量自己的行为，最终诚服。可见，面对提无理要求的服务对象，我们将心比心地说理，会让对方更容易接受你说的道理，进而讲理服理、顾全大局、认真做好自己。

## 庖丁解牛巧推理

有个中年妇女在动车上要了一份盒饭，打开尝了一口菜，便拿着盒饭跟乘务员林平之说：“这芹菜太咸了，给我换一份面条吧。”林平之说：“这位大姐，你刚才已经尝过菜了，吃过的就不能再退换了。比如，人家把一个馍咬了一口，再给你吃，你会乐意吗？我想你肯定不想吃别人嚼过的馍。现在为什么在公共场合，时兴一次性餐具？就像你手中的这份盒饭，也是一次性消费，为的就是讲究卫生。我这么说，并不是嫌你不卫生。但你吃过的饭菜再给别人吃，不就是让人吃你嚼过的馍吗？我想大姐不会有这样的用意吧。你嫌芹菜太咸，可以少吃点，另外，这盒饭中不是还有别的菜可以吃嘛。”中年妇女没话可说了，回到座位上吃起了盒饭。

林平之庖丁解牛，运用“嚼过的馍”“一次性餐具”等事物，通过类比手法，熟练机巧、游刃有余地推导出其中的道理。这样说，运用的理据充分，分析推理合乎逻辑，让对方找不出理由再坚持自己的无理要求。所以，当服务对象提出无理要求时，我们可以寻找类似的理据和方法进行解说，让对方意识到自己的行为确实不妥，进而心悦诚服地改变想法。

## 举一反三巧释理

在长途大巴上，旅客老牛向乘务员黄达提出：“我知道车上不让抽烟，可我有早晨抽烟的习惯，今儿因赶车没抽烟，你能不能让我抽支烟？就一支，不多。”黄达瞥了大家一眼，说：“车上抽烟的旅客请举手，啊，有十几个。”接着对老牛说：“不是我不让你抽烟，这是规定。定这规定，总有它的道理。你想，我要是同意你抽烟，那么其余的十几个人会不会学你啊？一人抽一支，十几支烟枪烧起来，车厢可就成了‘烟火库’了，别的旅客还不给熏死？你出门旅行总盼望有个整洁安全的旅途环境，可是大家都在车上抽烟，一旦失火，车厢这个‘烟火库’不照样要威胁到你的生命吗？这种灾难谁都不愿意摊上。忍一忍吧，到了前面服务区，我让司机停车，再让你抽。”老牛听了，愉快地点了头。

抽烟不但损害车厢环境，还潜伏着火灾隐患，也破坏了禁烟规定。这就是黄达举一反三释理拒绝老牛无理要求的亮点。这样说，让旅客认清了自己提无理要求的连锁危害，进而服理。当服务对象提出无理要求时，这样举一反三地释明道理，让对方认识到自己的无理要求不但有损自身利益，也危害他人及全局利益。这样，对方就会认清自己无理要求的严重危害性，进而自觉遵守规定。

乘务员、服务员常会遇到服务对象提出无理要求的情况。作为普通人，我们也可以从上述事例中触类旁通，学会有理有节地说服和拒绝，进而达到既不得罪对方，又让对方收回无理要求的目的。

# 新兵训话，如何“训”出战斗力

牧野兵

新兵入伍开训，部队首长和教官都会给新兵进行训话，这是常规动作。但怎样的训话才能有效地鼓舞新兵士气、激发新战士爱军精武的训练热情呢？请看军旅剧中那些令新兵们热血沸腾的训话。

## 军装意味着什么？那是他的魂！

《我是特种兵》中，铁拳团团长康雷给全体新兵训话：“你们以前是在电视里、在报纸上、在抗洪抢险的画面里了解解放军，也在道听途说中了解解放军，当三个月新兵连结束，你们战胜了懒惰、战胜了痛苦、战胜了自我，真正穿上这身绿军装、戴上国防服役章、戴上列兵军衔的时候，才开始真正了解解放军。你们认为新兵连很苦，班长很苛刻，干部很严厉，但是，我以一个老兵的身份告诉你们，当有一天你不得不脱下这身军装、重新成为一名老百姓的时候，你们会无比留恋作为军人的每一分每一秒。对于一个热爱解放军的人，军装意味着什么，那是他的魂！脱下军装，他的魂就没了……”

康团长从新兵对解放军的看法说起，并以一个老兵的深切感悟道出什么才是一个真正的解放军，穿上这身军装意味着什么，不是让你觉得酷，不是让你觉得威风，而是特有的青春、血性、牺牲、纪律、团结和战斗等元素，要与军人的血肉和灵魂融到一起。一日戎装在身，一生军人情怀。这番训话，情感真挚，言浅意深，激励新兵把这身军装长在身上、长成皮肉。

## 你们什么都不是，是零

《士兵突击》中，特种部队A大队教官齐桓对46个新兵训话：“论关系，我们是战友同志关系，来到这，要共同学习、共同训练、共同达标。论职务，你们有的是我的上级，有的是我的下级，我希望，你们把官架子、兵的牛气，都扔到一边去。记住几句话，这里的人不知道痛苦，这里的人不知道休息，这里的人不知道饥饿，只知道勇往直前，只知道没有完不成的任务。论位置，我站的是教官的位置，你们站的是学员的位置，我会对你们一视同仁，我就不用自我介绍了，以后你们留下来的或被淘汰的都会一辈子记住我的。训练期间，没有军种，没有军衔，领到作训服后，你们什么都不是，是零，知道零是什么吗？”

齐教官训话干脆利索，一点都不拖泥带水，让大家一下子明白集训期间的严格要求，每个人都必须理顺关系、摆正位置，把自己放到最低处，要以一种归零的心态、翻篇的姿态、奋发的状态，从零起步去认真完成训练任务。这番训话，条理分明，要义不烦，能够促进大家正确认识自我，做好自我规范监管，锤炼成一个更好的自我。

## 痛苦最大的好处，就是让你知道你没死！

《火蓝刀锋》中，教官武钢给陆战旅新兵训话：“陆战队是拳头，是尖刀，它的主要任务就是进攻，是突击，那两栖侦察大队就是这拳头上最突出的指关节，是尖刀上的刀尖，你们中只有最合格最优秀的人，才配去执行这最艰巨的任务，所以从今天开始，你们就将接受最严格的训练，这种训练会很痛苦，痛苦就是你们最好的朋友，它最大的好处就是让你知道你还没死，你还得继续战斗！我会对你们很严厉，你们不会喜欢我，你们越是恨我就学得越快。我会让你们知道如何在战斗中升华，我会让你们知道任何的犹豫不决都会使人失去生命，我还得让你们知道什么是战友、什么是责任、什么是奉献。”

武教官极尽铺陈渲染，激情洋溢，激发新兵要有做“尖刀上的刀尖”的壮志豪情，并且对“痛苦的好处”有着最硬核、最励志的诠释，让人有勇气去面对痛苦，接受最残酷的考验和淬炼，只要没死就得干，只要干不死，就往死里干、干到死。这番训话，立意高远，思想深邃，能够激发出一种向死而生、无惧生死的战斗精神，把“训练不惜力、打仗不惜命”作为从军信条，苦练军事技能，锻造钢筋铁骨，成为真正的尖兵。

## 军营给不了你什么，给你的只有血性和担当

《热血尖兵》中，郭参谋长在“准备好了吗，士兵兄弟们，当那一天真的来临，放心吧，祖国，放心吧，亲人，为了胜利我要勇敢前进……”的歌曲声中走向台前给新兵训话：“你们现在听到的这首歌，名字叫《当那一天来临》，那一天是什么，那一天就是战争，军人就是为了战争而存在。那一天什么时候来临，我还不知道，也许是明年，也许是明天，但我知道，即使那一天今天来临，我也做好了必胜的准备。所以，我也要把你们训练成必胜的士兵，不要以为战争离你们很遥远，你们到这来，就是为了打仗，打胜仗，这座军营给不了你们什么，给你们的只有血性、灵魂、本事和担当。从现在开始，这个大门外的世界，再也不属于你们，你们只属于这里，只属于军队，只属于战场！”

郭参谋长揆情度理，主题突出，要旨深刻地说出了当兵是为了什么，为什么要当兵，军人就是为了战争而存在，让新战士一入军营就感受军人职业荣誉熏陶，闻到战场硝烟，必须时刻准备着，接受战争的考验。一番训话，导向鲜明，信号强烈，鼓舞的是士气，根植的是血性和担当，催人奋进。

新兵开训，训话是第一课，是为新战友系好军旅生涯第一粒扣子。震撼人心的训话，犹如冲锋号响，战鼓催征，能“训”出斗志昂扬、士气高涨，能“训”出聚合力、战斗力。指挥官和教官给新兵训话，就该这么“燃”，你做到了吗？

# 老师该说的毕业赠言

周　末

有人说，每一年的夏天都是一个充满悲伤的季节，因为无数的学生面临毕业，离开原先的老师。作为老师，对于学生的离开同样也是不舍的。但是在最后一课跟学生告别时，很多老师却不知道应该讲什么才好。我们认为，跟学生告别时，最适合讲的应该是下面这些话语。

## 谈一点回忆

任小艾在小升中的最后一课上说："过去的六年，看到你们一点点的进步，作为你们的班主任，我的心中总会涌起一股股莫名的欣慰与冲动。我不会忘记操场上那雄壮的口号，不会忘记校运会上那飞跃的英姿，不会忘记校园文化艺术节那激扬的歌舞,也不会忘记课堂上那渴求知识的目光。虽然，三年里，我押你们写作文，逼你们交作业，挤你们休闲日，但我要请同学们，不要怨学校，也别恨老师，因为，你们只有把握现在，把握将来，才会成为一个对社会对国家有用的人才。今天，你们就要离开小学，步入初中。请放飞自己的心情，放飞自己的志向吧。"

所谓谈回忆，就是讲述师生之间的一些经历，突出感情。任小艾在临别前对学生讲话的整个过程中，都围绕回忆这个核心问题进行，引述运动会、艺术节等活动，酝酿一股温馨的气氛，在回忆的过程中深深地道出自己的严格要求的初衷，以及对学生上初中的不舍与殷切祝福，这样的话语，会让学生追忆学校的青涩时光。这样的最后一课，就上得情深意切。

## 说一句叮咛

陈平对高中毕业生说："毕业了，马上就要上大学了。在这里，我想叮嘱两句，到了大学，并不是说你就可以脱离紧张的学习了。大家奋斗了这么多年，参加这么折磨人的高考，不就是为了考大学吗？可是考大学为了什么呢？是为了玩？为了谈恋爱？不，是为了能够更好地学习。如果到了大学，就放松、懈怠，不肯努力学习了，那考上大学就没有什么意义了。考上大学不是到了学习的终点，而是到了学习的起点。所以，同学们，我希望你们到了大学之后，千万不要忘了学习。”

陈平老师告诫学生，高考之后到了大学，不是可以不用学习了，而是应该对自己提出更高的要求，不断奋斗，争取在大学里学到更多的知识。陈平的叮咛，看似没有什么特别的，但却极富感染力，而且很有现实意义，希望学生进入大学后，可以有一个正确的心态。作为老师，对毕业的学生提出一些叮嘱，告诫学生一些事情，对学生的成长提出一些实质性建议。

## 道一声珍重

重庆科技学院教师董志明对大学毕业生说：“在这个把非洲兄弟热哭了的夏天，首先我要祝贺你们轰轰烈烈地毕业了，通往社会的大门已经为你们敞开，你们今后的道路注定是一场不平凡的逆袭之旅。俗话说，人生就像是一场‘超级女声’，挺到最后的都是纯爷们儿。你们一定要挺住，因为等到母校百年校庆时，在座的各位差不多刚好到了退休的年龄，希望你们届时来参加百年校庆，期望那时的我，作为一个年近八旬的老人，能和你们一起回忆度过的难忘时光，顺便一起打打麻将、斗斗地主。恭祝各位走得更好、飞得更高。”

董志明老师在跟毕业生交流时，运用了一番幽默之语阐述道理，让学生学会逆袭，在社会的浪潮里，凭借自己的执着精神，尽快脱颖而出。当学生受到鼓舞后，他又预设将来的校庆相聚，在一番插科打诨的言语中，笑着向学生告别，其用心可谓良苦。作为临别前夕的一堂课，老师自然要向学生道一声珍重，表达彼此的依依惜别之情，这也是爱学生的表现。

临别前的最后一课，是老师对学生的一次庄严的送行。说好最后的道别词，是教师对毕业生最好的交流，不但可以更好地上好最后一课，更可以加深师生之间的情谊。

# 学子出难题，师者巧作答

卢仁江

当下的学生思想前卫、思维敏捷、思路活跃，他们不但接受着老师对他们的教育，而且还会给老师“出难题”。这时候，老师除了应该拥有知识阅历以外，还需要运用自己的口才“解答”学生的提问。

浙大附小的学生锦儿因为跟同桌相处的问题跟郑老师意见相左，于是，锦儿便跟郑老师说：“‘世界上没有不好看的颜色，只有不好看的搭配。’关于这句话，您是怎么理解的呢？请用您教的语文阅读理解方法解答！”郑老师听完题，很认真地思考起来，然后很认真地回答说：“我不知道理解得对不对，你是不是想告诉我：1.颜色都是好看的，搭配得不合适，才会体现不出它完美的效果。2.就像人一样，每个同学都是优秀的，都有其闪光点，问题在于有没有找到发现他的那个伯乐。3.如果我理解得没错，我也愿意来和你、和咱们班碰撞，搭配出好的、完美的颜色。”郑老师的话让锦儿很激动，她没想到老师既谦卑待人，又学识渊博、让人敬佩。

郑老师的回答“比喻恰切，循序推进”。这种说话方式，是先以对方提出的话题为由头，进行恰如其分的比喻，接着循着这一话题和比喻，推演出更高层次和境界的答案。有些学生的“出题”非常诡异，而老师的解答也要让思维跳出窠臼。循规蹈矩的回答，往往会缺失青春的元素，偏离学生的提问初衷。只有把答案既掐在话题的由头上，又生发出绵绵的青春浪漫，才能寓教于乐，让学生接受。

解宾身体肥胖，不但同学们笑话他，黄老师也提醒他要减肥。这天上课，解宾当着全班同学的面质问黄老师：“您要我减肥，可我的身体只不过是补了点‘发酵粉’而已，稍胖点，又没变成‘熊二’，为什么要减肥呢？减出病来怎么办？”黄老师呵呵笑着，回答说：“就像用扁担挑东西一样，扁担两头的东西越重，扁担被压弯的概率就越大，扁担的使用寿命也就会越短。人的寿命长短，实际也与扁担一样，如果身体过于超重或肥胖，相同器官承受的压力就越大，负荷就越重，产生伤害的概率也越高，身体素质会越来越差。所以说，降低体重、避免肥胖，对提高身体素质至关重要。你正在生长发育的身体是棵嫩笋，嫩笋不培育好怎么长成劲竹呢？将来又怎么做能负百斤的扁担呢？”

黄老师的回答“形象贴切，连贯相扣”。这种回答，是先把问题以形象化的描摹进行解释，然后根据解释的进程，进行贯连性的衔接和归纳，使问题的诠释更加系统、突出和集中。面对学生认识的偏差，最忌讳干巴巴的说教。而用形象化的答辞，犹如干瘪的身材套上了华丽的衣服、枯槁的说辞幻化成灵动的图画，答辞立刻变得动感起来，有着独特的穿透力。

沈佳的学习成绩下降，陈老师很着急，就在上课前问他：“沈佳，你的成绩下降了，怎么回事？”但沈佳却说：“陈老师，那是因为这次的考试太难了。地球引力和空气阻力影响物体飞行。鸟的飞行也不例外，再加上能力不同，难道说，飞行在低空的鸟就要被责备吗？它们展翅翱翔，不都一样美丽吗？”陈老师顺势反问道：“你本来是一只天鹅，为什么不让自己飞呢？能飞几百米、上千米高，为什么要让自己在地上走呢？飞得高的雁才领头，而飞得低的雁只能跟着队伍。美丽的桂冠挂在头雁的颈项上，而不是系在末雁的爪子上。”

陈老师的回答“借桑说槐，直冲要害”。他先借以某种可比性强的事物，来表达自己的认知和观点；然后又直接冲着对方的软肋，作出强有力的否定，最后画圆了句号。当学生的出题勉强而无理时，老师不应该生硬地顶回，而是借事寓理，让回答具有贝多芬乐曲《月光》的和鸣和《热情》的奔放，让老师的满怀期冀，变成音符渗透进学生的细胞里。

在现代教学中，老师将要迎接学生诸多挑战。学子“出难题”，师者巧妙作答。这是老师资历、学识和口才等综合能力的展现。

# 就职演说，指导员不妨这样讲

化长河

就职演说是指导员到新的工作单位任职后，公开面向全连官兵发表的第一次讲话，是赢得信任、树立形象的难得机会。依据心理学的“首因效应”，指导员的就职演说讲得好，会获得良好的第一印象，对后面开展工作也会十分有利。如果讲得不好，第一印象差，就需要随后花大力气去弥补和扭转。因此，搞好就职演说应该是指导员上任前必做的功课。

## 展现联系，拉近心理距离

就职演说时，指导员和台下的听众互不熟悉，心理上一般会比较疏远，这就需要指导员在讲话中努力讲出自己与听众共有的东西，展现出能够引发共鸣的联系，从而使听众油然而生一种亲近感。这是就职演说成功的前提。某通信连指导员就职时这样讲：

> 同志们，亲爱的战友们：大家好！在热烈的掌声中，我走上讲台，面对着你们热忱期待的目光，面对着你们亲切微笑的面孔，我感觉自己回到了家。是的，从今天开始这里就是我的家。虽然初登这个家门，但却丝毫也不陌生，因为我也曾有过四年当战士的经历，也曾有过一颗和你们同样年轻的心。能和大家相识在此时，相知在此地，我感到十分荣幸！我叫柴凤宇。“柴”是火柴的“柴”，燃烧自己，照亮人们；“凤”是凤凰的“凤”，把美丽和欢乐带给人们；“宇”是宇宙的“宇”，无边无际，宽广无私。从我的名字，你们也许感觉得到我的为人和处事态度。我有带好大家的信心和勇气，有一颗爱你们如同“手足兄弟”的心，“路遥知马力，日久见人心”，从以后的工作、生活中，你们再慢慢了解我，认识我吧！

古人说：“同声相应，同气相求。”就职演说中，拉近心理距离的关键是

“求同”，即找出两者之间相同的东西来。指导员在讲话时可以从多个角度去寻找相同点，引起听众的共鸣。比如，可以是充满感情的称呼，像“战友”“兄弟”等，让人感觉很亲切；可以是对自己名字的巧妙解释，表明自己的个性和胸怀，让战士认同和敬佩；可以是对与战士相同的奋斗经历的讲述，唤起他们共同的美好记忆；还可以是此前与该单位发生过的联系，如随首长来调研过等等。诸多共同点，就像纽带和桥梁，将原来陌生的双方紧紧联系在一起，消除彼此间的戒备心理，为进一步沟通打下良好的基础。

## 发掘优点，鼓舞官兵士气

就职演说时，指导员要善于发现和挖掘新任职单位及战士个人的优点和闪光之处，饱含热情地加以表扬和赞美。因为真诚的赞美可以让人对自身的能力和价值产生积极的感受，可以使人奋发向上、积极进取。适度的赞美可以很好地鼓舞士气、激发斗志，推动新的工作任务的完成。张军就任某兵种连指导员时这样讲：

> 我了解到，我们这个连队有着光荣的历史，在军、政、后、纪等方面都取得了有目共睹的成绩，四周墙壁上挂满的锦旗和奖状记载着它的荣誉。这些成绩是大家在老指导员的带领下，齐心协力、艰苦奋斗取得的，实在来之不易。你们是一群把热血和青春奉献给祖国国防事业的钢铁战士。你们工作中兢兢业业、任劳任怨，生活中不追名逐利、甘于奉献。你们在部队创造的人生价值，是无法用某些人所认为的拥有多少存款、喝过多少瓶“人头马”、穿过几身“皮尔卡丹”、坐过多少次“奔驰”来衡量的。你们是筑起共和国钢铁长城的基石，几年来为连队创造骄人成绩的是你们，你们才是连队的主人。刚才我来连队的路上，就已经被大家气势如虹的唱歌声、拉歌声打动了。这说明同志们的情绪是高昂的，你们这种高昂的情绪也深深地感染了我。我希望立刻融入到你们中间去，融入你们这个集体里。

在讲述优点时，既要讲单位取得的辉煌荣誉，也要讲战士们个体的辛苦和努力，还要讲让人印象深刻的细节，让他们听后精神振奋、热血沸腾，激发起用热血去捍卫荣誉、用生命去继承传统的热情和行动。需要注意的是，在就职演说时，特别忌讳否定前任指导员的工作，批评该单位的现状，因为否定前任相当于否定在座的班子成员，批评现状意味着批评所有的干部战士。

## 阐明思路，促成积极行动

就职演说时，指导员还需要阐明工作思路或工作的具体目标和措施，作出自己的承诺，提出对官兵的希望，表明干好事业的决心。空军某部某连指导员就职时这样讲：

现在组织上安排我来任指导员，这是对我的信任，也是对我的考验。我深感肩上的担子很重，压力很大。我的宗旨是：全心全意为连队、为大家服务。我们连是一个技术性很强的连队，担负的战备值班任务多，同志们非常辛苦，以后我将从进一步活跃连队文化体育活动入手，丰富连队的业余生活，使大家在工作之余，既增长知识、陶冶情操，又锻炼身体、增进团结。我愿做大家的朋友和知心人，大家有什么思想问题和想法都可以直接找我谈。英国首相丘吉尔有一句名言，在此作为我对大家的承诺：我没有什么可奉献的，有的只是真诚、情感、努力和汗水！我对大家的希望就两个字——“团结”。团结就是力量，团结才能出战斗力。我坚信，只要全连官兵团结一心，咬定青山不放松，就没有我们完不成的任务，就没有我们克服不了困难，就没有我们过不去的火焰山！

这一部分主要解决“怎么做”的问题，思路要清、决心要明、承诺要真，语言要简洁，逻辑要严谨。这样，所讲的内容就容易深入人心，成为行动的强大动力。

指导员就职演说，只要结合新任职连队的实际情况，善于从“心理亲近”“士气鼓动”“促使行动”三个层面认真准备，就一定会形成感召力和凝聚力，成为催征的战鼓，发挥巨大的作用。

# 命中问题靶心的谈话才走心

艾燕茳

与基层官兵谈话，是部队领导的一门基础课。谈话如何命中问题靶心，让基层官兵听得进、记得住、改得了，则是一门艺术。灵活运用好谈话技巧，你的谈话就能让官兵走心。

## 引用法，谈话更生动

某装甲团三连为了赶训练进度，在上报训练时间上层层加码，虚报数字，使上报的训练时间远远超过其他连队和训练大纲，结果有战士反映到团部。团长张强国核实后，找来连长提出了批评。他说："当年，彭德怀元帅下基层调查研究，有个县委书记向他反映，虚报数字都是上边层层加码压出来的，不管你能不能办到，粮棉加番，钢铁加番，什么都要放卫星。彭德怀愤然地说，'共产主义是干出来的，不是吹出来的。'群众有副对联就是讽刺这种行为：上级压下级，层层加码，'码'到成功；下级哄上级，层层注水，水到渠成。高标准并不是越高越好，严要求也不是越严越好。安排工作要留有余地，下达任务要考虑可能，规定目标要'跳一跳够得着'，否则就会过犹不及，欲速不达。孟子借种田形象地比喻说：'五谷者，种之美者也；苟为不熟，不如荑稗。'意思是说，做事情如果不将其做实，就像种五谷那样，种上再好的品种，若不能成熟，则连荑稗之类的杂草都不如。"连长听了表示立即纠正。

这位张团长与连长谈话的技巧就是引用法。他引用了三个内容，即彭德怀元帅的故事，具有讽刺意味的对联和庄子的名言。三个内容形象生动又互为关联。第一个说明层层加码、虚报数字的危害，第二个说明群众讨厌这种行为，第三个再次阐明这种行为的不当。这个谈话没有空洞的说教，却字字敲心、振聋发聩，起到了很好的教育效果。

## 比较法，谈话更通俗

某部炮兵团长李胜战不打招呼地到一个落后连队去调研，发现连长陈露根正和几名连排干部聚在办公室喝工夫茶，心里很不高兴。当即对在座几位干部开展批评教育。他说："我并不反对工余时间喝喝茶、解解乏。但是作为一名指挥员，是多堆沙盘还是摆弄茶盘，不是简单的个人爱好问题，而反映了一种志趣、作风和精神风貌。军人的使命是打仗。在办公室摆弄茶盘的时间多了，在指挥所研究沙盘的时间就少了；沉迷享乐的事多了，聚焦打仗的神就散了。真正的军人，心里想的、平时干的，都是与打仗有关的事，而不会把时间和精力消磨在那些无谓的事情上。文恬武嬉，必致衰败。抱着当'和平兵'、'和平官'的思想，只想过得舒服、过得轻松，生活味浓、硝烟味淡，必然会消磨血性雄风，上了战场必定要吃败仗。只有时刻绷紧战争之弦，撤去茶盘、摆上沙盘，才能扎稳营盘，掌握胜算。部队的领导就应该多在指挥所里研究沙盘，少在办公室摆弄茶盘。"在座几名干部听得脸上火辣辣的。

李团长的谈话抓住茶盘与沙盘这两个具体物体，用比较法指出问题。通过用堆沙盘与摆茶盘比较出军人精神风貌的优劣，比较出两种精神状态和思想导致的不同结果。最后得出结论：撤去茶盘、摆上沙盘，才能扎稳营盘，掌握胜算。由于茶盘和沙盘都是基层官兵熟知的东西，这样的比较很容易让基层官兵接受，起到了红脸出汗的效果。

## 寓意法，谈话更形象

某西部部队派出6名狙击手到某市参加城市巷战演习。这些狙击手在自己的部队都是顶尖高手，屡次在全师大比武中获奖。没想到的是，平时成绩最好的李兵生，这次在某市演习中表现很差。队长问他："你知道自己败在哪儿吗？"李兵生说："部队驻地和上海环境有差别，导致射击精度难以保证。"队长说："这不是失败的真正原因。你知道鳄鱼吗？鳄鱼在捕食时，习惯于一口咬住猎物不停地翻滚，直到把猎物拖溺而死。有一次，一只鳄鱼捕猎时咬到了树藤上，但它以为自己咬到的是动物，于是使出了看家本领，在水里不停地翻滚，随着鳄鱼的翻滚，长长的树藤把它越缠越紧，最后把它活活勒死。鳄鱼正是死在它的强势上。你不觉得自己像这条鳄鱼？生活中的真正悲剧并不在于缺乏足够的优势，而在于未能正确认识和使用自己的优势，反而让优势成为绊倒自己的障碍。优势如果是一把双刃剑，把握住了优势，就能成就美好的人生；但因拥有优势而变得骄傲自满、自高自大，将优势用歪了，反而会使自身的优势变成失败的加速器和催化剂。”这时，李兵生终于明白了自己失利的原因。

队长只用了一则鳄鱼的故事，再把故事的寓意延伸展开，就把李兵生在演习中的失利原因分析得非常透彻明了。让李兵生无法用气候、环境等客观条件的差异来推卸责任，使其充分认识到骄傲自满、自高自大才是自己失利的根本原因。针对战士存在的思想问题，用故事法进行说理教育，能让战士产生联想、比照，不仅更加形象化，还能起到锦上添花的作用。

众所周知，谈话最忌空话、大话、套话，对基层官兵谈话更是如此。唯有运用好各种技巧，使你说的话通俗、形象、生动，才能句句命中问题靶心，让官兵走心。

# 幽默口才

YOUMO KOUCAI

## 幽默是一种高雅的艺术

亚明辉

我有个同事，一直以幽默自居，但是他的幽默很多人却接受不了：不是调侃别人的生理缺陷，就是说一些低俗的笑料。他自以为幽默，听的人只觉得尴尬。幽默是一种高雅的艺术，我们不能光想搞笑，还要让它高雅起来。

有一次参加同学聚会，班主任和教我们时间最长的语文老师都来了。班主任调侃自己说：“刚教你们的时候我还是个清瘦的美少年，现在变成200斤的油腻大叔了。”我们的班长说：“古人讲，君子不重则不威，您现在当教导主任了，更有威望了。”班主任笑了起来，谁知一向很瘦的语文老师笑道：“看我这个体型，是没有威望了，怪不得学生都不怕我。”班长淡淡地说道：“古时候，朝廷里有柱石也必定有风骨，咱们学校也是这样啊。”同学们听了都笑着称赞班长会说话。

班长的幽默为何高雅？第一，他用词文雅，没有任何低俗的词汇，而是引经据典，让人在会心一笑的同时也能感受到一种雅致的文化气息；第二，他的幽默里没有对他人的贬损，而是含有满满的尊重和敬意。所谓高雅，我们可以这样理解：一是“高”，幽默要以抬高他人为目的，而不要贬损他人；二是“雅”，说话要文雅，而不是靠低俗的笑点来制造幽默。

里根担任美国总统的时候，詹姆斯·布莱狄是白宫新闻秘书。里根总统遇刺那天，詹姆斯·布莱狄也受了重伤，子弹从他的前额射入，血流满面。他的伤太重，以至于一些新闻机构报道了他死亡的消息。但是奇迹出现了，他活了下来，并克服了半边大脑受损造成的行动不便。记者去采访他，说人们都不相信他能活下来，他以一贯的幽默口吻说道：“幽默感使我撑了下来。厄运是会打击我，但它打击不到幽默感的那种深度！”

幽默之所以被人们喜欢，不仅仅是因为它搞笑，更重要的是它传递的是一种积极乐观的心态，营造的是令人身心愉悦的氛围。低俗的幽默，以取笑别人供自己取乐，积极乐观在哪儿？又怎么令人身心愉悦？唯有说话者自身具备积极乐观的态度，并照顾他人的感受，才能制造高雅的幽默。

梁实秋先生一生笔耕不辍，翻译莎士比亚的著作。余光中打趣他说："莎士比亚只写了20年，梁实秋先生却翻译了36年。"一句幽默的话语过后，他接着说道："不过我们不要忘了，莎士比亚是连续地写，在太平盛世的伦敦连续地写，而梁翁是时作时辍地译，在多难的中国时作时辍地译，从第二次世界大战之前译到第二次世界大战之后，从严寒的北国译到溽暑的南海，且把昔之的秋郎译成今之的梁翁。"

这段打趣可谓巧妙，看似是在调侃梁实秋译得慢，实则是在夸赞梁实秋的毅力和坚持。将梁实秋的一生高度概括，让人在莞尔一笑后升起对梁实秋的敬意。想要制造高雅的幽默，不仅仅需要我们有高超的语言技巧，更重要的是我们要发自心底地欣赏和尊敬谈话的对象，心中没有贬损他人之意，口中就不会出调侃讽刺之言。

有一位作家和伏尔泰关系不好，伏尔泰心胸宽广，虽然私交不好，依然对对方的作品不吝赞美之词；而那位作家却比较刻薄，即使是伏尔泰那些广受赞誉的作品，他也要批驳一番。有人向伏尔泰提起此事，伏尔泰只是莞尔一笑，说道："可能我们双方都弄错了。"

幽默也是一种反击他人的武器，但是高雅者不会急赤白脸地指责别人。即使面对棘手的问题，他们也是云淡风轻，用含而不露的幽默话语，委婉地给予回击，既不伤对方颜面，也能化解自身的尴尬。而且，这样的话语，对自身的形象不也是一种维护和提升吗？

幽默不是以搞笑为目的的，更不能为了搞笑而走向低俗。幽默应该成为沟通交际中的润滑剂，消除摩擦，化解尴尬，也是在向别人展示自己的形象。高雅的幽默，才能起到这样的作用。

## 正话反说，让你的话语含蓄幽默

徐徐清风

著名主持人孟非跟朋友一起到咖啡店喝咖啡，咖啡端上来时，咖啡店老板才认出是孟非。于是，他客气地请孟非对咖啡店提点意见。孟非看了看桌上的咖啡，差不多只有半杯的量，便微笑着对他说："我有一个办法，可以让你立马多卖出两杯咖啡。"老板赶忙追问："什么办法？"孟非说："你只要把杯子倒满即可。"闻听此言，老板不好意思地笑了。

孟非正话反说，幽默地表达了自己的意见——咖啡量太小，却并未让老板感到难堪，反而使气氛显得活泼和谐，着实高明。正话反说，也即反语，就是说出的话，跟实际要表达的意思是完全相反的，表面褒扬、其实贬斥，表面否定、其实肯定。它是一种幽默的说话方式，提意见、表达不满、对人批评时，正话反说可以委婉地表达出自己真实的意思，不仅使话语含蓄风趣，跌宕多姿，产生出人意料的"笑果"，更能使听者悟其意却不反感，顺耳心悦。

皮特主演的《偷拐抢骗》打破了英国影史上最高票房纪录，这让导演里奇声名大振，他开始飘飘然起来。没想到，他和妻子麦当娜合作的《恶女漂流记》竟然引来差评一片。他很不服气，觉得有人在背后操纵，就亲自到观众中做调查。他问观众："你们对《恶女漂流记》有什么看法？"观众说："很好呀！大家都说您拍的电影总是想观众所想，与观众的欣赏水准非常一致。"里奇不解地问："但我听说电影在这里放映时，还没放完人就走得差不多了，这是为何？"观众说："因为影片怎样结尾，观众早就料到了，这简直是导演和观众心有灵犀一点通。"

这位观众是个正话反说的高手，表面上句句夸奖导演，实则是婉言贬低，又一针见血点到症结，言语风趣，令人忍俊不禁。在日常交谈中，有些话难以启齿或不便直说，我们如果从相反的角度正话反说，藏起锋利的语锋，化方为圆，可软化语意，含蓄地表达自己的见解，既可以化解彼此的尴尬，又便于听者接受，运用得当，不乏幽默诙谐。

我们常说，良药苦口利于病，忠言逆耳利于行。但并不是所有人都能听进去逆耳之言的。相反，逆耳之言往往引发对方的反感，使沟通无法有效地进行下去，根本达不到说话的目的。而正话反说，则能化腐朽为神奇，使良药不再苦口，忠言不再逆耳——说服，能直透人心，令人警醒；论辩，能直取要害，石破天惊。但话语毫不咄咄逼人，而是在轻松幽默中完成了使命。

# 尺水兴波，让你的话语出“笑果”

宋桂奇

北宋仁宗年间，一次文人聚会上，见人们都在夸自己的文章，苏东坡便坐不住了，他先是一本正经地说：“诸位都认为自己的文章是天下第一，我就不和你们抢这个桂冠了；不过刚刚想到一首小诗，还是愿意同大家分享的。”接着，他就抑扬顿挫地朗诵：“天下文章在上江，上江文章在吾乡，吾乡文章是二弟，我给二弟改文章。”话音刚落，便赢得满堂笑声。

且不说先言“不抢”后又以诗相“抢”之逆转，单就这短诗来看，亦是跌宕起伏，尺水兴波：前三句由面而点，层层推进——先说在长江上游，继言在我家乡，再说是我二弟（苏辙）；而到最后一句，不仅句式有变，而且内容亦由他人说到自己——“我给（天下第一的）二弟改文章”，我的文章自然是天下第一了！有此先承后转之妙语、出人意料之自夸，怎能不逗得人哈哈大笑？

日常沟通中，长篇大论的机会总是少数。如果在寥寥数语中，我们能巧妙地制造一些波澜，以打破听者的心理预期，使他们感到惊奇甚至滋生惊叹，自然能生发幽默效应，取得意想不到的“笑”果。且看——

**一、佯否。**即是对他人所说，先是故意予以否定，然后再从另一个角度说出与对方意思相同的话语。例如：

“草帽书记”杨善洲徒步四天，来到未通公路的龙陵县木城乡调研。他刚落脚就听村民反映：上面拨下来许多钱，不见干部发给村民，八成是他们给贪污了。于是，他带着村民来到乡政府，乡长解释说：“这些钱是用来修路的，不能发给老百姓。”

听罢，杨善洲悬着的心终于放了下来，他笑道：“怎么不能发给老百姓啊？他们有了钱，就可以好吃好喝，这样才有力气走路嘛！我从县城来，可是走了四天才到这呢！”此语一出，那些有所怀疑的村民都不好意思地笑起来。

听罢乡长的解释，杨善洲先是故意以反问来予以否定，然后再从反面来逆向言说：发了钱可以让百姓“好吃好喝”以便“有力气走路”，这一归谬引申自能令听者感觉到“发钱”的荒谬；以亲身经历来点明不通公路给人造成的不便，亦可以强化修路的必要性。这正是“佯否”这种谈话技巧的经典演绎。又如：

约翰和科曼这对大学好友，毕业后进入同一家公司工作。近日，约翰受公司委派去了一趟法国，归来后两人相聚聊天，科曼便打趣道：“在法国这些天，一口蹩脚的法语肯定给你带来不少麻烦吧？”

“我倒没感到什么麻烦，感到麻烦的是那些法国同行。”约翰此语一出，两人都禁不住哈哈大笑起来。

面对科曼调侃和打趣，约翰先是故意否定，坦言自己并未遇到语言沟通障碍，再以“遇到麻烦的是法国同行”，众所周知，交流须双方互动，如果法国同行语言沟通有障碍，约翰肯定亦是如此。但这种故意否定，却能使话语形成波澜，令听者倍感意外，自然就可以形成一种幽默效应。

**二、逆转**。即是对自己或他人所说，先加以肯定或否定，继而再借助自己或他人之口说出意思相反的话语。前述苏东坡例即属此类，再如：

2010 年 5 月 12 日，长篇小说《手机》再推新版，适逢电视剧版《手机》正在热播，导演沈严、演员刘蓓等也出席首发式向刘震云道贺。当记者问他“你觉得这部戏为什么好”时，刘震云说：“昨儿晚上，我接到我妈的电话，她 70 多岁了，住在河南老家，就爱看电视剧。她说，《手机》是她看过的最好的电视剧。我跟我妈说，电视剧好看是因为编剧宋方金编得好，导演沈严导得好，演员刘蓓、范明等人演得好，‘三好’结合才成。”就在人们叹服其谦逊时，他又补充道：“听我这么说，我妈不干了，她说：我得说句公道话——主要是小说写得好！我觉得我妈还是我妈，不是别人的妈。”顿时，全场暴笑不止。

刘震云先用“三好”夸赞他人，但“我妈”却认为“主要是小说写得好”。这一逆转，便使得前言与后语形成了极大的反差，自让人乐不可支。但随后补上的“我觉得我妈还是我妈……”之语，则又给了人们更大的惊喜：刚刚还和“我妈”态度不一的“我”，却又“变色龙”般地肯定了“我妈”对自己的夸赞。如此一波三折——我夸人、人夸我、自夸，能不让人暴笑不止？

**三、设疑。**即是先故意说出让人摸不着头脑的话语，以使对方疑惑不解，然后再用巧言或实语加以解释。例如：

清朝乾隆年间，郑板桥担任维县县令时，其属下有一位丑陋瘦弱的衙吏，不仅性喜诙谐，而且还有一个怪怪的绰号——“文殊菩萨”。一天忙完公事，见这衙吏又在和同事逗笑，郑板桥便好奇地问他道：“看你外貌，好像与文殊菩萨差得很远呢！怎么会有这么一个名号？”“小人家中有个非常厉害的老婆。”

听罢，郑板桥还是不解：“有个非常厉害的老婆，这和文殊菩萨又有什么关系呢？”“大人学识渊博，一定知道古人是用哪个词来形容泼妇的！”可郑板桥在想到“河东狮吼”之后，仍然是一头雾水，于是继续发问：“这河东狮子与文殊菩萨好像也没有什么相干啦？”“文殊菩萨所骑的不就是狮子吗？”

听到这话，恍然大悟的郑板桥也忍不住哈哈大笑起来。

虽然你这个泼妇“河东狮吼”，但我“文殊菩萨”仍然骑在你身上；从衙吏这一别出心裁的自嘲中，自能看出其性格中的幽默。这样一来，我们也就有理由认定，在郑板桥问其绰号由来时，他的前两次回答均是故设悬疑，以强化对方的好奇心；而待告知真相，使对方好奇心得到满足，其心情的愉悦也就自不待言了。

当然，尺水兴波之法，并不限于以上三种；但通过以上几例的阅读，我们自能体味出此中的智慧之美、幽默之趣。日常生活中，我们若能学以致用，不仅可以娱人悦己，而且还能提升自己的形象，赢得交际的和谐，何乐而不为？

# 服了，拒绝也可以如此玩幽默

侯睿哲

拒绝会让人难堪、会让人不快。在不得已要拒绝的时候，怎样才能恰到好处地拒绝别人，又不伤害对方呢？有一种幽默拒绝法，可以让你在轻松诙谐的话语中，达到完美的拒绝效果。

## 智趣巧拒粉丝表白

有一次在节目现场，一个女粉丝十分激动地对着H高呼："老师，娶我，我要嫁给你！"H听到后显得非常淡定，一不害羞，二不退缩，机智又不失幽默地拒绝道："不要这么草率。"网友说H的情商真是高，他的回答是拒绝他人表白的最佳文案。

名家、明星遇到粉丝表白是常有的事，但像H这样自如地拒绝，就不多了。不论男粉丝还是女粉丝，H都能极尽安抚、劝解，既不让对方尴尬、下不来台，又有笑点，令人解颐，活跃了现场气氛。这种高超绝妙的拒绝艺术，对于我们在日常生活中不想接受的表白，也有可取之处，值得借鉴。

## 自我解嘲拒逗贫

有一次，M在越南参加访谈，一个年轻观众站起来要求道："你继承了你父母的幽默感，你现在能让观众立刻笑出声吗？"言下之意就是让M现场讲笑话逗大家一笑，只听M拒绝说："其实我每天都有很多问题，所以我只能让自己成为一个开心的人，用我的左手来温暖我的右手。一个优秀的企业家，要学习成为幽默和敢于直面挑战的人，我不是脱口秀演员，我不能让观众大笑，但我会一直让自己保持开心。"

幽默是一种智慧，是一种深刻的乐观，而不是一味逗贫取乐，给人以浅薄轻率油嘴滑舌之感。M不愿脱离语境和内容，单纯为幽默而幽默，而是勇于拒绝，以自我解嘲的方法，言明自己不是脱口秀演员，并阐释“开心”的真谛。一番拒绝的话恰到好处又不失礼节，还让人深受启发。

## 庄谐并拒买粉丝

> 不知道从什么时候开始，社交账号粉丝的数量成为衡量明星艺人“价值”的一个重要因素，于是，“粉丝”产业顺势而生。有一次，有人问小品演员G要不要买粉丝，G拒绝说：“我不做饭，所以不需要买粉丝。如果是买微博上的粉丝，微博上的粉丝不就是你的朋友吗？朋友能买吗？买来的是你的真朋友吗？给谁看？我不知买粉的和卖粉的是在蒙别人还是骗自己？”

G痛恨买卖粉丝，拒绝得也很幽默，他先是将社交账号上的粉丝故意曲解为用来吃的粉丝，以不做饭为由拒绝买粉丝，进而独到地以拷问的方式，声声批评买卖粉丝现象，传达给大家的是满满的正能量。一番拒绝，可谓亦庄亦谐，妙趣横生。

## 委婉妙拒留电话

> 著名射击运动员J在一次大赛中夺冠，接受记者群访。接近尾声时，有一名女记者单刀直入：“给我个手机号码吧！”J把刚刚在领奖台上收到的鲜花献给女记者，笑着说：“我的手机在上海呢，想开也开不了！就用一束花代替电话号码吧！”

面对女记者大庭广众之下索要手机号，J当然感到不便和不能说，但他能急中生智，善假于物，及时利用手中的鲜花作“挡箭牌”，权当电话号码，这思维真够绝的，从而达到了既绅士又不失幽默地拒绝的目的，令人不由得赞叹。

白岩松说：“什么事情，别人一找你就答应；什么东西，别人一给你就要。这样你就变得没那么珍贵了。做人除了说‘是的’之外，还是要经常说一下‘不’。亲和力虽然很重要，但是人的价值，却是靠拒绝而来的。拒绝，可以让你变得更珍贵。”人的价值靠拒绝而来，你学会幽默拒绝的艺术了吗？

# 谐音妙答，让你舌灿莲花

一念清凉

著名相声表演艺术家唐杰忠为人相当低调，有一回，他去参加活动，对方称呼他为“相声大师”，他一听，当即笑着说：“这个称呼对我来说太合适了，我还真配得上这个称呼。”旁边的人一听，不由得大惊失色，他嘿嘿一笑，接着说道：“人长这么胖，动不动就是一身的汗，我这一说相声的，还不就成了‘相声大湿’？”此言一出，大家这才恍然大悟，不由得哈哈大笑起来。

面对别人的称呼，唐杰忠并没有直言否定，而是先出人意料地选择了认同，言称自己配得上这个称呼，在别人疑惑不解的时候，解释了自己认同的原因：人胖，容易出汗，身子自然变“大湿”，把“大师”谐音为“大湿”，不但妙趣横生，而且显得谦逊低调。

启功是我国著名的书法家，在北师大的校园里，他的地位可以说是无人能及，其门下弟子对他也很尊敬，可身为国宝级大师的他，竟然并非博士生导师。虽然这样，不少弟子见了他的面总喜欢称呼他为“博导”。对于这个称呼，起初他并没有太过注意，后来叫的人多了，他这才上了心，有次参加公开活动，有人又对着他说了这个称呼，他当即笑着回应说：“老朽垂垂老矣，一拨就能倒。我是‘拨倒’一点也不假，其实不拨自己就会倒的。”

面对别人“博导”的称呼，如果启功直言拒绝，则显得过于生硬，势必会让对方陷入难堪，而启功很巧妙地采用了曲解的方法，把人人口中“博导”解释为“拨倒”“一拨就倒”，听来既滑稽幽默，又符合当时的情景，让我们看到了大师的语言功力非同一般。

清代末年，李鸿章有个远房亲戚，不学无术，胸无点墨，却凭着与李鸿章的亲戚关系，去参加科举考试，一心想着借此蟒袍加身，弄个一官半职。但试卷到手，竟有一半多字不认识，无法成文交卷，急得如热锅上的蚂蚁。焦急之中，他便在试卷上写了一句话：“我乃当朝中堂大人李鸿章之亲戚。”无奈“戚”字又不会写，竟写成了“妻”。主考官阅卷时，看到“我乃当朝中堂大人李鸿章之亲妻”时，不禁捻须矜笑，提笔在考卷上批道：“所以本官不敢娶（取）你。”

由于录取考生的“取”与“娶”同音，就把两件风马牛不相及的概念扯到了一起，并且两次谐音产生了一个连锁递进的演绎过程：“戚”与“妻”谐音，产生词义反差，“取”与“娶”谐音，又派生出另一个词义反差。从而这个不“娶”正好又与考生的希望相反，这种由于谐音而产生的双重复合误差，具有讽刺和幽默感，也显出了考官的机敏与诙谐。

金雅琴是北京人艺有名的老演员，她出演了一系列经典的小人物，获得了观众的喜爱。她在八十岁的时候，凭借电影《我们俩》而获得了金鸡奖最佳女主角，消息传来，大家都认为是实至名归。这年的年末，北京人艺每年都会举行的团拜会上，蓝天野向她敬了酒，然后调侃她说：“您现在了不起了，可是影后了。”金雅琴嘿嘿一笑说：“你说得对，我觉得还真是这么回事儿，我就是站在那影子后面呢。”听完她的这番话，旁边的人都被逗乐了，蓝天野也不由得向她伸出了大拇指。

面对蓝天野赞誉的称呼，如果金雅琴直言予以否定，给人的感觉会显得有些做作，不是很真实，她非常灵巧地把“影后”解释为影子后面，自己就是站在“影子后面”的。这样的曲解，既表现了自己低调的一面，也很好地回敬了对方的恭维，话语恰到好处。

谐音本来是一种修辞法，它是利用汉字同音的条件，用同音或近音字来代替本字，从而别具趣味。谈话中，巧妙利用谐音，可以使得我们的话语幽默诙谐，内涵丰富。

# 巧用“信息差”，话语更幽默

赵元里

“信息差”，是指交谈中表达者要传递的信息，与接受者接受的信息的错落。我们在与人交谈时，在信息发送、传递、接收的过程中，可以利用这一方法让话语变得幽默起来。

## 发送阶段：“言词组合”出幽默

在信息的发送阶段，故意组合那些容易产生错觉或意外效果的语句或词汇，来组成“信息差”，以使语言活泼谐趣、形象新颖，进而产生幽默。

记者采访一对年轻夫妇，问女人：“美女，谁是你们家的一家之主？”女人答：“那还用问吗？当然是我老公！”记者又问：“那你呢？”女人又答：“我比他差一点。”记者还问：“哪一点？”男人回答：“她是一家之王！”

原本以为男人是“一家之主”，已经是王者了；没想到“差一点”的女人，才是真正的“一家之王”。一点之差，构成了“信息差”，不仅使语言产生了幽默效果，而且让人最后才明白，真正的一家之主是女人。这样巧用“言词组合”形成“信息差”，其巧妙之处就是，把听者的判断思路引向某个方向的时候，突然用组合的言辞作了转向和弥补，使语意发生了转变和补缺的功能，进而产生了幽默效果。

## 传递阶段：“一句话分两句说”出幽默

在信息传递阶段，“一句话分两句说”，即在表达时故意说出半句话，而把真正要说的那半句话藏了起来，让接受者心里产生疑问或歧义，然后才把那关键性的半句话说出来；让人恍然大悟的同时，也让表达波澜起伏、妙趣横生。

老公正在汗流浃背地修着自行车，显得有些着急，老婆走过来安慰说：“老公别着急啊。”老公把车一脚踹倒，说：“不修了。”老婆：“车还没修好，你往哪里去啊？”老公满含歉疚地说：“结婚这么多年，你没享过福，唯一一辆自行车坏了，我都修不好。”老婆安慰说：“老公你别激动，谁没有人生低谷的时候？你知道，我既然选择嫁给你，就不怕吃苦，不管你混成啥样，我都会默默地支持你。”老公：“那你支持我，给我50块钱呀，前面的修车店还没关门呢。”

老公故意在前半部分，尽量地宣泄对老婆的歉疚之情，当老婆掏心掏肺地说出恩爱之语时，他却话锋一转说出了后半句真心话：就是向老婆要钱。这就形成了意想不到的“信息差”，让话语产生了幽默感。这种“信息差”，是把幽默元素糅进前后话语的落差之中，即当前半句话产生虚拟的顺势动能后，在后半句话中以逆转的方式表露真实动因。这样的幽默，有活跃气氛、愉悦人心、增进情感的功能，让话语产生了意想不到的吸引力。

## 接收阶段：“曲解打岔”出幽默

这是在信息接收阶段，听话的人为了达到幽默效果，故意曲解打岔，有意造成“信息差”。

在《家有儿女》中，姥姥姥爷因为孩子的教育问题发生了争执：

姥姥：“我不信，吃点可乐鸡翅，孩子就吃坏了？孩子就没出息了？”

姥爷：“这个问题不在可乐鸡翅上，而是在孩子的思想上。不能让他们光知道享受，得让他们懂得吃苦。俗话说得好，吃得苦中苦，方为人上人。你懂不？”

姥姥：“我还真是不懂！那要按你这说法，孩子吃得苦中苦了，那将来就得骑在别人脑袋上去了。这不是你说的吗？吃得苦中苦，方为人上人！你不骑在人家脑袋上，骑在哪儿去呢？”

一番话把大家都逗乐了。

姥姥把“吃得苦中苦，方为人上人”，故意曲解为“吃得苦中苦，将来就骑在别人脑袋上去了”。这种曲解打岔、夸大事实的幽默，形成了“信息差”，产生了特别的效果。这样设置抛开了话语的呆板，使话语表达情趣盎然，让人听后心情愉悦，更增添了谈话的兴趣。

巧设“信息差”，可以让话语跌宕起伏、妙趣横生、幽默诙谐，就连生活也会增添了喜气。

# 曲解，让话语更幽默

苏秀锐

有个小伙子在路上跟一位大爷问路，态度很蛮横："老头儿，到警察局怎么走啊？"老大爷想了一下，说："走到对面的商店，拿了面包不给钱就跑，你很快就能到警察局了！"

小伙子的"到"是指到达，是问路该怎么走。老大爷的"到"，却是被"扭送到"的意思。一番曲解，既幽默生动，也回击了小伙子的蛮横态度。曲解是谈话中经常用到的一种技巧。故意歪曲他人的本意，有时候能起到意想不到的幽默效果。

曹颖主持一档访问节目，邀请姚明来参加。姚明一出场，和曹颖站在一起，巨大的身高差距立马显现出来。曹颖要跟姚明比一下身高，结果几乎只有姚明的一半。曹颖笑着说："怪不得有一句话说，男人的一半是女人。"一句话把姚明逗乐了，她接着切入正题："你到底有多高呢？"访问在和谐的氛围中开始了。

虽然曹颖是女生，但身高只有对方一半，还是有些尴尬。她引用大家耳熟能详的名言，曲解"一半"这个词，赋予原本是指身高差距"一半"全新的含义，令人耳目一新。有时候，一些词语在名言或者成语中是有特殊含义的，我们可以引用这些名言或者成语，赋予其全新的含义，曲解话语，让话语幽默生动，也让谈话氛围更和谐。

歌剧《刘三姐》中，地主找来几名秀才跟刘三姐对歌。刘三姐问天文地理知识，秀才们答不上来。有个陶秀才说道："刘三姐，谁跟你讲天讲地，我们要讲眼前。"刘三姐说道："讲眼前，眼前眉毛几多根？问你脸皮有几厚，问你鼻梁有几斤？"陶秀才闹了个大红脸。

“眼前”既有眼睛前面的意思，也有目前、现在的意思。陶秀才是想谈论当下的学问，为难刘三姐。可刘三姐却利用“眼前”的多义性，曲解原意，谈论陶秀才“眼睛前面”的问题，借机讥讽他的脸皮，给陶秀才碰了个软钉子。很多词语都有多个意思，对方是想表达这个意思，我们却利用词语的多义性曲解原意，能幽默地将话题转移到对我们有利的一边。

王明升任了大堂领班，一时间有些得意忘形。他换上了全新的不同于普通服务员的制服，去服务员的休息室炫耀。他一直对着镜子照，自言自语地说：“瞧瞧，这是谁啊，穿着这么帅的制服！”有个同事揶揄他说：“哟，刚升了官，就连自己都不认识了！”一句话说得王明脸红起来，不再炫耀了。

在当时的语境下，王明的“这是谁啊”，形式上虽然是问句，其实谁都能听出来这是明知故问。可同事却故意曲解，抛开具体的语境，把他的话按照字面意思理解为问话，并用“连自己都不认识了”来回答，一语双关，即是在揶揄他，也是变相提醒。有些话是在特殊的语境下才能理解其具体的含义，我们故意抛开语境，按照字面意思理解，就能曲解他的意思。

有个珠宝商人去一处交通不便的玉石产地拜访合作伙伴。合作伙伴宴请这位珠宝商，说道：“我们这里是穷乡僻壤，也没什么好东西款待您！”珠宝说道：“确实是穷乡僻壤，不过我觉得这个琼，是琼瑶的琼，璧是和氏璧的‘璧’。咱们这里盛产美玉，那是名副其实的‘琼乡璧壤’啊！”大家听了他的话，都鼓起掌来！

对于合作伙伴的自谦，珠宝商通过谐音字曲解了一下，将穷乡僻壤妙解为“琼乡璧壤”，结合当地产玉的现实，借用合作伙伴的话，幽默风趣地赞美了对方。通过谐音等方式，趣解词语，能将别人话语的意思曲解。当别人自谦时，或者自己说错了话时，谐音式的曲解是一个十分有用的方法。

在谈话中，如果别人提出了让你很难回答的问题，你要迅速选准着力点，故意曲解对方某句话或某个词语的意思，然后，沿着自己的思路去阐释和回击，常常能出奇制胜。

# 融合情境的幽默语言更有生命力

陈亦权

我坐火车回老家过年，因为正值春运，火车上人满为患。我没有买到坐票，只能挤在车厢连接处的一个角落里。后来，一对年轻夫妇抱着小孩子上了火车，我看他们站着累人，就把手中的报纸递给他们，让他们铺在地上坐下来。年轻夫妇坐下后就和我聊起了天，没多久，列车员过来检票，他没注意脚下有报纸，一脚就踩了上去，那个年轻父亲抬起头来微笑着轻声说："同志，你踩着我们的'地毯'了！"列车员一开始还不明就里，但他低头看到这对夫妻和孩子，顿时就笑了，连声向他们道歉，整个场面既欢快又和谐。

这个年轻父亲在别人踩在他仅有的报纸上时，不仅没有大发雷霆，而是用"地毯"这个称呼来表示这份报纸对他来说的珍贵程度，在劝阻别人不要踩到报纸的同时，还给了别人快乐的感受，这就是幽默的力量。很多人都认为"幽默"是需要下苦功夫费尽心力才能掌握的本领。其实不然，幽默往往是妙手偶得，一举手、一投足、一言一行都可以在不经意间显示幽默，而且那种融合于整体情境的幽默反而比刻意逗笑更自然，更容易被人们接受。

1936年4月，气象专家竺可桢被聘为浙江大学校长，当时浙江大学的条件也不好，竺可桢的宿舍漏雨很厉害，一到雨天就是"屋外大雨，屋内小雨"。不久后的一天，时任浙江省长的徐青甫去学校视察，当时正是一个雨天，当他来到竺可桢的宿舍后，看到满地都是接雨的水桶和脚盆，就不无关心地问："先生居住的宿舍这样破，你怎么也不提出来？"竺可桢笑笑说："眼下是抗日时期，国家每一分钱都要花在更有需要的地方才好，我这些小事也无关紧要！"徐青甫皱着眉头说："这样天天漏雨也不是办法呀！"竺可桢还是不以为意地笑笑说："省长先生，您把问题扩大了，其实也不是天天漏雨的，只有下雨天才会漏雨。”徐青甫顿时哈哈大笑，被竺可桢的睿智和幽默给深深折服了，出于对竺可桢的敬佩，徐青甫当即个人掏钱让人去修缮竺可桢的宿舍了。

“只有下雨天才漏雨”，看上去只是一句毫无幽默玄机的“大实话”，但这句话和徐青甫的“天天漏雨”一结合，却达到了浑然天成的幽默效果。可见，只要完美融入情境，话说得越随意越能起到幽默效果。当然，如果你整天都又严肃又纠结，那么你就没有办法做到有感而发，时时幽默，能够随性说出幽默话语的人，一定是一个乐观开朗、胸襟开阔，甚至是能够苦中作乐的人。

石宪章是我国德艺双馨的著名书法家。1990年，西安美术学院新校建成后，校方就邀请石宪章前往参观指导。因为刚刚竣工，地面上还有很多杂物没有清理，石宪章在校方人员的陪同下正随意参观着，突然，他一脚踩进了一个还没来得及填上的桩孔里，身体一歪，当即摔倒在地上。陪同人员立刻扶他起来并连连道歉，石宪章却并不着急，他整整衣冠说：“没事，没事，我是一枚‘石头章’，这样一下是摔不坏的，如果我是‘泥土章’，或许就需要你们扶我一把了哟！”校方的陪同人员一下子还没反应过来，但结合他的姓名细细一想，顿时哈哈大笑了起来，尴尬的局面也瞬间打破了。

林语堂说过：“幽默是由一个人旷达的心性中自然而然地流露出来的，油腔滑调显轻薄，矫揉造作显肤浅，只有结合情境、机智通达的表达，才能起到虽无意幽默，但却幽默自现的效果！”没错，幽默者之所以语言风趣幽默，是因为他的内心永远是一种豁达开朗的境界，只有内心坦荡真诚，不计得失，不拘小节，才能在任何处境中都保持豁达的心境，遇事才能结合情境说出朴实无华的幽默语言来。

相反，如果一个人总是鸡肠小肚，遇到一点点小事就气愤难当，即使平时再能说会道，到时候恐怕也只会出口成“脏”，说一些伤人累己的话让自己骑虎难下了。

# 笑翻全场的幽默

王　霞

很多场合，需要有一个轻松活跃的氛围，才能让沟通更加顺畅地进行，采用幽默的说话方式是绝佳的办法之一。既能带动全场，又能最大限度地增强说话的效果和魅力。那么，如何才能达到笑翻全场的效果呢？

## 自嘲法

以幽默见长的专家彼得博士在专著《笑的方法》中说："能嘲笑自己的外貌、缺点、愚昧是公认的最高明的幽默境界。"有一次，中央电视台请部分主持人说说自己第一次当主持人的感受，一位著名主持人上去的时候，说："我第一次上台的时候，我估计当时下面有人在议论：这孙子究竟是谁呀，这模样还来当主持人。后来大家都知道了，现在在座的应该都认识我了吧。"这就是大家平时说的"拿自己开涮"，可他涮出了幽默的秘诀——自嘲。赢得满堂彩，自然是可想而知了。

## 夸张法

夸张法，就是要根据需要，对事物的形态、性质等方面故意扩大或缩小，从而产生了极强的幽默感。有一个顾客在饭店吃饭，吃到了一粒砂石，故作生气地对服务员说："你们的饭里怎么会有一块大石头，请你帮忙把它抬出去。"虽然是批评，但是这种幽默里的批评，更容易让人接受。在公交车上，由于太拥挤，有青年说："别挤了，再挤就变成照片了。"冬天非常冷，两个颇有智慧的长者说："这天气太冷了，一说话就被冻成冰了。旁边的人要赶快用手接住，捧到屋子里用火烤一烤，才能听到说些什么。"这些都产生了极强的幽默感。

## 双关法

双关是一种常见的幽默技巧，分为语义双关和谐音双关。语义双关是利用词语和词句的多义性构成的，谐音双关是利用音同或音近的条件构成的。有位伟人在一次演讲临近结束时，突然拿出了一根烟，说：“最后一条。”这里既讲的是香烟，又指演讲还有一条内容。这就是语义双关。相声中经常用到谐音双关。比如甲：你说我像皇帝还是像太后呢？乙：像太后！甲：那像什么太后呢？乙：你是脸皮太厚。双关是生活中经常可以用到的方法，灵活运用能达到出乎意料的效果。

## 顺势法

顺势法，是顺着现有的话题进行合理联想从而产生的幽默。顺势法最重要的一点就是能随机应变，让话语朝着自己想要的效果发展。比如在一次现场直播中，主持人请了一位养狗的嘉宾上场，主持人问：“多大的狗？”嘉宾看了看主持人，说：“站起来和你差不多高。”大家听了有些尴尬，主持人问：“那你是说我像狗一样了？”嘉宾笑着说：“我们每个人对朋友就是应该像狗一样的忠诚和友好。”欲扬先抑，顺势而为，正好击中了幽默感，获得了全场一片掌声。

幽默能化解尴尬，也能调节情绪，营造快乐的氛围。有幽默感的人，更有好人缘。不仅能展现出卓绝的口才，而且还是智慧的体现。

# 以虚代实，幽默回避

柳思竹

一位绅士夜宿一旅馆，晨起服务员礼貌地问道："先生昨晚睡得好吗？"绅士于是礼貌地回答："怎么说呢，夜里有两只老鼠在床下吵架。"服务员道："两只老鼠应该不至于吵到您吧。"绅士仍然礼貌地回答道："只是后来又来了十几只劝架的老鼠。"

绅士不直接回答睡得不好，而是借用老鼠吵架幽默地表达了自己的想法，维护了服务员的面子，这其实是一种以虚代实的表达方式。以虚代实是指说话中，当我们对对方的问话有所难为时，不正面、直接讲出答案，而是通过侧面、以间接的方式，给出婉转的回答，对方虽然没有得到自己想要的实实在在的答案，但却从替代答案中有所收获。

有一次，演员胡歌被问到感情的归属问题："如果一切可以重来，你会选择《仙剑奇侠传一》中的灵儿还是月如？"胡歌机智地回答道："谁能活下来我就选谁，因为我演了太多角色，都是让我一个人留下来带孩子。"网友又问："你尝试过这么多种类型的电视剧，有没有自己偏爱的类型？最喜欢的角色又是哪一个？"胡歌认真地回答："演了很多的角色，其实最难演、最想演好的这个角色还是胡歌！"大家纷纷为胡歌的机智幽默点赞。

无论是个人感情问题还是角色偏好问题，胡歌如果给予正面回答，都可能成为媒体炒作的材料，并可能影响到自己的事业和生活。于是，对于感情问题，胡歌预设了一个"看谁能活下去"的前提，戏谑自己懒；对于角色偏好问题，胡歌预设了"先演好我自己"的前提，表达了自己先做人后做事业的态度。胡歌采取预设前提的方式，所给出的以虚代实的回答，让众人点赞。

好莱坞影星史莱特演完吴宇森导演的《断剑》后就没有再演其他电影，在一次新闻发布会上，当记者问到“您最近几年有没有接拍一些影迷喜欢看的影片”时，史莱特打了个“哈哈”，然后说：“作为演员，我确实应该检讨自己，因为我现在最关注的不是作品，而是这次高尔夫邀请赛128万美元的奖金花落谁家，而业余赛的冠军奖金也有10万美元。”听了史莱特的回答，记者知道他并不想就这个话题讨论下去，便不再追问了。

史莱特凭《断剑》一举成名后，再无新作，可记者偏偏就此发问。一旦对记者的问题处理不当，可能陷入尴尬的境地。机敏的他在自我批评后，用高尔夫邀请赛作挡箭牌，让知趣的记者退避三舍。生活中，当面对一个让你为难或棘手的提问时，我们可以以虚代实，通过李代桃僵之法回答对方，让对方明白你的心意，从而自觉偃旗息鼓。

庾杲之是南朝齐新野人，善于言谈，在皇帝左右当差。一次，齐武帝大宴群臣。席间，他禁不住问道：“我死后应当得什么谥号？”群臣听后，相视无言，谁也不敢妄加回答。尚书左仆射王俭望着庾杲之，希望他能够出来为大家解围。果然庾杲之没有让大家失望，他不慌不忙地答道：“陛下寿比南山，与日月齐明，千秋万岁以后的事情，哪里是我们这些平凡之人所能知道的！”皇帝听了龙颜大悦，当即重赏了庾杲之。

如果大家真的把皇帝的问话当真，大谈皇帝死后的事情，等皇帝回过味来，必定勃然大怒。于是，庾杲之大赞皇帝年寿无边，自己没有能力和资格讨论这件事。庾杲之以虚代实的作答之所以取得如此好的效果，就在于他巧妙地褒人贬己，满足了皇帝的虚荣心，从而化解了一场危机。

当然，不是什么问题都能以虚代实地作答的，也得分清具体场合，看准具体对象，掂量自己的承受力；如果一味地去兜圈子，就会给人一种油腔滑调的感觉，招人反感。所以，把握好尺度，显得尤为重要。

# 用语义偏移制造幽默

宋桂奇

“语义偏移”，是指利于多义词语或特殊语境对语言进行创造性地使用，由于这种超常规不仅出人意料，而且可以造成前后语义的巨大反差，因而，既能形成强烈的幽默情趣，又能取得良好的表达效果。

**换义**：即一个词语重复出现时，前面用甲义，后面用乙义。

2018年3月15日，67岁的俄罗斯外长拉夫罗夫在莫斯科参加“俄罗斯是一个充满机遇的国家”大型论坛时，由于上台时没有注意，以致被台阶绊倒后滑跪在地；就在现场发出阵阵惊愕之声时，用单手支撑着地面的他迅速站了起来，继而又机智地对听众笑道：“大家看到没？我摔倒了。还好，我只是在台阶上栽了个跟头，而不是在外交方面（栽跟头）。”此语一出，顿时笑声一片，掌声四起。

如果不能及时将摔倒之尴尬化解，自有可能沦为国际笑柄。庆幸的是，拉夫罗夫先生却处变不惊，妙语天成：通过“栽跟头”的“跌倒”和“比喻失败或出丑”二义间的智慧转换，既显得风趣幽默，又给人留下一个爱国达观的好印象，确实是高明之极！

**曲解**：即明知其义，却故意将词语之义进行歪曲的解释。

一次颁奖晚会上，主持人给胡歌出难题道：“我这儿有三朵玫瑰，你打算送给哪三人？”思考片刻后，胡歌笑言：“我要送的三人，一是家人，也就是和我一起合作奋斗过的朋友——艺人朋友、团队同事、我的老板，没有他们就没有今天的我；一是爱人，虽然我现在还没有，但相信很快会有的；最后一个是亲人，像我的妈妈，她给了我生命，又告诉我怎么做人。家人、爱人、亲人，三个‘人’，就是所有人。”于是掌声雷动。

由于现场好友多多，僧多粥少，把花送给谁都将会得罪一大批人。于是，胡歌便机智地将主持人口中表示个体的“三（个）人”，歪解为表示群体的“三（类）人”；凭借这一奇思妙想，不仅使得难题迎刃而解，而且能让观众皆大欢喜，胡歌堪称幽默高手！

**移用：**即临时起意，将专有名词临时移植至日常生活中。

一期《我要上春晚》节目中，作为嘉宾的蔡国庆应主持人任鲁豫的邀请，登台清唱了几句其代表歌曲《常回家看看》之后，大屏幕适时播放出他自1991年以来参加的十几届春节晚会上演唱的精彩片段。看到蔡国庆二十多年过去仍然容颜不老，任鲁豫就含笑问道：“都二十多年了，你为什么还是和以前一样鲜味十足？怎么保养的呀？”“‘我要上春晚’啊！”这个精彩的回答，赢得了在场观众长时间热烈的掌声。

如正经回答“怎么保养”，耗时费力不说，还有可能因“王婆卖瓜”而致人反感。于是，蔡国庆便将正在录制的节目名称临时移来作答——因为“我要上春晚”，所以我重视保养。你看，这一理由既充分，又切合情境，如此智慧幽默，观众能不为之叹服？

当然，“语义偏移”并不限于以上数种，但通过这些语例的阅读，我们自能感受到它的精妙之所在。生活中，如果我们也试着一用，就一定能愉己悦人，提升形象！

# 批评也可以这样幽默

王文建

“人非圣贤，孰能无过？”他人有了过错，怎么说才能使其不积怨，不抵触，还愿听、愿改呢？其法有三：

## 联想幽默法

有一次，在整顿作风的会议上，针对有些同志爱装金牙、爱戴金戒指的现象，粟裕司令这样批评：“这有些同志啊，喜欢装金牙，装上金牙后，逢人就说‘今天我请你吃韭菜炒肉丝’。为什么要说这句话？因为这句话一说，往往会露出他的那个大金牙，可你想过没想过这大金牙会晃花人的眼？还有些同志啊，喜欢戴金戒指，戴金戒指就显得有‘排场’吗？我不觉得，我倒是听说过，有人戴金戒指不是讲‘排场’，相反却是遮伤疤的，这个人不是别人，是大名鼎鼎的杨贵妃！我们有些同志是不是也有疤痕，也要学贵妃‘遮丑’啊？”话落，大家哄笑。从此，某些干部爱装金牙、爱戴金戒指的现象绝迹了。

为使某些干部认识到庸俗的作风错误，粟裕通过“装上金牙会晃花人眼”，戴金戒指是像杨贵妃一样“遮丑”等一系列联想，使其认识到问题的严重性，从而自觉进行抵制。“联想幽默法”不夸不饰，就人说人，就事论事，所联想的人和事都是我们耳熟能详的，谈笑间使人接受批评就顺理成章了。

## 类比幽默法

宋祁写文章喜用冷僻字，以显博学多才。对于他这个毛病，欧阳修很想找个机会说说。一天，欧阳修去探望宋祁，恰好宋祁不在，欧阳修于是在门上留下一句话：“宵寐匪贞，札闼洪休。”回来后，宋祁看了一遍又一遍，仍不得其解，就跑去问欧阳修。欧阳修哈哈大笑：“你忘了，这八个字是‘夜梦不祥，题门大吉’啊！”“醉翁弟何以要用这些让人看不懂的字呢？”“这是子京兄修唐书的手法呀！‘迅雷不及掩耳’，多明白的字句，您偏写成‘震雷无暇掩聪’，这样写出的史书谁能读得懂呢？”听了欧阳修的话，宋祁深感惭愧，表示以后要改掉这个毛病。

你喜欢用冷僻字，好，咱就冷僻字对冷僻字。类比的结果，宋祁终于认识到了自己身上存在的问题。欧阳修没有说宋祁如何如何不对，而是以人之“长”来对其“长”，事很简单，理则深邃。同时又不伤其自尊，让宋祁也体验了一把“看不懂”的感觉。无须欧阳修多言，宋祁即认识到了错误，并下决心改正。这么圆满的结果，恐怕不是直言相劝所能实现的。

## 引用幽默法

1931 年 8 月的一天，苏联元帅伏罗希洛夫在对某部考核时，一个战士竟打了个“光头”。看着糟糕的成绩，那名战士辩称：“不是我打不准，是枪太旧，早该淘汰了！”伏罗希洛夫二话不说，拿起他的枪连发 7 枪，结果枪枪命中靶心。“事实证明，这支不太好使的枪在会使的人手里是多么好使。由于这名战士侮辱了他没有任何过错的‘朋友’，所以我不能把这支枪再还给他了。请团长同志再给这位战士发支好枪，集训结束，把他的射击成绩告诉我。最后，请这位同志记住这句俄罗斯古谚‘脸丑别抱怨镜子’！”“主席同志，我错了！请看我下次成绩吧！”那名战士信誓旦旦，自此开始勤学苦练，果不其然，再次考核顺利过了关。

“人笨怨枪劣”，这是自找“台阶”，属典型的文过饰非。有了缺点非但不纠正，反而生法遮掩。长此以往，危害极大。错误必须纠正，而如何纠正，伏罗希洛夫自有“妙招”。他先是亲自示范，接着用一句俄罗斯古谚“脸丑别抱怨镜子”来谆谆告诫。“在上位，不凌下”，伏罗希洛夫借助“引用幽默法”，创造了愉悦的沟通氛围，改板起脸来说教为如话家常般的娓娓而谈，难怪犯错战士会痛改前非，迎头赶上。

幽默批评，入耳入心。当他人有了缺点和错误时，我们不妨通过上述行之有效的方法婉转批评。这样，既不会引起反感，产生积怨，又能使对方愉快接受，从而自我砥砺。

# 巧用修辞教你变身“幽默达人”

高春芳

> 两个保险公司的员工吹嘘自己公司的支付速度快，甲说：“我们公司肯定能在事故发生当天就能将保险金送到投保人手里！”乙说：“那根本不算快。我们公司在大楼的第二十三层，假如一位投保人不小心从40层楼摔下来，当他经过二十三层时，我们就能将保险金支票从窗户交给他了……”

两个职员服务于各自的公司，谁也说服不了谁。思维敏捷的阿博，在“快”字上做文章，夸张的方式让人忍俊不禁，争论危机也在幽默的氛围中土崩瓦解。夸张是一种修辞手法，能够让彼此的交谈变得幽默而风趣。那么，谈话中，还有哪些修辞手法可以让我们的话语更加幽默，进而充满感染力呢？

## 反　语

> 小提琴手海菲兹在伦敦首演取得了巨大的成功。演出结束后，戏剧家萧伯纳走入后台，对这位他当时并不认识的年轻的小提琴手说：“这个世界上没有十全十美的事物，否则就会招致诸神的嫉妒，所以我想建议您：每晚临睡之前，至少要奏出一个不准的音符。”在场的所有人都被萧伯纳的妙语所打动，成就了他和海菲兹一段美好的友谊。

萧伯纳从反面入手，幽默地要求小提琴手睡前奏出一个不准的音符。换言之，小提琴手现在的演奏已经十全十美了。寓意深刻而又别出心裁，以反言正，不落窠臼，巧妙的赞美打动人心，增添感染力，打动人心。在某些特定的场合，用出人意料反话来表达正面陈述或肯定的意思，会让人在吃惊之余倍感幽默，寓意深长。

## 翻　新

一天晚上，华盛顿与一位客人坐在壁炉边聊天，背后的壁炉烧得太旺，华盛顿感到太热，就转过身来，脸朝壁炉坐下。在座的一位客人开玩笑说："我的将军，您应该顶住战火才对呀，怎能畏惧战火呢？"华盛顿笑着回答："您错了。作为将军，我应该面对战火，接受挑战。假如我用后背朝着战火，那不成了临阵脱逃的败将了吗？"

客人开华盛顿的玩笑，将背靠壁炉比作顶住战火。而华盛顿毫不示弱，将后背对着壁炉比作背对战火，临阵脱逃，这可是战争中的大忌啊！同样一个行为，却先后有两种不同的解读，这归功于华盛顿翻新了对方的话语，达到了幽默的效果。善于运用翻新的修辞手法，可以让自己的话语脱俗，进而充满感染力。

## 移　用

有位作家某次到一家杂志社去领取稿费。他的文章已经发表，那稿费早就该付了。可是出纳却对他说："真对不起，先生。支票已开好，但是经理还没有签字，领不到钱。""早就该付的款，他为什么不签字呢？"作家有些不耐烦了。"他因为脚跌伤了，躺在床上。""啊！我真希望他的腿早点好。我想看他是用哪条腿签字的！"

出纳拒绝作家，理由是经理躺在床上。作家的话语，移用了手的作用，告诉出纳，经理签字是用手，而不是腿，这跟腿跌伤没有关系。言辞幽默，让人忍俊不禁。这样的态度，必然能让出纳意识到自己拒绝作家的不合理之处，必然引起重视。善用移用的修辞方式，可以于轻松之中为自己解困，让自己的幽默感染更多人。

## 反　问

有一个当厨师的人看了某位作家的作品后，发表了一些不同的看法，作家心里很不悦。他对那位当厨师的人说："你没从事过写作，因此你无权对我的作品提出批评。”谁知，厨师非但没有因为他的话感到自卑，反而用一句让人听后忍俊不禁的幽默语反问道：“我这辈子没有下过一个蛋，可我能尝出炒鸡蛋的味道如何，母鸡能吗？”

作家觉得厨师外行，无法理解自己的作品，明显是看不起厨师。厨师的一句反问，让作家明白，能读懂作品的人，不一定非要会写作品，可谓恰到好处。反问是修辞手法中的一种，能够准确地利用好反问，找到问题的核心，幽默地回敬对方一个软钉子，让他无话可说。

幽默不难，难的是有水平地表达幽默。得体的幽默配上机智的修辞，同样的内容，会让你的话语更加文采斐然，让你的言谈举止更加熠熠生辉。

# 演讲辞选登

Y ANJIANGCI XUANDENG

# 书写与贫穷的绝交书

武俊浩

朋友们：

你见过贫穷的模样吗?《史记·秦始皇本纪》写到陈胜家境贫寒时，用“陈涉，瓮牖绳枢之子”这样的句子；杜甫的《石壕吏》里，贫穷的模样是“出入无完裙”；白居易笔下贫穷的模样是“可怜身上衣正单，心忧炭贱愿天寒”。即使到了现代，贫穷仍没有离开我们的生活，有个细节让我印象很深：有位老太太煮牛奶时，把袋子里的奶倒进锅里后，又到水龙头那里灌上一点自来水涮一涮，再将袋子里的水倒进锅里煮。

贫穷伴随了我们好长时间，人人都盼望着能与贫穷绝交，但迟迟难与它绝交。回顾历史，建党百年以来，党一直领导着我们书写与贫穷的绝交书，毛泽东同志说“须晴日，看红妆素裹，分外妖娆”，是最美的与贫穷绝交书；周恩来同志说“大江歌罢掉头东，邃密群科济世穷”，是最豪迈的与贫穷绝交书。还记得方志敏烈士写的《可爱的中国》吗?他在文章中写道：“到那时，中国的面貌将会被我们改造一新。所有贫穷和灾荒，混乱和仇杀，饥饿和寒冷，疾病和瘟疫，迷信和愚昧，以及那慢性的杀灭中国民族的鸦片毒物，等等，这些都是帝国主义带给我们的可憎的赠品，将来也要随着帝国主义的赶走而离开中国了。朋友，我相信，到那时，到处都是活跃的创造，到处都是日新月异的进步，欢歌将代替了悲叹，笑脸将代替了哭脸，富裕将代替了贫穷，康健将代替了疾苦，智慧将代替了愚昧，友爱将代替了仇杀，生之快乐将代替了死之悲哀，明媚的花园将代替凄凉的荒地！这时，我们民族就可以无愧色地立在人类的面前，而生育我们的母亲，也会最美丽地装饰起来，与世界上各位母亲平等地携手了。”这是一个共产党人书写的最具体细致的与贫穷绝交书!

习近平总书记提出的精准扶贫，是书写得最彻底的与贫穷绝交书。现在各行各业响应习总书记的号召，也都用自己的行动书写着与贫穷的绝交书。我们的高速铁路制造出中国速度，世界第一条高寒高铁，第一条热带地区高铁，千里山川任纵横；我们的大桥制造出中国奇迹，世界上最高的北盘江大桥，世界上最长的珠港澳跨海大桥，千里江陵一日还。北斗卫星全球导航建成，发射火星探测器。杂交水稻之父”袁隆平、“当代毕昇”王选、“中国巨型计算机之父”金怡濂、“黄土之父”刘东生、“中国催化剂之父”闵恩泽、“中国稀土之父”徐光宪、“中国高温合金之父”师昌绪、“中国预警机之父”王小谟、“中国氢弹之父”于敏……都在自己的领域书写着与贫穷的绝交书。

黄文秀从北京师范大学硕士毕业后，放弃在大城市工作的机会，回到家乡革命老区广西百色；她选择到贫困村担任第一书记，把双脚扎进泥土，为脱贫攻坚事业殚精竭虑；她忍痛告别重病卧床的父亲，连夜冒雨奔向受灾群众，面对危险坚定前行，不幸遭遇突如其来的山洪，年轻的生命永远定格在扶贫路上……黄文秀用生命书写了一篇最壮美的与贫穷绝交书。

位于大别山腹地的安徽省金寨县花石乡大湾村，有一位扶贫干部立下誓言：“大湾村一户不脱贫，我坚决不撤岗！”她就是大湾村的第一书记——余静。五年后，这个村子终于发生了巨大的变化。余静的誓言是与贫穷绝交的宣言，是身体力行的与贫穷绝交书。

究竟是什么样的力量影响着这些扶贫工作者，让他们始终坚定信念、不忘初心？无论在什么岗位，无论面对怎样的挑战，无论肩负怎样的使命，都会全力以赴地去做好、去完成？因为所有这一切的背后，都是为了人民的幸福和对美好生活的向往。

一百年来，共产党的理念就是让老百姓过好日子，一直在书写与贫穷的绝交书。但我们一部分人为什么还处在相对贫穷的状态呢？萨克斯说：“世间大部分的贫穷，都是一种病态，是不良生活、不良环境、不良思想的结果。”你穷，是因为你没有极度渴望成功的野心！你穷，是因为你没有燕雀向往的鸿鹄之志！你穷，是因为你无法战胜自己内心的怯懦！你穷，是因为你缺乏变不可能为可能的勇气和巨大决心！

我们在未来的生活中，树立成功的信心和远大的志向，不但要使自己彻底与贫穷绝交，还要帮助周围的人与贫穷绝交；不但从物质生活与贫穷绝交，还要从精神生活与贫穷绝交；不但要从行动上与贫穷绝交，还要从思想上与贫穷绝交。我们要逐渐培养富裕思维，根除自己的贫穷思维，这样才能与贫穷彻底绝交，把与贫穷绝交书写得更坚决些。

谢谢大家！

# 活出军人的风采
## ——第五次全国自强模范与助残先进表彰大会宣讲代表演讲稿

张洪峰

朋友们：

大家好！我叫张洪峰，来自特等功臣、一级战斗英雄邱少云生前所在部队。我出生在沂蒙革命老区，一方孕育英雄、崇尚英雄的热土。那时的男孩子都有一个英雄梦，黄继光、董存瑞、邱少云永远是我们故事里的主角，成为一名解放军战士是我最大的期盼。

那是一个令人激动的日子。1990年12月1日，我穿上了梦寐以求的国防绿，被分到邱少云生前所在部队的九连邱少云班。我们班有一个铺位永远是邱少云的，幸运的是，我就睡在他的上铺。连队每天点名第一个就是“邱少云”，全连齐声答“到”。每次完成重大任务，都要给老班长敬上一杯庆功酒。英雄人物的气息、英雄连队的氛围时刻感染着我、激励着我，革命先烈的红色基因在我血液里流淌。

1993年10月7日，是我永生难忘的一天。当时，我们连奉命处置一起突发事件，一颗不法分子自制的土炸弹冒着青烟从天而降，落在战友黄其光脚下，30多名战友和无辜群众的生命危在旦夕。我一个箭步冲上去推开小黄，一边大喊：“卧倒！”一边抓起炸弹往外扔，出手的一刹那，炸弹爆炸了，我两眼一片漆黑。经过4天3夜的抢救，醒来时，我发现左手已经不在，眼睛什么也看不见。医生说，我的左手被炸掉，右眼球被炸碎，脸部缝合49针，因为失血过多，血压多次为零，先后报了3次病危……

说心里话，一想到自己才刚刚20岁，竟成为需要组织和家庭照顾的累赘，我一度想结束自己的生命。但冷静下来我又想，军人的字典里没有“退缩”和“逃避”！邱少云班没有软骨头！我不但要活下去，而且要活出生命的亮色、活出军人的风采！

成就英雄是瞬间壮举，考验意志是漫长历程。回到连队后，以前轻松自如的小事变得异常艰难。正常的生活训练，是我要跨的第一道坎。我暗下决心：别人两只手能做的事，我一只手也要做到。打背包，我膝盖、牙齿、左臂一起上，背包上到处是嘴角和伤臂蹭出的血迹；练匍匐，训练量每次都是别人的两倍以上，常常是手臂和膝盖的伤疤还未愈合又被磨破；拉单杠，我从一个不能拉，到单臂引体向上 16 次，达到了双手的优秀成绩。为了啃下 400 米障碍这个硬骨头，我晚上练单臂俯卧撑，中午和周末跑到训练场反复练习，记不清摔了多少次、流了多少血，只记得考核通过那天，战友们一次次把我抛起。凭着这股不服输的劲头，不到一年，训练课目全部达到优良成绩，手榴弹投掷名列全师第 4 名。

前几年，部队担负西宁至唐古拉山的光缆施工任务，我连作为尖刀连，承担唐古拉山上任务最艰巨的 50 公里地段。施工地域平均海拔 4500 米以上，空气含氧量不足内地的一半，被称为生命禁区。别说挖沟施工，即使走路都非常吃力。施工没有大型机械，只能用最原始的手工掘进。全连喊出了“缺氧气不缺士气、海拔高斗志更高”的口号。作为连队干部，我单手用不了铁锹，就把锹把锯掉一节绑在左臂上，配合右手施工，每天第一个上工地，最后一个放锹镐。有人说在这里待上一天都是奉献，可我们向生命极限挑战了 3 个月。比劳累更可怕的是高原疾病的威胁，小小的感冒都可能夺去生命，我曾两次与死神擦肩而过。

虽然我获得了“人民卫士”荣誉称号，被评为“感动西北·感动军营”百名英模人物，但我感到，身体特殊身份不能特殊，身有缺陷素质不能缺陷，身体功能弱宗旨意识不能弱，只要一息尚存，就要有军人的使命担当。当排长，我带出了军事过硬的先进排；负责农副业生产，农场扭亏为盈，年年评为先进；分管安全工作 5 年，部队没有发生一起安全事故。

有人问，这么多年你苦不苦，就没有想过放弃吗？我想告诉大家，也许我们避免不了残疾，但是困难却可以磨炼意志，决定命运的不是条件，而是生活态度。我们军人承载着革命先烈用鲜血铸就的无上荣光，肩负着党和人民赋予的神圣使命，就是要用生命和热血，在实现中国梦强军梦的伟大征程中书写新的辉煌！

谢谢大家！

# 这世上，唯有你愿与我风雨同舟

邱素敏

各位亲友：

今天是我和老伴结婚25周年的日子，感谢各位能在百忙中参加我们的银婚庆典。25年，说长不长，9125天；说短不短，转眼青丝成白发，人生不觉已经过半。

回首携手25年走过的路，有懊悔、有心酸，更多的是欣慰和温暖，一个什么都不懂的毛头小伙，能事业和家庭兼得，离不开背后那个女人的默默支持。老婆，别害羞，我欠你的甜言蜜语，今天要当众说个够！

都说是男人把女孩变成了女人，生活，把女人变成了老婆，老婆把自己变成了船——装着一家老小，柴米油盐。自从我踏上这条船，是你，让我结束了漂泊的生涯；是你，满足了我为人父、为人夫的梦想；是你，容忍我的种种坏脾气，带着我一点一点慢慢成长。

年轻时，我是个放纵不羁之人，崇尚自由，不喜欢被儿女情长捆住手脚。直到有一天，我突然有了谈恋爱的冲动，于是，兜兜转转中你成了我的老婆。自从你踏上我的贼船，聪明的你就越来越傻了：能走最坎坷的路，能吃世上所有的苦；自从你误入我的寒舍，你就越来越泼辣了：能穿着10元的地摊货招摇过市，能半夜爬起来穿着睡衣，去超市里抢打折的蔬菜。

还记得结婚那天吗？一场像样的婚宴都没有，你妈妈哭得不行，觉得你嫁给我是凤凰掉进了鸡窝里。而你却说："那不过是个仪式，我相信他有能力给我更多惊喜。"惊喜不多，更多的是惊吓：车祸、失踪、失业……

都说婚姻是爱情的坟墓，埋葬了激情，留下一地鸡毛。婚后很长时间，我都没觉得结婚和单身有什么不同，我一直过着"油瓶倒了不扶，家里缺粮不知"的生活。直到有一天，我突然得知自己将为人父。小生命来得太突然，我还没玩够，怎么能当别人的父亲呢？我鼓动你再次把孩子拿掉。当医生一脸严肃地告诉我，你的身体已经到了严重贫血的地步时，我才惊醒：你为我承受了多少委屈啊！

分娩那晚，你哭着不肯放我走，你说：“他不在我身边，我不敢生啊！”人见人厌的我，在你心里竟这么重要。那一夜，我在走廊里坐了一夜，恐慌中第一次意识到：我不再是个男孩了，我要撑起一个家，为你、为可爱的孩子！

二人世界成了三口之家，很多东西被打破了，又有很多新东西塞进来。我们不再甜言蜜语，因为所有的甜言蜜语都给了孩子；不再花前月下，因为所有时间都给了奶瓶和洗不完的尿布。两个人的摩擦越来越多，你说我不懂体贴，你不过想要一个拥抱；我说你太矫情，结婚了还脱不掉学生气。争过、吵过，甚至无数次冷战过，不知不觉地，你秃了，我也秃了。我是头发秃了，你是从牙齿到指甲都秃了。

这几年，血压越来越高，头发越来越少，我才突然意识到，繁华落尽，你和孩子才是我今生最重要的人。我会揣摩你的一言一语、一颦一笑，我会夸赞你新做的发型，我会谢绝无用的应酬，择一晴朗日子，穿上西装，去公园和你重温热恋时的感觉。这时，泼辣的你不见了，温润的你又回来了。你会避开游人倒在我怀里，像初恋时那样吻我，你还抚摸着我的秃头，满脸心疼地说：“老了，怎么这么快你就老了啊？”

50 岁才读懂爱情，读懂你。都说，50 岁的女人韶华已逝，是遗忘在枝头的红枣，失去了光泽，越来越干瘪。而我却认为，不！ 50 岁的女人飞越万水千山，早已宠辱不惊，那种云淡风轻，远不是风华正茂的妙龄少女所能匹敌的。

都说已婚的女子如红酒，华贵，让人目眩。而我想说，亲爱的，和你一起走过 25 年光阴，你更像超市货架上的米酒，朴朴实实，平平淡淡，温柔得让我微醺，却从不会沉醉。

在这世上，愿与我风雨同舟的人，是你；陪我一起成长、最懂我的人，也是你。余生唯愿，与你山高水长，相伴到老！

谢谢大家！

## 总有人在默默爱你

王世虎

朋友们:

大家好！在来这里演讲之前，我在电视上看了一则新闻，我被这则新闻深深触动了。

那天，是辽宁鞍山王阿姨的69岁生日，她专门买了蛋糕，在一家小饭店为自己庆生。在庆生的过程中，一种孤独感油然而生，让她情不自禁地想起了去世多年的丈夫和远在昆明工作的儿子。于是，王阿姨请店员帮忙，用手机拍摄了一段视频发给儿子，并许下愿望：“儿子，妈希望明年70岁生日的时候，你能陪我一起过。”说着，声音哽咽了起来。

这一幕，恰好被邻桌一个戴着黑色鸭舌帽的小伙子看到了，他十分感动，想起了自己的母亲，但又不知道该如何表达对眼前这位母亲的关爱。于是，他悄无声息地走到收银台，默默地帮王阿姨把单买了。临走前，小伙子还特意对王阿姨送上诚挚的生日祝福：“阿姨，祝您生日快乐，身体健康！明年您儿子一定会陪您的！”

当店员将此事告诉王阿姨后，她暗淡的心情顿时变得激动不已，热泪盈眶地喊道：“这不行啊！不能让孩子帮我付账啊！”之后，王阿姨把视频发布在网上，希望大家帮忙忙找到这个小伙子，自己要亲口向他道声感谢。

很多观众看完视频后，都被小伙子的行为感动了，尤其是年轻人，纷纷拿起手机拨通了父母的电话，送上久违的关心和问候，并表示无论多忙，一定会常回家看看。

原本陌生的一对食客，却因为“母亲”这个共同的称呼，而演绎出人间的别样感情，也给这个寒冬增加了一丝浓浓的暖意——是的，亲爱的妈妈，您并不孤单，请相信，总有“儿子”在默默地爱着您！

小伙子的善举，让我想起了发生在英国赫特福德郡火车站的一件事。

站台上，一名西装革履的男子一边打电话，一边对着话筒大声咆哮，看起来情绪非常糟糕，说着还把身上的斜挎包砸向了墙面，包里的东西散落了一地。这时一对夫妇路过，女士注意到了男子的狂躁不安。虽然她一直在向前走动，却不时回头关注着男子的一举一动。

男子打完电话后，突然愤怒地把手机摔在地上，然后双手抱头蹲下，仿佛正陷于极大的痛苦之中不能自拔。

这时，火车进站的声音传了过来。男子站起身，往火车过来的方向望去。女士也警觉了起来，慢慢向男子这边移动。火车进站了，就在列车即将靠近的时候，男子突然向着轨道大步走去，很明显，他已经失去了理智，想要跳轨自杀。

就在这千钧一发的紧要关头，女士猛然间冲了上去，从后面一把抓住男子，用力往回拽，在火车呼啸而过的刹那，两人重重地摔倒在了站台上……事后的监控录像显示，火车当时的速度非常快，哪怕女士慢一秒，男子都会命丧九泉。

女士的见义勇为，收获了无数网友的赞誉，一个网友评论说：他刚经历了创业失败和妻子背叛的双重打击，正站在30层楼顶“寻求解脱”，但这个视频让他顿悟：“活着，比什么都重要！”

原本陌生的两个乘客，在生死攸关的瞬间上演了一出“飓风营救”，也让我们重新审视生命的价值——是的，哪怕全世界都抛弃了你，也别轻易放弃自己，请相信，总有“路人”在默默爱你！

生活中，这样的“默默关爱”一直在我们身边真实发生着。

满身灰土的农民工，去银行给家人汇款，因为担心踩脏了大厅干净的地板，从裤兜掏出了两个塑料袋，准备套上。保安大叔走上前，热情地说：“大兄弟，没事，你快进去办业务吧，我待会儿拖一下就好了。”其实，农民工不知道，保安大爷五分钟前才刚刚把地板拖干净。

大汗淋漓的外卖小哥，刚跑进写字楼电梯，超载铃声响起。他无奈地退了出去，如果送餐超时被顾客投诉，一天的辛苦又白费了。这时，正要闭合的电梯门又打开了，一个女孩笑着走出来：“你先上吧，我不急，可以走楼梯，顺便锻炼身体。”——其实，外卖小哥不知道，女孩的单位在22楼。

头发斑白的浙江毛奶奶，在小学附近卖早餐。每天起早贪黑，粽子仅5毛一个，蛋饼也5毛一个，豆浆5毛管饱。尽管物价飞涨，毛奶奶却坚持24年不涨价，她说：“涨价了，家庭条件不好的孩子们会吃不饱。”——其实，毛奶奶并不宽裕，仅仅是因为“她喜欢孩子，想让孩子吃上放心早餐”。

人性中最光辉的一面，就是善良。

每个人的生活都不容易，很多人在抱怨世态炎凉和人情冷暖，其实这个社会没有我们想象中的那般冰冷和无情。当你悲伤、难过、绝望的时候，总有人会在你看不到的地方，默默爱着你。正是这些陌生的“善良”，用他们无言的“关爱”，让我们感受到了人性的纯真和美好，让我们生活的世界充满了温情和暖意。

只要心怀博爱、宽容和善良，这个世界终将会与我们温暖相拥。愿你被这个世界温暖，你也能温暖整个世界！

谢谢大家！

# 父亲如山，却也是肉体凡胎

熊　燕

朋友们：

大家好！去同学家吃饭，四方桌，八双筷。我数了数屋里的人，不多不少，八个人。不对，漏掉一个人，虽然此时他不在场。看着同学将饭菜摆好，招呼我们吃饭，我轻声问："你爸爸呢？"

同学说："哦，他呀，此时还在预制板厂给预制板浇水呢。"

我奇怪地问："我们不等他？"

同学答："不用等，我们每次都不等的，他浇完水自然会回来吃饭。"

我看了看餐桌上两个端起菜碗将菜往自己碗里扒的孩子，说："要不要给他留点菜？"他说："不用了，他回来后剩什么吃什么，习惯了。"

我皱了皱眉："要是什么菜都不剩下呢？"他答："那也没什么。"

同学轻描淡写，并给我讲一个笑话，说有一次他父亲劳作回来，只看到电饭锅里的饭，却看不到餐桌上的菜，端着白米饭转了一圈，看到同学侄子在煤炉上将小干鱼烤熟给小猫吃，便问同学小侄子要了一条小干鱼，边吃边眉眼笑眯眯："好吃，想不到小鱼儿烤得这么香，难怪小猫爱吃。"

同学说完大家一齐哄堂大笑，我却伤感得眼泪都快溢出来了。

我想起了一个远房伯父，一生育有四个儿子一个女儿，年纪轻轻便满头白发，为了一家七张嘴的吃喝，每天天不亮起床，天全黑还在户外劳作。才不到六十岁，因为生活的劳累，他好看的国字脸上就已布满皱纹。

后来，儿子纷纷娶妻生子，女儿也有了中意的对象，家中的餐桌上更热闹，可是，每到用餐时间大家都会忽略一个人。有时候，大家正吃着，远远看到田坎上走来一个人，会顺便喊一声："爸，吃饭了。"

但是，等到伯父应声来到厨房，餐桌上没有人给他准备碗筷，餐桌旁没有人给他准备小凳。伯父自己进厨柜拿了碗筷，盛了饭，再回到餐桌旁，菜已少得可怜。好不容易挤在人群中夹一筷菜，来到院中站在露天下吃下半碗，再回过头准备夹第二筷菜，菜碗却已见底。

有一次，伯父到我家找父亲商量事情。看到饭菜都摆好，可是我们几姊妹却迟迟不上桌，他很奇怪：“怎么饭菜做好了，却不吃饭？”我们笑：“父亲还没回来呢。”伯父又问：“你们每次都等你父亲回来了再一齐吃饭？”我们答：“当然。”伯父说：“如果你们的父亲回来很晚呢？”我们说：“多晚都等。”然后，我们蹦跳着走开了。

那次，父亲因为工厂账目出了点问题，回家很晚，可是，我们没有一个人提前吃饭，母亲将饭菜用空碗盖着，以免逗引来苍蝇什么的。后来，伯父逢人便夸母亲，说母亲贤淑，教子有方。

现在伯父家的餐桌上彻底没了他的位置，他因劳累过度，营养不良，加上脑出血去世十多年了。

在每个人的心中，父亲是山，是钢，是铁。无论生活有多大的压力都不会倒下，无论为家付出多少都心甘情愿，无论家人怎么忽视都无怨无悔。父亲像神一样守护在家中。我们渴了，他是水。饿了，他是粮食。累了，他是依靠。有苦，他不说。有痛，他不喊。他从来不挑食，从来不计较。给他留下多少，他就吃多少。什么也不留，他也只是笑笑，从水缸中舀一瓢水充饥。如果一同出门，他总是背负重荷的那一个。如果一同乘车，他总是坐在最边缘的那一个。如果少一个座位，他总是站着的那一个。如果家中只有一台空调，他总是被挤在空调房之外的那一个。

他从不在家中为自己特意设一个位置，可是却将家人妥帖地放在心中每一个合适的位置。

父亲如山，如钢，如铁，为我们遮风挡雨，为我们撑起绿荫。但是，他也是肉体凡胎，他是奶奶的手中宝，是奶奶的心肝宝贝。离开父亲这个角色，他也是需要爱，需要呵护，需要温暖的人。并不能因为他能承受，我们就忽视。

忽视，是一种伤害。他是我们最亲的人，是为我们付出一切的人。我们不应该忽视，我们应该用爱的温暖，让父亲眉眼的笑在褶皱处轻轻荡漾开来。

谢谢大家！

# 永葆以身许国的赤子情怀

樊树林

亲爱的朋友们：

大家好！以身许国，何事不可为？以身许国，何事不敢为？回溯百年来波澜壮阔的党史，一个又一个共产党人把实现共产主义作为党的最高理想和最终目标，无论是在风雨如晦的年代，还是在社会主义建设时期，都将小我融入大我之中，将国家的前途和命运扛在肩上，让生命在报国的伟业中熊熊燃烧。

“为什么我的眼里常含泪水，因为我对这片土地爱得深沉……”2021 年 6 月 29 日，在人民大会堂举行的“七一勋章”颁授仪式上，101 岁的中国航天科技集团科技委顾问陆元九院士，是 29 位“七一勋章”获得者中年纪最长者。

陆元九院士生于旧中国风雨如磐的岁月，在战乱中辗转求学，远渡重洋出国深造，在美国麻省理工学院获得了世界上第一个惯性导航博士学位，后来冲破阻力回到祖国怀抱，在年近花甲之时重返科研一线……他参与筹建中科院自动化研究所，在世界上第一次提出“回收卫星”的概念，创造性运用自动控制观点和方法对陀螺及惯性导航原理进行论述，为“两弹一星”工程及航天重大工程建设做出卓越贡献。

“自己是中国人，回去给中国人做点事情”“祖国永远是我的挚爱，在自己的祖国工作，再苦再累都是快乐的”……尽管陆元九院士的话朴实无华，却道出了他以身许国的情怀，展现了他对党的无限忠诚，对国家和人民深深的爱恋。

抱定以身许国的决心，就必须以功成不必在我的精神境界和功成必定有我的历史担当，忧患着大我的忧患、憧憬着大我的憧憬，无论在什么岗位上都要发光发热，勇于付出自己的心血和智慧。

青藏铁路全长 1956 公里，是世界上海拔最高、线路最长的高原铁路，高寒缺氧是铁路线修筑时面临的一个世界性难题。历经 5 个春夏秋冬，诞生了一个奇迹，14 万筑路大军在海拔 4500 米以上连续高强度作业，未发生一例高原病死亡事故。吴天一就是这一奇迹的创造者之一，1958 年，他响应祖国号召来到青海，目睹许多高原建设者病倒甚至牺牲，当时国内的高原医学研究还是一片空白，他便下定决心开拓这一领域。

数十年来，为了搜集资料，哪个地方海拔高、最偏远，他就去哪里。有时为了获取数据，他还拿自己做实验——通过向高海拔地区“急行军”，检测应激状态下人体的生理变化。凭借着这股韧劲，吴天一的高原医学研究取得了一系列开创性成果，诊疗救治患者上万名。修建青藏铁路过程中，吴天一和他的团队全力以赴，保驾护航，连工人上厕所的细节都周全考虑，努力遏制感染高原病的风险，成为高原建设者“生命的保护神”。

李大钊曾说：“凡事都要兢兢业业去做，不驰于幻想，不骛于虚声，而唯以求真的情绪做踏实的功夫，以此情绪肆业则真理可明，以此情绪干事则功业可就……”奋斗是新时代的最强音，奋斗是新时代最绚丽的底色。当吴天一和他们的团队面对急难险重的任务时，吴天一能在关键时刻站得出来、危急关头豁得出来，在大事中显担当，在难事中显本领，和他青年时期就立下以身许国、造福苍生的志向息息相关。

永葆以身许国的赤子情怀，需要具有“引刀成一快，不负少年头”的大无畏精神，在百年大党的历史上，无数的先烈们面对枪林弹雨、血雨腥风，慷慨赴难、从容就义，他们都是共和国的脊梁，是一个个镌刻在中华民族复兴伟业画卷上永不磨灭的名字。

在伟大的抗美援朝战役最后一仗——金城反击战中，当时的青年指挥员王占山站在硝烟弥漫的山岗上，竖起一面红旗，上面写着豪壮的誓言：“我，王占山是中国共产党党员，中华民族的好男儿，毛主席的好战士，攻得下，守得住，有我就有阵地！”王占山在战斗中 3 次身负重伤，昏迷了，又醒过来，忍着剧疼，滚着，爬着。没有吃的了，就啃草根。弹药打光了，就抱起石头砸。他和他的战友们坚守阵地四天四夜，打退了敌人的 38 次进攻。最终，就在这块钢铁阵地上，他们迎来了美国被迫在“停战协定”上签字的胜利喜讯。

“青山依旧在，几度夕阳红。”祖国西部边陲，喀喇昆仑高原。2020 年 6 月，外军公然违背与我方达成的共识，悍然越线挑衅。在前出交涉和激烈斗争中，团长祁发宝身先士卒，身负重伤；营长陈红军、战士陈祥榕突入重围营救，奋力反击，英勇牺牲；战士肖思远，突围后义无反顾返回营救战友，战斗至生命最后一刻；战士王焯冉，在渡河前出支援途中，拼力救助被冲散的战友脱险，自己却淹没在冰河之中。

中央军委授予祁发宝“卫国戍边英雄团长”荣誉称号，追授陈红军“卫国戍边英雄”荣誉称号，给陈祥榕、肖思远、王焯冉追记一等功。英雄虽已离去，精神永驻边关！“清澈的爱，只为中国！”年仅18岁的陈祥榕笔记本上的话让无数人潸然泪下，更激起了多少青年以身许国、报效国家的共鸣……

从西汉名将霍去病“匈奴未灭，何以家为”的呐喊，到鲁迅先生“我以我血荐轩辕”的表白；从杂交水稻之父袁隆平的“我毕生的追求就是让所有人远离饥饿”的愿望到张桂梅的“我就是要以共产党人坚定的理想信念，为党和人民奉献自己的全部”的真诚流露……无数的人们为我们做出了“盖以身许国，但求福利民”的榜样，而这榜样的力量将会闪耀在灿烂的星空之上，映射在每个中华儿女的心中。

奋斗是最生动的许国，奉献是最可贵的报国。朋友们，让我们赓续自强不息的民族精神、爱国奉献的红色基因，砥砺奋进、风雨兼程，去书写俯仰无愧的报国华章，在实现民族复兴伟业的征途中做出更多的成绩！

谢谢大家！

# 功未至时见初心

王厚明

各位朋友：

大家好！

《十宗罪》中有句经典语录：“有些事不是看到了希望才去坚持，而是因为坚持才会看到希望。”一个人的人生追求，可能光彩照人，也可能悄无声息，而在功未至时的漫漫征途中，最能映照的是能否择一事、终一生的初心。

《墨子·兼爱》中记载，儒家弟子巫马子曾质疑墨子说：“子兼爱天下，未云利也；我不爱天下，未云贼也。功皆未至，子何独自是而非我哉？”意思是，先生推崇兼爱天下，我没有看到有什么好处；我不爱天下，也没有发现有什么害处。既然爱不爱天下都没有什么收获和损失，先生为什么只认为自己正确，而认为我不正确呢？

墨子淡然一笑，回答道：“如果现在这里有个人在放火，一个人端着水将要浇灭它，另一个人拿着火苗，要让火烧得更旺，但都还没有各自做成，在这两个人之中，你认为哪个人是对的呢？”巫马子回答说：“我认为那个端水的人想法是正确的，而那个拿火苗的人的想法是错误的。”墨子说：“所以我也认为我兼爱天下的主张是正确的，而你不爱天下的想法是错误的。”

墨子对巫马子的一番教诲，透露着令人深思的人生哲学命题。就是追求是什么？什么值得我们去追求？怎样去追求？或许下面这并不陌生却又不乏深刻的三句话，可以略作回答。

## 勿以恶小而为之，勿以善小而不为

巫马子认为单凭墨子和自己，爱与不爱天下功皆未至，造不成什么影响，因而质疑追求的价值和初心。可以说，人生追求的意义不在于功利高度而在于价值高度，不在于贡献大小而在于奉献多少。也许我们的力量微不足道，贡献也似杯水车薪，但要坚信：一滴水可以折射太阳的光辉，一朵花可以点缀春天的美丽，一盏灯可以照亮人生的道路。

一把手术刀、一身白大褂，把20000多名病人一个一个驮过河的吴孟超说："倒在手术台上是我最大的幸福。"而扎根偏远地区40多年的"燃灯校长"张桂梅则说："豁出命改变她们的命，值！"首位"感动中国"的部级官员刘金国担任领导职务几十年，从不接受各种宴请和任何礼品，哪怕是一瓶酒、一盒茶叶，他亲手审批过近20万个"农转非"指标，可自己38个亲属却无一跳出"农门"。

古人有云："小善渐而大德生，小恶滋而大怼作。"无论何时，都要让自己成为正能量的主角，不必嫌弃自己人微位卑力单，也不能心怀小错小恶无大碍的侥幸。只要是有利于社会和人民的事，无须惊天动地，无须功成名就，也无须他人评判，只需义无反顾、不计得失地坚持下去，把一颗向上向善的初心转化为对事业的热爱和忠诚，于细微之处尽责任，于平凡之处显品质，就能放大正能量，为社会注入生机和活力，在点滴之功中成就人生的价值和事业的含金量。

## 人不为物累，心不为形役

一个人的追求和奋斗都与其切身利益相关，但其内心不能为功名利禄所驱使，价值存在也不能以有无实际利益来判断。如果像巫马子一样以功利来衡量事物的可行性，我们的内心会被外物所裹挟，不免会心气浮躁，不安现状，思想上总是见异思迁，工作上琢磨跳槽换岗，也容易走向趋炎附势、贪名图利的利己主义怪圈。对有利可图的、能出名挂号的、可显山露水的、有助于晋级上位的事，就争着去、抢着上，而对有风险无保障、有难度缺回报、有压力要追责的事，则上推下卸、推诿扯皮。

《管子下篇·心术下》中说："君子使物，不为物使。"说的是聪明的人懂得驾驭外物，而不被外界诱惑所左右。只有"心不动于微利之诱，目不眩于五色之惑"，视荣辱褒贬为身外之物，对名誉地位淡然以对，对挫折困境等闲视之，就能淡泊名利、宠辱不惊，坚守住自己的"精神家园"。

## 不忘初心，方得始终

在墨子心里，"兼爱天下"是矢志不渝的初心，哪怕是功未至时。而对初心的洞察检验，在平淡无奇默默奋斗的功未至时，更在于遭遇艰难坎坷的功未至时。明代著名思想家王阳明说得好：“越是艰难处，越是修心时。”越是艰苦环境、艰苦岗位，越是悲催惨淡、“至暗时刻”，越能磨砺初心。

不忘初心，守着的是一份执着，更是一种信念。一生致力于“让人类摆脱饥荒，让天下人都吃饱饭”的袁隆平说：“对事业的追求就是乐在苦中。”一腔爱，一洞画，一场文化苦旅，58 年从青春到白发的“敦煌女儿”樊锦诗说：“我的心一直在敦煌，要去守护好敦煌，这就是我的命。”一个人、一匹马、一条路，在雪域高原跋涉 26 万公里，坚守马班邮路 32 年的深山信使王顺友常说：“觉得自己这一辈子就是为了走邮路才来到人世上的。”

要把初心化为人生前行的“根”和“魂”，化为奋斗之旅的精神“通行证”，守得住寂寞，经得起磨难，不管做什么事，都慎终如始、善始善终；无论跋涉到哪里，都不忘本来、持之以恒，就会坚定自己的人生选择和价值追求，保持一往无前的本真状态，用坚实的步履标注理想与未来。

谢谢大家！

# 你和我都可以温暖这世界

佳 一

大家好：

今天的天气很冷，可是我热得快要出汗了。不是因为这会议室的暖气足，而是你们的到来，让我感到特别的温暖。这么冷的天，大家能来听演讲，应该是带着如火的热情。

是的，我们每一个人都可以带来温暖，为身边的人，为我们生活的世界。

记得那天也是一个冷天，前一天还下了雪，路况不是很好。由于我需要加班做一份紧急的工作，就点了一份外卖。我心里想着，这么冷的天，路又不好，外卖小哥一定很辛苦，于是就发了一条信息：“您辛苦，不急，路不好，注意安全。”半个小时后，外卖小哥到了，我下楼取餐。外卖小哥一边把餐递给我，一边说：“谢谢您的关心，让我觉得特别温暖。本来今天被一个客户投诉，心情很不好，看了您的信息，现在全放下了。这世界上还是有人情味的。”说真的，我当时愣了一下。我没有想到，一句普普通通的话，能让他感到温暖，认识到这个世界是有人情味的。

朋友们，在这里我并不是想夸赞自己，这微不足道的小事也没什么可夸赞的。我想和大家分享的是，我们每个人都可能温暖这个世界。哪怕是点滴微小的善意，举手之劳的善举，都会带给别人一丝暖意。你一丝暖意，我一丝暖意，汇聚在一起，成为一股暖流，让这个世界充满温暖。

前些日子，哈尔滨下了一场大雪，积雪很深。一家餐馆的老板却发现自家门前的雪全被清扫了。是谁做了好事不留姓名呢？后来，有人告诉他，是一位经常在附近流浪乞讨的流浪者帮他清扫门前雪。餐馆老板想起来了：有一天他看流浪者可怜，为流浪者做了一碗热腾腾的牛肉面。一定是流浪者铭记着这一饭之恩，总想着找机会报答，而这次大雪终于给了流浪者机会。

餐馆老板那一碗牛肉面是莫大的温暖，流浪者默默地替他扫去门前雪也是莫大的温暖，善良回应善良，人们相互温暖，才是这个世界本来该有的样子。

还有一个发生在郑州的故事特别值得分享：在郑州有一家烩面馆，一碗烩面只卖8元。店里贴有一张大红告示，上面写着：免费吃面，老式烩面8元一碗，不图赚钱，只为传递爱心正能量。环卫工、农民工、65岁以上老人5元一碗，重度残疾人，低保户、五保户等特殊群体3元一碗。如果您在郑州遇到了困难，请您悄悄告诉我们一句“来碗爱心面”，免费让您吃饱，临走时，烩面再带走一碗，您只管吃饱喝好，不要客气，我不图回报，只希望您以后也能记得帮助身边一些困难的人。这家烩面馆的老板叫孙合理，他之所以这样做，是因为小时候吃过很多苦，得到过很多人的帮助。他现在有能力了，也想帮助需要帮助的人。

然而孙合理的爱心之举却为自己惹来了麻烦。一天，一个年轻人找上门来，破口大骂：“8块钱的面，你安的什么心？要献爱心去别处，别在这装模作样。”一个月的时间，孙合理的小本生意遭到多次挑衅。2021年11月21日晚，又有人闹事，一名男子站路边对孙合理怒斥：“8块的面，你害了多少人？你献什么爱心，我让你的店开不下去。”很明显，孙合理的“爱心面”便宜，动了其他餐馆的“奶酪”。孙合理有些生气，更多的是失望，为什么自己做好事却得不到理解呢？

为众人抱薪者，怎能使之暴毙于风雪？很快，孙合理的心就被温暖了。一天，店里来了6个人，各自吃了一碗面，却给了2000块钱。孙合理不解，为什么要给这么多？付钱的男子说：“请您帮忙把剩下的钱折算成面，请老人和孩子吃。”还有人专门从漯河开车过来，买了两碗面，付账1600元；有人一碗面也没吃，到店里扫码付账800元；还有6位年轻人，吃了6碗面，付款5200元……

爱具有强大的精神力量，哪怕素不相识、毫不相干的人之间，爱也能传递，从温暖到被温暖，从给予到接受，你和我都可以成为其中的一分子。谁说这个世界越来越冷漠？只是我们被偶尔的尔虞我诈蒙蔽了眼睛，被一时的丑陋不堪伤害了心灵。却忘记了这个世界有阳光的温暖，有花的芬芳，有真情的流动。用心去感受这个世界，就会发现那么温暖和美好。

只要我们内心有爱，愿意为这个世界增添一丝温暖，自己就不会感到寒冷。请相信，善良终将被善待。你和我，都能温暖这个世界，点滴之水，汇成大海；微弱之光，聚成光明。我们的世界是什么样子，由我们自己来打扮。

谢谢大家！

# 人生要常备“五副眼镜”

黄　田

朋友们：

大家好！

著名作家麦家说：“人生必须配备五副眼镜：一是望远镜，看远；二是显微镜，看细；三是放大镜，看透；四是太阳镜，看淡；五是哈哈镜，笑看人生。”

这“五副眼镜”说明做人干事的重要性，让人受益匪浅。

**用望远镜看得远。**著名戏剧演员查理•卓别林曾经说：“以放大镜来看人生，人生将是一场悲剧；但是以望远镜来看人生，人生则是一场戏剧。”人生的不如意常常发生在眼前，所以人生是悲剧的连续；如果用望远镜来看人生，因为你着眼未来，看到的是美好的理想和期盼，人生中自然充满了喜悦和自豪，所以人生是一出戏剧。

大学生刚毕业在企业上班，工资肯定不高。如果只顾眼前利益，一走了之，长此以往，就会一事无成。如果用望远镜看将来，不断积累经验，勤奋学习，尽力工作，做出成绩，你就会得到晋级加薪，前途无量。许多名人的成功案例都说明了这个道理。

人生正如登山一样，站得高，方能望得远。只有拥有远见的人，才能看到未来。如果只关注眼前的一亩三分地，又怎能看到远方的星辰大海？

**用显微镜看得细。**《道德经》中有言：“图难于其易，为大于其细。”圣人能谋大事，从来不是一蹴而就，而是学会以显微镜般的细致，去深挖细节，逐个击破，从而成就伟业。

汇小流于水，方成江海；积跬步于路，方至千里。自古及今，细节都是成功者必备的素质之一。任何大事，都是从细枝末节处慢慢起步的。所谓“万丈高楼平地起”，只有积极投身小事，以显微镜般的细致，将平淡、琐碎之事做好，才能成就不凡。

拿报纸杂志媒体的文字校对工作来说，如果不用“显微镜”来仔细查看，不用工匠精神去认真对待，就难以消灭错别字等差错，难以让领导满意，让读者高兴。

学会给自己一台显微镜，看到细节，做好细节，这样你的人生将会达到新高度。

**用放大镜看得透**。但不宜用放大镜看自己的优点和长处，以免产生骄傲自满的心理，只能看自己的缺陷，才能不断进步。因为有的人自以为是，高高在上，目空一切，自以为自己做事完美无缺，“文章是自己的好”，其实未必如此。因为自己能力有限，看不出文章的缺陷。如果名家拿放大镜一看，你的文章可能问题百出，甚至不屑一顾。

但是，放大镜可以用来看别人的优点和长处，这样会把别人越看越美。如果拿来看别人的缺点，就会越看越丑。无论多么漂亮的小姐，如果美容师用几百倍的放大镜看她美丽的脸庞，看到的可能是坑坑洼洼，斑斑点点，让人失望。

**用太阳镜看得淡**。纵有广厦千间，不过夜宿一床；纵有良田万顷，不过日食一升。对功名利禄，保持一种淡然心态，不要羡慕嫉妒恨。自己拼搏过，即使没有成功，也不要难过、怨天尤人。要知足常乐，不要贪得无厌。

宋代禅宗大师青原行思，曾提出了人生的三重境界，其中最高的一重境界是：看山仍是山，看水仍是水。遇事不惊，处世有度，回归本真，潇洒自然，这才是生活的最高境界！

**用哈哈镜笑看人生看得开**。就是要保持“泰山崩于前而色不改，麋鹿兴于左而目不瞬”的淡定；拥有“宠辱不惊，闲看庭前花开花落，去留无意，漫随天外云卷云舒”的豁达；坚定“山重水复疑无路，柳暗花明又一村”的乐观；具备“可上九天揽月，可下五洋捉鳖”的豪迈。

笑看人生是对生活的一种积极态度，是鼓励人们对生活要乐观、开朗，做到心胸豁达。正所谓：容天下难容之事，笑世间可笑之人。对于烦人事、无理之人均可一笑了之！

这“五副眼镜”，我们平时要灵活运用，不断总结提高，才能站得高、望得远、看得清、悟得透、行得正；才能避免误入歧途，跌进暗沟；才能砥砺奋进，阔步向前，顺利抵达成功的彼岸。

谢谢大家！

# 善良，是一个人最大的格局

佳　一

各位朋友：

大家好！所谓格局，是一个人的人格和气度。一个人的格局，决定了他的人生高度。格局又是什么决定？

2020 年初，疫情冲击最大的行业是餐饮业。“老乡鸡”创始人束从轩接到部分员工的联名信，他们主动申请不要工资，同公司共渡难关。束从轩撕掉了员工的联名信，他说：“我自己掏钱，哪怕卖房卖车，也要让员工有饭吃、有班上。”受疫情影响，“老乡鸡”保守估计损失 5 个亿，但一直坚持免费给武汉医护人员送餐。

这就是格局！这格局从哪里来？若无善良，便无此格局，无此义举，无此担当。经此一事，“老乡鸡”的招牌光彩熠熠。格局是要以价值观为支撑的，而与人为善是最向上的价值观。它让人心怀善念，心生怜悯，在未来的某个时刻，自己也会因为善良而获得福报。

撒哈拉大沙漠，充满着神秘色彩，也充满着死亡的气息。凡是进入这个沙漠的人只有一个结局：有去无回！直到 1814 年，一支考古队打破了死亡魔咒。这支考古队进入荒漠后，随处可见逝者的骸骨，队长让大家停下来，把骸骨掩埋，还用树枝或石块为遇难者做个简易的墓碑。骸骨实在太多了，掩埋起来比较花费时间，有队员抱怨说：“我们是来考古的，不是来收尸的。做这些事情无疑也会增加我们面临的危险。”但队长却说：“每一堆白骨都曾是我们的同行，怎能忍心让他们曝尸荒野呢？”一个星期后，沙漠中突然刮起了风暴，连续几天不见天日，指南针也失灵了。考古队完全迷失了方向，食物和淡水开始匮乏，他们这才明白了为什么从前那些同行没能走出来。危难之时，队长突然说：“不要绝望，我们来时在路上留下了路标！”他们沿着来时一路掩埋骸骨做起的墓碑，最终走出了死亡之海。

若没有善良，便没有那些“路标”，是善良救了他们自己。善，就是“布局”的种子，不论是有心还是无意，迟早有一天，你必将收获果实。

格局越大的人越能体现出善良的品性,不会与人计较,心胸开阔,容人容事。

1963 年 4 月的一天，在著名的 CE 公司里，一名 28 岁的年轻人所负责的一个实验项目发生爆炸，损失惨重。当天晚上，年轻人不得不驱车 100 英里去康涅狄格的桥港，向集团公司执行官查理解释此次爆炸事故的起因。他准备好了挨批，并做好了最坏的打算。但当他走进办公室汇报完情况后，查理却神情轻松地说道：“我所关注的，是你能从这次爆炸中学到什么东西，是否能够避免此类错误以后不再发生？”说完，不等年轻人回答，查理竟然亲自冲了一杯咖啡端给年轻人喝，开玩笑地说道：“年轻人，喝下这杯不加糖的咖啡吧。它会让你紧张的情绪得到安静。同时，它的苦涩，也作为我对你的‘惩罚’！”年轻人压根没有想到对方不仅没有批评自己，反而用咖啡来款待他。“你们是否应该继续进行这个项目的实验？”查理的表情和口吻充满了理解，看不到一丝情绪化的东西或愤怒。“好了，我们最好是现在就对这个问题有个彻底的了解，而不是等到以后，等我们进行大规模生产的时候。”查理最后说道：“坚强起来，年轻人！”查理善意的行为，给这位年轻人留下了深刻的印象。

这个年轻人就是杰克·韦尔奇，后来的通用电气董事长兼 CEO。后来回忆起这段经历时，他说从前辈查理那里学到了最可贵的东西。什么东西？就是做人要有大格局，容人之失，容人之误，懂得善良。是啊，若无善良的品性，便无此宽阔胸襟，无此温暖他人的行为。

没有格局的人心里只有自己，斤斤计较，自私自利，目光短浅；格局大的人必然心胸开阔，心里装着他人，与人为善，视野开阔，境界非凡。一个真正有格局的人必定有包容万事万物的胸襟，心胸的宽窄决定着命运的格局。

狄仁杰原本瞧不起娄师德，觉得他就是一介武夫，没有什么大的能耐。但娄师德却毫不介怀，事事皆出于公心，以大局为重。有一天，武则天问狄仁杰：“娄师德有识别人才的能力吗？”狄仁杰略带不屑地说：“我曾经和他做过同僚，没听说他有这方面的才能。”武则天笑着说道：“可我任用爱卿你，就是娄师德推荐的。”接着拿出娄师德推荐狄仁杰的奏章让狄仁杰看。狄仁杰看后颇为惭愧，愧疚地说：“娄公盛德，我不及他太远了！”

若无善良的美德，便无包容的胸襟，便无风物长宜放眼量的眼界和境界。

格局窄狭，人生之路又何谈宽广。有的人输了，看似输在格局上，实则输在不够善良上。

就像《水浒传》中的王伦，占据水泊梁山，先是落难的林冲来投，他嫉贤妒能，便对林冲处处排挤，极其怠慢。落难的晁盖带兄弟投奔，王伦不是敞开怀抱、招贤纳士、壮大梁山，而是想尽心机，想把晁盖等人打发走。结果林冲实在看不下去，结束了其性命。若王伦能有怜悯和扶危济困之心，善待林冲和晁盖，即使能力不配执掌梁山，论资排辈，未来在山上位置也不会低。看似是格局不够，根本原因是德不配位，才招致祸端。

善良是一个人最大的格局，为人处世，只要心地善良，本着与人为善的想法，就不会有那么多烦恼，也不会有那么多麻烦。让自己轻松，让他人舒服。善待了别人，也善待了自己，还有什么比这更大的格局呢?

谢谢大家!

# 倘若国家需要，我还会上战场

段林希

朋友们：

大家好！我是段林希，我来自云南省宝山市，大家可能对这座城市比较陌生，这是中国西南版图上的一座边陲小城，不到三百万人口，没有太多的名胜，也没有太多的名人，但是这里曾经发生过一场永载史册的战斗，历史上被称作“松山战役”。

这场战役是“二战”中日本人在亚洲战场上第一次全部被歼灭的战役，一个都没跑掉。但是，这场战役非常惨烈，松山上的每一片树叶，当年至少都有三颗子弹穿过。

那是1944年，抗战进入了非常艰苦的阶段，松山是滇缅公路上的战略要地。日本人通过这里把从东南亚攫取来的战略物资，转运到中国以及日本本土用来维持战争的巨大消耗，因此，他们在松山上建立起了永久性的防御要塞，被称为“东方的马奇诺防线”，而这场松山战役就是为了摧毁日本人的“马奇诺防线”。

和千千万万的宝山人一样，我爷爷也是当年这场战役的见证者。那年，只有13岁的他和村里其他人一样，最爱干的一件事就是给当兵的送稀饭。战争太紧张，粮食补给又不足。军人们常常都是端着杯子，边跑边喝稀饭，有些人上午接到稀饭的时候还好好的，下午就牺牲了。爷爷送过很多次稀饭，但非常熟的军人只有一个张营长。

张营长常常告诉爷爷：“要不了多久咱就会胜利的。”张营长没有食言，持续了九十五天的松山战役最终取得胜利。可是张营长却没能活着回来，这场战役太惨烈了，连同张营长在内的八千多名中国军人全部壮烈牺牲。

现在，如果你到滇西抗战纪念馆，到松山抗战遗址，到国殇墓园，你依然能够清晰地感受到这段惊天地泣鬼神的历史。在我们宝山，每年清明大家都会自发去墓园给老兵们扫墓，因为对于我们而言，这些人就是英雄，每个家长都会带着自己的孩子去到这些地方，因为这是我们宝山人必须要去学习和面对的一段历史。

有一位可爱的老兵叫刘华，他 16 岁参军，23 岁参加松山战役。他是国民革命军第十一集团军第八军荣誉一师的战略参谋，那可是抗战中赫赫有名的王牌军师。我见到他的时候，已经 91 岁的老人依然精神抖擞，他跟我说松山战役之后，当年和他一起进入部队的人已经杳无踪迹。

每次作战之前他都会收到很多嘱托："刘参谋，如果这次回不来了，就把我那点儿钱分了，让大伙吃顿好的。""刘参谋，物资紧缺，如果我回不来了，就让大家把我身上的衣服脱了，拿去穿。""刘参谋，如果我死了，随便就地埋了就行，别耽误打仗。"……这些老兵至死都在想着战友，至死都在以战事为重。

虽然时隔六十八年，但刘华老人跟我讲起这些的时候，依然两眼泛着泪花。刘华老人直到抗战胜利多年之后才结的婚，我曾经很调皮地问他说："爷爷，当年有没有女孩子追过您啊？"他也非常害羞地笑了笑，搓搓手，说："当然有了，不过都被我拒绝了。"

我以为是老人眼光太高或是不喜欢，但老人沉默了一会儿，说："再喜欢又如何？国难未了何以谈儿女私情？"这些经历过抗战岁月的老兵，尽管都已经是迟暮之年，但在他们身上一直保有着中国军人保家卫国的热血信念，临别时老人跟我说："虽然我现在 91 岁，但我是一名军人，倘若国家需要，我还会上战场！"

今天，我跟大家分享这些故事，分享这些可爱的人，我就是希望能有更多的人去了解他们的故事，了解他们的精神。今日，我们身处于和平年代，感觉战争离我们很遥远，但是你别忘了，就在不远的几十年前，我们这个国家，这个民族，正在遭遇着血与火的考验，正在经历着最危险的时刻！那时，为了脚下这片土地，为了身边的亲人，为了家国天下，不分东南西北，无论男女老幼，无数仁人、智者全部都站了出来！

在我的故乡保山，曾经就有这么一群人，他们用热血和青春铸就了一段不朽的历史！他们把自己年轻的生命永远留在了青山之间，他们是值得我们永远纪念和敬仰的人！他们，是我心目中永远的英雄！他们，有着一个共同的名字——中国军人！

谢谢大家！

# 向你致敬！擦亮中国军人名字的战士

武俊浩

朋友们：

中国军队几易其名，曾经叫红军、八路军、新四军、解放军，志愿军。无论叫什么名字，都有战士用鲜血擦亮中国军人的名字。建立井冈山根据地，擦亮了红军的名字；抗日救亡，擦亮了八路军、新四军的名字；董存瑞擦亮了解放军的名字；黄继光擦亮了志愿军的名字。现在，和平年代的军人依旧以忠诚、干净、担当的生命之光，继续擦亮中国军人的名字。

焦磊，是武警安徽总队的战士，当年 25 岁。安徽皖河流域突发决堤险情，焦磊和战友们立即奔赴皖河下游的怀宁县平山镇程家圩参与抢险救援，在泥水里摸爬滚打了十几个小时后，留下了一张震撼人心的照片。这张照片是一双沾满泥泞的脚的特写，就是这双脚，步泥潭、堵堤坝；就是这双脚，雄赳赳，气昂昂，充满信仰；就是这双脚，能够走出世界上最帅、最整齐的步伐！

吉鸿昌说：“路是脚踏出来的，历史是人写出来的。人的每一步行动都在书写自己的历史。”焦磊用自己的脚书写了军人抢险救援的新篇章，让人们知道军人的名字叫抢险；让人们懂得军人的意志已准备好了，哪里有危险哪里就能听到中国军人的脚步声；哪里有中国军人的脚步声，哪里就能离幸福更近一点。致敬，抢险的军人！是你们，让我们生活平安。

有危险，我是军人让我来！原来，我们一直说的“军人优先”是这样的，杜富国是一位年轻的小战士，2018 年 10 月 11 日下午，作业组长杜富国带战士在云南省麻栗坡县某雷场进行扫雷作业时，发现了一个危险性高的弹体。他勇敢地站了出来，在排雷时，弹体发生了爆炸。杜富国在爆炸中负伤，失去了双手和双眼。失去了双眼和双手，对于绝大多数的人来说就是灭顶之灾，但杜富国却说：“有地雷，难道让老百姓上？”他不是不爱惜生命，只是他更爱惜我们老百姓。

马克·吐温说：“无论是朋友或是陌生人遭到了危险，我们都要大胆地承担下来，尽力帮助人家，根本不考虑自己要付出多大的代价。”杜富国在危险面前说“让我来”，就是把生死置之度外，不考虑自己会付出多大代价。他用自己的双眼和双手擦亮了中国军人的名字，让人们知道中国军人的奉献精神，也让人们知道了中国军人的名字叫勇敢。面对如此勇敢的中国军人，你能不向他们致敬吗？

有坏人，我是军人让我来！在中国，当街持刀行凶很稀有，作为热爱生活的我们，有多少人真的愿意在遇到这样的情况时挺身而出？当然保全生命是正确的，但还真的有将自己的生命置之度外的人。吕保民曾经是一名武警，但在他退役五年后遇到歹徒行凶，依然奋不顾身地冲了上去。歹徒被绳之以法，吕保民则因失血过多而住院疗养，庆幸的是，我们没有失去这位英雄。平时他总是一言不发，但在危难时刻却能够奋不顾身。

爱比克泰德说：“谁是不可战胜的人？那种在任何时候都临危不惧的人。”吕保民退役五年依然临危不惧，擦亮了退伍军人的名字。退伍军人本来已经刀剑入鞘，但在关键时刻，吕保民依然扬眉剑出鞘，他没有辱没中国军人的名字，让中国军人的名字在退伍后仍然熠熠生辉。我们应该向这样的退伍军人致敬。

在部队军营中，经常遇见参加联合国维和归来的军人。国防大学外事处原处长杨军，他就参加了联合国维和任务。在非洲维和的时候，两派武装队伍发生了冲突，结果把五名联合国观察员全部扣留为人质。武装人员就说了，你们留两个人，那三个人可以走，去报告情况，传达我们的要求，不答应要求的话，这两人就会被处死。留下来的那个人就面临生死的抉择，杨军第一个说：“我留下来。”巴拉圭的军官深受感动，也说：“我留下来。”但是那三个人借机逃脱了，他们回去了；杨军和那个巴拉圭军官却被扣为人质，在小黑屋里关了三天，不给吃不给喝，而且扬言，只要不答应条件，随时会杀掉他们。当然最后在各方的解救之下，杨军等二人被解救了出来，还被授予联合国维和勋章和我军的军功章。

军人最重要的是经历而不是学历，杨军用自己做人质的经历，擦亮了中国军人的名字。班斯腾·班生说：“一个人越敢于担当大任，他就越意气风发。”杨军敢于承担最危险的责任，得到了最光荣的勋章。我们更应该向在外国武装面前勇于擦亮中国军人名字的战士致敬。

中国军人不仅在国内外重大事件中有担当，在爱情婚姻生活中也表现得非常忠诚，有担当。“信义好兵”陆磊，面对因车祸导致重度伤残的女友，他坚守两人相伴一生的诺言，满腔柔情悉心呵护，真情唤醒“植物人”女友；他信守承诺，坚持迎娶身体重残、智力低下的未婚妻。七年如一日，不离不弃地陪伴她再次“长大”，用爱的坚守践行着真爱的诺言。为国为家，不离不弃，风吹雨打；保家卫国，一句承诺，一生守护。

米南德说：“坎坷的道路上可以看出毛驴的耐力，患难的生活中可以看出友谊的忠诚。”面对重度伤残的女友，陆磊不离不弃，他用自己的守诺，擦亮了中国军人的名字。他让人们知道忠诚的高尚与可敬。面对这样的军人，你心中的敬意能不油然而生吗？你能不想向他们致敬吗？

中国军人是祖国最坚实的壁垒，是祖国最需要的钢枪，是祖国最疼爱的孩子。致敬！那些擦亮中国军人名字的战士。我们生活的日常，和平安宁，岁月静好，有诗和远方，有理想和田野。但这样的岁月静好并不是生来就有的，只不过是有人替你负重前行。我们并不是出生在一个和平的时代，而是幸运地生活在这个和平的国度，你满满的安全感，来自背后站立的中国军人，尤其是那些擦亮中国军人名字的战士，我们应该向他们致敬！

谢谢大家！

# 着装里的素养

东　山

大家好：

为了今天的演讲，我昨天晚上就开始挑选衣服，考虑怎么打扮才合适。你们看，我今天的穿着打扮还算可以吧。如果觉得可以就请鼓个掌吧。

我为什么要在意穿什么衣服呢？因为我觉得一个人的穿着，不仅仅代表着一个人的衣品，也展现出一个人的素养。我小的时候，家里不富裕，一年四季也买不了几件新衣服。我们一家人大多数时间都穿着旧衣服。衣服虽旧，但绝对干净整洁。只要出门，我们都会整理自己的着装，看看是否有不得体的地方。起初这是母亲的要求，后来就习惯成自然了。有一次我的裤腿有很明显的褶皱，母亲让我脱下来。那时候家里没有电熨斗，母亲就把开水倒进一个搪瓷缸里。然后，拿着搪瓷缸在裤腿上压来压去，直到褶皱几乎消失了才收工。为了保证我们一家人穿着整洁，母亲平时要增加不少辛苦。但母亲却心甘情愿。我记得她说过："穿着打扮代表着一个家庭的家风，衣服旧点没关系，没人瞧不起。若显得邋遢就会被人瞧不起。尤其出门见人，穿着整洁，自己体面，也是对别人的尊重，别人看了也顺眼、舒心。"

古人说："礼义之始，在于正容体、齐颜色、顺辞令。"着装里有素养，穿衣着装，他不仅仅是你一个人的事情。与人会面，你的穿着代表着你对人是否尊重，是否重视你们的会面。穿着得体、整洁，是对自己的尊重，也是对别人的尊重。

朋友经营一家公司，在2020年疫情最严重的时候，全员在家办公。他要求上下班时间不变，特别强调，员工在家上班也要穿工作服。每天9点开视频会议，不穿工作服的都要挨批评。部门负责人还要负责通过视频不定时抽查。起初大家不理解，他说："穿工作服代表着一种态度，随时提醒自己是在工作。和客户无论是语音通话，还是视频交谈，穿着工作服，能显得正式、严肃，也是对客户的尊重。看似是穿着小事，在家里随便一点，一旦有了这种意识，慢慢地就会影响工作状态。别以为客户感觉不到，你的一言一行都能表现出你的状态。在别人随便、松懈的时候，我们一如既往地认真，体现出我们的职业素养、专业态度，给客户留下好印象，合作机会就多了。”他说服了大家。后来事实证明，在家办公的三个月时间，公司的成交量不仅没下降，反而上升了三个百分点。

在工作中，着装从来都不是一个人的事情。它不仅代表着你的工作状态、职业素养，也代表着单位的整体形象。你的穿着打扮反映出单位的精神风貌，体现出单位的文化内涵。所以，不要不在意工作中你穿什么衣服。有统一的工作服就整整齐齐地穿，没有，就要选适合你的职业，体现你的素养，让你看起来精神百倍的服装。

一个人对着装的态度也体现出他对人生的态度。杨绛半生坎坷，吃尽了生活的苦头。但是她却始终衣着整洁，保持着一份干净与体面。在被下放到偏远农村的日子，她每日都要辛苦劳作。一同劳作的人穿着是又脏又破，只有杨绛保持着整洁和体面。每天无论多累，杨绛都会把脏衣服洗干净，有破的地方也会缝补，保证自己每天早上出门都是干干净净的。那么艰难的时期，杨绛始终没放弃自己，出门必定涂上口红，打扮得端庄体面，这一抹口红，是她生活中的一抹亮色，也点亮了她心底的希望。

越是艰难的时候越要有精气神，若无精气神，人就会被压垮。而穿着打扮则彰显着一个人的精气神。穿着打扮，不敷衍、不随便，这是认真生活的态度。在逆境中，保持自己的体面，也是从容面对不公和苦难，象征着对命运的不屈、对未来的坚定。

所以，朋友们，从现在开始，请在意自己的着装打扮。服装不一定要高档华贵，但一定要保持整洁，并熨烫平整，穿起来大方得体，显得精神焕发。整洁并不完全为了自己，更是尊重他人的需要，这是良好仪态的第一要素。

谢谢大家！

# 良好的家风是一个人最厚重的底色

东　山

朋友们：

大家好！

很高兴参加今天的座谈讨论，开门见山，我今天要讲的主题是：良好的家风是一个人最厚重的底色。

家风是一个家族在繁衍生息的过程中，慢慢沉淀积累下来，并且代代因袭延续下去，体现整个家族精神风貌、道德品质、审美格调和整体气质的文化风格。《格言联璧》中说："勤俭，治家之本；和顺，齐家之本；谨慎，保家之本；诗书，起家之本；忠孝，传家之本。"历代大凡兴旺发达的家族，都在或多或少践行这些规矩。

曾国藩的为人处世被很多人推崇，他的家书有多个版本出版，被人们视为教育子女的圭臬。他曾经给他的弟弟曾国荃写信说："为人为学，最要虚心。天下古今之才，皆因一'傲'字致败。"为人不傲，这是曾家的家训。曾国藩的祖父曾对他说过："尔若不傲，便好全了。"曾国藩成为一代名臣，功高震主，却不招忌惮。这与他的谦逊、低调和隐忍是分不开的。曾家名人辈出，和良好的家风也是分不开的。

蔡元培曾在《中国人的修养》里写道："家庭者，人生最初之学校也。一生之品性，所谓百变不离其宗者，大抵胚胎于家庭中。"钱锺书学贯中西，治学严谨，成为大家。这得益于良好的家风。他的父亲钱基博，是清华国文教授，偏爱古书，平时总会看书抄书。钱基博对儿子要求很严格，钱锺书十五六岁时，还曾因为读书不用功挨过打。钱锺书读书时，除了要完成学校规定的作业，还要读古文名著，遇到不懂的要多方求教、考证。钱锺书后来秉承了父亲治学严谨的风格，踏踏实实做学问，淡泊名利。后来，钱锺书要求女儿钱瑗多读书，多钻研学问。钱瑗也与父亲一样，不慕名利，只求学问。外出开会或讲学时，每每会议结束，她要么马不停蹄回到学校，要不就在旅馆看书备课，从不参与游山逛水的活动。对知识的追求让钱家几代人都活得简单而卓越。

有什么样的家教，就有什么样的人。有什么样的家风，就有什么样的人生。“积善之家，必有余庆；积不善之家，必有余殃。”向善的家庭，家庭是温馨的、平和的。孩子在这样的家庭长大，人也会善良、温润。若一家人自相纷争，那家就立不住，在这个家庭长大的孩子多半会自私、狭隘。良好的家风是人成长的优质土壤。

认识一个人，待人和善，做事周到。和他相熟的人，包括我，私下里评价他就是八个字“谦谦君子，温润如玉。”他曾经讲过读小学时的一件事：因为班主任误会了他，当众批评了他，他负气离开学校，到外面玩耍。他读的是寄宿学校，班主任和学校领导都急疯了。爷爷奶奶、爸爸妈妈都来到学校一起找他。没有人责备班主任一句。当找到他时，爸爸对他说的第一句是：“你知道你的老师多着急吗？你怎么这样不懂事呢？去向老师道歉。”他觉得自己没错，不肯道歉。父亲却对班主任鞠了一躬，说：“对不起，是我没教育好孩子，让您担心了。”看到父亲这样，他也低头向老师道歉。他说，他一直记着这件事。父亲让他懂得了该怎样和身边的人相处，懂得了换位思考，要为自己的行为负责。

良好的家风对人有着深远的影响，决定了我们出门在外，为人处世的态度和底气。谁是给孩子系第一颗纽扣的人？当然是父母。父母的言传身教，决定了孩子建立怎样的价值观。从出生那一天，家风就对我们进行耳濡目染的熏陶，我们的所见、所闻、所思、所想、所行都与家风有关。一点一滴，家风就会被内化为一种习惯、一种自觉，一种自然而然的行为模式和思维方式。成为我们从言谈举止到为人处世，从价值选择到是非判断，从伦理道德到人格人性的遵循和标准。

良好的家风恩泽后人，是一个家庭最珍贵的资产，是一个人最厚重的底色，是一个人安身立命的根本。

谢谢！

# 人间最暖是团圆
## ——在中秋师友会上的即兴演讲

金　晖

尊敬的永辉书记、海涛书记、周堂校长，亲爱的各位贤弟、妹：

大家晚上好！每年都有一个中秋，每一个中秋我们都在盼望。盼望着月出东山之上，盼望着月满人间之时，更盼望着在这“露从今夜白，月是故乡明”的时候，有一种最温暖、最美丽、最令人心向神往的相聚，它叫——“团圆”。

今晚，恰是中秋前夕，我们在这里欢聚，今夜，正待花好月圆，我们在这里重逢。在这诗情画意般的美好时刻，虽然我来不及赋诗，但我还是想借用先贤的三句诗来表达我对大家的感谢与祝福！

第一句，“独在异乡为异客，每逢佳节倍思亲。”

今年，是我来到湛江的第三十个年头，也是我职业生涯的最后岁月。湛江对于我来说，虽然早已不是“异乡”——而是我的第二故乡，我也早已不是“异客”——而是融入其间的主人。但是，“每逢佳节倍思亲”的感受，却因故乡的遥远与岁月的流逝而变得更加浓烈！

然而，今年的“思亲”，除了千里之外的故乡之“亲”，我还突然思念起另外一个“亲”。这一个“亲”，就是这三十年来，激励我且把异乡当故乡、砥砺前行向远方的人；这一个“亲”，就是这三十年来，给予我嘘寒问暖显真意，雨夜独行把伞撑的人。这一个“亲”，就是你们！就是大家！就是在座的每一位！——我的良师益友，我生命中的贵人！

第二句，“人逢喜事精神爽，月到中秋分外明。”

今天，是我最为欣喜的日子！喜从何来？一喜老友重逢，转眼三十年，相聚话从前；二喜高朋满座，“谈笑有鸿儒，往来无白丁”；三喜良辰美景，“人月两团圆，千里共婵娟。”

今晚，嘉宾云集，今夜，喜气盈庭。这等高规格、高级别、高层次的“三高”盛会，我认为只有1346年前，就是唐代上元二年（675年）江西南昌滕王阁的聚会才可以与之媲美。某些方面，我们甚至还略胜一筹。至少，他们的贵宾就比我们少。且听王勃的介绍：“都督阎公之雅望，棨戟遥临；宇文新州之懿范，襜帷暂驻。”——一个都督，一个州长，只有两个厅级干部，比我们还少一个！又如：“腾蛟起凤，孟学士之词宗；紫电青霜，王将军之武库。”——算得上学者的，似乎只有一个孟学士，而我们这里却有刘博士、周博士、孙博士等好些个博士。虽然我们没有什么王将军，但我们却有三个美女教授，这在唐人看来，绝对是不敢想见的事情！

今晚，虽然还没有月亮，今夜，虽然还看不到星光，但对于我来说，你们就是我生命天空中的朗月与繁星！是你们照亮了今夜的鸿运酒店，照亮了今夜的麻章新城，还将照亮我的未来，我未来的漫漫人生！

第三句，“莫为前程全不顾，人间最暖是团圆。”

一转眼三十年就过去了，我也即将步入人生的金秋时节。现在的我，可以说是“船到码头车到站”，不为前程思与忧——当然，你们这些贤弟妹例外。但此时此刻，我最想说的一句话，一句适合在座所有人的话，一句我们大家都应该记住的话，那就是“人间最暖是团圆。”

我希望每一个家庭团圆，不仅在中秋之夜；我希望每一个老友团圆，不仅在吉日良辰。我希望就从今晚开始，我们这些老领导、老同事、老朋友，都要不时相约，不时欢聚，不时团圆、大团圆。

哈佛大学心理学教授，被誉为“哈佛最受欢迎导师”的泰勒·本·沙哈尔——就是2014年曾到北大演讲的那一位，他在《从幸福到更幸福的五个方法》中说道：幸福的方法有很多，其中最重要的一个，就是“一定要珍视与我爱的人和爱我们的人在一起共处的美好时光”。这也正是“人间最暖是团圆”这一句诗的奥义所在！

最后，我提议：“相聚不谈名与利，杯杯浊酒祝康宁。”让我们全体起立，共同举杯，齐声高颂——但愿人长久，千里共婵娟；不忘常团圆，相伴到永远！干杯！

# 赠与退役战友“四件礼物”

冉景禄

战友们：

在你们即将离开部队，开始新的征程之际，作为你们曾经的领导，永远的大哥，赠与你们“吃穿住行”四件礼物，如果以后你们觉得它对你们的人生有所益处，那我将欣慰至极。

## 一、吃方面

请你们多吃两种“食物”：一种叫吃亏；一种叫吃苦。

俗话讲：“吃得了亏，才打得拢堆。”意思是说：一个吃得亏的人能够交到很多的朋友，才能赢得人脉资源。大家出了社会，接触的人和事都要比部队多得多，我们不能时时、处处、事事都只装着自己和自己的利益。相反，与人相处，我们更应该学会换位思考、换位做事、换位做人，敢于在适当的时候牺牲自己的利益，成就他人圆满。勇于在必要的时机帮助他人，成全别人。其实，这样做我们不是输了，而是赢了，赢得了他人的尊重，赢得了别人的信任。

古人说：“吃苦是福。”回顾历史，我们就会发现，许多历史名人志士都是在吃苦受难中磨炼成才的。孔子的高徒颜回、红楼梦的作者曹雪芹、身体残疾的张海迪，等等，都是如此，人的一生应该像我们的心电图，有起有落、有高有低、有缓有急。如果成了直线，那一定不是活人。所以我们应该换一种态度，淡定地看待苦难，幸福地享受苦难。

## 二、穿方面

请你们常穿两件衣服：一件是本事，一件是本分。

人们常说“打铁全靠本身硬”。也就是说，一个人的成功与否，关键是靠自己。不过有些人认为，人脉等于钱脉，朋友就是资源，圈子才是路子。其实，我们在社会上的核心竞争力是我们自己的本事，自己的才能才是我们的主产品，其他人脉资源、亲戚朋友都是衍生品，大家不要花太多的心思去取悦和亲附别人，请相信：梧桐花开，凤凰自来；你若盛开，春风自来。

有这么一句广告词：“男人，不止一面。”我们每一个人在社会上都有着不同的角色定位，这些不同的角色赋予我们不同的责任和义务，也就是我们应当尽的本分。譬如：在父母面前，我们是儿子，应当尽孝道的本分。在子女面前，我们是父亲，应当尽哺育培养的本分。在国家面前，我们是公民，应当尽忠诚的本分。一个人成功的程度就是这个人尽这些本分时所得到分数的平均值。

## 三、住方面

请大家常住两套房子：一套是感恩；一套是感悟。

感恩就是感谢那些给予我们生命、教我们知识、给予我们磨炼，使我们成长的那人那事。感恩是一种处世哲学，是一种积极的生活态度。草木旺盛地生长，为的是报答春晖之恩；禾苗茁壮地成长，为的是报答溪水滋润之恩。我们每一个同志，都应当常在感恩这套房子里住住，荡涤自己的心声，升华自己的灵魂。心头感恩血，一滴染天地，大家生活一定会更美好。

感悟就是我们对特定事物和经历产生的感想和体会。我们都还年轻，人生观、世界观、价值观还有较大的可塑空间，因此，我们应该站在当下，通过历史的广角镜头，不断感悟我们经历的那些事那些物，不断提高我们“心”的力量。俗话说的“打一仗，总结一次，进一步”就是这个道理。我们每一个同志，都应当常来感悟这套房子里住住，提高自己的思考能力和思维层次，通过长时间的修炼，相信大家一定会变得博大宽厚。

## 四、行方面

引导大家行走两条道路：一条叫行动，一条叫行善。

失败者的行动好似天上的风筝，飘浮不定。成功者的行动就像子弹射向目标，一往无前。我们大家年轻气盛、精力充沛，有着初生牛犊不怕虎的闯劲，这非常好。但是，我们还要做到善始善终，一以贯之。千万不要因为一时的困难就放弃，不要因为一点挫折就打退堂鼓。拳王泰森有一句名言：再坚持三秒，对方一定会倒下。军人从来就是敢于胜利的，因此，大家一定要牢记本色，敢于实践、敢于行动、敢于胜利。

行善就是不做损害他人的事情，多做成就别人的好事。善良是一个人最为高贵的品质，行为的善良就是行善。在生活中，我们大家要以真诚的心对待身边的人，要以一颗善良的心看待身边的物。要坚持看人看长处，帮人帮难处，记人记好处。我们人民的子弟兵与生俱来就是“心存善良、子弹上膛”，对生我养我的人民，为了他们的利益，我们抛头颅亦义无反顾。对应于我们的敌人，上膛的子弹会诠释我们对人民的忠诚。大家回到社会上后，要做一个行为善良的人。

谢谢！敬礼！

# 做一个让人舒服的聊天对象

陈　亦

大家好！

今天和大家聊一聊关于聊天的话题。相信，我们每一个人都有一个或者几个喜欢聊天的人，聊起来兴趣盎然，根本不想停下来，常有意犹未尽之感。当然我们也有不喜欢聊天的对象，懒得说上一句话。

记得当时还是大龄单身青年的王志文在《艺术人生》里谈到自己 40 岁还单身的原因：没有找到一个合适的。朱军问他什么样的算合适的。王志文的回答是：能随时随地地聊天。

这不是很简单的吗？不简单。随时随地能聊的前提就是聊起来舒服。有些话、有些事，对有的人，你想想就不肯说了。有些话、有些事，你不用想，就对有的人说了。你愿意和他说，这个人一定是让你舒服的聊天对象。

怎么才算是一个让人舒服的聊天对象呢？至少要做到两点：

知识、眼界、见识高于他人，却没有单方面的知识碾压和倾倒，而是让人自发地思考并有所领悟。从而有“听君一席话，胜读十年书”的感叹。有的人在某一方面有专长，在某些事情方面有经验有成绩，在某些方面有研究有造诣，谈论其相关话题，牢牢掌控话语权，以权威自居，我就是真理，不允许别人有不同意见。这样的人再有知识和见识，也不是一个好的聊天对象。苏轼有位好友，佛印禅师。两人是方外之交。最初，苏轼有恃才傲物的心态，佛印精修佛里禅机，但他从来不把自己的认知和见识倾倒给苏轼。两人一起畅谈佛学，苏轼常常戏谑佛印。最著名的一件事就是佛印问苏轼：“你看我像什么？”苏轼说：“像狗屎。”苏轼问佛印：“我像什么？”佛印不假思索地说：“你像佛。”苏轼哈哈大笑回家去。苏小妹问其原因，苏轼得意地说起来。苏小妹说：“大哥输了，禅师心中有佛，故所见皆佛。大哥心中有狗屎，故所见皆狗屎也。禅师心净，大哥心秽也。”苏轼听了，惭愧万分。

对于苏轼来说，佛印就是一个舒服的聊天对象。恃才傲物的苏轼之所以能和佛印成为知己，与佛印的修为是分不开的。

无论你的知识多么渊博，你的见识多么丰富，你的地位多么高，都不要强迫别人认同和接受。把自己的观点强加于人，于己于人均是件痛苦的事情。以自己的威严强加自己的意志给别人，别人只是口服而心不服，而且日久必生反抗之心。坐在一起，那不是聊天，而是争辩或抬杠了，双方都不会舒服。或许，你借助自己的地位占据主导，别人仅是默忍或是隐怒，但是日久也可能反目成仇。每个人都有自己独立的思想，我们需要相互尊重，才能愉快地交流，换来和谐的人际关系。

共鸣感不可缺失，聊天的主题要是容易引起共鸣的话题。同时，还要积极地表现出自己的共鸣。别人和你聊得来，一定是有话说。不能仅仅是你说，别人只有听的份。你喜欢谈什么你就说什么，别人感兴趣的话题没有，自然就没有共鸣。蔡澜、倪匡、黄霑三个人曾经办过一个《今夜不设防》的节目，他们的话题自由奔放，毫无章法可言。但他们聊得都很尽兴。节目中所呈现的也是三个人私下聊天状态的情景再现。三人各有所专，但他们聊的话题往往都是三个人都感兴趣的。比如关于酒，三个人常常喝酒品酒，讲一些和酒有关的故事和话题。以至于《今夜不设防》每集的开局，都以酒暖场，话题里总带有微醺的气息。关于酒，蔡澜有自己的道理："能够一大早就喝酒的人，代表他是一个可以主宰自己时间的人，是个自由自在的人，是很幸福的。"不喜欢早上喝酒的黄霑则说："没有什么能比主宰自己的时间更自由更幸福的事情了，那意味着主宰自己的生活。"全然不对早上喝酒这事提出质疑，而是对"主宰自己的时间是幸福"给予共鸣的回应。

一个让人舒服的聊天者不在意自己要说什么，而在意对方想说什么想听什么。不考虑对方，单方面谈论自己的事情，不但无法打动对方，反而会令彼此显得生疏。因为从感情与理性两方面来说，强迫性的做法会使人情感上产生不悦。最高级的表达是让人产生共鸣，最美好的回应也是共鸣。寻找共鸣是沟通的艺术之一。要让与你交流的人都感到与你有共同点，共同的认知、兴趣、爱好、经历、感受、利益……共同点越多，交流就越充分，气氛就越美好。

还需要强调的是，好的聊天者也是好的倾听者。倾听不仅仅只听不说，要及时地表现出欣赏和认同，让对方感知到你的共鸣。

一个让人舒服的聊天者，凡是和他聊天的人都会有一种感觉：聊什么不重要，聊多久也不重要。聊天的过程很享受，无拘无束，自由自在，感觉如沐春风。

朋友们，以上我所说的你认同吗？马上，我们可以自由讨论了，愿你我接下来都做一个让人舒服的聊天者。

谢谢大家！